河北省明长城资源调查报告

第三卷（上册）

张家口市

河 北 省 文 物 局
河北省文物与古建筑保护研究院 编著

文物出版社

河北省明长城资源调查报告

编辑委员会（第三卷）

主　　任：张立方　　罗向军

副 主 任：谢　飞　　李恩佳　　韩立森　　徐艳红　　张建勋　　刘智敏　　李　英　　孙晶昌

　　　　　刘忠伟

委　　员：（以姓氏笔画为序）

　　　　　于　耀　　王　凯　　史　展　　次立新　　孙荣芬　　李宏杰　　李英弟　　张文瑞

　　　　　张守义　　孟　琦　　赵仓群　　贾金标　　郭建永　　郭瑞海　　韩朝旗

主　　编：李英弟　　张守义

副 主 编：孟　琦　　郭建永

参编人员：孟　琦　　张守义　　张　勇　　刘绍辉　　赵克军　　李子春　　张朋鸣　　冯　琰

　　　　　王　博　　王晓强　　赵世利　　王桂歧　　王凤柱　　刘　朴　　郭建永　　郑兴广

　　　　　邵晨光　　韩　旭　　高鸿宾　　赵学锋　　杨宝军　　杜鲜明　　雷永禄　　王　鹏

　　　　　张世标　　魏　敏　　张　明　　尉迟书宁　　王培生　　郭绘宇　　邱晓亮　　刘其放

　　　　　徐聪慧　　赵　健　　李鼎元

目　录

张家口市明长城资源照片 **897**

张家口市

张家口市位于河北省西北部，又称"张垣""武城"，地理坐标：东经 113° 50′ ～ 116° 30′，北纬 39° 30′ ～ 42° 10′，市域东西宽 216.2 千米，南北长 289.2 千米，总面积 36357 平方千米。东靠承德市，东南毗邻北京市，南与保定市交界，西、西南与山西省接壤，北、西北与内蒙古自治区交界，距北京市 161 千米，距天津市 280 千米，距石家庄市 303 千米。

一、地形地貌

张家口市地势西北高、东南低，阴山山脉横贯中部，将全市划分为坝上、坝下两大部分。境内洋河、桑干河横贯全市东西，汇入官厅水库。

张家口市分为两个截然不同的地貌单元。坝上高原区：包括尚义县套里庄、张北县狼窝沟、赤城县独石口一线以北的沽源、康保、尚义和张北 4 县的广阔区域，属内蒙古高原的南缘，占张家口总面积的三分之一，海拔一般在 1400 米左右，地势南高北低，高差小于 50 米。冈梁、湖淖、滩地相间分布，呈现典型的波状高原景观。康保县城以北丘陵成带，是阴山山脉余支。高原南缘一带，有垅状山脉分布，地势略高，海拔在 1500 米以上。坝下低中山盆地：地势西北高，东南低，山峦起伏，沟谷纵横，海拔 1000 ～ 2000 米。蔚县境内的小五台山，主峰海拔高度 2882 米，为河北省群山之首。群山之间有较大的山间盆地呈串珠状排列。主要有：柴沟堡—宣化盆地、涿鹿—怀来盆地、蔚县—阳原盆地，海拔 500 ～ 1000 米，盆地内有河流通过，两岸分布有肥沃的耕地。

二、气候

张家口市属于温带大陆性季风气候。其气候特点是：一年四季分明，冬季寒冷而漫长；春季干燥多风沙；夏季炎热短促降水集中；秋季晴朗冷暖适中。坝上地区光资源丰富，昼夜温差大；雨热同季，生长季节气候爽凉；高温高湿炎热天气少。坝下河谷盆地分布在市境中部地区，桑干河和洋河径流形成了坝下河谷盆地，海拔高度一般在 500～800 米，地势较低。这里昼夜温差大、光资源丰富，无霜期长，热量充足，雨热同季。

三、自然资源

（一）水资源

张家口市属半干旱地区，水资源严重不足，分布在张家口市 5 大水系：大清河水系、潮白河水系、滦河水系、永定河水系、内陆河水系。截至 2016 年底，全市水库共 93 座，其中大型水库 3 座，中型水库 8 座，小型水库 82 座。

（二）能源资源

张家口市能源资源主要有煤炭、风能和太阳能。煤炭资源主要集中在蔚州煤田、宣下煤田和张家口以北煤田。风资源储量 2000 万千瓦以上，成为全国首个获准建设双百万千瓦级风电基地的地区。张家口市太阳能资源十分丰富，地域日照时数 2756～3062 小时，年太阳总辐射为每平方米 1500～1700 千瓦时，属于太阳能辐射 II 类区域。

（三）矿产资源

张家口市已开发利用的矿产资源共 46 种，其中能源矿产 3 种（煤、铀、地热），金属矿产 8 种（金、银、铅、锌、铁、锰、铜、钼），非金属矿产 34 种（主要有磷、萤石、石墨、沸石、膨润土、浮石、石灰岩等），水气矿产 1 种（矿泉水）。

煤矿主要分布于蔚县、阳原、张北、宣化等县区，保有储量 36.65 亿吨。铁矿主要分布于赤城、崇礼、涿鹿、宣化、怀安、阳原、桥东区等县区，保有储量 4.15 亿吨。金银矿主要分布于崇礼、赤城、宣化、张北、涿鹿、怀来等县区，保有储量金金属量 67.04 吨、银金属量 2246.82 吨。

重要非金属矿产中水泥用灰岩、溶剂用灰岩、冶金用白云岩和石英岩、萤石等建筑、冶金辅助材料矿产，主要分布于康保、赤城、怀来、阳原、张北等县区；硫铁矿、含钾砂页岩、磷矿等化工原料矿产，主要分布于阳原、怀安、涿鹿、宣化等县区；石墨矿主要分布于赤城、张北、怀安、尚义等县区；浮石主要分布于张北、尚义等县区；沸石主要分布于赤城县、宣化区；膨润土主要分布于尚义、宣化等县区；其他普通的建筑材料矿种较为丰富，各县区均有分布，储量大，如玄武岩、凝灰岩、白云岩、安山岩、以及建筑用砂等。

四、明长城资源

此次调查明长城资源涉及赤城县、沽源县、崇礼县、宣化区、宣化县、桥东区、桥西区、万全县、尚义县、怀安县、怀来县、下花园区、涿鹿县、阳原县、蔚县 15 个县（区）。赤城县东与北京市延庆县长城段 86 段相接，尚义县南与山西省大同市天镇县双山长城 3 段相接，怀安县西与山西省大同市天镇县平远头长城 1 段相接，阳原县南邻山西省大同市广灵小关烽火台、西邻山西省大同市阳高县神泉堡北烽火台、天镇县刘家山烽火台，蔚县西邻山西省大同市广灵县殷家庄堡、灵丘县伊家店烽火台、南邻保定市涞源县乌龙沟长城、涞水县金水口城堡，涿鹿县东邻北京市门头沟区沿字贰号敌台、南邻保定市涞水县蔡树庵段长城，怀来县南邻北京市门头沟区沿河城关堡、东南与北京市昌平区高楼段长城相接、东与北京市延庆县长城段 9 段相接。

长城起点：赤城县后城镇金鸡梁村，坐标：东经 116° 09′ 51.9″，北纬 40° 40′ 29.5″，高程 908 米。

长城止点：怀安县桃沟村西北，坐标：东经 114° 05′ 35.00″，北纬 40° 44′ 23.20″，高程 1578 米。

张家口市明长城资源调查墙体 361 段，总长 686699 米；单体建筑 2837 座，其中：敌台 478 座、马面 111 座、烽火台 2248 座；关堡 136 座；相关遗存 19 处。

张家口市明长城资源调查统计表

地域	墙体（段、米）		单体建筑（座）			关堡（座）	相关遗存（处）
	段数	长度	敌台	马面	烽火台		
赤城县	168	308540	121	50	1125	61	6
沽源县	38	64909			170		1
崇礼县	22	51252	49		31		
宣化县	45	74803	69	2	156	9	2
宣化区					1	1	
桥东区					2	1	
桥西区	10	22588	37		39	3	1
万全县	32	70652	24	6	232	7	8
尚义县	1	2200					
怀安县	21	32366	7		187	9	
怀来县	17	46293	149	53	209	20	1
下花园区					1		
涿鹿县	7	13096	22		19	7	
阳原县					46	16	
蔚县					30	2	
总计	361	686699	478	111	2248	136	19
			2837				

赤城县

赤城县位于张家口市域东部，白河上游，地理坐标：东经 115° 25′ ～ 116° 27′，北纬 40° 30′ ～ 41° 23′，县域南北长 95 千米，东西宽 88.75 千米，边界周长 420 千米，总面积 5284 平方千米。东接承德市丰宁满族自治县，南与北京市延庆区接壤，东南与北京市怀柔区相邻，西南与怀来县相连，西接宣化县，西北接崇礼县，北靠沽源区。距北京 136 千米，距石家庄市 339 千米，距张家口市 80 千米。

赤城县明长城分布在赤城镇、田家窑镇、龙关镇、雕鹗镇、独石口镇、龙门所镇、后城镇、东卯镇、炮梁乡、大海陀乡、镇宁堡乡、马营乡、云州乡、东万口乡、茨营子乡、样田乡共 16 个乡镇。东南接北京市延庆区长城段 86 段，南邻怀来县长安岭堡，西南接宣化县正盘台长城，西接崇礼县长城，北接沽源县长城。

长城起点：后城镇金鸡梁村与北京市延庆区小川村之间的山脊上，西北距金鸡梁村约 2.1 千米，坐标：东经 116° 09′ 51.9″，北纬 40° 40′ 29.5″，高程 908 米。

长城止点：龙关镇夭湾沟村与宣化县正盘台村交界的大尖山上，西南距夭湾沟村约 3 千米，坐标：东经 115° 25′，北纬 40° 47′，高程 1941 米。

赤城县调查长城墙体 168 段，总长 308540 米；单体建筑 1296 座，其中：敌台 121 座、马面 50 座、烽火台 1125 座；关堡 61 座；相关遗存 6 处。

（一）墙体

赤城县明长城墙体一览表（单位：米）

编号	认定名称	认定编码	类型	长度	保存程度				
					较好	一般	较差	差	消失
1	后城金鸡梁长城 1 段	130732382102170001	石墙	2200			2200		
2	后城金鸡梁长城 2 段	130732382102170002	石墙	2257		61	2043	33	120
3	琵琶山险	130732382106170003	山险	4100		4100			
4	后城南尹家沟长城 1 段	130732382102170004	石墙	3668			3641		27
5	后城南尹家沟长城 2 段	130732382106170005	石墙	200		200			
6	后城南尹家沟长城 3 段	130732382102170006	石墙	811			811		
7	后城南尹家沟长城 4 段	130732382106170007	山险	296		296			
8	后城南尹家沟长城 5 段	130732382102170008	石墙	1070			1070		
9	后城南尹家沟长城 6 段	130732382106170009	山险	53		53			
10	后城南尹家沟长城 7 段	130732382102170010	石墙	2314			2314		
11	后城南尹家沟长城 8 段	130732382102170011	石墙	2695			2695		
12	后城南尹家沟长城 9 段	130732382106170012	山险	84		84			
13	后城南尹家沟长城 10 段	130732382102170013	石墙	1634			1634		
14	后城南尹家沟长城 11 段	130732382106170014	山险	85		85			
15	后城南尹家沟长城 12 段	130732382102170015	石墙	2028		665	1363		

（续）

编号	认定名称	认定编码	类型	长度	保存程度				
					较好	一般	较差	差	消失
16	后城拦马道长城1段	1307323821 02170016	石墙	28					28
17	后城拦马道长城2段	1307323821 02170017	石墙	466			466		
18	后城拦马道长城3段	1307323821 06170018	山险	256	256				
19	后城拦马道长城4段	1307323821 02170019	石墙	3587			3587		
20	后城拦马道长城5段	1307323821 06170020	山险	87	87				
21	后城水泉沟长城	1307323821 02170021	石墙	2389			2389		
22	后城大庄科长城	1307323821 02170022	石墙	4483		198	4125	140	20
23	龙门所赵家庄长城1段	1307323821 02170023	石墙	1039			1039		
24	龙门所赵家庄长城2段	1307323821 06170024	山险	37	37				
25	龙门所赵家庄长城3段	1307323821 02170025	石墙	4246			3008	899	339
26	龙门所赵家庄长城4段	1307323821 02170026	石墙	2066			1730	54	282
27	龙门所赵家庄长城5段	1307323821 06170027	山险	94	94				
28	龙门所赵家庄长城6段	1307323821 02170028	石墙	58			58		
29	龙门所郭家窑长城1段	1307323821 06170029	山险	208	208				
30	龙门所郭家窑长城2段	1307323821 02170030	石墙	66			66		
31	龙门所郭家窑长城3段	1307323821 06170031	山险	85	85				
32	龙门所郭家窑长城4段	1307323821 02170032	石墙	398			398		
33	龙门所郭家窑长城5段	1307323821 06170033	山险	75	75				
34	龙门所郭家窑长城6段	1307323821 02170034	石墙	3523			3523		
35	龙门所青平楼长城1段	1307323821 02170035	石墙	2800		11	2789		
36	龙门所青平楼长城2段	1307323821 06170036	山险	28	28				
37	龙门所青平楼长城3段	1307323821 02170037	石墙	767			661	106	
38	红沙埌附线长城1段	1307323821 02170038	石墙	2215			2215		
39	红沙埌附线长城2段	1307323821 06170039	山险	132	132				
40	红沙埌附线长城3段	1307323821 02170040	石墙	3967			3967		
41	红沙埌附线长城4段	1307323821 06170041	山险	135	135				
42	红沙埌附线长城5段	1307323821 02170042	石墙	330			330		
43	红沙埌附线长城6段	1307323821 02170043	石墙	23					23
44	红沙埌附线长城7段	1307323821 02170044	石墙	1257			1257		
45	红沙埌附线长城8段	1307323821 06170045	山险	464	464				
46	红沙埌附线长城9段	1307323821 02170046	石墙	5393			4305	1088	
47	胡家窑长城1段	1307323821 02170047	石墙	973			962	11	
48	菜树梁长城1段	1307323821 02170048	石墙	416			416		
49	菜树梁长城2段	1307323821 06170049	山险	55	55				
50	菜树梁长城3段	1307323821 02170050	石墙	2188			1940	166	82
51	菜树梁长城4段	1307323821 06170051	山险	148	148				
52	菜树梁长城5段	1307323821 02170052	石墙	428			428		

（续）

编号	认定名称	认定编码	类型	长度	保存程度				
					较好	一般	较差	差	消失
53	菜树梁长城6段	1307323382106170053	山险	385		385			
54	菜树梁长城7段	1307323382102170054	石墙	173				173	
55	菜树梁长城8段	1307323382106170055	山险	92		92			
56	菜树梁长城9段	1307323382102170056	石墙	60				60	
57	巴图营长城1段	1307323382102170057	石墙	775				775	
58	巴图营长城2段	1307323382106170058	山险	59		59			
59	巴图营长城3段	1307323382102170059	石墙	586				586	
60	巴图营长城4段	1307323382106170060	山险	85		85			
61	巴图营长城5段	1307323382102170061	石墙	171				171	
62	巴图营长城6段	1307323382106170062	山险	111		111			
63	巴图营长城7段	1307323382102170063	石墙	3318				3318	
64	万水泉长城1段	1307323382102170064	石墙	882			401	382	99
65	万水泉长城2段	1307323382106170065	山险	356		356			
66	万水泉长城3段	1307323382102170066	石墙	50			50		
67	万水泉长城4段	1307323382106170067	山险	175		175			
68	万水泉长城5段	1307323382102170068	石墙	1788			1199	46	543
69	寺沟长城第1段	1307323382106170069	山险	906		906			
70	寺沟长城第2段	1307323382102170070	石墙	343		96	228	19	
71	大地长城第1段	1307323382106170071	山险	2000		2000			
72	大地长城第2段	1307323382102170072	石墙	303				303	
73	名旺庄长城1段	1307323382102170073	石墙	3197				3197	
74	名旺庄长城2段	1307323382102170074	石墙	217					217
75	名旺庄长城3段	1307323382102170075	石墙	4655				4655	
76	青平楼长城4段	1307323382102170076	石墙	2100			1920		180
77	青平楼长城5段	1307323382102170077	石墙	2260			2000		260
78	里东沟长城1段	1307323382102170078	石墙	3700			3700		
79	里东沟长城2段	1307323382102170079	石墙	3000			3000		
80	北崮山长城1段	1307323382102170080	石墙	3000			3000		
81	北崮山长城2段	1307323382102170081	石墙	3750			3750		
82	张鹿角沟长城1段	1307323382102170082	石墙	1600			910	494	196
83	张鹿角沟长城2段	1307323382102170083	石墙	4080			4000		80
84	青虎沟长城1段	1307323382102170084	石墙	1700			1330	370	
85	青虎沟长城2段	1307323382102170085	石墙	2700			2700		
86	红房窑长城1段	1307323382102170086	石墙	4600		334	4266		
87	红房窑长城2段	1307323382102170087	石墙	9100			9100		
88	长梁长城1段	1307323382102170088	石墙	4100			4100		
89	长梁长城2段	1307323382102170089	石墙	2100			1400	700	

（续）

编号	认定名称	认定编码	类型	长度	保存程度				
					较好	一般	较差	差	消失
90	长梁长城 3 段	1307323821021700 90	石墙	3000			1600		1400
91	北沟长城 1 段	1307323821021700 91	石墙	5600		100	4410	545	545
92	北沟长城 2 段	1307323821021700 92	石墙	3800			3740		60
93	冰山梁长城 1 段	1307323821021700 93	石墙	3900			3560	275	65
94	冰山梁长城 2 段	1307323821021700 94	石墙	2500		1000	1500		
95	栅子口长城 1 段	1307323821021700 95	石墙	3600			3300	300	
96	栅子口长城 2 段	1307323821021700 96	石墙	1620			1300		320
97	栅子口长城 3 段	1307323821021700 97	石墙	1300			1300		
98	庞家窑长城 1 段	1307323821021700 98	石墙	1000			1000		
99	北栅子长城 1 段	1307323821021700 99	石墙	1660		465	815	380	
100	北栅子长城 2 段	13073238210217 0100	石墙	1825			1500	210	115
101	北栅子长城 3 段	13073238210217 0101	石墙	2020			1860		160
102	三棵树长城 1 段	13073238210217 0102	石墙	1825			1825		
103	三棵树长城 2 段	13073238210217 0103	石墙	2665	2000	665			
104	三棵树长城 3 段	13073238210217 0104	石墙	1825			1825		
105	三棵树长城 4 段	13073238210217 0105	石墙	1740			1500		240
106	明岔长城 1 段	13073238210217 0106	石墙	5185			4600	455	130
107	明岔长城 2 段	13073238210217 0107	石墙	3300			3300		
108	明岔长城 3 段	13073238210217 0108	石墙	1320			850	470	
109	马连口长城 1 段	13073238210217 0109	石墙	1060			585		475
110	马连口长城 2 段	13073238210217 0110	石墙	3255	530			2690	35
111	张家窑长城	13073238210217 0111	石墙	3850			3850		
112	马连顶长城	13073238210217 0112	石墙	4645	905	1275	2465		
113	海家窑长城	13073238210217 0113	石墙	3705			380	3255	70
114	刷子沟长城 1 段	13073238210617 0114	山险	715		715			
115	刷子沟长城 2 段	13073238210117 0115	土墙	1275			1235		40
116	里界墙长城	13073238210117 0116	土墙	2455			1830		625
117	大边梁北侧长城 1 段	13073238210217 0117	石墙	2545	265	645		1635	
118	大边梁北侧长城 2 段	13073238210617 0118	山险	190		190			
119	大边梁北侧长城 3 段	13073238210217 0119	石墙	470			470		
120	大边梁北侧长城 4 段	13073238210617 0120	山险	105		105			
121	大边梁北侧长城 5 段	13073238210217 0121	石墙	2680		115	2275	290	
122	大边梁南侧长城	13073238210217 0122	石墙	3830		370	2870	560	30
123	镇宁堡岔沟梁长城	13073238210217 0123	石墙	5060		370	4100	560	30
124	松林背长城	13073238210217 0124	石墙	1130			1130		
125	小口梁东北侧长城	13073238210217 0125	石墙	3955		45	3910		
126	小口梁西南侧长城	13073238210217 0126	石墙	3930			3922	8	

（续）

编号	认定名称	认定编码	类型	长度	保存程度				
					较好	一般	较差	差	消失
127	夭湾长城	1307323821021701 27	石墙	6065		120	5945		
128	马驹沟长城	1307323821021701 28	石墙	1955		130	210	1600	15
129	里口村长城	1307323821021701 29	石墙	1000		80	660		260
130	北栅子村长城	1307323821021701 30	石墙	1185			520	160	505
131	老王沟村长城	1307323821021701 31	石墙	1350			200	410	740
132	黄家沟长城	1307323821061701 32	山险	1300		1300			
133	孙庄长城1段	1307323821021701 33	石墙	220			220		
134	孙庄长城2段	1307323821061701 34	山险	1100		1100			
135	孙庄长城3段	1307323821021701 35	石墙	590			100	490	
136	东新堡长城1段	1307323821061701 36	山险	5000		5000			
137	东新堡长城2段	1307323821021701 37	石墙	730		50	680		
138	东新堡长城3段	1307323821021701 38	石墙	2275		250	1825		200
139	黎家堡长城1段	1307323821021701 39	石墙	1410	850		560		
140	黎家堡长城2段	1307323821021701 40	石墙	595			590		5
141	黎家堡长城3段	1307323821061701 41	山险	100		100			
142	东窑长城	1307323821021701 42	石墙	1115			1055		60
143	雕鄂堡北侧长城1段	1307323821061701 43	山险	1020		1020			
144	雕鄂堡北侧长城2段	1307323821021701 44	石墙	230			120		110
145	雕鄂堡西侧长城1段	1307323821021701 45	石墙	800			500		300
146	雕鄂堡西侧长城2段	1307323821061701 46	山险	110		110			
147	雕鄂堡西侧长城3段	1307323821021701 47	石墙	2215		420	330	1465	
148	康庄东侧长城1段	1307323821061701 48	山险	300		300			
149	康庄东侧长城2段	1307323821021701 49	石墙	790	460		330		
150	康庄东侧长城3段	1307323821011701 50	土墙	1915		680	310	575	350
151	下虎村长城	1307323821011701 51	土墙	2540			2080		460
152	上虎村长城	1307323821011701 52	土墙	7745		3430	1705		2610
153	三岔口长城	1307323821011701 53	土墙	4625		1040	2585		1000
154	八里庄长城	1307323821011701 54	土墙	4385			3985		400
155	周村长城	1307323821011701 55	土墙	3845			2885		960
156	前所长城1段	1307323821021701 56	石墙	250			250		
157	前所长城2段	1307323821061701 57	山险	60		60			
158	二架山长城	1307323821021701 58	石墙	1485			1485		
159	白塔沟长城	1307323821021701 59	石墙	6300	25	795	4910	570	
160	转山长城1段	1307323821011701 60	土墙	2440			1360		1080
161	转山长城2段	1307323821021701 61	石墙	205			205		
162	大尖山长城1段	1307323821061701 62	山险	410		410			
163	大尖山长城2段	1307323821021701 63	石墙	400			250	150	

（续）

编号	认定名称	认定编码	类型	长度	保存程度				
					较好	一般	较差	差	消失
164	长梁东山长城	130732382102170164	石墙	5895				905	4990
165	炭窑长城 1 段	130732382106170165	山险	155		155			
166	炭窑长城 2 段	130732382102170166	石墙	2952			2952		
167	炭窑长城 3 段	130732382106170167	山险	36		36			
168	炭窑长城 4 段	130732382102170168	石墙	20			20		
合计		共 168 段：石墙 118 段，土墙 9 段，山险 41 段		308540	5035	34802	208577	39234	20892
百分比（%）		100			1.63	11.2	67.6	12.7	6.87

类型：砖墙、石墙、土墙、山险墙、山险

保存程度：较好、一般、较差、差、消失

1. 后城金鸡梁长城 1 段 130732382102170001

位于后城镇金鸡梁村东南约 2.1 千米，起点坐标：东经 116° 09′ 51.90″，北纬 40° 40′ 29.50″，高程 908 米，止点坐标：东经 116° 10′ 02.10″，北纬 40° 41′ 27.90″，高程 855 米。

墙体长 2200 米，其间设敌台 7 座，烽火台 1 座，包括金鸡梁敌台 01 ～ 07 号，金鸡梁烽火台 01 号。自然基础，毛石干垒，残宽 2.5 米，残高 1.5 ～ 3.5 米。坍塌严重，向两侧摊铺开，呈埂状。内、外两侧均为缓坡，墙体两侧植被覆盖多为低矮杂草和灌木，外侧山坡上有小片松树林。

2. 后城金鸡梁长城 2 段 130732382102170002

位于后城镇金鸡梁村东南约 840 米、东北约 2 千米，起点坐标：东经 116° 10′ 02.10″，北纬 40° 41′ 27.90″，高程 855 米，止点坐标：东经 116° 10′ 24.60″，北纬 40° 42′ 24.80″，高程 907 米。

墙体长 2257 米，其间设敌台 5 座，烽火台 4 座，包括金鸡梁敌台 08 ～ 12 号，金鸡梁烽火台 02 ～ 05 号。自然基础，毛石干垒，残宽 1.1 ～ 2.4 米，残高 1.1 ～ 1.7 米。坍塌严重，向两侧摊铺开，呈埂状。内、外两侧均为缓坡，墙体两侧植被覆盖多为低矮杂草和灌木，外侧山坡上有小片松树林。

3. 琵琶山险 130732382106170003

位于后城镇金鸡梁村东北约 2 千米，起点坐标：东经 116° 10′ 24.60″，北纬 40° 42′ 24.80″，高程 907 米，止点坐标：东经 116° 09′ 54.90″，北纬 40° 44′ 34.80″，高程 1112 米。

山险长 4100 米，山上植被多为茂密的杂草和灌木。

4. 后城南尹家沟长城 1 段 130732382102170004

位于后城镇大边村东约 1.9 千米，南尹家沟村东南约 1.5 千米处，起点坐标：东经 116° 09′ 54.90″，北纬 40° 44′ 34.80″，高程 1112 米，止点坐标：东经 116° 09′ 13.40″，北纬 40° 46′ 13.50″，高程 1176 米。

墙体长 3668 米，其间设敌台 8 座，烽火台 1 座，包括大边敌台 01 ～ 08 号，大边烽火台 01 号。自然基础，毛石干垒，残宽 0.4 ～ 1.7 米，残高 0.5 ～ 2.5 米。坍塌严重，向两侧摊铺开，呈埂状。山势陡峭，大部分外侧为悬崖、陡坡，内侧有少部分峭壁，大部分为陡坡。墙体两侧植被多为低矮杂草和灌木。

5. 后城南尹家沟长城 2 段 130732382106170005

位于后城镇南尹家沟村东南约 1.5 千米，起点坐标：东经 116° 09′ 13.40″，北纬 40° 46′ 13.50″，高程 1176 米，止点坐标：东经 116° 09′ 12.00″，北纬 40° 46′ 19.60″，高程 1195 米。

山险长 200 米，山体中间有豁口 1 处，山上植被多为茂密的杂草和灌木。

6. 后城南尹家沟长城 3 段 130732382102170006

位于后城镇南尹家沟村东南，起点坐标：东经 116° 09′ 12.00″，北纬 40° 46′ 19.60″，高程 1195 米，止点坐标：东经 116° 09′ 13.30″，北纬 40° 46′ 43.10″，高程 1201 米。

墙体长 811 米，其间设敌台 1 座，包括南尹家沟敌台 02 号。自然基础，毛石干垒，顶部残宽 1.8 米，外侧残高 0.2～1 米，内侧残高 1 米。坍塌严重，向两侧摊铺开，呈埂状。此段墙体位于后城镇与东卯镇之间的山脊上，山势陡峭，外侧大部分为悬崖、陡坡，内侧有少部分峭壁，大部分为陡坡，墙体两侧植被多为低矮杂草和灌木。

7. 后城南尹家沟长城 4 段 130732382106170007

位于后城镇南尹家沟村东约 1.2 千米处，坐标：东经 116° 09′ 13.30″，北纬 40° 46′ 43.10″，高程 1201 米，止点坐标：东经 116° 09′ 05.80″，北纬 40° 46′ 49.20″，高程 1252 米。

山险长 296 米，其间设敌台 1 座，为南尹家沟敌台 03 号。山上长有非常茂密的灌木林。此段墙体位于后城镇与东卯镇之间的山脊上，山势陡峭，外侧大部分为悬崖、陡坡，内侧有少部分峭壁，大部分为陡坡，墙体两侧植被多为低矮杂草和灌木。

8. 后城南尹家沟长城 5 段 130732382102170008

位于后城镇南尹家沟村东北约 1.1 千米处，起点坐标：东经 116° 09′ 05.80″，北纬 40° 46′ 49.20″，高程 1252 米，止点坐标：东经 116° 09′ 01.90″，北纬 40° 47′ 16.60″，高程 1126 米。

墙体长 1070 米，其间设敌台 2 座，包括南尹家沟敌台 03、04 号。自然基础，毛石干垒，顶部残宽 2.3 米，外侧残高 1 米，内侧残高 1.3 米。坍塌严重，向两侧摊铺开，此段墙体位于后城镇与东卯镇之间的山脊上，山势陡峭，外侧大部分为悬崖、陡坡，内侧有少部分峭壁，大部分为陡坡。墙体两侧植被多为低矮杂草和灌木。

9. 后城南尹家沟长城 6 段 130732382106170009

位于后城镇南尹家沟村东北约 1.5 千米处，起点坐标：东经 116° 09′ 01.90″，北纬 40° 47′ 16.60″，高程 1126 米，止点坐标：东经 116° 09′ 01.80″，北纬 40° 47′ 18.20″，高程 1173 米。

山险长 53 米，此段墙体位于后城镇与东卯镇之间的山脊上，山势陡峭，外侧大部分为悬崖、陡坡，内侧有少部分峭壁，大部分为陡坡，墙体两侧植被多为低矮杂草和灌木。

10. 后城南尹家沟长城 7 段 130732382102170010

位于后城镇南尹家沟村东北约 1.5 千米处，起点坐标：东经 116° 09′ 01.80″，北纬 40° 47′ 18.20″，高程 1173 米，止点坐标：东经 116° 07′ 48.90″，北纬 40° 47′ 58.90″，高程 1238 米。

墙体长 2314 米，其间设敌台 4 座，包括南尹家沟敌台 06～08 号、北尹家沟敌台 01 号。自然基础，毛石干垒，残宽 3～5 米，残高 1.3～1.6 米。坍塌严重，向两侧摊铺开。墙体内侧为陡坡，植被覆盖多为低矮杂草和灌木，外侧为峭壁。

11. 后城南尹家沟长城 8 段 130732382102170011

位于后城镇南尹家沟村东北约 2.6 千米、东卯镇横岭村西南约 2.1 千米，起点坐标：东经 116° 07′ 48.90″，北纬 40° 47′ 58.90″，高程 1238 米，止点坐标：东经 116° 06′ 37.90″，北纬 40° 48′ 50.50″，高程 1252 米。

墙体长 2695 米，其间设敌台 2 座，包括北尹家沟敌台 03、04 号。自然基础，毛石干垒，底宽 1.35 米，内侧最高处 1.1 米。坍塌严重，向两侧摊铺开，呈埂状。两侧均为陡坡，植被覆盖多为低矮杂草和灌木。

12. 后城南尹家沟长城 9 段 130732382106170012

位于东卯镇横岭村西南约 2.1 千米，起点坐标：东经 116° 06′ 37.90″，北纬 40° 48′ 50.50″，高程 1252 米，止点坐标：东经 116° 06′ 37.70″，北纬 40° 48′ 53.20″，高程 1260 米。

山险长 84 米，此段墙体位于后城镇与东卯镇之间的山脊上，山势陡峭，外侧大部分为悬崖、陡坡，内侧有少部分峭壁，大部分为陡坡，墙体两侧植被多为低矮杂草和灌木。

13. 后城南尹家沟长城 10 段 130732382102170013

位于东卯镇横岭村西南约 2 千米处，起点坐标：东经 116° 06′ 37.70″，北纬 40° 48′ 53.20″，高程 1260 米，止点坐标：东经 116° 06′ 10.50″，北纬 40° 49′ 34.40″，高程 1525 米。

墙体长 1634 米，其间设敌台 5 座，包括北尹家沟敌台 05 ～ 09 号。自然基础，毛石干垒，顶部残宽 1.3 米，外侧残高 1.6 ～ 1.7 米，内侧残高 1.5 ～ 2 米。坍塌严重，向两侧摊铺开，呈埂状。此段墙体位于后城镇与东卯镇之间的山脊上，山势陡峭，外侧大部分为悬崖、陡坡，内侧有少部分峭壁，大部分为陡坡，墙体两侧植被多为低矮杂草和灌木。

14. 后城南尹家沟长城 11 段 130732382106170014

位于东卯镇横岭村西约 2.4 千米，起点坐标：东经 116° 06′ 10.50″，北纬 40° 49′ 34.40″，高程 1525 米，止点坐标：东经 116° 06′ 09.80″，北纬 40° 49′ 37.10″，高程 1551 米。

山险长 85 米。此段墙体位于后城镇与东卯镇之间的山脊上，山势陡峭，大部分外侧为悬崖、陡坡，内侧有少部分峭壁，大部分为陡坡，墙体两侧植被多为低矮杂草和灌木。

15. 后城南尹家沟长城 12 段 130732382102170015

位于东卯镇横岭村西约 2.4 千米，起点坐标：东经 116° 06′ 09.80″，北纬 40° 49′ 37.10″，高程 1551 米，止点坐标：东经 116° 06′ 36.90″，北纬 40° 50′ 33.30″，高程 1178 米。

墙体长 2028 米，其间设敌台 4 座，烽火台 3 座，包括北尹家沟敌台 10、11 号，拦马道敌台 01 号、02 号，北尹家沟烽火台 01 ～ 03 号。自然基础，毛石干垒，顶部残宽 1.2 ～ 1.7 米，内侧残高 1.7 ～ 3.2 米，外侧残高 2 ～ 3.4 米。坍塌严重，向两侧摊铺开，呈埂状。此段墙体位于后城镇与东卯镇之间的山脊上，山势陡峭，外侧大部分为悬崖、陡坡，内侧有少部分峭壁，大部分为陡坡，墙体两侧植被多为低矮杂草和灌木。

16. 后城拦马道长城 1 段 130732382102170016

位于后城镇拦马道村东南约 1.4 千米，起点坐标：东经 116° 06′ 36.90″，北纬 40° 50′ 33.30″，高程

1178 米，止点坐标：东经 116° 06′ 37.10″，北纬 40° 50′ 34.20″，高程 1178 米。

墙体长 28 米，自然基础，毛石干垒，此段墙体现被拦马道公路穿断。

17. 后城拦马道长城 2 段 1307323821002170017

位于后城镇拦马道村东南约 1.4 千米，起点坐标：东经 116° 06′ 37.10″，北纬 40° 50′ 34.20″，高程 1178 米，止点坐标：东经 116° 06′ 39.50″，北纬 40° 50′ 52.90″，高程 1239 米。

墙体长 466 米，其间设敌台 3 座，包括拦马道敌台 03 ～ 05 号。自然基础，毛石干垒，坍塌严重，向两侧摊铺开，呈埂状。此段墙体位于后城镇与东卯镇之间的山脊上，山势陡峭，大部分外侧为悬崖、陡坡，内侧有少部分峭壁，大部分为陡坡，墙体两侧植被多为低矮杂草和灌木。

18. 后城拦马道长城 3 段 1307323821006170018

位于后城镇拦马道村东南约 1.3 千米，起点坐标：东经 116° 06′ 39.50″，北纬 40° 50′ 52.90″，高程 1239 米，止点坐标：东经 116° 06′ 41.70″，北纬 40° 51′ 00.70″，高程 1273 米。

山险长 256 米。此段墙体为陡峭的悬崖，山势极险，两侧植被覆盖多为低矮杂草和灌木。

19. 后城拦马道长城 4 段 1307323821002170019

位于后城镇拦马道村东约 1.3 千米、平路口村北约 1.1 千米，起点坐标：东经 116° 06′ 41.70″，北纬 40° 51′ 00.70″，高程 1273 米，止点坐标：东经 116° 05′ 59.50″，北纬 40° 52′ 27.20″，高程 1359 米。

墙体长 3587 米，其间设敌台 7 座，烽火台 1 座，包括拦马道敌台 06 号、平路口敌台 01 ～ 06 号、拦马道烽火台 02 号。自然基础，毛石干垒，坍塌严重，向两侧摊铺开，呈埂状。此段墙体位于后城镇与东卯镇之间的山脊上，山势陡峭，大部分外侧为悬崖、陡坡，内侧有少部分峭壁，大部分为陡坡，墙体两侧植被多为低矮杂草和灌木。

20. 后城拦马道长城 5 段 1307323821006170020

位于后城镇平路口村北约 1.1 千米，起点坐标：东经 116° 05′ 59.50″，北纬 40° 52′ 27.20″，高程 1359 米，止点坐标：东经 116° 06′ 00.10″，北纬 40° 52′ 29.90″，高程 1301 米。

山险长 87 米。此段墙体位于后城镇与东卯镇之间的山脊上，山势陡峭，大部分外侧为悬崖、陡坡，内侧有少部分峭壁，大部分为陡坡，墙体两侧植被多为低矮杂草和灌木。

21. 后城水泉沟长城 1307323821002170021

位于后城镇平路口村北约 1.2 千米、水泉沟村东北约 1 千米，西北距大庄科村约 1.6 千米，起点坐标：东经 116° 06′ 00.10″，北纬 40° 52′ 29.90″，高程 1301 米，止点坐标：东经 116° 04′ 53.80″，北纬 40° 53′ 21.90″，高程 1305 米。

墙体长 2389 米，其间设烽火台 5 座，包括平路口烽火台 01、03 号，水泉沟烽火台 01 ～ 03 号。自然基础，毛石干垒，坍塌严重，向两侧摊铺开，呈埂状。此段墙体位于后城镇与东卯镇之间的山脊上，山势陡峭，大部分外侧为悬崖、陡坡，内侧有少部分峭壁，大部分为陡坡，墙体两侧植被多为低矮杂草和灌木。

22. 后城大庄科长城 1307323821002170022

位于后城镇水泉沟村东北约 1 千米、大庄科村西北约 2.6 千米处的"白草鞍梁"上，起点坐标：东经

116° 04′ 53.80″，北纬 40° 53′ 21.90″，高程 1305 米，止点坐标：东经 116° 02′ 52.40″，北纬 40° 54′ 51.40″，高程 1304 米。

墙体长 4483 米，其间设敌台 5 座，烽火台 4 座，包括大庄科敌台 01 ～ 05 号，水泉沟烽火台 04 号、大庄科烽火台 01 ～ 03 号。自然基础，毛石干垒，坍塌严重，向两侧摊铺开，呈埂状。此段墙体位于后城镇与东卯镇之间的山脊上，山势陡峭，外侧大部分为悬崖、陡坡，内侧有少部分峭壁，大部分为陡坡，墙体两侧植被多为低矮杂草和灌木。

23. 龙门所赵家庄长城 1 段 130732382102170023

位于后城镇大庄科村西北约 2.6 千米、龙门所镇赵家庄村东南约 3.5 千米处，起点坐标：东经 116° 02′ 52.40″，北纬 40° 54′ 51.40″，高程 1304 米，止点坐标：东经 116° 02′ 26.40″，北纬 40° 55′ 06.20″，高程 1168 米。

墙体长 1039 米，其间设敌台 1 座，烽火台 1 座，包括庙湾敌台 01 号，庙湾烽火台 01 号。自然基础，毛石干垒，顶宽 1.3 米，残高 1 米，坍塌严重，向两侧摊铺开，呈埂状。此段墙体位于后城镇与东卯镇之间的山脊上，山势陡峭，外侧大部分为悬崖、陡坡，内侧有少部分峭壁，大部分为陡坡，墙体两侧植被多为低矮杂草和灌木。

24. 龙门所赵家庄长城 2 段 130732382106170024

位于龙门所镇赵家庄村东南约 3.5 千米处，起点坐标：东经 116° 02′ 26.40″，北纬 40° 55′ 06.20″，高程 1168 米，止点坐标：东经 116° 02′ 25.10″，北纬 40° 55′ 05.60″，高程 1167 米。

山险长 37 米，此段墙体位于后城镇与东卯镇之间的山脊上，山势陡峭，外侧大部分为悬崖、陡坡，内侧有少部分峭壁，大部分为陡坡，墙体两侧植被多为低矮杂草和灌木。

25. 龙门所赵家庄长城 3 段 130732382102170025

位于龙门所镇赵家庄村东南约 3.5 千米处，起点坐标：东经 116° 02′ 25.10″，北纬 40° 55′ 05.60″，高程 1167 米，止点坐标：东经 116° 01′ 36.70″，北纬 40° 56′ 52.20″，高程 1095 米。

墙体长 4246 米，其间设敌台 5 座，烽火台 6 座，包括庙湾敌台 02、03 号、马营口敌台 01、02 号、赵家庄敌台 01 号、庙湾烽火台 02、03 号、马营口烽火台 01、02 号、赵家庄烽火台 01、02 号。自然基础，毛石干垒，残宽 1 ～ 3.8 米，残高 0.9 ～ 2.3 米。坍塌严重，向两侧摊铺开，呈埂状。此段墙体位于龙门所镇与东万口乡之间的山脊上，山势陡峭，外侧大部分为悬崖、陡坡，内侧有少部分峭壁，大部分为陡坡，墙体两侧植被多为低矮杂草和灌木。

26. 龙门所赵家庄长城 4 段 130732382102170026

位于龙门所镇赵家庄村东北约 650 米处，起点坐标：东经 116° 01′ 36.70″，北纬 40° 56′ 52.20″，高程 1095 米，止点坐标：东经 116° 01′ 16.70″，北纬 40° 57′ 37.80″，高程 1266 米。

墙体长 2066 米，其间设敌台 3 座，烽火台 4 座，包括赵家庄敌台 02 ～ 04 号，赵家庄烽火台 03 ～ 06 号。自然基础，毛石干垒，顶部残宽 2.3 米、外侧残高 1.1 ～ 2 米、内侧残高 1.4 ～ 2.2 米，坍塌严重，向两侧摊铺开，呈埂状。此段墙体位于龙门所镇与东万口乡之间的山脊上，山势陡峭，大部分外侧为悬崖、陡坡，内侧有少部分峭壁，大部分为陡坡，墙体两侧植被多为低矮杂草和灌木。

27. 龙门所赵家庄长城 5 段 130732382106170027

位于龙门所镇赵家庄村北侧约 1.7 千米处，起点坐标：东经 116° 01′ 16.70″，北纬 40° 57′ 37.80″，高程 1266 米，止点坐标：东经 116° 01′ 18.90″，北纬 40° 57′ 40.20″，高程 1227 米。

山险长 94 米。此段墙体位于后城镇与东卯镇之间的山脊上，山势陡峭，外侧大部分为悬崖、陡坡，内侧有少部分峭壁，大部分为陡坡，墙体两侧植被多为低矮杂草和灌木。

28. 龙门所赵家庄长城 6 段 130732382102170028

位于龙门所镇赵家庄村北侧约 1.8 千米处，起点坐标：东经 116° 01′ 18.90″，北纬 40° 57′ 40.20″，高程 1227 米，止点坐标：东经 116° 01′ 17.70″，北纬 40° 57′ 41.70″，高程 1224 米。

墙体长 58 米，自然基础，毛石干垒，坍塌严重，向两侧摊铺开，呈埂状。此段墙体位于龙门所镇与东万口乡之间的山脊上，山势陡峭，外侧大部分为悬崖、陡坡，内侧有少部分峭壁，大部分为陡坡，墙体两侧植被多为低矮杂草和灌木。

29. 龙门所郭家窑长城 1 段 130732382106170029

位于龙门所镇赵家庄村北侧约 1.8 千米、郭家窑村东南侧约 3 千米处，起点坐标：东经 116° 01′ 17.70″，北纬 40° 57′ 41.70″，高程 1224 米，止点坐标：东经 116° 01′ 22.10″，北纬 40° 57′ 47.60″，高程 1244 米。

山险长 208 米，其间设烽火台 1 座，包括郭家窑烽火台 01 号。此段墙体位于后城镇与东卯镇之间的山脊上，山势陡峭，外侧大部分为悬崖、陡坡，内侧有少部分峭壁，大部分为陡坡，墙体两侧植被多为低矮杂草和灌木。

30. 龙门所郭家窑长城 2 段 130732382102170030

位于龙门所镇郭家窑村东南侧约 3 千米处，起点坐标：东经 116° 01′ 22.10″，北纬 40° 57′ 47.60″，高程 1244 米，止点坐标：东经 116° 01′ 22.60″，北纬 40° 57′ 49.40″，高程 1242 米。

墙体长 66 米，自然基础，毛石干垒，坍塌严重，向两侧摊铺开，呈埂状。此段墙体位于龙门所镇与东万口乡之间的山脊上，山势陡峭，外侧大部分为悬崖、陡坡，内侧有少部分峭壁，大部分为陡坡，墙体两侧植被多为低矮杂草和灌木。

31. 龙门所郭家窑长城 3 段 130732382106170031

位于龙门所镇郭家窑村东南侧约 3 千米处，起点坐标：东经 116° 01′ 22.60″，北纬 40° 57′ 49.40″，高程 1242 米，止点坐标：东经 116° 01′ 22.10″，北纬 40° 57′ 52.00″，高程 1245 米。

山险长 85 米，此段墙体位于后城镇与东卯镇之间的山脊上，山势陡峭，外侧大部分为悬崖、陡坡，内侧有少部分峭壁，大部分为陡坡，墙体两侧植被多为低矮杂草和灌木。

32. 龙门所郭家窑长城 4 段 130732382102170032

位于龙门所镇郭家窑村东南侧约 3 千米处，起点坐标：东经 116° 01′ 22.10″，北纬 40° 57′ 52.00″，高程 1245 米，止点坐标：东经 116° 01′ 22.00″，北纬 40° 58′ 03.60″，高程 1243 米。

墙体长 398 米，自然基础，毛石干垒，墙顶宽 1.7 米，内侧残高 0.8 米，外侧残高 0.7 米，坍塌严重，向两侧摊铺开，呈埂状。此段墙体位于龙门所镇与东万口乡之间的山脊上，山势陡峭，外侧大部分为悬崖、陡坡，内侧有少部分峭壁，大部分为陡坡，墙体两侧植被多为低矮杂草和灌木。

33. 龙门所郭家窑长城 5 段 130732382106170033

位于龙门所镇郭家窑村东南侧约 2.8 千米处，起点坐标：东经 116° 01′ 22.00″，北纬 40° 58′ 03.60″，高程 1243 米，止点坐标：东经 116° 01′ 20.80″，北纬 40° 58′ 05.80″，高程 1248 米。

山险长 75 米，其间设烽火台 1 座，包括郭家窑烽火台 02 号。此段墙体位于后城镇与东卯镇之间的山脊上，山势陡峭，外侧大部分为悬崖、陡坡，内侧有少部分峭壁，大部分为陡坡，墙体两侧植被多为低矮杂草和灌木。

34. 龙门所郭家窑长城 6 段 130732382102170034

位于龙门所镇郭家窑村东南侧约 2.7 千米处，起点坐标：东经 116° 01′ 20.80″，北纬 40° 58′ 05.80″，高程 1248 米，止点坐标：东经 116° 00′ 18.70″，北纬 40° 59′ 28.50″，高程 1265 米。

墙体长 3523 米，其间设敌台 4 座，烽火台 5 座，包括郭家窑敌台 01～04 号，郭家窑烽火台 03～07 号。自然基础，毛石干垒，墙顶宽 1.5～2.2 米，内侧残高 1.3～2.1 米，外侧残高 0.7～1.8 米。坍塌严重，向两侧摊铺开，呈埂状。此段墙体位于龙门所镇与东万口乡之间的山脊上，山势陡峭，外侧大部分为悬崖、陡坡，内侧有少部分峭壁，大部分为陡坡，墙体两侧植被多为低矮杂草和灌木。

35. 龙门所青平楼长城 1 段 130732382102170035

位于龙门所镇郭家窑村东北侧约 1.6 千米、青平楼村东北侧约 1.4 千米处，起点坐标：东经 116° 00′ 18.70″，北纬 40° 59′ 28.50″，高程 1265 米，止点坐标：东经 116° 00′ 18.70″，北纬 41° 00′ 41.60″，高程 1404 米。

墙体长 2800 米，其间设敌台 4 座，包括青平楼敌台 01～04 号。自然基础，毛石干垒，顶部残宽 0.7～1.5 米，外侧残高 1 米，内侧残高 2.5 米。坍塌严重，向两侧摊铺开，呈埂状。此段墙体位于龙门所镇与东万口乡之间的山脊上，山势陡峭，外侧大部分为悬崖、陡坡，内侧有少部分峭壁，大部分为陡坡，墙体两侧植被多为低矮杂草和灌木。

36. 龙门所青平楼长城 2 段 130732382106170036

位于龙门所镇青平楼村东北侧约 1.4 千米处，起点坐标：东经 116° 00′ 18.70″，北纬 41° 00′ 41.60″，高程 1404 米，止点坐标：东经 116° 00′ 18.80″，北纬 41° 00′ 42.50″，高程 1405 米。

墙体为山险墙，长 28 米，其间设敌台 1 座，为青平楼敌台 05 号。此段墙体位于后城镇与东卯镇之间的山脊上，山势陡峭，外侧大部分为悬崖、陡坡，内侧有少部分峭壁，大部分为陡坡，墙体两侧植被多为低矮杂草和灌木。

37. 龙门所青平楼长城 3 段 130732382102170037

位于龙门所镇青平楼村东北侧约 1.4 千米处，起点坐标：东经 116° 00′ 18.80″，北纬 41° 00′ 42.50″，高程 1405 米，止点坐标：东经 115° 59′ 52.10″，北纬 41° 00′ 32.50″，高程 1223 米。

墙体长 767 米，其间设敌台 1 座，为青平楼敌台 06 号。自然基础，毛石干垒，坍塌严重，坍塌面宽约 3～6 米，向两侧摊铺开，呈埂状。此段墙体位于龙门所镇与东万口乡之间的山脊上，山势陡峭，外侧大部分为悬崖、陡坡，内侧有少部分峭壁，大部分为陡坡，墙体两侧植被多为低矮杂草和灌木。

38. 红沙垴附线长城 1 段 130732382102170038

位于后城镇小庄科村西北侧约 1.3 千米处，起点坐标：东经 116° 02′ 50.60″，北纬 40° 54′ 39.10″，高程 1279 米，止点坐标：东经 116° 03′ 05.10″，北纬 40° 53′ 39.50″，高程 1239 米。

墙体长 2215 米，其间设烽火台 3 座，包括小庄科烽火台 01、02、04 号。自然基础，毛石干垒，坍塌严重，坍塌面宽 3 ～ 5 米，向两侧摊铺开，呈埂状，墙体两侧植被多为低矮杂草和灌木。

39. 红沙垴附线长城 2 段 130732382106170039

位于后城镇小庄科村西南侧约 800 米处，起点坐标：东经 116° 03′ 05.10″，北纬 40° 53′ 39.50″，高程 1239 米，止点坐标：东经 116° 03′ 06.50″，北纬 40° 53′ 35.50″，高程 1236 米。

山险长 132 米，墙体两侧植被多为低矮杂草和灌木。

40. 红沙垴附线长城 3 段 130732382102170040

位于后城镇小庄科村西南侧约 900 米、崔家沟村西侧约 600 米处，起点坐标：东经 116° 03′ 06.50″，北纬 40° 53′ 35.50″，高程 1236 米，止点坐标：东经 116° 02′ 46.80″，北纬 40° 51′ 59.90″，高程 1116 米。

墙体长 3967 米，其间设烽火台 4 座，包括大庄科烽火台 05 号、张家窑烽火台 01 号、祁家窑烽火台 01 号、崔家沟烽火台 01 号。自然基础，毛石干垒，残宽 3 ～ 6 米，残高 1.6 ～ 2.5 米。坍塌严重，大面积的向坡下散落，墙体两侧为坡，植被覆盖多为低矮杂草和灌木。

41. 红沙垴附线长城 4 段 130732382106170041

位于后城镇崔家沟村西侧约 600 米处，起点坐标：东经 116° 02′ 46.80″，北纬 40° 51′ 59.90″，高程 1116 米，止点坐标：东经 116° 02′ 50.40″，北纬 40° 51′ 56.50″，高程 1123 米。

山险长 135 米，山上植被多为茂密的杂草和灌木。

42. 红沙垴附线长城 5 段 130732382102170042

位于后城镇崔家沟村西侧约 500 米处，起点坐标：东经 116° 02′ 50.40″，北纬 40° 51′ 56.50″，高程 1123 米，止点坐标：东经 116° 02′ 43.20″，北纬 40° 51′ 49.00″，高程 1062 米。

墙体长 330 米，其间设烽火台 1 座，包括崔家沟烽火台 02 号。自然基础，毛石干垒，残宽 1.1 ～ 2.4 米，残高 0.5 ～ 1.7 米。X405 公路穿过形成豁口，坍塌严重，大面积向坡下散落，墙体两侧植被多为低矮杂草和灌木。

43. 红沙垴附线长城 6 段 130732382102170043

位于赤城县后城镇崔家沟村西南侧约 700 米处，起点坐标：东经 116° 02′ 43.20″，北纬 40° 51′ 49.00″，高程 1062 米，止点坐标：东经 116° 02′ 43.50″，北纬 40° 51′ 48.40″，高程 1054 米。

墙体长 23 米，X405 公路穿过形成豁口。

44. 红沙垴附线长城 7 段 130732382102170044

位于后城镇崔家沟村西南侧约 750 米、张寺沟村西南侧约 1.2 千米处，起点坐标：东经 116° 02′ 43.50″，北纬 40° 51′ 48.40″，高程 1054 米，止点坐标：东经 116° 02′ 26.20″，北纬 40° 51′ 20.80″，高程 1157 米。

墙体长 1257 米，其间设烽火台 2 座，包括张寺沟烽火台 01、02 号。自然基础，毛石干垒，残宽

1.1～3.5 米，残高 0.7～1.1 米。坍塌严重，向两侧摊铺开，呈埂状，墙体两侧植被多为低矮杂草和灌木。

45. 红沙埌附线长城 8 段 130732382106170045

位于后城镇张寺沟村西南侧约 1.2 千米，起点坐标：东经 116° 02′ 26.20″，北纬 40° 51′ 20.80″，高程 1157 米，止点坐标：东经 116° 02′ 06.50″，北纬 40° 51′ 21.30″，高程 1178 米。

山险长 464 米，山势陡峭，山上植被多为茂密的杂草和灌木。

46. 红沙埌附线长城 9 段 130732382102170046

位于后城镇张寺沟村西南侧约 1.6 千米、王庄子村西北侧约 1.6 千米处，起点坐标：东经 116° 02′ 06.50″，北纬 40° 51′ 21.30″，高程 1178 米，止点坐标：东经 116° 01′ 32.20″，北纬 40° 49′ 13.50″，高程 1351 米。

墙体长 5393 米，其间设烽火台 7 座，包括辛墩烽火台 01～04 号、庄户窑烽火台 01～03 号。自然基础，毛石干垒，残宽 1.1～3.4 米，残高 0.6～1.7 米。坍塌严重，向两侧摊铺开，呈埂状，墙体两侧植被多为低矮杂草和灌木。

47. 胡家窑长城 1 段 130732382102170047

位于镇宁堡乡胡家窑村东北侧约 1.9 千米处，起点坐标：东经 115° 35′ 37.80″，北纬 40° 59′ 02.60″，高程 1166 米，止点坐标：东经 115° 35′ 05.10″，北纬 40° 58′ 51.50″，高程 1308 米。

墙体长 973 米，其间设烽火台 1 座，为胡家窑烽火台 01 号。自然基础，毛石干垒，残宽 0.4～1.2 米，残高 0.7～1.5 米。坍塌严重，向两侧摊铺开，呈埂状，墙体两侧植被多为低矮杂草和灌木。

48. 菜树梁长城 1 段 130732382102170048

位于东卯镇十八亩地村东南侧约 1.5 千米处，起点坐标：东经 116° 11′ 51.20″，北纬 40° 47′ 54.70″，高程 1184 米，止点坐标：东经 116° 11′ 46.20″，北纬 40° 48′ 06.40″，高程 1077 米。

墙体长 416 米，自然基础，毛石干垒，残宽 0.8～1.7 米，残高 0.5～1.3 米。坍塌严重，山势陡峭，大部分为悬崖、陡坡，植被覆盖多为低矮杂草和灌木。

49. 菜树梁长城 2 段 130732382106170049

位于东卯镇十八亩地村东南侧约 1.2 千米处，起点坐标：东经 116° 11′ 46.20″，北纬 40° 48′ 06.40″，高程 1077 米，止点坐标：东经 116° 11′ 46.40″，北纬 40° 48′ 08.10″，高程 1084 米。

山险长 55 米，山势陡峭，两侧大部分为悬崖、陡坡，山上植被多为茂密的杂草和灌木。

50. 菜树梁长城 3 段 130732382102170050

位于东卯镇十八亩地村东南侧约 1.1 千米、下缸房村东北侧约 1.4 千米处，起点坐标：东经 116° 11′ 46.40″，北纬 40° 48′ 08.10″，高程 1084 米，止点坐标：东经 116° 11′ 59.30″，北纬 40° 49′ 13.80″，高程 1014 米。

墙体长 2188 米，其间设烽火台 2 座，包括十八亩地烽火台 02、03 号。自然基础，毛石干垒，残宽 2～3 米，残高 1～2.1 米。坍塌严重，向两侧摊铺开，呈埂状。山势陡峭，大部分为悬崖、陡坡，山上植被多为茂密的杂草和灌木。

51. 菜树梁长城 4 段 130732382106170051

位于东卯镇下缸房村东北侧约 1.4 千米处，起点坐标：东经 116° 11′ 59.30″，北纬 40° 49′ 13.80″，高程 1014 米，止点坐标：东经 116° 12′ 03.30″，北纬 40° 49′ 17.30″，高程 1033 米。

山险长 148 米，山势陡峭，两侧大部分为悬崖、陡坡，植被覆盖多为茂密的杂草和灌木。

52. 菜树梁长城 5 段 130732382102170052

位于东卯镇下缸房村东北侧约 1.5 千米处，起点坐标：东经 116° 12′ 03.30″，北纬 40° 49′ 17.30″，高程 1033 米，止点坐标：东经 116° 12′ 12.60″，北纬 40° 49′ 27.60″，高程 1020 米。

墙体长 428 米，自然基础，毛石干垒，残宽 1.5～2.5 米，残高 0.5～1.2 米。坍塌严重，向两侧摊铺开，山势陡峭，两侧大部分为悬崖、陡坡，植被覆盖多为茂密的杂草和灌木。

53. 菜树梁长城 6 段 130732382106170053

位于东卯镇下缸房村东北侧约 1.9 千米处，起点坐标：东经 116° 12′ 12.60″，北纬 40° 49′ 27.60″，高程 1020 米，止点坐标：东经 116° 12′ 07.00″，北纬 40° 49′ 38.90″，高程 1078 米。

山险长 385 米，山势陡峭，两侧大部分为悬崖、陡坡，植被覆盖多为茂密的杂草和灌木。

54. 菜树梁长城 7 段 130732382102170054

位于东卯镇下缸房村东北侧约 2 千米处，起点坐标：东经 116° 12′ 07.00″，北纬 40° 49′ 38.90″，高程 1078 米，止点坐标：东经 116° 12′ 08.50″，北纬 40° 49′ 44.20″，高程 1064 米。

墙体长 173 米，自然基础，毛石干垒，残宽 1.5～2.5 米，残高 0.4～1.2 米。坍塌严重，向两侧摊铺开，山势陡峭，两侧大部分为悬崖、陡坡，植被覆盖多为茂密的杂草和灌木。

55. 菜树梁长城 8 段 130732382106170055

位于东卯镇下缸房村东北侧约 2.2 千米处，起点坐标：东经 116° 12′ 08.50″，北纬 40° 49′ 44.20″，高程 1064 米，止点坐标：东经 116° 12′ 06.50″，北纬 40° 49′ 46.70″，高程 1067 米。

山险长 92 米，山势陡峭，两侧大部分为悬崖、陡坡，植被覆盖多为茂密的杂草和灌木。

56. 菜树梁长城 9 段 130732382102170056

位于东卯镇下缸房村东北侧约 2.2 千米处，起点坐标：东经 116° 12′ 06.50″，北纬 40° 49′ 46.70″，高程 1067 米，止点坐标：东经 116° 12′ 06.10″，北纬 40° 49′ 48.50″，高程 1073 米。

墙体长 60 米，其间设烽火台 1 座，为中碌碡湾烽火台 01 号。自然基础，毛石干垒，残宽 1.1～2.4 米，残高 0.7～1.6 米。坍塌严重，向两侧摊铺开，山势陡峭，两侧大部分为悬崖、陡坡，植被覆盖多为茂密的杂草和灌木。

57. 巴图营长城 1 段 130732382102170057

位于东万口乡巴图营村东南侧约 4.3 千米处，起点坐标：东经 116° 07′ 35.10″，北纬 40° 55′ 14.20″，高程 787 米，止点坐标：东经 116° 07′ 08.40″，北纬 40° 55′ 24.90″，高程 905 米。

墙体长 775 米，其间设烽火台 2 座，包括茨营子烽火台 03、04 号。自然基础，毛石干垒，残宽 0.9～1.2 米，残高 0.9 米，坍塌严重，向两侧摊铺开。山势陡峭，两侧大部分为悬崖、陡坡，植被覆盖多为茂密的杂草和灌木。

58. 巴图营长城 2 段 130732382106170058

位于东万口乡巴图营村东南侧约 3.6 千米处，起点坐标：东经 116° 07′ 08.40″，北纬 40° 55′ 24.90″，高程 905 米，止点坐标：东经 116° 07′ 06.10″，北纬 40° 55′ 25.40″，高程 921 米。

山险长 59 米，山势陡峭，两侧大部分为悬崖、陡坡，植被覆盖多为茂密的杂草和灌木。

59. 巴图营长城 3 段 130732382102170059

位于东万口乡巴图营村东南侧约 3.5 千米处，起点坐标：东经 116° 07′ 06.10″，北纬 40° 55′ 25.40″，高程 921 米，止点坐标：东经 116° 06′ 44.80″，北纬 40° 55′ 31.30″，高程 1003 米。

墙体长 586 米，其间设敌台 5 座，烽火台 4 座，包括金鸡梁敌台 08 ～ 12 号，金鸡梁烽火台 02 ～ 05 号。自然基础，毛石干垒，残宽 0.5 ～ 1.9 米，残高 0.4 ～ 1.4 米。坍塌严重，向两侧摊铺开，呈埂状，墙体两侧植被多为低矮杂草和灌木。

60. 巴图营长城 4 段 130732382106170060

位于东万口乡巴图营村东南侧约 3 千米处，起点坐标：东经 116° 06′ 44.80″，北纬 40° 55′ 31.30″，高程 1003 米，止点坐标：东经 116° 06′ 41.90″，北纬 40° 55′ 29.70″，高程 1012 米。

山险长 85 米，山上植被多为茂密的杂草和灌木。

61. 巴图营长城 5 段 130732382102170061

位于东万口乡巴图营村东南侧约 3 千米处，起点坐标：东经 116° 06′ 41.90″，北纬 40° 55′ 29.70″，高程 1012 米，止点坐标：东经 116° 06′ 37.50″，北纬 40° 55′ 25.90″，高程 1013 米。

墙体长 171 米，自然基础，毛石干垒，残宽 1.1 ～ 2.4 米，残高 0.2 ～ 0.9 米。坍塌严重，向两侧摊铺开，呈埂状，墙体两侧植被多为低矮杂草和灌木。

62. 巴图营长城 6 段 130732382106170062

位于东万口乡巴图营村东南侧约 3 千米处，起点坐标：东经 116° 06′ 37.50″，北纬 40° 55′ 25.90″，高程 1013 米，止点坐标：东经 116° 06′ 33.20″，北纬 40° 55′ 24.50″，高程 1008 米。

山险长 111 米，两侧为陡坡，山上植被覆盖多为茂密的杂草和灌木。

63. 巴图营长城 7 段 130732382102170063

位于东万口乡巴图营村东南侧约 3 千米处，起点坐标：东经 116° 06′ 33.20″，北纬 40° 55′ 24.50″，高程 1008 米，止点坐标：东经 116° 05′ 15.30″，北纬 40° 56′ 18.30″，高程 812 米。

墙体长 3318 米，其间设烽火台 4 座，包括茨营子烽火台 07 号、巴图营烽火台 01 ～ 03 号。自然基础，毛石干垒，残宽 1.1 ～ 2.4 米，残高 0.9 ～ 2.7 米。坍塌严重，向两侧摊铺开，呈埂状，两侧为陡坡，植被多为低矮杂草和灌木。

64. 万水泉长城 1 段 130732382102170064

位于后城镇万水泉村东南侧约 450 米处，起点坐标：东经 116° 08′ 12.00″，北纬 40° 43′ 51.90″，高程 867 米，止点坐标：东经 116° 07′ 37.00″，北纬 40° 43′ 51.10″，高程 805 米。

墙体长 882 米，其间设敌台 3 座，包括万水泉长城敌台 01 ～ 03 号。自然基础，毛石干垒，残宽 2 ～ 5 米，残高 1 ～ 3.5 米。坍塌严重，向两侧摊铺开，呈埂状。内、外两侧均为缓坡，长有茂密的杂草及灌木，部分为农田。

65. 万水泉长城 2 段 130732382106170065

位于后城镇万水泉村西南侧约 400 米处，起点坐标：东经 116° 07′ 37.00″，北纬 40° 43′ 51.10″，高程 805 米，止点坐标：东经 116° 07′ 27.40″，北纬 40° 43′ 42.20″，高程 844 米。

山险长 356 米，墙体两侧山势陡峭，大部分为悬崖、陡坡，植被覆盖多为茂密的杂草和灌木。

66. 万水泉长城 3 段 130732382102170066

位于县后城镇万水泉村西南侧约 700 米处，起点坐标：东经 116° 07′ 27.40″，北纬 40° 43′ 42.20″，高程 844 米，止点坐标：东经 116° 07′ 26.00″，北纬 40° 43′ 41.10″，高程 848 米。

墙体长 50 米，其间设敌台 1 座，为万水泉长城敌台 04 号。自然基础，毛石干垒，残宽 2 ~ 2.4 米，残高 0.6 ~ 1 米。坍塌严重，向两侧摊铺开，呈埂状。内、外两侧地势陡峭，长有茂密的杂草及灌木。

67. 万水泉长城 4 段 130732382106170067

位于后城镇万水泉村西南侧约 800 米处，起点坐标：东经 116° 07′ 26.00″，北纬 40° 43′ 41.10″，高程 848 米，止点坐标：东经 116° 07′ 20.10″，北纬 40° 43′ 37.70″，高程 822 米。

山险长 175 米，山势陡峭，两侧大部分为悬崖、陡坡，植被多为茂密的杂草和灌木。

68. 万水泉长城 5 段 130732382102170068

位于后城镇万水泉村西南侧约 900 米、上堡村西北侧约 500 米处，起点坐标：东经 116° 07′ 20.10″，北纬 40° 43′ 37.70″，高程 822 米，止点坐标：东经 116° 06′ 10.50″，北纬 40° 43′ 36.60″，高程 840 米。

墙体长 1788 米，其间设敌台 5 座、烽火台 2 座，包括万水泉长城敌台 05 ~ 09 号，上堡烽火台 05、06 号。自然基础，毛石干垒，残宽 3 ~ 10 米，残高 1.5 ~ 3 米。坍塌严重，向两侧摊铺开，呈埂状。内、外两侧地势陡峭，长有茂密的杂草及灌木。

69. 寺沟长城第 1 段 130732382106170069

位于后城镇上堡村西北侧约 500 米、寺沟村西北侧约 300 米处，起点坐标：东经 116° 06′ 10.50″，北纬 40° 43′ 36.60″，高程 840 米，止点坐标：东经 116° 05′ 43.60″，北纬 40° 43′ 15.70″，高程 794 米。

山险长 906 米，其间设烽火台 4 座，包括寺沟烽火台 01 ~ 04 号。山势陡峭，大部分为悬崖、陡坡，植被多为茂密的杂草和灌木。

70. 寺沟长城第 2 段 130732382102170070

位于后城镇寺沟村西北侧约 300 米处，起点坐标：东经 116° 05′ 43.60″，北纬 40° 43′ 15.70″，高程 794 米，止点坐标：东经 116° 05′ 32.40″，北纬 40° 43′ 09.70″，高程 814 米。

墙体长 343 米，自然基础，毛石干垒，残宽 2.1 ~ 4.4 米，残高 1.1 ~ 1.7 米。坍塌严重，向两侧摊铺开，呈埂状。内、外两侧均为缓坡，长有茂密的杂草及灌木，外侧山坡上有小片松树林。

71. 大地长城第 1 段 130732382106170071

位于后城镇寺沟村西侧约 500 米、大地村东北侧约 450 米处，起点坐标：东经 116° 05′ 32.40″，北纬 40° 43′ 09.70″，高程 814 米，止点坐标：东经 116° 04′ 28.60″，北纬 40° 42′ 26.90″，高程 779 米。

山险长 2000 米，山势陡峭，大部分为悬崖、陡坡，山上植被多为茂密的杂草和灌木。

72. 大地长城第 2 段 130732382102170072

位于后城镇大地村东北侧约 450 米处，起点坐标：东经 116° 04′ 28.60″，北纬 40° 42′ 26.90″，高程 779 米，止点坐标：东经 116° 04′ 16.50″，北纬 40° 42′ 26.80″，高程 733 米。

墙体长 303 米，其间设敌台 2 座，包括大地长城敌台 01、02 号。自然基础，毛石干垒，残宽 1.1 ～ 2.4 米，残高 0.6 ～ 1.3 米。坍塌严重，向两侧摊铺开，呈埂状。内、外两侧均为缓坡，长有茂密的杂草及灌木，外侧山坡上有小片松树林。

73. 名旺庄长城 1 段 130732382102170073

位于后城镇名旺庄村东北侧约 2.6 千米处，起点坐标：东经 116° 01′ 53.10″，北纬 40° 43′ 56.90″，高程 1030 米，止点坐标：东经 116° 00′ 18.00″，北纬 40° 43′ 25.80″，高程 748 米。

墙体长 3197 米，其间设烽火台 1 座，包括名旺庄烽火台 05 号。自然基础，毛石干垒，残宽 1.1 ～ 2.8 米，残高 0.4 ～ 1.2 米。坍塌严重，向两侧摊铺开，呈埂状。内、外两侧均为缓坡，长有茂密的杂草及灌木，外侧山坡上有小片松树林。

74. 名旺庄长城 2 段 130732382102170074

位于后城镇名旺庄村北侧约 300 米处，起点坐标：东经 116° 00′ 18.00″，北纬 40° 43′ 25.80″，高程 748 米，止点坐标：东经 116° 00′ 09.80″，北纬 40° 43′ 28.80″，高程 828 米。

墙体长 217 米，自然基础，毛石干垒，残宽 0.9 ～ 1.7 米，残高 0.3 ～ 0.9 米。坍塌严重，向两侧摊铺开，呈埂状。内、外两侧均为缓坡，长有茂密的杂草及灌木，外侧山坡上有小片松树林。

75. 名旺庄长城 3 段 130732382102170075

位于后城镇名旺庄村西北侧约 400 米处，起点坐标：东经 116° 00′ 09.80″，北纬 40° 43′ 28.80″，高程 828 米，止点坐标：东经 115° 57′ 36.60″，北纬 40° 42′ 59.40″，高程 1189 米。

墙体长 4655 米，其间设烽火台 4 座，包括名旺庄烽火台 01 ～ 04 号。自然基础，毛石干垒，残宽 1.1 ～ 2.4 米，残高 1.3 ～ 1.8 米。坍塌严重，向两侧摊铺开，呈埂状。内、外两侧均为缓坡，长有茂密的杂草及灌木。

76. 青平楼长城 4 段 130732382102170076

位于龙门所镇青平楼村北 1.2 千米处，起点坐标：东经 115° 59′ 32.5″，北纬 41° 00′ 13.10″，高程 1220 米，止点坐标：东经 115° 58′ 56.9″，北纬 41° 01′ 15.00″，高程 1466 米。

墙体长 2100 米，其间设敌台 1 座，烽火台 6 座，包括青平楼北 01 号敌台，青平楼北 01 ～ 06 号烽火台。自然基础，毛石干垒，残宽 1.1 ～ 5.2 米，残高 2 ～ 3.5 米。坍塌严重，向两侧摊铺开，呈埂状。内、外两侧均为缓坡，部分为农田。后段为山险，北侧为陡崖，南侧为陡坡，植被以荆、葛及杂草为主。

77. 青平楼长城 5 段 130732382102170077

位于龙门所镇青平楼村西北 1.6 千米，起点坐标：东经 115° 58′ 56.9″，北纬 41° 01′ 15.00″，高程 1466 米，止点坐标：东经 115° 58′ 59.4″，北纬 41° 02′ 13.90″，高程 1482 米。

墙体长 2260 米，其间设敌台 2 座，烽火台 4 座，包括二道边 01、02 号敌台，青平楼北 07、08

号烽火台、外东沟 01、02 号烽火台。自然基础，毛石干垒，残宽 4.8～6.8 米，残高 2.6～3.8 米。坍塌严重，向两侧摊铺开，呈埂状。墙体向西北缓慢向下，内、外两侧均为缓坡，植被以荆、葛及杂草为主。

78. 里东沟长城 1 段 130732382102170078

位于龙门所镇里东沟东南 1.2 千米，起点坐标：东经 115° 58′ 59.4″，北纬 41° 02′ 13.90″，高程 1482 米，止点坐标：东经 115° 57′ 59.3″，北纬 41° 03′ 44.00″，高程 1490 米。

墙体长 3700 米，其间设烽火台 8 座，包括外东沟 03 号烽火台、里东沟 01～06 号烽火台、望天嵯 01 号烽火台。自然基础，毛石干垒，残宽 4.8～6.2 米，残高 2.6～3.8 米。坍塌严重，向两侧摊铺开，呈埂状。内、外两侧均为缓坡，植被以荆、葛及杂草为主。

79. 里东沟长城 2 段 130732382102170079

位于龙门所镇里东沟村正北北约 2.2 千米、望天崖东南 1.4 千米山顶后，起点坐标：东经 115° 57′ 59.3″，北纬 41° 03′ 44.00″，高程 1490 米，止点坐标：东经 115° 56′ 48.2″，北纬 41° 04′ 46.00″，高程 1513 米。

墙体长 3000 米，其间设烽火台 7 座，包括望天嵯 02～05 号烽火台、后楼 01～03 号烽火台。自然基础，毛石干垒，残宽 4.5～6.2 米，残高 2.3～3.8 米。随山势由西南向东北而上，坍塌严重，向两侧摊铺开。内、外两侧均为缓坡，植被以荆、葛及杂草为主。

80. 北扃山长城 1 段 130732382102170080

位于望天嵯西北 2 千米山顶、北扃山西北 200 米，起点坐标：东经 115° 56′ 48.2″，北纬 41° 04′ 46.0″，高程 1513 米，止点坐标：东经 115° 55′ 3.5″，北纬 41° 04′ 46.0″，高程 1763 米。

墙体长 3000 米，其间设烽火台 7 座，包括后楼 04～10 号烽火台。自然基础，毛石干垒，残宽 3.7～6.1 米，残高 2.4～3.8 米。随山势由东向西而上，坍塌严重，向两侧摊铺开，内、外两侧均为缓坡，植被以荆、葛及杂草为主，部分为野生桃树及人工种植松柏。

81. 北扃山长城 2 段 130732382102170081

位于云州乡北扃山西北 200 米、张鹿角沟村东 1.8 千米，起点坐标：东经 115° 55′ 3.5″，北纬 41° 04′ 59.6″，高程 1763 米，止点坐标：东经 115° 55′ 37.6″，北纬 41° 06′ 49.6″，高程 1476 米。

墙体长 3750 米，其间设烽火台 7 座，包括后楼 04～10 号烽火台。自然基础，毛石干垒，残宽 5.2～6.4 米，残高 2～3.5 米。随山势由南向北而上，坍塌严重，向两侧摊铺开。内、外两侧均为缓坡，两侧植被以荆、葛及杂草为主，部分为野生桃树及人工种植松柏。

82. 张鹿角沟长城 1 段 130732382102170082

位于云州乡张鹿角沟村东 1.6 千米，起点坐标：东经 115° 55′ 27.6″，北纬 41° 06′ 37.4″，高程 1535 米，止点坐标：东经 115° 54′ 58.5″，北纬 41° 7′ 18.7″，高程 1156 米。

墙体长 1600 米，其间设烽火台 1 座，包括张鹿角 05 号烽火台。自然基础，毛石干垒，残宽 4.8～6.8 米，残高 1.6～2.5 米。坍塌严重，向两侧摊铺开。内、外两侧均为缓坡，两侧植被以荆、葛及杂草为主，部分为野生桃树及人工种植松柏。

83. 张鹿角沟长城 2 段 130732382102170083

位于云州乡张鹿角沟村东 1.8 千米、青虎沟村东北 2 千米，起点坐标：东经 115° 55′ 37.6″，北纬 41° 06′ 49.6″，高程 1476 米，止点坐标：东经 115° 55′ 51.7″，北纬 41° 08′ 51.5″，高程 1589 米。

墙体长 4080 米，其间设敌台 2 座，烽火台 9 座，包括张鹿角沟 01、02 号敌台，张鹿角沟 03 号烽火台、大石头沟 01～03 号烽火台、青虎沟 01～05 号烽火台。自然基础，毛石干垒，残宽 4.8～6.2 米，残高 1.6～3.2 米。随山势由南向北而上，坍塌严重，向两侧摊铺开，呈埂状。内、外两侧均为缓坡，两侧植被以荆、葛及杂草为主，部分为野生桃树及人工种植松柏。

84. 青虎沟长城 1 段 130732382102170084

位于镇宁堡乡青虎沟村东北 2 千米、周家窑子东北 1.2 千米，坐标：东经 115° 55′ 51.7″，北纬 41° 08′ 51.5″，高程 1589 米，止点坐标：东经 115° 54′ 45.2″，北纬 41° 09′ 01.5″，高程 1463 米。

墙体长 1700 米，其间设敌台 1 座，烽火台 4 座，包括红山咀 01 号敌台，青虎沟 06、07 号烽火台、红山咀村 01、02 号烽火台。自然基础，毛石干垒，残宽 4.8～6.2 米，残高 1.2～1.9 米。随山势由南向北而上，坍塌严重，向两侧摊铺开。内、外两侧均为缓坡，两侧植被以荆、葛及杂草为主，部分为野生桃树及人工种植松柏。

85. 青虎沟长城 2 段 130732382102170085

位于云州乡周家窑子村东北 1.2 千米、长沟门村西南 2.5 千米，起点坐标：东经 115° 54′ 45.2″，北纬 41° 09′ 01.5″，高程 1463 米，止点坐标：东经 115° 53′ 52.2″，北纬 41° 01′ 06.5″，高程 1682 米。

墙体长 2700 米，其间设敌台 1 座，烽火台 6 座，包括红山咀 02 号敌台、红山咀村 03～06 号烽火台、长沟门 01、02 号烽火台。自然基础，毛石干垒，残宽 4.8～6.2 米，残高 1.2～1.9 米。随山势由南向北而上，坍塌严重，向两侧摊铺开，呈埂状。内、外两侧均为缓坡，两侧植被以荆、葛及杂草为主，部分为野生桃树及人工种植松柏。

86. 红房窑长城 1 段 130732382102170086

位于赤城县红房窑村正东 1.2 千米处，起点坐标：东经 115° 55′ 51.7″，北纬 41° 08′ 51.5″，高程 1589 米，止点坐标：东经 115° 56′ 28.7″，北纬 41° 11′ 10.1″，高程 1651 米。

墙体长 4600 米，其间设烽火台 3 座，包括红山咀东 01 号烽火台、刀楼嵯烽火台、缸房窑 01 号烽火台。墙体内外用大块毛石干槎包砌，墙芯土石混筑。墙体高 0.6～1.9 米，底部宽 4.8～6.2 米。墙体整体保存较差，坍塌严重，四周植被以荆、葛及杂草为主。

87. 红房窑长城 2 段 130732382102170087

位于赤城县红房窑村东北 3.4 千米处、正北沟村东北 3.6 千米，起点坐标：东经 115° 56′ 28.7″，北纬 41° 11′ 10.1″，高程 1651 米，止点坐标：东经 115° 56′ 13.2″，北纬 41° 15′ 38.5″，高程 1787 米。

墙体长 9100 米，其间设烽火台 7 座，墙体内外用大块毛石干槎包砌，墙芯土石混筑。墙体高 0.6～1.9 米，底部宽 4.8～6.2 米。墙体整体保存较差，坍塌严重，四周植被以荆、葛及杂草为主。

88. 长梁长城 1 段 130732382102170088

位于赤城县云州乡长沟门村西南 2.5 千米，长梁村东 2.8 千米，起点坐标：东经 115° 53′ 52.2″，北纬 41° 01′ 06.5″，高程 1682 米，止点坐标：东经 115° 52′ 24.1″，北纬 41° 11′ 50.5″，高程 2066 米。

墙体长 4100 米，其间设烽火台 9 座。墙体内外用大块毛石干槎包砌，墙芯土石混筑。墙体高 1.4 ～ 1.9 米，底部宽 4.8 ～ 6.2 米。墙体整体保存较差，坍塌严重，四周植被以荆、葛及杂草为主。

89. 长梁长城 2 段 1307323821021700089

位于赤城县长梁村东南 2.8 千米，起点坐标：东经 115° 52′ 24.1″，北纬 41° 11′ 50.5″，高程 2066 米，止点坐标：东经 115° 51′ 23.4″，北纬 41° 12′ 16.5″，高程 1693 米。

墙体长 2100 米，其间设烽火台 5 座。墙体内外用大块毛石干槎包砌，墙芯土石混筑。墙体高 1.4 ～ 1.9 米，底部宽 4.8 ～ 6.2 米。墙体整体保存较差，坍塌严重，保存较差长 1400 米，保存差长 700 米，四周植被以松林为主。

90. 长梁长城 3 段 1307323821021700090

位于赤城县长梁村正东 1.3 千米、云州乡虎龙沟东南 1.6 千米，起点坐标：东经 115° 51′ 23.4″，北纬 41° 12′ 16.5″，高程 1693 米，止点坐标：东经 115° 13′ 25.1″，北纬 41° 50′ 46.9″，高程 1637 米。

墙体长 3000 米，其间设烽火台 3 座。墙体内外用大块毛石干槎包砌，墙芯土石混筑。墙体整体保存较差，坍塌严重，保存较差长 1600 米，整体消失长 1400 米，按保存程度分成六段，第 1 段墙体保存较差，长 944 米，墙体高 1.2 ～ 2.7 米，底部宽 4.8 ～ 5.8 米；第 2 段墙体整体消失，长 185 米；第 3 段墙体保存较差，长 166 米，墙体高 1.2 ～ 2.7 米，底部宽 4.8 ～ 5.8 米；第 4 段墙体整体消失，长 385 米；第 5 段墙体保存较差，长 320 米，墙体高 1.2 ～ 2.7 米，底部宽 4.8 ～ 5.8 米；第 6 段墙体整体消失，长 1000 米。四周植被以荆、葛及杂草为主。

91. 北沟长城 1 段 1307323821021700091

位于赤城县云州乡虎龙沟东南 1.6 千米、炮梁乡北沟西侧 1.4 千米，起点坐标：东经 115° 13′ 25.1″，北纬 41° 50′ 46.9″，高程 1637 米，止点坐标：东经 115° 49′ 49.3″，北纬 41° 15′ 55.9″，高程 1861 米。

墙体长 5600 米，其间设烽火台 8 座。墙体内外用大块毛石干槎包砌，墙芯土石混筑。墙体整体保存较差，坍塌严重，部分保存较差长 5055 米，整体消失长 545 米。按保存程度分成五段，第 1 段墙体保存差，长 545 米，墙体高 1.2 ～ 1.6 米，底部宽 4.8 ～ 6.8 米；第 2 段墙体保存较差，长 4200 米，墙体高 1.6 ～ 2.2 米，底部宽 4.8 ～ 5.8 米；第 3 段墙体保存现状一般，长 100 米，此段墙体为山险，第 4 段墙体保存差，长 210 米，墙体高 1.6 ～ 2.2 米；墙体底部宽 4.8 ～ 5.8 米，第 5 段墙体保存差，长 545 米，墙体整体消失。四周植被以荆、葛及杂草为主。

92. 北沟长城 2 段 1307323821021700092

位于赤城县炮梁乡北沟西侧 1.4 千米、冰山梁顶东南 0.2 千米，起点坐标：东经 115° 49′ 49.3″，北纬 41° 15′ 55.9″，高程 1861 米，止点坐标：东经 115° 48′ 48.7″，北纬 41° 17′ 27.9″，高程 2138 米。

墙体长 3800 米，其间设烽火台 6 座。墙体内外用大块毛石干槎包砌，墙芯土石混筑。墙体整体保存较差，坍塌严重，保存较差长 3740 米，整体消失长 60 米。按保存程度分成两段，第 1 段墙体保存较差，长 3740 米，墙体高 1.2 ～ 2.9 米，底部宽 4.8 ～ 5.8 米；第 2 段墙体整体消失，长 60 米。四周植被以荆、葛及杂草为主。

93. 冰山梁长城 1 段 130732382102170093

位于赤城县冰山梁顶东南 200 米处，起点坐标：东经 115° 48′ 48.7″，北纬 41° 17′ 27.9″，高程 2138 米，止点坐标：东经 115° 47′ 40.5″，北纬 41° 19′ 02.1″，高程 1842 米。

墙体长 3900 米，其间设烽火台 5 座。墙体内外用大块毛石干槎包砌，墙芯土石混筑。墙体坍塌严重，保存较差长 3560 米，保存差长 275 米，整体消失长 65 米。按保存程度分成四段，第 1 段墙体保存差，长 275 米，墙体高 1.2 ～ 1.5 米，底部宽 4.8 ～ 6.8 米；第 2 段墙体保存较差，长 2700 米，墙体高 1.6 ～ 2.9 米，底部宽 4.8 ～ 5.8 米，第 3 段墙体整体消失，长 65 米；第 4 段墙体保存较差，长 860 米，墙体高 1.2 ～ 2.9 米，底宽 4.8 ～ 5.8 米。四周植被以荆、葛及杂草为主。

94. 冰山梁长城 2 段 130732382102170094

位于赤城县冰山梁西北冰烽、影壁窑东北 1.6 千米，起点坐标：东经 115° 47′ 40.5″，北纬 41° 19′ 02.1″，高程 1842 米，止点坐标：东经 115° 46′ 42.2″，北纬 41° 19′ 54.3″，高程 1749 米。

墙体长 2500 米，其间设敌台 1 座，烽火台 3 座。墙体内外用大块毛石干槎包砌，墙芯土石混筑。墙体坍塌严重，保存较差长 1500 米，保存一般长 1000 米。按保存程度分成两段，第 1 段墙体保存差，长 1500 米，墙体高 1.2 ～ 1.5 米，底部宽 4.8 ～ 6.8 米；第 2 段墙体保存一般，长 1000 米，墙体高 1.6 ～ 3.2 米，底部宽 3.8 ～ 5.8 米。四周植被以荆、葛及杂草为主。

95. 栅子口长城 1 段 130732382102170095

位于赤城县影壁窑东北 1.6 千米处、栅子口村北 800 米，起点坐标：东经 115° 46′ 42.2″，北纬 41° 19′ 54.3″，高程 1749 米，止点坐标：东经 115° 45′ 14.7″，北纬 41° 21′ 18.1″，高程 1377 米。

墙体长 3600 米，其间设烽火台 1 座。墙体内外用大块毛石干槎包砌，墙芯土石混筑。墙体坍塌严重，保存较差长 3300 米，保存差长 300 米。按保存程度分成两段，第 1 段墙体保存较差，长 3300，墙体高 1.6 ～ 3.2 米，底部宽 4.8 ～ 6.8 米；第 2 段墙体保存差，长 300 米，墙体高 1 ～ 1.8 米，底部宽 3.8 ～ 5.8 米。四周植被以荆、葛及杂草为主。

96. 栅子口长城 2 段 130732382102170096

位于赤城县栅子口村北 800 米处，起点坐标：东经 115° 45′ 14.7″，北纬 41° 21′ 18.1″，高程 1377 米，止点坐标：东经 115° 44′ 39.5″，北纬 41° 21′ 58.8″，高程 1572 米。

墙体长 1620 米，其间设烽火台 4 座，墙体内外用大块毛石干槎包砌，墙芯土石混筑。墙体保存较差长 1300 米，消失长 320 米。按保存程度分成三段，第 1 段墙体保存较差，长 575 米，墙体高 1.6 ～ 3.2 米，底部宽 4.8 ～ 6.8 米；第 2 段墙体整体消失，长 320 米；第 3 段墙体保存较差，长 725 米，墙体高 1.6 ～ 3.2 米，底部宽 4.8 ～ 6.8 米。四周植被以荆、葛及杂草为主。

97. 栅子口长城 3 段 130732382102170097

位于赤城县栅子口村西北 1.8 千米、魏家营村南 1.2 千米，起点坐标：东经 115° 44′ 39.5″，北纬 41° 21′ 58.8″，高程 1572 米，止点坐标：东经 115° 43′ 48.6″，北纬 41° 22′ 06.5″，高程 1515 米。

墙体长 1300 米，其间设烽火台 1 座。墙体内外用大块毛石干槎包砌，墙芯土石混筑。墙体高 1.4 ～ 2.4 米，底部宽 4.8 ～ 6.2 米，整体保存较差，坍塌严重。四周植被以荆、葛及杂草为主。

98. 庞家窑长城 1 段 130732382102170098

位于赤城县魏家营村南 1.2 千米处、庞家窑村正东 1.4 千米，起点坐标：东经 115° 43′ 48.6″，北纬 41° 22′ 06.5″，高程 1515 米，止点坐标：东经 115° 43′ 08.3″，北纬 41° 22′ 09.7″，高程 1570 米。

墙体长 1000 米，其间设烽火台 3 座，墙体内外用大块片石干槎包砌，墙芯土石混筑。墙体高 1.4 ～ 2.4 米，底部宽 4.8 ～ 6.2 米，整体保存较差，坍塌严重，四周植被以荆、葛及杂草为主。

99. 北栅子长城 1 段 130732382102170099

位于赤城县庞家窑东南 1.4 千米、北栅子村东北 0.5 千米处，起点坐标：东经 115° 43′ 08.3″，北纬 41° 22′ 09.7″，高程 1570 米，止点坐标：东经 115° 42′ 31.3″，北纬 41° 21′ 27.5″，高程 1331 米。

墙体长 1660 米，其间设烽火台 3 座，墙体内外用大块毛石干槎包砌，墙芯土石混筑。墙体坍塌严重，按保存程度分成三段，第 1 段墙体保存一般，长 465 米，墙体高 1.6 ～ 3.2 米，底部宽 3.2 ～ 6.8 米；第 2 段墙体保存较差，长 815 米，墙体高 1.2 ～ 2.2 米，底部宽 4.2 ～ 6.4 米；第 3 段墙体保存差，长 380 米，墙体高 0.4 ～ 1.2 米，底部宽 5.2 ～ 6.8 米。四周植被以荆、葛及杂草为主。

100. 北栅子长城 2 段 130732382102170100

位于赤城县北栅子村西北 300 米处，起点坐标：东经 115° 42′ 31.3″，北纬 41° 21′ 27.5″，高程 1331 米，止点坐标：东经 115° 41′ 22.3″，北纬 41° 21′ 16.1″，高程 1481 米。

墙体长 1825 米，其间设烽火台 4 座，墙体内外用大块毛石干槎包砌，墙芯土石混筑。墙体坍塌严重，保存较差长 1500 米，保存差长 210 米，消失长 115 米。按保存程度分成四段，第 1 段墙体整体消失，长 115 米；第 2 段墙体保存差，长 210 米，墙体高 0.4 ～ 1.2 米，底部宽 3.2 ～ 5.4 米；第 3 段墙体保存较差，长 910 米，墙体高 1.2 ～ 2.2 米，底部宽 5.2 ～ 5.8 米；第 4 段墙体保存较差，长 590 米，墙体高 1.2 ～ 2.2 米，底部宽 5.2 ～ 5.8 米。四周植被以荆、葛及杂草为主。

101. 北栅子长城 3 段 130732382102170101

位于赤城县西栅子西北 1.4 千米、支锅石村 1.8 千米，起点坐标：东经 115° 42′ 31.3″，北纬 41° 21′ 27.5″，高程 1481 米，止点坐标：东经 115° 42′ 31.3″，北纬 41° 20′ 26.4″，高程 1558 米。

墙体长 2020 米，其间设烽火台 4 座，墙体内外用大块毛石干槎包砌，墙芯土石混筑。墙体坍塌严重，保存较差长 1860 米，消失长 160 米。按保存程度分成三段，第 1 段墙体保存较差，长 660 米，墙体高 1.4 ～ 2.2 米，底部宽 4.6 ～ 5.8 米；第 2 段墙体整体消失，长 160 米；第 3 段墙体保存较差，长 1200 米，墙体高 1.2 ～ 2.2 米，底部宽 5.2 ～ 5.8 米。四周植被以荆、葛及杂草为主。

102. 三棵树长城 1 段 130732382102170102

位于沽源县莲花滩乡支锅石村东 1.8 千米、三棵树村东南 2 千米，起点坐标：东经 115° 42′ 31.3″，北纬 41° 20′ 26.4″，高程 1558 米，止点坐标：东经 115° 39′ 57.2″，北纬 41° 19′ 35.9″，高程 1582 米。

墙体长 1825 米，其间设烽火台 3 座，墙体内外用大块毛石干槎包砌，墙芯土石混筑。墙体坍塌严重，按保存程度分成三段，第 1 段墙体保存较差，长 390 米，墙体高 1.5 ～ 2.4 米，底部宽 4.6 ～ 5.8 米；第 2 段墙体整体消失，长 120 米；第 3 段墙体保存较差，长 1315 米，墙体高 1.4 ～ 2.6 米，底部宽 5.2 ～ 6.8 米。整体保存较差，局部坍塌，墙体四周植被以荆、葛及杂草为主。

103. 三棵树长城 2 段 130732382102170103

位于沽源县莲花滩乡三棵树村东南 2 千米、沙家窑南 1.4 千米，起点坐标：东经 115° 39′ 57.2″，北纬 41° 19′ 35.9″，高程 1582 米，止点坐标：东经 115° 38′ 30.9″，北纬 41° 19′ 02.7″，高程 1513 米。

墙体长 2665 米，其间设敌台 1 座，烽火台 3 座，墙体内外用片石干槎包砌，墙芯碎石，分层夯筑，墙体局部坍塌。按保存程度分成两段，第 1 段墙体保存一般，长 665 米，墙体高 1.6 ～ 2.4 米，底部宽 4.6 ～ 5.8 米；第 2 段墙体保存较好，长 2000 米，墙体高 3.4 ～ 5.6 米；墙体底部残宽 2.6 ～ 3.8 米，四周植被以荆、葛及杂草为主。

104. 三棵树长城 3 段 130732382102170104

位于沽源县莲花滩乡沙家窑村南 1.4 千米，起点坐标：东经 115° 38′ 30.9″，北纬 41° 19′ 02.7″，高程 1513 米，止点坐标：东经 115° 38′ 02.3″，北纬 41° 19′ 08.0″，高程 1499 米。

墙体长 1825 米，其间设烽火台 1 座，墙体内外用大片石干槎包砌，墙芯碎石分层夯筑。墙体坍塌严重。按保存程度分成两段，第 1 段墙体，长 1160 米，墙体高 3.4 ～ 5.6 米，底部宽 2.8 ～ 4.2 米；第 2 段墙体，长 665 米，墙体高 1.8 ～ 2.2 米，底部宽 3.6 ～ 5.8 米。四周植被以荆、葛及杂草为主。

105. 三棵树长城 4 段 130732382102170105

位于沽源县莲花滩乡沙家窑村南 1.6 千米、赤城县独石口镇三公堂村西 0.2 千米，起点坐标：东经 115° 38′ 02.3″，北纬 41° 19′ 08.0″，高程 1499 米，止点坐标：东经 115° 36′ 57.6″，北纬 41° 18′ 50.4″，高程 1496 米。

墙体长 1740 米，其间设烽火台 3 座。墙体内外用大块毛石干槎包砌，墙芯土石混筑。墙体坍塌严重，按保存程度分成两段，第 1 段墙体保存较差，长 1500 米，墙体高 0.6 ～ 1.2 米，底部宽 4.6 ～ 5.8 米；第 2 段墙体整体消失，长 240 米。四周植被以荆、葛及杂草为主。

106. 明岔长城 1 段 130732382102170106

位于赤城县三公堂西 200 米、明岔村西 1.2 千米，起点坐标：东经 115° 36′ 57.6″，北纬 41° 18′ 50.4″，高程 1496 米，止点坐标：东经 115° 35′ 07.6″，北纬 41° 16′ 57.8″，高程 1426 米。

墙体长 5185 米，其间设烽火台 7 座。墙体内外用大块毛石干槎包砌，墙芯土石混筑。墙体坍塌严重。按保存程度分成三段，第 1 段墙体保存较差，长 4600 米，墙体高 0.8 ～ 2.2 米，底部宽 4.6 ～ 5.8 米；第 2 段墙体整体消失，长 130 米；第 3 段墙体保存差，长 455 米，墙体高 0.6 ～ 1.6 米，底部宽 4.6 ～ 6.8 米。四周植被以荆、葛及杂草为主。

107. 明岔长城 2 段 130732382102170107

位于赤城县明岔村西 1.2 千米、杨家沟正西 1 千米，起点坐标：东经 115° 35′ 07.6″，北纬 41° 16′ 57.8″，高程 1426 米，止点坐标：东经 115° 36′ 57.6″，北纬 41° 15′ 51.3″，高程 1565 米。

墙体长 3300 米，其间设烽火台 10 座。墙体内外用大块毛石干槎包砌，墙芯土石混筑。墙体坍塌严重。按保存程度分成二段，第 1 段墙体保存较差，长 1900 米，墙体高 0.8 ～ 2.2 米，底部宽 4.6 ～ 5.8 米；第 2 段墙体保存差，长 1400 米，墙体高 0.6 ～ 1.6 米，底部宽 4.6 ～ 6.8 米。四周植被以荆、葛及杂草为主。

108. 明岔长城 3 段 130732382102170108

位于赤城县杨家沟村西 1 千米，起点坐标：东经 115° 36′ 57.6″，北纬 41° 15′ 51.3″，高程 1565 米，止点坐标：东经 115° 35′ 07.6″，北纬 41° 16′ 57.8″，高程 1426 米。

墙体长 1320 米，其间设敌台 1 座，烽火台 4 座。墙体内外用大块毛石干槎包砌，墙芯土石混筑。墙体坍塌严重，保存较差长 850 米，保存差长 470 米。按保存程度分成两段，第 1 段墙体保存较差，长 850 米，墙体高 0.8 ～ 2 米，底部残宽 4.6 ～ 5.8 米；第 2 段墙体保存差，长 470 米，墙体高 0.6 ～ 1.6 米，底部宽 2.6 ～ 3.6 米。四周植被以荆、葛及杂草为主。

109. 马连口长城 1 段 130732382102170109

位于赤城县杨家沟村西 1.2 千米，起点坐标：东经 115° 35′ 07.6″，北纬 41° 16′ 57.8″，高程 1426 米，止点坐标：东经 115° 36′ 57.6″，北纬 41° 15′ 51.3″，高程 1565 米。

墙体长 1060 米，其间设敌台 2 座，烽火台 1 座。墙体内外用大块毛石干槎包砌，墙芯土石混筑。墙体坍塌严重。按保存程度分成四段，第 1 段墙体保存较差，长 460 米，墙体高 0.8 ～ 2 米，底部宽 4.6 ～ 5.8 米；第 2 段墙体保存一般，长 55 米，为山险；第 3 段墙体保存较差，长 125 米，墙体高 0.8 ～ 2 米，底部宽 4.6 ～ 5.8 米；第 4 段墙体整体消失，长 420 米。四周植被以荆、葛及杂草为主。

110. 马连口长城 2 段 130732382102170110

位于赤城县马营乡马连口村北约 300 米，崇礼县张家窑村东南约 1.3 千米，起点坐标：东经 115° 33′ 32.50″，北纬 41° 15′ 00.50″，高程 1295 米，止点坐标：东经 115° 31′ 23.30″，北纬 41° 14′ 37.40″，高程 1425 米。

墙体长 3255 米，设敌台 2 座，烽火台 1 座。墙体内外用大块毛石干槎包砌，墙芯土石混筑。墙体坍塌严重，保存较好长 530 米，保存差长 2690 米，消失长 35 米。按保存程度分成八段，第 1 段墙体保存差，长 400 米，仅存一土石垄，墙体高 1.6 ～ 9 米，宽 2.2 ～ 8.3 米；第 2 段墙体保存差，长 190 米，仅存一土石垄，墙体高 1.6 ～ 3 米，宽 2.2 ～ 6.3 米；第 3 段墙体保存差，长 535 米，坍塌成石垄状，墙体高 1.5 ～ 2.4 米，宽 3 ～ 4.5 米；第 4 段墙体整体消失，长 10 米；第 5 段墙体保存差，长 605 米，墙体高 1.5 米，宽 3 米；第 6 段墙体整体消失，长 25 米；第 7 段墙体保存差，长 960 米，坍塌成石垄状，墙体高 3.2 米，墙宽 3 米；第 8 段墙体保存较好，长 530 米，墙体高 1.9 ～ 2.4 米，宽 2.8 ～ 3.2 米。四周长有灌木林。

111. 张家窑长城 130732382102170111

位于崇礼县张家窑村东南约 1.3 千米，起点坐标：东经 115° 31′ 23.30″，北纬 41° 14′ 37.40″，高程 1425 米，止点坐标：东经 115° 29′ 35.60″，北纬 41° 13′ 26.40″，高程 1647 米。

墙体长 3850 米，其间设烽火台 8 座。墙体内外用大块毛石干槎包砌，墙芯土石混筑。墙体坍塌严重，保存较差长 3660 米，消失 190 米。按保存程度分成三段，第 1 段墙体整体消失，长 190 米；第 2 段墙体保存较差，长 450 米，墙体高 1.4 ～ 7 米，宽 3 ～ 5.2 米，顶部夯土尚存，外侧墙保存较好，内侧坍塌严重；第 3 段墙体保存较差，长 3210 米，墙体大部分为坍塌，墙体高 2 ～ 3 米，宽 4.2 ～ 7.8 米。四周长有灌木林。

112. 马连顶长城 130732382102170112

位于崇礼县南窑村东约 1.6 千米、赤城县海家窑村西约 1.7 千米，起点坐标：东经 115° 29′ 35.60″，北纬 41° 13′ 26.40″，高程 1647 米，止点坐标：东经 115° 29′ 53.40″，北纬 41° 11′ 39.30″，高程 1580 米。

墙体长 4645 米，其间设敌台 5 座，烽火台 5 座，马面 1 座。墙体内外用大块毛石干槎包砌，墙芯土石混筑。墙体坍塌严重，保存较好长 905 米，保存一般长 1275 米，保存较差长 2465 米。按保存程度分成十段，第 1 段墙体保存较差，长 350 米，墙体高 2.1 米，宽 4 米；第 2 段墙体保存较好，长 150 米，墙体高 2.1 米，宽 1.2 米，顶部部分保存鱼脊；第 3 段墙体保存一般，长 325 米，墙体高 1.2 ～ 2.1 米，宽 1.2 米；第 4 段墙体保存较好，长 315 米，墙体上部宽 0.8 米，下宽 1.7 米，高 2.7 米；第 5 段墙体保存较差，长 300 米，墙体高 1.5 ～ 2.2 米，宽 1.7 米；第 6 段墙体保存较好，长 50 米，墙体高 4.85 米，宽 3.04 米，第 7 段墙体保存较差，长 815 米，墙体宽 4.2 ～ 18 米；第 8 段墙体保存较好，长 390 米，墙体顶部宽 2.8 米，底部宽 3.2 米，总高 6.59 米，断面呈梯形，上窄下宽，墙体内部每隔 1.2 米设一排横向桦木木筋，原木直径 0.1 米左右；顶部鱼脊高 1.1 米；第 9 段墙体保存一般，长 950 米，墙体高 3.4 米，宽 3.2 ～ 6.8 米；第 10 段墙体保存较差，长 1000 米，墙体高 1.8 米，底宽 2.6 米，顶部宽 1 米。四周长有灌木林。

113. 海家窑长城 130732382102170113

位于赤城县海家窑村西约 1.7 千米、崇礼县刷子沟村西东南约 500 米，起点坐标：东经 115° 29′ 53.40″，北纬 41° 11′ 39.30″，高程 1580 米，止点坐标：东经 115° 30′ 24.00″，北纬 41° 09′ 50.70″，高程 1390 米。

墙体长 3705 米，其间设敌台 3 座，烽火台 3 座。墙体内外用大块毛石干槎包砌，墙芯土石混筑。墙体坍塌严重，保存较差长 380 米，保存差长 3255 米，整体消失长 70 米。按保存程度分成四段，第 1 段墙体保存较差，长 380 米，墙体高 0.6 ～ 1.2 米，宽 1 米；第 2 段墙体保存差，长 2720 米，墙体宽 2.5 米，高 0.6 米；第 3 段墙体整体消失，长 70 米；第 4 段墙体保存差，长 535 米，墙体高 0.8 ～ 2.6 米，宽 5.6 ～ 8.7 米。顶部长满荒草，墙体两侧长有多棵榆树。

114. 刷子沟长城 1 段 130732382106170114

位于崇礼县刷子沟村东南约 500 米、崇礼县刷子沟村东南约 500 米处，起点坐标：东经 115° 30′ 24.00″，北纬 41° 09′ 50.70″，高程 1390 米，止点坐标：东经 115° 30′ 26.80″，北纬 41° 09′ 27.70″，高程 1338 米。

墙体长 715 米，其间设烽火台 1 座。天然岩石山险，四周长有灌木林。

115. 刷子沟长城 2 段 130732382101170115

位于崇礼县刷子沟村东南约 500 米、赤城县松树堡西南约 2.8 千米处，起点坐标：东经 115° 30′ 26.80″，北纬 41° 09′ 27.70″，高程 1338 米，止点坐标：东经 115° 30′ 58.20″，北纬 41° 08′ 55.70″，高程 1311 米。

墙体全长 1275 米，其间设敌台 2 座、为庄科村 1 号敌台，庄科村 2 号敌台；烽火台 3 座，为四方东村 2 ～ 3 号烽火台。墙体内外用大块毛石干槎包砌，墙芯土石混筑。墙体坍塌严重，保存较差长 1235 米，整体消失长 40 米。墙体高 2.2 ～ 3.5 米，底宽 3.3 ～ 4.8 米，顶宽 0.5 ～ 1.2 米；消失长 40 米，四周长有非常茂密的灌木林。

116. 里界墙长城 130732382101170116

位于赤城县松树堡西南约 2.8 千米、崇礼县外界墙村东南约 1.2 千米，起点坐标：东经 115° 30′ 58.20″，北纬 41° 08′ 55.70″，高程 1311 米，止点坐标：东经 115° 30′ 52.50″，北纬 41° 07′ 46.10″，高程 1412 米。

墙体长 2455 米。其间设敌台 1 座。烽火台 3 座。墙体内外用大块毛石干槎包砌，墙芯土石混筑。墙体整体保存较差，坍塌严重，保存较差长 1830 米，整体消失长 625 米。按保存程度分成 19 段：第 1 段墙体保存较差，长 45 米，墙体高 2.2 ～ 3.5 米，底宽 3.3 ～ 4.8 米，顶宽 0.5 ～ 1.2 米；第 2 段墙体整体消失，长 130 米，第 3 段墙体保存较差，长 525 米，墙体高 2.4 ～ 3.1 米，底宽 3.3 米，顶宽 0.5 ～ 0.8 米；第 4 段墙体整体消失，长 35 米；第 5 段墙体保存较差，长 40 米，墙体高 2.4 ～ 3.1 米，底宽 3.3 ～ 5 米，顶宽 0.5 ～ 0.8 米；第 6 段墙体整体消失，长 25 米；第 7 段墙体保存较差，长 345 米，墙体高 2.4 ～ 3.1 米，底宽 3.3 ～ 5 米，顶宽 0.5 ～ 0.8 米；第 8 段墙体整体消失，长 70 米；第 9 段墙体保存较差，长 30 米，墙体高 2.4 ～ 3.1 米，底宽 3.3 ～ 5 米，顶宽 0.5 ～ 0.8 米；第 10 段墙体整体消失，长 20 米；第 11 段墙体保存较差，长 50 米，墙体高 2.4 ～ 3.1 米，底宽 3.3 ～ 5 米，顶宽 0.5 ～ 0.8 米；第 12 段墙体整体消失，长 35 米；第 13 段墙体保存较差，长 125 米，墙体高 1 ～ 1.7 米，宽 2.2 ～ 3 米；第 14 段墙体整体消失，长 110 米；第 15 段墙体保存较差，长 310 米，墙体高 3.2 米，底宽 4.6 米，顶部呈鱼脊状，夯层厚 0.14 米，夯层之间加 0.07 米石土层；第 16 段墙体整体消失，长 50 米；第 17 段墙体保存较差，长 80 米，墙体高 3.2 米，底宽 4.6 米，顶部呈鱼脊状；第 18 段墙体整体消失，长 150 米；第 19 段墙体保存较差，长 280 米，墙体高 2.1 ～ 3.2 米，底宽 4.6 ～ 5.8 米。四周长有灌木林。

117. 大边梁北侧长城 1 段 130732382102170117

位于崇礼县青虎沟村东北约 2 千米，起点坐标：东经 115° 29′ 31.40″，北纬 41° 05′ 00.00″，高程 1897 米，止点坐标：东经 115° 30′ 12.60″，北纬 41° 04′ 00.40″，高程 1817 米。

墙体长 2545 米，其间设烽火台 5 座，墙体内外用大块毛石干槎包砌，墙芯土石混筑。墙体整体保存较差，坍塌严重，保存较好长 265 米，保存一般长 645 米，保存差长 1635 米。按保存程度分成五段，第 1 段墙体保存差，长 610 米，墙体高 1.2 ～ 1.6 米，底宽 2.3 ～ 3.6 米；第 2 段墙体保存较好，长 155 米，墙体高 1.5 米，上宽 1.1 米，底宽 1.9 米；第 3 段墙体保存差，长 1025 米，墙体高 0.4 ～ 1.6 米，底宽 2.3 ～ 3.6 米；第 4 段墙体保存一般，长 645 米，墙体高 2.2 米，宽 5 米；第 5 段墙体保存较好，长 110 米，墙体高 2.2 米，宽 5 米。四周长有灌木林。

118. 大边梁北侧长城 2 段 130732382106170118

位于崇礼县青虎沟村东北约 3.1 千米，起点坐标：东经 115° 30′ 12.60″，北纬 41° 04′ 00.40″，高程 1817 米，止点坐标：东经 115° 30′ 11.80″，北纬 41° 03′ 54.40″，高程 1801 米。

墙体长 190 米，天然岩石山险，整体保存一般。四周长有灌木林。

119. 大边梁北侧长城 3 段 130732382102170119

位于崇礼县四东沟村东 890 米，起点坐标：东经 115° 30′ 11.80″，北纬 41° 03′ 54.40″，高程 1801 米，止点坐标：东经 115° 30′ 15.20″，北纬 41° 03′ 39.90″，高程 1803 米。

墙体长 470 米，其间设烽火台 1 座。墙体内外用大块毛石干槎包砌，墙芯土石混筑。墙体整体保存较差，坍塌严重，保存较差长 470 米，墙体高 0.8 ～ 1.4 米，宽 3.2 米，四周长有灌木林。

120. 大边梁北侧长城 4 段 130732382106170120

位于崇礼县四东沟村村东约 1.2 千米、起点坐标：东经 115° 30′ 15.20″，北纬 41° 03′ 39.90″，高程 1803 米，止点坐标：东经 115° 30′ 11.16″，北纬 41° 03′ 37.90″，高程 1773 米。

墙体长 105 米，保存一般，天然岩石山险。四周长有灌木林。

121. 大边梁北侧长城 5 段 130732382102170121

位于崇礼县四东沟村东约 1.2 千米，赤城县大边村西北约 1.2 千米，起点坐标：东经 115° 30′ 11.16″，北纬 41° 03′ 37.90″，高程 1773 米，止点坐标：东经 115° 29′ 28.10″，北纬 41° 02′ 38.00″，高程 1636 米。

墙体长 2680 米，其间设烽火台 6 座。墙体内外用大块毛石干槎包砌，墙芯土石混筑。墙体坍塌严重。按保存程度分成三段，第 1 段墙体保存一般，长 115 米，墙体高 2.6 米，顶部宽 2.3 米；第 2 段墙体保存较差，长 2275 米，墙体高 1.2 ～ 1.6 米，上宽 1 米，下宽 5 米；第 3 段墙体保存差，长 290 米，墙体高 1.5 米，宽 5 米，四周长有灌木林。

122. 大边梁南侧长城 130732382102170122

位于赤城县大边村西南约 1.2 千米、崇礼县边墙底村东北约 1.2 千米，起点坐标：东经 115° 29′ 28.10″，北纬 41° 02′ 38.00″，高程 1636 米，止点坐标：东经 115° 28′ 57.30″，北纬 41° 00′ 52.10″，高程 1883 米。

墙体长 3830 米，其间设烽火台 9 座。墙体内外用大块毛石干槎包砌，墙芯土石混筑。墙体坍塌严重。按保存程度分成六段，第 1 段墙体整体消失，长 30 米；第 2 段墙体保存差，长 210 米，墙体高 0.3 米，宽 3 米；第 3 段墙体保存较差，长 1900 米，墙体高 2 米，顶宽 0.6 ～ 1.7 米，外侧宽 4.8 ～ 6 米；第 4 段墙体保存一般，长 370 米，墙体高 2.9 米，宽 2.6 米；第 5 段墙体保存差，长 350 米，墙体高 0.3 米，宽 3 米；第 6 段墙体保存较差，长 970 米，墙体高 2 米，顶宽 0.6 ～ 1.7 米，外侧宽 4.8 ～ 6 米。四周长有灌木林。

123. 镇宁堡岔沟梁长城 130732382102170123

位于赤城县大边村西南约 1.2 千米、崇礼县老虎沟村东北约 1.2 千米，起点坐标：东经 115° 28′ 57.30″，北纬 41° 00′ 52.10″，高程 1883 米，止点坐标：东经 115° 28′ 34.80″，北纬 40° 58′ 28.30″，高程 2030 米。

墙体长 5060 米，其间设烽火台 12 座，墙体内外用大块毛石干槎包砌，墙芯土石混筑。墙体坍塌严重。按保存程度分成七段，第 1 段墙体保存较差，长 335 米，墙体高 2 米，顶宽 0.6 ～ 1.7 米；第 2 段墙体保存较差，长 1215 米，墙体宽 3 米；第 3 段墙体保存较差，长 240 米，墙体宽 3 米；第 4 段墙体保存较差，长 890 米，墙体高 1 ～ 1.2 米，宽 3 米；第 5 段墙体保存较差，长 410 米，墙体高 1 ～ 1.2 米，宽 3 米；第 6 段墙体保存较差，长 1130 米，墙体高 1 ～ 1.2 米，宽 4.2 米；第 7 段墙体保存较差，长 840 米，墙体宽 3 米。四周长有灌木林。

124. 松林背长城 130732382102170124

位于崇礼县老虎沟村东北约 1.2 千米、崇礼县边林背村东北约 1.2 千米，起点坐标：东经 115° 28′ 34.80″，北纬 40° 58′ 28.30″，高程 2030 米，止点坐标：东经 115° 28′ 29.40″，北纬 40° 57′ 54.90″，高程 2127 米。

墙体长 1130 米，其间设烽火台 1 座。墙体内外用大块毛石干槎包砌，墙芯土石混筑。墙体坍塌严重，第 1 段墙体保存较差，长 490 米，墙体高 2 米，顶宽 0.6～1.7 米，外侧宽 4.8～6 米；第 2 段墙体保存较差，长 505 米，墙体高 0.78 米，宽 4 米；第 3 段墙体保存较差，长 135 米，墙体宽 4 米。四周长有灌木林。

125. 小口梁东北侧长城 1307323821021701 25

位于崇礼县桦林东村东南约 1 千米、崇礼县营岔村东南约 1.8 千米，起点坐标：东经 115° 28′ 58.70″，北纬 40° 53′ 47.90″，高程 1716 米，止点坐标：东经 115° 27′ 18.70″，北纬 40° 52′ 35.40″，高程 1811 米。

墙体长 3955 米，其间设烽火台 6 座。墙体内外用大块毛石干槎包砌，墙芯土石混筑。墙体坍塌严重，按保存程度分成五段。第 1 段墙体保存较差，长 870 米，墙体高 1.5 米，宽 5～7 米；第 2 段墙体保存一般，长 30 米，墙体高 2.5 米，宽 5 米；第 3 段墙体保存较差，长 2380 米，墙体高 1.5 米，宽 5～7 米；第 4 段墙体保存一般，长 15 米，墙体高 2.1 米，宽 5.5 米；第 5 段墙体保存较差，长 660 米，墙体高 1.5 米，宽 5～7 米。四周长有灌木林。

126. 小口梁西南侧长城 1307323821021701 26

位于崇礼县营岔村东南约 1.8 千米、崇礼县上水泉村西北约 2 千米，起点坐标：东经 115° 27′ 18.70″，北纬 40° 52′ 35.40″，高程 1811 米，止点坐标：东经 115° 26′ 00.60″，北纬 40° 51′ 09.00″，高程 1846 米。

墙体长 3930 米，其间设烽火台 8 座。墙体内外用大块毛石干槎包砌，墙芯土石混筑。墙体坍塌严重，保存较差长 3922 米，保存差长 8 米，墙体高 1.4～2.5 米，宽 3.8～7 米。四周长有灌木林。

127. 夭湾长城 1307323821021701 27

位于崇礼县上水泉村西北约 2 千米、赤城县夭湾村西南约 3.2 千米，起点坐标：东经 115° 26′ 00.60″，北纬 40° 51′ 09.00″，高程 1846 米，止点坐标：东经 115° 25′ 23.20″，北纬 40° 48′ 18.00″，高程 1819 米。

墙体长 6065 米，其间设烽火台 8 座，马面 2 座。墙体内外用大块毛石干槎包砌，墙芯土石混筑。墙体坍塌严重。按保存程度分成五段，第 1 段墙体保存较差，长 940 米，墙体高 1.4～2.2 米，宽 3.8～7.5 米；第 2 段墙体保存一般，长 20 米，墙体高 2 米；第 3 段墙体保存较差，长 2140 米，墙体高 1.4～2.2 米，宽 3.8～7.5 米；第 4 段墙体保存一般，长 100 米，墙体高 1.5～3 米；第 5 段墙体保存较差，长 2865 米，墙体高 1.4～2.2 米，宽 3.8～7.5 米。四周长有灌木林。

128. 马驹沟长城 1307323821021701 28

位于赤城县夭湾村西南约 3.2 千米、崇礼县马驹沟村东南约 1.2 千米，起点坐标：东经 115° 25′ 23.20″，北纬 40° 48′ 18.00″，高程 1819 米，止点坐标：东经 115° 25′ 38.80″，北纬 40° 47′ 30.70″，高程 1942 米。

墙体长 1955 米，其间设烽火台 3 座。墙体内外用大块毛石干槎包砌，墙芯土石混筑。墙体坍塌严重，保存一般长 130 米，保存较差长 210 米，保存差长 1600 米，整体消失长 15 米。按保存程度分成六段。第 1 段墙体整体消失，长 15 米；第 2 段墙体保存差，长 230 米，墙体高 0.6 米，宽 3.8～7.5 米；第 3 段墙体保存较差，长 210 米，墙体高 1.4～2.2 米，宽 3.8～7.5 米；第 4 段墙体保存一般，长 130 米，墙体高 2.4 米，宽 3.2 米；第 5 段墙体保存较差，长 1170 米，墙体高 1.4～2.2 米，宽 3.8～7.5 米；第 6

段墙体保存差，长 200 米，墙体坍塌成一片，宽约 20 米。四周长有灌木林。

129. 里口村长城 1307323821102170129

位于赤城县龙关镇里口村西约 100 米、赤城县里口村西约 600 米，起点坐标：东经 115° 30′ 31.10″，北纬 40° 49′ 33.90″，高程 1247 米，止点坐标：东经 115° 30′ 23.80″，北纬 40° 49′ 58.50″，高程 1372 米。

墙体长 1000 米，其间设马面 1 座，烽火台 1 座。墙体内外用大块毛石干槎包砌，墙芯土石混筑。墙体坍塌严重，保存一般长 80 米，保存较差长 660 米，整体消失长 260 米。按保存程度分成六段。第 1 段墙体整体消失，长 160；第 2 段墙体保存较差，长 390 米，墙体高 0.4～1.5 米，宽 1～3.8 米；第 3 段墙体整体消失，长 100 米；第 4 段墙体保存较差，长 150 米，墙体高 1.2～2.6 米，宽 1～3.8 米；第 5 段墙体保存一般，长 80 米，墙体高 1.6 米，宽 1.2 米；第 6 段墙体保存较差，长 120 米，墙体高 0.4～1.5 米，宽 1～3.8 米。四周长有灌木林。

130. 北栅子村长城 1307323821102170130

位于赤城县龙关镇北栅子村西南约 400 米、赤城县龙关镇北栅子村北约 600 米处，起点坐标：东经 115° 30′ 15.90″，北纬 40° 50′ 48.20″，高程 1276 米，止点坐标：东经 115° 30′ 30.10″，北纬 40° 51′ 23.90″，高程 1459 米。

墙体长 1185 米，其间设烽火台 1 座。墙体内外用大块毛石干槎包砌，墙芯土石混筑。墙体坍塌严重，保存较差长 520 米，保存差长 160 米，整体消失长 505 米。按保存程度分成四段，第 1 段墙体整体消失，长 130 米；第 2 段墙体保存差，长 160 米，墙体高 0.4～1.5 米，宽 1～3.8 米；第 3 段墙体整体消失，长 375 米；第 4 段墙体保存较差，长 520 米，墙体高 2 米，宽 5 米。四周长有灌木林。

131. 老王沟村长城 1307323821102170131

位于赤城县龙关镇老王沟村西北约 1.2 千米、赤城县龙关镇老王沟村西北约 1.2 千米处，起点坐标：东经 115° 30′ 33.40″，北纬 40° 51′ 40.00″，高程 1630 米，止点坐标：东经 115° 31′ 14.30″，北纬 40° 52′ 01.40″，高程 1670 米。

墙体长 1350 米，其间设烽火台 1 座，为北栅子村 1 号烽火台。墙体内外用大块毛石干槎包砌，墙芯土石混筑。墙体坍塌严重，保存较差长 410 米，保存差长 200 米，整体消失长 740 米。按保存程度分成三段，第 1 段墙体保存较差，长 410 米，墙体高 0.2～0.6 米，宽 2 米；第 2 段墙体保存差，长 200 米；第 3 段墙体整体消失，长 740 米，墙体高 0.2～0.6 米，宽 2.4～3.8 米。四周长有非常茂密的灌木林。

132. 黄家沟长城 1307323821106170132

位于赤城县后城镇黄家沟村西北约 2.4 千米、赤城县雕鄂乡孙庄村东北约 2.2 千米处，起点坐标：东经 115° 57′ 36.60″，北纬 40° 42′ 59.40″，高程 1189 米，止点坐标：东经 115° 56′ 50.90″，北纬 40° 43′ 23.90″，高程 768 米。

墙体长 1300 米，天然岩石山险，四周长有灌木林。

133. 孙庄长城 1 段 1307323821102170133

位于赤城县雕鄂乡孙庄村东北约 2.2 千米、赤城县雕鄂乡孙庄村东北约 2.2 千米处，起点坐标：东经 115° 56′ 50.90″，北纬 40° 43′ 23.90″，高程 768 米，止点坐标：东经 115° 56′ 42.10″，北纬 40° 43′ 22.00″，高程 827 米。

墙体长 220 米，墙体内外用大块毛石干槎包砌，墙芯土石混筑。墙体坍塌严重，四周长有灌木林。

134. 孙庄长城 2 段 130732382106170134

位于赤城县雕鄂乡孙庄村东北约 2.2 千米、赤城县雕鄂乡孙庄村东北约 1.5 千米，起点坐标：东经 115° 56′ 42.10″，北纬 40° 43′ 22.00″，高程 827 米，止点坐标：东经 115° 55′ 54.00″，北纬 40° 43′ 16.70″，高程 994 米。

墙体长 1100 米，天然岩石山险，四周长有灌木林。

135. 孙庄长城 3 段 130732382102170135

位于赤城县雕鄂乡孙庄村东北约 1.5 千米、赤城县雕鄂乡孙庄村东北约 1.5 千米，起点坐标：东经 115° 55′ 54.00″，北纬 40° 43′ 16.70″，高程 994 米，止点坐标：东经 115° 55′ 31.50″，北纬 40° 43′ 18.40″，高程 996 米。

墙体长 590 米，其间设烽火台 1 座。墙体内外用大块毛石干槎包砌，墙芯土石混筑。墙体坍塌严重。按保存程度分成两段，第 1 段墙体保存差，长 100 米，墙体高 0.5 ～ 1.2 米，宽 2.8 米；第 2 段墙体保存较差，长 490 米，墙体高 0.5 ～ 1.2 米，宽 2.8 米。两侧多为茂密灌木林。

136. 东新堡长城 1 段 130732382106170136

位于赤城县雕鄂乡孙庄村东北约 1.5 千米、赤城县雕鄂乡东新堡村东北约 3 千米，起点坐标：东经 115° 55′ 31.50″，北纬 40° 43′ 18.40″，高程 996 米，止点坐标：东经 115° 53′ 12.40″，北纬 40° 44′ 41.70″，高程 1089 米。

墙体长 5000 米。其间设烽火台 1 座，天然岩石山险，整体保存一般。山顶为茂密灌木林。

137. 东新堡长城 2 段 130732382102170137

位于赤城县雕鄂乡东新堡村东北约 3 千米、赤城县雕鄂乡东新堡村东北约 3 千米，起点坐标：东经 115° 53′ 12.40″，北纬 40° 44′ 41.70″，高程 1089 米，止点坐标：东经 115° 52′ 51.60″，北纬 40° 44′ 27.40″，高程 886 米。

墙体长 730 米，其间设烽火台 1 座。墙体内外用大块毛石干槎包砌，墙芯土石混筑。墙体坍塌严重，保存一般长 50 米，保存较差长 680 米。按保存程度分成三段，第 1 段墙体保存较差，长 370 米，墙体高 2.1 米，宽 5 米；第 2 段墙体保存一般，长 50 米，墙体内侧高 2.1 米，外侧高 2 米，宽 2 米；第 3 段墙体保存较差，长 310 米，墙体高 2.1 米，宽 5 米。两侧多为茂密灌木林。

138. 东新堡长城 3 段 130732382102170138

位于赤城县雕鄂乡东新堡村东北约 3 千米、赤城县雕鄂乡东新堡村西北约 2.6 千米，起点坐标:东经 115° 52′ 51.60″，北纬 40° 44′ 27.40″，高程 886 米，止点坐标：东经 115° 51′ 27.40″，北纬 40° 44′ 27.60″，高程 1304 米。

墙体长 2275 米，其间设烽火台 1 座。墙体内外用大块毛石干槎包砌，墙芯土石混筑。墙体坍塌严重，保存一般长 250 米，保存较差长 1825 米，整体消失长 200 米。按保存程度分成六段，第 1 段墙体整体消失，长 170 米；第 2 段墙体保存较差，长 90 米，坍塌成片，东西长 11 米，南北长 9.5 米；第 3 段墙体整体消失，长 30 米；第 4 段墙体保存较差，长 980 米，墙体高 1.4～3.2 米，底宽 4.1 米，顶宽 1.8 米；第 5 段墙体保存一般，长 250 米，墙体高 2 米，宽 4.5 米；第 6 段墙体保存较差，长 755 米，墙体高 1.4～3.2 米，底宽 4.1 米，顶宽 1.8 米。两侧多为茂密灌木林。

139. 黎家堡长城 1 段 130732382102170139

位于赤城县雕鄂乡东新堡村西北约 2.6 千米、赤城县雕鄂乡黎家堡村西北 1 千米处，起点坐标：东经 115° 51′ 27.40″，北纬 40° 44′ 27.60″，高程 1304 米，止点坐标：东经 115° 50′ 54.60″，北纬 40° 43′ 59.60″，高程 973 米。

墙体长 1410 米，墙体内外用大块片石干槎包砌，墙芯土石混筑。保存较好长 850 米，保存较差长 560 米。按保存程度分成三段，第 1 段墙体保存较差，长 300 米，墙体高 1.2～2.2 米，宽 5.6 米；第 2 段墙体保存较好，长 850 米，墙体高 1.4～3.2 米，宽 1.8 米；第 3 段墙体保存较差，长 260 米，墙体高 1.5～2.2 米，宽 5 米。四周长有灌木林。

140. 黎家堡长城 2 段 130732382102170140

位于赤城县雕鄂乡黎家堡村西北约 1 千米处，起点坐标：东经 115° 50′ 54.60″，北纬 40° 43′ 59.60″，高程 973 米，止点坐标：东经 115° 50′ 42.70″，北纬 40° 43′ 45.70″，高程 974 米。

墙体长 595 米，毛石垒砌。墙体内外用大块毛石干槎包砌，墙芯土石混筑。墙体坍塌严重，保存较差长 590 米，整体消失长 5 米。按保存程度分成两段，第 1 段墙体整体消失，长 5 米，被山间小路中断；第 2 段墙体保存较差，长 590 米，墙体高 3 米，宽 7.8 米。四周长有灌木林。

141. 黎家堡长城 3 段 130732382106170141

位于赤城县雕鄂乡黎家堡村西北 1 千米处，起点坐标：东经 115° 50′ 42.70″，北纬 40° 43′ 45.70″，高程 974 米，止点坐标：东经 115° 50′ 40.40″，北纬 40° 43′ 43.20″，高程 939 米。

墙体长 100 米，天然岩石山险，四周长有灌木林。

142. 东窑长城 130732382102170142

位于赤城县雕鄂乡黎家堡村西北 1 千米、赤城县雕鄂乡东窑村东北约 800 米处，起点坐标：东经 115° 50′ 40.40″，北纬 40° 43′ 43.20″，高程 939 米，止点坐标：东经 115° 50′ 00.00″，北纬 40° 43′ 37.70″，高程 1079 米。

墙体长 1115 米，其间设烽火台 1 座，地堡式防御设施 1 座。墙体内外用大块毛石干槎包砌，墙芯土石混筑。墙体坍塌严重，按保存程度分成三段：第 1 段墙体保存较差，长 150 米，墙体高 0.6～1.4 米，宽 3.2 米；第 2 段墙体整体消失，长 60 米；第 3 段墙体保存较差，长 620 米，墙体高 1.1～3 米，宽 3.3 米；第 4 段墙体保存较差，长 285 米，墙体高 1.5～2 米，宽 3.5 米。四周长有灌木林。

143. 雕鄂堡北侧长城 1 段 130732382106170143

位于赤城县雕鄂乡东窑村东北约 800 米，起点坐标：东经 115° 50′ 00.00″，北纬 40° 43′ 37.70″，高程 1079 米，止点坐标：东经 115° 49′ 33.20″，北纬 40° 43′ 28.10″，高程 936 米。

墙体长 1020 米，其间设烽火台 4 座。天然岩石山险，四周长有灌木林。

144. 雕鄂堡北侧长城 2 段 130732382102170144

位于赤城县雕鄂堡南门东北约 800 米、赤城县雕鄂堡南门东北约 300 米，起点坐标：东经 115° 49′ 33.20″，北纬 40° 43′ 28.10″，高程 936 米，止点坐标：东经 115° 49′ 29.90″，北纬 40° 43′ 21.70″，高程 833 米。

墙体长 230 米，墙体内外用大块毛石干槎包砌，墙芯土石混筑。墙体坍塌严重，保存较差长 120 米，整体消失长 110 米。按保存程度分成两段，第 1 段墙体保存差，长 120 米，墙体高 0.6 ～ 1.6 米，宽 1.8 ～ 3.2 米；第 2 段墙体整体消失，长 110 米。四周长有灌木林。

145. 雕鄂堡西侧长城 1 段 130732382102170145

位于赤城县雕鄂堡南门西北约 400 米、赤城县雕鄂堡南门西北约 1 千米，起点坐标：东经 115° 49′ 29.90″，北纬 40° 43′ 21.70″，高程 841 米，止点坐标：东经 115° 48′ 40.90″，北纬 40° 43′ 30.60″，高程 1059 米。

墙体长 800 米，其间设烽火台 1 座，墙体内外用大块毛石干槎包砌，墙芯土石混筑。墙体坍塌严重。按保存程度分成三段，第 1 段墙体整体消失，长 300 米，第 2 段墙体保存较差，长 130 米，墙体高 1.2 ～ 1.8 米，宽 2.1 米；第 3 段墙体保存较差，长 370 米，墙体高 1.3 米，宽 2.5 米。四周长有灌木林。

146. 雕鄂堡西侧长城 2 段 130732382106170146

位于赤城县雕鄂堡南门西北约 1 千米，起点坐标：东经 115° 48′ 40.90″，北纬 40° 43′ 30.60″，高程 1059 米，止点坐标：东经 115° 48′ 36.70″，北纬 40° 43′ 31.90″，高程 1105 米。

墙体长 110 米，天然岩石山险，四周长有灌木林。

147. 雕鄂堡西侧长城 3 段 130732382102170147

位于赤城县雕鄂堡南门西北约 1.2 千米、赤城县雕鄂乡康庄村东北约 1.8 千米，起点坐标：东经 115° 48′ 36.70″，北纬 40° 43′ 31.90″，高程 1105 米，止点坐标：东经 115° 47′ 30.50″，北纬 40° 44′ 04.60″，高程 1214 米。

墙体长 2215 米，其间设烽火台 2 座，墙体内外用大块毛石干槎包砌，墙芯土石混筑。局部坍塌严重。按保存程度分成九段，第 1 段墙体保存较差，长 670 米，墙体高 1 米，宽 3 米；第 2 段墙体保存一般，长 60 米，墙体高 0.7 ～ 1.8 米，厚 2 米，顶厚 1.3 米；第 3 段墙体保存较差，长 440 米，墙体高 1 米，宽 3 米；第 4 段墙体保存一般，长 60 米，墙体高 1.1 ～ 2.2 米，宽 1.95 米；第 5 段墙体保存差，长 180 米，墙体高 1 米，宽 3 米；第 6 段墙体保存较差，长 175 米，墙体高 0.5 ～ 1.1 米；第 7 段墙体保存差，长 150 米，高 1 米，宽 3 米；第 8 段墙体保存一般，长 300 米，墙体高 1.2 ～ 2.1 米，宽 1.7 ～ 2.4 米；第 9 段墙体保存较差，长 180 米，墙体高 0.8 米，厚 1.9 米。四周长有灌木林。

148. 康庄东侧长城 1 段 130732382106170148

位于赤城县雕鄂乡康庄村东北约 1.8 千米，起点坐标：东经 115° 47′ 30.50″，北纬 40° 44′ 04.60″，高程 1214 米，止点坐标：东经 115° 47′ 25.30″，北纬 40° 43′ 56.40″，高程 1111 米。

墙体长 300 米，天然岩石山险，四周长有灌木林。

149. 康庄东侧长城 2 段 130732382102170149

位于赤城县雕鄂乡康庄东约 1.2 千米，起点坐标：东经 115° 47′ 25.30″，北纬 40° 43′ 56.40″，高程

1111 米，止点坐标：东经 115° 47′ 02.00″，北纬 40° 43′ 47.50″，高程 895 米。

墙体长 790 米，墙体内外用大块毛石干槎包砌，墙芯土石混筑。局部坍塌严重。按保存程度分成三段，第 1 段墙体保存较差，长 70 米，墙体高 2.6 米，顶宽 1.3 米；第 2 段墙体保存较好，长 460 米，墙体高 1.3 米，底宽 1.9 米，顶厚 1.5 米；第 3 段墙体保存较差，长 260 米，墙体宽 2.5 ～ 5 米。四周长有灌木林。

150. 康庄东侧长城 3 段 130732382101170150

位于赤城县雕鹗乡康庄村东 1 千米，起点坐标：东经 115° 47′ 02.00″，北纬 40° 43′ 47.50″，高程 895 米，止点坐标：东经 115° 45′ 48.70″，北纬 40° 44′ 01.70″，高程 875 米。

墙体长 1915 米，其间设马面 7 座，墙体内外用大块毛石干槎包砌，墙芯土石混筑。墙体保存一般长 680 米，保存差长 310 米，保存较差长 575 米，整体消失长 350 米。按保存程度分成十四段，第 1 段墙体保存一般，长 240 米，墙体高 2 ～ 4 米，顶厚 0.5 ～ 0.8 米；第 2 段墙体保存差，长 70 米，仅存墙基；第 3 段墙体整体消失，长 45 米；第 4 段墙体保存一般，长 150 米，墙体高 5 米，顶宽 1 米，底宽 3.5 米，夯层明显，层厚 0.2 ～ 0.3 米；第 5 段墙体整体消失，长 70 米；第 6 段墙体保存一般，长 290 米，墙体高 3 米，顶宽 1.5 ～ 2.5 米；第 7 段墙体整体消失，长 110 米；第 8 段墙体保存差，长 240 米，墙体顶宽仅 0.3 米；第 9 段墙体整体消失，长 80 米；第 10 段墙体保存较差，长 415 米，墙体高 3 米，底宽 5 米，顶宽 2 米；第 11 段墙体整体消失，长 10 米；第 12 段墙体保存较差，长 20 米，墙体高 4.5 米，底厚 4.2 米，顶厚 0.5 ～ 1 米；第 13 段墙体保存较差，长 140 米；第 14 段墙体整体消失，长 35 米。四周长有灌木林。

151. 下虎村长城 130732382101170151

位于赤城县雕鹗乡康庄村西北约 400 米、赤城县雕鹗乡下虎村西北约 400 米，起点坐标：东经 115° 45′ 48.70″，北纬 40° 44′ 01.70″，高程 875 米，止点坐标：东经 115° 44′ 28.80″，北纬 40° 44′ 47.50″，高程 903 米。

墙体长 2540 米，其间设马面 1 座，墙体内外用大块毛石干槎包砌，墙芯土石混筑。墙体坍塌严重，保存差长 2080 米，整体消失长 460 米。按保存程度分成九段，第 1 段墙体保存较差，长 670 米，墙体高 1.5 米，宽 3.7 米；第 2 段墙体整体消失，长 180 米；第 3 段墙体保存较差，长 410 米，墙体高 1.5 米，宽 3.7 米；第 4 段墙体整体消失，长 160 米；第 5 段墙体保存较差，长 270 米，墙体高 1.5 米，宽 3.7 米；第 6 段墙体整体消失，长 50 米；第 7 段墙体保存较差，长 280 米，墙体高 1.5 米，宽 3.7 米；第 8 段墙体整体消失，长 70 米；第 9 段墙体保存较差，长 450 米，墙体高 1.5 米，宽 3.7 米。四周长有灌木林。

152. 上虎村长城 130732382101170152

位于赤城县雕鹗乡下虎村西北约 400 米、赤城县龙关镇三岔口城堡东南角，起点坐标：东经 115° 40′ 46.30″，北纬 40° 47′ 38.30″，高程 903 米，止点坐标：东经 115° 37′ 25.60″，北纬 40° 47′ 50.10″，高程 976 米。

墙体长 7745 米，其间设马面 10 座。墙体内外用大块毛石干槎包砌，墙芯土石混筑。墙体坍塌严重，保存一般长 3430 米，保存较差长 1705 米，整体消失长 2610 米。按保存程度分成二十三段，第 1 段墙体整体消失；第 2 段墙体保存较差，第 3 段墙体整体消失；第 4 段墙体保存较差；第 5 段墙体整体消失；第 6 段墙体保存较差，墙体高 1.1 ～ 1.8 米；第 7 段墙体整体消失；第 8 段墙体保存一般，墙体高 4 ～ 5.8 米，厚 2 ～ 3.2 米，夯层分为两层，土层厚 0.2 ～ 0.21 米，碎砂石层厚 0.07 ～ 0.1 米；第 9 段墙体整体消失，第 10 段墙体保存一般，墙体高 6.8 米，厚 3.7 米，夯层明显，厚 0.18 米；第 11 段墙体整体消失；第 12 段墙体保存一般，墙体高 6.8 米，厚 3.7 米，夯层明显，厚 0.18 米；第 13 段墙体整体消失；第 14 段墙体保存较差，墙体高 2.1 ～ 4.3 米，宽 2.2 ～ 4.8；第 15 段墙体整体消失；第 16 段墙体保存较差，墙体高 2.1 ～ 4.3 米，宽 2.2 ～ 4.8 米；第 17 段墙体整体消失；第 18 段墙体保存较差，墙体高 2.1 ～ 4.3 米，宽 2.2 ～ 4.8 米；第 19 段墙体整体消失；第 20 段墙体保存较差，墙体高 2.1 ～ 4.3 米，宽 2.2 ～ 4.8 米；第 21 段墙体整体消失；第 22 段墙体保存较差，墙体高 2 ～ 3.5 米，厚 1 米，夯层厚 0.28 米；第 23 段墙体整体消失。四周长有灌木林。

153. 三岔口长城 1307323821011170153

位于赤城县龙关镇三岔口城堡西北角、赤城县龙关镇八里庄村西北约 400 米，起点坐标：东经 115° 40′ 35.20″，北纬 40° 47′ 43.40″，高程 982 米，止点坐标：东经 115° 37′ 25.60″，北纬 40° 47′ 50.10″，高程 1046 米。

墙体长 4625 米，其间设马面 11 座。墙体内外用大块毛石干槎包砌，墙芯土石混筑。墙体坍塌严重，保存一般长 1040 米，保存较差长 2585 米，整体消失长 1000 米。按保存程度分成十九段，第 1 段墙体保存较差，长 180 米，墙体高 2.5 米，宽 3 米；第 2 段墙体整体消失，长 100 米；第 3 段墙体保存较差，长 135 米，墙体高 2.5 米，宽 3 米；第 4 段墙体保存差，长 450 米，存基础；第 5 段墙体保存较差，长 480 米，墙体高 6 米，顶部宽 0.3 米；第 6 段墙体整体消失，长 230 米；第 7 段墙体保存较差，长 420 米，墙体高 6 米，顶部宽 0.3 米；第 8 段墙体整体消失，长 40 米；第 9 段墙体保存一般，长 1040 米，墙体高 4.2 米，顶部宽 2.5 米，墙底宽 5 米；第 10 段墙体整体消失，长 15 米；第 11 段墙体保存较差，长 270 米，墙体高 3 米，宽 0.6 ～ 3.6 米；第 12 段墙体整体消失，长 50 米；第 13 段墙体保存较差，长 490 米，墙体高 3.5 米，下宽 5 米，顶宽 0.4 米；第 14 段墙体整体消失，长 80 米；第 15 段墙体保存较差，长 495 米，墙体高 3.5 米，下宽 5 米，顶宽 0.4 米；第 16 段墙体整体消失，长 10 米；第 17 段墙体保存较差，长 85 米，墙体高 3.5 米，下宽 5 米，顶宽 0.4 米；第 18 段墙体整体消失，长 25 米；第 19 段墙体保存较差，长 30 米，墙体高 3.5 米，下宽 5. 米，顶宽 0.4 米。四周长有灌木林。

154. 八里庄长城 1307323821011170154

位于赤城县龙关镇八里庄村西北约 400 米、赤城县龙关镇周村东约 100 米，起点坐标：东经 115° 37′ 25.60″，北纬 40° 47′ 50.10″，高程 1046 米，止点坐标：东经 115° 34′ 30.10″，北纬 40° 48′ 21.90″，高程 1112 米。

墙体长 4385 米，其间设马面 9 座，墙体内外用大块毛石干槎包砌，墙芯土石混筑。墙体坍塌严重，保存较差长 3985 米，整体消失长 400 米。按保存程度分成十二段，第 1 段墙体整体消失，长 50 米；第 2 段墙体保存较差，长 2660 米，墙体高 4.1 ～ 5 米，底宽 3 ～ 7 米，顶宽 0.7 米，夯层 0.24 ～ 0.34 米；

第 3 段墙体整体消失，长 80 米；第 4 段墙体保存较差，长 1120 米，墙体高 5.7 米，底厚 4.5 米，夯层明显，厚 0.16 米；第 5 段墙体整体消失，长 40 米；第 6 段墙体保存较差，长 60 米，墙体高 3.4 ～ 4.25 米，宽 2.8 米，夯层厚 0.18 ～ 0.2 米；第 7 段墙体整体消失，长 60 米；第 8 段墙体保存较差，长 70 米，墙体高 5 米，夯层厚 0.16 米；第 9 段墙体整体消失，长 70 米；第 10 段墙体保存较差，长 30 米，墙体高 3.5 米，厚 6.3 米；第 11 段墙体整体消失，长 100 米；第 12 段墙体保存较差，长 45 米，墙体高 3.1 米，厚 6.3 米，夯层厚 0.06 米。四周长有灌木林。

155. 周村长城 130732382101170155

位于赤城县龙关镇周村东约 100 米、赤城县龙关镇前所村西南约 1 千米，起点坐标：东经 115° 34′ 30.10″，北纬 40° 48′ 21.90″，高程 1112 米，止点坐标：东经 115° 31′ 56.90″，北纬 40° 47′ 51.90″，高程 1246 米。

墙体长 3845 米，其间设马面 4 座，角台 1 座。墙体内外用大块毛石干槎包砌，墙芯土石混筑。墙体坍塌严重，保存较差长 2885 米，整体消失长 960 米。按保存程度分成十八段，第 1 段墙体整体消失，长 410 米；第 2 段墙体保存较差，长 110 米，墙体高 4 米，宽 3.2 米，夯层分为碎石层和土层，土层厚 0.2 米，石层厚 0.07 ～ 0.1 米；第 3 段墙体整体消失，长 105 米；第 4 段墙体保存较差，长 400 米，墙体高 4 米，宽 3.2 米，夯层分为碎石层和土层，土层厚 0.2 米，石层厚 0.07 ～ 0.1 米；第 5 段墙体整体消失，长 105 米；第 6 段墙体保存较差，长 825 米，墙体高 1.5 ～ 4.2 米，顶宽 0.5 ～ 3 米，底宽 4.1 ～ 5.6 米；第 7 段墙体整体消失，长 30 米；第 8 段墙体保存较差，长 560 米，墙体高 1 ～ 2 米，底宽 2 ～ 3 米；第 9 段墙体整体消失，长 20 米；第 10 段墙体保存较差，长 125 米，墙体高 1 ～ 2 米，底宽 2 ～ 3 米；第 11 段墙体整体消失，长 30 米；第 12 段墙体保存较差，长 80 米，墙体高 1 ～ 2 米，底宽 2 ～ 3 米；第 13 段墙体整体消失，长 150 米；第 14 段墙体保存较差，长 420 米，墙体高 1 ～ 2 米，底宽 2 ～ 3 米；第 15 段墙体整体消失，长 70 米；第 16 段墙体保存较差，长 305 米，墙体高 1 ～ 2 米，底宽 2 ～ 3 米；第 17 段墙体整体消失，长 40 米；第 18 段墙体保存较差，长 60 米，墙体高 1 ～ 2 米，底宽 2 ～ 3 米。四周长有灌木林。

156. 前所长城 1 段 130732382102170156

位于赤城县龙关镇前所村西南约 1 千米，起点坐标：东经 115° 31′ 56.90″，北纬 40° 47′ 51.90″，高程 1246 米，止点坐标：东经 115° 31′ 47.20″，北纬 40° 47′ 50.40″，高程 1325 米。

墙体长 250 米，墙体内外用大块毛石干槎包砌，墙芯土石混筑。墙体坍塌严重，高 1.2 ～ 1.7 米，宽 1.5 ～ 3.5 米。四周长有灌木林。

157. 前所长城 2 段 130732382106170157

位于赤城县龙关镇前所村西南约 1.1 千米，起点坐标：东经 115° 31′ 47.20″，北纬 40° 47′ 50.40″，高程 1325 米，止点坐标：东经 115° 31′ 45.00″，北纬 40° 47′ 50.80″，高程 1358 米。

墙体长 60 米，天然岩石山险，四周长有灌木林。

158. 二架山长城 130732382102170158

位于赤城县龙关镇前所村西南约 1.1 千米、赤城县龙关镇方家沟村北约 800 米，起点坐标：东经

115° 31′ 45.00″，北纬 40° 47′ 50.80″，高程 1358 米，止点坐标：东经 115° 30′ 51.10″，北纬 40° 47′ 39.80″，高程 1351 米。

墙体长 1485 米，其间设烽火台 1 座。墙体内外用大块毛石干槎包砌，墙芯土石混筑。墙体整体保存较差，坍塌严重，高 1.4 ~ 1.6 米，宽 1.5 ~ 3.2 米。四周长有灌木林。

159. 白塔沟长城 1307323821102170159

位于赤城县龙关镇方家沟村北约 800 米，起点坐标：东经 115° 30′ 51.10″，北纬 40° 47′ 39.80″，高程 1351 米，止点坐标：东经 115° 27′ 34.70″，北纬 40° 47′ 22.30″，高程 1715 米。

墙体长 6300 米，其间设马面 2 座，登城步道 1 处。墙体内外用大块毛石干槎包砌，墙芯土石混筑。墙体坍塌严重，保存程度分成十一段，第 1 段墙体保存较差，长 2745 米，墙体高 1.2 ~ 1.7 米，宽 1.5 ~ 3.5 米；第 2 段墙体保存一般，长 260 米，墙体高 2.5 ~ 3.5 米，宽 3.5 米；第 3 段墙体保存较差，长 780 米，墙体高 2.5 米，宽 3.5 米；第 4 段墙体保存差，长 570 米，墙体高 1.3 米，宽 2.5 米；第 5 段墙体保存较差，长 170 米，墙体高 2.5 米，宽 3.5 米；第 6 段墙体保存较好，长 25 米，墙体东侧高 3.2 米，西侧高 4.4 米，宽 3.3 米，垛墙高 0.3 米，宽 0.5 米；第 7 段墙体保存一般，长 240 米，墙体外侧高 4.5 米，内侧高 2 米，宽 1.2 ~ 3 米，垛墙高 0.7 米，宽 0.6 米；第 8 段墙体保存一般，长 115 米，墙体高 3 米，宽 2.8 ~ 3.6 米；垛墙宽 0.7 米，内高 0.55 米；第 9 段墙体保存较差，长 50 米，墙体高 2.5 米，宽 3.5 米；第 10 段墙体保存一般，长 180 米，墙体高 3 ~ 3.4 米，宽 5 米；第 11 段墙体保存较差，长 1165 米，墙体高 2.5 米，宽 3.5 米。四周长有灌木林。

160. 转山长城 1 段 1307323821101170160

位于赤城县龙关镇夭湾沟村东南约 3.2 千米，起点坐标：东经 115° 27′ 34.70″，北纬 40° 47′ 22.30″，高程 1715 米，止点坐标：东经 115° 26′ 14.00″，北纬 40° 47′ 31.30″，高程 1871 米。

墙体长 2440 米。墙体内外用大块毛石干槎包砌，墙芯土石混筑。墙体坍塌严重，按保存程度分成两段，第 1 段墙体整体消失，长 580 米；第 2 段墙体保存差，长 1360 米，墙体高 0.6 米，宽 3.4 米；第 3 段墙体整体消失，长 500 米。四周长有灌木林。

161. 转山长城 2 段 1307323821102170161

位于赤城县龙关镇夭湾沟村西南约 3 千米，起点坐标：东经 115° 26′ 14.80″，北纬 40° 47′ 35.40″，高程 1872 米，止点坐标：东经 115° 26′ 13.30″，北纬 40° 47′ 29.40″，高程 1881 米。

墙体长 205 米。墙体内外用大块毛石干槎包砌，墙芯土石混筑。墙体整体保存较差，坍塌严重，高 1.3 ~ 1.8 米，宽 3 ~ 4 米。四周长有灌木林。

162. 大尖山长城 1 段 1307323821106170162

位于赤城县龙关镇夭湾沟村西南约 3 千米，起点坐标：东经 115° 26′ 13.30″，北纬 40° 47′ 29.40″，高程 1881 米，止点坐标：东经 115° 25′ 56.10″，北纬 40° 47′ 29.60″，高程 1935 米。

墙体长 410 米，天然岩石山险，四周长有灌木林。

163. 大尖山长城 2 段 1307323821102170163

位于赤城县龙关镇夭湾沟村西南约 3 千米，起点坐标：东经 115° 26′ 13.30″，北纬 40° 47′ 29.40″，高程 1881 米，止点坐标：东经 115° 25′ 40.00″，北纬 40° 47′ 30.90″，高程 1941 米。

墙体长 400 米。墙体内外用大块毛石干槎包砌，墙芯土石混筑。墙体坍塌严重，保存差长 150 米，保存较差长 250 米，按保存程度分成两段。第 1 段墙体保存差，长 150 米，仅存墙基；第 2 段墙体保存较差，长 250 米，墙体高 1.8 米，宽 4 米。四周长有灌木林。

164. 长梁东山长城 130732382102170164

位于长梁村东偏南约 2.5 千米处山脊上、虎龙沟村东约 5 千米山崖东侧，起点坐标：东经 115° 52′ 24.10″，北纬 41° 11′ 50.50″，高程 2066 米，止点坐标：东经 115° 53′ 33.80″，北纬 41° 14′ 18.80″，高程 2022 米。

墙体长 5895 米，其间设烽火台 8 座。墙体内外用大块毛石干槎包砌，墙芯土石混筑。墙体坍塌严重，保存差长 905 米，整体消失长 4990 米。按保存程度分成两段，第 1 段墙体整体消失，长 4990 米；第 2 段墙体保存差，长 905 米，地表可见石砌墙体痕迹。四周以桦树、丛灌、杂草为主。

165. 炭窑长城 1 段 130732382106170165

位于炭窑村东约 4.1 千米山脊上，起点坐标：东经 115° 53′ 33.80″，北纬 41° 14′ 18.80″，止点坐标：东经 115° 53′ 33.80″，北纬 41° 14′ 14.80″。

墙体长 155 米，天然岩石山险，四周以杂草为主。

166. 炭窑长城 2 段 130732382102170166

位于炭窑村东约 4.1 千米山脊上，起点坐标：东经 115° 53′ 33.80″，北纬 41° 14′ 14.80 高程 2061 米，止点坐标：东经 115° 52′ 33.10″，北纬 41° 15′ 35.50″，高程 1955 米。

墙体长 2952 米，其间设烽火台 5 座。墙体内外用大块毛石干槎包砌，墙芯土石混筑。墙体坍塌严重。按保存程度分成两段，第 1 段墙体保存较差，长 2493 米，墙体高 0.8 ～ 1.3 米，下部宽 3.5 ～ 4 米，上部宽 1.5 ～ 2.3 米；第 2 段墙体保存较差，长 459 米，墙体高 1.3 米，顶宽 1.3 ～ 1.6 米。四周以杂草为主。

167. 炭窑长城 3 段 130732382106170167

位于炭窑村东北 3.5 千米山脊上、南厂村西南约 3.5 千米处山背上，起点坐标：东经 115° 52′ 33.10″，北纬 41° 15′ 35.50″，高程 1955 米，止点坐标：东经 115° 52′ 32.00″，北纬 41° 15′ 36.30″，高程 1981 米。

墙体长 36 米，天然岩石山险，四周以杂草为主。

168. 炭窑长城 4 段 130732382102170168

位于南厂村西南约 4 千米处山背上，起点坐标：东经 115° 52′ 32.00″，北纬 41° 15′ 36.30″，高程 1981 米，止点坐标：东经 115° 52′ 31.20″，北纬 41° 15′ 36.40″，高程 1978 米。

墙体长 20 米，墙体内外用大块毛石干槎包砌，墙芯土石混筑。墙体保存较差，坍塌严重，四周以杂草为主。

（二）单体建筑

赤城县单体建筑一览表（单位：座）

编号	认定名称	认定编码	材质	保存程度				
				较好	一般	较差	差	消失
1	金鸡梁烽火台 01 号	1307323532011 70001	土				√	
2	金鸡梁敌台 01 号	1307323521011 70002	石				√	
3	金鸡梁敌台 02 号	1307323521011 70003	石				√	
4	金鸡梁敌台 03 号	1307323521011 70004	石				√	
5	金鸡梁敌台 04 号	1307323521011 70005	石				√	
6	金鸡梁敌台 05 号	1307323521011 70006	石				√	
7	金鸡梁敌台 06 号	1307323521011 70007	石				√	
8	金鸡梁敌台 07 号	1307323521011 70008	石				√	
9	金鸡梁敌台 08 号	1307323521011 70009	石				√	
10	金鸡梁烽火台 02 号	1307323532011 70010	石				√	
11	金鸡梁烽火台 03 号	1307323532011 70011	土				√	
12	金鸡梁烽火台 04 号	1307323532011 70012	石				√	
13	金鸡梁烽火台 05 号	1307323532011 70013	石				√	
14	金鸡梁敌台 09 号	1307323521011 70014	石				√	
15	金鸡梁敌台 10 号	1307323521011 70015	石				√	
16	金鸡梁敌台 11 号	1307323521011 70016	石				√	
17	金鸡梁敌台 12 号	1307323521011 70017	石				√	
18	大边敌台 01 号	1307323521011 70018	砖				√	
19	大边敌台 02 号	1307323521011 70019	石				√	
20	大边敌台 03 号	1307323521011 70020	砖			√		
21	大边敌台 04 号	1307323521011 70021	砖			√		
22	大边烽火台 01 号	1307323532011 70022	石				√	
23	大边敌台 05 号	1307323521011 70023	石				√	
24	大边敌台 06 号	1307323521011 70024	砖				√	
25	大边敌台 07 号	1307323521011 70025	石				√	
26	南尹家沟敌台 01 号	1307323521011 70026	石				√	
27	南尹家沟敌台 02 号	1307323521011 70027	石				√	
28	南尹家沟敌台 03 号	1307323521011 70028	砖				√	
29	南尹家沟敌台 04 号	1307323521011 70029	砖			√		
30	南尹家沟敌台 05 号	1307323521011 70030	砖				√	
31	南尹家沟敌台 06 号	1307323521011 70031	石				√	
32	南尹家沟敌台 07 号	1307323521011 70032	石				√	
33	南尹家沟敌台 08 号	1307323521011 70033	石				√	
34	北尹家沟敌台 01 号	1307323521011 70034	砖			√		
35	北尹家沟敌台 02 号	1307323521011 70035	砖			√		

（续）

编号	认定名称	认定编码	材质	保存程度				
				较好	一般	较差	差	消失
36	北尹家沟敌台 03 号	1307323521 01170036	砖	√				
37	北尹家沟敌台 04 号	1307323521 01170037	砖			√		
38	北尹家沟敌台 05 号	1307323521 01170038	石				√	
39	北尹家沟敌台 06 号	1307323521 01170039	石				√	
40	北尹家沟敌台 07 号	1307323521 01170040	石				√	
41	北尹家沟敌台 08 号	1307323521 01170041	石				√	
42	北尹家沟敌台 09 号	1307323521 01170042	石				√	
43	北尹家沟敌台 10 号	1307323521 01170043	石				√	
44	北尹家沟烽火台 01 号	1307323532 01170044	石				√	
45	北尹家沟敌台 11 号	1307323521 01170045	石				√	
46	北尹家沟烽火台 02 号	1307323532 01170046	砖				√	
47	北尹家沟烽火台 03 号	1307323532 01170047	石				√	
48	拦马道敌台 01 号	1307323521 01170048	砖		√			
49	拦马道敌台 02 号	1307323521 01170049	砖				√	
50	拦马道敌台 03 号	1307323521 01170050	土				√	
51	拦马道敌台 04 号	1307323521 01170051	砖			√		
52	拦马道敌台 05 号	1307323521 01170052	砖			√		
53	拦马道烽火台 01 号	1307323532 01170053	石			√		
54	拦马道烽火台 02 号	1307323532 01170054	石				√	
55	拦马道敌台 06 号	1307323521 01170055	石				√	
56	平路口敌台 01 号	1307323521 01170056	砖		√			
57	平路口敌台 02 号	1307323521 01170057	石				√	
58	平路口敌台 03 号	1307323521 01170058	砖		√			
59	平路口敌台 04 号	1307323521 01170059	石				√	
60	平路口敌台 05 号	1307323521 01170060	砖		√			
61	平路口敌台 06 号	1307323521 01170061	砖			√		
62	平路口烽火台 01 号	1307323532 01170062	石			√		
63	平路口烽火台 02 号	1307323532 01170063	石				√	
64	平路口烽火台 03 号	1307323532 01170064	石				√	
65	水泉沟烽火台 01 号	1307323532 01170065	石				√	
66	水泉沟烽火台 02 号	1307323532 01170066	石				√	
67	水泉沟烽火台 03 号	1307323532 01170067	石				√	
68	水泉沟烽火台 04 号	1307323532 01170068	石				√	
69	大庄科烽火台 01 号	1307323532 01170069	砖			√		
70	大庄科烽火台 02 号	1307323532 01170070	石				√	
71	大庄科烽火台 03 号	1307323532 01170071	石				√	
72	大庄科敌台 01 号	1307323521 01170072	石				√	
73	大庄科敌台 02 号	1307323521 01170073	石				√	

（续）

编号	认定名称	认定编码	材质	保存程度				
				较好	一般	较差	差	消失
74	大庄科敌台 03 号	130732352101170074	石				√	
75	大庄科敌台 04 号	130732352101170075	砖	√				
76	大庄科敌台 05 号	130732352101170076	石				√	
77	庙湾敌台 01 号	130732352101170077	石				√	
78	庙湾烽火台 01 号	130732353201170078	石				√	
79	庙湾敌台 02 号	130732352101170079	石				√	
80	庙湾烽火台 02 号	130732353201170080	石				√	
81	庙湾敌台 03 号	130732352101170081	石				√	
82	庙湾烽火台 03 号	130732353201170082	石				√	
83	马营口敌台 01 号	130732352101170083	石				√	
84	马营口敌台 02 号	130732352101170084	石				√	
85	马营口烽火台 01 号	130732353201170085	砖				√	
86	马营口烽火台 02 号	130732353201170086	土				√	
87	赵家庄敌台 01 号	130732352101170087	土				√	
88	赵家庄烽火台 01 号	130732353201170088	土				√	
89	赵家庄烽火台 02 号	130732353201170089	土				√	
90	赵家庄敌台 02 号	130732352101170090	土				√	
91	赵家庄敌台 03 号	130732352101170091	石				√	
92	赵家庄烽火台 03 号	130732353201170092	土				√	
93	赵家庄烽火台 04 号	130732353201170093	石				√	
94	赵家庄敌台 04 号	130732352101170094	石				√	
95	赵家庄烽火台 05 号	130732353201170095	石				√	
96	赵家庄烽火台 06 号	130732353201170096	石				√	
97	郭家窑烽火台 01 号	130732353201170097	石				√	
98	郭家窑烽火台 02 号	130732353201170098	石				√	
99	郭家窑敌台 01 号	130732352101170099	石				√	
100	郭家窑烽火台 03 号	130732353201170100	石				√	
101	郭家窑烽火台 04 号	130732353201170101	石				√	
102	郭家窑敌台 02 号	130732352101170102	石				√	
103	郭家窑烽火台 05 号	130732353201170103	砖				√	
104	郭家窑敌台 03 号	130732352101170104	石				√	
105	郭家窑烽火台 06 号	130732353201170105	石				√	
106	郭家窑烽火台 07 号	130732353201170106	石				√	
107	郭家窑敌台 04 号	130732352101170107	砖			√		
108	青平楼敌台 01 号	130732352101170108	石				√	
109	青平楼敌台 02 号	130732352101170109	石				√	
110	青平楼敌台 03 号	130732352101170110	石				√	
111	青平楼敌台 04 号	130732352101170111	石				√	

（续）

编号	认定名称	认定编码	材质	保存程度				
				较好	一般	较差	差	消失
112	青平楼敌台 05 号	130732352101170112	石				√	
113	青平楼敌台 06 号	130732352101170113	砖			√		
114	十八亩地烽火台 01 号	130732353201170114	石				√	
115	十八亩地烽火台 02 号	130732353201170115	土				√	
116	十八亩地烽火台 03 号	130732353201170116	石				√	
117	下缸房烽火台 01 号	130732353201170117	土				√	
118	下缸房烽火台 02 号	130732353201170118	石				√	
119	中碌碡湾烽火台 01 号	130732353201170119	石				√	
120	中碌碡湾烽火台 02 号	130732353201170120	土				√	
121	中碌碡湾烽火台 03 号	130732353201170121	石				√	
122	中碌碡湾烽火台 04 号	130732353201170122	石				√	
123	中碌碡湾烽火台 05 号	130732353201170123	土				√	
124	中碌碡湾烽火台 06 号	130732353201170124	土				√	
125	大古路沟烽火台 01 号	130732353201170125	石			√		
126	大古路沟烽火台 02 号	130732353201170126	石			√		
127	大古路沟烽火台 03 号	130732353201170127	石			√		
128	井儿沟烽火台 01 号	130732353201170128	土			√		
129	井儿沟烽火台 02 号	130732353201170129	土			√		
130	井儿沟烽火台 03 号	130732353201170130	土			√		
131	六棵树烽火台 01 号	130732353201170131	土			√		
132	六棵树烽火台 02 号	130732353201170132	土			√		
133	六棵树烽火台 03 号	130732353201170133	土			√		
134	六棵树烽火台 04 号	130732353201170134	土			√		
135	碾子湾烽火台 01 号	130732353201170135	土			√		
136	碾子湾烽火台 02 号	130732353201170136	石			√		
137	碾子湾烽火台 03 号	130732353201170137	石			√		
138	碾子湾烽火台 04 号	130732353201170138	石			√		
139	茨营子烽火台 01 号	130732353201170139	石			√		
140	茨营子烽火台 02 号	130732353201170140	石			√		
141	茨营子烽火台 03 号	130732353201170141	土			√		
142	茨营子烽火台 04 号	130732353201170142	土				√	
143	茨营子烽火台 05 号	130732353201170143	土			√		
144	茨营子烽火台 06 号	130732353201170144	土			√		
145	茨营子烽火台 07 号	130732353201170145	土			√		
146	巴图营烽火台 01 号	130732353201170146	石			√		
147	巴图营烽火台 02 号	130732353201170147	石			√		
148	巴图营烽火台 03 号	130732353201170148	石			√		
149	巴图营烽火台 04 号	130732353201170149	石			√		

（续）

编号	认定名称	认定编码	材质	保存程度				
				较好	一般	较差	差	消失
150	巴图营烽火台05号	130732353201170150	石			√		
151	塘子营烽火台01号	130732353201170151	土			√		
152	塘子营烽火台02号	130732353201170152	石			√		
153	塘子营烽火台03号	130732353201170153	土			√		
154	塘子营烽火台04号	130732353201170154	土			√		
155	外沙沟烽火台01号	130732353201170155	土			√		
156	外沙沟烽火台02号	130732353201170156	土			√		
157	西万口烽火台01号	130732353201170157	石			√		
158	西万口烽火台02号	130732353201170158	土			√		
159	西万口烽火台03号	130732353201170159	石			√		
160	大水沟烽火台01号	130732353201170160	土			√		
161	官路坊烽火台01号	130732353201170161	石			√		
162	官路坊烽火台02号	130732353201170162	土			√		
163	官路坊烽火台03号	130732353201170163	石			√		
164	小寺沟烽火台01号	130732353201170164	石			√		
165	小寺沟烽火台02号	130732353201170165	石			√		
166	大寺沟烽火台01号	130732353201170166	石			√		
167	大寺沟烽火台02号	130732353201170167	石			√		
168	大寺沟烽火台03号	130732353201170168	石			√		
169	大寺沟烽火台04号	130732353201170169	土			√		
170	孤石烽火台01号	130732353201170170	土			√		
171	孤石烽火台02号	130732353201170171	土				√	
172	孤石烽火台03号	130732353201170172	土				√	
173	孤石烽火台04号	130732353201170173	土			√		
174	头道川烽火台01号	130732353201170174	土			√		
175	头道川烽火台02号	130732353201170175	土			√		
176	头道川烽火台03号	130732353201170176	土			√		
177	头道川烽火台04号	130732353201170177	土			√		
178	头道川烽火台05号	130732353201170178	石				√	
179	头道川烽火台06号	130732353201170179	土			√		
180	河路沟烽火台01号	130732353201170180	石			√		
181	河路沟烽火台02号	130732353201170181	土			√		
182	河路沟烽火台03号	130732353201170182	土			√		
183	瓦窑村烽火台01号	130732353201170183	土			√		
184	永宁口烽火台01号	130732353201170184	土			√		
185	永宁口烽火台02号	130732353201170185	土			√		
186	青羊沟烽火台01号	130732353201170186	土			√		
187	青羊沟烽火台02号	130732353201170187	土			√		

（续）

编号	认定名称	认定编码	材质	保存程度				
				较好	一般	较差	差	消失
188	青羊沟烽火台 03 号	130732353201170188	土			√		
189	青羊沟烽火台 04 号	130732353201170189	石			√		
190	小庄科烽火台 01 号	130732353201170190	石			√		
191	小庄科烽火台 02 号	130732353201170191	石			√		
192	大庄科烽火台 04 号	130732353201170192	石			√		
193	大庄科烽火台 05 号	130732353201170193	石			√		
194	后城张家窑烽火台 01 号	130732353201170194	石			√		
195	祁家窑烽火台 01 号	130732353201170195	石			√		
196	崔家沟烽火台 01 号	130732353201170196	石			√		
197	崔家沟烽火台 02 号	130732353201170197	土			√		
198	张寺沟烽火台 01 号	130732353201170198	石			√		
199	张寺沟烽火台 02 号	130732353201170199	石			√		
200	张寺沟烽火台 03 号	130732353201170200	石				√	
201	辛墩烽火台 01 号	130732353201170201	石				√	
202	辛墩烽火台 02 号	130732353201170202	土				√	
203	辛墩烽火台 03 号	130732353201170203	石				√	
204	辛墩烽火台 04 号	130732353201170204	石				√	
205	庄户窑烽火台 01 号	130732353201170205	石				√	
206	庄户窑烽火台 02 号	130732353201170206	石				√	
207	庄户窑烽火台 03 号	130732353201170207	石				√	
208	王庄子烽火台 01 号	130732353201170208	石			√		
209	王庄子烽火台 02 号	130732353201170209	石			√		
210	王庄子烽火台 03 号	130732353201170210	石			√		
211	王庄子烽火台 04 号	130732353201170211	石			√		
212	王庄子烽火台 05 号	130732353201170212	石			√		
213	王庄子烽火台 06 号	130732353201170213	石			√		
214	王庄子烽火台 07 号	130732353201170214	石			√		
215	胡山庄烽火台 01 号	130732353201170215	石			√		
216	胡山庄烽火台 02 号	130732353201170216	石			√		
217	胡山庄烽火台 03 号	130732353201170217	石			√		
218	胡山庄烽火台 04 号	130732353201170218	石			√		
219	胡山庄烽火台 05 号	130732353201170219	石			√		
220	胡山庄烽火台 06 号	130732353201170220	石			√		
221	胡家烽火台 01 号	130732353201170221	石			√		
222	胡家烽火台 02 号	130732353201170222	石			√		
223	胡家烽火台 03 号	130732353201170223	土			√		
224	胡家烽火台 04 号	130732353201170224	土			√		
225	胡家烽火台 05 号	130732353201170225	石			√		

（续）

编号	认定名称	认定编码	材质	保存程度				
				较好	一般	较差	差	消失
226	胡家烽火台 06 号	130732353201170226	石			√		
227	胡家烽火台 07 号	130732353201170227	石			√		
228	白河堡水库烽火台 01 号	130732353201170228	石			√		
229	下堡烽火台 01 号	130732353201170229	石			√		
230	下堡烽火台 02 号	130732353201170230	石			√		
231	下堡烽火台 03 号	130732353201170231	土			√		
232	常胜庄烽火台 01 号	130732353201170232	土			√		
233	常胜庄烽火台 02 号	130732353201170233	土			√		
234	常胜庄烽火台 03 号	130732353201170234	土			√		
235	常胜庄烽火台 04 号	130732353201170235	土			√		
236	郑家窑烽火台 01 号	130732353201170236	土			√		
237	小尹家沟烽火台 01 号	130732353201170237	石			√		
238	青罗口烽火台 01 号	130732353201170238	土			√		
239	青罗口烽火台 02 号	130732353201170239	土			√		
240	青罗口烽火台 03 号	130732353201170240	土			√		
241	青罗口烽火台 04 号	130732353201170241	土			√		
242	棋盘沟烽火台 01 号	130732353201170242	土			√		
243	河西堡烽火台 01 号	130732353201170243	土			√		
244	黄家沟烽火台 01 号	130732353201170244	石			√		
245	后城烽火台 01 号	130732353201170245	土			√		
246	后城烽火台 02 号	130732353201170246	土			√		
247	后城烽火台 03 号	130732353201170247	土			√		
248	后城烽火台 04 号	130732353201170248	石			√		
249	后城烽火台 05 号	130732353201170249	石			√		
250	后城烽火台 06 号	130732353201170250	石			√		
251	后城烽火台 07 号	130732353201170251	石			√		
252	后城烽火台 08 号	130732353201170252	石			√		
253	后城烽火台 09 号	130732353201170253	石			√		
254	名旺庄烽火台 01 号	130732353201170254	石			√		
255	名旺庄烽火台 02 号	130732353201170255	石			√		
256	名旺庄烽火台 03 号	130732353201170256	石			√		
257	名旺庄烽火台 04 号	130732353201170257	石				√	
258	罗家堡烽火台 01 号	130732353201170258	石				√	
259	罗家堡烽火台 02 号	130732353201170259	石				√	
260	罗家堡烽火台 03 号	130732353201170260	石			√		
261	罗家堡烽火台 04 号	130732353201170261	土			√		
262	尚家堡烽火台 01 号	130732353201170262	土			√		
263	上马山烽火台 01 号	130732353201170263	土			√		

（续）

编号	认定名称	认定编码	材质	保存程度				
				较好	一般	较差	差	消失
264	上马山烽火台 02 号	1307323532 01170264	石		√			
265	上马山烽火台 03 号	1307323532 01170265	石			√		
266	样田烽火台 01 号	1307323532 01170266	石			√		
267	样田烽火台 02 号	1307323532 01170267	土			√		
268	倪家沟烽火台 01 号	1307323532 01170268	石			√		
269	半沟烽火台 01 号	1307323532 01170269	石			√		
270	张浩烽火台 01 号	1307323532 01170270	石				√	
271	大地长城敌台 01 号	1307323521 01170271	石				√	
272	大地长城敌台 02 号	1307323521 01170272	土			√		
273	羊圈烽火台 01 号	1307323532 01170273	石			√		
274	羊圈烽火台 02 号	1307323532 01170274	石			√		
275	羊圈烽火台 03 号	1307323532 01170275	石			√		
276	上堡烽火台 01 号	1307323532 01170276	石			√		
277	上堡烽火台 02 号	1307323532 01170277	石				√	
278	上堡烽火台 03 号	1307323532 01170278	石			√		
279	上堡烽火台 04 号	1307323532 01170279	砖		√			
280	上堡烽火台 05 号	1307323532 01170280	土			√		
281	上堡烽火台 06 号	1307323532 01170281	土			√		
282	金鸡梁烽火台 06 号	1307323532 01170282	土			√		
283	金鸡梁烽火台 07 号	1307323532 01170283	土			√		
284	琵琶烽火台 01 号	1307323532 01170284	石			√		
285	琵琶烽火台 02 号	1307323532 01170285	石			√		
286	琵琶烽火台 03 号	1307323532 01170286	石			√		
287	琵琶烽火台 04 号	1307323532 01170287	石			√		
288	琵琶烽火台 05 号	1307323532 01170288	石			√		
289	琵琶烽火台 06 号	1307323532 01170289	石			√		
290	琵琶烽火台 07 号	1307323532 01170290	石			√		
291	琵琶烽火台 08 号	1307323532 01170291	石				√	
292	琵琶烽火台 09 号	1307323532 01170292	石			√		
293	琵琶烽火台 10 号	1307323532 01170293	石			√		
294	琵琶烽火台 11 号	1307323532 01170294	石	√				
295	琵琶烽火台 12 号	1307323532 01170295	石			√		
296	琵琶烽火台 13 号	1307323532 01170296	石			√		
297	琵琶烽火台 14 号	1307323532 01170297	石			√		
298	大西凹烽火台 01 号	1307323532 01170298	石			√		
299	大西凹烽火台 02 号	1307323532 01170299	石			√		
300	万水泉烽火台 01 号	1307323532 01170300	石				√	
301	万水泉烽火台 02 号	1307323532 01170301	石			√		

（续）

编号	认定名称	认定编码	材质	保存程度				
				较好	一般	较差	差	消失
302	万水泉烽火台 03 号	130732353201170302	土			√		
303	万水泉烽火台 04 号	130732353201170303	石			√		
304	万水泉烽火台 05 号	130732353201170304	石			√		
305	万水泉烽火台 06 号	130732353201170305	石			√		
306	大边烽火台 02 号	130732353201170306	石			√		
307	大边烽火台 03 号	130732353201170307	石			√		
308	大边烽火台 04 号	130732353201170308	石				√	
309	蛤蟆沟烽火台 01 号	130732353201170309	石			√		
310	蛤蟆沟烽火台 02 号	130732353201170310	石			√		
311	榆树湾烽火台 01 号	130732353201170311	石			√		
312	草岭子烽火台 01 号	130732353201170312	石			√		
313	老虎坑烽火台 01 号	130732353201170313	石			√		
314	老虎坑烽火台 02 号	130732353201170314	石				√	
315	万水泉长城敌台 01 号	130732352101170315	石			√		
316	万水泉长城敌台 02 号	130732352101170316	土			√		
317	万水泉长城敌台 03 号	130732352101170317	土			√		
318	万水泉长城敌台 04 号	130732352101170318	石			√		
319	万水泉长城敌台 05 号	130732352101170319	石			√		
320	万水泉长城敌台 06 号	130732352101170320	砖		√			
321	万水泉长城敌台 07 号	130732352101170321	土			√		
322	万水泉长城敌台 08 号	130732352101170322	土			√		
323	万水泉长城敌台 09 号	130732352101170323	石			√		
324	寺沟烽火台 01 号	130732353201170324	石			√		
325	寺沟烽火台 02 号	130732353201170325	石			√		
326	寺沟烽火台 03 号	130732353201170326	石			√		
327	寺沟烽火台 04 号	130732353201170327	石			√		
328	长伸地烽火台 01 号	130732353201170328	土			√		
329	长伸地烽火台 02 号	130732353201170329	石			√		
330	长伸地烽火台 03 号	130732353201170330	砖	√				
331	长伸地烽火台 04 号	130732353201170331	石			√		
332	南尹家沟烽火台 01 号	130732353201170332	土			√		
333	南尹家沟烽火台 02 号	130732353201170333	土			√		
334	盘道湾烽火台 01 号	130732353201170334	石			√		
335	盘道湾烽火台 02 号	130732353201170335	石			√		
336	姚家湾烽火台 01 号	130732353201170336	石			√		
337	东湾子烽火台 01 号	130732353201170337	石			√		
338	巡检司烽火台 01 号	130732353201170338	土			√		
339	巡检司烽火台 02 号	130732353201170339	土			√		

（续）

编号	认定名称	认定编码	材质	保存程度				
				较好	一般	较差	差	消失
340	巡检司烽火台 03 号	130732353201170340	土			√		
341	营盘梁烽火台 01 号	130732353201170341	石			√		
342	营盘梁烽火台 02 号	130732353201170342	土			√		
343	辛墩烽火台 05 号	130732353201170343	土			√		
344	张寺沟烽火台 04 号	130732353201170344	土			√		
345	程正沟烽火台 01 号	130732353201170345	土			√		
346	小堡子烽火台 01 号	130732353201170346	土			√		
347	戴家沟烽火台 01 号	130732353201170347	石			√		
348	蒋家堡烽火台 01 号	130732353201170348	土			√		
349	蒋家堡烽火台 02 号	130732353201170349	石			√		
350	蒋家堡烽火台 03 号	130732353201170350	土			√		
351	蒋家堡烽火台 04 号	130732353201170351	土			√		
352	庙湾烽火台 04 号	130732353201170352	土			√		
353	申沟烽火台 01 号	130732353201170353	石			√		
354	申沟烽火台 02 号	130732353201170354	石			√		
355	申沟烽火台 03 号	130732353201170355	土			√		
356	龙门所烽火台 01 号	130732353201170356	土			√		
357	龙门所烽火台 02 号	130732353201170357	石			√		
358	龙门所烽火台 03 号	130732353201170358	土				√	
359	龙门所烽火台 04 号	130732353201170359	石			√		
360	龙门所烽火台 05 号	130732353201170360	石			√		
361	龙门所烽火台 06 号	130732353201170361	土			√		
362	龙门所烽火台 07 号	130732353201170362	石			√		
363	龙门所烽火台 08 号	130732353201170363	石		√			
364	龙门所烽火台 09 号	130732353201170364	土			√		
365	龙门所烽火台 10 号	130732353201170365	土		√			
366	龙门所烽火台 11 号	130732353201170366	土			√		
367	龙门所烽火台 12 号	130732353201170367	土			√		
368	龙门所烽火台 13 号	130732353201170368	土			√		
369	龙门所烽火台 14 号	130732353201170369	土			√		
370	马营口烽火台 03 号	130732353201170370	石			√		
371	马营口烽火台 04 号	130732353201170371	石			√		
372	马营口烽火台 05 号	130732353201170372	石			√		
373	马营口烽火台 06 号	130732353201170373	石			√		
374	水沟烽火台 01 号	130732353201170374	土			√		
375	十二道洼烽火台 01 号	130732353201170375	石			√		
376	郭家窑烽火台 08 号	130732353201170376	石			√		
377	李家窑烽火台 01 号	130732353201170377	石		√			

（续）

编号	认定名称	认定编码	材质	保存程度				
				较好	一般	较差	差	消失
378	李家窑烽火台 02 号	130732353201170378	土			√		
379	牧马堡烽火台 01 号	130732353201170379	土			√		
380	牧马堡烽火台 02 号	130732353201170380	石	√				
381	牧马堡烽火台 03 号	130732353201170381	土			√		
382	青平楼烽火台 01 号	130732353201170382	石			√		
383	青平楼烽火台 02 号	130732353201170383	石			√		
384	七十亩湾烽火台 01 号	130732353201170384	石			√		
385	外东沟烽火台 01 号	130732353201170385	土			√		
386	外东沟烽火台 02 号	130732353201170386	石			√		
387	前楼烽火台 01 号	130732353201170387	石		√			
388	前楼烽火台 02 号	130732353201170388	土				√	
389	前楼烽火台 03 号	130732353201170389	石			√		
390	后楼烽火台 01 号	130732353201170390	土			√		
391	后楼烽火台 02 号	130732353201170391	石			√		
392	龙门所张家窑烽火台 01 号	130732353201170392	土			√		
393	龙门所郝家窑烽火台 01 号	130732353201170393	土			√		
394	龙门所西梁后烽火台 01 号	130732353201170394	土			√		
395	龙门所景家窑烽火台 01 号	130732353201170395	石			√		
396	龙门所黑龙王沟烽火台 01 号	130732353201170396	石			√		
397	龙门所黑龙王沟烽火台 02 号	130732353201170397	石			√		
398	样田东红石窑烽火台 01 号	130732353201170398	石			√		
399	龙门所杜家窑烽火台 01 号	130732353201170399	石			√		
400	龙门所沈家泉烽火台 01 号	130732353201170400	土			√		
401	龙门所三义烽火台 01 号	130732353201170401	石				√	
402	样田石灰窑烽火台 01 号	130732353201170402	石			√		
403	样田双山寨烽火台 01 号	130732353201170403	土			√		
404	样田双山寨烽火台 02 号	130732353201170404	土			√		
405	样田郭家屯烽火台 01 号	130732353201170405	土				√	
406	样田郭家屯烽火台 02 号	130732353201170406	石			√		
407	样田柳林屯烽火台 01 号	130732353201170407	土				√	
408	样田杨家坟烽火台 01 号	130732353201170408	土			√		
409	老幼屯烽火台 01 号	130732353201170409	石			√		
410	老幼屯烽火台 02 号	130732353201170410	土			√		
411	老幼屯烽火台 03 号	130732353201170411	土			√		
412	兴仁堡烽火台 01 号	130732353201170412	土				√	
413	兴仁堡烽火台 02 号	130732353201170413	土				√	
414	镇宁堡野马盘烽火台 01 号	130732353201170414	石			√		
415	镇宁堡野马盘烽火台 02 号	130732353201170415	石				√	

（续）

编号	认定名称	认定编码	材质	保存程度				
				较好	一般	较差	差	消失
416	镇宁堡野马盘烽火台 03 号	130732353201170416	石				√	
417	镇宁堡水泉子烽火台 01 号	130732353201170417	石				√	
418	镇宁堡水泉子烽火台 02 号	130732353201170418	石				√	
419	镇宁堡水泉子烽火台 03 号	130732353201170419	石				√	
420	镇宁堡水泉子烽火台 04 号	130732353201170420	石				√	
421	镇宁堡水泉子烽火台 05 号	130732353201170421	石				√	
422	镇宁堡盘石台烽火台 01 号	130732353201170422	石				√	
423	镇宁堡盘石台烽火台 02 号	130732353201170423	石				√	
424	镇宁堡盘石台烽火台 03 号	130732353201170424	石				√	
425	镇宁堡盘石台烽火台 04 号	130732353201170425	石				√	
426	镇宁堡盘石台烽火台 05 号	130732353201170426	石			√		
427	镇宁堡正阳墩烽火台 01 号	130732353201170427	石			√		
428	镇宁堡正阳墩烽火台 02 号	130732353201170428	土			√		
429	镇宁堡方家梁烽火台 01 号	130732353201170429	石				√	
430	镇宁堡方家梁烽火台 02 号	130732353201170430	石				√	
431	镇宁堡方家梁烽火台 03 号	130732353201170431	土				√	
432	镇宁堡东栅子烽火台 01 号	130732353201170432	土				√	
433	镇宁堡东栅子烽火台 02 号	130732353201170433	土				√	
434	镇宁堡东栅子烽火台 03 号	130732353201170434	土				√	
435	镇宁堡东栅子烽火台 04 号	130732353201170435	土				√	
436	镇宁堡东栅子烽火台 05 号	130732353201170436	土			√		
437	镇宁堡东栅子烽火台 06 号	130732353201170437	石				√	
438	镇宁堡中所烽火台 01 号	130732353201170438	石				√	
439	镇宁堡界碑沟烽火台 01 号	130732353201170439	石				√	
440	镇宁堡界碑沟烽火台 02 号	130732353201170440	石				√	
441	镇宁堡老王沟烽火台 01 号	130732353201170441	石				√	
442	镇宁堡老王沟烽火台 02 号	130732353201170442	石				√	
443	镇宁堡老王沟烽火台 03 号	130732353201170443	石				√	
444	镇宁堡老王沟烽火台 04 号	130732353201170444	土				√	
445	镇宁堡东沟楼烽火台 01 号	130732353201170445	土			√		
446	镇宁堡烽火台 01 号	130732353201170446	石				√	
447	镇宁堡烽火台 02 号	130732353201170447	土				√	
448	镇宁堡烽火台 03 号	130732353201170448	土				√	
449	镇宁堡丁字路烽火台 01 号	130732353201170449	石			√		
450	镇宁堡丁字路烽火台 02 号	130732353201170450	石			√		
451	镇宁堡葵花村烽火台 01 号	130732353201170451	土				√	
452	镇宁堡葵花村烽火台 02 号	130732353201170452	石				√	
453	镇宁堡葵花村烽火台 03 号	130732353201170453	石			√		

（续）

编号	认定名称	认定编码	材质	保存程度				
				较好	一般	较差	差	消失
454	镇宁堡葵花村烽火台 04 号	130732353201170454	石			√		
455	镇宁堡胡家窑烽火台 01 号	130732353201170455	土				√	
456	镇宁堡胡家窑烽火台 02 号	130732353201170456	石				√	
457	镇宁堡胡家窑烽火台 03 号	130732353201170457	土				√	
458	镇宁堡胡家窑烽火台 04 号	130732353201170458	石				√	
459	镇宁堡胡家窑烽火台 05 号	130732353201170459	土				√	
460	镇宁堡胡家窑烽火台 06 号	130732353201170460	石			√		
461	镇宁堡西栅子烽火台 01 号	130732353201170461	石				√	
462	镇宁堡西栅子烽火台 02 号	130732353201170462	土				√	
463	镇宁堡西栅子烽火台 03 号	130732353201170463	石				√	
464	镇宁堡赵家沟烽火台 01 号	130732353201170464	石				√	
465	镇宁堡赵家沟烽火台 02 号	130732353201170465	石				√	
466	镇宁堡边家窑烽火台 01 号	130732353201170466	石				√	
467	镇宁堡黄土梁烽火台 01 号	130732353201170467	石				√	
468	镇宁堡二堡子烽火台 01 号	130732353201170468	石				√	
469	镇宁堡二堡子烽火台 02 号	130732353201170469	石				√	
470	镇宁堡二堡子烽火台 03 号	130732353201170470	土				√	
471	镇宁堡二堡子烽火台 04 号	130732353201170471	土				√	
472	镇宁堡头堡子烽火台 01 号	130732353201170472	土				√	
473	镇宁堡头堡子烽火台 02 号	130732353201170473	土				√	
474	镇宁堡头堡子烽火台 03 号	130732353201170474	石				√	
475	镇宁堡头堡子烽火台 04 号	130732353201170475	土				√	
476	汤泉烽火台 01 号	130732353201170476	土				√	
477	汤泉烽火台 02 号	130732353201170477	土				√	
478	赤城孙家庄烽火台 01 号	130732353201170478	土				√	
479	赤城孙家庄烽火台 02 号	130732353201170479	土				√	
480	赤城孙家庄烽火台 03 号	130732353201170480	土				√	
481	赤城孙家庄烽火台 04 号	130732353201170481	石				√	
482	赤城金家寨烽火台 01 号	130732353201170482	石				√	
483	赤城四道沟烽火台 01 号	130732353201170483	石				√	
484	赤城四道沟烽火台 02 号	130732353201170484	石				√	
485	赤城县烽火台 02 号	130732353201170485	土				√	
486	青平楼北 01 号敌台	130732352101170486	砖				√	
487	二道边 01 号敌台	130732352101170487	砖				√	
488	二道边 02 号敌台	130732352101170488	砖				√	
489	北高山 01 号敌台	130732352101170489	砖		√			
490	北高山 02 号敌台	130732352101170490	砖		√			
491	张鹿角沟 01 号敌台	130732352101170491	砖			√		

（续）

编号	认定名称	认定编码	材质	保存程度				
				较好	一般	较差	差	消失
492	张鹿角沟 02 号敌台	130732352101170492	砖			√		
493	红山咀 01 号敌台	130732352101170493	砖		√			
494	红山咀 02 号敌台	130732352101170494	砖			√		
495	影壁窑 01 号敌台	130732352101170495	砖		√			
496	三棵树 01 号敌台	130732352101170496	砖		√			
497	杨家沟 01 号敌台	130732352101170497	砖			√		
498	马连口 01 号敌台	130732352101170498	砖			√		
499	青平楼北 01 号烽火台	130732353201170499	石			√		
500	青平楼北 02 号烽火台	130732353201170500	石			√		
501	青平楼北 03 号烽火台	130732353201170501	石			√		
502	青平楼北 04 号烽火台	130732353201170502	石			√		
503	青平楼北 05 号烽火台	130732353201170503	石			√		
504	青平楼北 06 号烽火台	130732353201170504	石			√		
505	青平楼北 07 号烽火台	130732353201170505	石			√		
506	青平楼北 08 号烽火台	130732353201170506	石			√		
507	外东沟 01 号烽火台	130732353201170507	石	√				
508	外东沟 02 号烽火台	130732353201170508	石			√		
509	外东沟 03 号烽火台	130732353201170509	石			√		
510	里东沟 01 号烽火台	130732353201170510	石			√		
511	里东沟 02 号烽火台	130732353201170511	石			√		
512	里东沟 03 号烽火台	130732353201170512	石			√		
513	里东沟 04 号烽火台	130732353201170513	石			√		
514	里东沟 05 号烽火台	130732353201170514	石			√		
515	里东沟 06 号烽火台	130732353201170515	石			√		
516	望天嵯 01 号烽火台	130732353201170516	石			√		
517	望天嵯 02 号烽火台	130732353201170517	石			√		
518	望天嵯 03 号烽火台	130732353201170518	石			√		
519	望天嵯 04 号烽火台	130732353201170519	石			√		
520	望天嵯 05 号烽火台	130732353201170520	石			√		
521	后楼 01 号烽火台	130732353201170521	石			√		
522	后楼 02 号烽火台	130732353201170522	石			√		
523	后楼 03 号烽火台	130732353201170523	石			√		
524	后楼 04 号烽火台	130732353201170524	石			√		
525	后楼 05 号烽火台	130732353201170525	石			√		
526	后楼 06 号烽火台	130732353201170526	石			√		
527	后楼 07 号烽火台	130732353201170527	石			√		
528	后楼 08 号烽火台	130732353201170528	石			√		
529	后楼 09 号烽火台	130732353201170529	石			√		

（续）

（续）

编号	认定名称	认定编码	材质	保存程度				
				较好	一般	较差	差	消失
530	后楼 10 号烽火台	130732353201170530	石			√		
531	后楼 11 号烽火台	130732353201170531	石			√		
532	西沟 01 号烽火台	130732353201170532	石			√		
533	西沟 02 号烽火台	130732353201170533	石			√		
534	西沟 03 号烽火台	130732353201170534	石			√		
535	西沟 04 号烽火台	130732353201170535	石			√		
536	西沟 05 号烽火台	130732353201170536	石			√		
537	张鹿角沟 01 号烽火台	130732353201170537	石			√		
538	张鹿角沟 02 号烽火台	130732353201170538	石			√		
539	张鹿角沟 03 号烽火台	130732353201170539	石			√		
540	大石头沟 01 号烽火台	130732353201170540	石			√		
541	大石头沟 02 号烽火台	130732353201170541	石			√		
542	大石头沟 03 号烽火台	130732353201170542	石			√		
543	青虎沟 01 号烽火台	130732353201170543	石			√		
544	青虎沟 02 号烽火台	130732353201170544	石			√		
545	青虎沟 03 号烽火台	130732353201170545	石			√		
546	青虎沟 04 号烽火台	130732353201170546	石			√		
547	青虎沟 05 号烽火台	130732353201170547	石			√		
548	青虎沟 06 号烽火台	130732353201170548	石			√		
549	青虎沟 07 号烽火台	130732353201170549	石			√		
550	红山咀 01 号烽火台	130732353201170550	石			√		
551	红山咀 02 号烽火台	130732353201170551	石			√		
552	红山咀 03 号烽火台	130732353201170552	石			√		
553	红山咀 04 号烽火台	130732353201170553	石			√		
554	红山咀 05 号烽火台	130732353201170554	石			√		
555	红山咀 06 号烽火台	130732353201170555	石			√		
556	长沟门 01 号烽火台	130732353201170556	石			√		
557	长沟门 02 号烽火台	130732353201170557	石			√		
558	长沟门 03 号烽火台	130732353201170558	石			√		
559	长沟门 04 号烽火台	130732353201170559	石			√		
560	长沟门 05 号烽火台	130732353201170560	石			√		
561	长沟门 06 号烽火台	130732353201170561	石			√		
562	长沟门 07 号烽火台	130732353201170562	石			√		
563	长沟门 08 号烽火台	130732353201170563	石			√		
564	长梁 01 号烽火台	130732353201170564	石			√		
565	长梁 02 号烽火台	130732353201170565	石				√	
566	长梁 03 号烽火台	130732353201170566	石			√		
567	长梁 04 号烽火台	130732353201170567	石			√		

（续）

编号	认定名称	认定编码	材质	保存程度				
				较好	一般	较差	差	消失
568	长梁 05 号烽火台	130732353201170568	石				√	
569	长梁 06 号烽火台	130732353201170569	石			√		
570	长梁 07 号烽火台	130732353201170570	石			√		
571	长梁 08 号烽火台	130732353201170571	石			√		
572	长梁 09 号烽火台	130732353201170572	石				√	
573	长梁 10 号烽火台	130732353201170573	石			√		
574	长梁 11 号烽火台	130732353201170574	石				√	
575	虎龙沟 01 号烽火台	130732353201170575	石			√		
576	虎龙沟 02 号烽火台	130732353201170576	石			√		
577	炭窑 01 号烽火台	130732353201170577	石			√		
578	炭窑 02 号烽火台	130732353201170578	石			√		
579	炭窑 03 号烽火台	130732353201170579	石			√		
580	后水凹 01 号烽火台	130732353201170580	石			√		
581	后水凹 02 号烽火台	130732353201170581	石			√		
582	后水凹 03 号烽火台	130732353201170582	石			√		
583	后水凹 04 号烽火台	130732353201170583	石			√		
584	冰山梁 01 号烽火台	130732353201170584	石			√		
585	冰山梁 02 号烽火台	130732353201170585	石			√		
586	冰山梁 03 号烽火台	130732353201170586	石				√	
587	冰山梁 04 号烽火台	130732353201170587	石			√		
588	冰山梁 05 号烽火台	130732353201170588	石			√		
589	冰山梁 06 号烽火台	130732353201170589	石			√		
590	冰山梁 07 号烽火台	130732353201170590	石			√		
591	冰山梁 08 号烽火台	130732353201170591	石				√	
592	冰山梁 09 号烽火台	130732353201170592	石			√		
593	盘道沟 01 号烽火台	130732353201170593	石			√		
594	盘道沟 02 号烽火台	130732353201170594	石			√		
595	盘道沟 03 号烽火台	130732353201170595	石			√		
596	影壁窑 01 号烽火台	130732353201170596	石			√		
597	影壁窑 02 号烽火台	130732353201170597	石			√		
598	影壁窑 03 号烽火台	130732353201170598	石			√		
599	栅子口 01 号烽火台	130732353201170599	石			√		
600	栅子口 02 号烽火台	130732353201170600	石			√		
601	栅子口 03 号烽火台	130732353201170601	石			√		
602	栅子口 04 号烽火台	130732353201170602	石			√		
603	栅子口 05 号烽火台	130732353201170603	石			√		
604	栅子口 06 号烽火台	130732353201170604	石			√		
605	栅子口 07 号烽火台	130732353201170605	石			√		

（续）

（续）

编号	认定名称	认定编码	材质	保存程度				
				较好	一般	较差	差	消失
606	魏家营 01 号烽火台	130732353201170606	石			√		
607	魏家营 02 号烽火台	130732353201170607	砖			√		
608	魏家营 03 号烽火台	130732353201170608	石			√		
609	魏家营 04 号烽火台	130732353201170609	石			√		
610	魏家营 05 号烽火台	130732353201170610	石			√		
611	北栅口 01 号烽火台	130732353201170611	石			√		
612	北栅口 02 号烽火台	130732353201170612	石			√		
613	北栅口 03 号烽火台	130732353201170613	石			√		
614	北栅口 04 号烽火台	130732353201170614	砖			√		
615	北栅口 05 号烽火台	130732353201170615	石			√		
616	北栅口 06 号烽火台	130732353201170616	砖		√			
617	北栅口 07 号烽火台	130732353201170617	石			√		
618	西栅子 01 号烽火台	130732353201170618	石			√		
619	西栅子 02 号烽火台	130732353201170619	石			√		
620	西栅子 03 号烽火台	130732353201170620	石			√		
621	西栅子 04 号烽火台	130732353201170621	石			√		
622	西栅子 05 号烽火台	130732353201170622	石			√		
623	西栅子 06 号烽火台	130732353201170623	石		√			
624	梁家窑 01 号烽火台	130732353201170624	石			√		
625	梁家窑 02 号烽火台	130732353201170625	石			√		
626	梁家窑 03 号烽火台	130732353201170626	石			√		
627	三棵树 01 号烽火台	130732353201170627	石			√		
628	三棵树 02 号烽火台	130732353201170628	石			√		
629	三棵树 03 号烽火台	130732353201170629	石			√		
630	正虎沟 01 号烽火台	130732353201170630	石			√		
631	正虎沟 02 号烽火台	130732353201170631	石			√		
632	正虎沟 03 号烽火台	130732353201170632	石			√		
633	三公堂 01 号烽火台	130732353201170633	石			√		
634	三公堂 02 号烽火台	130732353201170634	石			√		
635	三公堂 03 号烽火台	130732353201170635	石			√		
636	马厂 01 号烽火台	130732353201170636	石			√		
637	马厂 02 号烽火台	130732353201170637	石			√		
638	明岔 01 号烽火台	130732353201170638	石			√		
639	明岔 02 号烽火台	130732353201170639	石			√		
640	明岔 03 号烽火台	130732353201170640	石			√		
641	明岔 04 号烽火台	130732353201170641	石			√		
642	明岔 05 号烽火台	130732353201170642	石			√		
643	南屯 01 号烽火台	130732353201170643	石			√		

（续）

（续）

编号	认定名称	认定编码	材质	保存程度				
				较好	一般	较差	差	消失
644	南屯 02 号烽火台	130732353201170644	石			√		
645	南屯 03 号烽火台	130732353201170645	石			√		
646	南屯 04 号烽火台	130732353201170646	石			√		
647	南屯 05 号烽火台	130732353201170647	石			√		
648	南屯 06 号烽火台	130732353201170648	石			√		
649	南屯 07 号烽火台	130732353201170649	石			√		
650	杨家沟 01 号烽火台	130732353201170650	石			√		
651	杨家沟 02 号烽火台	130732353201170651	石			√		
652	杨家沟 03 号烽火台	130732353201170652	石			√		
653	杨家沟 04 号烽火台	130732353201170653	石			√		
654	杨家沟 05 号烽火台	130732353201170654	石			√		
655	马莲口 01 号烽火台	130732353201170655	石		√			
656	张鹿角 01 号烽火台	130732353201170656	石			√		
657	张鹿角 02 号烽火台	130732353201170657	石			√		
658	张鹿角 03 号烽火台	130732353201170658	石			√		
659	张鹿角 04 号烽火台	130732353201170659	石			√		
660	张鹿角 05 号烽火台	130732353201170660	石			√		
661	镇安堡 01 号烽火台	130732353201170661	石			√		
662	镇安堡 02 号烽火台	130732353201170662	石			√		
663	镇安堡 03 号烽火台	130732353201170663	石			√		
664	施家嵯 01 号烽火台	130732353201170664	石			√		
665	威震 01 号烽火台	130732353201170665	石			√		
666	威震 02 号烽火台	130732353201170666	石			√		
667	威震 03 号烽火台	130732353201170667	石			√		
668	楼前 01 号烽火台	130732353201170668	石				√	
669	二墩 01 号烽火台	130732353201170669	石			√		
670	打鹿 01 号烽火台	130732353201170670	石			√		
671	打鹿 02 号烽火台	130732353201170671	石			√		
672	干沟梁 01 号烽火台	130732353201170672	石			√		
673	赵家窑 01 号烽火台	130732353201170673	石			√		
674	样墩 01 号烽火台	130732353201170674	石			√		
675	样墩 02 号烽火台	130732353201170675	石			√		
676	样墩 03 号烽火台	130732353201170676	石			√		
677	北沙沟 01 号烽火台	130732353201170677	石			√		
678	窑子沟 01 号烽火台	130732353201170678	砖			√		
679	夏家村 01 号烽火台	130732353201170679	石			√		
680	松树梁 01 号烽火台	130732353201170680	砖			√		
681	东龙 01 号烽火台	130732353201170681	石			√		

（续）

编号	认定名称	认定编码	材质	保存程度				
				较好	一般	较差	差	消失
682	东龙 02 号烽火台	1307323353201170682	石			√		
683	大榆树沟 01 号烽火台	1307323353201170683	石			√		
684	金家寨 01 号烽火台	1307323353201170684	石			√		
685	黄土岭 01 号烽火台	1307323353201170685	石			√		
686	黄土岭 02 号烽火台	1307323353201170686	石			√		
687	黄土岭 03 号烽火台	1307323353201170687	石			√		
688	黄土岭 04 号烽火台	1307323353201170688	石			√		
689	吕和堡 01 号烽火台	1307323353201170689	石			√		
690	吕和堡 02 号烽火台	1307323353201170690	石			√		
691	观们口 01 号烽火台	1307323353201170691	石			√		
692	沙古墩 01 号烽火台	1307323353201170692	石				√	
693	沙古墩 02 号烽火台	1307323353201170693	石			√		
694	云州 01 号烽火台	1307323353201170694	石			√		
695	西沟窑 01 号烽火台	1307323353201170695	石			√		
696	西沟窑 02 号烽火台	1307323353201170696	石			√		
697	西沟窑 03 号烽火台	1307323353201170697	石			√		
698	西沟窑 04 号烽火台	1307323353201170698	石			√		
699	茨木墩 01 号烽火台	1307323353201170699	石			√		
700	云州 02 号烽火台	1307323353201170700	石			√		
701	云州 03 号烽火台	1307323353201170701	石			√		
702	云州 04 号烽火台	1307323353201170702	石			√		
703	云州 05 号烽火台	1307323353201170703	石			√		
704	云州 06 号烽火台	1307323353201170704	石			√		
705	云州水库 01 号烽火台	1307323353201170705	石			√		
706	云州水库 02 号烽火台	1307323353201170706	砖			√		
707	云州水库 03 号烽火台	1307323353201170707	石			√		
708	云州水库 04 号烽火台	1307323353201170708	石			√		
709	旧站 01 号烽火台	1307323353201170709	石			√		
710	仓上堡 01 号烽火台	1307323353201170710	砖			√		
711	仓上堡 02 号烽火台	1307323353201170711	砖			√		
712	仓上堡 03 号烽火台	1307323353201170712	砖			√		
713	羊坊堡 01 号烽火台	1307323353201170713	砖			√		
714	羊坊堡 02 号烽火台	1307323353201170714	砖			√		
715	羊坊堡 03 号烽火台	1307323353201170715	砖			√		
716	羊坊堡 04 号烽火台	1307323353201170716	砖			√		
717	羊坊堡 05 号烽火台	1307323353201170717	石			√		
718	羊坊堡 06 号烽火台	1307323353201170718	石			√		
719	一堵墙村 01 号烽火台	1307323353201170719	石			√		

（续）

编号	认定名称	认定编码	材质	保存程度				
				较好	一般	较差	差	消失
720	中各中 01 号烽火台	130732353201170720	石			√		
721	大墩梁 01 号烽火台	130732353201170721	石			√		
722	黄榆沟 01 号烽火台	130732353201170722	石			√		
723	黄榆沟 02 号烽火台	130732353201170723	石			√		
724	墩上 01 号烽火台	130732353201170724	砖			√		
725	新窑子 01 号烽火台	130732353201170725	砖			√		
726	七眼井 01 号烽火台	130732353201170726	石			√		
727	七眼井 02 号烽火台	130732353201170727	砖			√		
728	七眼井 03 号烽火台	130732353201170728	石			√		
729	七眼井 04 号烽火台	130732353201170729	石			√		
730	孟家窑 01 号烽火台	130732353201170730	石			√		
731	孟家窑 02 号烽火台	130732353201170731	石			√		
732	马营 01 号烽火台	130732353201170732	砖			√		
733	马营 02 号烽火台	130732353201170733	石			√		
734	马营 03 号烽火台	130732353201170734	石			√		
735	马营 04 号烽火台	130732353201170735	砖			√		
736	马营 05 号烽火台	130732353201170736	石			√		
737	马营 06 号烽火台	130732353201170737	石			√		
738	马营 07 号烽火台	130732353201170738	石			√		
739	马营 08 号烽火台	130732353201170739	砖			√		
740	马营 09 号烽火台	130732353201170740	砖			√		
741	马营 10 号烽火台	130732353201170741	砖			√		
742	马营 11 号烽火台	130732353201170742	石			√		
743	马营 12 号烽火台	130732353201170743	石			√		
744	马营 13 号烽火台	130732353201170744	石			√		
745	李家窑 01 号烽火台	130732353201170745	砖			√		
746	三里墩 01 号烽火台	130732353201170746	砖			√		
747	三里墩 02 号烽火台	130732353201170747	砖			√		
748	松树堡 01 号烽火台	130732353201170748	石			√		
749	松树堡 02 号烽火台	130732353201170749	砖			√		
750	松树堡 03 号烽火台	130732353201170750	石				√	
751	松树堡 04 号烽火台	130732353201170751	石				√	
752	松树堡 05 号烽火台	130732353201170752	石				√	
753	二队沟 01 号烽火台	130732353201170753	石			√		
754	大杏叶 01 号烽火台	130732353201170754	石			√		
755	大杏叶 02 号烽火台	130732353201170755	石			√		
756	正北沟 01 号烽火台	130732353201170756	石			√		
757	正北沟 02 号烽火台	130732353201170757	石			√		

（续）

编号	认定名称	认定编码	材质	保存程度				
				较好	一般	较差	差	消失
758	正北沟 03 号烽火台	130732353201170758	土			√		
759	海家窑 01 号烽火台	130732353201170759	石			√		
760	榆树窑 01 号烽火台	130732353201170760	石			√		
761	张木匠沟 01 号烽火台	130732353201170761	石			√		
762	张木匠沟 02 号烽火台	130732353201170762	石				√	
763	君子堡 01 号烽火台	130732353201170763	土			√		
764	君子堡 02 号烽火台	130732353201170764	石			√		
765	君子堡 03 号烽火台	130732353201170765	石			√		
766	君子堡 04 号烽火台	130732353201170766	石				√	
767	君子堡 05 号烽火台	130732353201170767	砖			√		
768	君子堡 06 号烽火台	130732353201170768	石			√		
769	君子堡 07 号烽火台	130732353201170769	砖			√		
770	君子堡 08 号烽火台	130732353201170770	砖			√		
771	君子堡 09 号烽火台	130732353201170771	石			√		
772	君子堡 10 号烽火台	130732353201170772	石			√		
773	君子堡 11 号烽火台	130732353201170773	砖			√		
774	石家西山 01 号烽火台	130732353201170774	石			√		
775	满家沟 01 号烽火台	130732353201170775	砖			√		
776	卞家堡 01 号烽火台	130732353201170776	砖			√		
777	卞家堡 02 号烽火台	130732353201170777	砖			√		
778	卞家堡 03 号烽火台	130732353201170778	石				√	
779	柳家窑 01 号烽火台	130732353201170779	石			√		
780	柳家窑 02 号烽火台	130732353201170780	砖			√		
781	宋家窑 01 号烽火台	130732353201170781	石				√	
782	宋家窑 02 号烽火台	130732353201170782	石			√		
783	宋家窑 03 号烽火台	130732353201170783	石				√	
784	宋家窑 04 号烽火台	130732353201170784	石			√		
785	牌楼沟 01 号烽火台	130732353201170785	石		√			
786	红石崖 01 号烽火台	130732353201170786	石			√		
787	汤子坡 01 号烽火台	130732353201170787	石			√		
788	汤子坡 02 号烽火台	130732353201170788	石			√		
789	汤子坡 03 号烽火台	130732353201170789	石			√		
790	胡家堡 01 号烽火台	130732353201170790	石			√		
791	胡家堡 02 号烽火台	130732353201170791	石			√		
792	大湾 01 号烽火台	130732353201170792	石			√		
793	大湾 02 号烽火台	130732353201170793	石			√		
794	马家窑 01 号烽火台	130732353201170794	石			√		
795	大梁底 01 号烽火台	130732353201170795	石			√		

（续）

编号	认定名称	认定编码	材质	保存程度				
				较好	一般	较差	差	消失
796	大梁底 02 号烽火台	13073235320117079 6	砖			√		
797	石板 01 号烽火台	1307323532011 70797	石			√		
798	三岔口 01 号烽火台	1307323532011 70798	石			√		
799	三岔口 02 号烽火台	1307323532011 70799	石			√		
800	明岔东 01 号烽火台	1307323532011 70800	石			√		
801	明岔东 02 号烽火台	1307323532011 70801	石			√		
802	明岔东 03 号烽火台	1307323532011 70802	石			√		
803	孟家窑村 01 号烽火台	1307323532011 70803	石			√		
804	青羊沟 01 号烽火台	1307323532011 70804	石			√		
805	北栅子南 01 号烽火台	1307323532011 70805	石			√		
806	北栅子南 02 号烽火台	1307323532011 70806	石			√		
807	栅子口西 01 号烽火台	1307323532011 70807	石			√		
808	楼房窑 01 号烽火台	1307323532011 70808	石			√		
809	楼房窑 02 号烽火台	1307323532011 70809	砖			√		
810	楼房窑 03 号烽火台	1307323532011 70810	石			√		
811	楼房窑 04 号烽火台	1307323532011 70811	石			√		
812	楼房窑 05 号烽火台	1307323532011 70812	石			√		
813	楼房窑 06 号烽火台	1307323532011 70813	石			√		
814	独石口 01 号烽火台	1307323532011 70814	石			√		
815	独石口 02 号烽火台	1307323532011 70815	石			√		
816	独石口 03 号烽火台	1307323532011 70816	石			√		
817	独石口 04 号烽火台	1307323532011 70817	石			√		
818	独石口 05 号烽火台	1307323532011 70818	砖			√		
819	独石口 06 号烽火台	1307323532011 70819	石			√		
820	独石口 07 号烽火台	1307323532011 70820	石			√		
821	独石口 08 号烽火台	1307323532011 70821	石			√		
822	独石口 09 号烽火台	1307323532011 70822	石			√		
823	独石口 10 号烽火台	1307323532011 70823	砖			√		
824	独石口 11 号烽火台	1307323532011 70824	石			√		
825	西瓦窑 01 号烽火台	1307323532011 70825	石			√		
826	西瓦窑 02 号烽火台	1307323532011 70826	石			√		
827	康家窑 01 号烽火台	1307323532011 70827	石			√		
828	康家窑 02 号烽火台	1307323532011 70828	石			√		
829	董家窑 01 号烽火台	1307323532011 70829	砖			√		
830	观音堂 01 号烽火台	1307323532011 70830	石			√		
831	观音堂 02 号烽火台	1307323532011 70831	石			√		
832	观音堂 03 号烽火台	1307323532011 70832	石			√		
833	水磨 01 号烽火台	1307323532011 70833	石			√		

（续）

编号	认定名称	认定编码	材质	保存程度				
				较好	一般	较差	差	消失
834	麻地墩 01 号烽火台	130732353201170834	砖				√	
835	头堡子 01 号烽火台	130732353201170835	砖			√		
836	头堡子 02 号烽火台	130732353201170836	石			√		
837	头堡子 03 号烽火台	130732353201170837	砖			√		
838	沿家沟 01 号烽火台	130732353201170838	石			√		
839	沿家沟 02 号烽火台	130732353201170839	石			√		
840	古城梁 01 号烽火台	130732353201170840	砖			√		
841	冯家窑 01 号烽火台	130732353201170841	砖			√		
842	冯家窑 02 号烽火台	130732353201170842	石			√		
843	三山嵯 01 号烽火台	130732353201170843	石			√		
844	三山 01 号烽火台	130732353201170844	砖			√		
845	三山 02 号烽火台	130732353201170845	砖			√		
846	南永庆 01 号烽火台	130732353201170846	砖			√		
847	南永庆 02 号烽火台	130732353201170847	砖			√		
848	猫峪 01 号烽火台	130732353201170848	砖			√		
849	猫峪 02 号烽火台	130732353201170849	砖			√		
850	猫峪 03 号烽火台	130732353201170850	石			√		
851	张皮沟 01 号烽火台	130732353201170851	石			√		
852	白银沟 01 号烽火台	130732353201170852	石			√		
853	白银沟 02 号烽火台	130732353201170853	石			√		
854	新墩 01 号烽火台	130732353201170854	石			√		
855	青泉堡 01 号烽火台	130732353201170855	砖		√			
856	青泉堡 02 号烽火台	130732353201170856	砖			√		
857	青泉堡 03 号烽火台	130732353201170857	砖			√		
858	宋家 01 号烽火台	130732353201170858	石			√		
859	宋家 02 号烽火台	130732353201170859	石			√		
860	宋家 03 号烽火台	130732353201170860	石			√		
861	常家窑 01 号烽火台	130732353201170861	石			√		
862	安家窑东 01 号烽火台	130732353201170862	石			√		
863	栅子坡 01 号烽火台	130732353201170863	砖			√		
864	陈家窑 01 号烽火台	130732353201170864	石			√		
865	石板沟 01 号烽火台	130732353201170865	石			√		
866	陈家窑 02 号烽火台	130732353201170866	砖			√		
867	冰山梁顶 01 号烽火台	130732353201170867	砖			√		
868	冰山梁顶 02 号烽火台	130732353201170868	石			√		
869	冰山梁顶 03 号烽火台	130732353201170869	石			√		
870	冰山梁顶 04 号烽火台	130732353201170870	石			√		
871	云州水库 05 号烽火台	130732353201170871	砖			√		

（续）

编号	认定名称	认定编码	材质	保存程度				
				较好	一般	较差	差	消失
872	仓上堡 04 号烽火台	1307323532011170872	砖			√		
873	仓上堡 05 号烽火台	1307323532011170873	石			√		
874	仓上堡 06 号烽火台	1307323532011170874	石			√		
875	西坡东 01 号烽火台	1307323532011170875	砖			√		
876	大水坑 01 号烽火台	1307323532011170876	砖			√		
877	栅子口 08 号烽火台	1307323532011170877	石			√		
878	红山咀东 01 号烽火台	1307323532011170878	石			√		
879	刀楼嵯烽火台	1307323532011170879	石			√		
880	缸房窑 01 号烽火台	1307323532011170880	石			√		
881	正北沟东北 01 号烽火台	1307323532011170881	石			√		
882	大京门西 01 号烽火台	1307323532011170882	石			√		
883	大京门西北 02 号烽火台	1307323532011170883	石			√		
884	富山 01 号烽火台	1307323532011170884	石			√		
885	富山 02 号烽火台	1307323532011170885	石			√		
886	富山 03 号烽火台	1307323532011170886	石			√		
887	灯盏碗子沟 01 号烽火台	1307323532011170887	石			√		
888	长梁东山 01 号烽火台	1307323532011170888	石			√		
889	长梁东山 02 号烽火台	1307323532011170889	石			√		
890	长梁东山 03 号烽火台	1307323532011170890	石			√		
891	长梁东山 04 号烽火台	1307323532011170891	石			√		
892	长梁东山 05 号烽火台	1307323532011170892	石			√		
893	长梁东山 06 号烽火台	1307323532011170893	石			√		
894	长梁东山 07 号烽火台	1307323532011170894	石			√		
895	长梁东山 08 号烽火台	1307323532011170895	石			√		
896	炭窑东 01 号烽火台	1307323532011170896	石			√		
897	炭窑东 02 号烽火台	1307323532011170897	石			√		
898	南厂南 01 号烽火台	1307323532011170898	石			√		
899	南厂南 02 号烽火台	1307323532011170899	石			√		
900	南厂南 03 号烽火台	1307323532011170900	石			√		
901	南厂南 04 号烽火台	1307323532011170901	石			√		
902	马连口 2 段 1 号敌台	1307323521011170902	土		√			
903	马连口 2 段 2 号敌台	1307323521011170903	土		√			
904	马连口 2 段 3 号敌台	1307323521011170904	土			√		
905	马连口 2 段 4 号敌台	1307323521011170905	土		√			
906	马连口 2 段 5 号敌台	1307323521011170906	土			√		
907	马连口 2 段 6 号敌台	1307323521011170907	土		√			
908	马连口 2 段 7 号敌台	1307323521011170908	土		√			
909	张家窑村 1 号敌台	1307323521011170909	土		√			

（续）

编号	认定名称	认定编码	材质	保存程度				
				较好	一般	较差	差	消失
910	张家窑村 2 号敌台	1307323521011170910	土			√		
911	南窑 1 号敌台	1307323521011170911	石		√			
912	南窑村 2 号敌台	1307323521011170912	土			√		
913	南窑 3 号敌台	1307323521011170913	石			√		
914	南窑 4 号敌台	1307323521011170914	石			√		
915	海家窑 1 号敌台	1307323521011170915	石			√		
916	海家窑 2 号敌台	1307323521011170916	石			√		
917	海家窑 3 号敌台	1307323521011170917	石		√			
918	海家窑 4 号敌台	1307323521011170918	石		√			
919	庄科村 1 号敌台	1307323521011170919	石		√			
920	庄科村 2 号敌台	1307323521011170920	土			√		
921	棋盘垴村 1 号敌台	1307323521011170921	土			√		
922	桦林东 1 号敌台	1307323521011170922	石			√		
923	桦林东 2 号敌台	1307323521011170923	石			√		
924	桦林东 3 号敌台	1307323521011170924	石		√			
925	马连口 2 段 1 号烽火台	1307323532011170925	石			√		
926	马连口 2 段 2 号烽火台	1307323532011170926	土		√			
927	马连口 2 段 3 号烽火台	1307323532011170927	土			√		
928	马连口 2 段 4 号烽火台	1307323532011170928	石			√		
929	马连口 2 段 5 号烽火台	1307323532011170929	石		√			
930	张家窑 1 号烽火台	1307323532011170930	土			√		
931	张家窑 2 号烽火台	1307323532011170931	石			√		
932	南窑 1 号烽火台	1307323532011170932	石			√		
933	南窑 2 号烽火台	1307323532011170933	石			√		
934	南窑 3 号烽火台	1307323532011170934	石			√		
935	南窑 4 号烽火台	1307323532011170935	石			√		
936	南窑 5 号烽火台	1307323532011170936	石			√		
937	南窑 6 号烽火台	1307323532011170937	石			√		
938	南窑 7 号烽火台	1307323532011170938	石			√		
939	海家窑 1 号烽火台	1307323532011170939	石		√			
940	海家窑 2 号烽火台	1307323532011170940	石			√		
941	海家窑 3 号烽火台	1307323532011170941	石			√		
942	海家窑 4 号烽火台	1307323532011170942	石		√			
943	海家窑 5 号烽火台	1307323532011170943	石			√		
944	海家窑 6 号烽火台	1307323532011170944	石			√		
945	海家窑 7 号烽火台	1307323532011170945	石			√		
946	四方东 1 号烽火台	1307323532011170946	土			√		
947	四方东 2 号烽火台	1307323532011170947	石		√			

（续）

编号	认定名称	认定编码	材质	保存程度				
				较好	一般	较差	差	消失
948	四方东 3 号烽火台	130732353201170948	土		√			
949	四方东 4 号烽火台	130732353201170949	土		√			
950	里界墙 1 号烽火台	130732353201170950	土		√			
951	里界墙 2 号烽火台	130732353201170951	土			√		
952	里界墙 3 号烽火台	130732353201170952	石		√			
953	里界墙 4 号烽火台	130732353201170953	土			√		
954	二道垴 1 号烽火台	130732353201170954	石			√		
955	二道垴 2 号烽火台	130732353201170955	石			√		
956	二道垴 3 号烽火台	130732353201170956	石			√		
957	二道垴 4 号烽火台	130732353201170957	石			√		
958	里窑沟 1 号烽火台	130732353201170958	石			√		
959	青虎沟 7 号烽火台	130732353201170959	石			√		
960	青虎沟 8 号烽火台	130732353201170960	石			√		
961	青虎沟 9 号烽火台	130732353201170961	石			√		
962	青虎沟 10 号烽火台	130732353201170962	石			√		
963	青虎沟 11 号烽火台	130732353201170963	石			√		
964	四东沟 7 号烽火台	130732353201170964	石			√		
965	四东沟 2 号烽火台	130732353201170965	石			√		
966	四东沟 3 号烽火台	130732353201170966	石			√		
967	四东沟 4 号烽火台	130732353201170967	石			√		
968	大边 1 号烽火台	130732353201170968	石			√		
969	大边 2 号烽火台	130732353201170969	石			√		
970	大边 3 号烽火台	130732353201170970	石			√		
971	大边 4 号烽火台	130732353201170971	石			√		
972	大边 5 号烽火台	130732353201170972	石			√		
973	边墙底 1 号烽火台	130732353201170973	石			√		
974	边墙底 2 号烽火台	130732353201170974	石			√		
975	边墙底 3 号烽火台	130732353201170975	石			√		
976	边墙底 4 号烽火台	130732353201170976	石			√		
977	边墙底 5 号烽火台	130732353201170977	石			√		
978	边墙底 6 号烽火台	130732353201170978	石			√		
979	边墙底 7 号烽火台	130732353201170979	石			√		
980	边墙底 8 号烽火台	130732353201170980	石			√		
981	边墙底 9 号烽火台	130732353201170981	石			√		
982	边墙底 10 号烽火台	130732353201170982	石			√		
983	边墙底 11 号烽火台	130732353201170983	石			√		
984	岔沟梁牧场 1 号烽火台	130732353201170984	石			√		
985	岔沟梁牧场 2 号烽火台	130732353201170985	石			√		

（续）

编号	认定名称	认定编码	材质	保存程度				
				较好	一般	较差	差	消失
986	岔沟梁牧场 3 号烽火台	1307323532011170986	石			√		
987	岔沟梁牧场 4 号烽火台	1307323532011170987	石			√		
988	岔沟梁牧场 5 号烽火台	1307323532011170988	石			√		
989	岔沟梁牧场 6 号烽火台	1307323532011170989	石			√		
990	岔沟梁牧场 7 号烽火台	1307323532011170990	石			√		
991	岔沟梁牧场 8 号烽火台	1307323532011170991	石			√		
992	岔沟梁牧场 9 号烽火台	1307323532011170992	石			√		
993	岔沟梁牧场 10 号烽火台	1307323532011170993	石			√		
994	松林背 1 号烽火台	1307323532011170994	石			√		
995	桦林东 1 号烽火台	1307323532011170995	石			√		
996	桦林东 2 号烽火台	1307323532011170996	石			√		
997	桦林东 3 号烽火台	1307323532011170997	石			√		
998	桦林东 4 号烽火台	1307323532011170998	石			√		
999	桦林东 5 号烽火台	1307323532011170999	石			√		
1000	桦林东 6 号烽火台	1307323532011171000	石			√		
1001	桦林 7 号烽火台	1307323532011171001	石			√		
1002	营岔 1 号烽火台	1307323532011171002	石			√		
1003	营岔 2 号烽火台	1307323532011171003	石			√		
1004	营岔 3 号烽火台	1307323532011171004	石		√			
1005	营岔 4 号烽火台	1307323532011171005	石			√		
1006	营岔 5 号烽火台	1307323532011171006	石			√		
1007	营岔 6 号烽火台	1307323532011171007	石			√		
1008	营岔 7 号烽火台	1307323532011171008	石			√		
1009	营岔 8 号烽火台	1307323532011171009	石			√		
1010	营岔 9 号烽火台	1307323532011171010	石			√		
1011	营岔 10 号烽火台	1307323532011171011	石			√		
1012	营岔 11 号烽火台	1307323532011171012	石			√		
1013	上水泉 1 号烽火台	1307323532011171013	石			√		
1014	上水泉 2 号烽火台	1307323532011171014	石			√		
1015	上水泉 3 号烽火台	1307323532011171015	石			√		
1016	上水泉 4 号烽火台	1307323532011171016	石			√		
1017	夭湾 1 号烽火台	1307323532011171017	石			√		
1018	夭湾 2 号烽火台	1307323532011171018	石			√		
1019	夭湾 3 号烽火台	1307323532011171019	石			√		
1020	夭湾 4 号烽火台	1307323532011171020	石			√		
1021	夭湾 5 号烽火台	1307323532011171021	石			√		
1022	夭湾 6 号烽火台	1307323532011171022	石			√		
1023	夭湾 7 号烽火台	1307323532011171023	石			√		

（续）

编号	认定名称	认定编码	材质	保存程度				
				较好	一般	较差	差	消失
1024	马驹沟 1 号烽火台	130732353201171024	石			√		
1025	马驹沟 2 号烽火台	130732353201171025	石			√		
1026	马驹沟 3 号烽火台	130732353201171026	石			√		
1027	马驹沟 4 号烽火台	130732353201171027	石			√		
1028	马驹沟 5 号烽火台	130732353201171028	石			√		
1029	马驹沟 6 号烽火台	130732353201171029	石			√		
1030	转山 1 号烽火台	130732353201171030	石			√		
1031	方家沟 1 号烽火台	130732353201171031	石			√		
1032	方家沟 2 号烽火台	130732353201171032	石			√		
1033	方家沟 3 号烽火台	130732353201171033	石			√		
1034	赵家沟 1 号烽火台	130732353201171034	石			√		
1035	赵家沟 2 号烽火台	130732353201171035	石			√		
1036	赵家沟 3 号烽火台	130732353201171036	石			√		
1037	赵家沟 4 号烽火台	130732353201171037	石			√		
1038	松树堡西 1 号烽火台	130732353201171038	石			√		
1039	松树堡西 2 号烽火台	130732353201171039	土		√			
1040	新洞坑 1 号烽火台	130732353201171040	土		√			
1041	新洞坑 2 号烽火台	130732353201171041	土			√		
1042	砖楼 1 号烽火台	130732353201171042	石			√		
1043	砖楼 2 号烽火台	130732353201171043	石			√		
1044	砖楼 3 号烽火台	130732353201171044	石			√		
1045	砖楼 4 号烽火台	130732353201171045	石			√		
1046	砖楼 5 号烽火台	130732353201171046	石			√		
1047	砖楼 6 号烽火台	130732353201171047	石			√		
1048	砖楼 7 号烽火台	130732353201171048	石			√		
1049	砖楼 8 号烽火台	130732353201171049	石			√		
1050	砖楼 9 号烽火台	130732353201171050	石		√			
1051	砖楼 10 号烽火台	130732353201171051	石			√		
1052	砖楼 11 号烽火台	130732353201171052	土			√		
1053	砖楼 12 号烽火台	130732353201171053	土			√		
1054	砖楼 13 号烽火台	130732353201171054	土			√		
1055	砖楼 14 号烽火台	130732353201171055	土			√		
1056	砖楼 15 号烽火台	130732353201171056	石			√		
1057	北栅子 1 号烽火台	130732353201171057	石			√		
1058	北栅子 2 号烽火台	130732353201171058	石			√		
1059	北栅子 3 号烽火台	130732353201171059	土			√		
1060	北栅子 4 号烽火台	130732353201171060	土			√		
1061	北栅子 5 号烽火台	130732353201171061	土			√		

（续）

编号	认定名称	认定编码	材质	保存程度				
				较好	一般	较差	差	消失
1062	北栅子6号烽火台	130732353201171062	土			√		
1063	北栅子7号烽火台	130732353201171063	石			√		
1064	里口1号烽火台	130732353201171064	石			√		
1065	石垛口1号烽火台	130732353201171065	石			√		
1066	石垛口2号烽火台	130732353201171066	石			√		
1067	石垛口3号烽火台	130732353201171067	土			√		
1068	石垛口4号烽火台	130732353201171068	石			√		
1069	石垛口5号烽火台	130732353201171069	土			√		
1070	石垛口6号烽火台	130732353201171070	石			√		
1071	白家窑1号烽火台	130732353201171071	石			√		
1072	白家窑2号烽火台	130732353201171072	石			√		
1073	上何家窑1号烽火台	130732353201171073	石			√		
1074	上何家窑2号烽火台	130732353201171074	石			√		
1075	金家庄1号烽火台	130732353201171075	石			√		
1076	金家庄2号烽火台	130732353201171076	石			√		
1077	金家庄3号烽火台	130732353201171077	石			√		
1078	金家庄4号烽火台	130732353201171078	石			√		
1079	金家庄5号烽火台	130732353201171079	石			√		
1080	金家庄6号烽火台	130732353201171080	土			√		
1081	金家庄7号烽火台	130732353201171081	石			√		
1082	金家庄8号烽火台	130732353201171082	砖			√		
1083	金家庄9号烽火台	130732353201171083	砖			√		
1084	金家庄10号烽火台	130732353201171084	土			√		
1085	西水沟1号烽火台	130732353201171085	石			√		
1086	西水沟2号烽火台	130732353201171086	石			√		
1087	西水沟3号烽火台	130732353201171087	土			√		
1088	炮梁乡小张家口1号烽火台	130732353201171088	土		√			
1089	炮梁乡东流水沟1号烽火台	130732353201171089	土			√		
1090	炮梁乡东流水沟2号烽火台	130732353201171090	土			√		
1091	炮梁乡小雀沟1号烽火台	130732353201171091	石			√		
1092	炮梁乡小雀沟2号烽火台	130732353201171092	土			√		
1093	炮梁乡小雀沟3号烽火台	130732353201171093	土			√		
1094	炮梁乡小雀沟4号烽火台	130732353201171094	石			√		
1095	炮梁乡火石窑1号烽火台	130732353201171095	石			√		
1096	炮梁乡火石窑2号烽火台	130732353201171096	石			√		
1097	赤城县县城1号烽火台	130732353201171097	石			√		
1098	赤城县县城2号烽火台	130732353201171098	土			√		
1099	赤城县县城3号烽火台	130732353201171099	土			√		

（续）

编号	认定名称	认定编码	材质	保存程度				
				较好	一般	较差	差	消失
1100	岭后 1 号烽火台	130732353201171100	土			√		
1101	岭后 2 号烽火台	130732353201171101	土			√		
1102	浩门岭新 1 号烽火台	130732353201171102	石			√		
1103	浩门岭新 2 号烽火台	130732353201171103	土			√		
1104	浩门岭新 3 号烽火台	130732353201171104	土			√		
1105	小营 1 号烽火台	130732353201171105	石			√		
1106	小营 2 号烽火台	130732353201171106	土			√		
1107	小营 3 号烽火台	130732353201171107	石			√		
1108	郑家庄 1 号烽火台	130732353201171108	土			√		
1109	郑家庄 2 号烽火台	130732353201171109	石			√		
1110	塘坊 1 号烽火台	130732353201171110	石			√		
1111	塘坊 2 号烽火台	130732353201171111	土			√		
1112	塘坊 3 号烽火台	130732353201171112	土			√		
1113	塘坊 4 号烽火台	130732353201171113	土			√		
1114	沤麻坑 1 号烽火台	130732353201171114	土		√			
1115	于家沟 1 号烽火台	130732353201171115	土			√		
1116	于家沟 2 号烽火台	130732353201171116	石			√		
1117	剪子岭 1 号烽火台	130732353201171117	石	√				
1118	剪子岭 2 号烽火台	130732353201171118	土			√		
1119	剪子岭 3 号烽火台	130732353201171119	石			√		
1120	炮梁 1 号烽火台	130732353201171120	土	√				
1121	炮梁 2 号烽火台	130732353201171121	土			√		
1122	炮梁 3 号烽火台	130732353201171122	土			√		
1123	大岭堡 1 号烽火台	130732353201171123	土			√		
1124	大岭堡 2 号烽火台	130732353201171124	石			√		
1125	大岭堡 3 号烽火台	130732353201171125	石			√		
1126	九棵树 1 号烽火台	130732353201171126	石			√		
1127	九棵树 2 号烽火台	130732353201171127	土		√			
1128	炮梁乡韩庄 1 号烽火台	130732353201171128	土		√			
1129	三岔口 1 号烽火台	130732353201171129	砖			√		
1130	三岔口 2 号烽火台	130732353201171130	土			√		
1131	三岔口 3 号烽火台	130732353201171131	土			√		
1132	三岔口 4 号烽火台	130732353201171132	土			√		
1133	八里庄 1 号烽火台	130732353201171133	土	√				
1134	八里庄 2 号烽火台	130732353201171134	土			√		
1135	常家窑 1 号烽火台	130732353201171135	土			√		
1136	常家窑 2 号烽火台	130732353201171136	土			√		
1137	常家窑 3 号烽火台	130732353201171137	石			√		

（续）

编号	认定名称	认定编码	材质	保存程度				
				较好	一般	较差	差	消失
1138	武家窑 1 号烽火台	130732353201171138	石			√		
1139	周村 1 号烽火台	130732353201171139	土			√		
1140	周村 2 号烽火台	130732353201171140	土			√		
1141	盘道 1 号烽火台	130732353201171141	石			√		
1142	前所村 1 号烽火台	130732353201171142	土		√			
1143	前所 2 号烽火台	130732353201171143	石			√		
1144	前所 3 号烽火台	130732353201171144	土			√		
1145	前所 4 号烽火台	130732353201171145	石		√			
1146	龙关 1 号烽火台	130732353201171146	土			√		
1147	龙关 2 号烽火台	130732353201171147	土	√				
1148	龙关 3 号烽火台	130732353201171148	土			√		
1149	龙关 4 号烽火台	130732353201171149	土			√		
1150	龙关 5 号烽火台	130732353201171150	土			√		
1151	椴木沟 1 号烽火台	130732353201171151	土			√		
1152	椴木沟 2 号烽火台	130732353201171152	土			√		
1153	椴木沟 3 号烽火台	130732353201171153	土			√		
1154	上虎 1 号烽火台	130732353201171154	土			√		
1155	上虎 2 号烽火台	130732353201171155	石			√		
1156	上虎 3 号烽火台	130732353201171156	石			√		
1157	屯军堡 1 号烽火台	130732353201171157	土			√		
1158	屯军堡 2 号烽火台	130732353201171158	土		√			
1159	屯军堡 3 号烽火台	130732353201171159	土			√		
1160	屯军堡 4 号烽火台	130732353201171160	石			√		
1161	屯军堡 5 号烽火台	130732353201171161	土		√			
1162	屯军堡 6 号烽火台	130732353201171162	土			√		
1163	屯军堡 7 号烽火台	130732353201171163	石			√		
1164	屯军堡 8 号烽火台	130732353201171164	土			√		
1165	张四沟 1 号烽火台	130732353201171165	石			√		
1166	张四沟 2 号烽火台	130732353201171166	土			√		
1167	张四沟 3 号烽火台	130732353201171167	石			√		
1168	张四沟 4 号烽火台	130732353201171168	土			√		
1169	大仓 1 号烽火台	130732353201171169	石			√		
1170	大仓 2 号烽火台	130732353201171170	土			√		
1171	大仓 3 号烽火台	130732353201171171	土			√		
1172	大仓 4 号烽火台	130732353201171172	土			√		
1173	大仓 5 号烽火台	130732353201171173	石			√		
1174	王良堡 1 号烽火台	130732353201171174	石		√			
1175	王良堡 2 号烽火台	130732353201171175	土			√		

（续）

编号	认定名称	认定编码	材质	保存程度				
				较好	一般	较差	差	消失
1176	康庄 1 号烽火台	130732353201171176	石	√				
1177	康庄 2 号烽火台	130732353201171177	土			√		
1178	雕鹗 1 号烽火台	130732353201171178	土			√		
1179	雕鹗 2 号烽火台	130732353201171179	石			√		
1180	雕鹗 3 号烽火台	130732353201171180	石			√		
1181	雕鹗 4 号烽火台	130732353201171181	石			√		
1182	雕鹗 5 号烽火台	130732353201171182	石			√		
1183	雕鹗 6 号烽火台	130732353201171183	石			√		
1184	雕鹗 7 号烽火台	130732353201171184	石			√		
1185	雕鹗 8 号烽火台	130732353201171185	石			√		
1186	雕鹗 9 号烽火台	130732353201171186	石			√		
1187	雕鹗 10 号烽火台	130732353201171187	石			√		
1188	雕鹗 11 号烽火台	130732353201171188	石			√		
1189	雕鹗 12 号烽火台	130732353201171189	石			√		
1190	雕鹗 13 号烽火台	130732353201171190	石			√		
1191	雕鹗 14 号烽火台	130732353201171191	石			√		
1192	雕鹗 15 号烽火台	130732353201171192	土			√		
1193	雕鹗 16 号烽火台	130732353201171193	石			√		
1194	黎家窑 1 号烽火台	130732353201171194	石			√		
1195	石家窑 1 号烽火台	130732353201171195	石			√		
1196	石家窑 2 号烽火台	130732353201171196	石			√		
1197	东新堡 1 号烽火台	130732353201171197	石			√		
1198	东新堡 2 号烽火台	130732353201171198	石		√			
1199	孙庄 1 号烽火台	130732353201171199	石			√		
1200	孙庄 2 号烽火台	130732353201171200	石			√		
1201	孙庄 3 号烽火台	130732353201171201	石			√		
1202	尤庄 1 号烽火台	130732353201171202	土			√		
1203	小雕鹗村 1 号烽火台	130732353201171203	石	√				
1204	小雕鹗 2 号烽火台	130732353201171204	土	√				
1205	下虎 1 号烽火台	130732353201171205	土	√				
1206	大榆树 1 号烽火台	130732353201171206	土			√		
1207	大榆树 2 号烽火台	130732353201171207	土			√		
1208	大榆树 3 号烽火台	130732353201171208	土		√			
1209	朱家窑 1 号烽火台	130732353201171209	土			√		
1210	朱家窑 2 号烽火台	130732353201171210	土			√		
1211	行字铺 1 号烽火台	130732353201171211	土			√		
1212	东山庙 1 号烽火台	130732353201171212	土			√		
1213	东山庙 2 号烽火台	130732353201171213	土			√		

（续）

编号	认定名称	认定编码	材质	保存程度				
				较好	一般	较差	差	消失
1214	东山庙 3 号烽火台	130732353201171214	土			√		
1215	东山庙 4 号烽火台	130732353201171215	土			√		
1216	南埝 1 号烽火台	130732353201171216	石			√		
1217	马家堡 1 号烽火台	130732353201171217	石			√		
1218	马家堡 2 号烽火台	130732353201171218	石			√		
1219	马家堡 3 烽火台	130732353201171219	石			√		
1220	马家堡 4 烽火台	130732353201171220	石			√		
1221	郭家窑 1 号烽火台	130732353201171221	土			√		
1222	郭家窑 2 号烽火台	130732353201171222	土			√		
1223	大鹰窝沟 1 号烽火台	130732353201171223	石			√		
1224	二道洼 1 号烽火台	130732353201171224	土			√		
1225	二道洼 2 号烽火台	130732353201171225	土			√		
1226	锁阳关 1 号烽火台	130732353201171226	土			√		
1227	蔡庄子村 1 号烽火台	130732353201171227	石			√		
1228	王家窑 1 号烽火台	130732353201171228	土	√				
1229	卧虎山 1 号烽火台	130732353201171229	土		√			
1230	上仓 1 号烽火台	130732353201171230	土			√		
1231	上仓 2 号烽火台	130732353201171231	石			√		
1232	高栅子 1 号烽火台	130732353201171232	石			√		
1233	高栅子 2 号烽火台	130732353201171233	土			√		
1234	高栅子 3 号烽火台	130732353201171234	石			√		
1235	龙拔石 1 号烽火台	130732353201171235	土			√		
1236	三河堡 1 号烽火台	130732353201171236	石			√		
1237	杨家窑 1 号烽火台	130732353201171237	石			√		
1238	上斗营 1 号烽火台	130732353201171238	石				√	
1239	上斗营 2 号烽火台	130732353201171239	砖			√		
1240	上斗营 3 号烽火台	130732353201171240	石			√		
1241	上斗营 4 号烽火台	130732353201171241	石			√		
1242	上斗营 5 号烽火台	130732353201171242	石			√		
1243	小庄科 1 号烽火台	130732353201171243	石			√		
1244	小庄科 2 号烽火台	130732353201171244	土			√		
1245	小庄科 3 号烽火台	130732353201171245	石			√		
1246	小庄科 4 号烽火台	130732353201171246	石			√		
1247	海家窑马面 01 号	130732352102171247	石			√		
1248	夭湾马面 01 号	130732352102171248	石			√		
1249	夭湾马面 02 号	130732352102171249	石			√		
1250	夭湾马面 03 号	130732352102171250	石			√		

（续）

编号	认定名称	认定编码	材质	保存程度				
				较好	一般	较差	差	消失
1251	夭湾马面 04 号	130732352102171251	石			√		
1252	前所马面 01 号	130732352102171252	石		√			
1253	前所马面 02 号	130732352102171253	土			√		
1254	前所马面 03 号	130732352102171254	土	√				
1255	前所马面 04 号	130732352102171255	土		√			
1256	龙关镇周村马面 01 号	130732352102171256	土		√			
1257	龙关镇周村马面 02 号	130732352102171257	土		√			
1258	龙关镇周村马面 03 号	130732352102171258	土		√			
1259	八里庄村马面 01 号	130732352102171259	土	√				
1260	八里庄村马面 02 号	130732352102171260	土			√		
1261	八里庄村马面 03 号	130732352102171261	土		√			
1262	八里庄马面 04 号	130732352102171262	土		√			
1263	八里庄马面 05 号	130732352102171263	土		√			
1264	八里庄马面 06 号	130732352102171264	土		√			
1265	八里庄马面 07 号	130732352102171265	土		√			
1266	八里庄马面 08 号	130732352102171266	土		√			
1267	八里庄马面 09 号	130732352102171267	土		√			
1268	八里庄马面 10 号	130732352102171268	土		√			
1269	八里庄马面 11 号	130732352102171269	土		√			
1270	八里庄马面 12 号	130732352102171270	土		√			
1271	八里庄马面 13 号	130732352102171271	土		√			
1272	八里庄马面 14 号	130732352102171272	土		√			
1273	三岔口村马面 01 号	130732352102171273	土		√			
1274	三岔口村马面 02 号	130732352102171274	土		√			
1275	三岔口村马面 03 号	130732352102171275	土		√			
1276	三岔口村马面 04 号	130732352102171276	土		√			
1277	三岔口村马面 05 号	130732352102171277	土		√			
1278	三岔口村马面 06 号	130732352102171278	土		√			
1279	三岔口村马面 07 号	130732352102171279	土		√			
1280	三岔口村马面 08 号	130732352102171280	土	√				
1281	上虎马面 01 号	130732352102171281	土		√			
1282	上虎马面 02 号	130732352102171282	土		√			
1283	上虎马面 03 号	130732352102171283	土		√			
1284	上虎马面 04 号	130732352102171284	土		√			
1285	上虎村马面 05 号	130732352102171285	土		√			
1286	上虎马面 06 号	130732352102171286	土		√			
1287	上虎马面 07 号	130732352102171287	土		√			

（续）

编号	认定名称	认定编码	材质	保存程度				
				较好	一般	较差	差	消失
1288	上虎马面 08 号	130732352102171288	土		√			
1289	上虎马面 09 号	130732352102171289	土		√			
1290	康庄马面 01 号	130732352102171290	土		√			
1291	康庄马面 02 号	130732352102171291	土		√			
1292	康庄马面 03 号	130732352102171292	土		√			
1293	康庄马面 04 号	130732352102171293	土		√			
1294	康庄马面 05 号	130732352102171294	土		√			
1295	康庄马面 06 号	130732352102171295	土		√			
1296	康庄马面 07 号	130732352102171296	土		√			
合计		共 1296 座：砖 105 座，石 866 座，土 325 座		18	97	966	215	
百分比（%）		100		1.3	7.4	74	17.3	

类型：单体建筑包括敌台、烽火台、马面等

保存程度：较好、一般、较差、差、消失

1. 金鸡梁烽火台 01 号 130732353201170001

位于赤城县后城镇金鸡梁村南侧 1.9 千米处的山脊上，坐标：东经 116° 09′ 41.00″，北纬 40° 40′ 33.40″，高程 916 米。

烽火台平面呈圆形，剖面呈梯形，底径 16 米，顶径 6 米，残高 8 米，台芯素土分层夯筑，夯层明显，受风雨侵蚀，表面夯土脱落，台芯存多条冲沟，四周植被多为灌木和杂草。

2. 金鸡梁敌台 01 号 130732352101170002

位于赤城县后城镇金鸡梁村南侧 1.8 千米处的山脊上，坐标：东经 116° 09′ 42.10″，北纬 40° 40′ 39.40″，高程 887 米。

敌台平面呈圆形，剖面呈梯形，毛石砌筑，底径 11 米，顶径 6 米，残高 4 米，坍塌成圆堆状，四周植被多为灌木和杂草。

3. 金鸡梁敌台 02 号 130732352101170003

位于赤城县后城镇金鸡梁村东南侧 1.6 千米处的山脊上，坐标：东经 116° 09′ 49.90″，北纬 40° 40′ 46.20″，高程 864 米。

敌台平面呈圆形，剖面呈梯形，毛石砌筑，底径 12 米，顶径 7 米，残高 5.5 米，坍塌成圆堆状，四周植被多为灌木和杂草。

4. 金鸡梁敌台 03 号 130732352101170004

位于赤城县后城镇金鸡梁村东南侧 1.5 千米处的山脊上，坐标：东经 116° 09′ 54.20″，北纬 40° 40′ 51.30″，高程 856 米。

敌台平面呈圆形，剖面呈梯形，毛石砌筑，底径 14 米，顶径 5 米，残高 7 米，坍塌成圆堆状，四周植被多为灌木和杂草。

5. 金鸡梁敌台 04 号 130732352101170005

位于赤城县后城镇金鸡梁村东南侧 1.3 千米处的山脊上，坐标：东经 116° 09′ 53.30″，北纬 40° 40′ 59.50″，高程 853 米。

敌台平面呈圆形，剖面呈梯形，毛石砌筑，底径 15 米，顶径 9 米，残高 4 米，坍塌成圆堆状，四周植被多为灌木和杂草。

6. 金鸡梁敌台 05 号 130732352101170006

位于赤城县后城镇金鸡梁村东南侧 1.1 千米处的山脊上，坐标：东经 116° 09′ 58.30″，北纬 40° 41′ 08.30″，高程 846 米。

敌台平面呈圆形，剖面呈梯形，毛石砌筑，底径 15 米，顶径 9 米，残高 5.5 米，坍塌成圆堆状，四周植被多为灌木和杂草。

7. 金鸡梁敌台 06 号 130732352101170007

位于赤城县后城镇金鸡梁村东南侧 940 米处的山脊上，坐标：东经 116° 10′ 01.60″，北纬 40° 41′ 19.00″，高程 883 米。

敌台平面呈圆形，剖面呈梯形，毛石砌筑，底径 15 米，残高 5 米，坍塌成圆堆状，顶部存有一近代的圆形建筑，直径 2 米，高 1.4 米，西侧设门，宽 0.4 米，厚 0.9 米。四周植被多为灌木和杂草。

8. 金鸡梁敌台 07 号 130732352101170008

位于赤城县后城镇金鸡梁村东南侧 830 米处的山脊上，坐标：东经 116° 09′ 54.20″，北纬 40° 42′ 17.00″，高程 894 米。

敌台平面呈圆形，剖面呈梯形，毛石砌筑，底径 11 米，残高 6 米，坍塌成圆堆状，南立面存有未坍塌的一小块墙体，残高约 0.7 米。四周植被多为灌木和杂草。

9. 金鸡梁敌台 08 号 130732352101170009

位于赤城县后城镇金鸡梁村东侧 670 米处的山脊上，坐标：东经 116° 09′ 57.00″，北纬 40° 41′ 34.60″，高程 910 米。

敌台平面呈圆形，剖面呈梯形，毛石砌筑，底径 15 米，顶径 8 米，残高 7 米，坍塌成圆堆状，四周植被多为灌木和杂草。

10. 金鸡梁烽火台 02 号 130732353201170010

位于赤城县后城镇金鸡梁村东北侧 600 米处的山脊上，坐标：东经 116° 09′ 53.10″，北纬 40° 41′ 39.80″，高程 886 米。

烽火台平面呈圆形，剖面呈梯形，毛石砌筑，底径 25 米，顶径 5 米，残高 9 米，坍塌成圆堆状，四周植被多为灌木和杂草。

11. 金鸡梁烽火台 03 号 130732353201170011

位于赤城县后城镇金鸡梁村东北侧 610 米处的山脊，坐标：东经 116° 09′ 52.50″，北纬 40° 41′ 41.80″，高程 878 米。

烽火台平面呈圆形，剖面呈梯形，底径 7 米，残高 3.9 米，台芯素土分层夯筑，夯层明显，厚 0.1 ～ 0.15 米，受风雨侵蚀，表面夯土脱落，台芯存多条冲沟，北立面存一孔洞，四周植被多为灌木和杂草。

12. 金鸡梁烽火台 04 号 130732353201170012

位于赤城县后城镇金鸡梁村东北 850 米处的山脊，坐标：东经 116° 09′ 59.50″，北纬 40° 41′ 49.00″，高程 910 米。

烽火台平面呈圆形，剖面呈梯形，毛石砌筑，底径 12 米，顶径 6.4 米，残高 4 米，坍塌成圆堆状，四周植被多为灌木和杂草。

13. 金鸡梁烽火台 05 号 130732353201170013

位于赤城县后城镇金鸡梁村东北 1 千米处的山脊，坐标：东经 116° 09′ 55.70″，北纬 40° 42′ 02.00″，高程 890 米。

烽火台平面呈圆形，剖面呈梯形，毛石砌筑，底径 10.5 米，顶径 5.5 米，残高 3 米，坍塌成圆堆状，四周为农田。

14. 金鸡梁敌台 09 号 130732352101170014

位于赤城县后城镇金鸡梁村东北 1.7 千米处的山脊，坐标：东经 116° 10′ 18.60″，北纬 40° 42′ 13.70″，高程 949 米。

敌台平面呈圆形，剖面呈梯形，毛石砌筑，底径 5 米，残高 0.5 ～ 09 米，坍塌成圆堆状，四周植被多为灌木和杂草。

15. 金鸡梁敌台 10 号 130732352101170015

位于赤城县后城镇金鸡梁村东北 1.7 千米处的山脊，坐标：东经 116° 10′ 18.70″，北纬 40° 42′ 15.70″，高程 967 米。

敌台平面呈圆形，剖面呈梯形，毛石砌筑，顶径 4.7 米，残高 6.5 米，坍塌成圆堆状，四周植被多为灌木和杂草。

16. 金鸡梁敌台 11 号 130732352101170016

位于赤城县后城镇金鸡梁村东北 1.7 千米处的山脊，坐标：东经 116° 10′ 15.80″，北纬 40° 42′ 18.10″，高程 963 米。

敌台平面呈圆形，剖面呈梯形，毛石砌筑，底径 6 米，残高 0.9 米，坍塌成圆堆状，四周植被多为灌木和杂草。

17. 金鸡梁敌台 12 号 130732352101170017

位于赤城县后城镇金鸡梁村东北 1.9 千米处的山脊，坐标：东经 116° 10′ 17.20″，北纬 40° 42′ 22.10″，高程 908 米。

敌台平面呈圆形，剖面呈梯形，毛石砌筑，底径 20 米，顶径 6 米，残高 6 米，坍塌成圆堆状，四周植被多为灌木和杂草。

18. 大边敌台 01 号 130732352101170018

位于赤城县后城镇大边村东侧 1.9 千米处的山脊，坐标：东经 116° 09′ 52.80″，北纬 40° 44′ 38.40″，高程 1094 米。

敌台平面呈矩形，剖面呈梯形，东西宽 7 米，南北长 9 米，高 4.5 米，台芯土石分层夯筑。立面为三段式，下段为条石基础，未露明，白灰砌筑，白灰勾缝；中段城砖砌筑，城砖尺寸为 0.44 米 ×0.19 米 × 0.09 米，高 3.6 米，包砖墙厚 1.4 米。顶部设施无存。

台体坍毁严重，北立面露出内毛石筑台芯，东侧残存包砖，其他包砖墙缺失，四周植被多为灌木和杂草。

19. 大边敌台 02 号 130732352101170019

位于赤城县后城镇大边村东侧 1.8 千米处的山脊，坐标：东经 116° 09′ 50.60″，北纬 40° 44′ 41.50″，高程 1048 米。

敌台平面呈圆形，剖面呈梯形，毛石砌筑，底径 9 米，顶径 4 米，残高 2 米，坍塌成圆堆状，顶部散落少量碎砖，四周植被多为灌木和杂草。

20. 大边敌台 03 号 130732352101170020

位于赤城县后城镇大边村东北侧 1.8 千米处的山脊，坐标：东经 116° 09′ 45.30″，北纬 40° 44′ 45.90″，高程 1131 米。

敌台南北接墙体，平面呈矩形，立面及剖面呈梯形，东西宽 9.7 米，南北长 9.8 米，高 3 米。立面为三段式，下段为条石基础，露明 2 层，高 0.5 米，白灰砌筑，白灰勾缝；中段城砖砌筑，城砖尺寸为 0.43 米 ×0.22 米 ×0.11 米，残高 2.5 米，南立面辟门，残宽 1 米。台体存裂缝多条，面砖风化酥碱严重，西、北立面坍塌严重，上段设施无存。四周植被多为灌木和杂草。

21. 大边敌台 04 号 130732352101170021

位于赤城县后城镇大边村东北侧 1.9 千米处的山脊，坐标：东经 116° 09′ 38.50″，北纬 40° 45′ 05.20″，高程 1138 米。

敌台南北接墙体，平面呈矩形，剖面呈梯形，东西宽 8.2 米，南北长 11 米，高 3.5 米，台芯毛石砌筑。立面为三段式，下段为条石基础，未露明；中段城砖砌筑，城砖尺寸为 0.43 米 ×0.21 米 × 0.09 米，高 3.5 米。敌台仅北立面存包砖墙体，其他立面坍塌严重，上段设施无存，四周植被多为灌木和杂草。

22. 大边烽火台 01 号 130732353201170022

位于赤城县后城镇大边村东北侧 1.9 千米处的山脊，坐标：东经 116° 09′ 25.50″，北纬 40° 45′ 16.30″，高程 1136 米。

烽火台南、北接墙体，平面呈矩形，剖面呈梯形，东西宽 10 米，南北长 10 米，高 5 米，台芯毛石砌筑。立面为三段式，下段为条石基础，未露明；中段城砖砌筑，城砖尺寸为 0.43 米 ×0.21 米 ×0.09 米，高 3.5 米。

烽火台仅北立面存少量包砖墙体，其他立面坍塌严重，上段设施无存，四周植被多为灌木和杂草。

23. 大边敌台 05 号、130732352101170023

位于赤城县后城镇大边村东北侧 2.2 千米处的山脊，坐标：东经 116° 09′ 29.40″，北纬 40° 45′ 27.20″，高程 1103 米。

敌台平面呈圆形，剖面呈梯形，毛石砌筑，底径 12 米，顶径 5 米，残高 4.5 米，坍塌成圆堆状，四周植被多为灌木和杂草。

24. 大边敌台 06 号 130732352101170024

位于赤城县后城镇大边村东北侧 2.5 千米处的山脊，坐标：东经 116° 09′ 25.20″，北纬 40° 45′ 41.00″，高程 1238 米。

烽火台南、北接墙体，平面呈矩形，剖面呈梯形，东西长 10.5 米，南北宽 7 米，高 5 米，台芯毛石砌筑。立面为三段式，下段为条石基础，未露明；中段城砖砌筑，城砖尺寸为 0.45 米 ×0.22 米 ×0.09 米，高 3.8 米。

仅北立面存包砖墙体，残长 8.2 米，残高 3.8 米，厚 1 米，其他立面坍塌严重，顶部布满碎砖及片石，上段设施无存。四周植被多为灌木和杂草。

25. 大边敌台 07 号 130732352101170025

位于赤城县后城镇大边村东北侧 2.6 千米处的山脊，坐标：东经 116° 09′ 12.20″，北纬 40° 45′ 48.90″，高程 1292 米。

敌台平面呈圆形，剖面呈梯形，毛石砌筑，底径 15 米，顶径 9 米，残高 5 米，坍塌成圆堆状，可见少部分圈墙，四周植被多为灌木和杂草。

26. 南尹家沟敌台 01 号 130732352101170026

位于后城镇南尹家沟村东南 1.5 千米处的山脊，坐标：东经 116° 09′ 11.80″，北纬 40° 46′ 09.80″，高程 1191 米。

敌台平面呈圆形，剖面呈梯形，毛石砌筑，底径 7 米，顶径 3 米，残高 4 米，西、北立面存部分毛石墙体，坍塌成圆堆状，四周植被多为灌木和杂草。

27. 南尹家沟敌台 02 号 130732352101170027

位于后城镇南尹家沟村东南 1.2 千米处的山脊，坐标：东经 116° 09′ 10.20″，北纬 40° 46′ 26.20″，高程 1219 米。

敌台平面呈圆形，剖面呈梯形，毛石砌筑，底径 15 米，顶径 9 米，残高 4 米，坍塌成圆堆状，四周植被多为灌木和杂草。

28. 南尹家沟敌台 03 号 130732352101170028

位于后城镇南尹家沟村东 1.1 千米处的山脊，坐标：东经 116° 09′ 05.80″，北纬 40° 46′ 49.20″，高程 1252 米。

敌台南北接墙体，平面呈矩形，剖面呈梯形，墙芯毛石砌筑，东西宽 7 米，南北长 7 米，高 5 米。立面为三段式，下段为条石基础，未露明；中段城砖砌筑，城砖尺寸为 0.48 米 ×0.22 米 ×0.09 米，露明高 0.65 米，白灰砌筑，白灰勾缝；上段设施无存。

敌台仅西南角残存包砖墙体，其他立面外包砖无存，北立面保存部分墙芯，四周植被多为灌木和杂草。

29. 南尹家沟敌台 04 号 130732352101170029

位于后城镇南尹家沟村东南 1.2 千米处的山脊，坐标：东经 116° 09′ 08.50″，北纬 40° 46′ 57.70″，高程 1221 米。

敌台南北接墙体，平面呈矩形，剖面呈梯形，台芯毛石砌筑，东西宽 9.4 米，南北长 9.8 米，高 5.5 米。立面为三段式，下段为条石基础 2 层，高 0.5 米，白灰砌筑，白灰勾缝；中段城砖砌筑，城砖尺寸为 0.43 米 ×0.22 米 ×0.11 米，高 5 米，包砖墙厚 0.65 米。

西立面存斜向裂缝 3 条，南立面存竖向裂缝 3 条，其中 2 条已形成冲沟，西侧裂缝宽 0.05～0.1 米，面砖风化酥碱严重，东、北立面外包砖无存，四周植被多为灌木和杂草。

30. 南尹家沟敌台 05 号 130732352101170030

位于后城镇南尹家沟村东北 1.6 千米处的山脊，坐标：东经 116° 09′ 13.80″，北纬 40° 47′ 09.60″，高程 1154 米。

敌台平面呈圆形，剖面呈梯形，毛石砌筑，东西残长 6 米，南北残宽 3 米，残高 6 米，坍塌成圆堆状，四周散落有大量的碎砖，城砖尺寸为 0.48 米 ×0.22 米 ×0.01 米，四周植被多为灌木和杂草。

31. 南尹家沟敌台 06 号 130732352101170031

位于后城镇南尹家沟村东北 1.5 千米处的山脊，坐标：东经 116° 08′ 47.30″，北纬 40° 47′ 26.10″，高程 1208 米。

敌台平面呈圆形，剖面呈梯形，毛石砌筑，底径 12 米，顶径 5 米，残高 6 米，坍塌成圆堆状，四周植被多为灌木和杂草。

32. 南尹家沟敌台 07 号 130732352101170032

位于后城镇南尹家沟村北 1.6 千米处的山脊，坐标：东经 116° 08′ 32.30″，北纬 40° 47′ 33.00″，高程 1177 米。

敌台南北接墙，平面呈圆形，剖面呈梯形，毛石砌筑，底径 11 米，顶径 6 米，残高 5 米，坍塌成圆堆状，四周植被多为灌木和杂草。

33. 南尹家沟敌台 08 号 130732352101170033

位于后城镇南尹家沟村北 1.9 千米处的山脊，坐标：东经 116° 08′ 14.50″，北纬 40° 47′ 43.50″，高程 1209 米。

敌台南北接墙，平面呈圆形，剖面呈梯形，毛石砌筑，底径 9 米，顶径 4.8 米，残高 4 米，坍塌成圆堆状，四周植被多为灌木和杂草。

34. 北尹家沟敌台 01 号 130732352101170034

位于后城镇北尹家沟村东 1.4 千米处的山脊，坐标：东经 116° 07′ 48.90″，北纬 40° 47′ 58.90″，高程 1238 米。

敌台南北接墙体，平面呈矩形，剖面呈梯形，东西宽 9.19 米，南北长 10.2 米，高 8.5 米。立面为三段式，下段为条石基础 6 层，高 1.1 米，白灰砌筑，白灰勾缝；中段城砖砌筑，城砖尺寸为 0.46 米 ×0.2 米 ×0.09 米，高 7.4 米，顶部设施无存。

东立面存斜向裂缝 1 条，上部坍塌，南立面存竖向裂缝 2 条，西南角及上部外包砖缺失，西立面存裂缝 2 条，上部包砖墙体缺失，北立面坍塌，裂缝宽 0.02 ～ 0.1 米，四周植被多为灌木和杂草。

35. 北尹家沟敌台 02 号 130732352101170035

位于后城镇北尹家沟村东 900 米处的山脊，坐标：东经 116° 07′ 28.50″，北纬 40° 48′ 13.70″，高程 1182 米。

敌台南北接墙体，平面呈矩形，剖面呈梯形，东西宽 9.5 米，南北长 9.5 米，高 6.9 米。立面为三段式，下段为条石基础 5 层，高 1.1 米，白灰砌筑，白灰勾缝；中段城砖砌筑，城砖尺寸为 0.46 米 ×0.23 米 ×0.09 米，高 7.4 米，西立面中上部辟门，距地 5.7 米，宽 0.87 米。顶部设施无存。

西立面存竖向裂缝 3 条，南立面存竖向通裂缝 2 条，裂缝宽 0.05 ～ 0.3 米，上部包砖墙体缺失，四周植被多为灌木和杂草。

36. 北尹家沟敌台 03 号 130732352101170036

位于后城镇北尹家沟村东北 750 米处的山脊，坐标：东经 116° 07′ 14.30″，北纬 40° 48′ 24.50″，高程 1162 米。

敌台南北接墙体，平面呈矩形，剖面呈梯形，东西宽 8.13 米，南北长 8.33 米，高 8.42 米。立面为三段式，下段为条石基础 3 层，高 0.64 米，白灰砌筑，白灰勾缝；中段城砖砌筑，城砖尺寸为 0.43 米 ×0.22 米 ×0.11 米，高 7.77 米，东立面辟券门，距地 4.16 米，门下设门槛石，起券方式为一伏一券，南立面、北立面各辟箭窗 1 个，白灰砌筑，白灰勾缝；中段与上段间设 3 层砖砌拔檐分隔；上段设垛口墙。

南立面箭窗下部、西立面北侧存竖向裂缝各 1 条，宽 0.01 ～ 0.05 米，面砖风化酥碱，南、北立面部分拔檐缺失，四周植被多为灌木和杂草。

37. 北尹家沟敌台 04 号 130732352101170037

位于后城镇北尹家沟村北 970 米处的山脊，坐标：东经 116° 06′ 47.40″，北纬 40° 48′ 39.50″，高程 1244 米。

敌台南北接墙体，平面呈矩形，剖面呈梯形，南北长 8.33 米，高 6.2 米。立面为三段式，下段为条石基础 6 层，高 1.5 米，白灰砌筑，白灰勾缝；中段城砖砌筑，城砖尺寸为 0.46 米 ×0.22 米 ×0.11 米，高 4.7 米。

仅东南角、东北角存外包城砖，坍塌严重，顶部设施无存，四周植被多为灌木和杂草。

38. 北尹家沟敌台 05 号 130732352101170038

位于后城镇北尹家沟村北 1.4 千米处的山脊上，坐标：东经 116° 06′ 38.10″，北纬 40° 48′ 54.60″，高程 1268 米。

敌台平面呈圆形，剖面呈梯形，毛石砌筑，底径 15 米，顶径 6 米，残高 5.5 米，坍塌成圆堆状，四周植被多为灌木和杂草。

39. 北尹家沟敌台 06 号 130732352101170039

位于后城镇北尹家沟村北 1.9 千米处的山脊，坐标：东经 116° 06′ 34.30″，北纬 40° 49′ 11.20″，高程

1302 米。

敌台平面呈圆形，剖面呈梯形，毛石砌筑，底径 7 米，顶径 4 米，残高 6 米，坍塌成圆堆状，四周植被多为灌木和杂草。

40. 北尹家沟敌台 07 号 130732352101170040

位于后城镇北尹家沟村北 2.2 千米处的山脊，坐标：东经 116° 06′ 22.80″，北纬 40° 49′ 14.30″，高程 1432 米。

敌台东西接墙，平面呈圆形，剖面呈梯形，毛石砌筑，底径 16 米，顶径 8.5 米，残高 5 米，坍塌成圆堆状，四周植被多为灌木和杂草。

41. 北尹家沟敌台 08 号 130732352101170041

位于后城镇北尹家沟村北 2.4 千米处的山脊，坐标：东经 116° 06′ 16.60″，北纬 40° 49′ 23.80″，高程 1464 米。

敌台平面呈圆形，剖面呈梯形，毛石砌筑，底径 13 米，顶径 7 米，残高 5 米，坍塌成圆堆状，四周植被多为灌木和杂草。

42. 北尹家沟敌台 09 号 130732352101170042

位于后城镇北尹家沟村北 2.7 千米处的山脊，坐标：东经 116° 06′ 11.80″，北纬 40° 49′ 32.40″，高程 1539 米。

敌台平面呈圆形，剖面呈梯形，毛石砌筑，底径 15 米，顶径 7 米，残高 4 米，坍塌成圆堆状，四周植被多为灌木和杂草。

43. 北尹家沟敌台 10 号 130732352101170043

位于后城镇北尹家沟村北 3.1 千米处的山脊，坐标：东经 116° 06′ 08.10″，北纬 40° 49′ 42.80″，高程 1571 米。

敌台平面呈矩形，剖面呈梯形，块石砌筑，东西长 7.1 米，南北宽 7 米，残高 4 米，坍塌严重，四周植被多为灌木和杂草。

44. 北尹家沟烽火台 01 号 130732353201170044

位于后城镇北尹家沟村北 3.2 千米处的山脊，坐标：东经 116° 06′ 07.10″，北纬 40° 49′ 45.20″，高程 1569 米。

烽火台平面呈圆形，剖面呈梯形，毛石砌筑，底径 9 米，顶径 5 米，残高 4 米，坍塌成圆堆状，四周植被多为灌木和杂草。

45. 北尹家沟敌台 11 号 130732352101170045

位于后城镇北尹家沟村北 3.3 千米处的山脊，坐标：东经 116° 06′ 10.20″，北纬 40° 49′ 48.50″，高程 1526 米。

烽火台平面呈圆形，剖面呈梯形，毛石砌筑，底径 16 米，顶径 7 米，残高 7 米，坍塌成圆堆状，四周植被多为灌木和杂草。

46. 北尹家沟烽火台 02 号 130732353201170046

位于后城镇北尹家沟村北 3.4 千米处的山脊，坐标东经 116° 06′ 13.20″，北纬 40° 49′ 56.80″，高程 1409 米。

烽火台平面呈矩形，剖面呈梯形，台芯土石分层夯筑，立面为三段式，下段为条石基础，白灰砌筑，白灰勾缝；中段城砖砌筑，城砖尺寸为 0.43 米 ×0.22 米 ×0.11 米，高 3 米，厚 1.2 米，白灰砌筑，白灰勾缝。

仅西南角存部分包砖，坍塌严重，四周植被多为灌木和杂草。

47. 北尹家沟烽火台 03 号 130732353201170047

位于后城镇北尹家沟村北 3.8 千米处的山脊，坐标：东经 116° 06′ 24.40″，北纬 40° 50′ 11.60″，高程 1344 米。

烽火台平面呈圆形，剖面呈梯形，毛石砌筑，底径 15 米，顶径 5 米，残高 6 米，坍塌成圆堆状，四周植被多为灌木和杂草。

48. 拦马道敌台 01 号 130732352101170048

位于后城镇拦马道村东南 1.7 千米处的山脊上，坐标：东经 116° 06′ 35.90″，北纬 40° 50′ 20.30″，高程 1330 米。

敌台南北接墙体，平面呈矩形，剖面呈梯形，东西宽 8.3 米，南北长 10.7 米，高 6 米。立面为三段式，下段为条石基础 4 层，高 0.6 米，白灰砌筑，白灰勾缝；中段城砖砌筑，城砖尺寸为 0.43 米 ×0.21 米 ×0.09 米，高 6.49 米，西立面辟门，距地 4.5 米，门下设门槛石；上段设施无存。

南立面存通裂缝 1 条，北立面存通裂缝 3 条，宽 0.02 ～ 0.2 米，面砖风化酥碱，四周植被多为灌木和杂草。

49. 拦马道敌台 02 号 130732352101170049

位于后城镇拦马道村东南 1.5 千米处的山脊，坐标：东经 116° 06′ 35.70″，北纬 40° 50′ 29.20″，高程 1228 米。

敌台南北接墙体，平面呈矩形，剖面呈梯形，东西残长 6 米，南北残宽 4.2 米，高 4.1 米。立面为三段式，下段为条石基础，白灰砌筑，白灰勾缝；中段城砖砌筑，城砖尺寸为 0.43 米 ×0.21 米 ×0.1 米，高 2.5 米，白灰砌筑，白灰勾缝；上段设施无存。

敌台仅存西立面下部、西南角包砖，面砖风化酥碱严重，其他立面坍塌严重，四周植被多为灌木和杂草。

50. 拦马道敌台 03 号 130732352101170050

位于后城镇拦马道村东南 1.3 千米处的山脊，坐标：东经 116° 06′ 37.10″，北纬 40° 50′ 34.70″，高程 1181 米。

敌台平面呈圆形，剖面呈梯形，直径为 6 米，残高 3 米，台芯素土分层夯筑，夯层明显，厚 0.06 ～ 0.15 米，台体坍塌堆积有大小十几根已经腐烂的木料，顶部散落碎砖，滋长榆树 1 棵，胸径 0.26 米，受风雨侵蚀，表面夯土脱落，四周植被多为灌木和杂草。

51. 拦马道敌台 04 号 130732352101170051

位于后城镇拦马道村东南 1.4 千米处的山脊，坐标：东经 116° 06′ 40.40″，北纬 40° 50′ 39.40″，高程 1252 米。

敌台南北接墙体，平面呈矩形，剖面呈梯形，台芯素土分层夯筑，东西长 9 米，南北宽 9 米，高 4.5 米。立面为三段式，下段为条石基础；中段城砖砌筑，城砖尺寸为 0.43 米 ×0.21 米 ×0.09 米，高 4.5 米；上段设施无存。

西立面存竖向裂缝 2 条，西北角包砖缺失，北立面中部外包砖缺失，面砖风化酥碱，东、南立面坍塌严重，四周植被多为灌木和杂草。

52. 拦马道敌台 05 号 130732352101170052

位于后城镇拦马道村东南 1.3 千米处的山脊，坐标：东经 116° 06′ 40.00″，北纬 40° 50′ 45.10″，高程 1201 米。

敌台南北接墙体，平面呈矩形，剖面呈梯形，东西残宽 5 米，南北残长 7.5 米，高 3.5 米。立面为三段式，下段为条石基础，白灰砌筑，白灰勾缝；中段城砖砌筑，城砖尺寸为 0.43 米 ×0.21 米 ×0.09 米，高 3.5 米，白灰砌筑，白灰勾缝；上段设施无存。

敌台仅东南角存包砖墙体，其他立面坍塌，四周植被多为灌木和杂草。

53. 拦马道烽火台 01 号 130732353201170053

位于后城镇拦马道村东南 1.3 千米处的山脊，坐标：东经 116° 06′ 41.90″，北纬 40° 50′ 57.40″，高程 1295 米。

烽火台平面呈圆形，剖面呈梯形，毛石砌筑，底径 10 米，顶径 4 米，残高 7 米，坍塌成圆堆状，四周植被多为灌木和杂草。

54. 拦马道烽火台 02 号 130732353201170054

位于后城镇拦马道村东北 1.3 千米处的山脊，坐标：东经 116° 06′ 39.70″，北纬 40° 51′ 09.10″，高程 1284 米。

烽火台平面呈圆形，剖面呈梯形，毛石砌筑，底径 12 米，顶径 6.5 米，残高 7 米，坍塌成圆堆状，四周植被多为灌木和杂草。

55. 拦马道敌台 06 号 130732352101170055

位于后城镇拦马道村东北 1.5 千米处的山脊，坐标：东经 116° 06′ 42.80″，北纬 40° 51′ 22.10″，高程 1365 米。

烽火台平面呈圆形，剖面呈梯形，毛石砌筑，底径 15 米，顶径 7 米，残高 5 米，坍塌成圆堆状，四周植被多为灌木和杂草。

56. 平路口敌台 01 号 130732352101170056

位于后城镇平路口村东南 1 千米处的山脊，坐标：东经 116° 06′ 38.00″，北纬 40° 51′ 36.70″，高程 1278 米。

敌台南北接墙体，平面呈矩形，剖面呈梯形，台芯素土分层夯筑，夯层厚 0.08～0.2 米，东西宽 7.6

米，南北长 10 米，高 9.25 米。立面为三段式，下段为条石基础 5 层，高 1.25 米，白灰砌筑，白灰勾缝；中段城砖砌筑，白灰砌筑，白灰勾缝，城砖尺寸为 0.37 米 × 0.19 米 × 0.09 米，高 8 米，西立面下部辟券门，宽 0.69 米，高 1.35 米，厚 0.42 米，起券方式为两伏两券，上部为砖砌两伏一券，最下层为石券，券石宽 0.26 米，厚 0.42 米，室内设天井，存南向北转东登顶梯道，宽 0.6 米，台阶上部为石下部为砖，存 15 层，踢面高 0.3 米，踏面宽 0.23 米；转角处存向西、向北方形望孔各 1 个，尺寸 0.2 米 × 0.2 米；梯道登顶处存木过梁，长 1 米，宽 0.5 米，厚 0.2 米。

南、西、北立面存竖向裂缝各 1 条，宽 0.02～0.08 米，面砖风化酥碱，东北角、西北角外包砖缺失，梯道上部大部分坍塌，包砖缺失，裸露夯土台芯，顶部设施无存，散落残砖碎瓦，四周植被多为灌木和杂草。

57. 平路口敌台 02 号 130732352101170057

位于后城镇平路口村东 1.1 千米处的山脊，坐标：东经 116° 06′ 48.50″，北纬 40° 51′ 46.70″，高程 1263 米。

敌台平面呈圆形，剖面呈梯形，毛石砌筑，底径 11 米，顶径 6 米，残高 6 米，坍塌成圆堆状，四周植被多为灌木和杂草。

58. 平路口敌台 03 号 130732352101170058

位于后城镇平路口村东 1 千米处的山脊，坐标：东经 116° 06′ 44.40″，北纬 40° 51′ 51.70″，高程 1224 米。

敌台南北接墙体，平面呈矩形，剖面呈梯形，台芯素土分层夯筑，东西宽 8.4 米，南北长 9.2 米，高 7.4 米。立面为三段式，下段为条石基础 6 层，高 1.65 米，白灰砌筑，白灰勾缝；中段城砖砌筑，城砖尺寸为 0.37 米 × 0.19 米 × 0.09 米，高 5.75 米，西立面下部辟石券门，门券石呈 "⌒" 形，两块对称组成，长 1.28 米，高 0.53 米，厚 0.24 米，券石顶部高 0.27 米，门券石上存圆形门簪两枚，浮雕花纹，直径 0.125 米，间距 0.25 米，至边 0.4 米，门券石断裂成 3 块，上部有坍塌的孔洞，宽 0.35～0.5 米，高 0.6 米，门洞被坍塌物堵塞，无法进入，东立面存竖向裂缝 4 条，宽 0.02～0.04 米，西立面存竖向通裂缝 1 条，宽 0.03～0.07 米，台体四面有多条细缝通至顶部，宽 0.01～0.05 米，顶部设施无存，四周植被多为灌木和杂草。

59. 平路口敌台 04 号 130732352101170059

位于后城镇平路口村东北 960 米处的山脊，坐标：东经 116° 06′ 40.60″，北纬 40° 52′ 01.70″，高程 1252 米。

敌台南北接墙，平面呈圆形，剖面呈梯形，毛石砌筑，底径 8 米，顶径 4 米，残高 5 米，坍塌成圆堆状，四周植被多为灌木和杂草。

60. 平路口敌台 05 号 130732352101170060

位于后城镇平路口村东北 920 米处的山脊，坐标：东经 116° 06′ 33.30″，北纬 40° 52′ 09.90″，高程 1205 米。

敌台平面呈矩形，剖面呈梯形，东西长 10.26 米，南北宽 9.69 米，高 8.9 米。立面为三段式，下段为条石基础 7 层，高 1.7 米，白灰砌筑，白灰勾缝；中段城砖砌筑，白灰砌筑，白灰勾缝，城砖尺寸为 0.37 米 ×0.19 米 ×0.09 米，高 7.2 米，立面下部辟石券门，宽 0.7 米，门壁厚 0.48 米，门券石宽 0.29 米，厚 0.48 米，券石上为砖券，起券方式为两伏两券，高 0.59 米，门洞进深 0.6 米，门内被坍塌堵塞，设天井，存登顶梯道，登顶处存木过梁，南立面上部存匾额，阴刻"鎮虜台"三字。

东立面南侧存竖向通裂缝 1 条，宽 0.02 ～ 0.05 米，西立面南侧存竖向裂缝 2 条，宽 0.01 ～ 0.03 米，北立面顶部坍塌高 2.9 米，敌台上部面砖风化酥碱严重，顶部设施无存，四周植被多为灌木和杂草。

61. 平路口敌台 06 号 130732352101170061

位于后城镇平路口村东北 960 米处的山脊，坐标：东经 116° 06′ 19.10″，北纬 40° 52′ 20.10″，高程 1176 米。

敌台南、北接墙体，平面呈矩形，剖面呈梯形，墙芯土石分层夯筑，东西残长 7.43 米，南北残宽 5.2 米，高 8.44 米。立面为三段式，下段为条石基础 3 层，高 0.54 米，白灰砌筑，白灰勾缝；中段城砖砌筑，城砖尺寸为 0.43 米 ×0.22 米 ×0.11 米，高 7.9 米，南立面存 5 层台阶的梯道，台阶高 0.23 米，宽 0.2 米，白灰砌筑，白灰勾缝；中段与上段间设三层砖檐分隔，上下为直檐，中为菱角檐；上段垛口墙无存。

东立面南侧坍塌，北侧存竖向裂缝 1 条，宽 0.02 ～ 0.04 米，南立面西侧仅存部分外包墙体，高 1.2 米，西立面整体坍塌，北立面存竖向裂缝 2 条，宽 0.01 ～ 0.05 米，西北角外包砖缺失，四周植被多为灌木和杂草。

62. 平路口烽火台 01 号 130732353201170062

位于后城镇水泉沟村西北 2.1 千米、平路口村北 1.3 千米处的山脊上，坐标：东经 116° 06′ 04.50″，北纬 40° 52′ 34.10″，高程 1258 米。

烽火台平面呈圆形，剖面呈梯形，毛石砌筑，底径 17 米，顶径 7 米，残高 5 米，坍塌成圆堆状，四周植被多为灌木和杂草。

63. 平路口烽火台 02 号 130732353201170063

位于后城镇水泉沟村西北 2.3 千米、平路口村北 1.1 千米处的山脊上，坐标：东经 116° 05′ 57.30″，北纬 40° 52′ 27.90″，高程 1361 米。

烽火台平面呈圆形，剖面呈梯形，毛石砌筑，底径 11 米，顶径 4 米，残高 5 米，坍塌成圆堆状，四周植被多为灌木和杂草。

64. 平路口烽火台 03 号 130732353201170064

位于后城镇水泉沟村西北 2.1 千米、平路口村北 1.2 千米处的山脊上，坐标：东经 116° 05′ 49.30″，北纬 40° 52′ 31.60″，高程 1394 米。

烽火台平面呈圆形，剖面呈梯形，毛石砌筑，底径 20 米，顶径 6 米，残高 6 米，坍塌成圆堆状，四周植被多为灌木和杂草。

65. 水泉沟烽火台 01 号 130732353201170065

位于后城镇水泉沟村东南 1.9 千米、平路口村北 1.5 千米处的山脊上，坐标：东经 116° 05′ 48.30″，北纬 40° 52′ 40.90″，高程 1334 米。

烽火台平面呈圆形，剖面呈梯形，毛石砌筑，底径 15 米，顶径 4.6 米，残高 4 米，坍塌成圆堆状，四周植被多为灌木和杂草。

66. 水泉沟烽火台 02 号 130732353201170066

位于后城镇水泉沟自然村东 1.5 千米处的山脊，坐标：东经 116° 05′ 31.20″，北纬 40° 52′ 51.50″，高程 1305 米。

烽火台平面呈圆形，剖面呈梯形，毛石砌筑，底径 17 米，顶径 6 米，残高 5 米，坍塌成圆堆状，四周植被多为灌木和杂草。

67. 水泉沟烽火台 03 号 130732353201170067

位于后城镇水泉沟自然村东 920 米处的山脊，坐标：东经 116° 05′ 07.30″，北纬 40° 52′ 58.50″，高程 1395 米。

烽火台平面呈圆形，剖面呈梯形，毛石砌筑，底径 16 米，顶径 4.5 米，残高 5.5 米，坍塌成圆堆状，四周植被多为灌木和杂草。

68. 水泉沟烽火台 04 号 130732353201170068

位于后城镇大庄科村西北 1.4 千米、水泉沟自然村东北 880 米处的山脊上，坐标：东经 116° 04′ 46.40″，北纬 40° 53′ 22.40″，高程 1355 米。

烽火台平面呈圆形，剖面呈梯形，毛石砌筑，底径 14 米，顶径 5 米，残高 4.5 米，坍塌成堆状，四周植被多为灌木和杂草。

69. 大庄科烽火台 01 号 130732353201170069

位于后城镇水泉子自然村西南 1.3 千米、大庄科村东 930 米处的山脊上，坐标：东经 116° 04′ 33.10″，北纬 40° 53′ 40.80″，高程 1349 米。

敌台南、北接墙体，平面呈矩形，剖面呈梯形，台芯毛石砌筑，东西宽 8.55 米，南北长 10.1 米，高 9.13 米。立面为三段式，下段为条石基础 3 层，高 1.07 米，白灰砌筑，白灰勾缝；中段城砖砌筑，城砖尺寸为 0.37 米 ×0.18 米 ×0.08 米，高 8.06 米，西立面墙内存南北向梯道遗迹，白灰砌筑，白灰勾缝；中段与上段间设三层砖檐分隔，上下为直檐，中层为角檐；上段垛口墙无存。

东立面坍塌严重，南立面中部坍塌，东南角外包墙体分离，西侧下部存裂缝 2 条，西立面中部存竖向通裂缝 1 条，宽 0.05 ～ 0.1 米，北部存裂缝 2 条，孔洞 1 处，北立面存竖向裂缝 1 条，西侧坍塌，四周散落大量城砖，植被多为灌木和杂草。

70. 大庄科烽火台 02 号 130732353201170070

位于后城镇大庄科村东北 670 米处的山脊上，坐标：东经 116° 04′ 13.70″，北纬 40° 53′ 57.80″，高程 1390 米。

烽火台平面呈圆形，剖面呈梯形，毛石砌筑，底径 13 米，顶径 5 米，残高 5 米，坍塌成圆堆状，四周植被多为灌木和杂草。

71. 大庄科烽火台 03 号 130732353201170071

位于后城镇大庄科村北 890 米处的山脊上，坐标：东经 116° 03′ 55.00″，北纬 40° 54′ 10.80″，高程 1357 米。

烽火台平面呈圆形，剖面呈梯形，毛石砌筑，底径 12 米，顶径 5.5 米，残高 7 米，坍塌成圆堆状，四周植被多为灌木和杂草。

72. 大庄科敌台 01 号 130732352101170072

位于后城镇大庄科村北 1.4 千米处的山脊，坐标：东经 116° 03′ 42.00″，北纬 40° 54′ 25.00″，高程 1340 米。

烽火台平面呈圆形，剖面呈梯形，毛石砌筑，底径 12 米，顶径 5 米，残高 5 米，坍塌成圆堆状，四周植被多为灌木和杂草。

73. 大庄科敌台 02 号 130732352101170073

位于龙门所镇庙湾村西 3.9 千米、后城镇大庄科村北 1.6 千米处的山脊上，坐标：东经 116° 03′ 29.30″，北纬 40° 54′ 29.60″，高程 1360 米。

烽火台平面呈圆形，剖面呈梯形，毛石砌筑，底径 14 米，顶径 6 米，残高 6 米，坍塌成圆堆状，四周植被多为灌木和杂草。

74. 大庄科敌台 03 号 130732352101170074

位于龙门所镇庙湾村西南 3.6 千米、后城镇大庄科村西北 2 千米处的山脊上，坐标：东经 116° 03′ 13.20″，北纬 40° 54′ 39.30″，高程 1286 米。

烽火台平面呈圆形，剖面呈梯形，毛石砌筑，底径 12 米，顶径 6 米，残高 5 米，坍塌成圆堆状，四周植被多为灌木和杂草。

75. 大庄科敌台 04 号 130732352101170075

位于龙门所镇庙湾村西南 3.4 千米、后城镇大庄科村西北 2.4 千米处的山脊上，坐标：东经 116° 02′ 58.50″，北纬 40° 54′ 48.40″，高程 1274 米。

敌台南、北接墙体，平面呈矩形，剖面呈梯形，台芯毛石砌筑，东西长 12.8 米，南北宽 12.7 米，高 10.86 米。立面为三段式，下段为条石基础 3 层，高 0.6 米，白灰砌筑，白灰勾缝；中段城砖砌筑，城砖尺寸为 0.45 米 × 0.21 米 × 0.09 米，高 10.26 米，东、西立面设箭窗 4 个，北立面设箭窗 5 个，起券方式为一伏一券，南立面中上部辟门，距地面 6 米，起券方式为两伏两券，门下栓梯石无存，门上设青石质匾额，阴刻盘道界楼，门左右两侧箭窗各 2 个，起券方式为一伏一券，白灰砌筑，白灰勾缝；中段与上段间设三层砖檐分隔；上段设垛口墙，辟垛口、望孔，顶部设铺房。

东立面存裂缝 4 条，宽 0.02 ～ 0.1 米，北侧存竖向通裂缝 1 条，宽 0.1 ～ 0.2 米，东北角外闪，北侧箭窗窗台墙缺失；南立面存裂缝 5 条，宽 0.02 ～ 0.04 米；西立面北侧存竖向裂缝 2 条，宽 0.05 ～ 0.1 米，南侧箭窗窗台墙缺失；北立面存竖向裂缝 5 条，台体外包砖风化酥碱，垛口墙部分缺失，铺房仅存墙体，四周植被多为灌木和杂草。

76. 大庄科敌台 05 号 130732352101170076

位于龙门所镇庙湾村西南 3.4 千米、后城镇大庄科村西北 2.4 千米处的山脊上，坐标：东经 116° 02′ 52.40″，北纬 40° 54′ 51.40″，高程 1304 米。

敌台平面呈圆形，剖面呈梯形，毛石砌筑，底径 9 米，顶径 5 米，残高 3.5 米，坍塌成圆堆状，台顶有人为新建小庙 1 座，在台体南侧修筑水泥台阶 7 层，四周植被多为灌木和杂草。

77. 庙湾敌台 01 号 130732352101170077

位于龙门所镇庙湾村东北 3.3 千米处的山脊上，坐标：东经 116° 02′ 43.30″，北纬 40° 55′ 06.30″，高程 1191 米。

敌台平面呈圆形，剖面呈梯形，毛石砌筑，底径 8 米，顶径 5 米，残高 3 米，坍塌成圆堆状，台体布满碎砖石，城砖尺寸：0.375 米 ×0.18 米 ×0.09 米，四周植被多为灌木和杂草。

78. 庙湾烽火台 01 号 130732353201170078

位于龙门所镇庙湾村东北 3.7 千米处的山脊上，坐标：东经 116° 02′ 43.20″，北纬 40° 55′ 09.20″，高程 1179 米。

敌台平面呈圆形，剖面呈梯形，毛石砌筑，底径 7 米，顶径 5 米，残高 1 米，坍塌成圆堆状，台体布满碎砖石，四周植被多为灌木和杂草。

79. 庙湾敌台 02 号 130732352101170079

位于龙门所镇庙湾村东北 3 千米处的山脊，坐标：东经 116° 02′ 25.60″，北纬 40° 55′ 05.90″，高程 1172 米。

敌台平面呈圆形，剖面呈梯形，毛石砌筑，底径 13 米，顶径 7 米，残高 4 米，坍塌成圆堆状，东立面散落碎砖石，四周植被多为灌木和杂草。

80. 庙湾烽火台 02 号 130732353201170080

位于龙门所镇庙湾村东北 2.7 千米处的山脊，坐标：东经 116° 02′ 08.80″，北纬 40° 55′ 09.40″，高程 1204 米。

敌台平面呈圆形，剖面呈梯形，毛石砌筑，底径 13 米，顶径 7 米，残高 5 米，坍塌成圆堆状，东立面散落碎砖石，四周植被多为灌木和杂草。

81. 庙湾敌台 03 号 130732352101170081

位于龙门所镇庙湾村东北 2.9 千米处的山脊，坐标：东经 116° 01′ 59.90″，北纬 40° 55′ 22.60″，高程 1167 米。

敌台平面呈圆形，剖面呈梯形，毛石砌筑，底径 15 米，顶径 7 米，残高 5 米，坍塌成圆堆状，北立面残存部分包砖墙，高 1.4 米，宽 1.5 米，城砖尺寸为 0.36 米 ×0.18 米 ×0.09 米，顶部散落碎砖石，四周植被多为灌木和杂草。

82. 庙湾烽火台 03 号 130732353201170082

位于龙门所镇庙湾村东北 3 千米处的山脊，坐标：东经 116° 01′ 42.90″，北纬 40° 55′ 35.00″，高程 1192 米。

烽火台平面呈圆形，剖面呈梯形，毛石砌筑，底径 12 米，顶径 7 米，残高 4.5 米，坍塌成圆堆状，四周植被多为灌木和杂草。

83. 马营口敌台 01 号 130732352101170083

位于龙门所镇马营口村南 580 米处的山脊，坐标：东经 116° 01′ 45.20″，北纬 40° 55′ 53.50″，高程 1113 米。

敌台平面呈圆形，剖面呈梯形，毛石砌筑，底径 8.5 米，顶径 4.5 米，残高 3 米，坍塌成圆堆状，四周植被多为灌木和杂草。

84. 马营口敌台 02 号 130732352101170084

位于龙门所镇马营口村东南 380 米处的山脊，坐标：东经 116° 01′ 50.50″，北纬 40° 56′ 01.80″，高程 1129 米。

敌台平面呈圆形，剖面呈梯形，毛石砌筑，底径 10.5 米，顶径 4.5 米，残高 4.5 米，坍塌成圆堆状，四周植被多为灌木和杂草。

85. 马营口烽火台 01 号 130732353201170085

位于龙门所镇马营口村东 270 米处的山脊，坐标：东经 116° 01′ 52.20″，北纬 40° 56′ 10.00″，高程 1137 米。

敌台南、北接墙体，平面呈矩形，剖面呈梯形，墙芯土石分层夯筑，夯层厚 0.1 ～ 0.2 米，东西宽 8 米，南北长 8.1 米，高 9 米。立面为三段式，下段为条石基础，白灰砌筑，白灰勾缝；中段城砖砌筑，高 8.7 米。

北立面坍塌严重，仅东南角底部存外包砖，厚 1.7 米，四周散落大量碎砖，植被多为灌木和杂草。

86. 马营口烽火台 02 号 130732353201170086

位于龙门所镇马营口村东北 500 米处的山脊，坐标：东经 116° 01′ 50.40″，北纬 40° 56′ 26.70″，高程 1125 米。

敌台平面呈矩形，剖面呈梯形，墙芯素土分层夯筑，夯层厚 0.05 ～ 0.15 米，东西宽 6.5 米，南北长 7 米，高 6.5 米。立面为三段式，下段为条石基础，白灰砌筑，白灰勾缝；中段城砖砌筑，厚 1.9 米，城砖尺寸 0.36 米 ×0.18 米 ×0.09 米，残高 2 米，南立面辟门，起券方式为三伏三券，厚 0.95 米，南立面上部包砖墙体为土坯砖砌筑，高 1.9 米，厚 1.5 米。

东立面南侧坍塌，南立面东侧坍塌，门券券脸砖缺失，下部被坍塌渣土掩埋，北立面台芯遍布细小的裂缝，四周散落大量碎石、碎砖，植被多为灌木和杂草。

87. 赵家庄敌台 01 号 130732352101170087

位于龙门所镇赵家庄村东南 940 米处的山脊，坐标：东经 116° 01′ 49.70″，北纬 40° 56′ 35.00″，高程 1125 米。

敌台平面呈圆形，剖面呈梯形，底径 5 米，顶径 3 米，残高 3 米，台芯素土分层夯筑，夯层明显，厚 0.08 ～ 0.1 米，受风雨侵蚀，表面夯土脱落，台芯存多条冲沟，四周植被多为灌木和杂草。

88. 赵家庄烽火台 01 号 130732353201170088

位于张家口市赤城县与承德市丰宁县间的 112 国道南侧的山坡上、西侧距赵家庄村 740 米，坐标：

东经 116° 01′ 42.40″，北纬 40° 56′ 48.60″，高程 1120 米。

烽火台平面呈矩形，剖面呈梯形，东西长 8.5 米，南北宽 7 米，残高 7 米，台芯素土分层夯筑，夯层明显，厚 0.08～0.1 米，受风雨侵蚀，表面夯土脱落，南立面坍塌严重，台芯存多条冲沟，四周植被多为灌木和杂草。

89. 赵家庄烽火台 02 号 130732353201170089

位于张家口市赤城县与承德市丰宁县间的 112 国道南侧的坡上、西侧距赵家庄村 630 米，坐标：东经 116° 01′ 35.20″，北纬 40° 56′ 52.70″，高程 1085 米。

烽火台平面呈圆形，剖面呈梯形，底径 9 米，顶径 5 米，残高 6 米，台芯素土分层夯筑，夯层明显，厚 0.08～0.15 米，受风雨侵蚀，表面夯土脱落，南立面底部存一人为挖掘的小洞，宽 1.1 米，高 1.1 米，进深 2.5 米，台芯存多条冲沟，北侧为公路，其他三面为农田。

90. 赵家庄敌台 02 号 130732352101170090

位于张家口市赤城县与承德市丰宁县间的 112 国道北侧的山坡上、西南侧距赵家庄村 680 米，坐标：东经 116° 01′ 36.60″，北纬 40° 56′ 54.10″，高程 1093 米。

围堡式敌台，总体布局为环形，烽火台居中，四周设置围墙。

敌台平面呈圆形，剖面呈梯形，东西残长 9 米，南北残宽 8.5 米，残高 10.5 米，台芯素土分层夯筑，夯层 0.07～0.1 米，受风雨侵蚀，表面夯土脱落，掏蚀严重，东立面中部存冲沟 1 条，南立面西侧存裂缝 1 条，南立面东侧中部、西立面南侧下部各存一人为挖掘的孔洞，根部掏蚀严重。

围墙顶宽 0.5～2 米，外侧最高 6 米，内侧残高 2.5 米，东围墙坍塌严重，一条高压输电线路从台顶越过，一条通信光缆从台下南侧穿过，围墙内树木滋长，围墙外为农田。

91. 赵家庄敌台 03 号 130732352101170091

位于距赵家庄村西南 1 千米，坐标：东经 116° 01′ 45.00″，北纬 40° 57′ 03.20″，高程 1232 米。

敌台平面呈圆形，剖面呈梯形，毛石砌筑，底径 9 米，顶径 5.2 米，残高 3.5 米，坍塌成圆堆状，四周植被多为灌木和杂草。

92. 赵家庄烽火台 03 号 130732353201170092

位于炭窑沟村西北 1.5 千米的山梁上、赵家庄村西 1.6 千米，坐标：东经 116° 02′ 20.90″，北纬 40° 56′ 52.10″，高程 1031 米。

敌台平面呈圆形，剖面呈梯形，素土夯筑，底径 11 米，顶径 4 米，残高 4 米，坍塌成圆堆状，四周植被多为灌木和杂草。

93. 赵家庄烽火台 04 号 130732353201170093

位于碳窑沟村东南 1.9 千米、赵家庄村西南 1.4 千米，坐标：东经 116° 02′ 06.60″，北纬 40° 57′ 03.10″，高程 1184 米。

敌台平面呈圆形，剖面呈梯形，毛石砌筑，底径 12 米，顶径 8 米，残高 5 米，顶部有一圆形小掩体，长约 80 米，宽 1 米，残高 0.8 米，坍塌成圆堆状，四周植被多为灌木和杂草。

94. 赵家庄敌台 04 号 130732352101170094

位于赵家庄村西南 1.3 千米，坐标：东经 116° 01′ 41.80″，北纬 40° 57′ 17.20″，高程 1234 米。

敌台平面呈圆形，剖面呈梯形，毛石砌筑，底径 16 米，顶径 8 米，残高 5 米，坍塌成圆堆状，四周植被多为灌木和杂草。

95. 赵家庄烽火台 05 号 130732353201170095

位于赵家庄村南 1.2 千米，坐标：东经 116° 01′ 21.50″，北纬 40° 57′ 21.00″，高程 1263 米。

敌台平面呈圆形，剖面呈梯形，毛石砌筑，底径 13 米，顶径 6.5 米，残高 5 米，坍塌成圆堆状，顶部散落碎砖瓦，四周植被多为灌木和杂草。

96. 赵家庄烽火台 06 号 130732353201170096

位于赵家庄村南 1.5 千米，坐标：东经 116° 01′ 12.10″，北纬 40° 57′ 32.00″，高程 1315 米。

敌台平面呈圆形，剖面呈梯形，毛石砌筑，底径 10 米，顶径 7.6 米，残高 5 米，坍塌成圆堆状，顶部散落碎砖瓦，四周植被多为灌木和杂草。

97. 郭家窑烽火台 01 号 130732353201170097

位于郭家窑村西北 3 千米，坐标：东经 116° 01′ 21.30″，北纬 40° 57′ 45.50″，高程 1282 米。

敌台平面呈圆形，剖面呈梯形，毛石砌筑，底径 11 米，顶径 7 米，残高 5 米，坍塌成圆堆状，顶部散落碎砖瓦，四周植被多为灌木和杂草。

98. 郭家窑烽火台 02 号 130732353201170098

位于郭家窑村西北 2.7 千米，坐标：东经 116° 01′ 21.20″，北纬 40° 58′ 05.40″，高程 1248 米。

敌台平面呈圆形，剖面呈梯形，毛石砌筑，底径 8 米，顶径 6 米，残高 2.5 米，坍塌成圆堆状，顶部散落碎砖瓦，四周植被多为灌木和杂草。

99. 郭家窑敌台 01 号 130732352101170099

位于郭家窑村西北 2.5 千米，坐标：东经 116° 01′ 14.60″，北纬 40° 58′ 10.00″，高程 1217 米。

敌台平面呈圆形，剖面呈梯形，毛石砌筑，底径 7 米，顶径 5 米，残高 2 米，坍塌成圆堆状，顶部散落碎砖瓦，四周植被多为灌木和杂草。

100. 郭家窑烽火台 03 号 130732353201170100

位于郭家窑村西北 2.4 千米，坐标：东经 116° 01′ 11.70″，北纬 40° 58′ 15.30″，高程 1266 米。

敌台平面呈圆形，剖面呈梯形，毛石砌筑，底径 10 米，顶径 6.5 米，残高 5.5 米，坍塌成圆堆状，顶部散落碎砖瓦，四周植被多为灌木和杂草。

101. 郭家窑烽火台 04 号 130732353201170101

位于郭家窑村西北 2.1 千米，坐标：东经 116° 01′ 06.40″，北纬 40° 58′ 26.50″，高程 1301 米。

敌台平面呈圆形，剖面呈梯形，毛石砌筑，底径 9 米，顶径 5.5 米，残高 4 米，坍塌成圆堆状，顶部散落碎砖瓦，四周植被多为灌木和杂草。

102. 郭家窑敌台 02 号 130732352101170102

位于郭家窑村西 1.7 千米，坐标：东经 116° 00′ 50.30″，北纬 40° 58′ 37.00″，高程 1282 米。

敌台平面呈圆形，剖面呈梯形，毛石砌筑，底径 11 米，顶径 6 米，残高 5.5 米，坍塌成圆堆状，顶部散落碎砖瓦，四周植被多为灌木和杂草。

103. 郭家窑烽火台 05 号 130732353201170103

位于郭家窑村西 1.4 千米，坐标：东经 116° 00′ 36.20″，北纬 40° 58′ 38.40″，高程 1286 米。

围堡式烽火台，总体布局为"回"字形，烽火台居中，周圈设置围墙。

烽火台平面呈矩形，剖面呈梯形，南北长 9.1 米，残高 4.8 米。立面为三段式，下段条石基础露明 3 层，高 0.66 米，白灰砌筑，白灰勾缝；中段城砖砌筑，城砖尺寸 0.39 米 ×0.19 米 ×0.09 米，高 4.14 米，仅西、北立面存部分外包墙体，西立面存竖向裂缝 3 条，宽 0.02 ～ 0.05 米，白灰砌筑，白灰勾缝；上段设施无存。

围墙为毛石砌筑，顶宽 0.9 米，高 0.8 米，大部分坍塌，四周杂草滋长。

104. 郭家窑敌台 03 号 130732352101170104

位于郭家窑村西 1 千米，坐标：东经 116° 00′ 28.00″，北纬 40° 58′ 54.90″，高程 1245 米。

敌台平面呈圆形，剖面呈梯形，毛石砌筑，底径 11 米，顶径 7 米，残高 5 米，坍塌成圆堆状，四周植被多为灌木和杂草。

105. 郭家窑烽火台 06 号 130732353201170105

位于西南距郭家窑村 1 千米，坐标：东经 116° 00′ 18.40″，北纬 40° 59′ 00.20″，高程 1254 米。

烽火台平面呈圆形，剖面呈梯形，毛石砌筑，底径 11 米，顶径 5 米，残高 6 米，坍塌成圆堆状，四周植被多为灌木和杂草。

106. 郭家窑烽火台 07 号 130732353201170106

位于郭家窑村西南 1.1 千米，坐标：东经 116° 00′ 10.60″，北纬 40° 59′ 10.20″，高程 1297 米。

烽火台平面呈圆形，剖面呈梯形，毛石砌筑，底径 14 米，顶径 8 米，残高 5 米，坍塌成圆堆状，顶部散落碎瓦，四周植被多为灌木和杂草。

107. 郭家窑敌台 04 号 130732352101170107

位于郭家窑村西南 1.4 千米，坐标：东经 116° 00′ 15.90″，北纬 40° 59′ 22.60″，高程 1271 米。

敌台平面呈矩形，剖面呈梯形，东西宽 9.27 米，南北长 9.8 米，高 9.7 米。立面为三段式，下段为条石基础 6 层，高 1.42 米，白灰砌筑，白灰勾缝；中段城砖砌筑，城砖尺寸 0.37 米 ×0.17 米 ×0.08 米，高 8.28 米，南立面西侧、东立面南侧上部各设通风孔一个，方形镂空透风砖，尺寸 0.2 米 ×0.2 米，东、南、西立面均设望孔，白灰砌筑，白灰勾缝；上段垛口墙无存。

东立面南侧存部分外包墙体，高 6.2 米，东北侧存榆树 1 棵，胸径 0.2 米；南立面东侧坍塌，西侧存竖向裂缝 1 条，宽 0.02 ～ 0.05 米；西立面存竖向裂缝 2 条，宽 0.03 ～ 0.07 米，西北角上部外包墙体缺失，外闪 0.05 米；北立面坍塌，植被多为灌木和杂草。

108. 青平楼敌台 01 号 130732352101170108

位于龙门所镇青平楼村西北 810 米，坐标：东经 116° 00′ 09.70″，北纬 40° 59′ 39.80″，高程 1353 米。

敌台平面呈圆形，剖面呈梯形，底径 10 米，顶径 6 米，残高 5 米，坍塌成圆堆状，四周植被多为灌木和杂草。

109. 青平楼敌台 02 号 130732352101170109

位于龙门所镇青平楼村西北 500 米，坐标：东经 116° 00′ 08.20″，北纬 40° 59′ 52.00″，高程 1333 米。

敌台平面呈矩形，剖面呈梯形，南北残长 7 米，东西残宽 4 米，残高 3.5 米，整体坍塌成条形石堆状，四周植被多为灌木和杂草。

110. 青平楼敌台 03 号 130732352101170110

位于龙门所镇青平楼村西北 620 米，坐标：东经 116° 00′ 17.70″，北纬 41° 00′ 02.00″，高程 1278 米。

敌台平面呈圆形，剖面呈梯形，底径 10 米，顶径 4 米，残高 6.5 米，坍塌成圆堆状，四周植被多为灌木和杂草。

111. 青平楼敌台 04 号 130732352101170111

位于龙门所镇青平楼村西南 1 千米，坐标：东经 116° 00′ 22.00″，北纬 41° 00′ 22.60″，高程 1317 米。

敌台平面呈圆形，剖面呈梯形，坍塌成圆堆状，坍塌下的毛石铺于内侧缓坡上，四周植被多为灌木和杂草。

112. 青平楼敌台 05 号 130732352101170112

位于龙门所镇青平楼村西南 1.4 千米，坐标：东经 116° 00′ 18.50″，北纬 41° 00′ 42.00″，高程 1408 米。

敌台平面呈圆形，剖面呈梯形，底径 15 米，顶径 9 米，残高 7 米，坍塌成圆堆状，四周植被多为灌木和杂草。

113. 青平楼敌台 06 号 130732352101170113

龙门所镇青平楼村西南 1.1 千米，坐标：东经 116° 00′ 07.60″，北纬 41° 00′ 36.20″，高程 1327 米。

敌台南北接墙体，平面呈矩形，剖面呈梯形，台芯土石分层夯筑，东西长 10 米，南北宽 9.5 米，高 9 米。立面为三段式，下段为条石基础 5 层，高 1.1 米，白灰砌筑，白灰勾缝；中段城砖砌筑，城砖尺寸 0.36 米 ×0.18 米 ×0.08 米，高 7.9 米，南立面上部设匾框，匾额无存，上部设望孔，西立面下部辟券门，存两伏两券，宽 0.9 米，进深 1.75 米，四立面两侧各设通风孔一个，方形镂空透风砖，尺寸 0.2 米 ×0.2 米，白灰砌筑，白灰勾缝。

东立面中部、北侧坍塌，西侧存竖向裂缝 1 条，宽 0.02 ～ 0.07 米，南立面存竖向裂缝 3 条，宽 0.03 ～ 0.1 米，西南角外包墙体外闪，西立面中部存裂缝 2 条，宽 0.01 ～ 0.05 米，西北角外包墙体缺失，北立面西侧坍塌，东侧外包墙体滑塌，中部存竖向裂缝 2 条，宽 0.02 ～ 0.04 米，四周植被多为灌木和杂草。

114. 十八亩地烽火台 01 号 130732353201170114

位于东卯镇十八亩地村东南侧的 1.1 千米处的山脊上，坐标：东经 116° 11′ 46.40″，北纬 40° 48′ 08.10″，高程 1084 米。

烽火台平面呈圆形，剖面呈梯形，台芯为山皮土，毛石砌筑，底径 12 米，顶径 6 米，残高 12 米，坍塌成圆堆状，顶部散落少量碎砖、木炭块、红烧土块等，四周植被多为灌木和杂草。

115. 十八亩地烽火台 02 号 130732353201170115

位于东卯镇十八亩地村东南侧的 1.2 千米处的山脊上，坐标：东经 116° 11′ 53.80″，北纬 40° 48′ 17.00″，高程 1022 米。

烽火台平面呈圆形，剖面呈梯形，台芯为山皮土，毛石砌筑，底径 4 米，顶径 2 米，残高 5 米，坍塌成圆堆状，四周植被多为灌木和杂草。

116. 十八亩地烽火台 03 号 130732353201170116

位于东卯镇十八亩地村东侧的 1.1 千米处的山脊上，坐标：东经 116° 11′ 51.60″，北纬 40° 48′ 28.10″，高程 1059 米。

烽火台平面呈圆形，剖面呈梯形，毛石砌筑，底径 12 米，顶径 6.5 米，残高 4.5 米，坍塌成圆堆状，四周植被多为灌木和杂草。

117. 下缸房烽火台 01 号 130732353201170117

位于东卯镇下缸房村西 520 米的一个小山包上，坐标：东经 116° 10′ 48.50″，北纬 40° 48′ 45.10″，高程 949 米。

烽火台平面呈圆形，剖面呈梯形，毛石砌筑，底径 8 米，顶径 5 米，残高 3 米，坍塌成圆堆状，四周植被多为灌木和杂草。

118. 下缸房烽火台 02 号 130732353201170118

位于东卯镇下缸房村东北 1.5 千米的一个小山尖上，坐标：东经 116° 12′ 02.80″，北纬 40° 49′ 15.60″，高程 1057 米。

烽火台平面呈矩形，剖面呈梯形，毛石砌筑，东西长 5.9 米，残高 3.5 米，坍塌成圆堆状，四周植被多为灌木和杂草。

119. 中碌碡湾烽火台 01 号 130732353201170119

位于东卯镇中碌碡湾村东侧 1.3 千米的山梁上，坐标：东经 116° 12′ 02.90″，北纬 40° 49′ 50.20″，高程 1082 米。

烽火台平面呈圆形，剖面呈梯形，毛石砌筑，底径 10 米，顶径 4 米，残高 5.5 米，北立面存部分墙体，长 4.3 米，高 0.9 米，坍塌成圆堆状，四周植被多为灌木和杂草。

120. 中碌碡湾烽火台 02 号 130732353201170120

位于东卯镇中碌碡湾村东北侧 1.3 千米的山梁上，坐标：东经 116° 11′ 44.30″，北纬 40° 50′ 17.80″，高程 990 米。

烽火台平面呈圆形，剖面呈梯形，毛石砌筑，底径 14.5 米，顶径 4.5 米，残高 7.5 米，坍塌成圆堆状，上部为土，下部为石。四周植被多为灌木和杂草。

121. 中碌碡湾烽火台 03 号 130732353201170121

位于东卯镇中碌碡湾村东北侧 1.4 千米的小山包上，坐标：东经 116° 11′ 32.60″，北纬 40° 50′ 28.50″，高程 985 米。

烽火台平面呈圆形，剖面呈梯形，毛石砌筑，底径 6 米，顶径 3.5 米，残高 3 米，坍塌成圆堆状，南立面存一段石墙护坡，高 0.3 ～ 1.2 米，附壁岩石砌筑。四周植被多为灌木和杂草。

122. 中碌碡湾烽火台 04 号 130732353201170122

位于东卯镇中碌碡湾村东北侧 1.3 千米的小山上，坐标：东经 116° 11′ 26.50″，北纬 40° 50′ 27.70″，高程 1030 米。

烽火台平面呈圆形，剖面呈梯形，毛石砌筑，底径 12 米，顶径 8.6 米，残高 3 米，整体坍塌成圆堆状。四周植被多为灌木和杂草。

123. 中碌碡湾烽火台 05 号 130732353201170123

位于东卯镇中碌碡湾村东北侧 1.7 千米的山脊上，坐标：东经 116° 11′ 31.40″，北纬 40° 50′ 39.60″，高程 1028 米。

烽火台平面呈圆形，剖面呈梯形，毛石砌筑，底径 9 米，顶径 6 米，残高 3 米，整体坍塌成圆堆状。四周植被多为灌木和杂草。

124. 中碌碡湾烽火台 06 号 130732353201170124

位于东卯镇中碌碡湾村南 2.2 千米处，坐标：东经 116° 11′ 13.90″，北纬 40° 51′ 00.40″，高程 1114 米。

烽火台平面呈圆形，剖面呈梯形，底径 11.5 米，残高 8.6 米，台芯素土夯筑，受风雨侵蚀，夯土脱落，整体坍塌成圆形土堆状。四周植被多为灌木和杂草。

125. 大古路沟烽火台 01 号 130732353201170125

位于东卯镇大古路沟村东南侧 620 米的山脊上，坐标：东经 116° 11′ 04.50″，北纬 40° 51′ 48.80″，高程 865 米。

烽火台平面呈矩形，剖面呈梯形，台芯素土分层夯筑，毛石砌筑，南北长 8.2 米，东西宽 8.3 米，高 3 米，外包墙体残高 1.5 米，台体上部坍塌严重。四周散落碎石，植被多为灌木和杂草。

126. 大古路沟烽火台 02 号 130732353201170126

位于东卯镇大古路沟村东北侧 510 米的山脊上，坐标：东经 116° 11′ 04.10″，北纬 40° 52′ 10.60″，高程 758 米。

烽火台平面呈矩形，剖面呈梯形，毛石砌筑，南北长 10.1 米，东西宽 10 米，高 3 米，整体坍塌成方形台状。四周植被多为灌木和杂草。

127. 大古路沟烽火台 03 号 130732353201170127

位于东卯镇大古路沟村与井儿沟村间的小山包上、南距大古路沟村约 500 米，坐标：东经 116° 10′ 49.50″，北纬 40° 52′ 17.90″，高程 792 米。

烽火台平面呈矩形，剖面呈梯形，台芯素土夯筑，毛石砌筑，南北长 9 米，东西宽 8 米，高 6 米，外包墙体残高 0.8 米，台体上部坍塌严重，四周植被多为灌木和杂草。

128. 井儿沟烽火台 01 号 130732353201170128

位于东卯镇井儿沟村南 540 米，坐标：东经 116° 10′ 40.90″，北纬 40° 52′ 27.60″，高程 748 米。

烽火台平面呈圆形，剖面呈梯形，台芯素土夯筑，底径 10 米，顶径 8 米，残高 6 米，整体坍塌成圆形土堆状，四周植被多为灌木和杂草。

129. 井儿沟烽火台 02 号 130732353201170129

位于东卯镇井儿沟村北 130 米的一个高台地上，坐标：东经 116° 10′ 43.80″，北纬 40° 52′ 48.60″，高程 690 米。

烽火台平面呈圆形，剖面呈梯形，台芯素土夯筑，底径 7 米，顶径 5 米，残高 4 米，整体坍塌成圆形土堆状，四周植被多为灌木和杂草。

130. 井儿沟烽火台 03 号 130732353201170130

位于东卯镇井儿沟村西 300 米处的一块小高台地上，坐标：东经 116° 10′ 26.20″，北纬 40° 52′ 46.40″，高程 752 米。

烽火台平面呈圆形，剖面呈梯形，台芯素土夯筑，底径 11 米，顶径 6.5 米，残高 6.5 米，西立面存一人为挖掘孔洞，宽 1.2 米，深 4.5 米，距台顶 1.4 米，整体坍塌成圆形土堆状，四周植被多为灌木和杂草。

131. 六棵树烽火台 01 号 130732353201170131

位于东卯镇六棵树村沟门口自然村北侧 990 米的一个小山包上，坐标：东经 116° 10′ 12.30″，北纬 40° 53′ 12.60″，高程 849 米。

烽火台平面呈圆形，剖面呈梯形，毛石砌筑，底径 8 米，顶径 6 米，残高 3.5 米，坍塌成圆堆状，四周植被多为灌木和杂草。

132. 六棵树烽火台 02 号 130732353201170132

位于东卯镇六棵树村沟门口自然村北侧 580 米的一个小山包上，坐标：东经 116° 10′ 23.10″，北纬 40° 53′ 25.20″，高程 840 米。

烽火台平面呈圆形，剖面呈梯形，毛石砌筑，底径 8 米，顶径 5 米，残高 3.5 米，整体坍塌成圆堆状，四周植被多为灌木和杂草。

133. 六棵树烽火台 03 号 130732353201170133

位于东卯镇六棵树村沟门口自然村东的一个小山包上，坐标：东经 116° 10′ 18.70″，北纬 40° 53′ 40.40″，高程 730 米。

烽火台平面呈圆形，剖面呈梯形，台芯土石分层夯筑，毛石砌筑，底径 12 米，顶径 5 米，残高 5 米，南立面存一人为挖掘孔洞，长 4 米，宽 2.4 米，深 1.4 米，坍塌成圆堆状，四周散落少量碎瓦，植被多为灌木和杂草。

134. 六棵树烽火台 04 号 130732353201170134

位于茨营子乡碾子湾村东南 1.3 千米、六棵树村南 700 米的一个小山包上，坐标：东经 116° 10′ 13.30″，北纬 40° 54′ 06.30″，高程 821 米。

烽火台平面呈圆形，剖面呈梯形，台芯土石分层夯筑，毛石砌筑，底径 11 米，顶径 6 米，残高 2 米，南立面存一人为挖掘孔洞，宽 0.9 米，高 2.5 米，深 3.8 米，坍塌成圆堆状，四周散落块石，植被多为灌木和杂草。

135. 碾子湾烽火台 01 号 130732353201170135

位于茨营子乡碾子湾村东南 1.2 千米的一个小山包上，坐标：东经 116° 10′ 05.40″，北纬 40° 54′ 09.00″，高程 832 米。

烽火台平面呈圆形，剖面呈梯形，台芯素土夯筑，底径 11 米，顶径 6.5 米，残高 3 米，整体坍塌成圆堆状，四周植被多为灌木和杂草。

136. 碾子湾烽火台 02 号 130732353201170136

位于茨营子乡碾子湾村南 720 米的一个小高山顶上，坐标：东经 116° 09′ 33.20″，北纬 40° 54′ 13.40″，高程 914 米。

烽火台平面呈矩形，剖面呈梯形，台芯素土分层夯筑，毛石砌筑，南北长 7.7 米，东西宽 7.6 米，高 2.5 米，外包墙体残高 0.2 ～ 1.5 米，台体上部坍塌严重，四周植被多为灌木和杂草。

137. 碾子湾烽火台 03 号 130732353201170137

位于茨营子乡碾子湾村西南 450 米的一个小山包上，坐标：东经 116° 09′ 15.10″，北纬 40° 54′ 29.40″，高程 853 米。

烽火台平面呈矩形，剖面呈梯形，台芯素土分层夯筑，毛石砌筑，南北宽 7.3 米，东西长 9.7 米，高 7.5 米，外包墙体残高 0.2 ～ 1.3 米，台体上部坍塌严重，四周植被多为灌木和杂草。

138. 碾子湾烽火台 04 号 130732353201170138

位于茨营子乡碾子湾村西北 1 千米的一个小山包上，坐标：东经 116° 08′ 53.00″，北纬 40° 54′ 51.80″，高程 871 米。

烽火台平面呈圆形，剖面呈梯形，毛石砌筑，底径 10 米，顶径 6 米，残高 3.5 米，南立面存一段石砌墙，残长 5.6 米，残高 0.4 ～ 1.2 米，整体坍塌成圆堆状，四周植被多为灌木和杂草。

139. 茨营子烽火台 01 号 130732353201170139

位于茨营子乡茨营子村东南 490 米的一个小山包上，坐标：东经 116° 08′ 06.30″，北纬 40° 55′ 01.50″，高程 803 米。

烽火台平面呈圆形，剖面呈梯形，毛石砌筑，底径 10 米，顶径 6 米，残高 6.5 米，坍塌成圆堆状，四周植被多为灌木和杂草。

140. 茨营子烽火台 02 号 130732353201170140

位于茨营子乡茨营子村西南侧 290 米处的一个小山包上，坐标：东经 116° 07′ 44.20″，北纬 40° 55′ 01.70″，高程 848 米。

烽火台平面呈圆形，剖面呈梯形，毛石砌筑，底径 15 米，顶径 7.3 米，残高 4 米，坍塌成圆堆状，四周植被多为灌木和杂草。

141. 茨营子烽火台 03 号 130732353201170141

位于茨营子乡茨营子村西北 300 米处的小山尖上，山下即为茨营子村，坐标：东经 116° 07′ 36.10″，北纬 40° 55′ 12.70″，高程 778 米。

烽火台平面呈矩形，剖面呈梯形，台芯素土分层夯筑，夯层厚 0.07 ～ 0.13 米，仅存基址，长 9.5 米，残高 1 米，顶上存新建小庙一座，南北宽 1 米、东西长 1.2 米、高 1.4 米。四周植被多为灌木和杂草。

142. 茨营子烽火台 04 号 130732353201170142

位于茨营子乡茨营子村西北的 760 米的小山尖上，坐标：东经 116° 07′ 24.60″，北纬 40° 55′ 16.40″，高程 864 米。

烽火台平面呈圆形，剖面呈梯形，毛石砌筑，坍塌成圆堆状，上有日本人修建的环形工事，外直径 11.5 米，宽 1 米，最高处 0.6 米，当地人称大岗楼。四周植被多为灌木和杂草。

143. 茨营子烽火台 05 号 130732353201170143

位于茨营子乡茨营子村西北 1.2 千米的小高山尖上，坐标：东经 116° 07′ 07.90″，北纬 40° 55′ 25.00″，高程 921 米。

烽火台平面呈圆形，剖面呈梯形，毛石砌筑，底径 12 米，顶径 5 米，残高 5 米，坍塌成圆堆状，部分砌石已塌落于山下。四周植被多为灌木和杂草。

144. 茨营子烽火台 06 号 130732353201170144

位于茨营子乡茨营子村西北 1.8 千米的高山尖上，坐标：东经 116° 06′ 42.40″，北纬 40° 55′ 30.40″，高程 1019 米。

烽火台平面呈圆形，剖面呈梯形，毛石砌筑，底径 10 米，顶径 6 米，残高 3 米，坍塌成圆堆状。四周植被多为灌木和杂草。

145. 茨营子烽火台 07 号 130732353201170145

位于茨营子乡茨营子村西北 2.8 千米的高山尖上，坐标：东经 116° 06′ 00.60″，北纬 40° 55′ 29.90″，高程 1097 米。

烽火台平面呈矩形，剖面呈梯形，台芯为素土，毛石砌筑，东西长 9.5 米，南北宽 8.1 米，仅存南墙，西侧高 1.9 米，东侧高 2.1 米，上部坍塌，四周散落块石，植被多为灌木和杂草。

146. 巴图营烽火台 01 号 130732353201170146

位于东万口乡巴图营村南 1.4 千米的山脊上，坐标：东经 116° 05′ 16.90″，北纬 40° 55′ 50.70″，高程 988 米。

烽火台平面呈矩形，剖面呈梯形，毛石砌筑，东西残长 5.1 米，南北残宽 5 米，残高 4.5 米，坍塌成石堆状。四周植被多为灌木和杂草。

147. 巴图营烽火台 02 号 130732353201170147

位于东万口乡巴图营村南 1.4 千米的小山包上，坐标：东经 116° 05′ 12.20″，北纬 40° 55′ 50.20″，高程 977 米。

烽火台平面呈矩形，剖面呈梯形，毛石砌筑，东西长 5.6 米，南北宽 4.4 米，高 1.2 米，下设毛石台基，东西长 7.6 米，南北 7.5 米，高 2.7 米，南、西立面存外包毛石墙体，高 1.2 米，东、北立面坍塌，四周植被多为灌木和杂草。

148. 巴图营烽火台 03 号 130732353201170148

位于东万口乡巴图营村南 860 米的一个小山包上，坐标：东经 116° 05′ 15.40″，北纬 40° 56′ 07.30″，高程 906 米。

烽火台平面呈圆形，剖面呈梯形，毛石砌筑，底径 8 米，顶径 6 米，残高 3.5 米，坍塌成圆堆状，四周植被多为灌木和杂草。

149. 巴图营烽火台 04 号 130732353201170149

位于东万口乡巴图营村南 480 米的一个小山包上，坐标：东经 116° 04′ 51.70″，北纬 40° 56′ 24.40″，高程 952 米。

烽火台平面呈圆形，剖面呈梯形，毛石砌筑，底径 8 米，顶径 6 米，残高 6.5 米，坍塌成圆堆状，四周植被多为灌木和杂草。

150. 巴图营烽火台 05 号 130732353201170150

位于东万口乡巴图营村北 210 米的一个小山包上，坐标：东经 116° 05′ 09.30″，北纬 40° 56′ 41.40″，高程 823 米。

烽火台平面呈圆形，剖面呈梯形，毛石砌筑，底径 15 米，顶径 8.3 米，残高 5 米，坍塌成圆堆状，台下山体有人防工事，四周散落少量碎砖瓦，四周植被多为灌木和杂草。

151. 塘子营烽火台 01 号 130732353201170151

位于东万口乡塘子营村东南 870 米的一个小山包上，坐标：东经 116° 04′ 51.70″，北纬 40° 57′ 12.20″，高程 965 米。

烽火台平面呈矩形，剖面呈梯形，毛石砌筑，东西宽 8.5 米，南北长 9.5 米，残高 5 米，东立面存外包墙露明高 1.3 米，下部被坍塌渣土掩埋，顶部散落碎砖，可见 3 种尺寸，其一为 0.355 米 × 0.17 米 × 0.05 米，其二为 0.355 米 × 0.12 米 × 0.045 米，其三为 0.2 米 × 0.08 米，坍塌成堆状，四周植被多为灌木和杂草。

152. 塘子营烽火台 02 号 130732353201170152

位于东万口乡塘子营村西南 720 米的一个小山包上，坐标：东经 116° 04′ 09.80″，北纬 40° 57′ 26.50″，高程 932 米。

烽火台平面呈矩形，剖面呈梯形，毛石砌筑，东西宽 9.5 米，南北长 10 米，残高 4.5 米，存外包墙高 1.3 米，顶部散落碎砖，城砖尺寸宽 0.16 米，厚 0.05 米，坍塌成石堆状，四周植被多为灌木和杂草。

153. 塘子营烽火台 03 号 130732353201170153

位于东万口乡塘子营村西 600 米的一个小山包上，坐标：东经 116° 04′ 10.80″，北纬 40° 57′ 35.50″，高程 898 米。

烽火台平面呈圆形，剖面呈梯形，毛石砌筑，底径 8 米，顶径 5 米，残高 4 米，坍塌成圆堆状，四周散落少量碎石，四周植被多为灌木和杂草。

154. 塘子营烽火台 04 号 130732353201170154

位于东万口乡塘子营村西北 770 米的一个小山包上，坐标：东经 116° 04′ 07.10″，北纬 40° 57′ 48.60″，高程 860 米。

烽火台平面呈矩形，剖面呈梯形，台芯素土夯筑，毛石砌筑，东西宽 9 米，南北长 11 米，残高 3 米，西立面存外包毛石，长 7.8 米、高 0.5 ～ 1.2 米，坍塌成石堆状，四周散落少量块石，四周植被多为灌木和杂草。

155. 外沙沟烽火台 01 号 130732353201170155

位于东万口乡外沙沟村南 200 米的山坡上、东距 112 国道 1 千米，坐标：东经 116° 03′ 33.40″，北纬 40° 58′ 27.00″，高程 926 米。

敌台平面呈矩形，剖面呈梯形，毛石砌筑，顶部东西长 6.3 米，南北宽 4.9 米，底部东西长 8 米，南北宽 8 米，残高 4.5 米，坍塌成堆状，四周植被多为灌木和杂草。

156. 外沙沟烽火台 02 号 130732353201170156

位于东万口乡外沙沟村北 100 米的山坡上、东距 112 国道 1 千米，坐标：东经 116° 03′ 26.60″，北纬 40° 58′ 39.10″，高程 847 米。

烽火台平面呈矩形，剖面呈梯形，台芯素土夯筑，毛石砌筑，东西宽 8 米，南北长 12.1 米，西北角有一处人为挖掘的孔洞，宽约 0.8 米，深 2.1 米，台体坍塌严重，四周植被多为灌木和杂草。

157. 西万口烽火台 01 号 130732353201170157

位于东万口乡西万口村东南侧 630 米的一个小山坡上，坐标：东经 116° 03′ 10.20″，北纬 40° 59′ 23.20″，高程 919 米。

烽火台平面呈矩形，剖面呈梯形，台芯素土夯筑，毛石砌筑，东西宽 9.6 米，南北长 9.8 米，南立面存一段毛石外包墙体，长 4.6 米，残高 1.1 ~ 1.5 米，台体上部坍塌严重，西面多为灌木和杂草。

158. 西万口烽火台 02 号 130732353201170158

位于东万口乡西万口村西侧 280 米的山坡上，坐标：东经 116° 03′ 10.60″，北纬 40° 59′ 40.60″，高程 893 米。

烽火台平面呈圆形，剖面呈梯形，台芯素土分层夯筑，夯层厚 0.13 ~ 0.2 米，底径 9.3 米，顶径 3.9 米，残高 4.5 米，西立面存一人为挖掘的椭圆洞穴，南北直径 2.3 米，东西直径 4 米，深 1.5 米，台体坍塌成圆堆状，四周散落大块板瓦，外素内布纹，厚 0.025 米，四周植被多为杂草，西侧 40 米处有一移动信号塔。

159. 西万口烽火台 03 号 130732353201170159

位于东万口乡西万口村北侧 800 米的山顶上，坐标：东经 116° 03′ 17.50″，北纬 41° 00′ 09.00″，高程 974 米。

烽火台平面呈矩形，剖面呈梯形，台芯土石分层夯筑，毛石砌筑，东西长 6.3 米，南北宽 6.22 米，高 3.7 米，下设毛石台基，东西长 10.1 米，南北宽 9.62 米，高 1.3 米，南、西立面外包毛石墙体高 0.9 米，东、北立面坍塌，四周植被多为灌木和杂草。

160. 大水沟烽火台 01 号 130732353201170160

位于东万口乡大水沟村北 1.3 千米、官路坊村东南 1.5 千米的一个高山顶上，坐标：东经 116° 04′ 42.50″，北纬 41° 00′ 39.10″，高程 1196 米。

烽火台平面呈圆形，剖面呈梯形，台芯土石分层夯筑，毛石砌筑，底径 17 米，顶径 5.5 米，残高 5.5 米，南立面存人为挖掘的孔洞一处，长 5.7 米，宽 0.8 ~ 2.2 米，深 2.2 米，台芯存拉筋的木棍，已糟杇，坍塌成圆堆状。烽火台底部有毛石垒砌的围墙，墙残宽 0.7 米，残高 0.7 ~ 1.1 米，四周植被多为灌木和杂草。

161. 官路坊烽火台 01 号 130732353201170161

位于东万口乡官路坊村西北 820 米的山顶上，坐标：东经 116° 03′ 18.40″，北纬 41° 00′ 41.10″，高程 955 米。

烽火台平面呈矩形，剖面呈梯形，台芯土石分层夯筑，毛石砌筑，东西宽 4 米，南北长 7.5 米，高 6 米，东立面坍塌成坡状，仅存东北角基础，其余三面墙均有部分保存，四周植被多为灌木和杂草。

162. 官路坊烽火台 02 号 130732353201170162

位于东万口乡官路坊村西南 470 米的小山坡上，坐标：东经 116° 03′ 30.80″，北纬 41° 01′ 47.40″，高程 885 米。

烽火台平面呈圆形，剖面呈梯形，墙芯土石夯筑，底径约 11 米，残高 5.5 米，台顶及四周散落碎瓦片，宽 0.205 米，厚 0.025 米，坍塌成圆堆状，四周为农田。

163. 官路坊烽火台 03 号 130732353201170163

位于东万口乡官路坊村西南 800 米的山坡上，坐标：东经 116° 03′ 21.20″，北纬 41° 01′ 09.00″，高程 1002 米。

烽火台平面呈矩形，剖面呈梯形，台芯土石夯筑，毛石砌筑，东西宽 10 米，南北长 13 米，高 2.3 米，东、西、南三面均已坍塌成坡状，仅北立面存部分外包墙体，高 2.3 米，南立面突出一平台，于平台下居中设台阶，长 2.3 米，宽 1 米，台阶 7 级，踏面宽 0.4 米，踢面高 0.2～0.25 米，四周散落布纹板瓦，宽 0.195 米，厚 0.015 米，植被多为灌木和杂草。

164. 小寺沟烽火台 01 号 130732353201170164

位于东万口乡官路坊村南 1.1 千米、小寺沟村北 370 米，坐标：东经 116° 03′ 40.60″，北纬 41° 01′ 34.50″，高程 952 米。

烽火台平面呈矩形，剖面呈梯形，台芯土石夯筑，毛石砌筑，底部东西宽 9 米，南北长 9.5 米，顶部东西残宽 4.5 米，南北残长 4.7 米，高 5 米，东、西、南三面均已坍塌成坡状，仅北立面存外包墙体，高 2.3 米，南立面突凸出一平台，于平台下居中设台阶，四周植被多为灌木和杂草。

165. 小寺沟烽火台 02 号 130732353201170165

位于东万口乡小寺沟村西北 400 米的山顶上，坐标：东经 116° 03′ 27.50″，北纬 41° 01′ 57.80″，高程 998 米。

烽火台平面呈矩形，剖面呈梯形，台芯土石夯筑，毛石砌筑，底部东西宽 10 米，南北长 10.1 米，顶部东西残宽 4.5 米，南北残长 4.7 米，高 7 米，东、南、北三面均已坍塌成坡状，仅西立面存外包墙体，高 1.2 米，突出一平台，残长 3 米，宽 1.2 米，残高 1.1 米，顶部存人为挖掘的孔洞，长 0.7 米，宽 0.4 米，深 0.9 米，西立面孔洞呈圆形，直径 1 米，深 0.9 米，四周散落碎板瓦及碎砖，板瓦宽 0.22 米，厚 0.025 米，砖宽 0.15 米，厚 0.045 米，四周植被多为灌木和杂草。

166. 大寺沟烽火台 01 号 130732353201170166

位于东万口乡大寺沟村西南 480 米的山顶上，坐标：东经 116° 03′ 05.60″，北纬 41° 02′ 23.40″，高程 1070 米。

敌台平面呈圆形，剖面呈梯形，毛石砌筑，底径 10 米，顶径 5 米，残高 6 米，坍塌成圆堆状，南立面存一人为挖掘的孔洞，宽约 2 米，东北 2 米处有一柱状巨石，高 4.2 米，四周植被多为灌木和杂草。

167. 大寺沟烽火台 02 号 130732353201170167

位于东万口乡喜峰砦村东 850 米、大寺沟村西北 550 米的山顶上，坐标：东经 116° 03′ 00.20″，北纬 41° 02′ 54.40″，高程 1017 米。

敌台平面呈圆形，剖面呈梯形，毛石砌筑，底径 10 米，顶径 3.1 米，残高 6 米，坍塌成圆堆状，南立面存人为挖掘的孔洞，直径 1.5 米，深 0.8 米，西立面孔洞直径 2.5 米，深 0.8 米，顶部及四周散落碎板及碎砖，砖宽 0.15 米，厚 0.045 米，四周植被多为灌木和杂草。

168. 大寺沟烽火台 03 号 130732353201170168

位于东万口乡喜峰砦村东 1.6 千米、大寺沟村西北 1.3 千米的山顶上，坐标：东经 116° 02′ 37.00″，北纬 41° 03′ 11.70″，高程 1098 米。

烽火台平面呈矩形，剖面呈梯形，毛石砌筑，东西长 9.3 米，南北宽 8.3 米，残高 3.2 米，西立面存外包墙体长 4.5 米，高 0.5 ～ 0.7 米，北立面人为挖掘的孔洞，东西宽 2.7 米，南北长 4.8 米，深 1.7 米，台体中部可见红烧土，顶部及四周散落部分板瓦、筒瓦及碎砖，其中筒瓦宽 0.115 米，厚 0.025 米，板瓦可见 3 种尺寸，其一宽 0.26 米，厚 0.025 米，其二宽 0.195 米，厚 0.025 米，其三宽 0.195 米，厚 0.02 米，均为外素内布纹，城砖可见 2 种尺寸，其一宽 0.19 米，厚 0.08 米，其二厚 0.06 米，四周植被多为灌木和杂草。

169. 大寺沟烽火台 04 号 130732353201170169

位于东万口乡大寺沟村大寺沟村北 780 米的一个小山包上，坐标：东经 116° 02′ 50.20″，北纬 41° 03′ 18.20″，高程 1013 米。

烽火台平面呈圆形，剖面呈梯形，毛石砌筑，底径 10 米，顶径 6 米，残高 7 米，坍塌成圆堆状，四周植被多为灌木和杂草。

170. 孤石烽火台 01 号 130732353201170170

位于东万口乡孤石村西侧 700 米的山脊上，坐标：东经 116° 02′ 34.00″，北纬 41° 04′ 01.50″，高程 1040 米。

烽火台平面呈圆形，剖面呈梯形，毛石砌筑，底径 10 米，顶径 6 米，残高 3.5 米，坍塌成圆堆状，顶部中间位置有一人为挖掘的孔洞，直径约 2 米，深约 0.5 米，散落部分城砖，尺寸 0.31 米 ×0.15 米 × 0.045 米，四周植被多为灌木和杂草。

171. 孤石烽火台 02 号 130732353201170171

位于东万口乡孤石村西 400 米一条山谷南侧的小山包上，坐标：东经 116° 02′ 45.50″，北纬 41° 04′ 08.00″，高程 966 米。

烽火台平面呈矩形，剖面呈梯形，毛石砌筑，东西长 8.9 米，南北宽 8.8 米，残高 2.8 米，南立面外包墙残高 0.4～1.2 米，西立面外包墙残高 0.1～0.15 米，存人为挖掘的洞穴，东西长 2.2 米，南北宽 0.6 米，深 0.7 米，台体可见木炭，顶部及四周散落部分碎砖瓦，砖厚 0.045 米，瓦厚 0.015 米，四周植被多为灌木和杂草。

172. 孤石烽火台 03 号 130732353201170172

位于东万口乡孤石村西北 680 米的一个小山包上，坐标：东经 116° 02′ 40.00″，北纬 41° 04′ 20.00″，高程 1036 米。

烽火台平面呈圆形，剖面呈梯形，毛石砌筑，底径 10 米，顶径 6 米，残高 5 米，坍塌成圆堆状，西立面存外包墙，长 2 米，高 1.5 米，四周植被多为灌木和杂草。

173. 孤石烽火台 04 号 130732353201170173

位于东万口乡头道川村西北 1 千米、孤石村西 1 千米的山顶上，坐标：东经 116° 02′ 20.90″，北纬 41° 04′ 18.80″，高程 1113 米。

烽火台平面呈圆形，剖面呈梯形，毛石砌筑，东西宽 4.7 米，南北长 6 米，残高 3 米，坍塌成圆堆状，顶部存人为挖掘的孔洞 2 处，间隔 0.4 米，南侧孔洞东西长 2 米，南北宽 1.5 米，深 0.5 米；北侧孔洞东西长 2 米，南北宽 1.6 米，深 0.5 米，顶部及四周散落碎砖瓦，砖宽 0.155 米，厚 0.045 米，瓦厚 0.02 米，四周植被多为灌木和杂草。

174. 头道川烽火台 01 号 130732353201170174

位于青羊沟乡头道川村东南 400 米的一个山脊上，坐标：东经 116° 02′ 03.80″，北纬 41° 04′ 33.40″，高程 1015 米。

烽火台平面呈圆形，剖面呈梯形，毛石砌筑，底径 8 米，顶径 5 米，残高 4 米，坍塌成圆堆状，顶部存人为挖掘的孔洞，直径 2.5 米，深 0.7 米，四周植被多为灌木和杂草。

175. 头道川烽火台 02 号 130732353201170175

位于青羊沟乡头道川村西南 300 米的山坡上，坐标：东经 116° 01′ 39.00″，北纬 41° 04′ 41.30″，高程 1040 米。

烽火台平面呈圆形，剖面呈梯形，毛石砌筑，底径 10 米，顶径 4.5 米，残高 4.3 米，坍塌成圆堆状，四周植被多为灌木和杂草。

176. 头道川烽火台 03 号 130732353201170176

位于青羊沟乡头道川村西北 330 米的一高台地上，坐标：东经 116° 01′ 39.00″，北纬 41° 04′ 50.80″，高程 976 米。

烽火台平面呈矩形，剖面呈梯形，土石夯筑，上段高 3 米，下设土石夯筑台基，东西长 8 米，南北宽 8 米，高 1.7 米，东北角存一坡道，四周为农田。

177. 头道川烽火台 04 号 130732353201170177

位于青羊沟乡头道川村西北 1.1 千米的山顶上，坐标：东经 116° 01′ 09.30″，北纬 41° 05′ 03.80″，高程 1053 米。

烽火台平面呈矩形，剖面呈梯形，毛石砌筑，顶部东西宽 4.8 米，南北长 5.2 米，底部东西长 9.9

米，南北宽 9.6 米，残高 4.5 米，坍塌成石堆状，北立面存外包墙长 2.5 米，残高 1 米，顶部及四周散落碎砖瓦，砖宽 0.19 米，厚 0.08 米，瓦厚 0.02 米，四周植被多为灌木和杂草。

178. 头道川烽火台 05 号 130732353201170178

位于青羊沟乡头道川村西北 1.2 千米的山坡上，坐标：东经 116° 01′ 08.20″，北纬 41° 05′ 09.80″，高程 1003 米。

烽火台平面呈矩形，剖面呈梯形，毛石砌筑，东西宽 4.1 米，南北长 6 米，残高 2.5 米，坍塌成石堆状，南侧为长城墙体，现坍塌为一道宽约 3 米、长 40 米的石埂，四周植被多为灌木和杂草。

179. 头道川烽火台 06 号 130732353201170179

位于青羊沟乡头道川村西北 1.7 千米的一个小高山顶上，坐标：东经 116° 00′ 49.70″，北纬 41° 05′ 16.10″，高程 1074 米。

烽火台平面呈矩形，剖面呈梯形，毛石砌筑，顶部东西长 5.8 米，南北宽 4.4 米，底部东西长 8.6 米，南北宽 8.5 米，残高 3.6 米，西北角、西南角、北立面外包墙高 0.8 米，西立面外包墙高 1.1 米，东立面外包墙高 0.8 米，顶部及四周散落碎砖瓦，城砖尺寸 0.4 米 × 0.2 米 × 0.09 米，瓦厚 0.025 米，南面存护坡墙两道，上层距烽火台底部 1.1 米，下层距烽火台底部 1.6 米，四周植被多为灌木和杂草，西南 55 米处存一建筑遗址，东西宽 2.2 米，南北长 2.4 米。

180. 河路沟烽火台 01 号 130732353201170180

位于青羊沟乡河路沟村东南 750 米的小山包上，坐标：东经 116° 00′ 29.00″，北纬 41° 05′ 28.30″，高程 1063 米。

烽火台平面呈圆形，剖面呈梯形，毛石砌筑，底径 9 米，顶径 5 米，残高 4.5 米，东立面外包墙长 4 米，残高 1.1 米；西立面外包墙长 4.5 米，残高 1 米；北立面外包墙长 4 米，残高 0.6 米，南立面存人为挖掘的孔洞，直径 0.5 米，深 0.6 米，顶部及四周散落碎砖瓦，城砖尺寸 0.4 米 × 0.2 米 × 0.075 米，瓦厚 0.025 米，四周植被多为灌木和杂草。

181. 河路沟烽火台 02 号 130732353201170181

位于青羊沟乡河路沟村东南 470 米的小山包上，坐标：东经 116° 00′ 17.30″，北纬 41° 05′ 30.10″，高程 1047 米。

烽火台平面呈圆形，剖面呈梯形，毛石砌筑，底径 7 米，顶径 4 米，残高 3.5 米，西北角外包墙长 1.5 米，残高 0.7 米，台西侧存一段弧形毛石围护墙基础，四周散落碎瓦，植被多为灌木和杂草。

182. 河路沟烽火台 03 号 130732353201170182

位于青羊沟乡河路沟村西北 600 米的一个小山包上，坐标：东经 115° 59′ 42.90″，北纬 41° 05′ 50.30″，高程 1042 米。

烽火台平面呈圆形，剖面呈梯形，毛石砌筑，底径 9 米，顶径 4 米，残高 4 米，坍塌成圆堆状，四周植被多为灌木和杂草。

183. 瓦窑村烽火台 01 号 130732353201170183

位于青羊沟乡瓦窑村西 570 米的山顶上，坐标：东经 115° 59′ 06.20″，北纬 41° 06′ 21.50″，高程

1138 米。

烽火台平面呈矩形，剖面呈梯形，毛石砌筑，东西宽 7.5 米，南北长 7.6 米，残高 4.5 米，四立面均存有部分外包墙体高 0.3 ～ 0.9 米，顶部存人为挖掘孔洞一处，东西宽 0.8 米，南北长 2.8 米，深 0.8 米，台体南侧 4 米处存一道护坡墙，长 3.8 米，残高 0.4 ～ 1.1 米，四周植被多为灌木和杂草。

184. 永宁口烽火台 01 号 130732353201170184

位于青羊沟乡永宁口村东南 420 米的小山顶上，坐标：东经 115° 58′ 46.10″，北纬 41° 06′ 54.00″，高程 1099 米。

烽火台平面呈矩形，剖面呈梯形，毛石砌筑，东西宽 7 米，南北长 7.1 米，残高 0.7 米，西、北立面存有部分外包墙高 0.3 ～ 0.9 米，顶部存人为挖掘孔洞一处，东西宽 0.8 米，直径 2 米，深 1 米，四周植被多为灌木和杂草。

185. 永宁口烽火台 02 号 130732353201170185

位于青羊沟乡永宁口村西北 370 米的小山顶上，坐标：东经 115° 58′ 24.90″，北纬 41° 07′ 08.90″，高程 1121 米。

烽火台平面呈圆形，剖面呈梯形，毛石砌筑，底部直径 12 米，顶部直径 3.5 米，残高 5 米，北立面存一道护坡墙，残长 3.2 米，残高 1 米，于东、西、北三面距烽火台底部约 5 ～ 6 米的位置有一道壕沟，上口宽 2 米，深 0.5 ～ 1 米，壕沟东、西、北侧的山坡上可见另一道壕沟，上口宽约 1.3 ～ 1.6 米，深约 0.8 米，长约 400 多米。四周植被多为灌木和杂草。

186. 青羊沟烽火台 01 号 130732353201170186

位于青羊沟乡孔家窝铺村（青羊沟村四队）东 480 米的小包上，坐标：东经 115° 57′ 55.90″，北纬 41° 07′ 39.20″，高程 1118 米。

烽火台平面呈矩形，剖面呈梯形，毛石砌筑，底部东西长 10 米，南北宽 8 米，顶部东西长 6 米，南北宽 4 米，残高 4 米，顶部散落大量城砖，尺寸 0.4 米 ×0.2 米 ×0.09 米，存榆树一棵，胸径 0.12 米，南、北侧各有人为挖掘的孔洞一个，南侧孔洞长 2.5 米、宽 1 米、深 1.7 米，北侧孔洞直径 1 米、深 0.5 米。四周植被多为灌木和杂草。

187. 青羊沟烽火台 02 号 130732353201170187

位于青羊沟乡孔家窝铺村（青羊沟村四队）西北 580 米的小包上，坐标：东经 115° 57′ 16.10″，北纬 41° 07′ 50.20″，高程 1203 米。

烽火台平面呈圆形，剖面呈梯形，台芯素土分层夯筑，夯层厚 0.1 ～ 0.2 米，底径 15 米，顶径 4 米，残高 4 米，顶部有人为挖掘的孔洞一处，长 2.2 米，宽 1 米，深 0.9 米。四周植被多为灌木和杂草。

188. 青羊沟烽火台 03 号 130732353201170188

位于青羊沟乡孔家窝铺村（青羊沟村四队）北 380 米的小包上，坐标：东经 115° 57′ 38.30″，北纬 41° 07′ 52.50″，高程 1160 米。

烽火台平面呈圆形，剖面呈梯形，台芯素土夯筑，底径 10 米，顶径 5 米，残高 5 米，顶部有人为挖掘的孔洞一处，直径 1 米，深 0.8 米。四周植被多为灌木和杂草。

189. 青羊沟烽火台 04 号 130732353201170189

位于青羊沟乡青羊沟村北 1.2 千米的山顶上，坐标：东经 115° 57′ 36.90″，北纬 41° 08′ 50.10″，高程 1238 米。

烽火台平面呈圆形，剖面呈梯形，台芯山皮土夯筑，毛石砌筑，底径 12 米，顶径 5.5 米，残高 5 米，顶部有人为挖掘的孔洞一处，直径 2 米，深 1.2 米，西南侧存一道护坡墙，附壁岩石干槎垒砌，长 7 米，残高 0.4～1.9 米，四周植被多为灌木和杂草，东侧有一新建小房，占地面积约 10 平米。

190. 小庄科烽火台 01 号 130732353201170190

位于龙门所镇庙湾村西 2.8 千米、后城镇小庄科村西北 1.1 千米处的山脊上，坐标：东经 116° 02′ 43.60″，北纬 40° 54′ 27.30″，高程 1286 米。

烽火台平面呈圆形，剖面呈梯形，毛石砌筑，底径 10 米，顶径 5.5 米，残高 4 米，坍塌成堆状。四周植被多为灌木和杂草。

191. 小庄科烽火台 02 号 130732353201170191

位于龙门所镇庙湾村西 3.1 千米、后城镇小庄科村西南 510 米处的山脊上，坐标：东经 116° 02′ 57.90″，北纬 40° 53′ 56.40″，高程 1284 米。

烽火台平面呈圆形，剖面呈梯形，毛石砌筑，底径 12 米，顶径 5 米，残高 4 米，台顶有一新建的小庙，占地 1.1 平方米，高 2 米，坍塌成堆状，四周植被多为灌木和杂草。

192. 大庄科烽火台 04 号 130732353201170192

位于后城镇大庄科村西侧约 1.1 千米的山脊上，坐标：东经 116° 03′ 05.70″，北纬 40° 53′ 42.60″，高程 1251 米。

烽火台平面呈圆形，剖面呈梯形，毛石砌筑，底径 8 米，残高 1.2 米，坍塌成堆状，四周植被多为灌木和杂草。

193. 大庄科烽火台 05 号 130732353201170193

位于后城镇大庄科村西南侧约 1.5 千米的山脊上，坐标：东经 116° 02′ 50.50″，北纬 40° 53′ 28.80″，高程 1257 米。

烽火台平面呈圆形，剖面呈梯形，毛石砌筑，底径 14 米，顶径 9 米，残高 1.2 米，坍塌成堆状，四周植被多为灌木和杂草。

194. 后城张家窑烽火台 01 号 130732353201170194

位于后城镇张家窑村西南侧约 2.2 千米的山脊上，坐标：东经 116° 02′ 27.00″，北纬 40° 53′ 00.70″，高程 1243 米。

烽火台平面呈圆形，剖面呈梯形，毛石砌筑，底径 15 米，顶径 10 米，残高 3 米，坍塌成堆状，四周植被多为灌木和杂草。

195. 祁家窑烽火台 01 号 130732353201170195

位于龙门所镇小堡子村西 3.2 千米、后城镇祁家窑村西侧约 2.2 千米的山脊上，坐标：东经

116° 02′ 37.50″，北纬 40° 52′ 36.30″，高程 1232 米。

烽火台平面呈圆形，剖面呈梯形，毛石砌筑，底径 15 米，顶径 10 米，残高 3 米，坍塌成堆状，四周植被多为灌木和杂草。

196. 崔家沟烽火台 01 号 130732353201170196

位于龙门所镇小堡子村西 3.1 千米、后城镇崔家沟村西北约 1 千米的山脊上，坐标：东经 116° 02′ 36.30″，北纬 40° 52′ 16.60″，高程 1115 米。

烽火台平面呈矩形，剖面呈梯形，毛石砌筑，东西残宽 5 米，南北残长 6.5 米，残高 3 米，坍塌成堆状，四周植被多为灌木和杂草。

197. 崔家沟烽火台 02 号 130732353201170197

位于龙门所镇小堡子村西 3.2 千米、后城镇崔家沟村西南侧约 800 米的山脊上，坐标：东经 116° 02′ 42.70″，北纬 40° 51′ 51.10″，高程 1081 米。

烽火台平面呈矩形，剖面呈梯形，台芯素土分层夯筑，夯层厚 0.07 ~ 0.1 米，东西残宽 8.3 米，南北残长 9.6 米，残高 3.7 米，坍塌成方形石堆状，东侧存榆树一棵，胸径 0.17 米，南侧存松树一行 8 棵，胸径 0.07 ~ 0.19 米，距台体 12 米处有人为垒砌的护台，四周植被多为灌木和杂草。

烽火台东北侧的山脊上存 8 个石砌小台，呈东北向西南方向排列，相距 5 ~ 14 米，由南向北依次为：

台 1：仅存一直径 1.5 米的碎石堆。

台 2：存顶径 2.1 米，残高 1.1 米的圆形石堆。

台 3：底为 1.7 米见方，残高 0.8 米的方形台。

台 4：底部直径 3.2 米，残高 0.9 米的圆形石堆。

台 5：底为 2 米见方，残高 0.8 米的方形石砌台。

台 6：已坍塌，底部直径 2.5 米，残高 1.1 米的圆形台。

台 7：底部 2.3 米见方，残高 0.85 米的方形台。

台 8：底部直径 4 米，残高 1.05 米的圆形台。

198. 张寺沟烽火台 01 号 130732353201170198

位于龙门所镇小堡子村西北 3.4 千米、后城镇张寺沟村西侧约 700 米的一个小山包上，坐标：东经 116° 02′ 45.90″，北纬 40° 51′ 35.00″，高程 1120 米。

烽火台平面呈圆形，剖面呈梯形，毛石砌筑，底径 8 米，顶径 4 米，残高 2.5 米，坍塌成堆状，四周植被多为灌木和杂草。

199. 张寺沟烽火台 02 号 130732353201170199

位于龙门所镇小堡子村西北 2.9 千米、龙门所镇小堡子村西北 3.4 千米，后城镇张寺沟村西北侧约 900 米的一个小山包上，坐标：东经 116° 02′ 35.50″，北纬 40° 51′ 22.20″，高程 1162 米。

烽火台平面呈圆形，剖面呈梯形，毛石砌筑，底径 10 米，顶径 6 米，残高 3 米，坍塌成堆状，四周植被多为灌木和杂草。

200. 张寺沟烽火台 03 号 130732353201170200

位于后城镇张寺沟村西北侧约 1.4 千米的一个高山尖上，坐标：东经 116° 02′ 15.10″，北纬 40° 51′ 23.10″，高程 1198 米。

烽火台平面呈圆形，剖面呈梯形，毛石砌筑，坍塌成堆状，四周植被多为灌木和杂草。

201. 辛墩烽火台 01 号 130732353201170201

位于龙门所镇小堡子村西北 3.1 千米、后城镇辛墩村西北 1.8 千米的一个小山包上，坐标：东经 116° 02′ 02.50″，北纬 40° 50′ 59.90″，高程 1228 米。

烽火台平面呈圆形，剖面呈梯形，毛石砌筑，底径 11 米，顶径 6 米，残高 5 米，坍塌成堆状，四周植被多为灌木和杂草。

202. 辛墩烽火台 02 号 130732353201170202

位于赤城县后城镇辛墩村西北侧约 2 千米的一个小山包上，坐标：东经 116° 01′ 53.00″，北纬 40° 50′ 36.90″，高程 1304 米。

烽火台平面呈圆形，剖面呈梯形，毛石砌筑，底径 11 米，残高 6 米，坍塌成堆状，四周植被多为灌木和杂草。

203. 辛墩烽火台 03 号 130732353201170203

位于龙门所镇小堡子村西北 3.9 千米、后城镇辛墩村西北 2.3 千米的一个小山包上，坐标：东经 116° 01′ 47.40″，北纬 40° 50′ 17.80″，高程 1358 米。

烽火台平面呈圆形，剖面呈梯形，毛石砌筑，底径 10.5 米，顶径 6.5 米，残高 3 米，坍塌成堆状，四周植被多为灌木和杂草。

204. 辛墩烽火台 04 号 130732353201170204

位于后城镇庄户窑村东南 3.3 千米、辛墩村西北 2.9 千米的一个高山顶上，坐标：东经 116° 01′ 31.80″，北纬 40° 49′ 56.80″，高程 1408 米。

烽火台平面呈圆形，剖面呈梯形，毛石砌筑，底径 15 米，顶径 8 米，残高 5.5 米，坍塌成堆状，四周植被多为灌木和杂草。

205. 庄户窑烽火台 01 号 130732353201170205

位于后城镇辛墩村东北 3.4 千米、庄户窑村西北约 3.8 千米的一个小高山顶上，坐标：东经 116° 01′ 12.40″，北纬 40° 49′ 54.20″，高程 1379 米。

烽火台平面呈圆形，剖面呈梯形，毛石砌筑，底径 15 米，顶径 7 米，残高 7 米，坍塌成堆状，四周植被多为灌木和杂草。

206. 庄户窑烽火台 02 号 130732353201170206

位于后城镇庄户窑村东南 3.2 千米、样田乡梁家沟村东北 2.9 千米的山脊上，坐标：东经 116° 01′ 24.80″，北纬 40° 49′ 36.80″，高程 1383 米。

烽火台平面呈圆形，剖面呈梯形，毛石砌筑，底径 14 米，顶径 5 米，残高 2.7 米，坍塌成堆状，四周植被多为灌木和杂草。

207. 庄户窑烽火台 03 号 130732353201170207

位于后城镇庄户窑村东南 2.8 千米、样田乡梁家沟村东北 2.9 千米的山脊上，坐标：东经 116° 01′ 32.60″，北纬 40° 49′ 22.60″，高程 1360 米。

烽火台平面呈圆形，剖面呈梯形，毛石砌筑，底径 14 米，顶径 7 米，残高 5 米，坍塌成堆状，四周植被多为灌木和杂草。

208. 王庄子烽火台 01 号 130732353201170208

位于后城镇与样田乡间的 20 千米长嵯上、西侧距梁家沟村 3.1 千米、东侧距庄户窑村 2.4 千米，坐标：东经 116° 01′ 48.20″，北纬 40° 48′ 43.90″，高程 1481 米。

烽火台平面呈圆形，剖面呈梯形，毛石砌筑，底径 13 米，顶径 5 米，残高 3 米，坍塌成堆状，四周植被多为灌木和杂草。

209. 王庄子烽火台 02 号 130732353201170209

位于后城镇与样田乡间的 20 千米长嵯上、西北距样田乡梁家沟村 3.4 千米、东北侧距后城镇庄户窑村 2.3 千米，坐标：东经 116° 01′ 55.30″，北纬 40° 48′ 32.60″，高程 1424 米。

烽火台平面呈圆形，剖面呈梯形，毛石砌筑，底径 10 米，顶径 8 米，残高 2 米，坍塌成堆状，四周植被多为灌木和杂草。

210. 王庄子烽火台 03 号 130732353201170210

位于后城镇与样田乡间的 20 千米长嵯上、西北距样田乡梁家沟村 3.8 千米、东北距后城镇庄户窑村 2.3 千米，坐标：东经 116° 02′ 08.20″，北纬 40° 48′ 16.50″，高程 1481 米。

烽火台平面呈圆形，剖面呈梯形，毛石砌筑，底径 15 米，顶径 6 米，残高 5 米，坍塌成堆状，四周植被多为灌木和杂草。

211. 王庄子烽火台 04 号 130732353201170211

位于后城镇与样田乡间的 20 千米长嵯上、西北距样田乡梁家沟村 3.8 千米、东北距后城镇庄户窑村 2.4 千米，坐标：东经 116° 02′ 06.60″，北纬 40° 48′ 06.40″，高程 1442 米。

烽火台平面呈圆形，剖面呈梯形，毛石砌筑，底径 10 米，顶径 6 米，残高 3 米，坍塌成堆状，四周植被多为灌木和杂草。

212. 王庄子烽火台 05 号 130732353201170212

位于后城镇与样田乡间的 20 千米长嵯上、西北距样田乡梁家沟村 4 千米、东北距后城镇庄户窑村 2.8 千米，东南距后城镇胡山庄村 3.3 千米。

烽火台平面呈圆形，剖面呈梯形，毛石砌筑，底径 12 米，顶径 5 米，残高 4 米，坍塌成堆状，四周植被多为灌木和杂草。

213. 王庄子烽火台 06 号 130732353201170213

位于后城镇与样田乡间的 20 千米长嵯上、东北距后城镇庄户窑村 3.2 千米、东南距后城镇胡山庄村 3 千米，坐标：东经 116° 02′ 03.30″，北纬 40° 47′ 33.20″，高程 1423 米。

烽火台平面呈圆形，剖面呈梯形，毛石砌筑，底径 11 米，顶径 6 米，残高 4 米，坍塌成堆状，四周植被多为灌木和杂草。

214. 王庄子烽火台 07 号 130732353201170214

位于后城镇与样田乡间的 20 千米长嵯上、东北距后城镇庄户窑村 3.8 千米、东南距后城镇胡山庄村 2.7 千米，坐标：东经 116° 02′ 00.40″，北纬 40° 47′ 13.00″，高程 1487 米。

烽火台平面呈圆形，剖面呈梯形，毛石砌筑，底径 10 米，顶径 7 米，残高 2 米，坍塌成堆状，四周植被多为灌木和杂草。

215. 胡山庄烽火台 01 号 130732353201170215

位于后城镇与样田乡间的 20 千米长嵯上、东北距后城镇庄户窑村 4.1 千米、东南距后城镇胡山庄村 2.2 千米，坐标：东经 116° 02′ 03.70″，北纬 40° 46′ 59.10″，高程 1519 米。

烽火台平面呈圆形，剖面呈梯形，毛石砌筑，底径 8 米，顶径 5 米，残高 4 米，坍塌成堆状，四周植被多为灌木和杂草。

216. 胡山庄烽火台 02 号 130732353201170216

位于后城镇与样田乡间的 20 千米长嵯上、东北距后城镇庄户窑村 4.5 千米、东南距后城镇胡山庄村 2.1 千米，坐标：东经 116° 02′ 01.40″，北纬 40° 46′ 46.10″，高程 1409 米。

烽火台平面呈圆形，剖面呈梯形，毛石砌筑，底径 8 米，顶径 4 米，残高 3 米，坍塌成堆状，四周植被多为灌木和杂草。

217. 胡山庄烽火台 03 号 130732353201170217

位于后城镇胡山庄村东 2.2 千米、西侧为样田乡范家店村、坐标：东经 116° 02′ 08.10″，北纬 40° 46′ 13.20″，高程 1437 米。

烽火台平面呈圆形，剖面呈梯形，毛石砌筑，底径 10 米，顶径 6 米，残高 2 米，坍塌成堆状，四周植被多为灌木和杂草。

218. 胡山庄烽火台 04 号 130732353201170218

位于后城镇胡山庄村东北 2.3 千米，坐标：东经 116° 02′ 08.30″，北纬 40° 45′ 59.80″，高程 1464 米。

烽火台平面呈圆形，剖面呈梯形，毛石砌筑，底径 10.5 米，顶径 6.5 米，残高 3 米，坍塌成堆状，四周植被多为灌木和杂草。

219. 胡山庄烽火台 05 号 130732353201170219

位于后城镇胡山庄村东北 2.6 千米，坐标：东经 116° 02′ 11.70″，北纬 40° 45′ 36.60″，高程 1406 米。

烽火台平面呈圆形，剖面呈梯形，毛石砌筑，底径 10 米，顶径 7 米，残高 2 米，坍塌成堆状，四周植被多为灌木和杂草。

220. 胡山庄烽火台 06 号 130732353201170220

位于后城镇胡山庄村东北 2.6 千米，坐标：东经 116° 01′ 58.50″，北纬 40° 45′ 11.90″，高程 1419 米。

烽火台平面呈圆形，剖面呈梯形，毛石砌筑，底径 12 米，顶径 8 米，残高 3 米，坍塌成堆状，四周植被多为灌木和杂草。

221. 胡家村烽火台 01 号 130732353201170221

位于胡家村东南 2.1 千米、罗家堡村西南 2.4 千米，坐标：东经 116° 02′ 06.70″，北纬 40° 44′ 57.00″，高程 1302 米。

烽火台平面呈圆形，剖面呈梯形，毛石砌筑，底径 7.5 米，顶径 5.5 米，残高 5 米，坍塌成堆状，四周植被多为灌木和杂草。

222. 胡家村烽火台 02 号 130732353201170222

位于胡家村东南 2 千米，坐标：东经 116° 02′ 06.60″，北纬 40° 44′ 42.10″，高程 1252 米。

烽火台平面呈圆形，剖面呈梯形，毛石砌筑，底径 11 米，顶径 6.5 米，残高 3 米，坍塌成堆状，四周植被多为灌木和杂草。

223. 胡家村烽火台 03 号 130732353201170223

位于胡家村东 1.4 千米，坐标：东经 116° 02′ 10.30″，北纬 40° 44′ 23.10″，高程 1251 米。

烽火台平面呈圆形，剖面呈梯形，毛石砌筑，底径 9 米，顶径 5.2 米，残高 2 米，坍塌成堆状，四周植被多为灌木和杂草。

224. 胡家村烽火台 04 号 130732353201170224

位于胡家村东 1.3 千米，坐标：东经 116° 02′ 13.80″，北纬 40° 44′ 10.80″，高程 1253 米。

烽火台平面呈圆形，剖面呈梯形，毛石砌筑，底径 15 米，顶径 9 米，残高 3 米，坍塌成堆状，顶部散落碎砖瓦，砖可见有沟槽，厚 0.06 ～ 0.065 米，瓦厚 0.015 米，外侧存一条土埂夹石，高 0.9 米，四周植被多为灌木和杂草。

225. 胡家村烽火台 05 号 130732353201170225

位于胡家村东北 1.4 千米，坐标：东经 116° 02′ 12.80″，北纬 40° 44′ 02.00″，高程 1283 米。

烽火台平面呈圆形，剖面呈梯形，毛石砌筑，底径 11 米，残高 3 米，坍塌成堆状，外包墙残高 0.9 ～ 2.6 米，四周植被多为灌木和杂草。

226. 胡家村烽火台 06 号 130732353201170226

位于赤城县后城镇胡家村西南侧 1.8 千米的四十里长嵯顶上，坐标：东经 116° 02′ 07.00″，北纬 40° 43′ 42.90″，高程 1392 米。

烽火台平面呈圆形，剖面呈梯形，毛石砌筑，底径 11 米，顶径 6.5 米，残高 6 米，坍塌成堆状，顶部有一水泥测站点，北侧有一通信铁塔，塔下有机房一间，四周植被多为灌木和杂草。

227. 胡家村烽火台 07 号 130732353201170227

位于赤城县后城镇胡家村西南侧 1.9 千米的四十里长嵯顶上，坐标：东经 116° 02′ 17.80″，北纬 40° 43′ 24.30″，高程 1340 米。

烽火台平面呈圆形，剖面呈梯形，毛石砌筑，底径 12 米，顶径 7 米，残高 5 米，坍塌成堆状，四周植被多为灌木和杂草。

228. 白河堡水库烽火台 01 号 130732353201170228

位于北京市延庆县白河堡水库西北侧的一个小山包上、东南距北京市与河北省交界点 490 米，坐标：东经 116° 08′ 51.90″，北纬 40° 39′ 43.20″，高程 660 米。

烽火台平面呈圆形，剖面呈梯形，毛石砌筑，底径 10 米，残高 4 米，坍塌成堆状，外包墙体残高 0.3～0.9 米，四周植被多为灌木和杂草。

229. 下堡烽火台 01 号 130732353201170229

位于赤城县后城镇下堡村东南 1.4 千米的一个小山包上，坐标：东经 116° 09′ 01.80″，北纬 40° 40′ 23.00″，高程 830 米。

烽火台平面呈圆形，剖面呈梯形，毛石砌筑，底径 12 米，顶径 6 米，残高 4 米，坍塌成堆状，四周植被多为灌木和杂草。

230. 下堡烽火台 02 号 130732353201170230

位于赤城县后城镇下堡村东南 740 米的一个小山包上，坐标：东经 116° 08′ 50.20″，北纬 40° 40′ 44.10″，高程 828 米。

烽火台平面呈圆形，剖面呈梯形，毛石砌筑，底径 11 米，顶径 5.5 米，残高 5 米，坍塌成堆状，四周植被多为灌木和杂草。

231. 下堡烽火台 03 号 130732353201170231

位于赤城县后城镇下堡村西 400 米的一个小山包上，坐标：东经 116° 08′ 04.60″，北纬 40° 40′ 54.20″，高程 701 米。

烽火台平面呈矩形，剖面呈梯形，东西长 7.1 米，南北宽 7 米，残高 7 米，台芯素土分层夯筑，夯层厚 0.08～0.12 米，东立面存竖向裂缝 3 条，中部台芯缺失，南立面西南角上部台芯坍塌，北立面下部存多条竖向细小裂缝，顶部存小树 1 棵，四周散落大量碎砖，城砖尺寸 0.37 米 ×0.18 米 ×0.08 米，植被多为灌木和杂草，东侧 30 米处有信号塔一座。

232. 常胜庄烽火台 01 号 130732353201170232

位于赤城县后城镇常胜庄西南 1 千米的上坡上，坐标：东经 116° 06′ 22.20″，北纬 40° 40′ 41.40″，高程 682 米。

烽火台平面呈圆形，剖面呈梯形，台芯素土夯筑，底径 12 米，顶径 5 米，残高 5 米，坍塌成堆状，南侧长有针叶松 4 棵，胸径 0.8～0.17 米，四周植被多为灌木和杂草。

233. 常胜庄烽火台 02 号 130732353201170233

位于赤城县后城镇常胜庄西 200 米的一个小山包上，坐标：东经 116° 06′ 43.90″，北纬 40° 41′ 04.50″，高程 681 米。

围堡式烽火台，总体布局为"回"字形，烽火台居中，周圈设置围墙。

烽火台平面呈矩形，剖面呈梯形，台芯土石分层夯筑，夯层厚 0.08～0.15 米，东西长 9.1 米，南北宽 9 米，残高 8 米，东立面南侧存竖向裂缝一条，宽 0.02～0.1 米，北侧存冲沟 1 条，宽 0.6～1.9 米，西立面南侧下部掏蚀一处，高 1.2 米，深 0.3 米，四周植被多为灌木和杂草。

烽火台四周设有围墙，坍塌严重，呈不规则状，设东南角台一座，现已坍塌，南北残长 5 米，东西残宽 3 米，残高 3 米；墙体分两种：夯土墙顶部残宽 1 米，底部残宽 2.8 米，残高 1.6 米，夯层厚

0.08～0.15 米，均已坍塌；石墙顶部残宽 1 米，底部残宽 3 米，残高 1 米，保存较差，墙底有料石，高 0.5 米，宽 1.8 米；北侧有新建关帝庙一座，西墙上有新建土地庙一座。

234. 常胜庄烽火台 03 号 130732353201170234

位于赤城县后城镇常胜庄西北 600 米的瓦窑坡山顶平地上，坐标：东经 116° 06′ 44.70″，北纬 40° 41′ 20.60″，高程 681 米。

烽火台平面呈矩形，剖面呈梯形，台芯素土分层夯筑，夯层厚 0.1～0.22 米，东西长 8 米，南北宽 6.5 米，残高 6 米，坍塌严重，四周存榆树 4 棵，胸径 0.07～0.18 米，杂草滋长。

235. 常胜庄烽火台 04 号 130732353201170235

位于赤城县后城镇常胜庄西北 600 米的瓦窑坡山顶平地上，坐标：东经 116° 06′ 44.30″，北纬 40° 41′ 21.80″，高程 688 米。

烽火台平面呈矩形，剖面呈梯形，台芯素土分层夯筑，夯层厚 0.1～0.22 米，东西 4 米，南北长 12 米，残高 3 米，坍塌成圆形土堆状，南、北侧存榆树 3 棵，胸径 0.02～0.1 米，四周杂草滋长。

236. 郑家窑烽火台 01 号 130732353201170236

位于赤城县后城镇郑家窑村西 300 米的一个小山坡上，坐标：东经 116° 06′ 40.10″，北纬 40° 41′ 43.00″，高程 701 米。

烽火台平面呈圆形，剖面呈梯形，毛石砌筑，底径约 12 米，顶径 9 米，残高 5 米，坍塌成堆状，顶部长有一棵榆树，胸径 0.14 米，四周植被多为灌木和杂草。

237. 小尹家沟烽火台 01 号 130732353201170237

位于赤城县后城镇小尹家沟村与阎家湾村间的山梁上，此山坡位于白河南岸，坐标：东经 116° 04′ 35.00″，北纬 40° 40′ 42.40″，高程 743 米。

烽火台平面呈圆形，剖面呈梯形，毛石砌筑，底部东西宽 14 米，南北长 14.1 米，顶部东西宽 5.5 米，南北长 8.6 米，残高 4 米，坍塌成堆状，四周植被多为灌木和杂草。

238. 青罗口烽火台 01 号 130732353201170238

位于赤城县后城镇青罗口村东南 3 千米的白河河谷中，坐标：东经 116° 03′ 24.80″，北纬 40° 40′ 52.60″，高程 648 米。

烽火台平面呈矩形，剖面呈梯形，台芯素土分层夯筑，夯层厚 0.08～0.15 米，东西宽 9.7 米，南北长 11 米，残高 4 米，坍塌成堆状，四周为农田。

239. 青罗口烽火台 02 号 130732353201170239

位于赤城县后城镇青罗口村东 750 米的白河河谷中，坐标：东经 116° 01′ 50.10″，北纬 40° 41′ 24.80″，高程 650 米。

烽火台平面呈矩形，剖面呈梯形，台芯素土分层夯筑，夯层厚 0.08～0.19 米，东西长 11 米，南北宽 7.5 米，残高 7 米，东立面存冲沟 1 条，宽 0.6～1.5 米，北立面上部坍塌，存榆树一棵，胸径 0.07 米，四周为玉米地。

240. 青罗口烽火台 03 号 130732353201170240

位于赤城县后城镇青罗口村南 315 米的山坡上，坐标：东经 116° 01′ 13.70″，北纬 40° 41′ 16.90″，高程 709 米。

烽火台已全部坍塌，现为一小土包，高出周围地面约 1 米，顶部可见少量碎砖、瓦，四周种植松树 12 棵，胸径 0.05 ～ 0.15 米，植被多为灌木和杂草。

241. 青罗口烽火台 04 号 130732353201170241

位于赤城县后城镇青罗口村南 460 米的山坡上，坐标：东经 116° 01′ 10.20″，北纬 40° 41′ 12.90″，高程 732 米。

烽火台平面呈矩形，剖面呈梯形，台芯素土夯筑，东西长 8.5 米，南北宽 6.5 米，残高 3 米，四周种植松树 7 棵，胸径 0.05 ～ 0.15 米，植被多为灌木和杂草。

242. 棋盘沟烽火台 01 号 130732353201170242

位于赤城县后城镇棋盘沟村西北 270 米的山坡上，坐标：东经 116° 00′ 29.60″，北纬 40° 40′ 38.80″，高程 770 米。

烽火台平面呈矩形，剖面呈梯形，台芯素土分层夯筑，东西长 10.1 米，南北宽 10 米，残高 8 米，东北侧存一段墙体，土石堆砌，顶宽 1.2 米，高不足 1 米，四周植被多为灌木和杂草。

243. 河西堡烽火台 01 号 130732353201170243

位于赤城县后城镇棋盘沟村西北 270 米的山坡上，坐标：东经 115° 58′ 34.80″，北纬 40° 41′ 19.50″，高程 746 米。

烽火台平面呈圆形，剖面呈梯形，台芯素土分层夯筑，夯层厚 0.1 ～ 0.14 米，底部东西宽 8 米，南北长 10 米，顶部东西宽 2.5 米，南北长 3.6 米，残高 8 米，坍塌成堆状，南北两侧各存榆树 1 棵，胸径 0.23 米，四周植被多为灌木和杂草。

244. 黄家沟烽火台 01 号 130732353201170244

位于赤城县后城镇黄家沟村西北 1.8 千米的一个小山尖上，坐标：东经 115° 57′ 18.30″，北纬 40° 42′ 17.10″，高程 765 米。

围堡式烽火台，周围设置石砌围墙，东西长 15 米，南北宽 10 米，残高 6 米，中间则没有建筑。

南墙外侧保存较好，残高 1 米，西墙内侧保存较好，残高 1.3 米，在西侧山下约 70 米处有采石场，山下白河东岸为隔寨二级水电站，其东南有一穿山隧道，四周植被多为灌木和杂草。

245. 后城烽火台 01 号 130732353201170245

位于赤城县后城镇后城村东北侧 150 米的一个小山包上，山下即为滦赤线老路，坐标：东经 116° 04′ 13.00″，北纬 40° 41′ 33.20″，高程 674 米。

烽火台平面呈矩形，剖面呈梯形，台芯素土分层夯筑，夯层厚 0.08 ～ 0.15 米，东西长 7.1 米，南北宽 7 米，残高 8 米，东立面存竖向裂缝 3 条，东北角台芯缺失，南立面存竖向裂缝 4 条，上部台芯缺失，西立面存竖向裂缝 3 条，台身遍布微小孔洞，四周植被多为灌木和杂草。

246. 后城烽火台 02 号 130732353201170246

位于赤城县后城镇后城村东北侧 160 米的一个小山包上，山下即为滦赤线老路，坐标：东经 116° 04′ 05.40″，北纬 40° 41′ 37.90″，高程 675 米。

烽火台平面呈矩形，剖面呈梯形，台芯素土分层夯筑，夯层厚 0.06～0.26 米，东西宽 9.9 米，南北长 10.1 米，残高 9 米，南立面中部存竖向裂缝 1 条，宽 0.04～0.1 米，中部长有榆树 1 棵，北立面存竖向裂缝 3 条，四周植被多为灌木和杂草。

247. 后城烽火台 03 号 130732353201170247

位于赤城县后城镇后城村西北侧 370 米的一个小山包上，山下即为滦赤线老路，坐标：东经 116° 03′ 40.50″，北纬 40° 41′ 42.10″，高程 681 米。

烽火台平面呈矩形，剖面呈梯形，台芯素土分层夯筑，夯层厚 0.08～0.15 米，东西宽 7.6 米，南北长 7.65 米，残高 9 米，东立面存竖向裂缝 2 条，中部存人为挖掘的矩形孔洞，高 3.4 米，宽 1 米，深 1 米，北侧存后期搭建房屋坡屋顶和 4 个檩窝痕迹，南立面中部存冲沟 1 条，宽 0.4～2.6 米，西立面存竖向裂缝 2 条，北立面存竖向裂缝 1 条，南侧 10 米处坡下即为曹一川烈士纪念碑和烈士墓碑，北侧长有杨树 3 棵，胸径 0.16～0.23 米，四周植被多为灌木和杂草。

248. 后城烽火台 04 号 130732353201170248

位于赤城县后城镇后城村北侧 2.2 千米的滴水崖顶上，坐标：东经 116° 03′ 38.70″，北纬 40° 42′ 36.50″，高程 1095 米。

烽火台平面呈圆形，剖面呈梯形，毛石砌筑，底径约 11 米，顶径 6.5 米，南立面残高 1.1 米，北立面残高 4.5 米，坍塌成堆状，四周植被多为灌木和杂草。

249. 后城烽火台 05 号 130732353201170249

位于赤城县后城镇后城村北侧 2.2 千米的滴水崖顶上，坐标：东经 116° 03′ 43.70″，北纬 40° 42′ 36.20″，高程 1083 米。

烽火台平面呈圆形，剖面呈梯形，毛石砌筑，底径约 12 米，顶径 9.6 米，残高 3 米，坍塌成堆状，四周植被多为灌木和杂草。

250. 后城烽火台 06 号 130732353201170250

位于赤城县后城镇后城村北侧 2.1 千米的山脊上一个小平顶上，坐标：东经 116° 03′ 50.20″，北纬 40° 42′ 34.80″，高程 1014 米。

烽火台平面呈圆形，剖面呈梯形，毛石砌筑，底径约 11 米，顶径 5 米，残高 4 米，坍塌成堆状，四周植被多为灌木和杂草。

251. 后城烽火台 07 号 130732353201170251

位于赤城县后城镇后城村北侧 1.9 千米的山脊上一个小平顶上，坐标：东经 116° 03′ 55.80″，北纬 40° 42′ 31.50″，高程 964 米。

烽火台平面呈圆形，剖面呈梯形，毛石砌筑，底径约 9 米，顶径 4 米，残高 4 米，坍塌成堆状，四周植被多为灌木和杂草。

252. 后城烽火台 08 号 130732353201170252

位于赤城县后城镇后城村北侧 1.9 千米的山脊上，坐标：东经 116° 04′ 02.90″，北纬 40° 42′ 26.90″，高程 914 米。

烽火台平面呈圆形，剖面呈梯形，毛石砌筑，底径约 8 米，顶径 5 米，残高 2.5 米，坍塌成堆状，四周植被多为灌木和杂草。

253. 后城烽火台 09 号 130732353201170253

位于赤城县后城镇后城村西北侧 2 千米的滴水崖顶上，坐标：东经 116° 03′ 15.70″，北纬 40° 42′ 25.60″，高程 1167 米。

烽火台平面呈圆形，剖面呈梯形，毛石砌筑，底径约 10 米，顶径 7.6 米，残高 4 米，坍塌成堆状，南侧存一小段石砌墙，残高 1.2 米，长 3 米，四周植被多为灌木和杂草。

254. 名旺庄烽火台 01 号 130732353201170254

位于赤城县后城镇名旺庄村西 2.3 千米处的山脊上，坐标：东经 115° 58′ 34.70″，北纬 40° 43′ 25.80″，高程 1112 米。

烽火台平面呈圆形，剖面呈梯形，毛石砌筑，底径约 6 米，残高 2 米，坍塌成堆状，四周植被多为灌木和杂草。

255. 名旺庄烽火台 02 号 130732353201170255

位于后城镇名旺庄村东 1.9 千米后城镇名旺庄村与样田乡丁家坑之间的一个小高山上，坐标：东经 115° 58′ 55.60″，北纬 40° 43′ 34.30″，高程 1183 米。

烽火台平面呈圆形，剖面呈梯形，毛石砌筑，底径约 13 米，顶径 8 米，残高 6 米，坍塌成堆状，四周植被多为灌木和杂草。

256. 名旺庄烽火台 03 号 130732353201170256

位于后城镇名旺庄村西 1.9 千米处的山脊上，坐标：东经 115° 58′ 56.60″，北纬 40° 43′ 35.20″，高程 1177 米。

烽火台平面呈圆形，剖面呈梯形，毛石砌筑，底径约 11 米，顶径 7 米，残高 3 米，坍塌成堆状，四周植被多为灌木和杂草。

257. 名旺庄烽火台 04 号 130732353201170257

位于后城镇名旺庄村西北 1 千米处的山脊上，坐标：东经 115° 59′ 42.90″，北纬 40° 43′ 39.50″，高程 971 米。

烽火台平面呈圆形，剖面呈梯形，毛石砌筑，坍塌成堆状，四周植被多为灌木和杂草。

258. 罗家堡烽火台 01 号 130732353201170258

位于后城镇名旺庄村西南 1.7 千米，罗家堡村南的一个小山顶上，坐标：东经 116° 00′ 55.00″，北纬 40° 44′ 03.00″，高程 978 米。

烽火台平面呈圆形，剖面呈梯形，毛石砌筑，底径约 8 米，残高 2.4 米，坍塌成堆状，四周植被多为灌木和杂草。

259. 罗家堡烽火台 02 号 130732353201170259

位于赤城县后城镇罗家堡子村东北 590 米的一个小高山顶上，坐标：东经 116° 00′ 49.80″，北纬 40° 44′ 30.70″，高程 973 米。

烽火台平面呈圆形，剖面呈梯形，毛石砌筑，底径约 11 米，顶径 6.3 米，残高 4 米，坍塌成堆状，顶部散落碎瓦片，内布外素，四周植被多为灌木和杂草。

260. 罗家堡烽火台 03 号 130732353201170260

位于赤城县后城镇罗家堡子村北 1.4 千米的山脊上，坐标：东经 116° 00′ 24.80″，北纬 40° 44′ 57.10″，高程 1071 米。

烽火台平面呈圆形，剖面呈梯形，毛石砌筑，底径约 10 米，顶径 6 米，残高 2.5 米，坍塌成堆状，顶部有一块石堆砌的防御工事，四周植被多为灌木和杂草。

261. 罗家堡烽火台 04 号 130732353201170261

位于赤城县后城镇罗家堡子村北 1.4 千米的山脊上，坐标：东经 116° 00′ 21.50″，北纬 40° 44′ 57.50″，高程 1089 米。

烽火台平面呈椭圆形，剖面呈梯形，台芯土石分层夯筑，夯层厚 0.1 ～ 0.15 米，东西长 7 米，南北宽 5 米，残高 3 米，坍塌成堆状，四周植被多为灌木和杂草。

262. 尚家堡烽火台 01 号 130732353201170262

位于赤城县样田乡尚家堡村西北 770 米的一个小高山上，坐标：东经 115° 58′ 58.80″，北纬 40° 45′ 51.20″，高程 1011 米。

烽火台平面呈椭圆形，剖面呈梯形，台芯素土分层夯筑，底径 11 米，顶径 4 米，残高 5.5 米，坍塌成堆状，顶部存后期人为用片石垒砌锥状体，高 1.2 米，四周植被多为灌木和杂草。

263. 上马山烽火台 01 号 130732353201170263

位于赤城县样田乡上马山村东南 1.7 千米的一个小包山上，坐标：东经 115° 57′ 30.10″，北纬 40° 46′ 07.30″，高程 912 米。

烽火台平面呈圆形，剖面呈梯形，毛石砌筑，顶径 5.5 米，残高 3 米，坍塌成堆状，南立面存人为挖掘的孔洞，宽 2 米，深 3 米，四周植被多为灌木和杂草。

264. 上马山烽火台 02 号 130732353201170264

位于赤城县样田乡上马山村东南 1.2 千米的一个小包山上，坐标：东经 115° 57′ 04.00″，北纬 40° 46′ 17.50″，高程 879 米。

烽火台平面呈圆形，剖面呈梯形，毛石砌筑，底径 7 米，残高 5.15 米，台芯内平均每隔 1 米存有一层直径约 0.03 ～ 0.05 米的木筋，最低一层距地面 0.8 米，东立面存竖向裂缝 1 条，南立面存竖向裂缝 1 条，上部坍塌，西立面存竖向裂缝 2 条，北立面坍塌，南立面存人为挖掘的孔洞，宽 2 米，深 3 米，四周植被多为灌木和杂草。

265. 上马山烽火台 03 号 130732353201170265

位于赤城县样田乡上马山村东南 1.2 千米的一个小包山上，坐标：东经 115° 57′ 04.40″，北纬

40° 46′ 55.20″，高程 836 米。

围堡式烽火台，总体布局为环形，烽火台居西北角，周圈设置围墙。

烽火台平面呈矩形，剖面呈梯形，台芯素土分层夯筑，东西宽 6.2 米，南北长 10 米，残高 3.5 米，坍塌成堆状。

围墙周长 135 米，占地面积 1060 平方米，素土分层夯筑，夯层厚 0.07 ～ 0.1 米，底部残宽 6.5 米，顶部残宽 0.3 米，高 3.2 米，内外呈漫坡状，南墙中部存一豁口，宽 4 米，采集 "化" 字瓷片一块，四周杂草滋长。

266. 样田烽火台 01 号 130732353201170266

位于赤城县样田乡样田村东南 1.4 千米的一个小山包上，坐标：东经 115° 57′ 04.40″，北纬 40° 48′ 11.40″，高程 897 米。

烽火台平面呈圆形，剖面呈梯形，毛石砌筑，底径 10 米，顶径 4 米，残高 6 米，坍塌成堆状，四周植被多为灌木和杂草。

267. 样田烽火台 02 号 130732353201170267

位于赤城县样田乡政府东北侧 270 米的河谷中，坐标：东经 115° 56′ 16.60″，北纬 40° 49′ 17.00″，高程 811 米。

烽火台平面呈矩形，剖面呈梯形，台芯素土分层夯筑，夯层厚 0.08 ～ 0.28 米，东西长 11 米，南北宽 8 米，残高 6.5 米，坍塌成堆状，四周为农田。

268. 倪家沟烽火台 01 号 130732353201170268

位于赤城县样田乡倪家沟村西南侧 1.2 千米的一个高山顶上，坐标：东经 115° 53′ 04.30″，北纬 40° 46′ 13.00″，高程 1298 米。

烽火台平面呈圆形，剖面呈梯形，毛石砌筑，底径 11 米，顶径 7.5 米，残高 2 ～ 4 米，坍塌成堆状，四周植被多为灌木和杂草。

269. 半沟烽火台 01 号 130732353201170269

位于赤城县样田乡半沟村北侧约 1.6 千米的一个高山顶上，坐标：东经 115° 54′ 51.00″，北纬 40° 46′ 52.50″，高程 1285 米。

烽火台平面呈圆形，剖面呈梯形，毛石砌筑，底径 14 米，顶径 7 米，残高 3.5 米，坍塌成堆状，北立面存外包墙体，长 2.2 米，残高 1.2 米，四周植被多为灌木和杂草。

270. 张浩烽火台 01 号 130732353201170270

位于赤城县样田乡张浩村西 1.1 千米处的一个小高山顶上，坐标：东经 115° 52′ 04.10″，北纬 40° 49′ 37.80″，高程 1146 米。

烽火台平面呈圆形，剖面呈梯形，毛石砌筑，底径 10 米，顶径 5.1 米，残高 3 米，坍塌成堆状，顶面存一人为挖掘的孔洞，长 4 米，宽 2 米，深 0.8 米，四周植被多为灌木和杂草。

271. 大地长城敌台 01 号 130732352101170271

位于赤城县后城镇大地村南侧 440 米的山坡上，坐标：东经 116° 04′ 26.50″，北纬 40° 42′ 27.30″，高程 781 米。

烽火台平面呈圆形，剖面呈梯形，毛石砌筑，底径 14 米，顶径 10 米，残高 3 米，坍塌成堆状，四周植被多为灌木和杂草。

272. 大地长城敌台 02 号 130732352101170272

位于赤城县后城镇大地村南侧 400 米的山坡上，坐标：东经 116° 04′ 18.00″，北纬 40° 42′ 27.60″，高程 744 米。

烽火台平面呈矩形，剖面呈梯形，台芯素土分层夯筑，夯层厚 0.06～0.12 米，底部东西长 9.1 米，南北宽 9 米，顶部东西长 5.1 米，南北宽 5 米，残高 3.2 米，台体掏蚀严重，四周散落少量碎砖，宽 0.15 米，厚 0.07 米，植被多为灌木和杂草。

273. 羊圈烽火台 01 号 130732353201170273

位于赤城县后城镇羊圈村东北侧约 600 米的一个小山包上，坐标：东经 116° 05′ 06.90″，北纬 40° 42′ 08.00″，高程 786 米。

烽火台平面呈圆形，剖面呈梯形，毛石砌筑，底径 13 米，顶径 5 米，残高 3 米，坍塌成堆状，四周植被多为灌木和杂草。

274. 羊圈烽火台 02 号 130732353201170274

位于赤城县后城镇羊圈村东北侧 1.2 千米的一个小山包上，坐标：东经 116° 05′ 25.10″，北纬 40° 42′ 23.10″，高程 830 米。

烽火台平面呈圆形，剖面呈梯形，毛石砌筑，底径 10 米，顶径 8 米，残高 3 米，仅北立面存外包墙体，长 3.5 米，残高 1.7 米，坍塌成堆状，顶部存榆树一棵，胸径 0.23 米，四周植被多为灌木和杂草。

275. 羊圈烽火台 03 号 130732353201170275

位于赤城县后城镇羊圈村北侧 800 米的一个小山包上，坐标：东经 116° 04′ 48.80″，北纬 40° 42′ 24.60″，高程 1095 米。

烽火台平面呈圆形，剖面呈梯形，毛石砌筑，底径 11 米，顶径 7.5 米，残高 4 米，坍塌成堆状，四周植被多为灌木和杂草。

276. 上堡烽火台 01 号 130732353201170276

位于赤城县后城镇上堡村南侧 1.1 千米的一个小山包上，坐标：东经 116° 06′ 43.10″，北纬 40° 42′ 44.30″，高程 715 米。

烽火台平面呈圆形，剖面呈梯形，毛石砌筑，底径 12 米，顶径 8 米，残高 3 米，坍塌成堆状，四周植被多为灌木和杂草。

277. 上堡烽火台 02 号 130732353201170277

位于赤城县后城镇上堡村南侧 150 米的一个高台地上，坐标：东经 116° 06′ 36.80″，北纬 40° 43′ 15.00″，高程 669 米。

烽火台已被平整种地，只略高于四周地面，现种植玉米等农作物。

278. 上堡烽火台 03 号 130732353201170278

位于赤城县后城镇上堡村南侧 150 米的一个小山包上，坐标：东经 116° 06′ 26.60″，北纬 40° 43′ 18.80″，718 米。

烽火台平面呈圆形，剖面呈梯形，毛石砌筑，底径 11 米，顶径 4.5 米，残高 4 米，坍塌成堆状，四周散落大量块石，植被多为灌木和杂草。

279. 上堡烽火台 04 号 130732353201170279

位于赤城县后城镇上堡村西北侧约 150 米的一个小山包上，坐标：东经 116° 06′ 27.50″，北纬 40° 43′ 34.30″，746 米。

烽火台平面呈矩形，剖面呈梯形，东西宽 9.5 米，南北长 9.55 米，高 5.3 米。立面为三段式，下段为条石基础 4 层，高 1.1 米，白灰砌筑，白灰勾缝；中段城砖砌筑，城砖尺寸 0.37 米 ×0.19 米 ×0.09 米，高 4.2 米，白灰砌筑，白灰勾缝；上段设施无存。

东立面上部面砖风化酥碱严重，南立面存竖向裂缝 3 条，宽 0.02 ～ 0.07 米，上部外包砖缺失，西、北立面上部面砖风化酥碱，顶部长有榆树一棵，胸径 0.12 米，四周植被多为灌木和杂草。

280. 上堡烽火台 05 号 130732353201170280

位于赤城县后城镇上堡村北侧约 260 米的山脊上，坐标：东经 116° 06′ 28.10″，北纬 40° 43′ 38.70″，高程 730 米。

烽火台平面呈矩形，剖面呈梯形，台芯素土分层夯筑，夯层厚 0.05 ～ 0.15 米，东西宽 5 米，南北长 6.5 米，残高 8 米，受风雨侵蚀，表面夯土脱落，四周植被多为灌木和杂草。

281. 上堡烽火台 06 号 130732353201170281

位于赤城县后城镇上堡村东北侧约 340 米的一个小山包上，坐标：东经 116° 06′ 39.10″，北纬 40° 43′ 39.20″，高程 694 米。

烽火台平面呈圆形，剖面呈梯形，台芯土石分层夯筑，夯层厚 0.1 ～ 0.17 米，底径 3.5 米，残高 4.4 米，受风雨侵蚀，表面夯土脱落，四周为农田。

282. 金鸡梁烽火台 06 号 130732353201170282

位于赤城县后城镇金鸡梁村东北约 500 米的一个山脊上，坐标：东经 116° 09′ 36.90″，北纬 40° 41′ 50.10″，高程 892 米。

烽火台平面呈圆形，剖面呈梯形，台芯素土分层夯筑，夯层厚 0.1 ～ 0.15 米，底径 6 米，残高 2 米，受风雨侵蚀，表面夯土脱落，西南侧有碎石堆，散落少许碎砖瓦，四周植被多为灌木和杂草。

283. 金鸡梁烽火台 07 号 130732353201170283

位于赤城县后城镇金鸡梁村东北约 1.4 千米的一个山脊上，坐标：东经 116° 09′ 54.20″，北纬 40° 42′ 17.00″，高程 894 米。

烽火台平面呈圆形，剖面呈梯形，台芯素土分层夯筑，底径 10 米，顶径 5.5 米，残高 4 米，受风雨侵蚀，表面夯土脱落，坍塌成堆状，四周散落少许碎砖瓦，植被多为灌木和杂草。

284. 琵琶烽火台 01 号 130732353201170284

位于赤城县后城镇万水泉村琵琶自然村东南约 1.9 千米的山梁上，坐标：东经 116° 09′ 46.10″，北纬 40° 42′ 39.40″，高程 1038 米。

烽火台平面呈圆形，剖面呈梯形，毛石砌筑，底径 5 米，残高 4 米，外包墙体高 1.8 米，坍塌成堆状，四周植被多为灌木和杂草。

285. 琵琶烽火台 02 号 130732353201170285

位于赤城县后城镇万水泉村琵琶自然村东南约 1.4 千米的山尖上，坐标：东经 116° 09′ 22.20″，北纬 40° 42′ 37.60″，高程 1049 米。

烽火台平面呈椭圆形，剖面呈梯形，毛石砌筑，底部东西长 9.5 米，南北宽 4.5 米，顶部东西长 7.5 米，南北宽 2.5 米，残高 2.5 米，坍塌成堆状，仅北立面存外包墙体，高 0.5 米，四周植被多为灌木和杂草。

286. 琵琶烽火台 03 号 130732353201170286

位于赤城县后城镇万水泉村琵琶自然村东南约 750 米的山峰上，坐标：东经 116° 08′ 36.90″，北纬 40° 42′ 39.70″，高程 1087 米。

烽火台平面呈圆形，剖面呈梯形，毛石砌筑，底径 12 米，顶径 5 米，残高 5 米，坍塌成堆状，仅北立面存外包墙体，高 0.5 米，四周植被多为灌木和杂草。

287. 琵琶烽火台 04 号 130732353201170287

位于赤城县后城镇万水泉村琵琶自然村东南约 1.6 千米的山脊上，坐标：东经 116° 09′ 40.40″，北纬 40° 42′ 54.40″，高程 1138 米。

烽火台平面呈圆形，剖面呈梯形，毛石砌筑，底径 14 米，顶径 8 米，残高 8.5 米，坍塌成堆状，顶部长有榆树一棵，胸径 0.17 米，四周植被多为灌木和杂草。

288. 琵琶烽火台 05 号 130732353201170288

位于赤城县后城镇万水泉村琵琶自然村东侧约 1.6 千米的山脊上，坐标：东经 116° 09′ 43.40″，北纬 40° 43′ 07.80″，高程 1152 米。

烽火台平面呈矩形，剖面呈梯形，毛石砌筑，底部东西宽 5 米，南北长 9 米，顶部东西宽 2 米，南北长 8 米，残高 5 米，坍塌成堆状，四周植被多为灌木和杂草。

289. 琵琶烽火台 06 号 130732353201170289

位于赤城县后城镇万水泉村琵琶自然村东偏北约 1.9 千米的山上，坐标：东经 116° 09′ 52.90″，北纬 40° 43′ 16.70″，高程 1204 米。

烽火台平面呈圆形，剖面呈梯形，毛石砌筑，底径 13 米，顶径 8 米，残高 3.5 米，坍塌成堆状，四周植被多为灌木和杂草。

290. 琵琶烽火台 07 号 130732353201170290

位于赤城县后城镇万水泉村琵琶自然村东偏北约 1.9 千米的山凹处，坐标：东经 116° 09′ 50.00″，北纬 40° 43′ 24.60″，高程 1163 米。

烽火台平面呈圆形，剖面呈梯形，毛石砌筑，底径 12 米，顶径 8 米，残高 2.8 米，坍塌成堆状，四周植被多为灌木和杂草。

291. 琵琶烽火台 08 号 130732353201170291

位于赤城县后城镇万水泉村琵琶自然村东偏北约 1.6 千米处，坐标：东经 116° 09′ 32.50″，北纬 40° 43′ 26.40″，高程 1022 米。

烽火台平面呈圆形，剖面呈梯形，毛石砌筑，底径 11 米，顶径 6.1 米，残高 2 米，坍塌成堆状，四周植被多为灌木和杂草。

292. 琵琶烽火台 09 号 130732353201170292

位于赤城县后城镇万水泉村琵琶自然村东偏北约 1.3 千米的山脊上，坐标：东经 116° 09′ 24.40″，北纬 40° 43′ 20.60″，高程 985 米。

烽火台平面呈矩形，剖面呈梯形，毛石砌筑，东西残宽 2～4 米，坍塌成南北残长 11 米，残高 2.5 米的一条石埂，四周植被多为灌木和杂草。

293. 琵琶烽火台 10 号 130732353201170293

位于赤城县后城镇万水泉村琵琶自然村东北约 1.2 千米的山脊上，坐标：东经 116° 09′ 17.30″，北纬 40° 43′ 20.20″，高程 999 米。

烽火台平面呈圆形，剖面呈梯形，毛石砌筑，底径 13 米，顶径 7 米，残高 6 米，坍塌成堆状，四周植被多为灌木和杂草。

294. 琵琶烽火台 11 号 130732353201170294

位于赤城县后城镇万水泉村琵琶自然村东 380 米的一个小山顶上，坐标：东经 116° 08′ 49.70″，北纬 40° 43′ 05.10″，高程 912 米。

烽火台平面呈圆形，剖面呈梯形，毛石砌筑，底径 10.6 米，残高 7.3 米，台体外包毛石外鼓，存裂缝多条，宽 0.06～0.13 米，东立面外包毛石缺失高 6.6 米，深 0.45 米，台芯内设木筋，每层间隔 0.85 米，共 6 层，木筋直径 0.05～0.1 米，糟朽严重，四周植被多为灌木和杂草。

295. 琵琶烽火台 12 号 130732353201170295

位于赤城县后城镇万水泉村琵琶自然村西约 560 米的山脊上，坐标：东经 116° 08′ 11.50″，北纬 40° 43′ 05.90″，高程 971 米。

烽火台平面呈圆形，剖面呈梯形，毛石砌筑，底径 11.5 米，顶径 5.5 米，残高 3.5 米，坍塌成堆状，四周植被多为灌木和杂草。

296. 琵琶烽火台 13 号 130732353201170296

位于赤城县后城镇万水泉村琵琶自然村西约 1.1 千米的山脊上，坐标：东经 116° 07′ 48.60″，北纬 40° 43′ 14.80″，高程 985 米。

烽火台平面呈圆形，剖面呈梯形，毛石砌筑，底径 6 米，顶径 4 米，残高 3.5 米，坍塌成堆状，四周植被多为灌木和杂草。

297. 琵琶烽火台 14 号 130732353201170297

位于赤城县后城镇万水泉村琵琶自然村东北 870 米的一个小山顶上，坐标：东经 116° 08′ 46.30″，北纬 40° 43′ 29.90″，高程 1044 米。

烽火台平面呈圆形，剖面呈梯形，毛石砌筑，底径 20 米，顶径 12 米，残高 5 米，坍塌成堆状，四周植被多为灌木和杂草。

298. 大西凹烽火台 01 号 130732353201170298

位于赤城县后城镇万水泉村大西凹自然村东 730 米的一个小山顶上，坐标：东经 116° 08′ 33.50″，北纬 40° 43′ 35.70″，高程 931 米。

烽火台平面呈圆形，剖面呈梯形，毛石砌筑，底径 12 米，顶径 7.5 米，残高 5 米，坍塌成堆状，四周植被多为灌木和杂草。

299. 大西凹烽火台 02 号 130732353201170299

位于赤城县后城镇万水泉村大西凹自然村西南约 480 米处的山脊上，坐标：东经 116° 07′ 44.70″，北纬 40° 43′ 27.70″，高程 904 米。

烽火台平面呈圆形，剖面呈梯形，毛石砌筑，底径 13 米，顶径 8 米，残高 5.5 米，坍塌成堆状，四周植被多为灌木和杂草。

300. 万水泉烽火台 01 号 130732353201170300

位于赤城县后城镇万水泉村南约 360 米的山脊上，坐标：东经 116° 07′ 49.20″，北纬 40° 43′ 44.60″，高程 808 米。

烽火台坍塌成堆状，四周散落毛石、碎瓦，植被多为灌木和杂草。

301. 万水泉烽火台 02 号 130732353201170301

位于赤城县后城镇万水泉村东 770 米的一个高山尖上，坐标：东经 116° 08′ 25.30″，北纬 40° 43′ 52.20″，高程 1101 米。

烽火台平面呈圆形，剖面呈梯形，毛石砌筑，底径 11 米，顶径 4 米，残高 4.5 米，坍塌成堆状，四周植被多为灌木和杂草。

302. 万水泉烽火台 03 号 130732353201170302

位于赤城县后城镇万水泉村东北 130 米的一个小山包上，坐标：东经 116° 07′ 56.80″，北纬 40° 43′ 52.60″，高程 754 米。

烽火台平面呈矩形，剖面呈梯形，台芯土石夯筑，底部东西长 7 米，南北宽 6 米，顶部东西长 2 米，南北宽 1 米，残高 4 米，坍塌成堆状，四周散落碎砖，植被多为灌木和杂草。

303. 万水泉烽火台 04 号 130732353201170303

位于赤城县后城镇万水泉村东侧约 230 米的一个小山包上，坐标：东经 116° 08′ 02.70″，北纬 40° 43′ 55.20″，高程 803 米。

烽火台平面呈圆形，剖面呈梯形，毛石砌筑，底径 13 米，顶径 5 米，残高 5 米，坍塌成堆状，顶部长有榆树一棵，胸径 0.12 米，四周植被多为灌木和杂草。

304.万水泉烽火台 05 号 130732353201170304

位于赤城县后城镇万水泉村北侧约 250 米的一个小山包上，坐标：东经 116° 07′ 54.60″，北纬 40° 44′ 03.40″，高程 772 米。

烽火台平面呈圆形，剖面呈梯形，毛石砌筑，底径 10 米，顶径 6.2 米，残高 3 米，坍塌成堆状，四周植被多为灌木和杂草。

305.万水泉烽火台 06 号 130732353201170305

位于赤城县后城镇万水泉村东北侧约 560 米的一个高台地上，坐标：东经 116° 08′ 09.10″，北纬 40° 44′ 08.50″，高程 785 米。

烽火台平面呈圆形，剖面呈梯形，毛石砌筑，底径 10 米，顶径 4.5 米，残高 5 米，坍塌成堆状，北立面长有三棵榆树，胸径 0.08 ～ 0.14 米，四周植被多为灌木和杂草。

306.大边烽火台 02 号 130732353201170306

位于赤城县后城镇大边村西南侧约 690 米的一个小高山上，坐标：东经 116° 08′ 05.60″，北纬 40° 44′ 25.80″，高程 917 米。

烽火台平面呈圆形，剖面呈梯形，毛石砌筑，底径 8.5 米，顶径 6.5 米，残高 3 米，坍塌成堆状，北侧长有一棵榆树，胸径 0.23 米，四周植被多为灌木和杂草。

307.大边烽火台 03 号 130732353201170307

位于赤城县后城镇大边村西侧约 100 米的一个小山包上，坐标：东经 116° 08′ 31.10″，北纬 40° 44′ 30.90″，高程 823 米。

烽火台平面呈圆形，剖面呈梯形，台芯山皮土夯筑，毛石砌筑，底径 11 米，顶径 7 米，残高 4 米，坍塌成堆状，南立面根部人为取土悬空，四周植被多为灌木和杂草。

308.大边烽火台 04 号 130732353201170308

位于赤城县后城镇大边村东北侧约 500 米的一个小山包上，坐标：东经 116° 08′ 55.10″，北纬 40° 44′ 32.70″，高程 865 米。

烽火台已被平整种地，遗址上散落少量碎砖，四周为农田。

309.蛤蟆沟烽火台 01 号 130732353201170309

位于赤城县后城镇蛤蟆沟村西南侧约 210 米的一个小山包上，坐标：东经 116° 06′ 37.80″，北纬 40° 43′ 54.50″，高程 734 米。

烽火台平面呈圆形，剖面呈梯形，毛石砌筑，底径 15 米，顶径 5 米，残高 6 米，坍塌成堆状，四周植被多为灌木和杂草。

310.蛤蟆沟烽火台 02 号 130732353201170310

位于赤城县后城镇蛤蟆沟村东北约 650 米处的一小山包上，坐标：东经 116° 06′ 48.60″，北纬 40° 44′ 21.50″，高程 763 米。

烽火台平面呈矩形，剖面呈梯形，台芯土石分层夯筑，夯层厚 0.1 ～ 0.15 米，底部南北长 10 米，东西宽 8 米，顶部南北长 7 米，东西宽 5 米，残高 3 米，受风雨侵蚀，表面夯土脱落，坍塌成堆状，台体散落大量碎砖。北侧有后期人为垒砌的石墙，西侧存一土坎，素土分层夯筑，夯层厚 0.07 ～ 0.15 米，四周为农田。

311. 榆树湾烽火台 01 号 130732353201170311

位于赤城县后城镇榆树湾村南侧约 260 米的一个小山包上，坐标：东经 116° 06′ 41.50″，北纬 40° 45′ 15.90″，高程 774 米。

烽火台平面呈圆形，剖面呈梯形，毛石砌筑，底径 11 米，顶径 5 米，残高 4.5 米，坍塌成堆状，四周植被多为灌木和杂草。

312. 草岭子烽火台 01 号 130732353201170312

位于赤城县后城镇草岭子村东南侧约 170 米的一个高台地上，坐标：东经 116° 06′ 33.80″，北纬 40° 45′ 50.10″，高程 744 米。

围堡式烽火台，总体布局为环形，烽火台居中，周圈设置围墙。

烽火台平面呈圆形，剖面呈梯形，毛石砌筑，底径 15 米，顶径 6 米，残高 7 米，坍塌成堆状。

围墙周长 114 米，占地面积 820 平方米，仅西墙内侧存有 5 米未塌的墙体，残高 0.9 米，其余皆坍塌成石埂状，顶部残宽 1 ～ 2 米，底部残宽 3 ～ 5 米，残高 3 米，北墙和烽火台之间存毛石砌筑连接墙，顶宽 1 米，残高 2.3 米，存长 4.6 米，围墙内长有杂树 3 棵，四周杂草滋长。

313. 老虎坑烽火台 01 号 130732353201170313

位于后城镇老虎坑村西北 660 米，老虎坑村与草岭子村之间的一个小高山顶上，坐标：东经 116° 06′ 11.00″，北纬 40° 46′ 06.90″，高程 922 米。

烽火台平面呈圆形，剖面呈梯形，毛石砌筑，底径 15 米，顶径 6 米，残高 6 米，坍塌成堆状，顶部散落少量碎砖，四周植被多为灌木和杂草。

314. 老虎坑烽火台 02 号 130732353201170314

位于后城镇老虎坑村西南 1.1 千米、南尹家沟村与北尹家沟村路口交汇处一小水库西岸边，坐标：东经 116° 06′ 30.50″，北纬 40° 46′ 27.60″，高程 802 米。

烽火台平面呈圆形，剖面呈梯形，毛石砌筑，坍塌成堆状，顶部散落少量碎砖，四周植被多为灌木和杂草。

315. 万水泉长城敌台 01 号 130732352101170315

位于赤城县后城镇万水泉村东南侧约 400 米的山坡上，坐标：东经 116° 08′ 09.00″，北纬 40° 43′ 51.60″，高程 847 米。

烽火台平面呈圆形，剖面呈梯形，毛石砌筑，底径 13 米，顶径 7 米，残高 5 米，坍塌成堆状，散落大量碎砖，四周植被多为灌木和杂草。

316. 万水泉长城敌台 02 号 130732352101170316

位于赤城县后城镇万水泉村西南侧约 250 米的山坡上，坐标：东经 116° 07′ 44.70″，北纬 40° 43′ 50.50″，高程 746 米。

烽火台平面呈矩形，剖面呈梯形，台芯土石分层夯筑，底部东西宽 5 米，南北长 6 米，顶部东西宽

3 米，南北长 2.5 米，残高 3 米，坍塌成堆状，北立面长有榆树 3 棵，胸径 0.11 ～ 0.19 米，四周植被多为灌木和杂草。

317. 万水泉长城敌台 03 号 130732352101170317

位于赤城县后城镇万水泉村西南侧 350 米处的山坡上，坐标：东经 116° 07′ 39.90″，北纬 40° 43′ 49.90″，高程 783 米。

烽火台平面呈矩形，剖面呈梯形，台芯土石分层夯筑，底部东西长 4 米，南北宽 3.5 米，残高 3 米，坍塌成堆状，四周植被多为灌木和杂草。

318. 万水泉长城敌台 04 号 130732352101170318

位于赤城县后城镇万水泉村西南侧山坡上，东北距村 720 米，坐标：东经 116° 07′ 27.40″，北纬 40° 43′ 42.20″，高程 884 米。

烽火台平面呈圆形，剖面呈梯形，毛石砌筑，底径 10 米，顶径 5 米，残高 3.5 米，坍塌成堆状，四周植被多为灌木和杂草。

319. 万水泉长城敌台 05 号 130732352101170319

位于赤城县后城镇万水泉村西南 970 米山坡上，坐标：东经 116° 07′ 17.30″，北纬 40° 43′ 39.20″，高程 810 米。

敌台平面呈圆形，剖面呈梯形，毛石砌筑，底径 20 米，顶径 9 米，残高 3.5 米，坍塌成堆状，四周散落大量碎石，植被多为灌木和杂草。

320. 万水泉长城敌台 06 号 130732352101170320

位于赤城县后城镇万水泉村西南 1 千米山坡上，坐标：东经 116° 07′ 12.00″，北纬 40° 43′ 41.50″，高程 763 米。

敌台东西接墙体，平面呈矩形，剖面呈梯形，东西长 9.56 米，南北宽 9.22 米，高 8.34 米。立面为三段式，下段为条石基础 3 层，高 0.9 米，白灰砌筑，白灰勾缝；中段城砖砌筑，城砖尺寸 0.45 米 × 0.2 米 × 0.09 米，高 7.44 米，东、西、北三立面均设箭窗 6 个，上部 4 个相对称，间距 1.14 米，下部 2 个相对称，间距 3.74 米，箭窗宽 0.32 米、高 0.64 米，窗上为一层条石过梁，长 0.8 米、宽 0.25 米、厚 0.15 米，箭窗内室深 1.2 米、宽 0.7 米；南立面中部设门，距地面 3.51 米高，宽 1 米、高 1.6 米、厚 0.84 米，起券方式为三伏三券，平水高 1.1 米，门券厚 0.95 米，两侧各有一竖立的长方形箭窗，上部存石质匾额一块，字迹不清，匾额上方平行分设 4 个竖立的长方形箭窗，东立面顶部北侧存长方形望孔一个。

东立面存竖向裂缝 3 条，宽 0.02 ～ 0.08 米，下部北侧箭窗窗台墙缺失，南立面存竖向裂缝 2 条，门券东侧券砖缺失，西立面南北两侧各存一道通裂缝，宽 0.02 ～ 0.07 米，台体上部面砖风化酥碱严重，顶部坍塌，设施无存，四周植被多为灌木和杂草。

321. 万水泉长城敌台 07 号 130732352101170321

位于赤城县后城镇万水泉村西南 1.3 千米山坡上，坐标：东经 116° 07′ 01.60″，北纬 40° 43′ 40.10″，高程 730 米。

敌台平面呈矩形，剖面呈梯形，台芯素土分层夯筑，夯层厚 0.1 ～ 0.15 米，底部东西宽 5 米，南北长 5.1 米，顶部东西宽 3 米，南北长 3.1 米，坍塌成堆状，四周植被多为灌木和杂草。

322. 万水泉长城敌台 08 号 130732352101170322

位于赤城县后城镇上堡村北侧山脊上、距堡城 260 米，坐标：东经 116° 06′ 33.70″，北纬 40° 43′ 38.10″，高程 707 米。

敌台平面呈矩形，剖面呈梯形，台芯土石分层构筑，其中：夯土层为素土分步夯筑，夯土高 0.28 ～ 0.45 米，每步 3 ～ 5 层，夯层厚 0.06 ～ 0.1 米；块石层为块石铺砌，块石规格为 0.12 ～ 0.35 米。底部东西长 4.5 米，南北宽 4 米，残高 5 米，顶部长有榆树一棵，四周散落大量碎砖石，植被多为灌木和杂草。

323. 万水泉长城敌台 09 号 130732352101170323

位于赤城县后城镇上堡村西北侧山脊上、距堡城 350 米，坐标：东经 116° 06′ 17.50″，北纬 40° 43′ 36.70″，高程 816 米。

敌台平面呈圆形，剖面呈梯形，毛石砌筑，底径 9 米，顶径 5 米，残高 6 米，坍塌成堆状，东北角长有榆树一棵，胸径 0.21 米，四周植被多为灌木和杂草。

324. 寺沟烽火台 01 号 130732353201170324

位于后城镇寺沟村南 1.3 千米、寺沟与后城镇上堡间的山梁上，坐标：东经 116° 05′ 38.90″，北纬 40° 43′ 45.60″，高程 1051 米。

敌台平面呈圆形，剖面呈梯形，毛石砌筑，底径 12 米，顶径 6 米，残高 4 米，坍塌成堆状，四周植被多为灌木和杂草。

325. 寺沟烽火台 02 号 130732353201170325

位于后城镇寺沟村南 880 米、寺沟与后城镇上堡间的山梁上，坐标：东经 116° 05′ 47.70″，北纬 40° 43′ 37.20″，高程 1061 米。

敌台平面呈圆形，剖面呈梯形，毛石砌筑，底径 8 米，顶径 5 米，残高 3 米，坍塌成堆状，顶部长有榆树 3 棵，胸径 0.21 米，四周植被多为灌木和杂草。

326. 寺沟烽火台 03 号 130732353201170326

位于后城镇寺沟村南 800 米、寺沟与后城镇上堡间的山梁上，坐标：东经 116° 05′ 57.50″，北纬 40° 43′ 34.50″，高程 1056 米。

敌台平面呈圆形，剖面呈梯形，毛石砌筑，底径 9 米，顶径 5 米，残高 3 米，坍塌成堆状，顶部长有榆树 3 棵，胸径 0.21 米，四周植被多为灌木和杂草。

327. 寺沟烽火台 04 号 130732353201170327

位于后城镇寺沟村南 550 米、寺沟与后城镇上堡间的山梁上，坐标：东经 116° 05′ 46.50″，北纬 40° 43′ 26.00″，高程 1021 米。

敌台平面呈圆形，剖面呈梯形，毛石砌筑，底径 14 米，顶径 8 米，残高 7 米，坍塌成堆状，仅北立面存外包墙体，长 8 米，高 1.5 米，四周植被多为灌木和杂草。

328. 长伸地烽火台 01 号 130732353201170328

位于后城镇长伸地村东南 780 米的一个高台地上，坐标：东经 116° 05′ 48.40″，北纬 40° 46′ 34.80″，高程 786 米。

围堡式烽火台，总体布局为环形，烽火台居中，四周设置围墙。

烽火台平面呈矩形，剖面呈梯形，南北长 9 米，东西宽 8 米，残高 5.5 米，一次砌筑台芯素土分层夯筑，夯层明显，厚 0.05～0.18 米，二次扩筑下部为城砖砌筑，上部台芯土石分层构筑，厚 0.52 米，其中：夯土层为素土分步夯筑，夯土高 0.35～0.45 米，每步 4～6 层，夯层厚 0.07～0.1 米；块石层为碎砖石铺砌，尺寸 0.1～0.17 米；顶部存城砖地面，城砖尺寸 0.45 米 ×0.23 米 ×0.08 米。

东立面南侧、中下部、东北角二次扩筑台芯缺失；南立面中部存冲沟一条，宽 0.8～1.3 米；西立面南、北二次扩筑台芯缺失，中部存裂缝 5 条，宽 0.02～0.05 米；北立面台身遍布细小裂缝，顶部长有杂树 4 棵，四周散落碎砖瓦。

周边存围墙，全部坍塌为石埂状，内外杂树杂草滋长，植被茂盛。

329. 长伸地烽火台 02 号 130732353201170329

位于后城镇长伸地村东南约 930 米的一个高山尖上，坐标：东经 116° 06′ 10.50″，北纬 40° 46′ 47.50″，高程 1067 米。

敌台平面呈圆形，剖面呈梯形，毛石砌筑，底径 13 米，顶径 4.5 米，残高 4 米，坍塌成堆状，顶部存后期人为用片石垒砌锥状体，高 1.2 米，周边存围墙，全部坍塌为石埂状，内外杂树杂草滋长，植被茂盛。

330. 长伸地烽火台 03 号 130732353201170330

位于后城镇长伸地村西南约 300 米的一个小山包上，坐标：东经 116° 05′ 24.30″，北纬 40° 46′ 49.60″，高程 871 米。

敌台东西接墙体，平面呈矩形，剖面呈梯形，台芯素土分层夯筑，夯层厚 0.2～0.23 米，东西宽 7.5 米，南北长 10.7 米，高 11.86 米。立面为三段式，下段为条石基础 5 层，高 0.77 米，东南角设毛石护台，白灰砌筑，白灰勾缝；中段城砖砌筑，厚 0.94 米，城砖 2 种尺寸，其一为 0.38 米 ×0.2 米 ×0.09 米，其二为 0.39 米 ×0.19 米 ×0.09 米，高 11.09 米，东立面底部辟门，已残损，残高 1.52 米、残宽 1.41 米，门券室宽 1.36 米、进深 0.58 米，内为砖砌方形门插孔，残高、宽均为 0.15 米，深 0.51 米，门内至券顶高 5.15 米，门上设三箭窗，中箭窗上设石质匾额一块，阴刻 "镇虏楼" 三字；西立面设三箭窗，南、北立面设二箭窗，起券方式均为一伏一券，宽 0.69 米，高 0.99 米，券室高 2.05 米，平水墙高 1.68 米，窗台墙高 0.98 米，厚 0.52 米，箭窗边框槽深 0.08 米，距地 6.35 米，南立面设一龙形石质吐水嘴。

门内设南向北折东向西而上的登台梯道，存南北向台阶 4 步，东西向 2 步，台阶为两块石拼成，宽 0.95 米，踢面高 0.21 米、踏面宽 0.23 米，南北向梯道东侧设望孔一个，宽 0.39 米，上残高 0.79 米。

中心台体四面设券道，宽 0.97 米，平水墙高 2.35 米，通高 2.79 米，内设长方形中心券室，南北长 6.41 米，东西宽 3.39 米，平水墙高 1.81 米，通高 2.83 米，四面设门与券道相通，东、西门宽 0.75 米，南、北门宽 0.77 米，高 1.92 米，起券方式为一伏一券，于西南角设梯井，长 2.2 米，宽 3.39 米。

中段与上段间设 3 层三层砖檐分隔，上下为直檐，中层为菱角檐；上部存垛口墙，北墙底宽 0.47 米，顶宽 0.31 米，存垛口 2 个，宽 0.59 米、高 0.86 米，间隔 2.26 米，望孔 3 个，射孔 3 个，顶部设劈水砖，其他面垛口墙大部分缺失。

烽火台整体保存较好，东立面中部存竖向裂缝 1 条，门已残损，南立面中部存竖向裂缝 1 条，东南角条石缺失，西立面有竖向通裂缝一条，西北角条石缺失，裂缝宽 0.02 ～ 0.05 米。

梯道两侧砌砖残损，台阶部分缺失，顶部的横木全部缺失，中层台室内的砖墁大多无存，仅北侧垛口墙保存较好，顶部长有小树 3 棵，四周杂树杂草滋长。

331. 长伸地烽火台 04 号 130732353201170331

位于后城镇长伸地村东北约 300 米的一个小高山上，坐标：东经 116° 05′ 36.10″，北纬 40° 47′ 10.60″，高程 824 米。

烽火台平面呈圆形，剖面呈梯形，毛石砌筑，底径 10 米，顶径 5 米，残高 4 米，坍塌成圆堆状，四周植被多为灌木和杂草。

332. 南尹家沟烽火台 01 号 130732353201170332

位于后城镇南尹家沟村北约 300 米的一个小山包，坐标：东经 116° 08′ 18.80″，北纬 40° 46′ 48.90″，高程 945 米。

烽火台平面呈矩形，剖面呈梯形，台芯素土分层夯筑，夯层厚 0.04 ～ 0.11 米，底部东西宽 5 米，南北长 6 米，顶部东西宽 3 米，南北长 3.5 米，残高 5.6 米，受风雨侵蚀，表面夯土脱落，东立面长有一棵杂树，南立面存冲沟 3 条，根部掏蚀严重，台体存细小裂缝多条，顶部长有榆树一棵，四周为农田。

333. 南尹家沟烽火台 02 号 130732353201170333

位于后城镇南尹家沟村西约 2.1 千米的一个小高山上，坐标：东经 116° 06′ 52.00″，北纬 40° 46′ 40.70″，高程 878 米。

烽火台平面呈圆形，剖面呈梯形，毛石砌筑，底径 16 米，顶径 9.5 米，残高 4 米，坍塌成圆堆状，四周植被多为灌木和杂草。

334. 盘道湾烽火台 01 号 130732353201170334

位于后城镇盘道湾村南 1.2 千米处的一个小台地上，坐标：东经 116° 04′ 43.40″，北纬 40° 47′ 37.80″，高程 809 米。

烽火台平面呈圆形，剖面呈梯形，毛石砌筑，底径 15 米，顶径 7 米，残高 3 米，坍塌成圆堆状，北立面长有榆树 2 棵，胸径 0.17 ～ 0.23 米，四周植被多为灌木和杂草。

335. 盘道湾烽火台 02 号 130732353201170335

位于后城镇盘道湾村南约 290 米的一个小山包上，坐标：东经 116° 04′ 40.50″，北纬 40° 48′ 08.60″，高程 902 米。

烽火台平面呈圆形，剖面呈梯形，毛石砌筑，底径 11 米，顶径 6 米，残高 4.5 米，坍塌成圆堆状，顶部散落少量碎瓦，四周植被多为灌木和杂草。

336. 姚家湾烽火台 01 号 130732353201170336

位于后城镇姚家湾村东约 230 米的一个小山包上，坐标：东经 116° 04′ 42.10″，北纬 40° 48′ 32.80″，高程 885 米。

烽火台平面呈圆形，剖面呈梯形，毛石砌筑，底径 12 米，顶径 5.5 米，残高 4 米，坍塌成圆堆状，东侧长有榆树一棵，胸径 0.17 米，四周植被多为灌木和杂草。

337. 东湾子烽火台 01 号 130732353201170337

位于后城镇东湾子村东北约 260 米的一个小山包上，坐标：东经 116° 04′ 09.80″，北纬 40° 49′ 32.10″，高程 926 米。

烽火台平面呈圆形，剖面呈梯形，毛石砌筑，底径 10 米，顶径 5 米，残高 4 米，坍塌成圆堆状，东侧长有榆树一棵，胸径 0.17 米，四周植被多为灌木和杂草。

338. 巡检司烽火台 01 号 130732353201170338

位于后城镇巡检司村西南约 300 米的一个小山包上，坐标：东经 116° 03′ 49.70″，北纬 40° 50′ 04.60″，高程 959 米。

烽火台平面呈矩形，剖面呈梯形，台芯素土分层夯筑，夯层厚 0.12～0.21 米，东西长 9.5 米，南北宽 8.5 米，高 7.1 米。立面为三段式，下段为条石基础 11 层，条石厚 0.14～0.33 米，高 1.4 米，白灰砌筑，白灰勾缝；中段城砖砌筑，城砖宽 0.19 米，厚 0.08 米，已无存，台高 6.7 米，白灰砌筑，白灰勾缝。

西、南立面条石缺失，台体包砖无存，受风雨侵蚀，表面夯土脱落，东立面台芯存裂缝一条，南立面根部坍塌体呈斜坡状高 3.2 米，西立面存裂缝一条，宽 0.05 米，顶部设施无存，四周植被多为灌木和杂草。

339. 巡检司烽火台 02 号 130732353201170339

位于后城镇巡检司村内坡上，坐标：东经 116° 03′ 59.20″，北纬 40° 50′ 15.60″，高程 894 米。

烽火台平面呈矩形，剖面呈梯形，台芯素土分层夯筑，东西宽 8.3 米，南北长 9 米，残高 6 米，西立面存竖向裂缝一条，根部长有杨树一棵，北立面根部掏蚀严重，北侧种有杨树 3 棵，胸径 0.07～0.15 米，东侧为农家宅院。

340. 巡检司烽火台 03 号 130732353201170340

位于后城镇巡检司村东北侧 300 米的一个高台地上，坐标：东经 116° 04′ 10.00″，北纬 40° 50′ 14.80″，高程 929 米。

围堡式烽火台，烽火台居于西北角，四周设置围墙。

烽火台平面呈矩形，剖面呈梯形，台芯素土分层夯筑，夯层厚 0.11～0.15 米，东西宽 5.6 米，南北长 6.8 米，残高 6 米，南立面下部存两处竖向槽沟，高 2.7 米，深 0.2 米，台身存多处细小裂缝，顶部杂草滋长。

围墙素土分层夯筑，夯层厚 0.08～0.14 米，已大部分坍塌，最高处 3.5 米，多处被当地农民平整种地，内外为农田，种植玉米等农作物，西侧有新建的庙宇一座。

341. 营盘梁烽火台 01 号 130732353201170341

位于后城镇营盘梁西侧约 190 米的一个小山包上，坐标：东经 116° 04′ 33.00″，北纬 40° 51′ 09.00″，高程 993 米。

烽火台平面呈圆形，剖面呈梯形，毛石砌筑，底径 10 米，顶径 8 米，残高 4 米，坍塌成圆堆状，顶部存有后期人为碎石垒砌的环形工事，四周植被多为灌木和杂草。

342. 营盘梁烽火台 02 号 130732353201170342

位于后城镇平路口村东北 1.7 千米，营盘梁东北约 700 米的一个小山包上，坐标：东经 116° 05′ 05.60″，北纬 40° 51′ 16.30″，高程 980 米。

围堡式烽火台，总体布局为环形，烽火台居中，周圈设置围墙。

烽火台平面呈矩形，剖面呈梯形，台芯素土分层夯筑，底部东西宽 4.7 米，南北长 6.8 米，顶部东西宽 2.7 米，南北长 4.8 米，南立面上部墙芯缺失，根部长有两棵榆树，北立面西侧存冲沟一条，宽 0.7 ～ 1.2 米，台身存多处细小裂缝，顶部存一层三合土厚 0.08 米，散落碎砖瓦，杂树杂草滋长。

围墙毛石砌筑，已全部坍塌成石埂状，内外植被多为灌木和杂草。

343. 辛墩烽火台 05 号 130732353201170343

位于后城镇辛墩村西 130 米的一个高台地上，坐标：东经 116° 03′ 12.90″，北纬 40° 50′ 45.70″，高程 952 米。

烽火台平面呈矩形，剖面呈梯形，台芯素土分层夯筑，夯层厚 0.07 ～ 0.14 米，东西长 10 米，南北宽 6 米，残高 7 米，受风雨侵蚀，表面夯土脱落，东立面长有一棵榆树，台身杂草杂树滋长，四周为农田。

344. 张寺沟烽火台 04 号 130732353201170344

位于后城镇张寺沟村东南侧 450 米的一个小山包上，坐标：东经 116° 03′ 28.20″，北纬 40° 51′ 19.30″，高程 980 米。

烽火台平面呈圆形，剖面呈梯形，毛石砌筑，底径约 9 米，顶径 5 米，残高 6.5 米，坍塌成圆堆状，南北侧长有榆树 6 棵，胸径 0.07 ～ 0.23 米，四周植被多为灌木和杂草。

345. 程正沟烽火台 01 号 130732353201170345

位于龙门所镇程正沟村西南约 900 米的一个小高台地上，坐标：东经 116° 00′ 32.40″，北纬 40° 52′ 24.30″，高程 929 米。

围堡式烽火台，总体布局为"回"字形，烽火台居中，四周设置围墙。

烽火台平面呈矩形，剖面呈梯形，台芯素土分层夯筑，夯层厚 0.08 ～ 0.15 米，底部东西宽 14 米，南北长 14.1 米，顶部东西宽 4.5 米，南北长 4.6 米，残高 7 米，受风雨侵蚀，表面夯土脱落，东立面存冲沟 3 条，宽 0.2 ～ 0.5 米，西立面中部掏蚀深 0.3 米，顶部杂草滋长。

围墙素土分层夯筑，夯层厚 0.08 ～ 0.15 米，顶部宽 0.5 ～ 1.2 米，外侧最高 5.2 米，内侧最高 2.8 米，围墙内种植玉米，外侧杂草灌木滋长。

346. 小堡子烽火台 01 号 130732353201170346

位于龙门所镇小堡子村西南约 100 米的一个小高台地上，坐标：东经 116° 00′ 15.10″，北纬 40° 52′ 05.10″，高程 971 米。

围堡式烽火台，总体布局为"回"字形，烽火台居中，四周设置围墙。

烽火台平面呈矩形，剖面呈梯形，台芯素土分层夯筑，夯层厚 0.08 ～ 0.15 米，底部东西宽 10 米，南北长 10 米, 顶部东西宽 2.4 米, 南北长 3.7 米, 残高 7.3 米, 受风雨侵蚀, 表面夯土脱落, 台身杂草滋长, 四周长有榆树 3 棵, 胸径 0.12 ～ 0.21 米。

围墙素土分层夯筑, 夯层厚 0.08 ～ 0.15 米, 顶宽 0.5 ～ 1.4 米, 内侧残高 1.1 ～ 2.1 米, 外侧墙体最高 4.6 米, 南立面中部设门, 围墙上长有榆树 5 棵, 胸径 0.1 ～ 0.23 米, 内外侧杂草灌木滋长。

347. 戴家沟烽火台 01 号 130732353201170347

位于龙门所镇戴家沟村东侧约 2 千米的山脊上, 坐标: 东经 116° 00′ 09.40″, 北纬 40° 53′ 29.40″, 高程 1162 米。

烽火台平面呈圆形, 剖面呈梯形, 毛石砌筑, 底径约 8 米, 顶径 6 米, 残高 2.7 米, 坍塌成堆状, 四周植被多为灌木和杂草。

348. 蒋家堡烽火台 01 号 130732353201170348

位于龙门所镇蒋家堡村东北侧约 2 千米的山脊上, 坐标: 东经 115° 58′ 37.20″, 北纬 40° 52′ 41.30″, 高程 1039 米。

烽火台平面呈圆形, 剖面呈梯形, 毛石砌筑, 底径约 6 米, 顶径 5 米, 残高 1.7 米, 坍塌成堆状, 四周植被多为灌木和杂草。

349. 蒋家堡烽火台 02 号 130732353201170349

位于龙门所镇蒋家堡村东侧约 1.5 千米的山脊上, 坐标: 东经 115° 58′ 11.90″, 北纬 40° 52′ 31.20″, 高程 1013 米。

烽火台平面呈圆形, 剖面呈梯形, 毛石砌筑, 底径约 7 米, 顶径 5 米, 残高 1.7 米, 坍塌成堆状, 四周植被多为灌木和杂草。

350. 蒋家堡烽火台 03 号 130732353201170350

位于龙门所镇蒋家堡村北侧约 500 米的山梁上, 坐标: 东经 115° 58′ 08.90″, 北纬 40° 52′ 49.20″, 高程 931 米。

烽火台平面呈矩形, 剖面呈梯形, 台芯素土分层夯筑, 夯层厚 0.1 ～ 0.15 米, 底部东西长 6.65 米, 南北宽 6.6 米, 顶部东西长 4.2 米, 南北宽 3.1 米, 残高 2.8 米, 受风雨侵蚀, 表面夯土脱落, 台体存冲沟多条, 顶部及四周杂草灌木滋长。

351. 蒋家堡烽火台 04 号 130732353201170351

位于龙门所镇蒋家堡村北侧约 420 米的山梁上, 坐标: 东经 115° 58′ 09.70″, 北纬 40° 52′ 46.60″, 高程 927 米。

烽火台平面呈矩形, 剖面呈梯形, 台芯素土分层夯筑, 底部东西长 6.65 米, 南北宽 6.6 米, 顶部东西长 4 米, 南北宽 3.5 米, 残高 2.1 米, 受风雨侵蚀, 表面夯土脱落, 台体存冲沟多条, 顶部及四周杂草灌木滋长, 南侧有一新建小庙。

352. 庙湾烽火台 04 号 130732353201170352

位于龙门所镇庙湾村东北侧约 1.6 千米的山脊上, 坐标: 东经 116° 01′ 31.40″, 北纬 40° 54′ 46.20″, 高程 1085 米。

烽火台平面呈圆形，剖面呈梯形，毛石砌筑，底径 9.5 米，顶径 4.5 米，残高 4 米，坍塌成堆状，四周植被多为灌木和杂草。

353. 申沟烽火台 01 号 130732353201170353

位于龙门所镇申沟村西北侧约 80 米处的小山包上，坐标：东经 115° 59′ 27.50″，北纬 40° 54′ 10.30″，高程 912 米。

烽火台平面呈圆形，剖面呈梯形，毛石砌筑，底径 9 米，顶径 6.8 米，残高 4 米，坍塌成堆状，西立面长有一棵榆树，胸径 0.26 米，四周植被多为灌木和杂草。

354. 申沟烽火台 02 号 130732353201170354

位于龙门所镇申沟村北侧约 700 米的小山包上，坐标：东经 115° 59′ 21.10″，北纬 40° 54′ 29.50″，高程 1041 米。

烽火台平面呈圆形，剖面呈梯形，毛石砌筑，底径 10 米，顶径 5 米，残高 3 米，坍塌成堆状，西立面长有一棵榆树，胸径 0.26 米，四周植被多为灌木和杂草。

355. 申沟烽火台 03 号 130732353201170355

位于龙门所镇申沟新村西北 220 米的河谷平地中，坐标：东经 115° 58′ 30.50″，北纬 40° 54′ 13.60″，高程 898 米。

围堡式烽火台，烽火台居于南墙。

烽火台平面呈矩形，剖面呈梯形，台芯土石分层夯筑，底部东西长 12.2 米，南北宽 12.1 米，顶部东西长 6 米，南北宽 5.7 米，残高 7.6 米，东立面墙芯上部缺失，存冲沟一条，宽 0.6 ～ 0.13 米，南立面东南角坍塌，西、北立面坍塌严重，顶部长有榆树一棵，胸径 0.17 米，台身杂草滋长，四周散落大量碎砖、板瓦及瓷片，砖宽 0.17 米，厚 0.08 米，板瓦为外素内布纹，厚 0.015 米，西侧 8 米有一道南北向的输电线路。

围墙南北长 75 米，东西长 61 米，占地面积 4200 平方米，墙已大部分坍塌，两侧呈坡状，顶部宽 1.8 米，底部宽约 3 米，残高 1.5 ～ 2.2 米，西南角及西北角略高，残高为 2.6 米，内外为农田，种植玉米等农作物。

356. 龙门所烽火台 01 号 130732353201170356

位于赤城县龙门所镇政府东南侧 430 米的一个小山包上，山下即为 112 国道，坐标：东经 115° 58′ 41.20″，北纬 40° 55′ 34.20″，高程 1007 米。

烽火台平面呈圆形，剖面呈梯形，毛石砌筑，底径 10 米，顶径 5 米，残高 4 米，坍塌成圆堆状，四周植被多为灌木和杂草。

357. 龙门所烽火台 02 号 130732353201170357

位于赤城县龙门所镇政府东北侧 950 米的一个小山包上，山下即为 112 国道，坐标：东经 115° 59′ 13.40″，北纬 40° 55′ 58.10″，高程 1119 米。

烽火台平面呈圆形，剖面呈梯形，毛石砌筑，底径 12 米，顶径 8 米，残高 3.5 米，坍塌成堆状，四周植被多为灌木和杂草。

358. 龙门所烽火台 03 号 130732353201170358

位于赤城县龙门所镇政府东北侧 950 米的一个小山包上，山下即为 112 国道，坐标：东经 115° 59′ 14.00″，北纬 40° 55′ 58.70″，高程 1119 米。

烽火台已全部坍塌，仅存一个土台，略高于山顶。

359. 龙门所烽火台 04 号 130732353201170359

位于赤城县龙门所镇政府东北侧约 1.5 千米的一个小山包上，山下即为 112 国道，坐标：东经 115° 59′ 02.64″，北纬 40° 56′ 13.90″，高程 1122 米。

烽火台平面呈圆形，剖面呈梯形，毛石砌筑，底径 5.4 米，残高 0.5 米，坍塌成堆状，顶部存一人为挖掘的孔洞，深 1.1 米，直径 3 米，四周植被多为灌木和杂草。

360. 龙门所烽火台 05 号 130732353201170360

位于赤城县龙门所城堡东北侧约 1 千米的一个小山包上，山下即为 112 国道，坐标：东经 115° 59′ 01.30″，北纬 40° 56′ 34.70″，高程 1038 米。

烽火台平面呈圆形，剖面呈梯形，毛石砌筑，底径 10 米，顶径 5 米，残高 3.7 米，坍塌成堆状，四周植被多为灌木和杂草。

361. 龙门所烽火台 06 号 130732353201170361

位于赤城县龙门所城堡北侧约 1.1 千米的一个高台地上，坐标：东经 115° 58′ 03.70″，北纬 40° 56′ 47.90″，高程 1002 米。

烽火台平面呈矩形，剖面呈梯形，台芯素土分层夯筑，夯层明显，厚 0.08 ～ 0.12 米，南北长 7.1 米，东西宽 7 米，残高 9 米，受风雨侵蚀，表面夯土脱落，台身杂草滋长，台体坍塌严重，西立面存冲沟 2 条，宽 0.4 ～ 0.9 米，西侧存一小段夯土墙，现已坍塌成一条土埂状，四周植被多为灌木和杂草。

362. 龙门所烽火台 07 号 130732353201170362

位于赤城县龙门所城堡西北侧约 1.4 千米的一个小山包上，当地人称"大西山"的半山腰上，坐标：东经 115° 57′ 30.60″，北纬 40° 56′ 42.60″，高程 1032 米。

烽火台平面呈圆形，剖面呈梯形，毛石砌筑，底径 8 米，顶径 5 米，残高 6.5 米，西立面存外包墙体高 2.2 米，坍塌成圆堆状，四周植被多为灌木和杂草。

363. 龙门所烽火台 08 号 130732353201170363

位于赤城县龙门所城堡西北侧的大西山山顶北端，直线距龙门所城堡 2.1 千米，坐标：东经 115° 56′ 49.40″，北纬 40° 56′ 31.30″，高程 1381 米。

烽火台平面呈矩形，剖面呈梯形，毛石砌筑，东西长 7.5 米，南北宽 7 米，高 3.5 米，北立面外包墙残高 1.3 米，东立面外包墙残高 1.4 米，南立面外包墙残高 1.1 米，东立面坍塌，块石散落台体根部，四周植被多为灌木和杂草。

364. 龙门所烽火台 09 号 130732353201170364

位于赤城县龙门所城堡西南侧约 860 米的一个高台地上，坐标：东经 115° 57′ 51.00″，北纬 40° 55′ 32.50″，高程 1019 米。

烽火台平面呈圆形，剖面呈梯形，毛石砌筑，底径 11 米，顶径 6.2 米，残高 3 米，坍塌成堆状，四周散落碎布瓦及碎砖，西北侧残存小段夯土墙，仅存基址，四周植被多为灌木和杂草。

365. 龙门所烽火台 10 号 1307323532201170365

位于赤城县龙门所城堡东侧约 300 米的一个高台地上，坐标：东经 115° 58′ 47.10″，北纬 40° 56′ 05.20″，高程 1014 米。

烽火台平面呈矩形，剖面呈梯形，台芯土、石、砖分层构筑，其中：夯土层为素土分步夯筑，夯土高 0.28 ～ 0.45 米，每步 3 ～ 5 层，夯层厚 0.06 ～ 0.1 米，碎石层厚 0.14 米，砖层为城砖甃砌，厚 0.13 米。底部东西长 10.1 米，南北宽 10 米，顶部东西长 7.1 米，南北宽 7 米，残高 8.5 米，东立面南侧、西北角台芯缺失，西立面中部存有部分砖砌墙，宽 0.8 米，高 1.5 米，植被多为灌木和杂草。

366. 龙门所烽火台 11 号 1307323532201170366

位于赤城县龙门所城堡东侧约 260 米的一个高台地上，坐标：东经 115° 58′ 43.00″，北纬 40° 56′ 14.00″，高程 971 米。

烽火台平面呈圆形，剖面呈梯形，台芯素土分层夯筑，夯层厚 0.08 米，底径 10 米，顶径 4 米，残高 6 米，坍塌成堆状，顶部长有杂树 2 棵，四周为农田，种植玉米等农作物。

367. 龙门所烽火台 12 号 1307323532201170367

位于赤城县龙门所城堡东北侧约 1.4 千米的一个山包上，坐标：东经 115° 59′ 25.90″，北纬 40° 56′ 31.80″，高程 1072 米。

烽火台平面呈圆形，剖面呈梯形，毛石砌筑，底径 9.5 米，残高 0.5 米，坍塌成堆状，顶部有一圆环形凹槽，宽 2 米，深 0.6 米，四周植被多为灌木和杂草。

368. 龙门所烽火台 13 号 1307323532201170368

位于赤城县龙门所城堡北侧 1.7 千米的一个高台地上，坐标：东经 115° 58′ 18.40″，北纬 40° 57′ 07.70″，高程 1011 米。

围堡式烽火台，烽火台居于西北角，四周设置围墙。

烽火台平面呈矩形，剖面呈梯形，台芯素土分层夯筑，夯层厚 0.08 ～ 0.1 米，底部东西宽 10 米，南北长 10.1 米，顶部东西宽 7.2 米，南北长 7.6 米，残高 9.5 米，东立面南侧台芯缺失，南立面存冲沟 3 条，宽 0.2 ～ 1.3 米，西立面存冲沟 1 条，宽 0.5 米，南侧存竖向裂缝一条，北立面根部坍塌成斜坡状高 6.7 米，台身杂草滋长，四周散落碎砖、瓦，南侧有碑座一个，底部宽 0.45 米，上部宽 0.37 米，残高 0.46 米，顶部长 0.97 米，内榫宽 0.15 米，长 0.29 米，深 0.15 米。有一块不规则的平板石，中间位置设有一孔，石长 1.17 米，宽 0.7 米，内孔直径 0.1 米，深 0.1 米。

围墙素土分层夯筑，现仅存一条高约 0.7 米的土埂，内外为农田。

369. 龙门所烽火台 14 号 1307323532201170369

位于赤城县龙门所城堡西北侧 1.6 千米的河谷农田中，坐标：东经 115° 57′ 52.90″，北纬 40° 57′ 04.70″，高程 954 米。

围堡式烽火台，总体布局为"回"字形，烽火台居中，四周设置围墙。

烽火台平面呈圆形，剖面呈梯形，台芯素土分层夯筑，夯层厚 0.1 ～ 0.15 米，坍塌成堆状，四周散落碎砖，城砖尺寸 0.35 米 ×0.15 米 ×0.08 米，台身杂草滋长，东北侧有一条小路通过。

围墙土石夯筑，坍塌成土石埂状，现已有多处被平整种地，墙体顶宽 0.7 ～ 1.6 米，最高处 4 米，内外为农田，种植玉米等农作物。

370. 马营口烽火台 03 号 130732353201170370

位于赤城县龙门所镇马营口村西南侧约 1.2 千米的一个山包上，坐标：东经 116° 01′ 15.10″，北纬 40° 55′ 37.60″，高程 1241 米。

烽火台平面呈圆形，剖面呈梯形，毛石砌筑，底径 11 米，顶径 7 米，残高 3.5 米，坍塌成堆状，四周植被多为灌木和杂草。

371. 马营口烽火台 04 号 130732353201170371

位于赤城县龙门所镇马营口村西侧约 980 米的一个山包上，坐标：东经 116° 00′ 59.40″，北纬 40° 56′ 03.30″，高程 1232 米。

烽火台平面呈圆形，剖面呈梯形，毛石砌筑，底径 10 米，顶径 7 米，残高 5 米，坍塌成堆状，四周植被多为灌木和杂草。

372. 马营口烽火台 05 号 130732353201170372

位于赤城县龙门所镇马营口村西侧约 1.8 千米的一个小山包上，坐标：东经 116° 00′ 25.60″，北纬 40° 56′ 01.00″，高程 1154 米。

烽火台平面呈圆形，剖面呈梯形，毛石砌筑，底径 10 米，顶径 6 米，残高 3.5 米，坍塌成堆状，四周植被多为灌木和杂草。

373. 马营口烽火台 06 号 130732353201170373

位于赤城县龙门所镇马营口村西侧约 1.8 千米的一个小山包上，坐标：东经 115° 59′ 54.10″，北纬 40° 55′ 56.00″，高程 1124 米。

烽火台平面呈圆形，剖面呈梯形，毛石砌筑，底径 11 米，顶径 8.7 米，残高 4.7 米，坍塌成堆状，四周植被多为灌木和杂草。

374. 水沟烽火台 01 号 130732353201170374

位于赤城县龙门所镇水沟新村西北侧 380 米的一个高台地上，坐标：东经 115° 59′ 55.60″，北纬 40° 56′ 54.10″，高程 1021 米。

围堡式烽火台，总体布局为"回"字形，烽火台居中，四周设置围墙。

烽火台平面呈矩形，剖面呈梯形，台芯素土分层夯筑，夯层厚 0.05 ～ 0.1 米，东西残宽 10 米，南北残长 11 米，残高 7 米，受风雨侵蚀，表面夯土脱落，南、北立面根部各存榆树一棵，胸径 0.09 ～ 0.12 米，西立面根部坍塌体呈斜坡状高 1.3 米，台身遍布细小裂缝，顶部长有杂树 2 棵，杂草滋长。

围墙坍塌仅存遗迹，内外为农田，种植玉米等农作物。

375. 十二道洼烽火台 01 号 130732353201170375

位于赤城县龙门所镇十二村道洼村东南侧约 600 米的一个小山包上，坐标：东经 115° 59′ 01.50″，北纬 40° 57′ 28.80″，高程 1150 米。

烽火台平面呈圆形，剖面呈梯形，毛石砌筑，底径 11 米，顶径 6.5 米，残高 4 米，坍塌成堆状，顶部存一根方形水泥桩，四周植被多为灌木和杂草。

376. 郭家窑烽火台 08 号 130732353201170376

位于赤城县龙门所镇郭家窑村西北 1.3 千米，郭家窑村与里沙沟老村间的一个小山包上，坐标：东经 116° 00′ 11.10″，北纬 40° 58′ 11.30″，高程 1307 米。

烽火台平面呈圆形，剖面呈梯形，毛石砌筑，底径 10 米，顶径 6 米，残高 4 米，坍塌成堆状，东南侧存榆树一棵，胸径 0.21 米，四周植被多为灌木和杂草。

377. 李家窑烽火台 01 号 130732353201170377

位于赤城县龙门所镇朱家庙村北 1.4 千米、李家窑村东南 980 米的棺材山的山脊上。

坐标：东经 115° 57′ 06.60″，北纬 40° 58′ 15.80″，高程 1235 米。

烽火台平面呈矩形，剖面呈梯形，毛石砌筑，东西长 6.7 米，南北宽 6.6 米，东、南立面外包墙体高 2.6 米，西立面存一洞穴，顶部散落少量碎瓦片，坍塌成堆状，四周植被多为灌木和杂草。

378. 李家窑烽火台 02 号 130732353201170378

位于赤城县龙门所镇李家窑西北侧约 900 米的一个高台地上，坐标：东经 115° 57′ 27.20″，北纬 40° 58′ 27.90″，高程 1017 米。

烽火台平面呈矩形，剖面呈梯形，台芯土石分层夯筑，夯层厚 0.07 ~ 0.11 米，东西长 7.8 米，南北宽 6 米，高 6.5 米，台身杂草滋长，北立面散落大量碎石，下设素土夯筑台基，30 米见方，散落少量碎瓦、砖，四周植被多为灌木和杂草。

379. 牧马堡烽火台 01 号 130732353201170379

位于赤城县龙门所镇牧马堡城堡东南侧约 230 米的一个高台地上，坐标：东经 115° 56′ 18.80″，北纬 41° 00′ 09.30″，高程 1092 米。

烽火台平面呈矩形，剖面呈梯形，台芯素土夯筑，东西长 9.2 米，南北宽 8.8 米，高 7.9 米，台身杂草滋长，四周存少量碎瓦，城砖尺寸 0.4 米 ×0.2 米 ×0.1 米，四周植被多为灌木和杂草。

380. 牧马堡烽火台 02 号 130732353201170380

位于赤城县龙门所镇牧马堡城堡东侧约 1.2 千米的山脊上，坐标：东经 115° 57′ 03.90″，北纬 41° 00′ 11.10″，高程 1375 米。

烽火台平面呈矩形，剖面呈梯形，毛石砌筑，底部东西长 6.1 米，南北宽 5.1 米，顶部东西长 5.8 米，南北宽 4.6 米，高 4.6 米，西立面存登顶台阶，现已坍塌，宽 1.7 米，长 4.2 米，最高 2.5 米，上部、北立面西侧外包墙体缺失，四周散落碎瓦和瓷片。

东北侧存部分石砌圈墙，断续相连，依山势而建，顶宽 0.6 米，最高 0.93 米，四周植被多为灌木和杂草。

烽火台西侧的山脊上存有 6 个石砌方形小台，沿山脊西北向东南排列，相距 6 ~ 35 米，大多已坍塌成石堆状，仅台 4 与台 5 保存较好，台 4：1.7 米见方，残高 0.7 米；台 5：1.3 米见方，残高 0.5 米。

381. 牧马堡烽火台 03 号 130732353201170381

位于赤城县龙门所镇牧马堡城堡东侧约 1.6 千米的山脊上，坐标：东经 115° 57′ 19.30″，北纬 41° 00′ 12.20″，高程 1420 米。

烽火台平面呈矩形，剖面呈梯形，台芯素土分层夯筑，外包城砖砌筑，东西宽 6 米，南北长 6.1 米，高 5.9 米，西、南立面存外包墙体高 0.7 米，北立面西侧存裂缝 2 条，宽 0.03 ～ 0.08 米，顶部长有榆树 2 棵，四周植被多为灌木和杂草。

烽火台两侧的山脊上存有 5 个石砌方形小台，仅有一个较好，2 米见方，残高 0.5 米，坍塌成小石堆。

382. 青平楼烽火台 01 号 130732353201170382

位于赤城县龙门所镇青平楼村西北侧约 2.5 千米的山脊上，坐标：东经 115° 58′ 16.70″，北纬 41° 00′ 32.00″，高程 1601 米。

烽火台平面呈圆形，剖面呈梯形，毛石砌筑，底径 15 米，顶径 7 米，残高 7 米，坍塌成堆状，四周植被多为灌木和杂草。

383. 青平楼烽火台 02 号 130732353201170383

位于赤城县龙门所镇青平楼村西北侧约 2.2 千米的山脊上，坐标：东经 115° 58′ 43.10″，北纬 41° 00′ 47.80″，高程 1599 米。

烽火台平面呈圆形，剖面呈梯形，毛石砌筑，底径 15 米，顶径 9 米，残高 5 米，坍塌成堆状，四周植被多为灌木和杂草。

384. 七十亩湾烽火台 01 号 130732353201170384

位于赤城县龙门所镇七十亩湾村东南侧约 1.1 千米的山脊上，坐标：东经 115° 56′ 33.50″，北纬 41° 01′ 29.90″，高程 1362 米。

烽火台平面呈圆形，剖面呈梯形，毛石砌筑，底径 11 米，顶径 8 米，残高 5 米，坍塌成堆状，四周植被多为灌木和杂草。

烽火台西侧山脊上存有 6 个小石堆，仅台 2 和台 3 保存较好，台 2 尺寸为：2 米见方，残高 0.6 米，台 3 尺寸为：1.7 米见方，残高 0.85 米，其他已坍塌成石堆状。

385. 外东沟烽火台 01 号 130732353201170385

位于赤城县龙门所镇外东沟村西南侧约 580 米的一个小高台地上，坐标：东经 115° 57′ 42.40″，北纬 41° 01′ 38.00″，高程 1183 米。

围堡式烽火台，总体布局为环形，烽火台居中，四周设置围墙。

烽火台平面呈矩形，剖面呈梯形，台芯素土分层夯筑，夯层厚 0.08 ～ 0.15 米，台芯上部存两层碎石层，层厚 0.65 米，碎砂石层之间夯土厚 0.32 米，东西宽 6.8 米，南北长 6.85 米，残高 6.5 米，受风雨侵蚀，表面夯土脱落，台身存多处冲沟和裂缝，顶部及四周散落城砖，尺寸为 0.39 米 ×0.19 米 ×0.085 米，杂草滋长。

围墙仅存西北角，顶宽 1.8 米，高 3.4 米，大多地段已被平整种地，外侧为农田，种植玉米等农作物。

386. 外东沟烽火台 02 号 130732353201170386

位于赤城县龙门所镇外东沟村西南侧约 580 米的一个小高台地上，坐标：东经 115° 57′ 07.10″，北纬 41° 02′ 03.50″，高程 1505 米。

烽火台平面呈圆形，剖面呈梯形，毛石砌筑，底径 8.5 米，顶径 4.5 米，残高 4 米，北立面存外包墙体高 1.5 米，坍塌成堆状，四周植被多为灌木和杂草。

387. 前楼烽火台 01 号 130732353201170387

位于赤城县龙门所镇前楼村东侧约 670 米的山脊上，坐标：东经 115° 56′ 07.10″，北纬 41° 02′ 19.40″，高程 1348 米。

烽火台平面呈圆形，剖面呈梯形，毛石砌筑，顶径 8.1 米，残高 4.4 米，东、南立面外包墙体保存较好，高 4.4 米，南立面存竖向裂缝一条，宽 0.04 ～ 0.11 米，北立面、西立面北侧坍塌，台芯内部存一层木筋，材质为桦木，直径 0.05 ～ 0.07 米，层距 0.6 ～ 0.9 米，四周散落碎瓦及碎陶片，四周植被多为灌木和杂草。

388. 前楼烽火台 02 号 130732353201170388

位于赤城县龙门所镇前楼村西南侧约 240 米的一个小高台地上，坐标：东经 115° 55′ 29.90″，北纬 41° 02′ 12.00″，高程 1154 米。

烽火台仅存一四方形台地，占地面积约 900 平方米，台地高 3.5 米，台芯素土分层夯筑，夯层厚 0.08 ～ 0.18 米，东南角下存条石，基址四周见碎砖，宽 0.19 米、厚 0.09 米，遗址上有人为挖掘的孔洞，中心部位有一移动信号放大器。

389. 前楼烽火台 03 号 130732353201170389

位于赤城县龙门所镇前楼村西北侧约 2.6 米的一个小高山上，坐标：东经 115° 53′ 53.60″，北纬 41° 02′ 38.00″，高程 1469 米。

烽火台平面呈圆形，剖面呈梯形，台芯素土夯筑，底径 11 米，顶径 6.5 米，残高 6 米，北立面存外包墙体高 1.5 米，坍塌成圆堆状，四周植被多为灌木和杂草。

390. 后楼烽火台 01 号 130732353201170390

位于赤城县龙门所镇后楼村东北侧约 150 米处的一个小高台地上，坐标：东经 115° 55′ 47.60″，北纬 41° 03′ 01.90″，高程 1194 米。

烽火台平面呈矩形，剖面呈梯形，台芯素土分层夯筑，夯层厚 0.08 ～ 0.15 米，东西长 7.1 米，南北宽 7 米，残高 6.7 米，受风雨侵蚀，表面夯土脱落，掏蚀严重，东立面上部墙芯缺失，南立面东北角上部墙芯缺失，南侧滋长一棵榆树，胸径 0.17 米，四周散落碎砖，植被多为灌木和杂草。

391. 后楼烽火台 02 号 130732353201170391

位于赤城县龙门所镇后楼村北侧约 620 米的一个小高山上，坐标：东经 115° 55′ 52.90″，北纬 41° 03′ 17.20″，高程 1316 米。

烽火台平面呈圆形，剖面呈梯形，毛石砌筑，底径 10 米，顶径 4 米，残高 5.5 米，坍塌成堆状，仅东立面存外包墙体，长 7.3 米，高 1.5 米，四周植被多为灌木和杂草。

392. 龙门所张家窑烽火台 01 号 130732353201170392

位于赤城县龙门所镇张家窑村北侧约 300 米的一个高台地上，坐标：东经 115° 56′ 10.80″，北纬 40° 57′ 36.90″，高程 1010 米。

围堡式烽火台，总体布局为"回"字形，烽火台居中，四周设置围墙。台体至东西围墙 5.65 米，至南北围墙 6.1 米。

烽火台平面呈矩形，剖面呈梯形，台芯素土分层夯筑，夯层厚 0.07 ～ 0.2 米，东西宽 13.1 米，南北长 13.7 米，残高 6.5 米，东立面上部墙芯缺失，根部坍塌成坡状，西立面中部存冲沟一条，宽 0.4 ～ 1.2 米，顶部长有杂树一棵，台身及四周杂草滋长。

围墙仅存东北和西北小部分圈墙，呈土埂状，高 1.5 米，外侧为农田，种植玉米等农作物。

393. 龙门所郝家窑烽火台 01 号 130732353201170393

位于赤城县龙门所镇郝家窑村西北侧约 3.7 千米的一个高山顶上，坐标：东经 115° 53′ 18.20″，北纬 40° 58′ 42.30″，高程 1373 米。

烽火台平面呈圆形，剖面呈梯形，毛石砌筑，底径 9 米，顶径 4.5 米，残高 5.5 米，坍塌成堆状，北侧存有一石臼，直径 0.35 米，深 0.1 米，四周植被多为灌木和杂草。

394. 龙门所西梁后烽火台 01 号 130732353201170394

位于赤城县龙门所镇西梁后村西北 470 米的一个小高台地上，坐标：东经 115° 57′ 27.30″，北纬 40° 55′ 29.00″，高程 1373 米。

烽火台平面呈矩形，剖面呈梯形，台芯山皮土夯筑，毛石砌筑，底部南北长 11.1 米，东西宽 11 米，顶部南北长 7.1 米，东西宽 7 米，残高 5 米，坍塌成堆状，顶部及台身杂树滋长，四周散落部分筒瓦、板瓦，均为外素内布纹，筒瓦厚 0.015 米，板瓦厚 0.01 米，植被多为灌木和杂草。

395. 龙门所景家窑烽火台 01 号 130732353201170395

位于赤城县龙门所镇景家窑村西南 550 米的一个山脊上，坐标：东经 115° 56′ 34.50″，北纬 40° 54′ 22.80″，高程 1134 米。

烽火台平面呈矩形，剖面呈梯形，毛石砌筑，顶部东西长 6.6 米，南北宽 6.5 米，残高 3.5 米，坍塌成圆堆状，顶部存一人为挖掘的孔洞，直径 2.8 米，深 1.5 米，东立面存外包墙体高 1.3 米，下设两层台基，东西宽 9 米，南北长 9.5 米，高 1.3 米，距烽火台 1.4 米，四周植被多为灌木和杂草。

396. 龙门所黑龙王沟烽火台 01 号 130732353201170396

位于赤城县龙门所镇黑龙王沟村西 2.2 千米的一个山脊头上，坐标：东经 115° 55′ 15.10″，北纬 40° 53′ 50.30″，高程 1415 米。

围堡式烽火台，总体布局为"回"字形，烽火台居中，四周设置围墙。

烽火台平面呈圆形，剖面呈梯形，毛石砌筑，底径 4 米，顶径 3.5 米，残高 2 米，坍塌成堆状，顶部及台身杂草滋长。

围墙平面呈矩形，墙宽 1.1 ～ 2 米，残高 0.7 ～ 1.5 米，东南角存门址一处，门宽 1.7 米，残高 0.8 米，四周植被多为灌木和杂草。

397. 龙门所黑龙王沟烽火台 02 号 130732353201170397

位于赤城县龙门所镇黑龙王沟村西南 2 千米的一个高山尖上，当地人称"鹰咀山"，坐标：东经 115° 55′ 51.50″，北纬 40° 53′ 15.70″，高程 1379 米。

烽火台平面呈椭圆形，剖面呈梯形，毛石砌筑，底径 5.5 米，残高 3 米，坍塌成堆状，仅南立面存外包墙体高 1.3 米，四周植被多为灌木和杂草。

398. 样田东红石窑烽火台 01 号 130732353201170398

位于赤城县样田乡东红石窑村西北侧约 1.6 千米的一个高山尖上，坐标：东经 115° 53′ 56.10″，北纬 40° 53′ 06.70″，高程 1274 米。

烽火台平面呈矩形，剖面呈梯形，台芯土石夯筑，外包毛石砌筑，台底 7 米见方，残高 5.5 米，为三层，底层高 2.8 米，内收 0.4 米，中层高 1 米，内收 0.4 米，上层高 1.7 米，最下面一层向内收进约 0.4 米，中间一层向内收进约 0.4 米，东立面外包墙体保存较好，北立面存外包墙体长 5 米，厚 0.6 米，高 0.4 米，台顶散落部分碎瓦，四周植被多为灌木和杂草。

399. 龙门所杜家窑烽火台 01 号 130732353201170399

位于赤城县龙门所镇杜家窑村北 1.3 千米的一个小高山顶上，坐标：东经 115° 57′ 39.50″，北纬 40° 54′ 25.20″，高程 1106 米。

烽火台平面呈圆形，剖面呈梯形，台芯山皮土夯筑，外包毛石砌筑，底径 13 米，顶径 7.5 米，残高 3.5 米，坍塌成堆状，四周植被多为灌木和杂草。

400. 龙门所沈家泉烽火台 01 号 130732353201170400

位于赤城县龙门所镇沈家泉村东南侧约 200 米的农田中，坐标：东经 115° 57′ 55.10″，北纬 40° 51′ 58.00″，高程 856 米。

烽火台平面呈矩形，剖面呈梯形，台芯素土分层夯筑，底部东西宽 15.1 米，南北长 15 米，顶部东西宽 3 米，南北长 4.7 米，残高 8.5 米，受风雨侵蚀，表面夯土脱落，西立面上部存冲沟 1 条，宽 0.3～0.7 米，台身杂草滋长，四周为农田，种植玉米等农作物。

401. 龙门所三义烽火台 01 号 130732353201170401

位于赤城县龙门所镇三义村南侧约 900 米的黑猪山上，坐标：东经 115° 57′ 30.90″，北纬 40° 51′ 17.00″，高程 992 米。

烽火台仅存遗迹，四周散落大量碎石，植被多为灌木和杂草。

402. 样田石灰窑烽火台 01 号 130732353201170402

位于赤城县样田乡石炭窑村东侧约 150 米的一个小高台地上，坐标：东经 115° 57′ 26.20″，北纬 40° 50′ 21.10″，高程 867 米。

烽火台平面呈圆形，剖面呈梯形，台芯素土分层夯筑，夯层厚 0.08～0.15 米，底径 11 米，顶径 7 米，残高 4 米，坍塌成堆状，顶部存一凹陷处，直径 4.4 米，深 0.6 米，台身杂草滋长，四周为农田。

403. 样田双山寨烽火台 01 号 130732353201170403

位于赤城县样田乡双山寨村东侧约 1 千米的一个小山包上，坐标：东经 115° 55′ 53.20″，北纬

40° 50′ 01.80″，高程 909 米。

烽火台平面呈矩形，剖面呈梯形，台芯素土分层夯筑，夯层厚 0.07 ～ 0.15 米，底部东西宽 11 米，南北长 11.1 米，顶部东西宽 5.5 米，南北长 7 米，残高 9.2 米，受风雨侵蚀，表面夯土脱落，东立面上部墙芯缺失，根部坍塌成斜坡状高 5.2 米，南立面根部坍塌成斜坡状高 5.4 米，台身遍布细小裂缝，杂草滋长，顶部及周围散落少量碎瓦片，东北角长有榆树一棵，植被多为灌木和杂草。

404. 样田双山寨烽火台 02 号 130732353201170404

位于赤城县样田乡双山寨村西南侧约 320 米的一个高台地上，坐标：东经 115° 55′ 07.60″，北纬 40° 49′ 36.80″，高程 868 米。

烽火台平面呈矩形，剖面呈梯形，台芯素土夯筑，东西宽 5 米，南北长 10 米，残高 2 米，顶部长有榆树一棵，胸径 0.17 米，受风雨侵蚀，表面夯土脱落，坍塌成土堆状，顶部及四周散落碎石，植被多为灌木和杂草。

405. 样田郭家屯烽火台 01 号 130732353201170405

位于赤城县样田乡郭家屯村东南侧约 1.1 千米的一个小山包上，坐标：东经 115° 55′ 40.30″，北纬 40° 50′ 27.40″，高程 865 米。

围堡式烽火台，总体布局为"回"字形，烽火台居中，四周设置围墙。

烽火台平面呈圆形，剖面呈梯形，台芯素土夯筑，受风雨侵蚀，表面夯土脱落，坍塌成堆状，四周散落碎石。

围墙占地面积 780 平方米，南、北墙存部分墙体，外侧毛石包砌，北墙存 7.9 米，残高 0.75 米，南墙存 4.5 米，东北角存素土夯筑墙体，夯层厚 0.07 ～ 0.14 米，东、南、北墙外侧呈漫坡状，西墙较高，呈土埂状，残高约 1 ～ 3 米，内外侧植被多为灌木和杂草。

406. 样田郭家屯烽火台 02 号 130732353201170406

位于赤城县样田乡郭家屯村西北 1.3 千米的山梁上，坐标：东经 115° 54′ 43.60″，北纬 40° 51′ 30.80″，高程 1012 米。

烽火台平面呈矩形，剖面呈梯形，毛石砌筑，底部东西长 8.5 米，南北宽 7.5 米，残高 3 米，坍塌成堆状，东立面中部、南立面、北立面中部、西南角存部分包砖墙体，高 0.8 ～ 2.8 米，南侧 6 米处存片石垒砌的护坡墙，东西向，长 4 米，高 1.5 米，用于找平地面，使台体南侧形成一平台，并可以保护台体不滑坡，东侧 1.4 米处存片石垒的石堰，南北向，长 1.3 米，高 1.4 米，四周植被多为灌木和杂草。

407. 样田柳林屯烽火台 01 号 130732353201170407

位于赤城县样田乡柳林屯村西南侧约 390 米的一个小山包上，坐标：东经 115° 54′ 31.50″，北纬 40° 50′ 17.10″，高程 892 米。

围堡式烽火台，总体布局为"回"字形，烽火台居中，四周设置围墙。

烽火台仅存遗迹，围墙占地面积 900 平方米，西墙存部分墙体，顶部残宽 0.6 米、残高 1.5 米，西北角外残高 2.5 米，内残高 0.6 米，其他墙体大部分坍塌成埂状，南墙内侧长有榆树一棵，北墙外侧长有榆树一棵，胸径 0.16 ～ 0.21 米，围墙内有多个树坑，内外侧植被多为灌木和杂草。

408. 样田杨家坟烽火台 01 号 130732353201170408

位于赤城县样田乡杨家坟村东，坐标：东经 115° 53′ 39.20″，北纬 40° 51′ 29.40″，高程 840 米。

烽火台平面呈矩形，剖面呈梯形，台芯土石分层夯筑，夯层厚 0.07 ～ 0.15 米，底部东西宽 8.33 米，南北长 9.4 米，残高 8 米，受风雨侵蚀，表面夯土脱落，东立面上部存冲沟一处，宽 0.3 ～ 0.7 米，西立面存裂缝一条，宽 0.03 ～ 0.05 米，台身遍布细小裂缝，杂草滋长，东北角长有榆树一棵，东侧为后期村民垒砌的石墙，高 1 米，西侧有南北向输电线路，北侧 35 米处存明清戏楼一座，植被多为灌木和杂草。

409. 老幼屯烽火台 01 号 130732353201170409

位于赤城县赤城镇老幼屯村东侧 582 米的山峰上，坐标：东经 115° 52′ 35.30″，北纬 40° 51′ 39.30″，高程 943 米。

烽火台平面呈圆形，剖面呈梯形，毛石砌筑，底径 6.3 米，残高 3.7 米，坍塌成堆状，仅西、北立面存部分外包墙体高 3.5 米，四周散落少量碎瓦片，植被多为灌木和杂草。

410. 老幼屯烽火台 02 号 130732353201170410

位于赤城县赤城镇老幼屯村北侧约 1 千米的台地上，坐标：东经 115° 52′ 08.80″，北纬 40° 51′ 12.60″，高程 863 米。

烽火台平面呈矩形，剖面呈梯形，素土分层夯筑，底部东西宽 5 米，南北长 17.5 米，顶部东西宽 2.5 米，南北长 7.5 米，残高 3.5 米，坍塌成堆状，顶部及四周散落大量布纹瓦碎片及少量碎砖，砖宽 0.15 米，厚 0.05 米，植被多为灌木和杂草。

411. 老幼屯烽火台 03 号 130732353201170411

位于赤城县赤城镇老幼屯村西侧约 1.2 千米的一个小高台地上，坐标：东经 115° 51′ 21.90″，北纬 40° 51′ 36.90″，高程 892 米。

烽火台平面呈圆形，剖面呈梯形，台芯素土分层夯筑，夯层厚 0.09 ～ 0.17 米，底径 12 米，残高 5 米，坍塌成堆状，四周散落少量内布外素的碎瓦片，四周为农田。

412. 兴仁堡烽火台 01 号 130732353201170412

位于赤城县赤城镇兴仁堡村西北侧 1.9 千米山脊上，坐标：东经 115° 49′ 20.10″，北纬 40° 53′ 04.90″，高程 1020 米。

烽火台仅存遗址，四周散落大量碎砖、白灰，西侧长有榆树一棵，胸径 0.17 米，植被多为灌木和杂草。

413. 兴仁堡烽火台 02 号 130732353201170413

位于赤城县南侧山脊上，兴仁堡西北侧。距兴仁堡 1.7 千米，坐标：东经 115° 49′ 40.00″，北纬 40° 53′ 16.30″，高程 972 米。

烽火台平面呈圆形，剖面呈梯形，台芯素土分层夯筑，夯层厚 0.07 ～ 0.15 米，东西残长 7.8 米，南北残宽 4.9 米，残高 1.4 米，坍塌成堆状，顶部长有榆树一棵，胸径 0.14 米，四周植被多为灌木和杂草。

414. 镇宁堡野马盘烽火台 01 号 130732353201170414

位于镇宁堡乡野马盘村西北侧 2.7 千米处的山脊上，坐标：东经 115° 30′ 18.00″，北纬 41° 06′ 29.90″，高程 1698 米。

烽火台平面呈圆形，剖面呈梯形，毛石砌筑，底径 10 米，残高 6.5 米，坍塌成圆堆状，植被多为灌木和杂草。

415. 镇宁堡野马盘烽火台 02 号 130732353201170415

位于镇宁堡乡野马盘村北侧约 725 米处的山脊上，坐标：东经 115° 32′ 20.90″，北纬 41° 06′ 22.60″，高程 1493 米。

烽火台平面呈圆形，剖面呈梯形，毛石砌筑，底径 11 米，顶径 8 米，残高 2.5 米，坍塌成堆状，顶部存一人为挖掘的孔洞，直径约 5 米，深 1.8 米，长有杂树一棵，四周植被多为灌木和杂草。

416. 镇宁堡野马盘烽火台 03 号 130732353201170416

位于镇宁堡乡水泉子村南 1.3 千米、野马盘村东北侧 1.2 千米处的山脊上，坐标：东经 115° 32′ 57.60″，北纬 41° 06′ 16.10″，高程 1532 米。

烽火台平面呈圆形，剖面呈梯形，毛石砌筑，底径 10 米，顶径 6 米，残高 3.5 米，坍塌成堆状，四周植被多为灌木和杂草。

417. 镇宁堡水泉子烽火台 01 号 130732353201170417

位于镇宁堡乡水泉子村东北侧 807 米处山脊上，坐标：东经 115° 33′ 32.10″，北纬 41° 05′ 52.20″，高程 1472 米。

烽火台平面呈圆形，剖面呈梯形，毛石砌筑，底径 13.5 米，顶径 3.5 米，残高 6.5 米，坍塌成堆状，四周植被多为灌木和杂草。

418. 镇宁堡水泉子烽火台 02 号 130732353201170418

位于镇宁堡乡水泉子村东侧 1.1 千米处的山脊上，坐标：东经 115° 33′ 53.20″，北纬 41° 05′ 38.40″，高程 1512 米。

烽火台平面呈圆形，剖面呈梯形，毛石砌筑，底径 10 米，顶径 6 米，残高 3.5 米，坍塌成堆状，四周植被多为灌木和杂草。

419. 镇宁堡水泉子烽火台 03 号 130732353201170419

位于镇宁堡乡水泉子村东侧 659 米的山脊上，坐标：东经 115° 33′ 35.50″，北纬 41° 05′ 33.80″，高程 1438 米。

烽火台平面呈圆形，剖面呈梯形，毛石砌筑，底径 8 米，顶径 5 米，残高 3 米，坍塌成堆状，四周植被多为灌木和杂草。

420. 镇宁堡水泉子烽火台 04 号 130732353201170420

位于赤城县镇宁堡乡野马盘村北 1.4 千米、水泉子村东 1.6 千米处，坐标：东经 115° 32′ 00.20″，北纬 41° 05′ 16.40″，高程 1652 米。

烽火台平面呈圆形，剖面呈梯形，毛石砌筑，底径 15 米，顶径 11.5 米，残高 9 米，坍塌成堆状，四周植被多为灌木和杂草。

421. 镇宁堡水泉子烽火台 05 号 130732353201170421

位于镇宁堡乡水泉子村西 1.4 千米、水泉子村与马营乡西沟村间的山脊上，坐标：东经 115° 34′ 08.70″，北纬 41° 05′ 25.50″，高程 1484 米。

烽火台平面呈圆形，剖面呈梯形，毛石砌筑，底径 10 米，顶径 6 米，残高 4.5 米，坍塌成堆状，四周植被多为灌木和杂草。

422. 镇宁堡盘石台烽火台 01 号 130732353201170422

位于镇宁堡乡盘石台村东北 2.1 千米处山脊上，坐标：东经 115° 34′ 25.80″，北纬 41° 04′ 48.70″，高程 1557 米。

烽火台平面呈圆形，剖面呈梯形，毛石砌筑，底径 10 米，顶径 6 米，残高 5.5 米，坍塌成堆状，四周植被多为灌木和杂草。

423. 镇宁堡盘石台烽火台 02 号 130732353201170423

位于镇宁堡乡盘石台村东侧 1.5 千米处山脊上，坐标：东经 115° 34′ 34.70″，北纬 41° 04′ 02.10″，高程 1525 米。

烽火台平面呈圆形，剖面呈梯形，毛石砌筑，底径 8 米，顶径 6 米，残高 3.5 米，坍塌成堆状，四周设有围墙，毛石垒砌；烽火台顶部及围墙顶部灌木、杂草滋长，北侧山脊半山腰存一小台，毛石砌筑，直径 3.5 米，残高 1 米。

424. 镇宁堡盘石台烽火台 03 号 130732353201170424

位于镇宁堡乡盘石台村东南侧 950 米处的山脊上，坐标：东经 115° 34′ 06.50″，北纬 41° 03′ 42.30″，高程 1409 米。

烽火台平面呈圆形，剖面呈梯形，毛石砌筑，底径 12 米，顶径 8 米，残高 3 米，坍塌成堆状，顶部散落少量碎砖，宽 0.12 米，厚 0.045 米，北侧山脊上存三条小沟，呈 "U" 形，为后期人为挖掘的掩体，沟宽 2～4 米间，深 1～2 米，四周植被多为灌木和杂草。

425. 镇宁堡盘石台烽火台 04 号 130732353201170425

位于镇宁堡乡盘石台村西南侧 800 米处的山脊上，坐标：东经 115° 33′ 00.00″，北纬 41° 03′ 44.10″，高程 1411 米。

烽火台平面呈圆形，剖面呈梯形，毛石砌筑，底径 12 米，顶径 8 米，残高 2.5 米，坍塌成堆状，四周设围墙，坍塌成石埂状，四周植被多为灌木和杂草。

426. 镇宁堡盘石台烽火台 05 号 130732353201170426

位于镇宁堡乡盘石台村东南侧 1.1 千米处的山脊上，坐标：东经 115° 34′ 02.50″，北纬 41° 03′ 32.20″，高程 1309 米。

烽火台平面呈矩形，剖面呈梯形，毛石砌筑，东西长 7 米，南北宽 6 米，高 2 米，存南立面、北立面外包墙体，高 0.1～0.7 米，坍塌成堆状，南立面存一人为挖掘的孔洞，宽 2 米、深 0.5 米，四周植被多为灌木和杂草。

427. 镇宁堡正阳墩烽火台 01 号 130732353201170427

位于镇宁堡乡正阳墩村西北侧 1.1 千米处的山脊上，坐标：东经 115° 34′ 47.20″，北纬 41° 03′ 41.40″，高程 1525 米。

烽火台平面呈圆形，剖面呈梯形，毛石砌筑，底径 17 米，顶径 7 米，残高 8 米，坍塌成堆状，顶部有后期毛石垒砌的"凹"形建筑，东西 1.5 米，南北 1.5 米，残高 1.1 米，南侧口宽 0.6 米，四周植被多为灌木和杂草。

428. 镇宁堡正阳墩烽火台 02 号 130732353201170428

位于镇宁堡乡正阳墩村南侧 1.5 千米处的沟口，坐标：东经 115° 35′ 04.80″，北纬 41° 02′ 22.70″，高程 1221 米。

围堡式烽火台，烽火台居于北墙中部，四周设置围墙。

烽火台平面呈矩形，剖面呈梯形，台芯素土分层夯筑，夯层厚 0.2～0.6 米，底部东西宽 8.8 米，南北长 8.58 米，顶部东西宽 5.8 米，南北长 6.5 米，残高 8.68 米，东立面上部台芯坍塌，东南侧台芯缺失，北立面中部及西侧台芯缺失，西立面根部坍塌成斜坡状高 1.6 米，顶部散落筒瓦，底部散落碎砖、瓦，砖宽 0.16 米，厚 0.08 米。

围墙平面呈矩形，墙芯素土分层夯筑，夯层厚 0.09～0.2 米，东墙内侧残高 2.8 米，外侧残高 5.55 米、顶成尖状；南墙内侧残高 3.4 米、外侧残高 4.6 米；西墙内侧残高 4.2 米，外侧最高 5.2 米，顶部最窄处 0.2 米，底宽 2.3 米；北墙内侧残高 3.8 米，外侧残高 4 米。西南角外侧根部有人为挖掘的孔洞一处，口呈半圆形，高 1.3 米，洞深约十数米，西墙内侧长有榆树一棵，胸径 0.21 米，北侧为一村路，围墙内外为农田，种植农作物。

429. 镇宁堡方家梁烽火台 01 号 130732353201170429

位于镇宁堡乡方家梁村西侧 2.4 千米处的山脊上、南侧山下距镇宁堡乡大边村 900 米，坐标：东经 115° 30′ 56.20″，北纬 41° 02′ 55.60″，高程 1616 米。

烽火台平面呈圆形，剖面呈梯形，毛石砌筑，底径 12 米，顶径 7.8 米，残高 1.1 米，坍塌成堆状，顶部长满杂草并有小坑，北侧有两段半圆形土墙，内环围墙宽 2.8 米，高 1 米，两墙之间设壕沟，上口宽 3.1 米，底宽 1.2 米，深 0.9 米，外环围墙坍塌严重，只略高于山体，四周植被多为灌木和杂草。

430. 镇宁堡方家梁烽火台 02 号 130732353201170430

位于镇宁堡乡方家梁村东北侧 950 米处的山脊上，坐标：东经 115° 33′ 10.40″，北纬 41° 03′ 12.20″，高程 1503 米。

烽火台平面呈圆形，剖面呈梯形，毛石砌筑，底径 12 米，顶径 9 米，残高 4.5 米，坍塌成堆状，四周有环形壕沟两道，内沟距烽火台 3 米，宽 3 米，深 0.6 米，外沟宽 3 米，深 0.7 米，两沟间隔 2.6 米，四周植被多为灌木和杂草。

431. 镇宁堡方家梁烽火台 03 号 130732353201170431

位于镇宁堡乡方家梁村东侧 1.5 千米处的山脊上，坐标：东经 115° 33′ 43.30″，北纬 41° 02′ 56.30″，高程 1430 米。

烽火台平面呈圆形，剖面呈梯形，毛石砌筑，底径 8 米，顶径 4.5 米，残高 2.5 米，坍塌成堆状，西立面存外包墙体 3.5 米，高 0.3 米，南立面存一人为挖掘的孔洞，长 4.5 米、宽 1.1 米的沟，深 2 米，四周植被多为灌木和杂草。

432. 镇宁堡东栅子烽火台 01 号 130732353201170432

位于镇宁堡乡东栅子村西北侧 2.3 千米处的山脊上、紧靠干枯的河谷西岸边，坐标：东经 115° 35′ 14.60″，北纬 41° 02′ 09.30″，高程 1226 米。

烽火台平面呈圆形，剖面呈梯形，台芯土石夯筑，底径 8 米，顶径 5 米，残高 4 米，坍塌成堆状，顶部存人为挖掘的孔洞 3 处，深 3.9 米、深 3.1 米、深 1.5 米，四周植被多为灌木和杂草。

433. 镇宁堡东栅子烽火台 02 号 130732353201170433

位于镇宁堡乡东栅子村北侧 300 米处的山顶上，坡下即为东栅子村，坐标：东经 115° 36′ 24.20″，北纬 41° 01′ 21.10″，高程 1269 米。

烽火台平面呈圆形，剖面呈梯形，毛石砌筑，底径 11 米，顶径 5 米，残高 8 米，坍塌成堆状，西、北侧长有 3 棵杂树，四周植被多为灌木和杂草。

434. 镇宁堡东栅子烽火台 03 号 130732353201170434

位于镇宁堡乡东栅子村中偏西处，坐标：东经 115° 36′ 09.20″，北纬 41° 01′ 07.90″，高程 1178 米。

烽火台平面呈矩形，剖面呈梯形，台芯素土分层夯筑，夯层厚 0.1 ～ 0.17 米，东西宽 10.4 米，南北长 11 米，残高 6 米，顶部中部台芯缺失，根部散落条石及城砖，条石厚 0.28 ～ 0.38 米，城砖尺寸 0.33 米 × 0.16 米 × 0.085 米，西北角有电线杆一根，线路从烽火台上部跨空穿过，四周为菜地，西侧为一农家院。

435. 镇宁堡东栅子烽火台 04 号 130732353201170435

位于镇宁堡乡东栅子村西南侧约 900 米处的一山包之上，坐标：东经 115° 35′ 37.90″，北纬 41° 00′ 52.00″，高程 1316 米。

烽火台平面呈圆形，剖面呈梯形，毛石砌筑，底径 11 米，顶径 7.8 米，残高 4.5 米，坍塌成堆状，仅北立面存外包墙体长 3.5 米，残高 0.7 米，南立面存一人为挖掘的孔洞，长 5 米、宽 1.3 ～ 2.6 米，深 3.3 米，四周植被多为灌木和杂草。

436. 镇宁堡东栅子烽火台 05 号 130732353201170436

位于镇宁堡乡中所村东南 2 千米、东栅子村东南 2.2 千米处的一紧靠公路边的平地上，坐标：东经 115° 37′ 22.40″，北纬 41° 00′ 17.90″，高程 1155 米。

围堡式烽火台，总体布局为环形，烽火台居中，四周设置围墙。

烽火台平面呈矩形，剖面呈梯形，台芯素土分层夯筑，夯层厚 0.04 ～ 0.1 米，东西长 6.2 米，南北宽 5.5 米，残高 6.3 米，受风雨侵蚀，表面夯土脱落，台体上部墙芯缺失，北立面存冲沟一条，宽 0.5 ～ 1.6 米，四周杂草滋长。

围墙平面呈矩形，墙芯素土夯筑，底部宽 1 ～ 2.5 米，顶部宽 0.4 ～ 0.1 米，外侧最高 4.3 米，内侧最高 2.8 米，墙芯坍塌堆积在墙体根部，杂草滋长，南侧有一电线杆，输电线路南北向从烽火台上部跨空穿过，西侧有一村路，四周为农田。

437. 镇宁堡东栅子烽火台 06 号 130732353201170437

位于镇宁堡乡中所村东南 2.9 千米、东栅子村南 1.9 千米处的山脊上，坐标：东经 115° 36′ 36.00″，北纬 41° 00′ 11.80″，高程 1326 米。

烽火台平面呈圆形，剖面呈梯形，毛石砌筑，底径 10 米，顶径 6 米，残高 3 米，坍塌成堆状，顶部存一人为挖掘的孔洞，直径 3 米，深 0.7 米，北侧存壕沟两道，口宽 4.5 米，两沟紧邻，四周植被多为灌木和杂草，北侧山脊上存小台 8 个，均已坍塌仅存遗址，面积约 2～4 平方米。

438. 镇宁堡中所烽火台 01 号 130732353201170438

位于镇宁堡乡中所村西北侧 1.5 千米处的山上，坐标：东经 115° 37′ 20.70″，北纬 40° 59′ 26.80″，高程 1402 米。

烽火台平面呈圆形，剖面呈梯形，毛石砌筑，底径 10 米，顶径 4 米，残高 5 米，坍塌成堆状，西立面存一人为挖掘的孔洞，长 3.5 米，宽 2 米，深 1.7 米，四周植被多为灌木和杂草。

439. 镇宁堡界碑沟烽火台 01 号 130732353201170439

位于镇宁堡乡东栅子村南侧 2.2 千米处的山脊，东南距界碑沟 900 米，坐标：东经 115° 35′ 44.90″，北纬 40° 59′ 59.40″，高程 1466 米。

烽火台平面呈圆形，剖面呈梯形，台芯山皮土夯筑，毛石砌筑，底径 9 米，顶径 6 米，残高 3.5 米，外包墙体存高 1.2 米，坍塌成堆状，东侧裸露山石上存石臼两个，间距 1.1 米，其一直径 0.35 米，深 0.08 米，其二直径 0.33 米，深 0.23 米，西侧山脊上存一段石墙，四周植被多为灌木和杂草。

440. 镇宁堡界碑沟烽火台 02 号 130732353201170440

位于镇宁堡乡东栅子村南侧 2.3 千米处的山脊，东南距界碑沟 1.4 千米，坐标：东经 115° 35′ 18.30″，北纬 40° 59′ 32.70″，高程 1352 米。

烽火台平面呈圆形，剖面呈梯形，台芯山皮土夯筑，毛石砌筑，底径 9 米，顶径 5 米，残高 3.5 米，坍塌成堆状，北侧存壕沟两道，口宽 2～4 米，四周植被多为灌木和杂草。

441. 镇宁堡老王沟烽火台 01 号 130732353201170441

位于镇宁堡乡中所村西南 2.4 千米、老王沟村西 1.4 千米处的山脊，坐标：东经 115° 39′ 34.30″，北纬 41° 00′ 26.40″，高程 1411 米。

烽火台平面呈圆形，剖面呈梯形，毛石砌筑，底径 11 米，顶径 6.5 米，残高 5 米，坍塌成堆状，北立面有酸枣树一棵，胸径 0.07 米，四周植被多为灌木和杂草。

442. 镇宁堡老王沟烽火台 02 号 130732353201170442

位于镇宁堡乡老王沟村东侧约 920 米处的山脊，坐标：东经 115° 41′ 14.60″，北纬 41° 00′ 30.60″，高程 1441 米。

烽火台平面呈圆形，剖面呈梯形，毛石砌筑，底径 11 米，顶径 5 米，残高 5.5 米，坍塌成堆状，东立面存外包墙体长 2 米，高 1.5 米，西立面存外包墙体长 1.5 米，高 1 米，西立面有人为挖掘的痕迹，四周散落少量碎瓦片，植被多为灌木和杂草。

443. 镇宁堡老王沟烽火台 03 号 130732353201170443

位于镇宁堡乡老王沟村东侧 1.8 千米处的山脊，坐标：东经 115° 41′ 53.40″，北纬 41° 00′ 36.40″，高程 1377 米。

烽火台平面呈圆形，剖面呈梯形，毛石砌筑，底径 9 米，顶径 3.5 米，残高 3 米，坍塌成堆状，顶部及四周散落少量碎瓦片和瓷片，植被多为灌木和杂草。

444. 镇宁堡老王沟烽火台 04 号 130732353201170444

位于镇宁堡乡老王沟村东侧 1.8 千米处的山脊，坐标：东经 115° 41′ 55.50″，北纬 41° 00′ 36.80″，高程 1378 米。

烽火台平面呈矩形，剖面呈梯形，台芯素土分层夯筑，夯层厚 0.07 ～ 0.2 米，东西长 6.5 米，南北宽 4 米，高 4.5 米，台体上部坍塌严重，顶部及台身杂草滋长，四周散落碎瓦片、瓷片，植被多为灌木和杂草。

445. 镇宁堡东沟楼烽火台 01 号 130732353201170445

位于镇宁堡乡东沟楼村西侧，紧邻村委会，坐标：东经 115° 40′ 41.40″，北纬 40° 59′ 32.00″，高程 1170 米。

围堡式烽火台，总体布局为环形，烽火台居中，四周设置围墙。

烽火台平面呈圆形，剖面呈梯形，台芯素土分层夯筑，夯层厚 0.06 ～ 0.1 米，外包城砖砌筑，东西宽 8.5 米，南北长 11 米，残高 10.5 米，受风雨侵蚀，表面夯土脱落，掏蚀严重，南立面存外包墙长 1.5 米，高 2.2 米，厚 0.5 米，东立面仅存中部墙芯，西立面北侧存竖向裂缝 2 条，顶部有通信铁质天线一根，顶部及根部散落少量碎砖、瓦。

围墙平面呈矩形，素土分层夯筑，夯层厚 0.06 ～ 0.1 米，东墙内侧残高 4.7 米，外侧残高 4.8 米，顶宽 0.8 米；南墙中部存豁口一处，宽 4 米，内侧残高 3 米，外侧残高 3.4 米，顶宽 0.6 米，底宽 2.45 米；北墙内侧残高 2.4 米，外侧残高 9 米，顶宽 0.3 米；西墙内侧残高 3.3 米，外侧残高 7 米，顶宽 0.2 ～ 0.6 米，底宽 2.1 米，外侧坍塌成斜坡状，东侧为一农家院，长有榆树 3 棵，四周杂草滋长。

446. 镇宁堡烽火台 01 号 130732353201170446

位于镇宁堡村东侧 780 米处的山脊上，坐标：东经 115° 40′ 41.40″，北纬 40° 59′ 32.00″，高程 1170 米。

烽火台平面呈圆形，剖面呈梯形，台芯为山皮土夯筑，毛石砌筑，底径 9 米，顶径 4.5 米，残高 4 米，坍塌成堆状，顶部存人为挖掘的孔洞一处，长 3.3 米，宽 1.8 米，深 1.1 米，东侧山脊存一条壕沟，已基本填平，植被多为灌木和杂草。

447. 镇宁堡烽火台 02 号 130732353201170447

位于镇宁堡村东南约 1 千米处一土台上，坐标：东经 115° 40′ 14.10″，北纬 40° 58′ 09.30″，高程 1082 米。

烽火台平面呈矩形，剖面呈梯形，台芯土石夯筑，毛石砌筑，底部东西长 8 米，南北宽 4 米，残高 4 米，坍塌成石堆状，东立面存人为挖掘的孔洞，台芯中存大量青砖及一块条石，洞内壁可见青砖，顶部散落大量青砖、瓦，及部分海墁方砖，城砖规格分为两种，其一为 0.39 米 ×0.2 米 ×0.1 米，其二为

0.31 米 ×0.16 米 ×0.06 米，板瓦尺寸为长 0.31 米，宽 0.22 米，厚 0.025 米，方砖尺寸 0.35 米 ×0.3 米 ×0.06 米，柱顶石两块，尺寸为底部 0.46 米 ×0.46 米，石厚 0.12 米，鼓镜高 0.02 米，直径 0.35 米。

下设台基，台芯素土夯筑，周长 89 米，面积 281 平方米，顶部东西宽 7～10 米，南北长 37 米，高 8 米，呈长条状，四立面砌筑毛石护坡墙，高 1.3 米，西立面存电线杆 3 根，植被多为灌木和杂草。

448. 镇宁堡烽火台 03 号 130732353201170448

位于镇宁堡营城东南侧河道东侧的山顶上，东北侧距镇宁堡村 3 千米，坐标：东经 115° 41′ 07.60″，北纬 40° 57′ 19.70″，高程 1156 米。

烽火台平面呈圆形，剖面呈梯形，毛石砌筑，底径 7 米，顶径 4.2 米，残高 3 米，坍塌成堆状，北立面存外包墙体，长 2.3 米，高 0.7 米，植被多为灌木和杂草。

449. 镇宁堡丁字路烽火台 01 号 130732353201170449

位于镇宁堡乡丁字路村西侧 2.3 千米处的山脊，坐标：东经 115° 31′ 09.60″，北纬 41° 01′ 12.80″，高程 1569 米。

烽火台平面呈圆形，剖面呈梯形，毛石砌筑，顶部东西宽 7 米，南北长 7.1 米，残高 4 米，坍塌成圆堆状，台芯内部存木筋，材质为桦木，立面存外包墙体，高 1.3 米，下设毛石台基，外出 0.8 米。

四周设壕沟，距台 2.5 米，西侧沟口宽 2.5 米，深 2 米，将山脊横断，沟内长满灌木及杂草，沟外侧毛石砌墙，西墙长 11 米，较完好 6 米，内侧残高 0.3～1.4 米，外侧残高 0.6～1.6 米，顶宽 0.8 米，其他墙体全部坍塌，只存基础，四周植被多为灌木和杂草。

450. 镇宁堡丁字路烽火台 02 号 130732353201170450

位于镇宁堡乡丁字路村公路东侧约 900 米处的山顶之上，坐标：东经 115° 33′ 24.70″，北纬 41° 00′ 47.90″，高程 1569 米。

烽火台平面呈圆形，剖面呈梯形，毛石砌筑，底径 11 米，顶径 4.5 米，残高 6 米，坍塌成堆状，西侧存一巨石，植被多为灌木和杂草。

451. 镇宁堡葵花村烽火台 01 号 130732353201170451

位于镇宁堡乡葵花村西北侧 3.8 千米处的山上、东北侧距丁字路村 2.9 千米，坐标：东经 115° 32′ 40.80″，北纬 40° 59′ 34.80″，高程 1690 米。

烽火台为一自然山包，仅顶部存少量石块，四面存壕沟，口宽 2.2～3.5 米，深 0.5～1.5 米，挖出的土堆于外侧，植被多为灌木和杂草。

452. 镇宁堡葵花村烽火台 02 号 130732353201170452

位于镇宁堡乡葵花村西北侧 3.8 千米处的山上、东北侧距丁字路村 2.9 千米，坐标：东经 115° 31′ 34.00″，北纬 40° 59′ 35.80″，高程 1688 米。

烽火台平面呈圆形，剖面呈梯形，毛石砌筑，底径 10 米，顶径 6 米，残高 3.5 米，坍塌成堆状，南立面存人为挖掘的孔洞，露出一块焦石，长 2 米，高 1.3 米，宽 1 米，似为多块碎石被烧焦粘在一起，用途不明，南侧存杂树一棵，植被多为灌木和杂草。

453. 镇宁堡葵花村烽火台 03 号 130732353201170453

位于镇宁堡乡葵花村西北侧 2.6 千米处的山脊上，坐标：东经 115° 32′ 40.80″，北纬 40° 59′ 34.80″，高程 1622 米。

烽火台平面呈矩形，剖面呈梯形，毛石砌筑，东西残长 10.8 米，南北残宽 10 米，残高 2.1 米，坍塌成圆堆状，南立面存外包墙体，高 2.1 米，四面设壕沟，口宽 1.8 ～ 2.5 米、深 1.2 米，植被多为灌木和杂草。

454. 镇宁堡葵花村烽火台 04 号 130732353201170454

位于镇宁堡乡葵花村北约 1 千米处的山顶上，坐标：东经 115° 33′ 54.10″，北纬 40° 59′ 03.90″，高程 1529 米。

烽火台平面呈圆形，剖面呈梯形，毛石砌筑，底径 12 米，顶径 6.4 米，残高 5 米，坍塌成堆状，四周杂树滋长，西、北侧存壕沟痕迹，植被多为灌木和杂草。

455. 镇宁堡胡家窑烽火台 01 号 130732353201170455

位于镇宁堡乡胡家窑村沟口处北侧干枯的河道内、西南距胡家窑村 1.8 千米，坐标：东经 115° 35′ 34.50″，北纬 40° 58′ 57.80″，高程 1174 米。

烽火台平面呈圆形，剖面呈梯形，毛石砌筑，占地面积 25 平方米，坍塌成堆状，东面为近期人为挖掘取石的壕沟，宽约 5 米，台芯内部存木筋，四周散落碎砖、小白灰块、条石、河卵石块，植被多为灌木和杂草。

456. 镇宁堡胡家窑烽火台 02 号 130732353201170456

位于镇宁堡乡胡家窑村北侧约 1.1 千米处的山脊上，坐标：东经 115° 34′ 58.00″，北纬 40° 58′ 52.20″，高程 1349 米。

烽火台平面呈圆形，剖面呈梯形，毛石砌筑，底部直径 13 米，顶部直径 4.6 米，残高 6 米，坍塌成堆状，四周杂树滋长，植被多为灌木和杂草。

457. 镇宁堡胡家窑烽火台 03 号 130732353201170457

位于镇宁堡乡胡家窑村西北侧约 270 米处的山坡上，坐标：东经 115° 34′ 29.00″，北纬 40° 58′ 27.40″，高程 1249 米。

烽火台平面呈圆形，剖面呈梯形，台芯土石夯筑，毛石砌筑，底部直径 12.5 米，顶部直径 3.5 米，残高 5 米，坍塌成堆状，南立面存人为挖掘的孔洞 2 处，西侧长 3 米，宽 1.5 米，东侧长 1 米，宽 1 米，深 0.5 米，四周散落大量城砖，尺寸 0.38 米 ×0.2 米 ×0.08 米，四周为农田。

458. 镇宁堡胡家窑烽火台 04 号 130732353201170458

位于镇宁堡乡胡家窑村西南侧约 700 米处山脊上，坐标：东经 115° 34′ 08.40″，北纬 40° 58′ 11.60″，高程 1394 米。

烽火台平面呈圆形，剖面呈梯形，毛石砌筑，底部直径 10 米，顶部直径 5 米，残高 5 米，坍塌成堆状，四周杂树滋长，植被多为灌木和杂草。

459. 镇宁堡胡家窑烽火台 05 号 130732353201170459

位于镇宁堡乡胡家窑村南侧约 1 千米处平缓的山坡上。西侧距胡家窑村张道寺自然村约 950 米，坐标：东经 115° 34′ 32.70″，北纬 40° 57′ 47.10″，高程 1378 米。

烽火台平面呈圆形，剖面呈梯形，毛石砌筑，底部直径 20 米，顶部直径 8 米，残高 4 米，坍塌成堆状，四周植被多为灌木和杂草。

460. 镇宁堡胡家窑烽火台 06 号 130732353201170460

位于镇宁堡乡胡家窑村南侧约 2.3 千米处的山脊上一独立的山头上，坐标：东经 115° 34′ 44.70″，北纬 40° 57′ 06.80″，高程 1630 米。

烽火台平面呈圆形，剖面呈梯形，毛石砌筑，底部直径 9 米，顶部直径 5 米，残高 7 米，坍塌成堆状，四周杂树滋长，植被多为灌木和杂草。

461. 镇宁堡西栅子烽火台 01 号 130732353201170461

位于镇宁堡乡西栅子村南侧约 500 米处山脊上，坐标：东经 115° 36′ 25.40″，北纬 40° 58′ 31.50″，高程 1240 米。

烽火台平面呈圆形，剖面呈梯形，毛石砌筑，底部直径 10 米，顶部直径 3.6 米，残高 4 米，坍塌成堆状，东立面存外包墙体高 0.8 米，四周植被多为灌木和杂草。

462. 镇宁堡西栅子烽火台 02 号 130732353201170462

位于镇宁堡乡西栅子村东约 1.6 千米处的河谷中，坐标：东经 115° 37′ 43.00″，北纬 40° 58′ 33.60″，高程 1120 米。

围堡式烽火台，总体布局为环形，烽火台居中，周圈设置围墙。

烽火台现已消失，下设素土夯筑台基，东西残宽 35 米，南北残长 38 米，高 0.9 米，围墙平面呈矩形，墙芯素土分层夯筑，夯层厚 0.08 ～ 0.2 米，东墙存南侧墙体，长 6 米，残高 2 米，西墙长 38 米，顶宽 0.7 米，底宽 5 米，外侧残高 4.9 米，北墙残高 2.4 米，南墙无存，西北角内侧堆有大量卵石，四周杂草滋长。

463. 镇宁堡西栅子烽火台 03 号 130732353201170463

位于镇宁堡乡西栅子村东南侧约 2.7 千米处的一小高山顶上，坐标：东经 115° 38′ 19.40″，北纬 40° 58′ 02.40″，高程 1251 米。

烽火台平面呈圆形，剖面呈梯形，毛石砌筑，底部直径 11 米，顶部直径 6.5 米，残高 5 米，坍塌成堆状，顶部散落碎瓦及碎陶片，西北侧存壕沟，四周植被多为灌木和杂草。

464. 镇宁堡赵家沟烽火台 01 号 130732353201170464

位于镇宁堡乡赵家沟村西南侧约 1.4 千米处的山脊上，坐标：东经 115° 35′ 59.50″，北纬 40° 56′ 50.80″，高程 1451 米。

烽火台平面呈圆形，剖面呈梯形，毛石砌筑，底部直径 10.5 米，顶部直径 5.5 米，残高 4.5 米，坍塌成堆状，南立面存杂树一棵，西、南、北侧存环形壕沟，距烽火台 5 米，宽 3 米，深 0.8 米，四周植被多为灌木和杂草。

465. 镇宁堡赵家沟烽火台 02 号 130732353201170465

位于镇宁堡乡西栅子村与赵家沟村间的山脊上，东南距赵家沟村约 1.3 千米，北距西栅子村约 2.2 千米，坐标：东经 115° 36′ 04.40″，北纬 40° 57′ 41.90″，高程 1364 米。

烽火台平面呈圆形，剖面呈梯形，台芯山皮土夯筑，毛石砌筑，底部直径 9 米，顶部直径 4 米，残高 4 米，坍塌成堆状，西立面、北立面存外包墙体长 4 米，高 0.6 米，台身杂树滋长，四周存一条环形壕沟，仅西北较清晰，植被多为灌木和杂草。

466. 镇宁堡边家窑烽火台 01 号 130732353201170466

位于镇宁堡乡边家窑村西侧约 400 米处的山梁上，坐标：东经 115° 37′ 56.30″，北纬 40° 57′ 02.60″，高程 1278 米。

烽火台平面呈圆形，剖面呈梯形，毛石砌筑，底部直径 8 米，顶部直径 6 米，残高 2 米，坍塌成堆状，植被多为灌木和杂草。

467. 镇宁堡黄土梁烽火台 01 号 130732353201170467

位于镇宁堡乡黄土梁村东北侧约 300 米处的高台地上，坐标：东经 115° 39′ 27.50″，北纬 40° 57′ 37.80″，高程 1133 米。

围堡式烽火台，总体布局为环形，烽火台居中，周圈设置围墙。

烽火台平面呈圆形，剖面呈梯形，台芯素土分层夯筑，夯层厚 0.08～0.12 米，东西残宽 11 米，南北残长 13 米，残高 6 米，受风雨侵蚀，表面夯土脱落，东、西立面各长有松树一棵，南立面根部坍塌成斜坡状高 3.4 米。

围墙平面呈圆形，素土分层夯筑，夯层厚 0.1～0.17 米，东墙、南墙内侧残高 1.1 米，外侧残高 5 米，坍塌严重，北墙、西墙较高，内侧残高 3 米，外侧残高 4.3 米，顶部残宽 0.4 米，底部残宽 2.9 米，围墙内外为农田，在农田中发现城砖一块，尺寸 0.38 米 × 0.17 米 × 0.09 米。

468. 镇宁堡二堡子烽火台 01 号 130732353201170468

位于镇宁堡乡二堡子村北侧北侧的山顶上、南侧距二堡子村约 1.2 千米，坐标：东经 115° 42′ 19.10″，北纬 40° 56′ 50.70″，高程 1152 米。

烽火台平面呈圆形，剖面呈梯形，毛石砌筑，底部直径 10 米，顶部直径 5 米，残高 4 米，坍塌成堆状，西侧长有杂树一棵，植被多为灌木和杂草。

469. 镇宁堡二堡子烽火台 02 号 130732353201170469

位于镇宁堡乡二堡子村西，公路南侧的一个小山包上，东侧距二堡子村约 1.4 千米，坐标：东经 115° 41′ 16.60″，北纬 40° 56′ 16.50″，高程 1160 米。

烽火台平面呈圆形，剖面呈梯形，毛石砌筑，底部直径 10 米，顶部直径 5 米，残高 5 米，坍塌成堆状，北侧山脊上存一壕沟，基本踏平，植被多为灌木和杂草。

470. 镇宁堡二堡子烽火台 03 号 130732353201170470

位于镇宁堡乡二堡子村中，北侧的一个高台地上，坐标：东经 115° 42′ 11.80″，北纬 40° 56′ 13.90″，高程 1025 米。

烽火台平面呈圆形，剖面呈梯形，台芯素土分层夯筑，夯层厚 0.12 米，底部直径 6.7 米，顶部直径 4.3 米，残高 3 米，坍塌成堆状，顶部存人为挖掘的孔洞一处，深 1.1 米，宽 3.3 米，南侧为树林，据当地 71 岁老人张殿臣称，烽火台毁于 1958 年，四周植被多为灌木和杂草。

471. 镇宁堡二堡子烽火台 04 号 130732353201170471

位于镇宁堡乡二堡子村东侧山梁上、距二堡子村约 1.7 千米，坐标：东经 115° 43′ 26.90″，北纬 40° 56′ 18.70″，高程 1169 米。

烽火台平面呈圆形，剖面呈梯形，毛石砌筑，底部直径 9 米，顶部直径 6 米，残高 4 米，坍塌成堆状，南立面存人为挖掘的孔洞一处，直径 2.6 米，深 1 米，北立面存人为挖掘的孔洞一处，直径 1.7 米，深 0.7 米，植被多为灌木和杂草。

472. 镇宁堡头堡子烽火台 01 号 130732353201170472

位于镇宁堡乡头堡子村西侧一处高岗上、东南侧距头堡子村委会约 270 米，坐标：东经 115° 43′ 42.50″，北纬 40° 55′ 40.00″，高程 998 米。

烽火台平面呈圆形，剖面呈梯形，台芯素土夯筑，底部东西残宽 8 米，南北残长 16 米，东立面高 7.66 米，南立面高 7.34 米，西立面高 8.6 米，北立面高 5.5 米，受风雨侵蚀，表面夯土脱落，东立面存人为挖掘的孔洞 2 处，南立面存人为挖掘的孔洞一处，宽 1.6 米，高 1.6 米，东侧存民房遗址，东北角长有杨树 1 棵，胸径 0.23 米，榆树 2 棵，胸径 0.13 米，西侧为一农家院，台体北侧存有一小段夯土墙，内侧残高 3.6 米，外侧残高 3.1 米，残宽 1.3 米。

四周植被多为灌木和杂草。

473. 镇宁堡头堡子烽火台 02 号 130732353201170473

位于镇宁堡乡头堡子村东侧的小高山上，能见头堡子村及二堡子村。西侧距头堡子村 1.4 千米，坐标：东经 115° 44′ 48.40″，北纬 40° 55′ 39.30″，高程 1138 米。

烽火台平面呈圆形，剖面呈梯形，台芯素土分层夯筑，夯层厚 0.06 ～ 0.14 米，底部东西长 6.6 米，南北宽 4.9 米，顶部东西长 2.5 米，南北宽 3 米，残高 4.2 米，西立面台芯坍塌缺失，四周散落少量碎瓦片、陶片，灰陶泥质带花纹，四周植被多为灌木和杂草。

474. 镇宁堡头堡子烽火台 03 号 130732353201170474

位于汤泉水库北侧的一个小高山上、西北侧距头堡子村 2.2 千米，坐标：东经 115° 45′ 26.30″，北纬 40° 55′ 14.40″，高程 1169 米。

烽火台平面呈圆形，剖面呈梯形，台芯山皮土夯筑，毛石砌筑，底部直径 10 米，顶部直径 5 米，东北残高 6 米，西南 3 米，坍塌成圆形土石堆状，东立面存外包墙体长 4 米，高 1.5 米，植被多为灌木和杂草。

475. 镇宁堡头堡子烽火台 04 号 130732353201170475

位于镇宁堡乡头堡子村东南与汤泉水库交界的山脊之上、西北侧距头堡子村 1.9 千米，坐标：东经 115° 44′ 56.60″，北纬 40° 55′ 02.10″，高程 992 米。

烽火台平面呈矩形，剖面呈梯形，台芯素土分层夯筑，夯层厚 0 ～ 0.2 米，底边 8 米见方，残高 7

米，南立面存裂缝一条，根部坍塌成斜坡状高 2.2 米，西立面北侧墙芯缺失，顶部及四周植被多为灌木和杂草。

476. 汤泉烽火台 01 号 130732353201170476

位于赤城县温泉度假村路泉大酒店院内，坐标：东经 115° 44′ 47.00″，北纬 40° 54′ 09.40″，高程 1008 米。

烽火台平面呈矩形，剖面呈梯形，台芯素土分层夯筑，底边 8 米见方，残高 7 米，南立面中部存带形掏蚀，高 0.56 米，深 0.2 米，西立面长有杂树两棵，北立面上部墙芯坍塌，中部长有榆树一棵，胸径 0.16 米，北立面为民房，西侧为马路，顶部及台体上杂树、杂草滋长。

477. 汤泉烽火台 02 号 130732353201170477

位于汤泉大桥东侧，汤泉公路东侧的山脊上，东北距孙家庄村 2 千米，坐标：东经 115° 45′ 32.90″，北纬 40° 54′ 42.50″，高程 995 米。

围堡式烽火台，总体布局为环形，烽火台居中，周圈设置围墙。

烽火台平面呈圆形，剖面呈梯形，台芯素土分层夯筑，夯层厚 0.1 ～ 0.14 米，底部东西残宽 9.8 米，南北残长 13.5 米，顶部东西残宽 4.2 米，南北残长 6 米，残高 5.7 米，受风雨侵蚀，表面夯土脱落，西立面散落碎石。

围墙平面呈矩形，墙芯素土夯筑，东墙内侧残高 0.7 米，外侧残高 6 米，顶宽 1.4 米。

南墙内侧残高 2.1 ～ 2.6 米，外侧残高 3 ～ 3.5 米，底残宽 2.6 米；西墙内侧残高 2.1 米，外侧残高 8 米，顶宽 1.1 米；北墙底部宽 4 米，内侧残高 1 ～ 1.7 米，外侧残高 7 米，存豁口一处，周围植被多为灌木和杂草。

478. 赤城孙家庄烽火台 01 号 130732353201170478

位于赤城镇孙家庄村西侧约 860 米山上，坐标：东经 115° 46′ 17.50″，北纬 40° 54′ 53.50″，高程 1016 米。

烽火台平面呈圆形，剖面呈梯形，台芯素土夯筑，底部直径 8 米，顶部直径 3.5 米，残高 6 米，坍塌成圆形土堆状，西立面存榆树一棵，植被多为灌木和杂草。

479. 赤城孙家庄烽火台 02 号 130732353201170479

位于赤城镇孙家庄村西侧的山脊上，距孙家庄村 280 米，坐标：东经 115° 46′ 43.00″，北纬 40° 55′ 02.80″，高程 970 米。

围堡式烽火台，总体布局为"回"字形，烽火台居中，四周设置围墙。

烽火台平面呈圆形，剖面呈梯形，台芯素土分层夯筑，夯层厚 0.1 ～ 0.2 米，底部东西残宽 10 米，南北残长 11 米，残高 6 米，受风雨侵蚀，表面夯土脱落，东立面北侧存冲沟一条，宽 0.6 ～ 1.3 米，根部坍塌成斜坡状高 2.6 米，南立面存竖向裂缝 5 条，宽 0.02 ～ 0.07 米，西立面存冲沟一条，宽 0.2 ～ 0.6 米。

围墙平面呈矩形，北墙内侧残高 1.2 米，外侧残高 6 米，其他墙体坍塌无存，四周植被多为灌木和杂草。

480. 赤城孙家庄烽火台 03 号 130732353201170480

位于赤城镇孙家庄村北约 450 米的山梁上，坐标：东经 115° 46′ 59.00″，北纬 40° 55′ 14.60″，高程 998 米。

烽火台平面呈圆形，剖面呈梯形，台芯素土夯筑，底径 15 米，顶径 5 米，受风雨侵蚀，表面夯土脱落，东立面存榆树一棵，胸径 0.23 米，台身杂草滋长，四周植被多为灌木和杂草。

481. 赤城孙家庄烽火台 04 号 130732353201170481

位于赤城镇孙家庄村东南侧 500 米紧靠 345 省道南侧的山脊上，坐标：东经 115° 47′ 13.40″，北纬 40° 54′ 50.20″，高程 1029 米。

围堡式烽火台，总体布局为"回"字形，烽火台居中，四周设置围墙。

烽火台已消失，遗址散落碎石。

围墙平面呈矩形，毛石砌筑，南墙存 6.5 米，宽 3 ～ 6.5 米，外墙高 0.6 米，北墙存 12 米，高 0.3 ～ 1 米，东南角门宽 1.7 米，西南角门宽 1.1 米，内外植被多为灌木和杂草。

482. 赤城金家寨烽火台 01 号 130732353201170482

位于赤城镇金家寨村西侧白河西岸大兔沟山顶上、距金家寨村 1.1 千米，坐标：东经 115° 47′ 05.70″，北纬 40° 57′ 03.00″，高程 1139 米。

烽火台平面呈圆形，剖面呈梯形，台芯山皮土夯筑，毛石砌筑，底部直径 8 米，顶部直径 3.5 米，残高 6 米，坍塌成圆形土堆状，台身杂树滋长，四周植被多为灌木和杂草。

483. 赤城四道沟烽火台 01 号 130732353201170483

位于赤城镇四道沟村东北 2 千米处的高山顶上，坐标：东经 115° 46′ 35.40″，北纬 40° 56′ 36.40″，高程 1262 米。

烽火台平面呈圆形，剖面呈梯形，台芯山皮土夯筑，毛石砌筑，东西残宽 6 米，南北残长 6.8 米，残高 3.5 米。

坍塌成堆状，台身杂树滋长，仅南立面存外包墙体长 4.8 米，残高 0.4 ～ 1.4 米。四周植被多为灌木和杂草。

484. 赤城四道沟烽火台 02 号 130732353201170484

位于赤城镇四道沟村东侧 1.8 千米处的山脊上，坐标：东经 115° 46′ 59.60″，北纬 40° 56′ 03.90″，高程 1197 米。

烽火台平面呈圆形，剖面呈梯形，台芯山皮土夯筑，毛石砌筑，底部东西宽 6 米，南北长 6.5 米，残高 2 米，坍塌成堆状，外包墙存 1 ～ 1.8 米，东立面长有杂树一棵，四周植被多为灌木和杂草。

485. 赤城县烽火台 02 号 130732353201170485

位于赤城县城北侧山脊上、南距赤城堡约 1.3 千米，坐标：东经 115° 48′ 18.00″，北纬 40° 55′ 02.60″，高程 1065 米。

烽火台平面呈圆形，剖面呈梯形，台芯素土夯筑，顶部东西宽 7.8 米，南北长 8.6 米，北侧残高 4 米，南侧残高 1.7 米，受风雨侵蚀，表面夯土脱落，坍塌成圆形土堆状，四周散落碎砖宽 0.17 米，厚

0.095 米，植被多为灌木和杂草。

486. 青平楼北 01 号敌台 130732352101170486

位于青平楼村北 1 千米山谷底部，坐标：东经 115° 59′ 51.30″，北纬 41° 00′ 32.50″，高程 1225 米。

敌台东西接墙体，平面呈矩形，剖面呈梯形，台芯素土夯筑，外包城砖砌筑，东西长 7.6 米，南北宽 4.8 米，高 4.2 米，外包砖无存，受风雨侵蚀，表面夯土脱落，东立面中部存裂缝一条，宽 0.2 ～ 0.5 米，东南角上部坍塌，西立面存竖向通裂缝一条，宽 0.08 ～ 0.19 米，顶部存少量城砖地面，四周散落大量碎石，植被多为灌木和杂草。

487. 二道边 01 号敌台 130732352101170487

位于二道边村西 1.6 千米，坐标：东经 115° 59′ 03.00″，北纬 41° 01′ 57.40″，高程 1373 米。

敌台平面呈矩形，剖面呈梯形，台芯素土夯筑，高 4.5 米。立面为三段式，下段为条石基础 4 层，高 1.15 米，白灰砌筑，白灰勾缝；中段城砖砌筑，高 3.35 米，白灰砌筑，白灰勾缝；上段设施无存。

西南角外包墙体长 2.1 米，厚 0.8 米，高 4.5 米，东南角外包墙体高 1.4 米，宽 1.1 米，其他外包墙体坍塌，南立面西侧存竖向裂缝一条，宽 0.03 ～ 0.07 米，西立面存竖向裂缝 3 条，宽 0.02 ～ 0.05 米，四周散落大量碎砖，植被多为灌木和杂草。

488. 二道边 02 号敌台 130732352101170488

位于二道边村西 1.7 千米，坐标：东经 115° 58′ 54.40″，北纬 41° 02′ 00.9″，高程 1425 米。

敌台平面呈矩形，剖面呈梯形，高 8.2 米。立面为三段式，下段为条石基础 4 层，高 1.05 米，白灰砌筑，白灰勾缝；中段城砖砌筑，高 7.15 米，白灰砌筑，白灰勾缝；上段设施无存。

东立面存外包墙体 3.2 米，高 2.8 ～ 5.6 米，南立面存外包墙体 8.2 米，厚 1.2 米，高 1.6 ～ 5.8 米，存竖向裂缝 2 条，宽 0.01 ～ 0.05 米，其他外包墙体坍塌，敌台墙芯缺失，顶部散落大量碎砖石，外包墙体呈单皮墙状态，四周植被多为灌木和杂草。

489. 北高山 01 号敌台 130732352101170489

位于北高山主峰北 700 米，坐标：东经 115° 54′ 58.40″，北纬 41° 05′ 12.00″，高程 1767 米。

敌台南北接墙体，平面呈矩形，剖面呈梯形，台芯土石夯筑，一次外包毛石砌筑，二次外包城砖砌筑，东西宽 5.2 米，南北长 8.4 米，高 8.8 米，下设毛石台基，东西宽 18.6 米，南北长 22 米，残高 0.8 ～ 1.4 米。立面为三段式，下段为条石基础 5 层，高 1.45 米，白灰砌筑，白灰勾缝；中段城砖砌筑，高 7.35 米，厚 1.26 ～ 1.8 米，东立面辟门，门宽 0.9 米，下槛石距地面 3.85 米，设抽梯石槽，门下设 8 层毛石台阶，长 0.7 米，踢面高 0.25 米，踏面宽 0.6 米；中段与上段间设 3 层三层砖檐分隔，上下为直檐，中层为菱角檐；上段设施无存。

东立面外包墙体缺失，南立面西侧存竖向大通裂缝，宽 0.4 ～ 0.6 米，北侧外包墙体缺失，西立面残高 8.2 米，中部、北侧外包墙体向内歪闪 0.7 米，北侧墙体存裂缝一条，宽 0.07 ～ 0.12 米，南侧上部存裂缝一条，宽 0.04 ～ 0.12 米，四周散落大量碎砖，植被多为灌木和杂草。

490. 北高山 02 号敌台 130732352101170490

位于北高山主峰北 1.6 千米，坐标：东经 115° 54′ 57.20″，北纬 41° 05′ 40.10″，高程 1785 米。

敌台南北接墙体，平面呈矩形，剖面呈梯形，台芯土石夯筑，第一次外包毛石砌筑，第二次外包城砖砌筑，东西长 11.8 米，南北宽 8.8 米，高 10.2 米，下设毛石台基，东西宽 21.2 米，南北长 20.6 米，残高 0.8～1.6 米。立面为三段式，下段为条石基础 5 层，高 1.38 米，白灰砌筑，白灰勾缝；中段城砖砌筑，高 8.82 米，厚 1.6 米，台基南侧存台阶 6 步，宽 1.9 米；中段与上段间设 3 层三层砖檐分隔，上下为直檐，中层为菱角檐；上段设施无存。

东立面中部外表砖缺失，北侧外包墙体缺失，南侧存竖向裂缝 3 条，宽 0.03～0.07 米，上部外包砖缺失，南立面中部存通裂缝一条，宽 0.2～0.5 米，东南角、西南角外包墙体缺失，西立面存竖向裂缝 5 条，宽 0.03～0.12 米，上部风化酥碱严重，北立面东北角部坍塌，存两处大裂缝，宽 0.4～0.8 米，部分外包墙体外闪 1.2 米，四周散落碎石，植被多为灌木和杂草。

491. 张鹿角沟 01 号敌台 130732352101170491

位于张鹿角沟村东 1.8 千米，坐标：东经 115° 55′ 48.60″，北纬 41° 07′ 12.60″，高程 1421 米。

敌台平面呈矩形，剖面呈梯形，台芯土石分层砌筑，台芯内部存木筋，材质为桦木，直径 0.08～0.15 米，可见 5 层，间隔 0.6～0.7 米，高 5.3 米。立面为三段式，下段为条石基础，白灰砌筑，白灰勾缝；中段城砖砌筑，高 4.3 米，厚 0.8～1.1 米，上部设施无存。

南立面外包砖缺失，根部坍塌成斜坡状高 5.4 米，西立面外包墙体厚 0.8 米，北立面东侧外包墙体缺失，中部及西部外表砖缺失，根部堆积大量碎石，西侧墙体内部墙芯缺失，呈单皮墙状态，四周散落部分碎瓦，杂树、杂草滋长。

492. 张鹿角沟 02 号敌台 130732352101170492

位于张鹿角沟村东 1.9 千米，坐标：东经 115° 55′ 47.50″，北纬 41° 07′ 19.90″，高程 1421 米。

敌台南北接墙体，平面呈矩形，剖面呈梯形，台芯土石夯筑，第一次外包毛石砌筑，第二次外包城砖砌筑，毛石台体东西宽 5.6 米，南北长 7.2 米，高 6.6 米，下设毛石台基，东西长 20 米，南北宽 8.6 米，残高 0.8～1.2 米。立面为三段式，下段为条石基础 4 层，高 1.2 米，白灰砌筑，白灰勾缝；中段城砖砌筑，高 5.4 米，厚 0.8 米；上段设施无存。

四面墙体大部分坍塌滑坡，坡底周长约 78 米，台芯高 3.6 米，仅存西北角部分外包墙体，西墙、北墙各长 1.1 米，厚 0.8 米，残高 6.6 米，四周散落大量碎砖，植被多为灌木和杂草。

493. 红山咀 01 号敌台 130732352101170493

位于红山咀村西南 1 千米，坐标：东经 115° 54′ 45.20″，北纬 41° 09′ 10.50″，高程 1463 米。

敌台南北接墙体，平面呈矩形，剖面呈梯形，东西宽 9.3 米，南北长 9.45 米，高 8.8 米，收分 4%。立面为三段式，下段为条石基础 3 层，高 1.1 米，白灰砌筑，白灰勾缝；中段城砖砌筑，高 7.7 米，南立面中部设门，距地面 4.53 米，宽 1 米，高 1.69 米，进深 0.33 米，门洞宽 1.22 米，高 2.29 米，进深 0.83 米，起券方式为一伏一券，上部设砖砌匾框，长 1 米，宽 0.6 米，匾额无存，白灰砌筑，白灰勾缝；中段与上段间设三层砖檐分隔，上下为直檐，中层为菱角檐；上部垛口墙保存较好，四面均设三垛两口，垛高 1.36 米，垛宽 1.04 米，口宽 0.58 米，高 0.84 米，垛口距踏台高 1.03 米，垛墙至拔檐砖 1.43 米，至地面 8.7 米，南北垛墙间距离 7.2 米，东西垛墙间距离 7.15 米，垛下设望孔，望孔下 0.4 米设一圈踏道，残宽 0.2 ～ 0.5 米，残高 0.5 米。

东立面城砖风化酥碱严重，北侧垛口墙缺失，南立面存竖向裂缝 4 条，宽 0.02 ～ 0.07 米，门下部外包墙体缺失，顶部长有杂树 4 棵，四周植被多为灌木和杂草。

494. 红山咀 02 号敌台 1307323521011170494

位于红山咀村西北 600 米，坐标：东经 115° 54′ 39.10″，北纬 41° 09′ 44.20″，高程 1492 米。

敌台南北接墙体，平面呈矩形，剖面呈梯形，台芯土石夯筑，东西宽 8.7 米，高 5.92 米，立面为三段式，下段为条石基础，白灰砌筑，白灰勾缝；中段城砖砌筑，高 4.85 米，南立面中部辟门，宽 0.91 米，进深 0.44 米，设门槛石，长 1.06 米，厚 0.21 米；上部设施无存。

东立面北侧上部外包砖缺失，存竖向 2 条，宽 0.02 ～ 0.14 米，南立面上部外包墙体缺失，东侧存竖向裂缝一条，宽 0.03 ～ 0.09 米，四周植被多为灌木和杂草。

495. 影壁窑 01 号敌台 1307323521011170495

位于影壁窑村东南 2.8 千米，坐标：东经 115° 47′ 35.50″，北纬 41° 19′ 30.10″，高程 1794 米。

敌台东西接墙体，平面呈矩形，剖面呈梯形，东西长 9.98 米，南北宽 9.79 米，残高约 8.3 米。立面为三段式，下段为条石基础，高 1.85 米，白灰砌筑，白灰勾缝；中段城砖砌筑，高 6.45 米，东立面存望孔 2 个，西立面中部设门，起券方式为两伏两券，门槛石距地面约 4.5 米，门上 1.2 米设砖砌匾框，长 1 米，宽 0.6 米，匾额无存，匾框两侧 0.6 米处各设矩形望孔 1 个，北立面存望孔 4 个；上部设施无存。

东立面存竖向裂缝 3 条，宽 0.02 ～ 0.14 米，南侧望孔上部外包墙体缺失，东南角底部四层条石基础及少量青砖缺失，西立面门槛石缺失，下部外包墙体缺失，门下存竖向裂缝一条，宽 0.04 ～ 0.12 米，门上部存竖向裂缝一条，宽 0.06 ～ 0.12 米，南侧垛口墙缺失，北立面存竖向裂缝 3 条，宽 0.02 ～ 0.11 米，外包墙体上部缺失呈 "V" 字形，四周植被多为灌木和杂草。

496. 三棵树 01 号敌台 1307323521011170496

位于三棵树村东南 1.3 千米，坐标：东经 115° 39′ 47.90″，北纬 41° 19′ 31.60″，高程 1617 米。

敌台南北接墙体，平面呈矩形，剖面呈梯形，台芯毛石砌筑。东西长 10.4 米，南北宽 9.6 米，残高约 8.3 米，四周设护坡墙，高 1.3 米，距台体 4.2 米，毛石砌筑，立面为三段式，下段为条石基础 5 层，高 1.3 米，白灰砌筑，白灰勾缝；中段城砖砌筑，高 8.4 米，东立面中部设望孔一个，宽 1.25 米，高 0.35 米，距地面 8.5 米，南立面中部辟石券门，起券方式为两伏两券，上部为砖砌两伏一券，最下层为石券，门下设栓梯石，北立面上部设望孔 2 个；中段与上段间设 3 层三层砖檐分隔，上下为直檐，中层为菱角檐；垛口墙高 1.7 米，厚 0.42 米，垛墙长 1.4 米，口宽 0.45 米，深 1.4 米，口与口之间 1.2 米，东垛口墙设石质吐水嘴一个，距东南角 1.8 米。

东南角外包墙缺失高 3.6 米，宽 2.1 米，深 1.3 米锥形体形状，东北角外包墙缺失高 3.7 米，宽 3.1 米，深 4.1 米，形成一三角形豁口，台芯碎石滑塌，散落敌台根部，南立面东侧存竖向裂缝一条，西立面拔檐部分缺失，外包墙体上部缺失呈 "V" 字形，北立面下部存裂缝 1 条，西北角条石、外包墙体缺失，垛口墙缺失，四周植被多为灌木和杂草。

497. 杨家沟 01 号敌台 130732352101170497

位于杨家沟村西北 600 米, 坐标: 东经 115° 34′ 22.70″, 北纬 41° 15′ 36.50″, 高程 1482 米。

敌台南北接墙体, 平面呈矩形, 剖面呈梯形, 台芯南侧为毛石砌筑, 北侧为素土夯筑, 东西残长 6.3 米, 南北宽 9.6 米, 残高约 8.7 米。立面为三段式, 下段为条石基础 10 层, 高 2.25 米, 厚 0.48 米, 白灰砌筑, 白灰勾缝; 中段城砖砌筑, 高 6.45 米, 厚 1.42 米, 上部设施无存。

东立面外包墙体缺失, 根部堆积毛石碎石; 南立面条石缺失, 中部存竖向通裂缝一条, 宽 0.15 ~ 0.25 米, 西立面条石缺失, 西部及北侧外包墙体缺失, 中部存裂缝一条, 北立面条石缺失, 下部外包墙体缺失, 四周植被多为灌木和杂草。

498. 马连口 01 号敌台 130732352101170498

位于马连口东北 600 米, 坐标: 东经 115° 33′ 57.20″, 北纬 41° 15′ 12.10″, 高程 1432 米。

敌台南北接墙体, 平面呈矩形, 剖面呈梯形, 台芯土石夯筑, 东西残宽 6.3 米, 南北宽 8.9 米, 残高 3.7 米。立面为三段式, 下段为条石基础, 白灰砌筑, 白灰勾缝; 中段城砖砌筑, 厚 0.7 米, 上部设施无存。

南立面存竖向裂缝一条, 上部外包墙体缺失, 西立面存外包墙体长 4.8 米, 残高 3.15 米, 北立面存外包墙体长 6.3 米, 残高 3.57 米, 包砖厚 0.75 米, 四周坍塌毛石墙芯, 植被多为灌木和杂草。

499. 青平楼北 01 号烽火台 130732353201170499

位于青平楼村北约 500 米处坡地上, 坐标: 东经 115° 59′ 46.70″, 北纬 41° 00′ 30.60″, 高程 1237 米。

烽火台平面呈圆形, 剖面呈梯形, 毛石砌筑, 底径 10.15 米, 残高 4 米, 坍塌成堆状, 台体灌木、杂草滋长, 四周为农田。

500. 青平楼北 02 号烽火台 130732353201170500

位于青平楼村北约 1.1 千米半山坡处, 坐标: 东经 115° 59′ 37.70″, 北纬 41° 00′ 36.80″, 高程 1284 米。

烽火台平面呈圆形, 剖面呈梯形, 毛石砌筑, 底径 6.5 米, 残高 0.8 米, 顶部存少量夯土, 坍塌成堆状, 四周植被多为灌木和杂草。

501. 青平楼北 03 号烽火台 130732353201170501

位于青平楼村北约 1.4 千米山脊处, 坐标: 东经 115° 59′ 30.80″, 北纬 41° 00′ 48.50″, 高程 1391 米。

烽火台平面呈圆形, 剖面呈梯形, 毛石砌筑, 底径 21 米, 残高 2.5 ~ 4.2 米, 坍塌成堆状, 顶部存少量夯土, 四周植被多为灌木和杂草。

502. 青平楼北 04 号烽火台 130732353201170502

位于青平楼村北约 1.8 千米处, 坐标: 东经 115° 59′ 19.80″, 北纬 41° 00′ 58.80″, 高程 1402 米。

烽火台平面呈圆形, 剖面呈梯形, 台芯土石夯筑, 毛石砌筑, 底径 17.8 米, 残高 2.5 ~ 4.2 米, 坍塌成堆状, 四周植被多为灌木和杂草。

503. 青平楼北 05 号烽火台 130732353201170503

位于青平楼村北约 2.2 千米, 坐标: 东经 115° 59′ 11.30″, 北纬 41° 00′ 57.40″, 高程 1408 米。

烽火台平面呈圆形, 剖面呈梯形, 台芯土石夯筑, 毛石砌筑, 底径 12 米, 残高 2.2 ~ 3.6 米, 坍塌成堆状，四周植被多为灌木和杂草。

504. 青平楼北 06 号烽火台 130732353201170504

位于青平楼村北约 2.7 千米高山顶，坐标：东经 115° 58′ 55.50″，北纬 41° 01′ 12.90″，高程 1515 米。

烽火台平面呈圆形，剖面呈梯形，台芯土石夯筑，毛石砌筑，底径 17.2 米，残高 5.2 米，坍塌成堆状，四周植被多为灌木和杂草。

505. 青平楼北 07 号烽火台 130732353201170505

位于青平楼村北约 2.7 千米高山顶部，坐标：东经 115° 59′ 06.80″，北纬 41° 01′ 19.40″，高程 1498 米。

烽火台平面呈圆形，剖面呈梯形，台芯土石夯筑，毛石砌筑，底径 18.5 米，残高 3.8 米，坍塌成堆状，顶部存少量夯土，四周植被多为灌木和杂草。

506. 青平楼北 08 号烽火台 130732353201170506

位于二道边村西约 1.4 千米高山顶部，坐标：东经 115° 59′ 12.10″，北纬 41° 01′ 28.10″，高程 1487 米。

烽火台平面呈圆形，剖面呈梯形，毛石砌筑，底径 21 米，顶径 5.5 米，残高 5.4 米，坍塌成堆状，四周植被多为灌木和杂草。

507. 外东沟 01 号烽火台 130732353201170507

位于外东沟村东约 1.4 千米山顶部，坐标：东经 115° 59′ 09.80″，北纬 41° 01′ 43.50″，高程 1464 米。

烽火台平面呈圆形，剖面呈梯形，毛石砌筑，底径 17.83 米，残高 2.8～4.5 米，坍塌成堆状，东立面外包墙体长 3 米，高 0.5 米，顶部长有杂树一棵，四周植被多为灌木和杂草。

508. 外东沟 02 号烽火台 130732353201170508

位于外东沟村东约 1.4 千米山顶部，坐标：东经 115° 58′ 57.30″，北纬 41° 02′ 10.50″，高程 1508 米。

烽火台平面呈圆形，剖面呈梯形，毛石砌筑，底径 13 米，残高 2.4～5.6 米，坍塌成堆状，顶部存少量夯土，四周植被多为灌木和杂草。

509. 外东沟 03 号烽火台 130732353201170509

位于外东沟村东北约 1.6 千米山顶部，坐标：东经 115° 58′ 53.90″，北纬 41° 02′ 21.00″，高程 1485 米。

烽火台平面呈圆形，剖面呈梯形，毛石砌筑，底径 19.1 米，残高 5.8 米，坍塌成堆状，东立面外包墙体长 1.5 米，高 1.4 米，四周植被多为灌木和杂草。

510. 里东沟 01 号烽火台 130732353201170510

位于外东沟村东北约 1.5 千米山顶部，坐标：东经 115° 58′ 45.5″，北纬 41° 02′ 33.80″，高程 1476 米。

烽火台平面呈圆形，剖面呈梯形，毛石砌筑，底径 12 米，残高 3.6～4.8 米，坍塌成堆状，四周存壕沟，宽 1.2～1.5 米，深 0.8～1.1 米，植被多为灌木和杂草。

511. 里东沟 02 号烽火台 130732353201170511

位于里东沟村东南约 600 米山脊，坐标：东经 115° 58′ 42.00″，北纬 41° 02′ 48.30″，高程 1467 米。

烽火台平面呈圆形，剖面呈梯形，毛石砌筑，底径 17.2 米，残高 5.2 米，坍塌成堆状，南立面外包墙体长 1.4 米，高 0.8，四周植被多为灌木和杂草。

512. 里东沟03号烽火台 130732353201170512

位于里东沟村东北约800米山脊处，坐标：东经115° 58′ 52.30″，北纬41° 03′ 02.40″，高程1507米。

烽火台平面呈圆形，剖面呈梯形，毛石砌筑，底径19.7米，残高6.4米，坍塌成堆状，四周植被多为灌木和杂草。

513. 里东沟04号烽火台 130732353201170513

位于里东沟村东北约1.1千米山脊处，坐标：东经115° 58′ 43.40″，北纬41° 03′ 19.80″，高程1546米。

烽火台平面呈圆形，剖面呈梯形，毛石砌筑，底径16.56米，顶径3.4米，残高6.2米，坍塌成堆状，顶部存少量夯土，四周植被多为灌木和杂草。

514. 里东沟05号烽火台 130732353201170514

位于里东沟村东北约1.6千米山脊处，坐标：东经115° 58′ 27.10″，北纬41° 03′ 26.50″，高程1528米。

烽火台平面呈圆形，剖面呈梯形，毛石砌筑，底径14.65米，残高6.5米，坍塌成堆状，四周植被多为灌木和杂草。

515. 里东沟06号烽火台 130732353201170515

位于里东沟村北约1.7千米山脊处，坐标：东经115° 58′ 12.90″，北纬41° 03′ 37.10″，高程1557米。

烽火台平面呈圆形，剖面呈梯形，毛石砌筑，长12米，宽3.5米，残高1.1～1.3米，坍塌成长条埂状，四周杂树滋长，植被多为灌木和杂草。

516. 望天嵯01号烽火台 130732353201170516

位于望天嵯西约150米处，坐标：东经115° 57′ 59.30″，北纬41° 03′ 44.00″，高程1490米。

烽火台平面呈圆形，剖面呈梯形，毛石砌筑，底径14.65米，残高4.8米，坍塌成堆状，顶部存少量夯土，西、南立面存外包墙体长6米，高1.2～1.5米，四周散落大量碎石，植被多为灌木和杂草。

517. 望天嵯02号烽火台 130732353201170517

位于望天嵯西约600米处，坐标：东经115° 57′ 53.10″，北纬41° 03′ 59.30″，高程1511米。

烽火台平面呈圆形，剖面呈梯形，毛石砌筑，底径13.4米，残高4.8米，坍塌成堆状，四周散落大量碎石，植被多为灌木和杂草。

518. 望天嵯03号烽火台 130732353201170518

位于望天嵯西北约900米处，坐标：东经115° 57′ 47.10″，北纬41° 04′ 09.20″，高程1502米。

烽火台平面呈圆形，剖面呈梯形，毛石砌筑，底径15.3米，残高6.8米，坍塌成堆状，南立面和东立面存外包墙体，高1.4米，四周散落大量碎石，植被多为灌木和杂草。

519. 望天嵯04号烽火台 130732353201170519

位于望天嵯西北约1.4千米处，坐标：东经115° 57′ 20.00″，北纬41° 04′ 11.00″，高程1575米。

烽火台平面呈圆形，剖面呈梯形，毛石砌筑，底径11.5米，残高5.2米，坍塌成堆状，顶部存少量夯土，植被多为灌木和杂草。

520. 望天嵯 05 号烽火台 130732353201170520

位于望天嵯西北约 1.8 千米处，坐标：东经 115° 57′ 12.60″，北纬 41° 04′ 02.90″，高程 1549 米。

烽火台平面呈圆形，剖面呈梯形，毛石砌筑，底径 16.5 米，残高 2.5～7 米，坍塌成堆状，四周长有多棵杂树，植被多为灌木和杂草。

521. 后楼 01 号烽火台 130732353201170521

位于后楼村东北约 2.6 千米山脊处，坐标：东经 115° 56′ 59.50″，北纬 41° 04′ 23.40″，高程 1574 米。

烽火台平面呈圆形，剖面呈梯形，毛石砌筑，底径 15.9 米，残高 7 米，坍塌成堆状，四周长有多棵杂树，植被多为灌木和杂草。

522. 后楼 02 号烽火台 130732353201170522

位于后楼村东北约 2.7 千米山脊处，坐标：东经 115° 56′ 56.60″，北纬 41° 04′ 04.30″，高程 1568 米。

烽火台平面呈圆形，剖面呈梯形，毛石砌筑，底径 18.5 米，残高 5.3 米，坍塌成堆状，南立面存外包墙体长 1.2 米，高 1.2 米，四周长有多棵杂树，植被多为灌木和杂草。

523. 后楼 03 号烽火台 130732353201170523

位于后楼村东北约 1.7 千米山脊处，坐标：东经 115° 56′ 48.20″，北纬 41° 04′ 46.00″，高程 1513 米。

烽火台平面呈圆形，剖面呈梯形，毛石砌筑，底径 17.2 米，残高 5.5 米，坍塌成堆状，顶部存少量夯土，四周长有多棵杂树，植被多为灌木和杂草。

524. 后楼 04 号烽火台 130732353201170524

位于后楼村东北约 1.6 千米山脊处，坐标：东经 115° 56′ 37.60″，北纬 41° 04′ 46.70″，高程 1568 米。

烽火台平面呈圆形，剖面呈梯形，毛石砌筑，底径 19.1 米，残高 7.5 米，坍塌成堆状，四周长有多棵杂树，植被多为灌木和杂草。

525. 后楼 05 号烽火台 130732353201170525

位于后楼村北约 1.7 千米山脊处，坐标：东经 115° 56′ 24.70″，北纬 41° 04′ 05.40″，高程 1536 米。

烽火台平面呈圆形，剖面呈梯形，毛石砌筑，底径 17.8 米，残高 5.7 米，坍塌成堆状，四周长有多棵杂树，植被多为灌木和杂草。

526. 后楼 06 号烽火台 130732353201170526

位于后楼村北约 1.7 千米山脊处，坐标：东经 115° 56′ 09.40″，北纬 41° 04′ 47.80″，高程 1575 米。

烽火台平面呈圆形，剖面呈梯形，毛石砌筑，底径 15.9 米，残高 2.8 米，坍塌成堆状，四周存壕沟，宽 1.5～2 米，深 0.5～1 米，植被多为灌木和杂草。

527. 后楼 07 号烽火台 130732353201170527

位于后楼村北约 1.8 千米山脊处，坐标：东经 115° 55′ 51.00″，北纬 41° 04′ 44.20″，高程 1529 米。

烽火台平面呈圆形，剖面呈梯形，毛石砌筑，底径 11.15 米，顶径 4.5 米，残高 4 米，坍塌成堆状，东、西、北三立面存外包墙体高 1～1.5 米，四周长有多棵杂树，植被多为灌木和杂草。

528. 后楼 08 号烽火台 130732353201170528

位于后楼村北约 3.2 千米山脊处，坐标：东经 115° 55′ 31.50″，北纬 41° 04′ 54.40″，高程 1637 米。

烽火台平面呈圆形，剖面呈梯形，毛石砌筑，底径 17.83 米，残高 3.8 米，坍塌成堆状，四周长有多棵杂树，植被多为灌木和杂草。

529. 后楼 09 号烽火台 130732353201170529

位于后楼村北约 2.3 千米山脊处，坐标：东经 115° 55′ 16.70″，北纬 41° 04′ 58.40″，高程 1694 米。

烽火台平面呈圆形，剖面呈梯形，毛石砌筑，底径 15.3 米，残高 4.8 米，坍塌成堆状，四周植被多为灌木和杂草。

530. 后楼 10 号烽火台 130732353201170530

位于后楼村北约 3.5 千米山脊处，坐标：东经 115° 55′ 01.40″，北纬 41° 04′ 56.60″，高程 1792 米。

烽火台平面呈圆形，剖面呈梯形，毛石砌筑，底径 21 米，残高 2.2 ～ 3.4 米，坍塌成堆状，南立面存外包墙体高 1.2 米，外侧散落巨石，四周植被多为灌木和杂草。

531. 后楼 11 号烽火台 130732353201170531

位于后楼村北约 2.4 千米山脊处，坐标：东经 115° 55′ 01.70″，北纬 41° 05′ 00.10″，高程 1776 米。

烽火台平面呈圆形，剖面呈梯形，毛石砌筑，底径 14.3 米，残高 3.7 米，坍塌成堆状，顶部存少量夯土，四周植被多为灌木和杂草。

532. 西沟 01 号烽火台 130732353201170532

位于西沟村西南约 2.3 千米山脊处，坐标：东经 115° 55′ 04.20″，北纬 41° 05′ 22.60″，高程 1764 米。

烽火台平面呈圆形，剖面呈梯形，毛石砌筑，底径 16.6 米，残高 3.2 米，坍塌成堆状，顶部存少量夯土，四周植被多为灌木和杂草。

533. 西沟 02 号烽火台 130732353201170533

位于西沟村西南约 2.3 千米山脊处，坐标：东经 115° 55′ 01.30″，北纬 41° 05′ 28.50″，高程 1727 米。

烽火台平面呈圆形，剖面呈梯形，毛石砌筑，底径 17.8 米，顶径 7 米，残高 4.1 米，坍塌成堆状，顶部存少量夯土，四周植被多为灌木和杂草。

534. 西沟 03 号烽火台 130732353201170534

位于西沟村西约 2.2 千米山腰处，坐标：东经 115° 55′ 02.00″，北纬 41° 05′ 48.70″，高程 1722 米。

烽火台平面呈圆形，剖面呈梯形，毛石砌筑，底径 19.7 米，残高 6 米，坍塌成堆状，顶部存少量夯土，四周植被多为灌木和杂草。

535. 西沟 04 号烽火台 130732353201170535

位于西沟村西约 2.3 千米，坐标：东经 115° 55′ 06.60″，北纬 41° 06′ 03.60″，高程 1675 米。

烽火台平面呈圆形，剖面呈梯形，毛石砌筑，底径 17.5 米，顶径 3.8 米，残高 3.6 ～ 6.8 米，坍塌成堆状，顶部存少量夯土，南立面利用岩体支撑，岩体高 3.4 米，外侧散落巨石，四周植被多为灌木和杂草。

536. 西沟 05 号烽火台 130732353201170536

位于西沟村西约 2.1 千米，坐标：东经 115° 55′ 16.60″，北纬 41° 06′ 17.00″，高程 1575 米。

烽火台平面呈圆形，剖面呈梯形，毛石砌筑，底径 18.5 米，残高 5.7 米，坍塌成堆状，顶部存大量夯土，高 1.2 米，长有榆树一棵，胸径 0.11 米，根部散落大块毛石，四周杂树滋长，植被多为灌木和杂草。

537. 张鹿角沟 01 号烽火台 130732353201170537

位于西沟村西约 2 千米山腰处，坐标：东经 115° 55′ 22.70″，北纬 41° 06′ 31.60″，高程 1571 米。

烽火台平面呈圆形，剖面呈梯形，毛石砌筑，底径 17.5 米，残高 4.8 米，坍塌成堆状，顶部存少量夯土，四周杂树滋长，植被多为灌木和杂草。

538. 张鹿角沟 02 号烽火台 130732353201170538

位于西沟村西北约 2.1 千米，坐标：东经 115° 55′ 37.60″，北纬 41° 06′ 49.60″，高程 1476 米。

烽火台平面呈圆形，剖面呈梯形，毛石砌筑，底径 17.5 米，残高 4.2 米，坍塌成堆状，顶部存少量夯土，四周杂树滋长，植被多为灌木和杂草。

539. 张鹿角沟 03 号烽火台 130732353201170539

位于西沟村西北约 2.2 千米山腰处，坐标：东经 115° 55′ 41.30″，北纬 41° 07′ 00.40″，高程 1460 米。

烽火台平面呈圆形，剖面呈梯形，毛石砌筑，底径 17.8 米，顶径 4.5 米，残高 6 米，坍塌成堆状，顶部存少量夯土，东、南立面存外包墙体长 8 米，高 1.4 米，东侧长有榆树 3 棵，胸径 0.05～0.14 米，四周杂树滋长，植被多为灌木和杂草。

540. 大石头沟 01 号烽火台 130732353201170540

位于大石头沟村东南约 500 米山脊处，坐标：东经 115° 55′ 46.10″，北纬 41° 07′ 35.90″，高程 1485 米。

烽火台平面呈圆形，剖面呈梯形，毛石砌筑，底径 11 米，残高 3.65 米，坍塌成堆状，顶部存少量夯土，南侧长有榆树 3 棵，胸径 0.04～0.11 米，四周杂树滋长，植被多为灌木和杂草。

541. 大石头沟 02 号烽火台 130732353201170541

位于大石头沟村东南约 450 米山脊处，坐标：东经 115° 55′ 50.60″，北纬 41° 07′ 53.70″，高程 1497 米。

烽火台平面呈圆形，剖面呈梯形，毛石砌筑，底径 12.9 米，残高 4 米，坍塌成堆状，顶部存少量夯土，四周杂树滋长，植被多为灌木和杂草。

542. 大石头沟 03 号烽火台 130732353201170542

位于大石头沟村东北约 600 米山脊处，坐标：东经 115° 55′ 52.40″，北纬 41° 08′ 02.20″，高程 1490 米。

烽火台平面呈圆形，剖面呈梯形，毛石砌筑，底径 14.3 米，顶径 3.18 米，残高 4.6 米，坍塌成堆状，四周杂树滋长，植被多为灌木和杂草。

543. 青虎沟 01 号烽火台 130732353201170543

位于青虎沟村东约 600 米山脊处，坐标：东经 115° 55′ 56.10″，北纬 41° 08′ 12.30″，高程 1502 米。

烽火台平面呈圆形，剖面呈梯形，毛石砌筑，底径 17.5 米，残高 5 米，坍塌成堆状，四周杂树滋长，植被多为灌木和杂草。

544. 青虎沟 02 号烽火台 130732353201170544

位于青虎沟村东北山脊顶部，距村约 900 米，坐标：东经 115° 55′ 51.90″，北纬 41° 08′ 25.00″，高程 1518 米。

烽火台平面呈圆形，剖面呈梯形，毛石砌筑，底径 14.3 米，顶径 3.2 米，残高 3.8 米，坍塌成堆状，四周杂树滋长，植被多为灌木和杂草。

545. 青虎沟 03 号烽火台 130732353201170545

位于青虎沟村东沟山脊顶，坐标：东经 115° 55′ 52.90″，北纬 41° 08′ 35.60″，高程 1574 米。

烽火台平面呈圆形，剖面呈梯形，毛石砌筑，底径 13 米，残高 2.9 米，坍塌成堆状，南立面外包墙体高 0.7 米，四周植被多为灌木和杂草。

546. 青虎沟 04 号烽火台 130732353201170546

位于青虎沟村东北部山脊处，距村约 1500 米，坐标：东经 115° 55′ 53.80″，北纬 41° 08′ 43.10″，高程 1604 米。

烽火台平面呈圆形，剖面呈梯形，毛石砌筑，底径 15.9 米，顶径 5.1 米，残高 6 米，坍塌成堆状，四周杂树滋长，植被多为灌木和杂草。

547. 青虎沟 05 号烽火台 130732353201170547

位于红山咀村东南山脊顶部，距红山咀村 1.5 千米，坐标：东经 115° 55′ 51.70″，北纬 41° 08′ 51.50″，高程 1589 米。

烽火台平面呈圆形，剖面呈梯形，毛石砌筑，底径 13.7 米，顶径 1.9 米，残高 5.2 米，坍塌成堆状，顶部存大量夯土，高 0.8 米，四周杂树滋长，植被多为灌木和杂草。

548. 青虎沟 06 号烽火台 130732353201170548

位于红山咀村东偏南山梁顶部，距红山咀村约 900 米，坐标：东经 115° 55′ 29.90″，北纬 41° 08′ 54.70″，高程 1460 米。

烽火台平面呈圆形，剖面呈梯形，毛石砌筑，底径 11.5 米，残高 4.4 米，坍塌成堆状，高 0.8 米，四周杂树滋长，植被多为灌木和杂草。

549. 青虎沟 07 号烽火台 130732353201170549

位于红山咀村南小山顶部，距红山咀村约 700 米，坐标：东经 115° 55′ 15.30″，北纬 41° 09′ 02.00″，高程 1343 米。

烽火台平面呈圆形，剖面呈梯形，毛石砌筑，底径 7.3 米，顶径 3.2 米，残高 3.7 米，坍塌成堆状，台芯下部碎石堆砌高约 2.2 米，内部存圆木筋，间隔 0.8 米，可见两层，上部土石台芯，高约 1.5 米，四周杂树滋长，植被多为灌木和杂草。

550. 红山咀 01 号烽火台 130732353201170550

位于红山咀村南路西山坡处，距红山咀村约 670 米，坐标：东经 115° 54′ 59.10″，北纬 41° 09′ 05.20″，高程 1295 米。

烽火台平面呈圆形，剖面呈梯形，台芯土石夯筑，内部存木筋，材质为桦木，直径 0.1 米，层距 1 米，可见 4 层，毛石砌筑，底径 9.55 米，顶径 7 米，残高 3.5 米，坍塌成堆状。

北立面外包墙体长 1.1 米，高 1.6 米，厚 0.3 米，四周散落大量城砖，可见 3 种尺寸，其一为 0.27 米 × 0.27 米 × 0.06 米，其二为 0.27 米 × 0.16 米 × 0.06 米，其三为 0.34 米 × 0.18 米 × 0.09 米，四周杂树滋长，植被多为灌木和杂草。

551. 红山咀 02 号烽火台 130732353201170551

位于红山咀村西南小山脊顶部、距红山咀村约 700 米，坐标：东经 115° 54′ 51.20″，北纬 41° 09′ 09.00″，高程 1417 米。

烽火台平面呈圆形，剖面呈梯形，毛石砌筑，底径 12.7 米，残高 2.8 米，坍塌成堆状，顶部及四周散落少量城砖，杂树滋长，植被多为灌木和杂草。

552. 红山咀 03 号烽火台 130732353201170552

位于红山咀西山顶部、距红山咀村约 500 米，坐标：东经 115° 54′ 50.40″，北纬 41° 09′ 26.30″，高程 1516 米。

烽火台平面呈圆形，剖面呈梯形，毛石砌筑，底径 13.4 米，残高 2.8 米，坍塌成堆状，顶部及四周杂树滋长，植被多为灌木和杂草。

553. 红山咀 04 号烽火台 130732353201170553

位于红山咀村正西山顶部、距红山咀村约 500 米，坐标：东经 115° 54′ 44.50″，北纬 41° 09′ 35.00″，高程 1524 米。

烽火台平面呈圆形，剖面呈梯形，毛石砌筑，底径 15.3 米，残高 3.5 米，坍塌成堆状，顶部及四周杂树滋长，植被多为灌木和杂草。

554. 红山咀 05 号烽火台 130732353201170554

位于红山咀村西北约 700 米处，坐标：东经 115° 54′ 30.40″，北纬 41° 09′ 51.90″，高程 1531 米。

烽火台平面呈圆形，剖面呈梯形，毛石砌筑，底径 18.47 米，残高 3.8 米，坍塌成堆状，顶部存少量夯土，四周杂树滋长，植被多为灌木和杂草。

555. 红山咀 06 号烽火台 130732353201170555

位于红山咀村西北约 1.1 千米处，坐标：东经 115° 54′ 17.60″，北纬 41° 09′ 54.00″，高程 1597 米。

烽火台平面呈圆形，剖面呈梯形，毛石砌筑，底径 6.5 米，残高 3.2 米，坍塌成堆状，北侧长有榆树 2 棵，胸径 0.05 ～ 0.12 米，顶部及四周杂树滋长，植被多为灌木和杂草。

556. 长沟门 01 号烽火台 130732353201170556

位于长沟门村西南山顶、距长沟门村约 3500 米，坐标：东经 115° 54′ 00.10″，北纬 41° 10′ 06.40″，高程 1631 米。

烽火台平面呈圆形，剖面呈梯形，毛石砌筑，底径 19.1 米，顶径 5.7 米，残高 3.1 米，坍塌成堆状，顶部及四周杂树滋长，植被多为灌木和杂草。

557. 长沟门 02 号烽火台 130732353201170557

位于长沟门村西南沟山脊顶部，坐标：东经 115° 53′ 52.2″，北纬 41° 01′ 6.5″，高程 1682 米。

烽火台平面呈矩形，剖面呈梯形，毛石砌筑，东西长 30 米，南北宽 15 米，残高 3 米，坍塌成石堆状，西立面长有榆树 2 棵，胸径 0.12 米，顶部及四周杂树滋长，植被多为灌木和杂草。

558. 长沟门 03 号烽火台 130732353201170558

位于长沟门村西南山脊处、距长沟门村约 3.1 千米，坐标：东经 115° 53′ 36.10″，北纬 41° 10′ 13.70″，高程 1784 米。

烽火台平面呈圆形，剖面呈梯形，毛石砌筑，底径 20.7 米，残高 3 米，坍塌成堆状，四周植被多为灌木和杂草。

559. 长沟门 04 号烽火台 130732353201170559

位于长沟门村西南沟南山顶、距长山沟村约 2.8 千米，坐标：东经 115° 53′ 31.20″，北纬 41° 01′ 26.30″，高程 1758 米。

烽火台平面呈圆形，剖面呈梯形，毛石砌筑，底径 25.5 米，顶径 7.3 米，残高 2.7 米，坍塌成堆状，北立面长有榆树一棵，胸径 0.23 米，四周植被多为灌木和杂草。

560. 长沟门 05 号烽火台 130732353201170560

位于长沟门村西沟顶部、距长沟门村约 2.3 千米，坐标：东经 115° 53′ 2.″，北纬 41° 01′ 35.6″，高程 1749 米。

烽火台平面呈圆形，剖面呈梯形，毛石砌筑，底径 13.4 米，残高 5 米，坍塌成堆状，南侧散落大量碎石，四周植被多为灌木和杂草。

561. 长沟门 06 号烽火台 130732353201170561

位于长沟门西山顶、距长沟门村约 2 千米，坐标：东经 115° 53′ 15.6″，北纬 41° 01′ 44.7″，高程 1782 米。

烽火台平面呈圆形，剖面呈梯形，毛石砌筑，底径 25.5 米，顶径 8 米，残高 7.5 米，坍塌成堆状，四周植被多为灌木和杂草。

562. 长沟门 07 号烽火台 130732353201170562

位于长沟门村西北部高山顶、距村庄约 2.4 千米，坐标：东经 115° 53′ 3.6″，北纬 41° 01′ 5.7″，高程 1839 米。

烽火台平面呈圆形，剖面呈梯形，毛石砌筑，底径 27.7 米，残高 5.8 米，坍塌成堆状，顶部存大量夯土，高 0.5 米，北立面利用山体，南侧散落大量碎石，台体及四周植被多为灌木和杂草。

563. 长沟门 08 号烽火台 130732353201170563

位于长沟门村西北部高山顶、距村庄约 2.5 千米，坐标：东经 115° 53′ .3″，北纬 41° 11′ 14.″，高程 1834 米。

烽火台平面呈圆形，剖面呈梯形，毛石砌筑，底径 24.8 米，残高 2.7 米，坍塌成堆状，四周长有杂树，植被多为灌木和杂草。

564. 长梁 01 号烽火台 130732353201170564

位于长梁东南 2.5 千米，坐标：东经 115° 52′ 49.2″，北纬 41° 11′ 3.4″，高程 1855 米。

烽火台平面呈圆形，剖面呈梯形，毛石砌筑，底径 12.1 米，残高 3.6～5.8 米，坍塌成堆状，顶部及台身长有杂树，植被多为灌木和杂草。

565. 长梁 02 号烽火台 130732353201170565

位于长梁东南 2.2 千米山脊处，坐标：东经 115° 52′ 35.1″，北纬 41° 11′ 43.4″，高程 1965 米。

烽火台平面呈圆形，剖面呈梯形，毛石砌筑，底径 10.2 米，残高 4.8 米，坍塌成堆状，东南侧为山险石，顶部及台身长有杂树，植被多为灌木和杂草。

566. 长梁 03 号烽火台 130732353201170566

位于长梁东南 2 千米山脊处，坐标：东经 115° 52′ 24.1″，北纬 41° 11′ 5.5″，高程 2066 米。

烽火台平面呈椭圆形，剖面呈梯形，毛石砌筑，底径 21 米，顶部东西 12 米，南北 6.5 米残高 6.8 米，坍塌成堆状，顶部及台身长有杂树，植被多为灌木和杂草。

567. 长梁 04 号烽火台 130732353201170567

位于长梁东南 1.7 千米山脊处，坐标：东经 115° 52′ 13.4″，北纬 41° 11′ 47.8″，高程 2017 米。

烽火台平面呈圆形，剖面呈梯形，毛石砌筑，底径 16.5 米，顶径 7 米，残高 5.6 米，坍塌成堆状，顶部及台身长有杂树，植被多为灌木和杂草。

568. 长梁 05 号烽火台 130732353201170568

位于长梁东南 1.5 千米山脊处，坐标：东经 115° 51′ 59.1″，北纬 41° 11′ 41.7″，高程 2000 米。

烽火台平面呈圆形，剖面呈梯形，毛石砌筑，残高 4.2 米，坍塌成堆状，顶部存有少量夯土，四周植被多为灌木和杂草。

569. 长梁 06 号烽火台 130732353201170569

位于长梁村东南 1.4 千米山脊顶部，坐标：东经 115° 51′ 44.7″，北纬 41° 11′ 46.8″，高程 1914 米。

烽火台平面呈圆形，剖面呈梯形，毛石砌筑，底径 14.3 米，顶部东西 7.2 米，南北 3.6 米，残高 2.8 米，坍塌成堆状，西立面长有杂树一棵，四周植被多为灌木和杂草。

570. 长梁 07 号烽火台 130732353201170570

位于长梁村东南 1.2 千米山脊顶部，坐标：东经 115° 51′ 31.8″，北纬 41° 12′ 31.8″，高程 1754 米。

烽火台平面呈圆形，剖面呈梯形，台芯土石夯筑，外包毛石砌筑，底径 16.5 米，残高 3.8 ～ 4.2 米，坍塌成堆状，台体上长有杂树 2 棵，四周植被多为灌木和杂草。

571. 长梁 08 号烽火台 130732353201170571

位于长梁村东北约 800 米山脊顶部，坐标：东经 115° 51′ 24.″，北纬 41° 12′ 13.1″，高程 1730 米。

烽火台平面呈矩形，剖面呈梯形，台芯土石夯筑，外包毛石砌筑，长 11.1 米，宽 4.5 米，残高约 1.8 米，坍塌成石堆状，台体杂草滋长，四周植被多为灌木和杂草。

572. 长梁 09 号烽火台 130732353201170572

位于长梁村东北约 700 米山脊顶部，坐标：东经 115° 51′ 1.5″，北纬 41° 12′ 27.5″，高程 1543 米。

烽火台平面呈圆形，剖面呈梯形，毛石砌筑，坍塌成堆状，存外包墙体长 1.5 米，高 0.3 ～ 0.7 米，四周植被多为灌木和杂草。

573. 长梁 10 号烽火台 130732353201170573

位于长梁村东北 750 米山脊顶部，坐标：东经 115° 5′ 44.9″，北纬 41° 12′ 41.2″，高程 1543 米。

烽火台平面呈圆形，剖面呈梯形，外包毛石砌筑，底径 14.3 米，残高 4.6 米，坍塌成堆状，顶部存少量夯土，四周植被多为灌木和杂草。

574. 长梁 11 号烽火台 130732353201170574

位于深沟洼村东北 700 米山沟顶，坐标：东经 115° 5′ 46.9″，北纬 41° 12′ 51.″，高程 1687 米。

烽火台平面呈圆形，剖面呈梯形，毛石砌筑，坍塌成堆状，存外包墙体长 1.5 米，高 0.3 ～ 0.7 米，四周植被多为灌木和杂草。

575. 虎龙沟 01 号烽火台 130732353201170575

位于虎龙沟村东 200 米，坐标：东经 115° 5′ 45.1″，北纬 41° 13′ 58.1″，高程 1366 米。

烽火台平面呈矩形，剖面呈梯形，台芯土石夯筑，外包毛石砌筑，底部东西长 7.6 米，南北宽 7.1 米，残高 2.5 米，坍塌成堆状，东立面长有槐树 3 棵，胸径 0.09 ～ 0.13 米，四周植被多为灌木和杂草。

576. 虎龙沟 02 号烽火台 130732353201170576

位于虎龙沟村北 150 米处山顶、东距长城约 250 米，坐标：东经 115° 5′ 31.2″，北纬 41° 14′ 7.4″，高程 1492 米。

烽火台平面呈圆形，剖面呈梯形，台芯土石夯筑，外包毛石砌筑，底径 22 米，残高 6 米，坍塌成堆状，四周植被多为灌木和杂草。

577. 炭窑 01 号烽火台 130732353201170577

位于炭窑村南 100 米，坐标：东经 115° 5′ 35.7″，北纬 41° 14′ 26.5″，高程 1396 米。

烽火台平面呈圆形，剖面呈梯形，台芯土石夯筑，外包毛石砌筑，底径 11.8 米，顶径 6.5 米，残高 7.5 米，坍塌成堆状，四周植被多为灌木和杂草。

578. 炭窑 02 号烽火台 130732353201170578

位于炭窑村西南山顶部、距村约 100 米，坐标：东经 115° 5′ 28.2″，北纬 41° 14′ 28.″，高程 1422 米。

烽火台平面呈圆形，剖面呈梯形，台芯土石夯筑，外包毛石砌筑，底径 20.7 米，残高 4.2 米，坍塌成堆状，四周散落大量碎石，植被多为灌木和杂草。

579. 炭窑 03 号烽火台 130732353201170579

位于炭窑村西北约 3 千米山顶，坐标：东经 115° 5′ 4.8″，北纬 41° 14′ 49″，高程 1564 米。

烽火台平面呈圆形，剖面呈梯形，台芯土石夯筑，外包毛石砌筑，底径 18 米，残高 3.2 米，坍塌成堆状，四周散落大量碎石，植被多为灌木和杂草。

580. 后水凹 01 号烽火台 130732353201170580

位于后水洼村东北 600 米山顶，坐标：东经 115° 49′ 55.2″，北纬 41° 15′ 12.9″，高程 1609 米。

烽火台平面呈圆形，剖面呈梯形，台芯土石夯筑，外包毛石砌筑，底径 21 米，残高 4.5 米，坍塌成堆状，四周散落大量碎石，植被多为灌木和杂草。

581. 后水凹 02 号烽火台 130732353201170581

位于后水凹村东北 1.1 千米山顶部，坐标：东经 115° 49′ 54.4″，北纬 41° 15′ 28.2″，高程 1619 米。

烽火台平面呈圆形，剖面呈梯形，台芯土石夯筑，外包毛石砌筑，底径 17.5 米，残高 2.5 米，坍塌成堆状，西、北两侧皆为山险，四周散落大量碎石，植被多为灌木和杂草。

582. 后水凹 03 号烽火台 130732353201170582

位于后水凹村北约 1.8 千米，坐标：东经 115° 49′ 49.3″，北纬 41° 15′ 55.9″，高程 1861 米。

烽火台平面呈圆形，剖面呈梯形，台芯土石夯筑，外包毛石砌筑，底径 11.15 米，残高 4.2～6.3 米，坍塌成堆状，顶部存少量夯土，植被多为灌木和杂草。

583. 后水凹 04 号烽火台 130732353201170583

位于后水凹村北约 2.4 千米，坐标：东经 115° 49′ 4.3″，北纬 41° 16′ 17.1″，高程 1908 米。

烽火台平面呈圆形，剖面呈梯形，台芯土石夯筑，外包毛石砌筑，底径 15.3 米，残高 4.2 米，坍塌成堆状，顶部存少量夯土，植被多为灌木和杂草。

584. 冰山梁 01 号烽火台 130732353201170584

位于冰山梁南约 2.4 千米，坐标：东经 115° 49′ 26″，北纬 41° 16′ 26.3″，高程 1798 米。

烽火台平面呈圆形，剖面呈梯形，台芯土石夯筑，外包毛石砌筑，底径 19.1 米，残高 2.8～4.2 米，坍塌成堆状，顶部及四周杂草滋长。

585. 冰山梁 02 号烽火台 130732353201170585

位于冰山梁南约 750 米，坐标：东经 115° 48′ 5.8″，北纬 41° 16′ 51.7″，高程 2067 米。

烽火台平面呈圆形，剖面呈梯形，台芯土石夯筑，外包毛石砌筑，底径 19.1 米，残高 2.2～2.8 米，坍塌成堆状，顶部存少量夯土，四周植被多为灌木和杂草。

586. 冰山梁 03 号烽火台 130732353201170586

位于冰山梁南约 400 米，坐标：东经 115° 48′ 55.7″，北纬 41° 17′ 3.1″，高程 2149 米。

烽火台平面呈圆形，剖面呈梯形，台芯土石夯筑，外包毛石砌筑，底径 16.5 米，残高 2 米，坍塌成堆状，四周植被多为灌木和杂草。

587. 冰山梁 04 号烽火台 130732353201170587

位于冰山梁顶，坐标：东经 115° 48′ 5.3″，北纬 41° 17′ 14.7″，高程 2145 米。

烽火台平面呈圆形，剖面呈梯形，台芯土石夯筑，外包毛石砌筑，底径 17.5 米，残高 3.8 米，坍塌成堆状，四周植被多为灌木和杂草。

588. 冰山梁 05 号烽火台 130732353201170588

位于冰山梁主峰之上，坐标：东经 115° 48′ 37.8″，北纬 41° 17′ 33.4″，高程 2207 米。

烽火台平面呈圆形，剖面呈梯形，台芯土石夯筑，外包毛石砌筑，底径 19.1 米，残高 4.8 米，坍塌成堆状，顶部存少量夯土，根部散落大量碎石，四周植被多为灌木和杂草。

589. 冰山梁 06 号烽火台 130732353201170589

位于冰山梁主峰西北 400 米处的山脊上，坐标：东经 115° 48′ 19.6″，北纬 41° 17′ 49.2″，高程 2142 米。

烽火台平面呈圆形，剖面呈梯形，台芯土石夯筑，外包毛石砌筑，底径 16.6 米，残高 7.8 米，坍塌成堆状，北部直接垒砌于山岩之上，根部散落部分碎石，四周植被多为灌木和杂草。

590. 冰山梁 07 号烽火台 130732353201170590

位于冰山梁主峰西北约 1.5 千米处山顶，坐标：东经 115° 47′ 57.8″，北纬 41° 18′ 11″，高程 2170 米。

烽火台平面呈圆形，剖面呈梯形，台芯土石夯筑，外包毛石砌筑，底径 19.7 米，残高 5.6 米，坍塌成堆状，顶部存少量夯土，根部散落部分碎石，四周植被多为灌木和杂草。

591. 冰山梁 08 号烽火台 130732353201170591

位于冰山梁主峰北约 2 千米处山峰上，坐标：东经 115° 47′ 56.2″，北纬 41° 18′ 43.4″，高程 2056 米。

烽火台平面呈矩形，剖面呈梯形，台芯土石夯筑，外包毛石砌筑，东西长约 4.5 米，南北宽约 3 米，坍塌成堆状，顶部存少量夯土，根部散落部分碎石，四周植被多为灌木和杂草。

592. 冰山梁 09 号烽火台 130732353201170592

位于郭家窑东北 2.2 千米山顶，坐标：东经 115° 47′ 4.5″，北纬 41° 19′ 2.1″，高程 1842 米。

烽火台平面呈圆形，剖面呈梯形，台芯土石夯筑，外包毛石砌筑，底径 17.5 米，残高 6.2 米，坍塌成堆状，顶部存少量夯土，根部散落部分碎石，四周植被多为灌木和杂草。

593. 盘道沟 01 号烽火台 130732353201170593

位于盘道沟西南约 2.2 千米，坐标：东经 115° 47′ 38.1″，北纬 41° 19′ 16.5″，高程 1817 米。

烽火台平面呈圆形，剖面呈梯形，台芯土石夯筑，外包毛石砌筑，底径 17.2 米，残高 5.6 米，坍塌成堆状，根部散落部分碎石，四周植被多为灌木和杂草。

594. 盘道沟 02 号烽火台 130732353201170594

位于盘道沟西南约 2 千米，坐标：东经 115° 47′ 2.6″，北纬 41° 19′ 47.1″，高程 1800 米。

烽火台平面呈圆形，剖面呈梯形，台芯土石夯筑，外包毛石砌筑，底径 12.7 米，残高 4.5 米，坍塌成堆状，根部散落部分碎石，四周植被多为灌木和杂草。

595. 盘道沟 03 号烽火台 130732353201170595

位于盘道沟西约 2.3 千米，坐标：东经 115° 46′ 42.2″，北纬 41° 19′ 54.3″，高程 1749 米。

烽火台平面呈圆形，剖面呈梯形，台芯土石夯筑，外包毛石砌筑，底径 12.7 米，残高 4.5 米，坍塌成堆状，南立面外包墙体长 6 米，高 1.57 米，顶部存少量夯土，根部散落大量碎石，四周植被多为灌木和杂草。

596. 影壁窑 01 号烽火台 130732353201170596

位于影壁窑正东 1.5 千米，坐标：东经 115° 46′ 3.9″，北纬 41° 2′ 1.6″，高程 1763 米。

烽火台平面呈圆形，剖面呈梯形，台芯土石夯筑，外包毛石砌筑，底径 13.4 米，顶径 3.8 米，残高 3.8 米，坍塌成堆状，南立面外包墙体高 0.57 米，顶部存少量夯土，根部散落大量碎石，四周植被多为灌木和杂草。

597. 影壁窑 02 号烽火台 130732353201170597

位于影壁窑正东 1.4 千米，坐标：东经 115° 46′ 2.7″，北纬 41° 2′ 25″，高程 1824 米。

烽火台平面呈圆形，剖面呈梯形，台芯土石夯筑，外包毛石砌筑，底径 26.1 米，残高 4.2 米，坍塌成堆状，南立面外包墙体高 1.2 米，顶部存少量夯土，根部散落大量碎石，台身及四周植被多为灌木和杂草。

598. 影壁窑 03 号烽火台 130732353201170598

位于影壁窑东北 1.3 千米，坐标：东经 115° 46′ 6.7″，北纬 41° 2′ 34.9″，高程 1751 米。

烽火台平面呈圆形，剖面呈梯形，台芯土石夯筑，外包毛石砌筑，底径 13.7 米，顶径 3.82 米，残高 5.6 米，坍塌成堆状，南立面外包墙体高 0.9 米，顶部存少量夯土，根部散落大量碎石，台身及四周植被多为灌木和杂草。

599. 栅子口 01 号烽火台 130732353201170599

位于栅子口东南 1.4 千米，坐标：东经 115° 45′ 5.6″，北纬 41° 2′ 38.9″，高程 1669 米。

烽火台平面呈圆形，剖面呈梯形，台芯土石夯筑，外包毛石砌筑，底径 11.5 米，顶径 4.5 米，残高 4.8～5.6 米，坍塌成堆状，根部存外包墙体高 1.2～2.2 米，顶部存少量夯土，根部散落大量碎石，台身及四周植被多为灌木和杂草。

600. 栅子口 02 号烽火台 130732353201170600

位于栅子口东南 1.2 千米，坐标：东经 115° 45′ 42.8″，北纬 41° 2′ 53″，高程 1600 米。

烽火台平面呈圆形，剖面呈梯形，台芯土石夯筑，外包毛石砌筑，底径 13.4 米，顶径 5.1 米，残高 5.6 米，坍塌成堆状，顶部存少量夯土，根部散落大量碎石，台身及四周植被多为灌木和杂草。

601. 栅子口 03 号烽火台 130732353201170601

位于栅子口东南 800 米，坐标：东经 115° 45′ 36.90″，北纬 41° 21′ 10.90″，高程 1530 米。

烽火台平面呈圆形，剖面呈梯形，台芯土石夯筑，外包毛石砌筑，底径 17.2 米，顶径 6 米，残高 4.8～5.2 米，坍塌成堆状，顶部存少量夯土，根部散落大量碎砖石，台身及四周植被多为灌木和杂草。

602. 栅子口 04 号烽火台 130732353201170602

位于栅子口村西北角、距村庄约 200 米，坐标：东经 115° 45′ 07.10″，北纬 41° 21′ 21.30″，高程 1406 米。

烽火台平面呈矩形，剖面呈梯形，台芯素土夯筑，底部东西长 7.6 米，南北宽 6.3 米，顶部东西长 5.7 米，南北宽 4.5 米，残高约 3.4 米，顶部长有杂树一棵，根部散落少量碎砖，四周植被多为灌木和杂草。

603. 栅子口 05 号烽火台 130732353201170603

位于栅子口西北山谷西山坡处、东距河谷约 500 米，坐标：东经 115° 44′ 54.60″，北纬 41° 21′ 32.30″，高程 1458 米。

烽火台平面呈矩形，剖面呈梯形，台芯素土夯筑，底径 8.6 米，高 1.1 米，根部散落少量碎砖，东侧残存小段石墙长 2 米，四周植被多为灌木和杂草。

604. 栅子口 06 号烽火台 130732353201170604

位于栅子口东北 600 米，坐标：东经 115° 44′ 51.00″，北纬 41° 21′ 42.50″，高程 1444 米。

烽火台平面呈矩形，剖面呈梯形，台芯素土夯筑，东西宽 7.1 米，南北长 7.3 米，高 8 米，西北侧台芯向西倾斜，西侧为陡坡，根部散落少量碎砖，四周植被多为灌木和杂草。

605. 栅子口 07 号烽火台 130732353201170605

位于栅子口村东沟西北山顶，坐标：东经 115° 44′ 41.10″，北纬 41° 21′ 57.70″，高程 1583 米。

烽火台平面呈矩形，剖面呈梯形，台芯素土夯筑，外包毛石砌筑，台高 3.9 米，南立面存外包墙体高 1.6 米，东侧 4.2 米处存半圆状毛石墙体，全部坍塌，呈石埂状，宽约 1.3 米，高约 1.4 米，四周植被多为灌木和杂草。

606. 魏家营 01 号烽火台 130732353201170606

位于魏家营村东南 1.1 千米，坐标：东经 115° 44′ 12.80″，北纬 41° 22′ 00.90″，高程 1580 米。

烽火台平面呈圆形，剖面呈梯形，台芯土石夯筑，外包毛石砌筑，底径 19.7 米，残高 4.3 米，坍塌成堆状，顶部存大量夯土，高 0.8 米，根部散落大量碎砖石，东侧 30 米处存后期人为垒砌的矩形毛石围墙，台身及四周植被多为灌木和杂草。

607. 魏家营 02 号烽火台 130732353201170607

位于魏家营村东南 500 米，坐标：东经 115° 43′ 58.30″，北纬 41° 22′ 19.30″，高程 1499 米。

烽火台平面呈圆形，剖面呈梯形，台芯素土分层夯筑，夯层厚 0.25 米，外包毛石砌筑，东西宽 6.3 米，南北长 9 米，残高 3.9 米，坍塌成堆状，南立面根部存 4 层城砖，高 0.44 米，四周散落少量碎砖瓦，台身及四周植被多为灌木和杂草。

608. 魏家营 03 号烽火台 130732353201170608

位于魏家营村南 900 米，坐标：东经 115° 43′ 42.10″，北纬 41° 22′ 05.40″，高程 1533 米。

烽火台平面呈圆形，剖面呈梯形，台芯土石夯筑，外包毛石砌筑，底径 21.6 米，顶径 4.5 米，残高 3.7 米，坍塌成堆状，根部散落大量碎石，台身及四周植被多为灌木和杂草。

609. 魏家营 04 号烽火台 130732353201170609

位于魏家营村西南 800 米，坐标：东经 115° 43′ 24.20″，北纬 41° 22′ 07.50″，高程 1577 米。

烽火台平面呈圆形，剖面呈梯形，台芯土石夯筑，外包毛石砌筑，底径 17.8 米，残高 3.9 米，坍塌成堆状，顶部存圆形孔洞，根部散落大量碎石，台身及四周植被多为灌木和杂草。

610. 魏家营 05 号烽火台 130732353201170610

位于魏家营村西南 1 千米，坐标：东经 115° 43′ 09.20″，北纬 41° 22′ 08.80″，高程 1579 米。

烽火台平面呈圆形，剖面呈梯形，毛石砌筑，东西长 7.3 米，南北宽 6.9 米，残高约 2.8 米，南、北立面存外包墙体高 2.1 米，根部散落大量碎石，四周存石砌壕沟，长 3.2 米，宽 1.4 米，深 1.4 米，植被多为灌木和杂草。

611. 北栅口 01 号烽火台 130732353201170611

位于北栅口东北 1.1 千米，坐标：东经 115° 42′ 57.40″，北纬 41° 21′ 57.30″，高程 1484 米。

烽火台平面呈圆形，剖面呈梯形，台芯土石夯筑，外包毛石砌筑，底径 13.7 米，残高 4.5 米，坍塌成堆状，顶部存少量夯土，根部散落碎石，台身及四周植被多为灌木和杂草。

612. 北栅口 02 号烽火台 130732353201170612

位于北栅口东北 900 米，坐标：东经 115° 42′ 43.30″，北纬 41° 21′ 44.80″，高程 1488 米。

烽火台平面呈矩形，剖面呈梯形，台芯下部素土夯筑，上部土石夯筑高 0.8 米，外包城砖砌筑，东西宽 5.5 米，南北长 6.3 米，高 4.5 米，东立面存外包墙体高 3.2 米，面砖缺失，四周散落大量碎石碎砖，植被多为灌木和杂草。

613. 北栅口 03 号烽火台 130732353201170613

位于北栅口东北 500 米，坐标：东经 115° 42′ 37.40″，北纬 41° 21′ 33.30″，高程 1467 米。

烽火台平面呈矩形，剖面呈梯形，台芯土石夯筑，外包毛石砌，东西长 6.3 米，南北宽 5.9 米，残高 4.3 米，坍塌成石堆状，东立面存外包墙体长 5.3 米，高 3.9 米，顶部存少量夯土，根部散落碎石，台身及四周植被多为灌木和杂草。

614. 北栅口 04 号烽火台 130732353201170614

位于北栅子村西北 150 米，坐标：东经 115° 42′ 15.50″，北纬 41° 21′ 25.70″，高程 1351 米。

烽火台平面呈矩形，剖面呈梯形，台芯土石夯筑，东西长 8.2 米，南北宽 7.6 米，残高 4.15 米，东立面南侧存冲沟一条，宽 0.6 ～ 0.7 米，根部坍塌堆积呈斜坡状高 3.7 米，顶部散落少量碎砖瓦，四周植被多为灌木和杂草。

615. 北栅口 05 号烽火台 130732353201170615

位于北栅子村西北 500 米，坐标：东经 115° 41′ 58.60″，北纬 41° 21′ 21.20″，高程 1478 米。

烽火台平面呈圆形，剖面呈梯形，台芯土石夯筑，外包毛石砌筑，底径 10.8 米，顶径 4.5 米，残高 6.2 米，坍塌成堆状，东、北立面外包墙体高 6.2 米，顶部存少量夯土，根部散落碎石，台身及四周植被多为灌木和杂草。

616. 北栅口 06 号烽火台 130732353201170616

位于北栅子村西北 700 米，坐标：东经 115° 41′ 54.40″，北纬 41° 21′ 25.40″，高程 1486 米。

敌台平面呈矩形，剖面呈梯形，台芯素土夯筑，第一次外包毛石砌筑，厚 1.2 米，第二次外包城砖砌筑，厚 1 米，东西宽 8.4 米，南北长 7.6 米，高 1.6 ～ 6.2 米，东、西立面保存较好，北立面仅存下部外包墙体，面砖风化酥碱严重，四周散落大量碎砖瓦，城砖尺寸 0.375 米 ×0.19 米 ×0.08 米，植被多为灌木和杂草。

617. 北栅口 07 号烽火台 130732353201170617

位于北栅子村西 900 米，坐标：东经 115° 41′ 46.60″，北纬 41° 21′ 20.80″，高程 1481 米。

烽火台平面呈圆形，剖面呈梯形，毛石砌筑，底径 17.5 米，残高 6.8 米，坍塌成堆状，北立面外包砖长 2.2 米，高 1 米，四周散落少量碎砖瓦，植被多为灌木和杂草。

618. 西栅子 01 号烽火台 130732353201170618

位于西栅子村西北 800 米，坐标：东经 115° 41′ 24.1″，北纬 41° 21′ 13.2″，高程 1491 米。

烽火台平面呈圆形，剖面呈梯形，毛石砌筑，底径 10.2 米，残高 3 米，坍塌成堆状，四周散落少量碎砖瓦，植被多为灌木和杂草。

619. 西栅子 02 号烽火台 130732353201170619

位于西栅子村西南 900 米，坐标：东经 115° 41′ 16.90″，北纬 41° 21′ 00.20″，高程 1432 米。

烽火台平面呈圆形，剖面呈梯形，毛石砌筑，底径 17.2 米，残高 5.2 米，坍塌成堆状，北立面存外包墙体，顶部存少量夯土，四周散落少量碎砖瓦，植被多为灌木和杂草。

620. 西栅子 03 号烽火台 130732353201170620

位于西栅子村西南 1 千米，坐标：东经 115° 41′ 16.50″，北纬 41° 02′ 53.50″，高程 1346 米。

烽火台平面呈圆形，剖面呈梯形，毛石砌筑，残高 2.6 米，坍塌成堆状，四周散落少量碎砖瓦，植被多为灌木和杂草。

621. 西栅子 04 号烽火台 130732353201170621

位于西栅子村西南 1.1 千米，坐：东经 115° 41′ 15.60″，北纬 41° 02′ 48.30″，高程 1423 米。

烽火台平面呈圆形，剖面呈梯形，毛石砌筑，底径 10.2 米，残高 1.2～5.2 米，坍塌成堆状，东立面存外包墙体，四周散落少量碎砖瓦，植被多为灌木和杂草。

622. 西栅子 05 号烽火台 130732353201170622

位于西栅子村西南 1 千米，坐标：东经 115° 41′ 18.00″，北纬 41° 02′ 40.80″，高程 1509 米。

烽火台平面呈圆形，剖面呈梯形，毛石砌筑，底径 17.8 米，残高 8.2 米，坍塌成堆状，北立面外包墙体高 5.2 米，顶部存少量夯土，散落少量碎砖瓦，四周植被多为灌木和杂草。

623. 西栅子 06 号烽火台 130732353201170623

位于西栅子村西南 1.5 千米，坐标：东经 115° 40′ 59.80″，北纬 41° 02′ 30.00″，高程 1548 米。

烽火台平面呈圆形，剖面呈梯形，毛石砌筑，底径 22.6 米，顶部直径 7.5 米，残高 6～7 米，顶部西高东低，西侧存长 4 米，高 1 米墙体，西南有直角，南立面外包墙体坍塌长 1.5 米，深 0.8 米，高 5 米，顶部存少量夯土，散落少量碎砖瓦，四周植被多为灌木和杂草。

624. 梁家窑 01 号烽火台 130732353201170624

位于梁家窑村东约 1.2 千米，坐标：东经 115° 40′ 43.20″，北纬 41° 02′ 02.90″，高程 1584 米。

烽火台平面呈圆形，剖面呈梯形，毛石砌筑，底径 17.2 米，残高 5.5 米，坍塌成堆状，南立面外包墙体高 1.2～2.2 米，顶部存少量夯土，四周植被多为灌木和杂草。

625. 梁家窑 02 号烽火台 130732353201170625

位于梁家窑村东约 900 米，坐标：东经 115° 40′ 23.10″，北纬 41° 19′ 56.80″，高程 1610 米。

烽火台平面呈圆形，剖面呈梯形，毛石砌筑，底径 17.2 米，顶径 5.1 米，残高 5.2 米，坍塌成堆状，立面分为 3 级，一级高 0.8 米，进深 1.5 米，二级高 1.5 米，进深 2 米，三级高 1.5 米，顶部存少量夯土，四周植被多为灌木和杂草。

626. 梁家窑 03 号烽火台 130732353201170626

位于梁家窑村东南约 1.2 千米，坐标：东经 115° 40′ 11.60″，北纬 41° 19′ 44.00″，高程 1611 米。

烽火台平面呈圆形，剖面呈梯形，毛石砌筑，底径 13.4 米，残高 4.6 米，坍塌成堆状，顶部存少量夯土，四周植被多为灌木和杂草。

627. 三棵树 01 号烽火台 130732353201170627

位于三棵树东南约 1.5 千米，坐标：东经 115° 39′ 34.30″，北纬 41° 19′ 19.40″，高程 1655 米。

烽火台平面呈圆形，剖面呈梯形，毛石砌筑，底径 17.8 米，顶径 9 米，残高 7 米，东面外包墙体坍塌成斜坡状，顶部存少量夯土，四周植被多为灌木和杂草。

628. 三棵树 02 号烽火台 130732353201170628

位于三棵树东南约 1.8 千米，坐标：东经 115° 39′ 21.50″，北纬 41° 19′ 01.50″，高程 1688 米。

烽火台平面呈圆形，剖面呈梯形，毛石砌筑，顶部东西宽 5.5 米，南北长 6.5 米，残高 4.6 米，东、南立面存外包墙体，下设毛石台基，距台 1 米，高 0.8 米，四周存壕沟两道，内沟宽 1 ～ 1.5 米，深 1 ～ 1.5 米，外沟 2.5 ～ 3.5 米，深 1 ～ 1.8 米，顶部存少量夯土，四周植被多为灌木和杂草。

629. 三棵树 03 号烽火台 130732353201170629

位于三棵树南约 1.75 千米，坐标：东经 115° 38′ 47.00″，北纬 41° 19′ 03.90″，高程 1666 米。

烽火台平面呈圆形，剖面呈梯形，毛石砌筑，底径 22.9 米，残高 8 米，坍塌成堆状，南立面外包墙体长 6 米，高 1.2 米，顶部存少量夯土，四周植被多为灌木和杂草。

630. 正虎沟 01 号烽火台 130732353201170630

位于正虎沟东北约 600 米，坐标：东经 115° 38′ 14.10″，北纬 41° 18′ 56.90″，高程 1618 米。

烽火台平面呈圆形，剖面呈梯形，毛石砌筑，底径 22.4 米，残高 8 米，东、南立面存外包墙体，下设毛石台基，距台 1 米，高 0.8 米，四周存壕沟两道，内沟宽 1 ～ 1.5 米，深 1 ～ 1.5 米，外沟宽 2.5 ～ 3.5 米，深 1 ～ 1.8 米，顶部存少量夯土，四周植被多为灌木和杂草。

631. 正虎沟 02 号烽火台 130732353201170631

位于正虎沟北约 500 米，坐标：东经 115° 37′ 58.60″，北纬 41° 19′ 07.50″，高程 1539 米。

烽火台平面呈圆形，剖面呈梯形，毛石砌筑，底径 13.4 米，残高 4 米，坍塌成堆状，顶部散落少量夯土及城砖，四周植被多为灌木和杂草。

632. 正虎沟 03 号烽火台 130732353201170632

位于正虎沟西北约 600 米，坐标：东经 115° 37′ 33.10″，北纬 41° 18′ 56.80″，高程 1636 米。

烽火台平面呈圆形，剖面呈梯形，毛石砌筑，底径 11.5 米，残高 1.5 ～ 4 米，坍塌成堆状，南立面存外包墙体长 3.5 米，高 2.2 米，顶部散落少量夯土及大量碎砖瓦，四周植被多为灌木和杂草。

633. 三公堂 01 号烽火台 130732353201170633

位于三公堂村西北 150 米处山顶，坐标：东经 115° 37′ 05.80″，北纬 41° 18′ 59.50″，高程 1549 米。

烽火台平面呈圆形，剖面呈梯形，毛石砌筑，底径 11.5 米，残高 4 米，坍塌成堆状，顶部散落少量夯土及大量碎砖瓦，四周植被多为灌木和杂草。

634. 三公堂 02 号烽火台 130732353201170634

位于三公堂村西南 150 米，坐标：东经 115° 36′ 55.60″，北纬 41° 18′ 45.40″，高程 1576 米。

烽火台平面呈圆形，剖面呈梯形，毛石砌筑，底径 16.5 米，残高 4 米，坍塌成堆状，顶部存少量夯土，四周植被多为灌木和杂草。

635. 三公堂 03 号烽火台 130732353201170635

位于三公堂西南 600 米，坐标：东经 115° 36′ 51.40″，北纬 41° 18′ 30.10″，高程 1675 米。

烽火台平面呈圆形，剖面呈梯形，毛石砌筑，底径 15.3 米，残高 4.6 米，坍塌成堆状，顶部存少量夯土，四周存壕沟两道，内沟宽 1 ～ 2.5 米，深 1.2 ～ 1.8 米，外沟宽 1.1 ～ 1.5 米，深 0.3 ～ 0.8 米，西侧为岩体，植被多为灌木和杂草。

636. 马厂 01 号烽火台 130732353201170636

位于马厂西北 800 米，坐标：东经 115° 36′ 31.40″，北纬 41° 17′ 59.90″，高程 1721 米。

烽火台平面呈圆形，剖面呈梯形，毛石砌筑，底径 17.2 米，残高 4.2 米，坍塌成堆状，南立面存外包墙体长 2 米，高 2.1 米，顶部存少量夯土，四周存壕沟一道，宽 1 ～ 2.5 米，深 1.2 ～ 1.8 米，植被多为灌木和杂草。

637. 马厂 02 号烽火台 130732353201170637

位于马厂西南 1.2 千米，坐标：东经 115° 36′ 18.20″，北纬 41° 17′ 40.20″，高程 1699 米。

烽火台平面呈圆形，剖面呈梯形，毛石砌筑，底径 15.9 米，顶径 6.7 米，残高 4 米，坍塌成堆状，西立面、北立面存外包墙体，顶部存少量夯土，四周存壕沟两道，内沟宽 1.2 ～ 3.5 米，深 0.6 ～ 2.8 米，外沟宽 1.2 ～ 2.5 米，深 0.8 ～ 1.8 米，植被多为灌木和杂草。

638. 明岔 01 号烽火台 130732353201170638

位于明岔西北 600 米，坐标：东经 115° 36′ 01.50″，北纬 41° 17′ 29.60″，高程 1659 米。

烽火台平面呈圆形，剖面呈梯形，毛石砌筑，底径 14.6 米，顶径 5.1 米，残高 1.6 米，坍塌成堆状，北立面存外包墙体高 1 米，顶部存少量夯土，四周存壕沟两道，内沟宽 1.5 ～ 3 米，深 1.5 ～ 2.5 米，外沟宽 2 ～ 3 米，深 1 ～ 1.5 米，植被多为灌木和杂草。

639. 明岔 02 号烽火台 130732353201170639

位于明岔西北 500 米，坐标：东经 115° 35′ 37.50″，北纬 41° 17′ 15.00″，高程 1642 米。

烽火台平面呈圆形，剖面呈梯形，毛石砌筑，底径 17.8 米，顶径 5.1 米，残高 6 米，坍塌成堆状，西、北立面存台基两层，下层高 0.6 ～ 1.2 米，进深 0.4 ～ 0.6 米，宽 3.3 米，上层高 1.7 米，宽 3.3 米，顶部存少量夯土，四周存壕沟，宽 1.2 ～ 3.5 米，深 1 ～ 1.9 米，植被多为灌木和杂草。

640. 明岔 03 号烽火台 130732353201170640

位于明岔西 1 千米，坐标：东经 115° 35′ 13.00″，北纬 41° 17′ 01.40″，高程 1473 米。

烽火台平面呈圆形，剖面呈梯形，台芯素土夯筑，毛石砌筑，底径 11.5 米，残高 4 ～ 5.5 米，坍塌成堆状，南立面存外包墙体高 1.3 米，四周散落碎砖，东、西、北三面存壕沟，宽约 1 ～ 2 米，深 0.5 ～ 1.4 米，植被多为灌木和杂草。

641. 明岔 04 号烽火台 130732353201170641

位于明岔西南 1.2 千米，坐标：东经 115° 35′ 06.20″，北纬 41° 16′ 43.60″，高程 1552 米。

烽火台平面呈圆形，剖面呈梯形，毛石砌筑，底径 20.4 米，残高 5 米，坍塌成堆状，顶部存少量夯土，植被多为灌木和杂草。

642. 明岔 05 号烽火台 130732353201170642

位于明岔西南 1.4 千米，坐标：东经 115° 35′ 17.20″，北纬 41° 16′ 32.70″，高程 1671 米。

烽火台平面呈圆形，剖面呈梯形，毛石砌筑，底径 16.5 米，残高 4.5 米，坍塌成堆状，顶部存少量夯土，植被多为灌木和杂草。

643. 南屯 01 号烽火台 130732353201170643

位于南屯村东 1.5 千米，坐标：东经 115° 35′ 11.50″，北纬 41° 16′ 23.70″，高程 1711 米。

烽火台平面呈圆形，剖面呈梯形，毛石砌筑，底径 19.1 米，残高 5.6 米，坍塌成堆状，顶部存少量夯土，四周存壕沟两道，内沟宽 1～2 米，深 0.7～1.5 米，外沟宽 0.9～1.5 米，深 0.5～1.5 米，植被多为灌木和杂草。

644. 南屯 02 号烽火台 130732353201170644

位于南屯村东 1.8 千米，坐标：东经 115° 35′ 14.30″，北纬 41° 16′ 09.10″，高程 1699 米。

烽火台平面呈圆形，剖面呈梯形，毛石砌筑，底径 17.2 米，残高 4.5 米，坍塌成堆状，顶部存少量夯土，东立面存外包墙体长 2 米，高 1.7 米，四周存壕沟两道，内沟宽 1～2 米，深 0.7～1.5 米，外沟宽 0.9～1.5 米，深 0.5～1.5 米，植被多为灌木和杂草。

645. 南屯 03 号烽火台 130732353201170645

位于南屯村东南 2.2 千米，坐标：东经 115° 35′ 18.90″，北纬 41° 15′ 52.10″，高程 1638 米。

烽火台平面呈圆形，剖面呈梯形，毛石砌筑，底径 17.8 米，残高 5 米，坍塌成堆状，顶部存少量夯土，四周存壕沟，宽 1.5～3 米，深 0.3～1.1 米，东侧存榆树 3 棵，胸径 0.16～0.21 米，植被多为灌木和杂草。

646. 南屯 04 号烽火台 130732353201170646

位于南屯村东南 2 千米，坐标：东经 115° 35′ 04.50″，北纬 41° 15′ 54.10″，高程 1572 米。

烽火台平面呈圆形，剖面呈梯形，毛石砌筑，底径 16 米，残高 4.5 米，坍塌成堆状，顶部存少量夯土，植被多为灌木和杂草。

647. 南屯 05 号烽火台 130732353201170647

位于南屯村东南 1.7 千米，坐标：东经 115° 34′ 56.70″，北纬 41° 15′ 56.40″，高程 1550 米。

烽火台平面呈圆形，剖面呈梯形，毛石砌筑，底径 11.1 米，残高 3.5 米，坍塌成堆状，顶部存少量夯土，植被多为灌木和杂草。

648. 南屯 06 号烽火台 130732353201170648

位于南屯村东南 1.4 千米，坐标：东经 115° 34′ 47.60″，北纬 41° 15′ 54.60″，高程 1569 米。

烽火台平面呈圆形，剖面呈梯形，毛石砌筑，底径 14.6 米，残高 4 米，坍塌成堆状，顶部存少量夯土，植被多为灌木和杂草。

649. 南屯 07 号烽火台 130732353201170649

位于南屯村东南 1.2 千米，坐标：东经 115° 34′ 41.30″，北纬 41° 15′ 53.20″，高程 1543 米。

烽火台平面呈圆形，剖面呈梯形，毛石砌筑，底径 13.4 米，残高 4 米，坍塌成堆状，顶部存少量夯土，植被多为灌木和杂草。

650. 杨家沟 01 号烽火台 130732353201170650

位于杨家沟西北 1 千米，坐标：东经 115° 34′ 28.60″，北纬 41° 15′ 51.30″，高程 1565 米。

烽火台平面呈圆形，剖面呈梯形，毛石砌筑，底径 14.3 米，残高 3 米，坍塌成堆状，顶部存少量夯土，四周存壕沟，宽 1～2.2 米，深 0.5～1.4 米，植被多为灌木和杂草。

651. 杨家沟 02 号烽火台 130732353201170651

位于杨家沟西北 800 米，坐标：东经 115° 34′ 28.40″，北纬 41° 15′ 42.10″，高程 1525 米。

烽火台平面呈圆形，剖面呈梯形，毛石砌筑，底径 17.8 米，残高 4.2 米，坍塌成堆状，顶部存少量夯土，四周植被多为灌木和杂草。

652. 杨家沟 03 号烽火台 130732353201170652

位于杨家沟西北 700 米，坐标：东经 115° 34′ 27.7″，北纬 41° 15′ 39″，高程 1499 米。

烽火台平面呈圆形，剖面呈梯形，毛石砌筑，底径 13.4 米，残高 4.6 米，坍塌成堆状，南立面存外包墙体长 3.6 米，高 1.5 米，顶部存少量夯土，四周植被多为灌木和杂草。

653. 杨家沟 04 号烽火台 130732353201170653

位于杨家沟西北 750 米，坐标：东经 115° 34′ 12.90″，北纬 41° 15′ 30.30″，高程 1483 米。

烽火台平面呈圆形，剖面呈梯形，毛石砌筑，底径 17.8 米，残高 3.5 米，坍塌成堆状，顶部存少量夯土，四周杂树滋长，植被多为灌木和杂草。

654. 杨家沟 05 号烽火台 130732353201170654

位于杨家沟西 900 米，坐标：东经 115° 33′ 59.00″，北纬 41° 15′ 26.10″，高程 1445 米。

烽火台平面呈圆形，剖面呈梯形，毛石砌筑，底径 17.8 米，残高 5.3 米，坍塌成堆状，顶部存少量夯土，四周杂树滋长，植被多为灌木和杂草。

655. 马莲口 01 号烽火台 130732353201170655

位于马莲口村西北 150 米，坐标：东经 115° 33′ 50.50″，北纬 41° 15′ 05.60″，高程 1319 米。

烽火台平面呈矩形，剖面呈梯形，台芯素土分层夯筑，东西宽 5.28 米，南北长 6.2 米，残高 4.75 米，受风雨侵蚀，表面夯土脱落，顶部存铺房遗址，散落大量碎砖石及少量瓦，南立面存竖向裂缝 2 条，宽 0.06～0.13 米，南侧夯土坍塌堆积，四周植被多为灌木和杂草。

656. 张鹿角 01 号烽火台 130732353201170656

位于大石头沟村南 280 米，坐标：东经 115° 55′ 23.50″，北纬 41° 07′ 16.80″，高程 1314 米。

烽火台平面呈圆形，剖面呈梯形，毛石砌筑，底径 13.4 米，残高 4 米，坍塌成堆状，顶部散落少量碎砖瓦，四周杂树滋长，植被多为灌木和杂草。

657. 张鹿角 02 号烽火台 130732353201170657

位于大石头沟村南 240 米，坐标：东经 115° 55′ 04.70″，北纬 41° 07′ 20.20″，高程 1202 米。

烽火台平面呈圆形，剖面呈梯形，台芯土石夯筑，毛石砌筑，底径 11.5 米，残高 2.2 米，坍塌成堆状，顶部散落少量碎砖瓦，四周杂树滋长，植被多为灌木和杂草。

658. 张鹿角 03 号烽火台 130732353201170658

位于大石头沟村南 220 米，坐标：东经 115° 54′ 33.70″，北纬 41° 07′ 12.60″，高程 1185 米。

烽火台平面呈圆形，剖面呈梯形，台芯土石夯筑，毛石砌筑，底径 17.8 米，残高 2.6 米，坍塌成堆状，顶部散落少量碎砖瓦，四周杂树滋长，植被多为灌木和杂草。

659. 张鹿角 04 号烽火台 130732353201170659

位于大石头沟东南山头顶部，坐标：东经 115° 54′ 48.60″，北纬 41° 07′ 37.50″，高程 1414 米。

烽火台平面呈圆形，剖面呈梯形，台芯土石夯筑，毛石砌筑，底径 16.5 米，残高 5.4 米，坍塌成堆状，西北侧外包墙体长 3.5 米，高 1.2 米，四周散落少量瓦片、青瓷片、陶片等，杂树滋长，植被多为灌木和杂草。

660. 张鹿角 05 号烽火台 130732353201170660

位于大石头沟村西南 200 米，坐标：东经 115° 54′ 59.50″，北纬 41° 07′ 15.80″，高程 1202 米。

围堡式烽火台，总体布局为"回"字形，烽火台居中，四周设置围墙。

烽火台平面呈矩形，剖面呈梯形，台芯素土分层夯筑，夯层厚 01 ～ 0.15 米，受风雨侵蚀，表面夯土脱落，掏蚀严重，西立面存孔洞 7 处，直径 0.1 ～ 0.17 米，长有杂草。

围墙平面呈矩形，毛石砌筑，东西长 32.6 米，南北长 29.8 米，残宽 0.4 ～ 1.6 米，高 2.2 ～ 5.7 米，围墙内种植玉米。

661. 镇安堡 01 号烽火台 130732353201170661

位于镇安堡村东南 500 米处山包上，坐标：东经 115° 53′ 39.10″，北纬 41° 07′ 05.40″，高程 1168 米。

烽火台平面呈圆形，剖面呈梯形，台芯土石夯筑，毛石砌筑，底径 14.6 米，残高 3.5 米，坍塌成堆状，顶部散落少量碎砖瓦及夯土，四周杂树滋长，植被多为灌木和杂草。

662. 镇安堡 02 号烽火台 130732353201170662

位于镇安堡村北约 500 米，坐标：东经 115° 52′ 57.00″，北纬 41° 07′ 14.10″，高程 1242 米。

围堡式烽火台，总体布局为"回"字形，烽火台居中，四周设置围墙，台体距围墙 2.8 ～ 3.6 米。

烽火台平面呈矩形，剖面呈梯形，台芯素土分层夯筑，底部东西宽 5.4 米，南北长 9.2 米，顶部东西宽 3.2 米，南北长 5.6 米，残高 7.8 米，顶部散落碎砖瓦，受风雨侵蚀，表面夯土脱落。围墙宽 0.6 ～ 1.2 米，坍塌成石垄状，内外植被多为灌木和杂草。

663. 镇安堡 03 号烽火台 130732353201170663

位于镇安堡村东北约 300 米，坐标：东经 115° 53′ 11.50″，北纬 41° 07′ 07.00″，高程 1195 米。

烽火台平面呈矩形，剖面呈梯形，台芯素土分层夯筑，东西宽 3.8 米，南北长 7.6 米，残高 3.3 ～ 5.6 米，受风雨侵蚀，表面夯土脱落，东面坍塌成斜坡状高 1.6 米，四周散落碎砖瓦，植被多为灌木和杂草。

664. 施家嵯 01 号烽火台 130732353201170664

位于施家嵯村西北约 100 米山丘顶部，坐标：东经 115° 51′ 02.30″，北纬 41° 05′ 28.90″，高程 1141 米。

烽火台平面呈圆形，剖面呈梯形，台芯土石夯筑，底径 13.4 米，残高 4.5 米，坍塌成圆形土堆状，北立面存榆树一棵，胸径 0.4 米，四周散落少量碎砖瓦，植被多为灌木和杂草。

665. 威震 01 号烽火台 130732353201170665

位于威镇村西南 400 米，坐标：东经 115° 51′ 52.20″，北纬 41° 06′ 04.60″，高程 1114 米。

围堡式烽火台，总体布局为"回"字形，烽火台居中，四周设置围墙。台体至东西围墙 5.65 米，至南北围墙6.1米。

烽火台平面呈矩形，剖面呈梯形，台芯土石分层夯筑，东西长7米，南北宽5.8米，残高4.5米，西立面存裂缝一条，宽0.14～0.25米，四周散落少量碎砖瓦，杂草滋长。

围墙平面呈矩形，边长27米，素土夯筑，东墙南段存12米，上宽0.5～0.8米，下宽2～3米，高1.7～2.7米，南墙和西墙大部分坍塌，残高1.8～2.7米，南墙西段存豁口一处，长3米，北墙全部消失，四周为农田，种植玉米等农作物。

666. 威震02号烽火台 13073235320117066

位于威震村北小山丘顶部、距村约300米，坐标：东经115°51′51.90″，北纬41°06′26.00″，高程1204米。

烽火台平面呈矩形，剖面呈梯形，台芯土石分层夯筑，底径14.3米，残高3.2米，根部散落少量碎砖瓦，杂草滋长，四周为农田，种植玉米等农作物。

667. 威震03号烽火台 13073235320117067

位于威震村北约1.9千米山顶，坐标：东经115°51′49.70″，北纬41°06′50.80″，高程1365米。

烽火台平面呈矩形，剖面呈梯形，毛石砌筑，底径13.4米，残高3.5米，坍塌成堆状，顶部存少量夯土，四周散落少量碎砖瓦，杂树滋长，植被多为灌木和杂草。

668. 楼前01号烽火台 13073235320117068

位于楼前村内东北角，坐标：东经115°5′23.90″，北纬41°08′06.50″，高程1239米。

烽火台已无存，现为村委会驻地。

669. 二墩01号烽火台 13073235320117069

位于二墩村西北1千米处、东临季节河，坐标：东经115°49′48.30″，北纬41°09′06.20″，高程1348米。

围堡式烽火台，总体布局为"回"字形，烽火台居中，四周设置围墙。台体至南墙9.96米，至北墙12.97米。

烽火台平面呈矩形，剖面呈梯形，台芯素土分层夯筑，外包城砖砌筑，东西长6.2米，南北宽5.97米，残高8.66米，北立面存四层外包城砖，顶部散落白灰，四周散落少量碎砖瓦，杂草滋长。

围墙平面呈矩形，边长27米，素土夯筑，东墙中部存豁口一处，长3米，豁口北侧长10米，上宽0.5～0.7米，下宽4～5.7米，残高7～8.5米，豁口南侧及南墙坍塌成垄状，残高6～7米，西墙及北墙上宽0.4～0.7米，下宽3～4.5米，残高9～11米，四周植被多为灌木和杂草。

670. 打鹿01号烽火台 13073235320117070

位于打鹿村西北600米的山顶，坐标：东经115°51′06.20″，北纬41°09′26.90″，高程1644米。

烽火台平面呈矩形，剖面呈梯形，毛石砌筑，底径17.2米，残高4.5米，坍塌成堆状，顶部存少量夯土，西立面长有榆树一棵，四周植被多为灌木和杂草。

671. 打鹿02号烽火台 13073235320117071

位于打鹿沟村西南520米处山梁上，坐标：东经115°51′44.40″，北纬41°08′38.80″，高程1378米。

烽火台平面呈矩形，剖面呈梯形，台芯土石夯筑，外包毛石砌筑，东西长 4.2 米，南北宽 3.8 米，残高 2.4 米，坍塌成堆状，四周植被多为灌木和杂草。

672. 干沟梁 01 号烽火台 130732353201170672

位于云山水库正东沟谷尽头山顶上，坐标：东经 115° 48′ 19.20″，北纬 41° 05′ 26.70″，高程 1301 米。

烽火台平面呈矩形，剖面呈梯形，台芯土石夯筑，外包毛石砌筑，底径 13 米，残高 6.8 米，坍塌成堆状，西北角外包墙体长 1.7 米，高 0.8 米，西立面中部存人工挖掘的孔洞一处，宽 1.1 ～ 1.5 米，深 0.6 ～ 1 米，长 3.6 米，台正北中部有瓮洞，四周设壕沟一道，宽 1.2 ～ 1.5 米，深 0.4 ～ 0.8 米，壕沟内侧筑墙，东西长 24 米，南北宽 16 米，南墙缺失，四周植被多为灌木和杂草。

673. 赵家窑 01 号烽火台 130732353201170673

位于赵家窑村正南约 500 米小山包处，坐标：东经 115° 50′ 25.40″，北纬 41° 04′ 29.70″，高程 1129 米。

烽火台平面呈矩形，剖面呈梯形，台芯素土夯筑，底径 15.3 米，残高 4.1 米，坍塌成堆状，南立面存人为挖掘的孔洞一处，长 5 米，宽 1.1 米，深 1.3 米，周围散落大量细绳纹陶片及马骨、有少量碎石、残砖，西北侧长有柳树一棵，胸径 0.35 米，四周植被多为灌木和杂草。

674. 样墩 01 号烽火台 130732353201170674

位于样墩村正北约 400 米山顶，坐标：东经 115° 49′ 30.10″，北纬 41° 04′ 15.10″，高程 1221 米。

烽火台平面呈矩形，剖面呈梯形，台芯素土分层夯筑，毛石砌筑，底径 14.6 米，残高 4.2 米，坍塌成堆状，西北角存裂缝一条，宽 0.35 ～ 0.5 米，北侧存后期人为垒砌的毛石墙体，四周植被多为灌木和杂草。

675. 样墩 02 号烽火台 130732353201170675

位于样墩村委会后墙正中，坐标：东经 115° 50′ 00.20″，北纬 41° 04′ 07.30″，高程 1055 米。

烽火台平面呈矩形，剖面呈梯形，台芯素土分层夯筑，城砖砌筑，东西长 8.5 米，南北长 2.8 米，残高 3.8 米，坍塌成堆状，东、北立面可见夯土墙体宽 0.4 ～ 0.6 米，南立面高 1.8 米处存后期人为加固台芯垒砌的城砖墙体，根部坍塌成斜坡状，四周散落大量碎砖，植被多为灌木和杂草。

676. 样墩 03 号烽火台 130732353201170676

位于样墩村南 1.5 千米处山包上，坐标：东经 115° 49′ 34.60″，北纬 41° 03′ 17.60″，高程 1061 米。

烽火台平面呈矩形，剖面呈梯形，台芯素土分层夯筑，底边周长 36 米，顶部长 2.5 米，宽 0.6 米，残高 2.5 米，东立面存人工挖掘的孔洞一处，宽 0.7 米，顶部存冲沟一处，宽 0.7 米，四周散落碎砖瓦，植被多为灌木和杂草。

677. 北沙沟 01 号烽火台 130732353201170677

位于北沙沟村西北 150 米处高台地上，坐标：东经 115° 48′ 24.50″，北纬 41° 03′ 19.70，高程 1082 米。

烽火台平面呈圆形，剖面呈梯形，台芯素土分层夯筑，分上、下两部分，下部圆形，底径 16.5 米，残高 5.7 米，上部圆形，底径 5.5 米，顶径 1.1 米，残高 3 米，距顶部 0.5 米存碎石垫层两层，间以 0.3 米夯土，四周散落碎砖瓦，部分砖有沟绳纹痕迹，城砖宽 0.17 米，厚 0.06 米，植被多为灌木和杂草。

678. 窑子沟 01 号烽火台 130732353201170678

位于窑子沟村北 30 米处高台地上，坐标：东经 115° 51′ 48.20″，北纬 41° 03′ 02.80″，高程 1199 米。

围堡式烽火台，总体布局为"回"字形，烽火台居中，四周设置围墙，台体至围墙 5.5 米。

烽火台平面呈圆形，剖面呈梯形，台芯素土分层夯筑，夯层厚 0.1 ～ 0.15 米，底径 8 米，残高 6.8 ～ 9.5 米，南立面存夯土墙芯长 2.6 米，高 1.3 米，受风雨侵蚀，表面夯土脱落，坍塌成圆形土堆状，散落少量残瓦片。

围墙素土夯筑，北墙长 15.3 米，残宽 1.1 ～ 1.5 米，下残宽 3 ～ 4.5 米，残高 0.1 ～ 2.2 米，其余墙体坍塌成埂状，长 14.7 米，四周为农田。

679. 夏家村 01 号烽火台 130732353201170679

位于夏家村北约 150 米山脊中北部、南侧约 70 米为夏家村堡城东北角，坐标：东经 115° 50′ 00.10″，北纬 40° 59′ 04.50″，高程 1120 米。

烽火台平面呈矩形，台芯素土分层夯筑，外包毛石砌筑，残高 4.8 米，东立面存外包墙体长 4.2 米，高 0.6 ～ 1.1 米，西立面存外包墙体长 7.2 米，高 0.6 ～ 1.3 米，四周散落少量碎砖瓦，植被多为灌木和杂草。

680. 松树梁 01 号烽火台 130732353201170680

位于县城北山松树梁上、距糖酒公司仓库 70 米，坐标：东经 115° 49′ 18.20″，北纬 40° 54′ 55.80″，高程 917 米。

烽火台平面呈矩形，台芯素土分层夯筑，东西长 10 米，南北 9.8 米，残高 7.6 米，西立面中部存人为挖掘的孔洞一个，宽 1.1 米，高 1 米，东面、北面坍塌成斜坡状，四周植被多为灌木和杂草。

681. 东龙 01 号烽火台 130732353201170681

位于赤城县县城东龙村东山上，坐标：东经 115° 50′ 07.10″，北纬 40° 55′ 04.60″，高程 1000 米。

烽火台平面呈圆形，剖面呈梯形，台芯土石夯筑，外包毛石砌筑，底径 18.5 米，顶径 6.4 米，残高 5.2 米，坍塌成堆状，四周散落碎砖瓦，植被多为灌木和杂草。

682. 东龙 02 号烽火台 130732353201170682

位于东龙村北约 1.5 千米耕地内，坐标：东经 115° 49′ 00.80″，北纬 40° 55′ 44.00″，高程 898 米。

烽火台平面呈矩形，剖面呈梯形，台芯素土夯筑，东西宽 5 米，南北长 9 米，残高 5.5 米，坍塌成堆状，顶部存有水泥质电线杆一根，四周散落大量碎砖瓦，植被多为灌木和杂草。

683. 大榆树沟 01 号烽火台 130732353201170683

位于大榆沟西北至东南向山沟中间小山坡中上部，坐标：东经 115° 49′ 41.10″，北纬 40° 56′ 03.70″，高程 943 米。

烽火台平面呈圆形，剖面呈梯形，台芯土石夯筑，残长 3.1 米，宽 1.9 米台体，坍塌成堆状，四周散落大量碎瓦，宽 0.165 米，厚 0.01 米，植被多为灌木和杂草。

684. 金家寨 01 号烽火台 130732353201170684

位于金家寨村西北 150 米上坡处，坐标：东经 115° 47′ 44.20″，北纬 40° 57′ 15.50″，高程 958 米。

烽火台平面呈矩形，剖面呈梯形，台芯素土夯筑，外包毛石砌筑，底径 15.6 米，残高 3.8 米，坍塌成堆状，四周散落大量碎砖瓦及碎石，瓦为布纹瓦，植被多为灌木和杂草。

685. 黄土岭 01 号烽火台 130732353201170685

位于黄土岭村西南约 500 米，坐标：东经 115° 47′ 14.20″，北纬 40° 57′ 29.80″，高程 951 米。

烽火台平面呈圆形，剖面呈梯形，台芯素土夯筑，外包毛石砌筑，底径 20 米，顶部东西 5 米，南北 7 米，残高 5 米，坍塌成堆状，西立面坍塌严重，存竖向裂缝一条，四周散落大量碎砖瓦，植被多为灌木和杂草。

686. 黄土岭 02 号烽火台 130732353201170686

位于黄土岭村东南约 450 米，坐标：东经 115° 47′ 40.00″，北纬 4° 57′ 49.90″，高程 1049 米。

烽火台平面呈圆形，剖面呈梯形，台芯土石夯筑，外包毛石砌筑，底径 18.5 米，残高 6.8 米，坍塌成堆状，东立面存外包墙体长 7.2 米，残高 0.7 ～ 1.2 米，顶部存一方形水泥航空保护标志，另存一后期人为垒砌毛石堆，四周散落碎砖瓦，植被多为灌木和杂草。

687. 黄土岭 03 号烽火台 130732353201170687

位于黄土岭村东北部约 50 米黄土高台地上，坐标：东经 115° 47′ 01.30″，北纬 4° 58′ 06.90″，高程 956 米。

烽火台平面呈圆形，剖面呈梯形，台芯素土夯筑，底径 10.8 米，残高 8 米，坍塌成堆状，北、东立面坍塌成坡状，西面、南面因后期人为取土呈陡立状，高 20 米，四周散落大量碎砖瓦，植被多为灌木和杂草。

688. 黄土岭 04 号烽火台 130732353201170688

位于黄土岭村北约 400 米黄土高台地上，坐标：东经 115° 47′ 14.90″，北纬 40° 58′ 17.10″，高程 965 米。

围堡式烽火台，总体布局为"回"字形，烽火台居中，四周设置围墙。

烽火台平面呈矩形，剖面呈梯形，台芯素土夯筑，东西宽 8 米，南北长 10 米，残高 7.3 米，受风雨侵蚀，表面夯土脱落，台芯存多条冲沟、裂缝。

围墙平面呈方形，素土夯筑，边长 25 米，内侧高 0.5 ～ 1.2 米，外侧高 2.8 米，墙身杂草滋长，四周为农田，种植玉米等农作物。

689. 吕和堡 01 号烽火台 130732353201170689

位于吕和堡村东山坡顶 500 米，坐标：东经 115° 47′ 57.40″，北纬 40° 59′ 05.50″，高程 1071 米。

烽火台平面呈圆形，剖面呈梯形，台芯土石夯筑，外包毛石砌筑，底径 16.5 米，残高 3.8 米，坍塌成堆状，四周植被多为灌木和杂草。

690. 吕和堡 02 号烽火台 130732353201170690

位于吕和堡村东山坡 500 米，坐标：东经 115° 47′ 57.30″，北纬 40° 59′ 08.30″，高程 1073 米。

烽火台平面呈圆形，剖面呈梯形，台芯土石夯筑，外包毛石砌筑，底径 17.8 米，残高 4.5 米，坍塌成堆状，四周植被多为灌木和杂草。

691. 观们口 01 号烽火台 130732353201170691

位于观们口村南约 100 米，坐标：东经 115° 46′ 39.00″，北纬 40° 59′ 59.80″，高程 979 米。

烽火台平面呈矩形，剖面呈梯形，台芯素土分层夯筑，东西宽 13 米，南北长 15 米，残高 4.5 米，受风雨侵蚀，表面夯土脱落，东立面上部坍塌，中部存一坍塌的民房，西立面存人为挖掘的孔洞一处，直径 1.2 米，北立面存人为取土形成的大坑，西侧为一农家院，四周植被多为灌木和杂草。

692. 沙古墩 01 号烽火台 130732353201170692

位于沙古沟村内中北部黄土台地，坐标：东经 115° 47′ 03.50″，北纬 41° 01′ 00.90″，高程 977 米。

烽火台平面呈矩形，剖面呈梯形，台芯素土分层夯筑，底径 18.1 米，残高 4.5 米，受风雨侵蚀，表面夯土脱落，南侧存一水泥质电线杆，四周及周边黄土台上建有多处薯窖，植被多为灌木和杂草。

693. 沙古墩 02 号烽火台 130732353201170693

位于沙古墩村西约 500 米高台地上，坐标：东经 115° 46′ 19.10″，北纬 41°′ 54.50″，高程 1003 米。

烽火台平面呈矩形，剖面呈梯形，台芯素土分层夯筑，底边东西宽 18 米，南北长 20 米，顶部东西宽 10.6 米，南北长 8.2 米，高 7.2 米，顶部东西向两侧高，中部高差 1.5 ～ 3 米，南北向北高南低，高差 0.7 米，东北存航空标志水泥桩两个，边长 0.15 米，露出顶面高 0.4 米，受风雨侵蚀，表面夯土脱落，南、北立面均坍塌成坡状，根部散落少量碎石、碎砖瓦，四周存围墙，素土夯筑，距台体 6 米，周长 40 米，南墙中部坍塌缺失，植被多为灌木和杂草。

694. 云州 01 号烽火台 130732353201170694

位于云州城西南 200 米处山顶，坐标：东经 115° 45′ 51.10″，北纬 41° 01′ 45.60″，高程 1098 米。

烽火台平面呈矩形，剖面呈梯形，台芯素土分层夯筑，底径 14.6 米，残高 5.3 米，受风雨侵蚀，表面夯土脱落，四周散落少量碎砖瓦，北侧存壕沟一道，宽 1 ～ 1.5 米，深 0.1 ～ 0.9 米，植被多为灌木和杂草。

695. 西沟窑 01 号烽火台 130732353201170695

位于西沟窑村西北约 500 米山顶部，坐标：东经 115° 42′ 14.10″，北纬 41° 01′ 59.80″，高程 1376 米。

烽火台平面呈圆形，剖面呈梯形，毛石砌筑，底径 21.6 米，残高 7.2 米，坍塌成堆状，东立面存外包墙体长 7 米，高 0.8 ～ 1.5 米，南侧存通台体石砌路一条，长 3.4 米，宽 1.2 米，距台 3.5 米处存环形石砌壕沟一道，宽 2.8 米，深 0.3 ～ 0.5 米，壕沟外侧设墙，毛石砌筑，宽 1.8 米，壕沟西侧存直径 1.2 米的石砌小台，南侧山脊并列分布 13 个石砌小台遗址，北侧残存边长 2.6 米方形台基一处，四周植被多为灌木和杂草。

696. 西沟窑 02 号烽火台 130732353201170696

位于西沟窑村东南约 100 米低缓山坡中部，坐标：东经 115° 43′ 09.50″，北纬 41° 01′ 52.70″，高程 1127 米。

烽火台平面呈圆形，剖面呈梯形，台芯素土夯筑，底径 18.5 米，残高 6.7 米，坍塌成堆状，四周及顶部存少量碎砖瓦。

围墙平面呈矩形，墙芯素土夯筑，外包毛石砌筑，东西长 60 米，南北宽 41 米，墙高 0.8 ～ 1.4 米，底宽 1.6 米，顶宽 0.6 ～ 1.2 米，东墙中部存豁口一处，长 20 米，南墙西段墙体长约 13 米，其余坍塌成埂状，西、北墙较完整，内外均为农田，种植玉米等农作物。

697. 西沟窑 03 号烽火台 130732353201170697

位于西沟窑村东南约 1 千米南北向延伸的小山脊中部,坐标:东经 115° 44′ 06.30″,北纬 41° 02′ 09.50″,高程 1098 米。

烽火台坍塌严重,仅存遗址,四周散落碎石,北侧沿山脊向上存方形小台两个,长宽各 2.6 米,四周植被多为灌木和杂草。

698. 西沟窑 04 号烽火台 130732353201170698

位于西沟窑东北 1.5 千米山脊处,坐标:东经 115° 43′ 29.20″,北纬 41° 02′ 14.50″,高程 1280 米。

烽火台平面呈圆形,剖面呈梯形,台芯土石夯筑,毛石砌筑,底径 14.6 米,残高 3.8 米,坍塌成堆状,东、南两侧基础为自然岩体,顶部及四周杂草丛生,散落有明代青花瓷碎片。

699. 茨木墩 01 号烽火台 130732353201170699

位于西沟窑北 2 千米山脊顶部,坐标:东经 115° 43′ 11.20″,北纬 41° 02′ 48.50″,高程 1434 米。

烽火台平面呈圆形,剖面呈梯形,台芯土石夯筑,外包毛石砌筑,底径 19.1 米,顶径 7 米,残高 4.2 米,坍塌成堆状,东立面存外包墙体,长 5.8 米,高 0.6 ~ 1.2 米,南立面存外包墙体,长 6.2 米,高 0.8 米,东北侧存半圆形毛石砌筑墙体,半径 8.6 米,高 0.8 ~ 1.4 米,顶部及四周杂草丛生。

西北侧山梁上,距烽火台 45 米处存由东向西北一字排列的小台 7 座,台芯土石夯筑,外包毛石砌筑,台 6 保存较好,东西长 2 米,南北宽 1.9 米,残高 0.8 ~ 1.1 米,其余坍塌为碎石堆。

700. 云州 02 号烽火台 130732353201170700

位于云州村西南约 200 米山包上,坐标:东经 115° 45′ 27.60″,北纬 41° 02′ 11.60″,高程 1070 米。

烽火台平面呈圆形,剖面呈梯形,台芯土石夯筑,外包毛石砌筑,底径 14.3 米,残高 5.5 米,坍塌成堆状,南侧长有杂树一棵,四周散落少量碎砖瓦,杂草丛生。

701. 云州 03 号烽火台 130732353201170701

位于云州城西小山半山腰处,坐标:东经 115° 45′ 20.90″,北纬 41° 02′ 21.70″,高程 1073 米。

烽火台平面呈圆形,剖面呈梯形,台芯土石分层夯筑,底径 17.5 米,残高 5.8 米,坍塌成堆状,四周散落少量碎砖瓦,四周植被多为灌木和杂草。

702. 云州 04 号烽火台 130732353201170702

位于云州城西北约 120 米平地上,坐标:东经 115° 45′ 30.60″,北纬 41° 02′ 35.70″,高程 1006 米。

烽火台平面呈矩形,剖面呈梯形,台芯素土分层夯筑,底部东西长 12 米,南北宽 10 米,顶部东西长 8 米,南北宽 6.8 米,残高 7.5 米,台体外包砖缺失,仅存夯土台芯,四周为农田。

703. 云州 05 号烽火台 130732353201170703

位于云州城东南 1.7 千米山顶,坐标:东经 115° 47′ 09.40″,北纬 41° 02′ 31.10″,高程 1138 米。

烽火台平面呈矩形,剖面呈梯形,台芯土石分层夯筑,外包城砖砌筑,东西长 12 米,南北宽 9 米,残高 2.6 米,东南角及西北角存原始包砖,四周散落碎石,南侧存后期新建红砖房,东西长 5 米,南北宽 3.2 米,房前为一半圆平台,有残砖痕迹,台北存一建筑遗迹,东西长 28 米,南北宽 24 米,墙宽 0.4 米,高 0.2 米,四周植被多为灌木和杂草。

704. 云州 06 号烽火台 130732353201170704

位于云州城东 1.2 千米山顶，坐标：东经 115° 47′ 05.50″，北纬 41° 02′ 37.10″，高程 1153 米。

烽火台平面呈圆形，剖面呈梯形，毛石砌筑，底径 15.2 米，残高 4.2 米，坍塌成石堆状，南立面中部存人为挖掘的孔洞，东西宽 1.1 ～ 1.3 米，南北长 5 米，深 0.6 ～ 0.8 米，四周散落部分碎石及砖瓦，各面不同程度坍塌，周边杂草丛生。

705. 云州水库 01 号烽火台 130732353201170705

位于云州水库管理处东侧院内南侧，坐标：东经 115° 45′ 51.70″，北纬 41° 03′ 34.70″，高程 998 米。

烽火台平面呈矩形，剖面呈梯形，台芯素土分层夯筑，底部东西宽 8.2 米，南北长 10 米，顶部东西宽 7.2 米，南北长 8.2 米，残高 6.5 米，东立面中部存人为挖掘的孔洞，高 1.2 米，宽 1.3 米，南立面根部存后期城砖干垒墙体，高 1.3 米，城砖规格：0.3 米 ×0.15 米 ×0.06 米，顶部东西、南北向坍塌成 0.5 ～ 1.5 米宽的墙体状，东侧有高 1.2 米，直径 0.08 米木质电话线杆。四周散落毛石、残砖瓦。东、南、北三面均为农田。

706. 云州水库 02 号烽火台 130732353201170706

位于云州水库南 250 米，坐标：东经 115° 45′ 25.50″，北纬 41° 03′ 49.60″，高程 1153 米。

烽火台平面呈圆形，剖面呈梯形，台芯土石分层夯筑，台体为素土夯筑，底径 13.3 米，残高 3.5 米，东南侧存人为挖掘的孔洞，宽 2.2 米，深 3 米，高 1 米，下部存水泥砂浆砌砖痕迹，上部为石块垒砌，顶部存边长 0.5 米水泥柱一根，上有三颗粗螺丝，距台体 2.4 米处人为挖掘的土坑，长 2.5 米，宽 1 米，深 0.5 米，四周植被多为灌木和杂草。

707. 云州水库 03 号烽火台 130732353201170707

位于云州水库西南山岗上，坐标：东经 115° 44′ 57.40″，北纬 41° 03′ 51.30″，高程 1054 米。

围堡式烽火台，总体布局为"回"字形，烽火台居中，四周设置围墙。

烽火台平面呈圆形，剖面呈梯形，台芯土石分层夯筑，外包毛石砌筑，底径 14.6 米，残高 4.2 米，外包毛石缺失，西南角北侧存人为挖掘的孔洞，宽 0.9 米，长 1.5 米，深 2.5 米。

围墙素土分层夯筑，东西长 26 米，南北长 24.6 米，残高 0.8 ～ 1.2 米，四周散落碎石砖瓦，四周植被多为灌木和杂草。

708. 云州水库 04 号烽火台 130732353201170708

位于龙门崖隧道顶部，坐标：东经 115° 45′ 48.90″，北纬 41° 04′ 19.50″，高程 1325 米。

烽火台平面呈圆形，剖面呈梯形，台芯土石分层夯筑，外包毛石砌筑，底径 19.7 米，顶部东西长 5.2 米，南北宽 3 米，残高 4.8 米，仅西立面存外包墙体长 8 米，残高 0.8 ～ 1.9 米，顶部存后期人为堆积碎石，四周植被多为灌木和杂草。

709. 旧站 01 号烽火台 130732353201170709

位于旧站村西北 150 米农田中，坐标：东经 115° 45′ 38.90″，北纬 41° 06′ 09.70″，高程 1044 米。

围堡式烽火台，烽火台居于中心，四周设置围墙。

烽火台平面呈矩形，剖面呈梯形，台芯素土分层夯筑，外包城砖砌筑，底部东西长 13.2 米，南北宽 12.8 米，顶部东西长 8.2 米，南北宽 4.6 米，残高 7.5 米，外包墙体均已缺失，受风雨侵蚀，表面夯土脱落，北立面中部坍塌滑坡，豁口宽 5.2 米，围墙平面呈矩形，素土分层夯筑，东西长 30 米，南北宽 29.6 米，西北、东北两角存夯土墙体，长 2.4～3.1 米，高 2.2 米，其余墙体均被农田占据，四周为农田，多种植玉米等农作物。

710. 仓上堡 01 号烽火台 130732353201170710

位于仓上堡东南 300 米山顶，坐标：东经 115°43′02.10″，北纬 41°04′24.50″，高程 1162 米。

烽火台平面呈矩形，剖面呈梯形，台芯素土分层夯筑，外包毛石砌筑，底部东西长 16 米，南北宽 11 米，顶部东西长 6.5 米，南北宽 1.5～2.5 米，残高 7.8 米，受风雨侵蚀，表面夯土脱落，西立面根部存人为挖掘的孔洞三处，宽 1 米，高 0.6～1.3 米，深 1 米，四周散落毛石、碎瓦，植被多为灌木和杂草。

711. 仓上堡 02 号烽火台 130732353201170711

位于仓上堡村东北约 700 米，坐标：东经 115°43′18.30″，北纬 41°04′43.50″，高程 1036 米。

烽火台平面呈矩形，剖面呈梯形，台芯素土分层夯筑，外包毛石砌筑，底部东西长 18 米，南北宽 17 米，顶部东西宽 10 米，南北长 11 米，残高 4.3 米，受风雨侵蚀，表面夯土脱落，北立面上部坍塌成 "V" 形，西立面存杂树两棵，四周植被多为灌木和杂草。

712. 仓上堡 03 号烽火台 130732353201170712

位于仓上堡村西北部，坐标：东经 115°42′56.30″，北纬 41°04′50.00″，高程 1048 米。

烽火台平面呈矩形，剖面呈梯形，台芯素土分层夯筑，东西长 9 米，南北宽 7 米，残高 6.2 米，受风雨侵蚀，表面夯土脱落，坍塌成不规则形状，南立面存人为挖掘的孔洞 2 处，南侧距台体 1.8 米为农家院，四周植被多为灌木和杂草。

713. 羊坊堡 01 号烽火台 130732353201170713

位于羊坊堡西南约 1.5 千米低缓山丘中下部，坐标：东经 115°40′13.40″，北纬 41°05′01.10″，高程 1173 米。

烽火台平面呈矩形，剖面呈梯形，台芯素土分层夯筑，外包毛石砌筑，底部东西长 10.62 米，南北宽 10.34 米，顶部东西宽 5.3 米，南北长 6.3 米，残高 7.7 米，受风雨侵蚀，表面夯土脱落，南立面残高 5.7 米，东北角坍塌长 8 米，宽 3.5 米，顶部散落毛石及少量碎瓦残片，中间竖立水泥 "封禁治理区" 标志牌一块，四周植被多为灌木和杂草。

714. 羊坊堡 02 号烽火台 130732353201170714

位于羊坊堡东南 1 千米平坦耕地上，坐标：东经 115°42′22.10″，北纬 41°05′35.30″，高程 1050 米。

烽火台平面呈矩形，剖面呈梯形，台芯素土分层夯筑，外包城砖砌筑，东西长 11 米，南北宽 9 米，残高 3.9 米，受风雨侵蚀，表面夯土脱落，南立面存人为挖掘的孔洞，洞长 1.2 米，宽 1.5 米，深 1.3 米，顶部散落少量碎砖，南侧 3.1 米处存高台一座，高 2.3 米，长 20 米，四周为农田。

715. 羊坊堡 03 号烽火台 130732353201170715

位于羊坊堡村东南约 400 米路边，坐标：东经 115°41′58.00″，北纬 41°05′36.90″，高程 1062 米。

围堡式烽火台，总体布局为 "回" 字形，烽火台居中，四周设置围墙。

烽火台平面呈矩形，剖面呈梯形，台芯素土分层夯筑，东西长 11 米，南北宽 10 米，残高 3.8 米，受风雨侵蚀，表面夯土脱落，四周略高，中间凹，外部围墙无存，四周为农田。

716. 羊坊堡 04 号烽火台 130732353201170716

位于羊坊堡黄土岗顶部、距羊坊堡约 380 米，坐标：东经 115° 41′ 28.30″，北纬 41° 05′ 45.00″，高程 1115 米。

烽火台平面呈圆形，剖面呈梯形，台芯素土分层夯筑，底径 12.4 米，残高 3.1 米，受风雨侵蚀，表面夯土脱落，坍塌严重，呈堆状，四周杂草滋长。

717. 羊坊堡 05 号烽火台 130732353201170717

位于羊坊堡东约 1.3 千米高山顶部，坐标：东经 115° 42′ 01.40″，北纬 41° 06′ 29.50″，高程 1189 米。

烽火台平面呈圆形，剖面呈梯形，台芯素土分层夯筑，外包毛石砌筑，底径 14.6 米，顶径 5.4 米，高 3.6 米，北立面残存弧形毛石干垒墙体，长 3 米，高 1.4 米，四周长满杂草。

718. 羊坊堡 06 号烽火台 130732353201170718

位于羊坊堡村北约 1 千米开阔地中部，坐标：东经 115° 40′ 51.60″，北纬 41° 06′ 49.80″，高程 1080 米。

烽火台平面呈矩形，剖面呈梯形，台芯素土分层夯筑，外包城砖砌筑，底部东西宽 10 米，南北长 11 米，顶部东西宽 6 米，南北长 8 米，残高 4.6 米，受风雨侵蚀，表面夯土脱落，南立面中部坍塌滑落，南侧存水泥电线杆一根，四周散落少量砖瓦碎块，植被多为灌木和杂草。

719. 一堵墙村 01 号烽火台 130732353201170719

位于一堵墙村南约 1.2 千米山脊顶部，坐标：东经 115° 39′ 20.50″，北纬 41° 05′ 35.50″，高程 1282 米。

烽火台平面呈矩形，剖面呈梯形，外包毛石砌筑，底部东西宽 13 米，南北长 17 米，东立面根部存有部分毛石垒砌墙体，长 4 米，残高 1.2 米，四周植被多为灌木和杂草。

720. 中各中 01 号烽火台 130732353201170720

位于大水坑村南约 1.8 千米山脊顶部，坐标：东经 115° 35′ 55.30″，北纬 41° 04′ 47.60″，高程 1667 米。

烽火台平面呈矩形，剖面呈梯形，台芯土石分层夯筑，外包毛石砌筑，底部东西长 11.2 米，南北宽 10.8 米，残高 5.6 米，顶部部分坍塌，坑洼不平，南、西、北立面残存墙体高 4.3 米，南侧存三处毛石垒砌墙体，东西长 6 ～ 8.8 米，残高 0.4 ～ 0.8 米，间隔 3.2 米，坍塌严重，四周植被多为灌木和杂草。

721. 大墩梁 01 号烽火台 130732353201170721

位于墩上村西南约 1.2 千米山顶部，坐标：东经 115° 35′ 54.30″，北纬 41° 07′ 09.40″，高程 1482 米。

烽火台平面呈矩形，剖面呈梯形，外包毛石砌筑，坍塌严重，呈堆状。四周植被多为灌木和杂草。

722. 黄榆沟 01 号烽火台 130732353201170722

位于黄榆沟村西北约 2 千米山顶部，坐标：东经 115° 33′ 30.90″，北纬 41° 07′ 18.90″，高程 1506 米。

烽火台平面呈圆形，剖面呈梯形，台芯土石分层夯筑，外包毛石砌筑，底径 15.2 米，高 4.2 米，顶部存夯土痕迹，坍塌严重，呈堆状。下设毛石台基，四周植被多为灌木和杂草。

723. 黄榆沟 02 号烽火台 130732353201170723

位于黄榆沟村西北约 2.4 千米山顶部，坐标：东经 115° 33′ 58.70″，北纬 41° 07′ 28.20″，高程 1508 米。

烽火台平面呈圆形，剖面呈梯形，台芯土石分层夯筑，外包城砖砌筑，底径 19.1 米，顶径 5 米，残高 4.2 米，坍塌严重，呈堆状。四周植被多为灌木和杂草。

724. 墩上村 01 号烽火台 130732353201170724

位于墩上村北 150 米的台地上、距公路约 25 米，坐标：东经 115° 36′ 52.20″，北纬 41° 07′ 45.30″，高程 1171 米。

围堡式烽火台，总体布局为"回"字形，烽火台居中，四周设置围墙。

烽火台平面呈矩形，剖面呈梯形，台芯素土分层夯筑，外包城砖砌筑，底部东西长 15 米，南北宽 14 米，顶部东西宽 5.9 米，南北长 6 米，高 6 米，受风雨侵蚀，表面夯土脱落，四周散落少量砖瓦碎块。

烽火台四周设有围墙，坍塌严重，呈不规则状，北墙残高 0.3 米，东墙残高 0.2 米，西墙高 0.5～0.8 米，四周植被多为灌木和杂草。

725. 新窑子 01 号烽火台 130732353201170725

位于新窑子村东南约 400 米，坐标：东经 115° 36′ 26.10″，北纬 41° 08′ 06.80″，高程 1174 米。

围堡式烽火台，总体布局为"回"字形，烽火台居中，四周设置围墙。

烽火台平面呈矩形，剖面呈梯形，台芯素土分层夯筑，底部东西宽 15 米，南北长 16 米，顶部东西长 7 米，南北宽 6.8 米，残高 5.2 米，受风雨侵蚀，表面夯土脱落，四周散落少量砖瓦碎块。

围墙呈不规则形，四周有边长约 30 米的夯土围墙，东墙中部有宽约 5 米的豁口。围墙外侧残高约 5.5 米，四角坍塌严重。围墙南侧存榆树 4 棵，胸径约 0.4 米，四周植被多为灌木和杂草。

726. 七眼井 01 号烽火台 130732353201170726

位于马营乡七眼井村西北约 2.5 千米山顶，坐标：东经 115° 39′ 13.00″，北纬 41° 07′ 26.90″，高程 1295 米。

烽火台平面呈矩形，剖面呈梯形，外包毛石砌筑，底部东西宽 12 米，南北长 13 米，顶部东西长 3 米，南北宽 2 米，高 4.8 米，坍塌严重，呈堆状，烽火台旁建有防火值班板房一座。

南侧山脊上并排有直径约 2 米的石砌小台 5 座，间隔为 2～8 米，存高约 0.3～0.4 米，四周植被多为灌木和杂草。

727. 七眼井 02 号烽火台 130732353201170727

位于候村沟大队七眼井村东高台地上、距村约 550 米，坐标：东经 115° 41′ 04.00″，北纬 41° 07′ 36.90″，高程 1142 米。

围堡式烽火台，总体布局为"回"字形，烽火台居中，四周设置围墙。

烽火台平面呈矩形，剖面呈梯形，台芯素土分层夯筑，外包城砖砌筑，底部东西宽 8 米，南北长 8.5 米，残高 8 米，受风雨侵蚀，表面夯土脱落，顶部已成圆堆状，包砖已剥落，东南侧有 1 棵小榆树。

烽火台四周设有围墙，坍塌严重，呈不规则状，围墙距台体 5 米，边长约 30 米，西墙外残高

3.5～4 米，东墙残高 0.6～0.8 米，北墙西侧有宽 1.5 米，深 1 米的豁口，西墙中间有宽 1.2 米，高 1.6 米门洞。四周植被多为灌木和杂草。

728. 七眼井 03 号烽火台 130732353201170728

位于七眼井村东侧小山丘南部、距村约 330 米，坐标：东经 115° 40′ 52.70″，北纬 41° 07′ 39.40″，高程 1121 米。

烽火台平面呈圆形，剖面呈梯形，台芯土石分层夯筑，底径 9.2 米，高约 1.5 米，坍塌严重，呈堆状，四周植被多为灌木和杂草。

729. 七眼井 04 号烽火台 130732353201170729

位于七眼井村东北 2 千米，坐标：东经 115° 41′ 06.20″，北纬 41° 08′ 35.60″，高程 1338 米。

烽火台平面呈矩形，剖面呈梯形，台芯土石分层夯筑，外包毛石砌筑，东西长 5.8 米，南北宽 5.6 米，残高 1.6 米，顶部碎石堆积成平面，坑洼不平，东立面坍塌缺失，西北角、南立面保存较好，残高 0.9～1.6 米，下设毛石台基，东西宽 8.6 米，南北长 9 米，厚 1.1～1.3 米，四周散落少量碎石，部分台芯裸露。四周植被多为灌木和杂草。

730. 孟家窑 01 号烽火台 130732353201170730

位于孟家窑村南约 1.5 千米季节河东侧，坐标：东经 115° 40′ 04.90″，北纬 41° 09′ 09.20″，高程 1153 米。

烽火台平面呈矩形，剖面呈梯形，台芯土石分层夯筑，外包毛石砌筑，底部东西宽 10 米，南北长 10.5 米，顶部东西宽 3.5 米，南北长 4 米，残高 3.5 米，坍塌严重，呈堆状，西侧因河水冲刷形成高约 5 米土坎，断坎处可见底部基础为黄土，四周散落少量碎砖瓦，四周植被多为灌木和杂草。

731. 孟家窑 02 号烽火台 130732353201170731

位于孟家窑村沟口西侧山坡处、西南距马营 1.1 千米，坐标：东经 115° 39′ 54.40″，北纬 41° 09′ 03.60″，高程 1174 米。

烽火台平面呈圆形，剖面呈梯形，台芯土石分层夯筑，外包毛石砌筑，底径 14 米，顶部东西长 1.6 米，南北宽 0.2～0.4 米，南立面存部分毛石墙体，四周杂草丛生。

732. 马营 01 号烽火台 130732353201170732

位于马营乡东南 3.2 千米、云州至马营间公路东 15 米，坐标：东经 115° 39′ 34.60″，北纬 41° 08′ 07.70″，高程 1117 米。

烽火台平面呈矩形，剖面呈梯形，台芯素土分层夯筑，外包城砖砌筑，东西长 9.6 米，南北宽 8.8 米，残高 6.9 米，受风雨侵蚀，表面夯土脱落，外侧包砖剥落缺失，四周散落少量砖瓦碎块，台体紧挨白河干道，东南角被冲坍缺失，北立面局部坍塌滑坡，四周植被多为灌木和杂草。

733. 马营 02 号烽火台 130732353201170733

位于马营乡南小山脊中部、东北侧约 430 米为村小学，坐标：东经 115° 38′ 56.90″，北纬 41° 08′ 38.30″，高程 1156 米。

烽火台平面呈圆形，剖面呈梯形，台芯土石分层夯筑，外包毛石砌筑，底径 4.2 米，台体略高出山脊线，中间呈较浅的圆坑状，四周散落少量碎砖瓦，植被多为灌木和杂草。

734. 马营 03 号烽火台 130732353201170734

位于马营乡西南约 360 米山脊顶部，坐标：东经 115° 38′ 47.30″，北纬 41° 08′ 36.50″，高程 1214 米。

烽火台平面呈圆形，剖面呈梯形，台芯土石分层夯筑，外包毛石砌筑，底径 15.9 米，残高约 5.6 米，坍塌严重，呈堆状，四周植被多为灌木和杂草。

735. 马营 04 号烽火台 130732353201170735

位于马营堡西门南侧 220 米山顶处，坐标：东经 115° 38′ 30.10″，北纬 41° 08′ 51.80″，高程 1207 米。

烽火台平面呈矩形，剖面呈梯形，台芯素土分层夯筑，外包城砖砌筑，底部东西长 7 米，南北宽 7 米，残高 5.6 米，北立面局部坍塌滑坡，四周散落碎砖瓦，植被多为灌木和杂草。

736. 马营 05 号烽火台 130732353201170736

位于马营乡东约 1 千米山脊中南部，坐标：东经 115° 39′ 30.20″，北纬 41° 09′ 36.80″，高程 1215 米。

烽火台平面呈矩形，剖面呈梯形，台芯土石分层夯筑，外包毛石砌筑，底部东西长 6 米，南北宽 4.5 米，残高约 3.7 米，四周植被多为灌木和杂草。

737. 马营 06 号烽火台 130732353201170737

位于马营村东北约 2.5 千米山顶，坐标：东经 115° 39′ 56.30″，北纬 41° 10′ 04.60″，高程 1358 米。

烽火台平面呈圆形，剖面呈梯形，台芯土石分层夯筑，外包毛石砌筑，底径 21.6 米，残高 7.2 米，四周散落少量碎砖，南立面残存有五级墙体，第一级长 18 米，高 0.5～1.6 米，第二级长 10 米，高 0.4～1 米，深 1.5 米，第三级长 6 米，高 0.2～1.2 米，深 1 米，第四级长 3.5 米，高 0.5～1 米，深 1 米，第五级长 2 米，高 0.4～1 米，深 1 米，西立面存部分墙体，顶部存榆树 4 棵，胸径 0.08～0.15 米，四周植被多为灌木和杂草。

738. 马营 07 号烽火台 130732353201170738

位于马营乡东北部小山丘顶部、距马营乡约 1.1 千米，坐标：东经 115° 38′ 31.80″，北纬 41° 10′ 14.70″，高程 1217 米。

烽火台平面呈圆形，剖面呈梯形，台芯土石分层夯筑，外包毛石砌筑，底径 22.2 米，顶径约 13 米，残高约 8 米，坍塌严重，呈堆状，东南角底部存有榆树一棵，胸径 0.22 米，四周植被多为灌木和杂草。

739. 马营 08 号烽火台 130732353201170739

位于马营村西约 400 米山包上，坐标：东经 115° 37′ 58.20″，北纬 41° 08′ 53.90″，高程 1251 米。

烽火台平面呈圆形，剖面呈梯形，台芯素土分层夯筑，外包城砖砌筑，底径 7.6 米，顶径 1.9 米，残高 3.5 米，受风雨侵蚀，表面夯土脱落，西面底长 7 米，残高 0.3～1.1 米，包砖缺失，夯土台芯裸露，四周散落残砖碎瓦，植被多为灌木和杂草。

740. 马营 09 号烽火台 130732353201170740

位于马营西城墙西 150 米山岗处，坐标：东经 115° 38′ 20.50″，北纬 41° 09′ 08.20″，高程 1216 米。

烽火台平面呈矩形，剖面呈梯形，台芯土石分层夯筑，外包城砖砌筑，底部东西长 8.6 米，南北宽 6.8 米，残高 4.2～5.4 米，北立面坍塌滑坡，东北角残高 1.2～1.6 米，四周散落残砖碎瓦，四周植被多为灌木和杂草。

741. 马营 10 号烽火台 130732353201170741

位于马营城北约 200 米山顶，坐标：东经 115° 38′ 12.20″，北纬 41° 09′ 25.20″，高程 1222 米。

烽火台平面呈圆形，剖面呈梯形，台芯素土分层夯筑，外包城砖砌筑，底径 14.6 米，顶部东西长 4 米，南北宽 2 米，残高约 5.2 米，受风雨侵蚀，表面夯土脱落，四周散落碎砖瓦较多，植被多为灌木和杂草。

742. 马营 11 号烽火台 130732353201170742

位于马营乡西北沟尽头南侧山顶部、距马营乡约 1.5 千米，坐标：东经 115° 37′ 20.50″，北纬 41° 08′ 49.80″，高程 1362 米。

烽火台平面呈圆形，剖面呈梯形，台芯土石分层夯筑，外包毛石砌筑，底径 15.6 米，顶径 4.1 米，残高约 4.1 米，坍塌严重，呈堆状，四周植被多为灌木和杂草。

743. 马营 12 号烽火台 130732353201170743

位于马营乡西北沟内小山脊顶部、距马营乡约 1.6 千米，坐标：东经 115° 37′ 20.50″，北纬 41° 09′ 03.80″，高程 1339 米。

烽火台平面呈圆形，剖面呈梯形，台芯土石分层夯筑，外包毛石砌筑，底径 5 米，高约 0.8 米，顶部存有少量夯土，坍塌严重，呈堆状，四周植被多为灌木和杂草。

744. 马营 13 号烽火台 130732353201170744

位于马营村西北约 1.1 千米山顶，坐标：东经 115° 37′ 22.00″，北纬 41° 09′ 21.50″，高程 1407 米。

烽火台平面呈圆形，剖面呈梯形，台芯土石分层夯筑，外包毛石砌筑，底径 18.4 米，顶径 5 米，残高 6.5 米，坍塌严重，呈堆状。西立面三级墙体，第一级长 2 米，高 0.5 ~ 1.5 米；第二级长 3 米，高 0.8 ~ 2 米，深 1.5 米；第三级长 1.2 米，高 1 米，深 1 米，西、东立面根部存有榆树两棵，胸径 0.06 ~ 0.12 米，顶部有夯土痕迹，四周植被多为灌木和杂草。

745. 李家窑 01 号烽火台 130732353201170745

位于李家窑西北 900 米黄土岗顶部，坐标：东经 115° 36′ 14.00″，北纬 41° 09′ 00.50″，高程 1275 米。

围堡式烽火台，总体布局为"回"字形，烽火台居中，周圈设置围墙。

烽火台平面呈矩形，剖面呈梯形，台芯素土分层夯筑，外包城砖砌筑，底部长 7 米，顶部东西宽 4 米，南北长 6 米，高 2.8 米，受风雨侵蚀，表面夯土脱落。

烽火台四周设有围墙，坍塌严重，呈不规则状，围墙东西约 22 米，南北约 48 米，围墙基础高出山体约 3 米，内部散落少量碎砖瓦。四周植被多为灌木和杂草。

746. 三里墩 01 号烽火台 130732353201170746

位于三里墩村东约 400 米山顶部，坐标：东经 115° 35′ 38.20″，北纬 41° 09′ 18.00″，高程 1246 米。

烽火台平面呈矩形，剖面呈梯形，台芯素土分层夯筑，外包城砖砌筑，底部东西长 6 米，南北宽 5.5 米，残高 5 米，受风雨侵蚀，表面夯土脱落，东立面中部存竖向通裂缝一道，宽 0.09 ~ 0.35 米，台芯土体坍塌成斜坡状，四周散落少量碎砖瓦，植被多为灌木和杂草。

747. 三里墩 02 号烽火台 130732353201170747

位于三里墩村西南部、南约 40 米为村委会，坐标：东经 115° 35′ 05.40″，北纬 41° 09′ 32.00″，高程

1216 米。

围堡式烽火台，总体布局为"回"字形，烽火台居中，周圈设置围墙。

烽火台平面呈矩形，剖面呈梯形，台芯素土分层夯筑，外包城砖砌筑，底部东西长 17 米，南北宽 16 米，顶部东西宽 3 米，南北长 4.2 米，残高约 7.8 米，南立面东西向有裂缝，西立面北侧存冲沟一条，宽约 1 米，底部坍塌土体呈斜坡状。

烽火台四周设有围墙，坍塌严重，呈不规则状，围墙边长约 35 米，北墙高约 1.3 米，东、南、西墙高约 1.1 米，内部杂草丛生，四周为农田，种植玉米、土豆等农作物。

748. 松树堡 01 号烽火台 130732353201170748

位于松树堡村以南约 1.2 千米高山顶部，坐标：东经 115° 32′ 57.20″，北纬 41° 08′ 57.90″，高程 1494 米。

烽火台平面呈矩形，剖面呈梯形，台芯土石分层夯筑，外包毛石砌筑，底部东西长 10 米，南北宽 7 米，残高 3.1 米，东立面墙体中部坍塌，西、南立面坍塌成斜坡状，北立面墙体保存相对较好，底宽 10 米，顶宽 7 米，高约 2.1 米，顶部夯土痕迹明显，四周植被多为灌木和杂草。

749. 松树堡 02 号烽火台 130732353201170749

位于松树堡村东约 1.7 千米，坐标：东经 115° 33′ 58.70″，北纬 41° 09′ 41.20″，高程 1236 米。

围堡式烽火台，总体布局为"回"字形，烽火台居中，四周设置围墙。

烽火台平面呈圆形，剖面呈梯形，台芯土石分层夯筑，外包毛石砌筑，底径 15.9 米，残高 5.5 米，坍塌严重，呈堆状。

烽火台四周设有围墙，坍塌严重，呈不规则状，围墙边长约 33 米，仅存基础，高出耕地约 1.6 米，西北角有几座坟冢。四周植被多为灌木和杂草。

750. 松树堡 03 号烽火台 130732353201170750

位于松树堡村北约 550 米小山脊处，坐标：东经 115° 32′ 54.60″，北纬 41° 09′ 59.20″，高程 1320 米。

烽火台平面呈圆形，剖面呈梯形，台芯土石分层夯筑，外包毛石砌筑，底径 14.6 米，残高 6 米，坍塌严重，呈堆状。四周植被多为灌木和杂草。

751. 松树堡 04 号烽火台 130732353201170751

位于松树堡村西北部山脊中部、距松树堡村约 750 米，坐标：东经 115° 32′ 43.10″，北纬 41° 10′ 06.60″，高程 1350 米。

烽火台平面呈圆形，剖面呈梯形，台芯土石分层夯筑，外包毛石砌筑，底径 15.2 米，残高约 5.7 米，坍塌严重，呈堆状，顶部及四周长满杂草灌木。

752. 松树堡 05 号烽火台 130732353201170752

位于松树堡西北部山脊顶部、距松树堡村约 900 米，坐标：东经 115° 32′ 45.20″，北纬 41° 10′ 18.60″，高程 1388 米。

烽火台平面呈圆形，剖面呈梯形，台芯土石分层夯筑，外包毛石砌筑，底径 17.8 米，顶径 6 米，残高约 5.3 米，顶部有少量夯土痕迹，四周植被多为灌木和杂草。

753. 二队沟 01 号烽火台 130732353201170753

位于二对沟村西约 800 米山顶，坐标：东经 115° 36′ 25.50″，北纬 41° 10′ 26.80″，高程 1353 米。

烽火台平面呈圆形，剖面呈梯形，台芯土石分层夯筑，外包毛石砌筑，底径 17.1 米，顶径 4 米，残高约 4.5 米，北立面存弧形毛石干垒墙体长约 5 米，高约 1.4 米，顶部有夯土痕迹，西南角存有枯树一棵，胸径 0.09 米，四周植被多为灌木和杂草。

754. 大杏叶 01 号烽火台 130732353201170754

位于大杏叶村西北 900 米山顶，坐标：东经 115° 35′ 07.40″，北纬 41° 10′ 59.60″，高程 1367 米。

烽火台平面呈矩形，剖面呈梯形，台芯土石分层夯筑，外包毛石砌筑，底部东西长 12 米，南北宽 7 米，顶部东西长 7 米，南北宽 4 米，残高 4 米，台体坍塌严重，呈堆状，顶部存土石夯筑痕迹，四周植被多为灌木和杂草。

755. 大杏叶 02 号烽火台 130732353201170755

位于大杏叶村西北 1.4 千米山顶，坐标：东经 115° 34′ 34.50″，北纬 41° 11′ 14.00″，高程 1432 米。

烽火台平面呈圆形，剖面呈梯形，台芯土石分层夯筑，外包毛石砌筑，底径 14.6 米，顶径 4.5 米，残高 4.5 米，南、西、北侧存有壕沟一道，宽 0.7 ～ 1.5 米，深 1 米，坍塌严重，呈堆状，顶部有夯土痕迹，四周植被多为灌木和杂草。

756. 正北沟 01 号烽火台 130732353201170756

位于正北沟村南 1 千米山顶，坐标：东经 115° 32′ 17.90″，北纬 41° 10′ 57.20″，高程 1482 米。

烽火台平面呈圆形，剖面呈梯形，台芯土石分层夯筑，外包毛石砌筑，底径 15.9 米，残高约 3.3 米，坍塌严重，呈堆状，顶部有夯土痕迹，四周植被多为灌木和杂草。

757. 正北沟 02 号烽火台 130732353201170757

位于海家窑东南 800 米山丘底部，坐标：东经 115° 31′ 50.40″，北纬 41° 11′ 23.10″，高程 1350 米。

烽火台平面呈圆形，剖面呈梯形，台芯土石分层夯筑，外包毛石砌筑，底径 12.7 米，残高约 1.5 米，坍塌严重，呈堆状，根部可见毛石垒砌基础，四周散落少量碎砖瓦，四周杂草滋长。

758. 正北沟 03 号烽火台 130732353201170758

位于正北沟村东南 500 米小山丘顶部，坐标：东经 115° 32′ 58.00″，北纬 41° 11′ 37.60″，高程 1410 米。

烽火台平面呈矩形，剖面呈梯形，台芯素土分层夯筑，夯层厚 0.11 ～ 0.16 米，外包城砖砌筑，底部边长约 5 米，残高约 4 米，顶部东西长 3.8 米，南北宽 3.1 米，东面坍塌成斜坡状。四周植被多为灌木和杂草。

759. 海家窑 01 号烽火台 130732353201170759

位于海家窑村东北约 1.5 千米山顶，坐标：东经 115° 32′ 00.04″，北纬 41° 11′ 53.80″，高程 1487 米。

烽火台平面呈圆形，剖面呈梯形，台芯土石分层夯筑，底径 17.5 米，顶径 4.7 米，坍塌成石堆状，顶部存有夯土痕迹，残高约 3 米，四周植被多为灌木和杂草。

760. 榆树窑 01 号烽火台 130732353201170760

位于榆树窑村东 1 千米高山顶部，坐标：东经 115° 32′ 09.60″，北纬 41° 12′ 41.90″，高程 1588 米。

烽火台平面呈圆形，剖面呈梯形，毛石砌筑，底径 13.3 米，残高 1.5 米，坍塌成石堆状，顶部存有夯土痕迹，东南角存壕沟，宽 2.5 ～ 3 米，深约 1.2 米，四周植被多为灌木和杂草。

761. 张木匠沟 01 号烽火台 130732353201170761

位于张木匠村东 1 千米高山顶部，坐标：东经 115° 32′ 03.20″，北纬 41° 13′ 18.50″，高程 1567 米。

烽火台平面呈圆形，剖面呈梯形，毛石砌筑，底径 16.5 米，残高 6 米，坍塌成石堆状，顶部存有夯土痕迹，北侧有壕沟，宽 1 ～ 1.5 米，深约 1.2 米，四周植被多为灌木和杂草。

762. 张木匠沟 02 号烽火台 130732353201170762

位于张木匠沟村东北 800 米小山低部，坐标：东经 115° 31′ 33.10″，北纬 41° 13′ 40.80″，高程 1469 米。

烽火台平面呈圆形，剖面呈梯形，台芯素土分层夯筑，底径 12.7 米，残高约 3.8 米，坍塌成土堆状，四周散落少量碎砖瓦，可见夯土围墙痕迹，南侧较明显，四周为农田，多种植玉米等农作物。

763. 君子堡 01 号烽火台 130732353201170763

位于君子堡西约 2.3 千米山麓中部，坐标：东经 115° 33′ 08.70″，北纬 41° 13′ 37.00″，高程 1326 米。

烽火台平面呈矩形，剖面呈梯形，台芯素土分层夯筑，东西宽 6.2 米，南北长 7.3 米，残高 5.7 米，西面坍塌成斜坡状，四周散落少量碎砖瓦，东侧长有小杨树一棵，四周植被多为灌木和杂草。

764. 君子堡 02 号烽火台 130732353201170764

位于君子堡村北约 500 米山顶，坐标：东经 115° 33′ 48.20″，北纬 41° 13′ 47.80″，高程 1341 米。

烽火台平面呈圆形，剖面呈梯形，台芯素土分层夯筑，底径 13.3 米，顶径 4.5 米，残高 3.5 米，受风雨侵蚀，表面夯土脱落，南面存有人为挖掘的洞穴 2 处，宽 1 ～ 1.2 米，高 1 ～ 1.7 米，深 2.2 米，南侧存后期人为垒砌墙体，北侧存壕沟，宽 2 ～ 3.1 米，深 0.7 米，顶部存有夯土痕迹，东侧长有榆树一棵，胸径 0.2 米，四周植被多为灌木和杂草。

765. 君子堡 03 号烽火台 130732353201170765

位于君子堡村西北 1.5 千米山顶，坐标：东经 115° 33′ 12.90″，北纬 41° 13′ 58.00″，高程 1364 米。

烽火台平面呈圆形，剖面呈梯形，毛石砌筑，底径 15.2 米，残高 4.2 米，坍塌成石堆状，顶部存有夯土痕迹，四周植被多为灌木和杂草。

766. 君子堡 04 号烽火台 130732353201170766

位于君子堡村北沟小山脊中部、距村 1.6 千米，坐标：东经 115° 33′ 13.30″，北纬 41° 13′ 57.40″，高程 1364 米。

烽火台平面呈圆形，剖面呈梯形，毛石砌筑，底径约 17 米，高约 2.3 米，坍塌成石堆状，顶部存人为挖掘的大坑，直径 5 米，深约 0.5 ～ 1.4 米，四周植被多为灌木和杂草。

767. 君子堡 05 号烽火台 130732353201170767

位于君子堡村北 1.7 千米河谷西岸，坐标：东经 115° 33′ 50.40″，北纬 41° 14′ 10.60″，高程 1267 米。

围堡式烽火台，总体布局为"回"字形，烽火台居中，四周设置围墙。

烽火台平面呈矩形，剖面呈梯形，台芯素土分层夯筑，城砖砌筑，东西长 7.2 米，南北宽 6.8 米，残高 5.2 米，台体包砖无存，受风雨侵蚀，表面夯土脱落，东面坍塌成斜坡状，顶部存有地面海墁痕迹，四周散落碎砖瓦。

围墙素土分层夯筑，东西长 32 米，南北宽 30 米，高 3.8～5.2 米，上厚 1.2～1.7 米，下厚 1.4～3 米，距台体 9.6 米，东、西墙坍塌成豁口，宽 2.4 米；南墙辟门，宽 3.4 米，深 3 米；西墙存有高低不同人工挖掘的孔洞七个，宽 0.7 米，高 1.2～1.5 米，孔径 0.25～3 米，墙顶存墁砖痕迹，四周设壕沟，宽 2.6～3.2 米，深 1.2～1.8 米，距墙体 2.8～4.2 米，四周植被多为灌木和杂草。

768. 君子堡 06 号烽火台 130732353201170768

位于君子堡村东北 2 千米山顶，坐标：东经 115° 35′ 23.00″，北纬 41° 14′ 03.10″，高程 1393 米。

烽火台平面呈圆形，剖面呈梯形，台芯土石分层夯筑，底径 16.5 米，顶径 5 米，残高 4.8 米，坍塌成石堆状，四周植被多为灌木和杂草。

769. 君子堡 07 号烽火台 130732353201170769

位于君子堡村东北 1 千米山脚下河谷东较平坦处，坐标：东经 115° 34′ 34.60″，北纬 41° 13′ 46.40″，高程 1267 米。

烽火台平面呈矩形，剖面呈梯形，台芯素土分层夯筑，外包城砖砌筑，城砖规格：0.36×0.18×0.08 米，底部东西长 11 米，南北宽 10.8 米，顶部东西长 6 米，南北宽 4.8 米，残高 6.6 米，台体包砖无存，受风雨侵蚀，表面夯土脱落，南、北面坍塌成斜坡状，西南角存包砖，长 1.4 米，高 0.6 米，四周存围墙痕迹，周边为农田，多种植玉米等农作物。

770. 君子堡 08 号烽火台 130732353201170770

位于君子堡村东南 1.4 千米白河西岸地势较平坦处，坐标：东经 115° 34′ 39.70″，北纬 41° 12′ 54.80″，高程 1247 米。

围堡式烽火台，总体布局为"回"字形，烽火台居中，四周设置围墙。

烽火台平面呈矩形，剖面呈梯形，台芯素土分层夯筑，外包城砖砌筑，东西长 11.5 米，南北宽 9.8 米，残高 5.6～6.2 米，台体包砖无存，受风雨侵蚀，表面夯土脱落，南、北面坍塌成斜坡状，顶部散落少量砖瓦。

围墙素土分层夯筑，夯层厚 0.12～0.15 米，距台体 8 米，四面墙体存宽 0.6～1.2 米，高 1.1～2 米，东南角及西南角缺失，四周为农田，多种植玉米等农作物。

771. 君子堡 09 号烽火台 130732353201170771

位于君子堡村西南 1.8 千米山顶，坐标：东经 115° 33′ 12.50″，北纬 41° 12′ 33.40″，高程 1538 米。

烽火台平面呈圆形，剖面呈梯形，毛石砌筑，底径 22.9 米，顶径 8.5 米，残高 7.2 米，坍塌成石堆状，西北角及东南角存有壕沟遗迹，宽 2～3.5 米，深 1.2 米，四周植被多为灌木和杂草。

772. 君子堡 10 号烽火台 130732353201170772

位于君子堡村南 2.7 千米（老刁嵯）山顶，坐标：东经 115° 34′北纬 41° 11′，高程 1507 米。

烽火台平面呈圆形，剖面呈梯形，毛石砌筑，底径 16.5 米，残高 6.5 米，坍塌成石堆状，顶部存有夯土痕迹，四周植被多为灌木和杂草。

773. 君子堡 11 号烽火台 130732353201170773

位于兔沟村北 400 米耕地内，坐标：东经 115° 35′ 12.80″，北纬 41° 12′ 28.80″，高程 1236 米。

围堡式烽火台，总体布局为"回"字形，烽火台居中，周圈设置围墙。

烽火台平面呈圆形，剖面呈梯形，台芯素土分层夯筑，外包城砖砌筑，东西宽 8.5 米，南北长 9.2 米，残高 6.2 米，台体包砖无存，受风雨侵蚀，表面夯土脱落，西面坍塌成斜坡状，四周散落碎砖瓦。

围墙平面呈矩形，墙芯素土分层夯筑，夯层厚 0.1 ～ 0.13 米，东西长 29 米，南北宽 28.4 米，残宽 1.2 ～ 2 米，残高 1.3 ～ 2.8 米，距台体 8.5 米，南、北两侧各长有榆树一棵，胸径 0.08 ～ 0.14 米，四周为农田，多种植玉米等农作物。

774. 石家西山 01 号烽火台 130732353201170774

位于石家西北 1 千米山顶，坐标：东经 115° 35′ 12.80″，北纬 41° 12′ 28.80″，高程 1236 米。

烽火台平面呈圆形，剖面呈梯形，外包毛石砌筑，底径 16.5 米，顶径 4 米，残高 4.8 米，坍塌成石堆状，东南存毛石干垒弧形墙体，长 7 米，高 0.5 米，四周植被多为灌木和杂草。

775. 满家沟 01 号烽火台 130732353201170775

位于马营乡满家沟东南 450 米公路东，坐标：东经 115° 36′ 05.10″，北纬 41° 11′ 56.60″，高程 1212 米。

烽火台平面呈矩形，剖面呈梯形，台芯素土分层夯筑，外包城砖砌筑，底部东西长 10.6 米，南北宽 9.8 米，顶部东西长 6 米，南北宽 5.2 米，残高 5.6 米，台体包砖无存，受风雨侵蚀，表面夯土脱落，东北角坍塌缺失，东面坍塌成斜坡状，台芯表面存竖向裂缝 8 条，宽 0.04 ～ 0.13 米，顶部散落少量砖瓦，东侧紧邻白河，南侧存有围墙遗迹，四周植被多为灌木和杂草。

776. 卞家堡 01 号烽火台 130732353201170776

位于卞家堡村南 100 米平地上，坐标：东经 115° 37′ 05.40″，北纬 41° 11′ 43.80″，高程 1188 米。

烽火台平面呈圆形，剖面呈梯形，台芯素土分层夯筑，底径 15.6 米，残高 5 米，坍塌成土堆状，东南角长有榆树一棵，胸径 0.09 米，四周为农田，多种植玉米等农作物。

777. 卞家堡 02 号烽火台 130732353201170777

位于卞家堡村北 100 米平地上，坐标：东经 115° 37′ 03.30″，北纬 41° 11′ 50.20″，高程 1194 米。

烽火台平面呈圆形，剖面呈梯形，台芯素土分层夯筑，外包毛石砌筑，底径 25.7 米，残高 8.3 米，坍塌成土堆状，周边长有榆树数棵，胸径 0.1 ～ 0.23 米，存毛石、瓦痕迹，四周为农田，多种植玉米等农作物。

778. 卞家堡 03 号烽火台 130732353201170778

位于卞家堡村北约 400 米山顶，坐标：东经 115° 37′ 13.50″，北纬 41° 12′ 02.20″，高程 1278 米。

烽火台平面呈圆形，剖面呈梯形，台芯素土分层夯筑，外包毛石砌筑，底径 21.5 米，顶径 11.5 米，残高 5 米，坍塌成土堆状，周边长有榆树数棵，胸径 0.12 ～ 0.15 米，四周植被多为灌木和杂草。

779. 柳家窑 01 号烽火台 130732353201170779

位于柳家窑村东南约 400 米小山丘顶部，坐标：东经 115° 39′ 03.10″，北纬 41° 11′ 18.20″，高程 1323 米。

烽火台平面呈矩形，剖面呈梯形，台芯素土分层夯筑，夯层厚 0.12 米，外包城砖砌筑，东西宽 7.5 米，南北长 8.3 米，残高 3.1 米，四周散落碎砖瓦，西北角长有柳树及杨树数棵，胸径 0.08～0.15 米，四周植被多为灌木和杂草。

780. 柳家窑 02 号烽火台 130732353201170780

位于柳家窑村西北 100 米台地上，坐标：东经 115° 38′ 58.80″，北纬 41° 11′ 32.60″，高程 1243 米。

烽火台平面呈矩形，剖面呈梯形，台芯素土分层夯筑，底部东西长 17 米，南北宽 15 米，顶部呈斜坡状，东南角高出 1 米，南北长 5 米，东西宽 4 米，残高 7 米，受风雨侵蚀，表面夯土脱落，顶部散落少量砖石，西北角 5 米处存有围墙，高 1～1.5 米，东、北侧各长有榆树一棵，胸径 0.09～0.14 米，四周植被多为灌木和杂草。

781. 宋家窑 01 号烽火台 130732353201170781

位于宋家窑村东南 900 米山顶部，坐标：东经 115° 39′ 47.00″，北纬 41° 12′ 14.40″，高程 1433 米。

烽火台平面呈圆形，剖面呈梯形，毛石砌筑，底径 4.7 米，残高 0.4 米，坍塌成石堆状，四周植被多为灌木和杂草。

782. 宋家窑 02 号烽火台 130732353201170782

位于宋家窑村东南 1 千米山顶部，坐标：东经 115° 39′ 44.50″，北纬 41° 12′ 13.00″，高程 1427 米。

烽火台平面呈圆形，剖面呈梯形，台芯土石分层夯筑，外包毛石砌筑，底径 17.8 米，顶径 5 米，残高 4.5 米，四周植被多为灌木和杂草。

783. 宋家窑 03 号烽火台 130732353201170783

位于宋家窑村东 1 千米小山中上部，坐标：东经 115° 40′ 07.50″，北纬 41° 12′ 45.50″，高程 1399 米。

烽火台平面呈圆形，剖面呈梯形，外包毛石砌筑，底径 9.5 米，残高 1.5～2 米，坍塌成石堆状，顶部散落少量碎砖瓦，四周植被多为灌木和杂草。

784. 宋家窑 04 号烽火台 130732353201170784

位于宋家窑村东北 1 千米山底部，坐标：东经 115° 39′ 55.90″，北纬 41° 13′ 00.20″，高程 1328 米。

烽火台平面呈矩形，剖面呈梯形，台芯素土分层夯筑，外包毛石砌筑，东西长 18 米，南北宽 16 米，残高 6 米，坍塌成堆状，四周植被多为灌木和杂草。

785. 牌楼沟 01 号烽火台 130732353201170785

位于牌楼沟高山顶部，南距陈家沟村 1.3 千米，坐标：东经 115° 41′ 33.50″，北纬 41° 12′ 53.50″，高程 1473 米。

抹角空心烽火台，平面呈矩形，剖面呈梯形，台芯素土分层夯筑，外包毛石砌筑，南墙局部坍塌，西墙中部坍塌，上部坍塌宽约 5 米，西立面呈 "V" 字形。

顶部四周墙体宽 2.3 米，残高 1.2 米，东墙南北长 11.5 米，高 5.8 米，北墙东西长 10.6 米，高约 6

米，墙体外部转角处均为圆角，墙体内部坍塌处，可见两层直径 0.05 ～ 0.1 米柏木拉筋，层间距 0.5 米，墙体根部掏蚀严重。

顶部已坍塌，断面可见下层平铺直径 0.1 米以上木椽，中部平铺石板，板厚 0.05 米，上部夯筑 0.08 ～ 0.1 米厚素土，夯土上又铺石板，总厚 0.5 ～ 0.6 米，西北侧坍塌处，可见由中间向角伸出的角梁两根，高差约 1.4 米，上部一根为圆木，应为拉筋，下一根为松木方，厚约 0.12 米，宽约 0.2 米。

北侧山背线上，距该燧约 25 米处起，向北依次排列，圆形小台 4 个，间距 10 ～ 15 米，小台圆形，直径 1.5 ～ 2 米，仅存明显轮廓，台体已与地面相平，四周植被多为灌木和杂草。

786. 红石崖 01 号烽火台 130732353201170786

位于红石崖村东南约 400 米山顶，坐标：东经 115° 39′ 28.20″，北纬 41° 13′ 15.50″，高程 1416 米。

烽火台平面呈圆形，剖面呈梯形，毛石砌筑，底径 14.6 米，顶径 6.5 米，残高 2.5 ～ 3 米，坍塌成石堆状，南侧为陡崖，四周植被多为灌木和杂草。

787. 汤子坡 01 号烽火台 130732353201170787

位于汤子坡南 1.3 千米，坐标：东经 115° 40′ 31.50″，北纬 41° 13′ 44.20″，高程 1475 米。

烽火台平面呈圆形，剖面呈梯形，台芯素土分层夯筑，外包毛石砌筑，底径 19.7 米，顶径 3.18 米，残高 5.8 米，坍塌成土堆状，南侧存有一段毛石干垒墙体，东西长 2 米，残高 2 米，四周散落大量筒板瓦瓦片，四周植被多为灌木和杂草。

788. 汤子坡 02 号烽火台 130732353201170788

位于汤子坡南 1.1 千米，坐标：东经 115° 40′ 14.60″，北纬 41° 13′ 52.60″，高程 1523 米。

围堡式烽火台，烽火台平面呈圆形，剖面呈梯形，台芯土石分层夯筑，外包毛石砌筑，坍塌成石堆状，底径 18.4 米，顶径 3.8 米，残高 6.7 米，台体顶部存后期人为用片石垒砌的石柱，高约 1 米，四周散落碎砖瓦和灰陶器碎片，发现明青花瓷片，内侧施黑釉外侧不施釉，加粗砂碗底状器物，瓦为内布纹瓦，发现少量条砖，厚 0.05 米，四周植被多为灌木和杂草。

围墙毛石干垒砌筑，东墙宽 1.5 米，高 1.2 米，顶部可见方砖，方砖规格：0.25 米 × 0.25 米 × 0.05 米，西墙残高 0.5 ～ 0.7 米，长 3.8 米。

围墙外侧设壕沟一道，宽 1.8 ～ 2.5 米，深 0.8 米。

789. 汤子坡 03 号烽火台 130732353201170789

位于胡家堡村南 1 千米塘子坡自然村北侧的山坡处，坐标：东经 115° 40′ 25.80″，北纬 41° 14′ 40.90″，高程 1390 米。

烽火台平面呈圆形，剖面呈梯形，台芯素土分层夯筑，外包毛石砌筑，底径 19.1 米，顶部东西长 4.5 米，南北宽 3 米，残高 5 米，坍塌严重，南面下部保存少量墙体，长 3.5 米，高 1.5 米，西南外侧距台体 5.5 米，可见矩形台基，块石砌筑，高 2.5 ～ 3 米，东西长 27 米，南北宽 27 米，墙宽 0.06 米，四周发现青花瓷片和酱釉粗瓷片，植被多为灌木和杂草。

790. 胡家堡 01 号烽火台 130732353201170790

位于胡家堡村东南 1.6 千米山顶部，坐标：东经 115° 40′ 56.30″，北纬 41° 15′ 03.10″，高程 1539 米。

烽火台平面呈圆形，剖面呈梯形，台芯土石分层夯筑，外包毛石砌筑，南北长 7.8 米，残高 2.6 米，坍塌成堆状，底径 15.9 米，高 4.4 米，下设矩形台基，外包块石砌筑，东西长 27 米，南北宽 27 米，高 2.5 ～ 3 米，外包厚 0.6 米，四周发现青花瓷片和酱釉粗瓷片，植被多为灌木和杂草。

791. 胡家堡 02 号烽火台 130732353201170791

位于胡家堡村东北约 400 米季节性河流北侧黄土台地中部，坐标：东经 115° 40′ 14.90″，北纬 41° 15′ 27.50″，高程 1337 米。

围堡式烽火台，平面呈"回"字形，烽火台居中，四周设置围墙。

烽火台平面呈矩形，剖面呈梯形，台芯土石分层夯筑，外包毛石砌筑，底部东西长 15 米，南北宽 15 米，高 4.5 米。

围墙距台体底部 10 米，素土分层夯筑，墙体下部残宽 6 米，顶宽 1.5 米，最高 3.5 米，墙外设壕沟一道，底宽 4.5 ～ 6 米，上宽 7 ～ 10 米，深 2 米；墙体外侧，保存有大量块石墙体，南北长 48 米，东西宽 45 米，东侧长有榆树 5 棵，胸径 0.05 ～ 0.3 米，南侧长有榆树 4 棵，胸径 0.01 ～ 0.04 米，西侧长有榆树 6 棵，胸径 0.01 ～ 0.25 米，北侧长有榆树一棵，胸径 0.03 米，四周植被多为灌木和杂草。

792. 大湾村 01 号烽火台 130732353201170792

位于大湾村北 60 米，坐标：东经 115° 40′ 45.00″，北纬 41° 15′ 52.40″，高程 1317 米。

烽火台平面呈矩形，剖面呈梯形，台芯土石分层夯筑，外包毛石砌筑，东西长 2.8 米，南北宽 1.7 米，残高 1.4 米，坍塌成堆状，四周散落少量碎砖瓦，城砖规格：0.39 米 × 0.19 米 × 0.09 米，植被多为灌木和杂草。

793. 大湾村 02 号烽火台 130732353201170793

位于大湾村东 250 米坡地上，坐标：东经 115° 41′ 10.70″，北纬 41° 16′ 00.40″，高程 1290 米。

围堡式烽火台，总体布局为"回"字形，烽火台居中，四周设置围墙。

烽火台平面呈圆形，剖面呈梯形，台芯土石分层夯筑，外包毛石砌筑，底径 21 米，顶部东西长 5.6 米，南北宽 4.2 米，残高 8.6 米，坍塌成堆状，顶部存大量碎石砖瓦。

围墙平面呈圆形，距台体 8 米，东西长 32 米，南北宽 29.9 米，内残高 1.8 米，外残高 4.2 米，东墙存外包毛石，长 16 米，残高 1.2 米，外侧存壕沟二道，宽 3.4 米，深 1.6 米，沟外侧有护沟墙，内为夯土，外包毛石，宽 2.3 米，四周长有榆树与杏树 17 棵，最大胸径 0.22 米，周边为农田，多种植玉米等农作物。

794. 马家窑 01 号烽火台 130732353201170794

位于马马嵯西南 1.2 千米山顶，坐标：东经 115° 37′ 48.30″，北纬 41° 14′ 40.50″，高程 1526 米。

烽火台平面呈圆形，剖面呈梯形，台芯土石分层夯筑，外包毛石砌筑，底径 15.2 米，顶径 3.8 米，残高 4.8 米，坍塌成石堆状，北侧存弧形壕沟一道，宽 1.1 ～ 1.4 米，深 0.8 ～ 1.5 米，壕沟外侧存有外包毛石墙体，四周植被多为灌木和杂草。

795. 大梁底 01 号烽火台 130732353201170795

位于大梁底村东北约 800 米山顶，坐标：东经 115° 36′ 41.80″，北纬 41° 15′ 13.50″，高程 1629 米。

围堡式烽火台，平面呈环形，烽火台居中，周围设置围墙。

烽火台平面呈圆形，剖面呈梯形，台芯土石分层夯筑，外包毛石砌筑，底径 14.2 米，残高 5 米，坍塌成石堆状，东侧 5 米存毛石干垒弧形墙体，长 6～8 米，高 1.2 米，东南角存弧形墙体，长 4 米，高 0.6～1.4 米，南侧存壕沟一道，长 25 米，宽 1.5～2 米，最深 0.9 米，四周植被多为灌木和杂草。

796. 大梁底 02 号烽火台 130732353201170796

位于大梁底村北约 300 米山顶，坐标：东经 115° 35′ 57.40″，北纬 41° 15′ 17.50″，高程 1469 米。

烽火台平面呈圆形，剖面呈梯形，台芯素土分层夯筑，夯层厚 0.13 米，外包城砖砌筑，城砖规格：0.39 米 ×0.19 米 ×0.09 米，底径 12.7 米，残高约 5 米，台体包砖无存，受风雨侵蚀，表面夯土脱落，南面有竖向通裂缝两条，宽 0.12～0.28 米，顶部散落少量残砖，四周植被多为灌木和杂草。

797. 石板村 01 号烽火台 130732353201170797

位于石板沟村西南 1.1 千米山顶，坐标：东经 115° 37′ 06.20″，北纬 41° 16′ 02.90″，高程 1602 米。

烽火台平面呈圆形，剖面呈梯形，台芯土石分层夯筑，底径 17.8 米，残高 8 米，坍塌成石堆状，顶部存后期人为垒砌的石柱，高约 1.2 米，四周存壕沟，宽约 3 米，深 0.5～1 米，四周植被多为灌木和杂草。

798. 三岔口 01 号烽火台 130732353201170798

位于独石口镇北三岔口村南约 900 米高山顶部，坐标：东经 115° 38′ 34.40″，北纬 41° 15′ 39.00″，高程 1636 米。

围堡式烽火台，平面呈环形，烽火台居中，周围设置围墙。

烽火台平面呈圆形，剖面呈梯形，台芯土石分层夯筑，底径 15.9 米，高约 5.5 米，坍塌成石堆状，东、北两侧存弧形毛石干垒墙体，残高 0.5～2 米，长 8 米，存后期人为垒砌的毛石墙体，长 1.6 米，高 1.4 米，四周植被多为灌木和杂草。

799. 三岔口 02 号烽火台 130732353201170799

位于独石口乡三岔口村东北 50 米的黄土台地前部，坐标：东经 115° 38′ 14.90″，北纬 41° 16′ 17.60″，高程 1436 米。

围堡式烽火台，平面呈环形，烽火台居中，周围设置围墙。

烽火台平面呈圆形，剖面呈梯形，台芯土石分层夯筑，夯层厚 0.12～0.15 米，底径 15 米，顶径 4 米，高 7.8 米，坍塌成石堆状，下设台基，边长约 25 米，高 2～3 米，北侧存围墙残段，素土夯筑，残高 1.2～1.8 米，四周植被多为灌木和杂草。

800. 明岔东 01 号烽火台 130732353201170800

位于明岔村东南约 1.5 千米山顶部，坐标：东经 115° 37′ 02.60″，北纬 41° 17′ 12.40″，高程 1735 米。

烽火台平面呈圆形，剖面呈梯形，台芯土石分层夯筑，底径 19.1 米，残高 9 米，顶部存夯土，四周植被多为灌木和杂草。

801. 明岔东 02 号烽火台 130732353201170801

位于明岔村东北 1.7 千米，坐标：东经 115° 37′ 04.00″，北纬 41° 17′ 16.00″，高程 1725 米。

烽火台平面呈圆形，剖面呈梯形，台芯土石分层夯筑，底径 11.1 米，残高 3 米，坍塌成石堆状，四周植被多为灌木和杂草。

802. 明岔东 03 号烽火台 130732353201170802

位于明岔村东约 2.2 千米，坐标：东经 115° 37′ 36.60″，北纬 41° 17′ 13.10″，高程 1742 米。

烽火台平面呈圆形，剖面呈梯形，台芯土石分层夯筑，坍塌成石堆状，底径 22.2 米，残高 5.4 米，顶部存碎石夯土痕迹，距台体 1.8 米有壕沟一道，宽约 1.6 米，深 0.8～1.4 米，西南角底部存有后期毛石垒砌的围墙，长 2.3 米，宽 1.8 米，高 1.2 米，四周植被多为灌木和杂草。

803. 孟家窑村 01 号烽火台 130732353201170803

位于西门外村至马厂之间的山梁上，距孟家窑村约 1.3 千米，坐标：东经 115° 38′ 42.60″，北纬 41° 17′ 57.90″，高程 1726 米。

烽火台平面呈矩形，剖面呈梯形，外包毛石砌筑，厚约 1.1 米，底部东西长 9 米，南北宽 8.78 米，顶部东西长 3.5～4 米，南北宽 2.5～3 米，最高 5.5 米，东面外包毛石长 5 米，高 2.5～3 米，存踏步两级，第一级宽 0.6 米，第二级宽 0.15～0.2 米，高 0.1 米；南、西、北三面均已坍塌。东侧 1.5 米为陡崖，四周植被多为灌木和杂草。

804. 青羊沟 01 号烽火台 130732353201170804

位于青羊沟西 2.2 千米，坐标：东经 115° 41′ 02.20″，北纬 41° 19′ 32.50″，高程 1595 米。

烽火台平面呈圆形，剖面呈梯形，毛石砌筑，顶径 7.5 米，高 2.5 米，北面坍塌成斜坡状，东北角存豁口，宽 0.6 米，东南角为自然岩体，顶部存碎石夯土痕迹。台体周围设壕沟，宽 1～1.5 米，深 0.5～1.5 米，四周植被多为灌木和杂草。

805. 北栅子南 01 号烽火台 130732353201170805

位于北栅子村南张帽山顶部，坐标：东经 115° 42′ 13.10″，北纬 41° 21′ 03.50″，高程 1527 米。

烽火台坐落于自然岩体上，平面呈圆形，剖面呈梯形，外包毛石砌筑，底径 16.5 米，高 2.6～3.4 米，顶部散落少量碎砖瓦，四周植被多为灌木和杂草。

806. 北栅子南 02 号烽火台 130732353201170806

位于北栅子村南 600 米张帽山顶部，坐标：东经 115° 42′ 12.90″，北纬 41° 21′ 07.30″，高程 1512 米。

烽火台平面呈矩形，剖面呈梯形，外包毛石砌筑，东西宽 9.8 米，南北长 11.2 米，高 3.8 米，坍塌成石堆状，顶部存一圆坑洞，直径 1.2 米，深 0.7 米，台体两侧存毛石干垒墙体，高 1.7 米，四周植被多为灌木和杂草。

807. 栅子口西 01 号烽火台 130732353201170807

位于栅子口西 1.2 千米山顶部，坐标：东经 115° 44′ 05.40″，北纬 41° 21′ 20.30″，高程 1521 米。

烽火台平面呈圆形，剖面呈梯形，台芯土石分层夯筑，外包毛石砌筑，底径 13.3 米，高 4.5 米，南侧存后期人为垒砌的毛石墙体，长 3.2～4.1 米，高 1.6～1.8 米，四周为农田，多种植玉米等农作物。

808. 楼房窑 01 号烽火台 130732353201170808

位于楼房窑西南 1.3 千米山顶部，坐标：东经 115° 43′ 16.10″，北纬 41° 20′ 03.90″，高程 1537 米。

烽火台平面呈圆形，剖面呈梯形，台芯土石分层夯筑，外包毛石砌筑，坍塌成石堆状，底径14.6米，高4.6米，东、南面存部分外包毛石，长2.5米，高2.9米，顶部存碎石夯土痕迹，东北侧存壕沟一道，宽1～1.5米，深0.5～0.8米，四周植被多为灌木和杂草。

809. 楼房窑 02 号烽火台 130732353201170809

位于楼房窑村南1.5千米耕地中部平坦处，坐标：东经115° 44′ 25.90″，北纬41° 19′ 59.40″，高程1325米。

围堡式烽火台，平面呈"回"字形，烽火台居中，四周设置围墙。

烽火台平面呈矩形，剖面呈梯形，台芯素土分层夯筑，夯层厚0.12米，底部边长20米，台体四周设置围墙，东墙底宽1.8米，顶宽0.5～1.1米，高4.4米，北侧存孔洞一处，宽1.3米，高1.7米，后期碎石封堵；西墙存豁口一处，宽3.2米；围墙内中部东侧存有建筑基址一处，东西长5米，南北不详。四周散落大量碎砖瓦，周边为农田，多种植玉米、土豆等农作物。

810. 楼房窑 03 号烽火台 130732353201170810

位于楼房窑村西北2千米山顶，坐标：东经115° 43′ 14.10″，北纬41° 20′ 36.20″，高程1532米。

烽火台平面呈圆形，剖面呈梯形，毛石砌筑，底径16.5米，高3.6米，坍塌成石堆状，顶部存掩体，四周为农田，多种植玉米等农作物。

811. 楼房窑 04 号烽火台 130732353201170811

位于楼房窑村西1.4千米，坐标：东经115° 43′ 19.50″，北纬41° 20′ 11.20″，高程1505米。

烽火台平面呈圆形，剖面呈梯形，外包毛石砌筑，底径4.5米，高0.6米，坍塌成石堆状，台体南侧存壕沟一道，宽0.7～1.1米，深0.6～1.2米，四周植被多为灌木和杂草。

812. 楼房窑 05 号烽火台 130732353201170812

位于楼房窑村西南700米，坐标：东经115° 44′ 02.80″，北纬41° 20′ 10.80″，高程1473米。

烽火台平面呈圆形，剖面呈梯形，外包毛石砌筑，底径21米，高4.8米，坍塌成石堆状，四周植被多为灌木和杂草。

813. 楼房窑 06 号烽火台 130732353201170813

位于楼房窑村南1.5千米耕地中部平坦处，坐标：东经115° 44′ 25.90″，北纬41° 19′ 59.40″，高程1325米。

围堡式烽火台，平面呈"回"字形，烽火台居中，四周设置围墙。

台体已无存，四周围墙素土分层夯筑，夯层厚0.12米，底部边长20米，墙体底宽1.8米，顶宽0.4～0.98米，高3.5米；四周散落大量碎石砖瓦，周边为农田，多种植玉米等农作物。

814. 独石口 01 号烽火台 130732353201170814

位于独石口镇北1.5千米山脊处，坐标：东经115° 43′ 19.40″，北纬41° 19′ 32.50″，高程1503米。

烽火台平面呈圆形，剖面呈梯形，台芯土石分层夯筑，外包城砖砌筑，底径17米，顶径5米，坍塌成堆状，顶部存有后期砌筑的掩体，高3.5米；四周存壕沟一道，宽1.5米，深1.7米，散落大量残砖，周边植被多为灌木和杂草。

815. 独石口 02 号烽火台 130732353201170815

位于独石口城东北1.6千米白河支流西岸凸出河岸山坡顶部，坐标：东经115° 43′ 48.90″，北纬

41° 19′ 27.00″，高程 1353 米。

烽火台平面呈圆形，剖面呈梯形，底径 3.5 米，高 4 米，坍塌成石堆状，四周植被多为灌木和杂草。

816. 独石口 03 号烽火台 130732353201170816

位于独石口城北 1.2 千米山脊处，坐标：东经 115° 43′ 19.90″，北纬 41° 19′ 21.10″，高程 1473 米。

烽火台平面呈圆形，剖面呈梯形，外包毛石砌筑，坍塌成石堆状，底径 17.3 米，顶径 3.5 米，高 5.5 米，东面存毛石干垒墙体，长 8 米，高 1.2 米；四周环绕壕沟，宽 1 米，最深 1.1 米；西南角约 20 米建有无线转播塔一座，东南角约 600 米平地处为沸石选厂，四周植被多为灌木和杂草。

817. 独石口 04 号烽火台 130732353201170817

位于独石口城西北 1 千米，西岸山山峰顶部，坐标：东经 115° 42′ 11.50″，北纬 41° 19′ 11.60″，高程 1489 米。

烽火台平面呈圆形，剖面呈梯形，外包毛石砌筑，坍塌成石堆状，底径 7.61 米，顶径 4.5 米，高 7 米，中间存有长矩形凹槽，长 2.1 米，宽 1.6 米，槽内中心部位有一水泥柱，为地理测绘标志，GPS 定位于柱顶；南面辟门，长 1.6 米，宽 0.55 米，存高 0.5 米；东侧可见券砖及毛石混砌墙体，四周植被多为灌木和杂草。

818. 独石口 05 号烽火台 130732353201170818

位于独石口城北 450 米小山头顶部，坐标：东经 115° 43′ 06.90″，北纬 41° 19′ 01.60″，高程 1346 米。

烽火台平面呈矩形，剖面呈梯形，台芯土石分层夯筑，外包城砖砌筑，城砖规格：0.39 米 ×0.19 米 × 0.09 米，底部东西长 15.5 米，南北宽 14 米，顶部南北长 13.7 米，东西宽 13.5 米，高 6 米，底部存条石基础三层，高 0.95 米，东侧下部可见少量外包城砖，四周散落碎砖瓦，植被多为灌木和杂草。

819. 独石口 06 号烽火台 130732353201170819

位于独石口城西侧相对独立的小山顶部，坐标：东经 115° 42′ 29.60″，北纬 41° 18′ 48.70″，高程 1339 米。

烽火台平面呈圆形，剖面呈梯形，台芯土石分层夯筑，外包毛石砌筑，底部东西宽 18.8 米，南北长 19.6 米，顶部东西宽 3.3 米，南北长 4 米，高 10 米，东面现状呈阶梯状，下层高 2 米，上层长 11.6 米，内收 1.5 米，至顶部高 3.5 米，南、西、北坍塌成斜坡状。台体下设台基，东南角存部分毛石砌体，长 4 米，高 0.4 米，南、西、北侧存环形壕沟一道，上宽 1.5 米，深 0.5 米，四周散落残砖瓦及青花瓷残片，东侧坡下有战汉时期遗物，植被多为灌木和杂草。

820. 独石口 07 号烽火台 130732353201170820

位于独石口镇正东山顶部，西侧约 2 千米为沸石厂，坐标：东经 115° 44′ 12.90″，北纬 41° 18′ 47.40″，高程 1462 米。

烽火台平面呈圆形，剖面呈梯形，外包城砖砌筑，坍塌成堆状，底径 14.3 米，顶径 7.9 米，高 4.8 米，顶部存后期人为挖掘的坑洞一处，直径 2 米，深 0.4 米，四周植被多为灌木和杂草。

821. 独石口 08 号烽火台 130732353201170821

位于独石口镇东小山顶部，西距村庄约 2 千米，坐标：东经 115° 43′ 47.30″，北纬 41° 18′ 21.70″，高程 1483 米。

烽火台平面呈圆形，剖面呈梯形，外包城砖砌筑，坍塌成堆状，底径 15.9 米，顶径 6.3 米，高约 3.7 米，顶部存后期人为挖掘的坑洞一处，直径 1.6 米，深 0.5 米，四周植被多为灌木和杂草。

822. 独石口 09 号烽火台 130732353201170822

位于独石口城东南山顶部、距村庄约 500 米，坐标：东经 115° 43′ 15.30″，北纬 41° 18′ 15.60″，高程 1411 米。

烽火台平面呈圆形，剖面呈梯形，台芯土石分层夯筑，外包毛石砌筑，坍塌成石堆状，底径 6.68 米，顶径 3.5 米，东南角存有毛石包砌痕迹，四周存夯土岗，宽 0.4 米，深 0.4 米，沟宽 0.6 ～ 0.4 米，土岗周长约 62 米，四周植被多为灌木和杂草。

823. 独石口 10 号烽火台 130732353201170823

位于独石口城东南山脊中部、距西侧村庄约 400 米，坐标：东经 115° 43′ 09.80″，北纬 41° 18′ 15.90″，高程 1383 米。

烽火台平面呈矩形，剖面呈梯形，台芯土石分层夯筑，外包城砖砌筑，东西宽 5.5 米，南北长 8.5 米，高 4.2 米，坍塌成堆状，东南角存包砖痕迹，残厚 0.2 ～ 0.65 米，四周散落大量碎砖瓦，周边植被多为灌木和杂草。

824. 独石口 11 号烽火台 130732353201170824

位于独石口西南 1.3 千米山顶，坐标：东经 115° 42′ 06.40″，北纬 41° 18′ 06.60″，高程 1428 米。

烽火台平面呈圆形，剖面呈梯形，台芯土石分层夯筑，外包毛石砌筑，底径 20 米，顶径 4.3 米，高 7 米，台体中间存一小坑，坑上盖 0.6 米 ×0.6 米矩形石板一块；台体下设两层台基，一层可见长 1.5 米，高 1 米，深 0.8 米，二层可见长 7.8 米，高 1.5 米，深 3.4 米，四周存壕沟，宽 1.5 ～ 2 米，深 1 ～ 1.5 米；北侧 4 米存一土坑，东西长 3.3 米，南北宽 1.6 米，深 0.5 米，东北角 4.6 米存土坑，东西长 3.4 米，南北宽 1.9 米，深 0.5 米，四周植被多为灌木和杂草。

825. 西瓦窑 01 号烽火台 130732353201170825

位于西瓦窑村南约 450 米平地处，坐标：东经 115° 42′ 35.10″，北纬 41° 17′ 30.60″，高程 1237 米。

围堡式烽火台，平面呈环形，烽火台居中，周围设置围墙。

烽火台平面呈圆形，剖面呈梯形，外包城砖砌筑，坍塌成堆状，底径 22.2 米，底径 7.8 米，顶径 6 米，高 8 米，围墙距台体 5 米，边长 32 米，墙宽约 1.5 ～ 2 米，四周散落少量碎砖瓦，南侧为耕地，多种植玉米等农作物。

826. 西瓦窑 02 号烽火台 130732353201170826

位于独石口镇西瓦窑村西沟 2 千米台地上，坐标：东经 115° 41′ 39.30″，北纬 41° 17′ 30.60″，高程 1280 米。

围堡式烽火台，平面呈环形，烽火台居中，周围设置围墙。

烽火台平面呈圆形，剖面呈梯形，坍塌成堆状，底径 19 米，顶径 4.7 米，高 8 米；四周环绕毛石垒砌的围墙，边长 25 米，高 0.5 米，底宽 4 米，东、南侧长有榆树两棵，胸径 0.06 ～ 0.09 米，四周植被多为灌木和杂草。

827. 康家窑 01 号烽火台 130732353201170827

位于康家窑村北 200 米黄土台地上，坐标：东经 115° 40′ 32.80″，北纬 41° 17′ 07.80″，高程 1370 米。

围堡式烽火台，平面呈环形，烽火台居中，周围设置围墙。

烽火台平面呈圆形，剖面呈梯形，外包毛石砌筑，坍塌成堆状，北面存外包毛石，长 5.8 米，高 6～9 米，顶部存少量碎砖瓦；围墙素土分层夯筑，夯层厚 0.12～0.15 米，底宽 4 米，残高 0.5～0.8 米，西南角存碎石夯土堆 8 个，直径 3.8 米，残高 0.5～1 米，四周植被多为灌木和杂草。

828. 康家窑 02 号烽火台 130732353201170828

位于康家窑村东南约 800 米山顶处，坐标：东经 115° 41′ 18.40″，北纬 41° 16′ 51.40″，高程 1518 米。

围堡式烽火台，平面呈环形，烽火台居中，周围设置围墙。

烽火台平面呈圆形，剖面呈梯形，外包毛石砌筑，底径 20.7 米，顶径 5 米，高 9 米；东侧存碎石夯土堆 5 个，直径 4 米，残高 0.5～1 米，间距约 15 米，围墙毛石干垒，西墙存长 20 米，宽 2 米，高 1.5 米，四周植被多为灌木和杂草。

829. 董家窑 01 号烽火台 130732353201170829

位于董家窑村西偏北 1.3 千米黄土台地上，坐标：东经 115° 43′ 10.80″，北纬 41° 17′ 07.80″，高程 1301 米。

围堡式烽火台，平面呈环形，烽火台居中，周围设置围墙。

烽火台平面呈圆形，剖面呈梯形，台芯素土分层夯筑，坍塌成土堆状，底径 11.1 米，高 4.6 米，东面坍塌成斜坡状。

围墙素土分层夯筑，夯层厚 0.12～0.15 米，西墙存长 10 米，高 1.9 米，断面呈三角形，四周植被多为灌木和杂草。

830. 观音堂 01 号烽火台 130732353201170830

位于观音堂村西 150 米山丘顶部，坐标：东经 115° 42′ 27.10″，北纬 41° 16′ 52.20″，高程 1281 米。

烽火台平面呈圆形，剖面呈梯形，外包毛石砌筑，坍塌成石堆状，底径 18.4 米，高 6.2 米，西南角根部存人为挖掘的孔洞一处，长 1.4 米，宽 0.5 米，深 3 米，四周散落少量碎砖瓦，周边植被多为灌木和杂草。

831. 观音堂 02 号烽火台 130732353201170831

位于观音堂村西南 800 米，坐标：东经 115° 42′ 22.90″，北纬 41° 16′ 36.10″，高程 1258 米。

围堡式烽火台，平面呈环形，烽火台居中，周围设置围墙。

烽火台平面呈圆形，剖面呈梯形，台芯土石分层夯筑，外包毛石砌筑，坍塌成石堆状，底径 10.1 米，高 3.5 米，西北角存弧形墙体，四周植被多为灌木和杂草。

832. 观音堂 03 号烽火台 130732353201170832

位于观音堂村西南小山丘顶部、北距村约 1 千米，坐标：东经 115° 42′ 22.90″，北纬 41° 16′ 36.10″，高程 1258 米。

烽火台平面呈圆形，剖面呈梯形，台芯土石分层夯筑，外包城砖砌筑，坍塌成堆状，面积约 100 平方米，四周散落大量碎砖瓦，南侧存一碑座，长 0.8 米，宽 0.57 米，厚 0.35 米，碑榫长 0.2 米，宽 0.3

米，深 0.15 米，四周植被多为灌木和杂草。

833. 水磨 01 号烽火台 130732353201170833

位于水磨村西北 900 米山顶，坐标：东经 115° 41′ 55.80″，北纬 41° 15′ 54.40″，高程 1444 米。

围堡式烽火台，平面呈环形，烽火台居中，周围设置围墙。

烽火台平面呈圆形，剖面呈梯形，台芯土石分层夯筑，外包毛石砌筑，坍塌成石堆状，东、南、西三面墙体局部坍塌，北面存外包毛石，厚 1.2 米，高 5.2 米，南面存外包毛石，长 1.5 米，高 1.7 米；台体北侧存壕沟一道，宽 2.5 米，深 1.2 米；壕沟外侧设围墙，毛石干垒墙体，底宽 1.2 米，外高 1 ～ 1.5 米；台体西侧及南侧均为陡崖峭壁，四周植被多为灌木和杂草。

834. 麻地墩 01 号烽火台 130732353201170834

位于麻地沟村西 1.3 千米黄土台地顶部，坐标：东经 115° 43′ 10.50″，北纬 41° 15′ 34.70″，高程 1304 米。

烽火台平面呈矩形，剖面呈梯形，台芯素土分层夯筑，外包毛石砌筑，边长 25 米，东面外包存宽 0.7 米，高 3.5 ～ 4.2 米；南面中部坍塌，西侧宽 5 米，上宽 0.7 米，高 7 米，东侧坍塌成斜坡状，长 8 米，高 3 ～ 4 米；西面坍塌下宽 3.5 米，上宽 0.4 ～ 1.2 米，高 5.5 米；北面坍塌成斜坡状，宽 6.5 米，高 3.5 米；东北角和西北角坍塌缺失，四周散落少量碎砖瓦，城砖规格：0.39 米 ×0.19 米 ×0.09 米，周边植被多为灌木和杂草。

835. 头堡子 01 号烽火台 130732353201170835

位于头堡子村内东北部，坐标：东经 115° 42′ 38.40″，北纬 41° 14′ 54.90″，高程 1192 米。

烽火台平面呈矩形，剖面呈梯形，台芯素土分层夯筑，外包城砖砌筑，东西长 10 米，南北宽 8.5 米，高 5.2 米，上部存有人为挖掘的坑洞一处，宽 4.8 米，深 1.4 米，顶部存有青砖铺墁痕迹；台体旁安装有农户卫星接收设备，四周散落大量碎砖瓦，周边植被多为灌木和杂草。

836. 头堡子 02 号烽火台 130732353201170836

位于头堡村北 40 米，坐标：东经 115° 42′ 33.60″，北纬 41° 14′ 57.00″，高程 1197 米。

烽火台平面呈圆形，剖面呈梯形，台芯土石分层夯筑，坍塌成堆状，底径 32 米，高 3.5 米，四周散落少量碎砖瓦，长有榆树 9 棵，胸径 0.13 ～ 0.22 米，周边植被多为灌木和杂草。

837. 头堡子 03 号烽火台 130732353201170837

位于头堡村南 1.1 千米，坐标：东经 115° 42′ 50.80″，北纬 41° 14′ 22.40″，高程 1204 米。

围堡式烽火台，平面呈"回"字形，烽火台居中，四周设置围墙。

烽火台平面呈矩形，剖面呈梯形，台芯素土分层夯筑，底部东西长 9.5 米，南北宽 8.6 米，高 7 米，坍塌成土堆状。

围墙素土分层夯筑，长约 25 米，残高 1.5 ～ 3.5 米，宽 0.7 ～ 4 米；东南角长有榆树一棵，胸径 0.35 米，西北角 10 米处有电线杆一根，四周植被多为灌木和杂草。

838. 沿家沟 01 号烽火台 130732353201170838

位于沿家沟村东 1 千米白河东岸高台地处，坐标：东经 115° 42′ 55.90″，北纬 41° 13′ 52.70″，高程

1208 米。

围堡式烽火台，平面呈环形，烽火台居中，周围设置围墙。

烽火台平面呈圆形，剖面呈梯形，台芯素土分层夯筑，坍塌成土堆状，底径 15.3 米，高 5.5 米，顶部有水泥桩一根；北面有人为挖掘的孔洞一处，宽 0.8 米，高 2 米，东南角长有榆树一棵，胸径 0.05 米，围墙平面呈矩形，边长 40 米，宽 3～5 米，高 1.1～2 米，周边散落少量碎砖瓦，四周植被多为灌木和杂草。

839. 沿家沟 02 号烽火台 130732353201170839

位于沿家沟村南 1.5 千米山顶，坐标：东经 115° 42′ 27.30″，北纬 41° 13′ 33.80″，高程 1310 米。

烽火台平面呈矩形，剖面呈梯形，外包毛石砌筑，坍塌成石堆状，底径 12.7 米，东南存外包毛石，长 6 米，高 1.2 米；西南存外包毛石两级，呈阶梯状，下级深 4 米，高 0.7 米，上级长 3.5 米，深 1 米，高 1.2 米；顶部为碎石夯土，台体东北、西南侧存有壕沟一道，宽 1.5～2 米，深 0.3～1.1 米，四周植被多为灌木和杂草。

840. 古城梁 01 号烽火台 130732353201170840

位于古城梁顶赤宝公路东 50 米，坐标：东经 115° 43′ 17.80″，北纬 41° 13′ 29.90″，高程 1203 米。

围堡式烽火台，平面呈"回"字形，烽火台居中，四周设置围墙。

烽火台平面呈矩形，剖面呈梯形，台芯素土分层夯筑，夯层厚 0.15 米，底部东西长 14 米，南北宽 13 米，顶部东西长 3.9 米，南北宽 2.7 米，高 4.1 米，受风雨侵蚀，表面夯土脱落，东、南、北三面坍塌成斜坡状，西面夯土层明显。

围墙素土分层夯筑，夯层厚 0.12～0.15 米，围墙距台体底部 10 米，墙体底宽 3.8 米，高 0.6～1.4 米，四周植被多为灌木和杂草。

841. 冯家窑 01 号烽火台 130732353201170841

位于冯家窑村南 900 米高岗处，坐标：东经 115° 45′ 02.70″，北纬 41° 11′ 55.60″，高程 1227 米。

烽火台平面呈矩形，剖面呈梯形，台芯素土分层夯筑，夯层厚 0.13～0.2 米，底部东西长 8.5 米，南北宽 7 米，顶部东西长 3.4 米，南北宽 0.5～1.4 米，高 7.2 米，受风雨侵蚀，表面夯土脱落，自上而下形成雨水冲沟数条，四周植被多为灌木和杂草。

842. 冯家窑 02 号烽火台 130732353201170842

位于冯家窑村西南 2.2 千米，坐标：东经 115° 44′ 04.50″，北纬 41° 11′ 49.60″，高程 1144 米。

烽火台平面呈圆形，剖面呈梯形，台芯素土分层夯筑，坍塌成土堆状，底径 12.1 米，顶径 4.1 米，高 4.7 米，周边散落碎砖瓦，四周为农田，多种植玉米等农作物。

843. 三山嵯 01 号烽火台 130732353201170843

位于三山嵯东白河西岸凸出的山顶，坐标：东经 115° 43′ 49.40″，北纬 41° 11′ 32.20″，高程 1248 米。

烽火台平面呈圆形，剖面呈梯形，台芯土石分层夯筑，外包毛石砌筑，坍塌成堆状，底径 15.2 米，顶径 1.5 米，高 4.6 米，东侧及南侧为自然岩体，东南角存外包毛石，东西宽 3.5 米，南北长 3.6 米，高 1.1 米，顶部有测绘水泥方桩，西面存外包毛石，南北长 4.5 米，高 1.6 米，按照现状外包毛石保存情况，初步推断台体形制为下方上圆。周边发现明青花瓷片和外部施釉内部加砂粗陶器物残片，四周植被多为灌木和杂草。

844. 三山 01 号烽火台 130732353201170844

位于三山北 1.2 千米耕地内，坐标：东经 115° 44′ 26.20″，北纬 41° 11′ 10.80″，高程 1136 米。

围堡式烽火台，平面呈"回"字形，烽火台居中，四周设置围墙。

烽火台平面呈矩形，剖面呈梯形，台芯素土分层夯筑，东西长 11 米，南北宽 9 米，高 8 米，坍塌成土堆状。

围墙素土分层夯筑，夯层厚 0.13 ～ 0.18 米，边长 26.4 米，西距台体 7.4 米，南距台体 9.8 米，东南角存有水泥电线杆一根，四周为农田，多种植玉米等农作物。

845. 三山 02 号烽火台 130732353201170845

位于三山村东约 50 米，坐标：东经 115° 44′ 40.90″，北纬 41° 10′ 33.90″，高程 1124 米。

围堡式烽火台，平面呈"回"字形，烽火台居中，四周设置围墙。

烽火台平面呈矩形，剖面呈梯形，台芯素土分层夯筑，东西宽 9 米，南北长 10 米，高 5.6 米，受风雨侵蚀，表面夯土脱落。

围墙素土分层夯筑，夯层厚 0.14 ～ 0.21 米，边长 30 米，西南角存有水泥电线杆一根，输电线路从台体西侧穿过，四周散落少量碎砖瓦，周边植被多为灌木和杂草。

846. 南永庆 01 号烽火台 130732353201170846

位于南永庆村西北约 300 米山坡顶部，坐标：东经 115° 44′ 18.50″，北纬 41° 09′ 09.10″，高程 1165 米。

烽火台平面呈矩形，剖面呈梯形，台芯素土分层夯筑，夯层厚 0.12 ～ 0.16 米，外包城砖砌筑，底部东西长 15 米，南北宽 14 米，顶部东西长 3.5 米，南北宽 1 米，高 6.5 米，受风雨侵蚀，表面夯土脱落，自上而下形成雨水冲沟数条，四周散落少量碎砖石，周边植被多为灌木和杂草。

847. 南永庆 02 号烽火台 130732353201170847

位于南永庆村东北约 200 米，坐标：东经 115° 45′ 05.40″，北纬 41° 09′ 13.10″，高程 1098 米。

烽火台平面呈圆形，剖面呈梯形，台芯素土分层夯筑，坍塌成土堆状，底径 14 米，顶径 1.8 米，高 4.8 米，受风雨侵蚀，表面夯土脱落，顶部发现一块辽代绳纹砖，宽 0.14 米，厚 0.05 米，四周散落少量碎砖瓦，周边植被多为灌木和杂草。

848. 猫峪 01 号烽火台 130732353201170848

位于猫峪村北 500 米耕地内，坐标：东经 115° 45′ 08.80″，北纬 41° 08′ 45.50″，高程 1090 米。

围堡式烽火台，平面呈"回"字形，烽火台居中，四周设置围墙。

烽火台平面呈矩形，剖面呈梯形，台芯素土分层夯筑，外包城砖砌筑，东西长 14.8 米，南北宽 13.2 米，高 7.8 米，台体北面部分坍塌，顶部散落少量碎砖瓦。

围墙素土分层夯筑，边长 26 米，高 1.4 ～ 3.2 米，西墙中部存人为挖掘的孔洞一处，宽 0.8 米，高 1 米，四周散落碎砖，宽 0.19 米，厚 0.08 米，周边为农田，多种植玉米等农作物。

849. 猫峪 02 号烽火台 130732353201170849

位于五里卜村西北约 300 米，坐标：东经 115° 45′ 00.20″，北纬 41° 07′ 35.70″，高程 1076 米。

围堡式烽火台，平面呈"回"字形，烽火台居中，四周设置围墙。

烽火台平面呈矩形，剖面呈梯形，台芯素土分层夯筑，外包城砖砌筑，底部东西宽 11.2 米，南北长 15 米，顶部东西长 6.2 米，南北宽 4.4 米，高 8.2 米，顶部散落少量碎砖瓦，台体南面中间坍塌，底部存有后期用红砖砌筑的佛龛，高 0.6 米，宽 0.8 米，深 0.8 米。

围墙素土分层夯筑，边长 26 米，坍塌严重，西北角保存相对较好，宽 0.4 ～ 0.6 米，高 1.2 ～ 1.8 米，墙体距台体 7 米，受风雨侵蚀，表面夯土脱落，自上而下形成雨水冲沟数条，四周为农田，多种植玉米等农作物。

850. 猫峪 03 号烽火台 130732353201170850

位于猫峪村东南约 2.4 千米山顶，坐标：东经 115° 46′ 21.50″，北纬 41° 07′ 48.80″，高程 1267 米。

烽火台平面呈圆形，剖面呈梯形，台芯素土分层夯筑，外包毛石砌筑，底径 18 米，高 8.8 米，南面存弧形毛石干垒墙体，长 1.1 米，高 0.9 米，顶部坍塌成斜坡状，西高东低，东西 2.5 米，南北 0.7 ～ 1 米，台体上下形成两级坡形，下级坡度较缓约 45 度，上级约 75 度，下级高 4.5 米，上级高 4.3 米，底部存有毛石砌筑痕迹，四周植被多为灌木和杂草。

851. 张皮沟 01 号烽火台 130732353201170851

位于张皮沟村西 1.5 千米耕地内，坐标：东经 115° 46′ 59.70″，北纬 41° 08′ 27.90″，高程 1138 米。

烽火台平面呈矩形，剖面呈梯形，台芯素土分层夯筑，东西长 11 米，南北宽 9.6 米，高 1.8 米，坍塌成堆状，四周为农田，多种植玉米等农作物。

852. 白银沟 01 号烽火台 130732353201170852

位于白银沟村东南 450 米山坡，坐标：东经 115° 46′ 19.10″，北纬 41° 08′ 40.30″，高程 1124 米。

围堡式烽火台，平面呈"回"字形，烽火台居中，四周设置围墙。

烽火台平面呈矩形，剖面呈梯形，台芯素土分层夯筑，东西长 9 米，南北宽 8.5 米，高 7.8 米，西、南两面坍塌滑坡严重。

围墙平面呈矩形，素土分层夯筑，东西长 15 米，南北宽 14 米，高 1.6 米，受风雨侵蚀，表面夯土脱落，自上而下形成雨水冲沟数条，四周为农田，多种植玉米等农作物。

853. 白银沟 02 号烽火台 130732353201170853

位于白银沟村西北 400 米山顶，坐标：东经 115° 46′ 08.30″，北纬 41° 09′ 29.20″，高程 1329 米。

烽火台平面呈圆形，剖面呈梯形，台芯土石分层夯筑，外包城砖砌筑，城砖规格：0.39 米 ×0.19 米 × 0.09 米，坍塌成堆状，底径 15.2 米，高 4.2 米，东南存台体外包毛石，长 1.6 米，高 0.8 米，四周散落残砖，周边植被多为灌木和杂草。

854. 新墩 01 号烽火台 130732353201170854

位于辛墩村东南 1.5 千米山顶，坐标：东经 115° 48′ 56.50″，北纬 41° 10′ 29.50″，高程 1669 米。

烽火台平面呈圆形，剖面呈梯形，台芯土石分层夯筑，坍塌成堆状，底径 16.5 米，高 4.5 米，台体西北角存弧形外包毛石，长 2 米，高 0.5 米，四周植被多为灌木和杂草。

855. 青泉堡 01 号烽火台 130732353201170855

位于青泉堡城东南侧约 300 米一凸出山梁顶部，坐标：东经 115° 49′ 04.30″，北纬 41° 11′ 31.40″，高程 1349 米。

烽火台平面呈矩形，立面及剖面呈梯形，底部东西宽 9.9 米，南北长 10.13 米，楼顶东北角坍塌约 4 米 ×3 米，顶部东西长 8.8 米，南北宽 8.6 米，高 8.6 米，现状立面为两段式，下段为条石基础，白灰砌筑，白灰勾缝，露明 5 层，高 1.68 米，条石下设基础放脚一层，平出 0.15 米；上段外包城砖，城砖规格：0.395 米 ×0.195 米 ×0.09 米，白灰砌筑，白灰勾缝，西立面辟券门，宽 1.24 米，深 0.86 米，高 1.78 米，门券由石券和砖券构成，下部为三块券石，券拱石正面宽 0.3 米，厚 0.2 米；上部砖券起券方式为三伏两券，门券上方 1.4 米处，设矩形石质匾额一块；券门内设置梯道登顶，梯道由南转东折向北再转西，梯道宽 1.06 米，共设台阶 18 级，北向踏步高 0.23 米，宽 0.26 米，西向踏步高 0.29 米，宽 0.24 米，梯道两侧墙宽 0.86 米，拾级而上至楼顶东北角，台体东立面设箭窗一个，内侧窗洞宽 0.82 米，深 0.58 米，箭窗宽 0.66 米，高 0.81 米，墙厚 0.47 米，箭窗槛墙高 0.82 米，外侧距地面 3.9 米，四周植被多为灌木和杂草。

856. 青泉堡 02 号烽火台 130732353201170856

位于青泉堡西北角 30 米，坐标：东经 115° 48′ 58.40″，北纬 41° 11′ 52.40″，高程 1238 米。

烽火台平面呈矩形，剖面呈梯形，台芯土石分层夯筑，夯层厚 0.14 ～ 0.18 米，外包城砖砌筑，东西宽 7.2 米，南北长 7.4，高 3.8 ～ 4.6 米，外包城砖无存，受风雨侵蚀，表面夯土脱落，现存顶部坑洼不平，四周散落少量碎石，台体北侧为青泉堡村，南侧为宽约 1 米的乡间土路，路南为农田，多种植玉米等农作物。

857. 青泉堡 03 号烽火台 130732353201170857

位于青泉堡西南 1.1 千米山岗上，坐标：东经 115° 48′ 01.30″，北纬 41° 11′ 30.50″，高程 1231 米。

烽火台平面呈矩形，剖面呈梯形，台芯土石分层夯筑，外包城砖砌筑，砖规格：0.375 米 ×0.175 米 ×0.08 米，台体底部东西长 6.8 米，南北宽 5.8 米，高 7.5 米，顶部东西长 4.2 米，南北宽 2.8 米，外包城砖无存，西北角坍塌滑坡，西北两面存竖向裂缝 2 条，宽 0.05 ～ 0.12 米，受风雨侵蚀，表面夯土脱落，自上而下形成雨水冲沟数条，四周散落少量碎砖瓦，顶部杂草丛生，东侧为一条乡间土路，周边为农田，多种植玉米等农作物。

858. 宋家 01 号烽火台 130732353201170858

位于槐家村赵家西南 700 米山脊，坐标：东经 115° 47′ 25.50″，北纬 41° 11′ 45.40″，高程 1370 米。

烽火台平面呈圆形，剖面呈梯形，外包毛石砌筑，底径 18.4 米，顶径 2.2 米，高 6.8 米，四周散落大量毛石，发现少量明代布瓦残片，周边植被多为灌木和杂草。

859. 宋家 02 号烽火台 130732353201170859

位于槐家村赵家西南 720 米山脊，坐标：东经 115° 47′ 21.90″，北纬 41° 11′ 47.40″，高程 1369 米。

烽火台平面呈圆形，剖面呈梯形，外包毛石砌筑，底径 14 米，高 3.8 米；东面存有外包毛石，长 5.2 米，高 0.9 ～ 1.2 米；西面存有外包毛石，长 1.8 米，高 0.8 米；南面外包毛石无存；北面存有外包毛石，长 5.8 米，高 1.1 米，台体西北侧发现明代布纹瓦残片，内宽 0.145 米，外宽 0.165 米，厚 0.026 米，四周植被多为灌木和杂草。

860. 宋家 03 号烽火台 130732353201170860

位于槐家村赵家西 1.6 千米山顶，坐标：东经 115° 46′ 36.50″，北纬 41° 12′ 03.90″，高程 1495 米。

烽火台平面呈圆形，剖面呈梯形，外包毛石砌筑，底径 17.8 米，高 4.8 米，东北角存弧形外包毛石，长 5 米，高 1.4 米，南面存外包毛石，长 2.5 米，高 1.3 米，四周植被多为灌木和杂草。

861. 常家窑 01 号烽火台 130732353201170861

位于常家窑东 1.7 千米山顶，坐标：东经 115° 46′ 29.00″，北纬 41° 13′ 11.60″，高程 1661 米。

烽火台平面呈圆形，剖面呈梯形，台芯素土分层夯筑，外包毛石砌筑，底径 14.6 米，顶径 3.1 米，高 3.8 米，顶部有测绘水泥方桩。台体下设毛石干垒台基，平面呈矩形，台基墙体已坍塌，东南侧存有弧形围墙，长 1.8 米，高 0.9 米，墙外 3 米处还有一段毛石干垒墙体，高 0.6 米，四周植被多为灌木和杂草。

862. 安家窑东 01 号烽火台 130732353201170862

位于安家窑东 1.2 千米山顶，坐标：东经 115° 48′ 20.50″，北纬 41° 12′ 43.40″，高程 1615 米。

烽火台平面呈矩形，剖面呈梯形，外包毛石砌筑，东西长 8 米，南北宽 5.65 米，高 2 米，东面下部外包毛石保存较好，高 1.2 米，台体修建在自然岩体上，基础下部用大块毛石砌筑放脚，平出 0.2 ~ 0.3 米，四周植被多为灌木和杂草。

863. 栅子坡 01 号烽火台 130732353201170863

位于青泉堡东北 2.5 千米，坐标：东经 115° 49′ 50.80″，北纬 41° 12′ 38.80″，高程 1289 米。

烽火台平面呈矩形，剖面呈梯形，台芯素土分层夯筑，外包城砖砌筑，东西长 7.48 米，南北宽 6.01 米，高 8 米，受风雨侵蚀，表面夯土脱落，自上而下形成雨水冲沟数条，四周散落少量碎砖，东侧 20 米为一条输电线路，周边为农田，多种植玉米等农作物。

864. 陈家窑 01 号烽火台 130732353201170864

位于陈家窑村西 700 米山顶，坐标：东经 115° 47′ 25.80″，北纬 41° 13′ 49.50″，高程 1593 米。

烽火台平面呈圆形，剖面呈梯形，台芯素土分层夯筑，外包毛石砌筑，坍塌成石堆状，底径 18 米，高 5 米，西侧为陡坡，其余三面均较缓；南、北两侧存有东西向壕沟一道，上宽 2.2 米，下宽 1 米，深 0.9 米，四周植被多为灌木和杂草。

865. 石板沟 01 号烽火台 130732353201170865

位于石板沟东 1.2 千米山顶，坐标：东经 115° 48′ 38.00″，北纬 41° 13′ 34.60″，高程 1758 米。

烽火台平面呈圆形，剖面呈梯形，台芯素土分层夯筑，外包毛石砌筑，南北宽 2.4 米，东西长 3.4 米，坍塌成堆状，四周外包毛石，厚 2.1 米，西南残存部分外包毛石，高 1 ~ 1.5 米，最高 2.8 米，西侧为陡坡，其余三面为山脊，北侧坡度较缓，四周植被多为灌木和杂草。

866. 陈家窑 02 号烽火台 130732353201170866

位于陈家窑村东北 1.2 千米山顶，坐标：东经 115° 48′ 25.90″，北纬 41° 14′ 32.20″，高程 1617 米。

烽火台平面呈矩形，剖面呈梯形，台芯土石混筑，外包城砖砌筑，东西长 5.88 米，南北宽 5.57 米，高 7.6 米，外包砖厚 1.6 米，北面坍塌成斜坡状，西立面北侧、南立面东侧包砖缺失，顶部设施无存，可见夯层厚 0.14 米，四周散落大量砖瓦，周边植被多为灌木和杂草。

867. 冰山梁顶 01 号烽火台 130732353201170867

位于冰山梁主峰东南 2.5 千米处，坐标：东经 115° 47′ 59.20″，北纬 41° 15′ 41.80″，高程 2119 米。

烽火台平面呈圆形，剖面呈梯形，外包毛石砌筑，坍塌成石堆状，底径 10 米，顶径 4 米，高 3.5～5 米，四周植被多为灌木和杂草。

868. 冰山梁顶 02 号烽火台 130732353201170868

位于老汉山西北 3.1 千米高山顶，坐标：东经 115° 48′ 25.90″，北纬 41° 16′ 04.10″，高程 2073 米。

烽火台平面呈圆形，剖面呈梯形，台芯碎石分层铺筑，外包毛石砌筑，坍塌成石堆状，底径 18 米，高 1.6 米，东南角残存台体外包毛石，高约 1.2 米，四周植被多为灌木和杂草。

869. 冰山梁顶 03 号烽火台 130732353201170869

位于老汉山西北 3 千米高山顶，坐标：东经 115° 48′ 25.10″，北纬 41° 16′ 04.90″，高程 2075 米。

烽火台平面呈圆形，剖面呈梯形，台芯碎石分层铺筑，外包毛石砌筑，坍塌成石堆状，底径 20 米，高 4 米，四周植被多为灌木和杂草。

870. 冰山梁顶 04 号烽火台 130732353201170870

位于冰山梁主峰东南约 500 米、东距长城主线 600 米，坐标：东经 115° 48′ 38.70″，北纬 41° 16′ 41.00″，高程 2144 米。

烽火台平面呈圆形，剖面呈梯形，台芯土石分层夯筑，外包毛石砌筑，坍塌成石堆状，底径 17 米，基础借用自然岩体，顶部坍塌处可见碎石及夯土台芯，东南面下部可见毛石干垒墙体，四周植被多为灌木和杂草。

871. 云州水库 05 号烽火台 130732353201170871

位于舍身崖南侧沟谷中部、东侧约 70 米为舍身崖大桥，坐标：东经 115° 45′ 44.10″，北纬 41° 03′ 48.70″，高程 1011 米。

烽火台平面呈矩形，剖面呈梯形，台芯素土分层夯筑，外包城砖砌筑，南北长 6 米，高 3.4 米，坍塌成堆状，四周散落碎砖瓦，周边植被多为灌木和杂草。

872. 仓上堡 04 号烽火台 130732353201170872

位于仓上堡东南 2 千米水库边缘，坐标：东经 115° 44′ 23.80″，北纬 41° 04′ 19.20″，高程 1035 米。

围堡式烽火台，平面呈"回"字形，烽火台居中，四周设置围墙。

烽火台平面呈矩形，剖面呈梯形，台芯土石分层夯筑，外包毛石砌筑，东西长 15 米，南北宽 14 米，高 5.8 米，坍塌成堆状，西侧保存相对较好，其余三面均坍塌成斜坡状，北侧中部长有榆树一棵，胸径 0.02 米，台体四周围墙素土分层夯筑，边长 30 米，西墙高 0.5～1.3 米，四周存少量碎砖瓦，周边植被多为灌木和杂草。

873. 仓上堡 05 号烽火台 130732353201170873

位于仓上堡东北 1.3 千米高山顶部，坐标：东经 115° 43′ 42.80″，北纬 41° 05′ 11.10″，高程 1223 米。

烽火台平面呈矩形，剖面呈梯形，台芯土石分层夯筑，外包毛石砌筑，东西长 6 米，南北宽 4 米，高 2.6 米，坍塌成石堆状，四周植被多为灌木和杂草。

874. 仓上堡 06 号烽火台 130732353201170874

位于仓上堡西南 1.3 千米高山顶部，坐标：东经 115° 41′ 22.80″，北纬 41° 04′ 34.90″，高程 1372 米。

烽火台平面呈圆形，剖面呈梯形，台芯土石分层夯筑，外包毛石砌筑，底径 17.1 米，顶径 5 米，高 4.1 米，坍塌成石堆状，东侧长有榆树一棵，胸径 0.18 米，北侧存壕沟一道，深 1.4 米，宽 2.3 米，四周植被多为灌木和杂草。

875. 西坡东 01 号烽火台 130732353201170875

位于马营乡南窑子西坡自然村东约 160 米耕地上，坐标：东经 115° 38′ 16.50″，北纬 41° 06′ 45.20″，高程 1138 米。

围堡式烽火台，平面呈"回"字形，烽火台居中，四周设置围墙。

烽火台平面呈矩形，剖面呈梯形，台芯素土分层夯筑，外包城砖砌筑，东西长 9.2 米，南北宽 8.2 米，高 3.8 米，受风雨侵蚀，表面夯土脱落。

四周围墙素土分层夯筑，边长 26 米，大多坍塌成坡状，高 1.5 米，四周为农田，多种植玉米等农作物。

876. 大水坑 01 号烽火台 130732353201170876

位于大水坑村东北约 200 米、北侧临旱河，坐标：东经 115° 36′ 44.50″，北纬 41° 05′ 49.70″，高程 1236 米。

围堡式烽火台，平面呈"回"字形，烽火台居中，四周设置围墙。

烽火台平面呈矩形，剖面呈梯形，台芯素土分层夯筑，外包城砖砌筑，东西宽 12.5 米，南北长 13 米，高 5.8 米，受风雨侵蚀，表面夯土脱落，南侧存有木质通信电杆一根，线路从台体西侧穿过。

四周围墙素土分层夯筑，边长 50 米，高 0.5 ～ 1.1 米，长有榆树 4 棵，胸径 0.09 ～ 0.12 米，周边多种植玉米等农作物。

877. 栅子口 08 号烽火台 130732353201170877

位于栅子口村西北约 300 米山顶，坐标：东经 115° 44′ 59.80″，北纬 41° 21′ 20.10″，高程 1475 米。

烽火台平面呈矩形，剖面呈梯形，台芯素土分层夯筑，外包城砖砌筑，城砖规格：0.39 米 × 0.19 米 × 0.09 米，边长 15.9 米，高 5.3 米，受风雨侵蚀，表面夯土脱落，顶部可见灰土夯层，长有低矮榆树一棵，胸径 0.08 米，四周散落碎砖瓦，植被多为灌木和杂草。

878. 红山咀东 01 号烽火台 130732353201170878

位于红山咀村东南 1.4 千米，坐标：东经 115° 55′ 58.00″，北纬 41° 09′ 10.90″，高程 1554 米。

烽火台平面呈圆形，剖面呈梯形，台芯素土分层夯筑，外包毛石砌筑，坍塌成堆状，底径 11.1 米，高 3.2 米，植被多为灌木和杂草。

879. 刀楼嵯烽火台 130732353201170879

位于刀楼嵯山峰，坐标：东经 115° 56′ 13.00″，北纬 41° 09′ 52.80″，高程 1625 米。

烽火台平面呈圆形，剖面呈梯形，台芯碎石分层铺筑，外包毛石砌筑，坍塌成石堆状，底径 8.9 米，高 6 米，植被多为灌木和杂草。

880. 缸房窑 01 号烽火台 130732353201170880

位于缸房窑东北 600 米，坐标：东经 115° 56′ 14.60″，北纬 41° 10′ 35.80″，高程 1555 米。

烽火台平面呈圆形，剖面呈梯形，台芯碎石分层铺筑，外包毛石砌筑，坍塌成石堆状，底径 13 米，顶径 5 米，高 3 米，东南部存有外包毛石干垒墙体，四周植被多为灌木和杂草。

881. 正北沟东北 01 号烽火台 130732353201170881

位于正北沟东北 700 米高山顶，坐标：东经 115° 56′ 06.10″，北纬 41° 11′ 41.60″，高程 1694 米。

烽火台平面呈圆形，剖面呈梯形，台芯素土分层夯筑，外包毛石砌筑，底径 12.8 米，高 3.2 米，坍塌成堆状，四周植被多为灌木和杂草。

882. 大京门西 01 号烽火台 130732353201170882

位于大京门西北 3.6 千米，坐标：东经 115° 55′ 42.80″，北纬 41° 12′ 27.90″，高程 1770 米。

烽火台平面呈圆形，剖面呈梯形，台芯碎石分层铺筑，外包毛石砌筑，坍塌成石堆状，底径 16.5 米，高 3.5 米，顶部有少量夯土痕迹，四周植被多为灌木和杂草。

883. 大京门西北 02 号烽火台 130732353201170883

位于大京门西北 3.9 千米，坐标：东经 115° 55′ 53.50″，北纬 41° 13′ 08.20″，高程 1962 米。

烽火台平面呈圆形，剖面呈梯形，台芯碎石分层铺筑，外包毛石砌筑，坍塌成石堆状，底径 18.4 米，高 4.6 米，四周植被多为灌木和杂草。

884. 富山 01 号烽火台 130732353201170884

位于富山村西北 4.2 千米，坐标：东经 115° 55′ 56.50″，北纬 41° 13′ 46.90″，高程 1935 米。

烽火台平面呈圆形，剖面呈梯形，台芯素土分层夯筑，外包毛石砌筑，坍塌成堆状，底径 7.9 米，高 1.9 米，四周植被多为灌木和杂草。

885. 富山 02 号烽火台 130732353201170885

位于富山村西北 4.4 千米，坐标：东经 115° 56′ 01.90″，北纬 41° 13′ 57.00″，高程 1988 米。

烽火台平面呈圆形，剖面呈梯形，台芯碎石分层铺筑，外包毛石砌筑，坍塌成石堆状，底径 9.5 米，高 2.1 米，东南两侧散落大量碎石，四周植被多为灌木和杂草。

886. 富山 03 号烽火台 130732353201170886

位于富山村西北 4.7 千米，坐标：东经 115° 55′ 57.70″，北纬 41° 14′ 19.60″，高程 2019 米。

烽火台平面呈圆形，剖面呈梯形，台芯碎石分层铺筑，外包毛石砌筑，坍塌成石堆状，底径 11 米，高 2.3 米，四周植被多为灌木和杂草。

887. 灯盏碗子沟 01 号烽火台 130732353201170887

位于沽源县灯盏碗子沟南山脊，坐标：东经 115° 56′ 11.50″，北纬 41° 14′ 42.30″，高程 1951 米。

烽火台平面呈圆形，剖面呈梯形，台芯碎石分层铺筑，外包毛石砌筑，坍塌成石堆状，底径 10 米，高 2.8 米，北侧散落大量碎石呈斜坡状，四周植被多为灌木和杂草。

888. 长梁东山 01 号烽火台 130732353201170888

位于长梁村东北 2.6 千米，坐标：东经 115° 52′ 39.30″，北纬 41° 12′ 15.00″，高程 1938 米。

烽火台平面呈圆形，剖面呈梯形，台芯碎石分层铺筑，外包毛石砌筑，坍塌成石堆状，底径 15 米，高 3.3 米，四周植被多为灌木和杂草。

889. 长梁东山 02 号烽火台 130732353201170889

位于长梁村东北 2.7 千米，坐标：东经 115° 52′ 44.70″，北纬 41° 12′ 25.50″，高程 1914 米。

烽火台平面呈圆形，剖面呈梯形，台芯碎石分层铺筑，外包毛石砌筑，坍塌成石堆状，底径 19.7 米，高 2.4 米，四周植被多为灌木和杂草。

890. 长梁东山 03 号烽火台 130732353201170890

位于长梁村东北 2.9 千米，坐标：东经 115° 52′ 37.30″，北纬 41° 12′ 35.40″，高程 1890 米。

烽火台平面呈圆形，剖面呈梯形，台芯碎石分层铺筑，外包毛石砌筑，坍塌成石堆状，底径 17.5 米，高 3.2 米，四周植被多为灌木和杂草。

891. 长梁东山 04 号烽火台 130732353201170891

位于虎龙沟村东南约 4.2 千米山梁，坐标：东经 115° 52′ 55.20″，北纬 41° 13′ 04.50″，高程 2059 米。

烽火台平面呈矩形，剖面呈梯形，台芯碎石分层铺筑，外包毛石砌筑，坍塌成石堆状，东西宽 7 米，南北长 8 米，高 2.8 米，台体东侧基础大部分利用自然岩体，四周植被多为灌木和杂草。

892. 长梁东山 05 号烽火台 130732353201170892

位于虎龙沟东南 4.1 千米山梁，坐标：东经 115° 53′ 05.80″，北纬 41° 13′ 06.90″，高程 2058 米。

围堡式烽火台，平面呈环形，烽火台居中，周围设置围墙。

烽火台平面呈圆形，剖面呈梯形，台芯碎石分层铺筑，外包毛石砌筑，坍塌成石堆状，底径 8.3 米，顶径 3.5 米，高 4.1 米，南立面存毛石垒砌墙体，长 3 米，高 0.5 ～ 1.2 米，四周设围墙两道，毛石垒砌，现坍塌成石垄状，第二道南侧存高 0.5 米，四周植被多为灌木和杂草。

893. 长梁东山 06 号烽火台 130732353201170893

位于虎龙沟村东南 4.3 千米山梁，坐标：东经 115° 53′ 23.40″，北纬 41° 13′ 29.30″，高程 1990 米。

围堡式烽火台，平面呈环形，烽火台居中，周围设置围墙。

烽火台平面呈圆形，剖面呈梯形，台芯碎石分层铺筑，外包毛石砌筑，坍塌成石堆状，顶径 6.2 米，底径 18 米，高 5.3 米，四周围墙毛石垒砌，北侧残存墙基，墙外存坑洞一处，直径 9 米，深 1.4 米，四周植被多为灌木和杂草。

894. 长梁东山 07 号烽火台 130732353201170894

位于虎龙沟村东南约 4.3 米赤城与沽源县交界山梁，坐标：东经 115° 53′ 40.00″，北纬 41° 13′ 40.60″，高程 2098 米。

烽火台平面呈圆形，剖面呈梯形，台芯碎石分层铺筑，外包毛石砌筑，坍塌成石堆状，顶径 5.2 米，底径 9.5 米，高 4 米，四周植被多为灌木和杂草。

895. 长梁东山 08 号烽火台 130732353201170895

位于虎龙沟村东 5 千米高山顶，坐标：东经 115° 53′ 49.10″，北纬 41° 13′ 55.80″，高程 2179 米。

烽火台平面呈圆形，剖面呈梯形，台芯碎石分层铺筑，外包毛石砌筑，坍塌成石堆状，底径 15.2 米，顶径 7 米，南侧坐于自然岩体之上，保存有部分毛石干垒墙体，长 1.3 米，四周植被多为灌木和杂草。

896. 炭窑东 01 号烽火台 130732353201170896

位于距炭窑村东北约 4.2 千米山顶，坐标：东经 115° 53′ 28.80″，北纬 41° 14′ 22.00″，高程 2061 米。

烽火台平面呈圆形，剖面呈梯形，台芯碎石分层铺筑，外包毛石砌筑，坍塌成石堆状，底径 12.4 米，高 6 米，北侧坍塌成斜坡状，南侧为陡崖，四周植被多为灌木和杂草。

897. 炭窑东 02 号烽火台 130732353201170897

位于炭窑村东北约 4 千米东西走向的山脊上，坐标：东经 115° 53′ 07.50″，北纬 41° 14′ 47.70″，高程 2076 米。

烽火台平面呈圆形，剖面呈梯形，台芯土石分层夯筑，外包毛石砌筑，坍塌成石堆状，底径 21.4 米，顶径 5.7 米，高 5.7 米，台芯分上下两部分，下半部为碎石，上半部为土石混筑，四周散落大量毛石，周边植被多为灌木和杂草。

898. 南厂南 01 号烽火台 130732353201170898

位于赤城县独石口乡炭窑自然村，坐标：东经 115° 53′ 01.10″，北纬 41° 14′ 58.90″，高程 2005 米。

围堡式烽火台，平面呈"回"字形，烽火台居中，四周设置围墙。

烽火台平面呈矩形，剖面呈梯形，台芯土石分层夯筑，外包毛石砌筑，坍塌成堆状，南北宽 17 米，东西长 20 米，高 5 ～ 7 米，顶部为杂草所覆盖。

台体四周设有壕沟和围墙各两道，轮廓清晰，内侧壕沟上宽 2.2 米，下宽 1 米左右，深 0.4 ～ 0.8 米，东西长 26 米，南北宽 22 米；壕沟外侧围墙下宽 3.5 米，上宽 1.6 米，高 0.7 米；东西长 30 米，南北宽 26 米；外侧壕沟上宽 3.5 米，下宽 1.3 米左右，深 0.7 米；南北宽 28 米，东西长 34 米；最外侧围墙下宽 2.4 米，上宽 1.1 米，高 0.2 ～ 0.5 米；东西长 36 米，南北宽 31 米，四周植被多为灌木和杂草。

899. 南厂南 02 号烽火台 130732353201170899

位于赤城县独石口乡炭窑自然村，坐标：东经 115° 52′ 53.40″，北纬 41° 15′ 21.00″，高程 2005 米。

围堡式烽火台，平面呈环形，烽火台居中，周围设置围墙。

烽火台平面呈圆形，剖面呈梯形，台芯土石分层夯筑，外包毛石砌筑，坍塌成石堆状，底部直径 16 米，高 4.5 米，台体南北两侧存有人工在山体上开凿的壕沟一道，壕沟外侧筑围墙，壕沟宽 3.2 米，最深 1.5 米，外侧围墙已坍塌，仅存部分基址，宽 2.5 米，高 0.4 ～ 1.2 米，四周植被多为灌木和杂草。

900. 南厂南 03 号烽火台 130732353201170900

位于沽源县丰源店乡南厂村、西南约 4 千米为赤城县独石口乡炭窑自然村，坐标：东经 115° 52′ 54.00″，北纬 41° 15′ 24.50″，高程 2005 米。

烽火台平面呈圆形，剖面呈梯形，台芯土石分层夯筑，外包毛石砌筑，坍塌成堆状，底径 19 米，高 4.8 米，四周植被多为灌木和杂草。

901. 南厂南 04 号烽火台 130732353201170901

位于沽源县丰源店乡南厂村东北约 3.5 千米，坐标：东经 115° 52′ 29.40″，北纬 41° 15′ 40.60″，高程 1996 米。

烽火台平面呈矩形，剖面呈梯形，台芯土石分层夯筑，外包毛石砌筑，南北长 12.1 米，东西宽 7.3 米，南侧存有部分外包毛石墙体，呈阶梯状，西侧墙体建于山顶石崖之上，东侧墙体存高 8.5 米，东南两侧为高山草甸和林地，向南 120 米接山险，山崖壁立，山险东南为人工石砌墙体，顶宽 1.3 ～ 1.6 米，高 1.3 米，四周植被多为灌木和杂草。

902. 马连口 2 段 1 号敌台 130732352101170902

位于赤城县马营乡马连口村北约 100 米，坐标：东经 115° 33′ 32.50″，北纬 41° 15′ 00.50″，高程 1295 米。

烽火台平面呈矩形，剖面呈梯形，台芯素土分层夯筑，夯层明显，可见 26 层，每层之间夹有草绳，夯层厚 0.15 ～ 0.2 米，外包城砖砌筑，东西长 9.6 米，南北宽 8 米，高 4.7 米，外包砖无存，东面有竖向通裂缝三条，宽 0.09 ～ 0.28 米，西面有竖向通裂缝两条，宽 0.08 ～ 0.18 米，西面存人为挖掘的孔洞一处，深 4.6 米，南面有竖向通裂缝两条，宽 0.05 ～ 0.13 米，顶部杂草滋长，散落少量砖瓦，四周植被多为灌木和杂草。

903. 马连口 2 段 2 号敌台 130732352101170903

位于赤城县马营乡马连口村西北约 200 米，坐标：东经 115° 33′ 16.40″，北纬 40° 14′ 57.10″，高程 1305 米。

烽火台平面呈矩形，剖面呈梯形，台芯素土分层夯筑，夯层明显，可见 27 层，夯层厚 0.06 ～ 0.12 米，东西宽 6.3 米，南北长 7 米，高 4.3 米，内部碎石、土填充，顶部杂草滋长，周边为农田，多种植玉米等农作物。

904. 马连口 2 段 3 号敌台 130732352101170904

位于赤城县马营乡马连口村西北约 500 米，坐标：东经 115° 33′ 10.40″，北纬 41° 14′ 53.10″，高程 1332 米。

烽火台平面呈圆形，剖面呈梯形，台芯碎石分层铺筑，坍塌成堆状，东西长 8.3 米，四周植被多为灌木和杂草。

905. 马连口 2 段 4 号敌台 130732352101170905

位于赤城县马营乡马连口村西北约 800 米，坐标：东经 115° 32′ 58.60″，北纬 41° 14′ 52.40″，高程 1445 米。

烽火台平面呈圆形，立面及剖面呈梯形，台芯土石分层夯筑，外包城砖砌筑。东西长 10.5 米，南北宽 8.9 米，高 5.3 米，现状立面为两段式，下段为条石基础，白灰砌筑，白灰勾缝，露明 3 层，高 0.5 米；上段城砖砌筑，城砖规格：0.38 米 ×0.23 米 ×0.085 米，白灰砌筑，白灰勾缝，尚存包砖高 1.15 米，南立面现存包砖 32 层，高 3.2 米；西立面现存包砖 45 层，高 4.5 米，北立面包砖大部分缺失，台体上部设施无存，台芯裸露，土石分层夯筑，夯层厚 0.18 米；南立面存有人为挖掘的孔洞一处，宽 0.8 米，深 2.2 米，高 1.9 米；西面有竖向通裂缝 5 条，宽 0.09～0.18 米，西立面存有人为挖掘的孔洞一处，宽 1.7 米，深 2.4 米，高 1.9 米，四周植被多为灌木和杂草。

906. 马连口 2 段 5 号敌台 130732352101170906

位于赤城县马营乡马连口村西约 1 千米，坐标：东经 115° 32′ 45.60″，北纬 41° 14′ 50.30″，高程 1376 米。

烽火台平面呈矩形，剖面呈梯形，台芯素土分层夯筑，夯层厚 0.12～0.14 米，东西宽 7.8 米，南北长 8.4 米，高 4.4 米，台芯西立面杂草滋长，东立面存有人为挖掘的孔洞一处，受风雨侵蚀，表面夯土脱落，自上而下形成雨水冲沟数条，四周植被多为灌木和杂草。

907. 马连口 2 段 6 号敌台 130732352101170907

位于赤城县马营乡马连口村西约 1.3 千米，坐标：东经 115° 32′ 39.20″，北纬 41° 14′ 50.10″，高程 1374 米。

烽火台平面呈矩形，剖面呈梯形，台芯素土分层夯筑，夯层厚 0.07～0.12 米，东西长 7.5 米，南北宽 6.7 米，高 4.5 米，东立面上部坍塌，存竖向裂缝 3 条，宽 0.05～0.14 米，南面有竖向通裂缝 4 条，宽 0.05～0.17 米，台体顶部存南北向墙体一段，长约 1.3 米，受风雨侵蚀，表面夯土脱落，自上而下形成雨水冲沟数条，四周植被多为灌木和杂草。

908. 马连口 2 段 7 号敌台 130732352101170908

位于赤城县马营乡马连口村西约 1.5 千米，坐标：东经 115° 32′ 25.80″，北纬 41° 14′ 48.60″，高程 1360 米。

烽火台平面呈矩形，剖面呈梯形，台芯素土分层夯筑，夯层厚 0.13～0.17 米，东西宽 8.43 米，南北长 8.53 米，高 6.33 米，西立面存竖向通裂缝 2 条，宽 0.04～0.11 米，北立面坍塌严重，受风雨侵蚀，表面夯土脱落，自上而下形成雨水冲沟数条，顶部杂草滋长，四周植被多为灌木和杂草。

909. 张家窑村 1 号敌台 130732352101170909

位于崇礼县清三营乡张家窑村东南约 1.3 千米，坐标：东经 115° 32′ 12.40″，北纬 41° 14′ 47.20″，高程 1427 米。

烽火台平面呈矩形，剖面呈梯形，台芯土石分层夯筑，外包毛石砌筑，东西长 7.8 米，南北宽 7 米，高 3.5 米，夯土层厚 0.16 米，河卵石层厚 0.04～0.06 米，南立面存孔洞一处，宽 1.2 米，高 2.1 米，深 1.6 米，东、西、北三面坍塌，呈斜坡状，北侧长有榆树一棵，胸径 0.06 米，四周散落大量毛石，周边植被多为灌木和杂草。

910. 张家窑村 2 号敌台 130732352101170910

位于崇礼县清三营乡张家窑村东南约 1.3 千米，坐标：东经 115° 31′ 57.80″，北纬 41° 14′ 42.00″，高程 1484 米。

烽火台平面呈矩形，剖面呈梯形，台芯碎石分层铺筑，外包毛石砌筑，东西长 10.2 米，南北宽 7.0

米，高 5 米，南侧坍塌成斜坡状，四周植被多为灌木和杂草。

911. 南窑 1 号敌台 130732352101170911

位于崇礼县清三营乡南窑村东南 1.5 千米，坐标：东经 115° 29′ 34.50″，北纬 41° 13′ 24.60″，高程 1676 米。

烽火台平面呈矩形，剖面呈梯形，台芯土石分层夯筑，夯层厚 0.9 ～ 0.16 米，外包城砖砌筑，东西宽 7.14 米，南北长 7.43 米，高 4.7 米，西侧夯土脱落，台芯裸露，西南角坍塌，四周散落少量残砖，宽 0.17 米，厚 0.075 米，四周植被多为灌木和杂草。

912. 南窑村 2 号敌台 130732352101170912

位于崇礼县清三营乡南窑村东南约 1.7 千米，坐标：东经 115° 29′ 12.70″，北纬 41° 13′ 10.10″，高程 1749 米。

烽火台平面呈圆形，剖面呈梯形，台芯碎石分层铺筑，坍塌成石堆状，底径 7.5 米，高 5 米，四周植被多为灌木和杂草。

913. 南窑 3 号敌台 130732352101170913

位于崇礼县清三营乡南窑村东南约 1.9 千米，坐标：东经 115° 29′ 04.20″，北纬 41° 13′ 02.70″，高程 1780 米。

烽火台平面呈圆形，剖面呈梯形，台芯碎石分层铺筑，外包毛石砌筑，坍塌成石堆状，底径 8.2 米，高 6.5 米，南面残存部分外包毛石，高 0.9 ～ 1.3 米，四周植被多为灌木和杂草。

914. 南窑 4 号敌台 130732352101170914

位于崇礼县清三营乡南窑村东南约 2.2 千米，坐标：东经 115° 29′ 01.60″，北纬 41° 12′ 51.60″，高程 1742 米。

烽火台平面呈矩形，剖面呈梯形，台芯碎石分层铺筑，外包毛石砌筑，坍塌成石堆状，东西长 9.4 米，高 4 米，四周植被多为灌木和杂草。

915. 海家窑 1 号敌台 130732352101170915

位于赤城县海家窑村西北约 1.7 千米，坐标：东经 115° 29′ 53.40″，北纬 41° 11′ 28.00″，高程 1580 米。

烽火台平面呈矩形，剖面呈梯形，台芯碎石分层铺筑，外包毛石砌筑，坍塌成石堆状，东西宽 8.5 米，南北长 9 米，高 4.5 米，四周植被多为灌木和杂草。

916. 海家窑 2 号敌台 130732352101170916

位于赤城县海家窑村西 1.5 千米，坐标：东经 115° 29′ 59.60″，北纬 41° 11′ 28.00″，高程 1519 米。

烽火台平面呈矩形，剖面呈梯形，台芯碎石分层铺筑，外包毛石砌筑，坍塌成石堆状，东西宽 9 米，南北长 9.5 米，高 5 米，四周植被多为灌木和杂草。

917. 海家窑 3 号敌台 130732352101170917

位于赤城县海家窑村西南约 1.4 千米，坐标：东经 115° 30′ 11.60″，北纬 41° 11′ 10.50″，高程 1509 米。

烽火台平面呈矩形，剖面呈梯形，台芯碎石分层铺筑，外包毛石砌筑，坍塌成石堆状，南北宽 9 米，东西长 11 米，高 6 米，四周植被多为灌木和杂草。

918. 海家窑 4 号敌台 130732352101170918

位于赤城县海家窑村西南约 1.4 千米，坐标:东经 115° 30′ 19.40″，北纬 41° 11′ 00.20″，高程 1503 米。

烽火台平面呈矩形，剖面呈梯形，台芯碎石分层铺筑，外包城砖砌筑，城砖规格：0.36 米 × 0.17 米 × 0.08 米，东西宽 9.8 米，南北长 10 米，高 6 米，坍塌成堆状，台顶可见夯土，厚 0.65 米，西侧距长城主线 2.7 米，四周散落少量碎砖瓦，四周植被多为灌木和杂草。

919. 庄科村 1 号敌台 130732352101170919

位于崇礼县清三营乡庄科村东北约 3 千米，坐标：东经 115° 30′ 45.90″，北纬 41° 09′ 14.00″，高程 1317 米。

烽火台平面呈矩形，剖面呈梯形，台芯土石分层夯筑，夯层厚 0.1 ～ 0.15 米，河卵石层厚 0.04 ～ 0.08 米，外包城砖砌筑，东西宽 6.5 米，南北长 7 米，高 6.5 米，西面有竖向通裂缝两条，宽 0.08 ～ 0.16 米，西立面存孔洞一处，宽 0.6 米，高 1.2 米，深 0.4 米，受风雨侵蚀，表面夯土脱落，自上而下形成雨水冲沟数条，台体东侧为灌溉水渠，西侧为乡间土路，周边为农田，多种植玉米等农作物。

920. 庄科村 2 号敌台 130732352101170920

位于崇礼县清三营乡庄科村东北约 3 千米，坐标：东经 115° 30′ 58.20″，北纬 41° 08′ 55.70″，高程 1311 米。

烽火台平面呈矩形，剖面呈梯形，台芯素土分层夯筑，外包城砖砌筑，夯层厚 0.08 ～ 0.13 米，东西宽 6.5 米，南北长 8.3 米，高 4 米，受风雨侵蚀，表面夯土脱落，自上而下形成雨水冲沟数条，顶部杂草滋长，东侧长有榆树一棵，胸径 0.11 米，四周植被多为灌木和杂草。

921. 棋盘垴村 1 号敌台 130732352101170921

位于崇礼县马丈子乡棋盘垴村东北约 2.1 千米，坐标：东经 115° 29′ 03.70″，北纬 40° 56′ 24.20″，高程 1794 米。

烽火台平面呈矩形，剖面呈梯形，台芯碎石分层铺筑，外包毛石砌筑，坍塌成堆状，东西长 5.3 米，南北宽 5.1 米，高 1.2 米，外包毛石厚 1.1 米，四周植被多为灌木和杂草。

922. 桦林东 1 号敌台 130732352101170922

位于崇礼县马丈子乡桦林东村东约 600 米，坐标：东经 115° 29′ 42.70″，北纬 40° 54′ 38.30″，高程 1763 米。

烽火台平面呈矩形，剖面呈梯形，台芯碎石分层铺筑，外包毛石砌筑，坍塌成堆状，东西长 6 米，南北宽 3 米，高 1.5 米，四周植被多为灌木和杂草。

923. 桦林东 2 号敌台 130732352101170923

位于崇礼县马丈子乡桦林东村东南约 700 米，坐标：东经 115° 29′ 34.20″，北纬 40° 54′ 24.20″，高程 1834 米。

烽火台平面呈矩形，剖面呈梯形，台芯土石分层夯筑，外包城砖砌筑，坍塌成堆状，东西宽 7 米，南北长 8 米，高 4.5 米，南侧高 3.5 米，东南侧存外包毛石，长 2 米，高 1 米，四周散落少量碎砖，东、西、北三面为杨树林，南面为草甸。

924. 桦林东 3 号敌台 130732352101170924

位于崇礼县马丈子乡桦林东村东南约 700 米，坐标：东经 115° 29′ 26.20″，北纬 40° 54′ 12.60″，高程 1888 米。

烽火台平面呈矩形，剖面呈梯形，台芯碎石分层铺筑，外包城砖砌筑，坍塌成堆状，东西宽 5 米，南北长 5.2 米，高 3 米，西南角坍塌，四周散落少量碎砖，砖宽 0.2 米，厚 0.08 米，四周植被多为灌木和杂草。

925. 马连口 2 段 1 号烽火台 130732353201170925

位于赤城县马营乡马连口村东北约 100 米，坐标：东经 115° 33′ 26.40″，北纬 41° 14′ 56.60″，高程 1296 米。

围堡式烽火台，平面呈"回"字形，烽火台居中，四周设置围墙。

烽火台平面呈矩形，剖面呈梯形，台芯素土分层夯筑，夯层厚 0.05～0.11 米，外包城砖砌筑，东西长 8 米，高 3 米，西立面南侧存一滑塌体，长 1.8 米，高 2.1 米，厚 0.5 米，四周围墙素土分层夯筑，夯层厚 0.06～0.1 米，周长 132 米，西侧墙体长 16.5 米，厚 1.4 米，高 2.5～3 米，受风雨侵蚀，表面夯土脱落，自上而下形成雨水冲沟数条，周边为农田，多种植玉米等农作物。

926. 马连口 2 段 2 号烽火台 130732353201170926

位于赤城县马营乡马连口村西北 500 米，坐标：东经 115° 33′ 00.10″，北纬 41° 14′ 47.80″，高程 1448 米。

围堡式烽火台，总体布局为"回"字形，烽火台居中，四周设置围墙。

烽火台平面呈矩形，剖面呈梯形，台芯土石分层夯筑，夯层厚 0.1 米，外包毛石砌筑，坍塌成堆状，南北宽 7 米，东西长 7.5 米，高 5 米，底部东西宽 8.8 米，南北长 10 米，四周围墙毛石垒砌，西围墙距台体 11.9 米，高 3.2 米，厚 1.4 米，北围墙距台体 12.62 米，高 1.5 米，东、南两面围墙无存，烽火台北距长城主线约 60 米，四周植被多为灌木和杂草。

927. 马连口 2 段 3 号烽火台 130732353201170927

位于赤城县马营乡马连口村西约 1 千米，坐标：东经 115° 31′ 48.00″，北纬 41° 14′ 40.90″，高程 1551 米。

烽火台平面呈圆形，剖面呈梯形，台芯碎石分层铺筑，外包毛石砌筑，坍塌成堆状，底径 11.5 米，高 6 米，四周植被多为灌木和杂草。

928. 马连口 2 段 4 号烽火台 130732353201170928

位于赤城县马营乡马连口村西 2 千米，坐标：东经 115° 31′ 38.20″，北纬 41° 14′ 38.70″，高程 1510 米。

烽火台平面呈矩形，剖面呈梯形，台芯碎石分层铺筑，外包毛石砌筑，坍塌成石堆状，东西长 11 米，南北宽 8 米，高 5.5 米，东侧存有外包毛石墙体，长 2.3 米，高 1.6 米，四周散落大量碎石，周边植被多为灌木和杂草。

929. 马连口 2 段 5 号烽火台 130732353201170929

位于赤城县马营乡马连口村西约 2.3 千米，坐标：东经 115° 31′ 20.90″，北纬 41° 14′ 34.00″，高程

1413 米。

烽火台平面呈矩形，剖面呈梯形，台芯素土分层夯筑，夯层厚 0.07 ～ 0.1 米，外包城砖砌筑，南北长 8.7 米，东西长 8.5 米，高 8.4 米，东、西立面北侧坍塌，四面外包城砖无存，北面有竖向通裂缝 4 条，宽 0.08 ～ 0.19 米，受风雨侵蚀，表面夯土脱落，自上而下形成雨水冲沟数条，顶部杂草滋长，四周为草甸。

930. 张家窑 1 号烽火台 130732353201170930

位于崇礼县清三营乡张家窑村西约 1.5 千米，坐标：东经 115° 31′ 01.80″，北纬 41° 14′ 31.10″，高程 1514 米。

烽火台平面呈矩形，剖面呈梯形，台芯碎石分层铺筑，外包毛石砌筑，坍塌成堆状，南北长 12 米，东西宽 9 米，高 5.8 米，西侧存外包毛石墙体，长 3.8 米，高 3.3 米，四周植被多为灌木和杂草。

931. 张家窑 2 号烽火台 130732353201170931

位于崇礼县清三营乡张家窑村西约 2.1 千米，坐标：东经 115° 30′ 54.30″，北纬 41° 14′ 28.50″，高程 1565 米。

烽火台平面呈矩形，剖面呈梯形，台芯碎石分层铺筑，外包毛石砌筑，坍塌成堆状，南北长 11 米，东西宽 7 米，高 4.5 米，四周植被多为灌木和杂草。

932. 南窑 1 号烽火台 130732353201170932

位于崇礼县清三营乡南窑村东北约 2.2 千米，坐标：东经 115° 30′ 31.10″，北纬 41° 14′ 23.10″，高程 1579 米。

烽火台平面呈矩形，剖面呈梯形，台芯碎石分层铺筑，外包毛石砌筑，坍塌成堆状，南北长 11 米，东西宽 10 米，高 5.5 米，四周植被多为灌木和杂草。

933. 南窑 2 号烽火台 130732353201170933

位于崇礼县清三营乡南窑村东北 1.8 千米，坐标：东经 115° 30′ 15.80″，北纬 41° 14′ 13.70″，高程 1652 米。

烽火台平面呈矩形，剖面呈梯形，台芯碎石分层铺筑，外包毛石砌筑，坍塌成堆状，东西长 12 米，南北宽 10 米，高 4.2 米；台体北侧约 3 米存连续石墙三道，厚 3 米，第一道高 2 米，第二道高 1.5 米，第三道高 0.8 米，四周植被多为灌木和杂草。

934. 南窑 3 号烽火台 130732353201170934

位于崇礼县清三营乡南窑村东约 1.5 千米，坐标：东经 115° 30′ 05.70″，北纬 41° 13′ 57.00″，高程 1654 米。

烽火台平面呈矩形，剖面呈梯形，台芯碎石分层铺筑，外包毛石砌筑，坍塌成堆状，东西宽 8 米，南北长 10 米，高 5 米，四周植被多为灌木和杂草。

935. 南窑 4 号烽火台 130732353201170935

位于崇礼县清三营乡南窑村东南约 1.3 千米，坐标：东经 115° 29′ 49.60″，北纬 41° 13′ 45.40″，高程 1696 米。

烽火台平面呈矩形，剖面呈梯形，台芯碎石分层铺筑，外包毛石砌筑，坍塌成堆状，东西长 11 米，南北宽 10 米，高 5 米，台体北侧下方为高台，台下为壕沟，四周植被多为灌木和杂草。

936. 南窑 5 号烽火台 130732353201170936

位于崇礼县清三营乡南窑村东南约 1.3 千米，坐标：东经 115° 29′ 40.40″，北纬 41° 13′ 35.70″，高程 1651 米。

烽火台平面呈矩形，剖面呈梯形，台芯碎石分层铺筑，外包毛石砌筑，坍塌成堆状，东西宽 7 米，南北长 8 米，高 4 米，四周植被多为灌木和杂草。

937. 南窑 6 号烽火台 130732353201170937

位于崇礼县清三营乡南窑村东南约 1.7 千米，坐标：东经 115° 29′ 23.10″，北纬 41° 13′ 11.90″，高程 1713 米。

烽火台平面呈圆形，剖面呈梯形，台芯碎石分层铺筑，外包毛石砌筑，坍塌成堆状，底径 8 米，高 6 米，四周植被多为灌木和杂草。

938. 南窑 7 号烽火台 130732353201170938

位于崇礼县清三营乡南窑村南约 2.5 千米，坐标：东经 115° 28′ 56.70″，北纬 41° 12′ 44.40″，高程 1850 米。

烽火台平面呈圆形，剖面呈梯形，台芯碎石分层铺筑，外包毛石砌筑，坍塌成堆状，底径 8.5 米，高 3.4 米，四周植被多为灌木和杂草。

939. 海家窑 1 号烽火台 130732353201170939

位于赤城县马营乡海家窑村西北约 3 千米，坐标：东经 115° 29′ 09.90″，北纬 41° 12′ 28.80″，高程 1737 米。

烽火台平面呈圆形，剖面呈梯形，台芯土石分层夯筑，外包毛石砌筑，台体建于自然岩石上，高 0.73 米，台体通高 5.8 米，距离地表 1.5 米处，存柏木质夹木筋一层，直径 0.08 米，东西两侧坍塌成斜坡状，四周散落大量毛石，四周植被多为灌木和杂草。

940. 海家窑 2 号烽火台 130732353201170940

位于赤城县马营乡海家窑村西北约 2.8 千米，坐标：东经 115° 29′ 29.90″，北纬 41° 12′ 23.90″，高程 1838 米。

烽火台平面呈圆形，剖面呈梯形，台芯碎石分层铺筑，外包毛石砌筑，坍塌成堆状，底径 8.6 米，高 3.1 米，四周植被多为灌木和杂草。

941. 海家窑 3 号烽火台 130732353201170941

位于赤城县马营乡海家窑村西北约 2 千米，坐标：东经 115° 29′ 51.10″，北纬 41° 11′ 58.60″，高程 1595 米。

烽火台平面呈矩形，剖面呈梯形，台芯碎石分层铺筑，外包毛石砌筑，坍塌成堆状，东西长 13 米，南北宽 12 米，高 6 米，顶部有小石堆，高 0.9 米，四周植被多为灌木和杂草。

942. 海家窑 4 号烽火台 130732353201170942

位于赤城县马营乡海家窑村西南约 1.4 千米，坐标：东经 115° 30′ 33.20″，北纬 41° 10′ 49.20″，高程 1505 米。

烽火台平面呈矩形，剖面呈梯形，台芯土石分层夯筑，外包毛石砌筑，坍塌成堆状，东西长 11 米，南北宽 11 米，高 6.5 米，南、西、北三面坍塌成斜坡状，东立面存弧形外包毛石墙体，长 9.1 米，高 1.5 ～ 2.2 米，北面局部残存外包毛石墙体，石质为粗砂岩，台体四周 2 米设围墙，高 0.8 米，四周植被多为灌木和杂草。

943. 海家窑 5 号烽火台 130732353201170943

位于赤城县马营乡海家窑村西南约 1.9 千米，坐标：东经 115° 30′ 41.40″，北纬 41° 10′ 28.90″，高程 1449 米。

围堡式烽火台，平面呈"回"字形，烽火台居中，四周设置围墙。

烽火台平面呈矩形，剖面呈梯形，台芯碎石分层铺筑，外包毛石砌筑，坍塌成堆状，东西长 9 米，南北宽 9 米，高 4.5 米，西侧围墙素土分层夯筑，高 5.5 米，东侧为毛石垒砌，距西墙 17 米，四周植被多为灌木和杂草。

944. 海家窑 6 号烽火台 130732353201170944

位于赤城县马营乡海家窑村西南约 2.5 千米，坐标：东经 115° 30′ 44.80″，北纬 41° 10′ 05.50″，高程 1449 米。

烽火台平面呈圆形，剖面呈梯形，台芯土石分层夯筑，夯层厚 0.08 ～ 0.1 米，外包毛石砌筑，坍塌成堆状，宽 1.2 米，高 3.35 米，四周散落少量毛石，顶部杂草滋长，周边植被多为灌木和杂草。

945. 海家窑 7 号烽火台 130732353201170945

位于赤城县海家窑村东约 1.6 千米，坐标：东经 115° 31′ 46.50″，北纬 41° 10′ 38.30″，高程 1300 米。

围堡式烽火台，平面呈"回"字形，烽火台居中，四周设置围墙。

烽火台平面呈矩形，剖面呈梯形，台芯素土分层夯筑，外包城砖砌筑，夯层清晰，厚 0.06 ～ 0.1 米，东西宽 8.5 米，南北长 9.5 米，高 7 米，外包城砖缺失，西立面中部有竖向通裂缝一条，宽 0.15 ～ 0.3 米。

围墙素土分层夯筑，周长 77 米，东墙距台体 13 米，西墙距台体 8 米，北墙距台体 7 米，高 1.5 ～ 3.2 米，周边为农田，多种植玉米等农作物。

946. 四方东 1 号烽火台 130732353201170946

位于赤城县马营乡四方东村西约 1 千米，坐标：东经 115° 30′ 39.80″，北纬 41° 09′ 37.60″，高程 1499 米。

烽火台平面呈矩形，剖面呈梯形，台芯碎石分层铺筑，外包城砖砌筑，东西宽 9 米，南北长 10 米，高 5.5 米，四周植被多为灌木和杂草。

947. 四方东 2 号烽火台 130732353201170947

位于赤城县马营乡四方东村西南约 1 千米，坐标：东经 115° 30′ 43.30″，北纬 41° 09′ 23.10″，高程 1361 米。

烽火台平面呈矩形，剖面呈梯形，台芯素土分层夯筑，夯层厚 0.07 ～ 0.13 米，外包城砖砌筑，东西宽 7 米，南北长 7.5 米，高 5.5 米，外包砖缺失，四周散落少量碎砖，砖宽 0.18 米，厚 0.09 米，受风雨侵蚀，表面夯土脱落，自上而下形成雨水冲沟数条，周边植被多为灌木和杂草。

948. 四方东 3 号烽火台 130732353201170948

位于赤城县马营乡四方东村西南约 1.1 千米，坐标：东经 115° 30′ 53.90″，北纬 40° 09′ 08.10″，高程

1311 米，围堡式烽火台，总体布局为"回"字形，四周设置围墙。

烽火台平面呈矩形，剖面呈梯形，台芯素土分层夯筑，夯层厚 0.16 米，东西宽 8.3 米，南北长 9.5 米，高 5.5 米，存裂缝，宽 0.1～0.15 米，受风雨侵蚀，表面夯土脱落，自上而下形成雨水冲沟数条。

围墙周长 104 米，东墙距台体 10 米，南墙距台体 14 米，西墙距台体 17 米，北墙距台体 12 米，高 2.6 米，厚 2.5 米，四周为农田，多种植玉米等农作物。

949. 四方东 4 号烽火台 130732353201170949

位于赤城县马营乡四方东村西南约 1.1 千米，坐标：东经 115° 30′ 58.40″，北纬 41° 08′ 58.30″，高程 1313 米。

围堡式烽火台，四周设置围墙，烽火台位于西墙中部。

烽火台平面呈矩形，剖面呈梯形，台芯素土分层夯筑，夯层厚 0.1 米，外包城砖砌筑，东西宽 6 米，南北长 9 米，高 4 米。

围墙周长 161 米，东墙辟门，宽 4.9 米，西墙外高 1.7 米，顶宽 1 米，南墙外高 2 米，宽 0.7 米，内高 2.5 米，东墙外高 2.8 米，宽 0.7 米，内高 3 米，北墙与西墙相同。

围墙内存建筑基址，遗址范围地面植物泛黄，东西长 16 米，南北宽 7 米，距西墙 12.76 米，距南墙 11.96 米，距东墙 5.6 米，距北墙 8.7 米，周边为农田，多种植玉米等农作物。

950. 里界墙 1 号烽火台 130732353201170950

位于赤城县马营乡里界墙村西北约 500 米，坐标：东经 115° 31′ 02.50″，北纬 41° 08′ 45.60″，高程 1378 米。

烽火台平面呈矩形，剖面呈梯形，台芯素土分层夯筑，外包城砖砌筑，夯层厚 0.12～0.2 米，东西长 6 米，南北宽 5 米，高 4 米，东立面上部土体外闪，长 2.8 米，高 3.2 米，厚 1.1 米，受风雨侵蚀，表面夯土脱落，自上而下形成雨水冲沟数条，四周植被多为灌木和杂草。

951. 里界墙 2 号烽火台 130732353201170951

位于赤城县马营乡里界墙村西南约 500 米，坐标：东经 115° 31′ 08.10″，北纬 41° 08′ 33.30″，高程 1430 米。

烽火台平面呈圆形，剖面呈梯形，台芯碎石分层铺筑，外包毛石砌筑，坍塌成堆状，底径 15 米，高 6 米，东南角顶部长有山杏树一棵，胸径 0.02 米，顶部有水泥方桩一个，东西侧刻有"护林有责"字迹，四周植被多为灌木和杂草。

952. 里界墙 3 号烽火台 130732353201170952

位于赤城县马营乡里界墙村西南约 500 米，坐标：东经 115° 31′ 21.60″，北纬 41° 08′ 15.30″，高程 1428 米。

烽火台平面呈圆形，剖面呈梯形，台芯素土分层夯筑，夯层厚 0.06～0.13 米，外包城砖砌筑，边长 8.5 米，高 7 米，包砖无存，四面存矩形凹龛，受风雨侵蚀，表面夯土脱落，自上而下形成雨水冲沟数条，四周为草甸。

953. 里界墙 4 号烽火台 130732353201170953

位于赤城县马营乡里界墙村南约 1.1 千米，坐标：东经 115° 31′ 30.10″，北纬 41° 07′ 56.80″，高程 1512 米。

围堡式烽火台，平面呈环形，烽火台居中，周围设置围墙。

烽火台平面呈圆形，剖面呈梯形，台芯土石分层夯筑，外包毛石砌筑，坍塌成堆状，底径 11 米，高 5.8 米。

围墙长 77 米，西北角距台体 16 米，东北角距台体 15 米，东南角距台体 13 米，西南角距台体 11 米，存高 0.5 ～ 1.2 米，四周为草甸。

954. 二道垴 1 号烽火台 130732353201170954

位于赤城县马营乡二道垴村西约 1 千米，坐标：东经 115° 31′ 09.20″，北纬 41° 07′ 36.20″，高程 1479 米。

烽火台平面呈圆形，剖面呈梯形，台芯碎石分层铺筑，外包毛石砌筑，坍塌成堆状，底径 13 米，高 5 米，四周为草甸。

955. 二道垴 2 号烽火台 130732353201170955

位于赤城县马营乡二道垴村西南约 1.8 千米，坐标：东经 115° 30′ 38.50″，北纬 41° 07′ 19.60″，高程 1578 米。

烽火台平面呈圆形，剖面呈梯形，台芯碎石分层铺筑，外包毛石砌筑，坍塌堆状，底径 13 米，高 4.5 米，四周植被多为灌木和杂草。

956. 二道垴 3 号烽火台 130732353201170956

位于赤城县马营乡二道垴村西南约 1.9 千米，坐标：东经 115° 30′ 52.10″，北纬 41° 06′ 55.40″，高程 1656 米。

烽火台平面呈圆形，剖面呈梯形，台芯碎石分层铺筑，外包毛石砌筑，坍塌成堆状，底径 12 米，高 5 米，四周为草甸。

957. 二道垴 4 号烽火台 130732353201170957

位于赤城县马营乡二道垴村西南约 2 千米，坐标：东经 115° 30′ 33.60″，北纬 41° 06′ 57.80″，高程 1650 米。

烽火台平面呈矩形，剖面呈梯形，台芯碎石分层铺筑，外包毛石砌筑，坍塌成堆状，长 7.5 米，宽 7 米，高 1.2 米，东侧山坡存壕沟 3 道，宽 1.4 ～ 1.5 米，深 0.8 ～ 1.2 米，四周植被多为灌木和杂草。

958. 里窑沟 1 号烽火台 130732353201170958

位于崇礼县清三营乡里窑沟村东南约 2 千米，坐标：东经 115° 30′ 30.10″，北纬 41° 06′ 49.00″，高程 1621 米。

烽火台平面呈圆形，剖面呈梯形，台芯碎石分层铺筑，外包毛石砌筑，坍塌成堆状，底径 10 米，高 5 米，四周植被多为灌木和杂草。

959. 青虎沟 7 号烽火台 130732353201170959

位于崇礼县白旗乡青虎沟村东约 2.5 千米，坐标：东经 115° 29′ 32.80″，北纬 41° 04′ 59.90″，高程

1911 米。

烽火台平面呈圆形，剖面呈梯形，台芯碎石分层铺筑，外包毛石砌筑，坍塌成堆状，底径 9 米，高 4 米，四周植被多为灌木和杂草。

960. 青虎沟 8 号烽火台 130732353201170960

位于崇礼县白旗乡青虎沟村东约 2.7 千米，坐标：东经 115° 29′ 39.80″，北纬 41° 04′ 50.60″，高程 1895 米。

烽火台平面呈圆形，剖面呈梯形，台芯碎石分层铺筑，外包毛石砌筑，坍塌成堆状，底径 12 米，高 7 米，东侧为山崖，西侧为山坡，四周植被多为灌木和杂草。

961. 青虎沟 9 号烽火台 130732353201170961

位于崇礼县白旗乡青虎沟村东约 2.7 千米，坐标：东经 115° 29′ 39.20″，北纬 41° 04′ 34.60″，高程 1932 米。

烽火台平面呈圆形，剖面呈梯形，台芯碎石分层铺筑，外包毛石砌筑，坍塌成堆状，底径 9 米，高 3.5 米，四周植被多为灌木和杂草。

962. 青虎沟 10 号烽火台 130732353201170962

位于崇礼县白旗乡青虎沟村东南约 3.2 千米，坐标：东经 115° 29′ 56.00″，北纬 41° 04′ 22.70″，高程 1791 米。

烽火台平面呈圆形，剖面呈梯形，台芯碎石分层铺筑，外包毛石砌筑，坍塌成堆状，底径 14 米，顶径 6 米，高 7 米，西侧存外包毛石墙体，长 5.67 米，四周植被多为灌木和杂草。

963. 青虎沟 11 号烽火台 130732353201170963

位于崇礼县白旗乡青虎沟村东南约 3.8 千米，坐标：东经 115° 30′ 14.30″，北纬 41° 04′ 02.30″，高程 1818 米。

烽火台平面呈圆形，剖面呈梯形，台芯碎石分层铺筑，外包毛石砌筑，坍塌成堆状，底径 12 米，高 6 米，北侧存围墙两道，毛石垒砌，南侧距山崖 10 米，四周植被多为灌木和杂草。

964. 四东沟 7 号烽火台 130732353201170964

位于赤城县镇宁堡乡四东沟村西 2 千米，坐标：东经 115° 30′ 15.80″，北纬 41° 03′ 41.20″，高程 1809 米。

烽火台平面呈矩形，剖面呈梯形，台芯碎石分层铺筑，外包毛石砌筑，坍塌成堆状，南北长 9 米，高 4 米，南侧为山崖，北距长城主线 10 米，西距长城主线 30 米，四周植被多为灌木和杂草。

965. 四东沟 2 号烽火台 130732353201170965

位于赤城县镇宁堡乡四东沟村西约 2.1 千米，坐标：东经 115° 29′ 58.40″，北纬 41° 03′ 29.80″，高程 1816 米。

烽火台平面呈圆形，剖面呈梯形，台芯碎石分层铺筑，外包毛石砌筑，坍塌成堆状，底径 13 米，高 5 米，台体西侧为长城主线，南距 27 米，西距 31 米，主线墙体在此转折，折点处呈直角状，四周植被多为灌木和杂草。

966. 四东沟 3 号烽火台 130732353201170966

位于赤城县镇宁堡乡四东沟村西约 2.1 千米，坐标：东经 115° 30′ 05.90″，北纬 41° 03′ 15.30″，高程 1787 米。

围堡式烽火台，平面呈"回"字形，烽火台居中，四周设置围墙。

烽火台平面呈矩形，剖面呈梯形，台芯碎石分层铺筑，外包毛石砌筑，坍塌成堆状，南北长 9 米，高 5 米，台体距长城主线 14 米。

台体四周设土围墙 3 道，北墙距长城主线 7.6 米，第一道围墙距台体底边 4 米，第二道距第一道 3 米，四周植被多为灌木和杂草。

967. 四东沟 4 号烽火台 130732353201170967

位于赤城县镇宁堡乡四东沟村西南约 2.1 千米，坐标：东经 115° 30′ 04.10″，北纬 41° 03′ 05.70″，高程 1736 米。

围堡式烽火台，平面呈环形，烽火台居中，周围设置围墙。

烽火台平面呈圆形，剖面呈梯形，台芯碎石分层铺筑，外包毛石砌筑，坍塌成堆状，底径 12 米，高 4 米，顶部存毛石垒砌的圈墙，直径 7.8 米，高 1.2 米。

台体四周设围墙两道，宽 1 米，第一道围墙距台体 8.8 米，第一道围墙距第二道围墙 4 米，四周植被多为灌木和杂草。

968. 大边 1 号烽火台 130732353201170968

位于赤城县镇宁堡乡大边村西北约 1 千米，坐标：东经 115° 29′ 51.70″，北纬 41° 02′ 56.10″，高程 1704 米。

围堡式烽火台，平面呈"回"字形，烽火台居中，四周设置围墙。

烽火台平面呈矩形，剖面呈梯形，台芯碎石分层铺筑，外包毛石砌筑，坍塌成堆状，底径 12 米，高 5 米，顶部有三个测绘水泥方桩。

台体北侧设围墙，碎石垒砌而成三道，北墙与长城主线相接，四周植被多为灌木和杂草。

969. 大边 2 号烽火台 130732353201170969

位于赤城县镇宁堡乡大边村西北约 1 千米，坐标：东经 115° 29′ 50.20″，北纬 41° 02′ 45.10″，高程 1689 米。

围堡式烽火台，平面呈"回"字形，烽火台居中，四周设置围墙。

烽火台平面呈矩形，剖面呈梯形，台芯碎石分层铺筑，外包毛石砌筑，坍塌成堆状，东西长 12 米，高 6 米，顶部存毛石垒砌的圈墙，直径 8.5 米，深 1.2 米。

台体北侧设围墙，碎石垒砌而成，内圈墙体南距台体 11 米，四周植被多为灌木和杂草。

970. 大边 3 号烽火台 130732353201170970

位于赤城县镇宁堡乡大边村西约 1.5 千米，坐标：东经 115° 29′ 31.70″，北纬 41° 02′ 38.10″，高程 1657 米。

烽火台平面呈矩形，剖面呈梯形，台芯碎石分层铺筑，外包城砖砌筑，坍塌成堆状，台体底径 13

米，高 5.5 米，台芯东西宽 5.8 米，南北长 7.3 米，高 0.7 米，外围设壕沟一道，宽 3 米，深 1 米，四周散落少量碎砖，北距长城主线 18.5 米，四周植被多为灌木和杂草。

971. 大边 4 号烽火台 130732353201170971

位于赤城县镇宁堡乡大边村西约 1.8 千米，坐标：东经 115° 29′ 16.90″，北纬 41° 02′ 25.40″，高程 1722 米。

围堡式烽火台，平面呈"回"字形，烽火台居中，四周设置围墙。

烽火台平面呈矩形，剖面呈梯形，台芯碎石分层铺筑，外包城砖砌筑，坍塌成堆状，东西长 12 米，高 5.8 米，残存部分外包砖，高 1.1 米，砖宽 0.17 米，厚 0.085 米。

台体四周设围墙两道，西墙距长城主线 5 米，底部发现小半块刻画棋盘纹饰砖和磨砖制成的圆球，砖厚 0.075 米，球径 0.06 米，四周植被多为灌木和杂草。

972. 大边 5 号烽火台 130732353201170972

位于赤城县镇宁堡乡大边村西约 2 千米，坐标：东经 115° 29′ 17.00″，北纬 41° 02′ 19.40″，高程 1769 米。

烽火台平面呈矩形，剖面呈梯形，台芯碎石分层铺筑，外包毛石砌筑，坍塌成堆状，东西长 12 米，南北宽 12 米，高 6 米，顶径 3 米，四周植被多为灌木和杂草。

973. 边墙底 1 号烽火台 130732353201170973

位于崇礼县白旗乡边墙底村东北约 1.5 千米，坐标：东经 115° 29′ 09.80″，北纬 41° 02′ 01.10″，高程 1823 米。

围堡式烽火台，平面呈环形，烽火台居中，周围设置围墙。

烽火台平面呈圆形，剖面呈梯形，台芯碎石分层铺筑，外包毛石砌筑，坍塌成堆状，底径 10 米，南侧高 3 米，北侧高 5 米。

台体周圈设围墙两道，东、西、北三面存基址，西墙与长城主线相接，四周植被多为灌木和杂草。

974. 边墙底 2 号烽火台 130732353201170974

位于崇礼县白旗乡边墙底村东北约 1.5 千米，坐标：东经 115° 29′ 05.00″，北纬 41° 01′ 55.00″，高程 1829 米。

烽火台平面呈圆形，剖面呈梯形，台芯碎石分层铺筑，外包毛石砌筑，坍塌成堆状，底径 12 米，高 7 米，西北侧存壕沟一道，距长城主线 4 米，四周植被多为灌木和杂草。

975. 边墙底 3 号烽火台 130732353201170975

位于崇礼县白旗乡边墙底村东北约 1.5 千米，坐标：东经 115° 29′ 00.00″，北纬 41° 01′ 51.70″，高程 1811 米。

烽火台平面呈圆形，剖面呈梯形，台芯碎石分层铺筑，外包毛石砌筑，坍塌成堆状，底径 9 米，高 4.5 米，周围设壕沟三道，东侧为山崖，四周植被多为灌木和杂草。

976. 边墙底 4 号烽火台 130732353201170976

位于崇礼县白旗乡边墙底村东北约 1.5 千米，坐标：东经 115° 29′ 04.90″，北纬 41° 01′ 38.30″，高程

1875 米。

围堡式烽火台，平面呈环形，烽火台居中，周围设置围墙。

烽火台平面呈圆形，剖面呈梯形，台芯碎石分层铺筑，外包毛石砌筑，坍塌成堆状，底径 8 米，高 4 米。

台体周圈设围墙，高 0.5 米，西距长城主线 15 米，南距长城主线 50 米，西墙北段存毛石垒砌的矩形石圈，东西长 13.74 米，南北宽 9.3 米，北墙高 2.5 米，石圈西南 10 米存一个小石圈，南北长 3.3 米，东西宽 2.9 米，高 0.2～0.7 米，东墙北侧设门，宽 1.8 米，北侧遍植桦树。

977. 边墙底 5 号烽火台 130732353201170977

位于崇礼县白旗乡边墙底村东约 1.7 千米，坐标：东经 115° 29′ 13.70″，北纬 41° 01′ 28.50″，高程 1860 米。

烽火台平面呈圆形，剖面呈梯形，台芯碎石分层铺筑，外包毛石砌筑，坍塌成堆状，底径 9 米，高 5 米，西侧存壕沟，四周植被多为灌木和杂草。

978. 边墙底 6 号烽火台 130732353201170978

位于崇礼县白旗乡边墙底村东南约 1.6 千米，坐标：东经 115° 29′ 21.40″，北纬 41° 01′ 18.30″，高程 1861 米。

烽火台平面呈圆形，剖面呈梯形，台芯碎石分层铺筑，外包毛石砌筑，坍塌成堆状，底径 11 米，高 5 米，周围设壕沟两道，四周植被多为灌木和杂草。

979. 边墙底 7 号烽火台 130732353201170979

位于崇礼县白旗乡边墙底村东约 1.8 千米，坐标：东经 115° 29′ 12.60″，北纬 41° 01′ 00.70″，高程 1852 米。

围堡式烽火台，平面呈环形，烽火台居中，周围设置围墙。

烽火台平面呈圆形，剖面呈梯形，台芯碎石分层铺筑，外包毛石砌筑，坍塌成堆状，底径 6 米，高 3.5 米，台体下设台基。

台体周围设围墙两道，毛石垒砌，第一道距台体 2.5 米，内存房屋基址，墙厚 0.7 米，第一道距第二道 3 米，东南角与西南角存石墙，长 5 米，厚 1.1 米，东临山崖，西侧距主墙体约 40 米，四周散落少量碎砖，四周植被多为灌木和杂草。

980. 边墙底 8 号烽火台 130732353201170980

位于崇礼县白旗乡边墙底村东南约 1.5 千米，坐标：东经 115° 28′ 57.60″，北纬 41° 00′ 50.00″，高程 1891 米。

烽火台平面呈圆形，剖面呈梯形，台芯碎石分层铺筑，外包毛石砌筑，坍塌成堆状，底部东西宽 8.2 米，南北长 9 米，顶部东西宽 4.2 米，南北长 6.6 米，高 4 米，北侧存外包毛石墙体，长 2.1 米，高 0.9 米，四周植被多为灌木和杂草。

981. 边墙底 9 号烽火台 130732353201170981

位于崇礼县白旗乡边墙底村东南约 2.2 千米，坐标：东经 115° 29′ 00.70″，北纬 41° 00′ 34.20″，高程

1937 米。

烽火台平面呈圆形，剖面呈梯形，台芯碎石分层铺筑，外包毛石砌筑，坍塌成堆状，底径 8 米，西侧高 3.5 米，长城主线由台体北侧的桦树林穿过，东侧为陡坡，南侧存毛石垒砌墙体，长 2.8 米，高 1.5 米，四周植被多为灌木和杂草。

982. 边墙底 10 号烽火台 130732353201170982

位于崇礼县白旗乡边墙底村东南约 2.2 千米，坐标：东经 115° 28′ 54.90″，北纬 41° 00′ 23.30″，高程 2027 米。

烽火台平面呈圆形，剖面呈梯形，台芯碎石分层铺筑，外包毛石砌筑，坍塌成堆状，底径长 9 米，高 4 米，西侧 10 米存毛石垒砌的牛圈，四周植被多为灌木和杂草。

983. 边墙底 11 号烽火台 130732353201170983

位于崇礼县白旗乡边墙底村东南约 2.5 千米，坐标：东经 115° 28′ 56.10″，北纬 41° 00′ 19.80″，高程 2096 米。

烽火台平面呈圆形，剖面呈梯形，台芯碎石分层铺筑，外包毛石砌筑，坍塌成堆状，底径 9 米，高 4 米，周围设壕沟一道，宽 2.5 米，距台体 2 米，四周植被多为灌木和杂草。

984. 岔沟梁牧场 1 号烽火台 130732353201170984

位于赤城县岔沟梁牧场西北约 1.2 千米，坐标：东经 115° 28′ 50.10″，北纬 41° 00′ 02.10″，高程 2129 米。

烽火台平面呈圆形，剖面呈梯形，台芯碎石分层铺筑，外包毛石砌筑，坍塌成堆状，底径 13 米，高 4.5 米，顶部有木质三脚架航标，南侧距台体 5 米处有三角测量桩，四周植被多为灌木和杂草。

985. 岔沟梁牧场 2 号烽火台 130732353201170985

位于赤城县岔沟梁牧场西北约 1.1 千米，坐标：东经 115° 28′ 43.20″，北纬 40° 28′ 43.20″，高程 2116 米。

烽火台平面呈圆形，剖面呈梯形，台芯碎石分层铺筑，外包城砖砌筑，砖规格：0.36 米 × 0.17 米 × 0.08 米，坍塌成堆状，底径 12 米，高 1.5 米，四周散落少量碎砖，外侧为后期垒砌的牛圈，四周植被多为灌木和杂草。

986. 岔沟梁牧场 3 号烽火台 130732353201170986

位于赤城县岔沟梁牧场西北约 1 千米，坐标：东经 115° 28′ 35.80″，北纬 40° 59′ 36.20″，高程 2108 米。

烽火台平面呈圆形，剖面呈梯形，台芯碎石分层铺筑，外包毛石砌筑，坍塌成堆状，底径 6.8 米，高 3.6 米，东侧有后期垒砌的牛圈，东西宽 4 米，南北长 12 米，四周植被多为灌木和杂草。

987. 岔沟梁牧场 4 号烽火台 130732353201170987

位于赤城县岔沟梁牧场西约 1 千米，坐标：东经 115° 28′ 24.20″，北纬 40° 59′ 30.00″，高程 2076 米。

烽火台平面呈圆形，剖面呈梯形，台芯碎石分层铺筑，外包毛石砌筑，坍塌成堆状，底径 8 米，高 4.2 米，台体周围设壕沟两道，宽 3 米，间距 2.8 米，四周植被多为灌木和杂草。

988. 岔沟梁牧场 5 号烽火台 130732353201170988

位于赤城县岔沟梁牧场西南约 1.8 千米，坐标：东经 115° 28′ 16.10″，北纬 40° 59′ 15.60″，高程 2112 米。

烽火台平面呈圆形，剖面呈梯形，台芯碎石分层铺筑，外包毛石砌筑，坍塌成堆状，底径 10 米，高 4.6 米，台体周围设壕沟一道，距台体 2.5 米，宽 3 米，四周植被多为灌木和杂草。

989. 岔沟梁牧场 6 号烽火台 130732353201170989

位于赤城县岔沟梁牧场西南约 1.5 千米，坐标：东经 115° 28′ 20.00″，北纬 40° 58′ 57.50″，高程 2101 米。

烽火台平面呈圆形，剖面呈梯形，台芯碎石分层铺筑，外包毛石砌筑，坍塌成堆状，底径 12 米，顶径 6 米，高 6.2 米，顶部立有松木一根，直径 0.6 米，高 1 米，台体周围设壕沟一道，距台体 3.6 米宽 4.8 米，深 2.7 米，四周植被多为灌木和杂草。

990. 岔沟梁牧场 7 号烽火台 130732353201170990

位于赤城县岔沟梁牧场西南约 1.8 千米，坐标：东经 115° 28′ 38.90″，北纬 40° 58′ 36.80″，高程 2060 米。

烽火台平面呈圆形，剖面呈梯形，台芯碎石分层铺筑，外包毛石砌筑，坍塌成堆状，底径 13 米，高 2 米，台体周围设壕沟两道，一道宽 3.2 米，二道宽 3 米，深 0.6 米，间距 1.8 米，四周植被多为灌木和杂草。

991. 岔沟梁牧场 8 号烽火台 130732353201170991

位于赤城县岔沟梁牧场西南约 2 千米，坐标：东经 115° 28′ 42.50″，北纬 40° 58′ 35.80″，高程 2066 米。

烽火台平面呈圆形，剖面呈梯形，台芯碎石分层铺筑，外包毛石砌筑，坍塌成堆状，底径 11.8 米，高 3.6 米，台体周围设壕沟一道，距台体 2 米，宽 3 米，深 0.8 米，四周植被多为灌木和杂草。

992. 岔沟梁牧场 9 号烽火台 130732353201170992

位于赤城县岔沟梁牧场北约 500 米，坐标：东经 115° 29′ 29.70″，北纬 40° 59′ 50.90″，高程 2084 米。

烽火台平面呈圆形，剖面呈梯形，台芯碎石分层铺筑，外包毛石砌筑，坍塌成圆堆状，底径 9 米，高 4 米，台体周围设壕沟一道，宽 3 米，深 1.2 米，四周植被多为灌木和杂草。

993. 岔沟梁牧场 10 号烽火台 130732353201170993

位于赤城县岔沟梁牧场东南约 1.5 千米，坐标：东经 115° 30′ 34.50″，北纬 40° 59′ 02.40″，高程 1970 米。

烽火台平面呈圆形，剖面呈梯形，台芯碎石分层铺筑，外包毛石砌筑，坍塌成圆堆状，底径 9 米，高 3 米，台体周围设壕沟和围墙，沟宽 1.5 米，深 1.4 米，四周植被多为灌木和杂草。

994. 松林背 1 号烽火台 130732353201170994

位于崇礼县马丈子乡松林背村东北约 1.8 千米，坐标：东经 115° 28′ 32.50″，北纬 40° 58′ 23.20″，高程 2066 米。

烽火台平面呈圆形，剖面呈梯形，台芯碎石分层铺筑，外包毛石砌筑，坍塌成圆堆状，底径 10 米，高 6 米，西距长城主线 5 米，顶部杂草滋长，四周植被多为灌木和杂草。

995. 桦林东 1 号烽火台 130732353201170995

位于崇礼县马丈子乡桦林东村东北约 2.5 千米，坐标：东经 115° 30′ 42.50″，北纬 40° 55′ 31.10″，高程 2173 米。

烽火台平面呈矩形，剖面呈梯形，台芯碎石分层铺筑，外包毛石砌筑，坍塌成圆堆状，东西长 7.5 米，南北宽 6.5 米，高 2.5 米，四周植被多为灌木和杂草。

996. 桦林东 2 号烽火台 130732353201170996

位于崇礼县马丈子乡桦林东村东北约 2.5 千米，坐标：东经 115° 30′ 38.90″，北纬 40° 55′ 26.90″，高程 2173 米。

烽火台平面呈矩形，剖面呈梯形，台芯碎石分层铺筑，外包毛石砌筑，坍塌成圆堆状，底部东西长 14 米，南北长 14.5 米，顶部东西长 6 米，南北长 6.5 米，高 6.5 米，台体周围设壕沟，周边植被多为灌木和杂草。

997. 桦林东 3 号烽火台 130732353201170997

位于崇礼县马丈子乡桦林东村东约 1.8 千米，坐标：东经 115° 30′ 26.70″，北纬 40° 55′ 00.10″，高程 1948 米。

烽火台平面呈矩形，剖面呈梯形，台芯碎石分层铺筑，外包毛石砌筑，坍塌成圆堆状，底部南北宽 12 米，东西长 13 米，高 6.5 米，顶部存部分台芯，边长 5 米，高 1.5 米，四周植被多为灌木和杂草。

998. 桦林东 4 号烽火台 130732353201170998

位于崇礼县马丈子乡桦林东村东约 1.8 千米，坐标：东经 115° 30′ 24.20″，北纬 40° 54′ 27.00″，高程 1875 米。

烽火台平面呈矩形，剖面呈梯形，台芯碎石分层铺筑，外包毛石砌筑，坍塌成圆堆状，底部东西长 9 米，南北宽 8.5 米，高 5.5 米，周围设壕沟两道，宽 1.5 米，深 0.9 米，四周植被多为灌木和杂草。

999. 桦林东 5 号烽火台 130732353201170999

位于崇礼县马丈子乡桦林东村东约 1.7 千米，坐标：东经 115° 29′ 44.80″，北纬 40° 54′ 05.40″，高程 1954 米。

烽火台平面呈圆形，剖面呈梯形，台芯碎石分层铺筑，外包毛石砌筑，坍塌成圆堆状，底径 10.4 米，顶径 4.4 米，高 5.6 米，周圈设毛石垒砌墙体两道，第一道距台体 4 米，第二道距一道 3.5 米，厚 0.8 米，四周植被多为灌木和杂草。

1000. 桦林东 6 号烽火台 130732353201171000

位于崇礼县马丈子乡桦林东村东约 1.8 千米，坐标：东经 115° 29′ 49.90″，北纬 40° 53′ 49.80″，高程 1821 米。

烽火台平面呈圆形，剖面呈梯形，台芯碎石分层铺筑，外包毛石砌筑，坍塌成圆堆状，底径 11.5 米，顶径 4 米，高 6 米，周圈设毛石垒砌墙体两道，第一道坍塌成垄状，第二道宽 3 米，高 0.3 ～ 0.8

米，四周植被多为灌木和杂草。

1001. 桦林 7 号烽火台 130732353201171001

位于崇礼县马丈子乡桦林东村东约 800 米，坐标：东经 115° 28′ 49.90″，北纬 40° 53′ 36.20″，高程 1858 米。

烽火台平面呈圆形，剖面呈梯形，台芯碎石分层铺筑，外包毛石砌筑，坍塌成堆状，底径 11 米，高 5 米，周围设壕沟一道，西侧距长城主线 4 米，四周散落大量毛石，周边植被多为灌木和杂草。

1002. 营岔 1 号烽火台 130732353201171002

位于崇礼县马丈子乡营岔村东约 2.2 千米，坐标：东经 115° 28′ 36.00″，北纬 40° 53′ 23.20″，高程 2018 米。

烽火台平面呈圆形，剖面呈梯形，台芯碎石分层铺筑，外包毛石砌筑，坍塌成堆状，底径 12 米，高 5 米，北距长城主线 15 米，墙体高 2.5 米，外包坍塌，四周植被多为灌木和杂草。

1003. 营岔 2 号烽火台 130732353201171003

位于崇礼县马丈子乡营岔村东南约 2 千米，坐标：东经 115° 28′ 14.40″，北纬 40° 53′ 01.70″，高程 1997 米。

烽火台平面呈圆形，剖面呈梯形，台芯碎石分层铺筑，外包毛石砌筑，坍塌成堆状，底径 10 米，高 4.5 米，周围设壕沟，宽 1.5 米，东侧 2 米处存小石堆 3 个，相距 8 ～ 10 米，高 0.6 ～ 0.8 米，四周植被多为灌木和杂草。

1004. 营岔 3 号烽火台 130732353201171004

位于崇礼县马丈子乡营岔村东南约 2 千米，坐标：东经 115° 27′ 54.40″，北纬 40° 53′ 00.30″，高程 1932 米。

烽火台东西接墙体，平面呈矩形，剖面呈梯形，台芯土石分层夯筑，外包城砖砌筑，包砖厚 0.75 米，城砖规格：0.37 米 ×0.19 米 ×0.09 米，台体现状存高 6 米，东立面长 9.2 米，高 3.1 米；南立面坍塌成斜坡状，裸露内侧土石台芯；西立面长 9.5 米，高 2.7 米，存后期人为拆除包砖的凹槽 3 处，宽 0.25 ～ 0.4 米，高 1.8 ～ 2.6 米；北立面长 9 米，高 2.7 米，外包砖存 30 层，高 3.8 米，四周散落大量碎砖，台体东侧存半圆石墙两道，第一道距台体 3 米，第二道距台体 2.5 米，高 0.2 米，顶部杂草滋长，四周植被多为灌木和杂草。

1005. 营岔 4 号烽火台 130732353201171005

位于崇礼县马丈子乡营岔村东南约 1.1 千米，坐标：东经 115° 27′ 36.80″，北纬 40° 53′ 05.20″，高程 2078 米。

烽火台平面呈圆形，剖面呈梯形，台芯碎石分层铺筑，外包毛石砌筑，坍塌成堆状，底径 12 米，高 5 米，四周植被多为灌木和杂草。

1006. 营岔 5 号烽火台 130732353201171006

位于崇礼县马丈子乡营岔村东南约 2 千米，坐标：东经 115° 27′ 29.40″，北纬 40° 52′ 38.30″，高程 1863 米。

烽火台平面呈圆形，剖面呈梯形，台芯碎石分层铺筑，外包毛石砌筑，坍塌成堆状，底径 13 米，高 6 米，四周植被多为灌木和杂草。

1007. 营岔 6 号烽火台 130732353201171007

位于崇礼县马丈子乡营岔村南约 2 千米，坐标：东经 115° 27′ 12.40″，北纬 40° 52′ 32.30″，高程 1831 米。

烽火台平面呈圆形，剖面呈梯形，台芯土石分层夯筑，外包城砖砌筑，坍塌成堆状，底径 13 米，高 5.5 米，南面存外包毛石墙，长 2 米，高 1.3 米，存孔洞一处，长 2 米，高 1.5 米，深 0.8 米，洞内可见台芯拉结木筋三层，高 0.8 米，木筋直径 0.025 米，四周散落少量碎砖，砖宽 0.185～0.21 米，厚 0.08 米，周边植被多为灌木和杂草。

1008. 营岔 7 号烽火台 130732353201171008

位于崇礼县马丈子乡营岔村南约 2 千米，坐标：东经 115° 27′ 10.30″，北纬 40° 12′ 32.00″，高程 1840 米。

烽火台平面呈圆形，剖面呈梯形，台芯碎石分层铺筑，外包毛石砌筑，坍塌成堆状，底径 11 米，高 5 米，东面存墙基 3 米，南北长 6 米，外包厚 1 米，高 0.2 米，西北角存弧形外包毛石墙，长 6 米，高 0.6 米，台体西侧存壕沟一道，宽 3 米，深 0.8 米，北距长城主线 2.5 米，墙体宽 2.6 米，高 1.2 米，四周植被多为灌木和杂草。

1009. 营岔 8 号烽火台 130732353201171009

位于崇礼县马丈子乡营岔村南 2 千米，坐标：东经 115° 26′ 53.10″，北纬 40° 52′ 23.30″，高程 1905 米。

烽火台平面呈圆形，剖面呈梯形，台芯碎石分层铺筑，外包毛石砌筑，坍塌成堆状，底径 16 米，顶径 10 米，高 7 米，顶部西侧存圆形掩体，半径 1.5 米，台体周圈设壕沟一道，宽 1.5 米，深 1 米，东侧长有榆树一棵，胸径 0.12 米，四周植被多为灌木和杂草。

1010. 营岔 9 号烽火台 130732353201171010

位于崇礼县马丈子乡营岔村南约 2.5 千米，坐标：东经 115° 26′ 33.00″，北纬 40° 52′ 10.00″，高程 2146 米。

烽火台平面呈圆形，剖面呈梯形，台芯碎石分层铺筑，外包毛石砌筑，坍塌成堆状，底径 6 米，北侧高 4 米，南侧高 3 米，周围自然岩石裸露，东侧为陡坡，西侧为山岩，南侧为悬崖，北侧为长城主线，四周植被多为灌木和杂草。

1011. 营岔 10 号烽火台 130732353201171011

位于崇礼县马丈子乡营岔村南约 2.5 千米，坐标：东经 115° 26′ 16.40″，北纬 40° 52′ 04.40″，高程 2165 米。

烽火台平面呈矩形，剖面呈梯形，台芯碎石分层铺筑，外包毛石砌筑，坍塌成堆状，东西宽 7 米，南北长 10 米，北侧高 6 米，南侧高 5 米，东侧 3 米有圆形铸铁质三角测量桩，四周植被多为灌木和杂草。

1012. 营岔 11 号烽火台 130732353201171012

位于崇礼县马丈子乡营岔村南约 2.9 千米，坐标：东经 115° 26′ 04.70″，北纬 40° 51′ 43.60″，高程 2070 米。

烽火台平面呈圆形，剖面呈梯形，台芯碎石分层铺筑，外包毛石砌筑，坍塌成堆状，底径 8 米，高 4 米，台体周围设壕沟一道，宽 1.5 米，深 0.2 米，顶部杂草滋长，四周植被多为灌木和杂草。

1013. 上水泉 1 号烽火台 130732353201171013

位于崇礼县马丈子乡上水泉村东 2 千米，坐标：东经 115° 25′ 48.50″，北纬 40° 51′ 23.60″，高程 1983 米。

烽火台西北侧与墙体相接，平面呈圆形，剖面呈梯形，台芯碎石分层铺筑，外包毛石砌筑，坍塌成堆状，底径 12 米，高 5 米，台体周围设壕沟一道，宽 1.5 米，深 0.5 米，四周植被多为灌木和杂草。

1014. 上水泉 2 号烽火台 130732353201171014

位于崇礼县上马丈子乡水泉村东约 2.5 千米，坐标：东经 115° 26′ 16.90″，北纬 40° 51′ 09.40″，高程 1900 米。

烽火台建于高台之上，台高 3 米，平面呈圆形，剖面呈梯形，台芯土石分层夯筑，外包城砖砌筑，砖规格：0.42 米 ×0.2 米 ×0.12 米，坍塌成堆状，底径 10 米，高 4.5 米，散落少量碎砖，台体周圈设壕沟一道，植被多为灌木和杂草。

1015. 上水泉 3 号烽火台 130732353201171015

位于崇礼县马丈子乡上水泉村东南约 2.7 千米，坐标：东经 115° 26′ 14.00″，北纬 40° 50′ 47.00″，高程 2090 米。

烽火台平面呈圆形，剖面呈梯形，台芯碎石分层铺筑，外包毛石砌筑，坍塌成堆状，底径 12 米，高 5 米，西距长城主线 1 米，台体周圈设壕沟一道，四周植被多为灌木和杂草。

1016. 上水泉 4 号烽火台 130732353201171016

位于崇礼县马丈子乡上水泉村东南约 2.7 千米，坐标：东经 115° 26′ 06.50″，北纬 40° 50′ 31.80″，高程 2090 米。

烽火台平面呈圆形，剖面呈梯形，台芯碎石分层铺筑，外包毛石砌筑，坍塌成堆状，底径 14 米，高 6 米，东北侧高 7 米，顶部杂草滋长，四周植被多为灌木和杂草。

1017. 夭湾 1 号烽火台 130732353201171017

位于赤城县夭湾村西北约 2.2 千米，坐标：东经 115° 26′ 13.70″，北纬 40° 50′ 06.80″，高程 2126 米。

烽火台建于高台之上，平面呈圆形，剖面呈梯形，台芯碎石分层铺筑，外包毛石砌筑，坍塌成堆状，底径 15 米，高 7 米，台南侧高 0.8 米，台体周围设壕沟一道，四周植被多为灌木和杂草。

1018. 夭湾 2 号烽火台 130732353201171018

位于赤城县夭湾村西北约 1.9 千米，坐标：东经 115° 26′ 08.10″，北纬 40° 49′ 48.40″，高程 2083 米。

烽火台平面呈圆形，剖面呈梯形，台芯碎石分层铺筑，外包毛石砌筑，坍塌成堆状，底径 13 米，高 5.5 米，台体周围设壕沟两道，宽 3 米，深 1.5 米，北距长城主线 120 米，西侧 10 米处有小石堆两个，间距 5 米，再向西 30 米处有石堆 3 个，间距 11 米，顶部杂草滋长，四周植被多为灌木和杂草。

1019. 夭湾 3 号烽火台 130732353201171019

位于赤城县夭湾村西北约 2.9 千米，坐标：东经 115° 25′ 46.80″，北纬 40° 49′ 33.00″，高程 2047 米。

烽火台平面呈圆形，剖面呈梯形，台芯碎石分层铺筑，外包毛石砌筑，坍塌成堆状，底径 9 米，高 4 米，北侧与长城主线相接，南侧为悬崖，四周植被多为灌木和杂草。

1020. 夭湾 4 号烽火台 130732353201171020

位于赤城县夭湾村西北约 2.9 千米，坐标：东经 115° 25′ 33.70″，北纬 40° 49′ 17.90″，高程 2029 米。

烽火台平面呈圆形，剖面呈梯形，台芯碎石分层铺筑，外包毛石砌筑，坍塌成堆状，底径 12 米，高 4 米，台体周围设壕沟两道，宽 1.5 ～ 2 米，深 0.3 ～ 0.5 米，北距长城主线 5 米，四周植被多为灌木和杂草。

1021. 夭湾 5 号烽火台 130732353201171021

位于赤城县夭湾村西约 2.9 千米，坐标：东经 115° 25′ 31.90″，北纬 40° 49′ 04.70″，高程 1905 米。

烽火台平面呈矩形，剖面呈梯形，台芯碎石分层铺筑，外包毛石砌筑，坍塌成堆状，东西宽 5 米，南北长 11 米，高 3 米，台体东距长城主线 2 米，四周植被多为灌木和杂草。

1022. 夭湾 6 号烽火台 130732353201171022

位于赤城县夭湾村西约 2.5 千米，坐标：东经 115° 25′ 46.30″，北纬 40° 48′ 58.50″，高程 1880 米。

烽火台平面呈圆形，剖面呈梯形，台芯碎石分层铺筑，外包毛石砌筑，坍塌成堆状，底径 12 米，高 4 米，四周散落大量毛石，四周植被多为灌木和杂草。

1023. 夭湾 7 号烽火台 130732353201171023

位于赤城县龙关镇夭湾村东南约 1.5 千米，坐标：东经 115° 27′ 43.70″，北纬 40° 47′ 32.90″，高程 1737 米。

烽火台平面呈圆形，剖面呈梯形，台芯碎石分层铺筑，外包毛石砌筑，坍塌成堆状，底径 13 米，高 7 米，顶部存后期人为毛石垒砌的石柱，西距长城主线 7 米，四周植被多为灌木和杂草。

1024. 马驹沟 1 号烽火台 130732353201171024

位于崇礼县四台嘴乡马驹沟村东北约 1 千米，坐标：东经 115° 25′ 28.50″，北纬 40° 48′ 30.80″，高程 1873 米。

烽火台平面呈圆形，剖面呈梯形，台芯碎石分层铺筑，外包毛石砌筑，坍塌成堆状，底径 12 米，高 6 米，西侧距长城主线 3 米，台体周围设壕沟两道，宽 1.5 米，深 0.5 ～ 0.8 米，四周植被多为灌木和杂草。

1025. 马驹沟 2 号烽火台 130732353201171025

位于崇礼县四台嘴乡马驹沟村东北约 800 米，坐标：东经 115° 25′ 33.80″，北纬 40° 48′ 05.90″，高程 1866 米。

烽火台平面呈圆形，剖面呈梯形，台芯碎石分层铺筑，外包毛石砌筑，坍塌成堆状，底径 11 米，高 5 米，西距长城主线 4 米，西侧存后期毛石垒砌的羊圈，四周植被多为灌木和杂草。

1026. 马驹沟 3 号烽火台 130732353201171026

位于崇礼县四台嘴乡马驹沟村东约 1.5 千米，坐标：东经 115° 25′ 53.20″，北纬 40° 47′ 52.90″，高程 1852 米。

烽火台平面呈矩形，剖面呈梯形，台芯土石分层夯筑，外包城砖砌筑，坍塌成石堆状，南北长 10 米，东西长 8 米，高 6 米，西侧残存毛石墙，长 1.5 米，高 1.1 米，北侧存部分墙体，墙内可见木筋，长 4 米，高 2 米，四周散落少量碎砖，宽 0.16 ～ 0.175 米，厚 0.85 米，台体东侧 7 米有高压线塔一座，输电线路从台体上部东西向跨越，四周植被多为灌木和杂草。

1027. 马驹沟 4 号烽火台 130732353201171027

位于崇礼县四台嘴乡马驹沟村东约 1.5 千米，坐标：东经 111° 52′ 55.40″，北纬 40° 47′ 52.10″，高程 1849 米。

烽火台平面呈圆形，剖面呈梯形，台芯碎石分层铺筑，外包毛石砌筑，坍塌成堆状，底径 8 米，高 4 米，南侧 8 米处有两排小石堆，呈弧形排列，直径为 1.8 米，相距 4 ～ 5 米，北侧距马驹沟 3 号烽火台 5 米，四周植被多为灌木和杂草。

1028. 马驹沟 5 号烽火台 130732353201171028

位于崇礼县四台嘴乡马驹沟村东南约 1.5 千米，坐标：东经 115° 25′ 39.70″，北纬 40° 47′ 30.40″，高程 1944 米。

烽火台平面呈圆形，剖面呈梯形，台芯碎石分层铺筑，外包毛石砌筑，坍塌成堆状，底径 14 米，高 6 米，位于宣化、赤城、崇礼三县交界点，烽火台西北距长城主线 5 米，东北距长城主线 3 米，四周植被多为灌木和杂草。

1029. 马驹沟 6 号烽火台 130732353201171029

位于崇礼县四台嘴乡马驹沟村东南约 1.5 千米，坐标：东经 115° 25′ 44.90″，北纬 40° 47′ 27.00″，高程 1975 米。

烽火台平面呈圆形，剖面呈梯形，台芯土石分层夯筑，内设木筋，可见 2 层，外包城砖砌筑，厚 1.1 米，城砖规格：0.425 米 ×0.19 米 ×0.08 米，底径 13 米，顶部东西长 7.33 米，南北宽 5.5 米，高 6 米，坍塌严重，呈堆状，西立面高 2.3 米，东立面高 2.7 米，在北侧存有石堆 6 座，间距 3 ～ 5 米，直径 1.5 米，四周植被多为灌木和杂草。

1030. 转山 1 号烽火台 130732353201171030

位于崇礼县四台嘴乡马驹沟村东约 2.5 千米，坐标：东经 115° 26′ 15.00″，北纬 40° 47′ 33.10″，高程 1879 米。

烽火台平面呈圆形，剖面呈梯形，台芯碎石分层铺筑，外包毛石砌筑，坍塌成堆状，底径 13 米，高 4.5 米，四周植被多为灌木和杂草。

1031. 方家沟 1 号烽火台 130732353201171031

位于方家沟村西北约 2 千米，坐标：东经 115° 28′ 09.20″，北纬 40° 48′ 07.10″，高程 1753 米。

烽火台西距墙体 5 米，平面呈圆形，毛石砌筑，底径 1.5 米，高 4 米，东南角存外包墙体，西面坍塌严重，呈斜坡状。东侧存有石堆 3 座，呈品字形排列，直径 1.6 米；南侧存有石堆 2 座，间距 4 米，四周植被多为灌木和杂草。

1032. 方家沟 2 号烽火台 130732353201171032

位于龙关镇方家沟村西北约 2 千米，坐标：东经 115° 29′ 17.70″，北纬 40° 48′ 01.70″，高程 1753 米。

烽火台平面呈圆形，剖面呈梯形，毛石砌筑，底径 13 米，高 6.5 米，坍塌成石堆状，顶部长满杂草。北侧与墙体相邻，四周存有壕沟，植被多为灌木和杂草。

1033. 方家沟 3 号烽火台 130732353201171033

位于龙关镇方家沟村北约 1.5 千米，坐标：东经 115° 31′ 10.50″，北纬 40° 47′ 39.00″，高程 1491 米。

烽火台平面呈矩形，剖面呈梯形，毛石砌筑，建于一座小山顶上，底径 8 米，高 5 米，坍塌成圆堆状。东、南侧为山崖，北侧 4 米为墙体，内侧长城向东延伸，四周植被多为灌木和杂草。

1034. 赵家沟 1 号烽火台 130732353201171034

位于镇宁堡乡小赵家沟村西约 3.5 千米，坐标：东经 115° 32′ 59.70″，北纬 40° 55′ 52.40″，高程 1960 米。

烽火台平面呈圆形，剖面呈梯形，毛石砌筑，底径 15 米，高 7 米，坍塌成圆堆状。东西两侧有壕沟，深 1 米，宽 2.2 米，北侧存围墙，高 0.6 米，宽 0.7 米，西、北侧 8 米处存有两个小石堆，相距 3.5 米，四周植被多为灌木和杂草。

1035. 赵家沟 2 号烽火台 130732353201171035

位于镇宁堡乡小赵家沟村西 2.5 千米，坐标：东经 115° 33′ 46.50″，北纬 40° 56′ 07.40″，高程 1911 米。

烽火台平面呈圆形，剖面呈梯形，毛石砌筑，底径 14 米，坍塌成圆堆状。东面根部毛石墙残存，长 1.2 米，高 5.2 米，周围有两道毛石围墙，第一道东墙残存高 1.5 米，宽 2 米，第二道南墙残存基址，北墙已无存，外侧壕沟较为清晰，距围墙 2 米，四周植被多为灌木和杂草。

1036. 赵家沟 3 号烽火台 130732353201171036

位于镇宁堡乡小赵家沟村西约 2.5 千米，坐标：东经 115° 33′ 47.70″，北纬 40° 56′ 08.20″，高程 1905 米。

烽火台平面呈圆形，剖面呈梯形，毛石砌筑，坍塌成石堆状，底径 8 米，高 3.5 米，东侧 11 米处存有南北并排 4 个小石堆，再向东 12 米处存有 4 个小石堆，坡下有两个小石堆，西北侧有毛石墙体。北沟北侧山梁上存有一条东西向毛石墙体，向东通向大圈梁，向下与长城主线相接，四周植被多为灌木和杂草。

1037. 赵家沟 4 号烽火台 130732353201171037

位于镇宁堡乡小赵家沟村西约 1.5 千米，坐标：东经 115° 34′ 25.00″，北纬 40° 56′ 28.40″，高程 1905 米。

烽火台建于沟内高台之上，高台至沟底 2.8 米，北侧山沟下为胡家窑，东为赵家沟，南为北沟村三队，平面呈圆形，剖面呈梯形，毛石砌筑，底径 12 米，高 5.2 米，坍塌成圆堆状。周圈设壕沟，沟深 1.5 米，宽 2.8 米，北侧第二个小山顶存有 8 个小石堆，东西向排列，间距 2.5 ～ 3 米，四周植被多为灌木和杂草。

1038. 松树堡西 1 号烽火台 130732353201171038

位于马营乡松树堡村西约 1 千米，坐标：东经 115° 32′ 07.00″，北纬 41° 09′ 44.00″，高程 1276 米。

烽火台平面呈矩形，剖面呈梯形，台芯素土分层夯筑，夯层厚 0.1 ～ 0.16 米，台芯高 4 米，底部东西宽 7 米，南北长 12 米，通高 6 米，下设夯土台基，高 4 米，受风雨侵蚀，表面夯土脱落，四周为农田，多种植玉米等农作物。

1039. 松树堡西 2 号烽火台 130732353201171039

位于马营乡松树堡村西约 1 千米，坐标：东经 115° 31′ 35.90″，北纬 41° 09′ 29.00″，高程 1288 米。

烽火台平面呈矩形，剖面呈梯形，台芯素土分层夯筑，夯层厚 0.06 ～ 0.14 米，外包城砖砌筑，南北长 9 米，东西宽 7 米，高 4 米，下设夯土台基，高 2.5 米，包砖已无存，受风雨侵蚀，表面夯土脱落，东立面根部坍塌成斜坡状，高 3 米，四周为农田，多种植玉米等农作物。

1040. 新洞坑 1 号烽火台 130732353201171040

位于崇礼县新洞坑村南约 800 米，坐标：东经 115° 29′ 23.80″，北纬 40° 56′ 29.60″，高程 1857 米。

烽火台平面呈矩形，剖面呈梯形，台芯素土分层夯筑，夯层厚 0.1 ～ 0.13 米，外包城砖砌筑，底部东西长 11 米，南北宽 8 米，顶部东西长 5 米，南北宽 4 米，高 5 米，包砖已无存，砖宽 0.19 ～ 0.25 米，厚 0.09 米，台芯受风雨侵蚀，表面夯土脱落，坍塌成不规则状，四周植被多为灌木和杂草。

1041. 新洞坑 2 号烽火台 130732353201171041

位于崇礼县新洞坑村南约 1 千米，坐标：东经 115° 29′ 50.70″，北纬 40° 56′ 22.10″，高程 2036 米。

烽火台平面呈圆形，剖面呈梯形，毛石砌筑，底径 10 米，高 5 米，坍塌成圆堆状。周围设壕沟两道，南侧有东西向排列 3 个小石堆，四周植被多为杂草。

1042. 砖楼 1 号烽火台 130732353201171042

位于炮梁乡砖楼村西北约 1.7 千米，坐标：东经 115° 29′ 17.80″，北纬 40° 53′ 27.20″，高程 1872 米。

烽火台平面呈矩形，剖面呈梯形，毛石砌筑，底部东西宽 14 米，南北长 15 米，顶部东西长 8.1 米，南北宽 8 米，坍塌成石堆状，东侧有 8 个石堆连接墙体，北侧有 7 个小圆坑，直径 1.2 米，深 0.7 米，四周植被多为灌木和杂草。

1043. 砖楼 2 号烽火台 130732353201171043

位于炮梁乡砖楼村北约 3 千米，坐标：东经 115° 31′ 45.60″，北纬 40° 55′ 13.80″，高程 1951 米。

烽火台平面呈圆形，剖面呈梯形，毛石砌筑，底径 11 米，顶径 3.8 米，高 4.1 米，坍塌成堆状，南侧 1.4 米存弧形分布的矩形毛石砌体 12 个，边长 1.6 米，高 0.5 米，间距 1.5 米，四周存围墙，距台体 2.6 米，厚 1.2 米，残高 0.6 米，植被多为灌木和杂草。

1044. 砖楼 3 号烽火台 130732353201171044

位于炮梁乡砖楼村东北约 3.2 千米，坐标：东经 115° 32′ 11.50″，北纬 40° 55′ 32.30″，高程 2035 米。

烽火台平面呈圆形，剖面呈梯形，粗砂岩毛石砌筑，底径 14 米，高 6.5 米，坍塌成堆状，东、北面残存长 1 米，高 1.2 米，南侧有 8 个不规则状小石堆，间距 5 ～ 10 米，四周植被多为灌木和杂草。

1045. 砖楼 4 号烽火台 130732353201171045

位于炮梁乡砖楼村东北约 3.2 千米，坐标：东经 115° 32′ 10.80″，北纬 40° 55′ 32.60″，高程 2032 米。

烽火台平面呈圆形，剖面呈梯形，毛石砌筑，底径 8 米，高 4.5 米，坍塌成圆堆状。四周设石垄墙和壕沟，植被多为灌木和杂草。

1046. 砖楼 5 号烽火台 130732353201171046

位于炮梁乡砖楼村东北约 2.9 千米，坐标：东经 115° 32′ 12.60″，北纬 40° 54′ 56.70″，高程 1963 米。

烽火台平面呈圆形，剖面呈梯形，毛石砌筑，底径 10.8 米，顶径 4.2 米，高 5.2 米，坍塌成堆状，东侧存基址两座，基址 1，东西宽 3 米，南北长 3.1 米，高 0.6 米，基址 2，残高 0.7 米，四周植被多为灌木和杂草。

1047. 砖楼 6 号烽火台 130732353201171047

位于炮梁乡砖楼村东北约 2.3 千米，坐标：东经 115° 32′ 17.70″，北纬 40° 54′ 33.50″，高程 1844 米。

烽火台平面呈矩形，剖面呈梯形，毛石砌筑，东西长 6.3 米，南北宽 5.2 米，残高 2.2 米，坍塌成堆状，东、西立面外包墙体残高 0.4 米，北立面外包墙体长 1 米，残高 1.1 米，北侧 80 米处有毛石堆 4 个，间距 3.1 米，四周植被多为灌木和杂草。

1048. 砖楼 7 号烽火台 130732353201171048

位于炮梁乡砖楼村东北约 2.3 千米，坐标：东经 115° 32′ 17.50″，北纬 40° 54′ 33.10″，高程 1844 米。

烽火台平面呈圆形，剖面呈梯形，毛石砌筑，底径 9 米，顶径 3.8 米，高 4 米，坍塌成堆状，四周植被多为灌木和杂草。

1049. 砖楼 8 号烽火台 130732353201171049

位于炮梁乡砖楼村东北约 900 米，坐标：东经 115° 31′ 41.00″，北纬 40° 53′ 59.70″，高程 1711 米。

烽火台平面呈圆形，剖面呈梯形，毛石砌筑，底径 10 米，顶径 6 米，高 3.6 米，坍塌成堆状，南侧存后期人为垒砌石墙，长 1.8 米，高 1 米，四周植被多为灌木和杂草。

1050. 砖楼 9 号烽火台 130732353201171050

位于炮梁乡砖楼村中，坐标：东经 115° 31′ 17.00″，北纬 40° 53′ 34.60″，高程 1469 米。

烽火台平面呈矩形，剖面呈梯形，台芯土石分层夯筑，外包城砖砌筑，东西长 7.5 米，南北宽 7.5 米，残高 4.6 米，包砖已无存，坍塌成堆状，根部散落碎砖瓦，筒瓦直径 0.125 米、厚 0.02 米，砖宽 0.17 米、厚 0.08 米，东南角长有榆树一棵，胸径 0.4 米，四周存毛石围墙，宽 1.2～2.4 米，坍塌成埂状，植被多为灌木和杂草。

1051. 砖楼 10 号烽火台 130732353201171051

位于炮梁乡砖楼村东南 1.3 千米，坐标：东经 115° 32′ 06.80″，北纬 40° 53′ 15.00″，高程 1487 米。

烽火台平面呈圆形，剖面呈梯形，台芯素土分层夯筑，底径 12 米，高 5.5 米，坍塌成圆堆状，东、南两侧为缓坡，西侧为陡坡，北侧护台高 1 米，四周植被多为灌木和杂草。

1052. 砖楼 11 号烽火台 130732353201171052

位于炮梁乡砖楼村北 1 千米，坐标：东经 115° 31′ 11.80″，北纬 40° 54′ 07.20″，高程 1600 米。

烽火台平面呈圆形，剖面呈梯形，台芯素土分层夯筑，外包城砖砌筑，底径 8.5 米，高 4.2 米，城砖无存，坍塌成圆形土堆状，东侧存有盗洞一个，长 4 米，宽 3.8 米，深 2.5 米，四周散落碎砖，宽 0.175 米，厚 0.07 米，植被多为灌木和杂草。

1053. 砖楼 12 号烽火台 130732353201171053

位于炮梁乡砖楼村西南约 1 千米，坐标：东经 115° 30′ 39.90″，北纬 40° 53′ 18.60″，高程 1719 米。

烽火台平面呈圆形，剖面呈梯形，毛石砌筑，底径 9.6 米，顶径 5 米，高约 5.6 米，坍塌成石堆状，西立面残存外包墙体长 0.8 米，高 1.5 米，北侧存榆树一棵，胸径 0.1 米，西侧存毛石墙宽 1.5 米，东南方向为三盘村，四周植被多为灌木和杂草。

1054. 砖楼 13 号烽火台 130732353201171054

位于炮梁乡砖楼村西南约 2.3 千米，坐标：东经 115° 30′ 51.40″，北纬 40° 52′ 20.80″，高程 1674 米。

烽火台平面呈矩形，剖面呈梯形，台芯素土分层夯筑，夯层厚 0.15 ～ 0.2 米，毛石砌筑，南北长 5.7 米，东西宽 4.5 米，高 6 米，坍塌成堆状，东面存毛石外包墙体，西面存台芯，长 3 米，高 3.1 米，四周散落碎石。西侧为陡坡，东南侧山下为矿场，西南约 2.5 千米为老王沟（北栅子），植被多为灌木和杂草。

1055. 砖楼 14 号烽火台 130732353201171055

位于炮梁乡砖楼村西南约 2.3 千米，坐标：东经 115° 30′ 05.90″，北纬 40° 52′ 43.60″，高程 1880 米。

烽火台平面呈圆形，剖面呈梯形，毛石砌筑，底径 8.5 米，残高 3.2 米，坍塌成石堆状，东、南、西面外包毛石墙存高 1.2 米，东面长有榆树一棵，胸径 0.18 米，四周植被多为灌木和杂草。

1056. 砖楼 15 号烽火台 130732353201171056

位于炮梁乡砖楼村西南约 2 千米，坐标：东经 115° 29′ 54.00″，北纬 40° 53′ 20.20″，高程 1893 米。

烽火台平面呈圆形，剖面呈梯形，毛石砌筑，底径 11 米，顶径 4 米，坍塌成堆状，东侧存有毛石圆台 10 个，南北向一字排列，直径 1.7 米，间距 6.3 米，四周植被多为灌木和杂草。

1057. 北栅子 1 号烽火台 130732353201171057

位于龙关镇北栅子村北约 1.2 千米的高山之上，坐标：东经 115° 30′ 32.40″，北纬 40° 51′ 39.80″，高程 1632 米。

围堡式烽火台，总体布局为"回"字形，烽火台居中，四周设置围墙，毛石砌筑，东墙长 24 米，外侧残高 1.4 米，南墙长 27 米，东侧辟门，门宽 1.27 米，高 1.2 米，门垛厚 2.2 米；西墙长 21 米，厚 2.8 米，残高 1.95 米，外侧坍塌。北墙长 35 米，厚 2.8 米；围墙内长有多株较大的杂树。

烽火台平面呈圆形，剖面呈梯形，毛石砌筑，底径 11 米，高 6 米，坍塌成堆状，植被多为灌木和杂草。

1058. 北栅子 2 号烽火台 130732353201171058

位于龙关镇北栅子村西北约 500 米，坐标：东经 115° 30′ 03.50″，北纬 40° 51′ 23.70″，高程 1378 米。

烽火台平面呈矩形，剖面呈梯形，台芯素土分层夯筑，夯层厚约 0.14 米，东西宽 3.4 米，南北长 5

米，高 2.1 米，受风雨侵蚀，表面夯土脱落，坍塌成不规则形状，下设夯土台基，高 0.8 米，四周植被多为灌木和杂草。

1059. 北栅子 3 号烽火台 130732353201171059

位于龙关镇北栅子村北约 500 米，坐标：东经 115° 30′ 30.10″，北纬 40° 51′ 10.40″，高程 1332 米。

烽火台平面呈矩形，剖面呈梯形，台芯土石分层夯筑，外包城砖砌筑，东西长 6 米，南北宽 5.5 米，高 1.2 米，存少量外包砖，受风雨侵蚀，表面夯土脱落，坍塌成圆堆状，四周散落碎砖，植被多为灌木和杂草。

1060. 北栅子 4 号烽火台 130732353201171060

位于龙关镇北栅子村北约 120 米，坐标：东经 115° 30′ 19.40″，北纬 40° 51′ 00.70″，高程 1285 米。

烽火台平面呈圆形，剖面呈梯形，台芯素土分层夯筑，夯层厚 0.2 ~ 0.3 米，外包城砖砌筑，底径 6 米，高 3.5 米，外包砖无存，坍塌成土堆状，四周植被多为灌木和杂草。

1061. 北栅子 5 号烽火台 130732353201171061

位于龙关镇北栅子村西约 500 米，坐标：东经 115° 29′ 49.90″，北纬 40° 51′ 03.70″，高程 1306 米。

烽火台平面呈矩形，剖面呈梯形，台芯土石分层夯筑，外包城砖砌筑，东西宽 6.6 米，南北长 6.6 米，高 1.7 米，外包砖无存，坍塌成圆堆状，四周散落碎砖，砖宽 0.18 米，厚 0.08 米，四周植被多为灌木和杂草。

1062. 北栅子 6 号烽火台 130732353201171062

位于龙关镇北栅子村南约 1 千米，坐标：东经 115° 30′ 00.60″，北纬 40° 50′ 36.70″，高程 1523 米。

烽火台平面呈圆形，剖面呈梯形，毛石砌筑，底径 9.8 米，顶径 6.2 米，高 5.1 米，坍塌成堆状，四周设毛石围墙，坍塌成垄状，宽 2.6 米，残高 2 米，植被多为灌木和杂草。

1063. 北栅子 7 号烽火台 130732353201171063

位于龙关镇北栅子村南约 1 千米，坐标：东经 115° 30′ 20.30″，北纬 40° 50′ 16.40″，高程 1892 米。

烽火台平面呈圆形，剖面呈梯形，毛石砌筑，底径 8 米，残高 3.5 米，坍塌成堆状，顶部长有榆树一棵，四周植被多为灌木和杂草。

1064. 里口 1 号烽火台 130732353201171064

位于龙关镇里口村南约 100 米，坐标：东经 115° 30′ 31.50″，北纬 40° 49′ 30.50″，高程 1234 米。

烽火台平面呈矩形，剖面呈梯形，台芯土石分层夯筑，外包城砖砌筑，东西宽 3.2 米，南北长 4.5 米，残高 1.7 米，外包砖无存，坍塌成堆状，四周散落碎砖石，植被多为灌木和杂草。

1065. 石垛口 1 号烽火台 130732353201171065

位于炮梁乡石垛口村东北约 2 千米，坐标：东经 115° 38′ 17.60″，北纬 40° 55′ 20.30″，高程 1523 米。

烽火台平面呈矩形，剖面呈梯形，台芯素土分层夯筑，高 3 米，中部偏北存人为挖掘深槽一道，宽 3 米，深 4 米，四周植被多为灌木和杂草。

1066. 石垛口 2 号烽火台 130732353201171066

位于炮梁乡石垛口村北约 1.5 千米，坐标：东经 115° 38′ 23.40″，北纬 40° 55′ 17.70″，高程 1515 米。

烽火台平面呈圆形，剖面呈梯形，毛石砌筑，底径 15 米，顶径 7 米，存高 5.6 米，坍塌成堆状，人为挖掘南侧台芯，修成道路，四周植被多为灌木和杂草。

1067. 石垛口 3 号烽火台 130732353201171067

位于炮梁乡石垛口村北约 1.3 千米，坐标：东经 115° 38′ 03.50″，北纬 40° 55′ 06.00″，高程 1519 米。

围堡式烽火台，总体布局为"回"字形，烽火台居中，周围设置围墙，毛石干垒，东墙坍塌，南、西、北面保存较好，南墙厚 1.6 米，高 2 米，北墙厚 1 米，高 1.4 ～ 1.8 米，东侧长有榆树 1 棵，胸径 0.07 米。

烽火台平面呈圆形，剖面呈梯形，毛石砌筑，底径 13 米，顶径 7.5 米，高 5.7 米，坍塌成堆状，四周植被多为灌木和杂草。

1068. 石垛口 4 号烽火台 130732353201171068

位于炮梁乡石垛口村北约 400 米，坐标：东经 115° 37′ 49.10″，北纬 40° 54′ 37.80″，高程 1353 米。

烽火台平面呈圆形，剖面呈梯形，台芯素土分层夯筑，夯层厚 0.15 米，底径 3.4 米，顶径 0.5 米，存高 2.3 米，坍塌成土堆状，西临季节性河流及村道，四周为农田，多种植玉米等农作物。

1069. 石垛口 5 号烽火台 130732353201171069

位于炮梁乡石垛口村西约 750 米的山脊上，坐标：东经 115° 37′ 30.40″，北纬 40° 54′ 17.90″，高程 1504 米。

烽火台平面呈圆形，剖面呈梯形，毛石砌筑，底径 14 米，顶径 4.8 米，残高 3.5 米，坍塌成堆状，四周植被多为灌木和杂草。

1070. 石垛口 6 号烽火台 130732353201171070

位于炮梁乡石垛口村西约 750 米的山脊上，坐标：东经 115° 37′ 30.70″，北纬 40° 54′ 17.50″，高程 1503 米。

烽火台平面呈圆形，剖面呈梯形，毛石砌筑，底径 12 米，顶径 5.8 米，残高 3.3 米，坍塌成堆状，四周植被多为灌木和杂草。

1071. 白家窑 1 号烽火台 130732353201171071

位于炮梁乡白家窑村东北约 1.7 千米，坐标：东经 115° 35′ 32.00″，北纬 40° 54′ 49.00″，高程 1783 米。

烽火台平面呈圆形，剖面呈梯形，毛石砌筑，底径 12.5 米，高 4.8 米，坍塌成堆状，南侧 5 米处，存小石堆 2 排，共 9 堆，前排 5 堆，后排 4 堆，四周植被多为灌木和杂草。

1072. 白家窑 2 号烽火台 130732353201171072

位于炮梁乡白家窑村西约 1.6 千米，坐标：东经 115° 33′ 32.80″，北纬 40° 54′ 09.80″，高程 1752 米。

烽火台平面呈圆形，剖面呈梯形，毛石砌筑，底径 10.5 米，高 5.5 米，坍塌成堆状。四周毛石散落，植被多为灌木和杂草。

1073. 上何家窑 1 号烽火台 130732353201171073

位于上何家窑村东约 600 米，坐标：东经 115° 35′ 16.70″，北纬 40° 53′ 37.70″，高程 1547 米。

烽火台平面呈圆形，剖面呈梯形，毛石砌筑，底径 8 米，顶径 5 米，残高 3 米，坍塌成堆状，北侧 2 米长有山杏树一棵，西临沟谷，谷底为季节性河流，河两岸为北沟村，四周及顶部长满蒿草。

1074. 上何家窑 2 号烽火台 130732353201171074

位于上何家窑村东南约 1 千米，坐标：东经 115° 35′ 23.30″，北纬 40° 53′ 17.90″，高程 1416 米。

烽火台平面呈矩形，剖面呈梯形，毛石砌筑，东西长 9 米，南北宽 9 米，高 2.5 米，坍塌成堆状，南侧距长城主线 10 米，四周植被多为灌木和杂草。

1075. 金家庄 1 号烽火台 130732353201171075

位于炮梁乡金家庄村西北约 500 米，坐标：东经 115° 34′ 22.70″，北纬 40° 52′ 50.00″，高程 1380 米。

烽火台平面呈矩形，剖面呈梯形，毛石砌筑，东西宽 9 米，南北长 10 米，高 5.8 米，坍塌成堆状，北侧存一人为挖掘坑洞，长 3 米，宽 2.5 米，深 2 米，四周植被多为灌木和杂草。

1076. 金家庄 2 号烽火台 130732353201171076

位于炮梁乡金家庄村西北约 1.5 千米，坐标：东经 115° 33′ 23.50″，北纬 40° 52′ 39.50″，高程 1295 米。

围堡式烽火台，总体布局为"回"字形，烽火台居中，周圈设置围墙，素土分层夯筑，夯层厚 0.15 米，坍塌严重，呈不规则状，西、北侧围墙无存，南侧墙体存高 3.6 米，厚 4.2 米，四周散落碎砖瓦，宽 0.18 米，厚 0.08 米，瓦厚 0.015 米。

烽火台平面呈矩形，剖面呈梯形，台芯土石分层夯筑，夯层 0.08 ～ 0.1 米，东西宽 5.6 米，南北长 6.5 米，高 5.2 米，受风雨侵蚀，表面夯土脱落，北面台芯裸露，根部坍塌成坡状，高 2.3 米，台芯四角存孔洞，高 2.5 米，直径 0.16 米，深 1.5 米，四周植被多为灌木和杂草。

1077. 金家庄 3 号烽火台 130732353201171077

位于炮梁乡金家庄村西北约 2.2 千米，坐标：东经 115° 32′ 50.60″，北纬 40° 52′ 37.60″，高程 1430 米。

烽火台平面呈圆形，剖面呈梯形，毛石砌筑，底径 9.8 米，顶径 2.8 米，残高 3.5 米，坍塌成石堆状，顶部东侧存有一矩形砌槽，长 1.5 米，宽 1.2 米，深 0.7 米，四周植被多为灌木和杂草。

1078. 金家庄 4 号烽火台 130732353201171078

位于炮梁乡金家庄村西约 900 米，坐标：东经 115° 33′ 45.60″，北纬 40° 52′ 27.10″，高程 1371 米。

烽火台平面呈矩形，剖面呈梯形，台芯土石分层夯筑，外包城砖砌筑，南北宽 7 米，东西长 8 米，高 5 米，坍塌成石堆状，西面残存长 7 米，高 1 米，四周散落残砖，宽 0.18 米，厚 0.085 米，西侧约 0.3 千米为晟视矿业厂，东侧约 0.9 千米为金家庄村，北为河道、道路，南为山脉，四周植被多为灌木和杂草。

1079. 金家庄 5 号烽火台 130732353201171079

位于炮梁乡金家庄村东北约 200 米，坐标：东经 115° 34′ 34.20″，北纬 40° 52′ 38.00″，高程 1268 米。

烽火台平面呈矩形，剖面呈梯形，台芯素土分层夯筑，外包城砖砌筑，东西宽 5.7 米，南北长 6 米，高 5.6 米，下设素土分层夯筑台基，高 5.5 米，夯层厚 0.18 米，受风雨侵蚀，表面夯土脱落。四周散落碎砖，宽 0.175 米，厚 0.075 米，四周植被多为灌木和杂草。

1080. 金家庄 6 号烽火台 130732353201171080

位于炮梁乡金家庄村东南约 700 米，坐标：东经 115° 35′ 00.70″，北纬 40° 52′ 07.60″，高程 1371 米。

烽火台平面呈圆形，剖面呈梯形，毛石砌筑，底径 8.6 米，顶径 3.8 米，高 3.4 米，坍塌成堆状，四周植被多为灌木和杂草。

1081. 金家庄 7 号烽火台 130732353201171081

位于炮梁乡金家庄村南约 500 米，坐标：东经 115° 34′ 22.80″，北纬 40° 52′ 16.70″，高程 1301 米。

烽火台平面呈圆形，剖面呈梯形，台芯素土分层夯筑，外包城砖砌筑，顶部被荒草覆盖，四周散落碎砖。现状为砖石堆，底径 2.4 米，高 1.3 米，残存条砖：0.39 米 ×0.08 米 ×0.18 米，方砖：0.3 米 ×0.3 米 ×0.07 米，四周植被多为灌木和杂草。

1082. 金家庄 8 号烽火台 130732353201171082

位于炮梁乡金家庄村南约 600 米，坐标：东经 115° 34′ 20.30″，北纬 40° 52′ 16.00″，高程 1310 米。

烽火台平面呈矩形，剖面呈梯形，东西宽 9.52 米，南北长 9.52 米，高 10.22 米，立面为两段式，下段为条石基础 6 层，高 1.78 米，白灰砌筑，白灰勾缝；上段外包城砖砌筑，城砖规格 0.4 米 ×0.19 米 ×0.07 米，现存 108 层条砖，高 8.44 米，白灰砌筑，白灰勾缝；东立面辟门，宽 0.85 米，顶部存"城南新墩"石匾，青石质，上款阴刻"万历岁次丙午年八月修"。门下设拴梯石，距地面 6.1 米；南立面中间设吐水嘴，距地面 9.54 米；西立面中间设箭窗，宽 0.5 米，高 0.5 米，券高 0.31 米，两侧各设望孔 2 个，距地面 7.78 米，北立面设箭窗，宽 0.5 米，高 0.5 米，券高 0.31 米，存裂缝 8 条，宽 0.02～0.08 米，砖规格 0.4 米 ×0.19 米 ×0.07 米，四周植被多为灌木和杂草。

1083. 金家庄 9 号烽火台 130732353201171083

位于炮梁乡金家庄村东约 1 千米，坐标：东经 115° 35′ 24.00″，北纬 40° 52′ 26.00″，高程 1215 米。

烽火台平面呈矩形，剖面呈梯形，台芯素土分层夯筑，东西长 8 米，南北宽 7.5 米，高 4.8 米，坍塌成堆状，四周散落碎瓦，板瓦厚 0.02 米，筒瓦厚 0.025 米，通向附近铁矿的道路绕过烽火台，四周植被多为灌木和杂草。

1084. 金家庄 10 号烽火台 130732353201171084

位于炮梁乡金家庄村东约 2 千米，坐标：东经 115° 35′ 29.50″，北纬 40° 51′ 50.70″，高程 1423 米。

烽火台平面呈圆形，剖面呈梯形，毛石砌筑，底径 8.5 米，高 3.8 米，坍塌成堆状，四周植被多为灌木和杂草。

1085. 西水沟 1 号烽火台 130732353201171085

位于炮梁乡西水沟村东北约 1.2 千米，坐标：东经 115° 37′ 50.90″，北纬 40° 53′ 02.00″，高程 1300 米。

烽火台平面呈圆形，剖面呈梯形，台芯素土分层夯筑，夯层厚 0.13 米，毛石砌筑，底径 12 米，高 8 米，坍塌成堆状，受风雨侵蚀，表面夯土脱落，顶部夯土存高 2.2 米，西侧 0.3 千米为金矿场，四周植被多为灌木和杂草。

1086. 西水沟 2 号烽火台 130732353201171086

位于炮梁乡西水沟村东北约 1 千米，坐标：东经 115° 36′ 35.70″，北纬 40° 52′ 38.20″，高程 1306 米。

烽火台平面呈矩形，剖面呈梯形，台芯素土分层夯筑，夯层厚 0.1～0.13 米，东西长 5.2 米，南北宽 4.3 米，高 8.5 米，受风雨侵蚀，表面夯土脱落，台体下部风化酥碱严重，掏蚀深度 0.15～0.45 米，西北角根部坍塌成斜坡状，高 2.1 米，四周植被多为灌木和杂草。

1087. 西水沟 3 号烽火台 130732353201171087

位于炮梁乡西水沟村东北约 500 米，坐标：东经 115° 36′ 31.10″，北纬 40° 52′ 13.90″，高程 1183 米。

烽火台平面呈圆形，剖面呈梯形，台芯素土分层夯筑，夯层厚 0.1 ～ 0.2 米，底径 12 米，高 7.5 米，受风雨侵蚀，表面夯土脱落，下设素土台基，周圈设围墙，存高 0.5 ～ 0.8 米，四周发现战国夹砂红陶和红陶残片，四周杂草滋长。

1088. 炮梁乡小张家口 1 号烽火台 130732353201171088

位于炮梁乡张家口村中，坐标：东经 115° 37′ 50.30″，北纬 40° 52′ 17.80″，高程 1153 米。

烽火台平面呈矩形，剖面呈梯形，台芯素土分层夯筑，夯层厚 0.08 ～ 0.1 米，东西长 10.5 米，南北宽 4.2 米，高 8.4 米，受风雨侵蚀，表面夯土脱落，南、北立面局部坍塌，北立面存竖向裂缝 2 条，宽 0.05 ～ 0.12 米，四周杂草滋长。

1089. 炮梁乡东流水沟 1 号烽火台 130732353201171089

位于炮梁乡东流水沟村东约 200 米的黄土山梁上，坐标：东经 115° 39′ 45.10″，北纬 40° 52′ 42.00″，高程 1239 米。

烽火台平面呈圆形，剖面呈梯形，台芯素土分层夯筑，夯层厚 0.1 米，底径 15 米，顶径 3 米，残高 4 米，受风雨侵蚀，表面夯土脱落，东、西立面根部各有一人为挖掘的孔洞，宽 0.8 米，高 1.1 米，深 4.7 米，东、西两侧沟谷建有铁矿厂，四周植被多为灌木和杂草。

1090. 炮梁乡东流水沟 2 号烽火台 130732353201171090

位于炮梁乡东流水沟村西南约 500 米的黄土山梁上，东经 115° 38′ 55.2″，北纬 40° 52′ 19.10″，高程 1296 米。

烽火台平面呈圆形，剖面呈梯形，毛石砌筑，底径 9 米，顶径 3.7 米，存高 2.9 米，坍塌成石堆状，四周长满蒿草。

1091. 炮梁乡小雀沟 1 号烽火台 130732353201171091

位于炮梁乡小雀沟村东北约 700 米（小张家口村与小雀沟之间的山脊最高点上），坐标：东经 115° 37′ 26.90″，北纬 40° 51′ 37.80″，高程 1396 米。

烽火台平面呈圆形，剖面呈梯形，台芯土石分层夯筑，毛石砌筑，底径 11 米，顶径 4 米，残高 5.3 米，坍塌成土堆状，顶部有一人为挖掘的深坑，深 4.4 米，宽 0.53 米，西立面根部有一人为挖掘的孔洞，深 4.38 米，宽 0.7 米，高 0.97 米，四周植被多为灌木和杂草。

1092. 炮梁乡小雀沟 2 号烽火台 130732353201171092

位于炮梁乡小雀沟村西北约 1 千米，坐标：东经 115° 36′ 21.90″，北纬 40° 51′ 30.90″，高程 1336 米。

烽火台平面呈圆形，剖面呈梯形，台芯土石分层夯筑，底径 11 米，高 3.5 米，受风雨侵蚀，表面夯土脱落，坍塌成土堆状。北侧 2.5 千米为西水沟村，东南角 0.1 千米为尾矿库。西侧长满油松，植被多为灌木和杂草。

1093. 炮梁乡小雀沟 3 号烽火台 130732353201171093

位于炮梁乡小雀沟村西约 1.2 千米，坐标：东经 115° 35′ 58.30″，北纬 40° 51′ 08.70″，高程 1523 米。

烽火台平面呈圆形，剖面呈梯形，外包毛石砌筑，底径 12 米，高 6.3 米，坍塌成堆状，东立面残存外包石墙长 2 米，高 0.8 米，东南角残存外包石墙长 2 米，顶部有一人为挖掘的坑，东西长 2.3 米，南北宽 2.2 米，深 2.5 米，南侧 1.5 米存毛石垒砌的小石堆，直径 3 米，高 0.2 米，四周散落瓦片，四周植被多为灌木和杂草。

1094. 炮梁乡小雀沟 4 号烽火台 130732353201171094

位于炮梁乡小雀沟村西约 1.7 千米，坐标：东经 115° 35′ 33.30″，北纬 40° 51′ 10.90″，高程 1605 米。

烽火台平面呈圆形，剖面呈梯形，毛石砌筑，底径 6 米，高 4.8 米，坍塌成石堆状，顶部有一人为挖掘的孔洞，开口东南向，直径 2.5 米，深 2.2 米，四周植被多为灌木和杂草。

1095. 炮梁乡火石窑 1 号烽火台 130732353201171095

位于炮梁乡火石窑村北约 500 米，坐标：东经 115° 35′ 27.10″，北纬 40° 51′ 17.90″，高程 1601 米。

烽火台平面呈圆形，剖面呈梯形，毛石砌筑，底径 11 米，高 5.5 米，坍塌成石堆状，北面长有榆树 1 棵，胸径 0.26 米，四周植被多为灌木和杂草。

1096. 炮梁乡火石窑 2 号烽火台 130732353201171096

位于炮梁乡火石窑村西北约 1.5 千米，坐标：东经 115° 34′ 41.00″，北纬 40° 51′ 14.30″，高程 1632 米。

烽火台平面呈圆形，剖面呈梯形，毛石砌筑，底径 6.4 米，高 4.5 米，坍塌成堆状。北面残存外包石墙，高 1.3 米，顶部有一人为挖掘的孔洞，南侧为出口，直径 2.3 米，深 2.1 米，烽火台南侧约 3 千米为周家庄村，向南 8.4 千米为龙关镇，北侧约 2 千米为金家庄村。南北以该烽火台所在的山梁为界，北侧为山沟，南侧为山崖，东西为山脉，视野开阔，西面长榆树 1 棵，胸径 0.36 米，四周植被多为灌木和杂草。

1097. 赤城县城 1 号烽火台 130732353201171097

位于县城西南约 1 千米，坐标：东经 115° 53′ 24.90″，北纬 40° 53′ 58.10″，高程 957 米。

烽火台平面呈圆形，剖面呈梯形，台芯素土分层夯筑，底径 15 米，高 6 米，坍塌成堆状，周边发现少量战汉陶片，四周为农田，多种植玉米等农作物。

1098. 赤城县城 2 号烽火台 130732353201171098

位于县城西南约 2 千米，坐标：东经 115° 48′ 23.40″，北纬 40° 53′ 33.50″，高程 976 米。

烽火台平面呈圆形，剖面呈梯形，台芯素土分层夯筑，底径 9 米，高 3.5 米，坍塌成堆状，东北角根部有一人为挖掘的孔洞，宽 2.3 米，深 3.6 米，下设素土夯筑台基，四周散落碎砖瓦，植被多为灌木和杂草。

1099. 赤城县城 3 号烽火台 130732353201171099

位于县城西南约 2.5 千米，坐标：东经 115° 49′ 39.90″，北纬 40° 53′ 16.40″，高程 976 米。

烽火台平面呈矩形，剖面呈梯形，台芯素土分层夯筑，毛石砌筑，东西长 8 米，南北宽 4 米，高 2.5 米，坍塌成堆状，顶部长有榆树一棵，胸径 0.1 米，西侧为山丘，东、北侧为农田，南侧为山沟，四周植被多为灌木和杂草。

1100. 岭后 1 号烽火台 130732353201171100

位于岭后村北约 800 米，坐标：东经 115° 48′ 01.70″，北纬 40° 53′ 21.80″，高程 1014 米。

烽火台平面呈圆形，剖面呈梯形，台芯素土分层夯筑，底径 15 米，高 6 米，坍塌成堆状，南立面根部有一人为挖掘的孔洞，直径 1.3 米，深 2.3 米，下设素土夯筑台基，周边发现较多战汉时期夹砂红陶、陶釜残片及汉代绳纹瓦当等，烽火台南距岭后村约 1 千米，北侧为群山，四周为农田，多种植玉米等农作物。

1101. 岭后 2 号烽火台 130732353201171101

位于岭后村北约 300 米，坐标：东经 115° 48′ 00.20″，北纬 40° 53′ 18.70″，高程 1020 米。

烽火台平面呈圆形，剖面呈梯形，毛石砌筑，底径 15 米，高 6 米，坍塌成堆状，顶部存"护林有责"标桩一个，正南约 0.3 千米为岭后村，北侧为群山，北侧长有榆树 3 棵，胸径 0.12～0.25 米，四周为农田，多种植玉米等农作物。

1102. 浩门岭新 1 号烽火台 130732353201171102

位于浩门岭新村东北约 500 米，坐标：东经 115° 49′ 47.00″，北纬 40° 51′ 23.70″，高程 947 米。

烽火台平面呈圆形，剖面呈梯形，台芯素土分层夯筑，底部东西宽 15 米，南北长 17 米，顶部东西宽 8 米，南北长 9 米，坍塌成堆状，台体西侧 0.2 千米为 241 省道，道旁为凤凰山庄宾馆，西北角 20 米建有通信讯号塔两座，顶部埋有"护林有责"测绘水泥方桩，东北角滋长榆树 1 棵，胸径 0.16 米，四周为农田，多种植玉米等农作物。

1103. 浩门岭新 2 号烽火台 130732353201171103

位于浩门岭新村东北约 500 米，坐标：东经 115° 49′ 46.50″，北纬 40° 51′ 24.80″，高程 947 米。

烽火台平面呈圆形，剖面呈梯形，台芯素土分层夯筑，底径 9 米，顶径 5 米，残高 2.7 米，坍塌成堆状，顶部凹凸不平，长满山杏树。西侧 0.2 千米为 241 省道，道旁为凤凰山庄宾馆，南侧距浩门岭新村 1 号烽火台约 40 米，四周植被多为灌木和杂草。

1104. 浩门岭新 3 号烽火台 130732353201171104

位于浩门岭新村北约 300 米，坐标：东经 115° 48′ 43.60″，北纬 40° 49′ 58.40″，高程 1166 米。

烽火台平面呈圆形，剖面呈梯形，毛石砌筑，底径 8 米，高 3.5 米，坍塌成堆状，南立面残存石墙，长 1.5 米，高 1.3 米，西立面残存石墙，长 1.27 米，高 0.15～0.4 米，南侧山坡下为浩门岭新村，村南为赤沙公路，四周植被多为灌木和杂草。

1105. 小营 1 号烽火台 130732353201171105

位于赤城镇小营村中，坐标：东经 115° 48′ 44.60″，北纬 40° 51′ 33.80″，高程 939 米。

烽火台平面呈矩形，剖面呈梯形，台芯素土分层夯筑，夯层厚 0.1 米，底边东西长 10 米，南北宽 8.5 米，高 7 米，坍塌严重，呈不规则状，受风雨侵蚀，表面夯土脱落，台芯四面存竖向裂缝 5 条，宽 0.05～0.15 米，东侧为农家院，北侧为村中道路，西侧为龙王庙，南侧为广场，四周植被多为杂草。

1106. 小营 2 号烽火台 130732353201171106

位于赤城镇小营村北约 1 千米，坐标：东经 115° 48′ 46.90″，北纬 40° 52′ 31.50″，高程 1073 米。

围堡式烽火台，烽火台居于东北角，周围设置围墙。

烽火台平面呈圆形，剖面呈梯形，毛石砌筑，底径 12 米，高 5 米，东北角与墙体相接处有半圆形小石圈，直径 1.3 米，北立面毛石墙体存长 15 米，高 1.2 米，内高 0.6 米。

围墙素土分层夯筑，坍塌成不规则状，墙宽约 0.9 ～ 1.2 米，受风雨侵蚀，表面夯土脱落，东墙存高 0.5 ～ 0.6 米，内有壕沟，深 0.2 ～ 0.3 米，南墙存长 13 米，外侧高 1 米，内侧高 0.3 米，四周植被多为灌木和杂草。

1107. 小营 3 号烽火台 130732353201171107

位于赤城镇小营村西北约 1 千米，坐标：东经 115° 48′ 01.50″，北纬 40° 52′ 10.80″，高程 1005 米。

烽火台平面呈矩形，剖面呈梯形，台芯素土分层夯筑，夯土层厚 0.15 ～ 0.2 米，底部东西宽 7.5 米，南北长 7.7 米，顶部东西宽 3.5 米，南北长 4.5 米，受风雨侵蚀，表面夯土脱落，北立面根部坍塌成斜坡状，高 3.7 米，东侧沟谷中为凤凰山公墓，南侧 0.6 千米为 112 国道，四周植被多为灌木和杂草。

1108. 郑家庄 1 号烽火台 130732353201171108

位于赤城镇郑家庄村东北约 600 米，坐标：东经 115° 47′ 43.90″，北纬 40° 52′ 34.70″，高程 1085 米。

烽火台平面呈圆形，剖面呈梯形，毛石砌筑，底径 10.5 米，顶径 7 米，高 2.8 米，坍塌成堆状，外设壕沟，壕沟距台体 0.8 米，四周设围墙，存高 0.7 米，宽 1.2 米，顶部有水泥标志一个，刻有"八一年立，护林有责"字迹，遍植榆树。

1109. 郑家庄 2 号烽火台 130732353201171109

位于赤城镇郑家庄村东北约 600 米，坐标：东经 115° 47′ 39.00″，北纬 40° 52′ 36.50″，高程 1093 米。

烽火台平面呈圆形，剖面呈梯形，毛石砌筑，底径 10 米，高 4 米，坍塌成石堆状，四周设围墙，坍塌成土石埂状，宽 0.8 米，高 0.3 ～ 1 米，内侧为壕沟，距台体 1.2 ～ 1.5 米，南侧 0.6 千米为 112 国道，东北角坡下遍植松树，四周植被多为灌木和杂草。

1110. 塘坊 1 号烽火台 130732353201171110

位于赤城镇塘坊村西北约 300 米，坐标：东经 115° 46′ 25.90″，北纬 40° 52′ 21.20″，高程 1051 米。

烽火台平面呈圆形，剖面呈梯形，台芯素土分层夯筑，底径 11 米，顶径 6 米，残高 4 米，坍塌成堆状，受风雨侵蚀，表面夯土脱落，四周发现战汉时期陶片，北侧为 112 国道，东侧遍植榆树。

1111. 塘坊 2 号烽火台 130732353201171111

位于赤城镇塘坊村西南约 150 米，坐标：东经 115° 46′ 18.40″，北纬 40° 52′ 08.20″，高程 1038 米。

烽火台平面呈圆形，剖面呈梯形，台芯素土分层夯筑，底径 12 米，顶径 5 米，残高 4.4 米，坍塌成堆状，北侧长有松树一棵，胸径 0.3 米，西侧遍植松树，四周植被多为灌木和杂草。

1112. 塘坊 3 号烽火台 130732353201171112

位于赤城镇塘坊村西约 600 米的黄土梁上，坐标：东经 115° 45′ 58.40″，北纬 40° 52′ 19.00″，高程 1031 米。

烽火台平面呈矩形，剖面呈梯形，台芯素土分层夯筑，夯层厚 0.06 ～ 0.15 米，外包城砖砌筑，底部东西宽 11 米，南北长 12 米，顶部东西宽 6 米，南北长 7.5 米，高 5.5 米，坍塌成不规则状，包砖无存，受风雨侵蚀，表面夯土脱落，南侧 50 米为 112 国道，4 米处埋有电线杆一根，四周植被多为灌木和杂草。

1113. 塘坊 4 号烽火台 130732353201171113

位于赤城镇塘坊村西北约 2 千米的黄土梁上，坐标：东经 115° 45′ 02.30″，北纬 40° 52′ 34.10″，高程 1090 米。

烽火台平面呈矩形，剖面呈梯形，台芯素土分层夯筑，夯层厚 0.1～0.15 米，底部东西宽 8.5 米，南北长 9 米，顶部东西宽 3.3 米，南北长 5.1 米，存高 6 米，坍塌成不规则状，受风雨侵蚀，表面夯土脱落，南立面根部存一人为挖掘孔洞，宽 1.2 米，深 2.5 米，北侧长有榆树两棵，胸径 0.3 米，四周植被多为灌木和杂草。

1114. 沤麻坑 1 号烽火台 130732353201171114

位于沤麻坑村西约 100 米，坐标：东经 115° 44′ 25.40″，北纬 40° 52′ 29.50″，高程 1074 米。

烽火台平面呈矩形，剖面呈梯形，台芯素土分层夯筑，夯层厚 0.07～0.14 米，底部东西长 13 米，南北宽 11 米，存高 7.5 米，下设素土夯筑台基，受风雨侵蚀，表面夯土脱落。南立面局部坍塌，顶部长有榆树一棵，四周为农田，多种植玉米等农作物。

1115. 于家沟 1 号烽火台 130732353201171115

位于于家沟村东北约 100 米，坐标：东经 115° 42′ 55.10″，北纬 40° 53′ 08.50″，高程 1405 米。

烽火台平面呈圆形，剖面呈梯形，毛石砌筑，底径 11 米，顶径 5.4 米，残高 3.1 米，坍塌成堆状，南北临沟谷，南侧沟谷建有铁矿厂，西立面长有榆树一棵，胸径 0.3 米，四周植被多为灌木和杂草。

1116. 于家沟 2 号烽火台 130732353201171116

位于于家沟村东北约 1.5 千米，坐标：东经 115° 42′ 20.10″，北纬 40° 52′ 31.20″，高程 1421 米。

烽火台平面呈圆形，剖面呈梯形，毛石砌筑，底径 9 米，顶径 7 米，残高 2.7 米，坍塌成堆状，四周植被多为灌木和杂草。

1117. 剪子岭 1 号烽火台 130732353201171117

位于剪子岭东北约 1.2 千米，坐标：东经 115° 43′ 51.40″，北纬 40° 52′ 00.10″，高程 1109 米。

烽火台平面呈圆形，剖面呈梯形，台芯素土分层夯筑，夯层厚 0.16 米，底径 9 米，存高 6 米，受风雨侵蚀，表面夯土脱落，根部掏蚀严重，东侧有电线杆一根，顶部长有榆树两棵，胸径 0.2～0.3 米，东距 112 国道约 150 米，四周植被多为灌木和杂草。

1118. 剪子岭 2 号烽火台 130732353201171118

位于剪子岭梁头，坐标：东经 115° 43′ 21.00″，北纬 40° 51′ 28.50″，高程 1290 米。

烽火台平面呈圆形，剖面呈梯形，台芯素土分层夯筑，外包城砖砌筑，底径 15 米，顶径 9 米，残高 2.9 米，坍塌成堆状，外包砖无存，受风雨侵蚀，表面夯土脱落，四周散落碎砖，东侧坡下为 112 国道，10 米处为侵华日军修建的钢筋混凝土碉堡一座，西面设门，碉堡内电信部门建有两层砖混结构通信线路看护房一座，西立面长有榆树一棵，胸径 0.2 米，顶部长满杂草，四周植被多为灌木和杂草。

1119. 剪子岭 3 号烽火台 130732353201171119

位于剪子岭公路（112 国道）隧道西南约 250 米，坐标：东经 115° 42′ 37.20″，北纬 40° 50′ 56.40″，

高程 1253 米。

烽火台平面呈矩形，剖面呈梯形，台芯素土分层夯筑，夯层厚 0.07～0.09 米，东西长 5.1 米，南北宽 4.7 米，残高 3.2 米，坍塌成不规则形状，受风雨侵蚀，表面夯土脱落，东侧 150 米沟谷为 112 国道，台顶埋设有一矩形石质标志，边长 0.145 米，上刻"十"字，西、北、南三面遍植松树。

1120. 炮梁 1 号烽火台 130732353201171120

位于炮梁村东约 1 千米，坐标：东经 115° 39′ 19.40″，北纬 40° 51′ 02.90″，高程 1118 米。

围堡式烽火台，总体布局为"回"字形，烽火台居中，周围设置围墙。

烽火台平面呈矩形，剖面呈梯形，台芯素土分层夯筑，顶部南北长 9 米，东西长 9 米，高 8.5 米，坍塌成不规则状，受风雨侵蚀，表面夯土脱落，北立面坍塌成斜坡状，高 1.3 米，下设素土夯筑台基，高 3 米，四周散落砖瓦，砖宽 0.175 米，厚 0.075 米，围墙平面呈矩形，东墙台体 7 米，南墙台体 15 米，墙芯素土夯筑，存高 1～3.5 米，西墙存高 0.4～0.5 米，北墙坍塌成垄状，四周植被多为灌木和杂草。

1121. 炮梁 2 号烽火台 130732353201171121

位于炮梁村南约 1 千米，坐标：东经 115° 39′ 19.30″，北纬 40° 50′ 39.80″，高程 1120 米。

烽火台平面呈圆形，剖面呈梯形，台芯素土分层夯筑，底径 15 米，顶径 6.5 米，残高 6.7 米，坍塌成堆状，西立面根部存一人为挖掘的孔洞，长 2.5 米，宽 0.5～0.8 米，深 1 米，四周植被多为灌木和杂草。

1122. 炮梁 3 号烽火台 130732353201171122

位于炮梁村南约 1 千米，坐标：东经 115° 39′ 19.30″，北纬 40° 50′ 38.80″，高程 1120 米。

烽火台平面呈圆形，剖面呈梯形，台芯素土分层夯筑，底径 12 米，顶径 4.7 米，残高 6.5 米，坍塌成堆状，烽火台坐落在两河交汇处的黄土二级台地上，台地上存有早期遗址，发现夹砂红陶片、红陶豆柄、外绳纹内网格纹瓦片、圆形打制石饼等标本，四周植被多为灌木和杂草。

1123. 大岭堡 1 号烽火台 130732353201171123

位于炮梁乡大岭堡村西北约 700 米的山梁上，坐标：东经 115° 41′ 48.80″，北纬 40° 50′ 43.50″，高程 1222 米。

烽火台平面呈圆形，剖面呈梯形，台芯素土分层夯筑，毛石砌筑，底径 9 米，顶径 6 米，残高 2 米，坍塌成堆状，四周散落碎石，西侧 20 米建有高压电塔一座，北侧遍植松树，四周植被多为灌木和杂草。

1124. 大岭堡 2 号烽火台 130732353201171124

位于炮梁乡大岭堡村崔万民家院中，坐标：东经 115° 41′ 46.10″，北纬 40° 50′ 21.10″，高程 1116 米。

烽火台平面呈圆形，剖面呈梯形，台芯素土分层夯筑，夯层厚 0.08 米，东西宽 3.5 米，南北长 4 米，残高 3.4 米，坍塌成不规则状，受风雨侵蚀，表面夯土脱落，北面上部存人工挖掘的孔洞，直径约 1 米，深 1.2 米，长有山楂树一棵，胸径 0.1 米，四周植被多为灌木和杂草。

1125. 大岭堡 3 号烽火台 130732353201171125

位于炮梁乡大岭堡村西南约 1 千米，东经 115° 40′ 55.50″，北纬 40° 49′ 48.70″，高程 1220 米。

烽火台平面呈圆形，剖面呈梯形，台芯土石分层夯筑，直径 12 米，残高 2.3 米，坍塌成堆状，四周散落碎石，西距韩庄村 1.5 千米，四周植被多为灌木和杂草。

1126. 九棵树 1 号烽火台 130732353201171126

位于九棵树村东北约 500 米，坐标：东经 115° 40′ 52.40″，北纬 40° 49′ 21.40″，高程 1079 米。

烽火台平面呈矩形，剖面呈梯形，台芯素土分层夯筑，夯层厚 0.07～0.1 米，东西宽 3.5 米，南北长 10 米，残高 2.5 米，受风雨侵蚀，表面夯土脱落，西立面局部缺失，周围长有山杏树多棵，胸径 0.08～0.12 米，四周植被多为灌木和杂草。

1127. 九棵树 2 号烽火台 130732353201171127

位于九棵树村南约 300 米，坐标：东经 115° 40′ 39.10″，北纬 40° 49′ 00.40″，高程 1029 米。

烽火台平面呈矩形，剖面呈梯形，台芯素土分层夯筑，夯层厚 0.1～0.15 米，东西长 10.7 米，南北宽 9.5 米，高 7.5 米，受风雨侵蚀，表面夯土脱落，南北面根部坍塌成斜坡状，高 2.7 米，南北立面顶部台芯土缺失，呈凹字形，四面存裂缝，宽 0.09～0.3 米，四周为农田，种植向日葵等农作物。

1128. 炮梁乡韩庄 1 号烽火台 130732353201171128

位于炮梁乡韩庄村中，坐标：东经 115° 40′ 05.40″，北纬 40° 49′ 20.20″，高程 1026 米。

烽火台平面呈矩形，立面及剖面呈梯形，东西宽 9 米，南北长 9 米，高 9 米。

现状立面为两段式，下段为条石基础，白灰砌筑，白灰勾缝，露明 3 层，高 0.9 米；上段为外包城砖砌筑，白灰砌筑，白灰勾缝，西北角下部存 25 层包砖墙体，长 11 米，高 2.9 米，厚 1.45 米，砖规格：0.41 米 ×0.2 米 ×0.09 米，顶部长有榆树一棵，胸径 0.4 米，四周为农家院。

1129. 三岔口 1 号烽火台 130732353201171129

位于三岔口村西北约 500 米的玉带山顶，坐标：东经 115° 40′ 12.80″，北纬 40° 48′ 08.50″，高程 1272 米。

烽火台平面呈圆形，剖面呈梯形，台芯土石分层夯筑，外包城砖砌筑，直径 8 米，存高 0.5 米，坍塌成堆状，东侧存有两间房屋基址，毛石基础，每间东西长 4.8 米，南北宽 4.2 米，石墙厚 0.7 米，台体北临悬崖，四周散落碎砖，宽 0.2 米，厚 0.09 米，四周植被多为灌木和杂草。

1130. 三岔口 2 号烽火台 130732353201171130

位于龙关镇三岔口村东约 300 米，坐标：东经 115° 41′ 02.70″，北纬 40° 47′ 39.40″，高程 1010 米。

烽火台平面呈矩形，剖面呈梯形，台芯素土分层夯筑，外包城砖砌筑，东西宽 5.5 米，南北长 5.9 米，西立面高 5.2 米，台体包砖无存，受风雨侵蚀，表面夯土脱落，东侧建有通信讯号塔一座，四周散落碎砖，植被多为灌木和杂草。

1131. 三岔口 3 号烽火台 130732353201171131

位于三岔口村南约 200 米，坐标：东经 115° 40′ 35.60″，北纬 40° 47′ 28.80″，高程 975 米。

烽火台平面呈圆形，剖面呈梯形，台芯素土分层夯筑，外包城砖砌筑，底径 9.1 米，顶径 4.2 米，存高 2.7 米，坍塌成堆状，北面人为挖掘缺失，四周散落碎砖，宽 0.21 米，厚 0.1 米，北侧有电线杆一根，长有榆树一棵，胸径约 0.4 米，四周植被多为灌木和杂草。

1132. 三岔口 4 号烽火台 130732353201171132

位于三岔口村西约 1.6 千米，坐标：东经 115° 38′ 59.80″，北纬 40° 47′ 31.60″，高程 998 米。

烽火台平面呈矩形，剖面呈梯形，台芯素土分层夯筑，厚 0.16 ～ 0.17 米，外包城砖砌筑，南北长 2 米，东西宽 1.9 米，高 3.7 米，受风雨侵蚀，表面夯土脱落，四周散落碎砖，植被多为灌木和杂草。

1133. 八里庄 1 号烽火台 130732353201171133

位于龙关镇八里庄村中，坐标：东经 115° 37′ 35.2″，北纬 40° 47′ 32.80″，高程 1018 米。

烽火台平面呈矩形，剖面呈梯形，台芯素土分层夯筑，夯层厚 0.2 米，东西长 9 米，南北宽 7.9 米，高 5 米，受风雨侵蚀，表面夯土脱落，四面均有裂缝，顶部杂草滋长，东、西、南三面紧邻台体为居民房屋。

1134. 八里庄 2 号烽火台 130732353201171134

位于龙关镇八里庄村西约 1.2 千米，坐标：东经 115° 36′ 30.70″，北纬 40° 47′ 17.00″，高程 1044 米。

烽火台平面呈矩形，剖面呈梯形，台芯素土分层夯筑，夯层厚 0.18 米，东西宽 15 米，南北长 15 米，高 5.5 米，受风雨侵蚀，表面夯土脱落，顶部有矩形水泥标志一个，桩高 0.6 米，边长 0.15 米，四周散落少量的碎砖瓦，植被多为灌木和杂草。

1135. 常家窑 1 号烽火台 130732353201171135

位于龙关镇常家窑村西约 500 米（西山梁头），坐标：东经 115° 31′ 10.40″，北纬 40° 49′ 53.00″，高程 1397 米。

烽火台平面呈圆形，剖面呈梯形，台芯土石分层夯筑，底径 13 米，顶径 5.7 米，残高 4.6 米，坍塌成堆状，顶部有人为挖掘的坑，直径 2 米，深 0.7 米，四周植被多为灌木和杂草。

1136. 常家窑 2 号烽火台 130732353201171136

位于常家窑村东约 2.2 千米，坐标：东经 115° 33′ 30.90″，北纬 40° 49′ 59.10″，高程 1465 米。

烽火台平面呈圆形，剖面呈梯形，毛石砌筑，底径 11 米，北侧高 6 米，南侧高 3 米，坍塌成堆状，四周植被多为灌木和杂草。

1137. 常家窑 3 号烽火台 130732353201171137

位于常家窑村东南约 1.2 千米，坐标：东经 115° 32′ 19.10″，北纬 40° 49′ 24.50″，高程 1245 米。

烽火台平面呈圆形，剖面呈梯形，毛石砌筑，底径 10 米，高 5 米，坍塌成堆状，东北角有人为挖掘的孔洞，宽 1.3 米，深 3 米，木筋裸露，北面长有榆树一棵，胸径 0.09 米，四周植被多为灌木和杂草。

1138. 武家窑 1 号烽火台 130732353201171138

位于武家窑村西北约 400 米，坐标：东经 115° 32′ 40.20″，北纬 40° 48′ 50.50″，高程 1153 米。

烽火台平面呈圆形，剖面呈梯形，台芯素土分层夯筑，夯层厚 0.1 ～ 0.17 米，外包城砖砌筑，东西长 7.5 米，南北长 6.5 米，高 6.5 米，坍塌成不规则状，受风雨侵蚀，表面夯土脱落，台身存多处冲沟和裂缝，南立面根部掏蚀严重，深 0.18 ～ 0.36 米，下设素土夯筑台基，四周散落碎砖瓦，植被多为灌木和杂草。

1139. 周村 1 号烽火台 130732353201171139

位于周村东南约 300 米的田野中，坐标：东经 115° 34′ 46.50″，北纬 40° 48′ 02.20″，高程 1087 米。

烽火台平面呈矩形，剖面呈梯形，台芯素土分层夯筑，东西长 15 米，南北宽 12 米，残高 2.6 米，坍塌成不规则状，东面根部呈斜坡状，南面有人为挖掘的孔洞，宽 1.1 米，高 1 米，深 2.2 米，四周植被多为灌木和杂草。

1140. 周村 2 号烽火台 130732353201171140

位于龙关镇周村东北约 2.5 千米，坐标：东经 115° 34′ 53.10″，北纬 40° 48′ 47.60″，高程 1169 米。

烽火台平面呈圆形，剖面呈梯形，毛石砌筑，底径 11 米，高 3 米，坍塌成堆状，顶部有一个坟堆，四周植被多为灌木和杂草。

1141. 盘道 1 号烽火台 130732353201171141

位于盘道村东南约 1 千米的黄土山岗上，坐标：东经 115° 35′ 59.70″，北纬 40° 48′ 43.40″，高程 1176 米。

烽火台平面呈圆形，剖面呈梯形，台芯素土分层夯筑，底径 13 米，顶径 5 米，残高 4.2 米，坍塌成堆状，东立面存一人为挖掘的坑道，宽 0.6 米，高 2.82 米，深 6.27 米，南立面存一人为挖掘的孔洞，四周散落碎砖，宽 0.185 米，厚 0.075 米，发现披水砖一块，厚 0.05 米，四周植被多为灌木和杂草。

1142. 前所村 1 号烽火台 130732353201171142

位于前所村东北约 800 米，坐标：东经 115° 33′ 01.50″，北纬 40° 48′ 18.50″，高程 1159 米。

烽火台平面呈矩形，剖面呈梯形，台芯素土分层夯筑，外包城砖砌筑，东西长 9 米，南北宽 8 米，高 4 米，坍塌成不规则状，受风雨侵蚀，表面夯土脱落，南立面中部存有孔洞，宽 1.8 米，高 2 米，深 1.5 米，台身周围人为挖掘取土，四周散落碎砖，残砖宽 0.19 米，厚 0.095 米，发现绳纹陶片及陶釜口沿等残片，台体西北 20 米建有高压电塔一座，四周为农田，多种植玉米等农作物。

1143. 前所 2 号烽火台 130732353201171143

位于前所村东南约 1 千米，坐标：东经 115° 33′ 33.80″，北纬 40° 47′ 41.00″，高程 1112 米。

烽火台平面呈圆形，剖面呈梯形，台芯素土分层夯筑，夯层厚 0.13 米，外包城砖砌筑，底径 12 米，高 6.2 米，坍塌成堆状，东北侧存一人为挖掘的坑，南侧遍植榆树，四周植被多为灌木和杂草。

1144. 前所 3 号烽火台 130732353201171144

位于前所村东北约 1.5 千米，坐标：东经 115° 32′ 19.70″，北纬 40° 47′ 23.30″，高程 1316 米。

烽火台平面呈圆形，剖面呈梯形，毛石砌筑，底径 9 米，顶径 3 米，高 3.5 米，坍塌成堆状，顶部有椭圆形坑，长 2.5 米，宽 1.5 米，深 2 米，台体东侧为平缓地带，北侧为双岔山，四周植被多为灌木和杂草。

1145. 前所 4 号烽火台 130732353201171145

位于前所村东北约 1.5 千米，坐标：东经 115° 32′ 41.00″，北纬 40° 47′ 58.90″，高程 1152 米。

围堡式烽火台，周围设置围墙，烽火台居南墙上。

烽火台平面呈矩形，剖面呈梯形，台芯素土分层夯筑，东西宽 2.1 米，南北长 3.7 米，存高 3.8 米，受风雨侵蚀，表面夯土脱落，北立面有竖向通裂纹一条，宽 0.1 ～ 0.3 米。

四周围墙存高 3.5 米，厚 0.05 ～ 1.5 米，北墙长 10 米，西墙长 5 米，内侧长有榆树一棵，胸径 0.3

米，四周植被多为灌木和杂草。

1146. 龙关 1 号烽火台 130732353201171146

位于龙关镇东约 400 米的田野中，坐标：东经 115° 35′ 31.10″，北纬 40° 47′ 03.50″，高程 1053 米。

烽火台平面呈矩形，剖面呈梯形，台芯素土分层夯筑，东西长 9.5 米，南北宽 9.5 米，中部存一人为挖掘的孔洞，宽 0.6 米，长 1.2 米，深 4 米，四周散落碎砖瓦，砖宽 0.195 米，厚 0.075 米，瓦厚 0.02 米，四周为农田，多种植玉米等农作物。

1147. 龙关 2 号烽火台 130732353201171147

位于龙关镇南约 100 米的黄土山梁上，坐标：东经 115° 34′ 37.80″，北纬 40° 46′ 41.60″，高程 1111 米。

烽火台平面呈矩形，剖面呈梯形，台芯素土分层夯筑，夯层厚 0.16 米，东西宽 8.3 米，南北长 9.5 米，高 4.4 米，受风雨侵蚀，表面夯土脱落，台身存裂缝，南立面辟登台口，台下为烈士纪念碑碑亭，纪念碑立碑时间为"中华民国三十八年四月二十五日"，四周植被多为灌木和杂草。

1148. 龙关 3 号烽火台 130732353201171148

位于龙关镇西约 900 米，坐标：东经 115° 33′ 43.60″，北纬 40° 47′ 07.90″，高程 1114 米。

烽火台平面呈矩形，剖面呈梯形，台芯素土分层夯筑，台体人为挖掘取土，存高 1.5 米，四周为农田，多种植玉米等农作物。

1149. 龙关 4 号烽火台 130732353201171149

位于龙关镇西约 1.9 千米，坐标：东经 115° 33′ 27.70″，北纬 40° 47′ 03.70″，高程 1129 米。

烽火台平面呈矩形，剖面呈梯形，台芯素土分层夯筑，夯层厚 0.08 ~ 0.1 米，底部东西长 9 米，顶部东西长 5 米，南北宽 5 米，高 5 米，受风雨侵蚀，表面夯土脱落，台身存裂缝数条，南立面存一人为挖掘的孔洞，宽 0.4 米，高 0.5 米，下设两层台基，素土分层夯筑，第一层东西长 20 米，高 3 米，第二层东西长 11 米，高 2.5 米，四周散落大量碎砖，部分砖有深沟纹，四周为农田，多种植玉米等农作物。

1150. 龙关 5 号烽火台 130732353201171150

位于赤城县龙关镇西北约 2.5 千米，坐标：东经 115° 32′ 42.50″，北纬 40° 46′ 48.40″，高程 1132 米。

围堡式烽火台，总体布局为"回"字形，烽火台居中，周圈设置围墙。

烽火台平面呈矩形，剖面呈梯形，台芯素土分层夯筑，夯层厚 0.12 米，底部东西长 10 米，南北宽 9 米，顶部东西长 6 米，南北宽 5 米，高 8.5 米，南侧存人为挖掘的孔洞两处，四周散落大量碎砖，顶部杂草滋长。

围墙素土分层夯筑，东西长 45 米，南北宽 29 米，墙高 2 ~ 3 米，底宽 3.5 米，上宽 0.5 米，南墙中部辟门，宽 3 米，高 0.8 ~ 1.5 米，围墙内有后期修建的小庙一座。北侧存城址一处，东西长 149 米，南北宽 100 米，四周散落有辽金时期的绳纹碎砖瓦，四周为农田，多种植玉米等农作物。

1151. 椴木沟 1 号烽火台 130732353201171151

位于赤城县龙关镇椴木沟村西约 1.2 千米，坐标：东经 115° 41′ 44.00″，北纬 40° 46′ 47.00″，高程 984 米。

烽火台平面呈矩形，剖面呈梯形，台芯素土分层夯筑，夯层厚 0.13 ~ 0.18 米，外包城砖砌筑，坍塌成堆状，南北长 9 米，东西长 6 米，高 3.5 米，四周为农田，多种植玉米等农作物。

1152. 椴木沟 2 号烽火台 130732353201171152

位于赤城县龙关镇椴木沟村西约 1.2 千米，坐标：东经 115° 42′ 08.10″，北纬 40° 46′ 40.70″，高程 992 米。

烽火台平面呈矩形，剖面呈梯形，台芯素土分层夯筑，夯层厚 0.16 ～ 0.17 米，外包城砖砌筑，东西长 6.6 米，南北长 7.5 米，高 6.2 米，受风雨侵蚀，表面夯土脱落，东、南、北三面根部坍塌成斜坡状，高 5.2 米，四周散落少量砖瓦，砖宽 0.18 米，厚 0.085 米，板瓦长 0.22 米，宽 0.17 米，厚 0.02 米，四周为农田，多种植玉米等农作物。

1153. 椴木沟 3 号烽火台 130732353201171153

位于赤城县龙关镇椴木沟村西约 1.2 千米，坐标：东经 115° 41′ 05.90″，北纬 40° 46′ 31.60″，高程 975 米。

烽火台平面呈圆形，剖面呈梯形，台芯素土分层夯筑，外包城砖砌筑，坍塌成堆状，底径 12 米，顶径 4 米，高 4.5 米，周边为农田，多种植玉米、葵花等农作物。

1154. 上虎 1 号烽火台 130732353201171154

位于赤城县龙关镇上虎村东北约 4 千米，坐标：东经 115° 45′ 12.60″，北纬 40° 47′ 11.40″，高程 1600 米。

烽火台平面呈圆形，剖面呈梯形，台芯碎石分层铺筑，外包毛石砌筑，坍塌成堆状，底径 9.7 米，顶径 5 米，残高 3.6 米，四周植被多为灌木和杂草。

1155. 上虎 2 号烽火台 130732353201171155

位于赤城县龙关镇上虎村东北约 900 米，坐标：东经 115° 43′ 57.40″，北纬 40° 45′ 45.40″，高程 1123 米。

烽火台平面呈圆形，剖面呈梯形，台芯碎石分层铺筑，外包毛石砌筑，坍塌成石堆状，底径 9 米，残高 2.5 米，东临沟谷，沟谷尽头建有庙宇，西侧为悬崖，南侧为陡坡，四周散落绳纹青砖，宽 0.16 米，厚 0.05 米，灰色布纹板瓦，厚 0.02 米，蟹青釉缸胎瓷片，四周植被多为灌木和杂草。

1156. 上虎 3 号烽火台 130732353201171156

位于赤城县龙关镇上虎村西北约 2.5 千米，坐标：东经 115° 42′ 35.60″，北纬 40° 46′ 21.40″，高程 951 米。

围堡式烽火台，平面呈"回"字形，烽火台建于西墙上，四周设置围墙。

烽火台平面呈矩形，剖面呈梯形，台芯素土分层夯筑，外包城砖砌筑，南北长 6.5 米，东立面向内侧凸出墙体 1.2 米，东立面北侧辟门，宽 4 米，高 3.5 米。

围墙东西长 20 米，南北宽 15 米，高 1.5 ～ 2 米，厚 1.8 米，东墙存人为挖掘的孔洞一处，北侧 20 米为一条输电线路，四周长有榆树，胸径 0.05 ～ 0.16 米，植被多为灌木和杂草。

1157. 屯军堡 1 号烽火台 130732353201171157

位于赤城县屯军堡村北约 350 米的山梁东端，坐标：东经 115° 48′ 45.50″，北纬 40° 49′ 30.90″，高程

1131 米。

烽火台平面呈圆形，剖面呈梯形，台芯素土分层夯筑，外部城砖砌筑，坍塌成堆状，底径 8 米，存高 2 米，顶部存人为挖掘的孔洞一处，直径 3 米，东侧 50 米为公路，四周长有榆树，植被多为灌木和杂草。

1158. 屯军堡 2 号烽火台 130732353201171158

位于赤城县屯军堡村北约 350 米的黄土台地上，坐标：东经 115° 48′ 38.60″，北纬 40° 49′ 29.10″，高程 1152 米。

围堡式烽火台，平面呈"回"字形，烽火台建于北墙中部，四周设置围墙。

烽火台平面呈矩形，剖面呈梯形，台芯素土分层夯筑，外包城砖砌筑，坍塌成堆状，底部东西长 11 米，南北宽 9 米，顶部东西长 4.5 米，南北宽 4 米，存高 3 米，四周设置围墙，坍塌严重，长有榆树，植被多为灌木和杂草。

1159. 屯军堡 3 号烽火台 130732353201171159

位于赤城县屯军堡村东北约 300 米，坐标：东经 115° 48′ 55.70″，北纬 40° 49′ 21.30″，高程 1163 米。

烽火台平面呈圆形，剖面呈梯形，台芯土石分层夯筑，外包城砖砌筑，坍塌成堆状，底径 9 米，顶径 7 米，北侧高 2 米，四周散落少量城砖，长 0.253 米，厚 0.053 米，四周植被多为灌木和杂草。

1160. 屯军堡 4 号烽火台 130732353201171160

位于赤城县屯军堡村东北约 300 米，坐标：东经 115° 48′ 56.60″，北纬 40° 39′ 21.20″，高程 1164 米。

烽火台平面呈圆形，剖面呈梯形，台芯土石分层夯筑，外包城砖砌筑，坍塌成堆状，底径 15 米，顶径 8.5 米，残高 2.4 米，东侧为公路，南侧为松树林，西侧 5 米为砖砌蓄水池一座，西南角长有松树一棵，胸径 0.12 米，四周散落混砖等砖件，宽 0.13 米，四周植被多为灌木和杂草。

1161. 屯军堡 5 号烽火台 130732353201171161

位于赤城县屯军堡村中，坐标：东经 115° 48′ 43.60″，北纬 40° 49′ 16.80″，高程 1113 米。

烽火台平面呈矩形，剖面呈梯形，台芯土石分层夯筑，外包城砖砌筑，东西长 9 米，南北宽 8 米，高 4.3 米，西立面存后期人为修建的蹬道，由西北角登顶，顶上种植西红柿等蔬菜，四周植被多为灌木和杂草。

1162. 屯军堡 6 号烽火台 130732353201171162

位于赤城县屯军堡村东北 100 米的山脊上，坐标：东经 115° 49′ 21.40″，北纬 40° 49′ 13.30″，高程 1238 米。

烽火台平面呈圆形，剖面呈梯形，台芯碎石分层铺筑，外包城砖砌筑，坍塌成石堆状，底径 15 米，顶径 8 米，四周散落大量碎砖，厚 0.055 米，东西连山脊，南北为沟谷，北侧长有榆树两棵，胸径 0.03 ～ 0.09 米，西北 8 米有采石坑一处，东西宽 3 米，南北长 4.5 米，深 0.8 米，四周植被多为灌木和杂草。

1163. 屯军堡 7 号烽火台 130732353201171163

位于赤城县屯军堡村东南约 800 米，坐标：东经 115° 49′ 15.20″，北纬 40° 48′ 40.50″，高程 1075 米。

烽火台平面呈圆形，剖面呈梯形，台芯土石分层夯筑，外包城砖砌筑，底径 15 米，高 5 米，台体东侧因河水冲刷已坍塌无存，四周原有围墙，现仅南侧存有基址，四周长有榆树 3 棵，胸径 0.12 ～ 0.21 米，植被多为灌木和蒿草。

1164. 屯军堡 8 号烽火台 130732353201171164

位于赤城县屯军堡村西南约 800 米，坐标：东经 115° 48′ 32.50″，北纬 40° 48′ 13.40″，高程 1314 米。

烽火台平面呈圆形，剖面呈梯形，台芯碎石分层铺筑，外包毛石砌筑，坍塌成堆状，底径 8 米，顶径 3.5 米，北侧高 3 米，东西临沟谷，南侧为沟，呈东西向，宽 5 米，深 3 米，四周植被多为灌木和杂草。

1165. 张四沟 1 号烽火台 130732353201171165

位于赤城县张四沟村西北约 700 米，坐标：东经 115° 49′ 49.40″，北纬 40° 48′ 00.60″，高程 1054 米。

烽火台平面呈圆形，剖面呈梯形，台芯碎石分层铺筑，外包毛石砌筑，底径 9 米，顶径 3 米，高 4 米，东南两面根部坍塌成斜坡状，高 3.7 米，顶部毛石垒砌的树坑，内种油松，西侧 30 米为公路，四周为农田，多种植谷子等农作物。

1166. 张四沟 2 号烽火台 130732353201171166

位于赤城县张四沟村西约 1.6 千米的高山上，坐标：东经 115° 49′ 18.40″，北纬 40° 47′ 05.20″，高程 1216 米。

烽火台平面呈圆形，剖面呈梯形，台芯碎石分层铺筑，外包毛石砌筑，坍塌成堆状，底径 16 米，残高 4 米，四周长满杂草。

1167. 张四沟 3 号烽火台 130732353201171167

位于赤城县张四沟村西约 100 米的河谷中，坐标：东经 115° 49′ 42.70″，北纬 40° 47′ 39.00″，高程 1041 米。

围堡式烽火台，总体布局为"回"字形，烽火台居中，四周设置围墙。

烽火台平面呈矩形，剖面呈梯形，台芯素土分层夯筑，外包城砖砌筑，东西宽 8 米，南北长 11 米，高 4 米，受风雨侵蚀，夯土脱落，下设土筑台基，东西长 15 米，南北宽 17 米，存高 3 米，四角设有角台，西北角台用石加固，东西宽 2.5 米，南北长 2.1 米，高 1.5 米，西南角台南北长 3 米，东西宽 2.5 米，高 1.6 米，坍塌严重，北垛墙存厚 0.5 米，残高 0.9 米；西垛墙存厚 0.6 米，残高 0.5 米；东垛墙厚 0.7 米，残高 0.15 米，南垛墙厚 1 米，残高 1.5 米，中间开口，宽 3 米，垛墙夯层厚 0.24 米，东侧临公路，南、北侧为农田，西侧 250 米为高山。

围墙土石分层夯筑，碎石层间距 0.4 米，坍塌严重，东墙底宽 1.6 米，顶宽 0.9 米，存高 1.3 ～ 2 米，南墙坍塌成漫坡状，存高 0.9 米，西墙坍塌成土垄状，北墙宽 1.5 米，内侧存高 1.3 ～ 1.6 米，外侧坍塌成斜坡状，墙体上长有榆树两棵，胸径 0.06 ～ 0.12 米，四周植被多为灌木和杂草。

1168. 张四沟 4 号烽火台 130732353201171168

位于赤城县张四沟村东约 2.5 千米的高山上，坐标：东经 115° 52′ 12.90″，北纬 40° 47′ 28.00″，高程 1371 米。

烽火台平面呈圆形，剖面呈梯形，台芯碎石分层铺筑，外包毛石砌筑，坍塌成堆状，底径 12 米，高 4.5 米，四周植被多为灌木和杂草。

1169. 大仓 1 号烽火台 130732353201171169

位于赤城县大仓村北约 1.2 千米的河谷中，坐标：东经 115° 49′ 04.30″，北纬 40° 46′ 48.80″，高程 1034 米。

烽火台平面呈圆形，剖面呈梯形，台芯素土分层夯筑，外包城砖砌筑，底径 10 米，顶径 4.2 米，存高 4.7 米，顶部存探孔，北面根部存人为挖掘的孔洞一处，高 1.4 米，宽 1.3 米，深 4 米，四周植被多为灌木和杂草。

1170. 大仓 2 号烽火台 130732353201171170

位于赤城县大仓村北约 1.2 千米，坐标：东经 115° 49′ 05.70″，北纬 40° 46′ 47.40″，高程 1047 米。

围堡式烽火台，总体布局为"回"字形，烽火台居中，四周设置围墙。

烽火台平面呈矩形，剖面呈梯形，台芯素土分层夯筑，夯层厚 0.12 米，外包城砖砌筑，底部东西长 6.5 米，南北宽 5 米，顶部东西长 5 米，南北宽 1.8 米，高 5 米，受风雨侵蚀，夯土脱落。

台体四周设围墙，平面呈矩形，素土分层夯筑，东墙顶宽 0.8 米，存高 2.4 米，南墙顶宽 1.4 米，存高 1.1 ～ 2.4 米，西墙底宽 2.1 米，顶宽 1.2 米，存高 2.2 米，周围生长有山杏树多棵，胸径 0.05 ～ 0.09 米，四周植被多为灌木和杂草。

1171. 大仓 3 号烽火台 130732353201171171

位于赤城县大仓村北约 150 米的黄土台地上，坐标：东经 115° 48′ 04.00″，北纬 40° 46′ 23.40″，高程 996 米。

围堡式烽火台，总体布局为"回"字形，烽火台居中，四周设置围墙。

烽火台平面呈矩形，剖面呈梯形，台芯碎石分层铺筑，外包毛石砌筑，台体北立面呈斜坡状，高约 5 米，顶部存人为挖掘的坑洞一处，东西长 4.5 米，南北宽 3 米，深 2 米，西临季节性河流，东 80 米为公路，北连山脊。

围墙平面呈矩形，素土分层夯筑，夯层厚 0.2 米，东墙高 3 米，南墙无存，西墙底宽 3.5 米，顶宽 0.6 米，存高 1.9 ～ 2.5 米，北墙底宽 0.5 ～ 2 米，存高 5 ～ 6 米，围墙内地势平坦，西南角存有水泥电线杆两根，四周散落少量绳纹青砖和布纹瓦当，四周为农田，多种植油菜等农作物。

1172. 大仓 4 号烽火台 130732353201171172

位于赤城县大仓村东约 1 千米，坐标：东经 115° 49′ 03.10″，北纬 40° 46′ 08.40″，高程 1203 米。

烽火台平面呈矩形，剖面呈梯形，台芯碎石分层铺筑，外包毛石砌筑，东西长 8 米，南北宽 8 米，高 2.5 米，西、北两面坍塌成斜坡状，四周植被多为灌木和杂草。

1173. 大仓 5 号烽火台 130732353201171173

位于赤城县大仓村东约 1 千米的高山上，坐标：东经 115° 49′ 03.70″，北纬 40° 46′ 08.80″，高程 1205 米。

烽火台平面呈圆形，剖面呈梯形，台芯碎石分层铺筑，外包毛石砌筑，坍塌成堆状，底径 10 米，存高 3 米，四周植被多为灌木和杂草。

1174. 王良堡 1 号烽火台 130732353201171174

位于赤城县雕鹗镇王良堡村北端，坐标：东经 115° 48′ 00.10″，北纬 40° 45′ 41.80″，高程 947 米。

围堡式烽火台，总体布局为"回"字形，烽火台居中，四周设置围墙。

烽火台平面呈矩形，剖面呈梯形，台芯素土分层夯筑，夯层厚 0.06 ～ 0.2 米，外包城砖砌筑，底部东西长 15 米，南北宽 14 米，顶部东西长 9 米，南北宽 8.5 米，存高 7 米，受风雨侵蚀，夯土脱落，南立面顶部坍塌成"V"字形，中部设蹬道，南临公路，路南 50 米有信号塔一座，东侧 1 千米为季节性河流。

围墙坍塌严重，东墙无存，南墙底宽 0.6 米，高 1 ～ 1.85 米，夯层厚 0.3 米，西墙宽 0.1 ～ 0.6 米，存高 1.1 ～ 2.05 米，北墙宽 0.3 米，存高 1.5 米，四周植被多为灌木和杂草。

1175. 王良堡 2 号烽火台 130732353201171175

位于赤城县王良堡西南约 1.8 千米的高山之巅，坐标：东经 115° 46′ 49.40″，北纬 40° 45′ 08.10″，高程 1205 米。

烽火台平面呈圆形，剖面呈梯形，台芯碎石分层铺筑，外包毛石砌筑，坍塌成堆状，底径 13 米，顶径 8.5 米，残高 2.8 米，东西侧连山脊，北侧为沟谷，南侧为悬崖，四周植被多为灌木和杂草。

1176. 康庄 1 号烽火台 130732353201171176

位于赤城县康庄村中，坐标：东经 115° 46′ 15.60″，北纬 40° 43′ 46.80″，高程 877 米。

烽火台平面呈矩形，剖面呈梯形，台芯素土分层夯筑，外包城砖砌筑，夯层厚 0.3 米，东西宽 16 米，南北长 18.5 米，存高 7 米，南立面 2.1 米以上坍塌，宽 3.5 米，北立面存裂缝 3 条，宽 0.05 ～ 0.11 米，台体北侧 10 米处存有一段土筑围墙，东西长 12 米，高 1.85 米，厚 0.7 米，四周长有多棵榆树，径 0.12 ～ 0.23 米，植被多为灌木和杂草。

1177. 康庄 2 号烽火台 130732353201171177

位于赤城县雕鹗镇康庄村东约 100 米，坐标：东经 115° 46′ 39.70″，北纬 40° 43′ 43.40″，高程 882 米。

烽火台平面呈矩形，剖面呈梯形，台芯素土分层夯筑，外包城砖砌筑，东西长 15 米，残高 3 米，因修筑公路人为取土，台体南部无存，南侧 20 米为 S241 公路，北侧为农田。

1178. 雕鹗 1 号烽火台 130732353201171178

位于赤城县雕鹗村东北约 250 米的高山上，坐标：东经 115° 49′ 05.70″，北纬 40° 44′ 29.70″，高程 1094 米。

烽火台平面呈圆形，剖面呈梯形，台芯碎石分层铺筑，外包毛石砌筑，坍塌成堆状，顶径 5 米，底径 9 米，残高 4 米，南、北侧临沟谷，西侧 800 米为 S241 公路，顶部杂草滋长，四周植被多为灌木和杂草。

1179. 雕鹗 2 号烽火台 130732353201171179

位于赤城县雕鹗村西北约 1 千米的山巅上，坐标：东经 115° 48′ 32.40″，北纬 40° 43′ 42.10″，高程 1147 米。

烽火台平面呈圆形，剖面呈梯形，台芯碎石分层铺筑，外包城砖砌筑，坍塌成堆状，直径 8 米，存高 2.2 米，四周散落少量城砖，城砖规格：0.26 米 ×0.125 米 ×0.065 米，四周植被多为灌木和杂草。

1180. 雕鹗 3 号烽火台 130732353201171180

位于赤城县雕鹗村西北约 800 米的高山上，坐标：东经 115° 48′ 34.40″，北纬 40° 43′ 33.40″，高程 1126 米。

烽火台平面呈圆形，剖面呈梯形，台芯碎石分层铺筑，外包毛石砌筑，坍塌成堆状，直径 9 米，残高 2 米，四周植被多为灌木和杂草。

1181. 雕鹗 4 号烽火台 130732353201171181

位于赤城县雕鹗村西约 200 米的高山上，坐标：东经 115° 49′ 00.70″，北纬 40° 43′ 28.30″，高程 930 米。

烽火台平面呈圆形，剖面呈梯形，台芯碎石分层铺筑，外包毛石砌筑，坍塌成堆状，直径 9 米，残高 1.5 米，后期曾利用烽火台修筑战备工事，内部人为挖掘掏空形成深坑，西侧设一门，宽 0.8 米，门外接战壕，四周植被多为灌木和杂草。

1182. 雕鹗 5 号烽火台 130732353201171182

位于赤城县雕鹗村东北约 500 米，坐标：东经 115° 49′ 34.90″，北纬 40° 43′ 24.10″，高程 884 米。

烽火台平面呈矩形，剖面呈梯形，台芯碎石分层铺筑，外包毛石砌筑，坍塌成堆状，东西 8.5 米，南北 9 米，存高 2.5 米，四周植被多为灌木和杂草。

1183. 雕鹗 6 号烽火台 130732353201171183

位于赤城县雕鹗村东北约 500 米，坐标：东经 115° 49′ 28.80″，北纬 40° 43′ 28.80″，高程 922 米。

烽火台平面呈圆形，剖面呈梯形，台芯碎石分层铺筑，外包毛石砌筑，坍塌成堆状，底径 13 米，顶径 5.5 米，残高 3.5 米，西侧隔谷与雕鹗 4 号烽火台成掎角之势，四周植被多为灌木和杂草。

1184. 雕鹗 7 号烽火台 130732353201171184

位于赤城县雕鹗村东北约 900 米，坐标：东经 115° 5′ 06.60″，北纬 40° 43′ 34.40″，高程 1021 米。

烽火台平面呈矩形，剖面呈梯形，台芯碎石分层铺筑，外包毛石砌筑，坍塌成堆状，东西长 4.6 米，南北宽 4.5 米，高 3.5 米，北侧山顶为长城主线，四周植被多为灌木和杂草。

1185. 雕鹗 8 号烽火台 130732353201171185

位于赤城县雕鹗村东北约 600 米，坐标：东经 115° 49′ 41.60″，北纬 40° 43′ 39.70″，高程 1187 米。

烽火台平面呈矩形，剖面呈梯形，台芯碎石分层铺筑，外包毛石砌筑，坍塌成堆状，南北长 7 米，东西长 6.5 米，高 3.5 米，顶部存后期人为挖掘的大坑，东西宽 2.5 米，南北长 3 米，深 1.1 米，北侧山下为通往赤城的公路，西侧为通往龙关的公路，西南为通往沙城的公路，东侧为通往后城至承德的公路，四周植被多为灌木和杂草。

1186. 雕鹗 9 号烽火台 130732353201171186

位于赤城县雕鹗村东北约 700 米，坐标：东经 115° 49′ 45.10″，北纬 40° 43′ 42.20″，高程 1214 米。

烽火台平面呈矩形，剖面呈梯形，台芯碎石分层铺筑，外包毛石砌筑，坍塌成堆状，南北长 6.5 米，东西长 7 米，高 3 米，山下为东窑村及通往承德的公路，四周植被多为灌木和杂草。

1187. 雕鹗 10 号烽火台 130732353201171187

位于赤城县雕鹗村东北约 700 米，坐标：东经 115° 49′ 46.90″，北纬 40° 43′ 44.40″，高程 1230 米。

烽火台平面呈矩形，剖面呈梯形，台芯碎石分层铺筑，外包毛石砌筑，坍塌成堆状，东西长 9 米，南北宽 8.5 米，高 3.8 米，西侧存房址一处，墙宽 0.6 米，残高 1 米，四周散落少量碎砖，四周植被多为灌木和杂草。

1188. 雕鹗 11 号烽火台 130732353201171188

位于赤城县雕鹗村东北约 700 米，坐标：东经 115° 49′ 05.90″，北纬 40° 43′ 41.30″，高程 1190 米。

烽火台平面呈矩形，剖面呈梯形，台芯碎石分层铺筑，外包毛石砌筑，坍塌成堆状，东西宽 7 米，南北长 7.5 米，南侧高 4 米，顶部存人为挖掘的大坑，东西长 2.5 米，深 0.7 米，南侧山下为东窑村，四周散落少量碎砖，宽 0.19 ～ 0.2 米，厚 0.075 ～ 0.09 米，四周植被多为灌木和杂草。

1189. 雕鹗 12 号烽火台 130732353201171189

位于赤城县雕鹗村南约 500 米，坐标：东经 115° 49′ 07.30″，北纬 40° 42′ 52.00″，高程 1032 米。

烽火台平面呈圆形，剖面呈梯形，台芯碎石分层铺筑，外包毛石砌筑，坍塌成堆状，底径 8.3 米，高 5 米，东立面存外包毛石墙，长 1.59 米，高 1 米，南立面存外包毛石墙，长 4.2 米，高 0.5 ～ 4.3 米，北立面存外包毛石墙，长 1.59 米，高 1 米，四周植被多为灌木和杂草。

1190. 雕鹗 13 号烽火台 130732353201171190

位于赤城县雕鹗村南约 500 米，坐标：东经 115° 49′ 07.90″，北纬 40° 42′ 05.30″，高程 1036 米。

烽火台平面呈圆形，剖面呈梯形，台芯碎石分层铺筑，外包毛石砌筑，坍塌成堆状，底径 7.5 米，高 5.3 米，四周植被多为灌木和杂草。

1191. 雕鹗 14 号烽火台 130732353201171191

位于赤城县雕鹗村西南约 500 米，坐标：东经 115° 48′ 39.90″，北纬 40° 42′ 44.00″，高程 883 米。

围堡式烽火台，平面呈环形，烽火台居中，周围设置围墙。

烽火台平面呈圆形，剖面呈梯形，台芯素土分层夯筑，外包城砖砌筑，东西长 6 米，南北最宽处 7 米，最窄处 2 米，高 5 米，外包砖无存，受风雨侵蚀，表面夯土脱落，北侧 200 米为公路，西北角 50 米处有移动信号塔一座。

围墙素土分层夯筑，夯层厚 0.09 ～ 0.14 米，东、南墙无存，西墙存高 1.3 米，北墙厚 0.8 米，存高 1 ～ 1.6 米，四周植被多为灌木和杂草。

1192. 雕鹗 15 号烽火台 130732353201171192

位于赤城县雕鹗村西南约 1.5 千米，坐标：东经 115° 48′ 06.00″，北纬 40° 42′ 44.00″，高程 895 米。

烽火台平面呈圆形，剖面呈梯形，台芯碎石分层铺筑，外包毛石砌筑，坍塌成堆状，底径 10.5 米，顶径 6.3 米，高 3.8 米，东侧 200 米为公路，南侧 500 米为雕鹗农场，四周植被多为灌木和杂草。

1193. 雕鹗 16 号烽火台 130732353201171193

位于赤城县小雕鹗村东北约 1 千米（雕鹗村与小雕鹗村之间的炮山上），坐标：东经 115° 47′ 44.70″，北纬 40° 42′ 57.70″，高程 1070 米。

烽火台平面呈圆形，剖面呈梯形，台芯碎石分层铺筑，外包城砖砌筑，坍塌成堆状，顶径 2.8 米，底径 7.8 米，北侧高 4.1 米，四周散落少量碎砖，宽 0.19 米，厚 0.075 米，南侧 1.5 千米为公路，北侧 1 千米为红河，四周植被多为灌木和杂草。

1194. 黎家窑 1 号烽火台 130732353201171194

位于赤城县黎家窑村北约 1.5 千米的高山上，坐标：东经 115° 51′ 27.40″，北纬 40° 44′ 27.60″，高程 1304 米。

烽火台平面呈圆形，剖面呈梯形，台芯碎石分层铺筑，外包毛石砌筑，坍塌成堆状，底径 8.5 米，高 4.5 米，西南角存后期人为毛石垒砌的牛圈，四周植被多为灌木和杂草。

1195. 石家窑 1 号烽火台 130732353201171195

位于赤城县石家窑村东南约 1.6 千米的高山上，坐标：东经 115° 53′ 13.60″，北纬 40° 44′ 43.10″，高程 1110 米。

烽火台平面呈圆形，剖面呈梯形，台芯碎石分层铺筑，外包毛石砌筑，坍塌成堆状，底径 11 米，高 5 米，顶部存后期人为垒砌的石圈，中间为水泥质标桩，刻写"护林有责"，四周植被多为灌木和杂草。

1196. 石家窑 2 号烽火台 130732353201171196

位于赤城县石家窑村东南约 2.2 千米，坐标：东经 115° 52′ 51.60″，北纬 40° 44′ 27.40″，高程 886 米。

烽火台平面呈圆形，剖面呈梯形，台芯碎石分层铺筑，外包毛石砌筑，坍塌成堆状，底径 9 米，高 4.5 米，北立面存人为挖掘的孔洞一处，长 2.3 米，宽 2 米，深 1.3 米，洞内可见桦木拉筋，四周散落少量碎砖，四周植被多为灌木和杂草。

1197. 东新堡 1 号烽火台 130732353201171197

位于赤城县东新堡村西北约 1 千米的坟树堆梁上，坐标：东经 115° 52′ 14.00″，北纬 40° 43′ 50.70″，高程 1066 米。

烽火台平面呈圆形，剖面呈梯形，台芯碎石分层铺筑，外包毛石砌筑，坍塌成堆状，底径 8.5 米，高 4.5 米，北侧长有榆树一棵，胸径 0.32 米，北侧 15 米为高压线电塔，四周植被多为灌木和杂草。

1198. 东新堡 2 号烽火台 130732353201171198

位于赤城县东新堡村南约 100 米的高台之上，坐标：东经 115° 52′ 22.30″，北纬 40° 43′ 13.70″，高程 832 米。

围堡式烽火台，总体布局为"回"字形，烽火台居中，四周设置围墙。

烽火台平面呈矩形，剖面呈梯形，台芯素土分层夯筑，外包城砖砌筑，东西长 15 米，南北长 8.5 米，高 10 米，受风雨侵蚀，表面夯土脱落，四周散落碎砖瓦，西北角 2 米处有信号塔一座。

围墙素土分层夯筑，南墙距台体 20 米，东、西墙距台体 5 米，北墙距台体 20 米，墙宽 2.8 米，高 0.8 ～ 3 米，周边为农田，多种植玉米等农作物。

1199. 孙庄 1 号烽火台 130732353201171199

位于赤城县孙庄村北约 1.5 千米的山谷中隘口处，坐标：东经 115° 55′ 48.20″，北纬 40° 43′ 17.40″，高程 973 米。

烽火台平面呈圆形，剖面呈梯形，台芯碎石分层铺筑，外包毛石砌筑，坍塌成堆状，底径 8 米，残高 2.5 米，东侧 30 米有乡间小路，北侧 10 米外为隘口墙，四周植被多为灌木和杂草。

1200. 孙庄 2 号烽火台 130732353201171200

位于赤城县孙庄村西约 760 米的高山上，坐标：东经 115° 54′ 42.20″，北纬 40° 42′ 19.30″，高程 878 米。

烽火台平面呈圆形，剖面呈梯形，台芯碎石分层铺筑，外包毛石砌筑，坍塌成堆状，底径 7 米，残高 3 米，北侧为陡崖，崖下为红河，西侧为陡坡，东、南侧为沟谷，四周植被多为灌木和杂草。

1201. 孙庄 3 号烽火台 130732353201171201

位于赤城县孙庄村东北约 100 米，坐标：东经 115° 55′ 18.20″，北纬 40° 42′ 20.30″，高程 780 米。

烽火台平面呈矩形，剖面呈梯形，台芯素土分层夯筑，外包城砖砌筑，东西宽 5 米，南北长 7 米，残高 4.3 米，坍塌成圆形土堆状，受风雨侵蚀，表面夯土脱落，东北角 15 米有信号塔一座，东南角 10 米建有信号站，南侧 50 米为滦平通往赤城的公路，四周植被多为灌木和杂草。

1202. 尤庄 1 号烽火台 130732353201171202

位于赤城县尤庄村西南约 600 米的高山上，坐标：东经 115° 54′ 24.70″，北纬 40° 42′ 38.20″，高程 865 米。

烽火台平面呈圆形，剖面呈梯形，台芯素土分层夯筑，外包城砖砌筑，坍塌成堆状，底径 8 米，顶径 3.5 米，残高 4.6 米，东南侧 40 米有塔架一座，北侧为悬崖，崖下为红河，西侧临沟谷，谷底为公路，顶部杂草滋长，四周植被多为灌木和杂草。

1203. 小雕鹗村 1 号烽火台 130732353201171203

位于赤城县小雕鹗村东南约 700 米的田野中，坐标：东经 115° 47′ 41.70″，北纬 40° 42′ 27.00″，高程 867 米。

烽火台平面呈矩形，剖面呈梯形，台芯素土分层夯筑，夯层厚 0.2 米，外包城砖砌筑，东西长 15 米，南北宽 15 米，高 6 米，受风雨侵蚀，表面夯土脱落，东立面设梯道登顶，根部存条石基础，长 8 米，高 1 米，厚 0.3 米，台芯与条石之间素土夯筑，厚 1 米，顶部西侧存一测绘水泥方桩，北侧 60 米为公路，四周为农田，多种植玉米等农作物。

1204. 小雕鹗 2 号烽火台 130732353201171204

位于赤城县小雕鹗村南约 600 米的田野中，坐标：东经 115° 46′ 53.40″，北纬 40° 42′ 15.50″，高程 884 米。

烽火台平面呈矩形，剖面呈梯形，台芯素土分层夯筑，夯层厚 0.08 ～ 0.18 米，外包城砖砌筑，东西长 15 米，南北宽 15 米，高 5 米，受风雨侵蚀，表面夯土脱落，东立面局部坍塌，根部呈斜坡状，高 2 米，东南角存有素土分层夯筑垛墙，夯层厚 0.08 ～ 0.2 米，长 3.2 米，高 2.5 米，厚 0.66 米，北侧 60 米为公路，路北为赤城县矿产品交易市场，近西北角存测绘水泥方桩，四周为农田，多种植玉米等农作物。

1205. 下虎 1 号烽火台 130732353201171205

位于赤城县下虎村西约 1.6 千米，坐标：东经 115° 43′ 38.70″，北纬 40° 44′ 09.30″，高程 1022 米。

烽火台平面呈圆形，剖面呈梯形，台芯素土分层夯筑，外包城砖砌筑，坍塌成堆状，顶径 5 米，底径 12 米，存高 3.7 米，东侧 80 米建有高压电塔一座，四周植被多为灌木和杂草。

1206. 大榆树 1 号烽火台 130732353201171206

位于赤城县大榆树村中，坐标：东经 115° 42′ 22.90″，北纬 40° 42′ 57.40″，高程 943 米。

烽火台平面呈矩形，剖面呈梯形，台芯素土分层夯筑，夯层厚 0.3 米，外包城砖砌筑，东西长 5 米，南北宽 3 米，残高 3 米，受风雨侵蚀，表面夯土脱落，东立面存人为挖掘的孔洞两处，北立面台芯存后期人为取土痕迹，南侧为废弃民房，北侧为村内道路，顶部长有榆树一棵，胸径 0.25 米，西北角 50 米处建有娘娘庙一座，年代不详。

1207. 大榆树 2 号烽火台 130732353201171207

位于赤城县大榆树村南约 500 米的山坡上，坐标：东经 115° 42′ 30.20″，北纬 40° 42′ 38.20″，高程 968 米。

烽火台平面呈矩形，剖面呈梯形，台芯素土分层夯筑，外包城砖砌筑，坍塌成堆状，南北长 6.2 米，东西宽 5.9 米，残高 2.7 米，南立面存人为挖掘的孔洞一处，宽 1 米，深 4.5 米，北立面根部坍塌成斜坡状，东侧 100 米的山坳上建有娘娘庙一座，南侧临松树林，四周植被多为灌木和杂草。

1208. 大榆树 3 号烽火台 130732353201171208

位于赤城县大榆树村南约 500 米的山坡上，坐标：东经 115° 42′ 35.90″，北纬 40° 42′ 38.00″，高程 970 米。

烽火台平面呈矩形，剖面呈梯形，台芯素土分层夯筑，夯层厚 0.18 ～ 0.23 米，外包城砖砌筑，底部东西宽 7 米，南北长 7 米，顶部东西宽 3.5 米，南北长 4 米，高 5.6 米，受风雨侵蚀，表面夯土脱落，东北角坍塌，四周为农田，多种植谷子等农作物。

1209. 朱家窑 1 号烽火台 130732353201171209

位于赤城县朱家窑村南约 800 米的黄土岗上，坐标：东经 115° 45′ 51.70″，北纬 40° 42′ 51.80″，高程 953 米。

烽火台平面呈圆形，剖面呈梯形，台芯素土分层夯筑，外包城砖砌筑，坍塌成堆状，底径 20 米，顶径 8 米，存高 9 米，四周散落战汉时期夹蚌红陶片等，四周植被多为灌木和杂草。

1210. 朱家窑 2 号烽火台 130732353201171210

位于赤城县朱家窑村西南约 1.5 千米的山脊上，坐标：东经 115° 45′ 12.80″，北纬 40° 42′ 47.00″，高程 1066 米。

烽火台平面呈圆形，剖面呈梯形，台芯碎石分层铺筑，外包毛石砌筑，坍塌成堆状，直径 5 米，残高 0.2 ～ 1.5 米，东北角存人为挖掘的孔洞一处，直径 1 米，深 1.2 米，东侧连接山脉，南侧临沟谷，西侧临陡崖，四周植被多为灌木和杂草。

1211. 行字铺 1 号烽火台 130732353201171211

位于赤城县行字铺村西端，坐标：东经 115° 45′ 31.20″，北纬 40° 41′ 32.20″，高程 907 米。

烽火台平面呈圆形，剖面呈梯形，台芯素土分层夯筑，夯层厚 0.2 米，外包城砖砌筑，底部东西长 14 米，南北宽 14 米，存高 6 米，受风雨侵蚀，表面夯土脱落，西立面坍塌，北立面根部坍塌成斜坡状，高 4.5 米，西南角邻村办砖厂，北侧 150 米为公路，西北角 5 米长有榆树一棵，胸径 0.2 米。

1212. 东山庙 1 号烽火台 130732353201171212

位于赤城县东山庙村东北约 1.5 千米，坐标：东经 115° 44′ 33.60″，北纬 40° 40′ 42.90″，高程 1077 米。

烽火台平面呈圆形，剖面呈梯形，台芯素土分层夯筑，外包城砖砌筑，坍塌成堆状，高 1.5 米，西距东山庙村约 1.5 千米，北侧山下约 400 米为沙城至雕鄂公路，四周植被多为灌木和杂草。

1213. 东山庙 2 号烽火台 130732353201171213

位于赤城县东山庙村东北约 1 千米，坐标：东经 115° 44′ 36.60″，北纬 40° 40′ 33.60″，高程 1088 米。

烽火台平面呈圆形，剖面呈梯形，台芯素土分层夯筑，外包城砖砌筑，坍塌成堆状，底径 9 米，高 4.8 米，南侧为群山，西南与东山庙村相望，四周植被多为灌木和杂草。

1214. 东山庙 3 号烽火台 130732353201171214

位于赤城县东山庙村西北约 200 米的黄土山梁南端，坐标：东经 115° 43′ 22.00″，北纬 40° 40′ 31.10″，高程 992 米。

烽火台平面呈矩形，剖面呈梯形，台芯素土分层夯筑，外包城砖砌筑，坍塌成堆状，东西宽 6 米，南北长 8 米，残高 2.3 米，东南角存人为挖掘的孔洞一处，宽 2 米，深 1 米，长 2.5 米，东北角 50 米有移动信号塔一座，西北角长有山杏树一棵，胸径 0.18 米，四周植被多为灌木和杂草。

1215. 东山庙 4 号烽火台 130732353201171215

位于赤城县东山庙村南约 900 米的山脊上，坐标：东经 115° 43′ 34.20″，北纬 40° 39′ 58.80″，高程 1088 米。

烽火台平面呈圆形，剖面呈梯形，台芯土石分层夯筑，外包城砖砌筑，坍塌成堆状，底径 9 米，顶径 4.2 米，残高 3.6 米，四周散落少量碎砖瓦，砖厚 0.06 米，瓦厚 0.02 米，北侧山脚下为公路，西侧 500 米为公路收费站，东、西侧临陡坡，顶部杂草滋长，四周植被多为灌木和杂草。

1216. 南垸 1 号烽火台 130732353201171216

位于赤城县南垸村南小山坡上，东经 115° 45′ 27.9″，北纬 40° 40′ 3.50″，高程 1080 米。

烽火台平面呈矩形，剖面呈梯形，台芯土石分层夯筑，外包城砖砌筑，坍塌成堆状，南北长 5 米，东西宽 3 米，北侧高 3.8 米，南侧立水泥质纪念碑一座，碑文刻写"纪念一九四五年四月南垸战斗"，下款"1982 年 2 月立"，四周散落少量碎砖瓦，四周植被多为灌木和杂草。

1217. 马家堡 1 号烽火台 130732353201171217

位于赤城县马家堡村东约 1 千米的山脊上，坐标：东经 115° 41′ 50.70″，北纬 40° 39′ 42.10″，高程 1145 米。

烽火台平面呈圆形，剖面呈梯形，台芯碎石分层铺筑，外包毛石砌筑，坍塌成堆状，底径 8 米，顶径 5 米，残高 1 米，东西侧为沟谷，南北连山脊，南侧 800 米为公路，顶部存后期人为垒砌的石堆，边长 2.1 米，高 2 米，四周植被多为灌木和杂草。

1218. 马家堡 2 号烽火台 130732353201171218

位于赤城县马家堡村东 1.9 千米的山脊上，坐标：东经 115° 42′ 18.50″，北纬 40° 39′ 18.40″，高程 1020 米。

烽火台平面呈圆形，剖面呈梯形，台芯土石分层夯筑，外包毛石砌筑，坍塌成堆状，底径 13 米，高 5 米，南立面存人为挖掘的孔洞一处，长 2.5 米，宽 0.8 米，深约 5 米，四周植被多为灌木和杂草。

1219. 马家堡 3 烽火台 130732353201171219

位于赤城县马家堡南约 2 千米，坐标：东经 115° 40′ 41.70″，北纬 40° 38′ 22.20″，高程 1361 米。

烽火台平面呈圆形，剖面呈梯形，台芯碎石分层铺筑，外包毛石砌筑，坍塌成堆状，底径 11 米，残高 1.8 米，顶部存人为挖掘的空洞一处，宽 1 米，深 0.6 米，四周植被多为灌木和杂草。

1220. 马家堡 4 烽火台 130732353201171220

位于赤城县马家堡东南约 2.2 千米，坐标：东经 115° 41′ 07.90″，北纬 40° 38′ 11.10″，高程 1206 米。

烽火台平面呈圆形，剖面呈梯形，台芯素土分层夯筑，外包城砖砌筑，城砖规格：0.39 米 ×0.19 米 × 0.09 米，坍塌成堆状，底径 7.8 米，顶径 4.5 米，残高 2.2 米，四周为农田，多种植玉米等农作物。

1221. 郭家窑 1 号烽火台 130732353201171221

位于赤城县郭家窑东北约 1 千米，坐标：东经 115° 40′ 48.30″，北纬 40° 37′ 13.40″，高程 1081 米。

围堡式烽火台，平面呈环形，烽火台居中，周围设置围墙。

烽火台平面呈圆形，台芯土石分层铺筑，外包毛石砌筑，坍塌成堆状，底径 12.5 米。

围墙土石分层夯筑，南北宽 39.6 米，东西长 45 米，北墙坍塌成石垄状，存长 25 米，高 2.8 米，宽 4.5 米，东、南、西三面围墙无存；东西围墙中间各设一石台，向内凸出，东侧毛石台基为矩形，东西长 9 米，南北宽 7 米，高 4.6 米，西侧毛石台基，东西长 3.3 米，南北宽 5.2 米，高 2.8 米，西墙存河卵石石堆，直径 11 米，高 3.1 米，东侧石堆上发现少量碎砖瓦，砖厚 0.05 米，砖上有白灰，布纹瓦厚 0.02 米，四周植被多为灌木和杂草。

1222. 郭家窑 2 号烽火台 130732353201171222

位于赤城县郭家窑村东北约 600 米的山脊上，坐标：东经 115° 40′ 48.00″，北纬 40° 37′ 00.60″，高程 1198 米。

烽火台平面呈圆形，剖面呈梯形，台芯碎石分层铺筑，外包毛石砌筑，坍塌成堆状，底径 12.7 米，顶径 5.6 米，残高 4.5 米，西侧山脚下为 S241 线，北侧沟谷下为公路，四周植被多为灌木和杂草。

1223. 大鹰窝沟 1 号烽火台 130732353201171223

位于赤城县大龙王堂村西南约 1.6 千米，坐标：东经 115° 28′ 25.20″，北纬 40° 45′ 30.90″，高程 1290 米。

烽火台平面呈矩形，剖面呈梯形，台芯素土分层夯筑，夯层厚 0.16 米，外包城砖砌筑，东西宽 0.8 米，南北长 4 米，高 3 米，受风雨侵蚀，表面夯土脱落，自上而下形成雨水冲沟数条，四周植被多为灌木和杂草。

1224. 二道洼 1 号烽火台 130732353201171224

位于赤城县二道洼村东北约 900 米，坐标：东经 115° 33′ 39.40″，北纬 40° 42′ 19.20″，高程 1223 米。

烽火台平面呈矩形，剖面呈梯形，台芯素土分层夯筑，夯层厚 0.08～0.12 米，外包城砖砌筑，底部东西长 8 米，南北宽 7.8 米，顶部东西宽 2 米，南北长 3.4 米，存高 3.4 米，受风雨侵蚀，表面夯土脱落，自上而下形成雨水冲沟数条，北立面根部坍塌成斜坡状，高 2.8 米，四周植被多为灌木和杂草。

1225. 二道洼 2 号烽火台 130732353201171225

位于赤城县二道洼村东北约 900 米，坐标：东经 115° 33′ 38.20″，北纬 40° 42′ 16.60″，高程 1222 米。

烽火台平面呈圆形，剖面呈梯形，台芯碎石分层铺筑，外包毛石砌筑，坍塌成堆状，底径 11 米，顶径 4.5 米，残高 4.2 米，北侧为陡坡，其他三面连山脊，四周植被多为灌木和杂草。

1226. 锁阳关 1 号烽火台 130732353201171226

位于赤城县锁阳关东南约 3 千米，坐标：东经 115° 31′ 20.00″，北纬 40° 43′ 05.60″，高程 1394 米。

烽火台平面呈圆形，剖面呈梯形，台芯碎石分层铺筑，外包毛石砌筑，坍塌成堆状，底径 12 米，高 4.8 米，东侧为采矿大坑，西侧为尾矿料堆放场，南侧建有移动信号塔一座，四周植被多为灌木和杂草。

1227. 蔡庄子村 1 号烽火台 130732353201171227

位于赤城县蔡庄子村北约 300 米，坐标：东经 115° 36′ 48.00″，北纬 40° 41′ 47.50″，高程 1122 米。

围堡式烽火台，总体布局为"回"字形，烽火台居中，四周设置围墙。

烽火台平面呈矩形，剖面呈梯形，台芯素土分层夯筑，夯层厚 0.1～0.2 米，外包城砖砌筑，东西长 7.2 米，南北宽 6 米，南侧高 4.3 米，北侧高 8.2 米，南立面根部坍塌成斜坡状，东、西、北三面为陡坡，南侧连接山脊。

围墙土石分层夯筑，东、北两面围墙坍塌无存，南墙存高 1.7～2.1 米，厚 1.9 米，中部辟门，宽 2.7 米；西墙存高 3 米，厚 1.3 米；东南角存素土夯筑角台，东西宽 4 米，南北长 4.5 米，高 7 米，围墙内东南角长有杏树一棵，胸径 0.13 米，四周植被多为灌木和杂草。

1228. 王家窑 1 号烽火台 130732353201171228

位于赤城县王家窑村西约 1 千米的田野中，坐标：东经 115° 33′ 13.40″，北纬 40° 41′ 04.30″，高程 1065 米。

围堡式烽火台，总体布局为"回"字形，烽火台居中，四周设置围墙。

烽火台平面呈矩形，剖面呈梯形，台芯素土分层夯筑，夯层厚 0.23～0.3 米，外包城砖砌筑，底部东西长 9.2 米，南北宽 9 米，顶部东西长 6 米，南北宽 5.5 米，北侧 50 米为田家窑至王家窑村的乡镇公路，其他三面为农田。

围墙素土分层夯筑，夯层厚 0.06～0.1 米；东墙存高 1.5～2.5 米；南墙存高 0.8～1 米；西墙存高 1.2～2.3 米，底宽 2.3 米，顶宽 0.8 米；北墙存高 1.2～1.7 米，围墙内地势平坦，南侧长有榆树一棵，胸径 0.35 米，四周为农田，多种植玉米等农作物。

1229. 卧虎山 1 号烽火台 130732353201171229

位于赤城县陈家窑村东北约 500 米卧虎山上，坐标：东经 115° 31′ 49.10″，北纬 40° 40′ 09.20″，高程 1157 米。

烽火台平面呈矩形，剖面呈梯形，台芯素土分层夯筑，外包城砖砌筑，东西宽 5 米，南北长 6 米，高 3 米，受风雨侵蚀，表面夯土脱落，下设素土夯筑台基，高 5 米，夯层厚 0.2 米，东立面根部存人为挖掘的孔洞一处，宽 0.6 米，高 0.3 米，北立面根部坍塌成斜坡状，高 2.5 米，四周散落少量碎砖瓦，四周植被多为灌木和杂草。

1230. 上仓 1 号烽火台 130732353201171230

位于赤城县上仓村西北约 1.3 千米的山巅，坐标：东经 115° 31′ 22.15″，北纬 40° 38′ 54.90″，高程 1338 米。

烽火台平面呈圆形，剖面呈梯形，台芯碎石分层铺筑，外包毛石砌筑，坍塌成堆状，底径 11 米，顶径 7.2 米，残高 1.5 米，东侧约 1 千米为公路，南、北侧为山谷，东、西侧为陡坡，四周植被多为灌木和杂草。

1231. 上仓 2 号烽火台 130732353201171231

位于赤城县田家窑乡下仓村东约 1 千米的高山之巅，坐标：东经 115° 32′ 24.10″，北纬 40° 37′ 55.40″，高程 1375 米。

烽火台平面呈圆形，剖面呈梯形，台芯碎石分层铺筑，外包毛石砌筑，坍塌成堆状，底径 10.2 米，残高 1.6 米，顶部存人为挖掘的坑洞两处，直径 1.2 米，深 0.8 米，西南角 800 米为公路及季节性河流，四周植被多为灌木和杂草。

1232. 高栅子 1 号烽火台 130732353201171232

位于赤城县田家窑乡高栅子村东北约 1.2 千米的山脊上，坐标：东经 115° 35′ 38.20″，北纬 40° 37′ 38.20″，高程 1526 米。

烽火台平面呈圆形，剖面呈梯形，台芯素土分层夯筑，夯层厚 0.16 米，外包城砖砌筑，底径 4.3 米，顶径 2.4 米，残高 2.5 米，受风雨侵蚀，表面夯土脱落，自上而下形成雨水冲沟数条，西面有竖向通裂缝两条，宽 0.11 ~ 0.18 米，四周植被多为灌木和杂草。

1233. 高栅子 2 号烽火台 130732353201171233

位于赤城县田家窑乡高栅子村东北 1 千米的山脊上，坐标：东经 115° 35′ 28.90″，北纬 40° 37′ 35.90″，高程 1512 米。

烽火台平面呈圆形，剖面呈梯形，台芯碎石分层铺筑，外包毛石砌筑，坍塌成堆状，底径 11.2 米，顶径 4.3 米，残高 3.1 米，顶部存后期人为毛石垒砌的石柱，四周植被多为灌木和杂草。

1234. 高栅子 3 号烽火台 130732353201171234

位于赤城县田家窑乡高栅子村东北约 1 千米的山脊上，坐标：东经 115° 34′ 43.30″，北纬 40° 36′ 57.20″，高程 1318 米。

烽火台平面呈矩形，剖面呈梯形，台芯素土分层夯筑，夯层厚 0.2 米，外包城砖砌筑，底部东西长

3米，南北宽2.1米，顶部东西长1.8米，南北宽1.2米，残高4.1米，东立面上部坍塌缺失，宽1.8米，高1.9米，存孔洞一处，宽0.6米，高0.4米，自上而下形成雨水冲沟数条，西侧长有榆树5棵，胸径0.03～0.12米，台体四周存辽金时期遗物，周边为农田，多种植玉米等农作物。

1235. 龙拔石1号烽火台 130732353201171235

位于赤城县田家窑乡龙拔石村西南约1.2千米的山顶上，坐标：东经115°35′40.70″，北纬40°36′00.30″，高程1600米。

烽火台平面呈圆形，剖面呈梯形，台芯碎石分层铺筑，外包毛石砌筑，坍塌成堆状，底径16.5米，东侧高6.3米，西侧高5米，东北侧山下为龙拔石村，底部周围存壕沟一道，宽1.2米，深0.6米，四周植被多为灌木和杂草。

1236. 三河堡1号烽火台 130732353201171236

位于赤城县大海陀镇三河堡村南约2千米的大山顶部，坐标：东经115°36′38.80″，北纬40°34′29.10″，高程1617米。

烽火台平面呈矩形，剖面呈梯形，台芯碎石分层铺筑，外包毛石砌筑，坍塌成堆状，东西宽12米，南北长16米，高5.5米，顶部存石圈一处，直径2米，深1.1米，东、西、南群山环绕，北侧距斗营村约1.5千米，东、西、北为陡崖，南侧为山路，北侧山下为桦树林，四周植被多为灌木和杂草。

1237. 杨家窑1号烽火台 130732353201171237

位于赤城县大海陀镇杨家窑村东南约500米，坐标：东经115°32′44.00″，北纬40°36′04.60″，高程1428米。

烽火台平面呈圆形，剖面呈梯形，台芯碎石分层铺筑，外包毛石砌筑，坍塌成堆状，底径9米，顶径4.7米，残高3米，四周散落布纹瓦、条砖，砖宽0.15米，厚0.055米，板瓦厚0.02米，筒瓦直径0.12米，厚0.02米，四周植被多为灌木和杂草。

1238. 上斗营1号烽火台 130732353201171238

位于赤城县大海陀镇上斗营村北约1.3千米的山脊上，坐标：东经115°32′36.50″，北纬40°36′16.10″，高程1407米。

烽火台仅存遗迹，四周散落大量绳纹砖，宽0.16米，厚0.055米，砖刻14道绳纹，四周植被多为灌木和杂草。

1239. 上斗营2号烽火台 130732353201171239

位于赤城县大海陀镇上斗营村北约500米的山脊上，坐标：东经115°32′38.60″，北纬40°35′52.30″，高程1459米。

烽火台平面呈圆形，剖面呈梯形，台芯碎石分层铺筑，外包毛石砌筑，坍塌成堆状，底径12米，顶径7米，残高3.5米，顶部杂草滋长，四周植被多为灌木和杂草。

1240. 上斗营3号烽火台 130732353201171240

位于赤城县大海陀镇上斗营村西北约400米，坐标：东经115°33′01.60″，北纬40°35′35.20″，高程1412米。

烽火台平面呈矩形，剖面呈梯形，台芯碎石分层铺筑，外包毛石砌筑，坍塌成堆状，底部东西宽 7 米，南北长 10 米，顶部东西宽 3.6 米，南北长 4.5 米，高 3 米，南侧存外包毛石，厚 0.7 米，高 0.1～0.15 米，台体南侧 25 米处原有庙宇，仅存基址，基址南侧 4.3 米处红色山岩上存石臼一个，直径 0.13 米，深 0.2 米，东侧长有榆树一棵，胸径 0.08 米，四周散落少量碎砖瓦，四周植被多为灌木和杂草。

1241. 上斗营 4 号烽火台 130732353201171241

位于赤城县大海陀镇上斗营村西南约 300 米，坐标：东经 115° 33′ 23.30″，北纬 40° 35′ 24.60″，高程 1355 米。

烽火台平面呈圆形，剖面呈梯形，台芯素土分层夯筑，外包城砖砌筑，坍塌成堆状，底径 12 米，顶径 3.8 米，高 3.8 米，四周植被多为灌木和杂草。

1242. 上斗营 5 号烽火台 130732353201171242

位于赤城县大海陀镇上斗营村西南约 600 米，坐标：东经 115° 32′ 55.40″，北纬 40° 35′ 20.30″，高程 1479 米。

烽火台平面呈圆形，剖面呈梯形，台芯碎石分层铺筑，外包毛石砌筑，坍塌成堆状，底径 9 米，顶径 4.5 米，高 2.3 米，四周植被多为灌木和杂草。

1243. 小庄科 1 号烽火台 130732353201171243

位于赤城县大海陀镇小庄科村西南约 1 千米的高山上，坐标：东经 115° 33′ 01.40″，北纬 40° 34′ 18.60″，高程 1606 米。

烽火台平面呈圆形，剖面呈梯形，台芯碎石分层铺筑，外包毛石砌筑，坍塌成堆状，底径 12 米，顶径 4.5 米，残高 3.6 米，东、西临沟谷，谷底各建有铁矿石选矿厂一座，四周植被多为灌木和杂草。

1244. 小庄科 2 号烽火台 130732353201171244

位于赤城县大海陀镇小庄科村西南约 800 米的高山上，坐标：东经 115° 33′ 21.10″，北纬 40° 34′ 22.40″，高程 1489 米。

烽火台平面呈圆形，剖面呈梯形，台芯碎石分层铺筑，外包毛石砌筑，坍塌成堆状，底径 12 米，高 4.5 米，顶部有木质标杆一根，高 5 米，东北侧为小庄科村，西南侧建有选矿厂一座，四周植被多为灌木和杂草。

1245. 小庄科 3 号烽火台 130732353201171245

位于赤城县大海陀镇小庄科村南约 1 千米的高山上，坐标：东经 115° 33′ 44.80″，北纬 40° 34′ 16.00″，高程 1558 米。

烽火台平面呈矩形，剖面呈梯形，台芯碎石分层铺筑，外包毛石砌筑，坍塌成堆状，底部东西宽 14 米，南北长 20 米，顶部东西长 10 米，南北宽 7.5 米，南侧高 3 米，顶部存坑洞一个，东西宽 0.9 米，南北长 1.4 米，深 1 米，四周散落少量碎砖，四周植被多为灌木和杂草。

1246. 小庄科 4 号烽火台 130732353201171246

位于赤城县大海陀镇小庄科村东南约 1.5 千米的高山上，坐标：东经 115° 34′ 09.80″，北纬 40° 34′ 08.30″，高程 1682 米。

烽火台平面呈圆形，剖面呈梯形，台芯土石分层铺筑，外包毛石砌筑，坍塌成堆状，底径 15 米，高 5 米，东、北两侧为桦树林。

1247. 海家窑马面 01 号 130732352102171247

位于赤城县海家窑村西北约 2 千米，坐标：东经 115° 29′ 45.60″，北纬 41° 12′ 10.20″，高程 1644 米。

平面呈矩形，台芯碎石分层铺筑，外包毛石砌筑，坍塌成堆状，向西凸出墙体 5.4 米，南北宽 7 米，残高 3.5 米，南、西、北三面为陡坡，四周植被多为灌木和杂草。

1248. 夭湾马面 01 号 130732352102171248

位于赤城县龙关镇夭湾村东南约 2.3 千米，坐标：东经 115° 25′ 34.00″，北纬 40° 48′ 44.10″，高程 1861 米。

平面呈矩形，台芯碎石分层铺筑，外包毛石砌筑，坍塌成堆状，向西凸出墙体 7 米，底径 10 米，顶径 4.5 米，高 5 米，四周植被多为灌木和杂草。

1249. 夭湾马面 02 号 130732352102171249

位于赤城县龙关镇夭湾村东南约 2 千米，坐标：东经 115° 25′ 22.80″，北纬 40° 48′ 26.20″，高程 1845 米。

平面呈矩形，台芯碎石分层铺筑，外包毛石砌筑，坍塌成堆状，东西宽 4 米，南北长 7 米，高 2.5 米，东侧与长城主线相接，四周植被多为灌木和杂草。

1250. 夭湾马面 03 号 130732352102171250

位于赤城县龙关镇夭湾村西约 2.8 千米，坐标：东经 115° 28′ 46.80″，北纬 40° 48′ 01.90″，高程 1694 米。

平面呈矩形，台芯碎石分层铺筑，外包毛石砌筑，坍塌成堆状，向北凸出墙体 7 米，东西长 6 米，高 2.8 米，四周植被多为灌木和杂草。

1251. 夭湾马面 04 号 130732352102171251

位于赤城县龙关镇夭湾村西 2.5 千米，坐标：东经 115° 28′ 00.30″，北纬 40° 47′ 49.70″，高程 1675 米。

平面呈矩形，台芯碎石分层铺筑，外包毛石砌筑，坍塌成堆状，东西长 5 米，南北宽 3 米，高 2.5 米，东侧与长城主线相接，四周植被多为灌木和杂草。

1252. 前所马面 01 号 130732352102171252

位于赤城县前所村西北约 1.2 千米，坐标：东经 115° 33′ 42.90″，北纬 40° 48′ 16.50″，高程 1120 米。

平面呈矩形，台芯素土分层夯筑，夯层厚 0.12 ～ 0.18 米，外包城砖砌筑，向北凸出墙体 8 米，东西长 7 米，北侧高 5 米，受风雨侵蚀，表面夯土脱落，台体西侧存竖向裂缝一条，长 4 米，宽 0.08 ～ 0.34 米，顶部杂草滋长，四周为农田，多种植玉米等农作物。

1253. 前所马面 02 号 130732352102171253

位于赤城县前所村西北约 1.2 千米，坐标：东经 115° 33′ 30.20″，北纬 40° 48′ 14.80″，高程 1123 米。

平面呈矩形，台芯素土分层夯筑，夯层厚 0.11 ～ 0.19 米，外包城砖砌筑，向北凸出墙体 3 米，东西长 6.5 米，北侧缺失，受风雨侵蚀，表面夯土脱落，四周为农田，多种植玉米等农作物。

1254. 前所马面 03 号 130732352102171254

位于赤城县前所村西北约 900 米，坐标：东经 115° 33′ 11.10″，北纬 40° 48′ 11.50″，高程 1137 米。

平面呈矩形，台芯素土分层夯筑，夯层厚 0.14～0.2 米，外包城砖砌筑，向北凸出墙体 5 米，东西长 7 米，高 5 米，西侧为南北向土路，宽 6 米，受风雨侵蚀，表面夯土脱落，南侧长有一棵榆树，胸径 0.12 米，四周为农田，多种植玉米等农作物。

1255. 前所马面 04 号 130732352102171255

位于赤城县前所村西约 650 米，坐标：东经 115° 32′ 14.30″，北纬 40° 47′ 58.70″，高程 1185 米。

平面呈矩形，台芯素土分层夯筑，夯层厚 0.13～0.22 米，外包城砖砌筑，向北凸出墙体 4.5 米，东西长 4 米，高 4.5 米，东侧高 3 米，中部有人为挖掘的孔洞一处，宽 0.8 米，高 0.9 米，深 0.6 米，西侧为乡间小路，四周为农田，多种植玉米等农作物。

1256. 龙关镇周村马面 01 号 130732352102171256

位于赤城县周村东约 2.3 千米，坐标：东经 115° 36′ 01.20″，北纬 40° 48′ 08.00″，高程 1080 米。

平面呈矩形，台芯素土分层夯筑，夯层厚 0.09～0.18 米，外包城砖砌筑，向北凸出墙体 4.8 米，东西长 7.9 米，高 4.06 米，受风雨侵蚀，表面夯土脱落，顶部杂草滋长，四周为农田，多种植玉米等农作物。

1257. 龙关镇周村马面 02 号 130732352102171257

位于赤城县周村东约 2 千米，坐标：东经 115° 35′ 49.60″，北纬 40° 48′ 10.00″，高程 1087 米。

平面呈矩形，台芯素土分层夯筑，夯层厚 0.11～0.19 米，外包城砖砌筑，向北凸出墙体 3.5 米，东西长 8.2 米，高 3.8 米，受风雨侵蚀，表面夯土脱落，顶部杂草滋长，四周为农田，多种植玉米等农作物。

1258. 龙关镇周村马面 03 号 130732352102171258

位于赤城县周村东约 700 米，坐标：东经 115° 34′ 55.40″，北纬 40° 48′ 20.10″，高程 1108 米。

平面呈矩形，台芯素土分层夯筑，夯层厚 0.09～0.21 米，外包城砖砌筑，向北凸出墙体 8.8 米，东西长 6 米，高 6.3 米，东立面坍塌，西侧为乡间土路，宽 3.5 米，顶部杂草滋长，四周为农田，多种植土豆、玉米等农作物。

1259. 八里庄村马面 01 号 130732352102171259

位于赤城县八里庄村东北约 2 千米，坐标：东经 115° 38′ 55.70″，北纬 40° 47′ 45.70″，高程 1016 米。

平面呈矩形，台芯素土分层夯筑，夯层厚 0.12～0.2 米，外包城砖砌筑，向北凸出墙体 7.5 米，东西长 4.6 米，北侧高 6.1 米，南侧高 5.6 米，四周为农田，多种植玉米等农作物。

1260. 八里庄村马面 02 号 130732352102171260

位于赤城县八里庄村东北约 1.7 千米，坐标：东经 115° 38′ 41.20″，北纬 40° 47′ 45.80″，高程 1018 米。

平面呈矩形，台芯素土分层夯筑，夯层厚 0.08～0.2 米，外包城砖砌筑，向北凸出墙体 4.3 米，东西长 5.5 米，北侧高 4 米，南侧高 6 米，顶部杂草滋长，四周为农田，多种植玉米等农作物。

1261. 八里庄村马面 03 号 130732352102171261

位于赤城县八里庄村东北约 1.5 千米，坐标：东经 115° 38′ 29.80″，北纬 40° 47′ 45.90″，高程 1021 米。

平面呈矩形，台芯素土分层夯筑，夯层厚 0.09 ～ 0.18 米，外包城砖砌筑，向北凸出墙体约 7 米，东西长 6 米，北侧高 8 米，南侧高 2 米，南立面存人为挖掘的孔洞一处，宽 0.9 米，高 1.3 米，深 1.5 米，四周为农田，多种植玉米等农作物。

1262. 八里庄马面 04 号 130732352102171262

位于赤城县八里庄村东北约 1.3 千米，坐标：东经 115° 38′ 22.60″，北纬 40° 47′ 46.10″，高程 1022 米。

平面呈矩形，台芯素土分层夯筑，夯层厚 0.09 ～ 0.18 米，外包城砖砌筑，向北凸出墙体 2.5 米，东西长 5 米，北侧高 6 米，南侧高 6 米，顶部杂草滋长，四周为农田，多种植玉米等农作物。

1263. 八里庄马面 05 号 130732352102171263

位于赤城县八里庄村东北约 1 千米，坐标：东经 115° 38′ 14.20″，北纬 40° 47′ 46.30″，高程 1025 米。

平面呈矩形，台芯素土分层夯筑，夯层厚 0.08 ～ 0.19 米，外包城砖砌筑，向北凸出墙体 2.5 米，东西长 7 米，北侧高 3 米，南侧高 3.5 米，顶部平台约 6 平方米，北立面局部坍塌，顶部杂草滋长，四周为农田，多种植玉米等农作物。

1264. 八里庄马面 06 号 130732352102171264

位于赤城县八里庄村东北约 600 米，坐标：东经 115° 37′ 50.60″，北纬 40° 47′ 46.10″，高程 1032 米。

平面呈矩形，台芯素土分层夯筑，夯层厚 0.1 ～ 0.2 米，外包城砖砌筑，向北凸出墙体 3.5 米，东西长 4.2 米，北侧高 10.2 米，南侧高 5.3 米，顶部台面较平整。东立面根部坍塌成斜坡状，高 6.7 米，顶部杂草滋长，四周为农田，多种植玉米等农作物。

1265. 八里庄马面 07 号 130732352102171265

位于赤城县八里庄村西北约 400 米，坐标：东经 115° 37′ 36.10″，北纬 40° 47′ 47.30″，高程 1062 米。

平面呈矩形，台芯素土分层夯筑，夯层厚 0.12 ～ 0.2 米，外包城砖砌筑，向北凸出墙体 3.5 米，东西长 3 米，北侧高 3.5 米，南侧高 3.3 米，东侧为乡村土路，宽 2 米，四周为农田，多种植玉米等农作物。

1266. 八里庄马面 08 号 130732352102171266

位于赤城县八里庄村西北约 400 米，坐标：东经 115° 37′ 25.60″，北纬 40° 47′ 50.10″，高程 1046 米。

平面呈矩形，台芯素土分层夯筑，夯层厚 0.09 ～ 0.18 米，外包城砖砌筑，向北凸出墙体 3.5 米，东西宽 2.8 米，高 1 米，南侧高 3 米，北侧高约 15 米，北立面根部坍塌成斜坡状高 8 米，东南角存人为挖掘的孔洞一处，宽 1.2 米，高 1.3 米，深 3 米，顶部有矩形坑洞，顶部杂草滋长，四周为农田，多种植玉米等农作物。

1267. 八里庄马面 09 号 130732352102171267

位于赤城县八里庄村西北约 700 米，坐标：东经 115° 37′ 13.90″，北纬 40° 47′ 51.00″，高程 1058 米。

平面呈矩形，台芯素土分层夯筑，夯层厚 0.08 ～ 0.19 米，外包城砖砌筑，向北凸出墙体 3.5 米，东西长 9 米，高 5 米，坍塌严重，呈斜坡状，顶部杂草滋长，四周为农田，多种植玉米等农作物。

1268. 八里庄马面 10 号 130732352102171268

位于赤城县八里庄村西北约 800 米，坐标：东经 115° 37′ 02.60″，北纬 40° 37′ 53.90″，高程 1070 米。

平面呈矩形，台芯素土分层夯筑，夯层厚 0.08 ～ 0.17 米，外包城砖砌筑，向北凸出墙体 13.3 米，东西长 9 米，高 5 米，东、西立面根部坍塌成斜坡状，高 3.2 米，东侧为乡间土路，宽 3.8 米，台体南侧 2.85 米处有高压线塔一座，编号 "龙赤～回线 10 号"，四周为农田，多种植玉米等农作物。

1269. 八里庄马面 11 号 130732352102171269

位于赤城县八里庄村西北约 1.1 千米，坐标：东经 115° 36′ 50.90″，北纬 40° 47′ 56.50″，高程 1071 米。

平面呈矩形，台芯素土分层夯筑，夯层厚 0.09 ～ 0.18 米，外包城砖砌筑，向北凸出墙体 5 米，东西长 8.5 米，高 4.5 米，东、西、北三面根部坍塌成斜坡状，高 3.2 米，顶部杂草滋长，四周为农田，多种植玉米等农作物。

1270. 八里庄马面 12 号 130732352102171270

位于赤城县八里庄村西北约 1.4 千米，坐标：东经 115° 36′ 38.70″，北纬 40° 47′ 59.70″，高程 1060 米。

平面呈矩形，台芯素土分层夯筑，夯层厚 0.07 ～ 0.18 米，外包城砖砌筑，向北凸出墙体 8.1 米，东西长 7.5 米，高 3.5 米，顶部杂草滋长，四周为农田，多种植玉米等农作物。

1271. 八里庄马面 13 号 130732352102171271

位于赤城县八里庄村西北约 1.7 千米，坐标：东经 115° 36′ 25.60″，北纬 40° 48′ 02.20″，高程 1068 米。

平面呈矩形，台芯素土分层夯筑，夯层厚 0.09 ～ 0.18 米，外包城砖砌筑，向北凸出墙体 3.6 米，东西长 7.5 米，高 5 米，顶部杂草滋长，四周为农田，多种植玉米等农作物。

1272. 八里庄马面 14 号 130732352102171272

位于赤城县八里庄村西北约 2 千米，坐标：东经 115° 36′ 13.00″，北纬 40° 48′ 05.20″，高程 1079 米。

平面呈矩形，台芯素土分层夯筑，夯层厚 0.08 ～ 0.19 米，外包城砖砌筑，向北凸出墙体 4.2 米，东西长 8.6 米，高 4.1 米，台体坍塌成不规则状，东立面根部坍塌成斜坡状，高 3.2 米，东侧为乡村土路，宽 4 米，一条输电线路从台体西侧穿过，顶部杂草滋长，四周为农田，多种植玉米等农作物。

1273. 三岔口村马面 01 号 130732352102171273

位于赤城县三岔口村东南约 3 千米，坐标：东经 115° 42′ 18.40″，北纬 40° 46′ 39.10″，高程 988 米。

平面呈矩形，台芯素土分层夯筑，夯层厚 0.09 ～ 0.2 米，外包城砖砌筑，向北凸出墙体 8 米，东西长 4.5 米，高 4.7 米，顶部北侧宽 1.5 米，东立面存人为取土痕迹，四周为农田，多种植玉米等农作物。

1274. 三岔口村马面 02 号 130732352102171274

位于赤城县三岔口村东南约 2.2 千米，坐标：东经 115° 41′ 55.70″，北纬 40° 46′ 55.70″，高程 988 米。

平面呈矩形，台芯素土分层夯筑，夯层厚 0.17 ～ 0.2 米，外包城砖砌筑，向北凸出墙体 8 米，东西长 5.5 米，高 6.7 米，东立面存人为取土痕迹，四周为农田，多种植玉米等农作物。

1275. 三岔口村马面 03 号 130732352102171275

位于赤城县三岔口村东南约 1.4 千米，坐标：东经 115° 41′ 33.60″，北纬 40° 47′ 11.00″，高程 992 米。

平面呈矩形，台芯素土分层夯筑，夯层厚 0.12 ～ 0.18 米，外包城砖砌筑，向北凸出墙体 6.5 米，东西长 7 米，北侧高 6 米，东立面存人为挖掘的孔洞一处，宽 1.2 米，高 1.5 米，深 1.3 米，顶部杂草滋长，四周为农田，多种植玉米等农作物。

1276. 三岔口村马面 04 号 130732352102171276

位于赤城县三岔口村东南约 1.2 千米，坐标：东经 115° 41′ 23.60″，北纬 40° 47′ 17.30″，高程 993 米。

平面呈矩形，台芯素土分层夯筑，夯层厚 0.12 ～ 0.2 米，外包城砖砌筑，向北凸出墙体 5 米，东西长 5.5 米，高 6.3 米，南立面存人为取土痕迹，顶部杂草滋长，四周为农田，多种植玉米等农作物。

1277. 三岔口村马面 05 号 130732352102171277

位于赤城县三岔口村西约 700 米，坐标：东经 115° 39′ 51.70″，北纬 40° 47′ 45.40″，高程 998 米。

平面呈矩形，台芯素土分层夯筑，夯层厚 0.13 ～ 0.18 米，外包城砖砌筑，向北凸出墙体 5 米，东西长 2.8 米，北侧高 5 米，南侧高 2.5 米，顶部平台长 5 米，宽 2.8 米，台体存裂缝 3 条，宽 0.07 ～ 0.14 米，四周为农田，多种植玉米等农作物。

1278. 三岔口村马面 06 号 130732352102171278

位于赤城县三岔口村西约 1 千米，坐标：东经 115° 39′ 41.50″，北纬 40° 47′ 46.00″，高程 999 米。

平面呈矩形，台芯素土分层夯筑，夯层厚 0.12 ～ 0.16 米，外包城砖砌筑，向北凸出墙体 3 米，东西长 4 米，北侧高 11 米，南侧高 5 米，顶部杂草滋长，四周为农田，多种植玉米等农作物。

1279. 三岔口村马面 07 号 130732352102171279

位于赤城县三岔口村西约 1.5 千米，坐标：东经 115° 39′ 21.80″，北纬 40° 47′ 45.60″，高程 1004 米。

平面呈矩形，台芯素土分层夯筑，夯层厚 0.14 ～ 0.19 米，外包城砖砌筑，向北凸出墙体 9.5 米，东西宽 7 米，北侧高 11 米，南侧高 4 米，东北角坍塌缺失，四周植被多为灌木和杂草。

1280. 三岔口村马面 08 号 130732352102171280

位于赤城县三岔口村西约 1.8 千米，坐标：东经 115° 39′ 08.80″，北纬 40° 47′ 45.80″，高程 1005 米。

平面呈矩形，台芯素土分层夯筑，夯层厚 0.15 ～ 0.18 米，外包城砖砌筑，向北凸出墙体 3.2 米，东西长 3 米，北侧高 4.5 米，南侧高 4.5 米，顶部长 2.5，宽 2 米，台体存裂缝 2 条，宽 0.06 ～ 0.12 米，顶部杂草滋长，四周植被多为灌木和杂草。

1281. 上虎马面 01 号 130732352102171281

位于赤城县上虎村东南约 1.2 千米，坐标：东经 115° 44′ 32.30″，北纬 40° 44′ 45.60″，高程 905 米。

平面呈矩形，台芯素土分层夯筑，夯层厚 0.13 ～ 0.17 米，外包城砖砌筑，向东凸出墙体 9 米，南北长 4.7 米，高 4.8 米，顶部有测绘水泥方桩一个，高 0.35 米，周边为农田，多种植土豆、玉米等农作物。

1282. 上虎马面 02 号 130732352102171282

位于赤城县上虎村西北约 400 米，坐标：东经 115° 43′ 41.80″，北纬 40° 45′ 29.70″，高程 917 米。

平面呈矩形，台芯素土分层夯筑，夯层厚 0.12～0.19 米，外包城砖砌筑，东凸出墙体 2 米，南北长 8 米，高 4.8 米，东立面存人为挖掘的孔洞一处，宽 1 米，高 1.3 米，深 1.6 米，顶部杂草滋长。

1283. 上虎马面 03 号 130732352102171283

位于赤城县上虎村西北约 600 米，坐标：东经 115° 43′ 36.30″，北纬 40° 45′ 35.30″，高程 921 米。

平面呈矩形，台芯土石分层夯筑，夯层厚 0.11～0.16 米，外包城砖砌筑，向北凸出墙体 11 米，东西长 7 米，高 3.2 米，坍塌成不规则形状，东侧为乡间土路，东、北两侧为农田，南、西两侧多为灌木和杂草。

1284. 上虎马面 04 号 130732352102171284

位于赤城县上虎村西北约 1.3 千米，坐标：东经 115° 43′ 19.20″，北纬 40° 45′ 52.70″，高程 927 米。

平面呈矩形，台芯素土分层夯筑，夯层厚 0.13～0.2 米，外包城砖砌筑，向北凸出墙体 8.2 米，东西长 7.5 米，高 3.5 米，东立面存人为取土痕迹，西侧为乡间土路，宽 4.5 米，四周为农田，多种植葵花、玉米等农作物。

1285. 上虎村马面 05 号 130732352102171285

位于赤城县上虎村西北约 1.6 千米，坐标：东经 115° 43′ 10.00″，北纬 40° 45′ 59.00″，高程 929 米。

平面呈矩形，台芯土石分层夯筑，夯层厚 0.18～0.22 米，外包城砖砌筑，向北凸出墙体 2.5 米，东西长 4.2 米，高 3.9 米，四周为农田，多种植玉米等农作物。

1286. 上虎马面 06 号 130732352102171286

位于赤城县上虎村西北约 1.9 千米，坐标：东经 115° 43′ 00.70″，北纬 40° 46′ 06.70″，高程 936 米。

平面呈矩形，台芯素土分层夯筑，夯层厚 0.25 米，外包城砖砌筑，向北凸出墙体 9 米，东西长 8 米，北侧高 3 米，南侧高 6.5 米，西立面坍塌成斜坡状，高 2.6 米，东侧为乡间土路，西侧为豁口，四周植被多为灌木和杂草。

1287. 上虎马面 07 号 130732352102171287

位于赤城县上虎村西北约 2.3 千米，坐标：东经 115° 43′ 49.00″，北纬 40° 46′ 15.40″，高程 951 米。

平面呈矩形，台芯土石分层夯筑，夯层厚 0.22 米，外包城砖砌筑，向北凸出墙体 6.2 米，底部东西长 8 米，高 4.5 米，顶部东西长 3.2 米，向北凸出 3 米，台体存裂缝，宽 0.06～0.12 米，顶部杂草滋长，四周植被多为灌木和杂草。

1288. 上虎马面 08 号 130732352102171288

位于赤城县上虎村西北约 2.6 千米，坐标：东经 115° 42′ 42.00″，北纬 40° 46′ 20.80″，高程 947 米。

平面呈矩形，台芯土石分层夯筑，夯层厚 0.13～0.19 米，外包城砖砌筑，向北凸出墙体 10 米，东西长 12.5 米，高 6.5 米，顶部存毛石铺筑一层，厚 0.4 米，东、北两面各存人为挖掘的孔洞一处，洞高 1.3 米，宽 1 米，深 1.7 米，四周散落少量碎砖，宽 0.18 米，厚 0.09 米，四周植被多为灌木和杂草。

1289. 上虎马面 09 号 130732352102171289

位于赤城县上虎村西北约 3 千米，坐标：东经 115° 42′ 32.90″，北纬 40° 46′ 28.50″，高程 971 米。

平面呈矩形，台芯土石分层夯筑，夯层厚 0.18～0.29 米，外包城砖砌筑，向北凸出墙体 5.5 米，东西长 9 米，高 6.9 米，顶部存片石铺筑一层，厚 0.07 米，北立面存裂缝 3 条，宽 0.05 ～ 0.14 米，周边为农田，多种植玉米等农作物。

1290. 康庄马面 01 号 130732352102171290

位于赤城县康庄村东北约 500 米，坐标：东经 115° 46′ 37.00″，北纬 40° 43′ 51.20″，高程 891 米。

平面呈矩形，台芯土石分层夯筑，夯层厚 0.2 ～ 0.25 米，外包城砖砌筑，向北凸出 9 米，东西 5 米，高 5.6 米，东、西立面根部坍塌成斜坡状，高 3.2 米，北侧有二层台自西向东环绕马面，周边为农田，多种植葵花、玉米等农作物。

1291. 康庄马面 02 号 130732352102171291

位于赤城县康庄村东北约 500 米，坐标：东经 115° 46′ 36.50″，北纬 40° 43′ 50.90″，高程 884 米。

平面呈矩形，台芯素土分层夯筑，夯层厚 0.13 ～ 0.2 米，外包城砖砌筑，向南凸出墙体 2.5 米，东西长 6 米，存高 3.7 米，东立面根部坍塌成斜坡状，高 2.2 米，西侧陡峭，四周为农田，多种植玉米等农作物。

1292. 康庄马面 03 号 130732352102171292

位于赤城县康庄村北约 260 米，坐标：东经 115° 46′ 22.40″，北纬 40° 43′ 53.70″，高程 885 米。

平面呈矩形，台芯素土分层夯筑，夯层厚 0.12 ～ 0.18 米，外包城砖砌筑，向北凸出墙体 4 米，东西长 6 米，存高 4.8 米，一条输电线路从台体北侧穿过，顶部杂草滋长，东南侧为民房。

1293. 康庄马面 04 号 130732352102171293

位于赤城县康庄村西北约 240 米，坐标：东经 115° 46′ 16.60″，北纬 40° 43′ 54.80″，高程 883 米。

平面呈矩形，台芯素土分层夯筑，夯层厚 0.13 ～ 0.19 米，外包城砖砌筑，向北凸出墙体 12 米，东西长 8 米，高 2.1 米，东南为民居宅院，北侧为养猪场，东立面存人为取土痕迹，四周植被多为灌木和杂草。

1294. 康庄马面 05 号 130732352102171294

位于赤城县康庄村西北约 250 米，坐标：东经 115° 46′ 14.40″，北纬 40° 43′ 55.00″，高程 882 米。

平面呈矩形，台芯素土分层夯筑，夯层厚 0.4 米，外包毛石砌筑，高 1.5 米，向北凸出墙体 6.5 米，低于墙体 3.8 米，通高 3 米，顶部为晒玉米平台，东立面存竖向裂缝一条，宽 0.05 ～ 0.11 米，西北角临河，转角为半圆形，一条输电线路从台体北侧穿过，四周为农田，多种植玉米等农作物。

1295. 康庄马面 06 号 130732352102171295

位于赤城县康庄村西北约 300 米，坐标：东经 115° 46′ 11.30″，北纬 40° 43′ 55.80″，高程 883 米。

平面呈矩形，台芯素土分层夯筑，夯层厚 0.15 ～ 0.22 米，外包城砖砌筑，向南凸出墙体 5.2 米，东西宽 4.2 米，台顶低于墙体 2 米，四周为农田，多种植玉米等农作物。

1296. 康庄马面 07 号 130732352102171296

位于赤城县康庄村西北约 600 米，坐标：东经 115° 45′ 54.60″，北纬 40° 43′ 59.80″，高程 885 米。

平面呈矩形，台芯素土分层夯筑，夯层厚 0.14 ～ 0.23 米，外包城砖砌筑，向北凸出墙体 3.5 米，东西 6.5 米，高 5.2 米，四周植被多为灌木和杂草。

（三）关堡

赤城县关堡一览表（单位：座）

编号	认定名称	认定编码	类型	周长（米）	保存程度				
					较好	一般	较差	差	消失
1	下堡城堡	1307323531021170001	其他					√	
2	常胜庄城堡	1307323531021170002	土墙				√		
3	后城城堡	1307323531021170003	其他	1800			√		
4	青罗口城堡	1307323531021170004	土墙					√	
5	上堡城堡	1307323531021170005	土墙	1000			√		
6	长伸地城堡	1307323531021170006	土墙	980			√		
7	龙门所城堡	1307323531021170007	土墙	1880			√		
8	牧马堡城堡	1307323531021170008	其他	850			√		
9	蒋家堡城堡	1307323531021170009	土墙	580				√	
10	样田城堡	1307323531021170010	土墙	920				√	
11	兴仁堡城堡	1307323531021170011	土墙	800			√		
12	镇宁堡城堡	1307323531021170012	其他	960			√		
13	中所城堡	1307323531021170013	其他				√		
14	小堡子营城	1307323531021170014	土墙	300			√		
15	刘庄营城	1307323531021170015	土墙	230			√		
16	双山寨营城	1307323531021170016	土墙	448			√		
17	头堡子营城	1307323531021170017	土墙	220			√		
18	镇宁堡营城	1307323531021170018	其他	510			√		
19	正阳墩营城	1307323531021170019	土墙					√	
20	西栅子营城	1307323531021170020	石墙	442				√	
21	独石口卫城	1307323531021170021	砖墙	3000		√			
22	半壁店堡	1307323531021170022	砖墙	457		√			
23	猫峪堡	1307323531021170023	砖墙	664		√			
24	三山堡城	1307323531021170024	砖墙	22				√	
25	旧站堡	1307323531021170025	砖墙	198				√	
26	云州堡	1307323531021170026	砖墙	2000		√			
27	青泉堡	1307323531021170027	砖墙	1100		√			
28	镇安堡	1307323531021170028	砖墙	1300		√			
29	君子堡	1307323531021170029	砖墙	812		√			
30	卞家堡	1307323531021170030	砖墙	289			√		
31	马营堡	1307323531021170031	砖墙	3400			√		
32	松树堡	1307323531021170032	砖墙	1000			√		
33	羊坊堡	1307323531021170033	砖墙	416			√		
34	仓上堡	1307323531021170034	砖墙	957			√		
35	吕和堡	1307323531021170035	砖墙	156			√		

（续）

编号	认定名称	认定编码	类型	周长（米）	保存程度				
					较好	一般	较差	差	消失
36	黄土岭堡	130732353102170036	砖墙	205			√		
37	夏家村堡	130732353102170037	砖墙	244			√		
38	中堡	130732353102170038	土墙	244			√		
39	三岔口堡	130732353102170039	土墙	830				√	
40	龙关堡	130732353102170040	土墙	2547			√		
41	玉泉堡	130732353102170041	土墙	600				√	
42	周村堡	130732353102170042	土墙	550			√		
43	金家庄堡	130732353102170043	土墙	1105		√			
44	东山庙堡	130732353102170044	土墙	717				√	
45	赤城堡	130732353102170045	土墙	2350				√	
46	里口村堡	130732353102170046	土墙	187				√	
47	大岭堡	130732353102170047	土墙	500				√	
48	南仓堡	130732353102170048	土墙	753		√			
49	郭庄堡	130732353102170049	土墙	167				√	
50	雕鄂堡	130732353102170050	土墙	1300			√		
51	小营堡	130732353102170051	石墙				√		
52	屯军堡	130732353102170052	土墙	168				√	
53	破楼堡	130732353102170053	土墙	340				√	
54	仕英西堡	130732353102170054	土墙	235				√	
55	仕英东堡	130732353102170055	土墙	567		√			
56	小营东堡	130732353102170056	土墙	100				√	
57	王良堡	130732353102170057	土墙	0				√	
58	水碾堡	130732353102170058	土墙	919				√	
59	镇川堡	130732353102170059	土墙	118		√			
60	姜家寨西山堡	130732353102170060	石墙					√	
61	北栅子堡	130732353102170061	土墙			√			
合计		共61座：砖墙17座，石墙3座，土墙35座，其他6座				11	27	23	
百分比（%）		100				18	44	38	

保存程度：较好、一般、较差、差、消失

1. 下堡城堡 130732353102170001

位于后城镇下堡村北的小山下，坐标：东经 116° 08′ 18.90″，北纬 40° 40′ 53.20″，高程 628 米。

城堡格局和轮廓已辨识不清，现存敌台 1 座，窑址 1 处。该村于明代建村，原名"宁疆堡"。

下堡城堡 01 号敌台：台芯素土分层夯筑，外包城砖砌筑，现外包砖无存，仅存夯土台芯，由于当地居民人为挖掘取土，现状台芯立面略呈三角形，高约 20 米，紧邻此台西侧为后期所建的小庙一座，单檐硬山布瓦顶建筑，供奉关公、周仓、关平三人像，面阔一间，进深一间，西立面上部长有榆树一棵，胸径 0.12 米，南侧为民居宅院，西南侧为白河，西距赤城通往北京市延庆的公路约 1.5 千米。

下堡南侧小山下存窑址一处，位于 01 号敌台南侧 90 米断崖上，窑址残宽 2.6 米，火道宽 0.2 米，残高 0.7 米，年代不详。

2. 常胜庄城堡 130732353102170002

位于后城镇常胜庄村中间，坐标：东经 116° 06′ 56.80″，北纬 40° 41′ 02.80″，高程 618 米。

城堡格局和轮廓已辨识不清，现存城门 1 座，城内存古戏楼 1 座。

城墙墙芯素土分层夯筑，夯层厚 0.14 ～ 0.19 米，墙体外包城砖，白灰砌筑，白灰勾缝，墙体局部消失，东墙后期人为改制为石墙；西墙存一段夯土墙，素土分层夯筑，夯层厚 0.09 ～ 0.2 米，残高 1.8 米，底宽 1 ～ 1.5 米，顶宽 0.3 ～ 0.9 米，断续残存约 30 米，现已被民居所占压。

东城门：中间辟门，外口宽 1.8 米，高 2.07 米，内口宽 2.65 米，高 2.9 米，门口上部施木质过梁，高 0.4 米，城台上部施三层砖砌拨檐，上下为条砖平砌，中间为菱角砖，台顶为门楼，单檐硬山布瓦顶建筑，面阔三间，进深两间，南、西、北条砖砌筑，东立面明间施隔扇，次间设槛窗，现楼内供奉文神。

戏楼：位于城门正对面，相距 12.94 米，面阔三间，进深两间，单檐卷棚硬山布瓦顶建筑南北长 8.35 米，东西宽 8.65 米，高 5.21 米，清代建筑，砖砌，青砖尺寸：0.26 米 × 0.13 米 × 0.06 米。戏楼下设台基，高 1.45 米，戏楼通高（至正脊）6.81 米。

3. 后城城堡 130732353102170003

位于后城镇后城村中间位置，坐标：东经 116° 03′ 50.70″，北纬 40° 41′ 27.20″，高程 637 米。

城堡格局和轮廓已辨识不清，周长 1800 米，占地面积 19300 平方米，现存西门遗址。

城墙墙芯素土分层夯筑，夯层厚 0.16 ～ 0.2 米，墙体外包城砖，白灰砌筑，白灰勾缝。东墙仅存一小段墙芯土体，长 12 米，底宽 1 ～ 2.5 米，顶宽 0.06 ～ 0.15 米，残高 1.1 ～ 2.5 米；南墙存长 1.2 米，宽 1 米，残高 1.5 米，顶部长有榆树一棵，胸径 0.13 米，顶部堆放柴草；西墙长约 20 米，夯层厚 0.09 ～ 0.2 米，顶宽 2.5 米，内侧残高 4.5 米，外侧残高 3.3 米；北墙长 100 米，底宽 3 米，内侧残高 4.5 米，现为居民宅院院墙。

西门宽 3.14 米，门道存条石基础，白灰砌筑，白灰勾缝，可见三层，厚 0.64 米，高 1.41 米，上部残存外包砖 7 层，白灰砌筑，白灰勾缝，城砖规格：0.39 米 × 0.185 × 0.08 米。

据《赤城县志》载，该村旧名为大屯，在白河南，弘治八年（1495）移河北。弘治九年（1496）筑城堡，堡靠滴水崖，命名滴水崖堡。嘉靖二十九年（1550）重筑。又因堡城建在旧村后，故称滴水崖堡为后城。

历史沿革：

《滴水崖堡图说》

本堡北据悬崖，崖水瀑布而下，因名曰滴水，创设于弘治八年，隆庆三年始砖砌之，周三里一百八十步，高三丈一尺。东不二十里为大边，即蓟镇古北口之后也。设守备一员，分大边三十六里，二边三十二里，大边墩三十六座，二边火路墩六十六座。所领见在官军七百六十三员名，马九十四匹。

本堡山多蹊、径，拒守为难，盘道口等墩悉通大虏，边外大石墙、庆阳口等处，安、朝二酋部落驻牧。议者仍欲添设兵马，第恐增饷之难，无已，增筑常胜南边墙，峻削苦菜北崖嵯，密布丁壮，昼夜设伏，亦防守之策云。

滴水崖堡

高二丈七尺，方三里一百二十步，门楼二，角楼四，门二，南曰望京，西曰翊镇。弘治九年筑，嘉靖二十九年奏拨真保府民重筑。属堡……共九。

弘治九年筑，嘉靖二十九年重筑。

4. 青罗口城堡 130732353102170004

位于赤城县后城镇青罗口村中，白河南岸，坐标：东经 116° 01′ 19.00″，北纬 40° 41′ 26.20″，高程 663 米。

城堡格局和轮廓已辨识不清。周长、占地面积不详。

城墙墙芯素土分层夯筑，夯层厚 0.11～0.15 米，墙体外包城砖，白灰砌筑，白灰勾缝。仅存东南角的夯土墙芯，东西长 58 米，南北宽 28 米，墙体厚 0.2～2.5 米，最高 4.5 米，其余墙体已无存。

其他：据传说，唐朝时，青年小将罗通扫北，该地曾为重要关口，人称青通口，后改叫青罗口。

5. 上堡城堡 130732353102170005

位于赤城县后城镇上堡村中，坐标：东经 116° 06′ 34.40″，北纬 40° 43′ 26.30″，高程 689 米。

城堡平面呈不规则形，周长 1000 米，占地面积 69600 平方米，现存角台 2 座。

城堡格局和轮廓清晰，关城四面墙体仅存夯土台芯，存有多处豁口，城墙设施已无存。

墙体墙芯素土分层夯筑，内侧块石砌筑，外侧包砌城砖，包砖厚 1.2 米，城砖规格：0.38 米 × 0.19 米 × 0.09 米。

东墙长 27 米，墙芯土石分层夯筑，夯层厚 0.23～0.26 米，墙体断续相接。

南墙长 20 米，墙芯素土分层夯筑，夯层厚 0.16～0.21 米，残高 4.8 米，顶宽 1 米，外侧为农田，内侧为民居宅院。

西墙长 313 米，墙芯素土分层夯筑，夯层厚 0.08～0.15 米，残宽 5.5 米，内侧高 7 米，外侧高 5 米，存豁口一处，宽 6 米，墙体外侧包砌城砖，长约 50 米，包砖厚 1.2 米，城砖规格：0.38 米 × 0.19 米 × 0.09 米。

北墙长 196 米，墙芯素土分层夯筑，夯层厚 0.2～0.25 米，最高 6.1 米，最低 3 米，残宽 2.5～5.5 米，东侧为农田，北墙中部迤西至西北角台之间墙体无存，现为耕地，内侧为居民房屋。

西北角台：台芯土石分层夯筑，外包城砖砌筑，现外包砖无存，仅存夯土台芯，夯层厚 0.2～0.25 米，南北残长 8.5 米，残高 6 米，底部为农田。

西南角台：台芯土石分层夯筑，外包城砖砌筑，现外包砖无存，城砖规格：0.48 米 × 0.21 米 × 0.1 米，仅存夯土台芯，夯层厚 0.15～0.2 米，底部东西长 9 米，南北宽 5 米，残高 7 米。

其他：据当地居民介绍，上堡城始建于明代，名为"宁远"堡，城堡原建有南、北二门，南曰"开疆"北曰"辟险"。因与下堡相对，故改名上堡。

历史沿革：

《宁远站堡图说》

本堡建自永乐年，初设防守站官，原属镇城。嘉靖四十三年被虏攻毁，万历六年因当张家口之冲，递送市夷，转输市货，皆关涉右卫，始改属右卫参将，更设操守官一员，并议砖包焉。周三里二十六步，高三丈五尺。操守所领见在官军三百三十员名，马骡一百三十四匹头。平时接递尚艰，遇变岂能防御？倘虏寒盟，逾张家口而南，未有不以此为鱼肉者也。万历二十七年于刘平寺湾新置土墩一座，周围建瓮城以翼之往来行旅庶可恃无恐焉。西北向西南

6. 长伸地城堡 1307323531 02170006

位于赤城县后城镇长伸地村中，坐标：东经116°05′30.70″，北纬40°47′04.50″，高程787米。

城堡平面呈矩形，南北长约220米，东西长约250米，周长约980米，占地面积57000平方米，关城辟南门，门外设罗城，南北长约140米，东西长约130米，周长约540米，占地面积约18200平方米。现存城门1座，马面3座，其他城墙设施已无存。

城墙墙芯素土分层夯筑，内、外侧包砌城砖，白灰砌筑，白灰勾缝。四周散落大量碎砖，东墙外侧为公路，内侧为民居宅院；南门内外多为农田、果园；西墙内为农田，外侧为果园；北墙内外两侧多为民居宅院。

东墙夯层厚0.07～0.15米，底宽4.2米，高2.3米，局部存有包砖，长8米，宽0.6米，高1.2米，存条石基础3层，厚0.17米，高0.75米，中部墙体保存较完整，宽5.2米，高7.5米，墙体内侧为居民宅院。

北墙东段长17.5米，底宽2.4米，残高3米，墙芯夯层厚0.08～0.18米，北墙西侧段残存底宽5.36米，高7.2～12米，夯层厚0.08～0.15米，墙体内侧有人为挖掘的山药窖多处。

西墙残高3～6米，顶部残宽1.8米，夯层厚0.04～0.14米，西墙内侧为陡坡，存有马面2座，分别为马面1号、马面2号。

南墙底部残宽7.2米，顶部残宽5.1米，残高7.5～9.2米，夯层厚薄相间，夯层厚0.05～0.19米，存有马面1座，内侧为农田。

南墙残高3.5米，夯层厚0.07～0.13米，南墙东段无存。

北、南门及南瓮城：

北门台芯土石分层夯筑，外包城砖砌筑，上部包砖已无存，台芯裸露，门洞内底部存4层条石基础，高1.2米；门洞南北长6.15米，宽3.56米，高3.76米。地面为南北向的水泥路，门洞内西面底部为水泥抹平，高1.53米。北门通高9.5米，门外设瓮城。

南门台芯土石分层夯筑，外包城砖砌筑，现仅存台芯。

瓮城墙芯素土分层夯筑，外包城砖砌筑，顶部残宽1.5米，残高3.5米，现仅存西墙、南墙片段，其余坍塌无存，瓮城内为农田，长有大树多棵，胸径0.19～0.34米。

罗城东墙存长约10米，残高5米，残宽1.5米。南墙东部靠近东南角位置有一条南北向的公路穿过整段东墙。南墙残高4.7米，顶宽1～2.6米，夯层厚0.08～0.14米，罗城内外为农田、果园。

北马 1：台芯土石分层夯筑，内侧包砌块石，外包城砖砌筑，底部向凸出 3.2 米，残高 6.5 米，南北宽 5.6 米。

北马 2：台芯土石分层夯筑，内侧包砌块石，外包城砖砌筑，南、北面与墙体脱离，间隔 1.06 米，成为一个独立方柱，内侧残高 9.5 米，外侧残高 8 米，南北残宽 6.87 米，东西残宽 5.06 米。

南马 3：台芯土石分层夯筑，内侧包砌块石，外包城砖砌筑，向凸出 5 米，残高 7.04 米，东西宽 6.2 米。

其他：相传，古代有一姓常的武将镇守此地，屡胜不败，人称此地为常胜地。后误为长伸地。又据《赤城县志》载，此村旧名"外十三家"。《读史方舆纪要》载："旧为朵颜所窃据，万历七年收复，十年（1582）筑堡戍守，名长伸地堡。"

历史沿革：

《长伸地堡图说》

本堡边十三家乃司夷驻牧之区，嘉靖年间东夷启衅，残毁殆尽。自北虏通款，史、车旋亦内徙，故万历七年遂得修复，十年添设管兵守之，堡周一里二百七十六步，高三丈五尺，皆砖建也。操守官一中，分管大边三十二里，边墩一十九座，火路墩一十一座。所领见在官军七百三十八员名，马七十四匹。边墩如镇安台极冲，边外乱乱泉寺一带安兔等部落驻牧。本堡东近东北近大边，而以弹丸之堡当之，孤危大有可虞。近议于堡北巡检寺要害处东西添建适度台瓮城，与旧台相掎角，又添募兵马。虽独坐究山，足称扼险云。

旧名外十三家，嘉靖中为史车二酋盘居，隆庆二年内徙二酋，万历七年始开复疆土修筑堡墙，周一里八步，高三丈五尺，皆砖砌，楼二座，南北门二座。

7. 龙门所城堡 130732353102170007

位于龙门所镇龙门所村中，坐标：东经 115° 58′ 15.30″，北纬 40° 56′ 14.20″，高程 933 米。

城堡平面呈矩形，东西长约 400 米，南北长约 540 米，周长 1880 米，占地面积 216000 平方米，现存罗城 1 座，古桥 1 座，庙宇 1 座。

东墙：现存夯土墙五段，总长约 200 米，第 1 段墙体墙芯素土分层夯筑，夯层厚 0.1～0.2 米，底部残宽 2.8 米，残高 8.1 米；第 2 段墙体墙芯素土分层夯筑，夯层厚 0.05～0.2 米，长度约 2 米，残高 1.5 米，墙体被农家院围在中间，据老人说此处为以前城东门；第 3 段墙体坍塌成土堆，长约 6 米，残宽 6.9 米，残高 6.3 米；第 4 段墙体残宽 6.6 米，残高 3.8 米，长满杂草，呈不规则形；第 5 段墙体墙芯土石分层夯筑，夯层厚 0.1～0.2 米，底部残宽 10 米，残高 8.25 米，位于一旅馆院内。

南墙：墙体墙芯素土分层夯筑，长 17 米，底宽 3 米，残高 5.6 米。

西墙：墙芯素土分层夯筑，夯层厚 0.21～0.25 米，底宽 8.2 米，最高 5.6 米，方砖宽 0.46 米，墙上散见孔状径 0.06～0.1 米。

北墙：墙体墙芯素土分层夯筑，夯层厚 0.14～0.2 米，残高 4 米，残宽 3.8 米，最窄处 0.7 米。

东南角：台芯素土分层夯筑，外包城砖砌筑，夯层厚 0.25～0.3 米，墙体最高处 9.5 米，不能登顶。

西南角：台芯素土分层夯筑，外包城砖砌筑，顶存梯形夯土台，南北宽 3.5～10 米，东西长 11.1 米，外侧残高 7.2 米，内侧为农田，四周散落青砖，青砖规格：0.46 米 ×0.2 米 ×0.09 米。

西北角：台芯素土分层夯筑，外包城砖砌筑，夯层厚 0.1 ～ 0.2 米，墙体残存的包砖厚 0.5 米，残高 5.3 米，无法登顶，青砖规格：0.35 米 ×0.175 米 ×0.09 米，墙体内侧为民房。

罗城：台芯素土分层夯筑，外包城砖砌筑，东墙存长 117 米；南墙长 108 米，底宽 4.5 米，坍塌成尖状，不能登顶；折角高 5.1 米；东南角尺寸：外侧高 7.94 米，存夯土，顶宽 0.5 米。罗城东侧外 40 米处残存一段围墙基址，墙体土石分层夯筑，夯层厚 0.27 ～ 0.3 米，长 124 米，残存 15 米，最高 5 米，顶宽 0.15 米，呈尖状；罗城北侧 160 米处存一段墙体，墙体土石分层夯筑，底宽 2.9 米，高 3.2 米，顶宽 0.8 ～ 1.6 米。

主要设施：

龙门所城始建于明代，据当地居民崔斌节介绍（62 岁）城中曾有文庙、关公庙、城隍庙、千佛寺、钟鼓楼等建筑，毁于"文化大革命"时期。

龙门所石桥：中为方形桥洞，宽 3.17 米，高 2.16 米，长 6.67 米，上为条石，存有后期水泥维修痕迹，条石厚 0.3 ～ 0.32 米，主承重条石厚 0.38 米。南北皆为券洞，北侧洞宽 3.02 米、高 2.25 米，条石由底起券厚 0.31 米，南侧桥洞淤堵，迎水面设分水石，条石砌筑，存条石四层，高 1.19 米，凸出桥体 1.69 米，间隔 3.3 米，桥体总长 18.7 米，年代不详。

老爷庙：面阔五间，进深两间，单檐硬山布瓦，门口存石狮两个，通高 1.65 米，底座 0.77 米 ×0.8 米，座高 0.36 米。

小石狮：位于龙门所城东侧龙王庙遗址处，高 0.5 米。

历史沿革：

《龙门关堡图说》

本堡建于宣德三年，嘉靖四十三年增修，尚土筑也，万历十三年始包以砖。周二里一百二十一步，高三丈五尺。设防守官一员，所领见在旗军六十七名，马七十一区，止管火路墩二十三座。堡虽邻边无预于边，与赵川堡同系孔道，而接送独省，故防守官惟督军人司关站启闭，慎盘诘已耳。关门在堡东五里，俯关下瞰，堡城若在平原，然沟河错绕，近实难逾。正统间北路不守，全镇倚为东边。今则亦号腹里，款后稍稍弛禁以便行旅。然小白阳一带烽火由之以达南川，凡村屯牧剑耕牧胥赖之，又不可以腹里而遂懈弛防守也。

8. 牧马堡城堡 130732353102170008

位于赤城县龙门所镇牧马堡村中，坐标：东经 115° 56′ 08.90″，北纬 41° 00′ 11.10″，高程 1061 米。

城堡平面略呈矩形，南北长 280 米，东西宽 145 米，周长 850 米，占地面积 40600 平方米，处于白河支流东南岸山前台地上，现存城门 1 座。

东墙长 32 米，墙芯素土分层夯筑，仅存一小段夯土墙芯。

南墙位于牧马堡小学院内，长 47 米，墙芯素土分层夯筑，外包城砖砌筑，存有城门一座，南墙西段存外包砖墙，下设 5 层条石，高 1.28 米，上部包砖残高 2.5 米。

西墙长 280 米，墙芯素土分层夯筑，夯层厚 0.05 ～ 0.1 米，内、外城砖砌筑，高 9.5 米，顶宽 0.7 米，墙体多处为居民宅院院墙或取土断开。

北墙长 108 米，墙芯素土分层夯筑，存豁口多处。

南门：台芯土石分层夯筑，内侧包砌毛石，外侧包砌城砖，内侧门洞宽 4 米，高 5.62 米，深 7.58 米，外侧门洞深 4.74 米，宽 3.48 米，高 4.19 米，门拴石直径：内 0.21 米，外 0.15 米；城台下设条石基础 5 层，高 1.33 米。门上存红砂石质匾额一块，字迹漫漶不清，四周饰砖雕匾框，距地 6.2 米，匾下设石质雕花门簪 4 枚，西侧为小学。

旗杆石：位于牧马堡村东侧路旁，花岗岩石质，高 1.1 米，宽 0.4 米，上为方孔，边长 0.075 米，下为圆孔，直径 0.075 米，间隔 0.4 米。两孔外浮雕莲花纹。

历史沿革：

《牧马堡图说》

本堡故牧场，土筑于弘治十年，向未设专官，惟间一遣官董牧事，嘉靖二十五年始议委防守官，万历十五年砖包焉。周一里六分零，高三丈一尺。本堡在龙门所北，距永宁口仅二十里。防守所领见在旗军一百六十九名，马六十匹。分边六里有奇，边墩七座，火路墩七府，内永宁口极冲。边外七峰嵯，朝兔等部落驻牧。若虏由记宁口下青杨，入犯本堡，则龙门、云州皆所不免，故于永宁口里修建敌楼二楼以备捍御。而西南一带坦漫，由经路以下赤城，则甚捷焉，每值警报，必先征兵预待之。而山路险僻，粮刍之运最艰，则边储不可不厚积也。

弘治十年筑，万历十五年砖甃，周一里二百四十四步，高三丈五尺，楼四，铺二，南门一座。

9. 蒋家堡城堡 130732353102170009

位于赤城县龙门所镇蒋家堡村中，坐标：东经 115° 58′ 07.40″，北纬 40° 52′ 30.90″，高程 868 米。

城堡平面呈矩形，南北宽 145 米，东西长 156 米，周长 580 米，占地面积 19000 平方米。

墙体墙芯素土分层夯筑，夯层厚 0.07～0.14 米，外包城砖砌筑，南门已无存，南门东侧残存一段墙体，长 15 米，残宽 1.3 米，残高 1.5 米；北墙残存一段墙体，长 65 米，顶部最宽处约 1.5 米，最高处约 5 米；东北角残存一段墙体，长 3.2 米，残宽 1.5 米，残高 1.2 米；西北角南侧残存一段墙体，长 13 米，宽 3 米，高 3.1 米；西北角东侧残存一段墙体，长 30 米，残宽 0.5～1 米，残高 3.3 米。

10. 样田城堡 130732353102170010

位于赤城县样田乡样田村，坐标：东经 115° 56′ 12.90″，北纬 40° 48′ 52.10″，高程 808 米。

城堡平面呈矩形，东西残宽 200 米，南北残长 270 米，周长 920 米，占地面积 51500 平方米。

墙体墙芯素土分层夯筑，夯层厚 0.08～0.23 米，外包城砖砌筑，城砖规格：0.41 米 ×0.2 米 ×0.09 米，东、南两座城门已无存。

西墙残存一段墙体，长约 190 米，顶部宽 1.5～4 米，最高处 6 米，存有马面 2 座；北墙残存一段墙体，长约 76 米，顶部残宽 1.5～2 米，残高约 3 米；南墙残存一段墙体，长 90 米。

西马 1（靠北侧马面）：台芯土石分层夯筑，内侧包砌块石，外侧包砌城砖，凸出墙体 6.92 米，宽 9.25 米，外包砖缺失，台芯坍塌严重。

西马 2（靠南侧马面）：台芯土石分层夯筑，内侧包砌块石，外侧包砌城砖，凸出墙体 3.2 米，宽 6 米，外包砖缺失，台芯坍塌严重。

历史沿革：

《样田堡图说》

本堡古鸡田也。故民堡，嘉靖三十七年始改为官堡，万历十六年砖砌，环二里六十六步，高三丈五尺。设防守官一员，所领见在旗军二百三十九名，马骡八十三匹头。止管火路墩七座。自东辟长伸以来，距大边渐远，然贼由龙门、蒋家庄、滴水、唐家岭深入，则本堡依然经犯之地也。且自龙门添置兵将之后，往来应酬颇繁，又史、车驻牧长安、雕鹗，凡经龙门、赤需，无不假道本堡。前此安兔怀隙，每人窥本堡平坦，哆口声犯之。今虽悔祸效顺，而内守外防亦何可疏懈也。

原民堡，嘉靖三十七年改为官堡，万历十六年砖包，周二里六十步，高三丈五尺，角楼四，门一座。

11. 兴仁堡城堡 130732353102170011

位于赤城县兴仁堡村，坐标：东经 115° 50′ 34.80″，北纬 40° 52′ 42.20″，高程 864 米。

城堡平面呈矩形，南北残长 275 米，东西残宽 130 米，周长 800 米，占地面积 35000 平方米。

墙体墙芯素土分层夯筑，外包城砖砌筑。

北墙残存一段墙体，长 20 米，内侧残高 3.4 米。

西墙残存三段墙体，第一段内侧残高约 3.5 米，宽约 1.5 米，夯层厚 0.08 ～ 0.15 米；第二段墙体外侧残高约 1.5 米，宽约 0.6 米；第三段墙体外侧残高约 2 米，宽约 1.5 米。

南墙残存两段墙体：第一段墙体位于南门西侧，残高 2.3 ～ 4.5 米，宽 1.5 ～ 2.5 米；第二段墙体位于南门东侧，长 39 米，残高约 3.5 米，宽约 2.5 米。

其他：据查，元代时，该村东南为军营，现村址原为圈马的地方。明初筑堡，堡东门上书写"兴仁堡"故村名为兴仁堡。

12. 镇宁堡城堡 130732353102170012

位于赤城县镇宁堡镇宁堡村中，坐标：东经 115° 39′ 28.40″，北纬 40° 58′ 29.60″，高程 1079 米。

城堡平面呈矩形，东西残宽 200 米，南北残长 270 米，周长 960 米，占地面积 55000 平方米。

墙体墙芯分为块石砌筑、土石分层夯筑、素土分层夯筑三种构筑方式，外包城砖砌筑，城砖规格：0.44 米 ×0.21 米 ×0.11 米。残存石墙长 333 米，约占关堡城墙 1/3。

南墙残存一段墙体，长 32 米，顶部残宽 3.6 ～ 5 米，残高 2.8 米。

西墙残存两段墙体，第一段为石墙，残存顶部宽 5.5 米，内侧残高 2.2 米，外侧残高 2.5 ～ 3.5 米，顶部为农田，内侧为民房，外侧为公路。第二段墙体为素土分层夯筑，夯层厚 0.12 ～ 0.18 米，长约 6 米。

北墙残存一段墙体，长约 14 米，残高 3.2 米，坍毁严重，长满杂草、灌木，发现一块柱础石，底盘 0.5 米 ×0.5 米，厚 0.2 米，鼓径 0.31 米，高 0.04 米。

西北角：台芯土石分层夯筑，外包城砖砌筑，外包砖无存，仅存台芯，凸出西墙 3.5 米，东西残长 8 米，顶部堆放大量柴草。

罗城：关堡南侧设罗城，周长 446 米，面积约 24019 平方米。台芯素土分层夯筑，外包城砖砌筑，残存夯土墙长 188 米。辟南门一座，现已无存，据村民介绍，城门位于罗城南墙西段；西墙残存两段墙体，第 1 段长 21 米，顶部残宽约 2.5 米，残高约 2.9 米，夯层厚 0.08 ～ 0.15 米，第 2 段长 42 米，残高 3 米，顶部残宽 1.6 米；东墙残存一段墙体，长 48 米，底部残宽 2 米，顶部残宽 0.4 米，残高 1.8 ～ 3 米；南墙残存一段墙体，长 5 米，顶部残宽 1.2 米，残高 2.2 米。关堡西墙外侧为公路，东、南、北三面内外侧均为民居宅院。据村民介绍，前几年曾在城内挖出两门铁炮，现存于赤城县博物馆。

其他：据查，明弘治十一年（1498）修筑此城堡，驻守长城，命名为镇宁堡。

历史沿革：

《镇宁堡图说》

本堡设自嘉靖四十四年，隆庆美言年砖包，高丈五尺，周一里二分零。设操守官一员，所领见在旗军三百二名，马一十六匹。分边沿工一十三里，边墩二十一座，火路墩一座，内灭胡口、白羊口极冲，通大虏。边外野马川、回回墓等处，酋首威敬恰儿、克脑、歹言倘不浪花等部落驻牧。嘉隆间零骑不时入犯，盖以要隆沟之虚逼近本堡也。近已乘暇修理工似堪居守。但地皆沙碛，势难凿井，向取汲于墙外，缓急沿属可虞。若照宣瘁中路葛峪、青泉等堡，潜以地沟引之，似是而非差胜云。

13. 中所城堡 1307323531021700013

位于赤城县镇宁堡乡中所村中，坐标：东经 115° 38′ 23.50″，北纬 40° 59′ 26.60″，高程 1113 米。

城堡平面呈不规则形，堡墙及城墙设施已无存。

据当地居民介绍，城堡原建于明代，现村中民居宅院内均尚存有条石及城砖，原关城形制不详。

14. 小堡子营城 1307323531021700014

位于赤城县龙门所镇小堡子村西北侧 220 米处的一处台地上，坐标：东经 116° 00′ 19.30″，北纬 40° 52′ 17.50″，高程 921 米。

城堡平面呈矩形，东西残长 80 米，南北残宽 70 米，周长 300 米，占地面积 5600 平方米，存四面圈墙遗址。

东北角：台芯素土分层夯筑，外包城砖砌筑，外包砖无存，仅存夯土台芯，顶宽 0.7 米，外侧残高 1.2 米，内侧残高 0.5 米。

西北角：台芯素土分层夯筑，外包城砖砌筑，外包砖无存，仅存夯土台芯，顶宽 1.6 米，外侧残高 2.3 米，内侧残高 0.9 米。

西南角：台芯素土分层夯筑，外包城砖砌筑，外包砖无存，仅存夯土台芯，残高 2.3 米。

据当地居民介绍，此处为当时明代官军养马的地方，当地人一直称之为"马圈"。

15. 刘庄营城 1307323531021700015

位于赤城县龙门所镇刘庄村，坐标：东经 115° 55′ 20.90″，北纬 40° 55′ 27.90″，高程 1055 米。

城堡平面呈矩形，东西残长 65 米，南北残宽 50 米，周长 230 米，占地面积 3250 平方米，堡中现存民房 3 处。

墙体墙芯土石分层夯筑，夯层厚 0.06 ～ 0.15 米，外包城砖砌筑。

东墙已无存；南墙残存一段墙体，最高处内侧高 3.1 米，外侧高 4.9 米，顶部宽 1.5 米，最低处内侧高 1.1 米；西南角处残存墙体内侧高 2.1 米；西墙残存一段墙体，内侧残高 1.2 米，外侧残高 3.5 米，顶部残宽 0.9 米；西北角处残存墙体内侧高 3.5 米，底部墙厚 3.7 米，顶宽 1.1 米；北墙残存一段墙体，长 32 米，内侧残高 2.9 米，外侧残高 5.8 米，顶部残宽 1.1 米。东北角残存墙体内侧高 2 米，四周地面发现少量布纹瓦片及碎砖，砖宽 0.135 米，厚 0.06 米。

16. 双山寨营城 130732353102170016

位于赤城县样田乡双山寨村南约 820 米的一处台地上，坐标：东经 115° 55′ 22.10″，北纬 40° 49′ 11.90″，高程 831 米。

城堡平面呈矩形，东西残长 116 米，南北残宽 108 米，周长 448 米，占地面积 12530 平方米，现存敌台 5 座。

墙体墙芯素土分层夯筑，外包城砖砌筑，墙体已坍塌成土埂状，角台坍塌成堆状。

东墙中部现状为豁口，宽约 4.5 米，当为原营城城门位置；南墙保存较好，底宽 4.5 米，残高 2.5 米；西墙仅存基址，顶宽 0.5 米，残高 0.7 米；东墙和北墙最低 0.6 米，最高 2.5 米；顶部长满灌木与杂草。

东北角台 01 号敌台：台芯土石分层夯筑，内侧包砌块石，外包城砖砌筑，已坍塌成堆状，存河卵石夹土台芯，底宽 4.7 米，顶宽 2.7 米，残高 2 米。

东墙马面 02 号敌台：台芯土石分层夯筑，内侧包砌块石，外包城砖砌筑，坍塌成堆状，内侧残高 2.4 米，底宽 4.5 米，顶宽 2.5 米。

西南角台 03 号敌台：台芯土石分层夯筑，内侧包砌块石，外包城砖砌筑，坍塌成堆状，底宽 7 米，顶宽 3 米，外侧残高 3.1 米。

西墙马面 04 号敌台：台芯土石分层夯筑，内侧包砌块石，外包城砖砌筑，位于西墙中间位置，坍塌成堆状，底宽 6 米，顶宽 2.6 米，外侧残高 3.5 米。

西北角台 05 号敌台：台芯土石分层夯筑，内侧包砌块石，外包城砖砌筑，坍塌成堆状，底宽 6 米，顶宽 2.7 米，外侧残高 3.1 米，顶部散落少量布瓦碎片，长有榆树一棵，胸径 0.26 米。

17. 头堡子营城 130732353102170017

位于赤城县镇宁堡乡头堡子村南侧的一个高台地上，北侧距头堡子村委会约 150 米，坐标：东经 115° 43′ 48.40″，北纬 40° 55′ 27.70″，高程 831 米。

城堡平面呈矩形，东西残宽 40 米，南北残长 70 米，周长 220 米，占地面积 2800 平方米。

墙体墙芯素土分层夯筑，夯层厚 0.1 ～ 0.16 米，内外包砌城砖，仅存部分墙芯，坍塌成土埂状。现存西墙、南墙城墙残段，底宽 1.6 ～ 4 米，残高 2.5 米。城内长有柳树两棵，大树胸径 0.45 米，小树胸径 0.25 米。

18. 镇宁堡营城 130732353102170018

位于赤城县镇宁堡东南 1.4 千米的河谷一处开阔地中，坐标：东经 115° 40′ 15.10″，北纬 40° 57′ 55.90″，高程 1054 米。

城堡平面呈矩形，东西残长 130 米，南北残宽 125 米，周长 510 米，占地面积 16250 平方米，现存角台 1 座，一条公路由东向西横穿整座营城。

墙体墙芯土石分层夯筑，内外包砌块石，现坍塌成土石埂状，存有豁口多处。

东墙：顶部残宽 2.7～4.5 米，外侧残高 2.4 米，内侧残高 2.3 米；南墙：顶宽 1.2～4.9 米，残高 2 米；西墙：公路南侧、西墙南段墙体无存，现为碎石堆砌的石埂，公路北侧、西墙北段墙体，底部残宽 5 米，内侧残高 3.3 米，外侧残高 3.7 米，顶残宽 2.1 米；北墙残存一段墙体，顶残宽 1.6～2.8 米，内侧残高 1.8 米，外侧残高 3.2 米。

东北角台：台芯土石分层夯筑，夯层厚为 0.22 米，碎石夯层不清晰，外包块石砌筑，向凸出 4.4 米，东西残宽 8.5 米，内侧残高 6 米，外侧残高 6.2 米，东北角墙体外侧残高 4 米，内侧坍毁严重，角台外侧有一个大坑，直径 6.5 米，深 1.1 米。

历史沿革：

镇宁堡《长城关堡录》：在县西北三十里。北至马营堡四十里，东至云州堡三十里，西至金家庄三十里。当西来入犯之冲，为赤城之外屏，东北擒虎墩最为冲要。北距边墙密迩，惟东面随山，西南北皆平地，边外光头嵯，小庄科，野鸡山等处皆通大举。有城，周二里五十七步，高三丈五尺，明弘治十一年筑，万历十五年砖甃。旧设守备，清康熙元年改设把总。

弘治十一年筑，万历十五年砖甃，周二里五十七步，高三丈五尺，堡角楼共六，门一座。

19. 正阳墩营城 1307323531021070019

位于赤城县镇宁堡乡正阳墩村西南侧约 880 米的一处台地上，坐标：东经 115° 34′ 33.70″，北纬 41° 03′ 02.20″，高程 1261 米。

城堡平面呈不规则形，四周为农田，多种植苗木和果树等。

墙体墙芯素土分层夯筑，夯层厚 0.1～0.17 米，外包城砖砌筑。

北墙残存一段墙体，长 15 米，顶宽 0.4 米，内侧残高 1.5 米，外侧残高 3 米，墙体根部坍塌成斜坡状，地表散落少量碎瓦片。

20. 西栅子营城 1307323531021070020

位于赤城县镇宁堡乡西栅子村东侧约 1.5 千米的河谷开阔地中，坐标：东经 115° 37′ 35.70″，北纬 40° 58′ 32.50″，高程 1119 米。

城堡平面呈矩形，东西残长 146 米，南北残宽 74 米，周长 442 米，占地面积 10874 平方米。

墙体墙芯土石分层夯筑，外包城砖砌筑，四面墙体已坍塌成埂状，顶宽 1.2 米，底宽 4 米，残高为 1.5～4 米。

21. 独石口卫城 1307323531021070021

位于独石口镇独石口村，坐标：东经 115° 42′ 57.60″，北纬 41° 18′ 42.90″，高程 1275 米。

城堡平面呈不规则矩形，周长 3000 米，占地面积 562205 平方米，辟城门 4 座，瓮城 2 座，马面 8 座，存古井 1 口，北至边墙十里，南至半壁店堡二十里，东至青泉堡四十里，西至马营堡三十里。

东墙：墙芯土石分层夯筑，内侧包砌块石，外包城砖砌筑，外包砖全部缺失，从东北角墙体与东墙之间存豁口一处，呈 "S" 形，口宽 5.4～16 米，东北角台已无存；东墙残存墙体分为 6 段。第一段顶残宽 0.6 米，下残宽 5.8 米，豁口 1，残宽 4.6 米，现为乡村小路；第二段顶部残宽 1.6 米，下部坍塌宽度约 14 米，外侧出现部分原始毛石砌筑墙体，中间为碎石夯土，包砌厚度约 0.5 米，包石外侧部分可见外包夯土，厚约2米，外侧残高3.8～6.2米，内侧坍塌滑坡，斜高约4.2米；第三段外包石墙消失，整个墙体向内收6.2米，残宽1.2～3米，外侧残高1.2～3.6米，内侧残高0.8～1.4米，豁口2为一宽1.8米小豁口；第四段墙体多被民居占压，豁口3为一小路宽4米；第五段上宽0.8～2.8米，外高1.8～5.6米，内高1.2～3.4米，部分墙体纵剖面为碎石夯土，部分为民居占压，仅存部分外侧墙体，宽0.8～2.2米，外侧残高3.6～5.8米，顶部杂草灌木丛生；第六段长28米，墙体根部堆放建筑垃圾。

南墙：墙体墙芯素土分层夯筑，外包城砖砌筑，城砖规格：0.375米×0.19米×0.1米。

南墙东段墙体：底宽4.3～8.2米，顶部残宽0.8～1.8米，残高2.6～7.8米，内侧残高3.4～4.5米，墙体向两侧坍塌成斜坡状，外包砖缺失。

南墙西段墙体：现存顶部残宽0.9～4.9米，外侧残高1.9～8.6米，内侧残高1.2～3.6米，下设4层条石基础，高0.83米，外包砖厚1.4米，内侧包砖缺失，存豁口一处，上宽7.3米，下宽2.6米，现为一乡村小路。内侧墙体坍塌滑坡，部分民居占压，顶部杂草灌木滋长，高低不平。

西墙：墙芯土石分层夯筑，外包城砖砌筑，保存基本完整，局部墙体外包砖缺失，北段存外包城砖，长110米，包砖风化酥碱、断裂严重；南段墙体残损严重，墙体根部人为取土辟为人行便道。

北墙：墙芯土石分层夯筑，外包城砖砌筑，赤宝公路由墙体中部南北向穿过，形成一处较大豁口，宽约17米，豁口处可见墙体断面，底宽9.13米，顶宽3.4米，墙体内部为素土夯筑，内外为城砖包砌，包砖厚达3.3米，内侧包砖大部分缺失，外侧仅存少量城砖，高约4.5米，墙体还有较大豁口四处，辟为便道，其中最大豁口宽度为13米，深2.8米。

北墙东侧墙体包砖均已无存，仅存内侧夯土墙芯，坍塌较重，外侧呈坡状，内侧部分墙体为农田，残墙高约3～5.5米。

北墙西段墙体包砖无存，墙芯土石分层夯筑，夯层厚约0.3～0.4米，其中夯土层厚0.2米，碎石或块石层厚0.1～0.2米，土石相间，夯土墙间设间柱，间隔距离约7.6米，间柱分为砖、石两种，砖砌间柱呈上窄下宽结构，下部宽约1米，上部宽约0.55米；墙体最高约5.8米，顶部宽3.4米，墙顶尚存部分墁地砖两层，墁砖规格：0.37米×0.37米，下为三合土垫层。

西北角台：包砖缺失，东西长约25米，南北宽约15米，北侧凸出墙体，其余三面坍塌。

北墙马面1：凸出墙体5.6米，长14米，残高约4.5米，内为毛石垒砌，外包城砖砌筑，仅北侧残存少量包砖，长8.5米，外包砖厚1.11米，最高1.6米。

西墙马面1：方位北偏东17°，凸出墙体7.1米，南北长16.8米，南侧存外包砖，厚1.7米，高7.5米，西北两面包砖无存。

西墙马面2：凸出墙体2.9米，四周包砖已无，仅存混台芯，南北12米，残高6.5米。

西门：台芯土石分层夯筑，外包毛石砌筑，后期修建公路时拆毁，现状为豁口，长约30余米，现为进出镇内主干道，周边存原城门楼建筑台基条石四块，长0.9～1.7米。

南门及南瓮城：南门台芯土石分层夯筑，外包毛石砌筑，门洞进深11.6米，原赤宝公路由此穿过，南门无存。

南瓮城墙芯土石分层夯筑，外包城砖砌筑，外包砖全部缺失，宽12.53米，瓮城辟东门，内外包砌城砖，白灰砌筑，白灰勾缝，外券起券方式为五伏五券，内券起券方式为三伏三券，城门外券高 3.3 米，进深 2.76 米，城门内券高 5.62 米，进深 9.2 米，门道东西两侧存条石基础，露明高 0.52 米；存东西两侧部分墙体，公路穿过处形成一处较大豁口；西墙存夯土墙芯，上宽 3.8 米，东高 7.6 米，西高 4.3 米；东墙两侧坍塌滑坡，仅存距东瓮城门 7.5 米处墙体，高 1.8 米，宽 0.4 米，东墙厚 14 米，南北长 6.2 米。

独石口城外围存有烽火台 11 座。

历史沿革：

始建于明宣德五年间，为包砖砌城墙，据《宣府镇志》卷十一城堡考：北路开平卫城，高四丈，方五里九十二步，城楼四，角楼四，城铺八，门三，东曰常胜，西曰常宁，南曰永安，宣德元年左都督薛禄奏允上都旧开平移治于此，委指挥杜衡筑城，砖石包甃。直隶京师。本城属堡共八，嘉靖三十六年敌多攻毁，参将刘汉重加修筑。

据《赤城县志译注》卷之二 建置志城堡第二七页独石城，《北中三路志》："城筑于宣德五年，万历十年始砖包之。墙周六里一十三步，城楼四，角楼四，铺八，门三，东曰常胜，西曰常宁，南曰永安。"《宣化府志》："《明史·兵志》'宣德中开平徙独石，宣府遂称要地。'《列传》：'遂安伯陈瑛永乐中出镇蓟州城、云州、独石'。宣德五年阳武后薛禄建言：'永宁卫团山及雕鹗、赤城、云州、独石无城堡不可守，筑之便。'于是发卒二万六千赴役，精骑五百护之。禄与丰城侯董斌筑之。总督郑洛《修独石城碑》：'周围一千三十一丈，高三丈七尺，展修五十八丈三尺，增建东南角敌台一座，起工于万历十年四月，讫工于十二年十月。'"本朝乾隆七年，直督孙嘉淦以独石城岁久坍塌，定为边口急工，题准兴修。乾隆八年知县孟思谊领银办料，于乾隆九年三月起工，十一年九月讫工。共补砌砖墙五百四十三丈，筑土牛九百三十三丈四尺八寸，砌海漫折方丈一千九百一十二丈三尺七寸，排墙一千五十一丈，垛口一千一百九十九个，女墙一千二十丈，水沟八十三道。发南门内外券二丈八尺，东北土地八十八丈二尺，共请销银九万两零。

据赤城《宣化府志》：宣德五年创筑，周三里一百八十四步，高三丈五尺。城楼四，角楼四，城铺十四，门二，东曰崇宁，南曰大定。景泰年砖甃。《畿辅通志》：景泰初都督杨洪重修，万历二十四年增修。天启元年开东南隅内墙。

独石城图说

本城上谷北路绝塞之地，宣德五年移旧开平卫于此，依边为界，外直抗青酋大部，得房东西谋犯情形常易，即蓟镇侦探犹藉之，九塞孤悬称最焉。城周六里二十步，高四丈。正统己巳陷于也先，景泰三年恢复之，后节次重修，至万历十年始易以砖。内本路参将驻扎，原设□开平卫及守备官分管。大边沿长一百六十三□□□□百三里，边腹墩二百一十五座。除援兵□□□□二千九百七十二员名，马骡五百三□□□□□柳河等七处俱冲，边外旧开平明□□□□□白洪大等部落驻牧。款后房往来镇城□□□边栅口即守口夷人日盘据大边之内；者惟二边耳。往岁房随处入犯，不胜□□□□隆间迄无宁日。昔人所谓计尺寸系□□□□□池善抚厚防所当昕夕顾虑焉。

相关遗存：

（1）独石口村西窑址群

位于西门外 150 ～ 250 米处的山坡上，北侧为缓坡至沟底，隔沟与独石口 01 号烽火台相邻，西侧为高约 10 米的黄土崖，西南侧为高约 20 米的黄土陡坡，南侧为农田，农田南侧为黄土坎，遗址中可见砖窑、瓦窑残迹约 10 个，除此外还有房屋及窑场遗迹，整个遗迹面积 10000 余平方米，地表可见大量砖、瓦及陶瓷残片、器物口沿、器底，还发现大清嘉庆年间别的瓷器残底。

（2）独石口古井

位于西门东侧约 150 米处，现已废弃，仅存辘轳木质及石沟嘴两块，井口圆形，直径 0.6 米，向下为方形石条砌筑。

22. 半壁店堡 130732353102170022

位于独石口乡半壁店村，坐标：东经 115° 43′ 34.60″，北纬 41° 12′ 48.20″，高程 1141 米。

平面呈不规则形，周长 457 米，占地面积 13655 平方米，现存城门 1 座，瓮城 1 座，马面 3 座，水井 2 口，城堡北至独石城二十里，南至猫儿峪堡二十里，东至青泉堡二十里，西至马营堡二十里。

墙体墙芯素土分层夯筑，外包城砖砌筑。

东墙：长 115 米，中间设马面一座，东南角台仅存夯土台芯，顶部宽 2.1 米，高 5 米，据居民介绍，角台上原建有角楼。东墙南段墙体大多坍塌，仅存宽 0.5 ～ 1.6 米夯土墙芯，残高 3.1 米，现为民居院墙。马面西侧约 20 米处长有古松树两棵，胸径 0.31 ～ 0.45 米，此处原有庙宇一座，四周散落少量碎砖瓦。

南墙：长 113 米，仅存夯土墙芯，马面一座，墙体缺失 22 米，存部分墙体基础。存豁口两处，第一处现为进出小路，长 6 米，宽 3.1 米，残存墙芯底部宽 3.8 米，顶部宽 0.5 米，残高 4.7 米，第二处位于南墙中部，村民用碎石封堵，南墙东段大多为村民院墙，周边堆满柴草，东南角现为村民猪圈。

西墙：长 120 米，保存差，设马面一座，辟西门一座，门外设瓮城，现已无存。西墙南段约 6 米全部坍塌，现为村民用碎石垒砌的院墙，其余仅存 0.3 ～ 1.2 米夯土墙芯，残高约 4.3 米。

西门：台芯土石分层夯筑，内侧包砌毛石，外包城砖砌筑，损毁严重，现残存两券一伏砖砌，包砖墙厚 1.6 米，券门宽 3.84 米，进深 5.43 米，券门洞高 5.44 米，底部条石基础露明三层半，高 1.06 米，门洞北墙西侧存门拴石，距地面 3.62 米，外部已残，门西北角残存一夯土台墩，应为西墙马面，宽约 8.3 米，高约 7.8 米，据村民介绍，台上原有一座庙，现顶部安装有广播喇叭，水泥质电杆一根，高约 3 米。

瓮城：台芯土石分层夯筑，内侧包砌毛石，外包城砖砌筑，现已不存，东墙可见瓮城门痕迹，西侧现为村委会，墙体大部分坍塌，部分被居民院墙占压，墙芯残宽 1.5 米，残高约 6 米，四周散存少量青砖。

北墙：长 113 米，设马面一座，仅存部分夯土墙芯，宽 0.6 ～ 1.1 米，高 7.3 米。

东墙马面 1：位于东墙中部，台芯土石分层夯筑，内侧包砌块石，外包城砖砌筑，仅存夯土台芯，凸出墙体 5.7 米，内外两侧坍塌，东侧开裂约 0.5 米，中部开裂约 0.2 米，残高约 6.06 米，顶部杂草丛生。

北墙马面 1：位于北墙中部，台芯土石分层夯筑，内侧包砌块石，外包城砖砌筑，仅存夯土台芯，凸出墙体 7.8 米，残高 6.4 米，顶部东西长 6.1 米，南北宽 5.5 米，北为农田，南为居民宅院。

东北角台：台芯土石分层夯筑，外包城砖砌筑，台体坍塌成近似三角形，底部南北 10.23 米，东西不详，残高 7.04 米，顶部南北 6.7 米，北侧东西长 4.9 米，西南侧长有榆树 3 棵，胸径 0.4 米，顶部杂草滋长，内侧为民居宅院。

西北角台：台芯土石分层夯筑，外包城砖砌筑，仅存夯土台芯，坍塌严重，边界不清，残高 7.5 米，顶部杂草滋长。东南侧为居民宅院。

历史设施：

城隍庙：位于西墙北侧东部约 30 米处，方位北偏西 12 度，保存一般，单檐悬山布瓦顶建筑，前出廊，东北角坍塌，南北宽 0.5 米，东西长 1.5 米，高 1.9 米，东墙外倾，南墙有裂缝，东南角墀头缺失，东墙长 6.3 米，北墙檐部大部分坍塌，梁架裸露，北墙长 6.5 米，西墙保存相对完整，瓦顶长满杂草，前门被村民柴草覆盖，内部情况不明。

古庙：东墙马面西侧约 20 米处长有古松 2 棵，据村民讲此处原有一座庙宇，具体名称不详，现存少量碎砖瓦，基址不清。

半壁古井 1：位于西门东侧约 20 米处，现已废弃，仅存辘轳木质及石沟嘴两块，井口圆形，直径 0.6 米，向下为方形石条砌筑。

半壁古井 2：位于西城墙西北角约 60 米处，存木质辘轳，井口 0.6 米方形，以下为条石、河卵石垒砌，井口周围有一东西 3.5 米，南北 3 米，高 0.2 米土石台，现古井仍在使用。

历史沿革：

据《续修四库全书》史部地理类 137 页，伴壁店堡图说北至独石城二十里，南至猫儿峪堡二十里，东至青泉堡二十里，西至马营堡二十里。本堡坐落平川，东西两面皆山壁立道旁，故名伴壁店。旧本民堡，嘉靖三十七年房由独石、深井、镇门等墩入围猫儿峪，逾月不解，道路为梗，始议筑堡设防，自是遂为官堡矣。顾低薄不堪，隆庆元年加修，万历十一年始砌以石，周一里□十四步，高三丈五尺。设防守官一员，所领见在官军一百五十三名，马止二匹，火路墩□□□□独石守备兼摄。本堡虽无边责，然道出□□□□□冲，乃独石内防咽喉，缓急收保，实攸□□□□□□小而忽之也。《宣大山西三镇图说》

《伴壁店堡图说》

本堡坐落平川，东西两面皆山，壁立道旁，故名伴壁店。旧本民堡，嘉靖三十七年房由独石、深井、镇门等墩入围猫儿峪，逾月不解，道路为梗，始议筑堡设防，自是遂为官堡矣。顾低薄不堪，隆庆元年加修，万历十一年以石，周一里□十四步，高三丈五尺。设防守官一员，所领见在官军一百五十三名，马止二匹，火路墩□□□□独石守备兼摄。本堡虽无边责，然道出□□□□□冲，乃独石内防咽喉，缓急收保，实攸□□□□□□小而急之也。

嘉靖三十七年因民堡改筑，隆庆元年加修，万历十一年砖包，周一里三十四步，高三丈五尺，堡楼一，角楼四，门一。

23. 猫峪堡 130732353102170023

坐标：东经 115° 45′ 00.60″，北纬 41° 08′ 08.80″，高程 1082 米。

城堡平面呈方形，周长 664 米，占地面积 26370 平方米，现存城门 1 座，马面 5 座，堡中原有建筑已无存，位于北至半壁店堡二十里，南至云州堡二十里，东至镇安堡二十里，西至马营堡二十里。

墙体墙芯土石分层夯筑，内侧包砌块石，外包城砖砌筑。

东墙：长 136 米，设马面一座，墙体残损严重，外包砖大部分缺失，残宽 2.2～3.4 米，高 3.2～5.45 米，马面至东北角台之间墙体，包砖厚 0.6 米，高 4.8 米，内侧为块石砌筑，宽 0.8～2.4 米，内高 3.6～5.2 米，部分墙体被民居占压。

马面：仅存夯土台芯，外包砖缺失，东西长 11.8 米，南北宽 5.36 米，凸出墙体 2.8 米，残高 4.8～7.6 米，顶部杂草丛生，坑洼不平。

南墙：长 171 米，设马面一座，城门一座，现已无存。城门外设瓮城，瓮城辟东门。墙体包砖大部分缺失，墙芯局部坍塌，坍塌宽度 0.5 米，下宽 6.5 米，残高 5 米，现已被村民改造成院墙，墙体内外两侧均为居民宅院或菜园，顶部杂草丛生。

西墙：长 135 米，设马面一座，墙体包砖大部分缺失，仅存夯土台芯，立面呈锯齿状，高约 1.8～2.6 米。

北墙：长 136 米，设马面一座，墙体包砖大部分缺失，上宽 1.2～2.1 米，内侧残高 2.8～4.7 米，外侧残高 3.4～3.6 米，墙体缺失 32 米形成豁口，乡间公路从中穿过，北墙东段多被民居占压。

南瓮城：城台台芯土石分层夯筑，内侧包砌毛石，外包城砖砌筑，瓮城辟东门，内券起券方式为五伏五券，门洞宽 3.07，高 3.23 米，深 3.13 米，露明条石基础 5 层，高 1.37 米，二进深 4.14 米，宽 3.56 米，高 4.67 米，门洞两侧存门墩石，洞径 0.27 米，大多数包砖缺失，外券起券方式为三伏三券，仅存两伏两券，上部缺失，门券两侧包砖存高 1.5 米，瓮城东西残长 20.7 米，残高 3.5～8.2 米，残宽 1.4～5.2 米，东门内侧距西墙内侧 18 米。

西南角台：大部分坍塌，凸出南墙 3.7 米，残高 6.9 米，台体顶部原建有角楼，现存三角形夯土台，长 2.2 米，宽 3.7 米，顶部杂草丛生。

西北角台：东部已坍塌，凸出北墙 3 米，凸出西墙 3 米，顶部长 8 米，残宽 4 米，残高 7.2 米。

东北角台：台芯土石分层夯筑，外包城砖砌筑，东西宽 8.2 米，南北长 12.4 米，外包城砖大部分缺失，仅存夯土台芯，东侧外高 7.8 米，内高 5.6 米，东侧残存部分包砖，高 2.4 米，北侧夯土坍塌，面积 12.6 平方米，残高 2.2 米，顶部杂草丛生，存有后期挖掘的孔洞 3 处。

西墙马面 1：位于西墙中部，台芯土石分层夯筑，外包城砖砌筑。外包砖大部分缺失，东西宽 7.2 米，南北长 8.6 米，外侧残高 7.2 米，内侧残高 5.6 米，马面凸出墙体 3 米，长 12 米，内侧为农田，外侧为居民宅院，台芯内外有多处居民挖掘的菜、薯窖。

北墙马面 1：台芯土石分层夯筑，外包城砖砌筑，外包砖大部分缺失，东西长 8.6 米，南北长 10.6 米，外侧残高 7.2～6.8 米，内高 3.4～6.6 米，内侧坍塌成斜坡状，顶部杂草丛生，四周散落碎砖石。

城堡外围现存有烽火台四座，分别为猫峪 01 号烽火台（猫峪北墩）—猫峪 04 号烽火台（猫东烽 1）。

历史沿革：

始建于嘉靖年间，为包砖砌城墙，据《续修四库全书》史部地理类 138 页。

猫儿峪堡图说

北至半壁店堡二十里，南至云州堡二十里，东至镇安堡二十里，西至马营堡二十里。《赤城县志译注》卷之二建置志城堡第二七页，猫儿峪堡《宣镇图说》：创筑、加修与半壁店堡同，高亦同，周一里二百二十七步。《北中三路志》：堡楼二，角楼四，门一座。

24. 三山堡城 130732353102170024

位于三山村西北，西邻白河，坐标：东经115° 44′ 23.40″，北纬41° 10′ 28.80″，高程1115米。

城堡平面格局不清，墙体存长22米，堡中存庙宇一座。

墙体墙芯素土分层夯筑，内侧包砌块石，外包城砖砌筑，北墙西段残存一段墙体，东西长22米，底宽1.5～2米，上宽0.6～1米，残高2.5～4米，南侧为民居宅院，北侧为移动通信塔一座。

城堡外围现存有烽火台三座，分别为三山01号烽火台（三山东墩）—三山03号烽火台（正安沟口墩）。

25. 旧站堡 130732353102170025

位于旧站村南1.3千米，坐标：东经115° 45′ 49.30″，北纬41° 05′ 27.20″，高程1033米。

城堡平面格局不清，周长198米，占地面积4928平方米。

墙体墙芯素土分层夯筑，内侧包砌块石，外包城砖砌筑。南墙存长104米，东墙存长94米，西南角存有部分夯土墙芯，西墙存长16米，南墙存长12米，残高1.1～3.2米，西南角高1.8～4.6米，四周散落少量碎砖瓦，城堡外围现存有旧站01号烽火台一座。

26. 云州堡 130732353102170026

位于云州乡云州村，坐标：东经115° 45′ 50.70″，北纬41° 02′ 29.30″，高程1002米。

城堡平面呈矩形，周长2000米，占地面积250411平方米，现存马面9座。

墙体：墙芯土石分层夯筑，外包城砖砌筑，外包砖无存，仅存夯土墙芯。

东墙：长452米，城门及附属设施无存，墙体残宽1.6～3.8米，残高2.8～4.2米。

南墙：长575米，外包砖均已缺失，南墙西段与西南角相接墙体保存相对较好，分为两段，第一段墙体宽1.6～4.8米，高2.6～5.2米；第二段长14米，宽4.2米，高5.6米。南城门无存，城门处豁口长63米，西侧墙体被民居占压，长70米，东侧墙体存豁口一处，长27米；村内道路从南门豁口穿过。据当地居民介绍，南门外原设有瓮城，瓮城辟东门，1958年拆除。

西墙：长429米，设马面3座，西城门无存。西墙存豁口两处，豁口1长28米，豁口2长32米，外包砖全部缺失，仅存部分夯土墙芯，坍塌严重。

北墙：长556米，设马面4座，北城门无存，原城门处现为豁口，长29米，赤宝公路从此处穿过，西北角向北延伸存有一段墙体，长4.6米，宽3.4米，残高2.2米，北墙西段大部已坍塌，外包砖缺失，仅存墙芯，残宽2.2～5米，内侧残高6.6米，外侧残高3.4米。外侧为农田，内侧为民居宅院，存有后期人为挖掘的山药窖多处。

西墙马面1：台芯土石分层夯筑，外包城砖砌筑，外包砖缺失，仅存台芯，马面北侧上宽6.8米，内侧存缺口一处，南北长14米，东西长4米，被民居占压；马面凸出墙体2.2米，外侧残高3.6米，内侧残高6.2米，南北长4米，东西长7.2米，台芯向内侧坍塌成斜坡状，高1.9米，东西长1.8米，南北6.2米。

西墙马面2：台芯土石分层夯筑，外包城砖砌筑，外包砖缺失，仅存台芯，东西宽6.2米，南北长

7.4 米，残高 6.6 米，东北侧坍塌。

西墙马面 3：台芯土石分层夯筑，外包城砖砌筑，外包砖缺失，仅存台芯，东西长 5.4 米，南北长 6.2 米，残高 5.6 米。

北墙马面 1：台芯土石分层夯筑，外包城砖砌筑，外包砖缺失，仅存台芯，凸出墙体 3.2 米，宽 4.1 米，残高 8.5 米，顶部坑洼不平，杂草丛生。

北墙马面 2：台芯土石分层夯筑，外包城砖砌筑，外包砖缺失，仅存台芯，平面矩形，凸出墙体 7 米，东西宽 8 米，残高 9.2 米，顶部东低西高，高差 1 米，顶部杂草滋长。

北墙马面 3：台芯土石分层夯筑，外包城砖砌筑，外包砖缺失，仅存台芯，长约 7.4 米，宽约 4.2 米，凸出墙体约 2.8 米，残高约 8.4 米，内侧紧邻民居，外侧为农田。

北墙马面 4：台芯土石分层夯筑，外包城砖砌筑，外包砖缺失，仅存台芯，顶部平面呈矩形，南北长 6.5 米，东西宽 5 米，残高 8.4 米，向北凸出墙体 2.5 米，向南凸出墙体 2.5 米，外侧为农田，内侧紧邻民居，顶部杂草丛生。

西北角台：台芯素土分层夯筑，外包城砖砌筑，东西宽 8.2 米，南北长 11.2 米，残高 6.8～8.2 米，顶部西高东低。

城堡外围现存有烽火台 8 座，分别为云州 01 号烽火台～云州 08 号烽火台。

历史沿革：

据《宣府镇志》卷十一城堡考载，云州所城，高二丈八尺，方三里一百五十八步，城楼三，角楼四，城铺十七，门二，东曰镇清，南曰景和。宣德五年阳武侯薛禄筑，正统十四年虏陷，景泰二年都督孙安奉敕复守，五年，参政叶盛奏设守御所治，委指挥沈礼以砖石甃焉。本城属堡共五。

巡按察院，东门内，景泰五年建。

分司，建年同上。

守备官厅，景泰二年建，嘉靖二年守备王麟修。

云州守御千户所，成化十四年建。

演武厅，永乐年建。

官店，城艮隅。

药房，景泰五年建。

神枪库，城艮隅，宣德五年建。

云州仓，城乾隅，建年同上。

备荒仓，所治内。

草场，城艮隅，宣德五年建。

云州驿，宣德五年建，嘉靖年修。

据《赤城县志译注》卷之二建置志城堡载，云州所城，《宣府镇志》：宣德五年，阳武侯薛禄筑，正统十四年陷，景泰二年都督孙安复守，五年参政叶盛奏设守御所治，委指挥沈礼甃以砖石。高三丈五尺，周三里百五十八步，城楼三，角楼四，城铺十七，门二，东曰镇清，南曰景和。又关厢南北门二。

《宣镇图说》：旧在金莲川，元改筑于此，宣德间重筑。《续镇志》：隆庆二年甃砖。

27. 青泉堡 1307323531021700027

位于云洲乡青泉堡村，坐标：东经 115° 48′ 54.80″，北纬 41° 11′ 45.10″，高程 1242 米。

城堡平面呈不规则矩形，周长 1100 米，占地面积 73143 平方米，现存城门 2 座，马面 9 座。北至独石城四十里，南至猫儿峪堡二十里，东至镇安堡三十里，西至半壁店堡二十里处。

墙体：墙芯土石分层夯筑，内侧包砌块石，外包城砖砌筑。

东墙：长 384 米，东墙由南向北存豁口 5 处，豁口 1 长 25 米，豁口 2 长 9 米，豁口 3 长 31 米，豁口 4 长 20 米，豁口五长 20 米。

南墙：墙芯土石分层夯筑，外包大块毛石砌筑，长 237 米，设南城门一座，南墙东段墙体内外坍塌，南墙西段墙体近西南角残存两段墙体，第一段仅存墙芯，残高 6 米，第二段为外包大块毛石砌筑，残高 1.5 ~ 3.5 米，其余大部分被民居占压。

南门：台芯土石分层夯筑，内侧包砌毛石，外包城砖砌筑，门洞保存较完整，门券起券方式为五伏五券，券上施石质门簪四枚，浮雕莲花，其上设石质匾额；外券门洞宽 3.63 米，高 3.835 米，进深 4.135 米，露明基础条石四层，高 1.05 米，台体东侧宽 4 米，西侧宽 5.6 米，台体南侧高 9.3 米，北侧高 8.9 米。

西墙：长 384 米，墙体存四段，第一段后期用大块毛石堆砌，上宽 1.8 ~ 2.9 米；第二段墙体仅存部分墙基，被民居占压；第三段墙体宽 0.6 ~ 1.4 米，西侧残高 2.6 ~ 3.2 米；第四段墙体上宽 11.2 米，西侧残高 3.2 ~ 4.5 米。

北墙：长 187 米，设北城门一座，北墙东段墙体连续，外包砖缺失，仅存墙芯，最宽处 6 米，最高 9.4 米，最低 2.5 米，墙芯土体存后期人为挖掘的孔洞多处。

北门：台芯土石分层夯筑，内侧包砌毛石，外包城砖砌筑，门洞起券方式为五伏五券，外券上部设匾额，字迹已漫漶不清，城台残宽 9.63 米，高 9.28 米，下部露明基础条石五层，高 1.47 米，外券进深 4.1 米，门洞高 4.19 米，宽 3.8 米，内券进深 8.73 米，宽 4.52 米，门洞高 6.39 米，门道内地面为条石及大块河卵石铺墁，距地 4.3 米处，外券内存门轴石和门拴石各一个，青石质，中间为孔洞。

东北角台：台芯土石分层夯筑，外包城砖砌筑，台体残高 7.8 米，外侧下部墙基为砖砌，高 2.5 米，上部包砖无存。

城堡外围现存有烽火台 3 座，分别为青泉堡 01 号烽火台—青泉堡 03 号烽火台。

历史沿革：

据《宣大山西三镇图说》,《续修四库全书》史部 地理类，青泉堡图说记载：青泉堡北至独石城四十里，南至猫儿峪堡二十里，东至镇安堡三十里，西至半壁店堡二十里。

本堡边外山下有青泉涌出，绕本堡之东，故名青泉。景泰四年始筑土堡，加修于隆庆五年，砖砌于万历十五年，周二里六十四步四尺，高三丈五尺。本堡地虽孤悬，四塞颇险，正北栅口相去不满三里直冲边外，大松林、双水海子为青把都部酋、白洪大等驻牧，近便易于□□□守官所领见在官军二百九员名，马五十一匹，分管边墩一十三座。以步军寡少，仅堪守堡□□□□之应援，有警必集客兵协防之。先年□□□□□距独石窵远，报至，路将守备遽难□□□□□之时添精锐，广储蓄以备紧急自卫（以下缺字）。

据《赤城县志译注》卷之二建置志城堡青泉堡记载，《北中三路志》：景泰四年筑，隆庆五年加修，万历十五年砖包。周二里六十五步，高三丈五尺，堡楼二，角楼四，铺一，门二座。

28. 镇安堡 1307323531021 70028

位于镇安堡村，坐标：东经 115° 53′ 03.10″，北纬 41° 06′ 58.00″，高程 1148 米。

城堡平面呈不规则方形，周长 1300 米，占地面积 96516 平方米，现存城门 1 座，马面 2 座。堡中原有庙宇 1 座。

墙体墙芯素土分层夯筑，内侧包砌块石，外包城砖砌筑。

东墙：长 410 米，设马面一座，上宽 0.5～2.2 米，内宽 1.6～4.4 米，外高 2.2～6.8 米，墙体包砖全部缺失，墙体中部存豁口一处，仅存墙基，东南角墙体部分缺失，现被民居占压。

南墙：长 257 米，辟南门一座，城门东侧墙体缺失长 66 米，城门西侧墙体残损严重，外包砖缺失，残高 5.2～7.6 米，残宽 1.6～4.5 米，现被民房占压。

西墙：长 437 米，上宽 1.2～2.8 米，下宽 2.6～6 米，残高 1.9～6.8 米，墙体包砖全部缺失，存豁口两处，豁口被民居、农田占压，仅存基础，残存墙芯土体，残宽 1.2～4.5 米，残高 2.8～4.6 米，顶部杂草丛生。

北墙：长 147 米，西高东低，仅存部分墙芯，墙体包砖缺失，西北角台残存部分外包砖，存豁口一处，北墙西段墙体多被民居占压。

南门：外券起券方式为五伏五券，上设匾额，门券与匾额之间设圆形门簪石 4 枚，浮雕莲花，直径 0.22 米，间距 0.4 米，外券门洞高 3.69 米，宽 3.66 米，洞进深 3 米，门西侧下方存二层基础条石，高 0.62 米，内券门洞进深 7.56 米，高 5.78 米，宽 4.37 米，门洞通进深 10.93 米，城台北面存高 8.2 米，南面存高 9.12 米。

北门：外券起券方式为五伏五券，上设匾额，字迹漫漶不清。

西北角台：台芯素土碎砖分层夯筑，外包城砖砌筑，西、北两面残存部分外包砖，厚 0.82 米，台芯为素土碎砖分层夯筑，西面存外包砖，厚 0.25 米，台体上窄下宽，内侧残高 5.2 米，外侧残高 12.4 米，东西长 12.2 米，南北长 7.8 米，顶部散落大量碎砖瓦。

东墙马面 1：台芯土石分层夯筑，外包城砖砌筑，台体内外包砖缺失，东西长 9.2 米，南北宽 8 米，内侧残高 4.2 米，外侧残高 6.8 米，凸出墙体 6.6 米，顶部碎砖瓦堆积，存铺舍遗迹，杂草丛生。

西墙马面 1：台芯土石分层夯筑，外包城砖砌筑，东西宽 6 米，南北长 8 米，内侧残高 3.6 米，外侧残高 5.2 米，顶部堆积大量碎砖瓦，存铺舍遗迹，杂草丛生。

城堡外围现存有烽火台 3 座，分别为镇安堡 01 号烽火台—镇安堡 03 号烽火台。

历史沿革：

据《宣镇图说》：成化八年筑，正德六年加修，万历十五年砖甃。周二里六十六步三尺，高三丈五尺。《北中三路志》：城楼三，角楼四，铺一，门一座。

镇安堡，东至两河口七里，西至云州堡三十里，南至龙门所四十五里，北至青泉堡三十里。所管边口台汛六处，南自龙门所边界破鹿墩起，北至独石口协左营边界团山儿墩止，计长七十三里一百步。所有边墙俱已塌毁，沿边墩台共七十九座。奉开隘口一：镇岭口，南至龙门所边界破鹿楼十里一百步，北至靖鹿口楼十五里，通口外明沙滩、红旗、马厂、热河等处地方。现设外委把总一员，台兵五名，营房三间。封禁边汛五：靖鹿口楼，南至镇岭口十五里，北至镇虎口墩五里，现设台兵五名。镇虎口墩，北至镇塞墩十八里，现设台兵五名。镇塞墩，北至虎口楼五里，现设台兵五名。虎口楼，北至镇宁口墩七里，现设台兵五名。镇宁口墩，北至独石口协左营团山儿墩三里，现设台兵五名。以上俱无营房。

本堡旧治金莲川东，近始改驻于此。重峦叠嶂，山势不甚险峻。靖鹿楼即两河口，与镇岭口、镇虎墩俱称极冲，其西青泉堡，四塞孤悬，虽小亦称要地。

主要历史设施：

（1）真武庙

位于镇安堡中心位置，坐南向北，建于月台之上，台基为外包砖内夯土，东西残宽 18.6 米，南北残长 19 米，台基南边距建筑 6.8 米。

真武庙为硬山布瓦顶前出廊建筑，始建于明代，清光绪年重修。面阔三间，进深一间，东西通面阔 8.69，南北通进深 7.86 米，正脊距地面 5.16 米，金檩饰明式彩绘，有长 0.5 米，宽 0.4 米木条，墨书题写明万历四十四年岁次丙辰孟夏吉旦重修，西侧书"守备镇安堡地方武举都指挥古燕张××练立"，南面下金檩书"大清光绪十四年岁次戊子堡绅民人等公议重修""光绪十五年岁次己丑仲夏日工程告竣"。

庙内现存有碑刻一通，位于真武庙西南 2 米处，碑立于一残损赑屃顶部，赑屃仅存轮廓，雕饰已不清，碑首高 0.7 米，碑身长 1.6 米，宽 0.86 米，厚 0.2 米，碑首雕刻二龙戏珠，碑额文字不清，西面右上角部第一行可见"真武庙碑"字样，碑首背面题有"碑记"字样。

（2）玉皇庙

位于真武庙正北 200 米的高岗上，建筑已无存，现仅存基址，东西宽 20 米，南北长 26 米，原有围墙，墙基宽 0.9 米，四周发现大量明代砖瓦件，基址正南方长有松树一棵，胸径 0.32 米。

（3）泰山庙

位于镇安堡村东北 250 米的山坡上，建筑已无存，仅存部分建筑基址，总体布局为三进院，坐北朝南，东西宽 20 米，南北长 58 米，正殿基址前长有油松两棵，胸径 0.8 米，遗址范围杂草丛生，四周散落大量碎砖瓦。

成化八年筑，正德六年加修，万历十五年砖甃，周二里六十六步三尺，高三丈五尺，城楼三，角楼四，铺一，门一座。

29. 君子堡 1307323531021 70029

位于君子堡村，东至独石城三十里，西至松树堡十五里，南至马营堡二十里，北至边五里，坐标：东经 115° 34′ 06.30″，北纬 41° 13′ 26.80″，高程 1255 米。

城堡平面呈矩形，周长 812 米，占地面积 41455 平方米，现存城门 1 座，瓮城 1 座，马面 4 座。

墙体：墙芯素土分层夯筑，内侧包砌块石，外包城砖砌筑，城砖规格 0.385 米 ×0.185 米 ×0.085 米。

东墙：长 196 米，辟城门一座，外设瓮城，城门南侧设马面一座，存豁口一处，长 26 米。残宽 1.4～2.6 米，部分墙体被民居占压。

南墙：长 215 米，设马面一座，存豁口一处，长 100 米。

西墙：长 199 米，墙体基本连续，设马面一座，下宽 3.6～5.6 米，上宽 0.6～1.8 米，残高 3.8～6.9 米，顶部为村民后期人为挖掘的水沟，宽 1 米，深 0.3 米。

北墙：长 213 米，存豁口一处，长 69 米，设马面一座，残宽 0.6～1.7 米，残高 3.6～5.8 米，现被民居占压。

东门及瓮城：

东门台芯土石分层夯筑，外包城砖砌筑，坍塌严重，残宽 10.2 米，进深 7 米，南侧残高 4.2 米，北侧残高 7.4 米。

瓮城辟南门，台芯土石分层夯筑，外包城砖砌筑，包砖大部分缺失，宽 6.2 米，厚 4.5 米，残高 3.2～6 米，局部可见外包砖，厚 1 米，瓮城东墙残损严重，残宽 2.8 米，残高 2.2 米，北侧高约 5.6 米，部分被民居占压。

东墙马面 1：位于东门南侧 32 米，台芯土石分层夯筑，外包城砖砌筑，东侧南北长 8.2 米，高 2.3 米，南侧凸出墙体 2.4 米，底部包砖厚 1.6 米，上部包砖缺失，现为夯土台芯；马面底部南北长 8.6 米，东西宽 6.6 米，顶部北高南低，西北角坍塌，残高 9.8 米。

南墙马面 1：位于南墙中部，距东南角台 65 米，台芯土石分层夯筑，外包城砖砌筑，东西长 15 米，南北宽 12 米，残高 8.5 米，残存台芯土体立面呈梯形，顶部东西长 9 米，南北宽 7.8 米，凸出墙 10 米，顶部杂草丛生，收分 1.5 米，顶部散落少量砖瓦。

西墙马面 1：位于西墙中部，台芯土石分层夯筑，外包城砖砌筑，凸出墙体 5.2 米，东西长 12.4 米，南北宽 14 米，顶东西宽 6.2 米，南北长 8.4 米，残高 9.2 米，残存台芯土体立面呈梯形，杂草丛生。

北墙马面 1：位于北墙中部，台芯土石分层夯筑，外包城砖砌筑，凸出墙体 5.8 米，底部东西长 14 米，南北宽 11 米，顶部东西长 10 米，南北宽 6 米，残高 9 米，顶部较平缓，杂草丛生，四周散落少量碎砖瓦。

东南角台：台芯土石分层夯筑，外包城砖砌筑，包砖大部分缺失，东西长 18 米，南北宽 11 米，残高 3.4～8.8 米，存基础条石三层，高 0.56 米，存部分外包砖，南北残长 3.2 米，残高 1.78 米，厚 0.6 米，顶部东高西低，杂草滋长，西侧存豁口一处，宽 3.8 米。

东北角台：台芯土石分层夯筑，外包城砖砌筑，底部东西长 16 米，南北宽 12 米，顶部东西宽 11 米，南北长 12 米，凸出墙体 5.2 米，残高 7.8～9.8 米，顶部杂草丛生，坑洼不平。

西南角台：台芯土石分层夯筑，外包城砖砌筑，东西长 15 米，南北宽 13.6 米，顶东西长 8.2 米，南北宽 8 米，残高 9.3 米，残存台芯土体立面呈梯形，顶部存城砖海墁地面 0.6 平方米，西南角发现花岗岩柱础石两块，底方上圆，底盘边长 0.25 米，鼓径 0.14 米，台体凸出西墙 4.2 米，顶部杂草丛生，四周散落少量碎砖瓦。

西北角台：台芯土石分层夯筑，外包城砖砌筑，东西长 15.6 米，南北宽 14 米，顶东西宽 7.2 米，南北长 9 米，残高 9.6 米，残存台芯土体立面呈梯形，台体凸出西墙 4.5 米。

城堡外围现存有烽火台 4 座，分别为君子堡 01 号烽火台—君子堡 04 号烽火台。

主要历史设施：

古井

坐标：北纬 41° 13′ 27.4″，东经 115° 34′ 05.5″，高程 1260 米。

古井一座，旁边存一间房屋，面阔 4.2 米，进深 3.8 米，房内堆放柴草。

历史沿革：

据《续修四库全书》北至边墙一十五里，南至云州堡三十里，东至独石城□□□，西至松树堡十九里。

本堡创筑于宣德七年，砖包于正统八年，后六年遭覆陧之变，景泰间再复，隆庆初增修之，城周六里五十三步，高三丈五尺。本□□□枕冠帽山，而西门更峡险隘，非不□□□□□□临平川，虏登山俯瞰，城中无遁形□□□□□□所领见在官军□千五百二十五□□□□□□四匹头，管大边一百七十余里，二□□□□□□，边腹墩台一百二十一座，内威远□□□□□□道沟等处，威兀慎等部落驻牧，□□□□□□因添民堡，分兵千余，孤弱渐著□□□□□□以复原额，且堡垣年久崩坏，当□□□□□□□云。

据《赤城县志译注》

建置志城堡第二八页

君子堡《北中三路志》：在马营西北二十余里，旧堡残毁，嘉靖二十五年复筑之，万历八年砖包。周一里三百五十步，高三丈五尺，楼二，铺一，门一座。

君子堡，东至独石城三十里，西至松树堡十五里，南至马营堡二十里，北至边五里。所管边口台汛五处，东自独石口右营边界接界墩起，西至马营堡边界中高墩止，计长二十二里二百一十步，所有边墙俱已塌毁，沿边墩台共二十一座。奉开隘口一：新镇楼口，西至苏庄楼一百五十八步，通口外缸房窑、榛子沟、丁庄湾、金莲花滩等处，现设外委把总一员，马兵二名，步兵八名，营房二十间，马棚一间。封禁边汛四：马家门墩，东至独石口右营接界墩九十八步，西至静虎墩九里一百二步，现设步兵一名，台兵二名，营房三间。静虎墩，西至新镇楼口五里三百一十六步，现设步兵一名，台兵二名，营房三间。苏庄楼，东至新镇楼一百五十八步，西至中高墩六里二百五十六步，现设步兵一名，台兵一名，营房三间。中高墩，西南至马营堡边界四明口墩一里一百四十六步，现设步兵一名，台兵一名，营房三间。

附《宣镇图君子堡形势说》：君子堡，当马营堡正北之冲，北距马营冲隘仅五里。若敌从此入犯径逼马营，则本堡首先受困。此堡虽小，乃马营之唇齿，唇亡齿寒最称要地焉。新镇楼口川原平坦，一望内外毫无阻隔，尤为极冲。

在马营西北二十余里，旧堡残毁，嘉靖三十五年复筑之，万历八年砖包，周一里三百五十步，高三丈五尺，楼二，铺一，门一座。

30. 卞家堡 130732353102170030

位于汴家堡村西北部平地东侧，距汴家堡北烽 1 约 180 米，坐标：东经 115° 37′ 04.00″，北纬

41° 11′ 47.40″，高程 1183 米。

城堡平面呈矩形，东西残宽 80 米，南北残长 95 米，周长 289 米，占地面积 5234 平方米，堡内现为农田。

西墙：墙体墙芯素土分层夯筑，内侧包砌块石，外包城砖砌筑，底部宽 3.5 米，残高约 2.3 米，顶部宽 0.5 ～ 1.3 米，西墙北段存豁口一处，宽约 5 米，顶部及内外两侧遍植榆树。

西北角台：台芯土石分层夯筑，外包城砖砌筑，长约 18 米，宽约 30 米，四周长有榆树多棵，胸径 0.02 ～ 0.56 米。

城堡外围现存有烽火台 3 座，分别为卞家堡 01 号烽火台～卞家堡 03 号烽火台。

主要历史设施：

古井

坐标：北纬 41° 13′ 27.4″，东经 115° 34′ 05.5″，高程 1260 米。

古井一座，旁边存一间房屋，面阔 4.2 米，进深 3.8 米，房内堆放柴草。

31. 马营堡 130732353102170031

位于马营堡村，东至独石城三十里，西至松树堡十五里，南至云州堡三十里，北至君子堡二十里，坐标：东经 115° 38′ 41.90″，北纬 41° 09′ 08.80″，高程 1175 米。

城堡平面呈不规则形，周长 3400 米，占地面积 60000 平方米，现存城门 3 座，角台 3 座，马面 14 座。

墙体墙芯素上夯筑，夯层厚 0.27 米，底宽 10.1 米，内侧外包块石砌筑，外侧外包城砖砌筑，包砖厚 1.06 米，下设条石一层，白灰砌筑，白灰勾缝，城砖规格：0.39 米 ×0.185 米 ×0.105 米。

东墙长 871 米，存豁口两处，东门位置豁口长 77 米，东南角豁口长 33 米，墙体原设马面 7 座，南段 3 座，北段 4 座，设城门 1 座，现已缺失。

南墙长 810 米，上宽 0.6 ～ 3.8 米，下宽 1.2 ～ 4.6 米，残高 0.6 ～ 4.8 米，顶部杂草丛生，豁口一处长 38 米，一条乡间小路和一条毛石砌筑拦水坝穿过，水坝高 1.6 米宽 0.8 米。

西墙长 927 米，外侧保存部分包砖墙体，西门南侧存豁口一处，长 29 米，墙体原设马面 4 座，城门 1 座，外设半圆形瓮城，瓮城南侧辟门。

北墙长 483 米，外侧包砖缺失，墙体原设马面 4 座，城门 1 座，瓮城 1 座。

南门及南瓮城：

南门台芯土石分层夯筑，内侧外包毛石砌筑，外侧外包城砖砌筑，现状为豁口，东西长 16.2 米，进深 13.4 米，云马公路从中穿过，东侧墙体残高 8 米，西侧墙体残高 4.8 米。

南瓮城墙芯土石分层夯筑，外包城砖砌筑，外包城砖全部缺失，瓮城东侧辟门，南侧圆弧部位直到南门东侧墙体均已缺失，多被民居占压，瓮城西墙残宽 1.1 ～ 1.8 米，残高 3.2 ～ 5.4 米。

北门及北瓮城：

北门台芯土石分层夯筑，外包毛石砌筑，现状为豁口，公路从中穿过，底部东西宽 12.6 米，南北进深 5.23 米，顶部宽 2.4 米，残高 8.8 米，顶部西侧散落一块方形圆鼓式础石，边长 0.76 米，厚 0.25 米，鼓径 0.66 米，镜高 0.25 米。

北瓮城墙芯土石分层夯筑，内侧外包毛石砌筑，外侧外包城砖砌筑，东西长 28.76 米，南北长 35 米，高 8.6 米，半圆形瓮城，北部为圆弧形墙体，东西两侧相对平直，保存现状整体较差，包砖及包石均已剥落缺失。

瓮城东侧辟门，现状为豁口，长 8.9 米，底宽 3.4 米，顶宽 1.4 ～ 2.4 米，门外向东 22 米处存墙一道，南北长 30 米，宽 1.4 ～ 1.6 米，高 2.2 ～ 2.5 米。

瓮城北墙宽 5.9 米，高 9 米，下部墙芯土石分层夯筑，高 6.2 米，上部墙芯素土分层夯筑，高 2.8 米，存 1976 年修路炸开的豁口一处，长 21.6 米。

瓮城西墙存豁口一处，长 6.9 米，底宽 3.2 米，残高 8.4 米。

西门及西瓮城：

西门台芯土石分层夯筑，内侧外包毛石砌筑，外侧外包城砖砌筑，西门进深 12.2 米，顶部存方形柱础，长 0.6 米，宽 0.5 米，高 0.5 米，散落部分砖瓦。

瓮城为半圆形，台芯土石分层夯筑，内侧外包毛石砌筑，外侧外包城砖砌筑，南面辟门，东西长 21.5 米，南北长 20.5 米，高 6.4 米，瓮城墙厚 3.5 米，下部墙芯土石分层夯筑，高 5.2 米，上部墙芯素土分层夯筑，高 1.6 米，外包砖及内包毛石均已缺失。

东南角台：台芯土石夯筑，外包城砖砌筑，现外包砖无存，仅存夯土台芯，东西长 8.5 米，南北长 6 米，顶部东西长 7 米，南北长 4.6 米，凸出墙体 0.2 米，残高 6.2 米，台体大部坍塌滑坡，东侧、南侧尤为严重，顶部坍塌为西宽东窄三角形，东南角台北侧 22 米，为一南北长 4.7 米，进深 2.3 米的豁口，残高 3.9 米。

西北角台：台芯土石夯筑，外包城砖砌筑，保存现状较差，东西宽 8.2 米，南北长 10.2 米，残高 5.6 米，正东侧中部坍塌滑坡形成孔洞，东西长 1.6 米，南北宽 1.2 米，深 2.8 米，角台与西墙间存豁口一处，南北宽 2.6 米，进深 8 米，台体顶部存有方砖铺墁，多数碎裂，杂草丛生，散落少量碎砖瓦。

东北角台：东距白河支道 35 米，西距云马公路 200 米，台芯土石夯筑，外包城砖砌筑，底边东西凸出墙体 6.9 米，南北长 11.5 米，顶部东西宽 8.2 米，南北长 9.2 米，残高 9 米，外包砖均已缺失，台体西北侧与墙体间存 1958 年人为挖掘的深沟，宽 2.6 米，深 4.2 米，顶部散落少量碎砖瓦，四周杂草丛生。

东墙马面 1：台芯土石夯筑，内侧外包块石砌筑，外侧外包城砖砌筑，底部南北长 9.6 米，东西凸出墙体 3.2 米，顶部南北长 6.4 米，东西宽 4.2 米，残高 6 米，外包砖缺失，下部墙芯土石分层夯筑，高 4.2 米，上部墙芯素土分层夯筑，高 1.8 米，顶部杂草丛生，散落少量砖瓦，台体北侧为农田。

东墙马面 2：台芯土石夯筑，内侧外包块石砌筑，外侧外包城砖砌筑，外包砖缺失，台芯坍塌严重，南北长 9.2 米，顶部残宽 0.6 ～ 1.2 米，两侧为居民居屋，东侧为农田。

东墙马面 3：台芯土石夯筑，内侧外包块石砌筑，外侧外包城砖砌筑，南北长 9.2 米，东西宽 1.4 米，残高 6.8 米，坍塌滑坡严重，中间为居民居屋和农田，东临白河支道。

东墙马面 4：台芯土石夯筑，内侧外包块石砌筑，外侧外包城砖砌筑，南北长 8.2 米，东西宽 4.8 米，残高 6.4 米，顶部东西宽 1.6 ～ 2.2 米，坍塌滑坡严重，杂草丛生。

东墙马面 5：台芯土石夯筑，内侧外包块石砌筑，外侧外包城砖砌筑，南北长 8.8 米，东西凸出墙体 3.2 米，顶部南北长 7 米，东西宽 6.2 米，顶部杂草丛生，台体部分被民居占压，东侧为农田。

南墙马面 1：台芯土石夯筑，内侧外包块石砌筑，外侧外包城砖砌筑，底部东西长 8.8 米，南北凸出墙体 7.7 米，顶部东西长 7.1 米，南北宽 6.5 米，残高 9.2 米，杂草丛生，散落少量碎砖瓦。

南墙马面 2：台芯土石夯筑，内侧外包块石砌筑，外侧外包城砖砌筑，底部东西长 8.2 米，南北凸出墙体 4.6 米，顶部东西长 6.8 米，南北长 5.2 米，残高 8.4 米，外包砖缺失，顶部杂草丛生，可见海墁痕迹，散落大量碎砖瓦。

南墙马面 3：台芯土石夯筑，内侧外包块石砌筑，外侧外包城砖砌筑，仅西南侧剩余上宽 3.4 米，下宽 2.2 米的外包墙体，东南角夯土墙坍塌，东西长 2.8 米，南北长 1.6 米，现台体为一下宽 9.2 米，东西南凸出墙体 3.2 米，顶部东西宽 8 米，南北长 9 米，高 8.8 米，顶部杂草丛生，存有海墁痕迹，散落大量碎砖瓦。

南墙马面 4：台芯土石夯筑，内侧外包块石砌筑，外侧外包城砖砌筑，底部东西长 8.2 米，南北凸出墙体 3.2 米，顶部东西长 6.5 米，南北宽 4.5 米，残高 5.2 米，外侧包砖缺失，马面内侧部分坍塌滑坡，南侧根部碎石夯土坍塌堆积呈斜坡状，顶部杂草丛生，散落大量碎砖瓦。

南墙马面 5：台芯土石夯筑，内侧外包块石砌筑，外侧外包城砖砌筑，底部东西长 7.4 米，南北长 6.5 米，顶部东西长 4.2 米，南北宽 6.6 米，残高 6.4 米，东、南、西侧堆积大量碎石夯土，顶部杂草丛生，散落少量碎砖瓦。

西墙马面 1：台芯土石夯筑，内侧外包块石砌筑，外侧外包城砖砌筑，底部东西宽 3.65 米，南北长 8.9 米，顶部东西宽 5.2 米，南北长 8 米，残高 8.2 米，下部墙芯土石分层夯筑，高 4.7 米，上部墙芯素土分层夯筑，高 3.5 米，顶部存有方砖铺墁痕迹，四周杂草丛生，散落大量碎砖瓦。

西墙马面 2：台芯土石夯筑，内侧外包块石砌筑，外侧外包城砖砌筑，南北长 9.2 米，东西出墙长 7.3 米，顶部东西宽 6.8 米，南北长 9.6 米，残高 6.8 米，内侧存外包毛石墙体高 5.4 米，以上为夯土，高 1.6 米，可见 6 层木筋，间隔 0.9 米，直径 0.06 米，外侧包砖缺失，顶部杂草丛生，存海墁痕迹，散落大量碎砖瓦。

北墙马面 1：台芯土石夯筑，内侧外包块石砌筑，外侧外包城砖砌筑，东西长 8.2 米，南北长 4.8 米，凸出墙体 2.6 米，残高 6.2 米，顶部散落少量碎砖瓦，杂草丛生。

北墙马面 2：台芯土石夯筑，内侧外包块石砌筑，外侧外包城砖砌筑，东西长 9 米，南北宽 5.2 米，残高 4.6 米，下部墙芯土石分层夯筑，碎石层间隔夯土 0.25 ～ 0.3 米铺筑一层，高 4.7 米，上部素土分层夯筑，高 2.2 米，顶部散落大量碎砖瓦，杂草丛生。

相关遗迹：

（1）马营堡 01 号烽火台

（2）马营堡 02 号烽火台

（3）马营堡 03 号烽火台

（4）马营堡 04 号烽火台

（5）马营堡 05 号烽火台

（6）马营堡 06 号烽火台

（7）马营堡 07 号烽火台

（8）马营堡 08 号烽火台

（9）马营堡 09 号烽火台

主要历史设施：

马营堡寺庙遗址：

位于马营堡西门东北方向，东面为一由北向南，由高及低一道山梁。基址分布也是由北向南，由高及低，大致可分为 5 处。上部 3 处，南北长 45 米，东西长 36 米，中部 1 处，东西长 25 米，南北长 26 米，有佛教一长条石质物品，上为残莲花，中间两个半圆，中心有一方孔，下为莲花座，长 1.5 米，宽 0.6 米，厚 0.3 米，下部一处，东西不清，南北约 42 米，发现大量黄绿琉璃筒瓦残片。

历史沿革：

据《宣府镇志》城堡考：马营城，高二丈七尺，方六里五十步，城楼四，角楼四，城铺二十四，门四，东曰宣文，西曰昭武，南曰怀仁，北曰广义。宣德七年阳武侯薛禄筑，正统八年都督杨洪砖石包修。属堡四，其二松树、君子以正德三年虏寇攻毁，嘉靖二十五年参将董麒展筑。今各设兵戍守；其二曰仓上、羊房被雨浸损，亦宜修饬云。

宫宇考：

巡按察院，正统八年都督杨洪建。

分司，宣德七年建。

真定行府，管粮通判居，正统八年杨洪建。

守备官厅，正统八年建。

演武厅，正统十四年都指挥杨俊建。

官店，景泰五年建。

药房，景泰五年建。

屡丰亭，景泰五年叶盛建。

广盈仓，城坤隅，宣德五年建。

草场，城内北山上。

谯楼，城通衢。宣德七年建。

钟楼，宣德七年建。

大市坊，城中通衢。

马营堡城，《北中三路志》：旧名震州，又名西猫儿峪，筑于宣德年间。周六里五十步，高三丈五尺，堡楼四，角楼四，铺二十四，堡门四，东曰宣文，西曰昭武，南曰广义，北曰恒仁。

马营堡，东至独石城三十里，西至松树堡十五里，南至云州堡三十里，北至君子堡二十里，所管隘口、台、汛三处，北自君子堡边界中高墩起，南至松树堡边界镇虎墩止，计长一十九里一百三十步。所管边墙俱已踏毁，沿边墩台共五十九座。

封禁边汛三：四明口墩，北至中高墩一里一百四十六步，南至小石嘴墩五里三百三十九步二尺，现设马兵二名，步兵六名，守兵三名，营房二十间，马棚一间。小石嘴墩，南至永泰墩七里五十三步三尺，现设步兵三名，守兵二名，营房三间。永泰墩，南至松树堡边界镇虎墩七里三百步，现设守兵二名，步兵三名，营房三间。

附《宣镇图马营堡形势说》：本堡两角枕冠帽山，西山险隘非不可恃，然三面悉临平川，敌登山俯瞰城中无遁形矣。次冲，如大石嵯墩等五处，山势险峻，拒堵非难。若极冲如镇门、威远、厦儿岭等墩，四处平漫可通大举，有警设伏镇宁墩堵剿，半壁店、仓上堡相为应援，松树堡可以邀击，君子堡为之击尾。平时分布既定，庶几多算则胜乎。

32. 松树堡 130732353102170032

位于松树堡村，所处为白河支流东南岸山前台地，坐标：东经 115° 32′ 53.70″，北纬 41° 09′ 41.80″，高程 1255 米。

城堡平面呈矩形，周长 1000 米，占地面积 64763 平方米，存城门 3 座，角台 3 座，马面 14 座。

墙体：墙芯素土分层夯筑，夯层厚 0.09～0.15 米，外包城砖砌筑，东墙长 256 米，北段存豁口一处，长 44 米，马面 3 座；南墙长 228 米，马面 3 座，西南角台至南墙 1 号马面间墙体为两期夯筑，宽 3.8 米，残高 7.2 米，外侧设有并排的壕沟 3 条，平行于墙体，上宽约 9.5 米，深 1.5～3.5 米；西墙长 269 米，存豁口 2 处，马面 3 座；北墙长 262 米，存豁口 2 处，马面 2 座，城门 1 座。

北城门：城台顶部东西宽 9.68 米，南北长 11.5 米，高 8.5 米，下部条石基础 5 层，高 1.48 米，条石规格长 0.5～1.85 米，高 0.21～0.36 米，厚 0.21 米，白灰砌筑，白灰勾缝；上部城砖砌筑，高 7.02 米，厚 1.4 米，白灰砌筑，白灰勾缝，外侧门券洞宽 3.62 米，高 4.35 米，进深 2.61 米，门道宽 4.25 米，高 6.15 米，进深 7.42 米，内侧门券洞进深 2.97 米，通进深 13 米，外侧门洞两侧现存门栓石两组，上部为门轴石，下沿距地面高 4.28 米，门栓石下沿距地面 2.25 米，宽 0.63 米，高 0.51 米，孔高 0.22 米，宽 0.28 米，深 0.28 米；门券起券方式为五伏五券，顶部存石质匾额一块，浮雕松树堡三字，四周黄沙岩匾框，台体顶部存有方砖铺墁及建筑遗迹，东北角坍塌较多，杂草滋长，门洞西侧约 5.3 米处向北延伸出一段素土夯筑墙体，长约 12.47 米，宽约 4.6 米，高 2.1～3.8 米。

东南角台：台芯素土分层夯筑，外包城砖砌筑，底部东西长 12.02 米，南北宽 11.39 米，顶部东西长 8.4 米，南北宽 6.8 米，凸出墙体 6 米，残高 8.1 米，外包砖无存，顶部四角坍塌较多，东北角长有榆树一棵，胸径 0.07 米，东侧为民宅。

西南角台：台芯素土分层夯筑，外包城砖砌筑，底部东西长 11.56 米，顶部东西长 7.5 米，南北宽 6.8 米，凸出墙体 5.1 米，残高约 8.96 米，外包砖无存，仅存台芯。

西北角台：台芯素土分层夯筑，外包城砖砌筑，仅存宽约 5.1 米，长约 5.6 米，残高约 13 米夯土墙心，外侧包砖无存，北侧坍塌较多，顶部不太规则，角台东侧存人为挖掘的豁口一处，长 1.7 米。

东北角台：台芯素土分层夯筑，外包城砖砌筑，仅存夯土墙芯，长 4 米，残高 3.5 米，上部坍塌缺失。

东墙马面 1：台芯素土分层夯筑，外包城砖砌筑，现仅存外侧残高约 1.6 米，南北约 3.2 米，宽 0.5～1.3 米，从坍塌处可见墙基宽约 10.5 米，外包砖厚约 1 米，城砖尺寸 2 种，其一为 0.5 米 ×0.22 米 ×0.095 米，其二为 0.245 米 × 0.1 米 × 0.09 米，坍塌严重。

东墙马面 2：台芯素土分层夯筑，外包城砖砌筑，东西长 16 米，南北宽 11 米，凸出墙体 14.4 米，高 10.36 米，东、北部台芯劈裂坍塌，底部村民取土破坏严重，南立面仅存部分外包墙体及基础，北侧墙体仅存基础，顶部较平坦，存有砖石基础，散落少量残瓦。据当地村民讲，此处原建有泰山庙一座。

东墙马面 3：台芯素土分层夯筑，外包城砖砌筑，东西长 6.8 米，南北宽 3.8 米，残高 3.9 米，损毁严重，南侧紧邻民居，北侧为宅院，西为村内道路，顶部坍塌较多，杂草滋长。

南墙马面 1：台芯素土分层夯筑，外包城砖砌筑，东西 6.7 米，凸出墙体 4.7 米，残高约 9.3 米，顶部呈不规则状，外包砖无存，仅存夯土台芯，坍塌较多。

南墙马面 2：台芯素土分层夯筑，外包城砖砌筑，底部东西长 9 米，顶部东西长 7.3 米，南北宽 4.6 米，凸出墙体 5.6 米，残高 8.3 米，顶部呈不规则矩形，包砖不存，四角坍塌较多。

南墙马面 3：台芯素土分层夯筑，外包城砖砌筑，东西长 5.7 米，凸出墙体 3.3 米，残高 8.8 米，顶部坍塌成坡状，外包砖无存，内外侧均坍塌严重，杂草滋长。

西墙马面 1：台芯素土分层夯筑，外包城砖砌筑，底部南北宽 7.2 米，凸出墙体 5.2 米，残高约 7.2 米，顶部坍塌成锥状。

西墙马面 2：台芯素土分层夯筑，外包城砖砌筑，东西宽 7.2 米，南北长 7.5 米，凸出墙体 5 米，残高 7.1 米，顶部坍塌成丘状，西北角部坍塌较多，杂草滋长。

西墙马面 3：台芯素土分层夯筑，外包城砖砌筑，底部南北长 6.5 米，顶部南北长 4.1 米，东西宽 3.15 米，凸出墙体 4.2 米，残高 7.5 米，顶部坍塌成不规则状，杂草丛生。

北墙马面 1：台芯素土分层夯筑，外包城砖砌筑，东西约 8 米，凸出墙体 5.7 米，残高 7.8 米，外包砖无存。

北墙马面 2：台芯素土分层夯筑，外包城砖砌筑，仅存夯土台芯，东西长 5 米，南北宽 2.7 米，残高 0.5～1.3 米，东、西、南三面邻民居宅院，北侧为土路。

相关遗迹：

（1）松树堡 01 号烽火台

（2）松树堡 02 号烽火台

（3）松树堡 03 号烽火台

（4）松树堡 04 号烽火台

（5）松树堡 05 号烽火台

主要历史设施：

松树堡戏台：位于城堡内西南，单檐歇山顶建筑，为后期修建，坐西朝东，南北面阔 8.5 米，东西进深 6.3 米，墙体均用城砖垒砌，中间存鼓形柱础 2 个，高 0.26 米，鼓径 0.27 米，浮雕环形铺首两个。

历史沿革：

据《续修四库全书》史部 地理类松树堡图说载：北至君子堡十五里，南至云州堡四十五里，东至马营堡□□□，西至□□□□□。

本堡在马营□□□□□□□□□盖马营之屏翰也。创筑于嘉靖二□□□□□年始砖包之，周一里三百六步，高□□□□□□□官一员，分管二边二十八里有奇，□□□□□□火路墩九座，所领见在官军四□□□□□，马五十二匹。本□□立平地，四面□□□□□□□川大道，且距□□营盘道梁栅□□□□□□□孤山、双沟、摩天岭等处俱通大虏□□□□□□□段奈，北驻青把都等部落，颇费□□□□□□□零骑亦未闻深入，本堡捍蔽之□□□□□□□兵力寡弱，有警终难防御戒备（以下缺字）。

据《赤城县志译注》卷之二建置志城堡记载：

松树堡《北中三路志》：当马营正西，筑于嘉靖二十五年，万历元年砖包。周二里，高三丈五尺，堡楼二，角楼五，门一座。松树堡，东至马营堡十五里，西至边五里，南至云州堡四十五里，北至君子堡十五里。所管边口台汛六处，北自马营堡边界镇虎墩起，南至镇宁堡边界镇贼墩止，计长二十里二百六十四步。所有边墙俱已塌毁，沿边墩台共二十三座。奉开隘口一：四望砖墩，南至总望墩六里二百四十步，通口外大小碱滩、龙门沟等处，现设外委把总一员，马兵三名，步兵七名，营房二十间，马棚一间。乾隆十二年口外水发，隘口冲决，知县孟思谊请移建营房于旧隘口之北二百四十步，与营盘梁近。封禁边汛五：威远墩，北至马营堡边界镇虎墩一里二百六十步，南至镇口墩一里三十八步，现设步兵四名，台兵一名，草房三间。镇口墩，南至营盘梁墩三里一百三十六步，现设步兵四名，台兵一名，土营房三间。营盘梁墩，南至四望砖墩七里一十九步，现设步兵三名，台兵四名，土营房三间。总望墩，北至四望砖墩六里二百四十里步，南至镇贼墩七里一十九步，现设步兵三名，台兵四名，土营房三间。镇贼墩，南至镇宁堡边界宁朔墩六里三百步，现设步兵三名，台兵二名，草营房三间。

附《宣镇图松树堡形势说》：本堡在马营正西，与君子堡相为犄角，盖马营屏翰也。次冲如光葫芦梁等四处，极冲如总望墩平漫可通大举，真危地也。堡西黄家岗可伏兵。

松树堡：当马营正西，筑于嘉靖二十五年，万历元年砖包，周二里，高三丈五尺，堡楼二，角楼五，门一座。

33. 羊坊堡 1307323531021700033

位于羊坊堡村，坐标：东经 115°41′19.10″，北纬 41°06′07.70″，高程 1070 米。

城堡平面呈矩形，周长 416 米，占地面积 10676 平方米，存角台 3 座，马面 1 座。

墙体：墙芯素土分层夯筑，外包城砖砌筑，东墙长 100 米，存豁口一处，长 22 米，外包砖无存，墙芯坍塌严重，东墙南段宽 0.8～1.2 米，残高 4.3 米，两侧均为民居，东门无存，现状为豁口，东墙北段墙体无存，现为村民毛石垒砌的院墙，马面 1 座，城门 1 座。

南墙长 102 米，附属设施无。

西墙长 108 米，存豁口一处，西北角处墙体底部宽约 3.9 米，高 5.5～6.8 米，西侧为一条土路，东侧为民居，西南角台相接墙体无存，现为毛石垒砌的牲畜圈。

北墙长 107 米，坍塌严重，宽 0.7～1.2 米，残高 4.3～6.2 米，存豁口一处，长 5.2 米，东侧 1.5 米为通道，两侧为民居。

西北角台：台芯素土分层夯筑，外包城砖砌筑，外包砖无存，仅存夯土台芯，东西长 5.7 米，凸出墙体 4.2 米，高 6.8 米。

东北角台：台芯素土分层夯筑，外包城砖砌筑，外包砖无存，仅存夯土台芯，宽 1.5 米，高 3.9 米，坍塌严重，南北侧紧邻民居。

西南角台：台芯素土分层夯筑，外包城砖砌筑，外包砖无存，仅存夯土台芯，东西长 5.3 米，南北宽 1.2 米，坍塌严重，北侧坍塌成斜坡状。

东墙马面 1：台芯素土分层夯筑，外包城砖砌筑，外包砖无存，仅存夯土台芯，北侧凸出墙体 2.8 米，南侧凸出墙体 2.3 米，残高 4.8 米，四周均为民居。

相关遗迹：

（1）羊坊堡 01 号烽火台

（2）羊坊堡 02 号烽火台

（3）羊坊堡 03 号烽火台

（4）羊坊堡 04 号烽火台

（5）羊坊堡 05 号烽火台

历史沿革：

据《赤城县志译注》卷之二建置志城堡记载：羊房堡，《宣化府志》：天启元年筑，东西长二百六十八丈，南北长二百七十二丈，顶宽九尺，底宽一丈八尺，高三丈，门一座。

34. 仓上堡 130732353102170034

位于仓上堡村，建于白河南岸山前台地上，坐标：东经 115° 43′ 54.70″，北纬 41° 04′ 25.00″，高程 1034 米。

城堡平面为矩形，周长 156 米，占地面积 1498 平方米，存角台 1 座。

墙体：墙芯素土分层夯筑，外包城砖砌筑，东墙长 239 米，墙体两侧均为民居宅院，东门无存，现状为豁口；南墙长 250 米，存豁口 2 处，东侧豁口长 21 米，西侧豁口长 45 米；

西墙长 183 米，墙体坍塌缺失，现为耕地；北墙长 46 米，宽 3.2～5.4 米，高 1.5～2.3 米，东侧长有柳树一棵，胸径 0.24 米，西侧散落大量碎瓦。

西北角台：台芯素土分层夯筑，外包城砖砌筑，长 4 米，宽 3.5 米，坍塌严重，顶部可见辽代布纹瓦，四周散落大量碎石及砖瓦。

历史沿革：

据《赤城县志译注》卷之二建置志城堡记载：仓上堡《宣化府志》：万历十六年筑，周一百五十九丈二尺，高三丈五尺，门一座。

相关遗迹：

（1）仓上堡 01 号烽火台（仓上堡北烽）

（2）仓上堡 02 号烽火台（仓河烽）

（3）仓上堡 03 号烽火台（仓上堡南墩）

35. 吕和堡 130732353102170035

位于吕和堡村西侧约 50 米黄土坡上部，建于白河西岸山前台地，东侧高台下为赤宝公路，坐标：

东经 115° 46′ 56.10″，北纬 40° 58′ 48.00″，高程 970 米。

城堡平面呈矩形，周长 156 米，占地面积 1498 平方米，存角台 1 座。

墙体：墙芯素土分层夯筑，外包城砖砌筑，外包砖无存，仅存夯土墙芯，内侧高 0.5～1.1 米，外侧高 2.5～3.5 米，东墙长 35 米，下部可见少量外包毛石墙体；南墙长约 46 米，南墙外侧为耕地，墙体顶宽 1.5～2 米；西墙长 39 米；北墙长 39 米。

西北角台：墙芯素土分层夯筑，外包城砖砌筑，外包砖无存，仅存夯土墙芯，坍塌成丘状，内侧残高 2.1 米，外侧残高 5.5 米。

相关遗迹：

（1）吕和堡 01 号烽火台

（2）吕和堡 02 号烽火台

36. 黄土岭堡 1307323531021 70036

位于黄土岭村西北约 200 米，建于白河西岸山前台地上，东约 240 米为赤宝公路，距白河 300 米，坐标：东经 115° 47′ 01.80″，北纬 40° 58′ 06.10″，高程 974 米。

城堡平面呈矩形，周长 205 米，占地面积 2593 平方米。

墙体：墙芯素土分层夯筑，外包城砖砌筑，外包砖无存，仅存夯土墙芯，东墙长 50 米；南墙长 51 米；西墙长 50 米，缺失 35 米，底宽 8 米，顶宽 1.5 米，高 3 米，南侧存豁口一处，断面存人为挖掘的方形孔洞一处；北墙长 56 米，内侧高 0.5～1.5 米，外侧高 2.5～3 米，内侧为耕地，散落大量残砖瓦及青花瓷片。

相关遗迹：

（1）黄土岭堡 01 号烽火台

（2）黄土岭堡 02 号烽火台

（3）黄土岭堡 03 号烽火台

37. 夏家村堡 1307323531021 70037

位于云州乡夏家村北侧山坡上，坐标：东经 115° 49′ 57.50″，北纬 40° 59′ 37.20″，高程 1086 米。

城堡平面呈矩形，周长 244 米，占地面积 3733 平方米。城内地势东北高，西南低，东南部为东西长 30 米，南北宽 9 米的平甸，现为耕地。由下而上可见多处块石砌筑的建筑遗迹，最长 5 米，宽 0.6 米，残高 0.4～0.6 米，面积约 250～300 平方米，城圈中部存一圆状土台，上存墙体遗址，南侧高 4.2 米，北侧与其相邻地面持平，存城门 1 座。

墙体：墙芯素土分层夯筑，外包城砖砌筑，外包砖无存，仅存夯土墙芯，东墙长约 50 米；南墙长 84 米，外高内低，内侧最高 3.5 米，外侧最高 11 米，城门 1 座；西墙长 39 米，存豁口 1 处，长 4 米；北墙长 72 米，存豁口 1 处，长 6 米。

南城门：南墙中部辟门，下部条石基础三层，高 1 米，基础放脚一层，厚 0.18 米，白灰砌筑，白灰勾缝，上部城砖砌筑，白灰砌筑，白灰勾缝，门洞宽 2.25 米，高 2.4 米，起券方式为七伏七券，上部外包砖缺失，门洞外侧有新建小庙一座，东南角外侧长有古松两棵，胸径 0.6 米。

相关遗迹：

（1）夏家村堡 01 号烽火台

38. 中堡 130732353102170038

位于中堡村东侧，建于白河支流东岸山前台地上，高于村落 70 米，西侧 250 米为猫峪至冰山梁乡镇道路，西侧 50 米为白河支流，城堡东侧、南侧、北侧为山地沟壑，多为农田及人工种植油松林，坐标：东经 115°47′04.20″，北纬 41°09′53.20″，高程 1192 米。

城堡平面呈矩形，周长 210 米，占地面积 2744 米，地势东高西低，中部为耕地，多种植高粱、玉米等农作物，耕地四周散落大量碎砖瓦，布纹板瓦，外宽 165 毫米，内宽 145 毫米，瓦厚 15 毫米，城砖规格 370 毫米×170 毫米×50 毫米，另外发现少量明代青花瓷片，为赤城唯一一座小型夯土墙的城堡，西与猫峪东烽燧遥遥相望。

墙体：墙芯素土分层夯筑，东墙长 49 米，墙体坍塌滑坡严重，中部辟城门 1 座，已无存，南段墙体残宽 0.8～1.4 米，内侧残高 1.7～2.2 米，外侧残高 3.4～4.2 米，北段墙体内侧残高 0.6～1.1 米，外侧残高 2.8～3.4 米；南墙长 56 米，墙体坍塌严重，顶部残宽 1.1～2 米，残高 0.8～4.5 米；西墙长 49 米，墙体坍塌严重，顶部残宽 1.1～2 米，残高 0.8～4.5 米；北墙长约 56 米，坍塌严重，仅存部分墙体基础。

39. 三岔口堡 130732353102170039

位于张家口市赤城县龙关镇三岔口村，红河在其南侧流过，北依玉带山，南临照山，地处宣化、丰宁、沙城公路交叉处，坐标：东经 115°40′40.40″，北纬 40°47′41.30″，高程 975 米。

城堡平面呈矩形，周长 830 米，占地面积 40313 平方米，城堡原设有西门、东门，现已无存。

墙体：墙芯素土分层夯筑，外包城砖砌筑，外包砖无存，仅存部分夯土墙芯，西墙长 100 米，宽 2.5 米，高 4.5 米，北墙仅存长 3 米，现被一处民居宅院包围。

历史沿革：

三岔口堡，明嘉靖三十五年设立，万历十七年砖包。周一里二百五十四步，高三丈三尺，楼二，铺四，东西二门（张明、赵永源、张世奎 译注《龙关县新志译注》，赤城县档案史志局 1996 年编印，卷之二建置志城堡第三十八页）。

40. 龙关堡 130732353102170040

位于张家口市赤城县龙关镇，红河在其南侧流过，坐标：东经 115°34′26.60″，北纬 40°47′03.00″，高程 1069 米。

堡城平面呈日字形，周长 2547 米，面积 431860 平方米，存南关城 1 座，城门 1 座，马面 3 座。

墙体：墙芯土石分层夯筑，夯层厚 0.06～0.09 米，外包城砖砌筑，厚 1～1.5 米，东墙长 580 米，宽 6.5 米，高 2.5～4.36 米，存部分包砖墙体，高 2.5～3 米；南墙长 700 米，存长 30 米，底宽 6 米，高 10 米；西墙长 512 米，宽 9.5 米，外侧最高 18 米。因村民取土，墙芯缺失长 30 米，存宽 0.6 米，民居占压墙体长约 40 米，存宽 1.2 米，存马面 1 座；北墙长 755 米，墙芯土石分层夯筑，夯土层 0.16～0.24 米，河卵石层厚 0.06～0.08 米，墙体最高 8.9 米，因村民取土，墙芯缺失长 32 米，存宽 1.5 米，存城门 1 座，马面 2 座。

南关：村民陈万海宅院内存部分南墙，墙芯土石分层夯筑，夯层厚 0.1 米，长 12.5 米，宽 0.6 ～ 2.8 米，高 2.38 米。

北门：北墙中部辟门，下部条石基础，白灰砌筑，白灰勾缝，上部城砖砌筑，白灰砌筑，白灰勾缝，门券洞宽 4.31 米，高 5 米，进深 2.65 米，门券向外倾斜 0.4 米，门柱石高 0.8 米，门道进深 10.86 米，高 5.27 米，券门已被封堵。

西墙马面 1：台芯土石分层夯筑，夯层厚 0.06 ～ 0.09 米，外包城砖砌筑，南北宽 9.36 米，凸出墙体 4.5 米，外包砖无存。

北墙马面 1、2：台芯土石分层夯筑，夯层厚 0.06 ～ 0.09 米，外包城砖砌筑，东西长 4.6 米，凸出墙体 6.97 米，高 7.75 米，外包砖无存。

历史沿革：

龙门城，明宣德六年建，隆庆二年砖包。周四里五十六步，高三丈五尺，厚如之。址甃石条五层。南关厢一，城楼二，角楼四，城铺二十六。城关门五：城门东曰广武，南曰迎恩，南关东曰东护神京，西曰西迎爽气，南曰薰时。属城三。

崇祯九年，从举人窦维辂条议，浚城壕。前清一代，由历任知事随时修葺城垣。

民国四年，知事张昭芹补修东城。民国十七年春，知事吴无为、民团团总朱正为防匪患，召集城内绅民决议设城工会，修整城垣、雉堞，城头筑垒，开南关、南城下马道（张明、赵永源、张世奎译注《龙关县新志译注》，赤城县档案史志局 1996 年，卷 2 "建置志城堡" 第 38 页）。

主要历史设施：

旧时城堡内外古迹颇多，有新旧八景之说，现大多毁坏无存。只有明正统十一年（1446）重修的重光塔巍然屹立。塔高 33.67 米，占地 126 平方米。砖石结构。

41. 玉泉堡 1307323531021700 41

位于龙关镇驻地西南 6.5 千米玉泉堡村，地处山谷之中，村因坐落于玉泉山下而得名，坐标：东经 115°30′23.90″，北纬 40°45′21.10″，高程 1176 米。

城堡平面呈矩形，周长 600 米，占地面积 23868 平方米，存城门 1 座，角台 4 座。

墙体：墙芯土石分层夯筑，外包城砖砌筑，现状仅存少量外包墙体。东墙长 153 米，北段存夯土墙体，宽 1 ～ 2.5 米，高 2.5 ～ 3 米；南墙长 143 米，西段墙体长 50 米，宽 0.5 ～ 2.5 米，东段墙体宽 1 ～ 2.5 米，高 2 ～ 3 米；西墙长 153 米，南段存夯土墙体长 4 米，宽 2.5 米，高 4.5 米；北墙长 153 米，西段存夯土墙体，高 0.8 ～ 3 米。

南城门：后期村民用城墙旧砖和少量小青砖进行维修，东西长 10.33 米，东侧长 4.2 米，西侧长 3.72 米，下部条石基础 2 层，白灰砌筑，白灰勾缝；中部城砖砌筑，门券洞宽 2.41 米，高 3.6 米，起券方式为两伏两券，门道宽 3.22 米，进深 6.22 米，白灰砌筑，白灰勾缝；中段与上段间设三层砖檐分隔，上下为直檐，中层为菱角檐；拔檐上存石质匾额一块，长 0.65 米，宽 0.35 米，阴刻玉泉堡三字，上款刻 "钦差整饬赤诚兵备分巡口北道残一流 / 宣府中路粮饷储备府王都□□□□□守备都指挥李"，下款刻 "崇祯柒年岁次甲戌孟夏月"，城门现为居民出入的主要通道。

西南角台：台芯素土分层夯筑，夯层厚 0.07 ～ 0.14 米，外包城砖砌筑，外包砖无存，东西宽 4.2 米，南北长 9 米，高 5.7 米，东侧坍塌，顶部长有榆树一棵，胸径 0.4 米。

西北角台：台芯素土分层夯筑，夯层厚 0.07 ～ 0.14 米，外包城砖砌筑，包砖无存，东西残宽 4.2 米，南北残长 5.9 米，高 4.6 米，台芯大部分坍塌缺失。

东北角台：台芯素土分层夯筑，夯层厚 0.07 ～ 0.14 米，外包城砖砌筑，包砖无存，南北长 7 米，向东凸出墙体 2.5 米，高约 9 米，北侧坍塌，东侧为小路。

东南角台：台芯素土分层夯筑，夯层厚 0.07 ～ 0.14 米，外包城砖砌筑，包砖无存，东西残宽 2.5 米，南北残长 4 米，台芯坍塌缺失，根部掏蚀严重。

历史沿革：

据堡门石匾文字记载，玉泉堡始建年代下限为明代晚期。

历史设施：

古戏楼一座。

42. 周村堡 130732353102170042

位于龙关镇北 2.5 千米的周村，村因住有周姓大户而得名，地处红河北岸，地势较开阔平坦，国道 112 公路从村南经过，坐标：东经 115° 34′ 23.60″，北纬 40° 48′ 21.20″，高程 1105 米。

城堡平面呈矩形，周长 550 米，占地面积 17312 平方米，存角台 3 座。

墙体：墙芯素土分层夯筑，夯层厚 0.13 米，外包城砖砌筑，东墙存长 66 米，宽 2 米，高 3.6 米；南墙无存，西墙长 180 米，高 2.5 ～ 5 米；北墙存长 100 米。

西南角台：墙芯素土分层夯筑，夯层厚 0.13 米，外包城砖砌筑，包砖无存，东西宽 10.2 米，南北长 17.9 米，高 2.2 米。

西北角台：墙芯素土分层夯筑，夯层厚 0.13 米，外包城砖砌筑，包砖无存，底部南北长 12 米，顶部 5 米见方，高 8 米，东侧 15 米处为村中南北向土路。

东北角台：墙芯素土分层夯筑，夯层厚 0.13 米，外包城砖砌筑，包砖无存，南北长 7 米，宽 0.5 米，高 3.1 米。

城堡原有南门，仅存石质匾额一块，长 0.95 米，宽 0.6 米，厚 0.19 米，楷书阴刻周村堡三字，字高 0.3 米，宽 0.24 米，上款："万历岁赐已□□□"，下款"综工龙门卫管□□□□"，匾框阴刻卷草纹，背素面，左下角缺失，存于周村村民委员会。

43. 金家庄堡 130732353102170043

位于张家口市赤城县炮梁乡金家庄村，地处河川，坐标：东经 115° 34′ 27.80″，北纬 40° 52′ 28.10″，高程 1243 米。

城堡平面呈矩形，周长 1105 米，占地面积 79900 平方米，存城门 1 座，角台 3 座，马面 3 座。

墙体：墙芯土石分层夯筑，夯层厚 0.13 ～ 0.2 米，外包城砖砌筑，东墙长 300 米，高 6.8 米，外包砖无存；南墙长 225 米，高约 6.5 米，存少量外包砖，中部存豁口一处，东侧 10 米处有一后期人为挖掘的排水沟，宽 1 米，深 1 米，外侧存土台一座，长 15 米，宽 3 米；西墙长 340 米，高 1.5 ～ 6.5 米，局部坍塌，存部分外包墙体背里砖，中部存豁口 1 处，长 2.6 米，宽 3.8 米，形成通道，外侧存 2 层台，台宽 5 米；北墙长 240 米，宽 4.5 米，高 4.5 ～ 6 米，东段存外包墙体长 25 米。

东城门：南北残长 11.4 米，南侧残长 2.6 米，北侧长 5.5 米，下部条石基础 7 层，白灰砌筑，白灰勾缝；中部城砖砌筑，67 层，门券洞宽 3.3 米，进深 4.7 米，高 4 米，起券方式为五伏五券，门道宽 3.8 米，高 5.6 米，进深 8.4 米，起券处内收 0.4 米，白灰砌筑，白灰勾缝；门洞内侧中部存门栓石，上部存门轴石，台体南侧坍塌，内立面北侧中部存竖向裂缝一条，宽 0.05 ～ 0.1 米，顶部杂树杂草滋长。

东北角台：台芯土石分层夯筑，碎石层间隔夯土层，夯层厚 0.13 ～ 0.2 米，外包城砖砌筑，仅东侧存外包墙体，高 3.5 米，西侧 15 米处为金家庄村影壁墙，墙面书写"金家庄"三个大字。

西南角台：台芯土石分层夯筑，碎石层间隔夯土层，夯层厚 0.13 ～ 0.2 米，外包城砖砌筑，南北长 16 米，东西长 16 米，向西凸出墙体 3 米，向南突出墙体 2 米，西立面、北立面高 5.5 米，存部分外包墙体，南立面外包砖无存，高 6 米，顶部杂草杂树滋长。

东南角台：台芯土石分层夯筑，碎石层间隔夯土层，夯层厚 0.13 ～ 0.2 米，外包城砖砌筑，东西长 7 米，南北长 11 米，向东凸出墙体 2 米，残高 7 米，外包砖无存，顶部杂草杂树滋长。

东墙马面 1：台芯土石分层夯筑，夯层厚 0.13 ～ 0.2 米，外包城砖砌筑，南北长 7 米，向东凸出墙体 5.5 米，高 8 米，东立面裸露夯土层，北立面存部分外包砖，东南角坍塌。

南墙马面 1：台芯土石分层夯筑，夯层厚 0.13 ～ 0.2 米，外包城砖砌筑，向南凸出墙体 1.3 米，东西长 12 米，高 6 米，仅西立面上部存部分外包墙体背里砖。

西墙马面 1：台芯土石分层夯筑，夯层厚 0.13 ～ 0.2 米，外包城砖砌筑，南北长 16 米，向西凸出墙体 5 米，高 6.6 米，存外包城砖高 2.8 米。

历史沿革：

金家庄堡，明成化二年（1466）筑，万历四年砖包。周二里三十六步，高三丈三尺，堡楼四，角楼三（张明、赵永源、张世奎 译注《龙关县新志译注》，赤城县档案史志局，1996 年编印，卷之二 建置志城堡第三十九页）。《赤城县地名资料汇编》载：金家庄村原名金家城，明成化二年（1466）始筑金家庄堡。

堡内存有功德碑 2 块，一块保存较为完整，长 1.35 米，宽 0.61 米，厚 0.12 米。碑首刻写"万古不磨"。首行书写"万全都司龙门城金家庄堡胡都神庙碑文疏"。另一块碑已残，文字不清，残长 1.08 米，宽 0.61 米，厚 0.11 米。

44. 东山庙堡 1307323531021700044

位于张家口市赤城县大海陀乡东山庙村，坐标：东经 115° 43′ 03.70″，北纬 40° 40′ 19.60″，高程 957 米。

城堡平面呈矩形，周长约 717 米，占地面积约 33670 平方米，地势平坦，存城门 1 座，角台 4 座。

墙体：墙芯土石分层夯筑，夯层厚 0.1 ～ 0.13 米，外包城砖砌筑，东墙长 201 米，存长 50 米；南墙长 150 米，现已无存，辟城门 1 座；西墙长 181 米，存长 150 米；北墙长 185 米，存长 40 米，西段长 25 米，高 3 ～ 5 米，顶部宽 0.55 米。

南门：台芯土石分层夯筑，夯层厚 0.1 ～ 0.13 米，外包城砖砌筑，仅东侧存少量外包墙体，长 3.5

米，高 1.8 米，西侧存夯土台芯长 5.2 米，宽 1 米，高 2.2 米。

东南角台：台芯土石分层夯筑，夯层厚 0.1 ～ 0.13 米，外包城砖砌筑，仅存南北向夯土台芯长 1.8 米，宽 0.7 米，高 2.9 米。

西南角台：台芯土石分层夯筑，夯层厚 0.1 ～ 0.13 米，外包城砖砌筑，仅西侧存少量外包墙体，高 2 ～ 3.5 米。

西北角台：台芯土石分层夯筑，夯层厚 0.1 ～ 0.13 米，外包城砖砌筑，东西长 3.5 米，向北凸出墙体 1.2 米，高 5.75 米，下部存盗洞 2 个。

东北角台：台芯土石分层夯筑，夯层厚 0.1 ～ 0.13 米，外包城砖砌筑，仅存夯土台芯，残长 13 米，顶宽 0.7 米，高 5 米。

45. 赤城堡 130732353102170045

位于张家口市赤城县城，东邻白河，南邻汤泉河，坐标：东经 115° 49′ 25.70″，北纬 40° 54′ 46.40″，高程 882 米。

城堡呈平面呈矩形，周长 2350 米，占地面积 300000 平方米。

墙体：墙芯素土分层夯筑，夯层厚 0.11 ～ 0.3 米，外包城砖砌筑，城砖规格：0.35 米 × 0.17 米 × 0.09 米。

东墙原长 620 米，墙体存三段，第 1 段长 11.3 米，宽 4.8 米，高 5 米；第 2 段长 33.2 米，宽 4.8 米，高 5.5 米；第 3 段位于东龙街 27 号西南角，坍塌严重。

南墙原长 650 米，墙体存长 38.8 米，高 3.2 米，坍塌严重。

西墙原长 500 米，现已无存。

北墙原长 580 米，墙体存四段，第 1 段长 6.8 米，东侧宽 0.4 米，高 4.1 米，西侧宽 4.7 米，高 6.8 米；第 2 段长 4.7 米，宽 1.3 米，高 3.5 米；第 3 段坍塌严重；第 4 段长 44.4 米，宽 4.8 米，高 5.4 米，墙芯土石分层夯筑，西段存外包毛石墙体，底宽 4.8 米，顶宽 0.9 米，高 4.6 米，收分 30.4％，夯层内发现有辽代碎砖。

历史沿革：

《宣府镇志》：赤城堡，高二丈九尺，周围三里一百四十八步，城楼二，角楼四，城铺十四，门二，东曰崇宁，南曰大定。宣德间阳武侯薛禄筑，景泰初都督杨洪修葺。属堡共十有六。

赤城《宣化府志》：宣德五年创筑，周三里一百八十四步，高三丈五尺。城楼四，角楼四，城铺十四，门二，东曰崇宁，南曰大定。景泰年砖甃。《畿辅通志》：景泰初都督杨洪重修，万历二十四年增修。天启元年开东南隅内墙（张明、赵永源、张世奎 译注《赤城县志译注》，赤城县档案史志局，1996 年编印，卷之二建置志城堡第二十六页）。高二丈九尺，周围三里一百四十八步，城楼二，角楼四，城铺十四，门二，东曰崇宁，南曰大定。宣德间阳武侯薛禄筑，景泰初都督杨洪修葺。属堡……共十有六。

主要历史设施：

鼓楼一座，上存匾额，题字"隽明"，下款"明正德四年"。

46. 里口村堡 130732353102170046

位于张家口市赤城县龙关镇里口村，坐标：东经 115° 3′ 32.20″，北纬 40° 49′ 35.10″，高程 1244 米。

城堡平面呈矩形，周长 187 米，占地面积 2093 平方米。

东、南、北墙素土分层夯筑，夯层厚 0.16 米，东墙存长 55 米，大部分坍塌，中部存有一高台基址，东西长 12 米，南北宽 10.8 米；南墙存长 40 米，中部存豁口一处，长 5 米；北墙存长 36 米，保存较好，宽 1 米，东北角处高 5.5 米。

西墙毛石砌筑，长 55 米，宽 1 米，存高 1.6～3.1 米，西北角向北连接长城主线墙体，长约 720 米至山险，其间设马面一座，毛石干垒，向西凸出墙体 3.5 米，残高 2 米，四周散落少量碎砖，厚 0.075 米。

城内存有大堆砾石，有一条东西向石墙，将城堡分为南北两区，墙宽 2.3 米，残高 1 米，南北近墙区域为耕地，种植土豆等农作物。据当地群众介绍，解放战争时期，城堡遭受较大破坏。

47. 大岭堡 130732353102170047

位于张家口市赤城县龙关镇大岭堡村东北约 200 米，城堡内现为耕地，东依山梁，西约 0.1 千米为 112 国道，坐标：东经 115° 41′ 54.20″，北纬 40° 50′ 25.30″，高程 1133 米。

城堡平面呈矩形，周长 496 米，占地面积 15249 平方米，存城门 1 座，马面 2 座，角台 2 座。

墙体：墙芯素土分层夯筑，东墙长 146 米，大部分坍塌，高 2～4 米；南墙长 111 米，坍塌无存；西墙长 135 米，宽 2.9 米，高 2.3 米；北墙长 108 米，大部分坍塌，宽 2.7～3 米，高 0.5～2 米。

东便门：南北宽 4.94 米，残高 4.5 米，下部条石基础 2 层，白灰砌筑，白灰勾缝；中部城砖砌筑，门券洞宽 3.8 米，进深 0.8 米，平水墙高 1.9 米，通高 3.2 米，起券方式为两伏两券，门洞上部设三块方砖匾额，阴刻大岭堡三字，白灰砌筑，白灰勾缝；上设三层砖檐分隔，上下为直檐，中层为菱角檐；上部为垛口墙，残高 0.6 米。

东北角台：台芯素土分层夯筑，存高 4.2 米。

东南角台：台芯素土分层夯筑，存高 1.5 米。南邻冲沟，大部分被冲毁。

北马面：台芯素土分层夯筑，凸出墙体 5.5 米，东西宽 4 米，外侧高 4.2 米。

东马面：台芯素土分层夯筑，凸出墙体 1.5 米，存高 2.1 米。

48. 南仓堡 130732353102170048

位于张家口市赤城县田家窑镇下仓村，坐标：东经 115° 32′ 03.70″，北纬 40° 39′ 36.80″，高程 1109 米。

城堡呈矩形，周长 753 米，占地面积 35914 平方米，存城门 1 座，角台 1 座，马面 4 座。

墙体素土分层夯筑，东墙存长 83 米，宽 0.6～2.5 米，高 2～4.2 米，存多处豁口；南墙存长 163 米，宽 4.5 米，高 3～6 米，存豁口一处；西墙存长 78 米，高 5.5 米，中部辟城门一座；北墙存长 412 米，宽 4.4 米，高 4～5 米。

西城门：石券门，券洞宽 2.55 米，进深 2.03 米，高 3.29 米，平水墙高 2.4 米，城门外立面上部设石质匾额，长 1.2 米，高 0.35 米，浮雕边框刻楷体太平门三个字，上款嘉靖二十四年，下款不清，外侧券洞东 8.92 米处为内侧券门，内外券洞形制、尺寸一致，两侧墙体为毛石砌筑，间距 2.75 米，高 2.99

米，地面铺墁河卵石。城门内立面上部设石质匾额，长 1.1 米，宽 0.34 米，浮雕矩形边刻南仓堡三个字，字径 0.16 米。

西南角台 1：台芯素土分层夯筑，宽 4 米，高 4.7 米。

南墙马面 1：台芯素土分层夯筑，凸出墙体 4 米，高 5 米，内部已被掏空，建成居住窑洞。

北墙马面 1：台芯素土分层夯筑，凸出墙体 5.04 米，高 6 米。

49. 郭庄堡 130732353102170049

位于张家口市赤城县田家窑乡郭庄子村，坐标：东经 115° 35′ 16.70″，北纬 40° 41′ 34.90″，高程 1058 米。

城堡平面呈矩形，现存周长 167 米，占地面积 3043 平方米，存马面 1 座，角台 1 座。

墙体：墙芯素土分层夯筑，东墙存长 18 米，宽 3 米，高 5.4 米；北墙存长 111 米，宽 5 米，高 3 米，墙上杂草杂树滋长。

北墙马面：台芯素土分层夯筑，东西长 15 米，凸出墙体 8.8 米，高 8 米，据群众介绍，马面上原建有真武庙，现已不存。

东南角台：台芯素土分层夯筑，东西长 4.7 米，南北宽 4.5 米，存高 3.7 米。

城堡东北部为羊圈，南部为村民宅院。

50. 雕鄂堡 130732353102170050

位于张家口市赤城县雕鹗镇，坐标：东经 115° 49′ 21.20″，北纬 40° 43′ 19.70″，高程 840 米。

城堡平面呈矩形，周长 1300 米，占地面积 99159 平方米，存城门 1 座，马面 2 座。

墙体：墙芯土石分层夯筑，铺墁一层毛石，夯筑一层素土，夯层厚 0.3 米，东墙长 212 米，全部缺失，中部存一排水沟，毛石垒砌，存长 15 米，宽 2 米，深 1.5 米；南墙长 418 米，大部分缺失，西南角处存墙体长 8 米，宽 3.5 米，高 4 米；西墙长 245 米，大部分缺失，仅在村民院中残存一段，长 10 米；北墙长 425 米，存长 337 米，残高 2 ～ 5 米。

南城门：台芯素土分层夯筑，外包城砖砌筑，厚 1.2 米，东西残长 14.05 米，南北宽 10.2，通高 3.5 米，门券洞宽 3.68 米，地面距券顶 2.56 米，起券方式为五伏五券，白灰砌筑，白灰勾缝，门洞内外后期人为块石砌筑封堵，北侧设有木门并加锁。城门南立面存券砖及两侧外包城砖，顶部存水泥电线杆 2 根，杂树杂草滋长，据村民介绍，南门于 1945 年及 1948 年两次遭受破坏。

北墙马面 1、2：台芯土石分层夯筑，村民取土破坏严重。

据村民 74 岁王仕清老人介绍，该城未设东城门，但在东墙内侧与西门对应位置建有影壁墙一座。城内东南角台上建有魁星阁，西城门上建有关帝庙，庙内塑有木质关公造像；北墙中间位置建有玉皇庙，南门、西门外各建有瓮城，位置不详。

历史沿革：

雕鹗堡，明宣德庚戌年筑，成化八年砖甃，隆庆四年加修，周二里一百八十步，高三丈五尺。堡楼四，角楼四，铺六，门二，西曰清远，南曰扬武。西关，据传清初为山洪暴涨冲没，今昔有沧桑之感云（张明、赵永源、张世奎译注《龙关县新志译注》，赤城县档案史志局。

51. 小营堡 130732353102170051

位于张家口市赤城县赤城镇小营村中，坐标：东经 115° 48′ 43.80″，北纬 40° 51′ 31.70″，高程 936 米。

城堡平面格局不清，存城门 1 座。

墙体：毛石砌筑，存北门西侧墙体一段，长 15.7 米，宽 1 米，高 1.1 ～ 2.3 米。

北城门：二层过洞楼阁式建筑，高 5 米。

一层高 2.6 米，毛石基础，上部城砖砌筑，白灰砌筑，白灰勾缝，门券宽 2.36 米，高 2.5 米，厚 0.9 米，通进深 5.7 米，起券方式为一伏二券，门道地面及门外北侧为河卵石铺墁。门道西墙北侧设梯道，起步位置设券门，宽 0.64 米，高 1.93 米，厚 0.23 米，起券方式为一伏一券，梯道宽 0.91 米，现已被砖石砌筑封堵。

二层为单檐硬山顶建筑，清水脊，布瓦顶，圆椽。面阔三间，长 5.96 米，明间宽 2.86 米，次间宽 1.8 米，进深 3.9 米。门洞上部为木楼板，厚 0.25 米，8 根楞木，直径 0.16 米，西次间后期维修改用条砖垒砌，东次间屋顶部分坍塌，明间北墙外闪，二层原有砖砌花墙，据村民介绍于 1943 年左右被拆毁。

52. 屯军堡 130732353102170052

位于张家口市赤城县雕鹗镇屯军堡村，坐标：东经 115° 48′ 43.60″，北纬 40° 49′ 19.00″，高程 1116 米。

城堡平面呈矩形，周长 168 米，占地面积 1785 平方米，存马面 1 座。

墙体：墙芯素土分层夯筑，东墙存长 35 米，顶宽 2.2 米，高 4 ～ 6 米；南墙长 51 米，底宽 5 米，顶宽 2 米，高 1.5 ～ 2 米，墙体破坏严重；西墙长 46 米，高 7 ～ 8 米，保存较好；北墙长 36 米，顶宽 0.7 米，高 1.1 ～ 6 米，坍塌严重，靠近西北角处存人为拆毁的豁口一处。

马面：台芯素土分层夯筑，位于西墙中部。

城内地势平坦，现为农田，多种植玉米等农作物，外侧树木滋长，西侧为农田，北侧为深沟。

53. 破楼堡 130732353102170053

位于张家口市赤城县雕鹗镇康庄村东 1 千米，坐标：东经 115° 47′ 01.30″，北纬 40° 43′ 40.30″，高程 873 米。

城堡平面呈矩形，周长 340 米，面积 7340 平方米。

墙体：墙芯土石分层夯筑，东墙长 83 米，顶宽 0.5 ～ 0.7 米，残高 0.4 ～ 0.8 米；南墙长 86 米，中部存豁口一处，长 5 米，底宽 1 米，顶宽 0.7 米，墙高 1.5 ～ 2 米；西墙长 74 米，顶宽 0.5 ～ 0.7 米，残高 0.5 ～ 1.7 米；北墙长 97 米，顶宽 0.8 ～ 0.9 米，残高 1.8 ～ 2.1 米。

城内地势平坦，现为果园，四周散落青砖及布纹板瓦残块，砖饰条形细沟纹，宽 0.17 米，厚 0.05 米，瓦厚 0.025 米，西北角建有看护果园的简易房三间，西南角外侧为取土场，西侧为农田，多种植玉米等农作物。

54. 仕英西堡 130732353102170054

位于张家口市赤城县田家窑镇仕英村西侧，坐标：东经 115° 38′ 32.70″，北纬 40° 42′ 37.10″，高程 1012 米。

城堡平面呈矩形，周长 225 米，占地面积 3393 平方米。

墙体：墙芯素土分层夯筑，底宽 5 米，顶宽 1.7 米，东墙存 43 米，高 1.9～2.9 米；南墙长 68 米，高 1.5～2.1 米，西墙长 62 米，现存 52 米，高 3.～4.2 米，内侧陡立，外侧呈斜坡状；北墙无存。城内地势平坦，内为农田，种植玉米等农作物，东侧有通信接收塔，南临季节河，北临深沟，西侧为农田，当地人亦称为西旧堡。

55. 仕英东堡 1307323531021700055

位于张家口市赤城县田家窑镇仕英村东约 300 米的黄土台地上，坐标：东经 115° 39′ 01.60″，北纬 40° 04′ 20.52″，高程 992 米。

城堡平面呈矩形，周长 570 米，占地面积 20194 平方米，存角台 2 座。

墙体：墙体素土分层夯筑，夯层厚 0.18～0.23 米，东墙长 170 米，宽 2 米，外侧高 1.8～2.6 米；南墙长 92 米，宽 1 米，高 1.7～2.3 米；西墙长 142 米，宽 1.1～1.7 米，高 1.1～1.9 米；北墙长 168 米，底宽 1.9 米，顶宽 0.9 米，外低内高，残高 1.2～2.5 米。

西南角台：台芯素土分层夯筑，夯层厚 0.18～0.23 米，东西长 5.5 米，凸出墙体 2 米，残高 3.5 米。

西北角台：台芯素土分层夯筑，夯层厚 0.18～0.23 米，南北长 2.5 米，凸出墙体 2.1 米，残高 2.8 米。

城内地势平坦，内为农田，多种植玉米等农作物，南侧 0.08 千米为公路，0.2 千米处为季节河，当地人亦称为东旧堡。

56. 小营东堡 1307323531021700056

位于赤城县赤城镇小营村东北 1.1 千米的山梁之上，坐标：东经 115° 49′ 11.00″，北纬 40° 52′ 01.50″，高程 987 米。

城堡平面呈矩形，周长 100 米，面积 613 平方米。

墙体素土分层夯筑，东墙长 28 米，残高 2.4 米；南墙长 23 米，宽 2.4 米，高 3.5 米；西墙长 25 米，宽 1 米，高 2.5 米；北墙长 24 米，顶宽 2.5 米，残高 1.8～2.4 米。城内地势平坦，四周散落碎砖瓦，砖宽 0.13 米，厚 0.05 米，筒瓦宽 0.12 米，厚 0.02 米，东墙、北墙各长有杂树一棵，胸径 0.1 米，内外侧植被多为灌木和杂草。

57. 王良堡 1307323531021700057

位于赤城县雕鹗镇王良堡村，坐标：东经 115° 47′ 55.90″，北纬 40° 45′ 37.60″，高程 937 米。

城堡平面格局不清，存城门 1 座。

城门：二层过洞楼阁式建筑，高 7.3 米。

一层外侧条石基础三层，高 0.8 米，白灰砌筑，白灰勾缝，上部城砖砌筑，平水墙高 1.55 米，起券方式为三伏三券，券高 0.6 米。外侧门券洞宽 4.08 米，高 2.45 米，进深 1.2 米后改成方形门洞，内侧门券洞为方形，宽 2.26 米，进深 4.5 米，白灰砌筑，白灰勾缝，门洞内条石基础高 0.7 米，上部城砖砌筑，2.4 米处铺方木，上铺楼板。

南立面券砖上方设有三块方砖组砌匾额，浮雕王良堡三个字，外设三层叠涩砖砌匾框，下款纪年为清光绪年间。

二层为硬山建筑，内壁绘制彩色壁画，内容为佛教人物，形象生动，色彩逼真，保存较好，城门南侧 8.4 米处存砖砌影壁一座。

历史建筑：城内存戏台 1 座，龙王庙 1 座，戏台位于堡门西侧，坐南朝北，卷棚顶，内部堆积柴草，配有偏房一座，硬山式建筑，坐西朝东，保存较好，戏楼北侧 20 米处建有龙王庙一座，保存一般。

58. 水碾堡 130732353102170058

位于赤城县雕鹗镇水碾堡村东约 300 米的山梁之上，坐标：东经 115°44′15.60″，北纬 40°43′27.30″，高程 919 米。

城堡平面呈矩形，周长 115 米，面积 712 平方米。

墙体素土分层夯筑，宽 2～3 米，高 1.5～3.7 米，坍塌成埂状，东墙长 38 米，南墙长 16 米，中部存豁口一处，长 5 米，西墙长 40 米，北墙长 20 米，墙体杂草杂树滋长。

城堡西临河流，东为冲沟，北为陡坡，现已废弃，无居民，历史建筑无存，调查时城内正在修建庙宇，内外植被多为灌木和杂草。

59. 镇川堡 130732353102170059

位于赤城县大海陀乡镇川堡村北约 200 米，坐标：东经 115°45′01.30″，北纬 40°42′13.00″，高程 942 米。

城堡平面呈矩形，周长 118 米，占地面积 818 平方米，存角台 2 处。

墙体素土分层夯筑，东墙长 36 米，残宽 0.4 米，高 2 米；南墙长 35 米，残宽 0.8 米，高 2.1～2.5 米；西墙长 26 米，高 1～1.8 米；北墙长 21 米，内侧高 2.2～2.6 米；墙体上杂草杂树滋长。

东北角台：台芯素土分层夯筑，东西宽 3 米，南北长 4 米，凸出墙体 2 米，高 4.5 米。

西北角台：台芯素土分层夯筑，东西宽 2.5 米，凸出墙体 3 米，高 4.5 米，顶部存"护林有责"字样的水泥方桩。

城内地势平坦，种植柏树 20 余棵，胸径 0.12～0.2 米，城堡已废弃，无居民。

历史沿革：

镇川堡图说

本堡创建于嘉靖十八年，万历十年砖石包修，吉十里五分零，高连女墙四丈一尺。设守备官一员，所领见在官军六百七十九员名，马骡七十四匹头。分边沿长二十里有奇，边墩二十八座，火路墩三座。内魏家湾、黑石头沟、镇山店俱极冲，通大房。边外威宁海南北二岸等处，俱酋首把都儿倘不浪、扯布等部落驻牧。本堡地势平衍，无崇冈带河之限，虏骑便于驰骤间房两由地此溃墙深入。故每开市，镇游击必提出兵该堡按伏焉，非过计也。

60. 姜家寨西山堡 130732353102170060

位于赤城县田家窑乡二道洼子村与姜家寨村之间的山梁上，坐标：东经 115°34′31.20″，北纬 40°42′08.10″，高程 1162 米。

城堡平面呈矩形，周长约 197 米，占地面积 1803 米，城内地势平坦。

城墙均用较大块石砌筑，最大一块长 1.5 米，高 1.1 米，厚 1.47 米，东墙长 71 米，南墙长 18 米，西墙长 76 米，北墙长 32 米，东、西、北三面墙体无存，南墙存长 6.2 米，宽 1.5 米，残高 0.5～1.9 米，城内存有多处毛石垒砌墙体基址，散落酱釉瓷片、布纹大瓦、青花瓷片、沟纹砖、酱釉圈足碗底、白釉瓷片等，长有多棵山杏树，植被多为灌木和杂草，城堡北侧存有东西向的壕沟一道，长 36 米，宽 3.5 米，深 2 米。

当地人传说唐代樊梨花的部下姜宣在此建寨驻守，故名姜家寨，此类城堡当地人称为圐圙（意为只有围墙，没有房屋建筑的空院子）。

61. 北栅子堡 130732353102170061

位于赤城县龙关镇北栅子村，坐标：东经 115° 3′ 02.70″，北纬 40° 50′ 57.50″，高程 1281 米。

平面呈矩形，地处山间谷地，历史建筑不存，现仅存西北角部分夯土墙，其他墙体设施无存。

西北角台：台芯素土分层夯筑，夯层厚 0.1～0.15 米，东西长 17 米，南北宽 16.7 米，高 3.7 米，顶部杂树杂草滋长，存多处冲沟、裂缝，四周为菜地、农家院。

明代时为龙门城（今龙关）通往边外北路栅口，故名北栅子。

（四）相关遗存

赤城县相关遗存一览表（单位：处）

编号	认定名称	认定编码	保存程度				
			较好	一般	较差	差	消失
1	赤城县后城窑址 01 号	130732354102170001				√	
2	赤城县后城窑址 02 号	130732354102170002			√		
3	赤城县后城窑址 03 号	130732354102170003			√		
4	赤城县龙门所窑址 01 号	130732354102170004			√		
5	赤城县龙门所窑址 02 号	130732354102170005	√				
6	独石口砖瓦窑遗址 01 号	130732354102170006				√	
	合计	共 6 处：窑址 6 处		1	3	2	
	百分比（%）	100		16.5	50	33.5	

保存程度：较好、一般、较差、差、消失

1. 赤城县后城窑址 01 号 130732354102170001

位于赤城县后城镇后城村西北部，坐标：东经 116° 03′ 42.60″，北纬 40° 41′ 39.80″，高程 653 米。

窑址已大部无存，仅见一座残窑址，内部碎砖、瓦堆积，暴露于断崖上，窑室宽 2 米，高 2 米，窑壁厚 0.3 米。

根据调查现场及在现场所发现的遗物分析，此窑址应为后城城堡烧制砖、瓦。

2. 赤城县后城窑址 02 号 130732354102170002

位于赤城县后城镇大地村北，坐标：东经 116° 04′ 18.00″，北纬 40° 42′ 16.40″，高程 700 米。

窑址占地面积约 100 平方米，窑址已大多坍塌。在大地村北的乡间土路旁的断崖上，露出 6 个残窑址，大多已坍塌。保存较好的一座，底部为平底，残宽 2.5 米。残高 2.4 米，内填满土及碎砖，砖宽 0.195 米、厚 0.09 米。窑壁厚 0.1 米。其它五座窑址已残破。

3. 赤城县后城窑址 03 号 130732354102170003

位于赤城县后城镇水泉沟村北部，坐标：东经 116° 04′ 25.70″，北纬 40° 53′ 02.30″，高程 1084 米。

窑址占地面积 5000 平方米，在一条季节性河谷冲刷出的断崖上，残存窑址一座，窑壁厚 0.1～0.15 米，残高 1.2 米，内填满碎瓦及少量碎砖，四周为农田，种植玉米等农作物。

4. 赤城县龙门所窑址 01 号 130732354102170004

位于赤城县龙门所村北部，距龙门所城堡约 350 米的一土坎处，当地村民称此山坡为"大没梁坡"，坐标：东经 115° 58′ 22.80″，北纬 40° 56′ 26.10″，高程 945 米。

此遗址为砖瓦窑遗址，分布在南北 80 米，东西 40 米的范围内，由南至北依次为窑址 1 号至窑址 9 号，2 号窑址存有窑室，顶部为圆弧形，窑口宽 1.5 米，高 2 米，内部堆积大量素土及碎砖瓦。其余窑址均已坍塌，露出窑壁，呈圆弧状，厚 0.25 米，窑壁顶部距窑台 2.5 米。

根据调查现场及在现场所发现的遗物分析，此窑址应是给龙门所城堡烧制砖、瓦。

5. 赤城县龙门所窑址 02 号 130732354102170005

位于赤城县龙门所镇龙门所南村西侧约 500 米的一个高台地上，坐标：东经 115° 58′ 07.50″，北纬 40° 55′ 46.40″，高程 930 米。

窑址占地面积约 1000 平方米，在断崖上暴露出窑 22 座，窑址已大部分坍塌，边界不清，但窑室基本清晰，窑室中残存碎砖瓦。

窑 01 号：已坍塌，内有碎砖瓦，直径残长 2.3 米，高 0.7 米；

窑 02 号：已坍塌，内有碎砖瓦，直径 2.7 米，高 0.7 米。与点窑 01 号相距 26 米；

窑 03 号：已坍塌，只存北侧窑壁，厚 0.45 米，高 2.1 米，直径 2.2 米，与窑 02 号相距 110 米；

窑 04 号：已坍塌，直径 2.2 米，北壁厚 0.14 米，南壁厚 0.4 米，残高 2.2 米，与窑 03 号相距 2.7 米；

窑 05 号：已坍塌，直径 2.1 米，北壁厚 0.45 米，南壁厚 0.2 米，残高 2.9 米。距窑 04 号 1.5 米；

窑 06 号：已坍塌，直径 2.1 米，北壁厚 0.4 米，南壁厚 0.4 米，高 1.6 米。距窑 05 号间隔 1.6 米；

窑 07 号：已坍塌，直径 2.2 米，北壁厚 0.35 米，南壁厚 0.4 米，高 2.5 米，与窑 06 号间隔 0.8 米；

窑 08 号：已坍塌，直径 1.9 米，北壁厚 0.2 米，南壁厚 0.4 米，高 1.7 米。与窑 07 号间隔 4.6 米；

窑 09 号：已坍塌，直径 1.5 米，北壁厚 0.2 米，南壁厚 0.15 米，残高 1.7 米。与窑 08 号间隔 3.2 米；

窑 10 号：已坍塌，直径 2.2 米，北壁厚 0.3 米，南壁厚 0.4 米，残高 1.7 米。与窑 09 号间隔 2.9 米；

窑 11 号：已坍塌，直径 2.5 米，北壁厚 0.45 米，南壁厚 0.4 米，高 1.9 米。与窑 10 号间隔 4.7 米；

窑 12 号：已坍塌，直径 2.1 米，北壁厚 0.45 米，南壁厚 0.4 米、顶厚 0.34 米，高 1.7 米。与窑 11 号间隔 2.1 米；

窑 13 号：已坍塌，直径 2 米，北壁厚 0.35 米，南壁厚 0.36 米，高 1.7 米。与窑 12 号间隔 18 米；

窑 14 号：已坍塌，直径 2.1 米，北壁厚 0.2 米，南壁厚 0.3 米，高 2.9 米。与窑 13 号间隔 4 米；

窑 15 号：已坍塌，直径 2.3 米，北壁厚 0.3 米，南壁厚 0.35 米，高 2.5 米。与窑 14 号间隔 2.9 米；

窑 16 号：已坍塌，直径 2.3 米，北壁厚 0.2 米，南壁厚 0.15 米，高 1.7 米。与窑 15 号间隔 13 米；

窑 17 号：已坍塌，直径 2.1 米，北壁厚 0.2 米，南壁厚 0.25 米，高 2.3 米。与窑 16 号间隔 3.3 米；

窑 18 号：已坍塌，直径 2 米，北壁厚 0.15 米，南壁厚 0.11 米，高 1.6 米。与窑 17 号间隔 0.6 米；

窑 19 号：已坍塌，直径 1.7 米，北壁厚 0.35 米，南壁厚 0.25 米。与窑 18 号间隔 1.8 米；

窑 20 号：已坍塌，直径 1.6 米，北壁厚 0.18 米，南壁厚 0.15 米。与窑 19 号间隔 1.6 米；

窑 21 号：已坍塌，直径 1 米，北壁厚 0.15 米，南壁厚 0.23 米。与窑 20 号同用一壁；

窑 22 号：已坍塌，直径 2.1 米，北壁厚 0.23 米，南壁厚 0.16 米。与窑 21 号同用一壁。

根据调查现场及在现场所发现的遗物分析，此窑址应为明代修建龙门所城堡时所建，清代有沿用现象。

6. 独石口砖瓦窑遗址 01130732354102170006

位于独石口镇西门外 500 米瓦窑沟村西 50 米山坡上，坐标：东经 115° 42′ 23.70″，北纬 41° 18′ 40.50″，高程 1285 米。

窑址占地面积 16000 平方米，共发现 11 座，主要分布于遗址东、南部及西部，均直接建于生土层之内，烧制器物种类繁多，初步确定的有砖窑、瓦窑及烧制各类生活器皿的窑址，部分窑内尚可见到砖、瓦等残留遗物。由于村民生产和生活破坏，加之水土流失、自然坍塌等因素，大部分窑址已毁坏，仅存部分窑壁及烧结层，保存较好的有三座，调查编号为窑 01、窑 06、窑 09 号：

窑 01 号：位于遗址东侧，窑室已完全暴露于地表，平面呈圆角方形，窑室内壁东西 2.8 米，南北 2.9 米，窑壁烧结层厚 0.3 ～ 0.5 米，内侧青灰色，烧结坚硬，外侧呈赭红色，烧结温度较低。东侧可见暴露窑壁烧结层高约 0.45 米，窑室顶部为杂草覆盖。

窑 06 号：位于遗址东北部，部分已坍塌，断坎处可见残窑壁烧结层和窑床，窑壁烧结层厚约 0.6 米，残高约 0.7 米；窑床残宽约 1.2 米，东西窑壁烧结层间相距约 1.8 米，距地表深约 1.5 米，内存少量残砖。

窑 09 号：位于遗址西侧约 35° 斜坡上，窑室已完全暴露于地表，平面呈圆形，内侧直径 1.6 米，窑壁烧结层厚 0.25 米，靠坡上部分为青砖垒砌，坡下部直接以生土为窑壁烧结层，上部为杂草覆盖，窑室内情况不清。

居住址：位于遗址北部最高一级小台地上，台地南北宽 10 ～ 15 米，东西长约 50 米，台地北侧为高约 5 米的黄土陡坡。

居住址分布于台地中部，面积约 300 平方米，地表可见十余间石砌方形房基，墙宽约 0.6 米左右，残墙最高约 0.8 米，台地南侧断坎处可见砖石基础，深 0.3 ～ 0.7 米，遗址内残有大量砖瓦及陶瓷残片。居住址东西两侧各有约 100 平方米的平坦空地，均为人工修整而成，调查中在此采集到部分窑具，推测应为作坊遗址。

根据调查现场及在现场所发现的遗物分析，此窑址应为独石口城堡烧制砖、瓦。

沽源县

沽源县位于张家口市域东北部，地处内蒙古高原南部边缘，俗称"坝上"，地理坐标：东经 114° 50′ 38″ ～ 116° 04′ 09″，北纬 41° 14′ 33″ ～ 41° 56′ 55″，县域东西长 100 千米，南北宽 78.1 千米，总面积 3654 平方千米。东与承德市丰宁县接壤，南与赤城县、崇礼县连接，西与张北县、康保县毗邻，北与内蒙古自治区太仆寺旗、正蓝旗、多伦县为界。距北京 214 千米，距石家庄市 414.5 千米，距张家口市 115 千米。

沽源县明长城分布在丰源店乡、长梁乡、小厂镇、莲花滩乡、小河子乡、白土窑乡、平定堡镇、闪电河乡、西辛营乡共 9 个乡镇。南接赤城县、崇礼县长城。

长城起点：丰源店乡南厂村西南约 4 千米处山背上，坐标：东经 115° 52′ 31.20″，北纬 41° 15′ 36.40″，高程 1978 米。

长城止点：莲花滩乡八塔沟刀楞山顶，坐标：东经 115° 27′ 10.30″，北纬 41° 16′ 12.20″，高程 1934 米。

沽源县调查长城墙体 38 段，总长 64909 米；单体建筑烽火台 170 座，相关遗存 1 处。

（一）长城墙体

沽源县明长城墙体一览表（单位：米）

编号	认定名称	认定编码	类型	长度	保存程度				
					较好	一般	较差	差	消失
1	南厂长城 1 段	1307243821061700 01	山险	163	163				
2	南厂长城 2 段	1307243821021700 02	石墙	1015			1015		
3	南厂长城 3 段	1307243821051700 03	山险	265	225		40		
4	南厂长城 4 段	1307243821021700 04	石墙	673			673		
5	南厂长城 5 段	1307243821021700 05	石墙	523			523		
6	南厂长城 6 段	1307243823011700 06	石墙	132					132
7	南厂长城 7 段	1307243821021700 07	石墙	100			100		
8	南厂长城 8 段	1307243821051700 08	山险	286	223		63		
9	南厂长城 9 段	1307243821021700 09	石墙	135			135		
10	南厂长城 10 段	1307243821051700 10	山险	135	64		71		
11	黄花梁长城 1 段	1307243821021700 11	石墙	2192			2101	91	
12	黄花梁长城 2 段	1307243821061700 12	山险	28	28				
13	黄花梁长城 3 段	1307243821021700 13	石墙	1233			1065	168	
14	李家营南山长城	1307243821021700 14	石墙	3093			2780		313
15	西沟长城	1307243821021700 15	石墙	5222			1253	3496	473
16	阳坡长城	1307243821021700 16	石墙	4637			3029	1040	568
17	椴木梁长城	1307243821021700 17	石墙	1192			1167		25

（续）

编号	认定名称	认定编码	类型	长度	保存程度				
					较好	一般	较差	差	消失
18	椴木梁长城	1307243821102170018	石墙	6120		630		5425	65
19	椴木梁长城支线	1307243821102170019	石墙	1815	30		250	1535	
20	西湾长城	1307243821102170020	石墙	5385				4250	1135
21	西湾长城	1307243821102170021	石墙	570					570
22	西湾长城	1307243821102170022	石墙	9775	170		415	7865	1325
23	东碾盘沟长城	1307243821102170023	石墙	3590		190		3350	50
24	大石门长城	1307243821102170024	石墙	5005		100		4740	165
25	大石门西沟长城	1307243821102170025	石墙	3675			2910	765	
26	鸡冠山长城 1 段	1307243821106170026	山险	115		115			
27	鸡冠山长城 2 段	1307243821102170027	石墙	135				135	
28	鸡冠山长城 3 段	1307243821102170028	石墙	2000					2000
29	八塔沟长城 1 段	1307243821102170029	石墙	1060			370	690	
30	八塔沟长城 2 段	1307243821106170030	山险	120		120			
31	八塔沟长城 3 段	1307243821102170031	石墙	305			240	65	
32	八塔沟长城 4 段	1307243821106170032	山险	55		55			
33	八塔沟长城 5 段	1307243821102170033	石墙	475				410	65
34	刀楞山长城 1 段	1307243821102170034	石墙	1235			125	900	210
35	刀楞山长城 2 段	1307243821106170035	山险	410		410			
36	刀楞山长城 3 段	1307243821102170036	石墙	430	10		325	95	
37	刀楞山长城 4 段	1307243821106170037	山险	35		35			
38	刀楞山长城 5 段	1307243821102170038	石墙	1575		555	545	475	
合计 38 段		共 38 段：石墙 28 段，山险 10 段		64909	913	2210	19195	35495	7096
百分比（%）		100				1.4	3.4	29.5	54.6	11.1

类型：砖墙、石墙、土墙、山险墙、山险

保存程度：较好、一般、较差、差、消失

1. 南厂长城 1 段 1307243821106170001

位于丰源店乡南厂村西南约 4 千米处山背上，起点坐标：东经 115° 52′ 31.20″，北纬 41° 15′ 36.40″，高程 1978 米，止点坐标：东经 115° 52′ 29.30″，北纬 41° 15′ 41.30″，高程 1994 米。

墙体长 163 米，其间设石砌烽火台 1 座，为南厂 04 号烽火台。墙体随山势起伏，利用山峰为险，大部分段落地表已见不到墙体遗迹，局部地段尚可见零星石砌墙基。

2. 南厂长城 2 段 1307243821102170002

位于丰源店乡南厂村西南约 3.5 千米处山脊上，起点坐标：东经 115° 52′ 29.30″，北纬 41° 15′ 41.30″，高程 1994 米，止点坐标：东经 115° 51′ 58.60″，北纬 41° 16′ 03.80″，高程 2026 米。

墙体长 1015 米，墙体内、外侧均设随墙壕沟，基本与墙体并行。墙体内侧山顶部，为南厂 05 号烽火台，墙体为小块石干槎方式砌筑，残高 0.6 ～ 1.9 米，下部宽 3.2 ～ 4.3 米，上部宽 1.2 ～ 2 米，多已坍塌，大部分段落被荒草掩盖，轮廓清晰，部分段落可见残存石墙和墙基。

3. 南厂长城 3 段 130724382105170003

位于丰源店乡南厂村西约 3.7 千米，起点坐标：东经 115° 51′ 58.60″，北纬 41° 16′ 03.80″，高程 2026 米，止点坐标：东经 115° 51′ 57.00″，北纬 41° 16′ 11.80″，高程 2033 米。

墙体长 265 米，其间设烽火台 1 座，为南厂 06 号烽火台，墙体利用连续间断的自然山崖，山崖之间用小块石干槎砌筑，多已坍塌。

4. 南厂长城 4 段 130724382102170004

位于丰源店乡南厂村西约 3.7 千米处山峰北侧，起点坐标：东经 115° 51′ 57.00″，北纬 41° 16′ 11.80″，高程 2033 米，止点坐标：东经 115° 51′ 36.30″，北纬 41° 16′ 24.10″，高程 2080 米。

墙体长 673 米，块石干槎砌筑，坍塌严重，多数段落被荒草掩盖，墙体及随墙壕沟轮廓较为清晰，多数墙体尚保存一定高度，石垄状，残宽约 2.6 米，残高约 0.5 米。

5. 南厂长城 5 段 130724382102170005

位于丰源店乡南厂村西南约 3.8 千米处，起点坐标：东经 115° 52′ 03.40″，北纬 41° 15′ 59.00″，高程 2004 米，止点坐标：东经 115° 51′ 56.70″，北纬 41° 16′ 15.10″，高程 2047 米。

墙体长 523 米，呈东南—西北走向，呈石垄状，残高约 0.5 米，底宽约 3 米，顶宽 0.5 ～ 0.8 米，墙体坍塌，大多被荒草所掩，局部可见少量基础块石。

6. 南厂长城 6 段 130724382301170006

位于丰源店乡南厂村西偏南约 4.2 千米，起点坐标：东经 115° 51′ 36.30″，北纬 41° 16′ 24.10″，高程 2080 米，止点坐标：东经 115° 51′ 35.30″，北纬 41° 16′ 28.00″，高程 2098 米。

墙体长 132 米，其间设烽火台 1 座，为南厂 08 号烽火台，墙体消失。

7. 南厂长城 7 段 130724382102170007

位于丰源店乡南厂村西偏南约 4.2 千米处山脊上，起点坐标：东经 115° 51′ 35.30″，北纬 41° 16′ 28.00″，高程 2098 米，止点坐标：东经 115° 51′ 36.50″，北纬 41° 16′ 31.00″，高程 2104 米。

墙体长 100 米，呈西南至—东北向，外侧设随墙壕沟，墙体残宽 1.2 ～ 2 米，高 0.2 ～ 0.7 米，壕沟宽 4 ～ 4.5 米，高 0.5 ～ 0.8 米，墙体大部分已坍塌，地表仅局部可见残存砌墙石块，壕沟遗迹清晰。

8. 南厂长城 8 段 130724382105170008

位于丰源店乡南厂村西偏南约 4.2 千米处山崖，起点坐标：东经 115° 51′ 36.50″，北纬 41° 16′ 31.00″，高程 2104 米，止点坐标：东经 115° 51′ 42.10″，北纬 41° 16′ 38.60″，高程 2132 米。

墙体长 286 米，其间设烽火台 1 座，为南厂 09 号烽火，墙体利用连续间断的自然山崖，山崖之间用小块石干槎砌筑，其中利用山崖段长 223 米，山崖间用块石垒砌墙体长 63 米，墙体多已坍塌。

9. 南厂长城 9 段 130724382102170009

位于丰源店乡南厂村西约 3 千米，起点坐标：东经 115° 51′ 42.10″，北纬 41° 16′ 38.60″，高程 2132 米，止点坐标：东经 115° 51′ 45.80″，北纬 41° 16′ 41.80″，高程 2123 米。

墙体长 135 米，均沿山脊而建，墙体外侧设随墙壕沟，墙体毛石垒砌，残高 0.4 ～ 1.2 米，宽 2.5

米，壕沟残宽 3.5 ～ 5 米，最深 0.5 米，墙体大部分已坍塌，且多已被荒草掩盖，但整体轮廓尚可辨析，墙体外侧壕沟也多被淤积，仅存遗迹。

10. 南厂长城 10 段 130724382105170010

位于丰源店乡南厂村西约 3.9 千米处山崖，起点坐标：东经 115° 51′ 45.80″，北纬 41° 16′ 41.80″，高程 2123 米，止点坐标：东经 115° 51′ 50.00″，北纬 41° 16′ 44.00″，高程 2090 米。

墙体长 135 米，利用连续间断的自然山崖，山崖之间用小块石干槎砌筑，利用山崖段长 64 米，保存较好，山崖间用块石垒砌墙体段长 71 米，墙体多已坍塌，保存较差。

11. 黄花梁长城 1 段 130724382102170011

位于丰源店乡南厂村西约 3.9 千米处山崖，起点坐标：东经 115° 51′ 50.00″，北纬 41° 16′ 44.00″，高程 2090 米，止点坐标：东经 115° 52′ 33.80″，北纬 41° 17′ 49.00″，高程 2025 米。

墙体长 2192 米，墙体为小块石干槎砌筑，残高 0.8 米，宽 2.5 米，外侧设随墙壕沟，残宽 3.5 ～ 4.5 米，深 0.5 米。墙体坍塌严重，大部分被荒草覆盖，外侧壕沟大部分被淤积，轮廓清晰。

12. 黄花梁长城 2 段 130724382106170012

位于丰源店乡南厂村西北约 3.5 千米处山背上，起点坐标：东经 115° 52′ 33.80″，北纬 11° 55′ 23.38″，高程 2025 米，止点坐标：东经 115° 52′ 34.80″，北纬 41° 17′ 49.40″，高程 2027 米。

山险长 28 米，位于黄花梁山脊中部，利用山脊突出的陡峭山崖为险，山险两侧连以石砌墙体。

13. 黄花梁长城 3 段 130724382102170013

位于丰源店乡南厂村西北约 3.5 千米处山脊上，起点坐标：东经 115° 52′ 34.80″，北纬 41° 17′ 49.40″，高程 2027 米，止点坐标：东经 115° 52′ 36.50″，北纬 41° 18′ 29.40″，高程 1963 米。

墙体长 1233 米，整体呈南—北走向，块石干槎砌筑，呈石垄状，局部墙体基础相对较明显，残高 0.5 ～ 1.3 米，底部宽 3.6 米，顶部宽 0.6 ～ 1 米，墙体东侧约 15 米处存壕堑痕迹，基本与墙体并行，壕堑宽 2.6 ～ 3.5 米，深 0.5 ～ 1.2 米，墙体多已坍塌，壕堑淤积，多为杂草覆盖。

14. 李家营南山长城 130724382102170014

位于长梁乡平头廊村西偏北 3.2 千米山脊上，起点坐标：东经 115° 52′ 36.50″，北纬 41° 18′ 29.40″，高程 1963 米，止点坐标：东经 115° 51′ 03.00″，北纬 41° 19′ 24.90″，高程 1831 米。

墙体长 3093 米，处于坝上南缘山脊上，隔山谷与冰山梁主峰相望，长城基本沿山脊而建，墙体消失长 313 米，其中穿山路破坏约 14 米，路两侧山体断面处未见墙基痕迹。保存较差段长 2780 米，荒草覆盖，局部段落可见石砌墙体，宽约 2.5 米，残墙最高约 0.8 米。墙内侧壕沟与墙体并行，已被风沙淤积，壕沟遗迹明显，壕沟上宽 3.5 ～ 4 米，下宽约 1.5 米，深 0.5 ～ 0.8 米。

15. 西沟长城 130724382102170015

位于丰源店乡西沟村东南 2.5 千米山背上，起点坐标：东经 115° 51′ 03.00″，北纬 41° 19′ 24.90″，高程 1831 米，止点坐标：东经 115° 48′ 45.40″，北纬 41° 21′ 17.50″，高程 1689 米。

墙体长 5222 米，该段长城所处为河北坝上高于南缘山脊上，隔山谷与冰山梁主峰相望，长城基本沿山脊而建，块石干槎砌筑，墙体外侧与墙体并行设壕沟一条。墙体沿东南—西北走向山势向下延伸，大多在落叶松林间穿过，墙体多呈垄状，底宽约 2 米，顶宽 0.5 ～ 0.8 米，残高 0.3 ～ 0.6 米，因村民开荒种地，个别地段遭彻底破坏而消失，壕沟遗迹较明显，宽约 3 米，深约 1 米。

16. 阳坡长城 130724382102170016

位于丰源店乡阳坡村南 1.5 千米山背上，起点坐标：东经 115° 48′ 45.40″，北纬 41° 21′ 17.50″，高程 1689 米，止点坐标：东经 115° 46′ 29.00″，北纬 41° 22′ 21.40″，高程 1774 米。

墙体长 4637 米，其间设烽火台，为梁头 04 号烽火台，处于坝上南缘山脊上，隔山谷与冰山梁主峰相望，长城基本沿山脊而建，墙体坍塌严重，呈石垄状，底宽约 3.7 米，顶宽 0.5 ～ 1.2 米，残高 0.5 ～ 1.1 米，墙体消失长约 568 米，被农田破坏和环山车道穿断。

17. 椴木梁长城 130724382102170017

位于椴木梁村东南 2.5 千米山背上，起点坐标：东经 115° 46′ 29.00″，北纬 41° 22′ 21.40″，高程 1774 米，止点坐标：东经 115° 46′ 02.70″，北纬 41° 22′ 54.50″，高程 1629 米。

墙体长 1192 米，处于坝上南缘山脊上，隔山谷与冰山梁主峰相望，长城基本沿山脊而建，墙体呈石垄状，底宽 3.1 ～ 3.5 米，顶宽 0.4 ～ 1.2 米，高 0.5 ～ 1 米，被公路破坏墙体长 25 米。

18. 椴木梁长城 130724382102170018

位于小厂镇椴木梁村 241 省道北侧，起点坐标：东经 115° 46′ 02.70″，北纬 41° 22′ 54.40″，高程 1629 米，止点坐标：东经 115° 44′ 24.10″，北纬 41° 25′ 14.40″，高程 1639 米。

墙体长 6120 米，其间设烽火台 10 座，为椴木梁北侧烽火台 01 ～ 05 号、喇嘛洞烽火台 01 ～ 05 号。地表可见毛石垄，高 0.5 ～ 1 米，宽 2 ～ 2.8 米，保存一般段长 630 米，西侧高 2.1 米，东侧高 2.1 米，顶宽 0.5 米，底宽 1.5 米。

19. 椴木梁长城支线 130724382102170019

位于小厂镇喇嘛洞村东北侧约 2.2 千米，起点坐标：东经 115° 44′ 48.00″，北纬 41° 25′ 15.90″，高程 1702 米，止点坐标：东经 115° 45′ 41.40″，北纬 41° 25′ 41.60″，高程 1538 米。

墙体长 1815 米，其间设烽火台 1 座，为车道洼烽火台 01 号。大部分墙体呈石垄状，高 0.3 米，宽 4.5 米。

20. 西湾东侧长城 130724382102170020

位于小厂镇喇嘛洞村东北侧约 1.6 千米，起点坐标：东经 115° 44′ 24.10″，北纬 41° 25′ 14.40″，高程 1639 米，止点坐标：东经 115° 41′ 17.50″北纬 41° 24′ 20.90″，高程 1444 米。

墙体长 5385 米，墙体仅存痕迹，呈石垄状，小型灌木掩盖，两侧均设壕沟，墙宽 2.5 米，高 0.4 ～ 1 米，部分墙体与土路并行，路宽 3 米，消失墙体长约 1135 米。

21. 西湾长城 130724382102170021

位于小厂镇西湾村东南侧约 600 米，起点坐标：东经 115° 41′ 17.50″，北纬 41° 24′ 20.90″，高程 1444 米，止点坐标：东经 115° 40′ 53.90″，北纬 41° 24′ 16.50″，高程 1461 米。

墙体长 570 米，位于河谷，河流为白河，墙体被冲消失。

22. 西湾长城 130724382102170022

位于小厂镇西湾村西南侧约 400 米，起点坐标：东经 115° 40′ 53.90″，北纬 41° 24′ 16.50″，高程

1461 米，止点坐标：东经 115° 35′ 30.40″，北纬 41° 22′ 14.20″，高程 1765 米。

墙体长 9775 米，其间设烽火台 19 座，为东碾盘沟烽火台 01 ～ 11 号、长胜沟里烽火台 1 ～ 6 号，墙体大部分呈石垄状，墙体消失长 1325 米，外侧设壕沟，沟宽 6 ～ 8 米，深 1.2 ～ 1.6 米，此段墙体所处地势较低，周围为西湾村耕地，墙体红色碎毛石垒砌，顶宽 0.6 ～ 0.9 米，底宽 2.4 ～ 2.8 米，高 0.4 ～ 1 米。

23. 东碾盘沟长城 1307243821021700023

位于小厂镇东碾盘沟村西南侧约 2 千米，起点坐标：东经 115° 35′ 30.40″，北纬 41° 22′ 14.20″，高程 1765 米，止点坐标：东经 115° 34′ 14.30″北纬 41° 20′ 58.30″，高程 1751 米。

墙体长 3590 米，林业道路并行于墙体，多处穿断墙体，大部分呈石垄状，消失墙体长约 50 米，毛石墙坍塌严重，底宽 4.4 米，顶宽 1.6 米，高 0.4 ～ 0.8 米，被荒草覆盖。

24. 大石门长城 1307243821021700024

位于莲花滩乡一座窑村东南侧约 800 米，起点坐标：东经 115° 34′ 14.30″，北纬 41° 20′ 58.30″，高程 1751 米，止点坐标：东经 115° 32′ 23.60″，北纬 41° 19′ 31.20″，高程 1462 米。

墙体长 5005 米，部分墙体仅存痕迹，呈石垄状，红色毛石垒砌，灌木掩盖，底宽 3.8 ～ 4.2 米，顶宽 0.8 ～ 1 米，高 0.4 ～ 1.1 米，林业道路并行于墙体，多处穿断墙体。

25. 大石门西沟长城 1307243821021700025

位于莲花滩乡大石门村东南约 1 千米，起点坐标：东经 115° 32′ 23.60″，北纬 41° 19′ 31.20″，高程 1462 米，止点坐标：东经 115° 30′ 21.10″，北纬 41° 18′ 44.20″，高程 1757 米。

墙体长 3675 米，设烽火台 8 座，南侧 25 米设壕沟，宽 3 米，深 0.8 ～ 1.3 米，墙体仅存痕迹，呈石垄状，红色毛石垒砌，宽 1.9 米，北侧残高 0.6 ～ 0.8 米，南侧残高 0.8 ～ 1.2 米。

26. 鸡冠山长城 1 段 1307243821061700026

位于莲花滩乡近边沟鸡冠山东北约 1.5 千米，起点坐标：东经 115° 30′ 21.10″，北纬 41° 18′ 44.20″，高程 1757 米，止点坐标：东经 115° 30′ 22.00″，北纬 41° 18′ 40.70″，高程 1740 米。

山险长 115 米，岩石风化严重。

27. 鸡冠山长城 2 段 1307243821021700027

位于莲花滩乡近边沟鸡冠山东北约 1.5 千米，起点坐标：东经 115° 30′ 22.00″，北纬 41° 18′ 40.70″，高程 1740 米，止点坐标：东经 115° 30′ 21.90″，北纬 41° 18′ 36.60″，高程 1713 米。

墙体长 135 米，两道毛石墙坍塌成石垄，间距 4.2 米。

28. 鸡冠山长城 3 段 1307243821021700028

位于莲花滩乡近边沟鸡冠山东北约 1.5 千米，起点坐标：东经 115° 30′ 22.00″，北纬 41° 18′ 40.70″，高程 1740 米，止点坐标：东经 115° 30′ 21.90″，北纬 41° 18′ 36.60″，高程 1713 米。

墙体长 2000 米，均已消失。

29. 八塔沟长城 1 段 1307243821021700029

位于莲花滩乡近边沟鸡冠山东北约 1.3 千米，起点坐标：东经 115° 30′ 21.90″，北纬 41° 18′ 36.60″，高程 1713 米，止点坐标：东经 115° 29′ 18.90″，北纬 41° 17′ 18.40″，高程 1699 米。

墙体长 1060 米，毛石垒砌，坍塌严重，呈石垄状，底宽 2.4 米，顶宽 1.1 米，残高 0.4 ～ 1.2 米。

30. 八塔沟长城 2 段 130724382106170030

位于莲花滩乡近边沟鸡冠山西南约 1 千米，起点坐标：东经 115° 29′ 18.90″，北纬 41° 17′ 18.40″，高程 1699 米，止点坐标：东经 115° 29′ 17.40″，北纬 41° 17′ 15.10″，高程 1648 米。

山险长 120 米，岩石风化，位于沽源县与崇礼县交界，南侧为崇礼县，北侧为沽源县。

31. 八塔沟长城 3 段 130724382102170031

位于莲花滩乡近边沟鸡冠山西南约 1.2 千米，起点坐标：东经 115° 29′ 17.40″，北纬 41° 17′ 15.10″，高程 1648 米，止点坐标：东经 115° 29′ 09.90″，北纬 41° 17′ 08.20″，高程 1636 米。

墙体长 305 米，毛石垒砌，坍塌严重，呈石垄状，宽 1 米，残高 0.4 ～ 0.9 米。

32. 八塔沟长城 4 段 130724382106170032

位于莲花滩乡近边沟鸡冠山西南约 1.5 千米，起点坐标：东经 115° 29′ 09.90″，北纬 41° 17′ 08.20″，高程 1636 米，止点坐标：东经 115° 29′ 09.90″，北纬 41° 17′ 08.20″，高程 1636 米。

山险长 55 米，岩石风化。

33. 八塔沟长城 5 段 130724382102170033

位于莲花滩乡近边沟鸡冠山西南约 1.6 千米，起点坐标：东经 115° 29′ 09.90″，北纬 41° 17′ 08.20″，高程 1636 米，止点坐标：东经 115° 29′ 00.60″，北纬 41° 16′ 54.50″，高程 1434 米。

墙体长 475 米，毛石垒砌，坍塌严重，地表仅存痕迹，位于河道内墙体消失长 65 米。

34. 刀楞山长城 1 段 130724382102170034

位于赤城县马连口通往莲花滩乡八塔沟土路西南侧，起点坐标：东经 115° 29′ 00.60″，北纬 41° 16′ 54.50″，高程 1434 米，止点坐标：东经 115° 28′ 19.30″，北纬 41° 16′ 47.10″，高程 1753 米。

墙体长 1235 米，其间设烽火台 3 座，毛石垒砌，坍塌严重，呈石垄状，底宽 3 米，顶宽 1.3 米，内侧高 0.7 ～ 1.4 米，外侧高 1.1 ～ 1.9 米，多半被蒿草覆盖，墙体向西走高，延伸至刀楞山。

35. 刀楞山长城 2 段 130724382106170035

位于莲花滩乡八塔沟刀楞山顶，起点坐标：东经 115° 28′ 19.30″，北纬 41° 16′ 47.10″，高程 1753 米，止点坐标：东经 115° 28′ 19.30″，北纬 41° 16′ 47.10″，高程 1753 米。

山险长 410 米，岩石风化。

36. 刀楞山长城 3 段 130724382102170036

位于莲花滩乡八塔沟刀楞山顶，起点坐标：东经 115° 28′ 19.30″，北纬 41° 16′ 47.10″，高程 1753 米，止点坐标：东经 115° 27′ 51.60″，北纬 41° 16′ 33.40″，高程 1798 米。

墙体长 430 米，毛石垒砌，坍塌严重，呈石垄状，宽 0.8 ～ 1.3 米，高 0.5 ～ 1.1 米，墙体向西延伸至刀楞山主峰。

37. 刀楞山长城 4 段 130724382106170037

位于莲花滩乡八塔沟刀楞山顶，起点坐标：东经 115° 27′ 51.60″，北纬 41° 16′ 33.40″，高程 1798 米，止点坐标：东经 115° 27′ 51.60″，北纬 41° 16′ 33.40″，高程 1798 米。

山险长 35 米。

38. 刀楞山长城 5 段 130724382102170038

位于莲花滩乡八塔沟刀楞山顶，起点坐标：东经 115° 27′ 51.60″，北纬 41° 16′ 33.40″，高程 1798 米，止点坐标：东经 115° 27′ 10.30″，北纬 41° 16′ 12.20″，高程 1934 米。

墙体长 1575 米，其间设烽火台 4 座，毛石垒砌，坍塌严重，呈石垄状，底宽 1.7 米，顶宽 0.8 米，残高 0.5～1.5 米，墙体西侧约 30 米处设拦马沟，沟宽 3 米，深 0.8～1 米。

（二）单体建筑

沽源县单体建筑一览表（单位：座）

编号	认定名称	认定编码	材质	保存程度				
				较好	一般	较差	差	消失
1	南厂 05 号烽火台	130724353201170001	石			√		
2	南厂 06 号烽火台	130724353201170002	石			√		
3	南厂 07 号烽火台	130724353201170003	石			√		
4	南厂 08 号烽火台	130724353201170004	石			√		
5	南厂 09 号烽火台	130724353201170005	石			√		
6	南厂 10 号烽火台	130724353201170006	石			√		
7	南厂 11 号烽火台	130724353201170007	石			√		
8	黄花梁 01 号烽火台	130724353201170008	石			√		
9	黄花梁 02 号烽火台	130724353201170009	石			√		
10	黄花梁 03 号烽火台	130724353201170010	石			√		
11	黄花梁 04 号烽火台	130724353201170011	土			√		
12	黄花梁 05 号烽火台	130724353201170012	石			√		
13	黄花梁 06 号烽火台	130724353201170013	石				√	
14	黄花梁 07 号烽火台	130724353201170014	石			√		
15	黄花梁 08 号烽火台	130724353201170015	石			√		
16	黄花梁 09 号烽火台	130724353201170016	石			√		
17	黄花梁 10 号烽火台	130724353201170017	石			√		
18	李家营南山 01 号烽火台	130724353201170018	石			√		
19	李家营南山 02 号烽火台	130724353201170019	石			√		
20	李家营南山 03 号烽火台	130724353201170020	石			√		
21	西沟 01 号烽火台	130724353201170021	石			√		
22	西沟 02 号烽火台	130724353201170022	石			√		
23	西沟 03 号烽火台	130724353201170023	石			√		
24	西沟 04 号烽火台	130724353201170024	石			√		
25	西沟 05 号烽火台	130724353201170025	石			√		
26	西沟 06 号烽火台	130724353201170026	石			√		

（续）

编号	认定名称	认定编码	材质	保存程度				
				较好	一般	较差	差	消失
27	西沟 07 号烽火台	1307243532 01170027	石			√		
28	西沟 08 号烽火台	1307243532 01170028	石			√		
29	梁头 01 号烽火台	1307243532 01170029	石			√		
30	梁头 02 号烽火台	1307243532 01170030	石			√		
31	梁头 03 号烽火台	1307243532 01170031	石			√		
32	梁头 04 号烽火台	1307243532 01170032	石			√		
33	梁头 05 号烽火台	1307243532 01170033	石			√		
34	梁头 06 号烽火台	1307243532 01170034	石			√		
35	梁头 07 号烽火台	1307243532 01170035	石			√		
36	梁头 08 号烽火台	1307243532 01170036	石			√		
37	椴木梁 01 号烽火台	1307243532 01170037	石			√		
38	椴木梁 02 号烽火台	1307243532 01170038	石			√		
39	椴木梁 03 号烽火台	1307243532 01170039	石			√		
40	南厂东 01 号烽火台	1307243532 01170040	石			√		
41	平头梁 01 号烽火台	1307243532 01170041	石				√	
42	平头梁 02 号烽火台	1307243532 01170042	石			√		
43	平头梁 03 号烽火台	1307243532 01170043	石			√		
44	干水河 01 号烽火台	1307243532 01170044	石			√		
45	后坝头 01 号烽火台	1307243532 01170045	石			√		
46	后坝头 02 号烽火台	1307243532 01170046	石			√		
47	坑坑 01 号烽火台	1307243532 01170047	土			√		
48	安家营 01 号烽火台	1307243532 01170048	石			√		
49	白菜沟 01 号烽火台	1307243532 01170049	石			√		
50	光明村 01 号烽火台	1307243532 01170050	石			√		
51	东井沟 01 号烽火台	1307243532 01170051	石				√	
52	东井沟 02 号烽火台	1307243532 01170052	石				√	
53	东井沟 03 号烽火台	1307243532 01170053	石				√	
54	梁后 01 号烽火台	1307243532 01170054	石			√		
55	沙坑 01 号烽火台	1307243532 01170055	石			√		
56	沙坑 02 号烽火台	1307243532 01170056	石			√		
57	口道营 01 号烽火台	1307243532 01170057	石			√		
58	常铁炉西 01 号烽火台	1307243532 01170058	石			√		
59	段家营西沟梁尖 01 号烽火台	1307243532 01170059	石				√	
60	闪电河 01 号烽火台	1307243532 01170060	石				√	
61	马神庙 01 号烽火台	1307243532 01170061	石				√	
62	椴木梁 01 号烽火台	1307243532 01170062	石			√		
63	椴木梁 02 烽火台	1307243532 01170063	石			√		

（续）

编号	认定名称	认定编码	材质	保存程度				
				较好	一般	较差	差	消失
64	椴木梁 03 号烽火台	1307243532011700064	石			√		
65	椴木梁 04 号烽火台	1307243532011700065	石			√		
66	椴木梁 05 号烽火台	1307243532011700066	石			√		
67	喇嘛洞 01 烽火台	1307243532011700067	石			√		
68	喇嘛洞 02 烽火台	1307243532011700068	石			√		
69	喇嘛洞 03 烽火台	1307243532011700069	石			√		
70	喇嘛洞 04 烽火台	1307243532011700070	石			√		
71	喇嘛洞 05 烽火台	1307243532011700071	石			√		
72	车道洼 01 烽火台	1307243532011700072	石			√		
73	车道洼 02 烽火台	1307243532011700073	石			√		
74	车道洼 03 烽火台	1307243532011700074	石			√		
75	车道洼 04 烽火台	1307243532011700075	石			√		
76	车道洼 05 烽火台	1307243532011700076	石			√		
77	水泉沟 01 烽火台	1307243532011700077	石			√		
78	水泉沟 02 烽火台	1307243532011700078	石			√		
79	水泉沟 03 烽火台	1307243532011700079	石			√		
80	水泉沟 04 烽火台	1307243532011700080	石			√		
81	西湾 01 烽火台	1307243532011700081	石			√		
82	西湾 02 烽火台	1307243532011700082	石			√		
83	西湾 03 烽火台	1307243532011700083	石			√		
84	西湾 04 烽火台	1307243532011700084	石			√		
85	西湾 05 烽火台	1307243532011700085	石		√			
86	西湾 06 烽火台	1307243532011700086	石			√		
87	西湾 07 烽火台	1307243532011700087	石			√		
88	西湾 08 烽火台	1307243532011700088	石		√			
89	西湾 09 烽火台	1307243532011700089	石		√			
90	西湾 10 烽火台	1307243532011700090	石			√		
91	西湾 11 烽火台	1307243532011700091	石		√			
92	西湾 12 烽火台	1307243532011700092	石		√			
93	东碾盘沟 01 烽火台	1307243532011700093	石			√		
94	东碾盘沟 02 烽火台	1307243532011700094	石		√			
95	东碾盘沟 03 烽火台	1307243532011700095	石			√		
96	东碾盘沟 04 烽火台	1307243532011700096	石			√		
97	东碾盘沟 05 烽火台	1307243532011700097	石			√		
98	东碾盘沟 06 烽火台	1307243532011700098	石			√		
99	东碾盘沟 07 烽火台	1307243532011700099	石		√			
100	东碾盘沟 08 烽火台	1307243532011700100	石			√		
101	东碾盘沟 09 烽火台	1307243532011700101	石		√			

（续）

编号	认定名称	认定编码	材质	保存程度				
				较好	一般	较差	差	消失
102	东碾盘沟 10 烽火台	130724353201170102	石			√		
103	东碾盘沟 11 号烽火台	130724353201170103	石			√		
104	东碾盘沟 12 号烽火台	130724353201170104	石			√		
105	东碾盘沟 13 烽火台	130724353201170105	石			√		
106	东碾盘沟 14 烽火台	130724353201170106	石			√		
107	东碾盘沟 15 烽火台	130724353201170107	石		√			
108	一座窑 01 烽火台	130724353201170108	石			√		
109	一座窑 02 烽火台	130724353201170109	石			√		
110	一座窑 03 烽火台	130724353201170110	石			√		
111	一座窑 04 烽火台	130724353201170111	石			√		
112	一座窑 05 烽火台	130724353201170112	石			√		
113	一座窑 06 烽火台	130724353201170113	石			√		
114	一座窑 07 号烽火台	130724353201170114	石			√		
115	一座窑 08 号烽火台	130724353201170115	石			√		
116	一座窑 09 号烽火台	130724353201170116	石			√		
117	一座窑 10 号烽火台	130724353201170117	石			√		
118	一座窑 11 号烽火台	130724353201170118	石			√		
119	大石门 01 号烽火台	130724353201170119	石		√			
120	大石门 02 号烽火台	130724353201170120	石		√			
121	泉子沟 1 号烽火台	130724353201170121	石		√			
122	近边沟烽火台	130724353201170122	石			√		
123	洼墩梁烽火台	130724353201170123	石		√			
124	脑包底烽火台	130724353201170124	石			√		
125	大石门西沟 1 号烽火台	130724353201170125	石			√		
126	大石门西沟 2 号烽火台	130724353201170126	石			√		
127	大石门西沟 3 号烽火台	130724353201170127	石			√		
128	大石门西沟 4 号烽火台	130724353201170128	石			√		
129	大石门西沟 5 号烽火台	130724353201170129	石			√		
130	大石门西沟 6 号烽火台	130724353201170130	石			√		
131	大石门西沟 7 号烽火台	130724353201170131	石			√		
132	大石门西沟 8 号烽火台	130724353201170132	石			√		
133	大石门西沟 9 号烽火台	130724353201170133	石			√		
134	鸡冠山 1 号烽火台	130724353201170134	石			√		
135	鸡冠山 2 号烽火台	130724353201170135	石			√		
136	鸡冠山 3 号烽火台	130724353201170136	石			√		
137	鸡冠山 4 号烽火台	130724353201170137	石			√		
138	鸡冠山 5 号烽火台	130724353201170138	石			√		
139	鸡冠山 6 号烽火台	130724353201170139	石			√		

（续）

编号	认定名称	认定编码	材质	保存程度				
				较好	一般	较差	差	消失
140	鸡冠山 7 号烽火台	130724353201170140	石			√		
141	八塔沟 1 号烽火台	130724353201170141	石			√		
142	八塔沟 2 号烽火台	130724353201170142	石			√		
143	八塔沟 3 号烽火台	130724353201170143	石		√			
144	刀棱山 1 号烽火台	130724353201170144	土			√		
145	刀棱山 2 号烽火台	130724353201170145	石			√		
146	刀棱山 3 号烽火台	130724353201170146	石			√		
147	刀棱山 4 号烽火台	130724353201170147	石			√		
148	刀棱山 5 号烽火台	130724353201170148	石			√		
149	刀棱山 6 号烽火台	130724353201170149	石			√		
150	刀棱山 7 号烽火台	130724353201170150	石		√			
151	刀棱山 8 号烽火台	130724353201170151	石			√		
152	三棵树 1 号烽火台	130724353201170152	石			√		
153	同兴号 1 号烽火台	130724353201170153	石			√		
154	同兴号 2 号烽火台	130724353201170154	石			√		
155	同兴号 3 号烽火台	130724353201170155	石			√		
156	同兴号 4 号烽火台	130724353201170156	石			√		
157	同兴号 5 号烽火台	130724353201170157	石			√		
158	五保窑 1 号烽火台	130724353201170158	石			√		
159	五保窑 2 号烽火台	130724353201170159	石			√		
160	五保窑 3 号烽火台	130724353201170160	石			√		
161	五保窑 4 号烽火台	130724353201170161	石			√		
162	喇嘛洞 6 烽火台	130724353201170162	石			√		
163	庞家窑后梁 1 号烽火台	130724353201170163	石			√		
164	庞家窑 2 号烽火台	130724353201170164	石		√			
165	明镜沟 1 号烽火台	130724353201170165	石			√		
166	明镜沟 2 号烽火台	130724353201170166	石			√		
167	夏家梁南 1 号烽火台	130724353201170167	石		√			
168	冯家营南烽火台	130724353201170168	石			√		
169	武家营 1 号烽火台	130724353201170169	石			√		
170	脑包山北烽火台	130724353201170170	石			√		
	合计	共170座：石167座，土3座			17	145	8	
	百分比（%）	100			10	85.2	4.8	

类型：单体建筑包括敌台、烽火台、马面等

保存程度：较好、一般、较差、差、消失

1. 南厂 05 号烽火台 130724353201170001

位于小河子乡炭窑村东北约 3.5 千米山丘顶部，坐标：东经 115° 51′ 02.60″，北纬 41° 15′ 56.90″，高程 2020 米。

烽火台平面呈矩形，剖面呈梯形，南侧存长 5.8 米，高 1.36 米，毛石垒砌，北侧坍塌碎石呈半圆状，北侧 3.5 米处为坍塌的石围墙，长 21 米，宽 1.6 米，高 0.5 米，东侧围墙与烽火台间为沟，长 20 米，宽 1.7 米，深 1.2 米，四周长满杂草。

2. 南厂 06 号烽火台 130724353201170002

位于小河子乡炭窑村东北约 3.8 千米山脊顶部，坐标：东经 115° 51′ 56.50″，北纬 41° 16′ 09.50″，高程 2048 米。

烽火台平面呈矩形，剖面呈梯形，毛石垒砌，南墙西侧存长 1.5 米，高 1.4 米，其他面呈斜坡状坍塌，东侧坡底改造为牲畜圈围墙，四周长满杂草。

3. 南厂 07 号烽火台 130724353201170003

位于小河子乡炭窑村东北约 3 千米、丰源店乡南厂村西约 3500 米处的山脊上，坐标：东经 115° 51′ 56.70″，北纬 41° 16′ 15.10″，高程 2047 米。

烽火台平面呈圆形，剖面呈梯形，毛石垒砌，底径 21 米，残高 4.8 米，西侧直接垒砌于高约 2.5 米的巨石上，西南、西北两侧分别与墙体相连，坍塌严重，呈堆状，四周长满杂草。

4. 南厂 08 号烽火台 130724353201170004

位于丰源店乡南厂村东北约 4.2 千米，坐标：东经 115° 51′ 35.70″，北纬 41° 16′ 24.40″，高程 2100 米。

烽火台平面呈圆形，剖面呈梯形，毛石垒砌，高 4 米，东南侧为陡崖，崖下为长城墙体，坍塌严重，呈堆状，四周长满杂草。

5. 南厂 09 号烽火台 130724353201170005

位于丰源店乡南厂村西约 3.5 千米处的山脊上，坐标：东经 115° 51′ 39.10″，北纬 41° 16′ 36.00″，高程 2136 米。

烽火台平面呈矩形，剖面呈梯形，毛石垒砌，东西宽 6 米，南北长 11 米，残高 5.5 米，东西两侧较陡，坍塌严重，呈堆状，四周长满杂草。

6. 南厂 10 号烽火台 130724353201170006

位于丰源店乡南厂村西约 3.9 千米山脊处，坐标：东经 115° 51′ 47.50″，北纬 41° 16′ 42.30″，高程 2116 米。

烽火台平面呈圆形，剖面呈梯形，毛石垒砌，位于山脊东侧一独立的山崖顶部，东南侧为陡崖，西北侧稍缓，残高 5 米，坍塌严重，呈堆状，四周长满杂草。

7. 南厂 11 号烽火台 130724353201170007

位于丰源店乡南厂村西约 3.8 千米山顶部，坐标：东经 115° 51′ 50.00″，北纬 41° 16′ 44.10″，高程 2094 米。

烽火台平面呈圆形，剖面呈梯形，毛石垒砌，底径 12 米，残高 4.5 米，西侧建于巨石上，高 3 米，坍塌严重，呈堆状，四周长满杂草。

8. 黄花梁 01 号烽火台 130724353201170008

位于丰源店乡南厂村西约 3.8 千米山梁上，坐标：东经 115° 51′ 54.20″，北纬 41° 16′ 52.60″，高程 2099 米。

烽火台建于巨石上，底径 21 米，高 3.6 米，坍塌严重，呈堆状，四周长满杂草。

9. 黄花梁 02 号烽火台 130724353201170009

位于丰源店乡南厂村西北约 3.3 千米山丘顶部，坐标：东经 115° 51′ 58.40″，北纬 41° 17′ 01.40″，高程 2130 米。

烽火台平面呈圆形，剖面呈梯形，毛石垒砌，底径 1.45 米，残高 5 米，坍塌严重，呈堆状，四周长满杂草，南侧建于巨石上，东、北、西三面设围墙，宽 1.4 米，高 0.7 米，围墙与烽火台间设壕沟，宽 1.4 米，深 0.4 ～ 0.7 米。

10. 黄花梁 03 号烽火台 130724353201170010

位于丰源店乡南厂村西北约 3.5 千米缓山脊处，坐标：东经 115° 52′ 13.40″，北纬 41° 17′ 21.30″，高程 2031 米。

烽火台平面呈圆形，剖面呈梯形，毛石垒砌，底径 11 米，坍塌严重，呈堆状，四周长满杂草，西北侧残存围墙及壕沟，围墙宽 1.4 米，壕沟宽 2.3 米，深 0.3 ～ 1.4 米。

11. 黄花梁 04 号烽火台 130724353201170011

位于丰源店乡南厂村西北约 3.6 千米山梁处，坐标：东经 115° 52′ 26.30″，北纬 41° 17′ 39.90″，高程 2022 米。

烽火台平面呈圆形，剖面呈梯形，毛石垒砌，底径 23 米，顶径 3.5 米，高 3.9 米，坍塌严重，呈堆状，四周长满杂草。

12. 黄花梁 05 号烽火台 130724353201170012

位于丰源店乡南厂村西北约 3.6 千米山梁处，坐标：东经 115° 52′ 25.70″，北纬 41° 17′ 41.00″，高程 2018 米。

烽火台平面呈圆形，剖面呈梯形，毛石垒砌，底径 14 米，顶径 2.8 米，高 5.2 米，坍塌严重，呈堆状，四周长满杂草，底部四周设围墙及壕沟，仅存痕迹，围墙宽 1.3 米，壕沟宽 1.6 米，深 0.5 ～ 1.2 米。

13. 黄花梁 06 号烽火台 130724353201170013

位于丰源店乡南厂村西北约 3.7 千米山顶，坐标：东经 115° 52′ 33.80″，北纬 41° 17′ 58.70″，高程 2010 米。

烽火台平面呈圆形，剖面呈梯形，毛石垒砌，底径 18 米，高 4.5 米，坍塌严重，呈堆状，四周长满杂草，南侧为山险，东侧较陡，西、北两面存围墙痕迹。

14. 黄花梁 07 号烽火台 130724353201170014

位于丰源店乡南厂村西北约 4 千米南北向小山脊中部，坐标：东经 115° 52′ 36.80″，北纬 41° 18′ 16.80″，高程 1939 米。

烽火台平面呈圆形，剖面呈梯形，毛石垒砌，周长约 38 米，高 5.3 米，坍塌严重，呈堆状，四周长满杂草，东侧稍陡，其余三面坍塌成坡状，北、西、南三面设土围墙及壕沟，围墙宽 1.4 米，沟宽 2.5 米，深 0.6 ～ 1.2 米。

15. 黄花梁 08 号烽火台 130724353201170015

位于丰源店乡南厂村西北约 4.2 千米山丘顶部，坐标：东经 115° 52′ 36.60″，北纬 41° 18′ 29.30″，高程 1965 米。

烽火台平面呈圆形，剖面呈梯形，毛石垒砌，底边周长 75 米，顶部周长 11 米，高 6 米，四周设围墙两道，东、南侧遗址缺失，北、西侧遗址较清晰，约 1.6 米，围墙间设壕沟，沟宽 2.3 米，深 1.5 米，坍塌严重，呈堆状，四周长满杂草。

16. 黄花梁 09 号烽火台 130724353201170016

位于丰源店乡平头梁村西偏北约 2.5 千米处山梁上，坐标：东经 115° 53′ 05.10″，北纬 41° 18′ 30.00″，高程 1982 米。

烽火台平面呈圆形，剖面呈梯形，毛石垒砌，底径 18 米，顶部后期垒砌石块，直径约 4 米，坍塌严重，呈堆状，四周长满杂草，底部周围为林场修筑的防火路环绕，路宽 2.5 米。

17. 黄花梁 10 号烽火台 130724353201170017

位于丰源店乡南厂村西北约 4.1 千米小山丘顶部，坐标：东经 115° 52′ 43.20″，北纬 41° 18′ 34.40″，高程 1964 米。

烽火台平面呈圆形，剖面呈梯形，毛石垒砌，底边周长约 70 米，顶部存少量夯土痕迹，顶径 3.7 米，坍塌严重，呈堆状，四周长满杂草，四周设围墙两道，外圈仅存痕迹，内圈底宽 3.3 米，顶宽 1.6 米，两围墙间设壕沟，宽 3.3 米，深 1.5 米。

18. 李家营南山 01 号烽火台 130724353201170018

位于丰源店乡李家营村南约 3.5 千米处山脊上，坐标东经 115° 52′ 13.40″，北纬 41° 18′ 37.60″，高程 1944 米。

烽火台平面呈圆形，剖面呈梯形，毛石垒砌，底径 19 米，残高 6.8 米，顶径 4.5 米，坍塌严重，呈堆状，四周长满杂草，四周设壕沟及围墙，西、南、北三面各设有两道围墙、两道壕沟，外侧围墙宽 1.2 米，高 1 米，外侧壕沟宽 1.5 米，自然淤积严重，深 0.8 ～ 1 米，内侧围墙外高 2.8 米，内高 0.8 ～ 1 米，内侧壕沟宽 2.2 米，深 0.5 ～ 1.2 米，东侧设三道围墙及壕沟，外侧壕沟宽 1.5 米，内侧围墙宽 1.2 米，高 0.7 米。

19. 李家营南山 02 号烽火台 130724353201170019

位于丰源店乡李家营村南 3 千米处山脊一独立山峰顶部、为附近山峰最高点，坐标：东经 115° 51′ 50.20″，北纬 41° 18′ 51.90″，高程 2004 米。

烽火台平面呈圆形，剖面呈梯形，毛石垒砌，底径 20 米，高 5.5 米，坍塌严重，呈堆状，四周长满杂草，周围设围墙和壕沟，西北、东南部，分别设两道围墙和壕沟，内侧壕沟宽 1.7 ～ 2.1 米，深 0.4 ～ 0.9 米，内侧围墙为石砌，高 1.2 米，外侧壕沟宽 2.2 米，深 0.5 ～ 1.1 米，外侧围墙宽 2 米，高 1.1

米，东北、西南部设壕沟和围墙各一道，东、北侧围墙高 0.2 ～ 1 米，残宽 1.5 米，壕沟上宽 2.5 米，深 0.5 ～ 1.4 米，东南侧壕沟宽约 1.9 米。

20. 李家营南山 03 号烽火台 130724353201170020

位于丰源店乡李家营村西南约 5 千米高山丘顶部，坐标：东经 115° 51′ 23.10″，北纬 41° 19′ 14.60″，高程 2004 米。

烽火台平面呈圆形，剖面呈梯形，毛石垒砌，底部周长 42 米，顶部周长 12 米，高 4 米，坍塌严重，呈堆状，四周长满杂草，四周设围墙两道，西侧局部较好，底宽 2.6 米，顶宽 1.3 米，围墙间设壕沟，沟宽 1.8 米，深 1.4 米，烽火台东侧两道围墙及壕沟间残存石踏跺，宽约 1.5 米，长 2.3 米。

21. 西沟 01 号烽火台 130724353201170021

位于丰源店乡李家营村西南约 3.2 千米山丘顶部，坐标：东经 115° 51′ 03.00″，北纬 41° 19′ 24.90″，高程 1831 米。

烽火台平面呈圆形，剖面呈梯形，毛石垒砌，底径 23 米，顶径 6.5 米，高 5 米，坍塌严重，呈堆状，四周长满杂草，南侧存宽约 2.4 米平台，西、北、东三面设围墙两道，北侧外围墙已破坏，内围墙尚有明显遗迹，西侧内围墙南端向东延伸部分不再筑墙，平缓与南侧平台相交，外围墙外端与内围墙呈圆弧状相交，东侧外围墙利用平缓山坡挖掘南壕沟，形成陡坎，沟南端用块石垒小墙与内墙相交，东侧围墙长约 29 米，北侧围墙长约 32 米，西侧围墙长约 24 米。第一道围墙上宽 3.8 米，底 1.8 米，高约 1.8 米，墙底宽约 5 米，顶部约 1.9 米，第二道围墙沟上口宽 3.3 米，底部宽约 2 米。

22. 西沟 02 号烽火台 130724353201170022

位于丰源店乡李家营村西南约 3.1 千米山梁处，坐标：东经 115° 50′ 45.30″，北纬 41° 19′ 27.10″，高程 1758 米。

烽火台平面呈圆形，剖面呈梯形，毛石垒砌，底径 30 米，顶径 10 米，高 5.7 米，坍塌严重，呈堆状，四周长满杂草，底部西、北、东三面设围墙两道，最外侧围墙长 157 米，北侧围墙东西长 38 米，围墙宽 3.7 米，两围墙间上口宽 3.6 米，下底宽 2.2 米，深 1.2 米，第二道围墙上口宽 2.6 米，下口宽 1.6 米，高 2.3 米，墙宽 3.6 米。

23. 西沟 03 号烽火台 130724353201170023

位于丰源店乡李家营村西南约 3.3 千米山谷处，坐标：东经 115° 50′ 46.50″，北纬 41° 19′ 30.20″，高程 1752 米。

烽火台平面呈圆形，剖面呈梯形，毛石垒砌，底径 20 米，顶径 3.6 米，高 3 米，坍塌严重，呈堆状，四周长满杂草，顶部存盗洞，长 2 米，宽 2.2 米，深 2.1 米。

24. 西沟 04 号烽火台 130724353201170024

位于丰源店乡李家营村西南约 3.7 千米山脊处，坐标：东经 115° 50′ 22.30″，北纬 41° 19′ 49.10″，高程 1830 米。

烽火台平面呈圆形，剖面呈梯形，毛石垒砌，底径 14.3 米，顶径 7.3 米，高 5.35 米，坍塌严重，呈堆状，四周长满杂草，西、北、南为两道围墙及壕沟，东侧为一道围墙及壕沟，南北两侧内围墙东端和东侧外围墙相连。外围墙宽 1.8 米, 高 0.8 米, 壕沟宽 2.2 米, 内围墙周长约 68 米, 外围墙周长约 127 米。

25. 西沟 05 号烽火台 130724353201170025

位于白土窑乡小西沟村西南约 500 米小山丘顶部, 坐标: 东经 115° 50′ 04.90″, 北纬 41° 20′ 07.70″, 高程 1813 米。

烽火台平面呈圆形, 剖面呈梯形, 毛石垒砌, 底径 24 米, 顶径 4 米, 高 6.6 米, 坍塌严重, 呈堆状, 四周长满杂草, 四周设围墙二道, 壕沟一道, 围墙与烽火台间壕沟上口宽 3.2 米, 底宽 1.6 米, 内围墙存东、西、北侧部分, 高 1.4 米, 宽 3.4 米, 外侧围墙缺失, 现为土路, 底部散落城砖, 规格: 0.31 米 × 0.17 米 × 0.06 米。

26. 西沟 06 号烽火台 130724353201170026

位于白土窑乡小西沟村西偏南约 2.6 千米小山丘顶部, 坐标: 东经 115° 49′ 53.60″, 北纬 41° 20′ 25.90″, 高程 1755 米。

烽火台平面呈圆形, 剖面呈梯形, 毛石垒砌, 底径 20 米, 顶径 4.4 米, 高 6 米, 坍塌严重, 呈堆状, 四周长满杂草, 四周设围墙及壕沟各二道, 围墙与烽火台间壕沟上口宽 2.2 米, 内围墙周长约 80 米, 高 1.3 米, 宽 3.2 米, 外围墙周长 120 米, 高 0.5 米, 宽 1.9 米, 内、外围墙间沟宽约 2.2 米。

27. 西沟 07 号烽火台 130724353201170027

位于白土窑乡小西沟村西约 1.2 千米小山丘顶部, 坐标: 东经 115° 49′ 41.10″, 北纬 41° 20′ 40.80″, 高程 1828 米。

烽火台平面呈圆形, 剖面呈梯形, 毛石垒砌, 底径 30 米, 顶径 2.6 米, 高 8 米, 坍塌严重, 呈堆状, 四周长满杂草, 四周设围墙及壕沟各一道, 周长 156 米, 墙高 1.1 米, 宽 3.3 米, 烽火台与围墙间壕沟上口宽 2.5 米, 底宽 2.2 米。

28. 西沟 08 号烽火台 130724353201170028

位于白土窑乡小西沟村西约 1.5 千米小山丘顶部、东约 50 米立有防风沙碑亭, 坐标: 东经 115° 49′ 21.60″, 北纬 41° 21′ 02.50″, 高程 1780 米。

烽火台平面呈圆形, 剖面呈梯形, 毛石垒砌, 底径 30 米, 顶径 7.6 米, 高 9 米, 坍塌严重, 呈堆状, 四周长满杂草, 四周设围墙及壕沟各二道, 烽火台与内围墙间壕沟口宽 3.1 米, 底宽 1.8 米, 内围墙周长 156 米, 高 1.5 米, 宽 3.9 米, 外围墙周长 216 米, 高 1.5 米, 宽 2 米, 两围墙距离约 4.4 米, 最小距离仅 1.5 米, 壕沟深 1 米。

29. 梁头 01 号烽火台 130724353201170029

位于丰源店乡阳坡行政村梁头自然村东南约 1.7 千米小山丘顶部, 坐标: 东经 115° 48′ 45.40″, 北纬 41° 21′ 17.50″, 高程 1689 米。

烽火台平面呈圆形, 剖面呈梯形, 毛石垒砌, 底径 20 米, 顶径 4.6 米, 高 7.6 米, 坍塌严重, 呈堆状, 四周长满杂草, 四周设围墙二道, 壕沟一道, 内围墙与烽火台间壕沟宽 2.2 米, 内围墙周长 118 米, 高 1.3 米, 墙宽 2.3 米, 外围墙周长 160 米, 高 0.8 ～ 1 米, 宽 2 米, 内外围墙间距 2.2 米。

30. 梁头 02 号烽火台 130724353201170030

位于丰源店乡阳坡行政村梁头自然村正南约 2.5 千米高山丘顶部，坐标：东经 115° 48′ 26.50″，北纬 41° 21′ 13.80″，高程 1689 米。

烽火台平面呈圆形，剖面呈梯形，毛石垒砌，底边周长 67 米，顶部周长 10 米，高 8 米，坍塌严重，呈堆状，四周长满杂草。四周围墙多被林业局推成土路，仅东部存长 15 米，宽 2.6 米，高 1.7 米，其余均已不存。

31. 梁头 03 号烽火台 130724353201170031

位于丰源店乡阳坡行政村梁头自然村东南约 800 米小山丘顶部，坐标：东经 115° 48′ 03.70″，北纬 41° 21′ 35.40″，高程 1676 米。

烽火台平面呈圆形，剖面呈梯形，毛石垒砌，底径 18 米，顶径 4 米，高 6 米，坍塌严重，呈堆状，四周长满杂草，南侧紧邻壕堑，东、西、北面设围墙三道，南端均与烽火台相交，南侧不设围墙，外围墙存长 40 米，中间一道存长 35 米，内围墙存长 35 米，高约 1.5 米，东北侧大面积已被挖毁。

32. 梁头 04 号烽火台 130724353201170032

位于丰源店乡阳坡行政村梁头自然村西约 600 米两山丘间较平缓处，坐标：东经 115° 47′ 46.60″，北纬 41° 21′ 47.40″，高程 1653 米。

烽火台底径 24 米，顶径 15 米，高 3 米，顶部坑洼不平，四周存一周低矮土岗几乎与地表平，两侧长城主线不清。

33. 梁头 05 号烽火台 130724353201170033

位于丰源店乡阳坡行政村梁头自然村西南约 2 千米处，坐标：东经 115° 47′ 26.30″，北纬 41° 21′ 39.60″，高程 1765 米。

烽火台平面呈圆形，剖面呈梯形，毛石垒砌，底径 22 米，顶径 7 米，高 7.8 米，坍塌严重，呈堆状，四周长满杂草，北侧底部借山体坡度砌筑，烽火台南侧大部分块石已散落坡上，墙体存长 3 米，高 2 米，四周设围墙两道，内围墙南侧与东西围墙呈直角，块石垒砌，内围墙东侧与烽火台相交，内围墙周长 99 米，高 1.5 ～ 1.7 米，墙宽 2.5 米，内围墙与烽火台间距 2.7 米，外围墙周长 148 米，高 1.5 米，宽 1.5 米，内、外围墙间距 2.2 米。

34. 梁头 06 号烽火台 130724353201170034

位于丰源店乡阳坡行政村梁头自然村西南约 2.2 千米山顶部，坐标：东经 115° 47′ 27.40″，北纬 41° 21′ 33.10″，高程 1778 米。

烽火台平面呈圆形，剖面呈梯形，毛石垒砌，底径 24 米，顶径 3.7 米，高 5.7 米，坍塌严重，呈堆状，四周长满杂草。

35. 梁头 07 号烽火台 130724353201170035

位于小厂镇五道沟村西南约 1.8 千米山梁上，坐标：东经 115° 47′ 02.20″，北纬 41° 21′ 59.40″，高程 1790 米。

烽火台平面呈圆形，剖面呈梯形，毛石垒砌，底径 20 米，顶径 6 米，高 8 米，坍塌严重，呈堆状，四周长满杂草，南侧借用小部分自然岩体砌筑，设围墙二道，外围墙长约 96 米，墙高 0.4 米，内围墙长 130 米，墙高 1.2 米，墙宽 1.5 米。

36. 梁头 08 号烽火台 130724353201170036

位于小厂镇五道沟村西南约 1.5 千米山梁上，坐标：东经 115° 46′ 39.70″，北纬 41° 22′ 07.10″，高程 1836 米。

烽火台平面呈圆形，剖面呈梯形，毛石垒砌，底径 22 米，顶径 5.5 米，高 8 米，坍塌严重，呈堆状，四周长满杂草，土路从北侧穿过，南、北各设围墙二道，两端均与烽火台相交，形成半月形。南侧内围墙长 33 米，高 0.4 米，宽 0.6～1.5 米，外围墙长 60 米，高 1.2 米，宽 1.5 米，南面设门，宽 2.2 米，北侧内围墙长 40 米，高 2 米，外围墙长 68 米，高 1.5 米，宽 1.5 米。

37. 椴木梁 01 号烽火台 130724353201170037

位于小厂镇五道沟村西南约 1.85 千米山梁处，坐标：东经 115° 46′ 23.30″，北纬 41° 22′ 25.60″，高程 1773 米。

烽火台平面呈圆形，剖面呈梯形，毛石垒砌，底径 22 米，顶径 5 米，高 9 米，坍塌严重，呈堆状，四周长满杂草，四周设围墙及壕沟二道，烽火台距内围墙间壕沟 4.1 米，内围墙周长 117 米，高 3.2 米，墙宽 1.5 米，外墙距内墙间壕沟 2.5 米，外围墙北侧部分破坏，长 134 米，墙宽 1.5 米，高 1 米。

38. 椴木梁 02 号烽火台 130724353201170038

位于小厂镇五道沟村西约 2 千米山梁处，坐标：东经 115° 46′ 07.20″，北纬 41° 22′ 43.80″，高程 1680 米。

烽火台平面呈圆形，剖面呈梯形，毛石垒砌，底径 21 米，顶径 4 米，高 9.9 米，坍塌严重，呈堆状，四周长满杂草，四周设围墙二道，内围墙周长 120 米，距烽火台 2.2 米，墙高 1.1 米，外围墙北、东两侧已缺失，仅南、西侧存长 100 米，高度 1 米。

39. 椴木梁 03 号烽火台 130724353201170039

位于小厂镇五道沟村西南约 3.4 千米小山顶部、处在赤城县与沽源县两道长城主线之间，坐标：东经 115° 45′ 23.00″，北纬 41° 22′ 09.30″，高程 1668 米。

烽火台平面呈圆形，剖面呈梯形，毛石垒砌，底径 18 米，顶径 4.5 米，高 5 米，坍塌严重，呈堆状，四周长满杂草，设围墙二道，内围墙长约 90 米，墙高 1.5 米，宽 1.3 米，距烽火台 3.5 米，外围墙存 25 米，高 1.2 米，宽 1.2 米，两墙间距 3.5 米，外围墙低平，墙体不明显，东侧已夷为山坡。

40. 南厂东 01 号烽火台 130724353201170040

位于南厂村东约 4 千米山梁处，坐标：东经 115° 57′ 23.30″北纬 41° 16′ 29.20″，高程 1942 米。

烽火台平面呈圆形，剖面呈梯形，毛石垒砌，底径 25 米，顶径 5 米，高 4.5 米，坍塌严重，呈堆状，四周长满杂草，设围墙二道，内围墙毛石垒砌，距烽火台约 5 米，周长 100 米，底宽 2 米，顶宽 1.2 米，高 0.6 米，西侧设门，宽 1 米，外围墙素土夯筑，周长约 120 米，高 0.6 米，内外围墙间设沟，宽 1.5 米，深 0.5 米，西北坡下约 20 米存有圆坑，直径 4.6 米，深 1.4 米，坑沿有部分人工垒砌的块石，再向下 30 米存一石堆，宽 3 米，高 0.5 米。

41. 平头梁 01 号烽火台 130724353201170041

位于丰源店乡平头梁村东南 3.5 千米高山顶部，坐标：东经 115° 57′ 35.30″，北纬 41° 17′ 36.10″，高程 2057 米。

烽火台平面呈圆形，剖面呈梯形，毛石垒砌，底径 18 米，顶径 6 米，高 4 米，坍塌严重，呈堆状，四周长满杂草，设围墙一道，距烽火台 5 米，周长约 130 米，宽 3.8 米，高 0.6 米。

42. 平头梁 02 号烽火台 130724353201170042

位于丰源店乡平头梁村东 2.1 千米山顶，坐标：东经 115° 56′ 35.60″，北纬 41° 18′ 02.70″，高程 1874 米。

烽火台平面呈圆形，剖面呈梯形，毛石垒砌，底径 18 米，高 3.2 米，坍塌严重，呈堆状，四周长满杂草。

43. 平头梁 03 号烽火台 130724353201170043

位于丰源店乡平头梁村东偏北约 2.5 千米处山脊上，坐标：东经 115° 56′ 27.30″，北纬 41° 18′ 53.10″，高程 1910 米。

烽火台平面呈矩形，剖面呈梯形，毛石垒砌，东西长 20 米，南北宽 15 米，底径 18 米，高 5.5 米，坍塌严重，呈堆状，四周长满杂草，仅西北角存少量墙角。

44. 干水河 01 号烽火台 130724353201170044

位于丰源店乡干水河村东南 1.3 千米，坐标：东经 115° 56′ 23.30″，北纬 41° 20′ 14.40″，高程 1928 米。

烽火台平面呈圆形，剖面呈梯形，毛石垒砌，底径 16 米，高 4.5 米，坍塌严重，呈堆状，四周长满杂草。

45. 后坝头 01 号烽火台 130724353201170045

位于后坝头村东北 1.1 千米，坐标：东经 115° 55′ 20.30″，北纬 41° 22′ 01.20″，高程 1673 米。

烽火台平面呈圆形，剖面呈梯形，毛石垒砌，底径 19.5 米，顶径 6 米，高 5.5 米，坍塌严重，呈堆状，四周长满杂草，四周设壕沟，沟宽 1 米，深 0.6 米。

46. 后坝头 02 号烽火台 130724353201170046

位于后坝头北 1.6 千米，坐标：东经 115° 55′ 18.20″，北纬 41° 22′ 33.00″，高程 1662 米。

烽火台平面呈圆形，剖面呈梯形，毛石垒砌，底径 16 米，高 4 米，坍塌严重，呈堆状，四周长满杂草，西南侧有后堆砌的石堆。

47. 坑坑 01 号烽火台 130724353201170047

位于小厂镇坑坑村东南约 2 千米山丘顶部，坐标：东经 115° 55′ 48.90″，北纬 41° 23′ 25.90″，高程 1762 米。

烽火台平面呈圆形，剖面呈梯形，毛石垒砌，底径 24 米，高 4.5 米，坍塌严重，呈堆状，四周长满杂草。四周设围墙及壕沟各一道，周长 132 米，宽 1.2 米，壕沟宽 1 米，深 0.3，东侧存一盗洞。

48. 安家营 01 号烽火台 130724353201170048

位于安家营北 2.5 千米的山头上，坐标：东经 115° 54′ 06.90″，北纬 41° 25′ 34.80″，高程 1825 米。

烽火台建在一宽 3.5 米的方台之上，平面呈圆形，剖面呈梯形，毛石垒砌，底径 20 米，顶径 2 米，高 6 米，坍塌严重，呈堆状，四周长满杂草，设围墙二道，墙宽 1.5 米，残高 0.3 米，内、外围墙间壕沟宽 3.3 米，深 0.3 米。

49. 白菜沟 01 号烽火台 130724353201170049

位于小厂镇白菜沟村东南直线距离约 1.3 千米的山头上，坐标：东经 115° 51′ 20.40″，北纬 41° 25′ 48.60″，高程 1784 米。

烽火台平面呈矩形，剖面呈梯形，毛石垒砌，东西长 10 米，南北宽 10 米，高 6 米，坍塌严重，呈堆状，长满杂草，四周设壕沟，距烽火台 5 米，壕沟上口宽 3 米，高 0.5 米，深 0.6 米，东侧设点火墩，长 3.3 米，宽 2.2 米，高 1.2 米，南侧点火墩两处。

50. 光明村 01 号烽火台 130724353201170050

位于小厂镇光明新村西直线距离约 1 千米平缓山丘顶，坐标：东经 115° 45′ 54.60″，北纬 41° 28′ 44.20″，高程 1576 米。

烽火台平面呈圆形，剖面呈梯形，毛石垒砌，底径 20 米，顶径 5 米，高 4 米，坍塌严重，呈堆状，四周长满杂草，顶部后期拆成圆坑，直径 4 米，深 2 米，四周设壕沟，距烽火台 4 ～ 6 米，沟宽 3 米，深 0.6 ～ 0.8 米，东北 30 米、60 处各设点火墩一处，直径分别为 8 米、6 米，西南设点火墩两座，直径分别为 5.5 米、3 米，西侧小山梁上存房基一处，长 7 米，宽 3 米。

51. 东井沟 01 号烽火台 130724353201170051

位于长梁乡东井沟村南约 2 千米小山丘顶部，坐标：东经 115° 53′ 52.50″，北纬 41° 29′ 29.10″，高程 1596 米。

烽火台形制不清，南侧沿缓山坡散落少量块石，四周长满杂草。

52. 东井沟 02 号烽火台 130724353201170052

位于长梁乡东井沟村南约 2 千米小山丘顶部，坐标：东经 115° 53′ 52.90″，北纬 41° 29′ 29.70″，高程 1599 米。

烽火台形制不清，南侧沿缓山坡散落少量块石，四周长满杂草。

53. 东井沟 03 号烽火台 130724353201170053

位于长梁乡东井沟村北约 400 米小山丘顶部，坐标：东经 115° 54′ 11.90″，北纬 41° 30′ 18.40″，高程 1630 米。

烽火台平面呈圆形，剖面呈梯形，毛石垒砌，底径 6 米，残高 0.6 ～ 0.9 米，四周长满杂草。

54. 梁后 01 号烽火台 130724353201170054

位于长梁乡西坡村后梁自然村东南约 2.5 千米山脊处，坐标：东经 115° 50′ 04.90″，北纬 41° 30′ 35.30″，高程 1813 米。

烽火台平面呈矩形，剖面呈梯形，毛石垒砌，东西长 20 米，南北宽 19.5 米，高 5.5 米，坍塌严重，呈堆状，四周长满杂草，北侧墙体残长 6 米，高 3.5 米，东北角残墙长 1.9 米，高 0.7 米，西、南、东三面均已坍塌成斜坡状，四周设围墙，东距烽火台 6.7 米，东墙中间设门，门宽 1.8 米，墙厚 1.3 米，墙残高 1.2 米，围墙外侧设壕沟一道，宽 3.3 米，深 0.5 ～ 0.8 米，烽火台上存城砖一块，规格：0.37 米 × 0.18 米 × 0.07 米，黄褐釉瓷片一枚，外叠唇。

55. 沙坑 01 号烽火台 130724353201170055

位于沙坑村南直线距离约 1 千米山顶部，坐标：东经 115° 47′ 07.40″，北纬 41° 31′ 36.10″，高程 1669 米。

烽火台平面呈圆形，剖面呈梯形，毛石垒砌，底径 20 米，顶径 4.5 米，高 6.8 米，坍塌严重，呈堆状，四周长满杂草，盗洞一处，直径 3.5 米，深 1.7 米，四周设围墙，墙宽 1.5 米，南、北两侧墙外设壕沟，沟宽 2.8 米，深 0.9 米。

56. 沙坑 02 号烽火台 130724353201170056

位于沙坑村东南直线距离约 1.1 千米山顶部，坐标：东经 115° 47′ 59.90″，北纬 41° 32′ 07.00″，高程 1633 米。

烽火台平面呈圆形，剖面呈梯形，毛石垒砌，底径 8 米，高 1.5 米，坍塌严重，呈堆状，四周长满杂草。

57. 口道营 01 号烽火台 130724353201170057

位于五花电厂西侧临河山丘顶部、西侧为葫芦河谷、东侧为风力发电厂、北约 500 米处为村庄，坐标：东经 115° 43′ 51.30″，北纬 41° 35′ 20.10″，高程 1523 米。

烽火台平面呈圆形，剖面呈梯形，毛石垒砌，底径 18.5 米，顶径 3.5 米，高 3.8 米，坍塌严重，呈堆状，长满杂草，四周设壕沟，壕沟内外均有石墙遗迹，外侧石墙长 35 米，内侧石墙长 27 米，壕沟宽 3.5 ～ 4 米，东侧被修建风电时破坏。

58. 常铁炉西 01 号烽火台 130724353201170058

位于平定堡镇常铁炉村西偏北约 1.5 千米处山顶，坐标：东经 115° 45′ 10.80″，北纬 41° 37′ 08.50″，高程 1646 米。

烽火台平面呈圆形，剖面呈梯形，毛石垒砌，底径 20 米，顶径 8 米，高 6.5 米，坍塌严重，呈堆状，四周长满杂草。

59. 段家营西沟梁尖 01 号烽火台 130724353201170059

位于平定堡镇常铁炉村西北约 2.2 千米山顶部，坐标：东经 115° 44′ 52.90″，北纬 41° 37′ 27.30″，高程 1688 米。

烽火台平面呈圆形，毛石垒砌，底径 14 米，高 2.5 米，坍塌严重，呈堆状，四周长满杂草。

60. 闪电河 01 号烽火台 130724353201170060

位于闪电河乡南约 1.2 千米山顶部，坐标：东经 115° 47′ 46.50″，北纬 41° 41′ 36.10″，高程 1463 米。

烽火台平面呈圆形，毛石垒砌，坍塌严重，呈堆状，四周长满杂草，大部已被盗挖，盗挖处可见毛石砌筑台芯。

61. 马神庙 01 号烽火台 130724353201170061

位于闪电河乡马神庙村西南约 150 米处山顶，坐标：东经 115° 48′ 22.70″，北纬 41° 46′ 47.70″，高程 1418 米。

烽火台平面呈圆形，剖面呈梯形，毛石垒砌，底径 20 米，顶径 4 米，高 6.5 米，坍塌严重，呈堆状，四周长满杂草，顶部和西部均有盗洞，顶部盗洞直径 2 米，深 5 米，西侧盗洞直径 1.5 米，深 2.5 米，从洞内可见碎石夯层。东南侧为陡坡，其余三面均设围墙和壕沟，围墙存遗迹，壕沟宽 3 ～ 5 米，深 0.5 ～ 1 米，西侧围墙被采石场破坏。

62. 椴木梁 01 号烽火台 130724353201170062

位于椴木梁 241 省道西北侧约 400 米，坐标：东经 115° 45′ 54.00″，北纬 41° 23′ 02.20″，高程 1669 米。

烽火台平面呈圆形，剖面呈梯形，毛石垒砌，底径 21 米，高 6 米，坍塌严重，呈堆状，四周长满杂草，西北角存长 3.2 米，高 0.8 米。四周设壕沟，深 1.3 米，南侧较为平缓，西南山下有采矿石场。

63. 椴木梁 02 烽火台 130724353201170063

位于椴木梁 241 省道西北侧约 900 米，坐标：东经 115° 45′ 35.30″，北纬 41° 23′ 08.70″，高程 1688 米。

烽火台平面呈圆形，剖面呈梯形，毛石垒砌，底径 20.6 米，高 6.5 米，坍塌严重，呈堆状，四周长满杂草，南侧底部存部分毛石墙体，长 3.5 米，高 0.6 米，下设二层台，长 2 米，高 0.5 米，四周设壕沟二道，第一道沟深 0.6 ～ 1.5 米，壕沟墙高 1.2 米，墙宽 1.4 米，第二道壕沟深 0.7 米，宽 1.2 米。

64. 椴木梁 03 号烽火台 130724353201170064

位于椴木梁 241 省道西北侧约 1.4 千米，东经 115° 45′ 29.30″，北纬 41° 23′ 32.00″，高程 1694 米。

烽火台平面呈圆形，剖面呈梯形，毛石垒砌，底径 19.5 米，高 6 米，坍塌严重，呈堆状，四周长满杂草，东侧毛石垒砌墙体残长 5 米，高 3 米，四周设壕沟二道，第一道垄高 1 ～ 1.5 米，西侧墙宽 1.2 米，沟深 0.5 ～ 1 米，第二道壕沟，深 0.5 ～ 1 米，宽 1 米。

65. 椴木梁 04 号烽火台 130724353201170065

位于椴木梁 241 省道西北侧约 1.8 千米，坐标：东经 115° 45′ 11.80″，北纬 41° 23′ 41.80″，高程 1655 米。

烽火台平面呈圆形，剖面呈梯形，毛石垒砌，底径 9 米，高 3.5 米，坍塌严重，呈堆状，四周长满杂草，北侧壕沟残存，沟宽 2 米，深 1.6 米。

66. 椴木梁 05 号烽火台 130724353201170066

位于椴木梁 241 省道西北侧约 2 千米，坐标：东经 115° 45′ 04.50″，北纬 41° 23′ 56.40″，高程 1724 米。

烽火台平面呈圆形，剖面呈梯形，毛石垒砌，底径 21.5 米，高 6.5 米，坍塌严重，呈堆状，四周长满杂草，北、西、东侧毛石墙体存长 2.8 米，高 0.5 米，南侧存毛石砌筑台阶两道，第一道长 25 米，高 2.2 米，第二道长 30 米，高 1.5 米，四周设围墙及壕沟两道，内壕沟宽 2.5 米，内围墙高 1.1 ～ 1.5 米，外壕沟宽 3 米，周围为低丘耕地，南为冰山梁。

67. 喇嘛洞 01 烽火台 130724353201170067

位于小厂镇喇嘛洞村东北侧约 2.2 千米，坐标：东经 115° 45′ 00.80″，北纬 41° 24′ 18.00″，高程 1665 米。

烽火台平面呈圆形，剖面呈梯形，毛石垒砌，底径 21 米，高 7 米，坍塌严重，呈堆状，四周长满杂草，东、南侧毛石垒砌墙体存长 4.2 米，高 0.7 米，四周设围墙及壕沟两道，内壕沟深 0.8 ～ 1.5 米，内围墙宽 2 米，烽火台距内围墙 3 米，外围墙壕沟仅存痕迹。

68. 喇嘛洞 02 烽火台 130724353201170068

位于小厂镇喇嘛洞村东北侧约 2.2 千米，坐标：东经 115° 45′ 08.80″，北纬 41° 24′ 32.80″，高程 1687 米。

烽火台平面呈圆形，剖面呈梯形，毛石垒砌，底径 21 米，高 6 米，坍塌严重，呈堆状，四周长满杂草，中部毛石垒砌墙体存长 2.5 米，残高 1.1 米，四周设围墙及壕沟两道，内壕沟宽深 0.5 ～ 1.2 米，内围墙高 0.6 米，外壕沟深 0.5 ～ 1.2 米。

69. 喇嘛洞 03 烽火台 130724353201170069

位于小厂镇喇嘛洞村东北侧约 2.2 千米，坐标：东经 115° 44′ 59.20″，北纬 41° 25′ 02.00″，高程 1806 米。

烽火台平面呈圆形，剖面呈梯形，毛石垒砌，底径 20.5 米，高 6 米，坍塌严重，呈堆状，四周长满杂草，西侧毛石垒砌墙体存长 4.5 米，高 1.8 米，四周设围墙及壕沟两道，内壕沟宽深 1.3 米，内围墙宽 1.4 米，外壕沟深 0.5 ～ 1.2 米，外围墙高 0.8 ～ 1.2 米。

70. 喇嘛洞 04 烽火台 130724353201170070

位于小厂镇喇嘛洞村东北侧约 2.2 千米，坐标：东经 115° 44′ 48.00″，北纬 41° 25′ 15.90″，高程 1702 米。

烽火台平面呈矩形，剖面呈梯形，毛石垒砌，东西宽 8 米，南北长 8.5 米，高 3.7 米，坍塌严重，呈堆状，四周长满杂草，西、南、北均为低洼丘地。

71. 喇嘛洞 05 烽火台 130724353201170071

位于小厂镇喇嘛洞村东北侧约 1.8 千米，坐标：东经 115° 44′ 24.10″，北纬 41° 25′ 14.40″，高程 1639 米。

烽火台平面呈圆形，剖面呈梯形，底径 19 米，高 5.5 米，毛石砌筑，坍塌严重，呈堆状，长满杂草，四周设壕沟两道，内壕沟宽 3.2 米，深 1 ～ 1.8 米，外壕沟宽 2.5 米，深 0.3 ～ 1 米，零星散落断砖。

72. 车道洼 01 烽火台 130724353201170072

位于小厂镇车道洼村东南侧约 1 千米，坐标：东经 115° 45′ 16.20″，北纬 41° 25′ 37.60″，高程 1640 米。

烽火台平面呈圆形，剖面呈梯形，底径 17.5 米，高 5 米，毛石砌筑，坍塌严重，呈堆状，四周长满杂草。

73. 车道洼 02 烽火台 130724353201170073

位于小厂镇车道洼村东南侧约 1.2 千米，坐标：东经 115° 44′ 03.10″，北纬 41° 25′ 14.30″，高程 1621 米。

烽火台平面呈圆形，剖面呈梯形，底径 18.7 米，高 5 米，毛石砌筑，坍塌严重，呈堆状，长满杂草，四周设壕沟两道，内壕沟宽 3.5 米，深 0.5 ～ 0.9 米，外壕沟宽 2 米，深 1.8 米。

74. 车道洼 03 烽火台 130724353201170074

位于小厂镇车道洼村东南侧约 1.2 千米，坐标：东经 115° 43′ 51.40″，北纬 41° 25′ 12.40″，高程 1592 米。

烽火台平面形制不明，底直径 8 米，高 1.8 米，毛石砌筑，坍塌严重，呈堆状，四周长满杂草。

75. 车道洼 04 烽火台 130724353201170075

位于小厂镇车道洼村东南侧约 1.2 千米，坐标：东经 115° 43′ 39.20″，北纬 41° 25′ 16.10″，高程 1603 米。

烽火台平面呈圆形，剖面呈梯形，底径 19.8 米，高 6 米，毛石砌筑，坍塌严重，呈堆状，长满杂草，四周设壕沟两道，沟宽 2.5 米，深 1～1.3 米。

76. 车道洼 05 烽火台 130724353201170076

位于小厂镇车道洼村东南侧约 1.2 千米，坐标：东经 115° 43′ 21.30″，北纬 41° 25′ 09.20″，高程 1568 米。

烽火台平面形制不明，底直径 7 米，高 2.3 米，毛石砌筑，坍塌严重，呈堆状，长满杂草。

77. 水泉沟 01 烽火台 130724353201170077

位于小厂镇水泉沟村西南侧约 1 千米，坐标：东经 115° 43′ 11.80″，北纬 41° 25′ 01.40″，高程 1588 米。

烽火台平面呈圆形，剖面呈梯形，底径 18.5 米，高 5 米，毛石砌筑，坍塌严重，呈堆状，长满杂草，四周设围墙及壕沟各两道，内壕沟深 1～1.2 米，外壕沟沟深 0.8～1 米，内围墙宽 3.1 米，外围墙宽 2.5 米，南侧、东侧为铁质围栏。

78. 水泉沟 02 烽火台 130724353201170078

位于小厂镇水泉沟村西南侧约 1 千米，坐标：东经 115° 42′ 37.60″，北纬 41° 24′ 58.50″，高程 1589 米。

烽火台平面呈圆形，剖面呈梯形，底径 21 米，高 6.5 米，毛石砌筑，坍塌严重，呈堆状，长满杂草，北侧存长 4 米，高 0.7～1 米，四周设围墙及壕沟各两道，内壕沟宽 3 米，深 1～1.5 米，间距外壕沟 3.5 米，沟深 1～1.6 米，内围墙高 1.6 米，外围墙高 1 米。

79. 水泉沟 03 烽火台 130724353201170079

位于小厂镇水泉沟村西南侧约 1 千米，坐标：东经 115° 42′ 20.00″，北纬 41° 24′ 46.90″，高程 1654 米。

烽火台平面呈圆形，剖面呈梯形，底径 20 米，高 6 米，毛石砌筑，坍塌严重，呈堆状，长满杂草，四周设围墙及壕沟各两道，内壕沟宽 2.1 米，深 0.5～1 米，间距外壕沟 4 米，沟深 1.5～2 米。

80. 水泉沟 04 烽火台 130724353201170080

位于小厂镇水泉沟村西南侧约 1 千米，坐标：东经 115° 41′ 57.70″，北纬 41° 24′ 41.50″，高程 1556 米。

烽火台平面呈圆形，剖面呈梯形，底径 19 米，高 5.5 米，毛石砌筑，坍塌严重，呈堆状，长满杂草，四周设围墙及壕沟各两道，内壕沟宽 3 米，深 1～1.5 米，间距外壕沟 4 米，沟深 1～1.3 米，内围墙宽 2 米，高 1.5 米，外围墙宽 1.5 米，高 0.4 米。

81. 西湾 01 烽火台 130724353201170081

位于小厂镇西湾村东侧约 1.2 千米，坐标：东经 115° 41′ 35.00″，北纬 41° 24′ 39.90″，高程 1482 米。

烽火台平面呈圆形，剖面呈梯形，底径 21.5 米，高 7.5 米，毛石砌筑，坍塌严重，呈堆状，长满杂草，四周设围墙及壕沟，围墙高 1～1.3 米，距烽火台 1 米，东西向土路占压南侧壕沟，路宽 3 米，四周零星散落碎砖。

82. 西湾 02 烽火台 130724353201170082

位于小厂镇西湾村东南侧约 800 米，坐标：东经 115° 41′ 26.80″，北纬 41° 24′ 23.60″，高程 1467 米。

烽火台平面呈矩形，剖面呈梯形，底径 13 米，高 6.8 米，台体顶部裸露土石混筑台芯，东西长 9.5 米，南北宽 9 米，高 1.5 米，坍塌严重，呈堆状，长满杂草，零星散落断砖、筒板瓦，砖宽 0.195 米，厚 0.08 米，板瓦长 0.24 米，宽 0.2 米，四周设方形围墙，边长 55 米，南墙中部设门，宽 3 米，距烽火台 10 米，高 1.5 ～ 2.5 米。

83. 西湾 03 烽火台 130724353201170083

位于小厂镇西湾村东南侧约 600 米，坐标：东经 115° 41′ 17.60″，北纬 41° 24′ 20.40″，高程 1443 米。

烽火台平面呈圆形，剖面呈梯形，底径 15 米，高 6 米，毛石砌筑，坍塌严重，呈堆状，四周长满杂草，顶部存少量断砖，长 0.365 米，宽 0.18 米，厚 0.085 米，四周设围墙及壕沟，围墙高 0.3 ～ 1.5 米，壕沟宽 2.5 米，东侧 15 米处存石堆，直径 1.5 米。

84. 西湾 04 烽火台 130724353201170084

位于小厂镇西湾村南侧约 800 米，坐标：东经 115° 41′ 08.00″，北纬 41° 24′ 06.50″，高程 1440 米。

烽火台平面呈圆形，剖面呈梯形，底径 8 米，高 3.5 米，毛石砌筑，坍塌严重，呈堆状，四周长满杂草，周围散落有碎砖，北侧山下为村村通公路，东距白河 0.3 千米，南临沟谷，东、西两侧设南北向的拦马沟三条。

85. 西湾 05 烽火台 130724353201170085

位于小厂镇西湾村西南侧约 600 米，坐标：东经 115° 40′ 26.50″，北纬 41° 24′ 14.40″，高程 1488 米。

烽火台平面呈圆形，剖面呈梯形，底径 18 米，顶径 7 米，高 6.3 米，毛石砌筑，坍塌严重，呈堆状，四周长满杂草，零星散落城砖，规格分为两类，第一类宽 0.193 米，厚 0.095 米；第二类长 0.25 米，宽 0.125 米，厚 0.055 米。

86. 西湾 06 烽火台 130724353201170086

位于小厂镇西湾村西南侧约 1.5 千米，坐标：东经 115° 40′ 02.80″，北纬 41° 24′ 02.20″，高程 1589 米。

烽火台平面呈圆形，剖面呈梯形，底径 17 米，顶径 4.5 米，高 3.9 米，毛石砌筑，坍塌严重，呈堆状，四周长满杂草，顶部盗洞直径 1.6 米，深 1.5 米。

87. 西湾 07 烽火台 130724353201170087

位于小厂镇西湾村西南侧约 2 千米，坐标东经 115° 39′ 38.60″，北纬 41° 24′ 08.20″，高程 1640 米。

烽火台平面呈圆形，剖面呈梯形，台基南侧存长 8 米，高 0.4 ～ 1.3 米，台体底径 8.6 米，高 4.3 米，毛石砌筑，坍塌严重，呈堆状，四周长满杂草，四周设围墙三道。

88. 西湾 08 烽火台 130724353201170088

位于小厂镇西湾村西南侧约 2 千米，坐标：东经 115° 39′ 24.10″，北纬 41° 24′ 09.60″，高程 1659 米。

烽火台平面呈矩形，剖面呈梯形，边长 10 米，高 4.5 米，东侧存长 8 米，高 1.1 米，毛石砌筑，坍塌严重，呈堆状，四周长满杂草，其余三面坍塌严重，每面后期加厚 0.7 米。

89. 西湾 09 烽火台 130724353201170089

位于小厂镇西湾村西南侧约 2.3 千米，坐标：东经 115° 39′ 00.70″，北纬 41° 23′ 53.70″，高程 1671 米。

烽火台平面呈矩形，剖面呈梯形，边长 9 米，北立面存长 7.8 米，高 2.3 米，毛石砌筑，坍塌严重，呈堆状，四周长满杂草，四周设围墙三道，第一道石墙厚 1.3 米，第二道石墙厚 1 米，高 0.3 ～ 1.3 米，第三道墙高 0.4 ～ 0.9 米，三道墙体间设壕沟，宽 2.6 ～ 3 米。

90. 西湾 10 烽火台 130724353201170090

位于小厂镇西湾村西南侧约 2.3 千米，坐标：东经 115° 38′ 52.70″，北纬 41° 23′ 50.90″，高程 1639 米。

烽火台平面呈矩形，剖面呈梯形，东西宽 5.8 米，南北长 6 米，高约米，毛石砌筑，坍塌严重，呈堆状，四周长满杂草。

91. 西湾 11 烽火台 130724353201170091

位于小厂镇西湾村西南侧约 2.5 千米，坐标：东经 115° 38′ 44.00″，北纬 41° 23′ 40.80″，高程 1681 米。

烽火台平面呈矩形，剖面呈梯形，台基东西宽 27 米，南北长 28 米，西北角存弧长 3.3 米，存高 1.4 米，台体东西宽 5 米，南北长 5.1 米，高 1.3 米，东南角存长 3.5 米，高 0.5 ～ 1.2 米，四周设围墙两道，台体至内围墙间设壕沟，宽 3.5 米，内围墙厚 0.9 米，外围墙仅存痕迹。

92. 西湾 12 烽火台 130724353201170092

位于小厂镇西湾村西南侧约 3 千米，坐标：东经 115° 38′ 19.00″，北纬 41° 23′ 33.70″，高程 1707 米。

烽火台平面呈圆形，剖面呈梯形，台基东西宽 16 米，南北长 20 米，台体西南角存长 2.5 米，西北角存长 2 米，高 1 米，东北角存长 1 米，高 0.8 米，通高 4 米，毛石砌筑，坍塌严重，呈堆状，四周长满杂草，四周设围墙三道，第一道、第二道墙仅存痕迹，两墙间设壕沟，宽 2 米，第三道墙宽 0.6 ～ 1.4 米，高 0.4 ～ 1.4 米。

93. 东碾盘沟 01 烽火台 130724353201170093

位于小厂镇东碾盘沟村东北侧约 2.8 千米，坐标：东经 115° 37′ 52.50″，北纬 41° 23′ 29.60″，高程 1747 米。

烽火台平面呈矩形，剖面呈梯形，台基南北 15 米，西侧存长 2.1 米，高 0.3 ～ 1 米，台体东西宽 5 米，南北长 5.1 米，高 1.3 米，毛石砌筑，坍塌严重，呈堆状，长满杂草，四周设围墙两道，东侧利用岩体设壕沟。

94. 东碾盘沟 02 烽火台 130724353201170094

位于小厂镇东碾盘沟村东北侧约 2.8 千米，坐标：东经 115° 37′ 37.20″，北纬 41° 23′ 19.90″，高程 1727 米。

烽火台形制不明，毛石垒砌，东西宽 5 米，南北长 8 米，高 2.4 米，坍塌严重，呈堆状，四周长满杂草。

95. 东碾盘沟 03 烽火台 130724353201170095

位于小厂镇东碾盘沟村东侧约 2 千米，坐标：东经 115° 37′ 30.70″，北纬 41° 23′ 13.20″，高程 1756 米。

烽火台平面呈圆形，剖面呈梯形，底径 17 米，顶径 6 米，高 6.5 米，毛石砌筑，坍塌严重，呈堆状，四周长满杂草，南侧存长 2.3 米，高 1.1 米，北侧存长 3.2 米，高 0.4 米，四周设围墙两道，烽火台距内围墙 3 米，墙厚 1.2 米，高 0.9 ～ 1.3 米，外围墙高 0.7 ～ 1 米，两墙间设壕沟，宽 2.5 米。

96. 东碾盘沟 04 烽火台 130724353201170096

位于小厂镇东碾盘沟村东侧约 1.7 千米，坐标：东经 115° 37′ 22.30″，北纬 41° 23′ 07.30″，高程 1749 米。

烽火台形制不明，毛石垒砌，东西宽 5 米，南北长 8 米，高 2.7 米，坍塌严重，呈堆状，四周长满杂草。

97. 东碾盘沟 05 烽火台 130724353201170097

位于小厂镇东碾盘沟村东侧约 1.5 千米，坐标：东经 115° 37′ 09.30″，北纬 41° 23′ 05.30″，高程 1786 米。

烽火台平面呈圆形，剖面呈梯形，底径 14 米，顶径 5 米，高 4.5 米，毛石砌筑，坍塌严重，呈堆状，四周长满杂草，东侧存长 2.7 米，高 0.4 米，周围设石砌围墙两道，仅存痕迹。

98. 东碾盘沟 06 烽火台 130724353201170098

位于小厂镇东碾盘沟村东南侧约 1 千米，坐标：东经 115° 36′ 45.60″，北纬 41° 22′ 50.80″，高程 1743 米。

烽火台平面呈圆形，剖面呈梯形，底径 12 米，顶径 5.5 米，高 4.3 米，毛石砌筑，坍塌严重，呈堆状，四周长满杂草，西侧存长 4.2 米，高 0.3 米，四周设石墙两道，大部已坍塌成垄状，东北角存墙长 5 米，高 0.7 米，四周零星散落青花、黑釉、酱釉、白釉瓷片，砥石一块，直壁宽沿铁釜残片。

99. 东碾盘沟 07 烽火台 130724353201170099

位于小厂镇东碾盘沟村东南侧约 800 米，坐标：东经 115° 36′ 22.40″，北纬 41° 22′ 47.50″，高程 1765 米。

烽火台平面呈矩形，剖面呈梯形，东西宽 12.5 米，南北长 13 米，通高 4.2 米，台基高 1 米，毛石砌筑，坍塌严重，呈堆状，四周长满杂草，北侧存长 8.4 米，东侧存长 2 米，高 0.3 米，西面坍塌，南面存长 3 米，高 0.6 米，墙宽 1.3 米。

100. 东碾盘沟 08 烽火台 130724353201170100

位于小厂镇东碾盘沟村东南侧约 900 米，坐标：东经 115° 36′ 17.80″，北纬 41° 22′ 41.80″，高程 1754 米。

烽火台形制不明，东西宽 5 米，南北长 9 米，高 2.2 米，仅存痕迹，毛石砌筑，坍塌严重，呈堆状，四周长满杂草。

101. 东碾盘沟 09 烽火台 130724353201170101

位于小厂镇东碾盘沟村西南侧约 1.2 千米，坐标：东经 115° 36′ 05.10″，北纬 41° 22′ 33.80″，高程 1794 米。

烽火台平面呈圆形，剖面呈梯形，底径 21 米，顶径 7.8 米，高 7 米，毛石砌筑，坍塌严重，呈堆状，长满杂草，四周设石砌围墙两道，仅存痕迹，零星散落断砖，尺寸长 0.18 米，厚 0.065 米。

102. 东碾盘沟 10 烽火台 130724353201170102

位于小厂镇东碾盘沟村西南侧约 1.4 千米，坐标：东经 115° 35′ 45.40″，北纬 41° 22′ 17.20″，高程

1804 米。

烽火台平面呈圆形，剖面呈梯形，底径 20 米，顶径 8 米，高 5.4 米，毛石砌筑，坍塌严重，呈堆状，长满杂草，四周设石砌围墙两道，仅存痕迹。

103. 东碾盘沟 11 号烽火台 130724353201170103

位于小厂镇东碾盘沟村西南侧约 1.4 千米，坐标：东经 115° 35′ 32.80″，北纬 41° 22′ 13.10″，高程 1770 米。

烽火台形制不明，底径 9 米，顶径 6 米，高 2.5 米，毛石砌筑，坍塌严重，呈堆状，四周长满杂草。

104. 东碾盘沟 12 号烽火台 130724353201170104

位于小厂镇东碾盘沟村西南侧约 1.6 千米，坐标：东经 115° 35′ 24.80″，北纬 41° 22′ 12.70″，高程 1782 米。

烽火台平面呈圆形，剖面呈梯形，底径 13 米，顶径 7 米，高 3.8 米，毛石砌筑，坍塌严重，呈堆状，四周长满杂草，东侧存高 0.7 米，四周设壕沟，沟宽 2 米，沟外设石砌围墙两道，仅存痕迹，高 0.1 ～ 0.8 米，墙厚 0.8 米。

105. 东碾盘沟 13 烽火台 130724353201170105

位于小厂镇东碾盘沟村西南侧约 1.2 千米，坐标：东经 115° 35′ 10.10″，北纬 41° 22′ 27.90″，高程 1837 米。

烽火台平面呈圆形，剖面呈梯形，底径 9.8 米，高 6.1 米，毛石砌筑，坍塌严重，呈堆状，长满杂草，四周设壕沟及围墙两道，壕沟宽 1.4 ～ 1.8 米，深 0.6 ～ 1 米，围墙为红色毛石垒砌，宽 0.9 ～ 1.2 米，高 0.6 ～ 1 米。

106. 东碾盘沟 14 烽火台 130724353201170106

位于小厂镇东碾盘沟村西南侧约 2.4 千米，坐标：东经 115° 35′ 07.30″，北纬 41° 22′ 11.20″，高程 1811 米。

烽火台平面呈圆形，剖面呈梯形，底径 19.6 米，顶径 4.8 米，高 6.4 米，毛石砌筑，坍塌严重，呈堆状，四周长满杂草，南、北两侧设壕沟及围墙各二道，壕沟宽 3 ～ 4.8 米，深 1.2 ～ 1.8 米，围墙宽 1.2 ～ 1.4 米，高 0.6 米，坍塌严重，东侧为坡地，西侧 15 米为上山道路。

107. 东碾盘沟 15 烽火台 130724353201170107

位于小厂镇东碾盘沟村西南侧约 2.5 千米，坐标：东经 115° 35′ 05.40″，北纬 41° 22′ 00.20″，高程 1802 米。

烽火台平面呈圆形，剖面呈梯形，底径 22 米，顶径 5.3 米，高 8.1 米，毛石砌筑，坍塌严重，呈堆状，长满杂草，西侧存长 7.8 米，四周设壕沟及围墙二道，壕沟宽 2.4 ～ 3.1 米，深 0.6 ～ 1.4 米，围墙为毛石垒砌，宽 0.9 ～ 1.2 米，高 0.8 ～ 1.2 米。

108. 一座窑 01 烽火台 130724353201170108

位于莲花滩乡一座窑村东北侧约 1.5 千米，坐标：东经 115° 35′ 01.00″，北纬 41° 21′ 54.90″，高程 1776 米。

烽火台平面呈圆形，剖面呈梯形，底径 16.8 米，顶径 4.1 米，高 4.6 米，毛石砌筑，坍塌严重，呈堆状，四周长满杂草，南、北设壕沟、围墙各一道，壕沟宽 0.9 ～ 2.1 米，深 0.4 ～ 0.8 米，围墙宽 0.8 ～ 1.2 米，高 0.6 ～ 1 米，坍塌严重，东、西侧仅存壕沟痕迹。

109. 一座窑 02 烽火台 130724353201170109

位于莲花滩乡一座窑村东北侧约 1.5 千米，坐标：东经 115° 34′ 56.70″，北纬 41° 21′ 52.30″，高程 1760 米。

烽火台平面呈圆形，剖面呈梯形，底径 8.5 米，顶径 3.2 米，高 1.9 米，毛石砌筑，坍塌严重，呈堆状，四周长满杂草，南侧存长 3.1 米，高 0.2 米，西侧存长 2.8 米，高 0.4 米。

110. 一座窑 03 烽火台 130724353201170110

位于莲花滩乡一座窑村东北侧约 1.2 千米，坐标：东经 115° 34′ 38.50″，北纬 41° 21′ 47.10″，高程 1860 米。

烽火台平面呈圆形，剖面呈梯形，底径 19.4 米，顶径 7.8 米，高 4.3 米，毛石砌筑，坍塌严重，呈堆状，四周长满杂草，东侧存长 5.2 米，高 0.3 ～ 0.6 米，四周零星散落断砖，厚 0.09 米，烽火台东侧 30 ～ 35 米处存石堆 5 座，直径 1.2 ～ 1.6 米，间距 8 ～ 12 米，呈弧形分布。

111. 一座窑 04 烽火台 130724353201170111

位于莲花滩乡一座窑村东北侧约 1 千米，坐标：东经 115° 34′ 33.80″，北纬 41° 21′ 26.90″，高程 1798 米。

烽火台平面呈圆形，剖面呈梯形，底径 9.6 米，高 2.6 米，毛石砌筑，坍塌严重，呈堆状，四周长满杂草，顶部砌有石堆，规格：0.6 米 ×0.6 米，高 0.5 米，四周设壕沟，沟宽 2.2 米，深 0.3 米，烽火台东侧山坡 120 米处为一壕沟，宽 8 ～ 12 米，深 1.2 ～ 1.6 米，与长城墙体平行，周围 4 ～ 6 米为林业上山道路。

112. 一座窑 05 烽火台 130724353201170112

位于莲花滩乡一座窑村东南侧约 500 米，坐标：东经 115° 34′ 21.80″，北纬 41° 21′ 18.90″，高程 1777 米。

烽火台建在长城墙体上，平面呈圆形，剖面呈梯形，底径 21 米，顶径 5.3 米，高 5.8 米，毛石砌筑，坍塌严重，呈堆状，四周长满杂草，东侧存长 4.2 米，高 0.3 米，四周散落大量城砖，规格：0.215 米 ×0.095 米。烽火台四周设围墙、壕沟，沟宽 3.6 米，深 1.4 米，围墙毛石砌筑，宽 0.9 米，高 0.6 ～ 1.2 米，坍塌严重。北侧山脊上残存方形石堆 4 座，直径 1.2 ～ 1.4 米，间距 10 ～ 12 米，长城墙体与南北围墙相交。

113. 一座窑 06 烽火台 130724353201170113

位于莲花滩乡一座窑村东南侧约 600 米，坐标，东经 115° 34′ 18.50″，北纬 41° 21′ 04.10″，高程 1753 米。

烽火台平面呈圆形，剖面呈梯形，底径 21.1 米，顶径 12.3 米，高 3.1 米，毛石砌筑，坍塌严重，呈堆状，四周长满杂草，顶部存方形木桩，规格：0.03 米 ×0.03 米，四周设围墙、壕沟各一道，南侧围墙、壕沟缺失，东、西和北侧壕沟宽 2.1 米，深 1.4 米，围墙为毛石砌筑，宽 1.8 米，残高 1.2 米，坍塌严重，四周为荒草地。

114. 一座窑 07 号烽火台 130724353201170114

位于莲花滩乡一座窑村南侧约 1 千米，坐标：东经 115° 33′ 58.20″，北纬 41° 20′ 54.50″，高程 1794 米。

烽火台平面呈矩形，剖面呈梯形，底部东西长 14 米，南北宽 12 米，顶部东西长 8.8 米，南北宽 4.8 米，后期加厚 1.4 米，残高 4.86 米，毛石砌筑，坍塌严重，呈堆状，四周长满杂草，烽火台南北两侧各设围墙一道，北侧围墙距烽火台 5.5 米，围墙宽 1.2 米，残高 1.2 米，南侧围墙缺失，东西各设围墙两道，第一道围墙与第二道围墙之间设壕沟，沟宽 2.6 米，第一道围墙距烽火台 5 米，墙宽 1.2 米，高 1.4 米，第二道围墙距第一道围墙 8.7 米，围墙宽 1.2 米，残高 1.6 米，与南北围墙相连交圈，长城与第二道围墙相连，烽火台南侧为松林，北侧为高原草甸。

115. 一座窑 08 号烽火台 130724353201170115

位于莲花滩乡一座窑村南侧约 1.6 千米，坐标：东经 115° 34′ 02.70″，北纬 41° 20′ 34.20″，高程 1794 米。

烽火台平面呈圆形，剖面呈梯形，底径 14.6 米，顶径 7.2 米，高 3.8 米，毛石砌筑，坍塌严重，呈堆状，四周长满杂草，顶部散落半块城砖，规格：0.215 米 × 0.195 米 × 0.09 米，烽火台东西各设围墙三道，第一道围墙距烽火台 2 ～ 3.8 米，第二道围墙距第一道围墙 4.5 米，宽 1.2 米，高 1.5 米，第三道围墙距第二道围墙 5 米，墙宽 1.4 米，高 0.8 ～ 1.2 米。南北各设围墙两道，北围墙缺失，南侧第一道围墙距烽火台 5.2 米，墙宽 1.2 米，第二道围墙距第一道围墙 4.8 米，宽 1.2 米，高 1.4 米，围墙坍塌严重。北侧为松林，南侧为高原草甸。

116. 一座窑 09 号烽火台 130724353201170116

位于莲花滩乡一座窑村南侧约 2 千米，坐标：东经 115° 34′ 03.10″，北纬 41° 20′ 21.50″，高程 1785 米。

烽火台平面呈圆形，剖面呈梯形，底径 20 米，顶径 7 米，高 3.2 米，毛石砌筑，坍塌严重，呈堆状，四周长满杂草，顶部存一 0.03 米 × 0.03 米的木桩，四周设围墙，间距 3 ～ 5 米，仅存痕迹，西侧为松林，东侧为高原草甸。

117. 一座窑 10 号烽火台 130724353201170117

位于莲花滩乡一座窑村南侧约 2 千米，坐标：东经 115° 33′ 56.70″，北纬 41° 20′ 15.80″，高程 1772 米。

烽火台平面呈圆形，剖面呈梯形，底径 19 米，顶径 8.1 米，高 5.8 米，红色石灰岩砌筑，坍塌严重，呈堆状，四周长满杂草，南、北侧设壕沟两道，北侧第一道宽 6 米，深 1.3 米，第二道距第一道 1.2 米，沟宽 6.4 米，深 1.4 米。东西各设壕沟一道，沟宽 4.2 米，深 1.2 米。西侧为松林，东侧为高原草甸。

118. 一座窑 11 号烽火台 130724353201170118

位于莲花滩乡一座窑村南侧约 2.2 千米，坐标：东经 115° 33′ 38.70″，北纬 41° 20′ 00.30″，高程 1838 米。

烽火台平面呈圆形，剖面呈梯形，底径 24 米，顶径 4.4 米，高 6.8 米，红色石灰岩砌筑，坍塌严重，呈堆状，四周长满杂草，东侧设壕沟五道，最外侧一道距烽火台 52 米，宽 8.1 米，深 1.6 米，其余四道宽 1.1 ～ 1.4 米，深 0.8 米，间距 1.8 ～ 2.6 米，其余三面设壕沟两道，沟宽 2 米，深 1.4 米，间距 2.8 米。东南侧山脊上设圆形石堆 7 座，间距 6 ～ 10 米，底径 2.1 米，顶径 0.8 米，高 0.4 米，坍塌严重，西侧为松林，东侧为高原草甸，南侧 4 米处为采石坑，东西长 8 米，南北宽 5.6 米，深 3 米。

119. 大石门 01 号烽火台 130724353201170119

位于莲花滩乡大石门村东侧约 2 千米，坐标：东经 115° 33′ 22.20″，北纬 41° 19′ 40.30″，高程 1758 米。

烽火台平面呈矩形，剖面呈梯形，底部东西长 7.35 米，南北宽 6.84 米，顶部东西长 7.1 米，南北宽 4.4 米，高 4.6 米，毛石砌筑，坍塌严重，呈堆状，四周长满杂草，东侧墙体长 4 米，高 0.5 米，西侧加厚 1.2 米，烽火台距四周围墙 3.1 米，宽 1.4 米，北侧为白桦林，南侧为高原草甸。

120. 大石门 02 号烽火台 130724353201170120

位于莲花滩乡大石门村东南侧约 1.6 千米，坐标：东经 115° 32′ 48.40″，北纬 41° 19′ 32.10″，高程 1635 米。

烽火台平面呈圆形，剖面呈梯形，底径 16.7 米，高 7.8 米，红色石灰岩砌筑，坍塌严重，呈堆状，四周长满杂草，东南角存外包墙体弧长 9.4 米，高 0.8 ～ 1.2 米，东、北、西侧设壕沟两道，烽火台距内壕沟 5.5 米，沟宽 4.6 米，深 1.9 米，内外壕沟间距 1.8 米，外壕沟宽 4.1 米，深 1.2 米，南侧设壕沟三道，烽火台距内壕沟 4 米，沟宽 1.6 米，深 0.9 米，内、中壕沟间距 1.6 米，沟宽 2.1 米，深 1.1 米，中外壕沟间距 9.6 米，沟宽 1.6 米，深 0.8 米。烽火台西侧为山崖，长有桃树，侧山脊长有桃树，东侧为高原草甸，北侧为山坡白桦林。

121. 泉子沟 1 号烽火台 130724353201170121

位于莲花滩乡泉子沟村北侧约 600 米，坐标：东经 115° 32′ 14.60″，北纬 41° 18′ 57.00″，高程 1717 米。

烽火台平面呈矩形，剖面呈梯形，东西长 14.9 米，南北宽 11.7 米，高 3.8 米，黄褐色毛石砌筑，坍塌严重，呈堆状，四周长满杂草，西侧后期加厚 2 米，高 0.8 米，东侧后期加厚 1.6 米，高 1.1 米，南侧后期加厚 1.9 米，北侧坍塌，西侧存长 8 米，高 1 米，东侧存长 8.6 米，高 0.8 米，周围 8 米处设围墙，仅存痕迹，东侧为桦树林，其余三面为荒草杂灌木。

122. 近边沟烽火台 130724353201170122

位于莲花滩乡近边沟村南侧约 500 米，坐标：东经 115° 32′ 33.80″，北纬 41° 17′ 14.20″，高程 1529 米。

烽火台平面呈圆形，剖面呈梯形，底径 18.3 米、顶径 4.1 米，高 3.8 米，红色石灰岩石砌筑，坍塌严重，呈堆状，四周长满杂草，顶部后期垒砌石堆，东西长 0.65 米，南北宽 0.45 米，高 1.1 米，四周设两道壕沟，烽火台距内壕沟 1.2 ～ 1.5 米，内壕沟宽 1.6 米，深 1 米，内外壕沟间距 1.2 ～ 2.6 米，外壕沟宽 1.8 米，深 0.8 ～ 1.3 米，北侧山坡为桦树、落叶松林，其余三面为荒草杂灌木。

123. 洼墩梁烽火台 130724353201170123

位于莲花滩乡缸房窑村西侧约 1 千米，坐标：东经 115° 32′ 31.50″，北纬 41° 16′ 19.60″，高程 1536 米。

烽火台平面呈矩形，剖面呈梯形，东西宽 8.1 米，南北 10.2 米，高 4.5 米，毛石砌筑，坍塌严重，呈堆状，四周长满杂草，北侧后期加厚 1.8 米，南侧后期加厚 2.5 米，东、西两侧后期加厚 1.5 米，东侧存南北向桦木筋二层，直径 0.025 ～ 0.035 米，每层上下间距 1.6 米，西侧盗洞东直径 1.2 米，深 2.3 米。

烽火台四周设壕沟两道，烽火台距内壕沟 4.2 米，沟宽 1.4 米，深 0.8 米，壕沟间距 1.8 米，外壕沟沟宽 2.3 米，深 0.8 ～ 1.3 米，东侧山坡为耕地，其余三面荒草杂灌木。

124. 脑包底烽火台 130724353201170124

位于西辛营乡脑包底村西南侧约 800 米，坐标：东经 115° 29′ 49.80″，北纬 41° 25′ 08.50″，高程 1625 米。

烽火台平面呈圆形，剖面呈梯形，底径 24 米，顶径 4.9 米，高 5.2 米，毛石砌筑，坍塌严重，呈堆状，四周长满杂草，顶部盗洞直径 1.5 米，深 2.6 米，东侧存石墙弧长 2.1 米，高 1.2 米，底部围彩旗一周，台体外 1.5 米处设围墙，墙厚 0.6 米，残高 0.4 米。

125. 大石门西沟 1 号烽火台 130724353201170125

位于莲花滩乡大石门村南约 1 千米，坐标：东经 115° 32′ 25.60″，北纬 41° 19′ 30.00″，高程 1461 米。

烽火台形制不明，底径约 18 米，高 2.7 米，东侧盗洞直径 1.7 米，深 2 米，洞中裸露毛石，坍塌严重，呈堆状，四周长满杂草。

126. 大石门西沟 2 号烽火台 130724353201170126

位于莲花滩乡大石门村南约 1 千米，坐标：东经 115° 32′ 24.90″，北纬 41° 19′ 23.70″，高程 1511 米。

烽火台平面呈圆形，剖面呈梯形，底径 15 米，高 7.5 米，毛石砌筑，坍塌严重，呈堆状，四周长满杂草，西、北两侧台芯，东西长 7 米，南北宽 5 米，高 3.1 米，包砖已脱落，四周散落少量城砖及陶质礌石一个，城砖宽 0.18 米，厚 0.09 米，礌石直径 0.045 米，顶平，上修现代小庙一座，四周设围墙两道，墙厚 1.5 ～ 2.8 米，高 1 ～ 1.6 米，墙间设壕沟，宽 2.3 米，北侧有禁牧用的铁丝网，北、东临沟谷，北侧沟谷中有养牛场一处，东侧沟谷为季节河及大道。烽火台西南 20 米处存圆形石堆两个，直径 1.5 ～ 1.7 米，长方形石堆一个，长 1.6 米，宽 1.5 米。

127. 大石门西沟 3 号烽火台 130724353201170127

位于莲花滩乡大石门村南约 700 米，坐标：东经 115° 31′ 56.50″，北纬 41° 19′ 33.90″，高程 1626 米。

烽火台平面呈圆形，剖面呈梯形，底径 8.5 米，顶径 4 米，高 1.6 米，毛石砌筑，坍塌严重，呈堆状，四周长满杂草。

128. 大石门西沟 4 号烽火台 130724353201170128

位于莲花滩乡大石门村南约 1 千米，坐标：东经 115° 31′ 41.80″，北纬 41° 19′ 18.40″，高程 1741 米。

烽火台平面呈圆形，剖面呈梯形，底径 8.5 米，顶径 4 米，高 5.6 米，毛石砌筑，坍塌严重，呈堆状，四周长满杂草，南侧墙体存长 2.1 米，高 0.4 米，距长城墙体 2.7 米。

129. 大石门西沟 5 号烽火台 130724353201170129

位于莲花滩乡大石门村西南约 1.5 千米，坐标：东经 115° 31′ 26.00″，北纬 41° 19′ 14.20″，高程 1733 米。

烽火台形制不明，东西长 6.65 米，南北宽 5 米，坍塌严重，呈堆状，四周长满杂草，北距长城墙体 4.6 米。

130. 大石门西沟 6 号烽火台 130724353201170130

位于莲花滩乡大石门村西南约 2 千米，坐标：东经 115° 31′ 22.00″，北纬 41° 19′ 10.30″，高程 1747 米。

烽火台平面呈矩形，剖面呈梯形，东西宽 8.8 米，南北长 10.35 米，毛石砌筑，坍塌严重，呈堆状，四周长满杂草，南、北侧墙体坍塌严重，西墙存长 6.55 米，高 2.15 米，中间盗洞直径 0.8 米，深 0.65 米，东墙存长 6.2 米，高 3.5 米，北墙残存长 2.6 米，高 2.45 米，四周设围墙及壕沟两道，烽火台距内围墙 4.7 米，中间为沟，沟宽 2.45 米，深 1.4～1.6 米，内外围墙间设壕沟，沟宽 3.8 米，深 2.2 米，两沟间距 4.7 米。

131. 大石门西沟 7 号烽火台 130724353201170131

位于莲花滩乡大石门村西南约 2.2 千米，坐标：东经 115° 31′ 06.00″，北纬 41° 18′ 59.40″，高程 1767 米。

烽火台平面呈矩形，剖面呈梯形，台基东西宽 9 米，南北长 10 米，西侧高 1.9 米，北侧高 2.5 米，台体东西长 6.5 米，南北宽 5 米，西侧高 3 米，毛石砌筑，坍塌严重，呈堆状，四周长满杂草，东、南及西北角坍塌，西侧盗洞直径 0.7 米，深 1.3 米，东、西、北三面设围墙及壕沟两道，仅存痕迹，外围墙距烽火台 6.2 米，墙厚 0.9 米，内壕沟宽 2.6 米，外壕沟宽 2.4 米，两沟间距 2.2 米。

132. 大石门西沟 8 号烽火台 130724353201170132

位于莲花滩乡大石门村西南约 2.5 千米，坐标：东经 115° 30′ 33.40″，北纬 41° 18′ 56.00″，高程 1872 米。

烽火台平面呈圆形，剖面呈梯形，底径 14 米，顶径 4.5 米，高 4.7 米，毛石砌筑，坍塌严重，呈堆状，四周长满杂草，西侧存盗洞，直径 0.45 米，深 0.9 米。南临悬崖，其余三面设石砌围墙两道，两墙间设壕间距 3.5 米，内围墙长 8 米，墙厚 1.1 米，高 0.9～1 米，外围墙厚 1.1 米，西 37 米处存石堆 4 个，石堆间距 6～7 米，石堆东西长 3.5 米，南北宽 2.6 米，高 0.45 米。

133. 大石门西沟 9 号烽火台 130724353201170133

位于莲花滩乡八塔沟村东北约 2.5 千米，坐标：东经 115° 30′ 21.10″，北纬 41° 18′ 44.20″，高程 1757 米。

烽火台平面呈矩形，剖面呈梯形，台基东西宽 9.9 米，南北长 11.4 米，高 0.45 米，台体东西宽 7.9 米，南北长 8.8 米，高 0.8 米，毛石砌筑，坍塌严重，呈堆状，四周长满杂草，四周设围墙，北距烽火台 6 米，墙厚 0.9 米，东侧围墙缺失，西距围墙 3.1 米，南侧 27.4 米处为独立巨石，顶平，上砌毛石墙高 0.8 米。

134. 鸡冠山 1 号烽火台 130724353201170134

位于莲花滩乡八塔沟村东北约 2.4 千米，坐标：东经 115° 30′ 23.80″，北纬 41° 18′ 29.70″，高程 1711 米。

烽火台平面呈圆形，剖面呈梯形，底径 15 米，顶径 4.2 米，高 7 米，毛石砌筑，坍塌严重，呈堆状，长满杂草，四周设围墙，墙厚 1.1 米，东南方向山脊上为石砌方台 5 个，边长 1.6 米，高 0.2～0.6 米。

135. 鸡冠山 2 号烽火台 130724353201170135

位于莲花滩乡八塔沟村东北约 2.1 千米，坐标：东经 115° 30′ 15.30″，北纬 41° 18′ 25.90″，高程 1666 米。

烽火台形制不明，东西长 5.4 米，南北宽 5.1 米，高 1.8 米，坍塌严重，呈堆状，四周长满杂草，南侧长有榆树一棵，树径 0.16 米。

136. 鸡冠山 3 号烽火台 130724353201170136

位于莲花滩乡八塔沟村东约 1.9 千米，坐标:东经 115° 30′ 07.40″，北纬 41° 18′ 11.70″，高程 1737 米。

烽火台平面呈圆形，剖面呈梯形，底径 15 米，顶径 6 米，高 6.7 米，毛石砌筑，坍塌严重，呈堆状，长满杂草，四周设围墙两道，两墙间设壕沟，墙间距 2 米，外墙厚 1.1 米，东南角 10 米处为一圆形岩石。

137. 鸡冠山 4 号烽火台 130724353201170137

位于莲花滩乡八塔沟村东约 1.5 千米，坐标:东经 115° 29′ 46.10″，北纬 41° 18′ 00.30″，高程 1693 米。

烽火台平面呈圆形，剖面呈梯形，底径 14.6 米，顶径 5.2 米，高 8.3 米，毛石砌筑，坍塌严重，呈堆状，四周长满杂草，东、南、西三面坍塌，北侧长 5.9 米，高 2.45 米，底部设方孔两个，宽 0.3 米，高 0.4 米，深 1.7 米，孔间距 1.4 米，四周设围墙及壕沟两道，烽火台距壕沟 4 米，沟宽 6 米，两墙间壕沟，宽 2.7 米，深 1.6 ～ 1.7 米，内围墙坍塌，外围墙厚 1.7 米。

138. 鸡冠山 5 号烽火台 130724353201170138

位于莲花滩乡八塔沟村东南约 1.4 千米，坐标：东经 115° 29′ 41.10″，北纬 41° 17′ 56.90″，高程 1662 米。

烽火台平面呈圆形，剖面呈梯形，底径 18 米，顶径 6.8 米，高 5.6 米，毛石砌筑，坍塌严重，呈堆状，四周长满杂草。

139. 鸡冠山 6 号烽火台 130724353201170139

位于莲花滩乡八塔沟村东南约 1.5 千米，坐标：东经 115° 29′ 43.10″，北纬 41° 17′ 47.90″，高程 1703 米。

烽火台平面呈圆形，剖面呈梯形，底径 16 米，顶径 5.9 米，高 5.6 米，毛石砌筑，坍塌严重，呈堆状，四周长满杂草，西侧石墙存弧长 2.3 米，四周设围墙及壕沟两道，烽火台距壕沟 8 米，沟深 1 ～ 1.5 米，仅存痕迹。

140. 鸡冠山 7 号烽火台 130724353201170140

位于莲花滩乡八塔沟村东南约 1.4 千米，坐标：东经 115° 29′ 36.20″，北纬 41° 17′ 47.30″，高程 1694 米。

烽火台平面呈矩形，剖面呈梯形，东西宽 8 米，南北长 9 米，高 1.5 米，毛石砌筑，坍塌严重，呈堆状，四周长满杂草。

141. 八塔沟 1 号烽火台 130724353201170141

位于莲花滩乡八塔沟村东南约 1.6 千米，坐标：东经 115° 29′ 30.50″，北纬 41° 17′ 30.80″，高程 1752 米。

烽火台平面呈矩形，剖面呈梯形，东西宽 6.4 米，南北长 8.8 米，高 2 米，毛石砌筑，坍塌严重，呈堆状，四周长满杂草，东南角存长 4 米，高 2.5 米，东墙存长 2 米，高 2.1 米，四周设围墙及壕沟两道，仅存痕迹。

142. 八塔沟 2 号烽火台 130724353201170142

位于莲花滩乡八塔沟村南约 1.9 千米，坐标：东经 115° 29′ 13.20″，北纬 41° 17′ 11.20″，高程 1678 米。

烽火台平面呈圆形，剖面呈梯形，底径 15 米，顶径 7 米，高 3.5 米，毛石砌筑，坍塌严重，呈堆状，四周长满杂草，顶部散落城砖一块，宽 0.19 米，厚 0.08 米。

143. 八塔沟 3 号烽火台 130724353201170143

位于莲花滩乡八塔沟村 2.5 千米，坐标：东经 115° 28′ 58.10″，北纬 41° 16′ 52.70″，高程 1462 米。

烽火台平面呈矩形，剖面呈梯形，毛石底座东西长 25 米，南北宽 23 米，台体东西长 7.8 米，南北宽 6.5 米，西侧高 1.2 米，通高 5.6 米，毛石砌筑，坍塌严重，呈堆状，四周长满杂草，西北角存长 2.5 米，高 1.5 米，东、北两面坍塌，东、南、北三面存围墙遗迹，西距长城墙体 2.5 米，周围散落少量城砖，宽 0.19 米，厚 0.08 米。

144. 刀棱山 1 号烽火台 130724353201170144

位于莲花滩乡八塔沟村南约 2.5 千米，坐标：东经 115° 28′ 48.10″，北纬 41° 16′ 43.40″，高程 1582 米。

烽火台平面呈圆形，剖面呈梯形，底径 8.5 米，顶径 5.2 米，高 2.7 米，毛石砌筑，坍塌严重，呈堆状，四周长满杂草，四周设石砌围墙，仅存痕迹。

145. 刀棱山 2 号烽火台 130724353201170145

位于莲花滩乡八塔沟村南约 2.7 千米，坐标：东经 115° 28′ 29.70″，北纬 41° 16′ 48.60″，高程 1687 米。

烽火台平面呈圆形，剖面呈梯形，底径 9 米，顶径 4.8 米，高 3.5 米，毛石砌筑，坍塌严重，呈堆状，四周长满杂草，东、南、西三面设围墙及壕沟两道，仅存痕迹，南近沟谷，北接陡坡，东西连山脊。

146. 刀棱山 3 号烽火台 130724353201170146

位于莲花滩乡八塔沟村西南约 2.6 千米，坐标：东经 115° 28′ 01.40″，北纬 41° 16′ 41.20″，高程 1874 米。

烽火台平面呈圆形，剖面呈梯形，底径 18 米，顶径 7 米，高 4.5 米，毛石砌筑，坍塌严重，呈堆状，四周长满杂草，外设围墙距烽火台 2.7 米，厚 1.15 米，高 0.7 ~ 0.9 米，东临悬崖，西为缓坡。

147. 刀棱山 4 号烽火台 130724353201170147

位于莲花滩乡老虎沟村东约 3 千米，坐标：东经 115° 27′ 51.60″，北纬 41° 16′ 33.40″，高程 1874 米。

烽火台平面呈矩形，剖面呈梯形，东西宽 5 米，南北长 6 米，高 1.1 米，毛石砌筑，坍塌严重，呈堆状，四周长满杂草，四周石砌围墙已毁。

148. 刀棱山 5 号烽火台 130724353201170148

位于莲花滩乡老虎沟村东约 2.5 千米，坐标：东经 115° 27′ 41.70″，北纬 41° 16′ 25.50″，高程 1762 米。

烽火台平面呈圆形，剖面呈梯形，底径 14 米，顶径 5.3 米，高 3.7 米，毛石砌筑，坍塌严重，呈堆状，四周长满杂草，东南角可见台基座，存长 4 米，高 1.3 米，四周石砌围墙已毁。

149. 刀棱山 6 号烽火台 130724353201170149

位于莲花滩乡老虎沟村东约 3 千米，坐标：东经 115° 27′ 39.20″，北纬 41° 16′ 13.60″，高程 1833 米。

烽火台平面呈矩形，剖面呈梯形，东西长 9.3 米，南北宽 8.5 米，高 2.9 米，毛石砌筑，坍塌严重，呈堆状，四周长满杂草，西南角存高 1.5 米，四周设围墙及壕沟各两道，距烽火台 4 米，沟宽 2 米，沟外为外圆内方两道围墙，墙厚 0.7 米，存高 0.3 ～ 0.8 米，两墙间距 10.2 米，其间有壕沟。

150. 刀棱山 7 号烽火台 130724353201170150

位于莲花滩乡老虎沟村东约 2.5 千米，坐标：东经 115° 27′ 25.00″，北纬 41° 16′ 09.10″，高程 1845 米。

烽火台平面呈圆形，剖面呈梯形，底径 9.7 米，高 5.3 米，毛石砌筑，坍塌严重，呈堆状，四周长满杂草，东、南、西三面坍塌，北面存长 9 米，高 3.5 米，距地 1.7 米处可见直径 0.07 米木筋 3 根。

151. 刀棱山 8 号烽火台 130724353201170151

位于莲花滩乡老虎沟村东约 2.4 千米，坐标：东经 115° 27′ 10.30″，北纬 41° 16′ 12.20″，高程 1934 米。

烽火台平面呈圆形，剖面呈梯形，底径 20 米，顶径 8 米，高 7 米，毛石砌筑，坍塌严重，呈堆状，四周长满杂草，四周设围墙两道，内圈围墙坍塌，外圈围墙东西宽 15 米，南北长 20 米。

152. 三棵树 1 号烽火台 130724353201170152

位于莲花滩乡三棵树村西约 400 米，坐标：东经 115° 38′ 34.60″，北纬 41° 19′ 53.20″，高程 1481 米。

烽火台平面呈矩形，剖面呈梯形，东西长 8 米，南北宽 7 米，高 4.5 米，毛石砌筑，坍塌严重，呈堆状，四周长满杂草，四周外包毛石墙体残存，高 0.3 ～ 0.8 米。

153. 同兴号 1 号烽火台 130724353201170153

位于莲花滩乡同兴号村东南约 900 米的沟谷中，坐标：东经 115° 38′ 18.90″，北纬 41° 20′ 07.40″，高程 1448 米。

烽火台平面呈圆形，剖面呈梯形，底径 17 米，高 4.8 米，毛石砌筑，坍塌严重，呈堆状，四周长满杂草，西侧为河床，台体西半部被河水冲毁。底部周围设围墙及壕沟，沟深 0.7 米。

154. 同兴号 2 号烽火台 130724353201170154

位于莲花滩乡同兴号村东北约 600 米的山梁上，坐标：东经 115° 38′ 21.60″，北纬 41° 20′ 44.60″，高程 1675 米。

烽火台平面呈圆形，剖面呈梯形，底径 18 米，高 7 米，毛石砌筑，坍塌严重，呈堆状，四周长满杂草，上部圆形墙体周长 9.5 米，高 0.5 ～ 1 米，东、南侧坍塌，距顶部 1.8 米处有一道毛石垒砌壕沟，沟宽 1.5 米，深 1.6 米，东为山沟，东南侧山下有石堆两个，直径 2.5 米，高 0.4 米，间距 15 米。

155. 同兴号 3 号烽火台 130724353201170155

位于莲花滩乡同兴号村东北约 800 米的山脊上，坐标：东经 115° 38′ 27.20″，北纬 41° 20′ 49.50″，高程 1686 米。

烽火台平面呈圆形，剖面呈梯形，底径 21 米，高 6.5 米，毛石砌筑，坍塌严重，呈堆状，四周长满杂草，西侧中部存长 3.5 米，高 0.3 米，距台顶 1.3 米，底部周围设围墙及壕沟，沟宽 1.5 米，深 1.4 米，东、北侧围墙宽 3 米，东侧存 3 米，高 0.2 ～ 0.9 米。

156. 同兴号 4 号烽火台 130724353201170156

位于莲花滩乡同兴号村东南约 800 米，坐标：东经 115° 38′ 25.80″，北纬 41° 20′ 15.20″，高程

1535 米。

烽火台平面呈圆形，剖面呈梯形，底径 17 米，高 4.6 米，毛石砌筑，坍塌严重，呈堆状，四周长满杂草，东侧高 0.2 ～ 0.4 米，西、南、北侧坍塌，底部周围设围墙及壕沟两道，内围墙高 0.5 ～ 1 米，内壕沟深 2.8 米，外围墙宽 1.3 米，外壕沟宽 1.5 米，深 0.3 ～ 0.6 米。

157. 同兴号 5 号烽火台 130724353201170157

位于莲花滩乡同兴号村南约 950 米，坐标：东经 115° 38′ 06.40″，北纬 41° 20′ 01.90″，高程 1566 米。

烽火台平面呈圆形，剖面呈梯形，底径 19.8 米，高 6 米，毛石砌筑，坍塌严重，呈堆状，四周长满杂草。

158. 五保窑 1 号烽火台 130724353201170158

位于莲花滩乡五保窑村东北约 500 米，坐标：东经 115° 38′ 04.90″，北纬 41° 19′ 56.20″，高程 1616 米。

烽火台平面呈圆形，剖面呈梯形，底径 18.5 米，高 5 米，毛石砌筑，坍塌严重，呈堆状，四周长满杂草。

159. 五保窑 2 号烽火台 130724353201170159

位于莲花滩乡五保窑村西北约 1 千米，坐标：东经 115° 37′ 08.40″，北纬 41° 19′ 42.60″，高程 1665 米。

烽火台平面呈圆形，剖面呈梯形，底径 21 米，高 6.5 米，毛石砌筑，坍塌严重，呈堆状，四周长满杂草，东侧毛石墙两层，下层长 5 米，高 1.7 米，上层长 3.5 米，高 0.5 米，外设壕沟及围墙两道，内围墙高 1.2 ～ 1.8 米，宽 1.5 米，内壕沟深 1 ～ 1.7 米，外围墙高 1.1 米，外壕沟深 1.5 米，南侧无壕沟。

160. 五保窑 3 号烽火台 130724353201170160

位于莲花滩乡五保窑村西南约 1.2 千米，坐标：东经 115° 36′ 18.50″，北纬 41° 19′ 27.70″，高程 1691 米。

烽火台平面呈圆形，剖面呈梯形，底径 11 米，毛石砌筑，坍塌严重，呈堆状，四周长满杂草，北侧存长 2.5 米，高 2 米，南侧墙体存长 5 米，高 1.2 米，烽火台底部设台基，高 2 ～ 2.5 米，外设壕沟及围墙两道，内围墙高 0.8 米，内壕沟深 0.5 ～ 1 米，外围墙高 0.2 ～ 0.7 米，外壕沟深 0.3 米，东南为山坡耕地，北、西为荒山。

161. 五保窑 4 号烽火台 130724353201170161

位于莲花滩乡五保窑村西北约 1 千米，坐标：东经 115° 36′ 22.80″，北纬 41° 20′ 34.80″，高程 1736 米。

烽火台平面呈圆形，剖面呈梯形，底径 16 米，高 4.5 米，毛石砌筑，坍塌严重，呈堆状，四周长满杂草，西侧存长 6 米，南侧建于岩石上，东、北侧坍塌，烽火台四周设壕沟及围墙各两道，内圈壕沟深 0.7 ～ 1 米，内圈围墙高 1 米，外圈壕沟深 2 米，外圈围墙高 0.5 ～ 1 米，宽 1.5 米。烽火台东南侧山下存石堆 4 个，直径 1.8 米，间距 5 ～ 10 米。

162. 喇嘛洞 6 烽火台 130724353201170162

位于小厂镇喇嘛洞村北约 400 米，坐标：东经 115° 43′ 38.90″，北纬 41° 24′ 33.50″，高程 1539 米。

烽火台平面呈矩形，剖面呈梯形，底部东西长 30 米，南北宽 25 米，高 6 米，顶部东西长 5.2 米，南北宽 3.7 米，坍塌严重，呈堆状，长满杂草，四周围墙仅存遗迹，东北角墙厚 1 米，东西临沟谷。

163. 庞家窑后梁 1 号烽火台 130724353201170163

位于庞家窑村北约 2.2 千米的山梁上，坐标：东经 115° 42′ 31.30″，北纬 41° 22′ 56.70″，高程 1607 米。

烽火台平面呈矩形，剖面呈梯形，东西宽 9 米，南北长 12 米，高 3.7 米，坍塌严重，呈堆状，四周长满杂草，西侧存长 6 米，高 1.9 米，东侧存长 4 米，高 1.5 米。烽火台设围墙两道，仅存墙基，内围墙宽 1 米，台体至内围墙间设壕沟，宽 1.5 米，深 0.5 ～ 0.8 米，内、外围墙间距 3 米，东侧内围墙外 20 米处设壕沟，宽 2.1 米，深 0.75 米，烽火台南北临沟谷，南侧长有山榆 3 棵，树径 0.12 ～ 0.15 米。

164. 庞家窑 2 号烽火台 130724353201170164

位于庞家窑村西北约 2 千米，坐标：东经 115° 41′ 48.60″，北纬 41° 22′ 51.10″，高程 1465 米。

烽火台平面呈矩形，剖面呈梯形，东西宽 9 米，南北长 10.6 米，高 6.5 米，坍塌严重，呈堆状，四周长满杂草，东侧存长 5 米，高 1 米，北侧存长 5 米，高 0.9 米，西北角存长 2.5 米，高 0.8 米，西南角墙存长 3.5 米，墙高 0.8 米，南侧现存台体 2 层，上层台存长 3.5 米，高 0.9 米，下层台东西长 4.5 米，高 1.2 米，向南突出 0.6 米。烽火台西侧设围墙一道，距烽火台 3.1 米，墙高 0.6 米，外侧坍塌，墙宽 1.4 米，围墙向西有两道壕沟，四周散落有明代青花瓷片。

165. 明镜沟 1 号烽火台 130724353201170165

位于明镜沟门村西南约 800 米，坐标：东经 115° 40′ 38.50″，北纬 41° 22′ 15.30″，高程 1613 米。

烽火台平面呈圆形，剖面呈梯形，底径 21 米，高 6.5 米，毛石砌筑，坍塌严重，呈堆状，四周长满杂草，西南角存长 5 米，高 1.4 米，东南角为两层，上层长 8 米，向南长 3 米，向东长 5 米，南侧高 0.7 米，东侧高 1.7 米，南侧两层台长 4 米，高 0.8 米，北侧上部残长 5.5 米，高 1.1 米，西侧坍塌，西北角存长 2.5 米，高 1 米。烽火台四周设壕沟，沟深 1 ～ 1.5 米，宽 5 米。

166. 明镜沟 2 号烽火台 130724353201170166

位于明镜沟村东约 1 千米白河东侧的山崖上，坐标：东经 115° 41′ 37.30″，北纬 41° 22′ 46.00″，高程 1411 米。

烽火台平面呈矩形，剖面呈梯形，东西宽 3.5 米，南北长 8.5 米，高 2.5 米，坍塌严重，呈堆状，四周长满杂草，东侧毛石墙长 2.2 米，高 1.8 米，北端长 2.5 米，残高 0.9 米，西侧墙体坍塌，烽火台地处向南突出的一个较小的山岩之上，南侧为悬崖，西侧悬崖下与公路河床相邻。

167. 夏家梁南 1 号烽火台 130724353201170167

位于夏家梁村南约 500 米，坐标：东经 115° 40′ 39.60″，北纬 41° 22′ 28.80″，高程 1605 米。

烽火台平面呈矩形，剖面呈梯形，东西宽 6.4 米，南北长 6.8 米，东侧高 1.7 米、西、南侧高 1.2 米，西侧后期加厚 0.8 米，北侧加厚 0.6 米，毛石砌筑，坍塌严重，呈堆状，四周长满杂草，顶平，正中部位新建一小庙，东西宽 1.3 米，南北长 1.8 米，高 1.35 米，佛龛高 0.45 米，宽 0.5 米，深 0.8 米。四周设围墙两道，东侧第一道墙距烽火台 7.8 米，墙厚 0.7 米，高 0.7 米，南侧高 2.4 米，两墙间距 4.5 米，四周散落有青花、白釉、黑釉瓷片。

168. 冯家营南烽火台 130724353201170168

位于冯家营村南约 1.3 千米，坐标：东经 115° 38′ 46.70″，北纬 41° 21′ 50.20″，高程 1743 米。

烽火台平面呈圆形，剖面呈梯形，底径 18 米，顶径 6 米，高 5.2 米，毛石砌筑，坍塌严重，呈堆状，四周长满杂草，南侧存墙体弧长 6 米，高 1.1 米，东北角存墙体弧长 8 米，高 1.3 米，后期加厚 0.8 米，高 0.9 米，存长 2 米，顶平，中央部位埋有水泥标桩，桩顶嵌有一块圆形白色石头，桩顶面 0.3×0.3 米，石头径 0.04 米。烽火台四周设围墙及壕沟，距围墙 7.3 米，墙厚 0.8 米，东北角存长 4 米，高 1.3 米，烽火台与墙之间为壕沟，沟宽 2.7 米，深 1.3 米。

169. 武家营 1 号烽火台 130724353201170169

位于小河子乡武家营村东南约 1.1 千米，坐标：东经 115° 41′ 56.10″，北纬 41° 27′ 41.10″，高程 1638 米。

烽火台平面呈圆形，剖面呈梯形，底径 17 米，顶径 5.8 米，高 4.3 米，毛石砌筑，坍塌严重，呈堆状，四周长满杂草，顶部为后期砌筑圆柱状石堆，周围石砌围墙仅存痕迹，16 米外分布有圆形石堆 6 个，直径 2.6 米。

170. 脑包山北烽火台 130724353201170170

位于西辛营乡脑包山村西北约 1.5 千米，坐标：东经 115° 41′ 30.70″，北纬 41° 30′ 16.40″，高程 1703 米。

烽火台平面呈圆形，剖面呈梯形，底径 20 米，高 6 米，毛石砌筑，坍塌严重，呈堆状，四周长满杂草，顶部盗洞直径 3.5 米，深 1.6 米，周围石砌围墙仅存痕迹，西北 10 米处由东向西排列圆形石堆 5 个，直径 1.7 米，东北顺山梁南北向排列圆形石堆 4 个，直径 1.7 米，东、西侧临陡坡，南侧 100 米处建有信号塔一座。

（三）相关遗存

沽源县相关遗存一览表（单位：处）

编号	认定名称	认定编码	保存程度				
			较好	一般	较差	差	消失
1	大石门西沟采石场	130724354101170001		√			
	合计	共 1 处：采石场 1 处		1			
	百分比（%）	100		100			

保存程度：较好、一般、较差、差、消失

1. 大石门西沟采石场 130724354101170001

位于大石门村南侧约 10 千米的山坡上，坐标：东经 115° 32′ 06.30″，北纬 41° 19′ 32.60″，高程 1575 米。

东西宽 20 米，南北长 25 米，面积的 500 平方米，岩石风化，表皮岩石松动，采石坑淤塞。

崇礼县

崇礼县位于张家口市域中部，北倚内蒙古草原，地理坐标：东经 114° 17′ ～ 115° 34″，北纬 40° 47′ ～ 41° 17″，县域东西长 62 千米，南北宽 51.2 千米，面积 2334 平方千米。东北接沽源县，北与张北县接壤，西接桥西区，南邻宣化县，东接赤城县。距北京市 169 千米，距石家庄市 339 千米，距张家口市 332 千米。

崇礼县明长城分布在清三营乡、狮子沟乡、白旗乡、四台嘴乡、石嘴子乡共 5 个乡。东接赤城县长城，东北接沽源县八塔沟长城 3 段，西北接张北县汉长城，西邻桥西区长城，南接宣化县长城。

长城起点：水泉洼村东北 4.9 千米山峰顶部三县交界处，坐标：东经 115° 27′ 10.40″，北纬 41° 16′ 12.50″，高程 1945 米。

长城止点：小南洼村东南约 495 米，张北、崇礼两县界碑，坐标：东经 114° 50′ 34.80″，北纬 41° 02′ 15.30″，高程 1505 米。

崇礼县调查长城墙体 22 段，总长 51252 米；单体建筑 80 座，其中：敌台 49 座、烽火台 31 座。

（一）墙体

崇礼县明长城墙体一览表（单位：米）

序号	认定名称	认定编码	类型	长度	保存程度				
					较好	一般	较差	差	消失
1	水泉洼长城 1 段	1307333821102170001	石墙	3300				3300	
2	清五营长城 1 段	1307333821102170002	石墙	3200				3200	
3	清五营长城 2 段	1307333821102170003	石墙	2580				2200	380
4	清五营长城 3 段	1307333821102170004	石墙	7210				5880	1330
5	沙岭长城 1 段	1307333821102170005	石墙	4407				3781	626
6	沙岭长城 2 段	1307333821102170006	山险墙	151				151	
7	青虎沟长城 1 段	1307333821102170007	石墙	1400				1400	
8	青虎沟长城 2 段	1307333821102170008	山险	87	87				
9	青虎沟长城 3 段	1307333821102170009	石墙	1689				1523	166
10	青虎沟长城 4 段	1307333821102170010	石墙	84				84	
11	青虎沟马场长城墙体 1 段	1307333821102170011	石墙	980				955	25
12	青虎沟马场长城墙体 2 段	1307333821102170012	山险	65		65			
13	青虎沟马场长城墙体 3 段	1307333821102170013	石墙	1075				560	515
14	棋盘垾长城墙体	1307333821102170014	石墙	3075			3010	20	45
15	桦林东长城墙体 1 段	1307333821102170015	石墙	4120		610	3360	150	
16	桦林东长城墙体 2 段	1307333821102170016	石墙	1900			1900		
17	小南洼长城	1307333821102170017	石墙	9141				9141	
18	青虎沟长城 5 段	1307333821102170018	石墙	275				275	
19	庄科长城	1307333821102170019	石墙	4500				4500	

（续）

序号	认定名称	认定编码	类型	长度	保存程度				
					较好	一般	较差	差	消失
20	清五营长城4段	130733382102170020	石墙	581				581	
21	清五营长城5段	130733382102170021	石墙	716				716	
22	水泉洼长城2段	130733382102170022	石墙	716				716	
合计		共22段：石墙19段，山险墙1段，山险2段		51252	87	675	8270	39133	3087
百分比（%）		100		100	0.17	1.31	16.13	76.39	6

类型：砖墙、石墙、土墙、山险墙、山险

保存程度：较好、一般、较差、差、消失

1. 水泉洼长城1段 130733382102170001

位于张北县战海乡水泉洼村东北4.9千米，起点坐标：东经115°27′10.40″，北纬41°16′12.50″，高程1945米，止点坐标：东经115°26′25.90″，北纬41°14′50.40″，高程2024米。

墙体长3200米，其间设敌台7座，烽火台一座，包括水泉洼1～7号敌台。泉洼1号烽火台。毛石干垒，所处地势平缓，坍塌成垄状，墙体宽0.56米，内高0.65米，外高0.46米，杂草滋长。

2. 清五营长城1段 130733382102170002

位于清三营乡清五营村西北5.5千米，起点坐标：东经115°26′25.90″，北纬41°14′50.40″，高程2024米，止点坐标：东经115°27′19.00″，北纬41°13′45.80″，高程1901米。

墙体长3300米，其间设敌台6座，包括清五营1～6号敌台。毛石干垒，所处地势平缓，坍塌成垄状，散落碎石，墙体大部分仅存痕迹，墙体宽0.86米，内高0.55米，外高0.56米，杂草滋长。

3. 清五营长城2段 130733382102170003

位于清三营乡清五营村北3.5千米，起点坐标：东经115°27′19.00″，北纬41°13′45.80″，高程1901米，止点坐标：东经115°27′34.40″，北纬41°12′34.40″，高程1731米。

墙体长2580米，其间设敌台4座，包括清五营7～10号敌台，紧邻墙体内侧布局清五营烽火台。毛石干垒，宽度较窄，所处地势平缓，坍塌成垄状，散落碎石，墙体大部分仅存痕迹，小部分存有毛石墙体，宽0.65米，内高0.34米，外高0.44米，杂草滋长。

4. 清五营长城3段 130733382102170004

位于清三营乡清五营村东北1.5千米，起点坐标：东经115°27′34.40″，北纬41°12′34.40″，高程1731米，止点坐标：东经115°27′16.50″，北纬41°08′40.40″，高程1792米。

墙体长7210米，其间设敌台16座，包括清五营11～17号敌台、石槽沟1、2号敌台、清三营1～5号敌台、二道营1、2号敌台。毛石干垒，宽度较窄，所处地势平缓，坍塌成垄状，散落碎石，墙体大部分仅存痕迹，小部分存有毛石墙体，宽1.2米，内高0.55米，外高0.62米，杂草滋长。

5. 沙岭长城1段 130733382102170005

位于狮子沟乡沙岭村东南712米，起点坐标：东经115°27′16.50″，北纬41°08′40.40″，高程1792米，止点坐标：东经 115° 27′ 28.10″，北纬 41° 06′ 53.40″，高程 1711 米。

墙体长 4407 米，其间设敌台 8 座，包括沙岭 1 ～ 8 号敌台。毛石干垒，宽度较窄，所处地势平缓，坍塌成垄状，散落碎石，墙体大部分仅存痕迹，小部分存有毛石墙体，宽 0.85 米，内高 1.2 米，外高 1.12 米，杂草滋长。

6. 沙岭长城 2 段 1307333382102170006

位于狮子沟乡沙岭村东南 827 米，起点坐标：东经 115° 27′ 28.10″，北纬 41° 06′ 53.40″，高程 1711 米，止点坐标：东经 115° 27′ 30.10″，北纬 41° 06′ 49.00″，高程 1709 米。

墙体长 151 米，其间设敌台 1 座为沙岭 9 号敌台。借山险砌筑，毛石干垒，宽度较窄，所处地势平缓，坍塌成垄状，散落碎石，墙体仅能看出痕迹。

7. 青虎沟长城 1 段 1307333382102170007

位于白旗乡青虎沟村北 3.6 千米，起点坐标：东经 115° 27′ 30.10″，北纬 41° 06′ 49.00″，高程 1709 米，止点坐标：东经 115° 27′ 46.30″，北纬 41° 06′ 06.90″，高程 1863 米。

墙体长 1400 米，其间设敌台 1 座为青虎沟 1 号敌台。毛石干垒，宽度较窄，所处地势平缓，坍塌成垄状，散落碎石，墙体大部分仅存痕迹，小部分存有毛石墙体，宽 1.3 米，内高 0.66 米，外高 0.84 米，杂草滋长。

8. 青虎沟长城 2 段 1307333382102170008

位于白旗乡青虎沟村北 2.2 千米，起点坐标：东经 115° 27′ 46.30″，北纬 41° 06′ 06.90″，高程 1863 米，止点坐标：东经 115° 27′ 47.30″，北纬 41° 06′ 04.40″，高程 1849 米。

山险长 87 米，山体陡峭，设青虎沟 2 号敌台。

9. 青虎沟长城 3 段 1307333382102170009

位于白旗乡青虎沟村北 2.2 千米，起点坐标：东经 115° 27′ 47.30″，北纬 41° 06′ 04.40″，高程 1849 米，止点坐标：东经 115° 28′ 19.50″，北纬 41° 05′ 27.70″，高程 1671 米。

墙体长 1689 米，其间设敌台 4 座，包括青虎沟 3 ～ 6 号敌台，紧邻墙体内侧布局青虎沟 2 号烽火台。毛石干垒，宽度较窄，所处地势平缓，坍塌成垄状，散落碎石，墙体大部分仅存痕迹，小部分存有毛石墙体，宽 1.2 米，内高 0.35 米，外高 0.42 米，杂草滋长。

10. 青虎沟长城 4 段 1307333382102170010

位于白旗乡青虎沟村东北 1.3 千米，起点坐标：东经 115° 28′ 19.50″，北纬 41° 05′ 27.70″，高程 1671 米，止点坐标：东经 115° 28′ 22.30″，北纬 41° 05′ 26.00″，高程 1617 米。

墙体长 84 米，借山险砌筑，毛石干垒，宽度较窄，仅能看出痕迹，杂草滋长。

11. 青虎沟马场长城墙体 1 段 1307333382102170011

位于白旗乡青虎沟村东北约 1.4 米，起点坐标：东经 115° 28′ 22.30″，北纬 41° 05′ 26.00″，高程 1623 米，止点坐标：东经 115° 28′ 51.80″，北纬 41° 05′ 09.30″，高程 1846 米。

墙体长 980 米，紧邻墙体内侧布局烽火台 2 座，包括青虎沟 4、5 号烽火台。毛石干垒，宽度较窄，所处地势平缓，坍塌成垄状，散落碎石，墙体大部分仅存痕迹，小部分存有毛石墙体，底宽 3.3 ～ 5.6

米，顶宽 1.5～2.2 米，残高 0.2～0.6 米，杂草滋长。

12. 青虎沟马场长城墙体 2 段 130733382102170012

位于白旗乡青虎沟村东北约 1.6 米，起点坐标：东经 115° 28′ 51.80″，北纬 41° 05′ 09.30″，高程 1846 米，止点坐标：东经 115° 28′ 54.20″，北纬 41° 05′ 08.30″，高程 1816 米。

山险长 65 米，为自然山体。

13. 青虎沟马场长城墙体 3 段 130733382102170013

位于白旗乡青虎沟村东北约 1.6 米，起点坐标：东经 115° 28′ 54.20″，北纬 41° 05′ 08.30″，高程 1816 米，止点坐标：东经 115° 29′ 31.40″，北纬 41° 05′ 00.00″，高程 1897 米。

墙体长 1075 米，紧邻墙体内侧布局烽火台 3 座，包括青虎沟 4～6 号烽火台。毛石干垒，宽度较窄，所处地势平缓，坍塌成垄状，散落碎石，墙体大部分仅存痕迹，小部分存有毛石墙体，底宽 1.1～5.6 米，顶宽 1.5～2.2 米，残高 1.2～2.5 米，杂草滋长。

14. 棋盘垴长城墙体 130733382102170014

位于四台嘴乡松林背村东北约 1.2 千米，起点坐标：东经 115° 28′ 29.40″，北纬 40° 57′ 54.90″，高程 2127 米，止点坐标：东经 115° 29′ 03.30″，北纬 40° 56′ 25.40″，高程 1799 米。

墙体长 3075 米，紧邻墙体内侧布局烽火台 7 座，包括松林背 2～4 号烽火台、新洞坑 1～4 号烽火台。毛石干垒，宽度较窄，所处地势平缓，坍塌成垄状，散落碎石宽 4.8～6 米，高 2.3～3.4 米，杂草滋长。

15. 桦林东长城墙体 1 段 130733382102170015

位于四台嘴乡棋盘垴村东北约 2 千米，起点坐标：东经 115° 29′ 03.30″，北纬 40° 56′ 25.40″，高程 1799 米，止点坐标：东经 115° 29′ 42.50″，北纬 40° 54′ 38.10″，高程 1758 米。

墙体长 4120 米，紧邻墙体内侧布局烽火台 5 座，包括新洞坑 5 号烽火台、桦林东 1～4 号烽火台。毛石干垒，所处地势平缓，坍塌成垄状，散落碎石，墙体宽 4.1～5.8 米，内高 0.35 米，外高 0.42 米，墙上利用四周散落毛石建有牛圈 1 处，长 25 米，宽 15 米，小路穿段豁口 4 处，杂草滋长。

16. 桦林东长城墙体 2 段 130733382102170016

位于四台嘴乡桦林东村东北约 1 千米，起点坐标：东经 115° 29′ 42.50″，北纬 40° 54′ 38.10″，高程 1758 米，止点坐标：东经 115° 28′ 58.70″，北纬 40° 53′ 47.90″，高程 1716 米。

墙体长 1900 米，紧邻墙体内侧布局烽火台 3 座，包括桦林东 5、7、8 号烽火台，外侧布局桦林东 6 号烽火台。毛石干垒，所处地势平缓，坍塌成垄状，散落碎石，墙体宽 4.3～6.1 米，高 0.7～1.1 米，墙体上现有 31 个石圈掩体，直径 3～6 米，深 1～1.3 米，围墙厚 1～1.3 米，现有 4 条小路穿墙而过，杂草滋长。

17. 小南洼长城 130733382102170017

位于张北县油篓沟镇小南洼村东南 475 米，张北、崇礼界碑处，起点坐标：东经 114° 50′ 34.80″，北纬 41° 02′ 15.30″，高程 1505 米，止点坐标：东经 114° 47′ 48.30″，北纬 41° 59′ 46.20″，高程 1620 米。

墙体长 9141 米，设小南洼敌台。毛石干垒，所处地势平缓，坍塌成垄状，散落碎石，墙体残高 0.3～0.65 米，宽 0.8～1.25 米，墙体上有防坦克沟，墙体南邻坝头，其他三面坡度平缓，杂草滋长。

18. 青虎沟长城 5 段 130733382102170018

位于白旗乡青虎沟村东北 1.4 千米，起点坐标：东经 115° 28′ 02.10″，北纬 41° 05′ 37.60″，高程 1726 米，止点坐标：东经 115° 27′ 54.40″，北纬 41° 05′ 43.50″，高程 1773 米。

墙体长 275 米，毛石干垒，宽度较窄，坍塌成垄状，散落碎石，墙体大部分仅存痕迹，小部分存有毛石墙体，宽 1.2 米，内高 0.35 米，外高 0.42 米，杂草滋长。

19. 庄科长城 130733382102170019

位于白旗乡青虎沟村东北 1.4 千米，起点坐标：东经 115° 28′ 02.10″，北纬 41° 05′ 37.60″，高程 1726 米，止点坐标：东经 115° 27′ 54.40″，北纬 41° 05′ 43.50″，高程 1773 米。

墙体长 4500 米，墙体南侧布局烽火台 2 座，包括青虎沟 1 号烽火台、庄科烽火台。毛石干垒，所处地势平缓，坍塌成垄状，散落碎石，墙体宽 1.2 米，内高 0.35 米，外高 0.42 米，杂草滋长。

20. 清五营长城 4 段 130733382102170020

位于清三营乡清五营村东北 1.7 千米，起点坐标：东经 115° 27′ 55.20″，北纬 41° 12′ 25.40″，高程 1793 米，止点坐标：东经 115° 27′ 34.40″，北纬 41° 12′ 34.40″，高程 1731 米。

墙体长 581 米，墙体北侧布局清五营烽火台。毛石干垒，所处地势平缓，坍塌成垄状，散落碎石，墙体宽 0.65 米，内高 0.34 米，外高 0.44 米，杂草滋长。

21. 清五营长城 5 段 130733382102170021

位于清五营村北 4.8 千米，起点坐标：东经 115° 27′ 21.40″，北纬 41° 14′ 28.30″，高程 1933 米，止点坐标：东经 115° 26′ 57.50″，北纬 41° 14′ 42.90″，高程 2003 米。

墙体长 716 米，毛石干垒，所处地势平缓，坍塌成垄状，散落碎石，墙体宽 0.86 米，内高 0.55 米，外高 0.56 米，杂草滋长。

22. 水泉洼长城 2 段 130733382102170022

位于张北县战海乡水泉洼村东南 3.8 千米，起点坐标：东经 115° 26′ 25.90″，北纬 41° 14′ 50.40″，高程 2024 米，止点坐标：东经 115° 26′ 08.20″，北纬 41° 14′ 37.30″，高程 2034 米。

墙体长 716 米，毛石干垒，所处地势平缓，坍塌成垄状，散落碎石，墙体宽 0.58 米，内高 0.35 米，外高 0.45 米，杂草滋长。

（二）单体建筑

崇礼县单体建筑一览表（单位：座）

序号	认定名称	认定编码	材质	保存程度				
				较好	一般	较差	差	消失
1	水泉洼 1 号敌台	130733352101170001	石				√	
2	水泉洼 2 号敌台	130733352101170002	石				√	
3	水泉洼 3 号敌台	130733352101170003	石				√	
4	水泉洼 4 号敌台	130733352101170004	石				√	
5	水泉洼 5 号敌台	130733352101170005	石				√	

（续）

序号	认定名称	认定编码	材质	保存程度				
				较好	一般	较差	差	消失
6	水泉洼 6 号敌台	1307333352101170006	石				√	
7	水泉洼 7 号敌台	1307333352101170007	石				√	
8	清五营 1 号敌台	1307333352101170008	石				√	
9	清五营 2 号敌台	1307333352101170009	石				√	
10	清五营 3 号敌台	1307333352101170010	石				√	
11	清五营 4 号敌台	1307333352101170011	石				√	
12	清五营 5 号敌台	1307333352101170012	石				√	
13	清五营 6 号敌台	1307333352101170013	石				√	
14	清五营 7 号敌台	1307333352101170014	石				√	
15	清五营 8 号敌台	1307333352101170015	石				√	
16	清五营 9 号敌台	1307333352101170016	石				√	
17	清五营 10 号敌台	1307333352101170017	石				√	
18	清五营 11 号敌台	1307333352101170018	石				√	
19	清五营 12 号敌台	1307333352101170019	石				√	
20	清五营 13 号敌台	1307333352101170020	石				√	
21	清五营 14 号敌台	1307333352101170021	石				√	
22	清五营 15 号敌台	1307333352101170022	石				√	
23	清五营 16 号敌台	1307333352101170023	石				√	
24	清五营 17 号敌台	1307333352101170024	石				√	
25	石槽沟 1 号敌台	1307333352101170025	石				√	
26	石槽沟 2 号敌台	1307333352101170026	石				√	
27	清三营 1 号敌台	1307333352101170027	石				√	
28	清三营 2 号敌台	1307333352101170028	石				√	
29	清三营 3 号敌台	1307333352101170029	石				√	
30	清三营 4 号敌台	1307333352101170030	石				√	
31	清三营 5 号敌台	1307333352101170031	石				√	
32	二道营 1 号敌台	1307333352101170032	石				√	
33	二道营 2 号敌台	1307333352101170033	石				√	
34	沙岭 1 号敌台	1307333352101170034	石				√	
35	沙岭 2 号敌台	1307333352101170035	石				√	
36	沙岭 3 号敌台	1307333352101170036	石				√	
37	沙岭 4 号敌台	1307333352101170037	石				√	
38	沙岭 5 号敌台	1307333352101170038	石				√	
39	沙岭 6 号敌台	1307333352101170039	石				√	
40	沙岭 7 号敌台	1307333352101170040	石				√	
41	沙岭 8 号敌台	1307333352101170041	石				√	
42	沙岭 9 号敌台	1307333352101170042	石				√	

（续）

序号	认定名称	认定编码	材质	保存程度				
				较好	一般	较差	差	消失
43	青虎沟 1 号敌台	130733352101170043	石				√	
44	青虎沟 2 号敌台	130733352101170044	石				√	
45	青虎沟 3 号敌台	130733352101170045	石				√	
46	青虎沟 4 号敌台	130733352101170046	石				√	
47	青虎沟 5 号敌台	130733352101170047	石				√	
48	青虎沟 6 号敌台	130733352101170048	石				√	
49	小南洼敌台	130733352101170049	石				√	
50	水泉洼 1 号烽火台	130733353201170050	石				√	
51	水泉洼 2 号烽火台	130733353201170051	石				√	
52	清五营烽火台	130733353201170052	石				√	
53	庄科烽火台	130733353201170053	石				√	
54	青虎沟 1 号烽火台	130733353201170054	石				√	
55	青虎沟 2 号烽火台	130733353201170055	石				√	
56	青虎沟 3 号烽火台	130733353201170056	石				√	
57	小南洼 1 号烽火台	130733353201170057	石				√	
58	小南洼 2 号烽火台	130733353201170058	石				√	
59	小南洼 3 号烽火台	130733353201170059	石				√	
60	小南洼 4 号烽火台	130733353201170060	石				√	
61	小南洼 5 号烽火台	130733353201170061	石				√	
62	松林背 2 号烽火台	130733353201170062	石				√	
63	松林背 3 号烽火台	130733353201170063	石				√	
64	松林背 4 号烽火台	130733353201170064	石				√	
65	新洞坑 1 号烽火台	130733353201170065	石				√	
66	新洞坑 2 号烽火台	130733353201170066	石				√	
67	新洞坑 3 号烽火台	130733353201170067	石				√	
68	新洞坑 4 号烽火台	130733353201170068	石				√	
69	新洞坑 5 号烽火台	130733353201170069	石				√	
70	桦林东 1 号烽火台	130733353201170070	石				√	
71	桦林东 2 号烽火台	130733353201170071	石				√	
72	桦林东 3 号烽火台	130733353201170072	石				√	
73	桦林东 4 号烽火台	130733353201170073	石				√	
74	桦林东 5 号烽火台	130733353201170074	石				√	
75	桦林东 6 号烽火台	130733353201170075	石				√	
76	桦林东 7 号烽火台	130733353201170076	石				√	
77	桦林东 8 号烽火台	130733353201170077	石				√	
78	青虎沟 4 号烽火台	130733353201170078	石				√	
79	青虎沟 5 号烽火台	130733353201170079	石				√	

（续）

序号	认定名称	认定编码	材质	保存程度				
				较好	一般	较差	差	消失
80	青虎沟6号烽火台	1307333353201170080	石				√	
合计80座		共80座：石80座					80	
百分比（%）		100					100	

类型：单体建筑包括敌台、烽火台、马面等

保存程度：较好、一般、较差、差、消失

1. 水泉洼1号敌台 130733352101170001

位于张北县战海乡水泉洼村东北4.4千米山上，崇礼县、张北县、沽源县三县交界处，坐标：东经115° 27′ 10.40″，北纬41° 16′ 12.50″，高程1945米。

敌台平面呈圆形，剖面呈梯形，毛石砌筑，底径8.7米，顶径4.6米，残高5.8米，南侧存墙长2.12米，高1.5米，坍塌严重，呈堆状，四周散落毛石，顶部有后期人为垒砌石堆，四周植被多为灌木和杂草。

2. 水泉洼2号敌台 130733352101170002

位于张北县战海乡水泉洼村东北4.4千米山上，坐标：东经115° 26′ 50.20″，北纬41° 16′ 00.30″，高程1798米。

敌台平面呈圆形，剖面呈梯形，毛石砌筑，底径20.02米，高3.8米，坍塌严重，呈堆状，四周植被多为灌木和杂草。

3. 水泉洼3号敌台 130733352101170003

位于张北县战海乡水泉洼村东北3.9千米山上，坐标：东经115° 26′ 32.50″，北纬41° 15′ 46.30″，高程1933米。

敌台平面呈圆形，剖面呈梯形，毛石砌筑，底径8.4米，顶径4.2米，残高4.3米，西侧存墙长5.5米，高1.7米，坍塌严重，呈堆状，四周散落毛石，四周植被多为灌木和杂草。

4. 水泉洼4号敌台 130733352101170004

位于张北县战海乡水泉洼村东3.2千米山上，坐标：东经115° 26′ 08.50″，北纬41° 15′ 29.80″，高程1759米。

敌台平面呈圆形，剖面呈梯形，毛石砌筑，底径26米，顶径5.4米，残高2.8米，坍塌严重，呈堆状，四周植被多为灌木和杂草。

5. 水泉洼5号敌台 130733352101170005

位于张北县战海乡水泉洼村东3.2千米里山上，坐标：东经115° 26′ 06.30″，北纬41° 15′ 18.30″，高程1782米。

敌台平面呈圆形，剖面呈梯形，台体位于山谷平地，毛石砌筑，底径15米，顶径6米，高3.9米，坍塌严重，呈堆状，四周植被多为灌木和杂草。

6. 水泉洼 6 号敌台 1307333352101170006

位于张北县战海乡水泉洼村东 3.4 千米山上，坐标：东经 115° 26′ 13.80″，北纬 41° 15′ 02.20″，高程 1924 米。

敌台平面呈圆形，剖面呈梯形，毛石砌筑，底径 18 米，高 5.6 米，坍塌严重，呈堆状，四周散落毛石，东南角存阶梯状墙体两层，长 2.8 米，高约 1.6 米，西侧紧邻长城主线，南、北、西三侧为山谷，四周植被多为灌木和杂草。

7. 水泉洼 7 号敌台 1307333352101170007

位于张北县战海乡水泉洼村东南 3.8 千米山上，坐标：东经 115° 26′ 25.90″，北纬 41° 14′ 50.40″，高程 2024 米。

敌台平面呈圆形，剖面呈梯形，毛石砌筑，底径 11 米，高 4.7 米，坍塌严重，呈堆状，四周散落毛石，顶部有后期人为垒砌石堆，四周植被多为灌木和杂草。

8. 清五营 1 号敌台 1307333352101170008

清三营乡清五营村北 5.3 千米山上，坐标：东经 115° 26′ 57.60″，北纬 41° 14′ 43.70″，高程 2040 米。

敌台平面呈矩形，剖面呈梯形，毛石砌筑，台体东西宽 12.8 米，南北长 15.2 米，高 8.6 米，四周设战壕，宽 1.8 米，敌台坍塌严重，呈堆状，四周毛石散落，植被多为灌木和杂草。

9. 清五营 2 号敌台 1307333352101170009

位于清三营乡清五营村北 5.2 千米山上，坐标：东经 115° 27′ 22.70″，北纬 41° 14′ 40.50″，高程 2017 米。

敌台平面及剖面形制不详，毛石砌筑，东西为深沟，坡度较陡，东南两侧为山脊线，东侧山脚下有三个自然村，长城主线从西南侧绕过，台体仅存基址，有后期人为片石垒砌的石柱，宽 0.3 米，高 0.7 米，四周散落毛石，四周植被多为灌木和杂草。

10. 清五营 3 号敌台 1307333352101170010

位于清三营乡清五营村北 4.8 千米山上，坐标：东经 115° 27′ 24.80″，北纬 41° 14′ 26.00″，高程 1944 米。

敌台平面呈矩形，剖面呈梯形，台芯为土石混筑，外包毛石砌筑，台体底边东西宽 7.2 米，南北长 7.24 米，高 6.85 米，四面外包毛石脱落，东侧已被散落的毛石覆盖，西侧分为两层阶梯状依次向下，坍塌严重，呈堆状，四周散落毛石，东、西两侧设壕沟，东侧至壕沟约 1.2 米，西侧至壕沟约 8.5 米，四周植被多为杂草。

11. 清五营 4 号敌台 1307333352101170011

位于清三营乡清五营村北 4.5 千米山上，坐标：东经 115° 27′ 17.40″，北纬 41° 14′ 19.10″，高程 1923 米。

敌台平面呈矩形，剖面呈梯形，台芯为土石混筑，外包毛石砌筑，底边东西宽 4.2 米，南北长 5.6 米，高 4.2 米，四面外包毛石脱落，顶部残留少量的毛石。敌台西侧坡度较陡，沟底种植大量松树，四周植被多为杂草。

12. 清五营 5 号敌台 1307333352101170012

位于清三营乡清五营村北 3.9 千米山上，坐标：东经 115° 27′ 11.90″，北纬 41° 14′ 01.60″，高程 1996 米。

敌台南北接墙，平面呈圆形，剖面呈梯形，台芯为土石混筑，外包毛石砌筑，台体底径 11 米，高

6.83 米，四面外包毛石脱落，坍塌严重，呈堆状，南、西、北侧已被散落的毛石覆盖，东侧为山崖，南、西、北侧设壕沟 2 圈，壕沟宽 2 米，深 0.75 米，四周植被多为杂草。

13. 清五营 6 号敌台 130733352101170013

位于清三营乡清五营村北 3.5 千米山上，坐标：东经 115° 27′ 19.00″，北纬 41° 13′ 45.80″，高程 1901 米。

敌台南北接墙，平面呈圆形，剖面呈梯形，台芯为土石混筑，外包毛石砌筑，台体底径 9.1 米，高 4.2 米，四面外包毛石脱落，坍塌严重，呈堆状，四周植被多为杂草。

14. 清五营 7 号敌台 130733352101170014

位于清三营乡清五营村北 3 千米山上，坐标：东经 115° 27′ 12.40″，北纬 41° 13′ 30.10″，高程 2018 米。

敌台南北接墙，平面呈圆形，剖面呈梯形，台芯为土石混筑，外包毛石砌筑，台体分为两层，通高 4.5 米，下层底径 11.8 米，上层为方形，东西宽 1.98 米，南北长为 2.1 米，东侧残高 0.7 米，北侧残高 0.75 米，西南角坍塌，四面外包毛石脱落，坍塌严重，呈堆状，四周散落毛石，台体外侧设壕沟，壕沟宽 2.8 米，深 1.4 米，四周植被多为杂草。

15. 清五营 8 号敌台 130733352101170015

位于清三营乡清五营村北 2.5 千米山上，坐标：东经 115° 27′ 04.50″，北纬 41° 13′ 13.60″，高程 1896 米。

敌台平面呈矩形，剖面呈梯形，台芯为土石混筑，外包毛石砌筑，东西宽 5.8 米，南北长 8.5 米，高 2.9 米，坍塌严重，呈堆状，四周散落少量毛石，植被多为杂草。

16. 清五营 9 号敌台 130733352101170016

位于清三营乡清五营村北 2.1 千米山上，坐标：东经 115° 27′ 06.40″，北纬 41° 13′ 01.50″，高程 1939 米。

敌台平面呈圆形，剖面呈梯形，台芯为土石混筑，外包毛石砌筑，底径 6.5 米，高 6.72 米，四面外包毛石脱落，台体外侧设壕沟，四周植被多为杂草。

17. 清五营 10 号敌台 130733352101170017

位于清三营乡清五营村北 1.7 千米山上，坐标：东经 115° 27′ 23.50″，北纬 41° 12′ 44.00″，高程 1774 米。

敌台平面呈矩形，剖面呈梯形，台芯为土石分层夯筑，夯层厚 0.25 ～ 0.34 米，土质较粗糙，东西宽 9.18 米，南北长 9.47 米，台芯裸露高 3.53 米，根部堆积高 4.2 米，西南角坍塌，四周散落碎砖石，城砖尺寸：0.38 米 ×0.19 米 ×0.05 米，台体外侧设壕沟。

18. 清五营 11 号敌台 130733352101170018

位于清三营乡清五营村东北 1.5 千米山上，坐标：东经 115° 27′ 39.80″，北纬 41° 12′ 30.00″，高程 1747 米。

敌台平面呈圆形，剖面呈梯形，底径 11 米，西侧存高 3.64 米，坍塌严重，呈堆状，顶部散落少量毛石，四周植被多为杂草。

19. 清五营 12 号敌台 130733352101170019

位于清三营乡清五营村东北 1.5 千米山上，坐标：东经 115° 27′ 52.40″，北纬 41° 12′ 19.20″，高程 1852 米。

敌台南北接墙，平面呈矩形，剖面呈梯形，台芯为土石混筑，外包毛石砌筑，外侧壕沟，台体分上下两层，下层底边东西宽 12.3 米，南北长 14.2 米，上层呈矩形，东西长 5.4 米，南北宽 4.92 米，高 4.89 米，台体外侧设壕沟 2 圈，内圈东侧宽 3.76 米，深 1.85 米，西侧深 1.27 米，外圈宽 4.19 米，内圈距外圈 1.74 米，四周植被多为杂草，东西两侧为松树林。

20. 清五营 13 号敌台 1307333352101170020

位于清三营乡清五营村东 1.8 千米山上，坐标：东经 115° 28′ 09.70″，北纬 41° 12′ 01.60″，高程 1961 米。

敌台平面呈圆形，剖面呈梯形，台芯为土石混筑，外包毛石砌筑，底径 14.2 米，高 5.86 米，四面毛石包砌松动，四周散落大量毛石，台体外侧设壕沟 2 圈，南北仅存痕迹，东西已无存，四周植被多为杂草。

21. 清五营 14 号敌台 1307333352101170021

位于清三营乡清五营村东 1.4 千米山上，坐标：东经 115° 27′ 54.90″，北纬 41° 11′ 47.80″，高程 1782 米。

敌台平面呈圆形，剖面呈梯形，底径 9.45 米，高 1.05 米，坍塌严重，呈堆状，四周植被多为杂草。

22. 清五营 15 号敌台 1307333352101170022

位于清三营乡清五营村东南 1.4 千米山上，坐标：东经 115° 27′ 47.50″，北纬 41° 11′ 32.70″，高程 1841 米。

敌台平面呈矩形，剖面呈梯形，台芯为土石混筑，外包毛石砌筑，底边东西长 12.2 米，南北宽 11.5 米，高 10.2 米，台体四面外包毛石松动脱落，四周散落大量毛石，南、北两侧设壕沟 2 道，内侧壕沟宽 3.01 米，深 1.45 米，外侧壕沟宽 2.98 米，深 1.5 米，四周植被多为杂草。

23. 清五营 16 号敌台 1307333352101170023

位于清三营乡清五营村东南 1.5 千米山上，坐标：东经 115° 27′ 38.20″，北纬 41° 11′ 18.40″，高程 1707 米。

敌台平面呈圆形，剖面呈梯形，底径 7.75 米，高 1.75 米，坍塌严重，呈堆状，四周散落少量毛石，植被多为杂草。

24. 清五营 17 号敌台 1307333352101170024

位于清三营乡清五营村东南 2 千米山上，坐标：东经 115° 27′ 53.30″，北纬 41° 11′ 05.50″，高程 1564 米。

敌台平面呈圆形，剖面呈梯形，台芯为土石混筑，外包毛石砌筑，底径 14.82 米，高 10.75 米，四周散落少量毛石，设壕沟 3 圈，从内到外编号为 1、2、3，1 号壕沟宽 4.53 米，深 1.41 米；2 号壕沟宽 4.63 米，深 1.29 米；3 号壕沟宽 2.78 米，深 0.73 米；1 号距 2 号 2.58 米，2 号距 3 号 2.31 米。敌台东侧为沟，坡度较陡，南、西、北侧地形较平缓，四周植被多为杂草。

25. 石槽沟 1 号敌台 1307333352101170025

位于清三营乡石槽沟村西南 1.4 千米山上，坐标：东经 115° 27′ 38.50″，北纬 41° 10′ 37.70″，高程 1710 米。

敌台南北接墙，平面呈圆形，剖面呈梯形，台芯为土石混筑，外包毛石砌筑，底径 11.3 米，高

12.12 米，四周散落大量毛石，台体外侧设壕沟 2 圈，北侧内圈宽 2.95 米，外圈宽 3 米，内圈距外圈 3.15 米；南侧内圈距台体 1.05 米，距外圈 1.71 米，内圈宽 3.13 米，深 0.83 米，外圈宽 3.99 米，深 0.81 米，敌台东侧为沟，地势陡峭，有通向赤城的村路，西侧为坡，松树较多，壕沟外侧，坡度较缓。

26. 石槽沟 2 号敌台 130733352101170026

位于清三营乡石槽沟村西南 1.4 千米山上，坐标：东经 115° 27′ 44.10″，北纬 41° 10′ 32.10″，高程 1811 米。

敌台平面呈圆形，剖面呈梯形，绕过，台芯为土石混筑，外包毛石砌筑，底径 12.3 米，高 6.2 米，坍塌严重，呈堆状，四周散落大量毛石，台体外侧设壕沟 2 圈，敌台东、西两侧较陡，四周植被多为杂草。

27. 清三营 1 号敌台 130733352101170027

位于清三营乡清三营村东北 1.1 千米山上，坐标：东经 115° 27′ 35.80″，北纬 41° 10′ 12.60″，高程 1961 米。

敌台南北接墙，平面呈矩形，剖面呈梯形，台芯为土石混筑，外包毛石砌筑，东西长 13.15 米，南北宽 11.2 米，高 6.75 米，坍塌严重，呈堆状，四面外包毛石松动，四周散落大量毛石，植被多为杂草。

28. 清三营 2 号敌台 130733352101170028

位于清三营乡清三营村东北 819 米山上，坐标：东经 115° 27′ 32.40″，北纬 41° 09′ 59.70″，高程 2024 米。

敌台平面呈圆形，剖面呈梯形，毛石砌筑，台体底径 8.95 米，北侧高 2.1 米，南侧高 4.25 米，坍塌严重，呈堆状，四周散落毛石，四周植被多为灌木和杂草。

29. 清三营 3 号敌台 130733352101170029

位于清三营乡清三营村东 746 米山上，坐标：东经 115° 27′ 28.70″，北纬 41° 09′ 45.60″，高程 1636 米。

敌台平面呈圆形，剖面呈梯形，毛石砌筑，台体底径 14.2 米，高 7.2 米，坍塌严重，呈堆状，东侧存一盗洞，宽 2.3 米，台顶及四周长有松树，植被多为杂草。

30. 清三营 4 号敌台 130733352101170030

位于清三营乡清三营村东南 936 米山上，坐标：东经 115° 27′ 26.40″，北纬 41° 09′ 31.60″，高程 1661 米。

敌台南北接墙，平面呈圆形，剖面呈梯形，台芯为土石混筑，外包毛石砌筑，台体底径 14.5 米，顶径 6.4 米，高 6.3 米，坍塌严重，呈堆状，四面外包毛石松动，四周散落大量毛石，台体外侧设壕沟，植被多为灌木和杂草。

31. 清三营 5 号敌台 130733352101170031

位于清三营乡清三营村东南 1.2 千米山上，坐标：东经 115° 27′ 20.10″，北纬 41° 09′ 17.90″，高程 1701 米。

敌台平面呈圆形，剖面呈梯形，台芯为土石混筑，外包毛石砌筑，台体底径 6.5 米，高 6.4 米，坍塌严重，呈堆状，散落少量毛石，台体外侧设壕沟，植被多为灌木和杂草。

32. 二道营 1 号敌台 130733352101170032

位于清三营乡二道营村东 989 米山上，坐标：东经 115° 27′ 16.40″，北纬 41° 08′ 55.50″，高程 1781 米。

敌台南北接墙，平面呈圆形，剖面呈梯形，台芯为土石混筑，外包毛石砌筑，台体底径 6.4 米，高 9.7 米，坍塌严重，呈堆状，四周散落大量毛石，北、西、南三侧设壕沟，第一道沟宽 2.5 米，第二道沟宽 2.8 米，第三道沟宽 2.4 米，深 1.8 米。西、南侧有通讯站，南侧有通信管理用房及太阳能电池板，植被多为灌木和杂草。

33. 二道营 2 号敌台 130733352101170033

位于清三营乡二道营村东南 1.1 千米山上，坐标：东经 115° 27′ 16.50″，北纬 41° 08′ 40.40″，高程 1792 米。

敌台平面呈圆形，剖面呈梯形，台芯为土石混筑，外包毛石砌筑，台体底径 6.5 米，高 7.9 米，坍塌严重，呈堆状，四周散落大量毛石，植被多为灌木和杂草。

34. 沙岭 1 号敌台 130733352101170034

位于狮子沟乡沙岭村北 2.5 千米，坐标：东经 115° 27′ 03.00″，北纬 41° 08′ 22.10″，高程 1815 米。

围堡式敌台，总体布局为"回"字形，台体居中，周围设置围墙。

敌台平面呈矩形，剖面呈梯形，片石干垒，东西长 10.47 米，南北宽 10.11 米，高 9.83 米，坍塌严重，呈堆状，周边散落大量毛石，南面保留部分外包毛石，高 4.36 米，靠东南角处坍塌近 3 米，东面为三级阶梯状，存有部分外包毛石，西、北面全部坍塌成斜坡状，台顶有后期人为垒砌石堆。

围墙 3 圈，毛石干垒，内圈至敌台 4.23 米，墙宽 2.8 米，内圈至中圈 2.4 米，墙宽 1.6 米，中圈至外圈 3.56 米，墙宽 1.4 米，内圈设东南角台，宽 4.03 米，外凸 1.5 米，高 1.58 米，片石干垒，南侧留有通道，宽 1 米，深 2.9 米，残高 0.6 米，四周植被多为灌木和杂草。

35. 沙岭 2 号敌台 130733352101170035

位于狮子沟乡沙岭村北 2.3 千米，坐标：东经 115° 26′ 49.90″，北纬 41° 08′ 17.70″，高程 1767 米。

敌台平面呈矩形，剖面呈梯形，台芯为土石混筑，外包毛石砌筑，东西宽 6.39 米，南北长 7.62 米，高 3.98 米，坍塌严重，呈堆状，四周散落大量毛石，植被多为灌木和杂草。

36. 沙岭 3 号敌台 130733352101170036

位于狮子沟乡沙岭村东南 1.9 千米，坐标：东经 115° 26′ 36.20″，北纬 41° 08′ 02.70″，高程 1871 米。

围堡式敌台，总体布局为"回"字形，台体居中，周围设置围墙。

敌台平面呈矩形，剖面呈梯形，片石干垒，东西长 9.3 米，南北宽 8.74 米，高 5.15 米，坍塌严重，呈堆状，四周散落大量毛石，东、南立面残存部分外包毛石，台体四角呈圆角，阶梯状逐层内收，内收 1.1 米。

围墙 2 圈，毛石干垒，内圈至敌台 5.4 米，墙宽 2.2 米，内圈至外圈 3.85 米，外圈墙宽 1.5 米，底部东南角有 6 个石堆，南北向呈"一"字排列，植被多为灌木和杂草。

37. 沙岭 4 号敌台 130733352101170037

位于狮子沟乡沙岭村西北 1.3 千米，坐标：东经 115° 26′ 48.40″，北纬 41° 07′ 43.20″，高程 1804 米。

敌台平面呈矩形，剖面呈梯形，毛石砌筑，东西宽 7.72 米，南北长 8.19 米，高 4.62 米，坍塌严重，呈堆状，四周散落大量毛石，植被多为灌木和杂草，西南 260 米存遗址 1 处，西北 627 米存居住址 1 处。

38. 沙岭 5 号敌台 1307333352101170038

位于狮子沟乡沙岭村西北 1.1 千米，坐标：东经 115° 26′ 42.80″，北纬 41° 07′ 36.90″，高程 1820 米。

敌台平面呈圆形，剖面呈梯形，台芯为土石混筑，外包毛石砌筑，台体底径 9.83 米，高 10.95 米，坍塌严重，呈堆状，散落大量毛石，台体四周设石圈墙，植被多为灌木和杂草，东南 50 米存遗址 1 处。

39. 沙岭 6 号敌台 1307333352101170039

位于狮子沟乡沙岭村西北 670 米，坐标：东经 115° 26′ 48.70″，北纬 41° 07′ 22.80″，高程 1702 米。

敌台平面呈圆形，剖面呈梯形，台芯为土石混筑，外包毛石砌筑，台体底径 12.25 米，高 10.44 米，坍塌严重，呈堆状，散落大量毛石，台体四周设石围墙，高 0.8 米，四周植被多为灌木和杂草。

40. 沙岭 7 号敌台 1307333352101170040

位于狮子沟乡沙岭村东北 284 米，坐标：东经 115° 27′ 08.10″，北纬 41° 07′ 09.40″，高程 1630 米。

敌台平面呈圆形，剖面呈梯形，台芯为土石混筑，外包毛石砌筑，台体底径 12.25 米，高 10.44 米，坍塌严重，呈堆状，散落大量毛石，南侧底部有一个人为挖掘的孔洞，南侧 10 米为输电线路，北侧 50 米为通信线路，四周为农田。

41. 沙岭 8 号敌台 1307333352101170041

位于狮子沟乡沙岭村东 392 米，坐标：东经 115° 27′ 16.70″，北纬 41° 07′ 02.70″，高程 1688 米。

敌台平面呈圆形，剖面呈梯形，台芯为土石混筑，外包毛石砌筑，台体底径 18.83 米，高 10.62 米，坍塌严重，呈堆状，四周散落大量毛石。台体四周设石围墙 2 圈，四周植被多为灌木和杂草。

42. 沙岭 9 号敌台 1307333352101170042

位于狮子沟乡沙岭村东南 764 米，坐标：东经 115° 27′ 29.03″，北纬 41° 06′ 52.60″，高程 1715 米。

敌台平面呈矩形，剖面呈梯形，台芯为土石混筑，外包毛石砌筑，台体东西宽 7.09 米，南北长 8.35 米，高 0.75 米，坍塌严重，呈堆状，周边散落少量毛石，西侧底部残存一段墙体，其余三面皆呈斜坡状，植被多为灌木和杂草。

43. 青虎沟 1 号敌台 1307333352101170043

位于白旗乡青虎沟村北 3.1 千米，坐标：东经 115° 27′ 37.30″，北纬 41° 06′ 33.10″，高程 1771 米。

敌台平面呈矩形，剖面呈梯形，台芯为土石混筑，外包毛石砌筑，台体东西宽 8.25 米，南北长 8.28 米，高 6.43 米，坍塌严重，呈堆状，散落大量毛石，底部设石围墙 2 圈，外围墙宽 1.5 米，内围墙宽 1.9 米，内围墙至台体 8.36 米，植被多为灌木和杂草。

44. 青虎沟 2 号敌台 1307333352101170044

位于白旗乡青虎沟村北 2.2 千米，坐标：东经 115° 27′ 47.20″，北纬 41° 06′ 06.30″，高程 1876 米。

敌台平面呈矩形，剖面呈梯形，台芯为土石混筑，外包毛石砌筑，台体东西宽 7.25 米，南北长 11.58 米，高 5.43 米，坍塌严重，呈堆状，四周散落大量毛石，东侧设石围墙 2 圈，植被多为灌木和杂草。

45. 青虎沟 3 号敌台 130733352101170045

位于白旗乡青虎沟村北 1.8 千米，坐标：东经 115° 27′ 48.70″，北纬 41° 05′ 51.00″，高程 1845 米。

敌台平面呈矩形，剖面呈梯形，台芯为土石混筑，外包毛石砌筑，台体东西宽 9.3 米，南北长 8.74 米，高 7.99 米，坍塌严重，呈堆状，四周散落大量毛石，台体外侧设石围墙 2 圈，东侧及北侧排列有小石堆，东西各 5 个，直径 1.3 米，植被多为灌木和杂草。

46. 青虎沟 4 号敌台 130733352101170046

位于白旗乡青虎沟村东北 1.6 千米，坐标：东经 115° 27′ 55.10″，北纬 41° 05′ 44.00″，高程 1785 米。

敌台平面呈矩形，剖面呈梯形，台芯为土石混筑，片石干垒，台体东西长 6.95 米，南北宽 4.65 米，高 2.09 米，基础放脚 2 层，毛石砌筑，宽 0.15 米，南侧设壕沟，植被多为灌木和杂草。

47. 青虎沟 5 号敌台 130733352101170047

位于白旗乡青虎沟村东北 1.5 千米，坐标：东经 115° 28′ 02.50″，北纬 41° 05′ 39.70″，高程 1741 米。

围堡式敌台，总体布局为"回"字形，台体居中，周围设置围墙、壕沟。

敌台平面呈圆形，剖面呈梯形，西距墙体 36 米，北距墙体 29 米，台芯为土石混筑，毛石砌筑，台体底径 7.87 米，顶径 4.65 米，高 10.17 米，西、南侧设毛石垒砌护台，高 1.3 米。

台体外侧设围墙 2 圈，内圈至敌台 4.32 米，内圈墙与外圈墙间设壕沟，宽 1.74 米，内圈墙宽 3.3 米，外高 1.63 米，内高 1.96 米，外围墙宽 1.5 米，内高 1.1 米，外高 0.55 米，西北侧有 6 个小石堆，呈一字形排列，四周植被多为灌木和杂草。

48. 青虎沟 6 号敌台 130733352101170048

位于白旗乡青虎沟村东北 1.3 千米，坐标：东经 115° 28′ 18.80″，北纬 41° 05′ 28.80″，高程 1685 米。

敌台平面呈矩形，剖面呈梯形，台芯为土石混筑，毛石砌筑，东西长 6.47 米，南北宽 6.37 米，高 0.3 米，坍塌严重，呈堆状，四周植被多为灌木和杂草。

49. 小南洼敌台 130733352101170049

位于张北县小二台乡大小南洼村西南 1.6 千米，坐标：东经 114° 49′ 15.60″，北纬 40° 02′ 27.20″，高程 1556 米。

敌台平面呈矩圆形，剖面呈梯形，毛石砌筑，底径 13 米，高 2.2 米，坍塌严重，呈堆状，四周植被多为灌木和杂草。

50. 水泉洼 1 号烽火台 130733353201170050

位于张北水泉洼村东北 4 千米山上，坐标：东经 115° 26′ 39.00″，北纬 41° 15′ 44.70″，高程 1941 米。

烽火台平面呈矩形，剖面呈梯形，台芯为土石混筑，毛石砌筑，东西宽 7.1 米，南北长 7.3 米，高 3.02 米，坍塌严重，呈堆状，四周散落大量毛石，植被多为灌木和杂草。

51. 水泉洼 2 号烽火台 130733353201170051

位于张北水泉洼村东南 3.2 千米山上，坐标：东经 115° 25′ 49.30″，北纬 41° 14′ 33.20″，高程 2131 米。

烽火台平面呈圆形，剖面呈梯形，毛石砌筑，底径 17 米，高 3.5 米，坍塌严重，呈堆状，四周散落少量毛石，植被多为灌木和杂草，旁边建有通信塔和机房各一座。

52. 清五营烽火台 130733353201170052

位于清三营乡清五营村东北 2.3 千米，坐标：东经 115° 28′ 09.00″，北纬 41° 12′ 42.10″，高程 1829 米。

烽火台平面呈圆形，剖面呈梯形，毛石砌筑，底径 20.32 米，高 5.82 米，坍塌严重，呈堆状，四周散落大量毛石，植被多为杂草。

53. 庄科烽火台 130733353201170053

位于清三营乡庄科村南 2.4 千米山上，坐标：东经 115° 29′ 29.80″，北纬 41° 06′ 43.20″，高程 1676 米。

烽火台平面呈圆形，剖面呈梯形，毛石砌筑，底径 7.2 米，北残高 3.8 米，西残高 2.75 米，南残高 1.1 米，坍塌严重，呈堆状，四周散落大量毛石，植被多为杂草。

54. 青虎沟 1 号烽火台 130733353201170054

位于白旗乡青虎沟村东北 2.6 千米，坐标：东经 115° 28′ 44.00″，北纬 41° 06′ 06.90″，高程 1864 米。

烽火台平面呈圆形，剖面呈梯形，毛石砌筑，底径 14.86 米，顶径 5.92 米，高 14.41 米，东南角存外包毛石墙，长 2.1 米，高 1.1 米，呈弧状，坍塌严重，呈堆状，四周散落大量毛石，植被多为杂草。

55. 青虎沟 2 号烽火台 130733353201170055

位于白旗乡青虎沟村东北 1.5 千米，坐标：东经 115° 28′ 20.40″，北纬 41° 05′ 33.70″，高程 1740 米。

烽火台平面呈圆形，剖面呈梯形，毛石砌筑，底径 13.57 米，顶径 4.97 米，高 5.54 米，坍塌严重，呈堆状，四周散落大量毛石，台体外设壕沟 3 道，植被多为杂草和山杏树。

56. 青虎沟 3 号烽火台 130733353201170056

位于白旗营乡青虎沟村东北 2.9 千米，坐标：东经 115° 29′ 44.40″，北纬 41° 05′ 13.90″，高程 1832 米。

烽火台平面呈圆形，剖面呈梯形，毛石砌筑，底径 18.36 米，高 7.82 米，坍塌严重，呈堆状，四周散落大量毛石，台体外设石围墙 1 圈，植被多为低矮草种和松树林。

57. 小南洼 1 号烽火台 130733353201170057

位于张北县小二台乡大小南洼村西南 626 米，坐标：东经 114° 50′ 18.70″，北纬 41° 02′ 09.20″，高程 1533 米。

烽火台平面呈圆形，剖面呈梯形，毛石砌筑，底径 18.36 米，高 7.82 米，坍塌严重，呈堆状，四周散落大量毛石，植被多为低矮草种和小灌木。

58. 小南洼 2 号烽火台 130733353201170058

位于张北县小二台乡大小南洼村西南 985 米，坐标：东经 114° 49′ 46.00″，北纬 40° 02′ 17.50″，高程 1533 米。

烽火台平面呈圆形，剖面呈梯形，毛石砌筑，底径 11.2 米，高 2.9 米，坍塌严重，呈堆状，四周散落少量毛石，植被多为低矮草种和小灌木。

59. 小南洼 3 号烽火台 130733353201170059

位于张北县小二台乡大小南洼村西南 2.8 千米，坐标：东经 114° 48′ 04.70″，北纬 40° 01′ 55.20″，高程 1610 米。

烽火台平面呈圆形，剖面呈梯形，毛石砌筑，底径 14 米，高 2.7 米，坍塌严重，呈堆状，四周散落少量毛石，植被多为低矮草种和小灌木。

60. 小南洼 4 号烽火台 130733353201170060

位于张北县小二台乡大小南洼村西南 3.4 千米，坐标：东经 114° 48′ 04.70″，北纬 40° 01′ 55.20″，高程 1610 米。

烽火台平面呈圆形，剖面呈梯形，毛石砌筑，底径 10.2 米，高 2.1 米，坍塌严重，呈堆状，四周散落少量毛石，植被多为低矮草种和小灌木。

61. 小南洼 5 号烽火台 130733353201170061

位于张北县小二台乡大小南洼村西南 4.4 千米，坐标：东经 114° 47′ 38.10″，北纬 40° 01′ 23.20″，高程 1634 米。

烽火台平面呈圆形，剖面呈梯形，毛石砌筑，底径 8.34 米，高 2.4 米，坍塌严重，呈堆状，四周散落少量毛石，台体底部 2 米处现有砌筑石墙一道，小山丘四周均修建有壕沟，植被多为低矮的草种和小灌木。

62. 松林背 2 号烽火台 130733353201170062

位于崇礼县松林背村东约 1.5 千米，坐标：东经 115° 28′ 30.30″，北纬 40° 57′ 54.60″，高程 2129 米。

烽火台平面呈圆形，剖面呈梯形，毛石砌筑，底径 12.2 米，高 6 米，坍塌严重，呈堆状，四周散落少量毛石，台体外侧设圈墙 1 道，高 1.5～1.7 米，顶部有水泥方桩一个，桩高 0.26 米，宽 0.15～0.18 米，刻字为"1200"，周围有后期垒砌的牛圈，距烽燧 10.1 米，植被多为低矮草种和小灌木。

63. 松林背 3 号烽火台 130733353201170063

位于崇礼县松林背村东约 1.6 千米，坐标：东经 115° 28′ 35.50″，北纬 40° 57′ 43.80″，高程 2121 米。

烽火台平面呈圆形，剖面呈梯形，毛石砌筑，底径 11.3 米，高 5.4 米，坍塌严重，呈堆状，四周散落大量毛石，北侧存条石 4 层，周围设壕沟，植被多为低矮草种和小灌木。

64. 松林背 4 号烽火台 130733353201170064

位于崇礼县松林背村东南约 1.8 千米，坐标：东经 115° 28′ 38.70″，北纬 40° 57′ 27.70″，高程 2085 米。

烽火台平面呈圆形，剖面呈梯形，毛石砌筑，底径 13 米，顶径 7 米，高 6 米，坍塌严重，呈堆状，四周散落大量毛石，东侧 3 米处存建筑遗址 1 处，尚存北侧基础，东西宽 3.2 米，南北长 3.8 米，高 0.8 米，植被多为低矮草种和小灌木。

65. 新洞坑 1 号烽火台 130733353201170065

位于四台嘴乡新洞坑村西北约 900 米，坐标：东经 115° 28′ 51.10″，北纬 40° 57′ 09.50″，高程 2094 米。

烽火台平面呈圆形，剖面呈梯形，毛石砌筑，底径 12 米，高 5 米，坍塌严重，呈堆状，四周散落大量毛石，台体外设壕沟，西南存石围墙，东西宽 3.2 米，南北长 3.5 米，高 1.3 米，南侧开口，四周植被多为低矮草种和小灌木。

66. 新洞坑 2 号烽火台 130733353201170066

位于四台嘴乡新洞坑村西约 800 米，坐标：东经 115° 28′ 58.20″，北纬 40° 57′ 01.30″，高程 2037 米。

烽火台平面呈圆形，剖面呈梯形，毛石砌筑，底径 12.1 米，高 5.2 米，坍塌严重，呈堆状，四周散落大量毛石，周围设壕沟，西北侧有采石坑，坑深 2 米，直径 6 米，植被多为低矮草种和小灌木。

67. 新洞坑 3 号烽火台 130733353201170067

位于四台嘴乡新洞坑村西南约 800 米，坐标：东经 115° 28′ 59.60″，北纬 40° 56′ 34.00″，高程 1919 米。

烽火台平面呈圆形，剖面呈梯形，毛石砌筑，底径 9 米，高 4 米，坍塌严重，呈堆状，四周散落大量毛石，周围垒砌牛圈，植被多为低矮草种和小灌木。

68. 新洞坑 4 号烽火台 130733353201170068

位于四台嘴乡新洞坑村西南约 800 米，坐标：东经 115° 29′ 03.70″，北纬 40° 56′ 25.70″，高程 1802 米。

烽火台平面呈圆形，剖面呈梯形，毛石砌筑，底径 8 米，高 1.5 米，坍塌严重，呈堆状，四周散落大量毛石，植被多为低矮草种和小灌木。

69. 新洞坑 5 号烽火台 130733353201170069

位于四台嘴乡新洞坑村南约 2 千米，坐标：东经 115° 29′ 27.10″，北纬 40° 55′ 53.10″，高程 2135 米。

烽火台平面呈圆形，剖面呈梯形，台体毛石砌筑，底径 12.2 米，高 5.4 米，坍塌严重，呈堆状，四周散落大量毛石，南侧 3 米处有毛石垒砌基址，南北长 5 米，东西宽 3.8 米，墙宽 1.2 米，高 1.2 米，南侧设门，宽 1 米。东南约 13 米处依次排列 9 个小石堆，直径 1～2 米，相距 3～4 米，东侧 500 米处有一处牛圈，牛圈长 25 米，宽 15 米，现养牛 100 头，四周植被多为低矮草种和小灌木。

70. 桦林东 1 号烽火台 130733353201170070

位于四台嘴乡桦林东村东北约 1.5 千米，坐标：东经 115° 29′ 59.40″，北纬 40° 55′ 30.80″，高程 2141 米。

烽火台平面呈圆形，剖面呈梯形，台体毛石砌筑，底径 18 米，高 1.5 米，坍塌严重，呈堆状，上部有后期人为垒砌的石堆，高 0.7 米，四周散落少量毛石，台体外设壕沟，北侧为废弃的牛圈，植被多为低矮草种和小灌木。

71. 桦林东 2 号烽火台 130733353201170071

位于四台嘴乡桦林东村东北约 1.5 千米，坐标：东经 115° 30′ 00.10″，北纬 40° 55′ 30.80″，高程 2140 米。

烽火台平面呈圆形，剖面无法辨别，毛石砌筑，上部后期人为改造，南北长 9.1 米，东西宽 8.3 米，高 1.5 米，四周散落少量砖块，宽 0.18 米，厚 0.08 米，植被多为低矮草种和小灌木。

72. 桦林东 3 号烽火台 130733353201170072

位于四台嘴乡桦林东村东北约 1 千米，坐标：东经 115° 29′ 59.60″，北纬 40° 55′ 07.10″，高程 1957 米。

烽火台平面呈圆形，剖面呈梯形，底径 10 米，高 1.8 米，南侧部分包砖墙体裸露，四周散落少量城砖，砖长 0.36 米，宽 0.18 米，厚 0.08 米，南侧为城砖垒砌的牛圈及小屋，向南依次排列 5 个小石堆，相距 7～8 米，植被多为低矮草种和小灌木。

73. 桦林东 4 号烽火台 130733353201170073

位于四台嘴乡桦林东村东约 900 米，坐标：东经 115° 29′ 50.10″，北纬 40° 54′ 46.50″，高程 1872 米。

烽火台平面呈圆形，剖面呈梯形，底径 13 米，高 7 米，周围设壕沟一道，四周散落大量毛石，植被多为低矮草种和小灌木。

74. 桦林东 5 号烽火台 130733353201170074

位于四台嘴乡桦林东村东约 800 米，坐标：东经 115° 29′ 43.10″，北纬 40° 54′ 36.00″，高程 1772 米。

烽火台平面呈圆形，剖面呈梯形，底径 11 米，高 4 米，坍塌严重，呈堆状，植被覆盖，四周多为低矮草种和小灌木，南侧为桦树林。

75. 桦林东 6 号烽火台 130733353201170075

位于四台嘴乡桦林东村东约 800 米，坐标：东经 115° 29′ 40.30″，北纬 40° 54′ 37.10″，高程 1771 米。

烽火台平面呈圆形，剖面呈梯形，底径 12.2 米，高 4.5 米，坍塌严重，呈堆状，植被覆盖，四周多为低矮草种和小灌木，南侧为桦树林。

76. 桦林东 7 号烽火台 130733353201170076

位于四台嘴乡桦林东村东南约 800 米，坐标：东经 115° 29′ 27.20″，北纬 40° 54′ 13.20″，高程 1889 米。

烽火台平面呈圆形，剖面呈梯形，毛石砌筑，底径 14.1 米，高 5.5 米，坍塌严重，呈堆状，四周散落大量毛石，植被多为低矮草种和小灌木。

77. 桦林东 8 号烽火台 130733353201170077

位于四台嘴乡桦林东村东南约 1 千米，坐标：东经 115° 29′ 04.10″，北纬 40° 53′ 53.00″，高程 1711 米。

烽火台平面呈圆形，剖面呈梯形，毛石砌筑，底径 10.2 米，高 4.3 米，坍塌严重，呈堆状，四周散落少量毛石，植被多为低矮草种和小灌木。

78. 青虎沟 4 号烽火台 130733353201170078

位于白旗乡青虎沟村东北 1.5 千米，坐标：东经 115° 28′ 38.50″，北纬 41° 05′ 18.10″，高程 1741 米。

烽火台平面呈圆形，剖面呈梯形，毛石砌筑，底径 9.2 米，高 5.5 米，坍塌严重，呈堆状，四周散落大量砖石，城砖宽 0.18 米，厚 0.07 米，方砖边长 0.33 米，厚 0.06 米，植被多为低矮草种和小灌木。

79. 青虎沟 5 号烽火台 130733353201170079

位于白旗乡青虎沟村东北 1.7 千米，坐标：东经 115° 28′ 50.20″，北纬 41° 05′ 09.30″，高程 1860 米。

烽火台平面呈圆形，剖面呈梯形，毛石砌筑，底径 15 米，高 6 米，坍塌严重，呈堆状，四周散落大量毛石及少量砖块，城砖宽 0.18 米，厚 0.07 米，方砖边长 0.33 米，厚 0.06 米，北侧有石堆 1 处，底径 6 米，植被多为低矮草种和小灌木。

80. 青虎沟 6 号烽火台 130733353201170080

位于白旗乡青虎沟村东北 2.1 千米，坐标：东经 115° 29′ 12.60″，北纬 41° 05′ 02.80″，高程 1835 米。

烽火台平面呈圆形，剖面呈梯形，毛石砌筑，底径 10 米，东侧高 5 米，西侧高 3 米，北高 2.5 米，坍塌严重，呈堆状，四周散落大量毛石，植被多为低矮草种和小灌木。

宣化县

宣化县位于张家口市域中部，是连接京、冀、晋、蒙的重要交通节点，地理坐标：东经 115° 10′，北纬 40° 61′，县域东西宽 61 千米，南北长 81 千米，总面积 2013.65 平方千米。东与赤城县、下花园区、涿鹿县接壤，南与蔚县、阳原县毗邻，西与怀安县、桥东区、桥西区连接，北与崇礼县为界。距北京市 150 千米，距石家庄市 289 千米，距张家口市 28 千米。

宣化县明长城分布在东望山乡、大仓盖乡、李家堡乡、赵川镇、贾家营镇、深井镇、水泉乡、罗家洼乡、洋河南乡、崞村乡、顾家营乡、辛庄子乡共 12 个乡镇，东接赤城县大尖山长城 1 段、东邻下花园区 01 号烽火台、涿鹿县保安州城，南邻蔚县上马圈烽火台、阳原县赵家坪 2 号烽火台，西邻怀安县狮子口 01 号烽火台、桥东区东榆林烽火台，西接桥西区大境门长城，北接崇礼县长城。

长城起点：正盘台村北 2.8 千米，坐标：东经 115° 25′ 38.8″，北纬 40° 47′ 30.7″，高程 1947 米。

长城止点：张家口市大境门东约 500 米的山上，坐标：东经 114° 53′ 30.4″，北纬 40° 50′ 42.2″，高程 1278 米。

宣化县调查长城墙体 45 段，总长 74803 米；单体建筑 227 座，其中：敌台 69 座、马面 2 座、烽火台 156 座；关堡 9 座；相关遗存 2 处。

（一）墙体

宣化县明长城墙体一览表（单位：米）

序号	认定名称	认定编码	类型	长度	保存程度				
					较好	一般	较差	差	消失
1	正盘台长城第 1 段	1307211382102170001	石墙	3500				3500	
2	正盘台长城第 2 段	1307211382102170002	石墙	305	305				
3	正盘台长城第 3 段	1307211382102170003	石墙	5900				5900	
4	大白杨长城第 1 段	1307211382102170004	石墙	2700				2700	
5	大白杨长城第 2 段	1307211382102170005	石墙	3700				3700	
6	大白杨长城第 3 段	1307211382102170006	石墙	2660				2660	
7	大白杨长城第 4 段	1307211382102170007	土墙	285				285	
8	大白杨长城第 5 段	1307211382102170008	石墙	3069				3069	
9	胡家洼长城第 1 段	1307211382102170009	石墙	510				510	
10	胡家洼长城第 2 段	1307211382102170010	石墙	821				821	
11	胡家洼长城第 3 段	1307211382102170011	石墙	335				335	
12	胡家洼长城第 4 段	1307211382102170012	石墙	827				827	
13	胡家洼长城第 5 段	1307211382102170013	石墙	702				702	
14	胡家洼长城第 6 段	1307211382102170014	石墙	446				446	
15	常峪口长城第 1 段	1307211382102170015	石墙	295				295	
16	常峪口长城第 2 段	1307211382102170016	石墙	407				407	
17	常峪口长城第 3 段	1307211382102170017	石墙	608				608	

（续）

序号	认定名称	认定编码	类型	长度	保存程度				
					较好	一般	较差	差	消失
18	常峪口长城第 4 段	130721382102170018	石墙	375				219	156
19	四台沟长城第 1 段	130721382102170019	石墙	1600				1600	
20	四台沟长城第 2 段	130721382102170020	石墙	600				516	84
21	四台沟长城第 3 段	130721382102170021	石墙	686				686	
22	四台沟长城第 4 段	130721382102170022	石墙	1400				1400	
23	四台沟长城第 5 段	130721382102170023	石墙	3600		89		3511	
24	青边口长城第 1 段	130721382102170024	石墙	1700				1700	
25	青边口长城第 2 段	130721382102170025	土墙	327				327	
26	青边口长城第 3 段	130721382102170026	石墙	334				334	
27	青边口长城第 4 段	130721382102170027	砖墙	67				67	
28	青边口长城第 5 段	130721382102170028	石墙	2620				2602	18
29	羊房堡长城第 1 段	130721382102170029	石墙	5308				5308	
30	人头山长城第 1 段	130721382102170030	石墙	4675				4387	288
31	东窑长城第 1 段	130721382102170031	石墙	3009	101			2908	
32	东窑长城第 2 段	130721382102170032	石墙	3637		923		2714	
33	大白杨长城第 6 段	130721382102170033	石墙	1500				1500	
34	正盘台长城第 4 段	130721382102170034	山险	1400		1400			
35	正盘台长城第 5 段	130721382102170035	石墙	330				330	
36	正盘台长城第 6 段	130721382102170036	山险	100		100			
37	正盘台长城第 7 段	130721382102170037	石墙	1420				1420	
38	正盘台长城第 8 段	130721382102170038	石墙	1375			1375		
39	后坝口长城第 1 段	130721382102170039	石墙	3465				2290	1175
40	小西山长城第 1 段	130721382102170040	石墙	2320				2150	170
41	锁阳关长城第 1 段	130721382102170041	山险	250		250			
42	锁阳关长城第 2 段	130721382102170042	石墙	895				895	
43	锁阳关长城第 3 段	130721382102170043	石墙	1350				1300	50
44	锁阳关长城第 4 段	130721382102170044	山险	210		210			
45	锁阳关长城第 5 段	130721382102170045	石墙	3180				1780	1400
合计		共 45 段：石墙 38 段，土墙 2 段，砖 1 段，山险 4 段		74803	406	2972	1375	66709	3341
百分比（%）		100			0.5	3.9	1.8	89.1	4.7

类型：砖墙、石墙、土墙、山险墙、山险

保存程度：较好、一般、较差、差、消失

1. 正盘台长城第 1 段 130721382102170001

位于李家堡乡正盘台村北 2.8 千米，起点坐标：东经 115° 25′ 38.80″，北纬 40° 47′ 30.70″，高程 1947 米，止点坐标：东经 115° 23′ 29.90″，北纬 40° 46′ 54.40″，高程 1595 米。

墙体长 3500 米，内外用大块毛石干槎包砌，墙芯土石混筑，坍塌严重，墙体宽 2.5 米，内高 4 米，外高 5 米，四周植被茂盛，以低矮灌木、杂草为主。

2. 正盘台长城第 2 段 130721382102170002

位于李家堡乡正盘台村北 2.8 千米，起点坐标：东经 115° 23′ 29.90″，北纬 40° 46′ 54.40″，高程 1595 米，止点坐标：东经 115° 23′ 18.10″，北纬 40° 46′ 50.30″，高程 1592 米。

墙体长 305 米，内外用大块毛石干槎包砌，墙芯土石混筑，墙体宽 2.6 米，高 0.35 ～ 0.65 米，四周植被茂盛，以低矮灌木、杂草为主。

3. 正盘台长城第 3 段 130721382102170003

位于李家堡乡正盘台村北 2.4 千米，起点坐标：东经 115° 23′ 18.10″，北纬 40° 46′ 50.30″，高程 1592 米，止点坐标：东经 115° 20′ 00.20″，北纬 40° 47′ 40.00″，高程 1727 米。

墙体长 5900 米，内外用大块毛石干槎包砌，墙芯土石混筑，坍塌严重，按照墙体走向分为三段，第 1 段长 2400 米，走向为东—西，墙体宽 2.2 米，高 0.45 ～ 0.55 米；第 2 段长 2300 米，走向为东南—西北，墙体宽 2.5 米，高 0.3 ～ 0.5 米；第 3 段长 1200 米，走向为东—西，墙体宽 2.6 米，高 0.2 ～ 0.6 米，四周植被茂盛，以低矮灌木、杂草为主。

4. 大白杨长城第 1 段 130721382102170004

位于赵川镇大白杨村北 5.5 千米，起点坐标：东经 115° 20′ 00.20″，北纬 40° 47′ 40.00″，高程 1727 米，止点坐标：东经 115° 18′ 19.20″，北纬 40° 47′ 40.70″，高程 1761 米。

墙体长 2700 米，内外用大块毛石干槎包砌，墙芯土石混筑，坍塌严重，墙体宽 2.4 米，内高 0.6 米，外高 0.45 米，四周植被茂盛，以低矮灌木、杂草为主。

5. 大白杨长城第 2 段 130721382102170005

位于赵川镇大白杨村北 4.3 千米，起点坐标：东经 115° 18′ 19.20″，北纬 40° 47′ 40.70″，高程 1761 米，止点坐标：东经 115° 16′ 16.30″，北纬 40° 48′ 30.80″，高程 1988 米。

墙体长 3700 米，内外用大块毛石干槎包砌，墙芯土石混筑，坍塌严重，墙体宽 2.4 米，内高 0.6 米，外高 0.45 米，四周植被茂盛，以低矮灌木、杂草为主。

6. 大白杨长城第 3 段 130721382102170006

位于赵川镇大白杨村北 6.4 千米，起点坐标：东经 115° 16′ 16.30″，北纬 40° 48′ 30.80″，高程 1988 米，止点坐标：东经 115° 14′ 45.00″，北纬 40° 47′ 39.90″，高程 1605 米。

墙体长 2660 米，内外用大块毛石干槎包砌，墙芯土石混筑，坍塌严重，四周植被茂盛，以低矮灌木、杂草为主。

7. 大白杨长城第 4 段 130721382102170007

位于赵川镇大白杨村西北 6.2 千米，起点坐标：东经 115° 14′ 45.00″，北纬 40° 47′ 39.90″，高程 1605 米，止点坐标：东经 115° 14′ 35.20″，北纬 40° 47′ 42.90″，高程 1636 米。

墙体长 285 米，内外用大块毛石干槎包砌，墙芯土石混筑，坍塌严重，四周植被茂盛，以低矮灌木、杂草为主。

8. 大白杨长城第 5 段 130721382102170008

位于赵川镇大白杨村西北 6.4 千米、胡家洼村东北 2.4 千米，起点坐标：东经 115° 14′ 35.20″，北纬 40° 47′ 42.90″，高程 1636 米，止点坐标：东经 115° 12′ 44.90″，北纬 40° 47′ 39.70″，高程 1606 米。

墙体长 3069 米，内外用大块毛石干槎包砌，墙芯土石混筑，坍塌严重，墙体宽 2.6 ～ 3 米，内高 0.6 米，外高 0.45 米，四周植被茂盛，以低矮灌木、杂草为主。

9. 胡家洼长城第 1 段 1307213382102170009

位于东望山乡胡家洼村东北 2.8 千米，起点坐标：东经 115° 12′ 44.90″，北纬 40° 47′ 39.70″，高程 1606 米，止点坐标：东经 115° 12′ 23.30″，北纬 40° 47′ 38.10″，高程 1744 米。

墙体长 510 米，内外用大块毛石干槎包砌，墙芯土石混筑，坍塌严重，墙体顶宽 0.91 ～ 1.46 米，高 0.97 ～ 1.31 米，四周植被茂盛，以低矮灌木、杂草为主。

10. 胡家洼长城第 2 段 130721382102170010

位于东望山乡胡家洼村东北 2.7 千米，起点坐标：东经 115° 12′ 23.30″，北纬 40° 47′ 38.10″，高程 1744 米，止点坐标：东经 115° 11′ 55.20″，北纬 40° 47′ 45.70″，高程 1808 米。

墙体长 821 米，内外用大块毛石干槎包砌，墙芯土石混筑，坍塌严重，墙体顶宽 0.93 ～ 1.38 米，高 0.86 ～ 1.12 米，四周植被茂盛，以低矮灌木、杂草为主。

11. 胡家洼长城第 3 段 130721382102170011

位于东望山乡胡家洼村北 2.8 千米，起点坐标：东经 115° 11′ 55.20″，北纬 40° 47′ 45.70″，高程 1808 米，止点坐标：东经 115° 11′ 42.10″，北纬 40° 47′ 43.10″，高程 1788 米。

墙体长 335 米，内外用大块毛石干槎包砌，墙芯土石混筑，坍塌严重，顶宽 0.57 ～ 1.45 米，高 0.76 ～ 1.63 米，四周植被茂盛，以低矮灌木、杂草为主。

12. 胡家洼长城第 4 段 130721382102170012

位于东望山乡胡家洼村西北 3.2 千米，起点坐标：东经 115° 11′ 42.10″，北纬 40° 47′ 43.10″，高程 1788 米，止点坐标：东经 115° 11′ 11.20″，北纬 40° 47′ 51.70″，高程 1635 米。

墙体长 827 米，内外用大块毛石干槎包砌，墙芯土石混筑，坍塌严重，顶宽 0.54 ～ 1.3 米，高 1.06 ～ 1.47 米，四周植被茂盛，以低矮灌木、杂草为主。

13. 胡家洼长城第 5 段 130721382102170013

位于东望山乡胡家洼村西北 3.5 千米，起点坐标：东经 115° 11′ 11.20″，北纬 40° 47′ 51.70″，高程 1635 米，止点坐标：东经 115° 10′ 44.40″，北纬 40° 47′ 49.40″，高程 1561 米。

墙体长 702 米，内外用大块毛石干槎包砌，墙芯土石混筑，坍塌严重，顶宽 0.93 ～ 1.88 米，高 1.76 ～ 2.52 米，四周植被茂盛，以低矮灌木、杂草为主。

14. 胡家洼长城第 6 段 130721382102170014

位于东望山乡胡家洼村西北 3.8 千米，起点坐标：东经 115° 10′ 44.40″，北纬 40° 47′ 49.40″，高程 1561 米，止点坐标：东经 115° 10′ 27.60″，北纬 40° 47′ 55.30″，高程 1500 米。

墙体长 446 米，内外用大块毛石干槎包砌，墙芯土石混筑，坍塌严重，顶宽 0.87 ～ 2.13 米，墙体高 0.84 ～ 1.24 米，四周植被茂盛，以低矮灌木、杂草为主。

15. 常峪口长城第 1 段 130721382102170015

位于东望山乡常峪口村东北 4 千米，起点坐标：东经 115° 10′ 27.60″，北纬 40° 47′ 55.30″，高程 1500 米，止点坐标：东经 115° 10′ 15.30″，北纬 40° 47′ 53.50″，高程 1446 米。

墙体长 295 米，内外用大块毛石干槎包砌，墙芯土石混筑，坍塌严重，顶宽 1.35 米，高 1.42 米，四周植被茂盛，以低矮灌木、杂草为主。

16. 常峪口长城第 2 段 130721382102170016

位于东望山乡常峪口村东北 3.7 千米起点坐标：东经 115° 10′ 15.30″，北纬 40° 47′ 53.50″，高程 1446 米，止点坐标：东经 115° 10′ 01.70″，北纬 40° 47′ 47.40″，高程 1348 米。

墙体长 407 米，内外用大块毛石干槎包砌，墙芯土石混筑，坍塌严重，高顶宽 0.65 ～ 1.78 米，0.79 ～ 1.64 米，四周植被茂盛，以低矮灌木、杂草为主。

17. 常峪口长城第 3 段 130721382102170017

位于东望山乡常峪口村东北 3.5 千米，起点坐标：东经 115° 10′ 01.70″，北纬 40° 47′ 47.40″，高程 1348 米，止点坐标：东经 115° 09′ 38.30″，北纬 40° 47′ 46.00″，高程 1146 米。

墙体长 608 米，内外用大块毛石干槎包砌，墙芯土石混筑，坍塌严重，墙体内侧高 0.62 米，外侧高 0.67 米，顶宽 1.97 米，四周植被茂盛，以低矮灌木、杂草为主。

18. 常峪口长城第 4 段 130721382102170018

位于东望山乡常峪口村东北 3.6 千米，起点坐标：东经 115° 09′ 38.30″，北纬 40° 47′ 46.00″，高程 1146 米，止点坐标：东经 115° 09′ 26.80″，北纬 40° 47′ 53.20″，高程 1128 米。

墙体长 375 米，内外用大块毛石干槎包砌，墙芯土石混筑，坍塌严重，保存差长 219 米，消失无存长 156 米，顶宽 0.83 ～ 1.56 米，高 0.72 ～ 1.43 米，四周植被茂盛，以低矮灌木、杂草为主。

19. 四台沟长城第 1 段 130721382102170019

位于崇礼县四台沟村东南 4.9 千米，起点坐标：东经 115° 09′ 26.80″，北纬 40° 47′ 53.20″，高程 1128 米，止点坐标：东经 115° 08′ 56.00″，北纬 40° 48′ 30.50″，高程 1455 米。

墙体长 1600 米，内外用大块毛石干槎包砌，墙芯土石混筑，坍塌严重，顶宽 0.78 ～ 1.24 米，高 0.77 ～ 1.58 米，四周植被茂盛，以低矮灌木、杂草为主。

20. 四台沟长城第 2 段 130721382102170020

位于崇礼县四台沟村东南 4.5 千米，起点坐标：东经 115° 08′ 56.00″，北纬 40° 48′ 30.50″，高程 1455 米，止点坐标：东经 115° 08′ 36.90″，北纬 40° 48′ 35.00″，高程 1560 米。

墙体长 600 米，内外用大块毛石干槎包砌，墙芯土石混筑，坍塌严重，保存差长 516 米，消失无存长 84 米，顶宽 0.97 ～ 1.45 米，高 1.02 ～ 1.83 米，四周植被茂盛，以低矮灌木、杂草为主。

21. 四台沟长城第 3 段 130721382102170021

位于崇礼县四台沟村东南 4.5 千米，起点坐标：东经 115° 08′ 36.90″，北纬 40° 48′ 35.00″，高程 1560

米，止点坐标：东经 115° 08′ 11.00″，北纬 40° 48′ 34.40″，高程 1695 米。

墙体长 686 米，内外用大块毛石干槎包砌，墙芯土石混筑，坍塌严重，顶宽 0.68～1.08 米，高 0.75～1.63 米，四周植被茂盛，以低矮灌木、杂草为主。

22. 四台沟长城第 4 段 130721382102170022

位于崇礼县四台沟村东南 4.3 千米，起点坐标：东经 115° 08′ 11.00″，北纬 40° 48′ 34.40″，高程 1695 米，止点坐标：东经 115° 07′ 26.60″，北纬 40° 48′ 59.40″，高程 1719 米。

墙体长 1400 米，内外用大块毛石干槎包砌，墙芯土石混筑，坍塌严重，底宽 0.88～1.36 米，顶宽 0.54～1.3 米，高 1.22～1.87 米，四周植被茂盛，以低矮灌木、杂草为主。

23. 四台沟长城第 5 段 130721382102170023

位于崇礼县四台沟村南 3 千米，起点坐标：东经 115° 07′ 26.60″，北纬 40° 48′ 59.40″，高程 1719 米，止点坐标：东经 115° 05′ 41.80″，北纬 40° 49′ 46.80″，高程 1622 米。

墙体长 3600 米，内外用大块毛石干槎包砌，墙芯土石混筑，坍塌严重，顶宽 0.83～1.14 米，高 1.72～2.23 米，四周植被茂盛，以低矮灌木、杂草为主。

24. 青边口长城第 1 段 130721382102170024

位于东望山乡青边口村东北 3.6 千米，起点坐标：东经 115° 05′ 41.80″，北纬 40° 49′ 46.80″，高程 1622 米，止点坐标：东经 115° 04′ 58.70″，北纬 40° 49′ 06.80″，高程 1326 米。

墙体长 1700 米，内外用大块毛石干槎包砌，墙芯土石混筑，坍塌严重，底宽 2.06～2.54 米，顶宽 1.47～1.66 米，内侧高 1.04～1.57 米，外侧高 0.87～1.02 米，四周植被茂盛，以低矮灌木、杂草为主。

25. 青边口长城第 2 段 130721382102170025

位于东望山乡青边口村东北 3.5 千米，起点坐标：东经 115° 04′ 58.70″，北纬 40° 49′ 06.80″，高程 1326 米，止点坐标：东经 115° 04′ 46.20″，北纬 40° 49′ 03.60″，高程 1278 米。

墙体长 327 米，内外用大块毛石干槎包砌，墙芯土石混筑，坍塌严重，宽 2.23～2.46 米，高 0.46～1.1 米，四周植被茂盛，以低矮灌木、杂草为主。

26. 青边口长城第 3 段 130721382102170026

位于东望山乡青边口村北 3.4 千米，起点坐标：东经 115° 04′ 46.20″，北纬 40° 49′ 03.60″，高程 1278 米，止点坐标：东经 115° 04′ 30.90″，北纬 40° 49′ 01.70″，高程 1280 米。

墙体长 334 米，内外用大块毛石干槎包砌，墙芯土石混筑，坍塌严重，宽 2.1～2.56 米，高 0.67～1.36 米，四周植被茂盛，以低矮灌木、杂草为主。

27. 青边口长城第 4 段 130721382102170027

位于东望山乡青边口村北 3.2 千米，起点坐标：东经 115° 04′ 30.90″，北纬 40° 49′ 01.70″，高程 1280 米，止点坐标：东经 115° 04′ 30.30″，北纬 40° 49′ 00.10″，高程 1286 米。

墙体长 67 米，内外用大块毛石干槎包砌，墙芯土石混筑坍塌严重，宽 1.1 米，高 0.82 米，四周植被茂盛，以低矮灌木、杂草为主。

28. 青边口长城第 5 段 130721382102170028

位于大仓盖镇羊房堡村北 2.5 千米，起点坐标：东经 115° 04′ 30.30″，北纬 40° 49′ 00.10″，高程 1286 米，止点坐标：东经 115° 02′ 47.90″，北纬 40° 48′ 38.30″，高程 1333 米。

墙体长 2620 米，内外用大块毛石干槎包砌，墙芯土石混筑，坍塌严重，宽 2.86 ～ 3.64 米，高 1.57 ～ 1.96 米，四周植被茂盛，以低矮灌木、杂草为主。

29. 羊房堡长城第 1 段 130721382102170029

位于大仓盖镇羊房堡村西北 3.3 千米，起点坐标：东经 115° 02′ 47.90″，北纬 40° 48′ 38.30″，高程 1333 米，止点坐标：东经 114° 59′ 49.30″，北纬 40° 49′ 18.10″，高程 1581 米。

墙体长 5308 米，其间设敌台 2 座，内外用大块毛石干槎包砌，墙芯土石混筑，坍塌严重，顶宽 0.96 ～ 1.29 米，高 2.3 ～ 3.6 米，四周植被茂盛，以低矮灌木、杂草为主。

30. 人头山长城第 1 段 130721382102170030

位于大仓盖镇人头山村东北 2.7 千米、大仓盖镇里东窑村东 2.7 千米，起点坐标：东经 114° 59′ 49.30″，北纬 40° 49′ 18.10″，高程 1581 米，止点坐标：东经 114° 57′ 08.60″，北纬 40° 49′ 16.00″，高程 1233 米。

墙体长 4675 米，内外用大块毛石干槎包砌，墙芯土石混筑，坍塌严重，保存差长 4387 米，消失无存长 288 米，宽 4.8 ～ 5.1 米，高 2.3 ～ 3.6 米，四周植被茂盛，以低矮灌木、杂草为主。

31. 东窑长城第 1 段 130721382102170031

位于大仓盖镇里东窑村东 2.7 千米，起点坐标：东经 114° 57′ 08.60″，北纬 40° 49′ 16.00″，高程 1233 米，止点坐标：东经 114° 55′ 28.90″，北纬 40° 49′ 55.10″，高程 1168 米。

墙体长 3009 米，内外用大块毛石干槎包砌，墙芯土石混筑，坍塌严重，保存较好长 101 米，顶宽 0.84 ～ 0.9 米，内侧高 3.55 ～ 3.61 米，外侧高 3.29 ～ 3.79 米；保存差长 2908 米，顶宽 0.93 ～ 1.42 米，内侧高 2.33 ～ 3.79 米，外侧高 3.12 ～ 3.62 米，四周植被茂盛，以低矮灌木、杂草为主。

32. 东窑长城第 2 段 130721382102170032

位于大仓盖镇里东窑村东 2.7 千米，起点坐标：东经 114° 57′ 28.90″，北纬 40° 49′ 55.10″，高程 1168 米，止点坐标：东经 114° 53′ 30.40″，北纬 40° 50′ 42.20″，高程 1278 米。

墙体长 3637 米，内外用大块毛石干槎包砌，墙芯土石混筑，坍塌严重，保存一般长 923 米，宽 2.84 ～ 4.13 米，高 1.35 ～ 2.04 米；保存差长 2714 米，宽 3.23 ～ 3.83 米，高 1.35 ～ 1.96 米；四周植被茂盛，以低矮灌木、杂草为主。

33. 大白杨长城第 6 段 130721382102170033

位于赵川镇大白杨村北 3.2 千米，起点坐标：东经 115° 17′ 44.90″，北纬 40° 46′ 59.40″，高程 1716 米，止点坐标：东经 115° 18′ 20.30″，北纬 40° 47′ 35.30″，高程 1722 米。

墙体长 1500 米，内外用大块毛石干槎包砌，墙芯土石混筑，坍塌严重，墙体宽 1.3 米，高 0.6 ～ 0.45 米，四周植被茂盛，以低矮灌木、杂草为主。

34. 正盘台长城第 4 段 130721382102170034

位于李家堡乡正盘台村东北 1.5 千米、大尖山东侧 800 米，起点坐标：东经 115° 25′ 56.10″，北纬

40° 47′ 29.60″，高程 1935 米，止点坐标：东经 115° 25′ 48.50″，北纬 40° 46′ 43.40″，高程 1528 米。

此段为山险，长 1400 米，天然岩石，四周植被茂盛，以低矮灌木、杂草为主。

35. 正盘台长城第 5 段 1307213821002170035

位于李家堡乡正盘台村东北 1.5 千米，起点坐标：东经 115° 25′ 48.50″，北纬 40° 46′ 43.40″，高程 1528 米，止点坐标：东经 115° 25′ 45.70″，北纬 40° 46′ 33.90″，高程 1410 米。

墙体长 330 米，内外用大块毛石干槎包砌，墙芯土石混筑，坍塌严重，墙体宽 2.4 米，高 1.2 米，四周植被茂盛，以低矮灌木、杂草为主。

36. 正盘台长城第 6 段 1307213821002170036

位于李家堡乡正盘台村东北 1.5 千米，起点坐标：东经 115° 25′ 45.70″，北纬 40° 46′ 33.90″，高程 1410 米，止点坐标：东经 115° 25′ 46.40″，北纬 40° 46′ 31.30″，高程 1434 米。

此段为山险，长 100 米，天然岩石，四周植被茂盛，以低矮灌木、杂草为主。

37. 正盘台长城第 7 段 1307213821002170037

位于李家堡乡正盘台村东北 1.5 千米，起点坐标：东经 115° 25′ 46.40″，北纬 40° 46′ 31.30″，高程 1434 米，止点坐标：东经 115° 26′ 26.50″，北纬 40° 46′ 00.40″，高程 1934 米。

墙体长 1420 米，内外用大块毛石干槎包砌，墙芯土石混筑，坍塌严重，墙体宽 2.45 米，高 0.4～0.6 米，四周植被茂盛，以低矮灌木、杂草为主。

38. 正盘台长城第 8 段 1307213821002170038

位于李家堡乡正盘台村东南 2.5 千米，起点坐标：东经 115° 26′ 26.50″，北纬 40° 46′ 40.00″，高程 1934 米，止点坐标：东经 115° 26′ 25.10″，北纬 40° 45′ 19.20″，高程 1903 米。

墙体长 1375 米，内外用大块毛石干槎包砌，墙芯土石混筑，坍塌严重，墙体底宽 1.7～1.8 米，顶宽 1.6 米，高 2.6 米，四周植被茂盛，以低矮灌木、杂草为主。

39. 后坝口长城第 1 段 1307213821002170039

位于李家堡乡后坝口村东 3 千米，起点坐标：东经 115° 26′ 25.10″，北纬 40° 45′ 19.20″，高程 1903 米，止点坐标：东经 115° 28′ 35.40″，北纬 40° 44′ 10.10″，高程 1519 米。

墙体长 3465 米，内外用大块毛石干槎包砌，墙芯土石混筑，坍塌严重，保存差段长 2290 米，墙体宽 2.4 米，高 0.3～0.5 米，消失段长 1175 米，四周植被茂盛，以低矮灌木、杂草为主。

40. 小西山长城第 1 段 1307213821002170040

位于赤城县龙关镇小西山村西南约 1.5 千米、锁阳关北侧约 1.2 千米，起点坐标：东经 115° 28′ 35.40″，北纬 40° 44′ 10.10″，高程 1519 米，止点坐标：东经 115° 29′ 23.00″，北纬 40° 43′ 19.30″，高程 1458 米。

墙体长 2320 米，墙体内外用大块毛石干槎包砌，墙芯土石混筑，坍塌严重，保存较差段长 2150 米，消失段长 170 米，四周以杂草为主。

41. 锁阳关长城第 1 段 1307213821002170041

位于锁阳关北侧 1.2 千米，起点坐标：东经 115° 29′ 23.00″，北纬 40° 43′ 19.30″，高程 1458 米，止

点坐标：东经 115° 29′ 21.40″，北纬 40° 43′ 11.50″，高程 1410 米。

此段为山险，长 250 米，天然岩石，四周植被茂盛，以低矮灌木、杂草为主。

42. 锁阳关长城第 2 段 1307213821021700042

位于锁阳关北侧 1 千米，起点坐标：东经 115° 29′ 21.40″，北纬 40° 43′ 11.50″，高程 1410 米，止点坐标：东经 115° 29′ 12.90″，北纬 40° 42′ 47.60″，高程 1293 米。

墙体长 895 米，内外用大块毛石干槎包砌，墙芯土石混筑，坍塌严重，墙体宽 1.6 米，高 0.3 ～ 0.5 米，四周植被茂盛，以低矮灌木、杂草为主。

43. 锁阳关长城第 3 段 130721382102170043

位于锁阳关南侧 1.2 千米，起点坐标：东经 115° 29′ 12.90″，北纬 40° 42′ 47.60″，高程 1293 米，止点坐标：东经 115° 29′ 04.00″，北纬 40° 42′ 10.10″，高程 1386 米。

墙体长 1350 米，内外用大块毛石干槎包砌，墙芯土石混筑，坍塌严重，保存差段长 1300 米，消失段长 50 米，墙体宽 1.2 ～ 1.5 米，内侧高 1.5 米，外侧高 0.6 米，墙体上立有线塔，四周植被茂盛，以低矮灌木、杂草为主。

44. 锁阳关长城第 4 段 130721382102170044

位于锁阳关南侧 1.2 千米，起点坐标：东经 115° 29′ 04.00″，北纬 40° 42′ 10.10″，高程 1386 米，止点坐标：东经 115° 29′ 01.50″，北纬 40° 42′ 03.80″，高程 1383 米。

此段为山险，长 210 米，天然岩石，四周植被茂盛，以低矮灌木、杂草为主。

45. 锁阳关长城第 5 段 130721382102170045

位于锁阳关南侧 1.4 千米，起点坐标：东经 115° 29′ 01.50″，北纬 40° 42′ 03.80″，高程 1383 米，止点坐标：东经 115° 29′ 02.20″，北纬 40° 40′ 47.00″，高程 1310 米。

墙体长 3180 米，内外用大块毛石干槎包砌，墙芯土石混筑，坍塌严重，保存差段长 1780 米，墙体宽 1.25 米，高 1.56 米，消失段长 1400 米，四周植被茂盛，以低矮灌木、杂草为主。

（二）单体建筑

宣化县单体建筑一览表（单位：座）

序号	认定名称	认定编码	材质	保存程度				
				较好	一般	较差	差	消失
1	宣化城 01 号烽火台	130721353201170001	土				√	
2	正盘台 01 号敌台	130721352101170001	石				√	
3	二道岭 01 号敌台	130721352101170002	砖			√		
4	大白杨 01 号敌台	130721352101170003	石				√	
5	大白杨 02 号敌台	130721352101170004	石				√	
6	大白杨 03 号敌台	130721352101170005	石				√	
7	大白杨 04 号敌台	130721352101170006	砖				√	
8	大白杨 05 号敌台	130721352101170007	石				√	

（续）

序号	认定名称	认定编码	材质	保存程度				
				较好	一般	较差	差	消失
9	大白杨 06 号敌台	130721352101170008	砖				√	
10	大白杨 07 号敌台	130721352101170009	石				√	
11	大白杨 08 号敌台	130721352101170010	石				√	
12	大白杨 09 号敌台	130721352101170011	石				√	
13	大白杨 10 号敌台	130721352101170012	砖				√	
14	大白杨 11 号敌台	130721352101170013	砖				√	
15	大白杨 12 号敌台	130721352101170014	砖				√	
16	大白杨 13 号敌台	130721352101170015	砖			√		
17	大白杨 14 号敌台	130721352101170016	砖		√			
18	大白杨 15 号敌台	130721352101170017	砖		√			
19	大白杨 16 号敌台	130721352101170018	砖		√			
20	大白杨 17 号敌台	130721352101170019	砖	√				
21	胡家洼 01 号敌台	130721352101170020	砖				√	
22	胡家洼 02 号敌台	130721352101170021	砖			√		
23	常峪口 01 号敌台	130721352101170022	砖			√		
24	四台沟 01 号敌台	130721352101170023	石				√	
25	四台沟 02 号敌台	130721352101170024	砖				√	
26	四台沟 03 号敌台	130721352101170025	砖			√		
27	四台沟 04 号敌台	130721352101170026	砖			√		
28	四台沟 05 号敌台	130721352101170027	砖				√	
29	四台沟 06 号敌台	130721352101170028	砖			√		
30	四台沟 07 号敌台	130721352101170029	砖		√			
31	四台沟 08 号敌台	130721352101170030	砖			√		
32	青边口 01 号敌台	130721352101170031	砖				√	
33	青边口 02 号敌台	130721352101170032	砖				√	
34	青边口 03 号敌台	130721352101170033	砖				√	
35	青边口 04 号敌台	130721352101170034	砖			√		
36	青边口 05 号敌台	130721352101170035	砖			√		
37	青边口 06 号敌台	130721352101170036	砖			√		
38	青边口 07 号敌台	130721352101170037	砖				√	
39	羊房堡 01 号敌台	130721352101170038	砖			√		
40	羊房堡 02 号敌台	130721352101170039	砖				√	
41	羊房堡 03 号敌台	130721352101170040	砖		√			
42	羊房堡 04 号敌台	130721352101170041	砖			√		
43	羊房堡 05 号敌台	130721352101170042	砖			√		
44	羊房堡 06 号敌台	130721352101170043	砖			√		
45	人头山 01 号敌台	130721352101170044	砖			√		

（续）

序号	认定名称	认定编码	材质	保存程度				
				较好	一般	较差	差	消失
46	人头山 02 号敌台	1307213521 01170045	砖				√	
47	人头山 03 号敌台	1307213521 01170046	砖				√	
48	人头山 04 号敌台	1307213521 01170047	砖				√	
49	人头山 05 号敌台	1307213521 01170048	砖				√	
50	人头山 06 号敌台	1307213521 01170049	砖				√	
51	东窑 01 号敌台	1307213521 01170050	石				√	
52	东窑 02 号敌台	1307213521 01170051	砖			√		
53	东窑 03 号敌台	1307213521 01170052	砖				√	
54	东窑 04 号敌台	1307213521 01170053	砖				√	
55	东窑 05 号敌台	1307213521 01170054	石				√	
56	东窑 06 号敌台	1307213521 01170055	石				√	
57	东窑 07 号敌台	1307213521 01170056	石				√	
58	东窑 08 号敌台	1307213521 01170057	石				√	
59	东窑 09 号敌台	1307213521 01170058	石				√	
60	东窑 10 号敌台	1307213521 01170059	石				√	
61	东窑 11 号敌台	1307213521 01170060	石				√	
62	东窑 12 号敌台	1307213521 01170061	石				√	
63	东窑 13 号敌台	1307213521 01170062	石				√	
64	东窑 14 号敌台	1307213521 01170063	石				√	
65	东窑 15 号敌台	1307213521 01170064	石				√	
66	东窑 16 号敌台	1307213521 01170065	石				√	
67	东窑 17 号敌台	1307213521 01170066	砖				√	
68	东窑 18 号敌台	1307213521 01170067	土				√	
69	东窑 19 号敌台	1307213521 01170068	砖				√	
70	东窑 20 号敌台	1307213521 01170069	石				√	
71	正盘台 01 号马面	1307213521 02170070	砖			√		
72	正盘台 02 号马面	1307213521 02170071	石			√		
73	正盘台 01 号烽火台	1307213532 01170072	石				√	
74	正盘台 02 号烽火台	1307213532 01170073	石				√	
75	正盘台 03 号烽火台	1307213532 01170074	石				√	
76	正盘台 04 号烽火台	1307213532 01170075	土			√		
77	正盘台 05 号烽火台	1307213532 01170076	土			√		
78	正盘台 06 号烽火台	1307213532 01170077	土				√	
79	正盘台 07 号烽火台	1307213532 01170078	石				√	
80	正盘台 08 号烽火台	1307213532 01170079	石				√	
81	正盘台 09 号烽火台	1307213532 01170080	石				√	
82	正盘台 10 号烽火台	1307213532 01170081	石				√	
83	正盘台 11 号烽火台	1307213532 01170082	土				√	

（续）

序号	认定名称	认定编码	材质	保存程度				
				较好	一般	较差	差	消失
84	正盘台 12 号烽火台	130721353201170083	石				√	
85	正盘台 13 号烽火台	130721353201170084	石				√	
86	正盘台 14 号烽火台	130721353201170085	土			√		
87	正盘台 15 号烽火台	130721353201170086	土			√		
88	二道岭 01 号烽火台	130721353201170087	土				√	
89	大白阳 01 号烽火台	130721353201170088	石				√	
90	大白阳 02 号烽火台	130721353201170089	砖				√	
91	大白阳 03 号烽火台	130721353201170090	砖				√	
92	大白阳 04 号烽火台	130721353201170091	石				√	
93	大白阳 05 号烽火台	130721353201170092	砖				√	
94	大白阳 06 号烽火台	130721353201170093	砖				√	
95	大白阳 07 号烽火台	130721353201170094	砖				√	
96	大白阳 08 号烽火台	130721353201170095	土				√	
97	大白阳 09 号烽火台	130721353201170096	土				√	
98	大白阳 10 号烽火台	130721353201170097	砖		√			
99	大白阳 11 号烽火台	130721353201170098	砖			√		
100	大白阳 12 号烽火台	130721353201170099	砖	√				
101	白庙 01 号烽火台	130721353201170100	土			√		
102	白庙 02 号烽火台	130721353201170101	土			√		
103	董家窑 01 号烽火台	130721353201170102	土			√		
104	董家窑 02 号烽火台	130721353201170103	土			√		
105	后洼 01 号烽火台	130721353201170104	土				√	
106	后洼 02 号烽火台	130721353201170105	土				√	
107	后洼 03 号烽火台	130721353201170106	土			√		
108	小白杨 01 号烽火台	130721353201170107	土				√	
109	小白杨 02 号烽火台	130721353201170108	石				√	
110	小白杨 03 号烽火台	130721353201170109	石				√	
111	小白杨 04 号烽火台	130721353201170110	石				√	
112	后坝 01 号烽火台	130721353201170111	石				√	
113	后坝 02 号烽火台	130721353201170112	土			√		
114	后坝 03 号烽火台	130721353201170113	石				√	
115	后坝 04 号烽火台	130721353201170114	石				√	
116	后坝 05 号烽火台	130721353201170115	石				√	
117	后坝 06 号烽火台	130721353201170116	砖				√	
118	二道岭 02 号烽火台	130721353201170117	石				√	
119	大白杨 13 号烽火台	130721353201170118	土				√	
120	大白杨 14 号烽火台	130721353201170119	石				√	
121	大白杨 15 号烽火台	130721353201170120	砖				√	

（续）

序号	认定名称	认定编码	材质	保存程度				
				较好	一般	较差	差	消失
122	大白杨 16 号烽火台	1307213532011170121	石				√	
123	大白杨 17 号烽火台	1307213532011170122	石				√	
124	大白杨 18 号烽火台	1307213532011170123	石				√	
125	大白杨 19 号烽火台	1307213532011170124	石				√	
126	大白杨 20 号烽火台	1307213532011170125	石				√	
127	大白杨 21 号烽火台	1307213532011170126	土				√	
128	葛峪堡 01 号烽火台	1307213532011170127	石				√	
129	葛峪堡 02 号烽火台	1307213532011170128	土				√	
130	葛峪堡 03 号烽火台	1307213532011170129	土				√	
131	葛峪堡 04 号烽火台	1307213532011170130	土				√	
132	葛峪堡 05 号烽火台	1307213532011170131	石				√	
133	葛峪堡 06 号烽火台	1307213532011170132	土				√	
134	葛峪堡 07 号烽火台	1307213532011170133	石				√	
135	胡家洼 01 号烽火台	1307213532011170134	石				√	
136	胡家洼 02 号烽火台	1307213532011170135	石				√	
137	胡家洼 03 号烽火台	1307213532011170136	石				√	
138	胡家洼 04 号烽火台	1307213532011170137	石				√	
139	胡家洼 05 号烽火台	1307213532011170138	石				√	
140	胡家洼 06 号烽火台	1307213532011170139	石				√	
141	胡家洼 07 号烽火台	1307213532011170140	石				√	
142	常峪口 01 号烽火台	1307213532011170141	石				√	
143	常峪口 02 号烽火台	1307213532011170142	石				√	
144	常峪口 03 号烽火台	1307213532011170143	石				√	
145	常峪口 04 号烽火台	1307213532011170144	土				√	
146	常峪口 05 号烽火台	1307213532011170145	土				√	
147	常峪口 06 号烽火台	1307213532011170146	石				√	
148	常峪口 07 号烽火台	1307213532011170147	土				√	
149	常峪口 08 号烽火台	1307213532011170148	石				√	
150	常峪口 09 号烽火台	1307213532011170149	石				√	
151	常峪口 10 号烽火台	1307213532011170150	石				√	
152	常峪口 11 号烽火台	1307213532011170151	石				√	
153	常峪口 12 号烽火台	1307213532011170152	石				√	
154	常峪口 13 号烽火台	1307213532011170153	石				√	
155	青边口 01 号烽火台	1307213532011170154	砖			√		
156	青边口 02 号烽火台	1307213532011170155	砖			√		
157	青边口 03 号烽火台	1307213532011170156	石				√	
158	青边口 04 号烽火台	1307213532011170157	砖			√		

（续）

序号	认定名称	认定编码	材质	保存程度				
				较好	一般	较差	差	消失
159	青边口 05 号烽火台	1307213532011170158	砖				√	
160	青边口 06 号烽火台	1307213532011170159	砖				√	
161	青边口 07 号烽火台	1307213532011170160	土				√	
162	青边口 08 号烽火台	1307213532011170161	土				√	
163	青边口 09 号烽火台	1307213532011170162	土				√	
164	青边口 10 号烽火台	1307213532011170163	土				√	
165	青边口 11 号烽火台	1307213532011170164	土				√	
166	青边口 12 号烽火台	1307213532011170165	土				√	
167	青边口 13 号烽火台	1307213532011170166	土				√	
168	青边口 14 号烽火台	1307213532011170167	砖				√	
169	青边口 15 号烽火台	1307213532011170168	石				√	
170	青边口 16 号烽火台	1307213532011170169	石				√	
171	羊房堡 01 号烽火台	1307213532011170170	砖			√		
172	羊房堡 02 号烽火台	1307213532011170171	土				√	
173	羊房堡 03 号烽火台	1307213532011170172	石				√	
174	羊房堡 04 号烽火台	1307213532011170173	石				√	
175	羊房堡 05 号烽火台	1307213532011170174	石				√	
176	人头山 01 号烽火台	1307213532011170175	石				√	
177	人头山 02 号烽火台	1307213532011170176	土				√	
178	人头山 03 号烽火台	1307213532011170177	土				√	
179	人头山 04 号烽火台	1307213532011170178	土				√	
180	东窑 01 号烽火台	1307213532011170179	土				√	
181	东窑 02 号烽火台	1307213532011170180	石				√	
182	关子口 01 号烽火台	1307213521011170181	土				√	
183	赵川 01 号烽火台	1307213532011170182	土			√		
184	贾家湾 01 号烽火台	1307213532011170183	土				√	
185	草沟 01 号烽火台	1307213532011170184	土				√	
186	吉家町 01 号烽火台	1307213532011170185	土				√	
187	草沟村 02 号烽火台	1307213532011170186	土			√		
188	滹沱店 01 号烽火台	1307213532011170187	土				√	
189	滹沱店 02 号烽火台	1307213532011170188	土			√		
190	深井 01 号烽火台	1307213532011170189	土			√		
191	深井 02 号烽火台	1307213532011170190	土				√	
192	北庄子 01 号烽火台	1307213532011170191	土				√	
193	鱼跃沟 01 号烽火台	1307213532011170192	土				√	
194	鱼跃沟 02 号烽火台	1307213532011170193	土				√	
195	北汛地 01 号烽火台	1307213532011170194	土				√	

（续）

序号	认定名称	认定编码	材质	保存程度				
				较好	一般	较差	差	消失
196	榆岭子01号烽火台	130721353201170195	土				√	
197	榆岭子02号烽火台	130721353201170196	土				√	
198	石门屯01号烽火台	130721353201170197	土			√		
199	石门屯02号烽火台	130721353201170198	土			√		
200	安家台01号烽火台	130721353201170199	土			√		
201	秤达沟01号烽火台	130721353201170200	土			√		
202	宣化城02号烽火台	130721353201170201	土			√		
203	赵家屯01号烽火台	130721353201170202	土				√	
204	李指挥01号烽火台	130721353201170203	土				√	
205	南洋店01号烽火台	130721353201170204	土			√		
206	辛庄子01号烽火台	130721353201170205	土				√	
207	郝家庄01号烽火台	130721353201170206	土				√	
208	正盘台16号烽火台	130721353201170207	石			√		
209	正盘台17号烽火台	130721353201170208	石			√		
210	正盘台18号烽火台	130721353201170209	石			√		
211	正盘台19号烽火台	130721353201170210	石			√		
212	正盘台20号烽火台	130721353201170211	石			√		
213	后坝口01号烽火台	130721353201170212	石			√		
214	后坝口02号烽火台	130721353201170213	石			√		
215	后坝口03号烽火台	130721353201170214	石			√		
216	后坝口04号烽火台	130721353201170215	石			√		
217	后坝口05号烽火台	130721353201170216	石			√		
218	后坝口06号烽火台	130721353201170217	石			√		
219	后坝口07号烽火台	130721353201170218	石			√		
220	三贤庙01号烽火台	130721353201170219	石			√		
221	锁阳关01号烽火台	130721353201170220	土			√		
222	锁阳关02号烽火台	130721353201170221	石			√		
223	小蛤蟆01号烽火台	130721353201170222	石			√		
224	小蛤蟆02号烽火台	130721353201170223	石			√		
225	小蛤蟆03号烽火台	130721353201170224	土			√		
226	小蛤蟆04号烽火台	130721353201170225	土			√		
227	小蛤蟆05号烽火台	130721353201170226	土			√		
合计		共227座：砖63座，石93座，土71座		2	6	64	155	
百分比（%）		100		0.8	2.6	28.2	68.4	

类型：单体建筑包括敌台、烽火台、马面等

保存程度：较好、一般、较差、差、消失

1. 宣化城 01 号烽火台 130721353201170001

位于宣化北门外 3 千米路西的台地上民居院落内，坐标：东经 115° 03′ 27.10″，北纬 40° 38′ 01.70″。

烽火台平面呈圆形，剖面呈梯形，台芯素土分层夯筑，夯层厚 0.25 米，外包城砖砌筑，城砖规格：0.37 米 × 0.2 米 × 0.07 米。台体南北长 10.48 米，东西宽 10.23 米，东侧高 2.79 米，西侧高 4.72 米，北侧高 3.1 米，周围为民居宅院。北立面存后期人为挖掘的孔洞一处，宽 0.7 米，高 1.5 米，顶部中间有南北向深沟一条，长 5.9 米，宽 1.6 米，深 0.92 米。

2. 正盘台 01 号敌台 130721352101170001

位于李家堡乡正盘台村北 2.2 千米，坐标：东经 115° 24′ 07.40″，北纬 40° 47′ 07.20″，高程 1685 米。

台体东西两侧与墙体相接，平面呈圆形，立面及剖面呈梯形，台芯土石分层夯筑，外包城砖砌筑，坍塌成石堆状。底径 5 米，高 3 米，四周散落少量碎砖和白灰渣，保存差，四周植被多为灌木和杂草。

3. 二道岭 01 号敌台 130721352101170002

位于赵川镇二道岭村东北 5.4 千米，坐标：东经 115° 21′ 23.30″，北纬 40° 47′ 01.80″，高程 1517 米。

台体南北两侧与墙体相接，平面呈矩形，立面及剖面呈梯形，台芯土石分层夯筑，外包城砖砌筑，城砖规格：0.44 米 × 0.21 米 × 0.09 米。底部东西长 10 米，南北宽 10 米，高 11.4 米。立面为三段式，下段为条石基础，白灰砌筑，白灰勾缝，露明 5 层，高 2.2 米；中段城砖包砌，掺灰泥砌筑，白灰勾缝。东立面北侧存竖向裂缝三条，宽 0.02 ～ 0.08 米；南立面上部辟券门，起券方式为一伏一券，门下设拴梯石，向外悬挑 0.45 米，门券上部坍塌，长 1.1 米，高 1.2 米，台体下部存孔洞一处，宽 1.4 米，高 2.1 米，深 2.2 米；西立面中部外包城砖坍塌，底宽 4.9 米，上宽 3.8 米，根部坍塌成斜坡状，顶部残留一望孔；北立面上部坍塌成"V"字形，上宽 3.6 米，高 2.6 米；上段设垛口墙，残高 0.2 米。周边散落大量城砖，四周植被多为灌木和杂草。

4. 大白杨 01 号敌台 130721352101170003

位于赵川镇大白杨村北 6.1 千米，坐标：东经 115° 20′ 45.90″，北纬 40° 47′ 29.50″，高程 1825 米。

台体南北两侧与墙体相接，平面呈圆形，立面及剖面呈梯形，台芯碎石分层铺筑，外包毛石砌筑，坍塌成石堆状，底径 5 米，高 3 米，四周植被多为灌木和杂草。

5. 大白杨 02 号敌台 130721352101170004

赵川镇大白杨村东北 5.6 千米，坐标：东经 115° 20′ 19.90″，北纬 40° 47′ 34.60″，高程 1711 米。

台体东西两侧与墙体相接，平面呈圆形，立面及剖面呈梯形，台芯碎石分层铺筑，外包毛石砌筑，坍塌成石堆状，底径 4 米，高 3 米，四周植被多为灌木和杂草。

6. 大白杨 03 号敌台 130721352101170005

位于赵川镇大白杨村北 5.4 千米，坐标：东经 115° 20′ 00.30″，北纬 40° 47′ 40.00″，高程 1727 米。

台体东西两侧与墙体相接，平面呈圆形，立面及剖面呈梯形，台芯碎石分层铺筑，外包毛石砌筑，坍塌成石堆状，底径 5 米，高 3 米，四周植被多为灌木和杂草。

7. 大白杨 04 号敌台 130721352101170006

位于赵川镇大白杨村北 5.1 千米，坐标：东经 115° 19′ 46.20″，北纬 40° 47′ 34.70″，高程 1703 米。

台体东西两侧与墙体相接，平面呈圆形，立面及剖面呈梯形，台芯碎石分层铺筑，外包毛石砌筑，底径 4 米，高 3 米。台体东面长 6 米，残高 3 米，西、南、北三面坍塌成斜坡状，宽 9 ～ 11 米，四周植被多为灌木和杂草。

8. 大白杨 05 号敌台 130721352101170007

位于赵川镇大白杨村北 4.7 千米，坐标：东经 115° 19′ 30.30″，北纬 40° 47′ 30.10″，高程 1677 米。

台体东西两侧与墙体相接，平面呈圆形，立面及剖面呈梯形，台芯碎石分层铺筑，外包毛石砌筑，坍塌成石堆状，底径 4 米，高 3 米，四周植被多为灌木和杂草。

9. 大白杨 06 号敌台 130721352101170008

位于赵川镇大白杨村北 4.5 千米，坐标：东经 115° 19′ 11.10″，北纬 40° 47′ 29.10″，高程 1668 米。

台体南北两侧与墙体相接，平面呈矩形，立面及剖面呈梯形，台芯土石分层夯筑，外包城砖砌筑，城砖规格 0.38 米 ×0.19 米 ×0.07 米，东西长 9.8 米，南北长 9.8 米，高 3.5 米，南立面辟门，残宽 1.3 米，残高 1.8 米，外包城砖大部分缺失，背里砖、台芯裸露，顶部杂草滋长，四周植被多为灌木和杂草。

10. 大白杨 07 号敌台 130721352101170009

位于赵川镇大白杨村北 4.5 千米，坐标：东经 115° 18′ 46.00″，北纬 40° 47′ 37.00″，高程 1714 米。

台体东西两侧与墙体相接，平面呈矩形，立面及剖面呈梯形，台芯碎石分层铺筑，外包毛石砌筑，坍塌成石堆状，东西长 9.7 米，南北宽 10.7 米，高 6 米，四周植被多为灌木和杂草。

11. 大白杨 08 号敌台 130721352101170010

位于赵川镇大白阳村北 4.3 千米，坐标：东经 115° 18′ 19.20″，北纬 40° 47′ 40.70″，高程 1761 米。

台体东西两侧与墙体相接，平面呈矩形，立面及剖面呈梯形，台芯土石分层夯筑，外包城砖砌筑，城砖规格 0.38 米 ×0.19 米 ×0.07 米，东西长 9 米，南北宽 9.55 米，高 5.5 米，四周植被多为灌木和杂草。

12. 大白杨 09 号敌台 130721352101170011

位于赵川镇大白阳村北 4.9 千米，坐标：东经 115° 18′ 14.00″，北纬 40° 47′ 53.50″，高程 1767 米。

台体东西两侧与墙体相接，平面呈矩形，立面及剖面呈梯形，台芯碎石分层铺筑，外包毛石砌筑，坍塌成石堆状，东西长 12.9 米，南北宽 12.8 米，高 5.4 米，四周植被多为灌木和杂草。

13. 大白杨 10 号敌台 130721352101170012

位于赵川镇大白阳村北 5 千米，坐标：东经 115° 18′ 01.70″，北纬 40° 47′ 59.10″，高程 1797 米。

台体东西两侧与墙体相接，平面呈矩形，立面及剖面呈梯形，台芯土石分层夯筑，外包城砖砌筑，城砖规格 0.38 米 ×0.19 米 ×0.07 米，东西长 9.59 米，南北宽 8.3 米，高 4.7 米，东立面南侧外包砖及台芯全部缺失，长 4.6 米；西立面西南角、上部外包砖缺失；南立面坍塌成斜坡状；北立面下部存后期人为拆除外包砖的孔洞三处，通宽 9.2 米，高 2.4 米，四周植被多为灌木和杂草。

14. 大白杨 11 号敌台 130721352101170013

位于赵川镇大白阳村西北 6 千米，坐标：东经 115° 15′ 13.50″，北纬 40° 47′ 47.20″，高程 1811 米。

敌台东、西侧接墙体，平面呈矩形，立面及剖面呈梯形，南北长 4.5 米，残高 3.1 米。基础无法识别，台体城砖包砌，残高 1.8 米，白灰砌筑，白灰勾缝，台芯土石混筑。

基础被坍塌建筑材料掩埋，墙体坍塌严重，台芯裸露，顶部设施无存，四周植被多为灌木和杂草。

15. 大白杨 12 号敌台 130721352101170014

位于赵川镇大白杨村西北 6 千米，坐标：东经 115° 14′ 52.50″，北纬 40° 47′ 41.80″，高程 1659 米。

敌台南、北侧接墙体，平面呈矩形，立面及剖面呈梯形，东西长 4.8 米，残高 4.6 米。基础无法识别，台体城砖包砌，白灰砌筑，白灰勾缝，台芯土石混筑。

基础被坍塌建筑材料掩埋，墙体西、南立面整体坍塌，台芯裸露，顶部设施无存，四周植被多为灌木和杂草。

16. 大白杨 13 号敌台 130721352101170015

位于赵川镇大白杨村西北 6.3 千米，坐标：东经 115° 14′ 27.20″，北纬 40° 47′ 47.00″，高程 1661 米。

敌台南、北侧接墙体，平面呈矩形，立面及剖面呈梯形，东西长 9.7 米，南北宽 9.3 米，残高 8.3 米。下段为条石基础，白灰砌筑、白灰勾缝，露明 2 层，高 0.33 米；上段为城砖包砌墙体，白灰砌筑，白灰勾缝，城砖规格：0.38 米 ×0.19 米 ×0.09 米，西立面辟一券门。

条石基础保存较好，墙体局部坍塌，顶部设施无存，四周植被多为灌木和杂草。

17. 大白杨 14 号敌台 130721352101170016

位于赵川镇大白杨村西北 6.9 千米，坐标：东经 115° 14′ 12.60″，北纬 40° 47′ 47.00″，高程 1664 米。

敌台东西侧接墙体，平面呈矩形，立面及剖面呈梯形，南北宽 9.43 米，残高 9.7 米。基础无法识别；上段为城砖包砌墙体，白灰砌筑，白灰勾缝，城砖规格：0.46 米 ×0.23 米 ×0.1 米，南立面上部残留券门和一望孔。

基础被坍塌建筑材料掩埋，南立面墙体坍塌，顶部设施无存，四周植被多为灌木和杂草。

18. 大白杨 15 号敌台 130721352101170017

位于赵川镇大白杨村西北 6.9 千米，坐标：东经 115° 13′ 59.40″，北纬 40° 47′ 35.60″，高程 1700 米。

敌台东西侧接墙体，平面呈矩形，立面及剖面呈梯形，南北 9.6 米，东西 9.68 米，残高 8.16 米。下段为条石基础，白灰砌筑、白灰勾缝，露明 2 层，高 0.33 米；上段为城砖包砌墙体，白灰砌筑，白灰勾缝，城砖规格：0.46 米 ×0.23 米 ×0.1 米。

基础被坍塌建筑材料掩埋，东侧、南侧、北侧墙体均有裂痕，西侧坍塌严重，顶部设施无存，四周植被多为灌木和杂草。

19. 大白杨 16 号敌台 130721352101170018

位于赵川镇大白杨村北 8 千米坐标：东经 115° 13′ 13.20″，北纬 40° 47′ 39.40″，高程 1685 米。

东西两侧与墙体相接，平面呈矩形，立面及剖面呈梯形，南北宽 9 米，东西长 9.8 米，残高 10.3 米。立面为三段式，下段为条石基础，白灰砌筑、白灰勾缝，露明 3 层，高 0.33 米；中段城砖包砌，掺灰泥砌筑，白灰勾缝，南立面辟门，城砖规格：0.46 米 ×0.23 米 ×0.1 米；上段设垛口墙。

台体结构清楚，形制基本完整，条石基础保存较好；外墙体保存较完整，四立面均存有裂缝，东西北立面望孔保存较好，四周植被多为灌木和杂草。

20. 大白杨 17 号敌台 130721352101170019

位于赵川镇大白杨村北 8.4 千米，坐标：东经 115° 12′ 52.10″，北纬 40° 47′ 40.70″，高程 1670 米。

东西两侧与墙体相接，平面呈矩形，立面及剖面呈梯形，南北宽 9 米，东西长 9.8 米，残高 10 米。立面为三段式，下段为条石基础，白灰砌筑、白灰勾缝，露明 3 层，厚 0.24 ～ 0.33 米；中段城砖包砌，白灰砌筑、白灰勾缝，南立面辟一门，门下东西侧各一拴绳石，门距地面 7.5 米；上段为城砖包砌墙体，白灰砌筑，白灰勾缝，城砖规格：0.46 米 ×0.23 米 ×0.1 米，东立面顶部存两个望孔，西立面顶部存一个望孔，北立面顶部存两个望孔。

保存较好，台体结构、形制较清晰，条石基础保存较好，墙体保存完整。四周植被覆盖一般，可见裸露的岩石，多矮草，有小片的灌木及杨树、柳树。

21. 胡家洼 01 号敌台 130721352101170020

位于东望山乡胡家洼村东北 2.8 千米，坐标：东经 115° 12′ 40.80″，北纬 40° 47′ 38.70″，高程 1627 米。

东西两侧与墙体相接，平面呈矩形，立面及剖面呈梯形，南北宽 9.68 米，东西长 9.78 米，高 6.72 米。立面为三段式，下段为条石基础，白灰砌筑、白灰勾缝，露明 3 层，厚 0.94 米；中段城砖包砌，白灰砌筑、白灰勾缝，东立面辟 2 箭窗，坍塌严重；南立面辟券门，券门宽 0.78 米，高 0.9 米，起券方式一伏一券，券室坍塌，顶部保存两个箭窗，箭窗起券方式一伏一券；西立面墙体坍塌严重，箭窗坍塌严重；北立面残存 2 个箭窗，坍塌严重；上段设垛口墙不存。

台体结构、形制较清晰。条石基础存有裂缝；墙体坍塌严重，西立面墙体存多条裂缝，缝宽 0.85 米，西北角坍塌，垛口墙不存。

22. 胡家洼 02 号敌台 130721352101170021

位于东望山乡胡家洼村东北 2.6 千米，坐标：东经 115° 12′ 23.30″，北纬 40° 47′ 38.10″，高程 1744 米。

南北两侧与墙体相接，平面呈矩形，立面及剖面呈梯形，东西宽 9.51 米，南北长 9.63 米，高 8.32 米。立面为三段式，下段为条石基础，白灰砌筑、白灰勾缝，露明 2 层；中段城砖包砌，白灰砌筑、白灰勾缝，东立面辟 1 箭窗，台室坍塌严重；上段设垛口墙不存。

台体结构、形制较清晰。条石基础保存较好；墙体坍塌严重，东立面包砖风化酥碱。南立面上部墙体局部坍塌，西、北立面保存较好，垛口墙不存。

23. 常峪口 01 号敌台 130721352101170022

位于东望山乡常峪口村北 4 千米，坐标：东经 115° 09′ 38.30″，北纬 40° 47′ 46.00″，高程 1146 米。

东西两侧与墙体相接，平面呈矩形，立面及剖面呈梯形，东西宽 5.35 米，南北长 5.57 米，高 3.25 米。坍塌严重，仅北立面存墙体。台芯为素土分层夯筑，夯层厚 0.1 ～ 0.13 米。四周草势茂盛。

24. 四台沟 01 号敌台 130721352101170023

位于崇礼县高家营镇四台沟村东南 6.2 千米，坐标：东经 115° 09′ 26.80″，北纬 40° 47′ 53.20″，高程 1128 米。

东西两侧与墙体相接，平面呈圆形，底径 3.7 米，高 1.8 米。坍塌成堆状，四周草势茂盛。

25. 四台沟 02 号敌台 130721352101170024

位于崇礼县高家营镇四台沟村东南 4.9 千米，坐标：东经 115° 08′ 56.00″，北纬 40° 48′ 30.50″，高程 1455 米。

南北两侧与墙体相接，平面呈矩形，立面及剖面呈梯形，东西宽 9.7 米，南北长 9.7 米，高 10.2 米。立面为三段式，下段为条石基础，白灰砌筑、白灰勾缝，露明 2 层，高 0.7 米；中段城砖包砌，白灰砌筑、白灰勾缝，南立面辟券门，门结构保存较好，起券方式为三伏三券，门槛石下面两侧各有一块垂梯石探出墙体外；上部设垛口墙，存望孔。

台体结构、形制较清晰，条石基础保存较好，墙体保存完整，四面墙均存通体上下的裂缝，中心券室顶部坍塌，垛口墙及望孔局部缺失。

26. 四台沟 03 号敌台 130721352101170025

位于崇礼县高家营镇四台沟村东南 4.5 千米，坐标：东经 115° 08′ 36.90″，北纬 40° 48′ 35.00″，高程 1560 米。

东西两侧与墙体相接，平面呈矩形，立面及剖面呈梯形，东西宽 10.78 米，南北长 10.47 米，高 8.96 米。立面为三段式，下段为条石基础，白灰砌筑、白灰勾缝，露明 3 层，高 0.88 米；中段城砖包砌，白灰砌筑、白灰勾缝，南立面辟券门，门结构保存完整，起券方式为三伏三券，门顶两侧有望孔，门下两侧各有一根垂梯石探出墙体外；上部设垛口墙，存望孔。

台体结构、形制较清晰。条石基础保存较好；墙体保存完整，每面墙都有通体上下的裂缝，宽 0.1～0.35 米。垛口墙及望孔局部缺失。北距长城墙体 1 米。

27. 四台沟 04 号敌台 130721352101170026

位于崇礼县高家营镇四台沟村东南 4.3 千米，坐标：东经 115° 08′ 11.00″，北纬 40° 48′ 34.40″，高程 1695 米。

东西两侧与墙体相接，平面呈矩形，立面及剖面呈梯形，底径 12.3 米，高 2.7 米，现状立面为二段式，下段为条石基础，白灰砌筑、白灰勾缝，露明 3 层，高 0.7 米；上段城砖包砌，白灰砌筑、白灰勾缝，南立面辟门，已无存，顶部全部坍塌。

台体结构、形制较清晰，条石基础保存较好，西立面墙体坍塌严重，东、南、北立面存裂缝，南侧 8 米处存石头围成的圈状遗迹。

28. 四台沟 05 号敌台 130721352101170027

位于崇礼县高家营镇四台沟村东南 3.6 千米，坐标：东经 115° 07′ 44.30″，北纬 40° 48′ 49.20″，高程 1799 米。

南北两侧与墙体相接，平面呈圆形，底径 12.3 米，高 2.7 米。东北距长城墙体 1 米，四周植被多为灌木和杂草。

29. 四台沟 06 号敌台 130721352101170028

位于崇礼县高家营镇四台沟村西南 3 千米，坐标：东经 115° 06′ 55.50″，北纬 40° 49′ 05.60″，高程 1671 米。

东西两侧与墙体相接，平面呈矩形，立面及剖面呈梯形，东西长 10.02 米，南北宽 9.23 米，高 9.98 米，立面为三段式，下段为条石基础，白灰砌筑、白灰勾缝，露明 4 层，高 0.94 米；中段城砖包砌，掺灰泥砌筑，白灰勾缝，南立面辟券门，券门保存完好，起券方式为一伏一券，门底两侧各有一根垂梯石凸出于墙体之外；上段设垛口墙无存。

台体结构、形制较清晰。条石基础保存较好；东立面墙体中部坍塌，台芯裸露，北立面有一通体上下的裂缝。砖墙厚 0.9 米，内填石块，每隔 1.2 米平铺一层圆木拔筋。北距长城墙体 2 米。

30. 四台沟 07 号敌台 130721352101170029

位于崇礼县高家营镇四台沟村南 2.4 千米，坐标：东经 115° 06′ 44.40″，北纬 40° 49′ 25.70″，高程 1633 米。

南北两侧与墙体相接，平面呈矩形，立面及剖面呈梯形，东西长 9.57 米，南北宽 9.45 米，高 10.12 米，立面为三段式，下段为条石基础，白灰砌筑、白灰勾缝，露明 3 层，高 0.94 米；中段城砖包砌，掺灰泥砌筑，白灰勾缝，南墙辟门，券门保存完好，券顶为石质，门底两侧各有一根垂梯石凸出于墙体；上段存望孔。

台体结构、形制较清晰。条石基础保存较好；南立面墙体局部坍塌，南、北立面存裂缝。北距长城墙体 2 米。

31. 四台沟 08 号敌台 130721352101170030

位于崇礼县高家营镇四台沟村南 2.2 千米，坐标：东经 115° 06′ 32.10″，北纬 40° 49′ 36.10″，高程 1611 米。

南北两侧与墙体相接，平面呈矩形，立面及剖面呈梯形，南北长 10.25 米，高 10.75 米，立面为三段式，下段为条石基础，白灰砌筑、白灰勾缝，露明 3 层，高 0.75 米；中段城砖包砌，掺灰泥砌筑，白灰勾缝；上段坍塌严重。

台体结构、形制较清晰。条石基础保存较好；东立面墙体保存较好，南、西立面墙体坍塌，北立面墙体局部坍塌，墙芯裸露。台室无存。

32. 青边口 01 号敌台 130721352101170031

位于东望山乡青边口村北 3.2 千米，坐标：东经 115° 04′ 09.90″，北纬 40° 48′ 51.40″，高程 1200 米。

南北两侧与墙体相接，平面呈矩形，立面及剖面呈梯形，南北宽 6.4 米，东西长 6.85 米，高 5.1 米，台体外包砖不存，台芯素土分层夯筑，夯层厚 0.15 米，顶部原有铺房，现坍塌只存残砖。西侧留有踏步，夯土做成，表面铺砖，现还存有部分残砖，踏步宽 2.1 米。顶部四周植被多为灌木和杂草。

33. 青边口 02 号敌台 130721352101170032

位于东望山乡青边口村北 3.2 千米，坐标：东经 115° 03′ 47.80″，北纬 40° 48′ 50.00″，高程 1175 米。

南北两侧与墙体相接，平面形状呈不规则形，高 1.9 米，台体外包砖不存，台芯素土分层夯筑。台芯被风雨剥蚀严重，自上而下有雨水冲刷的沟槽。四周植被覆盖。

34. 青边口 03 号敌台 130721352101170033

位于东望山乡青边口村北 3.4 千米，坐标：东经 115° 03′ 30.20″，北纬 40° 48′ 50.40″，高程 1201 米。

南北两侧与墙体相接，平面呈方形，立面及剖面呈梯形，南北宽 8.3 米，东西长 8.4 米，高 8.4 米。台体外包砖不存，根部土石混筑，台芯素土分层夯筑。西立面存裂缝，北立面顶部坍塌。台芯被风雨剥蚀严重，自上而下有雨水冲刷的沟槽。四周植被覆盖。

35. 青边口 04 号敌台 130721352101170034

位于东望山乡青边口村北 3.4 千米，坐标：东经 115° 03′ 15.70″，北纬 40° 48′ 46.90″，高程 1236 米。

东西两侧与墙体相接，平面呈方形，立面及剖面呈梯形，底边长 10.7 米，通高 10.76 米。立面为三段式，下段为条石基础，白灰砌筑，白灰勾缝，露明 4 层，高 1.08 米；中段城砖包砌，掺灰泥砌筑，白灰勾缝，南立面辟门，坍塌严重，门下凸出两块垂梯石；上部设施全无。

台体结构、形制较清晰。条石基础保存较好，墙体保存完整，东、南、西立面墙体均有多道通体上下的裂缝，宽度 0.02 ～ 0.08 米，南立面墙体根部部分条石缺失，导致墙体外包砖局部坍塌。四周植被覆盖。

36. 青边口 05 号敌台 130721352101170035

位于东望山乡青边口村北 3.6 千米，坐标：东经 115° 02′ 47.90″，北纬 40° 48′ 38.00″，高程 1329 米。

东西两侧与墙体相接，平面呈方形，立面及剖面呈梯形，东西长 10.8 米，南北宽 9.8 米，通高 10.52 米。立面为三段式，下段为条石基础，白灰砌筑，白灰勾缝；中段城砖包砌，掺灰泥砌筑，白灰勾缝，南立面辟券门，保存完好，条石构筑，顶部有砖雕，门下两块垂梯石凸出于墙体之外；上段设施全无。

台体结构、形制较清晰。条石基础保存较好，局部分化酥碱，墙体保存完整；四面墙体均有多道通体上下的裂缝，宽度 0.15 ～ 0.35 米，东南角根部台体缺失。四周植被覆盖。

37. 青边口 06 号敌台 130721352101170036

位于东望山乡青边口村西北 4.5 千米，坐标：东经 115° 01′ 55.20″，北纬 40° 48′ 35.90″，高程 1570 米。

东西两侧与墙体相接，平面呈矩形，立面及剖面呈梯形，东西长 10 米，南北宽 10 米，顶部东西长 8.5 米，高 6.42 米。立面为三段式，下段为条石基础，白灰砌筑，白灰勾缝，露明 7 层，高 2.02 米；中段城砖包砌，掺灰泥砌筑，白灰勾缝；上部设施全无。

保存较差，台体结构、形制较清晰。西、北立面条石基础断裂，东、北、西立面墙体保存较好，三立面均有多道通体上下的裂缝，宽度 0.1 ～ 0.35，南立面墙体坍塌，墙芯散落；东南角根部台体缺失，顶部坍塌严重，四周植被覆盖。

38. 青边口 07 号敌台 130721352101170037

位于东望山乡青边口村西北 4.8 千米，坐标：东经 115° 01′ 42.60″，北纬 40° 48′ 39.50″，高程 1566 米。

东西两侧与墙体相接，平面呈不规则形状，高 2.1 米。坍塌成堆状，四周植被多为灌木和杂草。

39. 羊房堡 01 号敌台 130721352101170038

位于大仓盖镇羊房堡村西北 2.6 千米，坐标：东经 115° 01′ 23.70″，北纬 40° 48′ 58.50″，高程 1527 米。

东西两侧与墙体相接，平面呈矩形，立面及剖面呈梯形，东西长 8.8 米，南北宽 8.2 米，高 7.7 米。

立面为三段式，下段为条石基础，白灰砌筑，白灰勾缝，露明 5 层，高 1.5 米；中段城砖包砌，掺灰泥砌筑，白灰勾缝；上部设施全无。

保存较差，台体结构、形制较清晰。条石基础保存较好；东、南立面墙体局部坍塌，西立面中部有通体上下的裂缝，顶部坍塌严重。四周植被覆盖。

40. 羊房堡 02 号敌台 130721352101170039

位于大仓盖镇羊房堡村西北 3 千米，坐标：东经 115° 01′ 01.10″，北纬 40° 49′ 16.30″，高程 1587 米。

南北两侧与墙体相接，平面呈矩形，立面及剖面呈梯形，东西长 8.6 米，高 4.6 米。立面为三段式，下段为条石基础，白灰砌筑，白灰勾缝，露明 7 层，高 1.4 米；中段城砖包砌，掺灰泥砌筑，白灰勾缝；上部设施全无。

台体结构、形制较清晰。条石基础保存较好；东、西、北立面墙体局部坍塌，存裂缝，南立面墙体整体坍塌。四周植被覆盖。

41. 羊房堡 03 号敌台 130721352101170040

位于大仓盖镇羊房堡村西北 2.2 千米，坐标：东经 115° 00′ 39.30″，北纬 40° 48′ 49.90″，高程 1542 米。

南北两侧与墙体相接，平面呈矩形，立面及剖面呈梯形，东西长 7.95 米，南北宽 7.9 米，高 7.26 米。立面为三段式，下段为条石基础，白灰砌筑，白灰勾缝，露明 2 层，高 0.4 米；中段城砖包砌，掺灰泥砌筑，白灰勾缝，南立面辟门；上部设施全无。

台体结构、形制较清晰。条石基础保存较好；南立面券门塌毁，西立面墙体有通体上下的裂缝，其余三面墙体保存较好，顶部不存。四周植被覆盖。

42. 羊房堡 04 号敌台 130721352101170041

位于大仓盖镇羊房堡村西北 2.8 千米，坐标：东经 115° 00′ 50.00″，北纬 40° 49′ 11.00″，高程 1494 米。

东西两侧与墙体相接，平面呈矩形，立面及剖面呈梯形，东西长 8.25 米，高 4.6 米。下段为条石基础，白灰砌筑，白灰勾缝；上段为城砖包砌，掺灰泥砌筑，白灰勾缝，台芯素土分层夯筑，夯层厚 0.12～0.18 米。

保存较差，台体结构、形制较清晰。条石基础保存较好；东立面外包砖坍塌，墙芯裸露，南、西立面外包砖局部坍塌，顶部不存。四周植被覆盖。

43. 羊房堡 05 号敌台 130721352101170042

位于大仓盖镇羊房堡村西北 3.2 千米，坐标：东经 115° 00′ 30.20″，北纬 40° 49′ 21.20″，高程 1592 米。

东西两侧与墙体相接，平面呈矩形，立面及剖面呈梯形，东西长 9.57 米，南北宽 9.04 米，高 9.03 米。下段为条石基础，白灰砌筑，白灰勾缝；露明 7 层，高 1.65 米；上段城砖包砌，掺灰泥砌筑，白灰勾缝，南立面辟门，只存轮廓，台芯土石混筑，砖规格：0.45 米 ×0.22 米 ×0.08 米。

保存较差，台体结构、形制较清晰。条石基础保存较好；东、西、南立面墙体局部坍塌，风化酥碱，西立面存裂缝，北立面全部坍塌。四周植被覆盖。

44. 羊房堡 06 号敌台 130721352101170043

位于大仓盖镇羊房堡村西北 3.3 千米，坐标：东经 115° 00′ 07.90″，北纬 40° 49′ 21.70″，高程 1500 米。

东西两侧与墙体相接，平面呈矩形，立面及剖面呈梯形，东西宽 9.28 米，南北长 9.95 米，高 12.49 米。立面为三段式，下段为条石基础，白灰砌筑，白灰勾缝，露明 5 层，高 1.59 米；中段城砖包砌，砖墙以一顺一丁方式摆砌，掺灰泥砌筑，白灰勾缝，台体外包砖墙厚 1.56 米，砖的规格：0.4 米 ×0.23 米 × 0.08 米，台芯素土分层夯筑，夯层厚 0.1～0.2 米，南立面辟门；上段存望孔。

保存较差，台体结构、形制较清晰。条石基础局部风化；东立面墙体下半部基本完好，中间有一条大裂缝，东北角处有一条小裂缝，顶部中间坍塌，两边各有 1 个望孔，保存基本完好；西墙保存状况较差，西北角、西南角底部坍塌，中间墙体裂缝较大，上部只保留了 1 个望孔；南墙坍塌严重，西侧大部分坍塌，上部只留下券门的半边和 1 个望孔；北墙基本完好，西北角底部坍塌，墙体中间有一小裂缝，顶部有 3 个望孔，保存基本完好。四周植被覆盖。

45. 人头山 01 号敌台 130721352101170044

位于大仓盖镇人头山村北 2.6 千米，坐标：东经 114° 58′ 58.70″，北纬 40° 49′ 14.80″，高程 1486 米。

东西两侧与墙体相接，平面呈矩形，立面及剖面呈梯形，东西宽 8.13 米，南北长 8.45 米，高 3.88～5.42 米。下段为条石基础，白灰砌筑，白灰勾缝；露明 3 层；上段城砖包砌，掺灰泥砌筑，白灰勾缝，台芯素土分层夯筑。

保存较差，台体结构、形制较清晰。条石基础保存较好，东、南、北立面墙体局部坍塌，西立面墙体中间存豁口，东北角坍塌，顶部毁坏。四周植被覆盖。

46. 人头山 02 号敌台 130721352101170045

位于大仓盖镇人头山村北 2.1 千米，坐标：东经 114° 58′ 45.20″，北纬 40° 48′ 53.50″，高程 1381 米。

南北两侧与墙体相接，保存较差，坍塌严重，呈堆状；西南角少存一点砖墙。四周植被覆盖。

47. 人头山 03 号敌台 130721352101170046

位于大仓盖镇人头山村东南 1.2 千米，坐标：东经 114° 58′ 26.50″，北纬 40° 48′ 47.60″，高程 1255 米。

东西两侧与墙体相接，坍塌成尖锥状，南立面高 5.8 米，台体外包砖不存，台芯裸露，夯层较明显；北距长城墙体 27 米。四周植被覆盖。

48. 人头山 04 号敌台 130721352101170047

位于崇礼县高家营镇人头山村东南 959 米，坐标：东经 114° 58′ 07.70″，北纬 40° 48′ 47.60″，高程 1345 米。

东西两侧与墙体相接，坍塌成不规则形状，高 3.7 米，台体外包砖不存，台芯裸露，夯层为土石混筑，厚 0.13～0.18 米。

49. 人头山 05 号敌台 130721352101170048

位于崇礼县高家营镇人头山村东南 760 米，坐标：东经 114° 57′ 58.80″，北纬 40° 48′ 51.50″，高程 1363 米。

东西两侧与墙体相接，平面呈方形，边长 9.7 米。下段为条石基础，白灰砌筑、白灰勾缝，露明 5 层，高 1.35 米，条石风化酥碱；上段坍塌全无。

50. 人头山 06 号敌台 130721352101170049

位于大仓盖镇人头山村西南 502 米，坐标：东经 114° 57′ 37.00″，北纬 40° 49′ 02.20″，高程 1345 米。台体坍塌成堆状，现修建有水泥掩体。

51. 东窑 01 号敌台 130721352101170050

位于大仓盖镇里东窑村东 2.8 千米，坐标：东经 114° 57′ 15.80″，北纬 40° 49′ 13.80″，高程 1175 米。东西两侧与墙体相接，台体坍塌成堆状，四周植被多为灌木和杂草。

52. 东窑 02 号敌台 130721352101170051

位于大仓盖镇里东窑村东 2.5 千米，坐标：东经 114° 57′ 04.80″，北纬 40° 49′ 15.90″，高程 1255 米。

东西两侧与墙体相接，平面呈矩形，立面及剖面呈梯形，高 3.2 ～ 4.46 米。下段为条石基础，白灰砌筑，白灰勾缝，露明 5 ～ 7 层，高 1.68 ～ 1.81 米；上段城砖包砌，掺灰泥砌筑，白灰勾缝，台芯素土分层夯筑。

保存较差，条石基础保存较好；东立面台体坍塌全无，台芯裸露，西立面台体外包砖脱落，南、北立面台体局部坍塌，四周植被多为灌木和杂草。

53. 东窑 03 号敌台 130721352101170052

位于大仓盖镇里东窑村东 2.4 千米，坐标：东经 114° 56′ 58.30″，北纬 40° 49′ 21.40″，高程 1223 米。

东西两侧与墙体相接，平面呈不规则形状，高 3.66 米，台体外包砖全无，台芯裸露，夯层不明显，风雨侵蚀严重，表层脱落，自上而下有雨水冲刷的沟槽，四周植被多为灌木和杂草。

54. 东窑 04 号敌台 130721352101170053

位于大仓盖镇里东窑村东 2 千米，坐标：东经 114° 56′ 41.30″，北纬 40° 49′ 26.80″，高程 1182 米。南北两侧与墙体相接，坍塌严重，平面呈圆形，直径 4.85 米，高 3.5 米，四周植被多为灌木和杂草。

55. 东窑 05 号敌台 130721352101170054

位于大仓盖镇里东窑村东北 1.8 千米，坐标：东经 114° 56′ 32.90″，北纬 40° 49′ 33.10″，高程 1210 米。东西两侧与墙体相接，坍塌严重，平面呈圆形，直径 5.2 米，高 2.9 米，四周植被多为灌木和杂草。

56. 东窑 06 号敌台 130721352101170055

位于大仓盖镇里东窑村东北 1.7 千米，坐标：东经 114° 56′ 21.60″，北纬 40° 49′ 36.80″，高程 1210 米。东西两侧与墙体相接，坍塌严重，平面呈圆形，直径 5.1 米，残高 3 米，四周植被多为灌木和杂草。

57. 东窑 07 号敌台 130721352101170056

位于大仓盖镇里东窑村东北 1.5 千米，坐标：东经 114° 56′ 11.30″，北纬 40° 49′ 41.20″，高程 1161 米。东西两侧与墙体相接，坍塌严重，平面呈不规则形状，高 2.85 米，台芯土石混筑，四周植被多为灌木和杂草。

58. 东窑 08 号敌台 130721352101170057

位于大仓盖镇里东窑村东北 1.4 千米，坐标：东经 114° 56′ 05.30″，北纬 40° 49′ 43.80″，高程 1188 米。

东西两侧与墙体相接，坍塌严重，平面呈不规则形状，高 2.85 米，台芯裸露；东北角 15 米处建有高压输电塔一座。

59. 东窑 09 号敌台 130721352101170058

位于大仓盖镇里东窑村东北 1.2 千米，坐标：东经 114° 55′ 52.40″，北纬 40° 49′ 41.90″，高程 1151 米。

东西两侧与墙体相接，坍塌成堆状，高 3.65 米，四周植被多为灌木和杂草。

60. 东窑 10 号敌台 130721352101170059

位于大仓盖镇里东窑村东北 1.2 千米，坐标：东经 114° 55′ 38.70″，北纬 40° 49′ 50.30″，高程 1143 米。

东西两侧与墙体相接，坍塌成堆状，高 3.95 米。北侧山坡植被覆盖较密，主要有杨树、丛生灌木、杂草等，南侧植被较少。

61. 东窑 11 号敌台 130721352101170060

位于大仓盖镇里东窑村东北 1.2 千米，坐标：东经 114° 55′ 26.80″，北纬 40° 49′ 54.60″，高程 1170 米。

台体坍塌成堆状，底径 5.9 米，高 4.2 米，台芯裸露，上建有输水设施。北侧山坡植被覆盖较密，主要有杨树、丛生灌木、杂草。

62. 东窑 12 号敌台 130721352101170061

位于大仓盖镇里东窑村北 1.6 千米，坐标：东经 114° 55′ 06.40″，北纬 40° 50′ 02.70″，高程 1115 米。

东西两侧与墙体相接，平面近圆形，坍塌成堆状，底径 6 米，残高 2.4 米，四周植被多为灌木和杂草。

63. 东窑 13 号敌台 130721352101170062

位于大仓盖镇里东窑村西北 1.6 千米，坐标：东经 114° 54′ 56.40″，北纬 40° 50′ 02.60″，高程 1168 米。

东西两侧与墙体相接，平面近圆形，坍塌成堆状，底径 14 米，高 3.2 米，顶部被现代工事利用，有园林灌溉设施通过。北侧山坡植被覆盖较密，主要有杨树、丛生灌木、杂草等，南侧植被较少。

64. 东窑 14 号敌台 130721352101170063

位于大仓盖镇里东窑村西北 1.9 千米，坐标：东经 114° 54′ 42.10″，北纬 40° 50′ 06.40″，高程 1197 米。

东西两侧与墙体相接，平面近圆形，坍塌成堆状，台芯裸露，底径 16.5 米，高 2.7 米，有园林灌溉管道通过。北侧山坡植被覆盖较密，主要有杨树、丛生灌木、杂草。

65. 东窑 15 号敌台 130721352101170064

位于大仓盖镇里东窑村西北 2.2 千米，坐标：东经 114° 54′ 30.70″，北纬 40° 50′ 15.10″，高程 1248 米。

东西两侧与墙体相接，平面近圆形，坍塌成堆状，底径 24 米，顶径 9.5 米，高 4.3 米。北侧山坡植被覆盖较密，主要有杨树、丛生灌木、杂草。

66. 东窑 16 号敌台 130721352101170065

位于大仓盖镇里东窑村西北 2.5 千米，坐标：东经 114° 54′ 22.90″，北纬 40° 50′ 22.70″，高程 1202 米。

东西两侧与墙体相接，平面近圆形，坍塌成堆状，底径 5 米，高 0.3 米，台芯裸露，有园林灌溉设施通过。山坡植被覆盖较密。

67. 东窑 17 号敌台 130721352101170066

位于大仓盖镇里东窑村西北 3 千米，坐标：东经 114° 54′ 05.40″，北纬 40° 50′ 34.10″，高程 1118 米。

烽火台平面近圆形，坍塌成堆状，底径 3.6 米，高 1.45 米，台芯裸露。四周种植有多株槐树。

68. 东窑 18 号敌台 130721352101170067

位于大仓盖镇里东窑村西北 3.3 千米，坐标：东经 114° 53′ 56.10″，北纬 40° 50′ 39.80″，高程 1012 米。

东西两侧与墙体相接，平面近方形，剖面呈不规则状，底部东西宽 3.3 米，南北长 8.7 米，高 3.15 米，台芯素土分层夯筑，夯层厚 0.2 米；风雨侵蚀严重，表层脱落，自上而下有雨水冲刷的沟槽，西北角建有水泵站。

69. 东窑 19 号敌台 130721352101170068

位于大仓盖镇里东窑村西北 3.6 千米，坐标：东经 114° 53′ 43.60″，北纬 40° 50′ 45.60″，高程 905 米。

南北两侧与墙体相接，平面近方形，底部长 6.8 米，高 4.65 米，台芯裸露，夯层不明显，风雨侵蚀严重，表层脱落，自上而下有雨水冲刷的沟槽，西南角坍塌，西北角根部残留条石和包砖。

70. 东窑 20 号敌台 130721352101170069

位于大仓盖镇里东窑村西北 3.7 千米，坐标：东经 114° 53′ 37.70″，北纬 40° 50′ 45.20″，高程 903 米。

南北两侧与墙体相接，平面近圆形，坍塌成堆状，底径 14.4 米，高 3.9 米，台芯裸露。山坡植被覆盖较密。

71. 正盘台 01 号马面 130721352102170070

位于李家堡乡正盘台村北 2.7 千米，东经 115° 25′ 19.00″，北纬 40° 47′ 35.00″，高程 1822 米。

台体东西两侧与墙体相接，平面呈矩形，台芯碎石分层铺筑，外包毛石砌筑，向北凸出墙体，东西宽 7.5 米，南北长 9.8 米，高 3.4 米，顶部设施无存，四周植被多为灌木和杂草。

72. 正盘台 02 号马面 130721352102170071

位于李家堡乡正盘台村北 2.7 千米，坐标：东经 115° 25′ 12.30″，北纬 40° 47′ 33.30″，高程 1817 米。

台体东西两侧与墙体相接，平面呈矩形，台芯碎石分层铺筑，外包毛石砌筑，向北凸出墙体，坍塌成斜坡状，底宽 4 米，高 3 米，墙体四面均残损，顶部设施无存，四周植被多为灌木和杂草。

73. 正盘台 01 号烽火台 130721353201170072

位于李家堡乡正盘台村北 2.6 千米，坐标：东经 115° 25′ 09.10″，北纬 40° 47′ 31.80″，高程 1825 米。

烽火台平面呈圆形，剖面呈梯形，台芯碎石分层铺筑，外包毛石砌筑，坍塌成堆状，底径 5.2 米，顶径 2.1 米，高 3.1 米，四周植被多为灌木和杂草。

74. 正盘台 02 号烽火台 130721353201170073

位于李家堡乡正盘台村北 2.2 千米，坐标：东经 115° 24′ 52.20″，北纬 40° 47′ 19.80″，高程 1781 米。

烽火台平面呈圆形，剖面呈梯形，台芯碎石分层铺筑，外包毛石砌筑，坍塌成堆状，底径 7.5 米，顶径 2.1 米，高 2.5 米，四周植被多为灌木和杂草。

75. 正盘台 03 号烽火台 130721353201170074

位于李家堡乡正盘台村北 2.1 千米，坐标：东经 115° 24′ 36.10″，北纬 40° 47′ 14.80″，高程 1734 米。

烽火台平面呈圆形，剖面呈梯形，台芯碎石分层铺筑，外包毛石砌筑，坍塌成堆状，底径 7.5 米，顶径 4.1 米，高 2.1 米，四周植被多为灌木和杂草。

76. 正盘台 04 号烽火台 130721353201170075

位于李家堡乡正盘台村北 2.1 千米，坐标：东经 115° 24′ 24.30″，北纬 40° 47′ 12.50″，高程 1673 米。

烽火台平面呈矩形，剖面呈梯形，台芯土石分层夯筑，夯层厚 0.13 ～ 0.2 米，外包城砖砌筑，东西宽 5.4 米，南北长 6.1 米，高 6.1 米，外包砖全部缺失，台芯裸露，周边散落少量碎砖，宽 0.19 米，厚 0.085 米，顶部杂草滋长，四周植被多为灌木和杂草。

77. 正盘台 05 号烽火台 130721353201170076

位于李家堡乡正盘台村北 2.2 千米，坐标：东经 115° 23′ 54.20″，北纬 40° 47′ 00.50″，高程 1687 米。

烽火台平面呈矩形，剖面呈梯形，台芯素土分层夯筑，夯层厚 0.07 ～ 0.11 米，外包城砖砌筑，东西长 7.5 米，南北长 6 米，残高 7.03 米，外包砖全部缺失，东立面根部掏蚀严重，高 0.55 米，深 0.12 ～ 0.35 米；南立面中部土体坍塌，长 4.8 米，根部散落大量夯土块，顶部及周边散落大量碎砖，四周植被多为灌木和杂草。

78. 正盘台 06 号烽火台 130721353201170077

位于李家堡乡正盘台村北 2.3 千米，坐标：东经 115° 23′ 34.40″，北纬 40° 46′ 52.40″，高程 1619 米。

烽火台平面呈圆形，剖面呈梯形，台芯土石分层夯筑，夯层厚 0.2 ～ 0.35 米，外包毛石砌筑，坍塌成堆状，高 3 米，四周植被多为灌木和杂草。

79. 正盘台 07 号烽火台 130721353201170078

位于李家堡乡正盘台村北 2.8 千米，坐标：东经 115° 23′ 06.00″，北纬 40° 46′ 49.10″，高程 1650 米。

烽火台平面呈矩形，剖面呈梯形，台芯碎石分层铺筑，外包毛石砌筑，坍塌成堆状，南北长 5 米，东西宽 3.9 米，高 3.19 米，四周植被多为灌木和杂草。

80. 正盘台 08 号烽火台 130721353201170079

位于李家堡乡正盘台村西北 2.8 千米，坐标：东经 115° 23′ 06.60″，北纬 40° 46′ 36.00″，高程 1732 米。

烽火台平面呈矩形，剖面呈梯形，台芯碎石分层铺筑，外包毛石砌筑，坍塌成堆状，南北宽 9 米，东西长 10 米，高 5.08 米，四周植被多为灌木和杂草。

81. 正盘台 09 号烽火台 130721353201170080

位于李家堡乡正盘台村北 3 千米，坐标：东经 115° 22′ 51.00″，北纬 40° 46′ 32.30″，高程 1727 米。

烽火台平面呈圆形，剖面呈梯形，台芯碎石分层铺筑，外包毛石砌筑，坍塌成堆状，底径 15 米，高 8 米，四周植被多为灌木和杂草。

82. 正盘台 10 号烽火台 130721353201170081

位于李家堡乡正盘台村西北 3.3 千米，坐标：东经 115° 22′ 34.60″，北纬 40° 46′ 27.10″，高程 1669 米。

烽火台平面呈圆形，剖面呈梯形，台芯碎石分层铺筑，外包毛石砌筑，坍塌成堆状，底径 15 米，高 3.5 米，四周植被多为灌木和杂草。

83. 正盘台 11 号烽火台 130721353201170082

位于李家堡乡正盘台村西北 3.7 千米，坐标：东经 115° 22′ 16.00″，北纬 40° 46′ 32.80″，高程 1699 米。

烽火台平面呈矩形，剖面呈梯形，台芯素土分层夯筑，外包城砖砌筑，东西宽 4.5 米，南北长 4.53 米，高 3.6 米，外包城砖全部缺失，台芯裸露。东立面底部土体缺失，长 3.1 米，高 0.6 米，深 0.35 米；南立面西侧存竖向裂缝一条，呈 "V" 字形，宽 0.35 ～ 0.55 米；西立面中部存竖向裂缝，宽 0.08 ～ 0.14 米；北立面上部西北角坍塌缺失，顶部存地面铺墁城砖，杂草滋长，四周植被多为灌木和杂草。

84. 正盘台 12 号烽火台 130721353201170083

位于李家堡乡正盘台村西北 4 千米，坐标：东经 115° 22′ 05.80″，北纬 40° 46′ 36.00″，高程 1686 米。

烽火台平面呈矩形，剖面呈梯形，台芯碎石分层铺筑，外包毛石砌筑，坍塌成堆状，东西宽 9.2 米，南北长 10.5 米，高 5.6 米，四周植被多为灌木和杂草。

85. 正盘台 13 号烽火台 130721353201170084

位于李家堡乡正盘台村西北 4.3 千米，坐标：东经 115° 21′ 57.80″，北纬 40° 46′ 37.00″，高程 1652 米。

烽火台平面呈圆形，剖面呈梯形，台芯碎石分层铺筑，外包毛石砌筑，坍塌成堆状，底径 7.9 米，高 4.5 米，四周植被多为灌木和杂草。

86. 正盘台 14 号烽火台 130721353201170085

位于赵川镇二道岭村东北 5.4 千米，坐标：东经 115° 21′ 36.50″，北纬 40° 46′ 48.80″，高程 1568 米。

烽火台平面呈矩形，剖面呈梯形，台芯素土分层夯筑，夯层厚 0.1 ～ 0.15 米，外包城砖砌筑，东西长 6.8 米，南北宽 6.5 米，高 4.65 米，外包城砖全部缺失，台芯裸露。东立面南侧及顶部坍塌缺失；南立面存竖向裂缝两条，宽 0.12 ～ 0.34 米，东南角坍塌；西立面存竖向裂缝 5 条，宽 0.04 ～ 0.16 米，根部掏蚀严重，长 5.8 米，高 0.45 米，深 0.1 ～ 0.3 米；北立面西侧坍塌严重，顶部存地面铺墁城砖，东侧建有高压电塔一座，四周植被多为灌木和杂草。

87. 正盘台 15 号烽火台 130721353201170086

位于赵川镇二道岭村东北 5.4 千米，坐标：东经 115° 21′ 29.20″，北纬 40° 46′ 54.80″，高程 1538 米。

烽火台平面呈矩形，剖面呈梯形，台芯素土分层夯筑，夯层厚 0.1 ～ 0.15 米，外包城砖砌筑，东西长 4.6 米，南北长 5.5 米，高 3.6 米，外包城砖全部缺失，台芯裸露。顶部杂草滋长，存有少量残砖，四周植被多为灌木和杂草。

88. 二道岭 01 号烽火台 130721353201170087

位于赵川镇二道岭村北 5.4 千米，坐标：东经 115° 21′ 08.10″，北纬 40° 47′ 11.50″，高程 1732 米。

烽火台平面呈矩形，剖面呈梯形，台芯素土分层夯筑，夯层厚 0.1 米，外包城砖砌筑，东西宽 5.1 米，南北长 7 米，高 5.15 米，外包城砖全部缺失，台芯裸露。东立面存后期人为挖掘孔洞两处，第一处宽 1.3 米，高 2.5 米，深 2.78 米，第二处宽 0.8 米，高 1.5 米，深 1.8 米，东立面北侧上部坍塌成倒三角形；西立面坍塌成直角三角形，北侧上部全部坍塌，周边散落大量城砖，城砖规格：0.38 米 × 0.19 米 × 0.09 米，四周植被多为灌木和杂草。

89. 大白阳 01 号烽火台 130721353201170088

位于赵川镇大白阳村北 5 千米，坐标：东经 115° 17′ 43.60″，北纬 40° 48′ 02.90″，高程 18 千米。

烽火台平面呈圆形，剖面呈梯形，台芯碎石分层铺筑，外包毛石砌筑，坍塌成堆状，底径 12 米，顶径 5 米，高 5 米，四周植被多为灌木和杂草。

90. 大白阳 02 号烽火台 130721353201170089

位于赵川镇大白阳村北 52 千米，坐标：东经 115° 17′ 02.30″，北纬 40° 48′ 04.80″，高程 1831 米。

烽火台平面呈矩形，立面及剖面呈梯形，台芯土石分层夯筑，外包城砖砌筑，白灰砌筑，白灰勾缝，城砖规格：0.38 米 ×0.19 米 ×0.09 米，东西长 9.2 米，南北宽 9 米，高 3.85 米，南、西立面局部存外包城砖，四周植被多为灌木和杂草。

91. 大白阳 03 号烽火台 130721353201170090

位于赵川镇大白阳村西北 6 千米，坐标：东经 115° 16′ 37.80″，北纬 40° 48′ 20.90″，高程 1877 米。

烽火台平面呈矩形，立面及剖面呈梯形，台芯土石分层夯筑，外包城砖砌筑，白灰砌筑，白灰勾缝，东西长 4.8 米，南北长 10.79 米，高 5.6 米，南立面西侧外包砖缺失，长 5 米；东立面外包砖全部缺失；西立面局部存外包砖；墙厚 1.6 米，四周植被多为灌木和杂草。

92. 大白阳 04 号烽火台 130721353201170091

位于赵川镇大白阳村西北 6.4 千米，坐标：东经 115° 16′ 13.90″，北纬 40° 48′ 26.80″，高程 1981 米。

烽火台平面呈圆形，剖面呈梯形，台芯碎石分层铺筑，外包毛石砌筑，坍塌成堆状，底径 10.5 米，高 4 米，四周植被多为灌木和杂草。

93. 大白阳 05 号烽火台 130721353201170092

位于赵川镇大白阳村西北 6 千米，坐标：东经 115° 16′ 05.40″，北纬 40° 48′ 14.00″，高程 2000 米。

烽火台平面呈矩形，立面及剖面呈梯形，台芯土石分层夯筑，外包城砖砌筑，白灰砌筑，白灰勾缝，城砖规格：0.39 米 ×0.19 米 ×0.09 米，东西长 9.39 米，南北宽 7.93 米，高 6.36 米，东立面存竖向裂缝 7 条，宽 0.08 ～ 0.23 米，下部外包砖墙面缺失，高 3.2 米；南、西立面坍塌成斜坡状；北立面西侧存坍塌点一处，宽 0.9 米，根部散落大量城砖及台芯土，高 1.5 米，外包砖厚 1.6 米，四周植被多为灌木和杂草。

94. 大白阳 06 号烽火台 130721353201170093

位于赵川镇大白阳村西北 5.9 千米，坐标：东经 115° 15′ 44.80″，北纬 40° 48′ 01.90″，高程 1856 米。

烽火台平面呈矩形，立面及剖面呈梯形，东西长 9.38 米，南北宽 7.82 米，高 8.7 米。现状立面为二段式，下段为条石基础，白灰砌筑，白灰勾缝，露明 2 层，高 0.45 米；上段城砖砌筑，白灰砌筑，白灰勾缝，南立面上部辟券门，宽 0.78 米，高 1.2 米，起券方式为一伏一券。

东立面存竖向裂缝 7 条，宽 0.02 ～ 0.12 米，东北角、东南角外包砖局部缺失；南立面东侧根部存孔洞一处，宽 0.8 米，高 1.2 米，拴梯石无存；西立面中部存竖向裂缝一条，宽 0.25 ～ 0.4 米，西北角外包砖缺失；北立面存竖向裂缝 5 条，宽 0.03 ～ 0.17 米，顶部设施无存，四周植被多为灌木和杂草。

95. 大白阳 07 号烽火台 130721353201170094

位于赵川镇大白阳村西北 5.8 千米，坐标：东经 115° 15′ 25.30″，北纬 40° 47′ 48.10″，高程 1852 米。

烽火台平面呈矩形，剖面呈梯形，台芯素土分层夯筑，外包城砖砌筑，东西宽 6.43 米，南北长 8.8 米，高 6.1 米。东立面东南角塌毁，存一道很深的裂缝；西立面西南角塌毁，有裂痕，顶部设施无存；南立面外包砖风化严重，顶部坍塌；北立面保存较好，有多处裂痕，顶部设施无存。

96. 大白阳 08 号烽火台 130721353201170095

位于赵川镇大白杨村西北 6.3 千米，坐标：东经 115° 19′ 11.10″，北纬 40° 47′ 29.10″，高程 1668 米。

烽火台平面呈圆形，剖面呈梯形，台芯素土分层夯筑，外包城砖砌筑，东西长 6 米，南北宽 5.1 米，高 4.09 米。东、北立面台体坍塌严重，存裂缝，顶部有残砖，四周植被多为灌木和杂草。东、西立面墙体上长野草，顶部有残砖；南立面残存断面；北立面坍塌成堆状，植被覆盖一般，可见裸露的岩石，多矮草，有小片的灌木，偶尔可见杨树、柳树。

97. 大白阳 09 号烽火台 130721353201170096

位于赵川镇大白杨村西北 6.3 千米，坐标：东经 115° 14′ 35.70″，北纬 40° 47′ 42.40″，高程 1635 米。

烽火台平面呈圆形，剖面呈梯形，台芯素土分层夯筑，外包城砖砌筑，夯层厚 0.08 ～ 0.1 米，东西宽 9 米，南北长 14 米，高 7.4 米，风雨侵蚀严重，表层脱落，自上而下有雨水冲刷的沟槽。植被覆盖一般，可见裸露的岩石，多矮草，有小片的灌木，偶尔可见杨树、柳树。

98. 大白阳 10 号烽火台 130721353201170097

位于赵川镇大白杨村西北 7 千米，坐标：东经 115° 13′ 49.10″，北纬 40° 47′ 27.00″，高程 1688 米。

烽火台平面呈矩形，剖面呈梯形，台芯素土分层夯筑，外包城砖砌筑，东西长 9.43 米，高 9.1 米。现状立面为二段式，下段为条石基础，白灰砌筑，白灰勾缝，露明 2 层，高 0.45 米；上段城砖砌筑，白灰砌筑，白灰勾缝，南立面辟 1 券门，高 2.04 米，起券方式为一伏一券。

保存一般，台体结构、形制较清晰。条石基础保存较好；东、北立面顶部坍塌，外包砖风化严重。西立面台体有裂痕两道，至半腰，顶部坍塌。南面东南角塌裂，至顶部。多矮草，有小片的灌木，偶尔可见杨树、柳树。

99. 大白阳 11 号烽火台 130721353201170098

位于赵川镇大白杨村西北 7.4 千米，坐标：东经 115° 13′ 31.20″，北纬 40° 47′ 28.60″，高程 1687 米。

烽火台平面呈矩形，剖面呈梯形，台芯素土分层夯筑，外包城砖砌筑，东西宽 7.5 米，南北长 7.8 米，高 5.1 米，砖尺寸：0.47 米 ×0.23 米 ×0.1 米。东立面坍塌严重，呈堆状；西立面西北角坍塌，顶部长有野草；南立面东南角坍塌严重，呈斜坡状；北立面外包砖少数残存。多矮草，有小片的灌木，偶尔可见杨树、柳树。

100. 大白阳 12 号烽火台 130721353201170099

位于赵川镇大白杨村北 7.7 千米，坐标：东经 115° 13′ 21.00″，北纬 40° 47′ 35.00″，高程 1696 米。

烽火台平面呈矩形，剖面呈梯形，台芯素土分层夯筑，外包城砖砌筑，东西长 9.5 米，南北宽 9.3 米，高 9.5 米，砖规格：0.4 米 ×0.19 米 ×0.09 米。现状立面为二段式，下段为条石基础，白灰砌筑，白灰勾缝；上段城砖砌筑，白灰砌筑，白灰勾缝，南立面辟门，起券方式为一伏一券。

保存较好，台体结构、形制较清晰。条石基础保存较好；南立面东西两角外塌，存有多道裂缝，顶部设施无存；西立面墙体中部外包砖少数脱落；北立面顶部坍塌，设施无存。多矮草，有小片的灌木，偶尔可见杨树、柳树。

101. 白庙 01 号烽火台 130721353201170100

位于庞家堡镇白庙村东北 2 千米，坐标：东经 115° 24′ 35.00″，北纬 40° 40′ 48.70″，高程 857 米。

围堡式烽火台，平面呈"回"字形，烽火台居中，四周设置围墙。

烽火台平面呈矩形，剖面呈梯形，台芯素土分层夯筑，夯层厚 0.12 ～ 0.16 米，外包城砖砌筑，包砖全部缺失，台芯裸露，东西宽 9.9 米，南北长 12 米，高 8 米。

台体四周设围墙，素土分层夯筑，夯层厚 0.1 ～ 0.15 米，东西宽 14.8 米，南北长 26.5 米，高 2.6 米，风雨侵蚀严重，表层脱落，自上而下形成雨水冲沟数条，周边为农田，多种植玉米等农作物。

102. 白庙 02 号烽火台 130721353201170101

位于庞家堡镇白庙村东北 3.8 千米，坐标：东经 115° 25′ 41.70″，北纬 40° 41′ 19.20″，高程 909 米。

围堡式烽火台，平面呈"回"字形，烽火台居中，四周设置围墙。

烽火台平面呈矩形，剖面呈梯形，台芯素土分层夯筑，夯层厚 0.1 ～ 0.17 米，外包城砖砌筑，包砖全部缺失，台芯裸露，东西长 13.5 米，南北宽 12.8 米，高 8.7 米。

台体四周设围墙，素土分层夯筑，夯层厚 0.08 ～ 0.15 米，东西长 39.8 米，南北宽 35.5 米，高 1.5 米，风雨侵蚀严重，表层脱落，自上而下形成雨水冲沟数条，四周为农田，多种植玉米。

103. 董家窑 01 号烽火台 130721353201170102

位于赵川镇董家窑村西南 350 米，坐标：东经 115° 21′ 20.30″，北纬 40° 41′ 51.40″，高程 828 米。

烽火台平面呈矩形，剖面呈梯形，台芯素土分层夯筑，夯层厚 0.05 ～ 0.1 米，外包城砖砌筑，包砖全部缺失，台芯裸露，南北长 14.2 米，东西宽 9.5 米，高 10.3 米，南立面根部存后期人为挖掘的孔洞一处，风雨侵蚀严重，表层脱落，自上而下形成雨水冲沟数条，西侧长有榆树多棵，胸径 0.09 ～ 0.34 米，周边为农田，多种植玉米等农作物。

104. 董家窑村 02 号烽火台 130721353201170103

位于赵川镇董家窑村北 7.67 千米，坐标：东经 115° 21′ 37.40″，北纬 40° 42′ 21.00″，高程 895 米。

烽火台平面呈矩形，剖面呈梯形，台芯素土分层夯筑，夯层厚 0.12 ～ 0.18 米，外包城砖砌筑，包砖全部缺失，台芯裸露，东西长 9.95 米，南北宽 9.3 米，高 9.5 米，东立面根部存后期人为挖掘的孔洞一处，宽 0.9 米，高 1.4 米，深 1.3 米，北立面根部坍塌成斜坡状，风雨侵蚀严重，表层脱落，自上而下形成雨水冲沟数条，周边为农田，多种植玉米等农作物。

105. 后洼 01 号烽火台 130721353201170104

位于李家堡乡后洼村南 7.67 千米，坐标：东经 115° 21′ 37.90″，北纬 40° 42′ 53.20″，高程 985 米。

烽火台平面呈矩形，剖面呈梯形，台芯素土分层夯筑，夯层厚 0.2 ～ 0.28 米，外包城砖砌筑，包砖全部缺失，台芯裸露，东西长 7.8 米，南北宽 6.9 米，高 6.1 米，东立面根部存后期人为挖掘的孔洞一处，风雨侵蚀严重，表层脱落，自上而下形成雨水冲沟数条，四周植被多为灌木和杂草。

106. 后洼 02 号烽火台 130721353201170105

位于李家堡乡后洼村北 5.79 千米，坐标：东经 115° 21′ 51.30″，北纬 40° 43′ 32.30″，高程 1027 米。

烽火台平面呈矩形，剖面呈梯形，台芯素土分层夯筑，夯层厚 0.12 ～ 0.22 米，外包城砖砌筑，包砖全部缺失，台芯裸露，四面土体坍塌成三角形状，东西长 11 米，南北宽 10.7 米，高 8.8 米，风雨侵蚀严重，表层脱落，自上而下形成雨水冲沟数条，周边为农田，多种植玉米等农作物。

107. 后洼 03 号烽火台 130721353201170106

位于李家堡乡后洼村西北 1.7 千米，坐标：东经 115° 21′ 24.00″，北纬 40° 44′ 02.10″，高程 1154 米。

烽火台平面呈矩形，剖面呈梯形，台芯素土分层夯筑，夯层厚 0.08 ～ 0.09 米，外包城砖砌筑，包砖全部缺失，台芯裸露，东西宽 7 米，南北长 9.6 米，高 10.3 米，风雨侵蚀严重，表层脱落呈阶梯状，自上而下形成雨水冲沟数条，周边为农田，多种植玉米等农作物。

108. 小白杨 01 号烽火台 130721353201170107

位于李家堡乡小白杨村西北 6.26 千米，坐标：东经 115° 23′ 06.50″，北纬 40° 43′ 38.00″，高程 1052 米。

烽火台平面呈矩形，剖面呈梯形，台芯素土分层夯筑，夯层厚 0.12 ～ 0.18 米，外包城砖砌筑，包砖全部缺失，台芯裸露，东西长 6.5 米，南北宽 4.2 米，高 4.2 米，风雨侵蚀严重，表层脱落，自上而下形成雨水冲沟数条，周边为农田，多种植玉米等农作物。

109. 小白杨 02 号烽火台 130721353201170108

位于李家堡乡小白杨村西北 8.93 千米，坐标：东经 115° 22′ 53.70″，北纬 40° 43′ 43.60″，高程 1115 米。

烽火台平面呈圆形，剖面呈梯形，台芯碎石分层铺筑，外包毛石砌筑，坍塌成堆状，底径 5 米，高 2 米，四周植被多为灌木和杂草。

110. 小白杨 03 号烽火台 130721353201170109

位于李家堡乡小白杨村西北 1.3 千米，坐标：东经 115° 22′ 46.10″，北纬 40° 43′ 55.50″，高程 1204 米。

烽火台平面呈圆形，剖面呈梯形，台芯碎石分层铺筑，外包毛石砌筑，坍塌成堆状，底径 6.1 米，高 4 米，四周植被多为灌木和杂草。

111. 小白杨 04 号烽火台 130721353201170110

位于李家堡乡小白杨村西北 1.9 千米，坐标：东经 115° 22′ 39.40″，北纬 40° 44′ 14.00″，高程 1277 米。

烽火台平面呈圆形，剖面呈梯形，台芯碎石分层铺筑，外包毛石砌筑，坍塌成堆状，底径 20 米，高 3.8 米，四周植被多为灌木和杂草。

112. 后坝 01 号烽火台 130721353201170111

位于李家堡乡后坝村东 5.67 千米，坐标：东经 115° 24′ 39.30″，北纬 40° 45′ 12.50″，高程 1326 米。

烽火台平面呈圆形，剖面呈梯形，台芯碎石分层铺筑，外包毛石砌筑，坍塌成堆状，底径 7.8 米，高 3.5 米，四周植被多为灌木和杂草。

113. 后坝 02 号烽火台 130721353201170112

位于李家堡乡后坝村西 4.09 千米，坐标：东经 115° 23′ 58.60″，北纬 40° 45′ 11.10″，高程 1209 米。

烽火台平面呈矩形，剖面呈梯形，台芯素土分层夯筑，外包城砖砌筑，包砖全部缺失，台芯裸露，东西宽 5 米，南北长 8.5 米，高 5.4 米，东立面根部存后期人为挖掘的孔洞一处宽 2.2 米，高 2.6 米，深 1 米，存竖向裂缝 3 条，宽 0.03 ～ 0.09 米；南立面存竖向裂缝 3 条，宽 0.02 ～ 0.08 米；西立面存竖向裂缝 1 条，宽 0.02 ～ 0.06 米；北立面西侧上部坍塌缺失，土体表面杂树滋长，风雨侵蚀严重，表层脱落，自上而下形成雨水冲沟数条，台体东侧长有榆树一棵，胸径 0.24 米，四周植被多为灌木和杂草。

114. 后坝 03 号烽火台 130721353201170113

位于李家堡乡后坝村西 907 米，坐标：东经 115° 23′ 37.60″，北纬 40° 45′ 16.80″，高程 1333 米。

烽火台平面呈矩形，剖面呈梯形，台芯素土分层夯筑，夯层厚 0.12 ～ 0.2 米，外包城砖砌筑，包砖全部缺失，台芯裸露，东西长 9.5 米，南北宽 8.5 米，高 5 米，风雨侵蚀严重，表层脱落，自上而下形成雨水冲沟数条，周边为农田，多种植玉米等农作物。

115. 后坝 04 号烽火台 130721353201170114

位于李家堡乡后坝村西 4.2 千米，坐标：东经 115° 21′ 20.30″，北纬 40° 45′ 32.50″，高程 1507 米。

烽火台平面呈矩形，剖面呈梯形，台芯碎石分层铺筑，外包毛石砌筑，坍塌成堆状，南北长 6.1 米，东西宽 5.5 米，高 7 米，四周植被多为灌木和杂草。

116. 后坝 05 号烽火台 130721353201170115

位于李家堡乡后坝村西 3.9 千米，坐标：东经 115° 21′ 40.70″，北纬 40° 45′ 59.80″，高程 1544 米。

烽火台平面呈矩形，剖面呈梯形，台芯碎石分层铺筑，外包毛石砌筑，坍塌成堆状，南北宽 7.1 米，东西长 7.5 米，高 6.2 米，四周植被多为灌木和杂草。

117. 后坝 06 号烽火台 130721353201170116

位于李家堡乡后坝村西北 3.5 千米，坐标：东经 115° 22′ 10.90″，北纬 40° 46′ 12.10″，高程 1684 米。

烽火台平面呈矩形，立面及剖面呈梯形，台芯土石分层夯筑，外包城砖砌筑，东西长 9.67 米，南北宽 9 米，高 7.1 米。现状立面为二段式，下段为条石基础，白灰砌筑，白灰勾缝，露明 7 层；上段城砖砌筑，白灰砌筑，白灰勾缝。

东立面存竖向裂缝 4 条，宽 0.02 ～ 0.08 米，东北角坍塌缺失；南立面存竖向裂缝 2 条，宽 0.03 ～ 0.19 米，上部外包砖缺失，根部坍塌成斜坡状，散落大量城砖；西立面存竖向裂缝 7 条，宽 0.02 ～ 0.09 米，西北角坍塌缺失；北立面整体坍塌成斜坡状，顶部设施无存，四周植被多为灌木和杂草。

118. 二道岭 02 号烽火台 130721353201170117

位于赵川镇二道岭村东北 4.6 千米，坐标：东经 115° 21′ 10.20″，北纬 40° 46′ 36.80″，高程 1548 米。

烽火台平面呈矩形，剖面呈梯形，台芯碎石分层铺筑，外包毛石砌筑，坍塌成堆状，南北宽 4.1 米，东西长 6.8 米，高 4.5 米，四周植被多为灌木和杂草。

119. 大白杨 13 号烽火台 130721353201170118

位于赵川镇大白杨村东北 1.8 千米，坐标：东经 115° 19′ 01.30″，北纬 40° 45′ 45.00″，高程 1214 米。

烽火台平面呈矩形，剖面呈梯形，台芯素土分层夯筑，外包城砖砌筑，包砖全部缺失，台芯裸露，南北宽6.5米，东西长6.6米，高7米，风雨侵蚀严重，表层脱落，自上而下形成雨水冲沟数条，顶部西北角存少量地面铺墁城砖，四周植被多为灌木和杂草。

120. 大白杨14号烽火台 130721353201170119

位于赵川镇大白杨村北3.3千米，坐标：东经115° 18′ 57.20″，北纬40° 46′ 40.60″，高程1492米。

烽火台平面呈圆形，剖面呈梯形，台芯碎石分层铺筑，外包毛石砌筑，坍塌成堆状，底径7米，高5米，顶部及四周植被多为灌木和杂草。

121. 大白杨15号烽火台 130721353201170120

位于赵川镇大白杨村西4千米，坐标：东经115° 19′ 11.30″，北纬40° 47′ 10.00″，高程1612米。

烽火台平面呈矩形，剖面呈梯形，台芯素土分层夯筑，外包城砖砌筑，东西长9.6米，高7.5米，外包砖厚1米，东立面仅存东南角，南立面坍塌，西立面仅存西南角，北立面坍塌成斜坡状，散落大量碎砖，四周植被多为灌木和杂草。

122. 大白杨16号烽火台 130721353201170121

位于赵川镇大白阳村北3.2千米，坐标：东经115° 17′ 42.60″，北纬40° 46′ 58.20″，高程1710米。

烽火台平面呈矩形，剖面呈梯形，台芯碎石分层铺筑，外包毛石砌筑，坍塌成堆状，南北长10.4米，东西宽9米，高5米，四周植被多为灌木和杂草。

123. 大白杨17号烽火台 130721353201170122

位于赵川镇大白杨村北3.5千米，坐标：东经115° 16′ 23.00″，北纬40° 46′ 49.60″，高程1724米。

烽火台平面呈圆形，剖面呈梯形，台芯碎石分层铺筑，外包毛石砌筑，坍塌成堆状，底径18米，高2米，四周植被多为灌木和杂草。

124. 大白杨18号烽火台 130721353201170123

位于赵川镇大白杨村北3.7千米，坐标：东经115° 16′ 19.70″，北纬40° 46′ 56.20″，高程1729米。

烽火台平面呈圆形，剖面呈梯形，台芯碎石分层铺筑，外包毛石砌筑，坍塌成堆状，底径18米，高5米，四周植被多为灌木和杂草。

125. 大白杨19号烽火台 130721353201170124

位于赵川镇大白阳村西北5.3千米，坐标：东经115° 16′ 02.60″，北纬40° 47′ 38.60″，高程1882米。

烽火台平面呈圆形，剖面呈梯形，台芯碎石分层铺筑，外包毛石砌筑，坍塌成堆状，底径7.36米，高6.67米，四周植被多为灌木和杂草。

126. 大白杨20号烽火台 130721353201170125

位于赵川镇大白杨村5.3千米，坐标：东经115° 13′ 53.80″，北纬40° 46′ 53.70″，高程1575米。

烽火台平面呈圆形，剖面呈梯形，台芯为碎石分层铺筑，外包毛石砌筑，坍塌成堆状，底径18米，高3米，四周灌木丛生。

127. 大白杨21号烽火台 130721353201170126

位于赵川镇大白杨村6.4千米，坐标：东经115° 14′ 06.40″，北纬40° 47′ 09.80″，高程1595米。

烽火台平面呈圆形，剖面呈梯形，台芯为碎石分层铺筑，外包毛石砌筑，坍塌成堆状，底径 15 米，高 3 米，四周灌木丛生。

128. 葛峪堡 01 号烽火台 130721353201170127

位于东望山乡葛峪堡村西南 1.7 千米，坐标：东经 115° 10′ 16.30″，北纬 40° 44′ 00.10″，高程 1144 米。

烽火台平面呈圆形，台芯素土分层夯筑，外包城砖砌筑，夯层不明显，底径 10.45 米，顶径 0.79 米，高 2.9 米。南立面根部人为挖掘孔洞一处，坍塌成堆状，风雨侵蚀严重，表层脱落，自上而下有雨水冲刷的沟槽。北侧山坡植被覆盖较密，主要有杨树、丛生灌木、杂草。

129. 葛峪堡 02 号烽火台 130721353201170128

位于东望山乡葛峪堡村东南 577 米，坐标：东经 115° 11′ 22.50″，北纬 40° 44′ 28.10″，高程 1062 米。

烽火台平面呈方形，剖面呈梯形，台芯素土分层夯筑，夯层厚 0.13 ～ 0.2 米，外包城砖砌筑，东西宽 8.2 米，南北长 8.7 米，北侧高 5.1 米，南侧高 6.23 米，风雨侵蚀严重，表层脱落，自上而下有雨水冲刷的沟槽，周边为农田，多种植玉米等农作物。

130. 葛峪堡 03 号烽火台 130721353201170129

位于东望山乡葛峪堡村东北 671 米，坐标：东经 115° 11′ 32.50″，北纬 40° 44′ 48.70″，高程 1145 米。

烽火台平面呈方形，剖面呈梯形，台芯素土分层夯筑，夯层厚 0.12 ～ 0.18 米，外包城砖砌筑，东西宽 9.44 米，南北长 11.72 米，高 6.57 米，北立面顶部部分夯土坍塌，风雨侵蚀严重，表层脱落，自上而下有雨水冲刷的沟槽，四周植被多为灌木和杂草。

131. 葛峪堡 04 号烽火台 130721353201170130

位于东望山乡葛峪堡村东北 1.7 千米，坐标：东经 115° 11′ 46.30″，北纬 40° 45′ 27.90″，高程 1217 米。

烽火台平面呈圆形，剖面呈梯形，台芯素土分层夯筑，外包城砖砌筑，坍塌成堆状，底径 9.23 米，顶径 3.74 米，高 2.98 米。南立面尚存部分夯土墙，顶部中间人为挖掘孔洞一处，风雨侵蚀严重，表层脱落，自上而下有雨水冲刷的沟槽。北侧山坡植被覆盖较密，主要有杨树、丛生灌木、杂草。

132. 葛峪堡 05 号烽火台 130721353201170131

位于东望山乡葛峪堡村东北 2.5 千米，坐标：东经 115° 12′ 13.60″，北纬 40° 45′ 41.90″，高程 1357 米。

烽火台平面呈圆形，台芯为碎石分层铺筑，外包毛石砌筑，城砖规格：0.39 米 ×0.19 米 ×0.09 米，坍塌成堆状，底径 16 米，高 3.36 米，南立面人为挖掘孔洞两处，风雨侵蚀严重，表层脱落，自上而下有雨水冲刷的沟槽。北侧山坡植被覆盖较密，主要有杨树、丛生灌木、杂草。

133. 葛峪堡 06 号烽火台 130721353201170132

位于东望山乡葛峪堡村东北 3.4 千米，坐标：东经 115° 12′ 32.60″，北纬 40° 46′ 09.30″，高程 1333 米。

烽火台平面呈圆形，剖面呈梯形，台芯素土分层夯筑，夯层不明显，外包城砖砌筑，底径 9.8 米，顶部东西长 1.2 米，南北长 3.1 米，高 3.45 米，风雨侵蚀严重，表层脱落，自上而下有雨水冲刷的沟槽。山坡植被覆盖较密。

134. 葛峪堡 07 号烽火台 130721353201170133

位于东望山乡葛峪堡村东北 4.4 千米，坐标：东经 115° 12′ 42.30″，北纬 40° 46′ 44.30″，高程 1473 米。

烽火台平面呈圆形，台芯为碎石分层铺筑，外包毛石砌筑，坍塌成堆状，底径长 11.78 米，顶径长 3.52 米，高 3.45 米，山坡植被覆盖较密，主要有杨树、丛生灌木、杂草。

135. 胡家洼 01 号烽火台 130721353201170134

位于东望山乡胡家洼村北 2.6 千米，坐标：东经 115° 12′ 17.40″，北纬 40° 47′ 35.50″，高程 1788 米。

烽火台平面呈圆形，台芯为碎石分层铺筑，外包毛石砌筑，坍塌成堆状，底径长 11.73 米，顶径长 3.6 米，高 4.37 米，山坡植被覆盖较密，主要有杨树、丛生灌木、杂草。

136. 胡家洼村 02 号烽火台 130721353201170135

位于东望山乡胡家洼村北 2.7 千米，坐标：东经 115° 12′ 03.60″，北纬 40° 47′ 41.70″，高程 1804 米。

烽火台平面呈圆形，台芯为碎石分层铺筑，外包毛石砌筑，坍塌成堆状，底径长 12.3 米，顶径长 3.4 米，北侧高 2.5 米，东侧高 3.7 米，四周植被多为灌木和杂草。

137. 胡家洼 03 号烽火台 130721353201170136

位于东望山乡胡家洼村北 2.8 千米，坐标：东经 115° 11′ 55.20″，北纬 40° 47′ 45.70″，高程 1808 米。

烽火台平面呈圆形，台芯为碎石分层铺筑，外包毛石砌筑，坍塌成堆状，底径 14 米，顶径长 3.7 米，高 4.3 米，山坡植被覆盖较密，主要有杨树、丛生灌木、杂草。

138. 胡家洼 04 号烽火台 130721353201170137

位于东望山乡胡家洼村北 2.7 千米，坐标：东经 115° 11′ 42.10″，北纬 40° 47′ 43.10″，高程 1788 米。

烽火台平面呈圆形，台芯为碎石分层铺筑，外包毛石砌筑，坍塌成堆状，底径长 9.7 米，高 4.9 米，山坡植被覆盖较密，主要有杨树、丛生灌木、杂草。

139. 胡家洼 05 号烽火台 130721353201170138

位于东望山乡胡家洼村西北 3 千米，坐标：东经 115° 11′ 31.10″，北纬 40° 47′ 47.30″，高程 1772 米。

烽火台平面呈圆形，台芯为碎石分层铺筑，外包毛石砌筑，坍塌成堆状，底径长 7.8 米，高 3.1 米，山坡植被覆盖较密，主要有杨树、丛生灌木、杂草。

140. 胡家洼 06 号烽火台 130721353201170139

位于东望山乡胡家洼村西北 3.3 千米，坐标：东经 115° 11′ 11.20″，北纬 40° 47′ 51.70″，高程 1635 米。

烽火台平面呈圆形，台芯为碎石分层铺筑，外包毛石砌筑，坍塌成堆状，底径长 7.6 米，高 3.4 米，山坡植被覆盖较密，主要有杨树、丛生灌木、杂草。

141. 胡家洼 07 号烽火台 130721353201170140

位于东望山乡胡家洼村西北 3.5 千米，坐标：东经 115° 10′ 44.40″，北纬 40° 47′ 49.40″，高程 1561 米。

烽火台平面呈圆形，台芯为碎石分层铺筑，外包毛石砌筑，坍塌成堆状，底径长 10.7 米，高 5.4 米，山坡植被覆盖较密，主要有杨树、丛生灌木、杂草。

142. 常峪口 01 号烽火台 130721353201170141

位于东望山乡常峪口村西北 4.1 千米，坐标：东经 115° 10′ 27.60″，北纬 40° 47′ 55.30″，高程 1500 米。

烽火台平面呈圆形，台芯为碎石分层铺筑，外包毛石砌筑，坍塌成堆状，底径长 7.7 米，高 3.55

米，山坡植被覆盖较密，主要有杨树、丛生灌木、杂草。

143. 常峪口 02 号烽火台 130721353201170142

位于东望山乡常峪口村西北 4 千米，坐标：东经 115° 10′ 15.30″，北纬 40° 47′ 53.50″，高程 1446 米。

烽火台平面呈圆形，台芯为碎石分层铺筑，外包毛石砌筑，坍塌成堆状，底径长 8.2 米，高 3.6 米，山坡植被覆盖较密，主要有杨树、丛生灌木、杂草。

144. 常峪口 03 号烽火台 130721353201170143

位于东望山乡常峪口村西北 3.7 千米，坐标：东经 115° 10′ 01.70″，北纬 40° 47′ 47.40″，高程 1348 米。

烽火台平面呈圆形，台芯为碎石分层铺筑，外包毛石砌筑，坍塌成堆状，底径长 8.5 米，高 4.3 米，山坡植被覆盖较密，主要有杨树、丛生灌木、杂草。

145. 常峪口 04 号烽火台 130721353201170144

位于东望山乡常峪口村东北 1.2 千米，坐标：东经 115° 09′ 30.80″，北纬 40° 46′ 24.70″，高程 1074 米。

烽火台平面呈矩状，剖面呈梯形，台芯素土分层夯筑，外包城砖砌筑，夯层厚 0.2 米，底部长 6.2 米，高 7.15 米，顶部残存砖块，风雨侵蚀严重，表层脱落，自上而下有雨水冲刷的沟槽。植被覆盖较密。

146. 常峪口 05 号烽火台 130721353201170145

位于东望山乡常峪口村东北 2.1 千米，坐标：东经 115° 09′ 47.60″，北纬 40° 46′ 54.10″，高程 1137 米。

烽火台平面呈方形，剖面呈梯形，台芯土石分层夯筑，夯层均匀，夯层厚 0.2 米，外包城砖砌筑，底部长 7.4 米，高 4.35 米，北立面坍塌成坡状，底部四周 5 米外有土垄，平行围绕台体，形似围墙，土垄宽近一米，高 0.5～0.9 米，风雨侵蚀严重，表层脱落，自上而下有雨水冲刷的沟槽。植被覆盖较密。

147. 常峪口 06 号烽火台 130721353201170146

位于东望山乡常峪口村东北 2.9 千米，坐标：东经 115° 09′ 36.20″，北纬 40° 47′ 29.90″，高程 1270 米。

烽火台平面呈圆形，台芯为碎石分层铺筑，外包毛石砌筑，坍塌成堆状，底径 17 米，高 5.6 米，夯土内夹石，四周植被多为灌木和杂草。

148. 常峪口 07 号烽火台 130721353201170147

位于东望山乡常峪口村北 2.7 千米，坐标：东经 115° 09′ 12.10″，北纬 40° 47′ 26.30″，高程 1080 米。

烽火台平面呈矩形，剖面呈梯形，台芯素土分层夯筑，夯层明显，厚 0.13～0.21 米，外包城砖砌筑，东西长 7.37 米，南北宽 6.35 米，高 7.8 米，根部局部缺失，风雨侵蚀严重，表层脱落，自上而下有雨水冲刷的沟槽，四周植被多为灌木和杂草。

149. 常峪口 08 号烽火台 130721353201170148

位于东望山乡常峪堡村北 4.1 千米，坐标：东经 115° 08′ 51.20″，北纬 40° 48′ 15.30″，高程 1531 米。

烽火台平面呈圆形，台芯为碎石分层铺筑，外包毛石砌筑，坍塌成堆状，底径 6 米，高 2.2 米，山坡植被覆盖较密，主要有杨树、丛生灌木、杂草。

150. 常峪口 09 号烽火台 130721353201170149

位于东望山乡常峪堡村西北 3.6 千米，坐标：东经 115° 07′ 53.60″，北纬 40° 47′ 51.00″，高程 1509 米。

烽火台平面呈圆形，台芯为碎石分层铺筑，外包毛石砌筑，坍塌成堆状，底径 6 米，高 2.2 米，山坡植被覆盖较密，主要有杨树、丛生灌木、杂草。

151. 常峪口 10 号烽火台 130721353201170150

位于东望山乡常峪堡村西北 4.3 千米，坐标：东经 115° 07′ 57.40″，北纬 40° 48′ 12.10″，高程 1632 米。

烽火台平面呈圆形，台芯为碎石分层铺筑，外包毛石砌筑，坍塌成堆状，底径 5.7 米，高 2.1 米，山坡植被覆盖较密，主要有杨树、丛生灌木、杂草。

152. 常峪口 11 号烽火台 130721353201170151

位于东望山乡常峪堡村西北 5.1 千米，坐标：东经 115° 07′ 39.60″，北纬 40° 48′ 39.00″，高程 1779 米。

烽火台平面呈圆形，台芯为碎石分层铺筑，外包毛石砌筑，坍塌成堆状，底径 5.2 米，高 2.2 米，山坡植被覆盖较密，主要有杨树、丛生灌木、杂草。

153. 常峪口 12 号烽火台 130721353201170152

位于东望山乡常峪堡村西北 5.4 千米，坐标：东经 115° 07′ 45.00″，北纬 40° 48′ 49.50″，高程 1800 米。

烽火台平面呈圆形，台芯为碎石分层铺筑，外包毛石砌筑，坍塌成堆状，底径 5.8 米，高 3 米，山坡植被覆盖较密，主要有杨树、丛生灌木、杂草。

154. 常峪口 13 号烽火台 130721353201170153

位于东望山乡常峪堡村西北 5.9 千米，坐标：东经 115° 07′ 26.60″，北纬 40° 48′ 59.40″，高程 1719 米。

烽火台平面呈圆形，台芯为碎石分层铺筑，外包毛石砌筑，坍塌成堆状，底径 5.5 米，高 2.9 米，山坡植被覆盖较密，主要有杨树、丛生灌木、杂草。

155. 青边口 01 号烽火台 130721353201170154

位于东望山乡青边口村东北 5.7 千米，坐标：东经 115° 06′ 22.90″，北纬 40° 49′ 49.80″，高程 1603 米。

烽火台平面呈矩形，立面及剖面呈梯形，台芯素土分层夯筑，外包城砖砌筑，东西长 10.41 米，南北宽 10.39 米，东北角高 9.82 米，东南角高 7.95 米，西南角高 8.75 米。现状立面为二段式，下段为条石基础，白灰砌筑，白灰勾缝，露明 3 层，高 0.96 米；上段城砖砌筑，白灰砌筑，白灰勾缝，南立面辟一券门。

保存较差，台体结构、形制较清晰。条石基础保存较好；墙体外包砖存 2/3，东立面墙体存多道通体上下的裂缝，西立面墙体存小裂缝，顶部毁坏严重，西北角包砖外闪。

156. 青边口 02 号烽火台 130721353201170155

位于东望山乡青边口村东北 5.3 千米，坐标：东经 115° 06′ 06.20″，北纬 40° 49′ 49.70″，高程 1685 米。

烽火台平面呈矩形，立面及剖面呈梯形，台芯素土分层夯筑，外包城砖砌筑，底部东西长 9.98 米，南北宽 9.22 米，顶部东西长 7.7 米，南北宽 8.52 米，高 7.7 米。现状立面为二段式，下段为条石基础，白灰砌筑，白灰勾缝，露明 3 层，高 0.89 米；上段城砖砌筑，白灰砌筑，白灰勾缝，南立面辟 1 券门，宽 0.78 米，高 1.2 米，起券方式为二伏二券，门槛石下面两侧各有一根垂梯石凸出于墙体之外。

保存较差，台体结构、形制较清晰。条石基础保存较好；墙体外包砖存 2/3，不同程度的风化侵蚀现象；东立面北半部坍塌，券门保存较好；西立面墙体中部有通体上下的大裂缝，裂缝宽度在 0.3 ~ 0.6 米；顶部毁坏。植被覆盖较密，主要有杨树、丛生灌木、杂草。

157. 青边口 03 号烽火台 130721353201170156

位于东望山乡青边口村东北 5.3 千米，坐标：东经 115° 05′ 41.80″，北纬 40° 49′ 46.80″，高程 1622 米。

烽火台平面呈圆形，台芯为碎石分层铺筑，外包毛石砌筑，坍塌成堆状，底径 8.6 米，高 5.3 米，植被覆盖较密，主要有灌木、杂草。

158. 青边口 04 号烽火台 130721353201170157

位于东望山乡青边口村东北 5.3 千米，坐标：东经 115° 05′ 23.90″，北纬 40° 49′ 25.70″，高程 1428 米。

烽火台平面呈矩形，立面及剖面呈梯形，台芯素土分层夯筑，外包城砖砌筑，底边长 10 米，高 10.91 米。现状立面为三段式，下段为条石基础，白灰砌筑，白灰勾缝，露明 3 层，高 0.99 米；中段城砖砌筑，白灰砌筑，白灰勾缝，南立面辟 1 券门，起券方式为一伏一券，底部两侧有垂梯石凸出于墙体之外；上段设垛口墙，墙上有望孔，垛口墙高 0.76 米。东立面墙体北半部坍塌，宽 3.6 米，顶部毁坏。植被覆盖较密，主要为杂草，夹杂灌木。

159. 青边口 05 号烽火台 130721353201170158

位于东望山乡青边口村北 3.7 千米，坐标：东经 115° 05′ 05.30″，北纬 40° 49′ 09.80″，高程 1379 米。

烽火台平面呈矩形，立面及剖面呈梯形，台芯素土分层夯筑，外包城砖砌筑，东西宽 9.6 米，南北长 9.92 米，高 10.83 米。现状立面为二段式，下段为条石基础，白灰砌筑，白灰勾缝，露明 3 层，高 0.76 米；上段城砖砌筑，白灰砌筑，白灰勾缝，包砖厚 0.6 米，夯层厚 0.07 ~ 0.13 米。

台体结构、形制较清晰。条石基础保存较好；墙体存 2/3，东立面墙体有通体上下的裂缝。顶部毁坏。山坡植被覆盖较密，主要为杂草。

160. 青边口 06 号烽火台 130721353201170159

位于东望山乡青边口村北 3.4 千米，坐标：东经 115° 04′ 30.60″，北纬 40° 49′ 00.80″，高程 1291 米。

烽火台平面呈矩形,立面及剖面呈梯形,台芯素土分层夯筑,外包城砖砌筑,东西长9.6米。台体外包砖,台芯素土分层夯筑。东立面墙体全部坍塌;西立面墙体保存较好;南、北立面墙体坍塌东半部分;顶部毁坏。山坡植被覆盖较密,丛生灌木。

161. 青边口 07 号烽火台 130721353201170160

位于东望山乡青边口村西南2.2千米,坐标:东经115° 04′ 11.20″,北纬40° 46′ 04.70″,高程909米。

烽火台平面呈圆形,台芯素土分层夯筑,外包城砖砌筑,底径6.2米,高2.8米,用土夯成方形台基,在台基上夯筑烽火台,南立面根部人为挖掘孔洞一处,坍塌成堆状,风雨侵蚀严重,表层脱落,自上而下有雨水冲刷的沟槽,四周植被多为灌木和杂草。

162. 青边口 08 号烽火台 130721353201170161

位于东望山乡青边口村西南2千米,坐标:东经115° 04′ 21.30″,北纬40° 46′ 06.90″,高程910米。

烽火台平面呈圆形,台芯素土分层夯筑,外包城砖砌筑,坍塌成堆状,底径3.2米,高1.6米,东立面坍塌缺失,根部人为挖掘孔洞两处。植被覆盖较密,周边为农田,多种植玉米等农作物。

163. 青边口 09 号烽火台 130721353201170162

位于东望山乡青边口村西南1.6千米,坐标:东经115° 04′ 01.60″,北纬40° 46′ 26.80″,高程937米。

烽火台平面呈圆形,台芯素土分层夯筑,外包城砖砌筑,坍塌成堆状,立面及剖面呈梯形,底径7.1米,高3.3米,四周植被多为灌木和杂草。

164. 青边口 10 号烽火台 130721353201170163

位于东望山乡青边口村西北1.7千米,坐标：东经115° 04′ 04.90″,北纬40° 48′ 00.20″,高程1044米。

烽火台平面呈长方形,台芯素土分层夯筑,夯层不明显,外包城砖砌筑,东西长7.1米,南北宽2.1米,高8.2米,风雨侵蚀严重,表层脱落,自上而下有雨水冲刷的沟槽,植被覆盖较密,主要有杨树、杂草。

165. 青边口 11 号烽火台 130721353201170164

位于东望山乡青边口村西北2.3千米,坐标：东经115° 04′ 08.60″,北纬40° 48′ 23.90″,高程1154米。

烽火台平面呈圆形,台芯素土分层夯筑,夯层不明显,外包城砖砌筑,底径8.9米,高4.6米,风雨侵蚀严重,表层脱落,自上而下有雨水冲刷的沟槽,植被覆盖较密,主要有杨树、杂草。

166. 青边口 12 号烽火台 130721353201170165

位于东望山乡青边口村西北3千米,坐标：东经115° 04′ 11.90″,北纬40° 48′ 46.30″,高程1209米。

烽火台平面呈圆形,台芯素土分层夯筑,外包城砖砌筑,底径18米,高9.5米,建于一高土台上,外建夯土围墙,围墙南墙正中有豁口,围墙宽0.8～1.6米,高0.3～1.2米,台体为土石混筑,坍塌成堆状,四周植被多为灌木和杂草。

167. 青边口 13 号烽火台 130721353201170166

位于东望山乡青边口村西北3.1千米坐标:东经115° 03′ 49.50″,北纬40° 48′ 46.30″,高程1178米。

烽火台平面呈圆形,台芯素土分层夯筑,外包城砖砌筑,坍塌成堆状,底径19米,高2.6米,建于一高土台上，外建夯土围墙，四周植被多为灌木和杂草。

168. 青边口 14 号烽火台 130721353201170167

位于东望山乡青边口村西北 3.4 千米，坐标：东经 115° 02′ 42.40″，北纬 40° 48′ 23.60″，高程 1345 米。

烽火台平面呈圆形，台芯素土分层夯筑，外包城砖砌筑，坍塌成堆状，底径 9.5 米，高 3.3 米，残存小截砖墙，底部残存外包砖墙，四周植被多为灌木和杂草。

169. 青边口 15 号烽火台 130721353201170168

位于东望山乡青边口村西北 4 千米，坐标：东经 115° 02′ 22.60″，北纬 40° 48′ 33.00″，高程 1495 米。

烽火台平面呈圆形，台芯为碎石分层铺筑，外包毛石砌筑，坍塌成堆状，底径 16.5 米，高 2.9 米，山坡植被覆盖较密，主要有丛生灌木、杂草等，南侧植被较少。台体底部四周多灌木。

170. 青边口 16 号烽火台 130721353201170169

位于东望山乡青边口村西北 4 千米，坐标：东经 115° 02′ 12.80″，北纬 40° 48′ 34.90″，高程 1579 米。

烽火台平面呈圆形，台芯为碎石分层铺筑，外包毛石砌筑，坍塌成堆状，底径 19 米，高 7.3 米，山坡植被覆盖较密，主要有丛生灌木、杂草等，南侧植被较少。

171. 羊房堡 01 号烽火台 130721353201170170

位于大仓盖镇羊房堡村东北 1.5 千米，坐标：东经 115° 01′ 42.50″，北纬 40° 47′ 48.80″，高程 1243 米。

烽火台平面呈方形，立面及剖面呈梯形，台芯素土分层夯筑，外包城砖砌筑，底边长 10.2 米，高 6.7 米。现状立面为二段式，下段为条石基础，白灰砌筑，白灰勾缝；上段城砖砌筑，白灰砌筑，白灰勾缝；距台体 5 米的外围建有石围墙，宽 0.8 米，高 0.4 ～ 0.8 米。

保存较差，台体结构、形制较清晰。条石基础保存较好；东、西、北立面坍塌严重，存有多道裂缝；外包砖脱落，南立面墙体保存较好。

172. 羊房堡 02 号烽火台 130721353201170171

位于大仓盖镇羊房堡村北 480 米，坐标：东经 115° 00′ 45.40″，北纬 40° 47′ 54.70″，高程 1167 米。

烽火台平面呈圆形，台芯素土分层夯筑，外包城砖砌筑，夯层不明显，底径 5.65 米，高 4.7 米，风雨侵蚀严重，表层脱落，自上而下有雨水冲刷的沟槽。山坡植被覆盖较密，主要有杨树、丛生灌木、杂草。

173. 羊房堡 03 号烽火台 130721353201170172

位于大仓盖镇羊房堡村北 1.2 千米，坐标：东经 115° 01′ 01.80″，北纬 40° 48′ 17.20″，高程 1447 米。

烽火台平面呈圆形，台芯为碎石分层铺筑，外包毛石砌筑，坍塌成堆状，底径 8.9 米，高 4.1 米，四周植被多为灌木和杂草。

174. 羊房堡 04 号烽火台 130721353201170173

位于大仓盖镇羊房堡村西北 1.6 千米，坐标：东经 115° 00′ 28.50″，北纬 40° 48′ 29.20″，高程 1404 米。

烽火台平面呈圆形，台芯为碎石分层铺筑，外包毛石砌筑，坍塌成堆状，底径 7.6 米，高 3.4 米，山坡植被覆盖较密，主要有杨树、丛生灌木、杂草。

175. 羊房堡 05 号烽火台 130721353201170174

位于大仓盖镇羊房堡村北 2.4 千米，坐标：东经 115° 00′ 47.10″，北纬 40° 48′ 55.90″，高程 1536 米。

烽火台平面呈圆形，台芯为碎石分层铺筑，外包毛石砌筑，坍塌成堆状，底径 13 米，高 4.6 米，山坡植被覆盖较密，主要有杨树、丛生灌木、杂草。

176. 人头山村 01 号烽火台 130721353201170175

位于大仓盖镇人头山村北 2.5 千米，坐标：东经 114° 59′ 19.50″，北纬 40° 49′ 14.00″，高程 1559 米。

烽火台平面呈圆形，台芯为碎石分层铺筑，外包毛石砌筑，坍塌成堆状，底径 7.2 米，高 3.6 米，山坡植被覆盖较密，主要有杨树、丛生灌木、杂草。

177. 人头山 02 号烽火台 130721353201170176

位于大仓盖镇人头山村西南 1.5 千米，坐标：东经 114° 58′ 30.60″，北纬 40° 47′ 28.60″，高程 1103 米。

烽火台平面呈圆形，台芯素土分层夯筑，外包城砖砌筑，底径 7.1 米，高 5.95 米，在平地堆土成台基，长 24 米，高 3.1 米，夯层厚 0.15 ～ 0.18 米，现呈圆柱体，风雨侵蚀严重，表层脱落，自上而下有雨水冲刷的沟槽。山坡植被覆盖较密，主要有杨树、丛生灌木、杂草。

178. 人头山 03 号烽火台 130721353201170177

位于大仓盖镇人头山村西北 1.6 千米，坐标：东经 114° 58′ 25.90″，北纬 40° 48′ 20.80″，高程 1203 米。

烽火台平面呈矩形，台芯素土分层夯筑，夯层厚 0.15 ～ 0.2 米，外包城砖砌筑，东西长 6.8 米，高 3.7 米，东立面台体坍塌严重，风雨侵蚀严重，表层脱落，自上而下有雨水冲刷的沟槽，四周植被多为灌木和杂草。

179. 人头山 04 号烽火台 130721353201170178

位于大仓盖镇人头山村西北 1.9 千米，坐标：东经 114° 58′ 27.30″，北纬 40° 48′ 38.30″，高程 1264 米。

烽火台平面呈圆形，台芯素土分层夯筑，夯层明显，厚 0.2 米，外包城砖砌筑，坍塌成堆状，底径 7.8 米，高 1.8 米，西北角有小树一棵，周边为农田，多种植玉米等农作物。

180. 东窑 01 号烽火台 130721353201170179

位于大仓盖镇里东窑村东 2.6 千米，坐标：东经 114° 57′ 10.10″，北纬 40° 49′ 03.60″，高程 1113 米。

烽火台平面呈圆形，台芯土石分层夯筑，外包城砖砌筑，坍塌成堆状，底径 8.4 米，高 2.2 米，东立面无存。北立面栽有水泥电杆一根，四周植被多为灌木和杂草。

181. 东窑 02 号烽火台 130721353201170180

位于大仓盖镇里东窑村东 2.3 千米，坐标：东经 114° 56′ 55.10″，北纬 40° 49′ 22.60″，高程 1206 米。

烽火台平面呈圆形，台芯为碎石分层铺筑，外包毛石砌筑，坍塌成堆状，底径 7.3 米，高 1.6 米，山坡植被覆盖较密，主要有杨树、丛生灌木、杂草。

182. 关子口 01 号烽火台 130721352101170181

位于赵川镇关子口村 1.09 千米，坐标：东经 115° 19′ 11.40″，北纬 40° 38′ 59.90″，高程 766 米。

烽火台平面呈矩形，剖面呈梯形，台芯素土分层夯筑，夯层厚 0.11 ～ 0.16 米，外包城砖砌筑，包砖全部缺失，台芯裸露，东西宽 4 米，南北长 5.6 米，高 5 ～ 12.7 米，风雨侵蚀严重，表层脱落，自上而下形成雨水冲沟数条，周边为农田，多种植玉米等农作物。

183. 赵川 01 号烽火台 130721353201170182

位于赵川镇，坐标：东经 115° 18′ 19.20″，北纬 40° 38′ 27.80″，高程 762 米。

烽火台平面呈矩形，剖面呈梯形，台芯素土分层夯筑，外包城砖砌筑，东西宽 5.3 米，南北长 8.7 米，东、南两侧高 19.94 米，北侧高 5 米，东、南立面存后期人为挖掘的孔洞两处，宽 0.7 米，高 1.9 米，深 1.6 米，风雨侵蚀严重，表层脱落，自上而下形成雨水冲沟数条，四周植被多为灌木和杂草。

184. 贾家湾 01 号烽火台 130721353201170183

位于贾家营镇贾家湾村西南角上，坐标：东经 115° 13′ 40.00″，北纬 40° 37′ 02.00″，高程 680 米。

围堡式烽火台，平面呈"回"字形，烽火台居中，四周设置围墙。

烽火台平面呈矩形，剖面呈梯形，台芯素土分层夯筑，夯层厚 0.06 ～ 0.12 米，外包城砖砌筑，包砖全部缺失，台芯裸露，东西长 14 米，南北宽 13.9 米，高 7.06 米。北立面存后期人为挖掘的孔洞一处，宽 1 米，高 1.9 米，深 2.1 米，存竖向裂缝一条，宽 0.05 ～ 0.09 米，风雨侵蚀严重，表层脱落，自上而下形成雨水冲沟数条，顶部杂草滋长，四周存围墙遗迹，周边为民居宅院。

185. 草沟 01 号烽火台 130721353201170184

位于深井镇草沟村西南 4.6 千米，坐标：东经 114° 46′ 58.50″，北纬 40° 20′ 36.40″，高程 1263 米。

围堡式烽火台，平面呈"回"字形，烽火台居中，四周设置围墙。

烽火台平面呈矩形，剖面呈梯形，台芯素土分层夯筑，外包城砖砌筑，包砖全部缺失，台芯裸露，东西宽 4.88 米，南北长 5.27 米，高 3.09 米。东立面掏蚀严重，存孔洞 11 个，宽 0.2 ～ 1.9 米，高 0.35 ～ 0.6 米，深 0.1 ～ 0.4 米，风雨侵蚀严重，表层脱落，自上而下形成雨水冲沟数条，四周存围墙遗迹，周边植被多为灌木和杂草。

186. 吉家町 01 号烽火台 130721353201170185

位于深井镇吉家町村西南 4.4 千米，坐标：东经 114° 46′ 30.70″，北纬 40° 20′ 47.30″，高程 1208 米。

围堡式烽火台，平面呈"回"字形，烽火台居中，四周设置围墙。

烽火台平面呈矩形，剖面呈梯形，台芯素土分层夯筑，外包城砖砌筑，包砖全部缺失，台芯裸露，东西长 15 米，南北宽 14 米，高 6.2 米。风雨侵蚀严重，表层脱落，自上而下形成雨水冲沟数条，四周存围墙遗迹，周边植被多为灌木和杂草。

187. 草沟村 02 号烽火台 130721353201170186

位于深井镇草沟村西北台地上，坐标：东经 114° 47′ 06.50″，北纬 40° 21′ 11.30″，高程 1165 米。

围堡式烽火台，平面呈"回"字形，烽火台居中，四周设置围墙。

烽火台平面呈矩形，剖面呈梯形，台芯素土分层夯筑，外包城砖砌筑，包砖全部缺失，台芯裸露，东西长 15.52 米，南北宽 7.66 米，高 6.94 米。

围墙素土分层夯筑，外高 2.47 米，内高 1.57 米，厚 0.05 米；东、西、南三面墙体坍塌成土埂状，高 1.1 米，台体距南墙 7.11 米，距东、西墙 8.2 米，台体北侧被公路占压一半，西南两侧为沟谷，东为农田，公路以北亦为沟谷及梯田，台西侧长有杨树一棵，胸径 0.25 米，东南侧有水泥电线杆一根，输电线路从台体南侧穿过。

188. 滹沱店 01 号烽火台 130721353201170187

位于深井镇滹沱店村东南 8.06 千米，坐标：东经 114° 47′ 56.10″，北纬 40° 21′ 43.80″，高程 1199 米。

烽火台平面呈矩形，剖面呈梯形，台芯素土分层夯筑，外包城砖砌筑，包砖全部缺失，台芯裸露，东西长 6.46 米，南北宽 6.35 米，高 4.84 米。风雨侵蚀严重，表层脱落，自上而下形成雨水冲沟数条，四周植被多为灌木和杂草。

189. 滹沱店 02 号烽火台 130721353201170188

位于深井镇滹沱店村东南，坐标：东经 114° 47′ 37.70″，北纬 40° 21′ 47.20″，高程 1194 米。

烽火台平面呈矩形，剖面呈梯形，台芯素土分层夯筑，夯层厚 0.12 ～ 0.15 米，外包城砖砌筑，包砖全部缺失，台芯裸露，底部东西长 9.88 米，南北宽 9.35 米，顶部东西长 5.44 米，南北宽 5 米，高 9 米，风雨侵蚀严重，表层脱落，自上而下形成雨水冲沟数条，四周植被多为灌木和杂草。

190. 深井 01 号烽火台 130721353201170189

位于深井镇深井村西南方向 2.2 千米，坐标：东经 114° 48′ 37.50″，北纬 40° 22′ 53.30″，高程 1125 米。

围堡式烽火台，平面呈"回"字形，烽火台居中，四周设置围墙。

烽火台平面呈矩形，剖面呈梯形，台芯素土分层夯筑，夯层厚 0.1 ～ 0.12 米，外包城砖砌筑，包砖全部缺失，台芯裸露，底部东西长 15.61 米，南北长 14.6 米，顶部南北长 10.9 米，高 8.73 米，台体南侧辟门，宽 1 米，高 2 米，呈尖顶状，门券内夯层厚 0.24 ～ 0.26 米，东立面根部存后期人为挖掘的孔洞一处，深 3.17 米，宽 2.4 米，高 1.66 米。

围墙素土分层夯筑，台体距南墙 7.11 米，距东、西墙 8.2 米，东、西、南三面墙体高 1 米，厚 0.9 ～ 1.2 米，北墙已平为耕地，四周为农田，多种植玉米等农作物。

191. 深井 02 号烽火台 130721353201170190

位于深井镇深井村西南 1.4 千米，坐标：东经 114° 49′ 03.20″，北纬 40° 23′ 14.40″，高程 1120 米。

围堡式烽火台，平面呈"回"字形，烽火台居中，四周设置围墙。

烽火台平面呈矩形，剖面呈梯形，台芯素土分层夯筑，外包城砖砌筑，包砖全部缺失，台芯裸露，东西宽 8.34 米，南北长 8.64 米，高 9.37 米，南立面底部存人为挖掘的孔洞一处，宽 1.81 米，高 1.81 米，深 2.56 米，东壁有灯龛，风雨侵蚀严重，表层脱落，自上而下形成雨水冲沟数条，台体四周存围墙痕迹，周边为农田，多种植玉米等农作物。

192. 北庄子 01 号烽火台 130721353201170191

位于深井乡北庄子村西 80 米，坐标：东经 114° 50′ 47.30″，北纬 40° 25′ 34.30″，高程 1115 米。

烽火台平面呈矩形，剖面呈梯形，台芯素土分层夯筑，夯层厚 0.2 米，外包城砖砌筑，包砖全部缺失，台芯裸露，东西宽 8.4 米，南北长 11.08 米，高 4.49 米，南立面存竖向裂缝两条，宽 0.02 ～ 0.08 米，西立面竖向裂缝一条，宽 0.3 ～ 0.6 米，遭风雨侵蚀严重，表层脱落，自上而下形成雨水冲沟数条，周边为农田，多种植玉米等农作物。

193. 鱼跃沟 01 号烽火台 130721353201170192

位于深井乡鱼跃沟村西北 100 米的台地上，坐标：东经 114° 52′ 14.60″，北纬 40° 25′ 40.80″，高程 1204 米。

烽火台平面呈矩形，剖面呈梯形，台芯素土分层夯筑，夯层厚 0.1 ～ 0.15 米，外包城砖砌筑，包砖全部缺失，台芯裸露，东西长 8.33 米，南北长 7.53 米，高 5.78 米，东立面北侧存有大块滑塌体，宽 3.5 米，高 3.8 米，厚 0.4 米，周边为农田，多种植玉米等农作物。

194. 鱼跃沟 02 号烽火台 130721353201170193

位于深井乡鱼跃沟村西北 171 米，坐标：东经 114° 53′ 30.30″，北纬 40° 26′ 14.20″，高程 1339 米。

烽火台平面呈圆形，剖面呈梯形，台芯素土分层夯筑，外包城砖砌筑，包砖全部缺失，台芯裸露，底径 19 米，高 9.1 米，东立面土体掏蚀严重，存孔洞 12 个，宽 0.15 ～ 0.35 米，高 0.12 ～ 0.3 米，深 0.08 ～ 0.25 米，风雨侵蚀严重，表层脱落，自上而下形成雨水冲沟数条，四周植被多为灌木和杂草。

195. 北汛地 01 号烽火台 130721353201170194

位于深井乡北汛地村北 80 米，坐标：东经 114° 50′ 48.20″，北纬 40° 26′ 22.60″，高程 1115 米。

围堡式烽火台，平面呈"回"字形，烽火台居中，四周设置围墙。

烽火台平面呈矩形，剖面呈梯形，台芯素土分层夯筑，外包城砖砌筑，包砖全部缺失，台芯裸露，东西长 12.61 米，南北宽 11.19 米，高 7.07 米；东立面根部坍塌成斜坡状；南立面中部存竖向冲沟，上宽 0.65 米，下宽 0.34 米，深 0.15 ～ 0.65 米，风雨侵蚀严重，表层脱落，自上而下形成雨水冲沟数条。

围墙素土分层夯筑，台体距东墙 7.87 米，距南墙 9.49 米。东墙宽 0.8 米，外高 1.79 米，内高 1.14 米；南墙宽 2.5 米，高 5.29 米；西墙、北墙无存。周边为农田，多种植玉米等农作物。

196. 榆岭子 01 号烽火台 130721353201170195

位于水泉乡榆岭子村东北 1.18 千米，坐标：东经 114° 52′ 14.30″，北纬 40° 25′ 41.30″，高程 1202 米。

围堡式烽火台，平面呈"回"字形，烽火台居中，四周设置围墙。

台体平面呈矩形，剖面呈梯形，台芯素土分层夯筑，夯层厚 0.13 ～ 0.15 米，外包城砖砌筑，包砖全部缺失，台芯裸露，东西长 54.5 米，南北宽 7.18 米，高 7.94 米，风雨侵蚀严重，表层脱落，自上而下形成雨水冲沟数条。

围墙素土分层夯筑，东墙存 40 米；南墙长 13.81 米；西墙存高 1.45 米，底宽 3.3 米，顶宽 0.2 米，剖面呈三角形；北墙长 14.96 米，外侧长有榆树一棵，胸径 0.09 米，周边为农田，多种植玉米等农作物。

197. 榆岭子 02 号烽火台 130721353201170196

位于 112 国道北侧，坐标：东经 114° 52′ 03.00″，北纬 40° 28′ 31.70″，高程 1085 米。

烽火台平面呈矩形，剖面呈梯形，台芯素土分层夯筑，外包城砖砌筑，包砖全部缺失，台芯裸露，东西宽 11.85 米，南北长 12.73 米，高 7.4 米，风雨侵蚀严重，表层脱落，自上而下形成雨水冲沟数条，四周植被多为灌木和杂草。

198. 石门屯 01 号烽火台 130721353201170197

位于罗家洼乡石门屯村东 1.2 千米，坐标：东经 114° 51′ 08.80″，北纬 40° 29′ 44.30″，高程 1153 米。

烽火台平面呈矩形，剖面呈梯形，台芯素土分层夯筑，夯层厚 0.2 ～ 0.3 米，外包城砖砌筑，包砖全部缺失，台芯裸露，东西长 6.07 米，南北宽 5.72 米，高 7.1 米，风雨侵蚀严重，表层脱落，自上而下形成雨水冲沟数条，四周植被多为灌木和杂草。

199. 石门屯 02 号烽火台 130721353201170198

位于罗家洼乡石门屯村南 670 米，坐标：东经 114° 50′ 18.90″，北纬 40° 29′ 34.50″，高程 1108 米。

烽火台平面呈矩形，剖面呈梯形，台芯素土分层夯筑，夯层厚 0.2 米，外包城砖砌筑，包砖全部缺失，台芯裸露，东西长 7.4 米，南北宽 4.17 米，高 8.51 米，东立面上部存孔洞一处，宽 1.1 米，高 1.4 米，风雨侵蚀严重，表层脱落，自上而下形成雨水冲沟数条，东南角有水泥电线杆一根，输电线路从台体南侧穿过，西侧、南侧遍植杨树，周边为农田，多种植玉米等农作物。

200. 安家台 01 号烽火台 130721353201170199

位于洋河南乡安家台村西北偏西 986 米，坐标：东经 114° 56′ 54.50″，北纬 40° 29′ 42.90″，高程 926 米。

烽火台平面呈圆形，剖面呈梯形，台芯碎石分层铺筑，外包毛石砌筑，坍塌成堆状，底径 15 米，顶径 4.8 米，高 7.84 米，四周植被多为灌木和杂草。

201. 秤达沟 01 号烽火台 130721353201170200

位于崞村乡秤达沟村东 1.68 千米，坐标：东经 114° 59′ 25.20″，北纬 40° 29′ 57.20″，高程 765 米。

围堡式烽火台，平面呈"回"字形，烽火台居中，四周设置围墙。

烽火台平面呈矩形，剖面呈梯形，台芯素土分层夯筑，夯层厚 0.15 ～ 0.2 米，外包城砖砌筑，包砖全部缺失，台芯裸露，东西长 11.27 米，南北宽 11.2 米，底部东西宽 13.27 米，南北长 17.08 米，高 6.12 米。南立面下部有人为掏挖的洞室一处，口宽 1.05 米，高 1.82 米，深 1.1 米，洞室高 2.2 米，宽 2.22 米，深 4.27 米；北立面中部存冲沟一条，上宽 3.6 米，下宽 0.32 米，深 0.15 ～ 1.2 米。

围墙素土分层夯筑，台体距西墙 11.2 米，台体距北墙 10.48 米；东墙已无存；南墙仅存东南角；西墙夯层厚 0.08 ～ 0.1 米，中段坍塌严重；存北墙西段，长 9 米，底宽 1.72 米，顶宽 0.7 米，内高 2.46 米，外高 3.6 米；四周为农田，多种植玉米等农作物。

202. 宣化城 02 号烽火台 130721353201170201

位于宣化北门外 3 千米，坐标：东经 115° 02′ 18.20″，北纬 40° 40′ 09.30″，高程 674 米。

烽火台平面呈矩形，剖面呈梯形，台芯素土分层夯筑，夯层厚 0.125 米，外包城砖砌筑，包砖全部缺失，台芯裸露，底部东西宽 12.6 米，南北长 13.7 米，顶部东西宽 6.52 米，南北长 4.56 米，高 11.02 米。东南角坍塌，顶部存一大坑，四周围墙因人为取土无存，风雨侵蚀严重，表层脱落，自上而下形成雨水冲沟数条，北侧为乡间土路，西侧为化工厂。

203. 赵家屯 01 号烽火台 130721353201170202

位于大仓盖镇赵家屯村北 850 米，坐标：东经 115° 02′ 12.40″，北纬 40° 41′ 19.10″，高程 724 米。

烽火台平面呈矩形，剖面呈梯形，台芯素土分层夯筑，夯层厚 0.13 米，外包城砖砌筑，包砖全部缺失，台芯裸露，底部东西宽 11.61 米，南北长 13.67 米，顶部东西宽 4.4 米，南北长 5.4 米，高 7.4 米。风雨侵蚀严重，表层脱落，自上而下形成雨水冲沟数条，四周植被多为灌木和杂草。

204. 李指挥 01 号烽火台 130721353201170203

位于大仓盖镇李指挥村西偏南 575 米，坐标：东经 115° 02′ 34.70″，北纬 40° 42′ 32.40″，高程 737 米。

烽火台平面呈方形，立面及剖面呈梯形，台芯素土分层夯筑，夯层厚 0.28 米，外包城砖砌筑，东西长 10.32 米，南北宽 9.87 米，高 7.33 米，台体坍塌严重；南立面根部人为挖掘孔洞一处，洞宽 2.42 米，洞高 1.44 米，进深 2 米。风雨侵蚀严重，表层脱落，自上而下有雨水冲刷的沟槽，四周植被多为灌木和杂草。

205. 南洋店 01 号烽火台 130721353201170204

位于顾家营乡南洋店村东南 114 米，坐标：东经 115° 07′ 49.90″，北纬 40° 03′ 30.06″，高程 609 米。

围堡式烽火台，平面呈"回"字形，烽火台居中，四周设置围墙。

平面呈矩形，剖面呈梯形，台芯素土分层夯筑，夯层厚 0.14 米，外包城砖砌筑，包砖全部缺失，台芯裸露，东西宽 13.8 米，南北长 16.6 米，高 7.24 米，风雨侵蚀严重，表层脱落，自上而下形成雨水冲沟数条。

围墙素土分层夯筑，坍塌严重，存高 0.2 ～ 0.4 米，四周植被多为灌木和杂草。

206. 辛庄子村 01 号烽火台 130721353201170206

位于辛庄子乡辛庄子村西北的土崖上，东经 115° 10′ 24.40″，北纬 40° 31′ 15.90″，高程 595 米。

烽火台北侧紧邻 110 国道，平面呈矩形，剖面呈梯形，东西长 7.2 米，南北宽 6.8 米，高 5.5 米，素土分层夯筑，夯层厚 0.08 ～ 0.15 米，受雨水冲刷，水土流失较严重，台体四周人为取土形成断崖，无法攀爬，四周杂草丛生。

207. 郝家庄村 01 号烽火台 130721353201170207

位于辛庄子乡郝家庄村南 148 米处的土丘上，坐标：东经 115° 12′ 07.00″，北纬 40° 32′ 12.30″，高程 674 米。

烽火台平面呈矩形，剖面呈梯形，东西长 6.59 米，南北宽 5 米，残高 6.88 米，素土分层夯筑，夯层厚 0.13 米。受雨水冲刷，水土流失较严重，东立面中部接东西向夯土墙，墙长 7.5 米，高 5.85 米，南立面墙面陡立，西立面北侧与台地平齐，北立面为后期红机砖砌筑围墙，根部建有水窖，顶部及四周杂草滋长。

208. 正盘台 16 号烽火台 130721353201170207

位于李家堡乡正盘台村东北 3 千米，坐标：东经 115° 27′ 11.00″，北纬 40° 47′ 06.20″，高程 1883 米。

烽火台平面呈圆形，剖面呈梯形，台芯碎石分层铺筑，外包毛石砌筑，坍塌成堆状，底径 12 米，高 6.5 米，四周植被多为灌木和杂草。

209. 正盘台 17 号烽火台 130721353201170208

位于李家堡乡正盘台村东 2.5 千米，坐标：东经 115° 26′ 28.60″，北纬 40° 45′ 58.70″，高程 1948 米。

烽火台平面呈圆形，剖面呈梯形，台芯碎石分层铺筑，外包毛石砌筑，坍塌成堆状，底径 7 米，高 4.6 米，四周植被多为灌木和杂草。

210. 正盘台 18 号烽火台 130721353201170209

位于李家堡乡正盘台村东南约 2.5 千米，坐标：东经 115° 26′ 21.50″，北纬 40° 45′ 23.10″，高程 1903 米。

烽火台平面呈圆形，剖面呈梯形，台芯碎石分层铺筑，外包毛石砌筑，坍塌成堆状，底径 9 米，高 1.5 米，四周植被多为灌木和杂草。

211. 正盘台 19 号烽火台 130721353201170210

位于李家堡乡正盘台村东南约 2.5 千米，坐标：东经 115° 26′ 22.00″，北纬 40° 45′ 22.90″，高程 1903 米。

烽火台平面呈圆形，剖面呈梯形，台芯碎石分层铺筑，外包毛石砌筑，坍塌成堆状，底径 10 米，高 2.5 米，四周植被多为灌木和杂草。

212. 正盘台 20 号烽火台 130721353201170211

位于李家堡乡正盘台村东南约 2.5 千米，坐标：东经 115° 26′ 25.20″，北纬 40° 45′ 18.50″，高程 1897 米。

烽火台平面呈圆形，剖面呈梯形，台芯碎石分层铺筑，外包毛石砌筑，坍塌成堆状，底径 11 米，高 4 米，四周植被多为灌木和杂草。

213. 后坝口 01 号烽火台 130721353201170212

位于李家堡乡后坝口村东约 2.8 千米，坐标：东经 115° 26′ 18.20″，北纬 40° 45′ 08.00″，高程 1881 米。

烽火台平面呈圆形，剖面呈梯形，台芯碎石分层铺筑，外包毛石砌筑，坍塌成堆状，底径 12 米，顶径 7 米，高 4.7 米，四周存有块石垒砌的围墙，底宽 1.5 米，外侧残高 1.1 米，四周植被多为灌木和杂草。

214. 后坝口 02 号烽火台 130721353201170213

位于李家堡乡后坝口村娘娘山北约 1.6 千米，坐标：东经 115° 26′ 48.00″，北纬 40° 45′ 07.30″，高程 1734 米。

烽火台平面呈圆形，剖面呈梯形，台芯碎石分层铺筑，外包毛石砌筑，坍塌成堆状，底径 7 米，高 4 米，台体东侧有块石垒砌的羊圈，四周植被多为灌木和杂草。

215. 后坝口 03 号烽火台 130721353201170214

位于李家堡乡后坝口村娘娘山北约 1.1 千米，坐标：东经 115° 27′ 05.70″，北纬 40° 44′ 56.30″，高程 1741 米。

烽火台平面呈圆形，剖面呈梯形，台芯土石分层夯筑，外包毛石砌筑，坍塌成堆状，底径 8 米，高 2.8 米，东距长城主线 3 米，四周植被多为灌木和杂草。

216. 后坝口 04 号烽火台 130721353201170215

位于李家堡乡后坝口村娘娘山北 1.1 千米，坐标：东经 115° 27′ 06.00″，北纬 40° 44′ 55.50″，高程

1736 米。

烽火台平面呈圆形，剖面呈梯形，台芯碎石分层铺筑，外包毛石砌筑，坍塌成堆状，底径 8 米，高 4 米，东侧距长城主线 1 米，外侧有一圈块石垒砌的墙体，宽 3.8 米，四周植被多为灌木和杂草。

217. 后坝口 05 号烽火台 130721353201170216

位于李家堡乡后坝口村娘娘山北 1.1 千米，坐标：东经 115° 27′ 23.90″，北纬 40° 44′ 23.00″，高程 1960 米。

烽火台平面呈圆形，剖面呈梯形，台芯碎石分层铺筑，外包毛石砌筑，坍塌成堆状，底径 11 米，高 4 米，四周植被多为灌木和杂草。

218. 后坝口 06 号烽火台 130721353201170217

位于李家堡乡后坝口村娘娘山东 500 米，坐标：东经 115° 27′ 57.40″，北纬 40° 44′ 24.60″，高程 1678 米。

烽火台平面呈圆形，剖面呈梯形，台芯碎石分层铺筑，外包毛石砌筑，坍塌成堆状，底径 12 米，顶径 8.36 米，高 7 米，东距长城主线 5 米，墙体为毛石干垒，存宽 2.5 米，高 0.5 ～ 1 米，四周植被多为灌木和杂草。

219. 后坝口 07 号烽火台 130721353201170218

位于李家堡乡后坝口村娘娘山东南 1.5 千米，坐标：东经 115° 28′ 41.40″，北纬 40° 44′ 07.70″，高程 1560 米。

台芯平面呈圆形，剖面呈梯形，台芯碎石分层铺筑，外包毛石砌筑，坍塌成堆状，底径 9 米，高 3.6 米，北距长城主线 30 米，东侧距深沟 20 米，沟宽 10 米，四周植被多为灌木和杂草。

220. 三贤庙 01 号烽火台 130721353201170219

位于赤城县田家窑镇三贤庙村西北约 500 米，坐标：东经 115° 29′ 22.60″，北纬 40° 43′ 15.30″，高程 1460 米。

烽火台平面呈矩形，剖面呈梯形，台芯碎石分层铺筑，外包毛石砌筑，坍塌成堆状，东西长 14 米，南北宽 10 米，高 4 米，四周植被多为灌木和杂草。

221. 锁阳关 01 号烽火台 130721353201170220

位于锁阳关北侧山梁上，坐标：东经 115° 29′ 12.80″，北纬 40° 42′ 29.00″，高程 1370 米。

烽火台呈矩形，剖面呈梯形，台芯素土分层夯筑，夯层厚 0.1 ～ 0.15 米，外包城砖砌筑，包砖全部缺失，台芯裸露，东西长 8.8 米，南北宽 7.5 米，西北角坍塌，北立面根部存人为挖掘的孔洞一处，高 0.8 米，宽 1 米，深 2.1 米，风雨侵蚀严重，表层脱落，自上而下形成雨水冲沟数条，顶部杂草滋长，四周植被多为灌木和杂草。

222. 锁阳关 02 号烽火台 130721353201170221

位于锁阳关南侧山梁上，坐标：东经 115° 39′ 09.70″，北纬 40° 42′ 37.40″，高程 1357 米。

烽火台平面呈圆形，剖面呈梯形，台芯碎石分层铺筑，外包毛石砌筑，坍塌成堆状，底径 11 米，顶径 4 米，高 5 米，南面存外包毛石，长 6 米，高 1.35 米，四周植被多为灌木和杂草。

223. 小蛤蟆 01 号烽火台 130721353201170222

位于李家堡乡小蛤蟆口村东北 1.2 千米，坐标：东经 115° 29′ 35.10″，北纬 40° 41′ 33.70″，高程 1595 米。

烽火台平面呈圆形，剖面呈梯形，台芯碎石分层铺筑，外包毛石砌筑，坍塌成堆状，底径 13 米，高 4 米，顶部有掩体坑，毛石垒砌，东西长 1.5 米，南北宽 1.3 米，深 1 米，南面存外包毛石，高 1.5～2 米，四周植被多为灌木和杂草。

224. 小蛤蟆 02 号烽火台 130721353201170223

位于李家堡乡小蛤蟆口村东北 1.5 千米，坐标：东经 115° 29′ 35.40″，北纬 40° 41′ 31.70″，高程 1605 米。

烽火台平面呈圆形，剖面呈梯形，台芯碎石分层铺筑，外包毛石砌筑，坍塌成堆状，底径 15 米，南侧高 5 米，北侧高 4 米，顶部有掩体坑，毛石垒砌，坑径 1.5 米，深 0.6 米，四周植被多为灌木和杂草。

225. 小蛤蟆 03 号烽火台 130721353201170224

位于李家堡乡小蛤蟆口村东南 1 千米，坐标：东经 115° 29′ 01.00″，北纬 40° 40′ 46.70″，高程 1312 米。

烽火台平面呈圆形，剖面呈梯形，台芯土石分层夯筑，外包城砖砌筑，坍塌成堆状，底径 10 米，高 3 米，四周植被多为灌木和杂草。

226. 小蛤蟆 04 号烽火台 130721353201170225

位于李家堡乡小蛤蟆口村东南约 1.5 千米，坐标：东经 115° 28′ 41.90″，北纬 40° 40′ 32.00″，高程 1290 米。

烽火台平面呈圆形，剖面呈梯形，台芯土石分层夯筑，外包毛石砌筑，坍塌成堆状，底径 12 米，高 4.5 米，四周植被多为灌木和杂草。

227. 小蛤蟆 05 号烽火台 130721353201170226

位于李家堡乡小蛤蟆口村东南约 1.7 千米，坐标：东经 115° 29′ 17.20″，北纬 40° 40′ 20.40″，高程 1225 米。

烽火台平面呈矩形，剖面呈梯形，台芯土石分层夯筑，外包毛石砌筑，坍塌成堆状，东西长 12 米，南北宽 7 米，高 4 米，周边为农田，多种植玉米等农作物。

（三）关堡

宣化县关堡一览表（单位：座）

编号	认定名称	认定编码	类型	周长（米）	保存程度				
					较好	一般	较差	差	消失
1	羊房堡	130721353102170001	土墙	1020				√	
2	葛峪堡	130721353102170002	土墙	2100			√		
3	青边口堡	130721353102170003	土墙	1300				√	

（续）

编号	认定名称	认定编码	类型	周长（米）	保存程度				
					较好	一般	较差	差	消失
4	常峪口堡	1307213531021 70004	土墙	1300				√	
5	小白杨堡	1307213531021 70005	土墙	1300				√	
6	大白杨堡	1307213531021 70006	土墙	1425				√	
7	赵川堡	1307213531021 70007	土墙					√	
8	滹沱店堡	1307213531021 70008	土墙	780				√	
9	深井堡	1307213531021 70009	土墙					√	
合计		共9座：土墙9座					1	8	
百分比（%）		100					11	89	

保存程度：较好、一般、较差、差、消失

1. 羊房堡 1307213531021 70001

位于大仓盖镇羊房堡村，坐标：东经 115° 00′ 44.00″，北纬 40° 47′ 39.70″，高程 1095 米。

城堡平面呈矩形，周长 1020 米，占地面积 64960 平方米，现存马面 2 座，角台 4 座。

墙体墙芯土石分层夯筑，夯层厚 0.1～0.25 米，内外包砌块石，南、北两座城门已无存。

东墙长 205 米，存条石 3 层，高 0.97 米，外侧土石夯筑，厚 0.25 米，内侧素土夯筑，厚 0.1 米，中间夹杂小石子；南墙无存，辟南门；西墙长 274 米；北墙长 251 米，辟北门，只存墙基，中间存豁口，现为乡间土路，顶部设施无存。

东南角：台芯素土分层夯筑，外包城砖砌筑，外包砖无存，仅存夯土台芯，顶宽 3.71 米，外侧残高 5.29 米，内高 4.78 米，内侧墙体为居民宅院院墙，东南角有瓮城，瓮城有东门，现已无存，此堡据传说建筑形制为"凤凰单展翅"。

东北角：台芯素土分层夯筑，外包城砖砌筑，外包砖无存，仅存夯土台芯，内外侧坍塌成斜坡状。

西北角：台芯素土分层夯筑，外包城砖砌筑，外包砖无存，仅存夯土台芯，残高 7.54 米，底部存条石基础。

西南角：台芯素土分层夯筑，夯土层为 0.05～0.12 米，外包城砖砌筑，外包砖无存，仅存夯土台芯，残高 9.13 米。

靠北侧马面：台芯土石夯筑，内侧包砌块石，外侧包砌城砖，内高 7.95 米，外侧高 7.3 米，外侧凸出部分呈圆形，北侧现已成豁口，宽 2 米。

靠南侧马面：台芯土石夯筑，内侧包砌块石，外侧包砌城砖，顶部南北宽 5.91 米，东侧残高 11.96 米，西侧残高 13.29 米，形制基本清晰。

主要历史设施：

（1）角楼 4 座，角楼分别位于城堡四角。马面两座，位于东、西墙中间。

（2）村南有一座村民修建的照壁，照壁上刻有"成化元年九月吉日立 / 羊房堡 / 万历十九年九月吉日包修"字样的匾额。

（3）北侧距宣化 100 烽燧为 331 米。

（4）碑刻 2 通。

历史沿革：

创于成化元年，展修于弘治二年，嘉靖四十三年增筑，万历十七年始包以石。

羊房堡图说

本堡接壤张家口，西为中路尽界。创于成化元年，展修于弘治二年，嘉靖四十三增筑，万历十七年始以石。周二里一百一十座。火路墩一十座，所领见在官军二百三十五员名，马六十三匹。本堡虽距边止十里，重冈障蔽似多凭。沿边多通虏孔道，如何家堰、镇夷、镇口视青边同要害焉。墙外若红崖儿、窍头嘴、擦胡石等处，皆大虏黄台吉等部落驻牧，第互市，群酋经月蚁聚墙下，善抚设防所当昕夕戒镇云。

2. 葛峪堡 130721353102170002

位于东望乡青边口村，坐标：东经 115° 11′ 05.50″，北纬 40° 44′ 41.50″，高程 1050 米。

城堡平面呈矩形，东西残宽 200 米，南北残长 270 米，周长 2100 米，占地面积 284690 平方米，现存城门 1 座，瓮城 2 座，马面 9 座，角楼 4 座。

墙体墙芯素土分层夯筑，夯层厚 0.08 ～ 0.23 米，外包城砖砌筑，墙体顶部地面及附属设施无存。

东墙墙体下半部保存较好，上半部破坏严重，人为挖开小豁口作为小路，墙体外侧紧邻乡间土路，内侧紧邻居民民房，中部残存一座马面，墙体顶宽 0.8 ～ 1.65 米。

东墙马面：台芯土石夯筑，内侧包砌块石，外侧包砌城砖，东凸 4.92 米，南北长 15.72 米，残高 8.37 米。

西墙现存瓮城 1 座，马面 2 座，西门无存，西瓮城内被民房占用，瓮城门朝南而建，现无存，仅存夯土墙大部；西瓮城以南墙体修公路消失 135 米，断口以南至西南角台残存 73 米墙体，残存高度 7.98 米，宽 4.73 米，夯土层 0.06 ～ 0.11 米；西瓮城以北墙体保存较差，多处墙体被修建民房破坏只留根基，在葛堡马面 9 北侧墙体破坏严重，村民利用墙体根基垒砌砖院墙。西瓮城北段墙体残存两座马面，编号葛堡马面 8 尺寸为西凸 3.76 米，南北长 5.53 米，残高 2.73 米；葛堡马面 9 尺寸为西凸 3.72 米，南北长 7.2 米，残高 5.73 米，两座马面均坍塌严重。

南墙西半部保存较差，东半部保存较好，南瓮城尚存，门朝东，现被村民封堵占用，门高 3.74 米，长、宽无法测量，瓮城墙体坍塌，形制清楚；南瓮城以西墙体消失两段，第一段消失 10 米，第二段消失 39 米，南瓮城北墙和东侧墙体消失 108 米，在南墙东半部有一居民利用墙体挖开一门洞，墙体内侧为民居，其余墙体保存较好，残存高 8.82 米。南侧墙体残存三座马面，编号为葛堡马面 1 尺寸：南凸 5.03 米，东西长 7.11 米，残高 9.68 米；葛堡马面 2 尺寸：南凸 4.38 米，东西长 9.78 米，残高 8.82 米；葛堡马面 3 尺寸：南凸 4.3 米，东西长 12.81 米，残高 8.42 米，仅剩夯土，南墙外高 6.72 米，内高 3.77 米。

北墙保存较好，顶部破坏较重，墙体内侧东半部是耕地，西半部是民居，外侧紧邻乡间小路，小路北侧是村民取土挖的大沟。在北墙残存三座马面，葛堡马面 5 尺寸：北凸 6.52 米，东西长 8.59 米，残高 7.93 米；葛堡马面 6 尺寸：北凸 9.1 米，东西长 12.25 米，残高 7.95 米；葛堡马面 7 尺寸：北凸

5.08 米，东西长 9.55 米，残高 8.08 米，墙体顶宽 0.6 ～ 3.45 米。城堡四个角设有角台，西北角台尺寸：北凸 2.78 米，东西长 12.46 米，南北长 11.76 米，西凸 4.65 米，残高 9.78 米；东北角台尺寸：东凸 4.83 米，南北长 12.75 米，北凸 4.79 米，东西长 12.96 米，残高 8.37 米；东南角台尺寸：南凸 5.27 米，南北长 15.46 米，东凸 5.25 米，东西长 15.27 米，残高 8.45 米，东立面、北立面及顶部坍塌；西南角台尺寸：南北外凸 4.55 米（顶部），东西外凸 3.58 米（顶部），角台西北角高 11.31 米，西南角高 10.67 米，东北角高 8.77 米，东南角高 10.8 米。

主要历史设施：

（1）戏楼 1 座。

（2）碑刻 4 通。

历史沿革：

创自宣德五年，嘉靖四十三年增修，万历六年砖包。

葛峪堡图说

本堡创自宣德五年，嘉靖四十三年增修，万历六年砖包，周四里二百五十步，高三丈五尺，其地四山壁立，路径崎岖，峪中曾产葛，故名葛峪。原设守备一员，复置参将驻扎于此，以其适一咱之中，便调度也。分边一十三里有奇，边墩二十座，火路墩一十六座。除援兵外，守备所领见在官军五百四十七员名，马二百一十五匹。墩台如预筑镇房等处最冲。边外东北有兴和、靖边等城，西北有东胜卫所等城，皆中国故地，见今青把都等酋驻牧，山嵯间隔，瞭望甚难，所当戒备非直一二冲口而也。练兵设防，是在将领得人耳。

3. 青边口堡 130721353102170003

位于东望乡常峪口村，坐标：东经 115° 04′ 32.80″，北纬 40° 47′ 12.20″，高程 991 米。

城堡平面呈不规则方形，周长 1300 米，占地面积 106600 平方米。

墙体墙芯素土分层夯筑，内外包砌城砖。东墙、南墙无存，西墙残存部分墙芯，夯层厚薄相间，夯土薄层 0.06 米，夯土厚层 0.13 米。北墙西段仅存部分墙芯，外侧包砖无存，内侧残高 7.38 米，顶残宽 2.2 米，墙体顶部地面及附属设施无存。

四角残存有角台，高度不等，仅存夯土台芯，西北角台可攀至顶部，其余三个角台无法登顶。

西北角台，高 9.7 米，西侧、北侧底长 8.94 米，夯层厚 0.34 米。

城门：据文献记载及居民介绍，城堡原设东、南城门两座，门外均设瓮城，现仅存东门瓮城北墙，其余均无存，四周散落少量城砖，规格：0.45 米 ×0.1 米 ×0.23 米。

历史沿革：

创自宣德五年，万历九年始砌以砖石。

青边口堡图说

本堡东领常峪，建置岁月亦与常峪同，而冲要更甚。相沿土筑万历九年始砌以砖石，周二里三百一十步，高三丈五尺。设操守官一员，分边一十九里三分。边墩一十七座，火路墩一十七座，墩空堪骑乘者十座，而极冲者滴水崖、北嘴沟、曲丁、宁远四座也。所领见在官军二百四十员名，马六十九匹。本堡沿边山形中断，故曰青边口。口外若段木嘴、三道川、回回墓、马头山诸处，皆三娘子部落驻牧。临口依平地为墙，迤北沟嶂相错，逼仄崎岖，虏酋亦以部落守之。盖内外戒严之地，为一路最冲，防御称不易云。

4. 常峪口堡 130721353102170004

位于东望乡常峪口村，坐标：东经 115° 08′ 50.10″，北纬 40° 46′ 02.00″，高程 996 米。

城堡平面呈不规则方形，周长 1300 米，占地面积 106600 平方米。

墙体墙芯素土分层夯筑，内侧包砌块石，外包城砖砌筑。

墙体残损坍塌严重，残存部分外包砖，墙体顶部地面及附属设施无存。

东墙中部残存一段墙芯，长 4.2 米，高 4.76 米，宽 10.66 米、夯层厚 0.06 ～ 0.12 米，其余墙体无存，外侧为一条南北向村路。

南墙尚存城墙基础，外侧被居民房屋占压，顶部为小道，原南门处修建石桥一座。

西墙北段接西北角台处残存两段墙芯，第一段长 2.53 米，宽 0.8 米，高 2.03 米，夯土层厚 0.15 ～ 0.8 米，夯土里夹杂少量小石块，南侧为道路，北侧为房屋。第二段长 23.66 米，宽 2.2 米，高 3.68 米，四周为居民宅院，外包砖无存，四周散落大量城砖，两种规格：0.47 米 ×0.21 米 ×0.12 米，0.38 米 ×0.18 米 ×0.08 米。

北墙仅残存夯土墙芯，断断续续，呈土陇状，存高 0.8 ～ 1.7 米，外侧为村中街道。

历史沿革：

创自宣德五年，至万历十五年始砖包。

常峪口堡图说

本堡临边有柳河，发源大白阳之北三十里，西流入口，镇城樵采灌溉胥资焉。建置岁时与葛峪同，而冲险过之。历经修筑，至万历十五年始砖包焉。周三里一十三步四尺，高三丈五尺。设操守官一员，分边一十三里三分，边墩一十六座，火路墩七座，所领见在官军二百二十五员名，马八十四匹。本堡若共黄草滩、骆驼鞍等处俱极冲，而坝口为甚，故于口内五里设堡以扼其冲。坝口外若靖边城、晾马台、兔鹘崖，皆故城郭丘墟，青把都等部落驻牧。今虽和款，夷性叵测，甚勿恃有坝口，以援兵营近而防御少驰也。

5. 小白杨堡 130721353102170005

位于李家堡乡小白阳村，东经 115° 23′ 19.00″，北纬 40° 43′ 12.30″，高程 963 米。

城堡平面呈矩形，周长 1300 米，占地面积 113975 平方米，现存城门 1 座，马面 3 座，角台 2 座。

城墙墙芯素土分层夯筑，夯层厚 0.15 ～ 0.2 米，条石基础，墙体外包城砖，白灰砌筑，白灰勾缝。

墙体保存差。东墙全长 155 米，存马面一座。南墙长 120 米，存城门 1 座。西墙长 485 米，存马面一座。北墙长 233 米，存马面一座。

东城墙：长 155 米，高 5.6 米，墙芯夯层厚 0.06 ～ 0.12 米，存豁口一处，长 20 米。

东墙马面：台芯土石分层夯筑，内侧包砌块石，外包城砖砌筑，现外凸出墙体 3.95 米，宽 8.7 米，残高 5.6 米。

北城墙：全长 233 米。保存差，残高 5.7 米，底宽 4 米左右，上宽 1.5～4.5 米，存豁口一处，长 14 米。

东北角台：台芯土石分层夯筑，外包城砖砌筑，外包砖已无存，仅存夯土台芯，底宽 5.27 米，上宽 4 米，高 5.7 米。

北墙马面：台芯土石分层夯筑，内侧包砌块石，外包城砖砌筑，向外凸出墙体 7.05 米，高 7.2 米。

西城墙：长 485 米，高 8.5 米，存豁口三处，最长 90 米。

西北角台：台芯土石分层夯筑，外包城砖砌筑，外包砖已无存，仅存夯土台芯，向外凸出墙体 5.3 米，宽 14～15.2 米，高 8.5 米。

西马面：台芯土石分层夯筑，内侧包砌块石，外包城砖砌筑，东西宽 2.24 米，南北长 2.72 米，残高 4.5 米。

南城墙：南墙长 120 米，其中西段存长 16 米。

南城门：门洞宽 3.39 米，长 9.05 米，高 7.2 米。券门上部设石质匾额，浮雕"朝阳门"，下施莲花纹门簪两枚。

历史沿革：

洪武初，于宣府要害筹划疆界，俱设险防守。洪武二十六年置宣府前左右三卫于宣德，置万全左右二卫于宣平。永乐十八年自长安岭迤洗马林皆筑石垣深壕堑。成化间增墩凿堑。正统十四年修治沿边关隘。成化八年设兵戍守葛峪、大小白阳、常峪、青边、赵川六堡；置协同参将统之，寻革去。嘉靖二十三年宣府中路之大小白阳筑垣，上列睥睨，间筑护墩。嘉靖三十五年酌急缓修筑中路葛峪、常峪、青边、羊房、赵川塞垣。嘉靖三十七年增筑各路墩台。万历元年修南山及中北二路诸边墩营寨。

小白杨堡图说

本堡东与龙门卫接界，烽火戍卒相望，有唇齿之义焉。堡建于宣德五年，嘉靖四十三年加修，犹然土筑也，万历二十四年始砖包之。周二里三百步，高三丈五尺。设操守官一员，分边八里有奇，边墩一十三座，皆冲口也，火路墩一十一座。所领见在官国二百三十四员名，马九十七匹。边墩马圈儿、石塘子极冲。边外近地若东西三道、韭菜冲等处，皆青把都等部落驻巢，万历庚辰曾由此入犯，抢掠一次。近议于龙门关、娘娘山因旧有捷径盘道稍修平之，以通东西互援之兵，自是称便。边外有泉，引入可资灌溉，故此堡较诸堡销称活壤焉。

6. 大白杨堡 1307213531021700006

位于赵川镇大白杨村，东经 115° 17′ 50.30″，北纬 40° 45′ 12.30″，高程 1104 米。

城堡平面呈不规则状，周长 1425 米，占地面积 74250 平方米，保存差。东墙长 550 米，存豁口 2 处，角台 2 座。北墙长 135 米，存角台 1 座，马面 1 座，豁口 1 处。西墙长 330 米，存豁口 2 处，角台 1 座，存长 97 米。南墙长 410 米，存角台 1 座，存长 110 米。

城墙墙芯素土分层夯筑，夯层厚 0.15～0.2 米，条石基础，墙体外包城砖，白灰砌筑，白灰勾缝。

东墙：长 550 米，存高 9 米，存豁口两处，第一处豁口长 130 米，第二处豁口长 16 米。

东南角台：台芯土石分层夯筑，外包城砖砌筑，外包砖已无存，仅存夯土台芯，建筑方位：北偏东 10°，东西宽 10.9 米，南北长 11 米，高 6.6 米。

东北角台：台芯土石分层夯筑，外包城砖砌筑，外包砖已无存，仅存夯土台芯，台芯夯层厚0.08～0.1米，宽8.63米，高9米。

北城墙：长135米，存宽2.85米，存豁口一处。

西北角台：台芯土石分层夯筑，外包城砖砌筑，外包砖已无存，仅存夯土台芯，东西宽10米，南北长11.6米，高11米，向外凸出墙体3米。

北马面1：台芯土石分层夯筑，内侧包砌块石，外包城砖砌筑，宽9.71米，高2.7米。

西城墙：长330米，墙体存长97米，存豁口两处，第一处豁口长25米，第二处豁口长208米，距南面西南角台40米。

西北角台：台芯土石分层夯筑，外包城砖砌筑，外包砖已无存，仅存夯土台芯，宽11米，高3米，向外凸出墙体2.8米。

南城墙：长110米，墙体存长110米。

西南角台：台芯土石分层夯筑，外包城砖砌筑，外包砖已无存，仅存夯土台芯，宽7.75米，高7米。

历史沿革：

洪武初，于宣府要害筹划疆界，俱设险防守。洪武二十六年置宣府前左右三卫于宣德，置万全左右二卫于宣平。永乐十八年自长安岭迤洗马林皆筑石垣深壕堑。成化间增墩凿堑。正统十四年修治沿边关隘。成化八年设兵戍守葛峪、大小白阳、常峪、青边、赵川六堡；置协同参将统之，寻革去。嘉靖二十三年宣府中路之大小白阳筑垣，上列睥睨，间筑护墩。嘉靖三十五年酌急缓修筑中路葛峪、常峪、青边、羊房、赵川塞垣。嘉靖三十七年增筑各路墩台。万历元年修南山及中北二路诸边墩营寨。

大白羊堡图说

本堡建置岁月与青边口堡同。景泰、嘉靖间相继增修，万历十二年始砖包之。周二里二百五十一步，高三丈五尺。设操守官一员，分边一十八里八分，边墩二十一座，火路墩一十三座，所领凶在官内守难，诸口若镇房墩、古道梁、毛家沟等处皆极冲，通大举。边外胡嵯儿等处皆诸酋驻牧巢穴。重山崒崒，隐隐遮隔，非借长哨则墩瞭失望。往年屡遭點房蹂躏，段酋亦因之窃掠焉。冲地难守，本堡为最，精训练，广储蓄。所当时加戒备云。

7. 赵川堡 1307213531021700007

位于赵川镇北5千米，东经115°21′01.30″，北纬40°41′06.50″，高程791米。

平面格局不清，城堡保存差。仅存北城墙，存豁口3处，角台2座。

主要设施：

（1）东北角台：台芯土石分层夯筑，外包城砖砌筑，外包砖已无存，仅存夯土台芯，建筑方位：北偏东5°，台体收分15°，东西宽15米，南北长17米，向外凸出墙体6米，高11米。

（2）北墙：长235米，存豁口三处，第一处长58米，第二处长50米，第三处长47米。

（3）西北角台：台芯土石分层夯筑，外包城砖砌筑，外包砖已无存，仅存夯土台芯，东西长12米，南北长15.8米，高8.5米。

历史沿革：

洪武初，于宣府要害筹划疆界，俱设险防守。洪武二十六年置宣府前左右三卫于宣德，置万全左右二卫于宣平。永乐十八年自长安岭迤洗马林皆筑石垣深壕堑。成化间增墩凿堑。正统十四年修治沿边关隘。成化八年设兵戍守葛峪、大小白阳、常峪、青边、赵川六堡；置协同参将统之，寻革去。嘉靖二十三年宣府中路之大小白阳筑垣，上列睥睨，间筑护墩。嘉靖三十五年酌急缓修筑中路葛峪、常峪、青边、羊房、赵川塞垣。嘉靖三十七年增筑各路墩台。万历元年修南山及中北二路诸边墩营寨。

赵川堡图说

本堡筑于宣德三年，嘉靖二三年增筑之，隆庆四年始□以砖。周四里有奇，高三丈五尺。设操守官一员，所领见在官军二百五十三员名，马六十三匹。于大小白阳之间分边三里二分，边墩五座，火路墩一十二座，内沙嘴子极冲。边外西古道一带青把都部落驻牧。本堡四面距山颇远。而适当孔道，公差夷使往来殆无虚日，堡军一切递送供应，疲于奔命，类多逃走，操守官卑，支持尚艰，奚责防守？议者谓宜复原额官军，改操守为守备，以资弹压，则军伍充而体统亦肃矣。

8. 漶沱店堡 130721353102170008

位于深井镇漶沱店堡，东经114°47′29.00″，北纬40°21′52.30″，高程1151米。

城堡保存较差，东墙南段、东墙中部、南墙西段、南墙中部存豁口四处。

城堡东墙长246米，北墙长166米，西墙长236米，南墙长132米，周长780米，面积40836平方米，存角台四座，城门1座。

主要设施：

东墙：东墙存一条残迹，内高8.9米，外已于地平，中部有全长3/5的墙体内高5.7米，外高1.89米，顶宽2.9米，最窄处0.6米，东墙北段外存高3.5米，内9.5米，上宽0.5米。东墙3/5保存状况差，1/5消失，1/5较差。

北墙：北墙东段内外均为民房。墙体存高8.1米。

北门：北城墙中部辟北门，出入村道路从此穿过。城门外券起券方式为五伏五券，门洞宽2.92米，深6.79米，高4米，下部存基础条石2层，高0.53米，券洞平水墙高2.31米，券脚两侧均有缺损。

北门外西侧有一个大水坑，面积300平方米。

西北角台：台芯土石分层夯筑，外包城砖砌筑，外包砖已无存，仅存夯土台芯，角台高大，形制完整，高11.77米。

西墙：西墙北段消失，南段存高8.7米，顶宽0.8米，墙外为环村土路。

西南角台：台芯土石分层夯筑，外包城砖砌筑，外包砖已无存，仅存夯土台芯，外侧有一个大水坑，面积2400平方米。

南墙：南墙中部、南墙东段墙体坍塌无存，西段存25米，外高8.7米，内高3.7米。

堡内南北大街路东有天主教堂一座。

历史沿革：

漶沱店堡图说

本堡旧系民堡，嘉靖四十五年因房攻毁重修之，周二百八十丈，高三丈五尺。隆庆元年始设防守，内无仓廪之储，外无墩台之责，所戍之军皆调自深井，往往恋土怀归。防守靡所事事，安用此赘员为哉。堡距深井十里而近，遇警易于传报，若经属深井守备似亦省便。

9. 深井堡 130721353102170009

位于深井镇深井村，东经 114° 49′ 48.10″，北纬 40° 24′ 03.70″，高程 1119 米。

城堡平面格局呈矩形，保存差，周长与面积不详，西墙北段、北墙西端现状各保存有一段城墙墙芯，存角台一座。

西墙北段存墙芯一段，长 35 米，夯层厚 0.23 米，西墙外侧建红机砖门市房屋，临 112 国道；北墙西端存墙芯一段，长 40 米，宽 2.6 米，存高 4 米。

西南角台：台芯土石分层夯筑，外包城砖砌筑，外包砖已无存，仅存夯土台芯，内侧存有面阔五间的清代民居一处，二进院，设 2 道门，格局基本完整。

历史沿革：

明代宣府镇南路的重要军堡。据明《宣府镇志》记载："深井堡，高三丈五尺，方三里六十四步，门楼三，角楼四。正德五年操守指挥余宣筑，嘉靖己未操守指挥王汉修。属堡……共十有八。"《宣大山西三镇图说》载："北至宣府城六十里，南至滹沱店一十里，东至保安旧城九十里，西至怀安城六十里……本堡坐高山之窝，四山环绕，中独□下，积潦经年不涸。谚云：'镇城西南六十里，积水汪洋不见底'，故名深井。初设操守，嘉靖三十八年改设守备，所管火路墩五十二座。"

深井堡图说

本堡土筑始于正德五年，万历七年砖包，周三里六十四步，高三丈五尺。本堡坐高山之窜，四山环绕，中独；下，积潦经年不涸。谚云："镇城西南十里，积水汪洋不见底"，故名深井云。初设操守，嘉靖三十八年改设守备，所管火路墩五十二座，见在官军四百七十九员名，马骡一百三十六匹头。本堡在镇城之南，多山险，似可守，顺房由西路而东南，则本堡适当其冲，嘉靖丙辰股家梁之变可鉴也。

（四）相关遗存

宣化县相关遗存一览表（单位：处）

序号	认定名称	认定编码	长度/面积	保存程度				
				较好	一般	较差	差	消失
1	正盘台挡马沟 1 段	130721354107170002	1500 米				√	
2	宣化青边口窑群	130721354102170001	1500 平方米				√	
	合计	共 2 处：挡马沟 1 段，窑址 1 处					2	
	百分比（%）	100					100	

保存程度：较好、一般、较差、差、消失

1. 正盘台挡马沟 1 段 130721354107170002

位于李家堡乡正盘台村东北 2.8 千米，坐标东经 115° 25′ 31.10″，北纬 40° 47′ 35.60″，高程 1870 米。挡马沟宽 1.3～2 米，深 0.45～1.6 米，沟内长满灌木与杂草。

2. 宣化青边口窑群 130721354102170001

位于东望山乡青边口村东北、西南方，坐标：东经 115° 04′ 50.00″，北纬 40° 47′ 19.60″，高程 1011 米。

紧临河道，河岸两侧方圆 1 平方千米的范围内遍布窑炉，范围 1500 平方米，在河岸上的黄土地上直接挖窑炉而成，可见少量窑壁，具体形制不清。残存的窑壁内侧颜色发黑，土质坚硬，顶部东西长 3.54 米，南北长 4.94 米，深 2.85 米。

宣化区

宣化区位于张家口市区东南部，是连接京、冀、晋、内蒙古的重要交通枢纽，地理坐标：东经 115° 10′，北纬 40° 61′，四周与宣化县交界。距北京市 158.5 千米，距石家庄市 289.4 千米，距张家口市 30.7 千米。

宣化区调查长城单体建筑 1 座，关堡 1 座。

（一）单体建筑

宣化区单体建筑一览表（单位：座）

序号	认定名称	认定编码	材质	保存程度				
				较好	一般	较差	差	消失
1	宣化城 01 号烽火台	130705353201170201	土				√	
合计		共 1 座：土 1 座					1	
百分比（%）		100					100	

类型：单体建筑包括敌台、烽火台、马面等
保存程度：较好、一般、较差、差、消失

1. 宣化城 01 号烽火台 130705353201170201

位于宣化北门外 3 千米路西的台地上民居院落内，坐标：东经 115° 03′ 27.10″，北纬 40° 38′ 01.70″，高程 643 米。

烽火台平面呈圆形，剖面呈梯形，台芯素土分层夯筑，夯层厚 0.25 米，外包城砖砌筑，城砖规格：0.37 米×0.2 米×0.07 米。台体南北长 10.48 米，东西宽 10.23 米，东侧高 2.79 米，西侧高 4.72 米，北侧高 3.1 米，周围为民居宅院。北立面存后期人为挖掘的孔洞一处，宽 0.7 米，高 1.5 米，顶部中间有南北向深沟一条，长 5.9 米，宽 1.6 米，深 0.92 米。

（二）城堡

宣化区关堡一览表（单位：座）

编号	认定名称	认定编码	类型	周长（米）	保存程度				
					较好	一般	较差	差	消失
1	宣府镇城	130705353102170001	砖墙	12369				√	
合计		共1座：砖墙1座						1	
百分比（%）		100						100	

保存程度：较好、一般、较差、差、消失

1. 宣府镇城 130705353102170001

位于张家口市宣化区，东经 115° 03′ 19.80″，北纬 40° 36′ 06.20″，高程 600 米。

城堡平面呈矩形，周长 12369 米，占地面积 9100000 平方米，现存城门 2 座，城楼 2 座，马面 56 座，楼台 2 座。

城墙墙芯素土分层夯筑，夯层厚 0.15 ～ 0.2 米，条石基础，墙体外包城砖，白灰砌筑，白灰勾缝。

宣府镇城现存墙体损毁严重，东、西、北三面城垣保存基本完整，南面城垣残缺较多，现存高度不等。城门原有 7 座，现仅存昌平门（西门）和拱极楼（南门）。瓮城、月城、关城、城壕（护城河）已毁，大部分城砖被拆掉，仅西、北少部城墙的城砖保存较好。西城墙自 2005 年起，正在整体修缮中。

南墙长 3360 米，保存状况差，南城门（拱极楼）明永乐二十年建，重檐九脊歇山顶建筑，面阔七间，进深三间，通高 24.4 米，为城防建筑，拱极二字含有保卫边防，拱卫京师之意。1982 年列入河北省重点文物保护单位。南墙共分为三段，第一段墙体位于南门东侧 135 米处，长 126 米，保存差，墙芯夯土裸露，墙宽 4.74 米，内高 6.11 米，夯层厚 0.14 ～ 0.15 米，墙体北侧为公路，南侧被体育场和民房占压；第二段墙体位于南门东侧 59 米，中间为公路，长 559 米，该段墙体经过现代修葺，底部包块石，墙体上部外包红砖，残高 4.04 米，墙体南侧为公园北墙；第三段墙体北侧存两层基础条石，上部为夯土墙芯，夯层清晰，夯层厚 0.2 米，南侧为新修葺的墙体。该段墙体西侧残存 3 段墙体，墙体坍塌严重，夯土裸露。东南角台已无存，现为公路。

东墙长 2944 米，保存状况差，外包城砖缺失，外侧残存部分基础条石和包砌城砖痕迹，由于人为破坏，造成了 4 个豁口。夯土层厚 0.16 米不等，该段为新修葺的墙体，底部宽 10.43 米，高 9.28 米，墙体下部修建了一个通道，通道宽 12.42 米，高 6.94 米。北侧 273 米为宣化 01 马面，该马面台芯夯层厚 0.16 米，土质纯净，向外凸出墙体 10.37 米，残高 5.15 米。北侧 48 米为宣化 02 内马面，该马面台芯夯层厚 0.16 米，向内凸出 6.63 米，残高 7.74 米。宣化 02 内马面北侧墙体消失 290 米，向北 102 米为宣化 03 内马面，该马面为夯土结构，向内侧凸出 7.7 米，底部南北宽 17.98 米，残高 15.98 米。向北 124 米为宣化 04 马面，该马面台芯夯土层掺有杂质，夯土层欠清晰，向外凸出 6.5 米，残高 9.46 米。向北 39 米为宣化 05 内马面，向内侧凸出 7.7 米，南北底宽 12.98 米，残高 15.98 米。向北 106 米为宣化 06 内马面，向内凸出 12 米，残高 6.21 米。向北 114 米为宣化 07 马面，坍塌严重，向外凸出 10 米，南北宽 5.5 米，残高 8.34 米。

向北 38 米为宣化 08 内马面，台芯风化、坍塌严重，向内凸出 1.1 米，南北宽 7.2 米，残高 6.97 米。向北 78 米处为东大街，墙体消失 62 米。东大街北侧 178 米为宣化 09 马面，风化、雨水冲刷严重，向外凸出 7.3 米，南北宽 3 米，残高 5.2 米。向北 49 米为宣化 10 内马面，向内凸出 3.74 米，南北宽 7.28 米，残高 6 米。向北 109 米处为宣化 11 马面，向外凸出 3.92 米，残高 6 米。向北 35 米为宣化 12 内马面，向内凸出 7.42 米，残高 6.25 米。向北 132 米为宣化 13 内马面，台芯土体表面风化严重，向内凸出 6.25 米，残高 6.58 米。向北 26 米处为宣化 14 马面，土体表面风化严重，残高 10 米。向北 113 米为宣化 15 内马面，向内凸出 4.18 米，南北宽 5.62 米，残高 7.13 米。向北 58 米为宣化 16 马面，向外凸出 7.42 米，南北宽 3.8 米，残高 7.64 米。向北 90 米为宣化 17 内马面，坍塌严重，向内凸出 3.74 米，南北宽 7.28 米，残高 6 米。向北 83 米为宣化 18 马面，向外凸出 7.3 米，南北宽 3 米，残高 5.2 米。向北 63 米为宣化 19 内马面，向内凸出 3.92 米，南北宽 4.29 米，残高 6 米。向北 53 米为宣化 20 马面，向外凸出 4.44 米，南北宽 3.24 米，残高 6 米。向北 133 米为宣化 21 马面，土体表面风化、坍塌严重。向北 618 米为东北角台。

北墙长 3105 米，该段墙体东北角外部残存城砖包砌痕迹，大部分墙体残存夯土墙芯，裸露土体表面风化、雨水冲刷、坍塌严重，北墙西段墙体大部分保存有下部基础条石，上部城砖包砌，北城墙北侧为丹拉高速，南侧为居民区。东北角台保存较差，顶部设置有铁架，墙体被人为挖空。向西 62 米为宣北马 1，坍塌严重，向外凸出 4.1 米，东西宽 5.8 米，残高 3.51 米。向西 122 米为宣北马 2，只残存下部基础，上部坍塌严重，东西宽 2.02 米，外高 5.45 米。向西为宣北战 1，坍塌严重，向内凸出 4.15 米，东西宽 6.56 米，内高 10 米。向西 135 米为宣北战 2，坍塌严重，向内凸出 1.85 米，东西宽 6.2 米，南高 7.8 米，北高 6.8 米。向西 73 米处为公路，墙体缺失形成豁口，长 30 米，该处原为清远楼旧址。豁口向西 86 米为宣北战 3，向内凸出 3.4 米，东西宽 7.11 米，内高 11.53 米。向西 33 米为宣北马 3，坍塌严重，向外凸出 3.23 米，东西宽 2.14 米，外高 7.36 米。向西 91 米为宣北战 4，坍塌严重，东西两侧被雨水冲刷形成冲沟，向内凸出 4.32 米，东西宽 7.3 米，内高 7.89 米。向西 120 米为宣北马 4，坍塌严重，东西宽 1.5 米，向外凸出 3.24 米，外高 4.17 米。向西 7 米为宣北战 5，雨水冲刷严重，东西宽 5.75 米，向内凸出 3.6 米，内高 7.3 米。向西 105 米为宣北战 6，雨水冲刷严重，向内凸出 5 米，东西宽 7.19 米，内高 8.7 米。向西 39 米为宣北马 5，坍塌严重，东西宽 2.05 米，向外凸出 4.97 米，外高 5.92 米。向西 90 米为宣北战 7，坍塌严重，向内凸出 5 米，东西宽 6.65 米，内高 11.37 米，墙体宽 5 米。向西 65 米为宣北马 6，坍塌严重，向外凸出 4.05 米，东西宽 3.5 米，外高 6.44 米。向西 59 米为宣北战 8，台体北侧坍塌严重，向内凸出 4.5 米，东西宽 6.9 米，内高 7.15 米。向西 98 米为宣北马 7，向外凸出 5.83 米，东西宽 1.1 米，北高 4.49 米。向西 39 米为宣北战 9，向内凸出 4 米，东西宽 6.6 米，内高 5.36 米。向西 131 米为宣北马 8，坍塌严重，向外凸出 4.19 米，东西宽 2.7 米，外高 2.9 米。向西 10 米为宣北战 10，台体西侧坍塌严重，向内凸出 3.8 米，东西宽 7.1 米，该战台西侧和南侧为民房。向西 132 米为宣北马 9，向外凸出 6.74 米，东西宽 3.75 米，北高 4.56 米。向西 129 米为宣北马 10，台芯素土碎砖混合夯筑，保存较好，外部包砌城砖尚存，台体西侧部分城砖脱落，向外凸出 5.92 米，东西宽 7.86 米，北高 6.5 米。向西 293 米处有豁口一处，长 15 米，此处豁口现为炮院大门。豁口西侧 79 米为宣北马 11，该马面为砖石包砌，东北角和西北角下部坍塌，砖规格：0.37 米 ×0.18 米 ×0.09 米。向西 167 米为宣北马 12，该马面下部包砖脱落、坍塌严重。向西 416 米为宣北战 11，坍塌严重，向内凸出 4.33 米，东西宽 5.8 米，东西宽 2.8 米，南高 5.02 米。向西 192 米为西北角台，现已修缮。

西墙长 2960 米，西墙南段为夯土结构，坍塌、风化严重，大部分墙体外侧正在实施维修，西墙北段已经修缮，内侧为军事禁区。西北角南侧 96 米为宣西马 12，该马面已经修缮完毕，下部残存外包城砖，上部为新砖，方位：北偏东 8°。向南 203 米为宣西马 11，该马面已修复，方位：北偏东 9°。向南 175 米为宣西马 10，该马面已修缮，方位：北偏东 8°。向南 204 米为宣西马 9，该马面已修缮，方位：北偏东 5°。向南 405 米为宣西马 8，该马面已修缮，基础存条石三层，台体西侧大部分保存了原墙面，南侧包砖已经全部更换，北侧除西北角外全部保存了原墙面，向外凸 6.38 米，高 11.54 米，南北宽 9.45 米。向南 526 米为宣西马 7，该马面已修缮，方位：北偏东 7°。向南 150 米为宣墙西门，已经全面修复，方位：北偏东 10°。向南 98 米为宣西马 6，该马面已修复。向南 112 米为宣西马 5，该马面已修复。向南 111 米为宣西马 4，该马面已修复。向南 105 米为宣西马 3，该马面已修复，向外凸出 6.19 米，南北宽 9.25 米，高 9.83 米。向南 98 米为宣西马 2，该马面已修复。向南 93 米处有豁口一处，长 29 米，一条公路从此穿过。豁口南 476 米为宣西马 1，该马面仅存夯土，西侧为修理厂，东侧为部队营房，南北宽 6.26 米，向外凸出 7.54 米，高 9.01 米，方位：北偏东 5°。向南 102 米为西南角台，此段墙体消失。

主要历史设施：

（1）清远楼又称钟楼，位于宣化城内，坐落在与东、南、西、北西城门相对道路的交汇点上，但是并不是城市中心，而是偏东一侧，周围均是商业区。清远楼始建于明成化十八年（1482）。为高台楼阁式建筑，墩台高 7.5 米，占地 728 平方米，楼高 17.5 米，为三檐两层，绿琉璃瓦筒边瓦顶，十字歇山式多角形建筑，总高度 25.5 米。面阔五间，进深三间，明间前后出抱厦，四周有围廊。

（2）镇朔楼又称鼓楼，位于河北省张家口市宣化区城内，始建于明正统五年（1440），为高台楼阁式建筑。高 24.88 米，占地 1052.3 平方米。楼高两层，重檐布瓦绿琉璃剪边瓦顶，面阔七间，进深五间，四周是围廊。楼上原设置鼓角、漏刻，用以计时、报更。与清远楼（钟楼）遥相呼应。楼前悬"镇朔楼"匾，楼北悬清乾隆皇帝手书"神京屏翰"匾，"镇朔""屏翰"具有保卫京师、边防之意。

历史沿革：

府城（宣化城）即元宣德府城，明洪武二十七年（1394）展筑，方二十四里有奇、南一关四里，旧有七门，东曰定安，西曰泰新，南曰昌平、宣德、承安，北曰广灵、高远，永乐时因"靖难之变"，只留四门，宣德、承安、高远三门封堵。有城楼、角楼各四座，铺宇一百七十二间。正统五年（1440）包砖，城厚四丈五尺，址石三层，高二丈八尺，雉堞高七尺，通高三丈五尺，面阔减基之一丈七尺。四门外各环瓮城，瓮城外又筑月城，外又挖隍堑设钓桥。这是《宣化府志》中的记载。另外，明景泰二年（1451）在城外四角建起护城台四座，又称县楼。明嘉靖三十七年（1558）在城外数里内建起围城台二十座《宣府城工记》中有："层楼翠飞，万堞严耸，拟古金城天府"。明代宣化成为边防重镇，称宣府镇，设万全都指挥使司，下设 23 个卫、所（包括坝下地区和北京延庆）。永乐年以后又加派总兵，佩镇朔将军印，镇守边防。

宣府城图说

本城土筑于洪武二十七年，砖包于正统五年，隆庆二年加修，周二十四里，高三丈五尺。故元宣德府，圣祖开基之初因改名宣府，始设宣府左、右、前三卫，续移兴和一所。先经隶后府，宣德五年始建万全都司，并各路卫所统摄之。抚、镇、部、道暨副、游、管粮、理刑同知、各卫所、儒学等官同城。总计各营卫见在官军二万三百四十八员名，马骡驼一万三千三百一十八匹头只。本城据镇上游，称都会之地，重兵屯聚，颇足弹压。惟是款后守贡讲事之夷络绎不绝，往往诡计，希加添于额赏之外，且蚁聚蝇附，时有潜往镇城者，殊为将来隐忧。近已裁其名数，节其往来，额赏外毫不增加，各酋久已贴矣。乃防范撙节之道所当慎终如始云。

桥东区

桥东区位于张家口市区的东半部，因在清水河东侧而得名，地理坐标：东经 114° 52′ ～ 115° 31′，北纬 40° 12′ ～ 40° 48′，总面积 391.8 平方千米。南与高新区接壤，西隔清水河与桥西区相望，东、南接宣化县。距北京市 183.6 千米，距石家庄市 307 千米，距张家口市 4.1 千米。

桥东区明长城分布在姚家庄镇、老鸦庄镇共 2 个镇，西邻桥西区来远堡，东邻宣化县南洋店 01 号烽火台。

桥东区调查长城单体建筑烽火台 2 座，关堡 1 座。

（一）单体建筑

桥东区单体建筑一览表（单位：座）

序号	认定名称	认定编码	材质	保存程度				
				较好	一般	较差	差	消失
1	玉宝敦烽火台	130702353201170001	土				√	
2	东榆林村烽火台	130702353201170002	砖	√				
	合计	共 2 座：砖 1 座，土 1 座		1			1	
	百分比（%）	100		50			50	

类型：单体建筑包括敌台、烽火台、马面等

保存程度：较好、一般、较差、差、消失

1. 玉宝敦烽火台 130702353201170001

位于姚家庄镇玉宝敦新村村东，坐标：东经 114° 54′ 43.80″，北纬 40° 45′ 25.60″，高程 735 米。

平面呈矩形，剖面呈梯形，底部东西长 14.5 米，南北宽 11.2 米，东南角高 4.8 米，东北角高 5.94 米，西南角高 3.29 米，西北角高 2.94 米，素土分层夯筑，夯层厚 0.08 ～ 0.1 米。受雨水冲刷，水土流失较严重，西侧人为挖掘土台阶登道，顶部靠西南角处，埋有电线杆支脚，顶部呈"凹"形，东侧紧邻台体底部有村名牌和电线杆，南侧为村内水泥路，北侧和西侧底部距民居约 2.5 米。

2. 东榆林村烽火台 130702353201170002

位于张家口市东榆林村，坐标：东经 114° 57′ 52.80″，北纬 40° 43′ 10.80″，高程 711 米。

平面呈矩形，剖面呈梯形，底部东西长 15.73 米，南北宽 13.51 米，通高 12.05 米。下为条石基础，上为青砖包砌。东墙辟一门，门为石质。东墙、南墙、西墙、北墙各辟 6 箭窗。台室内部青砖发券。台体外侧四周有夯土砌筑的护墙，护墙上开一南门。

（三）关堡

桥东区关堡一览表（单位：座）

序号	认定名称	认定编码	类型	保存程度				
				较好	一般	较差	差	消失
1	宁远堡	130702353102170001	土墙				√	
合计		共 1 座：土墙 1 座					1	
百分比（%）		100					100	

保存程度：较好、一般、较差、差、消失

1. 宁远堡 130702353102170001

位于老鸦庄镇宁远堡村，坐标：东经 114° 53′ 37.00″，北纬 40° 43′ 55.40″，高程 692 米。

墙体及其他墙体设施无存，现仅存南城门，条石基础露明 4 层，高 1.18 米，外包城砖砌筑，白灰坐浆、勾缝，台芯为素土分层夯筑，夯层厚 0.15 ～ 0.2 米，门宽 4.17 米，包砖平水墙内券高 23 层砖，外券高 7 层砖，内券通高 5.86 米，券脸起券方式为五伏五券，存门轴石、门栓石，门券上部存匾额，长 1.15 米，高 0.7 米，浮雕"宁远门"，卷草纹匾框，砖雕覆莲匾座，下设砖质卷草透雕条案。原门道地面被入村水泥路覆盖，外立面东侧后期人为改造，现为水泥块石砌筑，西侧建有民居，内外券顶及两侧水泥砂浆罩面，内立面东西两侧建有民居，顶部后期立有广播喇叭，受雨水冲刷，水土流失严重，台芯土陡立、松散，杂草丛生，村内南北向主街道从南城门穿过，东南侧有一村民生活垃圾池。

历史沿革：明永乐初年朝廷为加强北方防御，在此建宁远堡，设防守站官；嘉靖四十一年（1562）毁于战火；万历六年（1578）重置宁远堡，堡墙包砖，周三里二十六步，高三丈五尺，开东、南二城门，东曰寅宾，南曰宁远。

宁远堡图说

本堡旧为朵颜易马市口，景泰后华夷阻绝，嘉靖中史、车二酋不时入犯，我兵多失利，二十八年即此战场筑堡焉，四十五年始包以砖。周二里七十八步，高三丈五尺。设防守官一员，所领凶在旗军三百五十名，马七匹。分管大边二里，二边六里有奇，大边墩四座，二国并火路墩三十一座。边外一克哈气儿、朝兔等部落驻牧。东十五里外即大边盘道口，房可大骑直入者。

桥西区

　　桥西区位于张家口市区西部，因位于清水河西岸，故名桥西区，地理坐标：东经 114° 50′，北纬 40° 45′，县域东西宽 12.17 千米，南北长 32.29 千米，总面积 118.4 平方千米。桥西区东与桥东区隔河相望，南与高新技术产业开发区相依，西与万全县相接，北与张北县毗连，东北与崇礼县相邻。距北京市 186 千米，距石家庄市 310 千米，距张家口市 1.6 千米。

　　桥西区明长城分布在东窑子镇，东接东窑长城第 2 段，北接万全县周坝长城第 1 段，西邻万全右卫城。

　　长城起点：东窑子镇来远堡大境门西 0.146 千米，坐标：东经 114° 53′ 30.40″，北纬 40° 50′ 42.20″，高程 887 米。

　　长城止点：万全、桥西、张北三县界碑，坐标：东经 114° 48′ 01.30″，北纬 40° 57′ 48.50″，高程 1513 米。

　　桥西区调查长城墙体 10 段，总长 22588 米；单体建筑 76 座，其中：敌台 37 座、烽火台 39 座；关堡 3 座；相关遗存 1 处。

（一）墙体

桥西区墙体一览表（单位：米）

序号	认定名称	认定编码	类型	长度	保存程度				
					较好	一般	较差	差	消失
1	大境门长城	1307033821102170001	石墙	2424	698	862	540		324
2	三道沟长城	1307033821106190002	山险	32	32				
3	永丰堡长城 1 段	1307033821102170003	石墙	3175	1600	406	1052	117	
4	永丰堡长城 2 段	1307033821105170004	山险墙	167			167		
5	伍敦长城 1 段	1307033821102170005	石墙	2651	836		1815		
6	伍敦长城 2 段	1307033821102170006	石墙	2105	413	323	745	406	218
7	菜市长城 1 段	1307033821101170007	土墙	2953				2804	149
8	菜市长城 2 段	1307033821101170008	土墙	3542				3542	
9	土井子长城 1 段	1307033821101170009	土墙	4324				4137	187
10	土井子长城 2 段	1307033821102170010	石墙	1215				862	353
合计		共 10 段：石墙 5 段，土墙 3 段，山险 1 段，山险墙 1 段		22588	3579	1591	4319	11868	1231
百分比（%）		100			15.84	7.04	19.12	52.54	5.46

　　类型：砖墙、石墙、土墙、山险墙、山险

　　保存程度：较好、一般、较差、差、消失

1. 大境门长城 1307033821102170001

　　位于来远堡北侧，连接东、西太平山，东接宣化县东太平山崖顶东窑长城，起点坐标：东经

114° 53′ 30.40″，北纬 40° 50′ 42.20″，高程 887 米，止点坐标：东经 114° 52′ 01.60″，北纬 40° 50′ 49.80″，高程 988 米。

墙体长 2424 米，其中东西太平山之间为砖墙，长 448 米，墙上辟西镜门、大境门、大境门 01 ～ 03 号马面，清水河及清水河北路穿断长城，原建有三孔水关券门。西太平山段为石墙，长 1976 米，设敌台 4 座，包括来远堡 1 号敌台、来远堡 2 号敌台、三道沟 1 号敌台、三道沟 2 号敌台。

砖墙底宽 6.85 米，顶宽 4.25 米，外侧通高 10 米。形制为"三段式"，下部一层条石基础，高 0.2 米；中部墙身为城砖包砌，城砖规格：0.4 米 ×0.2 米 ×0.095 米和 0.37 米 ×0.18 米 ×0.07 米，摆砌方式为"一顺一丁"，白灰勾缝，墙芯为三七灰土分层夯筑，内墙收分约 6%，外墙收分约 16%；上部外侧设垛口墙，高 1.74 米，内侧设宇墙，高 1.2 米，墙顶施披水砖，墙厚 0.4 米；城墙顶部马道地面为城砖南北向铺墁，城砖规格：0.4 米 ×0.2 米 ×0.095 米。

石墙以自然基岩为基础，上窄下宽，断面呈梯形，沉稳坚固。外包墙体用较大块黑云母石英斑岩块石大面朝外，掺灰泥砌筑，小片石垫平、垫稳，白灰膏勾缝。内、外侧包砌墙体厚 0.6 ～ 0.8 米，块石规格：0.37 ～ 0.63 米，宽 0.3 ～ 0.4 米，厚 0.08 ～ 0.19 米，内侧墙体残高 1.3 ～ 4.3 米，外侧墙体残高 1.3 ～ 5.3 米，顶面残宽 3.4 ～ 4.5 米，顶部鱼脊缺失，墙芯为小块黑云母石英斑岩掺灰泥混筑，墙体两侧植被覆盖较好，多为低矮灌木和杂草。

大境门城台平面呈矩形，立面呈梯形，底长 13.5 米，宽 9.2 米，通高约 11.8 米。城台形制为"三段式"，下段条石基础，外立面基础条石 5 层，规格：长 0.8 ～ 1.5 米，宽 0.4 米，厚 0.3 米，高 1.5 米，内立面基础条石 5 层，高 1.5 米，规格：长 0.8 ～ 1.5 米，宽 0.4 米，厚 0.3 米，放脚 2 层，高 0.31 米，规格：长 0.8 ～ 1.5 米，宽 0.4 米，厚 0.21 米。中部墙身为城砖包砌墙体，城砖规格：0.4 米 ×0.2 米 ×0.095 米，摆砌方式为"一顺一丁"，白灰勾缝，墙芯为素土回填。外墙收分约 16%，墙身与垛口墙间以 3 层拔檐砖分隔，高 0.3 米。上部外侧设垛口墙，高 1.83 米，墙厚 0.4 米。内墙收分 4.5%，上部设宇墙，高 0.9 米，墙厚 0.4 米；城台顶部马道地面为城砖南北向铺墁，城砖规格：0.4 米 ×0.2 米 ×0.095 米。门洞起券方式为"五伏五券"，外侧券洞净高 5.53 米，起券高 3.17 米，宽 5.74 米，内侧券洞高 9.27 米，起券高 6.68 米，宽 6.38 米，门洞内条石铺地，有木制铁皮大门两扇，外侧券洞上方镶嵌一石匾，上书"大境门"，1927 年，察哈尔都统高维岳题写"大好河山"门楣。

西境门为墙上辟券门，门道南北向，门上设匾额，浮雕"西境门"，卷草纹匾框，门洞封堵无法通行，南北两侧为民居。

大境门 01 马面平面呈矩形，立面呈梯形，东西长 10.31 米，南北宽 7.15 米，高 6.66 米。

大境门 02 马面平面呈矩形，立面呈梯形，东西长 10.46 米，南北宽 7.22 米，高 6.48 米，南北两侧为民居。

大境门 03 马面现存保存差，平面呈矩形，立面呈梯形，外包城砖无存，南北两侧为民居。

2. 三道沟长城 1307033382106190002

位于东窑子镇三道沟村北 668 米，起点坐标：东经 114° 52′ 01.60″，北纬 40° 50′ 49.80″，高程 988 米，止点坐标：东经 114° 52′ 00.40″，北纬 40° 50′ 50.20″，高程 1017 米。

山险长 32 米，东侧与墙体相连接，顶部为三道沟烽火台，山体陡峭。

3. 永丰堡长城 1 段 130703382102170003

位于东窑子镇永丰堡村东北 1.5 千米，起点坐标：东经 114° 52′ 00.40″，北纬 40° 50′ 50.20°，高程 1017 米，止点坐标：东经 114° 50′ 18.90″，北纬 40° 51′ 13.00″，高程 1082 米。

墙体长 3233 米，设敌台 4 座，包括永丰堡 1～4 号敌台，紧邻墙体内侧布局烽火台 6 座，包括三道沟烽火台、永丰堡 1～4 号烽火台、永丰堡 6 号烽火台。毛石干垒，所处地势陡峭，下部较宽，顶部较窄，内高 1.7～5.54 米，外高 1.28～6.45 米，底宽 3.34 米，顶宽 1.52 米，墙体收分约 45°，存豁口一处，中间有一小路通过，宽约 1 米，墙体南侧为景区水泥旅游步道，墙体两侧植被覆盖较好，多为低矮灌木和杂草。

4. 永丰堡长城 2 段 130703382105170004

位于东窑子镇永丰堡西北 1.2 千米，起点坐标：东经 114° 50′ 18.90″，北纬 40° 51′ 13.00″，高程 1082 米，止点坐标：东经 114° 50′ 13.60″，北纬 40° 51′ 11.90″，高程 1101 米。

墙体长 167 米，借山险而建，墙体砌筑在巨石之上或绕过巨石，毛石干垒，墙体宽 1.87 米，外高 1.7 米，内高 3.68 米，坍塌严重，四周散落大量碎石，植被较茂盛，南侧有西太平山绿化供水管道。

5. 伍敦长城 1 段 130703382102170005

位于东窑子镇伍敦村东北 1.6 千米，起点坐标：东经 114° 50′ 13.60″，北纬 40° 51′ 11.90″，高程 1101 米，止点坐标：东经 114° 48′ 38.90″，北纬 40° 51′ 32.80″，高程 1189 米。

墙体长 128 米，设敌台 4 座，包括伍敦 1～4 号敌台，紧邻墙体外侧布局烽火台 2 座，包括伍敦 4 号烽火台、伍敦 7 号烽火台。毛石干垒，所处地势陡峭，下部较宽，顶部较窄，内高 6.96 米，外高 5.78 米，底宽 3.46 米，顶宽 0.88 米，墙体收分约 45°，墙体两侧植被覆盖较好，多为低矮灌木和杂草。

6. 伍敦长城 2 段 130703382102170006

位于东窑子镇伍敦村西北 1.5 千米，起点坐标：东经 114° 48′ 38.90″，北纬 40° 51′ 32.80″，高程 1189 米，止点坐标：东经 114° 48′ 31.30″，北纬 40° 52′ 34.70″，高程 1098 米。

墙体长 2105 米，设敌台 4 座，包括伍敦 5、6 号敌台，菜市 1、2 号敌台，墙体外侧布局烽火台 4 座，包括伍敦 11～14 号烽火台，居住址 1 座。毛石垒砌，白灰勾缝，内填碎石土，所处地势陡峭，下部较宽，顶部较窄，内高 1.85～2.7 米，外高 1.88～5.23 米，底宽 3.2 米，顶宽 0.8 米，墙体收分约 42°，局部段落墙体外鼓，存豁口一处，较陡峭，顺山势呈 "V" 形，墙体两侧植被覆盖较好，多为低矮灌木和杂草。

7. 菜市长城 1 段 130703382101170007

位于东窑子镇菜市村东南 383 米，起点坐标：东经 114° 48′ 31.30″，北纬 40° 52′ 34.70″，高程 1098 米，止点坐标：东经 114° 48′ 07.20″，北纬 40° 53′ 49.30″，高程 1181 米。

墙体长 2953 米，设敌台 6 座，包括菜市 3～8 号敌台，紧邻墙体内侧布局烽火台 3 座，包括菜市 1～3 号烽火台。墙体处于丘陵状土山上，土夹碎石分层夯筑，夯层厚约 0.2 米，宽 2 米，内高 3.65 米，外高 1.7 米，设复线墙体 4 条，分别长 63 米、57 米、220 米、70 米，存豁口一处长 64 米，土路从豁口南北向穿过，受雨水冲刷，水土流失较严重，坍塌成梗状，墙体两侧较平缓，植被覆盖较好，多为低矮杂草。

8. 菜市长城 2 段 130703382101170008

位于东窑子镇菜市村西北 2 千米，起点坐标：东经 114° 48′ 07.20″，北纬 40° 53′ 49.30″，高程 1181 米，止点坐标：东经 114° 47′ 32.70″，北纬 40° 55′ 15.30″，高程 1266 米。

墙体长 3542 米，设敌台 5 座，包括土井子 1～5 号敌台，紧邻墙体内侧布局烽火台 5 座，包括菜市 4～8 号烽火台。墙体处于丘陵状土山上，土夹碎石分层夯筑，夯层厚约 0.23 米，宽 1.9～2.72 米，内高 2.02～4.35 米，外高 3.79～4.5 米，存豁口一处，长 6.4 米，受雨水冲刷，水土流失较严重，坍塌成梗状，墙体两侧较平缓，植被覆盖较好，多为低矮杂草。

9. 土井子长城 1 段 130703382101170009

位于东窑子镇土井子村西南 461 米，起点坐标：东经 114° 47′ 32.70″，北纬 40° 55′ 15.30″，高程 1266 米，止点坐标：东经 114° 48′ 06.70″，北纬 40° 57′ 12.50″，高程 1388 米。

墙体长 4324 米，设敌台 10 座，包括土井子 6～13 号敌台，汉淖坝 1、2 号敌台，紧邻墙体内侧布局烽火台 3 座，包括土井子 1～3 号烽火台。墙体处于丘陵状土山上，土夹碎石分层夯筑，夯层厚约 0.22 米，宽 1.2～2.16 米，内高 0.18～0.66 米，外高 0.18～0.54 米，受雨水冲刷，水土流失较严重，坍塌成梗状，局部段落山体水土流失形成深沟，导致墙体消失长 187 米，墙体两侧较平缓，植被覆盖较好，多为低矮杂草。

10. 土井子长城 2 段 1307033382102170010

位于东窑子镇土井子村北 3.5 千米，万全、桥西、张北三县界碑，北接万全县周坝长城，起点坐标：东经 114° 48′ 06.70″，北纬 40° 57′ 12.50″，高程 1388 米，止点坐标：东经 114° 48′ 01.30″，北纬 40° 57′ 48.50″，高程 1513 米。

墙体长 4324 米，紧邻墙体内侧布局烽火台 2 座，包括土井子 5～6 号烽火台。墙体处于丘陵状土山上，毛石干垒，宽 1.23 米，内高 0.87 米，外高 0.89 米，坍塌成梗状，局部段落山体水土流失形成深沟，导致墙体消失长 353 米，墙体两侧较平缓，植被覆盖较好，多为低矮杂草，北侧为张库大道。

（二）单体建筑

桥西区单体建筑一览表（单位：座）

序号	认定名称	认定编码	材质	保存程度				
				较好	一般	较差	差	消失
1	来远堡 1 号敌台	1307033352101170001	土				√	
2	来远堡 2 号敌台	1307033352101170002	石				√	
3	三道沟 1 号敌台	1307033352101170003	土					√
4	三道沟 2 号敌台	1307033352101170004	石				√	
5	永丰堡 1 号敌台	1307033352101170005	土				√	
6	永丰堡 2 号敌台	1307033352101170006	土				√	

（续）

序号	认定名称	认定编码	材质	保存程度				
				较好	一般	较差	差	消失
7	永丰堡 3 号敌台	1307033352101170007	土				√	
8	永丰堡 4 号敌台	1307033352101170008	土				√	
9	伍敦 1 号敌台	1307033352101170009	石				√	
10	伍敦 2 号敌台	1307033352101170010	石				√	
11	伍敦 3 号敌台	1307033352101170011	砖				√	
12	伍敦 4 号敌台	1307033352101170012	石				√	
13	伍敦 5 号敌台	1307033352101170013	石				√	
14	伍敦 6 号敌台	1307033352101170014	石				√	
15	菜市 1 号敌台	1307033352101170015	石				√	
16	菜市 2 号敌台	1307033352101170016	石				√	
17	菜市 3 号敌台	1307033352101170017	土				√	
18	菜市 4 号敌台	1307033352101170018	土				√	
19	菜市 5 号敌台	1307033352101170019	土				√	
20	菜市 6 号敌台	1307033352101170020	土				√	
21	菜市 7 号敌台	1307033352101170021	土				√	
22	菜市 8 号敌台	1307033352101170022	土				√	
23	土井子 1 号敌台	1307033352101170023	土				√	
24	土井子 2 号敌台	1307033352101170024	土				√	
25	土井子 3 号敌台	1307033352101170025	土				√	
26	土井子 4 号敌台	1307033352101170026	土				√	
27	土井子 5 号敌台	1307033352101170027	土				√	
28	土井子 6 号敌台	1307033352101170028	土				√	
29	土井子 7 号敌台	1307033352101170029	土				√	
30	土井子 8 号敌台	1307033352101170030	土				√	
31	土井子 9 号敌台	1307033352101170031	土				√	
32	土井子 10 号敌台	1307033352101170032	土				√	
33	土井子 11 号敌台	1307033352101170033	土				√	
34	土井子 12 号敌台	1307033352101170034	土				√	
35	土井子 13 号敌台	1307033352101170035	土				√	
36	汗淖坝 1 号敌台	1307033352101170036	土				√	
37	汗淖坝 2 号敌台	1307033352101170037	土				√	
38	来远堡 1 号烽火台	1307033353201170038	土				√	
39	来远堡 2 号烽火台	1307033353201170039	砖				√	
40	来远堡 3 号烽火台	1307033353201170040	土				√	
41	三道沟村烽火台	1307033353201170041	石				√	
42	永丰堡 1 号烽火台	1307033353201170042	土				√	
43	永丰堡 2 号烽火台	1307033353201170043	石				√	

（续）

序号	认定名称	认定编码	材质	保存程度				
				较好	一般	较差	差	消失
44	永丰堡 3 号烽火台	1307033353201170044	石				√	
45	永丰堡 4 号烽火台	1307033353201170045	石				√	
46	永丰堡 5 号烽火台	1307033353201170046	石				√	
47	永丰堡 6 号烽火台	1307033353201170047	石				√	
48	永丰堡 7 号烽火台	1307033353201170048	土				√	
49	伍敦 1 号烽火台	1307033353201170049	石				√	
50	伍敦 2 号烽火台	1307033353201170050	石					√
51	伍敦 3 号烽火台	1307033353201170051	石					√
52	伍敦 4 号烽火台	1307033353201170052	土				√	
53	伍敦 5 号烽火台	1307033353201170053	土				√	
54	伍敦 6 号烽火台	1307033353201170054	土				√	
55	伍敦 7 号烽火台	1307033353201170055	石				√	
56	伍敦 8 号烽火台	1307033353201170056	石				√	
57	伍敦 9 号烽火台	1307033353201170057	土				√	
58	伍敦 10 号烽火台	1307033353201170058	土				√	
59	伍敦 11 号烽火台	1307033353201170059	石				√	
60	伍敦 12 号烽火台	1307033353201170060	石				√	
61	伍敦 13 号烽火台	1307033353201170061	石				√	
62	伍敦 14 号烽火台	1307033353201170062	土				√	
63	菜市 1 号烽火台	1307033353201170063	土				√	
64	菜市 2 号烽火台	1307033353201170064	土				√	
65	菜市 3 号烽火台	1307033353201170065	土				√	
66	菜市 4 号烽火台	1307033353201170066	土				√	
67	菜市 5 号烽火台	1307033353201170067	土				√	
68	菜市 6 号烽火台	1307033353201170068	土				√	
69	菜市 7 号烽火台	1307033353201170069	土				√	
70	菜市 8 号烽火台	1307033353201170070	石				√	
71	土井子 1 号烽火台	1307033353201170071	土				√	
72	土井子 2 号烽火台	1307033353201170072	石				√	
73	土井子 3 号烽火台	1307033353201170073	土				√	
74	土井子 4 号烽火台	1307033353201170074	土				√	
75	土井子 5 号烽火台	1307033353201170075	石				√	
76	土井子 6 号烽火台	1307033353201170076	石				√	
合计		共 76 座：砖 2 座，石 27 座，土 47 座					73	3
百分比（%）		100					96	4

类型：单体建筑包括敌台、烽火台、马面等

保存程度：较好、一般、较差、差、消失

1. 来远堡 1 号敌台 130703352101170001

位于西太平山上，东与大境门西段墙体相连、东距来远堡 146 米，坐标：东经 114° 53′ 03.70″，北纬 40° 50′ 38.30″，高程 848 米。

台体东西接墙，平面呈矩形，立面及剖面呈梯形，东西宽 6.78 米，南北长 10.64 米，残高 4.46 米，素土分层夯筑，夯层厚 0.12～0.15 米。台体受雨水冲刷，水土流失严重，外包城砖及顶部设施无存，西南侧有游人攀爬痕迹，南侧为西太平山长城游览步道，北侧为陡峭山体。

2. 来远堡 2 号敌台 130703352101170002

位于东窑子镇三道沟村东北 1.1 千米，坐标：东经 114° 52′ 40.30″，北纬 40° 50′ 36.10″，高程 972 米。

台体东西接墙，平面呈圆形，直径 5.27 米，北侧高 9.46 米，南侧高 7.21 米，西侧高 7.16 米，东侧高 13.17 米。坍塌严重，呈堆状，碎石散落满地，台体较大，顶部长有少量杂草，南侧为游览步道及景区栽种的松树林。

3. 三道沟 1 号敌台 130703352101170003

位于东窑子镇三道沟村东北 263 米，坐标：东经 114° 52′ 33.60″，北纬 40° 50′ 38.70″，高程 1004 米。

台体东西接墙，平面呈圆形，直径 9.89 米，高 6.09 米，南侧仅存长 1.5 米外包石墙，顶部建有四角仿古凉亭 1 座，西侧为游览台阶步道，四周杂草丛生。

4. 三道沟 2 号敌台 130703352101170004

位于东窑子镇三道沟村东北 263 米，坐标：东经 114° 52′ 14.90″，北纬 40° 50′ 41.90″，高程 992 米。

台体东西接墙，平面呈圆形，直径 14.52 米，东侧高 6.79 米，南侧高 2.9 米，西侧高 8.09 米，北侧高 1.81 米。坍塌严重，呈堆状，四周散落大量小块毛石，顶部已摊平，四周长有杏树和荆棘。

5. 永丰堡 1 号敌台 130703352101170005

位于东窑子镇永丰堡村东北 875 米山上，坐标：东经 114° 51′ 06.30″，北纬 40° 51′ 08.30″，高程 960 米。

台体南西接墙，平面呈圆形，直径 12.29 米，西侧残高 10.86 米，北侧残高 13.47 米，素土分层夯筑，夯层厚度 0.12～0.13 米，台芯高 1.9 米夯层清晰，余上部分夯层杂质较多，夹杂卵石，西南角存冲沟 1 处，坍塌成堆状，北侧有水泉沟景区摆放的绿化水箱。

6. 永丰堡 2 号敌台 130703352101170006

位于东窑子镇永丰堡北 917 米山上，坐标：东经 114° 50′ 59.10″，北纬 40° 51′ 12.00″，高程 952 米。

台体东西接墙，平面呈圆形，直径 6.52 米，高 7.84～8.52 米，素土分层夯筑，夯层厚 0.12 米，受雨水冲刷，西北两侧坍塌严重，底部堆积碎石土，四周杂草丛生。

7. 永丰堡 3 号敌台 130703352101170007

位于东窑子镇永丰堡北 935 米山上，坐标：东经 114° 50′ 54.30″，北纬 40° 51′ 13.10″，高程 951 米。

台体东西接墙，平面呈矩形，东西宽 3.1 米，南北长 7.5 米，高 2.18 米，素土分层夯筑，夯层厚 0.35 米，可见 6 层，外包及顶部设施无存，坍塌严重，呈堆状，北侧存有后期人为取土痕迹，现为土路，顶部立有黑色木质电杆 1 根，通信线路东西向跨空穿越，四周杂草丛生。

8. 永丰堡 4 号敌台 130703352101170008

位于东窑子镇永丰堡北 1.1 千米山上，坐标：东经 114° 50′ 39.40″，北纬 40° 51′ 18.70″，高程 1028 米。

台体东南接墙，平面呈圆形，直径 9.68 米，高 8.54 米，素土分层夯筑，夯层清晰，夯层厚 0.15 ～ 0.2 米，下部夯层含杂质较少，上部夯层夹杂卵石较多，西侧存少量毛石垒砌墙体，高 3.05 米，西南两侧受雨水冲刷，坍塌严重，北侧有一小台，内径 2.12 米，外径 4.14 米，外包及顶部设施无存，坍塌严重，呈堆状，四周杂草丛生。

9. 伍敦 1 号敌台 130703352101170009

位于东窑子镇伍敦村东北 1.5 千米山上，坐标：东经 114° 50′ 08.80″，北纬 40° 51′ 13.60″，高程 1117 米。

台体东西接墙，平面呈圆形，直径 16 米，高 9.4 米，毛石垒砌，西侧有两层阶梯式断面，断面东西宽 2.6 米，南北长 3.58 米，高 2.5 米，坍塌严重，呈堆状，顶部设施无存，四周杂草丛生。

10. 伍敦 2 号敌台 130703352101170010

位于东窑子镇伍敦村东北 1.3 千米山上，坐标：东经 114° 49′ 53.50″，北纬 40° 51′ 15.30″，高程 1160 米。

台体东西接墙，平面呈圆形，直径 7.07 米，高 8.36 米，坍塌严重，呈堆状，顶部设施无存，四周散落大量毛石，杂草丛生。

11. 伍敦 3 号敌台 130703352101170011

位于东窑子镇伍敦村北 993 米处山上，坐标：东经 114° 49′ 07.30″，北纬 40° 51′ 23.00″，高程 1181 米。

台体东南接墙，平面呈矩形，立面及剖面呈梯形，东西长 9.8 米，南北宽 9.49 米，高 6.5 米，西、北面条石基础露明 5 层，高 1.1 米，条石长 0.74 米，宽 0.21 米，厚 0.4 米。台体四周散落大量砖石，砖规格：长 0.37 米 × 宽 0.18 米 × 厚 0.08 米，台芯素土夹小石子分层夯筑，夯层厚 0.2 ～ 0.25 米，外包城砖及顶部设施均已无存，四周及顶部杂草丛生。

12. 伍敦 4 号敌台 130703352101170012

位于东窑子镇伍敦村西北 1.5 千米处山上，东经 114° 48′ 38.90″，北纬 40° 51′ 32.80″，高程 1189 米。

台体东北接墙，平面呈圆形，直径 8.6 米，高 3.6 米，底部设有一圆形底座，高 1 ～ 2 米，宽 3.03 米，北侧为素土夹杂小石子分层夯筑，夯层厚 0.2 ～ 0.3 米，底座东侧有一蹬道，长 1.26 米，踢面高 0.26 米，踏面宽 0.32 米。台体坍塌严重，呈堆状，四周杂草丛生。

13. 伍敦 5 号敌台 130703352101170013

位于东窑子镇伍敦村西北 1.8 千米处山上，坐标：东经 114° 48′ 40.80″，北纬 40° 51′ 43.20″，高程 1177 米。

台体南北接墙，平面呈圆形，直径 10.4 米，高 6.9 米，坍塌严重，呈堆状，仅存底部少量外包毛石墙体，西侧裸露少量夯土，四周散落大量毛石，杂草丛生。

14. 伍敦 6 号敌台 130703352101170014

位于东窑子镇伍敦村西北 2.1 千米处山上，坐标：东经 114° 48′ 31.80″，北纬 40° 51′ 52.90″，高程 1171 米。

长城主线从台体北侧绕过，平面呈矩形，东西宽 6.4 米，南北长 7.22 米，高 8.52 米。西、北侧夯层裸露，夯层厚 0.18 ～ 0.23 米，东侧残存外包毛石，顶部有一后期人为垒砌石堆，长 1.57 米，宽 1.1 米，四周覆盖毛石和杂草。

15. 菜市 1 号敌台 1307033521011700015

位于东窑子镇菜市村东南 959 米，坐标：东经 114° 48′ 32.40″，北纬 40° 52′ 15.20″，高程 1122 米。

台体南北接墙，平面呈圆形，直径 6.86 米，高 4 米，东北角中部存有少量毛石砌体，立面呈倒三角状，南侧中间夹杂大量毛石砌体，西侧顶部为毛石砌体，底部夯土，毛石垒砌占四分之一，北侧顶部为毛石砌体，底部夯土，毛石垒砌占二分之一，顶部铺有一层毛石，四周散落大量毛石，杂草丛生。

16. 菜市 2 号敌台 1307033521011700016

位于东窑子镇菜市村东南 423 米，坐标：东经 114° 48′ 32.70″，北纬 40° 52′ 33.70″，高程 1104 米。

台体南北接墙，平面呈矩形，东西长 9 米，南北宽 6.95 米，东侧高 5.87 米，南侧高 6.8 米，西侧高 3.8 米，北侧高 5.93 米，台芯素土分层夯筑，夯层厚 0.1～0.17 米，中上部毛石平铺一层，距台顶 1～1.2 米，厚 0.98 米，南立面根部存有少量包砖，西侧根部为毛石垒砌护台，高 3.2 米，四周散落少量毛石，杂草丛生。

17. 菜市 3 号敌台 1307033521011700017

位于东窑子镇菜市村东南 266 米，坐标：东经 114° 48′ 26.60″，北纬 40° 52′ 37.20″，高程 1078 米。

台体南北接墙，平面呈矩形，东西长 9.6 米，南北宽 8 米，东高 9.66 米，南高 6 米，西高 6.39 米，北高 8.39 米，素土分层夯筑，夯层厚 0.02～0.03 米。西侧距台顶 0.2 米处，存有 3 层城砖，高 0.16 米，城砖规格：0.35 米 × 0.19 米 × 0.05 米，底部存一孔洞，受雨水冲刷，水土流失较严重，周围坍塌土体堆积，杂草丛生。

18. 菜市 4 号敌台 1307033521011700018

位于东窑子镇菜市村东北 144 米，东经 114° 48′ 28.50″，北纬 40° 52′ 47.80″，高程 1062 米。

东南北三侧与墙体相连接，平面呈矩形，东西长 4.37 米，南北宽 3.76 米，高 4.91 米，受雨水冲刷，水土流失较严重，仅存夯土台芯，坍塌严重，呈堆状，四周杂草丛生。

19. 菜市 5 号敌台 1307033521011700019

位于东窑子镇菜市村北 712 米，坐标：东经 114° 48′ 23.40″，北纬 40° 53′ 08.00″，高程 1112 米。

台体南北接墙，平面呈矩形，东西长 8.6 米，南北宽 4.2 米，高 4 米，素土分层夯筑，夯层厚 0.15～0.25 米，受雨水冲刷，水土流失较严重，坍塌成堆状，四周杂草丛生。

20. 菜市 6 号敌台 1307033521011700020

位于东窑子镇菜市村北 1.6 千米，坐标：东经 114° 48′ 15.50″，北纬 40° 53′ 23.50″，高程 1135 米。

台体南北接墙，东西长 5.43 米，南北宽 5.01 米，高 6.18 米，素土分层夯筑，夯层厚 0.25 米，受雨水冲刷，水土流失较严重，东立面存多条小型冲沟，南立面中部存部分毛石砌体，长 1.1 米，高 1.2 米，东侧存冲沟，宽 0.53 米，西侧根部坍塌土体堆积，北侧坍塌土体堆积距台顶高 0.8 米，坍塌成堆状，四周杂草丛生。

21. 菜市 7 号敌台 1307033521011700021

位于东窑子镇菜市村北 1.6 千米，坐标：东经 114° 48′ 10.50″，北纬 40° 53′ 34.20″，高程 1158 米。

台体南北接墙，东西长 7.6 米，南北宽 6.62 米，高 7.05 米，素土分层夯筑，夯层厚 0.27～0.54 米，受雨水冲刷，水土流失较严重，坍塌成堆状，西侧为灌溉水泥管道及农田，四周及顶部杂草丛生。

22. 菜市 8 号敌台 130703352101170022

位于东窑子镇菜市村北 2 米，坐标：东经 114° 48′ 07.20″，北纬 40° 54′ 49.30″，高程 1181 米。

台体南北接墙，东西宽 3.01 米，南北长 4.4 米，高 2.77 米，素土分层夯筑，夯层厚 0.21 ～ 0.24 米，受雨水冲刷，水土流失较严重，坍塌成堆状，东立面中部存少量石砌体，长 0.4 米，高 0.52 米，南立面墙芯陡立，西立面根部坍塌土体堆积，四周及顶部杂草丛生。

23. 土井子 1 号敌台 130703352101170023

位于东窑子镇土井子村西南 2.6 千米，坐标：东经 114° 47′ 45.00″，北纬 40° 54′ 03.70″，高程 1215 米。

台体南北接墙，东西宽 3.01 米，南北长 7.06 米，高 3.01 米，素土分层夯筑，夯层厚 0.25 ～ 0.35 米，坍塌严重，呈堆状，东立面底部地基裸露，高 1.5 米，南立面墙芯陡立，西立面墙面松散，四周及顶部杂草丛生。

24. 土井子 2 号敌台 130703352101170024

位于东窑子镇土井子村西南 2.1 千米，坐标：东经 114° 47′ 30.30″，北纬 40° 54′ 16.10″，高程 1239 米。

台体南北接墙，东西长 6 米，南北宽 3.9 米，高 3.35 米，土夹碎石分层夯筑，夯层厚 0.2 ～ 0.3 米，坍塌严重，呈堆状，东立面存裂缝 1 条，南立面东侧存掏蚀孔洞，直径 0.52 米，西立面水土流失较严重，夯层裸露，北立面距墙高 0.43 米，四周及顶部杂草丛生。

25. 土井子 3 号敌台 130703352101170025

位于东窑子镇土井子村西南 1.7 千米，坐标：东经 114° 47′ 30.20″，北纬 40° 54′ 31.40″，高程 1247 米。

台体南北接墙，平面呈矩形，东西长 5.7 米，南北宽 4.3 米，高 3.36 米，素土分层夯筑，夯层厚 0.3 ～ 0.4 米，坍塌严重，呈堆状，受雨水冲刷，水土流失较严重，东立面存冲沟 1 条，南立面根部掏蚀，西立面存裂缝 1 条，北立面墙芯陡立，周边散落少量毛石，杂草丛生。

26. 土井子 4 号敌台 130703352101170026

位于东窑子镇土井子村西南 1.1 千米，坐标：东经 114° 47′ 37.00″，北纬 40° 54′ 48.50″，高程 1266 米。

台体南北接墙，平面呈圆形，直径 5.5 米，高 1.63 米，夯层不显明，坍塌严重，呈堆状，仅存小部分台芯，四周及顶部杂草丛生。

27. 土井子 5 号敌台 130703352101170027

位于东窑子镇土井子村西 765 米，坐标：东经 114° 47′ 32.70″，北纬 40° 55′ 15.30″，高程 1266 米。

台体南北接墙，平面呈矩形，东西宽 4.7，南北长 5.3 米，高 5.2 米，受雨水冲刷，水土流失较严重，坍塌成堆状，仅存小部分台芯，东侧存南北向土路，南立面根部小部分掏蚀，西立面存裂缝 2 条，北立面坍塌成缓坡，四周及顶部杂草丛生。

28. 土井子 6 号敌台 130703352101170028

位于东窑子镇土井子村西北 877 米，坐标：东经 114° 47′ 30.30″，北纬 40° 55′ 29.10″，高程 1278 米。

台体南北接墙，平面呈矩形，东西长 5.2 米，南北宽 4.3 米，台芯高 2.87 米，夯层厚 0.2 米，受雨水冲刷，水土流失较严重，坍塌成堆状，仅存小部分台芯，四周及顶部杂草丛生。

29. 土井子 7 号敌台 130703352101170029

位于东窑子镇土井子村西北 981 米，坐标：东经 114° 47′ 28.40″，北纬 40° 55′ 34.10″，高程 1286 米。

台体南北接墙，平面呈矩形，东西宽 8.4 米，南北长 9.3 米，高 2.3 米，素土分层夯筑，夯层厚 0.15 米，受雨水冲刷，水土流失较严重，坍塌成堆状，东、北立面杂草覆盖，南立面顶部坍塌形成小型豁口 2 处，中部存有 3～4 层城砖，西立面中部掏蚀 1 处，四周及顶部杂草丛生。

30. 土井子 8 号敌台 130703352101170030

位于东窑子镇土井子村西北 1.3 千米，坐标：东经 114° 47′ 27.10″，北纬 40° 55′ 50.70″，高程 1286 米。

台体东西接墙，平面呈矩形，东西宽 3.4 米，南北长 4.3 米，高 1.85 米，夯层不清晰，受雨水冲刷，水土流失较严重，坍塌成堆状，仅存小部分台芯，四周杂草丛生。

31. 土井子 9 号敌台 130703352101170031

位于东窑子镇土井子村西北 1.7 千米，坐标：东经 114° 47′ 33.60″，北纬 40° 56′ 06.90″，高程 1306 米。

台体南北接墙，平面呈矩形，东西长 4.8 米，南北宽 3.6 米，高 1.23 米，坍塌严重，呈堆状，仅存小部分台芯，四周杂草丛生。

32. 土井子 10 号敌台 130703352101170032

位于东窑子镇土井子村西北 1.9 千米，坐标：东经 114° 47′ 33.20″，北纬 40° 56′ 23.90″，高程 1319 米。

台体南北接墙，平面呈矩形，东西长 5.3 米，南北宽 3.8 米，高 6.21 米，土夹碎石分层夯筑，夯层厚 0.2～0.26 米，坍塌严重，呈堆状，西侧为沟，山体水土流失严重，四周杂草丛生。

33. 土井子 11 号敌台 130703352101170033

位于东窑子镇土井子村北 2.2 千米，坐标：东经 114° 47′ 38.00″，北纬 40° 56′ 27.00″，高程 1347 米。

台体东西接墙，平面呈矩形，东西宽 2.59 米，南北长 4.77 米，高 4.8 米，素土分层夯筑，夯层可见 19 层，夯层厚 0.18 米，东、北立面杂草覆盖，南立面根部坍塌土体堆积，墙体陡立，西立面根部散落少量小块毛石，坍塌严重，呈堆状，四周杂草丛生。

34. 土井子 12 号敌台 130703352101170034

位于东窑子镇土井子村北 2.7 千米，坐标：东经 114° 47′ 45.90″，北纬 40° 56′ 39.30″，高程 1340 米。

台体南北接墙，平面呈矩形，东西宽 2.59 米，南北长 4.77 米，高 4.8 米，素土分层夯筑，底部夯层厚 0.5 米，东立面土体陡立，南北立面杂草覆盖，西立面地基水土流失严重，形成沟壑。

35. 土井子 13 号敌台 130703352101170035

位于东窑子镇土井子村北 2.6 千米，坐标：东经 114° 47′ 44.60″，北纬 40° 56′ 43.70″，高程 1357 米。

台体南北接墙，平面呈矩形，东西宽 9.14 米，南北长 10.34 米，高 8.6 米，周边散落少量条石、城砖，条石规格长 0.66 米，宽 0.32 米，厚 0.38 米，台芯素土分层夯筑，夯层厚 0.14 米，上部台芯坍塌成柱状，高 3.6 米，存冲沟 1 条，坍塌严重，呈堆状，四周杂草丛生。

36. 汗淖坝 1 号敌台 130703352101170036

位于张北县油篓沟乡新窑子行政村汗淖坝村南 2.4 千米，坐标：东经 114° 47′ 54.20″，北纬 40° 56′ 52.40″，高程 1351 米。

台体南北接墙，平面呈矩形，东西宽 3.61 米，南北长 4.82 米，高 3.2 米，夯层不明显，坍塌严重，呈堆状，仅存部分台芯，东面土体松散，北立面局部掏蚀，四周杂草丛生。

37. 汗淖坝 2 号敌台 130703352101170037

位于张北县油篓沟乡新窑子行政村汗淖坝村南 1.9 千米，坐标：东经 114° 48′ 10.00″，北纬 40° 57′ 06.10″，高程 1390 米。

台体南北接墙，平面呈圆形，直径 7.21 米，高 8.43 米，素土分层夯筑，夯层厚 0.21 ～ 0.25 米，东立面局部坍塌，上部呈阶梯状，南立面存多条裂缝，根部掏蚀严重，西立面顶部存城砖三层，北立面根部坍塌土体堆积，存多条裂缝，北侧有一圆形旱井，四周杂草丛生。

38. 来远堡 1 号烽火台 130703353201170038

位于东窑子镇来远堡东南 196 米，坐标：东经 114° 50′ 07.10″，北纬 40° 45′ 16.00″，高程 715 米。

空芯烽火台，平面呈圆形，直径 17 米，夯土台高 9.22 米，顶部东西宽 6.8 米，南北长 8.1 米，素土分层夯筑，夯层厚 0.2 米，南侧中部辟门，门宽 0.7 米，高 1.36 米，深 2.1 米，腹中为天井式，可登顶，竖井坍塌，顶部有测量标桩，村民取土已取至台体的根部，北侧有现代民居院墙，台体四周地势平坦。

39. 来远堡 2 号烽火台 130703353201170039

位于来远堡内，坐标：东经 114° 53′ 12.60″，北纬 40° 50′ 34.20″，高程 796 米。

台体平面呈矩形，东西长 12.49 米，南北宽 11.33 米，高 6.3 米，条石基础露明 1 层，外包城砖，墙厚 1.13 米，台芯素土分层夯筑，夯层厚 0.15 ～ 0.2 米，根部掏蚀，东侧为堡内道路，其他三面均为民居。

40. 来远堡 3 号烽火台 130703353201170040

位于来远堡西北侧、大境门西南 24 米，坐标：东经 114° 53′ 08.10″，北纬 40° 50′ 39.10″，高程 812 米。

台体平面呈圆形，直径 7.38 米，高 6.95 米，受雨水冲刷，水土流失严重，西立面中部存冲沟，宽约 0.3 米，东侧为南北向进出大境门的主干道，南侧为二郎庙，北侧为大境门长城。

41. 三道沟村烽火台 130703353201170041

位于东窑子镇三道沟村东北 659 米处山上，坐标：东经 114° 52′ 00.30″，北纬 40° 50′ 49.70″，高程 1020 米。

台体平面呈矩形，东西长 8.98 米，南北宽 8.52 米，东北角护台高 3.25 米，台体借山顶巨石而建，毛石砌筑，顶部存建筑遗址，东南两侧为陡峭的山崖，东侧边缘巨石上存一石臼，深 0.24 米。

42. 永丰堡 1 号烽火台 130703353201170042

位于东窑子镇永丰堡东北 1.1 千米处山上，坐标：东经 114° 51′ 44.60″，北纬 40° 50′ 52.40″，高程 968 米。

墙体从台体北侧绕过，墙宽 1.8 米，台体平面呈圆形，直径 16.15 米，东侧高 9.1 米，南侧高 10.15 米，西侧高 8.51 米，北侧高 9.28 米，台芯夯层素土夹杂碎石，分层夯筑，夯层可见 7 层，厚 0.7 ～ 1.3 米，南侧存一人为挖掘的孔洞，宽 0.9 米，高 0.6 米，深 4.5 米，南侧为景区修建的水泥游览步道。

43. 永丰堡 2 号烽火台 130703353201170043

位于东窑子镇永丰堡东北 788 米处山上，坐标：东经 114° 51′ 26.00″，北纬 40° 50′ 54.40″，高程 1018 米。

台体平面呈圆形，直径 7.23 米，东侧残高 7.25 米，西侧残高 6.39 米，毛石砌筑，坍塌严重，呈堆状，东立面外包毛石松动，西、北立面外包毛石坍塌，南侧为悬崖。

44. 永丰堡 3 号烽火台 130703353201170044

位于东窑子镇永丰堡东北 691 米处山上，坐标：东经 114° 51′ 13.40″，北纬 40° 51′ 00.60″，高程 982 米。

墙体从西北两侧绕行而过，西侧距台体 6.1 米，台体平面呈矩形，东西宽 13.32 米，南北长 13.49 米，东南角高 2.94 米，西南角高 2.79 米，西北角高 3.17 米，东北角高 2.94 米，坍塌严重，呈堆状，东立面墙体大部分保存，南立面墙体残高 2.4 米，西立面残存墙体长 2.9 米，北立面墙体坍塌严重，四周散落碎砖石，城砖宽 0.19 米，厚 0.08 米。现存台号石 1 通，阴刻"张字四十号台"。台体东侧有一绿化水箱。

45. 永丰堡 4 号烽火台 130703353201170045

位于东窑子镇永丰堡西北 1.1 千米，坐标：东经 114° 50′ 49.10″，北纬 40° 51′ 15.70″，高程 999 米。

墙体从北侧绕行而过，台体平面呈矩形，东西宽 5.67 米，南北长 7.97 米，西北角高 2.42 米，西南角高 2.02 米，东南角 2.86 米，东北角 1.66 米，毛石垒砌，坍塌严重，呈堆状，四周散落碎石，城砖长 0.19 米，宽 0.09 米，四周杂草丛生。

46. 永丰堡 5 号烽火台 130703353201170046

位于东窑子镇阎家屯村内，坐标：东经 114° 50′ 46.40″，北纬 40° 49′ 58.70″，高程 1008 米。

台体平面呈矩形，毛石垒砌，下设台基，东西宽 11.2 米，南北长 11.47 米，西南角高 6.03 米，东北角高 3.43 米，西北角高 3.96 米，东南角高 7.56 米。台体坍塌严重，呈堆状，东西宽 4.19 米，南北长 5.27 米，西北角高 3.36 米，西南角高 2.93 米，东南角 2.16 米，东北角高 3.53 米，四周散落碎石块，杂草丛生。

47. 永丰堡 6 号烽火台 130703353201170047

位于东窑子镇永丰堡西北 1.1 千米，坐标：东经 114° 50′ 28.10″，北纬 40° 51′ 14.40″，高程 1118 米。

长城主线从西北侧绕过，毛石垒砌，台体平面呈圆形，直径 12.9 米，坍塌严重，呈堆状，顶部有人为后期垒砌的圆形小坑，直径 2.89 米，残高 0.38 米，四周及顶部杂草丛生。

48. 永丰堡 7 号烽火台 130703353201170048

位于东窑子镇永丰堡西南 1.5 千米，坐标：东经 114° 49′ 58.20″，北纬 40° 50′ 14.40″，高程 940 米。

台体平面呈圆形，底部直径 17.95 米，高 13.01 米，上部台芯直径 5.92 米，西北角高 2.31 米，西南角高 4.28 米，东北角高 2.08 米，东南角高 5.6 米，素土分层夯筑，夯层厚 0.04 ～ 0.12 米，台顶可见少量城砖，中间有一水泥柱，台体北侧有一电线杆，受雨水冲刷，水土流失较严重，坍塌成堆状，四周散落少量碎石块，杂草丛生。

49. 伍敦 1 号烽火台 130703353201170049

位于东窑子镇伍敦村东南 1.3 千米，坐标：东经 114° 49′ 17.30″，北纬 40° 50′ 07.80″，高程 1087 米。

台体平面呈圆形，直径 9.74 米，高 9.06 米，毛石垒砌，顶部后期人为垒砌圆形矮墙，高 0.3 ～ 0.5 米，坍塌严重，呈堆状，四周散落大量碎石块，杂草丛生。

50. 伍敦 2 号烽火台 130703353201170050

位于东窑子镇伍敦村东北 1.2 千米山上，坐标：东经 114° 49′ 58.40″，北纬 40° 50′ 58.80″，高程 1029 米。台体仅存基址，上部安置一座绿化水箱。

51. 伍敦 3 号烽火台 130703353201170051

位于东窑子镇伍敦村东北 1.1 千米山上，坐标：东经 114° 49′ 55.90″，北纬 40° 51′ 02.40″，高程 1057 米。平面呈矩形，东西宽 2.3 米，南北长 3.5 米，高 1.2 米，毛石垒砌，台体坍塌严重，仅存基址。

52. 伍敦 4 号烽火台 130703353201170052

位于东窑子镇伍敦村东北 1.2 千米山上，坐标：东经 114° 49′ 47.20″，北纬 40° 51′ 20.90″，高程 1174 米。平面呈矩形，东西宽 5.12 米，南北长 5.2 米，高 3.4 米，坍塌严重，呈堆状，四周及顶部杂草丛生。

53. 伍敦 5 号烽火台 130703353201170053

位于东窑子镇伍敦村东南 158 米，坐标：东经 114° 49′ 15.20″，北纬 40° 50′ 47.50″，高程 939 米。

平面呈圆形，直径 11.52 米，高 9.98 米，土夹小碎石分层夯筑，夯层厚 0.11 ~ 0.15 米，受雨水冲刷，东立面根部掏蚀，存裂缝 2 条，南立面根部后期人为垒砌砖墙，存裂缝 4 条，西立面人为取土，导致台芯呈临空状态，北立面下部存 5 个孔洞，直径 0.12 米，顶部存冲沟 1 处，四周杂草丛生。

54. 伍敦 6 号烽火台 130703353201170054

位于东窑子镇伍敦村西 561 米，坐标：东经 114° 48′ 49.20″，北纬 40° 50′ 59.60″，高程 926 米。

平面呈圆形，直径 12.47 米，高 11.03 米，土夹碎石分层夯筑，夯层厚 0.11 ~ 0.15 米，东侧底部有一盗洞，上窄下宽，台芯保存一般，外包无存，顶部及根部四周杂草丛生。

55. 伍敦 7 号烽火台 130703353201170055

位于东窑子镇伍敦村西北 1.3 千米，坐标：东经 114° 49′ 00.70″，北纬 40° 51′ 31.40″，高程 1212 米。

平面呈圆形，直径 10 米，高 7.28 米，东西两侧存部分外包毛石墙体，东侧高 1.7 米，坍塌严重，呈堆状，四周碎石散落。

56. 伍敦 8 号烽火台 130703353201170056

位于东窑子镇伍敦村西北 1.8 千米，坐标：东经 114° 48′ 16.00″，北纬 40° 51′ 34.30″，高程 1148 米。

平面呈矩形，东西长 13.13 米，南北宽 8 米，高 8.49 米，四面均存部分外包毛石墙体，坍塌严重，呈堆状，四周碎石散落。

57. 伍敦 9 号烽火台 130703353201170057

位于东窑子镇伍敦村西北 3.1 千米，坐标：东经 114° 47′ 08.20″，北纬 40° 51′ 32.00″，高程 949 米。

平面呈矩形，东西长 3.16 米，南北宽 2.99 米，东南角高 4.28 米，仅存夯土内芯，坍塌严重，呈锥状，台体较小，北侧为民居和 207 国道，东南为沟，沟南为伍敦 10 号烽火台。

58. 伍敦 10 号烽火台 130703353201170058

位于东窑子镇伍敦村西北 3.1 千米，坐标：东经 114° 47′ 09.20″，北纬 40° 51′ 31.30″，高程 955 米。

平面呈矩形，底部东西长 11.86 米，南北宽 9.04 米，顶部东西长 6 米，南北宽 2.5 米，东南角高 5.36 米，东北角高 6.12 米，西南角高 9.2 米，西北角高 6.96 米，素土分层夯筑，夯层厚 0.2 ~ 0.22 米。

西侧有一盗洞，长 1.1 米，高 0.8 米，坍塌严重，呈堆状，周围可见少量瓦件和毛石，北侧为沟，沟北为伍敦 9 号烽火台。

59. 伍敦 11 号烽火台 130703353201170059

位于东窑子镇菜市村东南 1.4 千米，坐标：东经 114° 48′ 49.70″，北纬 40° 52′ 05.90″，高程 1177 米。

平面呈圆形，直径 7.14 米，高 6.38 米，毛石垒砌，坍塌严重，呈堆状，四周及顶部散落碎石块，杂草丛生。

60. 伍敦 12 号烽火台 130703353201170060

位于东窑子镇菜市村东南 1.4 千米，坐标：东经 114° 48′ 48.20″，北纬 40° 52′ 06.10″，高程 1179 米。

平面呈圆形，直径为 8.26 米，高 6.35 米，坍塌严重，呈堆状，四周散落碎石块，杂草丛生。

61. 伍敦 13 号烽火台 130703353201170061

位于东窑子镇菜市村东南 1.3 千米，坐标：东经 114° 48′ 45.70″，北纬 40° 52′ 07.00″，高程 1172 米。

平面呈矩形，东西长 6.51 米，南北宽 3.64 米，高 1.1 米，坍塌严重，呈堆状，四周散落碎石块，杂草丛生。

62. 伍敦 14 号烽火台 130703353201170062

位于东窑子镇菜市村东南 649 米，坐标：东经 114° 48′ 37.60″，北纬 40° 52′ 28.00″，高程 1088 米。

平面呈矩形，东西宽 5.1 米，南北长 5.2 米，高 5.37 米，土夹石子分层夯筑，夯层厚 0.1～0.15 米，下部夯土较紧密，高 1 米，上部夯土较疏松，顶部存少量城砖，受雨水冲刷，水土流失较严重，南立面东南角局部坍塌，深 0.3 米，西立面存冲沟 1 条，北立面存裂缝 1 条，四周杂草丛生。

63. 菜市 1 号烽火台 130703353201170063

位于东窑子镇菜市村东北 84 米，坐标：东经 114° 48′ 25.90″，北纬 40° 52′ 47.20″，高程 1071 米。

平面呈矩形，东西宽 11 米，南北长 11.17 米，西南角高 11.4 米，东南角高 10.53 米，素土分层夯筑，夯层厚 0.21 米，台体南侧底部有人为取土痕迹，顶部散落少量石块，四周杂草丛生。

64. 菜市 2 号烽火台 130703353201170064

位于东窑子镇菜市村东北 103 米，坐标：东经 114° 48′ 25.40″，北纬 40° 52′ 48.30″，高程 1065 米。

围堡式烽火台，总体布局为"回"字形，台体位于东北侧，周围设置围墙，南墙辟门，台体至东围墙 11 米，至西围墙 38 米，至南围墙 35 米，至北围墙 11 米。

台体平面呈矩形，东西长 12.1 米，南北宽 5.6 米，东北角高 5.6 米，西南角高 4.1 米，素土分层夯筑，夯层厚 0.15～0.2 米，南立面残存外包毛石，长 3 米，高 2.3 米，距台顶 0.97 米处，平铺毛石一层，受雨水冲刷，水土流失较严重，四周散落少量板瓦，长 0.26 米，头宽 0.05 米，底宽 0.07 米，厚 0.015 米，四周杂草丛生。围墙东西长 57 米，南北宽 47 米，高 1.5～3.4 米，素土分层夯筑，夯层厚 0.18～0.22 米，北侧围墙上有一人为踩踏形成的土路，四周为农田。

65. 菜市 3 号烽火台 130703353201170065

位于东窑子镇菜市村北 836 米，坐标：东经 114° 48′ 17.50″，北纬 40° 53′ 12.10″，高程 1111 米。

台体平面呈矩形，东西长 14.83 米，南北宽 13.1 米，高 12.6 米，素土分层夯筑，夯层厚 0.11～0.13 米，距台顶 0.98 米处，平铺毛石一层，南立面中部存少量毛石砌体，受雨水冲刷，水土流失较严重，南立面存冲沟 1 条，四周杂草丛生。

66. 菜市 4 号烽火台 130703353201170066

位于东窑子镇土井子村西南 2.6 千米，坐标：东经 114° 47′ 57.30″，北纬 40° 53′ 53.40″，高程 1193 米。

台体平面呈矩形，东西宽 4.23 米，南北长 5.6 米，高 4.9 米，素土夯实，夯层不清晰，坍塌严重，呈堆状，四周杂草丛生。

67. 菜市 5 号烽火台 130703353201170067

位于东窑子镇菜市村西北 2.7 千米，坐标：东经 114° 47′ 28.50″，北纬 40° 54′ 02.90″，高程 1242 米。

台体平面呈矩形，东西宽 6.2 米，南北长 8.2 米，高 6.5 米。素土夹砾石分层夯筑，夯层厚 0.2 ～ 0.3 米，受雨水冲刷，水土流失较严重，东、北立面上部土芯坍塌，南立面墙面收分约 7°，中部存少量背里砖，西立面下部存多条竖向裂缝，上部存东西向城砖砌体一道，墙厚 0.6 米，高 0.9 米，四周杂草丛生。

68. 菜市 6 号烽火台 130703353201170068

位于东窑子镇土井子村西南 1.8 千米，坐标：东经 114° 47′ 26.60″，北纬 40° 54′ 26.80″，高程 1249 米。

台体平面呈矩形，东西宽 8.9 米，南北长 10.8 米，高 10.83 米，素土分层夯筑，夯层厚 0.07 ～ 0.12 米，受雨水冲刷，水土流失较严重，东立面存冲沟 1 条，南立面墙面松散，西侧存冲沟 1 条，西立面根部掏蚀，高 1.4 米，北立面存多条竖向裂缝，四周散落少量小块毛石，杂草丛生。

69. 菜市 7 号烽火台 130703353201170069

位于东窑子镇土井子村西南 1.2 千米，坐标：东经 114° 47′ 36.40″，北纬 40° 54′ 44.60″，高程 1262 米。

台体平面呈矩形，东西长 12.2 米，南北宽 8.6 米，高 8.2 米，素土分层夯筑，夯层厚 0.31 米，受雨水冲刷，水土流失较严重，台芯东南角坍塌，东立面上部长有杂草，西立面坍塌内凹，墙面陡立，北立面中部存裂缝 1 条，缝宽 0.08 ～ 0.1 米，四周及顶部杂草丛生，台体西侧 20 米处，有一块封山育林现代的石碑。

70. 菜市 8 号烽火台 130703353201170070

位于东窑子镇土井子村西南 1 千米，坐标：东经 114° 47′ 27.60″，北纬 40° 55′ 01.40″，高程 1285 米。

台体平面呈矩形，东西长 14.2 米，南北宽 12.94 米，高 7.6 米，受雨水冲刷，水土流失较严重，素土分层夯筑，夯层厚 0.1 ～ 0.12 米，东立面存冲沟 2 条，根部存一盗洞，直径 0.9 米，高 1.4 米，南立面东侧有人为挖掘孔洞，高 2.1 米，宽 0.85 米，深 1.2 米，东南角上部小块土体外闪，西立面呈坡状，北立面存冲沟 2 条，四周及顶部杂草丛生。

71. 土井子 1 号烽火台 130703353201170071

位于东窑子镇土井子村西 793 米，坐标：东经 114° 47′ 31.30″，北纬 40° 55′ 19.80″，高程 1267 米。

台体平面呈矩形，东西长 11.1 米，南北宽 10.73 米，高 7.1 米，素土分层夯筑，夯层厚 0.21 米。受雨水冲刷，水土流失较严重，东立面北侧存冲沟 1 条，南立面根部存盗洞，宽 0.73 米，高 0.68 米，中上部掏蚀，高 0.3 米，西、北立面墙面松散，顶部存城砖墁地一层，四周及顶部杂草丛生。

72. 土井子 2 号烽火台 130703353201170072

位于东窑子镇土井子村西北 1.4 千米，坐标：东经 114° 47′ 24.70″，北纬 40° 55′ 52.60″，高程 1294 米。

台体平面呈矩形，东西宽 7.78 米，南北长 8.39 米，高 7.28 米，夯层厚 0.1～0.15 米，受雨水冲刷，水土流失较严重，东、南立面坍塌内凹，西立面中上部墙面松散，北立面墙面呈坡状，四周及顶部杂草丛生。

73. 土井子 3 号烽火台 1307033532011700073

位于东窑子镇土井子村西北 1.9 千米，坐标：东经 114°47′30.60″，北纬 40°56′14.70″，高程 1310 米。

台体平面呈矩形，东西长 6.14 米，南北宽 5.98 米，高 4.25 米，素土分层夯筑，夯层厚 0.13～0.14 米，中上部夹杂一层碎石，受雨水冲刷，水土流失较严重，台芯上窄下宽，东立面北侧存冲沟 1 条，南立面上部存竖向裂缝 1 条，西立面陡立，北立面东侧存裂缝 1 条，顶部存城砖墁地 1 层，四周及顶部杂草丛生。

74. 土井子 4 号烽火台 1307033532011700074

张北县油篓沟乡新窑子行政村汗淖坝村南 2.3 千米，坐标：东经 114°48′03.80″，北纬 40°56′54.50″，高程 1387 米。

围堡式烽火台，总体布局为"回"字形，台体居中，周围设置围墙，台体距围墙 11 米。

台体平面呈矩形，东西宽 2.65 米，南北长 2.88 米，高 1.8 米，素土分层夯筑，夯层厚 0.32 米，受雨水冲刷，水土流失较严重，坍塌成堆状，四周散落大量碎砖。围墙东西长 23 米，南北宽 21 米，墙高 1.02 米，素土分层夯筑，夯层厚 0.15～0.22 米，门位置不详，四周杂草丛生。

75. 土井子 5 号烽火台 1307033532011700075

张北县油篓沟乡新窑子行政村汗淖坝村南 1.5 千米，坐标：东经 114°47′59.00″，北纬 40°57′22.40″，高程 1455 米。

台体坐落于小山包上，平面呈矩形，东西长 4.13，南北宽 3.57 米，高 2.35 米，夯层不清晰，东立面呈坡状，南立面存竖向裂缝 2 条，西、北立面外包毛石砌筑，四周散落大量小块毛石，四周杂草丛生。

76. 土井子 6 号烽火台 1307033532011700076

张北县油篓沟乡新窑子行政村汗淖坝村南 855 米，坐标：东经 114°48′02.80″，北纬 40°57′41.90″，高程 1506 米。

台体平面呈矩形，东西长 3.95，南北宽 3.31 米，高 1～2.3 米，夯层不清晰，受雨水冲刷，水土流失较严重，坍塌成堆状，东立面中部存裂缝 1 条，南立面墙芯陡立，西、北立面外包毛石垒砌，四周散落大量小块毛石，四周杂草丛生。

（三）关堡

桥西区关堡一览表（单位：座）

序号	认定名称	认定编码	类型	周长(米)	保存程度				
					较好	一般	较差	差	消失
1	永丰堡	1307033531021700001	土墙	362				√	
2	张家口堡	1307033531021700002	土墙	1550				√	

（续）

序号	认定名称	认定编码	类型	周长（米）	保存程度				
					较好	一般	较差	差	消失
3	来远堡	130703353102170003	砖墙	1200				√	
合计		共3座：砖墙1座，土墙2座						3	
百分比（%）		100						100	

保存程度：较好、一般、较差、差、消失

1. 永丰堡 130703353102170001

位于东窑子镇永丰堡村，坐标：东经114°50′52.00″，北纬40°50′42.10″，高程870米。

城堡周长362米，平面呈矩形，整体格局损毁严重，南墙西侧缺失长约19米，西墙北段存长16米，缺失段落被民居占压，城门位置无法辨别。墙体仅存夯土墙芯，素土分层夯筑，夯层厚0.21米，墙芯现存最高8.7米，顶宽0.4～2.2米；存西北角台1座，东西宽6.46米，南北长7.78米，残高6.85米。东、北、西外侧为村内道路，城内民居建造密集，周边环境差。

2. 张家口堡 130703353102170002

位于东窑子镇堡子里，坐标：东经114°52′20.60″，北纬40°49′04.20″，高程771米。

城堡周长1550米，占地面积141650平方米，平面呈矩形，根据现存建筑布局分析，清代就开始被逐段拆毁民房、商铺占压，1949年后，随着人口的增多，城市建设迅速，南墙、西墙和东墙的南段、南瓮城相继被拆毁，20世纪80年代东城门被拆毁建医药公司和"南山堂"大药房。城内建筑存有北城台玉皇阁群组、城中文昌阁、关帝庙戏楼、关帝庙大殿、定将军府、西关清真寺、伦才书院及数座建于清代的商号、民居；城北存有财神庙、戏楼等。城内民居、商铺拥挤杂乱，部分古建筑被拆除改建，现代高层建筑环绕，周边环境和历史风貌遭到严重影响。

现仅存北墙中段，西墙北段，东墙北段，断断续续，全长411米。

北墙：存长334米，保存完整段位于北城墙中部玉皇阁以东段，外包城砖砌筑，外立面表砖大部分缺失，西端残段向西抵于新建住宅楼，残高8米，仅存夯土墙芯，土体掏蚀、风化较严重。

西墙：存长77米，北端残段墙上部切出平台，修建房屋2间。

1号马面：位于北墙西段，长13.35米，西侧突出墙体3.16米，东侧突出墙体5.2米，高8.41米，台芯素土分层夯筑，夯层厚0.11～0.8米。

2号马面：位于北墙，该马面被民居宅院包围。

小北门：辟于北城台西接城墙，门洞南北长7.29米，内口宽2.68米，高5.37米，至垛口墙高7.12米，外口宽2.27米，高5.1米，起券方式两伏两券，全部用条石砌筑。外侧镶嵌门匾额，长1米，高0.62米，阳刻"小北门"。

北城台：底边东西长29.07米，南北底边宽28米，台顶东西长25.04米，南北宽24.62米，高12.2米。下部条石基础露明6层，高2.08米，条石分别长0.46米、1.19米、1.48米，厚0.33米。台顶北侧、东侧、西侧砌垛口墙，垛长0.57米，垛口宽0.7米，垛高0.93米。南侧门楼两侧墙下为平砖上砌花瓦墙心，墙顶平砖压顶，门楼檐高 2.81 米，门前设石垂带台阶 52 级，垂带内原有下水道，现已淤堵不通。

玉皇阁：建于北城台上，为群组式建筑，现存门楼 1 间，正殿 3 间，东西配殿各 5 间，东、西跨院，内各建正房各 3 间。原有钟鼓楼，早年拆毁。新中国成立初期，玉皇阁上居民居住，2006 年在市政府的协调下，搬出住户，由桥西区负责管理。

南瓮城：仅西墙南段存一小段，被民居所包围。

文昌阁：俗称"四门洞"，墩台南北宽 14.41 米，东西长 14.52 米，呈矩形。东西门洞宽 4.19 米，南北门洞宽 4.1 米，洞拱高 4.42 米，起券高 2.02 米，中间穹顶高 5.59 米，墩台高 7.22 米，台顶南北宽 14.02 米，东西长 14.24 米，阁楼滴水距台顶地面 4.09 米。文昌楼位于台顶中部，北距台边 3.19 米，西侧距台边 3.04 米，南侧距台边 2.96 米，东侧距台边 3.09 米。楼阁东西通面阔 8.11 米，南北通进深 6.15 米，单檐歇山顶建筑，南部有后添建单坡顶抱厦。

历史沿革：堡始筑于明宣德四（1429）年，堡方四里有奇，城高三丈二尺，东南两面开门，东曰"永镇"，南曰"承恩"；成化十六（1480）年展筑关厢，方五里，高二丈；嘉靖八年（1529）指挥张珍主持修葺，开小北门；嘉靖十五年（1534）展筑；万历二年（1574）始以砖包，万历九年（1581）加修城堞阙楼。是明代宣府镇上西路的重要军堡之一。万历四十一年（1613）在大境门内建成来远堡，俗称"上堡"，张家口堡俗称"下堡"，清代中后期以后，随着张库商贸带来的繁荣，城市建设快速发展，上下堡逐渐连接起来，张家口堡也被后期建筑包围，俗称"堡子里"。

3. 来远堡 1307033353102170003

位于大境门内，清水河西岸，坐标：东经 114° 53′ 09.50″，北纬 40° 50′ 40.00″，高程 806 米。

城堡周长 1200 米，占地面积 67060 平方米，平面呈不规则形。城墙设东北、西北角台，烽火台 1 座，为来远堡 02 号烽火台、城门 1 座。

城墙：北墙现存 390 米，北墙东段南侧 38 米有一现存 90 米的内墙，东墙已无存，南墙现存 223 米，西墙现存 66 米。条石基础，墙芯素土分层夯筑，夯层厚 0.2 米，外包城砖砌筑，白灰勾缝，墙体宽 0.78 ～ 2.91 米，内高 1.96 ～ 6.78 米，外高 1.23 ～ 7.28 米。大部分外包城砖已无存，现代建设已侵占城墙，民居紧贴城墙而建。

东北角台：平面呈不规则形，外包城砖无存，北侧呈半圆形，素土分层夯筑，夯层厚 0.15 ～ 0.23 米，东西长 11 米，南北宽 9.48 米，高 4.7 米，东侧为大清河北路，南侧为工厂，西侧与墙体相连，北侧为大境门东段墙体与来远堡北墙之间道路。

西北角台：位于工厂西门南侧，东侧为厂房车间，西侧为民居。

永顺门：位于西墙南段，现状保存一般，平面呈不规则形，条石基础露明 3 层，外包城砖砌筑，城砖规格：0.3 米 ×0.18 米 ×0.09 米，券洞长 8.3 米，高 4.47 米，外侧券起券方式为两伏两券，上置匾额，阴刻"永顺门"，外套石匾框，门上设拔檐 4 层，内侧券起券方式为五伏五券，门上设拔檐 2 层，原门道石地面被进出城水泥道路覆盖，门栓石下皮与道路平，上部拔檐、垛口墙、宇墙为后期改造，南、北侧为民居。

历史沿革：大境门长城石垣始创于明永乐十年（1412），为东"自长安岭西至洗马林"所筑石垣中的一部分。

成化二十一年（1485），总督大同宣府军务兵部尚书余子俊奏准修筑东自四海冶，西至黄河止长城，其间宣府段长城甃石。

明隆庆五年（1571），在宣大总督王崇古的积极推动下，在张家口边外开设马市和民间互市已初具规模，年易马达3.6万匹之多。来远堡建成后，使蒙汉互市环境更加有序，边口贸易日益繁荣，据文献记载："蒙汉市场鳞次栉比，店铺长达四、五里许"。来远堡已成为遐迩闻名的蒙汉"互市之所"。

万历二十九年（1601），宣大山西总督杨时宁认为："本堡乃全镇互市之所，堡离边稍远，恐互市不便，乃砖垣于其口。"万历四十一年（1613）八月，总督宣大都御史涂宗浚请准"修筑张家口，甃城。添设防守一员，兵三百名。"同年，宣府巡抚汪道亨行阅边塞，观东西太平山天然隘口惊叹道："上谷延袤千三百里，未有若此山之扼要。"认为在此天设之险，仅西面危垣半壁，而东畔河床形如坦道，是防御上的失误。于是将长城向东延伸直抵山崖，河道上修筑了三券洞的水关，设置水闸，连接东、西太平山口，成为锁钥雄关。同时，于边城内筑互市城，先土筑后包砖。城堡落成后，汪道亨为炫耀"皇灵远荡，声教远敷"，外族"至此如归"，将堡命名为"来远"。

清顺治元年（1644）于边墙下开二门，东曰小境门，西曰大境门，为蒙古外藩入京通道。设八旗总管一员，防御六员，满兵三百名分班看守。顺治二年（1645）置防御二员，笔帖式二员；康熙二十二年（1683）添设总管一员，防御六员，管理边境大小二门一应出入事务，驻来远堡。康熙二十九年（1690）改驻守大境门总管为参将。雍正二年（1724）设理事厅辖大境门。清末民初，大境门成为"张库大道"起点，互市贸易达到顶峰。

（四）相关遗存

桥西区相关遗存一览表（单位：处）

编号	认定名称	认定编码	保存程度				
			较好	一般	较差	差	消失
1	伍敦村居住址	130703354107170001				√	
	合计	共1处：居住址1处				1	
百分比（%）		100				100	

保存程度：较好、一般、较差、差、消失

1. 伍敦村居住址 130703354107170001

位于东窑子镇伍敦村西北2.5千米，坐标：东经114°48′38.20″，北纬40°52′08.10″，高程1152米。

占地面积23.7平方米，面阔1间，进深1间，东西长6.51米，南北宽3.64米；毛石垒砌，坍塌严重，现仅存房屋基址。

万全县

　　万全县位于张家口市域西部，地理坐标：东经 114° 20′～114° 50′，北纬 40° 41′～41° 15′，县域东西长 37 千米，南北宽 35 千米，总面积 1161 平方千米。西、北与尚义县、张北县接壤，南隔洋河与怀安县相望，东邻张家口市桥西区。距北京市 194 千米，距石家庄市 300 千米，距张家口市 14 千米。

　　万全县明长城分布在万全镇、洗马林镇、膳房堡乡、宣平堡乡、旧堡乡、北沙城乡共 6 个乡镇。东接桥西区长城，西南接怀安县东洋河长城第 1 段。

　　长城起点：张北县油篓沟镇新窑子行政村周坝村南 1.4 千米、三县界碑处，起点坐标：东经 114° 48′ 01.40″，北纬 40° 57′ 48.50″，高程 1515 米。

　　长城止点：北沙城乡羊窑沟北 2.9 千米处，止点坐标：东经 114° 20′ 44.20″，北纬 40° 44′ 23.60″，高程 877 米。

　　万全县调查长城墙体 32 段，总长 70652 米；单体建筑 262 座，其中：敌台 24 座、马面 6 座、烽火台 232 座；关堡 7 座；相关遗存 8 处。

（一）墙体

万全县墙体一览表（单位：米）

序号	认定名称	认定编码	类型	长度	保存程度				
					较好	一般	较差	差	消失
1	周坝长城第 1 段	1307293821021700001	石墙	4612				4602	10
2	黄花坪长城第 1 段	1307293821021700002	石墙	4424				4096	328
3	黄花坪长城第 2 段	1307293821021700003	石墙	5743				5743	
4	大水泉长城第 1 段	1307293821021700004	石墙	8771				8671	100
5	镇虎台长城第 1 段	1307293821021700005	石墙	6148				5888	260
6	镇虎台长城第 2 段	1307293821021700006	石墙	3551				3551	
7	大东沟长城第 1 段	1307293821021700007	石墙	4880				4856	24
8	辛窑长城第 1 段	1307293821021700008	石墙	750				750	
9	辛窑长城第 2 段	1307293821021700009	石墙	505				505	
10	辛窑长城第 3 段	1307293821021700010	石墙	1500	390			1110	
11	辛窑长城第 4 段	1307293821061700011	山险	140	140				
12	辛窑长城第 5 段	1307293821021700012	石墙	22				22	
13	辛窑长城第 6 段	1307293821061700013	山险	55	55				
14	辛窑长城第 7 段	1307293821021700014	石墙	1300			1300		
15	辛窑长城第 8 段	1307293821011700015	土墙	4968				4566	402
16	辛窑长城第 9 段	1307293821021700016	石墙	246				246	
17	辛窑长城第 10 段	1307293821051700017	山险墙	133		133			
18	辛窑长城第 11 段	1307293821021700018	石墙	4194				4000	194
19	黄土梁长城第 1 段	1307293821021700019	石墙	4720	120			4600	

（续）

序号	认定名称	认定编码	类型	长度	保存程度				
					较好	一般	较差	差	消失
20	黄土梁长城第2段	1307293821102170020	石墙	3480				380	3100
21	席窑长城第1段	1307293821102170021	石墙	4904	604		4300		
22	柳沟长城第1段	1307293821102170022	石墙	60		60			
23	柳沟长城第2段	1307293821105170023	山险墙	22		22			
24	柳沟长城第3段	1307293821102170024	石墙	1200			1200		
25	牛家窑长城第1段	1307293821105170025	山险墙	73					73
26	牛家窑长城第2段	1307293821102170026	石墙	175				175	
27	牛家窑长城第3段	1307293821105170027	山险墙	75		75			
28	牛家窑长城第4段	1307293821102170028	石墙	10				10	
29	牛家窑长城第5段	1307293821106170029	山险	160	160				
30	牛家窑长城第6段	1307293821102170030	石墙	590				565	25
31	羊窑沟长城第1段	1307293821102170031	石墙	2440				2000	440
32	万全长城第1段	1307293821102170032	石墙	801			491	310	
合计	共32段：石墙24段，土墙1段，山险墙4，山险3段			70652	1469	290	7671	59366	1856
百分比（%）	100				2.1	0.4	10.9	84	2.6

类型：砖墙、石墙、土墙、山险墙、山险

保存程度：较好、一般、较差、差、消失墙体

1. 周坝长城第1段 130729382102170001

位于张北县油篓沟镇新窑子行政村周坝村南1.4千米，三具界碑，起点坐标：东经114° 48′ 01.40″，北纬40° 57′ 48.50″，高程1515米，止点坐标：东经114° 46′ 50.10″，北纬40° 59′ 54.00″，高程1618米。

墙体长4612米，自然基础，毛石干垒，直接砌筑在山体的基岩上，南北走向，墙顶残宽1.1～1.75米，残高0.5～1.56米。墙体坍塌严重，呈垄状，墙体被杂草覆盖，仅高于地表。小部分残留垒砌的痕迹，墙体上残留水泥结构防空洞和单兵掩体，有一豁口长10米，墙体顶部被杂草覆盖。西侧为坝头，崖壁陡立，山石裸露，北侧为平缓的坡地，灰褐土土壤，自然草场，植被覆盖良好，多低矮草种。

2. 黄花坪长城第1段 130729382102170002

位于张北县油篓沟镇黄花坪村西南1.1千米，起点坐标：东经114° 46′ 50.10″，北纬40° 59′ 54.00″，高程1618米，止点坐标：东经114° 44′ 02.00″，北纬41° 00′ 48.80″，高程1546米。

墙体长4424米，为自然基础，毛石干垒，直接砌筑在山体的基岩上，呈东—西走向。墙体残宽1.5～3.5米，残高0.5～1.35米。墙体人为破坏严重，仅小部分高于地表，坍塌严重，顶部被杂草覆盖；南侧为坝头，崖壁陡立，山石裸露，北侧为平缓的坡地，灰褐土土壤，自然草场，植被覆盖良好，多低矮草种。

3. 黄花坪长城第 2 段 130729382102170003

位于张北县油篓沟镇黄花坪村西北 4.1 千米，起点坐标：东经 114° 44′ 02.00″，北纬 41° 00′ 48.80″，高程 1546 米，止点坐标：东经 114° 40′ 04.90″，北纬 41° 01′ 09.30″，高程 1573 米。

墙体长 5743 米，为自然基础，毛石干垒，直接砌筑在山体的基岩上，呈东—西走向，墙体残高 0.3 ～ 1.75 米，墙体上宽 1.25 ～ 1.85 米。墙体大部分坍塌严重，仅高于地表，小部分墙体残存青灰色毛石垒砌痕迹，墙体顶部被杂草覆盖，墙上残留战备工事，设有拦截牲畜的铁丝网。南侧地势陡峭，其他三面坡度平缓，墙体两侧植被覆盖多为低矮草种和少量的树林。

4. 大水泉长城第 1 段 130729382102170004

位于张北县海流图乡大水泉村西南 1.9 千米，起点坐标：东经 114° 40′ 04.90″，北纬 41° 01′ 09.30″，高程 1573 米，止点坐标：东经 114° 34′ 28.40″，北纬 40° 59′ 40.80″，高程 1606 米。

墙体长 8771 米，自然基础，毛石垒砌，直接砌筑在山体的基岩上，呈东—西走向，墙体残存宽度 1.5 ～ 5 米，残高约 1 米。墙体南邻坝头，毛石垒砌，坍塌严重，呈垄状，仅高于地表，小部分残留毛石垒砌的痕迹，墙体南侧设有拦截牲畜的铁丝网，墙体顶部被杂草覆盖；南侧地势陡峭，其他三面坡度平缓，墙体两侧植被覆盖多为低矮草种和杨树林。

5. 镇虎台长城第 1 段 130729382102170005

位于张北县台路沟乡镇虎台村东 2.3 千米，起点坐标：东经 114° 34′ 28.40″，北纬 40° 59′ 40.80″，高程 1606 米，止点坐标：东经 114° 31′ 21.20″，北纬 40° 58′ 57.90″，高程 1600 米。

墙体长 6148 米，自然基础，夯土、毛石垒砌，直接砌筑在山体的基岩上，呈东西走向，墙体宽 1.2 ～ 1.85 米，残高 0.5 ～ 1.8 米。整体坍塌严重，仅小部分墙体高于地表，部分残留毛石垒砌痕迹，镇虎台村西南残留一段土质墙体长 260 米，墙体顶部被杂草覆盖，南侧地势陡峭，其他三面坡度平缓，墙体两侧植被覆盖多为低矮草种。

6. 镇虎台长城第 2 段 130729382102170006

位于张北县台路沟乡镇虎台村西南 2.5 千米，起点坐标：东经 114° 31′ 21.20″，北纬 40° 58′ 57.90″，高程 1600 米，止点坐标：东经 114° 29′ 25.00″，北纬 40° 57′ 55.10″，高程 1778 米。

墙体长 3551 米，自然基础，毛石垒砌，直接砌筑在山体的基岩上，呈东北—西南走向，墙体残高 0.5 ～ 1.56 米，上宽 1.1 ～ 10 米。墙体南邻坝头，大部分坍塌严重，墙体最宽处约 10 米，仅高于地表，部分残留毛石垒砌痕迹，墙体两侧建有羊圈、马圈，南侧为坝头，崖壁陡立，山石裸露，北侧为平缓坡地，灰褐土土壤，植被覆盖良好，低矮草种，种植土豆、莜麦、豆类等农作物。

7. 大东沟长城第 1 段 130729382102170007

位于张北县大河乡大东沟村东南 4.5 千米，起点坐标：东经 114° 29′ 25.00″，北纬 40° 57′ 55.10″，高程 1778 米，止点坐标：东经 114° 26′ 29.00″，北纬 40° 56′ 57.60″，高程 1868 米。

墙体长 4880 米，自然基础，毛石垒砌，直接砌筑在山体的基岩上，呈东北—西南走向。墙体南邻坝头，坍塌严重，墙体两侧砌有牲畜圈，破坏严重，部分残留毛石垒砌的痕迹，存 2 处豁口，南侧地势陡峭，其他三面坡度平缓，墙体两侧植被覆盖多为低矮草种。

8. 辛窑长城第 1 段 130729382102170008

位于洗马林镇辛窑村北 12.4 千米处，起点坐标：东经 114° 26′ 29.00″，北纬 40° 56′ 57.60″，高程 1868 米，止点坐标：东经 114° 26′ 06.90″，北纬 40° 56′ 40.80″，高程 1634 米。

墙体长 750 米，毛石垒砌，自然基础，直接砌筑在山体的基岩上，一路向西南走势。残存墙体内高 1.77 米，外高 2.73 米，顶部宽 1.78 米，底部宽 4.1 米。

9. 辛窑长城第 2 段 130729382102170009

位于洗马林镇辛窑村北 11.6 千米处，起点坐标：东经 114° 26′ 06.90″，北纬 40° 56′ 40.80″，高程 1634 米，止点坐标：东经 114° 25′ 55.90″，北纬 40° 56′ 27.10″，高程 1585 米。

墙体长 505 米，毛石垒砌，自然基础，直接砌筑在山体的基岩上，一路向西走势。残存墙体内高 1.8 米，外高 2.7 米，顶部宽 1.8 米，底部宽 4 米。

10. 辛窑长城第 3 段 130729382102170010

位于洗马林镇辛窑村北 11 千米处，起点坐标：东经 114° 25′ 55.90″，北纬 40° 56′ 27.10″，高程 1585 米，止点坐标：东经 114° 25′ 29.80″，北纬 40° 55′ 43.90″，高程 1715 米。

墙体长 1500 米，自然基础，毛石干垒，直接砌筑在山体的基岩上，呈东北—西南走向。保存较好段顶宽 0.9 米，内高 3.9 米，外高 4.3 米。

11. 辛窑长城第 4 段 130729382106170011

位于洗马林镇辛窑村北 9.7 千米处，起点坐标：东经 114° 25′ 29.80″，北纬 40° 55′ 43.90″，高程 1715 米，止点坐标：东经 114° 25′ 24.70″，北纬 40° 55′ 41.70″，高程 1696 米。

山险长 140 米，北侧与墙体相连，顶部植被覆盖较好，多为荆棘灌木和杂草。

12. 辛窑长城第 5 段 130729382102170012

位于洗马林镇辛窑村北 9.7 千米处，起点坐标：东经 114° 25′ 24.70″，北纬 40° 55′ 41.70″，高程 1696 米，止点坐标：东经 114° 25′ 24.90″，北纬 40° 55′ 41.10″，高程 1688 米。

墙体长 22 米，位于两处山险之间，自然基础，毛石垒砌，直接砌筑在山体的基岩上，呈北—南走向。内外均有坍塌，顶宽 0.8 米，内高 4.3 米，外高 4.8 米。

13. 辛窑长城第 6 段 130729382106170013

位于洗马林镇辛窑村北 9.7 千米处，起点坐标：东经 114° 25′ 24.90″，北纬 40° 55′ 41.10″，高程 1688 米，止点坐标：东经 114° 25′ 25.40″，北纬 40° 55′ 39.40″，高程 1633 米。

山险长 55 米，呈北—南走向北侧与墙体相连，顶部植被覆盖较好，多为荆棘灌木和杂草。

14. 辛窑长城第 7 段 130729382102170014

位于洗马林镇辛窑村北 9.5 千米处，起点坐标：东经 114° 25′ 25.40″，北纬 40° 55′ 39.40″，高程 1633 米，止点坐标：东经 114° 25′ 21.10″，北纬 40° 54′ 58.60″，高程 1351 米。

墙体长 1300 米，起自（鱼儿山）尚义与万全两县的交界处，自然基础，毛石垒砌，呈北—南走向，收分较大，内外均有坍塌，墙体残存顶宽 0.87 米，外高 4.74 米，内高 3.83 米。

15. 辛窑长城第 8 段 130729382101170015

位于洗马林镇辛窑村北 8 千米处，起点坐标：东经 114° 25′ 21.10″，北纬 40° 54′ 58.60″，高程 1351 米，止点坐标：东经 114° 23′ 39.00″，北纬 40° 52′ 44.20″，高程 1150 米。

墙体长 4968 米，自然基础，素土夯筑，呈东北—西南走向，墙体残存顶宽 0.6 米，外高 2.1 米，底宽 1.6 米。

16. 辛窑长城第 9 段 130729382102170016

位于洗马林镇辛窑村西北 4.8 千米处，起点坐标：东经 114° 23′ 39.00″，北纬 40° 52′ 44.20″，高程 1150 米，止点坐标：东经 114° 23′ 29.70″，北纬 40° 52′ 42.30″，高程 1258 米。

墙体长 246 米，毛石垒砌，直接砌筑在山体的基岩上，呈东—西走势，内外均有坍塌，底宽 2.5 米，顶宽 0.41 米，残高 2.2 米。

17. 辛窑长城第 10 段 130729382105170017

位于洗马林镇辛窑村西北 4.8 千米处，起点坐标：东经 114° 23′ 29.70″，北纬 40° 52′ 42.30″，高程 1258 米，止点坐标：东经 114° 23′ 24.10″，北纬 40° 52′ 42.80″，高程 1270 米。

山险墙长 133 米，呈东—西走向，利用自然陡峭的山体岩石和石墙相结合。

18. 辛窑长城第 11 段 130729382102170018

位于洗马林镇辛窑村西北 4.8 千米处，起点坐标：东经 114° 23′ 24.10″，北纬 40° 52′ 42.80″，高程 1270 米，止点坐标：东经 114° 21′ 44.90″，北纬 40° 51′ 42.90″，高程 1420 米。

墙体长 4194 米，毛石垒砌，直接砌筑在山体的基岩上，呈东北—西南走向，内外均有坍塌，顶宽 2.15 米，残高 2.1 ～ 2.9 米。

19. 黄土梁长城第 1 段 130729382102170019

位于洗马林镇辛窑村西北 5.5 千米处，起点坐标：东经 114° 21′ 44.90″，北纬 40° 51′ 42.90″，高程 1420 米，止点坐标：东经 114° 21′ 50.80″，北纬 40° 49′ 28.80″，高程 1410 米。

墙体长 4720 米，毛石干垒，直接砌筑在山体的基岩上，呈北—南走向，底宽 3.25 米，顶宽 3 米，内残高 3.85 米，外高 4.25 米。

20. 黄土梁长城第 2 段 130729382102170020

位于洗马林镇黄土梁村西 3.5 千米处，起点坐标：东经 114° 21′ 50.80″，北纬 40° 49′ 28.80″，高程 1410 米，止点坐标：东经 114° 22′ 48.10″，北纬 40° 48′ 01.00″，高程 1469 米。

墙体长 3480 米，毛石垒砌，直接砌筑在山体的基岩上，呈北—南走向，内外均有坍塌，底宽 3 米，顶宽 0.3 米，内残高 2.3 米，外高 4.7 米。

21. 席窑长城第 1 段 130729382102170021

位于洗马林镇席窑村西 2.1 千米处，起点坐标：东经 114° 22′ 48.10″，北纬 40° 48′ 01.00″，高程 1469 米，止点坐标：东经 114° 22′ 20.90″，北纬 40° 45′ 47.40″，高程 1411 米。

墙体长 4904 米，毛石垒砌，直接砌筑在山体的基岩上，呈北—南走向，内外均有坍塌，墙体底宽 2.5 ～ 2.7 米，顶宽 0.8 米，内残高 2.49 米，外高 4.5 ～ 4.7 米。

22. 柳沟长城第 1 段 130729382102170022

位于旧堡乡柳沟村西 4.3 千米处，起点坐标：东经 114° 22′ 20.90″，北纬 40° 45′ 47.40″，高程 1411 米，止点坐标：东经 114° 22′ 14.70″，北纬 40° 45′ 46.10″，高程 1405 米。

墙体长 60 米，毛石干垒，墙体直接砌筑在山体的基岩上，呈北—南走向，内外均有坍塌，底宽 2.5 米，顶宽 0.8 米，内残高 2.49 米，外高 4.53 米。

23. 柳沟长城第 2 段 130729382105170023

位于旧堡乡柳沟村西 4.4 千米处，起点坐标：东经 114° 22′ 19.70″，北纬 40° 45′ 46.10″，高程 1405 米，止点坐标：东经 114° 22′ 19.60″，北纬 40° 45′ 45.40″，高程 1402 米。

山险墙长 22 米，呈东北—西南走向，利用山体岩石和石墙相结合。

24. 柳沟长城第 3 段 130729382102170024

位于旧堡乡柳沟村西 4.4 千米处，起点坐标：东经 114° 22′ 19.60″，北纬 40° 45′ 45.40″，高程 1402 米，止点坐标：东经 114° 22′ 18.00″，北纬 40° 45′ 10.80″，高程 1288 米。

墙体长 1200 米，毛石垒砌，直接砌筑在山体的基岩上，呈北—南走向，内外均有坍塌，底宽 2.5 米，顶宽 0.8 米，内残高 2.49 米，外高 4.53 米。

25. 牛家窑长城第 1 段 130729382105170025

位于旧堡乡牛家窑村西 3.3 千米处，起点坐标：东经 114° 22′ 18.00″，北纬 40° 45′ 10.80″，高程 1288 米，止点坐标：东经 114° 22′ 18.50″，北纬 40° 45′ 08.50″，高程 1305 米。

山险墙长 73 米，利用山体岩石和石墙相结合，呈北—南走向。

26. 牛家窑长城第 2 段 130729382102170026

位于旧堡乡牛家窑村西 3.2 千米处，起点坐标：东经 114° 22′ 18.50″，北纬 40° 45′ 08.50″，高程 1305 米，止点坐标：东经 114° 22′ 18.90″，北纬 40° 45′ 03.20″，高程 1275 米。

墙体长 175 米，毛石垒砌，直接砌筑在山体的基岩上，呈北—南走向，内外均有坍塌，顶宽 1.2 米，内残高 1.1 米，外高 1.8 米。

27. 牛家窑长城第 3 段 130729382105170027

位于旧堡乡牛家窑村西 3.2 千米处，起点坐标：东经 114° 22′ 18.90″，北纬 40° 45′ 03.20″，高程 1275 米，止点坐标：东经 114° 22′ 18.50″，北纬 40° 45′ 00.70″，高程 1281 米。

山险墙长 75 米，呈东—西走向，利用山体岩石和石墙相结合。

28. 牛家窑长城第 4 段 130729382102170028

位于旧堡乡牛家窑村西 3.2 千米处，起点坐标：东经 114° 22′ 18.50″，北纬 40° 45′ 00.70″，高程 1281 米，止点坐标：东经 114° 22′ 18.80″，北纬 40° 45′ 00.50″，高程 1281 米。

墙体长 10 米，毛石垒砌，直接砌筑在山体的基岩上，呈北—南走向，内外均有坍塌。

29. 牛家窑长城第 5 段 130729382106170029

位于旧堡乡牛家窑村西 3.2 千米处，起点坐标：东经 114° 22′ 18.80″，北纬 40° 45′ 00.50″，高程 1281 米，止点坐标：东经 114° 22′ 20.70″，北纬 40° 44′ 55.50″，高程 1307 米。

山险墙长 160 米，呈北—南走向，自然山体，顶部植被覆盖较好，多为荆棘灌木和杂草。

30. 牛家窑长城第 6 段 130729382102170030

位于旧堡乡牛家窑村西 3.1 千米处，起点坐标：东经 114° 22′ 20.70″，北纬 40° 44′ 55.50″，高程 1307 米，止点坐标：东经 114° 22′ 17.30″，北纬 40° 44′ 39.80″，高程 1290 米。

墙体长 590 米，毛石垒砌，仅存痕迹，呈北—南走向。

31. 羊窑沟长城第 1 段 130729382102170031

位于北沙城乡羊窑沟北 2.9 千米处，起点坐标：东经 114° 22′ 17.30″，北纬 40° 44′ 39.80″，高程 1290 米，止点坐标：东经 114° 20′ 44.20″，北纬 40° 44′ 23.60″，高程 877 米。

墙体长 2440 米，毛石垒砌，直接砌筑在山体的基岩上，呈东—西走向，内外均有坍塌，残墙顶宽 1.1 ～ 1.3 米，残高 2.3 ～ 3.8 米。

32. 万全长城第 1 段 130729382102170032

位于万全镇东北 1.8 千米，起点坐标：东经 114° 44′ 47.20″，北纬 40° 52′ 58.10″，高程 967 米，止点坐标：东经 114° 44′ 43.80″，北纬 40° 53′ 07.10″，高程 1028 米。

墙体长 801 米，毛石干垒，墙面用较大的石块垒砌，内填碎石，地面用片石铺面，直接砌筑在山体的基岩上，整体呈 "V" 形，由半山腰开始随山体走势向山上延伸。保存状况较差的段墙体 61.3%，保存状况的差段墙体 38.7%，设蹬城步道一座，长 3.3 米，墙上宽 2.02 米，下宽 2.86 米，高 0.5 ～ 1.82 米。

（二）单体建筑

万全县单体建筑一览表（单位：座）

编号	认定名称	认定编码	材质	保存程度				
				较好	一般	较差	差	消失
1	辛窑 01 号敌台	130729352101170001	砖				√	
2	辛窑 02 号敌台	130729352101170002	砖				√	
3	辛窑 03 号敌台	130729352101170003	砖			√		
4	辛窑 04 号敌台	130729352101170004	石				√	
5	辛窑 05 号敌台	130729352101170005	石				√	
6	辛窑 06 号敌台	130729352101170006	土				√	
7	辛窑 07 号敌台	130729352101170007	砖				√	
8	辛窑 08 号敌台	130729352101170008	砖				√	
9	辛窑 09 号敌台	130729352101170009	砖		√			
10	黄土梁 01 号敌台	130729352101170010	砖		√			
11	黄土梁 02 号敌台	130729352101170011	土				√	
12	黄土梁 03 号敌台	130729352101170012	砖		√			
13	席窑 01 号敌台	130729352101170013	砖		√			
14	席窑 02 号敌台	130729352101170014	砖			√		
15	席窑 03 号敌台	130729352101170015	砖	√				

（续）

编号	认定名称	认定编码	材质	保存程度				
				较好	一般	较差	差	消失
16	席窑 04 号敌台	1307293521011700016	砖				√	
17	柳沟 01 号敌台	1307293521011700017	砖		√			
18	柳沟 02 号敌台	1307293521011700018	砖				√	
19	牛家窑 01 号敌台	1307293521011700019	砖			√		
20	牛家窑 02 号敌台	1307293521011700020	石			√		
21	牛家窑 03 号敌台	1307293521011700021	砖			√		
22	羊窑沟 01 号敌台	1307293521011700022	砖			√		
23	羊窑沟 02 号敌台	1307293521011700023	石				√	
24	羊窑沟 03 号敌台	1307293521011700024	石				√	
25	辛窑 01 号马面	1307293521021700025	土				√	
26	辛窑 02 号马面	1307293521021700026	土				√	
27	辛窑 03 号马面	1307293521021700027	土				√	
28	辛窑 04 号马面	1307293521021700028	土				√	
29	辛窑 05 号马面	1307293521021700029	土				√	
30	辛窑 06 号马面	1307293521021700030	土				√	
31	汉淖坝 01 号烽火台	1307293532011700031	石				√	
32	汉淖坝 02 号烽火台	1307293532011700032	石				√	
33	汉淖坝 03 号烽火台	1307293532011700033	石				√	
34	周坝 01 号烽火台	1307293532011700034	石				√	
35	周坝 02 号烽火台	1307293532011700035	土				√	
36	周坝 03 号烽火台	1307293532011700036	土				√	
37	周坝 04 号烽火台	1307293532011700037	土				√	
38	周坝 05 号烽火台	1307293532011700038	土				√	
39	周坝 06 号烽火台	1307293532011700039	土				√	
40	周坝 07 号烽火台	1307293532011700040	土				√	
41	周坝 08 号烽火台	1307293532011700041	土				√	
42	周坝 09 号烽火台	1307293532011700042	土				√	
43	黄花坪 01 号烽火台	1307293532011700043	土				√	
44	黄花坪 02 号烽火台	1307293532011700044	土				√	
45	黄花坪 03 号烽火台	1307293532011700045	石				√	
46	黄花坪 04 号烽火台	1307293532011700046	石				√	
47	黄花坪 05 号烽火台	1307293532011700047	石				√	
48	黄花坪 06 号烽火台	1307293532011700048	土				√	
49	黄花坪 07 号烽火台	1307293532011700049	石				√	
50	狼窝沟 01 号烽火台	1307293532011700050	石				√	
51	狼窝沟 02 号烽火台	1307293532011700051	石				√	
52	狼窝沟 03 号烽火台	1307293532011700052	石				√	
53	狼窝沟 04 号烽火台	1307293532011700053	石				√	

（续）

编号	认定名称	认定编码	材质	保存程度				
				较好	一般	较差	差	消失
54	狼窝沟 05 号烽火台	1307293532011700554	土				√	
55	狼窝沟 06 号烽火台	1307293532011700555	土				√	
56	狼窝沟 07 号烽火台	1307293532011700556	土				√	
57	狼窝沟 08 号烽火台	1307293532011700557	土				√	
58	狼窝沟 09 号烽火台	1307293532011700558	土				√	
59	狼窝沟 10 号烽火台	1307293532011700559	石				√	
60	大水泉 01 号烽火台	1307293532011700560	石				√	
61	大水泉 02 号烽火台	1307293532011700561	土				√	
62	大水泉 03 号烽火台	1307293532011700562	土				√	
63	大水泉 04 号烽火台	1307293532011700563	土				√	
64	大水泉 05 号烽火台	1307293532011700564	土				√	
65	大水泉 06 号烽火台	1307293532011700565	石				√	
66	大水泉 07 号烽火台	1307293532011700566	土				√	
67	黄土圐圙 01 号烽火台	1307293532011700567	土				√	
68	黄土圐圙 02 号烽火台	1307293532011700568	石				√	
69	黄土圐圙 03 号烽火台	1307293532011700569	石				√	
70	黄土圐圙 04 号烽火台	1307293532011700570	石				√	
71	黄土圐圙 05 号烽火台	1307293532011700571	石				√	
72	黄土圐圙 06 号烽火台	1307293532011700572	石				√	
73	黄土圐圙 07 号烽火台	1307293532011700573	石				√	
74	黄土圐圙 08 号烽火台	1307293532011700574	土				√	
75	黄土圐圙 09 号烽火台	1307293532011700575	土				√	
76	黄土圐圙 10 号烽火台	1307293532011700576	土				√	
77	黄土圐圙 11 号烽火台	1307293532011700577	土				√	
78	黄土圐圙 12 号烽火台	1307293532011700578	石				√	
79	黄土圐圙 13 号烽火台	1307293532011700579	土				√	
80	黄土圐圙 14 号烽火台	1307293532011700580	土				√	
81	黄土圐圙 15 号烽火台	1307293532011700581	土				√	
82	黄土圐圙 16 号烽火台	1307293532011700582	石				√	
83	黄土圐圙 17 号烽火台	1307293532011700583	石				√	
84	黄土圐圙 18 号烽火台	1307293532011700584	石				√	
85	黄土圐圙 19 号烽火台	1307293532011700585	土				√	
86	黄土圐圙 20 号烽火台	1307293532011700586	石				√	
87	镇虎台 01 号烽火台	1307293532011700587	土				√	
88	镇虎台 02 号烽火台	1307293532011700588	土				√	
89	镇虎台 03 号烽火台	1307293532011700589	土				√	
90	镇虎台 04 号烽火台	1307293532011700590	土				√	
91	镇虎台 05 号烽火台	1307293532011700591	土				√	

（续）

编号	认定名称	认定编码	材质	保存程度				
				较好	一般	较差	差	消失
92	镇虎台 06 号烽火台	1307293532011700092	土				√	
93	镇虎台 07 号烽火台	1307293532011700093	石				√	
94	镇虎台 08 号烽火台	1307293532011700094	土				√	
95	镇虎台 09 号烽火台	1307293532011700095	石				√	
96	镇虎台 10 号烽火台	1307293532011700096	石				√	
97	镇虎台 11 号烽火台	1307293532011700097	石				√	
98	镇虎台 12 号烽火台	1307293532011700098	石				√	
99	镇虎台 13 号烽火台	1307293532011700099	石				√	
100	镇虎台 14 号烽火台	1307293532011700100	石				√	
101	镇虎台 15 号烽火台	1307293532011700101	石				√	
102	镇虎台 16 号烽火台	1307293532011700102	石				√	
103	正边台 01 号烽火台	1307293532011700103	石				√	
104	正边台 02 号烽火台	1307293532011700104	石				√	
105	正边台 03 号烽火台	1307293532011700105	石				√	
106	正边台 04 号烽火台	1307293532011700106	石				√	
107	正边台 05 号烽火台	1307293532011700107	石				√	
108	正边台 06 号烽火台	1307293532011700108	石				√	
109	正边台 07 号烽火台	1307293532011700109	石				√	
110	治儿山 01 号烽火台	1307293532011700110	石				√	
111	治儿山 02 号烽火台	1307293532011700111	石				√	
112	治儿山 03 号烽火台	1307293532011700112	石				√	
113	治儿山 04 号烽火台	1307293532011700113	石				√	
114	治儿山 05 号烽火台	1307293532011700114	石				√	
115	治儿山 05 号烽火台	1307293532011700115	石				√	
116	治儿山 06 号烽火台	1307293532011700116	石				√	
117	治儿山 07 号烽火台	1307293532011700117	石				√	
118	治儿山 08 号烽火台	1307293532011700118	石				√	
119	大东沟 01 号烽火台	1307293532011700119	石				√	
120	大东沟 02 号烽火台	1307293532011700120	石				√	
121	大东沟 03 号烽火台	1307293532011700121	石				√	
122	大东沟 04 号烽火台	1307293532011700122	石				√	
123	大东沟 05 号烽火台	1307293532011700123	石				√	
124	大东沟 06 号烽火台	1307293532011700124	石				√	
125	辛窑 01 号烽火台	1307293532011700125	石				√	
126	辛窑 02 号烽火台	1307293532011700126	石				√	
127	辛窑 03 号烽火台	1307293532011700127	土				√	
128	辛窑 04 号烽火台	1307293532011700128	土				√	

（续）

编号	认定名称	认定编码	材质	保存程度				
				较好	一般	较差	差	消失
129	辛窑 05 号烽火台	1307293532011700129	砖				√	
130	辛窑 06 号烽火台	1307293532011700130	石				√	
131	辛窑 07 号烽火台	1307293532011700131	石				√	
132	辛窑 08 号烽火台	1307293532011700132	石				√	
133	辛窑 09 号烽火台	1307293532011700133	石				√	
134	辛窑 10 号烽火台	1307293532011700134	石				√	
135	辛窑 11 号烽火台	1307293532011700135	石				√	
136	辛窑 12 号烽火台	1307293532011700136	土				√	
137	辛窑 13 号烽火台	1307293532011700137	土				√	
138	辛窑 14 号烽火台	1307293532011700138	土				√	
139	辛窑 15 号烽火台	1307293532011700139	土				√	
140	辛窑 16 号烽火台	1307293532011700140	土				√	
141	辛窑 17 号烽火台	1307293532011700141	土				√	
142	辛窑 18 号烽火台	1307293532011700142	土				√	
143	辛窑 19 号烽火台	1307293532011700143	土				√	
144	辛窑 20 号烽火台	1307293532011700144	土				√	
145	辛窑 21 号烽火台	1307293532011700145	土				√	
146	辛窑 22 号烽火台	1307293532011700146	土				√	
147	辛窑 23 号烽火台	1307293532011700147	土				√	
148	辛窑 24 号烽火台	1307293532011700148	土				√	
149	辛窑 25 号烽火台	1307293532011700149	土				√	
150	辛窑 26 号烽火台	1307293532011700150	土				√	
151	辛窑 27 号烽火台	1307293532011700151	土				√	
152	辛窑 28 号烽火台	1307293532011700152	土				√	
153	辛窑 29 号烽火台	1307293532011700153	土				√	
154	辛窑 30 号烽火台	1307293532011700154	土				√	
155	辛窑 31 号烽火台	1307293532011700155	砖		√			
156	辛窑 32 号烽火台	1307293532011700156	土				√	
157	辛窑 33 号烽火台	1307293532011700157	砖		√			
158	辛窑 34 号烽火台	1307293532011700158	砖				√	
159	辛窑 35 号烽火台	1307293532011700159	砖		√			
160	辛窑 36 号烽火台	1307293532011700160	石				√	
161	辛窑 37 号烽火台	1307293532011700161	土				√	
162	黄土梁 01 号烽火台	1307293532011700162	砖				√	
163	黄土梁 02 号烽火台	1307293532011700163	砖			√		
164	黄土梁 03 号烽火台	1307293532011700164	砖			√		
165	黄土梁 04 号烽火台	1307293532011700165	土				√	

（续）

编号	认定名称	认定编码	材质	保存程度				
				较好	一般	较差	差	消失
166	黄土梁 05 号烽火台	1307293532011170166	砖			√		
167	黄土梁 06 号烽火台	1307293532011170167	砖			√		
168	黄土梁 07 号烽火台	1307293532011170168	石				√	
169	黄土梁 08 号烽火台	1307293532011170263	砖		√			
170	黄土梁 09 号烽火台	1307293532011170169	石				√	
171	席窑 01 号烽火台	1307293532011170170	石			√		
172	席窑 02 号烽火台	1307293532011170171	砖			√		
173	席窑 03 号烽火台	1307293532011170172	土				√	
174	席窑 04 号烽火台	1307293532011170173	石				√	
175	席窑 05 号烽火台	1307293532011170174	土				√	
176	柳沟 01 号烽火台	1307293532011170175	砖				√	
177	柳沟 02 号烽火台	1307293532011170176	砖		√			
178	柳沟 03 号烽火台	1307293532011170177	砖				√	
179	柳沟 04 号烽火台	1307293532011170178	土				√	
180	柳沟 05 号烽火台	1307293532011170179	砖				√	
181	柳沟 06 号烽火台	1307293532011170180	土				√	
182	柳沟 07 号烽火台	1307293532011170181	砖			√		
183	柳沟 08 号烽火台	1307293532011170182	砖			√		
184	柳沟 09 号烽火台	1307293532011170198	土				√	
185	柳沟 10 号烽火台	1307293532011170200	土				√	
186	柳沟 11 号烽火台	1307293532011170201	土				√	
187	牛家窑 01 号烽火台	1307293532011170183	土				√	
188	牛家窑 02 号烽火台	1307293532011170184	砖			√		
189	牛家窑 03 号烽火台	1307293532011170185	砖			√		
190	牛家窑 04 号烽火台	1307293532011170186	砖			√		
191	牛家窑 05 号烽火台	1307293532011170196	土				√	
192	牛家窑 06 号烽火台	1307293532011170197	土				√	
193	牛家窑 07 号烽火台	1307293532011170199	土				√	
194	羊窑沟 01 号烽火台	1307293532011170187	石				√	
195	羊窑沟 02 号烽火台	1307293532011170188	石				√	
196	羊窑沟 03 号烽火台	1307293532011170189	土		√			
197	羊窑沟 04 号烽火台	1307293532011170190	土				√	
198	羊窑沟 05 号烽火台	1307293532011170191	土		√			
199	羊窑沟 06 号烽火台	1307293532011170192	土				√	
200	赐沟 01 号烽火台	1307293532011170193	土				√	
201	赐沟 02 号烽火台	1307293532011170194	土				√	
202	赐沟 03 号烽火台	1307293532011170195	土				√	

（续）

编号	认定名称	认定编码	材质	保存程度				
				较好	一般	较差	差	消失
203	洗马林 01 号烽火台	1307293532011170202	土		√			
204	洗马林 02 号烽火台	1307293532011170203	砖			√		
205	洗马林 03 号烽火台	1307293532011170204	土				√	
206	洗马林 04 号烽火台	1307293532011170205	石				√	
207	洗马林 05 号烽火台	1307293532011170206	土				√	
208	辛窑 38 号烽火台	1307293532011170207	土				√	
209	辛窑 39 号烽火台	1307293532011170209	石				√	
210	辛窑 40 号烽火台	1307293532011170210	土				√	
211	辛窑 41 号烽火台	1307293532011170211	土				√	
212	冯家窑 01 号烽火台	1307293532011170212	石				√	
213	连针沟 01 号烽火台	1307293532011170213	石				√	
214	连针沟 02 号烽火台	1307293532011170214	土				√	
215	连针沟 03 号烽火台	1307293532011170215	石				√	
216	连针沟 04 号烽火台	1307293532011170216	石				√	
217	连针沟 05 号烽火台	1307293532011170218	土				√	
218	连针沟 06 号烽火台	1307293532011170223	土				√	
219	连针沟 07 号烽火台	1307293532011170222	土				√	
220	膳房堡 01 号烽火台	1307293532011170219	土			√		
221	膳房堡 02 号烽火台	1307293532011170220	土			√		
222	膳房堡 03 号烽火台	1307293532011170224	土			√		
223	膳房堡 04 号烽火台	1307293532011170228	土			√		
224	膳房堡 05 号烽火台	1307293532011170229	土			√		
225	新开口 01 号烽火台	1307293532011170217	石				√	
226	新开口 02 号烽火台	1307293532011170221	土				√	
227	新开口 03 号烽火台	1307293532011170225	土				√	
228	新开口 04 号烽火台	1307293532011170226	土			√		
229	新开口 05 号烽火台	1307293532011170227	土			√		
230	新开口 06 号烽火台	1307293532011170231	土				√	
231	新开口 07 号烽火台	1307293532011170232	土			√		
232	新开口 08 号烽火台	1307293532011170233	土			√		
233	新开口 09 号烽火台	1307293532011170234	土				√	
234	上西湾 01 号烽火台	1307293532011170230	土		√			
235	上西湾 02 号烽火台	1307293532011170235	土			√		
236	上西湾 03 号烽火台	1307293532011170236	土			√		
237	刘虎庄 01 号烽火台	1307293532011170238	土				√	
238	黄家堡 01 号烽火台	1307293532011170239	土				√	
239	黄家堡 02 号烽火台	1307293532011170240	土			√		

（续）

编号	认定名称	认定编码	材质	保存程度				
				较好	一般	较差	差	消失
240	黄家堡 03 号烽火台	130729353201170241	土				√	
241	黄家堡 04 号烽火台	130729353201170242	石				√	
242	黄家堡 05 号烽火台	130729353201170248	石				√	
243	黄家堡 06 号烽火台	130729353201170249	土			√		
244	黄家堡 07 号烽火台	130729353201170250	土				√	
245	万全 01 号烽火台	130729353201170237	石			√		
246	万全 02 号烽火台	130729353201170243	石				√	
247	万全 03 号烽火台	130729353201170244	石				√	
248	万全 04 号烽火台	130729353201170245	石				√	
249	万全 05 号烽火台	130729353201170246	石				√	
250	万全 06 号烽火台	130729353201170247	石				√	
251	万全 07 号烽火台	130729353201170251	土				√	
252	万全 08 号烽火台	130729353201170252	土				√	
253	万全 09 号烽火台	130729353201170253	土				√	
254	万全 10 号烽火台	130729353201170254	土				√	
255	宣平堡 01 号烽火台	130729353201170255	土				√	
256	宣平堡 02 号烽火台	130729353201170256	土				√	
257	宣平堡 03 号烽火台	130729353201170257	土		√			
258	宣平堡 04 号烽火台	130729353201170258	土		√			
259	宣平堡 05 号烽火台	130729353201170259	土		√			
260	宣平堡 06 号烽火台	130729353201170260	土		√			
261	宣平堡 07 号烽火台	130729353201170261	土		√			
262	宣平堡 08 号烽火台	130729353201170262	土				√	
合计		共 262 座：砖 39 座，石 92 座，土 131 座		1	19	32	210	
百分比（%）		100		0.38	7.25	12.21	80.16	

类型：单体建筑包括敌台、烽火台、马面等

保存程度：较好、一般、较差、差、消失

1. 辛窑 01 号敌台 130729352101170001

位于洗马林镇辛窑村西北 5.1 千米处，坐标：东经 114° 23′ 12.90″，北纬 40° 52′ 42.10″，高程 1311 米。

东、西、北三面仅存夯土墙，南面坍塌，散落砖石。

东、西两侧与墙体相接，敌台平面呈圆形，剖面呈梯形，空心敌台，外包砖墙厚 1.3 米，东西长 4.35 米，南北宽 3.85 米，台芯夯土层厚 0.08 ～ 0.12 米。

2. 辛窑 02 号敌台 130729352101170002

位于洗马林镇辛窑村西北 4.8 千米处，坐标：东经 114° 23′ 03.90″，北纬 40° 52′ 27.20″，高程 1400 米。

敌台实心砖筑，底径 7.1 米，残高 4 米，大部坍塌，仅存南面包砖，门起券方式为两伏两券，高

0.74 米，上设匾额，题字"西孤山台"，匾额长 0.56 米，高 0.04 米，其他三面全部坍塌。

3. 辛窑 03 号敌台 130729352101170003

位于洗马林镇辛窑村西北 4.8 千米处，坐标：东经 114° 22′ 57.90″，北纬 40° 52′ 21.50″，高程 1408 米。

东、西两侧与墙体相接，敌台平面呈圆形，剖面呈梯形，空心敌台，墙厚 2.77 米，室内东西宽 4.53 米，南北长 5.67 米，门高 1.42 米，上置匾额，字迹不清，长 0.63 米，高 0.42 米，梯井长 1.42 米，宽 0.95 米，残高 1.55 米。

4. 辛窑 04 号敌台 130729352101170004

位于洗马林镇辛窑村西北 4.7 千米处，坐标：东经 114° 22′ 54.50″，北纬 40° 52′ 09.50″，高程 1420 米。塌毁严重呈石堆状，底径 5 米，残高 3 米。

5. 辛窑 05 号敌台 130729352101170005

位于洗马林镇辛窑村西北 5 千米处，坐标：东经 114° 22′ 38.50″，北纬 40° 52′ 11.40″，高程 1386 米。塌毁严重呈石堆状，底径 7 米，残高 5 米。

6. 辛窑 06 号敌台 130729352101170006

位于洗马林镇辛窑村西北 5.6 千米处，坐标：东经 114° 22′ 14.80″，北纬 40° 52′ 18.60″，高程 1388 米。塌毁严重，外包砖缺失，仅存夯土台芯，呈圆锥形，底径 7.65 米，高 9.13 米。

7. 辛窑 07 号敌台 130729352101170007

位于洗马林镇辛窑村西北 5.6 千米处，坐标：东经 114° 22′ 03.10″，北纬 40° 52′ 09.80″，高程 1411 米。敌台平面呈矩形，剖面呈梯形，砖石土混筑，东西长 7.92 米，南北宽 7.82 米，西南角残高 5.1 米。东、南、西三面的条石基础保存较好，北面条石缺失，包砖墙体缺失，夯土台芯，夯层加石块，顶面散落砖瓦。

8. 辛窑 08 号敌台 130729352101170008

位于洗马林镇辛窑沟村西北 5.6 千米，坐标：东经 114° 21′ 44.90″，北纬 40° 51′ 42.90″，高程 1420 米。敌台平面呈矩形，剖面呈梯形，条石基础 4 层，包砖墙体白灰膏勾缝，残长 7.1 米，厚 1.32 米。坍塌严重，东、南侧全部坍塌，仅存西北角部分包砖。

9. 辛窑 09 号敌台 130729352101170009

位于洗马林镇辛窑沟村 5.5 千米，坐标：东经 114° 21′ 37.10″，北纬 40° 51′ 11.20″，高程 1505 米。敌台平面呈矩形，剖面呈梯形，南北长 9.7 米，东西宽 9.6 米，高 10.15 米，条石基础高 0.6 米，上皮至梯首下皮高 5.83 米，东面券门高 1.63 米，宽 0.83 米，起券 1.17 米，上置石匾额，券室宽 7.05 米，长 7.12 米。东面保存较好，西面上部坍塌严重，南、北面均存裂缝 1 条，顶部残留望孔。

10. 黄土梁 01 号敌台 130729352101170010

位于洗马林镇黄土梁村西北 4.5 千米，坐标：东经 114° 21′ 42.40″，北纬 40° 50′ 40.70″，高程 1539 米。敌台平面呈圆形，剖面呈梯形，底径 9 米，残高 6.5 米。东面辟券门，门宽 1 米，高 1.1 米，起券方式为两伏两券，上置石匾额，题字"永宁东台"，长 0.8 米，宽 0.4 米，门栓石高 0.36 米。券室南北 1.37 米，顶券宽 0.41 米，下宽 0.58 米，天井通顶部。南面、北面、西面包砖全部脱落，仅剩夯土，东面保存较好，顶部设施缺失。

11. 黄土梁 02 号敌台 130729352101170011

位于洗马林镇黄土梁村西北 4.4 千米，坐标：东经 114° 21′ 42.70″，北纬 40° 50′ 29.60″，高程 1531 米。

敌台平面呈矩形，剖面呈梯形，南北残长 10.1 米，东西残宽 8.6 米，残高 7.9 米，坍塌严重，呈堆状，东、北侧长满杂草，南、北侧夯层清晰，夯层厚 0.1 ~ 0.2 米。

12. 黄土梁 03 号敌台 130729352101170012

位于洗马林镇黄土梁村西北 3.8 千米，坐标：东经 114° 21′ 44.90″，北纬 40° 49′ 54.00″，高程 1553 米。

敌台平面呈矩形，剖面呈梯形，东西长 9 米，南北宽 8.35 米，残高 7.1 米，南面设券门，宽 1 米，高 1.4 米，墙厚 0.5 米，门上 0.5 米置石匾额，宽 0.4 米，长 0.8 米，券室长 1.4 米，天井通顶部。东面存裂缝 3 条，西面中间坍塌，南、北面保存较好，顶部设施缺失。

13. 席窑 01 号敌台 130729352101170013

位于洗马林镇席窑村西 2.5 千米处，坐标：东经 114° 22′ 33.80″，北纬 40° 48′ 20.20″，高程 1501 米。

敌台平面呈矩形，剖面呈梯形，东西宽 7.3 米，南北长 9.2 米，条石基础 4 层，每层厚 0.21 ~ 0.25 米，东面辟门，门槛出挑悬挂软梯石构件 2 块，距地高 6.6 米，门上置石匾额，字迹不清。东面存多条裂缝，南面中部裂缝宽 0.08 ~ 0.15 米，上部坍塌成豁口，西面上部坍塌，北面中部裂缝宽 0.2 ~ 0.35 米，上部坍塌成豁口。

14. 席窑 02 号敌台 130729352101170014

位于洗马林镇席窑村西 2.3 千米处，坐标：东经 114° 22′ 38.30″，北纬 40° 48′ 09.40″，高程 1514 米。

敌台平面呈圆形，剖面呈梯形，直径 10.5 米，残高 8.4 米，东面辟门，起券方式为两伏两券，宽 0.96 米，高 1.39 米，深 0.59 米，门两侧为砖砌，其他面为毛石砌筑，门外设石踏跺 3 步，长 0.84 米，高 0.23 米，门上置匾额，题字"平房台"，券室宽 1.62 米，长 3 米，高 3.7 米，竖井式通道，顶部设施缺失。

15. 席窑 03 号敌台 130729352101170015

位于洗马林镇席窑村西南 2.1 千米处，坐标：东经 114° 22′ 48.10″，北纬 40° 48′ 01.00″，高程 1469 米。

敌台平面呈矩形，剖面呈梯形，东西宽 7.55 米，南北长 9.45 米，条石基础 4 层，高 1.2 米。东面辟门，起券方式两伏两券，宽 0.52 米，门栓石 0.32 米 × 0.3 米，上置石门轴，门上置石匾额石，题字"平房西台"，门券室起券方式三伏三券，厚 0.83 米，天井可利用软梯登顶，墙壁南侧留有攀登痕迹，天井顶部东西向搭圆木木过梁 8 根。

16. 席窑 04 号敌台 130729352101170016

位于洗马林镇席窑村西南 2.1 千米，坐标：东经 114° 22′ 48.70″，北纬 40° 47′ 44.30″，高程 1457 米。

敌台平面呈圆形，剖面呈梯形，底径 8.2 米，残高 8 米，东、南侧存外包砖砖包，西、北侧夯土台芯裸露，城砖厚 0.24 米，东侧基础借山体砌筑，长 4.5 米，高 1.5 米。

17. 柳沟 01 号敌台 130729352101170017

位于旧堡乡柳沟村西北 4.1 千米，坐标：东经 114° 22′ 41.70″，北纬 40° 46′ 34.00″，高程 1424 米。

敌台平面呈矩形，剖面呈梯形，南北宽 9.25 米，东西长 10.19 米，残高 12 米，条石基础 3 层，分别高 0.23 米、0.26 米、0.27 米，南面辟门，门下设拴梯石，至砖墙下皮高 4.96 米，东面箭窗顶部西侧置吐水嘴，至砖墙下皮高 8.22 米，其他三面辟 1 箭窗。南面东南角坍塌，存裂缝 1 条，缝宽约 0.2 米，东北角根部坍塌。

18. 柳沟 02 号敌台 130729352101170018

位于旧堡乡柳沟村西南 4.2 千米，坐标：东经 114° 22′ 27.60″，北纬 40° 46′ 17.00″，高程 1394 米。

敌台平面呈圆形，剖面呈梯形，底径 9.4 米，残高 4.2 米，外包砖已缺失，仅存夯土台芯。

19. 牛家窑 01 号敌台 130729352101170019

位于旧堡乡牛家窑村西北 3.4 千米，坐标：东经 114° 22′ 14.30″，北纬 40° 45′ 23.10″，高程 1302 米。

敌台平面呈矩形，剖面呈梯形，东西长 9.1 米，南北宽 9 米，残高 5.1 米，墙厚 0.9 米，外包砖已缺失，仅存夯土台芯。

20. 牛家窑 02 号敌台 130729352101170020

位于旧堡乡牛家窑村西北 3.2 千米，坐标：东经 114° 22′ 18.60″，北纬 40° 45′ 08.90″，高程 1306 米。

坍塌严重，呈堆状，底径 7.2 米，残高 5 米，台体结构、形制不清。

21. 牛家窑 03 号敌台 130729352101170021

位于旧堡乡牛家窑村西 3.2 千米，坐标：东经 114° 22′ 22.20″，北纬 40° 44′ 43.20″，高程 1263 米。

敌台平面呈矩形，剖面呈梯形，一层东西长 9.6 米，高 12.87 米，二层南北长 7.31 米，东西宽 7.3 米，条石基础 6 层，高 1.75 米，箭窗高 0.83 米，宽 0.59 米，垛口墙厚 0.45 米，望孔高 0.22 米，宽 0.21 米，垛口宽 0.48 米，高 0.72 米，外包砖厚 1.18 米，城砖规格：0.41 米 × 0.2 米 × 0.08 米。东面西侧外包砖及基础坍塌，仅存箭窗 1 个，望孔 1 个，南面门两侧包砖坍塌，形成砖柱，门下设悬梯石 2 块，西面南侧包砖坍塌，存箭窗 1 个，残存墙体下窄上宽，背面存箭窗 3 个，西北角根部坍塌，台芯素土夯筑，坍塌散落的筒瓦、板瓦。

22. 羊窑沟 01 号敌台 130729352101170022

位于北沙城乡羊窑沟村北 2.8 千米，坐标：东经 114° 22′ 02.60″，北纬 40° 44′ 40.10″，高程 1336 米。

敌台平面呈矩形，剖面呈梯形，东西宽 7.95 米，南北长 7.97 米，条石基础 4 层，高 1.04 米，北墙残高 4.2 米，西墙残高 5.4 米，东面南侧墙体坍塌，裸露毛石及夯土芯，南面东侧墙体坍塌，中间辟门，仅存西侧门口墙，北面墙体上部歪闪严重。

23. 羊窑沟 02 号敌台 130729352101170023

位于北沙城乡羊窑沟村北 2.8 千米，坐标：东经 114° 21′ 46.10″，北纬 40° 44′ 33.60″，高程 1278 米。

敌台底径 7.1 米，残高 5.1 米，砖石砌筑，坍塌严重，呈堆状。

24. 羊窑沟 03 号敌台 130729352101170024

位于北沙城乡羊窑沟村北 3 千米，坐标：东经 114° 21′ 18.80″，北纬 40° 44′ 30.20″，高程 1162 米。

敌台底径 8 米，残高 1.8 米，砖石砌筑，坍塌严重，呈堆状。

25. 辛窑 01 号马面 130729352102170025

位于洗马林镇辛窑村西北 6.8 千米处，坐标：东经 114° 24′ 49.60″，北纬 40° 54′ 11.30″，高程 1265 米。

马面平面呈矩形，剖面呈梯形，南墙残长 4.18 米，南部残高 3.1 米，毛石砌筑，西北坍塌，坍塌严重，呈堆状，顶部杂草丛生。

26. 辛窑 02 号马面 1307293521102170026

位于洗马林镇辛窑村北 6 千米处，坐标：东经 114° 24′ 26.70″，北纬 40° 53′ 42.60″，高程 1191 米。

马面平面呈矩形，剖面呈梯形，残长 4.2 米，残高 4.8 米，素土夯筑，夯层厚 0.1 ～ 0.17 米，坍塌严重，呈堆状，四周长满低矮植物。

27. 辛窑 03 号马面 1307293521102170027

位于洗马林镇辛窑村北 5.9 千米处，坐标：东经 114° 24′ 24.50″，北纬 40° 53′ 38.10″，高程 1188 米。

马面平面呈圆形，剖面呈梯形，残长 6.2 米，残高 3.9 米，素土夯筑，夯层厚 0.1 ～ 0.14 米，坍塌严重，呈堆状，四周长满低矮植物。

28. 辛窑 04 号马面 1307293521102170028

位于洗马林镇辛窑村北 5.8 千米处，坐标：东经 114° 24′ 21.90″，北纬 40° 53′ 33.50″，高程 1183 米。

马面平面呈圆形，剖面呈梯形，残长 7.8 米，残高 4.1 米，夯层厚 0.08 ～ 0.14 米，坍塌严重，呈堆状，四周长满低矮植物。

29. 辛窑 05 号马面 1307293521102170029

位于洗马林镇辛窑村北 5.4 千米处，坐标：东经 114° 24′ 16.70″，北纬 40° 53′ 21.00″，高程 1168 米。

马面平面呈圆形，剖面呈梯形，残高 3.6 米，夯层厚 0.08 ～ 0.17 米，坍塌严重，呈堆状，四周长满低矮植物。

30. 辛窑 06 号马面 1307293521102170030

位于洗马林镇辛窑村西北 5.1 千米处，坐标：东经 114° 24′ 08.80″，北纬 40° 53′ 08.20″，高程 1159 米。

马面平面呈圆形，剖面呈梯形，长 5 米，残高 3 米，夯层厚 0.1 ～ 0.15 米，坍塌严重，呈堆状，四周长满低矮植物。

31. 汉淖坝 01 号烽火台 130729353201170031

位于张北县油篓沟乡汉淖坝村西北 250 米，坐标：东经 114° 47′ 59.90″，北纬 40° 57′ 55.50″，高程 1560 米。

烽火台平面呈圆形，剖面呈梯形，底径 16 米，残高 6.3 米，土石混筑，坍塌严重，呈堆状，四周散落少量砖瓦，北侧为山脊，西、东、南三面为缓坡，东侧紧贴长城墙体。

32. 汉淖坝 02 号烽火台 130729353201170032

位于张北县油篓沟乡汉淖坝村西北 300 米，坐标：东经 114° 48′ 00.00″，北纬 40° 58′ 10.30″，高程 1595 米。

烽火台平面呈圆形，剖面呈梯形，底边长 7.5 米，南部残高 2.9 米，北部残高 3.1 米，台芯素土夯筑，夯层厚 0.14 ～ 0.21 米，外包毛石，四周散落砖块、条石，墙体从东、南、北侧绕过，间距约 4 米，西面临沟，坡度较缓，北侧长城墙体外为缓坡，东侧长城墙体外为斜坡，长有落叶松。

33. 汉淖坝 03 号烽火台 130729353201170033

位于张北县油篓沟乡周坝村西北 195 米，坐标：东经 114° 47′ 55.20″，北纬 40° 58′ 25.70″，高程 1626 米。

烽火台平面呈圆形，剖面呈梯形，南侧残高 1.7 米，夯土裸露，四周散落砖块、碎石，南、北、西三面为草地，地势稍有起伏，南面有部分耕地，东距长城墙体 7 米。

34. 周坝 01 号烽火台 130729353201170034

位于张北县油篓沟乡汉淖坝村西北 300 米，坐标：东经 114° 47′ 55.90″，北纬 40° 58′ 51.60″，高程 1622 米。

烽火台平面呈圆形，剖面呈梯形，直径 7.35 米，残高 2.15 米，顶部散落少量碎石块，下部为灰褐色土壤，四周地势平坦，植被覆盖多为低矮草种，东距长城墙体 4 米。

35. 周坝 02 号烽火台 130729353201170035

位于张北县油篓沟乡周坝村西北 439 米，坐标：东经 114° 47′ 56.30″，北纬 40° 58′ 49.50″，高程 1630 米。

烽火台平面呈矩形，剖面呈梯形，东西长 5.59 米，南北宽 5.41 米，残高 8.62 米，素土分层夯筑，夯层厚 0.08 ～ 0.17 米，坍塌严重，仅存内部夯土层，条石基础、外包砖缺失，墙体从北侧绕行而过。

36. 周坝 03 号烽火台 130729353201170036

位于张北县油篓沟乡周坝村西北 809 米，坐标：东经 114° 47′ 42.40″，北纬 40° 58′ 58.70″，高程 1671 米。

烽火台平面呈圆形，剖面呈梯形，底径 11.26 米，残高 3.15 米，坍塌严重，呈堆状，四周杂草覆盖，东北距长城墙体 80 米。

37. 周坝 04 号烽火台 130729353201170037

位于张北县油篓沟乡周坝村西北 809 米，坐标：东经 114° 47′ 36.20″，北纬 40° 59′ 02.80″，高程 1674 米。

烽火台平面呈圆形，剖面呈梯形，底径 10.25 米，残高 2.96 米，坍塌严重，呈堆状，四周杂草覆盖，东北侧距长城墙体 47 米。

38. 周坝 05 号烽火台 130729353201170038

位于张北县油篓沟乡周坝村西北 1.1 千米，坐标：东经 114° 47′ 27.20″，北纬 40° 59′ 00.70″，高程 1662 米。

烽火台平面呈圆形，剖面呈梯形，底径 11.37 米，残高 2.15 米，坍塌严重，呈堆状，四周杂草覆盖，散落少量石块及人为挖掘树坑，东北侧距周坝 04 号烽火台 222 米。

39. 周坝 06 号烽火台 130729353201170039

位于张北县油篓沟乡周坝村西北 1.2 千米，坐标：东经 114° 47′ 21.20″，北纬 40° 59′ 02.80″，高程 1665 米。

烽火台平面呈圆形，剖面呈梯形，底径 13 米，残高 2.45 米，坍塌严重，呈堆状，四周杂草覆盖，人为挖掘树坑，东北侧距周坝 05 号烽火台 153 米。

40. 周坝 07 号烽火台 130729353201170040

位于张北县油篓沟乡周坝村西北 1.7 千米，坐标：东经 114° 47′ 18.90″，北纬 40° 59′ 21.80″，高程 1668 米。

烽火台平面呈圆形，剖面呈梯形，底径 10.37 米，残高 2.95 米，坍塌严重，呈堆状，四周杂草覆盖，顶部中间有一人为挖掘的深坑，直径 2.1 米，东侧距长城墙体 40 米。

41. 周坝 08 号烽火台 130729353201170041

位于张北县油篓沟乡周坝村西北 1.8 千米，坐标：东经 114° 47′ 17.90″，北纬 40° 59′ 26.20″，高程 1661 米。

烽火台平面呈圆形，剖面呈梯形，底径 7.35 米，残高 2.15 米，坍塌严重，呈堆状，四周杂草覆盖，东侧距长城墙体 41 米。

42. 周坝 09 号烽火台 130729353201170042

位于张北县油篓沟乡周坝村西北 2.5 千米，坐标：东经 114° 47′ 07.30″，北纬 40° 59′ 45.10″，高程 1632 米。

烽火台平面呈圆形，剖面呈梯形，底径 12.5 米，高 4.81 米，坍塌严重，呈堆状，四周杂草覆盖，散落少量碎石块，东北侧有拦截牲畜的铁丝网，高 1.5 米，东北距长城墙体 17 米。

43. 黄花坪 01 号烽火台 130729353201170043

位于张北县油篓沟乡黄花坪村西南 1.1 千米，坐标：东经 114° 46′ 35.50″，北纬 40° 59′ 57.20″，高程 1662 米。

烽火台平面呈圆形，剖面呈梯形，底径 12.35 米，残高 7.3 米，坍塌严重，呈堆状，四周杂草覆盖，散落少量石块，东北侧有拦截牲畜的铁丝网，高 1.5 米，东北距长城墙体 92 米。

44. 黄花坪 02 号烽火台 130729353201170044

位于张北县油篓沟乡黄花坪村西南 1.2 千米，坐标：东经 114° 46′ 14.10″，北纬 41° 00′ 07.80″，高程 1625 米。

烽火台平面呈圆形，剖面呈梯形，底径 10.15 米，残高 3.15 米，素土夯筑，层厚 0.1 米，坍塌严重，呈堆状，外包毛石缺失，上部夯土裸露，四周杂草覆盖，散落少量石块，东北距长城墙体 22 米。

45. 黄花坪 03 号烽火台 130729353201170045

位于张北县油篓沟乡黄花坪村西南 1.2 千米，坐标：东经 114° 46′ 11.50″，北纬 41° 00′ 08.80″，高程 1620 米。

烽火台平面呈圆形，剖面呈梯形，底径 12.5 米，残高 5.6 米，坍塌严重，呈堆状，外包毛石缺失，上部残留大量的石块，北侧有人为垒砌的痕迹，东北距长城墙体 39 米。

46. 黄花坪 04 号烽火台 130729353201170046

位于张北县油篓沟乡黄花坪村西 1.7 千米，坐标：东经 114° 45′ 44.20″，北纬 41° 00′ 20.80″，高程 1579 米。

烽火台平面呈圆形，剖面呈梯形，底径 8.56 米，残高 4.6 米，坍塌严重，呈堆状，外包砖、石缺失，四周散落大量石块、砖块，台芯素土夯筑，夯土层不清晰，四周杂草覆盖，北距长城墙体 71 米。

47. 黄花坪 05 号烽火台 130729353201170047

位于张北县油篓沟乡黄花坪村西 1.7 千米，坐标：东经 114° 45′ 43.30″，北纬 41° 00′ 21.50″，高程 1582 米。

烽火台平面呈圆形，剖面呈梯形，底径 12.36 米，顶径 8.52 米，残高 8.23 米，坍塌严重，呈堆状，土石结构，顶部散落少量石块，底部残留少量夯土，夯层不清晰，四周杂草覆盖，北距长城墙体 51 米。

48. 黄花坪 06 号烽火台 130729353201170048

位于张北县油篓沟乡黄花坪村西北 1.9 千米，坐标：东经 114° 45′ 36.40″，北纬 41° 00′ 39.70″，高程 1614 米。

烽火台平面呈圆形，剖面呈梯形，底径 11.2 米，残高 1.78 米，坍塌严重，呈堆状，顶部平坦，四周杂草覆盖，南侧与长城墙体中间有沟相隔，东、北侧为农田，种植莜麦，西北为风力发电设施。

49. 黄花坪 07 号烽火台 130729353201170049

位于张北县油篓沟乡黄花坪村西 2.6 千米，坐标：东经 114° 45′ 04.90″，北纬 41° 00′ 29.40″，高程 1561 米。

烽火台平面呈圆形，剖面呈梯形，底径 10.25 米，残高 2.67 米，坍塌严重，呈堆状，顶部残留夯土，夯层厚 0.1 ～ 0.15 米，西侧有人为垒砌痕迹，四周杂草覆盖，散落大量的砖石。

50. 狼窝沟 01 号烽火台 130729353201170050

位于张北县油篓沟乡狼窝沟村南，坐标：东经 114° 44′ 43.40″，北纬 41° 00′ 28.00″，高程 1550 米。

烽火台平面呈圆形，剖面呈梯形，底径 13 米，残高 3.1 米，坍塌严重，呈堆状，中部、下部残留少量的石块，东南北三面为山坡，植被覆盖较好，南面山坡上有多株杏树，北距长城墙体 78 米。

51. 狼窝沟 02 号烽火台 130729353201170051

位于张北县油篓沟乡狼窝沟村南，坐标：东经 114° 44′ 42.40″，北纬 41° 00′ 28.80″，高程 1552 米。

烽火台平面呈圆形，剖面呈梯形，底径 14 米，残高 2.3 米，素土分层夯筑，夯层厚 0.15 米，坍塌严重，呈堆状，四周杂草覆盖，底部散落少量砖石，东面为小山包，北面为斜坡，西面地势起伏，建有战壕，北距长城墙体 62 米。

52. 狼窝沟 03 号烽火台 130729353201170052

位于张北县油篓沟乡狼窝沟村南，坐标：东经 114° 44′ 15.30″，北纬 41° 00′ 42.10″，高程 1581 米。

烽火台平面呈圆形，剖面呈梯形，底径 19 米，顶径 8 米，素土夯筑，夯层不清晰，坍塌严重，呈堆状。顶部平坦，立有水泥标志，四周散落少量砖块，四周杂草覆盖，长有零星杨树、松树，南距坝头 25 米，坝下为 207 国道旧道，东侧 20 米处有一铁质房屋，西侧 41 米处立有电线杆，北距长城墙体 78 米。

53. 狼窝沟 04 号烽火台 130729353201170053

位于张北县油篓沟乡狼窝沟村南，坐标：东经 114° 44′ 02.00″，北纬 41° 00′ 48.80″，高程 1546 米。

烽火台平面呈矩形，剖面呈梯形，底径 17 米，残高 8.6 米，土石混筑，内芯夯层不清晰，四周散落少量砖、石，西侧残存一个出水嘴，南侧立有河北省文物局、张北县文物局设立的保护标志牌。2004 年 9 月 10 日，为配合张石高速公路的建设，河北省文物考古研究所曾对此烽燧进行过考古发掘，东侧紧临

207 国道，西侧为小土坡，南、北两侧均建有民居。

54. 狼窝沟 05 号烽火台 130729353201170054

位于张北县油篓沟乡狼窝沟村南，坐标：东经 114° 43′ 51.70″，北纬 41° 00′ 45.20″，高程 1568 米。

烽火台平面呈圆形，剖面呈梯形，底径 11 米，残高 3.3 米，坍塌严重，呈堆状，素土夯筑，夯层不清晰，四周散落少量砖、石，周边为平坦的草地，东侧长有小片松树，北距长城墙体 47 米。

55. 狼窝沟 06 号烽火台 130729353201170055

位于张北县油篓沟乡狼窝沟村南，坐标：东经 114° 43′ 43.10″，北纬 41° 00′ 41.90″，高程 1593 米。

烽火台平面呈圆形，剖面呈梯形，底径 21 米，残高 8.3 米，坍塌严重，呈堆状，土石混筑，西、北、东三面墙面较平直，南面坍塌，四周散落少量砖、石，东、南两侧为缓坡，南侧半山坡为 207 国道，现代壕沟从北侧环绕而过，北距长城墙体 89 米。

56. 狼窝沟 07 号烽火台 130729353201170056

位于张北县油篓沟乡狼窝沟村南，坐标：东经 114° 43′ 21.10″，北纬 41° 00′ 40.90″，高程 1595 米。

烽火台平面呈矩形，剖面呈梯形，底径 16 米，残高 4.5 米，土石混筑，坍塌严重，呈堆状，顶部夯土内芯裸露，四周散落大量砖、石，西、北两面坡地较缓，东侧平坦，北距长城墙体 82 米。

57. 狼窝沟 08 号烽火台 130729353201170057

位于张北县油篓沟乡狼窝沟村南，坐标：东经 114° 42′ 59.50″，北纬 41° 00′ 43.20″，高程 1600 米。

烽火台平面呈圆形，剖面呈梯形，底径 27 米，残高 3.2 米，坍塌严重，呈堆状，四周杂草覆盖，顶部存一坑洞，四周散落大量砖、石，西面为小山包，东部较平坦，北距长城墙体 67 米。

58. 狼窝沟 09 号烽火台 130729353201170058

位于张北县油篓沟乡狼窝沟村南，坐标：东经 114° 42′ 34.80″，北纬 41° 00′ 50.20″，高程 1645 米。

烽火台平面呈圆形，剖面呈梯形，底径 23 米，顶径 13 米，残高 6.7 米，坍塌严重，呈堆状，四周散落大量砖、石，顶部平坦，外围包石，正中立有水泥坐标桩，南侧有石砌台阶，四周杂草覆盖，西、北侧为缓坡，东、南两侧较平坦，西北山坡上种有小片杨树，北面 5 米外建有现代设施，四周环以战壕，北距长城墙体 15 米。

59. 狼窝沟 10 号烽火台 130729353201170059

位于张北县油篓沟乡狼窝沟村南，坐标：东经 114° 42′ 10.80″，北纬 41° 00′ 48.10″，高程 1593 米。

烽火台平面呈圆形，剖面呈梯形，底径 19 米，残高 6 米，坍塌严重，呈堆状，四周散落大量砖、石，杂草覆盖，顶部夯土裸露，高约 1.7 米，夯层不清晰，四周散落大量砖、石，南面堆有排列整齐的石堆，西、北两侧为低缓的坡地，东、南两侧较平坦，北距长城墙体 26 米。

60. 大水泉 01 号烽火台 130729353201170060

位于张北县油篓沟乡大水泉村东南 3.2 千米，坐标：东经 114° 41′ 46.60″，北纬 41° 00′ 37.50″，高程 1588 米。

烽火台平面呈圆形，剖面呈梯形，底径 14.5 米，残高 4.56 米，坍塌严重，呈堆状，四周散落大量砖、石，杂草覆盖，顶部立有水泥标志，西侧立有高压线杆，南临坝头，西、北两侧为低缓的坡地，北侧为杨树林，北距长城墙体 510 米。

61. 大水泉 02 号烽火台 130729353201170061

位于张北县油篓沟乡大水泉村东南 2.8 千米，坐标：东经 114° 41′ 45.10″，北纬 41° 00′ 52.20″，高程 1543 米。

烽火台平面呈圆形，剖面呈梯形，底径 6.56 米，残高 1.45 米，坍塌严重，呈堆状，四周散落大量砖、石，杂草覆盖，北距长城墙体 70 米。

62. 大水泉 03 号烽火台 130729353201170062

位于张北县油篓沟乡大水泉村东南 2.3 千米，坐标：东经 114° 41′ 23.50″，北纬 41° 01′ 00.00″，高程 1553 米。

烽火台平面呈圆形，剖面呈梯形，底径 8.25 米，残高 1.78 米，坍塌严重，呈堆状，四周散落大量砖、石，杂草覆盖，顶部夯土裸露，夯土夹杂小碎石，夯层不清晰，东南侧建有拦截牲畜的铁丝网，西侧因为雨水冲刷，已塌陷，南侧坡度较陡，其他三面坡度较缓，东南为杨树林，北距长城墙体 26 米。

63. 大水泉 04 号烽火台 130729353201170063

位于张北县油篓沟乡大水泉村东南 2.1 千米，坐标：东经 114° 41′ 02.10″，北纬 41° 01′ 01.10″，高程 1612 米。

烽火台平面呈圆形，剖面呈梯形，底径 8.25 米，残高 1.56 米，坍塌严重，呈堆状，四周散落大量砖、石，杂草覆盖，顶部夯土裸露，夯土夹杂小碎石，夯层不清晰，四周散落少量砖、石，四周地势平缓，北距长城墙体 145 米。

64. 大水泉 05 号烽火台 130729353201170064

位于张北县油篓沟乡大水泉村南 1.9 千米，坐标：东经 114° 40′ 44.90″，北纬 41° 01′ 06.70″，高程 1551 米。

烽火台平面呈圆形，剖面呈梯形，底径 8.25 米，残高 1.45 米，坍塌严重，呈堆状，四周散落少量石块，杂草覆盖，顶部夯土裸露，夯土夹杂小碎石层、白灰层，夯层厚 0.15 米，南侧为坝头，东、北、西侧坡度较缓，北距长城墙体 60 米。

65. 大水泉 06 号烽火台 130729353201170065

位于张北县油篓沟乡大水泉村西南 1.9 千米，坐标：东经 114° 40′ 24.80″，北纬 41° 01′ 06.40″，高程 1593 米。

烽火台平面呈圆形，剖面呈梯形，底径 10.25 米，残高 2.15 米，坍塌严重，呈堆状，四周散落少量砖、石，杂草覆盖，南侧为坝头，东、北、西侧坡度较缓，北距长城墙体 24 米。

66. 大水泉 07 号烽火台 130729353201170066

位于张北县油篓沟乡大水泉村西南 2 千米，坐标：东经 114° 40′ 06.60″，北纬 41° 01′ 07.70″，高程 1581 米。

烽火台平面呈圆形，剖面呈梯形，底径 8.25 米，残高 1.5 米，坍塌严重，呈堆状，四周散落少量砖石，杂草覆盖，顶部夯土裸露，夯层不清晰，南侧为坝头，东、北、西侧坡度较缓，北距长城墙体

36 米。

67. 黄土圐圙 01 号烽火台 130729353201170067

位于张北县台路沟乡黄土圐圙村东南，坐标：东经 114° 39′ 49.50″，北纬 41° 01′ 08.70″，高程 1571 米。

烽火台平面呈圆形，剖面呈梯形，底径 12.26 米，残高 2.15 米，坍塌严重，呈堆状，四周散落少量石块，杂草覆盖，顶部夯土裸露，夯层不清晰，南侧为坝头，坡度较陡，东、北、西侧坡度较缓，西北距长城墙体 61 米。

68. 黄土圐圙 02 号烽火台 130729353201170068

位于张北县台路沟乡黄土圐圙村东南，坐标：东经 114° 39′ 32.00″，北纬 41° 01′ 03.00″，高程 1576 米。

烽火台平面呈圆形，剖面呈梯形，底径 12.56 米，残高 2.35 米，坍塌严重，呈堆状，四周散落大量石块，杂草覆盖，南侧为坝头，坡度较陡，东北侧为杨树林，西北距长城墙体 20 米。

69. 黄土圐圙 03 号烽火台 130729353201170069

位于张北县台路沟乡黄土圐圙村东南，坐标：东经 114° 39′ 11.70″，北纬 41° 00′ 55.50″，高程 1627 米。

烽火台平面呈圆形，剖面呈梯形，底径 11.35 米，残高 2.87 米，坍塌严重，呈堆状，四周散落少量碎砖块，杂草覆盖，南侧为坝头，坡度较陡，建有拦截牲畜的铁丝网，东、北、西侧坡度较缓，南距长城墙体 26 米。

70. 黄土圐圙 04 号烽火台 130729353201170070

位于张北县台路沟乡黄土圐圙村东南，坐标：东经 114° 38′ 56.60″，北纬 41° 00′ 49.70″，高程 1685 米。

烽火台平面呈圆形，剖面呈梯形，底径 9.36 米，残高 2.1 米，坍塌严重，呈堆状，上部堆积大量的石块，杂草覆盖，南侧为坝头，坡度较陡，建有拦截牲畜的铁丝网，东、北、西侧坡度较缓，南距长城墙体 23 米。

71. 黄土圐圙 05 号烽火台 130729353201170071

位于张北县台路沟乡黄土圐圙村东南，坐标：东经 114° 38′ 41.90″，北纬 41° 00′ 44.10″，高程 1670 米。

烽火台平面呈圆形，剖面呈梯形，底径 12.45 米，残高 3.25 米，坍塌严重，呈堆状，上部堆积大量的石块，杂草覆盖，南侧为坝头，坡度较陡，建有拦截牲畜的铁丝网，东、北、西侧坡度较缓，北距长城墙体 11 米。

72. 黄土圐圙 06 号烽火台 130729353201170072

位于张北县台路沟乡黄土圐圙村东南，坐标：东经 114° 38′ 20.70″，北纬 41° 00′ 32.50″，高程 1682 米。

烽火台平面呈圆形，剖面呈梯形，底径 13.25 米，残高 3.25 米，坍塌严重，呈堆状，上部堆积大量的石块，杂草覆盖，南侧为坝头，坡度较陡，东、北、西侧坡度较缓，西北距长城墙体 117 米。

73. 黄土圐圙 07 号烽火台 130729353201170073

位于张北县台路沟乡黄土圐圙村东南，坐标：东经 114° 37′ 55.70″，北纬 41° 00′ 25.10″，高程 1643 米。

烽火台平面呈圆形，剖面呈梯形，东西直径 13.25 米，南北直径 10.65 米，残高 2.78 米，坍塌严重，呈堆状，上部堆积大量的石块，杂草覆盖，南侧为坝头，坡度较陡，西南侧有一处居住址，东侧有一段拦马墙直通坝头，北、西侧坡度较缓，北距长城墙体 8 米。

74. 黄土圙圙 08 号烽火台 130729353201170074

位于张北县台路沟乡黄土圙圙村东南，坐标：东经 114° 37′ 29.40″，北纬 41° 00′ 08.70″，高程 1619 米。

烽火台平面呈圆形，剖面呈梯形，底径 13 米，残高 2.56 米，坍塌严重，呈堆状，上部堆积少量的石块，杂草覆盖，南侧为坝头，坡度较陡，东、北、西侧坡度较缓，北距长城墙体 53 米。

75. 黄土圙圙 09 号烽火台 130729353201170075

位于张北县台路沟乡黄土圙圙村南，坐标：东经 114° 37′ 15.40″，北纬 40° 59′ 57.90″，高程 1624 米。

烽火台平面呈圆形，剖面呈梯形，底径 20 米，残高 5.5 米，坍塌严重，呈堆状，上部堆积少量的石块，杂草覆盖，东、西、北三面 2 米外有石埂围绕，南侧为坝头，地势较陡，东、西、北三面地面平坦，东北长有小片杨树林，西北距长城墙体 176 米。

76. 黄土圙圙 10 号烽火台 130729353201170076

位于张北县台路沟乡黄土圙圙村南，坐标：东经 114° 36′ 55.00″，北纬 40° 59′ 54.20″，高程 1588 米。

烽火台平面呈圆形，剖面呈梯形，底径 7.5 米，残高 2.6 米，坍塌严重，呈堆状，四周散落大量的碎砖块，杂草覆盖，台芯素土夯筑，夯层不清晰，根部 2 米围绕一圈石埂，东西两侧为沟谷，西侧较陡直，东侧较平缓，北侧为平缓的草地，建于坝头向南凸出的崖头上，西北距长城墙体 162 米。

77. 黄土圙圙 11 号烽火台 130729353201170077

位于张北县台路沟乡黄土圙圙村南，坐标：东经 114° 36′ 28.70″，北纬 40° 59′ 40.40″，高程 1642 米。

烽火台平面呈圆形，剖面呈梯形，底径 25 米，残高 5.9 米，坍塌严重，呈堆状，四周散落大量的碎砖块、石块，杂草覆盖，西、南 5 米处为坝头，东、北面为平坦的草地，北距长城墙体 494 米。

78. 黄土圙圙 12 号烽火台 130729353201170078

位于张北县台路沟乡黄土圙圙村南，坐标：东经 114° 36′ 05.00″，北纬 40° 59′ 52.70″，高程 1617 米。

烽火台平面呈圆形，剖面呈梯形，底径 17 米，残高 4.7 米，坍塌严重，呈堆状，四周散落大量的碎砖块、石块，杂草覆盖，南临坝，坡度较陡，东侧 20 米处为一沟，西、北面为平坦的草地，北距长城墙体 61 米。

79. 黄土圙圙 13 号烽火台 130729353201170079

位于张北县台路沟乡黄土圙圙村南，坐标：东经 114° 35′ 50.60″，北纬 40° 59′ 53.50″，高程 1591 米。

烽火台平面呈圆形，剖面呈梯形，底径 21 米，残高 5.3 米，坍塌严重，呈堆状，四周散落大量的碎砖块、石块，杂草覆盖，西、南侧临坝头峭壁，极陡，东、北侧为草地，北距长城墙体 32 米。

80. 黄土圙圙 14 号烽火台 130729353201170080

位于张北县台路沟乡黄土圙圙村南，坐标：东经 114° 35′ 34.30″，北纬 40° 59′ 44.30″，高程 1560 米。

烽火台平面呈圆形，剖面呈梯形，底径 24.5 米，残高 5.7 米，坍塌严重，呈堆状，四周散落大量的石块，杂草覆盖，南临谷，较陡，东为小山丘，西为缓坡，北为小山脊，西北距长城墙体 172 米。

81. 黄土圙圙 15 号烽火台 130729353201170081

位于张北县台路沟乡黄土圙圙村西南，坐标：东经 114° 35′ 19.60″，北纬 40° 59′ 44.40″，高程 1587 米。

烽火台平面呈圆形，剖面呈梯形，底径 12 米，残高 2.9 米，坍塌严重，呈堆状，四周散落大量的碎砖，杂草覆盖，东、南、西三面为平缓的坡地，西北距长城墙体 11 米。

82. 黄土圐圙 16 号烽火台 130729353201170082

位于张北县台路沟乡黄土圐圙村西南，坐标：东经 114° 35′ 09.40″，北纬 40° 59′ 38.60″，高程 1624 米。

烽火台平面呈圆形，剖面呈梯形，底径 22 米，残高 6.1 米，坍塌严重，呈堆状，四周散落大量的碎砖，杂草覆盖，西北距长城墙体 33 米。

83. 黄土圐圙 17 号烽火台 130729353201170083

张北县台路沟乡黄土圐圙村西南，坐标：东经 114° 34′ 51.60″，北纬 40° 59′ 32.20″，高程 1652 米。

烽火台平面呈圆形，剖面呈梯形，底径 11 米，顶径 8 米，残高 5 米，土石混筑，坍塌严重，呈堆状，杂草覆盖，四面各有一条现代修筑的石台阶，四周平坦、开阔，西北距长城墙体 175 米。

84. 黄土圐圙 18 号烽火台 130729353201170084

位于张北县台路沟乡黄土圐圙村西南，坐标：东经 114° 34′ 41.90″，北纬 40° 59′ 37.60″，高程 1627 米。

烽火台平面呈圆形，剖面呈梯形，底径 19 米，残高 6.2 米，素土夯筑，夯层不清晰，坍塌严重，呈堆状，四周散落大量的碎砖、石块，杂草覆盖，南、西侧为缓坡地，东侧较平坦，西北距长城墙体 50 米。

85. 黄土圐圙 19 号烽火台 130729353201170085

位于张北县台路沟乡黄土圐圙村西南，坐标：东经 114° 34′ 39.40″，北纬 40° 59′ 29.20″，高程 1624 米。

烽火台平面呈圆形，剖面呈梯形，底径 10.5 米，残高 4.8 米，土石混筑，坍塌严重，呈堆状，四周散落少量的石块，杂草覆盖，北侧 40 米处为备战时期所挖的战壕，北距长城墙体 318 米。

86. 黄土圐圙 20 号烽火台 130729353201170086

位于张北县台路沟乡黄土圐圙村西南，坐标：东经 114° 34′ 22.60″，北纬 40° 59′ 28.50″，高程 1640 米。

烽火台平面呈圆形，剖面呈梯形，底径 10.2 米，残高 4.6 米，坍塌严重，呈堆状，四周散落少量的碎砖、石块，杂草覆盖，南北为山脊，东面为坡，较平缓，西侧为深沟，北侧 5 米处为备战时期所挖的战壕，北距长城墙体 400 米。

87. 镇虎台 01 号烽火台 130729353201170087

位于张北县台路沟乡镇虎台村东南 2 千米，坐标：东经 114° 34′ 15.00″，北纬 40° 59′ 41.40″，高程 1625 米。

烽火台平面呈圆形，剖面呈梯形，底径 26 米，残高 6.8 米，素土夯筑，夯层不清晰，坍塌严重，呈堆状，四周散落少量的碎砖，杂草覆盖，北距长城墙体 54 米。

88. 镇虎台 02 号烽火台 130729353201170088

位于张北县台路沟乡镇虎台村东南 1.7 千米，坐标：东经 114° 34′ 03.00″，北纬 40° 59′ 46.70″，高程 1604 米。

烽火台平面呈圆形，剖面呈梯形，底径 18 米，残高 4.9 米，坍塌严重，呈堆状，杂草覆盖，四周散落大量的碎砖，西北侧还残存部分外包砖，南面坡度较陡，北侧 8 米外为防坦克沟，西、南两侧 20 米为山间小道，北距长城墙体 11 米。

89. 镇虎台 03 号烽火台 130729353201170089

位于张北县台路沟乡镇虎台村东南 1.5 千米，坐标：东经 114° 33′ 54.40″，北纬 40° 59′ 40.90″，高程 1533 米。

烽火台平面呈圆形，剖面呈梯形，底径 23 米，顶径 7 米，残高 3.6 米，土石混筑，坍塌严重，呈堆状，杂草覆盖，四周平坦开阔，东西两侧为耕地，北距长城墙体 45 米。

90. 镇虎台 04 号烽火台 130729353201170090

位于张北县台路沟乡镇虎台村东南 1.5 千米，坐标：东经 114° 33′ 50.40″，北纬 40° 59′ 42.00″，高程 1528 米。

烽火台平面呈圆形，剖面呈梯形，底径 13 米，残高 5.1 米，台芯素土分层夯筑，夯层厚 0.12 米，被雨水冲刷成尖锥状，四周散落大量的碎砖、石块，杂草覆盖，南北为较平坦的开阔地，开垦为农田，东南距镇虎台村 03 号烽火台 97 米。

91. 镇虎台 05 号烽火台 130729353201170091

位于张北县台路沟乡镇虎台村东南 1.2 千米，坐标：东经 114° 33′ 42.60″，北纬 40° 59′ 39.30″，高程 1555 米。

烽火台平面呈圆形，剖面呈梯形，底径 21 米，残高 6.1 米，台芯素土夯筑，夯层不清晰，外部堆石，四周散落大量石块，杂草覆盖，南侧 5 米外围堆有多个直径 1.1 米的石堆，东西两侧为较陡的山坡，南侧为一向南延伸的小山脊，北距长城墙体相 30 米。

92. 镇虎台 06 号烽火台 130729353201170092

位于张北县台路沟乡镇虎台村东南 814 米，坐标：东经 114° 33′ 23.30″，北纬 40° 59′ 36.30″，高程 1531 米。

烽火台平面呈圆形，剖面呈梯形，底径 11 米，残高 6.1 米，素土分层夯筑，夯层厚 0.13 米，坍塌严重，呈堆状，四周散落大量的碎砖，杂草覆盖，南侧 5 米处有多个直径 1 米的石堆，石堆相距 2.3 米。四周皆低缓的坡地，坡度较缓，北距长城墙体相 82 米。

93. 镇虎台 07 号烽火台 130729353201170093

位于张北县台路沟乡镇虎台村东南 567 米，坐标：东经 114° 33′ 12.30″，北纬 40° 59′ 37.20″，高程 1490 米。

烽火台平面呈圆形，剖面呈梯形，底径 10.5 米，残高 5.8 米，素土分层夯筑，夯层厚 0.1 米，坍塌严重，呈堆状，四周散落大量的碎砖，杂草覆盖，西侧墙面夯土缺失，形成断面，四周地面高低不平，有部分开垦为农田，南侧 60 米处为雨水冲刷而成的沟。

94. 镇虎台 08 号烽火台 130729353201170094

位于张北县台路沟乡镇虎台村东南 321 米，坐标：东经 114° 35′ 56.20″，北纬 40° 59′ 35.70″，高程 1439 米。

烽火台平面呈圆形，剖面呈梯形，底径 8.4 米，残高 6.3 米，土石混筑，坍塌严重，呈堆状，四周散落少量的石块，杂草覆盖，东、南侧为耕地，西侧为低凹的草地，北侧为雨水冲刷的山沟，东南角外

10 米处建有砖房一座，北距长城墙体相 51 米。

95. 镇虎台 09 号烽火台 130729353201170095

位于张北县台路沟乡镇虎台村西南 423 米，坐标：东经 114° 32′ 36.30″，北纬 40° 59′ 36.70″，高程 1404 米。

烽火台平面呈圆形，剖面呈梯形，底径 8 米，残高 6.45 米，素土分层夯筑，夯层厚 0.12 米，坍塌严重，呈堆状，四周散落大量的碎砖、石块，杂草覆盖，外包毛石砌筑，中部残存一层砌石，墙体由东、北、西侧绕行而过，南、北侧为耕地，多种植莜麦和豆类，四周零星种植树木。

96. 镇虎台 10 号烽火台 130729353201170096

位于张北县台路沟乡镇虎台村西南 720 米，坐标：东经 114° 32′ 22.00″，北纬 40° 59′ 36.30″，高程 1406 米。

烽火台平面呈圆形，剖面呈梯形，底径 10 米，残高 5.45 米，台芯素土分层夯筑，夯层厚 0.1 米，外包毛石缺失，坍塌严重，呈堆状，四周散落少量的碎石，杂草覆盖，四周为农田，多种植莜麦、豆类等，东、南、北侧地势平坦，西侧 80 米为河道，北距长城墙体 83 米。

97. 镇虎台 11 号烽火台 130729353201170097

位于张北县台路沟乡镇虎台村西南 876 米，坐标：东经 114° 32′ 13.40″，北纬 40° 59′ 40.50″，高程 1366 米。

烽火台平面呈圆形，剖面呈梯形，底径 5.17 米，残高 5 米，台芯素土分层夯筑，夯层厚 0.12 米，坍塌严重，呈堆状，四周散落少量的碎砖块，杂草覆盖，西北角坍塌严重，其他三面保存现状相对较好，呈坡状，东北角下部雨水冲刷坍塌，台体基础裸露条石、砖，此烽火台建在河道中间，水流量不大，东西两侧坡度较陡，南距长城墙体 6 米。

98. 镇虎台 12 号烽火台 130729353201170098

位于张北县台路沟乡镇虎台村西南 1.2 千米，坐标：东经 114° 31′ 57.80″，北纬 40° 59′ 38.10″，高程 1444 米。

烽火台平面呈圆形，剖面呈梯形，底径 12 米，残高 3.56 米，坍塌严重，呈堆状，四周散落少量的石块，杂草覆盖，北距长城墙体 143 米。

99. 镇虎台 13 号烽火台 130729353201170099

位于张北县台路沟乡镇虎台村西南 1.7 千米，坐标：东经 114° 31′ 37.80″，北纬 40° 59′ 48.70″，高程 1504 米。

烽火台平面呈圆形，剖面呈梯形，底径 10.25 米，残高 3.5 米，台芯素土分层夯筑，夯层厚 0.13 ～ 0.15 米，外包砖石缺失，东侧下部条石基础裸露 4 层，南北长 6.18 米，高 1.2 米，上部夯土裸露，坍塌严重，呈堆状，四周散落大量的碎砖块，杂草覆盖，东侧坡度较陡，西侧为山坡，北距长城墙体 15 米。

100. 镇虎台 14 号烽火台 130729353201170100

位于张北县台路沟乡镇虎台村西南 1.9 千米，坐标：东经 114° 31′ 28.40″，北纬 40° 59′ 42.10″，高程

1577 米。

烽火台平面呈圆形，剖面呈梯形，底径 19 米，残高 4.25 米，土石混筑，坍塌严重，呈堆状，四周散落少量的石块，杂草覆盖，上部堆积大量的石块，东、西、北侧坡度较陡，南侧地势平坦，西北距长城墙体 26 米。

101. 镇虎台 15 号烽火台 130729353201170101

位于张北县台路沟乡镇虎台村西南 1.9 千米，坐标：东经 114° 31′ 29.20″，北纬 40° 59′ 24.50″，高程 1583 米。

烽火台平面呈圆形，剖面呈梯形，底径 13.25 米，残高 3.78 米，坍塌严重，呈堆状，四周散落少量的石块，杂草覆盖，南、西、北侧地势平坦，东侧为坝头，地势陡峭，西距长城墙体 22 米。

102. 镇虎台 16 号烽火台 130729353201170102

位于张北县台路沟乡镇虎台村西南 2.2 千米，坐标：东经 114° 31′ 27.20″，北纬 40° 59′ 08.90″，高程 1600 米。

烽火台平面呈圆形，剖面呈梯形，底径 15 米，残高 4 米，坍塌严重，呈堆状，四周散落少量的砖、石块，杂草覆盖，西侧上部外包砖向内坍塌，东侧坡度较陡，西、南、北侧地势平坦，西距长城墙体 31 米。

103. 正边台 01 号烽火台 130729353201170103

位于张北县台路沟乡正边台村南 1.5 千米，坐标：东经 114° 31′ 09.90″，北纬 40° 58′ 45.60″，高程 1667 米。

烽火台平面呈圆形，剖面呈梯形，底径 18 米，残高 3.8 米，坍塌严重，呈堆状，四周散落少量的石块，杂草覆盖，西北距长城墙体 31 米。

104. 正边台 02 号烽火台 130729353201170104

位于张北县台路沟乡正边台村南 1.5 千米，坐标：东经 114° 31′ 31.10″，北纬 40° 58′ 43.90″，高程 1670 米。

烽火台平面呈圆形，剖面呈梯形，底径 18 米，残高 4.5 米，坍塌严重，呈堆状，四周散落大量的毛石块，杂草覆盖，东、西、北面地势平缓，南侧坡度陡峭，西北距长城墙体 83 米，西南侧 31 米处有一段拦马墙。

105. 正边台 03 号烽火台 130729353201170105

位于张北县台路沟乡正边台村南 1.6 千米，坐标：东经 114° 30′ 51.60″，北纬 40° 58′ 38.90″，高程 1762 米。

烽火台平面呈圆形，剖面呈梯形，底径 21 米，残高 5.2 米，坍塌严重，呈堆状，四周散落少量的石块，杂草覆盖，东、西、北面为缓坡，西北距长城墙体 40 米。

106. 正边台 04 号烽火台 130729353201170106

位于张北县台路沟乡正边台村西南 2.6 千米，坐标：东经 114° 30′ 25.80″，北纬 40° 58′ 34.70″，高程 1743 米。

烽火台平面呈圆形，剖面呈梯形，底径 24 米，残高 5.6 米，毛石垒砌，坍塌严重，呈堆状，四周散落大量的石块，杂草覆盖，南临坝头，东、西、北面为缓坡，西北距长城墙体 88 米。

107. 正边台 05 号烽火台 130729353201170107

位于张北县台路沟乡正边台村西南 3.6 千米，坐标：东经 114° 30′ 06.70″，北纬 40° 58′ 26.70″，高程 1741 米。

烽火台平面呈圆形，剖面呈梯形，底径 23 米，残高 5.7 米，毛石垒砌，坍塌严重，呈堆状，四周散落大量的石块，杂草覆盖，南侧墙面长 5.6 米，高 2.1 米，东、西、北三面有矮墙环绕，南临坝头，东、西、北面为草地，西北距长城墙体 27 米。

108. 正边台 06 号烽火台 130729353201170108

位于张北县台路沟乡正边台村西南 4.6 千米，坐标：东经 114° 29′ 53.80″，北纬 40° 58′ 13.70″，高程 1771 米。

烽火台平面呈圆形，剖面呈梯形，底径 27 米，残高 4.9 米，坍塌严重，呈堆状，四周散落大量的石块，底部四周围残留石头矮墙，痕迹不清晰，杂草覆盖，四周为平坦草地，西北距长城墙体 73 米。

109. 正边台 07 号烽火台 130729353201170109

位于张北县台路沟乡正边台村西南 5.6 千米，坐标：东经 114° 29′ 35.70″，北纬 40° 58′ 01.03″，高程 1785 米。

烽火台平面呈圆形，剖面呈梯形，底径 21.5 米，残高 5.1 米，坍塌严重，呈堆状，四周散落大量的石块，杂草覆盖，西侧有人为垒砌的羊圈，南临坝头，西北距长城墙体 33 米。

110. 治儿山 01 号烽火台 130729353201170110

位于张北县台路沟乡治儿山村东南 1.5 千米，坐标：东经 114° 29′ 20.30″，北纬 40° 57′ 41.10″，高程 1788 米。

烽火台平面呈圆形，剖面呈梯形，底径 11.3 米，残高 7.8 米，坍塌严重，呈堆状，四周散落大量的条石、碎砖，杂草覆盖，南为坝头崖壁，西北距长城墙体 86 米。

111. 治儿山 02 号烽火台 130729353201170111

位于张北县台路沟乡治儿山村南 1.4 千米，坐标：东经 114° 29′ 08.40″，北纬 40° 57′ 27.30″，高程 1811 米。

烽火台平面呈圆形，剖面呈梯形，底径 12 米，残高 7.5 米，坍塌严重，呈堆状，四周散落少量的碎砖，杂草覆盖，南为坝头崖壁，北为平缓的坡地，西北距长城墙体 45 米。

112. 治儿山 03 号烽火台 130729353201170112

位于张北县台路沟乡治儿山村南 1.5 千米，坐标：东经 114° 28′ 55.30″，北纬 40° 57′ 09.40″，高程 1834 米。

烽火台平面呈圆形，剖面呈梯形，底径 14 米，残高 5.7 米，坍塌严重，呈堆状，四周散落大量的碎砖，杂草覆盖，南为坝头崖壁，北为平缓的坡地，西北距长城墙体 260 米。

113. 治儿山 04 号烽火台 130729353201170113

位于张北县台路沟乡治儿山村南 1.5 千米，坐标：东经 114° 28′ 39.80″，北纬 40° 57′ 00.75″，高程

1843 米。

烽火台平面呈圆形，剖面呈梯形，东西长 7.1 米，南北宽 6.1 米，残高 2.25 米，坍塌严重，呈堆状，四周散落大量的砖、石块，杂草覆盖，南为坝头崖壁，东、北、西侧地势平缓，西北距长城墙体 98 米。

114. 治儿山 05 号烽火台 130729353201170114

位于张北县台路沟乡治儿山村南 1.6 千米，坐标：东经 114° 28′ 23.70″，北纬 40° 57′ 57.05″，高程 1838 米。

烽火台平面呈圆形，剖面呈梯形，底径 7.7 米，残高 3.1 米，坍塌严重，呈堆状，四周散落大量的石块，杂草覆盖，东立面存垒砌痕迹，南为坝头崖壁，东、北、西侧地势平缓，北距长城墙体 55 米。

115. 治儿山 06 号烽火台 130729353201170115

位于张北县台路沟乡治儿山村西南 1.7 千米，坐标：东经 114° 28′ 07.50″，北纬 40° 57′ 00.50″，高程 1819 米。

烽火台平面呈圆形，剖面呈梯形，底径 11.25 米，残高 4.5 米，坍塌严重，呈堆状，四周散落大量的石块，杂草覆盖，南为坝头崖壁，东、北、西侧地势平缓，北距长城墙体 48 米。

116. 治儿山 07 号烽火台 130729353201170116

位于张北县台路沟乡治儿山村西南 1.8 千米，坐标：东经 114° 27′ 51.90″，北纬 40° 57′ 01.60″，高程 1829 米。

烽火台平面呈圆形，剖面呈梯形，底径 15 米，残高 4 米，坍塌严重，呈堆状，四周散落大量的砖、石块，杂草覆盖，东北侧有人为垒砌的马圈，南为坝头崖壁，东、北、西侧地势平缓，北距长城墙体 69 米。

117. 治儿山 08 号烽火台 130729353201170117

位于张北县台路沟乡治儿山村西南 1.8 千米，坐标：东经 114° 27′ 50.10″，北纬 40° 57′ 01.80″，高程 1827 米。

烽火台平面呈圆形，剖面呈梯形，底径 8.36 米残高 1.78 米，坍塌严重，呈堆状，四周散落大量的砖、条石，杂草覆盖，北侧存一石堆，南为坝头崖壁，东、北、西侧地势平缓，北距长城墙体 56 米。

118. 治儿山 09 号烽火台 130729353201170118

位于张北县台路沟乡治儿山村西南 1.9 千米，坐标：东经 114° 27′ 36.80″，北纬 40° 57′ 01.80″，高程 1855 米。

烽火台平面呈圆形，剖面呈梯形，底径 9 米，残高 4.12 米，坍塌严重，呈堆状，四周散落大量的石块，杂草覆盖，南为坝头崖壁，东、北、西侧地势平缓，北距长城墙体 31 米。

119. 大东沟 01 号烽火台 130729353201170119

位于张北县大河乡大东沟村南 3.6 千米，坐标：东经 114° 27′ 23.40″，北纬 40° 56′ 57.80″，高程 1872 米。

烽火台平面呈圆形，剖面呈梯形，底径 5.55 米，残高 6.37 米，坍塌严重，呈堆状，杂草覆盖，北侧有人为垒砌的马圈，南为坝头崖壁，东、北、西侧地势平缓，北距长城墙体 78 米。

120. 大东沟 02 号烽火台 130729353201170120

位于张北县大河乡大东沟村南 3.4 千米，坐标：东经 114° 27′ 14.40″，北纬 40° 56′ 59.50″，高程 1870 米。

烽火台平面呈圆形，剖面呈梯形，底径 5.35 米，残高 2.48 米，坍塌严重，呈堆状，四周散落少量的砖石，杂草覆盖，南为坝头崖壁，东、北、西侧地势平缓，北距长城墙体 17 米。

121. 大东沟 03 号烽火台 130729353201170121

位于张北县大河乡大东沟村南 3.3 千米，坐标：东经 114° 26′ 58.80″，北纬 40° 56′ 59.80″，高程 1869 米。

烽火台平面呈圆形，剖面呈梯形，底径 13 米，残高 5.37 米，坍塌严重，呈堆状，四周散落少量的石块，杂草覆盖，南侧地势陡峭，东、北、西侧地势平缓，北距长城墙体 57 米。

122. 大东沟 04 号烽火台 130729353201170122

位于张北县大河乡大东沟村西南 3.3 千米，坐标：东经 114° 27′ 40.10″，北纬 40° 56′ 59.20″，高程 1845 米。

烽火台平面呈圆形，剖面呈梯形，底径 18 米，残高 4.75 米，坍塌严重，呈堆状，四周散落大量的石块，杂草覆盖，西侧有人工垒砌的痕迹，南侧地势陡峭，东、北、西侧地势平缓，北距长城墙体 50 米。

123. 大东沟 05 号烽火台 130729353201170123

位于张北县大河乡大东沟村西南 3.3 千米，坐标：东经 114° 26′ 29.00″，北纬 40° 56′ 57.60″，高程 1868 米。

烽火台平面呈圆形，剖面呈梯形，底径 7.2 米，残高 2.67 米，坍塌严重，呈堆状，四周散落大量的石块，杂草覆盖，北侧立有三县界碑标志（为张北县、万全县、尚义县），南侧地势陡峭，东、北、西侧地势平缓。

124. 大东沟 06 号烽火台 130729353201170124

位于张北县大河乡大东沟村西南 2.5 千米，坐标：东经 114° 26′ 21.20″，北纬 40° 57′ 24.00″，高程 1840 米。

烽火台平面呈圆形，剖面呈梯形，底径 5.75 米，残高 4.2 米，坍塌严重，呈堆状，杂草覆盖，西临坝头，东南北侧地势平坦，南距长城墙体 814 米。

125. 辛窑 01 号烽火台 130729353201170125

位于洗马林镇辛窑村北 12 千米处，坐标：东经 114° 26′ 25.20″，北纬 40° 56′ 54.20″，高程 1848 米。

烽火台平面呈圆形，剖面呈梯形，残高 3.25 米，坍塌严重，呈堆状，四周散落大量的石块，杂草覆盖，位于墙体内侧，距墙体约 2.1 米。

126. 辛窑 02 号烽火台 130729353201170126

位于洗马林镇辛窑村北 11.8 千米处，坐标：东经 114° 26′ 14.60″，北纬 40° 56′ 49.50″，高程 1760 米。

烽火台平面呈圆形，剖面呈梯形，残高 8.9 米，坍塌严重，呈堆状，四周散落少量的城砖，砖规格：0.37 米 ×0.18 米 ×0.08 米，杂草覆盖，顶部修筑有现代工事，紧贴长城墙体内侧而建。

127. 辛窑 03 号烽火台 130729353201170127

位于洗马林镇辛窑村北 11.4 千米处，坐标：东经 114° 26′ 06.50″，北纬 40° 56′ 39.49″，高程 1640 米。

烽火台平面呈圆形，剖面呈梯形，底径 4.1 米，高 2.9 米，坍塌严重，呈堆状，四周散落少量的砖、条石，杂草覆盖，南与墙体间为一便道，东西两侧各有一段现代修筑的毛石墙，南侧为一道沟，宽约 5 米，北距长城墙体 5 米。

128. 辛窑 04 号烽火台 130729353201170128

位于洗马林镇辛窑村北 11 千米处，坐标：东经 114° 26′ 03.30″，北纬 40° 56′ 31.10″，高程 1607 米。

烽火台平面呈圆形，剖面呈梯形，底径 4.75 米，高 2.83 米，坍塌严重，呈堆状，四周散落少量的碎砖石，杂草覆盖，西侧底部残存部分条石基础，四周地势平缓，为耕地，北距长城墙体 56 米。

129. 辛窑 05 号烽火台 130729353201170129

位于洗马林镇辛窑村北 10.9 千米处，坐标：东经 114° 25′ 51.70″，北纬 40° 56′ 22.50″，高程 1585 米。

烽火台平面呈圆形，剖面呈梯形，底径 5.7 米，高 4.6 米，坍塌严重，呈堆状，四周散落少量的碎砖、石块、条石，杂草覆盖，西距长城墙体 7.1 米。

130. 辛窑 06 号烽火台 130729353201170130

位于洗马林镇辛窑村北 10.5 千米处，坐标：东经 114° 25′ 49.30″，北纬 40° 56′ 13.00″，高程 1596 米。

烽火台平面呈圆形，剖面呈梯形，底径 5.95 米，高 3.4 米，坍塌严重，呈堆状，杂草覆盖，四周较平缓，北距长城墙体 21 米。

131. 辛窑 07 号烽火台 130729353201170131

位于洗马林镇辛窑村北 10.3 千米处，坐标：东经 114° 25′ 44.30″，北纬 40° 56′ 05.20″，高程 1656 米。

烽火台平面呈圆形，剖面呈梯形，毛石垒砌，底径 15 米，高 5.1 米，坍塌严重，呈堆状，杂草覆盖，顶部建有现代设施。

132. 辛窑 08 号烽火台 130729353201170132

位于洗马林镇辛窑村北 9.9 千米处，坐标：东经 114° 25′ 36.80″，北纬 40° 55′ 56.20″，高程 1700 米。

烽火台平面呈圆形，剖面呈梯形，毛石垒砌，底径 12.3 米，高 5.2 米，坍塌严重，呈堆状，杂草覆盖，西距长城墙体 3.5 米。

133. 辛窑 09 号烽火台 130729353201170133

位于洗马林镇辛窑村北 9 千米处，坐标：东经 114° 25′ 29.30″，北纬 40° 55′ 46.00″，高程 1727 米。

烽火台平面呈圆形，剖面呈梯形，毛石垒砌，底径 20 米，高 5.8 米，坍塌严重，呈堆状，杂草覆盖。

134. 辛窑 10 号烽火台 130729353201170134

位于洗马林镇辛窑村北 8.6 千米处，坐标：东经 114° 25′ 27.30″，北纬 40° 55′ 34.20″，高程 1560 米。

烽火台平面呈圆形，剖面呈梯形，底径 10.2 米，残高 1.3 米，外包条石，台芯毛石垒砌，坍塌严重，呈堆状，四周散落大量的石块，距长城墙体 8.9 米。

135. 辛窑 11 号烽火台 130729353201170135

位于洗马林镇辛窑村北 8.6 千米处，坐标：东经 114° 25′ 23.90″，北纬 40° 55′ 15.10″，高程 1397 米。

烽火台平面呈圆形，剖面呈梯形，毛石垒砌，底径 37.5 米，高 1.7 米，坍塌严重，呈堆状，四周散落大量的石块，杂草覆盖，距长城墙体 15 米。

136. 辛窑 12 号烽火台 130729353201170136

位于洗马林镇辛窑村北 8 千米处，坐标：东经 114° 25′ 28.40″，北纬 40° 55′ 03.60″，高程 1368 米。

烽火台平面呈圆形，剖面呈梯形，底径 6.5 米，残高 5.5 米，素土夯筑，夯层不清晰，坍塌严重，呈堆状，四周长满杂草，受风雨侵蚀，表层形成凹槽，西、南面保存较好，距长城墙体 158 米。

137. 辛窑 13 号烽火台 130729353201170137

位于洗马林镇辛窑村北 8 千米处，坐标：东经 114° 25′ 15.50″，北纬 40° 54′ 54.00″，高程 1338 米。

烽火台平面呈圆形，剖面呈梯形，底径 7 米，高 9.5 米，素土夯筑，夯层不清晰，坍塌严重，呈堆状，四周长满杂草，受风雨侵蚀，表层形成凹槽，距长城墙体 4.5 米。

138. 辛窑 14 号烽火台 130729353201170138

位于洗马林镇辛窑村北 7.8 千米处，坐标：东经 114° 25′ 08.50″，北纬 40° 54′ 46.10″，高程 1318 米。

烽火台平面呈矩形，剖面呈梯形，东西宽 7.78 米，南北长 8.12 米，高 5.1 米，素土分层夯筑，夯层厚 0.1～0.16 米，顶面铺有青砖，坍塌严重，呈堆状，四周长满杂草，受风雨侵蚀，表层形成凹槽，距长城墙体 23 米。

139. 辛窑 15 号烽火台 130729353201170139

位于洗马林镇辛窑村北 7.3 千米处，坐标：东经 114° 25′ 01.40″，北纬 40° 54′ 27.60″，高程 1300 米。

烽火台平面呈圆形，剖面呈梯形，底径 15 米，高 6.5 米，素土分层夯筑，夯层厚 0.1～0.14 米，坍塌严重，呈堆状，四周长满杂草，受风雨侵蚀，表层形成凹。

140. 辛窑 16 号烽火台 130729353201170140

位于洗马林镇辛窑村北 7.1 千米处，坐标：东经 114° 25′ 53.80″，北纬 40° 54′ 18.80″，高程 1283 米。

烽火台平面呈圆形，剖面呈梯形，底径 8.6 米，残高 6.5 米，素土夯筑，夯层不清晰，坍塌严重，呈堆状，四周散落的砖块，长满杂草。

141. 辛窑 17 号烽火台 130729353201170141

位于洗马林镇辛窑村北 6.5 千米处，坐标：东经 114° 24′ 48.10″，北纬 40° 54′ 04.90″，高程 1253 米。

烽火台平面呈圆形，剖面呈梯形，底径 20 米，残高 7～8 米，素土夯筑，夯层不清晰，坍塌严重，呈堆状，四周长满杂草。

142. 辛窑 18 号烽火台 130729353201170142

位于洗马林镇辛窑村北 6.5 千米处，坐标：东经 114° 24′ 39.20″，北纬 40° 53′ 58.30″，高程 1233 米。

烽火台平面呈矩形，剖面呈梯形，东西长 6.96 米，南北宽 6.14 米，高 5.4 米，素土分层夯筑，夯层厚 0.1～0.15 米，顶面铺有青砖，坍塌严重，呈堆状，四周长满杂草，四周散落青砖、白灰块，距长城墙体 15 米。

143. 辛窑 19 号烽火台 130729353201170143

位于洗马林镇辛窑村北 5.9 千米处，坐标：东经 114° 24′ 31.90″，北纬 40° 53′ 39.40″，高程 1201 米。

烽火台平面呈圆形，剖面呈梯形，底径 11.4 米，高 4.8 米，素土分层夯筑，夯层厚 0.17、0.2 米，坍塌严重，呈堆状，四周长满杂草，散落青砖、白灰块，距长城墙体 148 米。

144. 辛窑 20 号烽火台 130729353201170144

位于洗马林镇辛窑村北 5.5 千米处，坐标：东经 114° 24′ 22.10″，北纬 40° 53′ 25.60″，高程 1187 米。

烽火台平面呈圆形，剖面呈梯形，底径 3.84 米，素土分层夯筑，夯层不清晰，坍塌严重，呈堆状，四周长满杂草。

145. 辛窑 21 号烽火台 130729353201170145

位于洗马林镇辛窑村北 5.3 千米处，坐标：东经 114° 24′ 12.40″，北纬 40° 53′ 13.40″，高程 1174 米。

烽火台平面呈圆形，剖面呈梯形，底径 5 米，残高 3 米，素土分层夯筑，夯层不清晰，坍塌严重，呈堆状，四周长满杂草，散落青砖，距长城墙体 13 米。建在土台上，属夯土实心烽火台。

146. 辛窑 22 号烽火台 130729353201170146

位于洗马林镇辛窑村北 5.2 千米处，坐标：东经 114° 24′ 20.00″，北纬 40° 53′ 13.40″，高程 1189 米。

烽火台平面呈圆形，剖面呈梯形，底径 4.5 米，残高 5.4 米，素土夯筑，夯层不清晰，坍塌严重，呈堆状，四周长满杂草，散落残砖、断瓦、垛口砖，受风雨侵蚀，土体表层形成凹槽，距长城墙体 155 米。

147. 辛窑 23 号烽火台 130729353201170147

位于洗马林镇辛窑村北 5 千米处，坐标：东经 114° 24′ 06.40″，北纬 40° 52′ 59.70″，高程 1137 米。

烽火台平面呈圆形，剖面呈梯形，底径 4.2 米，残高 4.7 米，素土夯筑，夯层不清晰，坍塌严重，呈堆状，四周长满杂草，散落残砖、断瓦、垛口砖，东侧存一盗洞，宽 0.5 米，深 3.5 米，受风雨侵蚀，土体表层形成凹槽，距长城墙体 106 米。

148. 辛窑 24 号烽火台 130729353201170148

位于洗马林镇辛窑村北 5 千米处，坐标：东经 114° 23′ 58.30″，北纬 40° 52′ 59.80″，高程 1128 米。

烽火台平面呈矩形，剖面呈梯形，东西宽 8.57 米，南北长 8.74 米，高 8.21 米，素土夯筑，夯层厚 0.12 ～ 0.16 米，坍塌严重，呈堆状，四周长满杂草，散落青砖、白灰块，顶面铺有青砖，距长城墙体 50 米。

149. 辛窑 25 号烽火台 130729353201170149

位于洗马林镇辛窑村西北 5.2 千米处，坐标：东经 114° 23′ 56.00″，北纬 40° 52′ 54.00″，高程 1120 米。

烽火台平面呈圆形，剖面呈梯形，底径 14.2 米，残高 5.6 米，素土夯筑，夯层不清晰，坍塌严重，呈堆状，四周长满杂草，距长城墙体 48 米。

150. 辛窑 26 号烽火台 130729353201170150

位于洗马林镇辛窑村北 4.9 千米处，坐标：东经 114° 23′ 50.40″，北纬 40° 52′ 52.80″，高程 1122 米。

烽火台平面呈矩形，剖面呈梯形，外包砖内夯土，南北长 9.4 米，东西宽 8.3 米，高 6.9 米，素土夯筑，夯层厚 0.07 ～ 0.14 米，坍塌严重，呈堆状，四周长满杂草，散落青砖、白灰块，顶面铺有青砖，距长城墙体 163 米。

151. 辛窑 27 号烽火台 130729353201170151

位于洗马林镇辛窑村西北 5.2 千米处，坐标：东经 114° 23′ 47.20″，北纬 40° 52′ 43.70″，高程 1140 米。

烽火台平面呈圆形，剖面呈梯形，底径 7.5 米，残高 4.5 米，素土夯筑，夯层不清晰，坍塌严重，呈堆状，四周长满杂草，受风雨侵蚀，土体表层形成凹槽，距长城墙体 130 米。

152. 辛窑 28 号烽火台 130729353201170152

位于洗马林镇辛窑村西北 5.2 千米处，坐标：东经 114° 22′ 21.30″，北纬 40° 52′ 08.70″，高程 1404 米。

烽火台平面呈圆形，剖面呈梯形，底径 11.2 米，残高 5.6 米，素土夯筑，夯层不清晰，坍塌严重，呈堆状，四周长满杂草，受风雨侵蚀，土体表层形成凹槽，距长城墙体 23 米。

153. 辛窑 29 号烽火台 130729353201170153

位于洗马林镇辛窑村西北 5.6 千米处，坐标：东经 114° 21′ 57.40″，北纬 40° 51′ 58.80″，高程 1411 米。

烽火台平面呈圆形，剖面呈梯形，底径 11.12 米，高 8.3 米，素土夯筑，夯层厚 0.1 ～ 0.13 米，坍塌严重，呈堆状，四周长满杂草，受风雨侵蚀，土体表层形成凹槽，距长城墙体 33 米。

154. 辛窑 30 号烽火台 130729353201170154

位于洗马林镇辛窑村西北 5.8 千米，坐标：东经 114° 21′ 45.70″，北纬 40° 51′ 53.60″，高程 1423 米。

烽火台平面呈矩形，剖面呈梯形，南北长 7.5 米，东西宽 6.8 米，残高 5.1 米，素土夯筑，夯层厚 0.12 ～ 0.15 米，坍塌严重，呈堆状，四周长满杂草，受风雨侵蚀，土体表层形成凹槽，距长城墙体 4 米。

155. 辛窑 31 号烽火台 130729353201170155

位于洗马林镇辛窑村西北 5.4 千米，坐标：东经 114° 21′ 47.40″，北纬 40° 51′ 30.90″，高程 1432 米。

烽火台平面呈圆形，剖面呈梯形，底径 5.7 米，台芯素土夯筑，夯层不清晰，南面存有外包城砖，城砖规格：0.39 米 ×0.9 米 ×0.19 米，条石基础高 0.64 米，南面设券门，起券方式为三伏三券，宽 0.96 米，高 0.7 米，门上置匾额石，题字"威远东空楼"，长 0.8 米，宽 5.7 米，四周长满杂草，距长城墙体 3 米。

156. 辛窑 32 号烽火台 130729353201170156

位于洗马林镇辛窑村西北 5.5 千米，坐标：东经 114° 21′ 40.50″，北纬 40° 51′ 26.20″，高程 1444 米。

烽火台平面呈圆形，剖面呈梯形，底径 5.9 米，残高 5.7 米，台芯素土夯筑，夯层厚 0.2 米，坍塌严重，呈堆状，四周长满杂草，受风雨侵蚀，土体表层形成凹槽，四周长满杂草，距长城墙体 4 米。

157. 辛窑 33 号烽火台 130729353201170157

位于洗马林镇辛窑村西北 5.4 千米，坐标：东经 114° 21′ 42.90″，北纬 40° 51′ 18.60″，高程 1476 米。

烽火台平面呈圆形，剖面呈梯形，底径 12.56 米，残高 4.9 米，台芯素土夯筑，夯层厚 0.1 ～ 0.2 米，东面包砖残存长 3.4 米，条石基础 3 层，东门宽 1 米，高 1.58 米，起券方式两伏两券，门上置匾额石，题字"威远西空楼"，一层为长方形券室，南北长 1.32 米，通过天井登顶，四周长满杂草，距长城墙体 4 米。

158. 辛窑 34 号烽火台 130729353201170158

位于洗马林镇辛窑村西北 5.3 千米，坐标：东经 114° 21′ 44.40″，北纬 40° 51′ 00.20″，高程 1506 米。

烽火台平面呈矩形，剖面呈梯形，东西长 7.3 米，南北宽 7.1 米，残高 6.04 米，外包城砖砌筑，条石基础 4 层，南面坍塌严重，其他三面存多条裂缝，四周长满杂草，距长城墙体 18 米。

159. 辛窑 35 号烽火台 130729353201170159

位于洗马林镇辛窑村西北 5.3 千米，坐标：东经 114° 21′ 45.00″，北纬 40° 50′ 50.40″，高程 1540 米。

烽火台平面呈矩形，剖面呈梯形，东西宽 7.6 米，南北长 8.04 米，北侧残高 4.4 米，条石基础 5 层，高 1.7 米，西、北面保存较好，东、南面坍塌严重，墙体存多条裂缝，四周长满杂草，距长城墙体 6 米。

160. 辛窑 36 号烽火台 130729353201170160

位于洗马林镇辛窑村西北 3.9 千米，坐标：东经 114° 21′ 50.30″，北纬 40° 50′ 12.90″，高程 1568 米。

烽火台平面呈圆形，剖面呈梯形，底径 3.25 米，残高 3.85 米，四周长满杂草，散落大量石块，距长城墙体 10 米。

161. 辛窑 37 号烽火台 130729353201170161

位于洗马林镇辛窑村西北 3.9 千米，坐标：东经 114° 21′ 55.70″，北纬 40° 50′ 01.50″，高程 1529 米。

烽火台平面呈矩形，剖面呈梯形，东西宽 6 米，南北长 9.68 米，残高 6 米，素土分层夯筑，夯层厚 0.1 ～ 0.13 米，坍塌严重，呈堆状，四周长满杂草，距长城墙体 6 米。

162. 黄土梁 01 号烽火台 130729353201170162

位于洗马林镇黄土梁村西北 3.6 千米，坐标：东经 114° 21′ 44.60″，北纬 40° 49′ 37.40″，高程 1455 米。

烽火台平面呈矩形，剖面呈梯形，东西残长 8.3 米，残高 8.9 米，台芯素土夯筑，夯层不清晰，外包城砖砌筑，坍塌严重，东侧东南角坍塌，北侧顶部整体坍塌，南侧存梯道，西侧箭窗上存出水嘴，四周长满杂草，距长城墙体 5 米。

163. 黄土梁 02 号烽火台 130729353201170163

位于洗马林镇黄土梁村西 3.4 千米处，坐标：东经 114° 21′ 55.30″，北纬 40° 49′ 24.30″，高程 1450 米。

烽火台平面呈矩形，剖面呈梯形，台芯素土夯筑，夯层厚 0.08 ～ 0.2 米，外包城砖砌筑，厚 1.37 米，坍塌严重，南、西墙坍塌，东、北墙部分残存，四周长满杂草，距长城墙体 33 米。

164. 黄土梁 03 号烽火台 130729353201170164

位于洗马林镇黄土梁村西 3.3 千米处，坐标：东经 114° 21′ 57.50″，北纬 40° 49′ 16.80″，高程 1409 米。

烽火台平面呈矩形，剖面呈梯形，东西长 10.1 米，南北宽 10.5 米，残高 5.2 米，台芯素土夯筑，夯层不清晰，外包城砖砌筑，条石基础 4 层，高 1.1 米，东、南面保存较好，西、北面坍塌严重，四周长满杂草，距长城墙体 34 米。

165. 黄土梁 04 号烽火台 130729353201170165

位于洗马林镇黄土梁村西 3.4 千米处，坐标：东经 114° 21′ 51.50″，北纬 40° 49′ 09.80″，高程 1488 米。

烽火台平面呈圆形，剖面呈梯形，底径 8.3 米，高 4.55 米，坍塌严重，呈堆状，四周长满杂草，受风雨侵蚀，土体表层形成凹槽，距长城墙体 3.1 米。

166. 黄土梁 05 号烽火台 130729353201170166

位于洗马林镇黄土梁村西 3.3 千米处，坐标：东经 114° 21′ 55.50″，北纬 40° 48′ 57.80″，高程 1560 米。

烽火台平面呈矩形，剖面呈梯形，东西长 8.2 米，南北宽 8.1 米，高 7.4 米，台芯素土夯筑，夯层不清晰，外包城砖砌筑，条石基础 7 层，高 1.95 米，东墙坍塌严重，墙体存多条裂缝，四周长满杂草，距长城墙体 5 米。

167. 黄土梁 06 号烽火台 130729353201170167

位于洗马林镇黄土梁村西 3 千米处，坐标：东经 114° 22′ 06.80″，北纬 40° 48′ 59.80″，高程 1471 米。

烽火台平面呈矩形，剖面呈梯形，东西长 8.4 米，南北宽 6.3 米，通高 8.26 米，条石基础 4 层，高 1.03 米，砖墙高 7.23 米，城砖规格：0.39 米 ×0.17 米 ×0.08 米，东北角坍塌严重，墙体存多条裂缝，四周长满杂草，距长城墙体 7.4 米。

168. 黄土梁 07 号烽火台 130729353201170168

位于洗马林镇黄土梁村西 2.9 千米处，坐标：东经 114° 22′ 16.60″，北纬 40° 48′ 54.60″，高程 1513 米。

烽火台平面呈圆形，剖面呈梯形，底径 5 米，残高 3 米，坍塌严重，呈堆状，四周散落大量的碎砖、石块，杂草覆盖，距长城墙体 9 米。

169. 黄土梁 08 号烽火台 130729353201170263

位于洗马林镇黄土梁村西南 2.7 千米处，坐标:东经 114° 22′ 29.40″，北纬 40° 48′ 41.90″，高程 1588 米。

烽火台平面呈矩形，剖面呈梯形，东西宽 7.84 米，南北长 8 米，高 8.3 米，条石基础 5 层，高 1.5 米，外包城砖高 80 层，城砖规格：0.38 米 ×0.18 米 ×0.09 米，西墙存多条裂缝，顶部存垛口、望孔、出水嘴各 1 个，北墙存裂缝一道，顶部存望孔 1 个，东墙东北角条石基础坍塌，中部存裂缝一道，宽 0.02 ～ 0.1 米，上部辟门，门下置悬梯石两块，距地 5.3 米，起券方式为一伏一券。南墙保存较好，四周长满杂草，距长城墙体 15 米。

170. 黄土梁 09 号烽火台 130729353201170169

位于洗马林镇黄土梁村西南 2.7 千米处，坐标：东经 114° 22′ 27.80″，北纬 40° 50′ 08.90″，高程 1522 米。

烽火台平面呈圆形，剖面呈梯形，底径 4.5 米，残高 3.1 米，坍塌严重，呈堆状，四周散落大量的石块，杂草覆盖，距长城墙体 765 米。

171. 席窑 01 号烽火台 130729353201170170

位于洗马林镇席窑村西 2.3 千米处，坐标：东经 114° 22′ 42.20″，北纬 40° 48′ 28.40″，高程 1522 米。

烽火台平面呈圆形，剖面呈梯形，底径 7.5 米，残高 4 米，坍塌严重，呈堆状，四周散落大量的石块，杂草覆盖，距长城墙体 324 米。

172. 席窑 02 号烽火台 130729353201170171

位于洗马林镇席窑村西南 2.2 千米，坐标：东经 114° 22′ 51.90″，北纬 40° 47′ 51.80″，高程 1411 米。

烽火台平面呈矩形，剖面呈梯形，东西宽 7.6 米，南北长 8.05 米，高 4.8 米，台芯素土夯筑，夯层厚 0.1 ～ 0.13 米，条石基础高 1.3 米，梯道置于台体南侧，仅存南面包砖墙体，其他三面坍塌，北侧残存部分条石基础，四周散落大量的城砖，四周长满杂草，距长城墙体 18 米。

173. 席窑 03 号烽火台 130729353201170172

位于洗马林镇席窑村西北 2.3 千米，坐标：东经 114° 22′ 52.60″，北纬 40° 47′ 13.00″，高程 1505 米。

烽火台平面呈圆形，剖面呈梯形，底径 4.5 米，残高 3.1 米，素土夯筑，夯层不清晰，坍塌严重，呈堆状，受风雨侵蚀，表层形成与夯层平行的凹槽，四周长满杂草，距长城墙体 13 米。

174. 席窑 04 号烽火台 130729353201170173

位于洗马林镇席窑村西南 2.5 千米，坐标：东经 114° 22′ 57.20″，北纬 40° 47′ 22.40″，高程 1460 米。

烽火台平面呈圆形，剖面呈梯形，底径 5.3 米，残高 3.2 米，坍塌严重，呈堆状，四周长满杂草，距长城墙体 65 米。

175. 席窑 05 号烽火台 130729353201170174

位于洗马林镇席窑村西南 2.7 千米，坐标：东经 114° 22′ 51.30″，北纬 40° 47′ 13.60″，高程 1451 米。

烽火台平面呈圆形，剖面呈梯形，底径 12.4 米，残高 5.1 米，坍塌严重，呈堆状，四周散落大量的石块，四周长满杂草，距长城墙体 15 米。

176. 柳沟 01 号烽火台 130729353201170175

位于旧堡乡柳沟村西北 4.2 千米，坐标：东经 114° 22′ 56.50″，北纬 40° 47′ 05.20″，高程 1413 米。

烽火台平面呈矩形，剖面呈梯形，东西长 5.2 米，南北宽 4.1 米，残高 3.2 米，台芯毛石砌筑，外包城砖砌筑，南侧残存部分外包砖，其他三面坍塌，四周散落大量的石块，四周长满杂草，距长城墙体 5 米。

177. 柳沟 02 号烽火台 130729353201170176

位于旧堡乡柳沟村西北 3.9 千米，坐标：东经 114° 23′ 01.20″，北纬 40° 45′ 00.80″，高程 1370 米。

烽火台平面呈矩形，剖面呈梯形，东西长 9.8 米，南北宽 9.6 米，残高 8.2 米，条石基础 7 层，高 1.65 米，西面墙体存多条裂缝，背面上部存悬梯石两块，至砖墙下皮高 7.14 米，四周长满杂草，距长城墙体 20 米。

178. 柳沟 03 号烽火台 130729353201170177

位于旧堡乡柳沟村西北 3.9 千米，坐标：东经 114° 22′ 59.50″，北纬 40° 46′ 56.80″，高程 1379 米。

烽火台平面呈矩形，剖面呈梯形，东西宽 5.14 米，南北长 9.07 米，残高 5.4 米，台芯素土夯筑，夯层不清晰，外包城砖砌筑，条石基础 3 层，高 0.6 米，东面墙体坍塌，其他三面砖件不同程度风化酥碱，四周长满杂草，距长城墙体 14 米。

179. 柳沟 04 号烽火台 130729353201170178

位于旧堡乡柳沟村西北 4.1 千米，坐标：东经 114° 22′ 49.10″，北纬 40° 46′ 51.30″，高程 1399 米。

烽火台平面呈矩形，剖面呈梯形，东西长 5.6 米，南北宽 4.9 米，残高 5.4 米，台芯素土夯筑，夯层不清晰，外包毛石砌筑，坍塌严重，呈堆状，四周散落大量的石块，杂草覆盖，距长城墙体 17 米。

180. 柳沟 05 号烽火台 130729353201170179

位于旧堡乡柳沟村西北 4.1 千米，坐标：东经 114° 22′ 45.00″，北纬 40° 46′ 43.90″，高程 1406 米。

烽火台平面呈矩形，剖面呈梯形，东西宽 5 米，南北长 9.7 米，残高 8.1 米，东、北面坍塌，南面下部存券门，西面顶部设施坍塌，四周长满杂草，距长城墙体 4 米。

181. 柳沟 06 号烽火台 130729353201170180

位于旧堡乡柳沟村西北 4.1 千米，坐标：东经 114° 22′ 38.40″，北纬 40° 46′ 23.00″，高程 1413 米。

烽火台平面呈圆形，剖面呈梯形，底径 6.1 米，残高 5.2 米，台芯素土夯筑，夯层厚 0.09～0.14 米，坍塌严重，呈堆状，受风雨侵蚀，土体表层形成凹槽，四周长满杂草，距长城墙体 6 米。

182. 柳沟 07 号烽火台 130729353201170181

位于旧堡乡柳沟村西北 4.3 千米，坐标：东经 114° 22′ 22.80″，北纬 40° 46′ 06.20″，高程 1389 米。

烽火台平面呈矩形，剖面呈梯形，东西宽 9.48 米，南北长 9.84 米，残高 9.4 米，东面北侧下部辟门，起券方式两伏两券，宽 0.85 米，高 1.46 米，二层券室大部分坍塌，仅存南侧一券室，东面墙体两侧坍塌，墙体内夯土裸露，南面东南角坍塌，存箭窗、望孔、出水嘴各 1 个，西面存望孔、出水嘴各 2 个，北面东北角坍塌，四周长满杂草，距长城墙体 20 米。

183. 柳沟 08 号烽火台 130729353201170182

位于旧堡乡柳沟村西 4.4 千米，坐标：东经 114° 22′ 18.20″，北纬 40° 45′ 58.80″，高程 1412 米。

烽火台平面呈圆形，剖面呈梯形，东西宽 7.29 米，南北长 7.84 米，残高 7.6 米，台芯毛石砌筑，外包城砖砌筑，条石基础 4 层，高 1.06 米，东、北面坍塌，南、西面保存一般，西南角坍塌，四周长满杂草，距长城墙体 13 米。

184. 柳沟 09 号烽火台 130729353201170198

位于旧堡乡柳沟村西南 833 米，坐标：东经 114° 25′ 03.40″，北纬 40° 45′ 33.70″，高程 933 米。

烽火台平面呈圆形，剖面呈梯形，底径 9.5 米，残高 10.5 米，素土夯筑，夯层厚 0.09～0.14 米，坍塌严重，呈堆状，受风雨侵蚀，土体表层形成凹槽，四周长满杂草。

185. 柳沟 10 号烽火台 130729353201170200

位于旧堡乡柳沟村东北 2.2 千米，坐标：东经 114° 26′ 00.40″，北纬 40° 47′ 01.20″，高程 956 米。

烽火台平面呈圆形，剖面呈梯形，底径 7.34 米，残高 4.5 米，素土夯筑，夯层厚 0.09～0.14 米，坍塌严重，呈堆状，受风雨侵蚀，土体表层形成凹槽，南面存一盗洞，长 1.22 米，宽 1.15 米，高 1.3 米，四周长满杂草。

186. 柳沟 11 号烽火台 130729353201170201

位于旧堡乡柳沟村东北 3.4 千米，坐标：东经 114° 26′ 18.70″，北纬 40° 47′ 36.30″，高程 944 米。

烽火台平面呈圆形，剖面呈梯形，底径 8.7 米，残高 7.3 米，素土夯筑，夯层厚 0.09～0.14 米，坍塌严重，呈堆状，受风雨侵蚀，土体表层形成凹槽，四周长满杂草。

187. 牛家窑 01 号烽火台 130729353201170183

位于旧堡乡牛家窑村西北 3.6 千米，坐标：东经 114° 22′ 20.10″，北纬 40° 45′ 46.90″，高程 1410 米。

烽火台平面呈圆形，剖面呈梯形，底径 7.1 米，残高 4 米，台芯下段素土夯筑，上段毛石砌筑，四周长满杂草，距长城墙体 3 米。

188. 牛家窑 02 号烽火台 130729353201170184

位于旧堡乡牛家窑村西北 3.4 千米，坐标：东经 114° 22′ 18.20″，北纬 40° 45′ 33.60″，高程 1383 米。

烽火台平面呈矩形，剖面呈梯形，东西长 9.4 米，南北宽 9.3 米，残高 6.8 米，台芯素土夯筑，夯层厚 0.1 ～ 0.15 米，外包城砖砌筑，条石基础 8 层，高 1.84 米，外包砖仅存部分背里砖，四周长满杂草，距长城墙体 17 米。

189. 牛家窑 03 号烽火台 130729353201170185

位于旧堡乡牛家窑村西北 3.3 千米，坐标：东经 114° 22′ 19.00″，北纬 40° 45′ 15.10″，高程 1263 米。

烽火台平面呈圆形，剖面呈梯形，底径 11 米，残高 7.3 米，台芯素土夯筑，夯层厚 0.1 ～ 0.14 米，外包城砖砌筑，条石基础 5 层，高 1.1 米，外包砖仅存部分背里砖，四周长满杂草，距长城墙体 15 米。

190. 牛家窑 04 号烽火台 130729353201170186

位于旧堡乡牛家窑村西 3.2 千米处，坐标：东经 114° 22′ 19.40″，北纬 40° 44′ 58.70″，高程 1324 米。

烽火台平面呈矩形，剖面呈梯形，东西长 7.1 米，南北宽 6 米，残高 6.3 米，条石基础掩埋，外包城砖砌筑，城砖规格：0.365 米 ×0.185 米 ×0.08 米，西、南面存部分墙体，其他面坍塌，南面中部辟门，起券方式两伏两券，四周散落大量城砖，四周长满杂草。

191. 牛家窑 05 号烽火台 130729353201170196

位于旧堡乡牛家窑村西南 564 米，坐标：东经 114° 24′ 17.40″，北纬 40° 44′ 42.00″，高程 918 米。

烽火台平面呈圆形，剖面呈梯形，底径 11.5 米，残高 11.3 米，素土夯筑，夯层厚 0.09 ～ 0.14 米，坍塌严重，呈堆状，受风雨侵蚀，土体表层形成凹槽，东、北面长有榆树 2 棵，四周长满杂草。

192. 牛家窑 06 号烽火台 130729353201170197

位于旧堡乡牛家窑村西北 288 米，坐标：东经 114° 24′ 35.30″，北纬 40° 45′ 01.80″，高程 922 米。

烽火台平面呈圆形，剖面呈梯形，底径 8.9 米，残高 11.3 米，素土夯筑，夯层厚 0.09 ～ 0.14 米，坍塌严重，呈堆状，受风雨侵蚀，土体表层形成凹槽，顶面存有残砖，四周长满杂草。

193. 牛家窑 07 号烽火台 130729353201170199

位于旧堡乡牛家窑村西北 2.2 千米，坐标：东经 114° 23′ 30.20″，北纬 40° 45′ 45.30″，高程 1202 米。

烽火台平面呈圆形，剖面呈梯形，底径 12.3 米，残高 7.2 米，素土夯筑，夯层厚 0.09 ～ 0.14 米，坍塌严重，呈堆状，受风雨侵蚀，土体表层形成凹槽，四周长满杂草，距长城墙体 1700 米。

194. 羊窑沟 01 号烽火台 130729353201170187

位于北沙城乡羊窑沟村北 3.2 千米，坐标：东经 114° 20′ 57.00″，北纬 40° 44′ 29.80″，高程 1118 米。

烽火台平面呈圆形，剖面呈梯形，底径 6.2 米，残高 4.1 米，坍塌严重，呈堆状，四周散落大量的石块，杂草覆盖。

195. 羊窑沟 02 号烽火台 130729353201170188

位于北沙城乡羊窑沟村西北 3.3 千米，坐标：东经 114° 20′ 07.40″，北纬 40° 44′ 26.40″，高程 952 米。

烽火台平面呈圆形，剖面呈梯形，底径 5 米，残高 3 米，坍塌严重，呈堆状，四周散落大量的石块，杂草覆盖，南距万全东洋河水文站 10 米。

196. 羊窑沟 03 号烽火台 130729353201170189

位于北沙城乡羊窑沟村西北 2.2 千米，坐标：东经 114° 20′ 48.40″，北纬 40° 43′ 10.90″，高程 851 米。

烽火台平面呈圆形，剖面呈梯形，底径 11.97 米，残高 8.8 米，四周设护墙，北距护墙 5.6 米，南距护墙 5.52 米，内高 2.2 米，外高 3.2 米，素土夯筑，夯层不清晰，坍塌严重，呈堆状，四周长满杂草，受风雨侵蚀，土体表层形成凹槽，东南距万全东洋河水文站 10 米。

197. 羊窑沟 04 号烽火台 130729353201170190

位于北沙城乡羊窑沟村西 1.9 千米，坐标：东经 114° 20′ 58.70″，北纬 40° 43′ 14.80″，高程 901 米。

烽火台平面呈圆形，剖面呈梯形，底径 8.5 米，残高 11.6 米，素土夯筑，夯层厚 0.09 ～ 0.14 米，坍塌严重，呈堆状，四周长满杂草，受风雨侵蚀，土体表层形成凹槽，距东洋河水文站 262 米。

198. 羊窑沟 05 号烽火台 130729353201170191

位于北沙城乡羊窑沟村东北 503 米，坐标：东经 114° 22′ 36.50″，北纬 40° 43′ 15.40″，高程 878 米。

烽火台平面呈圆形，剖面呈梯形，底径 11 米，高 5.5 米，素土夯筑，夯层厚 0.08 ～ 0.15 米，坍塌严重，呈堆状，四周长满杂草，受风雨侵蚀，土体表层形成凹槽，位于刘尚廉家院内。

199. 羊窑沟 06 号烽火台 130729353201170192

位于北沙城乡羊窑沟村东北 1.5 千米，坐标：东经 114° 23′ 11.80″，北纬 40° 43′ 33.50″，高程 898 米。

烽火台平面呈圆形，剖面呈梯形，底径 10.2 米，高 12.5 米，素土夯筑，夯层厚 0.09 ～ 0.14 米，夯土台基高 1.73 米，坍塌严重，呈堆状，四周长满杂草，受风雨侵蚀，土体表层形成凹槽。

200. 赐沟 01 号烽火台 130729353201170193

位于旧堡乡赐沟村西北 1.6 千米，坐标：东经 114° 24′ 02.40″，北纬 40° 44′ 11.00″，高程 901 米。

烽火台平面呈圆形，剖面呈梯形，底径 11.4 米，残高 9.5 米，素土夯筑，夯层厚 0.09 ～ 0.14 米，坍塌严重，呈堆状，四周长满杂草，受风雨侵蚀，土体表层形成凹槽。

201. 赐沟 02 号烽火台 130729353201170194

位于旧堡乡赐沟村 2.4 千米，坐标：东经 114° 23′ 27.70″，北纬 40° 44′ 18.10″，高程 1034 米。

烽火台平面呈圆形，剖面呈梯形，底径 14.2 米，高 5.65 米，素土夯筑，夯层厚 0.09 ～ 0.14 米，坍塌严重，呈堆状，四周长满杂草，受风雨侵蚀，土体表层形成凹槽，东侧、北侧为高压线塔。

202. 赐沟 03 号烽火台 130729353201170195

位于旧堡乡赐沟村 3 千米，坐标：东经 114° 23′ 10.70″，北纬 40° 44′ 39.10″，高程 1108 米。

烽火台平面呈圆形，剖面呈梯形，底径 11.5 米，残高 4.9 米，素土夯筑，夯层厚 0.12 ～ 0.18 米，塌严重，呈堆状，四周长满杂草，受风雨侵蚀，土体表层形成凹槽，距长城墙体 1200 米。

203. 洗马林 01 号烽火台 130729353201170202

位于洗马林镇洗马林村东 200 米的土岗上，坐标：东经 114° 28′ 30.00″，北纬 40° 49′ 00.00″，高程 993 米。

烽火台平面呈圆形，剖面呈梯形，底径 7.1 米，残高 6.2 米，素土夯筑，夯层厚 0.09 ～ 0.12 米，坍塌严重，呈堆状，四周长满杂草，受风雨侵蚀，土体表层形成凹槽。

204. 洗马林 02 号烽火台 130729353201170203

位于洗马林镇洗马林村西 500 米，坐标：东经 114° 26′ 11.30″，北纬 40° 49′ 03.80″，高程 1096 米。

烽火台平面呈矩形，剖面呈梯形，东西长 6.2 米，南北宽 5.7 米，高 3.5 米，台芯毛石砌筑，外包城砖砌筑，墙宽窄不等，宽 0.6 ～ 0.9 米，城砖规格：0.4 米 ×0.2 米 ×0.09 米，东、南面坍塌，四周散落大量的石块，四周长满杂草。

205. 洗马林 03 号烽火台 130729353201170204

位于洗马林镇洗马林村 1.6 千米，坐标：东经 114° 26′ 14.00″，北纬 40° 49′ 24.30″，高程 988 米。

烽火台平面呈矩形，剖面呈梯形，东西长 8.4 米，南北宽 8.2 米，残高 5.2 米，素土分层夯筑，夯层厚 0.11 ～ 0.15 米，四周长满杂草，受风雨侵蚀，土体表层形成凹槽。

206. 洗马林 04 号烽火台 130729353201170205

位于洗马林镇洗马林村 1.9 千米，坐标：东经 114° 26′ 10.60″，北纬 40° 49′ 37.70″，高程 1054 米。

烽火台平面呈圆形，剖面呈梯形，底径 6.2 米，残高 2.8 米，毛石垒砌，坍塌严重，呈堆状，四周散落大量的石块，四周长满杂草。

207. 洗马林 05 号烽火台 130729353201170206

位于洗马林镇洗马林村 1.3 千米，坐标：东经 114° 26′ 56.40″，北纬 40° 49′ 40.10″，高程 985 米。

烽火台平面呈圆形，剖面呈梯形，底径 7.2 米，残高 4.2 米，素土分层夯筑，夯层厚 0.12 ～ 0.18 米，四周长满杂草，受风雨侵蚀，土体表层形成凹槽。

208. 辛窑 38 号烽火台 130729353201170207

位于洗马林镇辛窑村东南 1.4 千米，坐标：东经 114° 26′ 15.80″，北纬 40° 50′ 05.90″，高程 1065 米。

烽火台平面呈矩形，剖面呈梯形，东西宽 7.3 米，南北长 10.05 米，残高 6.8 米，素土分层夯筑，夯层厚 0.12 ～ 0.18 米，四周长满杂草，受风雨侵蚀，土体表层形成凹槽，距长城墙体 6200 米。

209. 辛窑 39 号烽火台 130729353201170209

位于洗马林镇辛窑村西北 4.6 千米，坐标：东经 114° 22′ 17.70″，北纬 40° 51′ 06.60″，高程 1537 米。

烽火台平面呈圆形，剖面呈梯形，底径 7.3 米，残高 5.4 米，毛石砌筑，坍塌严重，呈堆状，四周散落大量的石块，四周长满杂草，距长城墙体 832 米。

210. 辛窑 40 号烽火台 130729353201170210

位于洗马林镇辛窑村西北 2.1 千米，坐标：东经 114° 24′ 25.70″，北纬 40° 51′ 17.80″，高程 1168 米。

烽火台平面呈圆形，剖面呈梯形，底径 4.9 米，残高 4.2 米，素土分层夯筑，夯层厚 0.12 ～ 0.13 米，四周长满杂草，受风雨侵蚀，土体表层形成凹槽，距长城墙体 3800 米。

211. 辛窑 41 号烽火台 130729353201170211

位于洗马林镇辛窑村西北 1.7 千米，坐标：东经 114° 25′ 19.30″，北纬 40° 51′ 28.20″，高程 1072 米。

烽火台平面呈圆形，剖面呈梯形，底径 7.5 米，残高 6.1 米，素土分层夯筑，夯层厚 0.12～0.18 米，四周长满杂草，受风雨侵蚀，土体表层形成凹槽，距长城墙体 5100 米。

212. 冯家窑 01 号烽火台 130729353201170212

位于梁家庄乡冯家窑村西 1.5 千米，坐标：东经 114° 39′ 20.00″，北纬 41° 00′ 03.60″。

烽火台平面呈圆形，剖面呈梯形，底径 13.78 米，残高 6.87 米，毛石砌筑，东面残存小部分墙体，南北两面为较缓的山坡，东西为山谷，坍塌严重，呈堆状，四周散落大量的石块，四周长满杂草。

213. 连针沟 01 号烽火台 130729353201170213

位于膳房堡乡连针沟村西北 4.7 千米，坐标：东经 114° 39′ 41.20″，北纬 40° 59′ 11.30″，高程 1348 米。

烽火台平面呈矩形，剖面呈梯形，南北宽 7.25 米，东西长 7.79 米，残高 6.47 米，台体四周设围墙，距台体 5.93 米，毛石砌筑，坍塌严重，现残存最高 0.5 米。台体坍塌严重，呈堆状，四周散落大量的石块，杂草覆盖。

214. 连针沟 02 号烽火台 130729353201170214

位于膳房堡乡连针沟村西北 3.8 千米，坐标：东经 114° 40′ 30.10″，北纬 40° 59′ 13.40″，高程 1335 米。

烽火台平面呈圆形，剖面呈梯形，底径 14.49 米，顶径 5.28 米，高 7.11 米，素土夯筑，夯层不清晰，坍塌严重，呈堆状，杂草覆盖，北面为斜坡，东、南、西面为较为平缓的坡地。

215. 连针沟 03 号烽火台 130729353201170215

位于膳房堡乡连针沟村西北 2.9 千米，坐标：东经 114° 41′ 04.10″，北纬 40° 59′ 08.60″，高程 1384 米。

烽火台平面呈圆形，剖面呈梯形，底径 15.74 米，顶径 5.8 米，高 2.29 米，四周设围墙，南面存一蹬道，坍塌成堆状。台体毛石砌筑，坍塌严重，呈堆状，四周散落大量的石块，杂草覆盖。

216. 连针沟 04 号烽火台 130729353201170216

位于膳房堡乡连针沟村西北 4.3 千米，坐标：东经 114° 38′ 39.80″，北纬 40° 58′ 32.90″，高程 1318 米。

烽火台平面呈圆形，剖面呈梯形，底径 16.78 米，残高 6.5 米，顶部最宽处 5.6 米，毛石砌筑，南、北、西面坍塌严重，只残留小部分墙体，坍塌严重，呈堆状，四周散落大量的石块，杂草覆盖。

217. 连针沟 05 号烽火台 130729353201170218

位于膳房堡乡连针沟村北 644 米，坐标：东经 114° 42′ 36.70″，北纬 40° 58′ 30.30″，高程 1244 米。

烽火台平面呈矩形，剖面呈梯形，东西长 6.8 米，南北宽 5.57 米，高 3.47 米，素土夯筑，夯层不清晰，坍塌严重，呈堆状，四周长满杂草。

218. 连针沟 06 号烽火台 130729353201170223

位于膳房堡乡连针沟村西 4 千米，坐标：东经 114° 39′ 59.30″，北纬 40° 57′ 43.10″，高程 1161 米。

烽火台平面呈矩形，剖面呈梯形，东西宽长 9.15 米，南北长 9.88 米，高 6.22 米，素土夯筑，夯层不清晰，坍塌严重，呈堆状，四周长满杂草。

219. 连针沟 07 号烽火台 130729353201170222

位于膳房堡乡连针沟村西南 2.5 千米，坐标：东经 114° 41′ 05.80″，北纬 40° 57′ 44.80″，高程 1186 米。

烽火台平面呈圆形，剖面呈梯形，底径 8.59 米，高 7.4 米，素土夯筑，夯层厚 0.13 ～ 0.18 米，坍塌严重，呈堆状，受风雨侵蚀，土体表层形成凹槽，四周长满杂草。

220. 膳房堡 01 号烽火台 130729353201170219

位于膳房堡乡膳房堡村北 1.3 千米，坐标：东经 114° 44′ 02.20″，北纬 40° 58′ 19.00″，高程 1224 米。

烽火台平面呈矩形，剖面呈梯形，东西长 9.46 米，南北宽 8.25 米，高 6.8 米，素土夯筑，夯层厚 0.15 ～ 0.16 米，坍塌严重，呈堆状，受风雨侵蚀，土体表层形成凹槽，四周长满杂草。

221. 膳房堡 02 号烽火台 130729353201170220

位于膳房堡乡膳房堡村北 649 米，坐标：东经 114° 43′ 30.50″，北纬 40° 58′ 01.40″，高程 1220 米。

烽火台平面呈矩形，剖面呈梯形，东西长 8.76 米，南北宽 8.5 米，高 5.3 米，坍塌严重，呈堆状，受风雨侵蚀，土体表层形成凹槽，杂草覆盖。

222. 膳房堡 03 号烽火台 130729353201170224

位于膳房堡乡膳房堡村南 1 千米，坐标：东经 114° 42′ 51.40″，北纬 40° 57′ 24.40″，高程 1181 米。

台体四周设围墙，平面呈"回"字形，烽火台居中，东西长 23.88 米、南北长 28.89 米，残高 1.58 米，西面有人为挖掘孔洞，烽火台与护墙之间被泥土填平，西南有民居一处，南面有多棵杨树，西面有电线杆一根，西面 976 米处为 207 国道。

烽火台平面呈矩形，剖面呈梯形，东西长 10.89 米，南北宽 7.52 米，东面高 6.73 米，南面高 6.02 米，西面高 4.6 米，北面高 3.67 米，包砖缺失，仅存夯土台芯，夯层夹杂砂砾，厚 0.18 ～ 0.23 米，南、北面坍塌成斜坡状，南面散落少量碎砖，杂草覆盖。

223. 膳房堡 04 号烽火台 130729353201170228

位于膳房堡乡膳房堡村南 1 千米，坐标：东经 114° 43′ 35.70″，北纬 40° 56′ 10.40″，高程 1109 米。

烽火台平面呈矩形，剖面呈梯形，南北长 18.47 米，东西宽 13.43 米，东面高 8.88 米，南面高 7.72 米，西面高 8.33 米，北面高 10.4 米，台芯素土夯筑，夯层夹杂沙砾，厚 0.12 ～ 0.16 米，受风雨侵蚀，土体表层形成凹槽，顶部损毁严重，立有中国移动信号塔和电线杆，南面、东面有人为破坏的洞，北面底部存地窖，东面、南面为民居，东面有电塔一座，四周长满杂草。

224. 膳房堡 05 号烽火台 130729353201170229

位于膳房堡乡膳房堡村南 3.5 千米，坐标：东经 114° 43′ 43.90″，北纬 40° 55′ 39.00″，高程 1091 米。

烽火台平面呈"回"字形，剖面呈梯形，东西宽 8.17 米，南北长 8.67 米，东面高 5.19 米，南面高 6.09 米，西面高 5.81 米，北面高 8.4 米，台芯素土夯筑，夯层夹杂沙砾，厚 0.08 ～ 0.14 米，受风雨侵蚀，土体表层形成凹槽，顶部损毁严重，东侧有电线杆一根，四周长满杂草，东、南面为民居，东面有电线杆一根，西面紧临 207 国道。

225. 新开口 01 号烽火台 130729353201170217

位于梁家庄乡新开口村东 3 千米，坐标：东经 114° 37′ 37.50″，北纬 40° 58′ 14.90″，高程 1374 米。

烽火台平面呈圆形，剖面呈梯形，立面呈阶梯状缩进，底径 18.53 米，残高 8.02 米，毛石砌筑，南、北面残存小部分墙体，高 1.29 米，坍塌严重，呈堆状，周边散落少量绳纹瓦片，杂草覆盖。

226. 新开口 02 号烽火台 130729353201170221

位于梁家庄乡新开口村东 577 米，坐标：东经 114° 39′ 18.90″，北纬 40° 57′ 35.90″，高程 1086 米。

烽火台平面呈圆形，剖面呈梯形，底径 6.5 米，高 2.1 米，坍塌严重，呈堆状，杂草覆盖，台体处在东山坡上，地势较缓。

227. 新开口 03 号烽火台 130729353201170225

位于梁家庄乡新开口村南 2.1 千米，坐标：东经 114° 39′ 56.30″，北纬 40° 56′ 34.00″，高程 1104 米。

烽火台平面呈圆形，剖面呈梯形，底径 8.5 米，顶径 4.26 米，高 7.76 米，坍塌严重，呈堆状，南侧存一盗洞，宽 1 米，深 5.8 米，杂草覆盖，台体处在山坡上，地势较缓。

228. 新开口 04 号烽火台 130729353201170226

位于梁家庄乡新开口村南 3 千米，坐标：东经 114° 39′ 15.40″，北纬 40° 56′ 02.80″，高程 1159 米。

烽火台平面呈矩形，剖面梯形，东西长 12.6 米，南北宽 10.06 米，高 8.35 米，内部残存毛石包砌痕迹，上部中间部分为空心结构，东西长 6.09 米，南北宽 4.21 米，南、北面中间坍塌，四周长满杂草，东面有村村通公路及 207 国道。

229. 新开口 05 号烽火台 130729353201170227

位于梁家庄乡新开口村西 3 千米，坐标：东经 114° 40′ 03.00″，北纬 40° 56′ 02.00″，高程 1082 米。

烽火台四周设围墙，平面"回"字形，台体居中，东西长 23.57 米，南北宽 21.05，残高 1.6 米，东面为新开口村，西面有一排由西南向西北的输电线杆。

烽火台平面呈圆形，剖面呈梯形，东西长 6.67 米，南北宽 5.02 米，残高 3.5 米，墙面酥碱严重，下部夯土向四周坍塌，夯层厚 0.12 ～ 0.18 米，受风雨侵蚀，土体表层形成凹槽，西面有一个盗洞，散落汉代绳纹陶片，杂草覆盖。

230. 新开口 06 号烽火台 130729353201170231

位于梁家庄乡新开口村南 4.6 千米，坐标：东经 114° 41′ 00.60″，北纬 40° 55′ 15.10″，高程 1059 米。

烽火台坍塌严重形制不清，长 13.6 米，残高 4 米，坍塌严重，呈堆状，杂草覆盖，处在梁庄村东山坡上，地势较缓，东南北三面为山谷，西面为山坡。

231. 新开口 07 号烽火台 130729353201170232

位于梁家庄乡新开口村西南 5.4 千米，坐标：东经 114° 35′ 23.50″，北纬 40° 54′ 56.60″，高程 1155 米。

烽火台平面呈圆形，剖面呈梯形，底径 10.89 米，高 8.67 米，素土夯筑，夯层厚 0.17 ～ 0.19 米，西面有一盗洞，坍塌严重，呈堆状，杂草覆盖。

232. 新开口 08 号烽火台 130729353201170233

位于梁家庄乡新开口村西南 8 千米，坐标：东经 114° 37′ 04.40″，北纬 40° 54′ 14.60″，高程 1089 米。

烽火台平面呈圆形，剖面呈梯形，底径 10.46 米，高 7.13 米，素土夯筑，夯层夹有砂砾，厚 0.17 ～ 0.19 米，受风雨侵蚀，土体表层形成凹槽，坍塌严重，呈堆状，东面底部有一盗洞，杂草覆盖。

233. 新开口 09 号烽火台 130729353201170234

位于梁家庄乡新开口村西南 6.2 千米，坐标：东经 114° 36′ 05.80″，北纬 40° 54′ 44.40″，高程 1150 米。

烽火台平面呈圆形，剖面呈梯形，底径 12.84 米，高 5.86 米，素土夯筑，夯层夹有砂砾，厚 0.1～0.17 米，顶部有一个坐标水泥柱，坍塌严重，呈堆状，杂草覆盖，南、北、西面为山地，东面为河滩。

234. 上西湾 01 号烽火台 130729353201170230

位于膳房堡乡上西湾村北 1.4 千米，坐标：东经 114° 44′ 00.90″，北纬 40° 54′ 59.20″，高程 1064 米。

烽火台平面呈圆形，剖面呈梯形，底径 8.63 米，高 6.57 米，素土夯筑，夯层夹有砂砾，厚 0.1～0.15 米，坍塌严重，呈堆状，受风雨侵蚀，土体表层形成凹槽，四周长满杂草，西面为民居及 207 国道。

235. 上西湾 02 号烽火台 130729353201170235

位于膳房堡乡上西湾村东 3.7 千米，坐标：东经 114° 41′ 27.70″，北纬 40° 54′ 12.90″，高程 1064 米。

烽火台平面呈圆形，剖面呈梯形，底径 8.2 米，高 8.29 米，素土夯筑，夯层夹有砂砾，厚 0.1～0.12 米，坍塌严重，呈堆状，受风雨侵蚀，土体表层形成凹槽，四周长满杂草，东、北面各存一盗洞。

236. 上西湾 03 号烽火台 130729353201170236

位于上膳房堡乡上西湾村东 4.1 千米，坐标：东经 114° 41′ 18.60″，北纬 40° 53′ 50.40″，高程 989 米。

烽火台平面呈矩形，剖面呈梯形，东西宽 4.1 米，南北长 6.54 米，高 6.86 米，素土夯筑，夯层夹有砂砾，厚 0.1～0.12 米，坍塌严重，呈堆状，受风雨侵蚀，土体表层形成凹槽，四周长满杂草，西侧坍塌成斜坡状，坡下为玉米地，东面底部存一孔洞，宽 1 米，高 1.28 米，西南 500 米为一石场，东为村村通公路及 207 国道。

237. 刘虎庄 01 号烽火台 130729353201170238

位于北新屯乡刘虎庄村东 163 米，坐标：东经 114° 31′ 21.00″，北纬 40° 51′ 33.50″，高程 1089 米。

烽火台平面呈矩形，剖面呈梯形，东西宽 6.2 米，南北长 6.84 米，高 4.43 米，素土夯筑，夯层夹有砂砾，厚 0.07～0.1 米，坍塌严重，呈堆状，受风雨侵蚀，土体表层形成凹槽，四周长满杂草、荆棘。

238. 黄家堡 01 号烽火台 130729353201170239

位于梁家庄乡黄家堡村西北 4 千米，坐标：东经 114° 38′ 30.30″，北纬 40° 53′ 32.20″，高程 1066 米。

烽火台平面圆形，剖面梯形，底径 3.67 米，高 4.27 米，素土夯筑，夯层夹有砂砾，厚 0.1～0.2 米，坍塌严重，呈堆状，受风雨侵蚀，土体表层形成凹槽，四周长满杂草。

239. 黄家堡 02 号烽火台 130729353201170240

位于梁家庄乡黄家堡村西北 4.3 千米，坐标：东经 114° 38′ 01.30″，北纬 40° 53′ 09.40″，高程 1152 米。

烽火台平面呈矩形，剖面呈梯形，东西宽 4.99 米，南北长 10.01 米，高 5.82 米，素土夯筑，夯层夹有砂砾，厚 0.1～0.21 米，坍塌严重，呈堆状，受风雨侵蚀，土体表层形成凹槽，四周长满杂草。

240. 黄家堡 03 号烽火台 130729353201170241

位于梁家庄乡黄家堡村西北 2 千米，坐标：东经 114° 39′ 51.80″，北纬 40° 53′ 06.30″，高程 1009 米。

烽火台平面呈矩形，剖面呈梯形，东西长 15.46 米，南北宽 14.47 米，高 10.85 米，素土夯筑，夯层夹有砂砾，厚 0.18 ～ 0.23 米，坍塌严重，呈堆状，受风雨侵蚀，土体表层形成凹槽，四周长满杂草、荆棘，东面底部盗洞宽 1 米。

241. 黄家堡 04 号烽火台 130729353201170242

位于梁家庄乡黄家堡村东 1.6 千米，坐标：东经 114° 42′ 24.00″，北纬 40° 52′ 52.20″，高程 1041 米。

烽火台四周设围墙，平面呈 "回" 字形，东西长 38 米、南北宽 33 米，墙宽 2.6 米，高 1.8 米，毛石干垒，北墙体保存较好。

烽火台平面呈矩形，剖面呈梯形，东西宽 7.8 米、南北长 8.67 米，高 3 米，毛石砌筑，四周散落大量的碎砖瓦、石块，四周长满杂草。

242. 黄家堡 05 号烽火台 130729353201170248

位于梁家庄乡黄家堡村东南 1.7 米，坐标：东经 114° 42′ 26.10″，北纬 40° 52′ 36.60″，高程 936 米。

烽火台损毁严重，形制不清，残留小部分遗址，修路时已被拆除，北面上部有一条东西走向的 "村村通" 公路通过，周围为杨树林。

243. 黄家堡 06 号烽火台 130729353201170249

位于梁家庄乡黄家堡村西南 684 米，坐标：东经 114° 40′ 55.60″，北纬 40° 52′ 32.60″，高程 1010 米。

烽火台平面呈矩形，剖面呈梯形，东西宽 5 米，南北长 5.97 米，高 6.09 米，素土夯筑，夯层夹有砂砾，厚 0.18 ～ 0.23 米，坍塌严重，呈堆状，受风雨侵蚀，土体表层形成凹槽，西北、东南有人为挖土痕迹，西面底部盗洞宽 1 米，四周长满杂草，北面为万全至新屯乡公路。

244. 黄家堡 07 号烽火台 130729353201170250

位于梁家庄乡黄家堡村南 1.8 千米，坐标：东经 114° 42′ 01.70″，北纬 40° 52′ 05.70″，高程 944 米。

烽火台四周设围墙，平面呈 "回" 字形，东西长 114 米，南北宽 109 米，西南为 802 演习之 "观礼台"。

烽火台平面呈矩形，剖面呈梯形，东西长 5.55 米，南北宽 5.2 米，高 7.29 米，素土夯筑，夯层夹有砂砾，厚 0.18 ～ 0.21 米，坍塌严重，呈堆状，受风雨侵蚀，土体表层形成凹槽，四周长满杂草。

245. 万全 01 号烽火台 130729353201170237

位于万全镇西北街村北 2.7 千米，坐标：东经 114° 43′ 41.70″，北纬 40° 53′ 32.70″，高程 1159 米。

烽火台平面矩形，剖面梯形，东西宽 8.99 米，南北长 9.01 米，高 3.82 米，毛石砌筑，坍塌严重，呈堆状，南面底部为由西向东登顶踏步，南侧西北角向外侧坍塌，四周长满杂草，西侧 150 米为高压输电线路，东北为张家口高速。

246. 万全 02 号烽火台 130729353201170243

位于万全镇西北街村北 2.1 千米，坐标：东经 114° 44′ 35.30″，北纬 40° 53′ 07.80″，高程 1086 米。

烽火台坍塌严重，形制不清，坍塌成堆状，南北 9.63 米，高 4.57 米，四周长满杂草，距长城墙体 9

米，东面紧临 207 国道。

247. 万全 03 号烽火台 130729353201170244

位于万全镇西北街村北 2.1 千米，坐标：东经 114° 44′ 54.90″，北纬 40° 53′ 07.90″，高程 1013 米。

烽火台平面呈矩形，剖面呈梯形，东西宽 7.02 米，南北长 7.14 米，高 2.42 米，损毁严重，黄土、杂草覆盖，东、南面山体陡峭，西面为 207 国道，右为城东河道，南侧有一个民居院落。

248. 万全 04 号烽火台 130729353201170245

位于万全镇西北街村北 2.1 千米，坐标：东经 114° 45′ 00.50″，北纬 40° 53′ 04.60″，高程 1084 米。

烽火台平面呈圆形，剖面梯形，立面呈阶梯状，底径 9 米，高 4.75 米，毛石砌筑，坍塌严重，呈堆状，四周长满杂草，西面为 207 国道，西北有一土台。

249. 万全 05 号烽火台 130729353201170246

位于万全镇西北街村北 1.3 千米，坐标：东经 114° 45′ 00.90″，北纬 40° 52′ 39.40″，高程 1041 米。

烽火台坍塌严重，形制不清，坍塌严重，呈堆状，底径 7.48 米，高 1.57 米，坍塌严重，呈堆状，四周长满杂草，南面山下为河流，西面紧临 207 国道。

250. 万全 06 号烽火台 130729353201170247

位于万全镇西北街村北 1.3 千米，坐标：东经 114° 44′ 59.20″，北纬 40° 52′ 39.00″，高程 1045 米。

烽火台坍塌严重，形制不清，东西长 8.4 米，高 5.29 米，坍塌严重，呈堆状，四周长满杂草，南面山体滑坡严重，东面为向上的山坡，北面有大片树林，南面山下为河流，西面紧临 207 国道。

251. 万全 07 号烽火台 130729353201170251

位于万全镇西北街村西北 1.2 千米，坐标：东经 114° 43′ 15.90″，北纬 40° 52′ 19.70″，高程 946 米。

烽火台平面呈圆形，剖面呈矩形，底径 15.29 米，高 11.54 米，坍塌严重，呈堆状，底部有较大的台基，台基高 3 米，素土夯筑，夯层夹有砂砾，厚 0.18～0.23 米，坍塌严重，呈堆状，受风雨侵蚀，土体表层形成凹槽，四周长满杂草。

252. 万全 08 号烽火台 130729353201170252

位于万全镇西北街村东 2.6 千米，坐标：东经 114° 46′ 33.90″，北纬 40° 52′ 11.30″，高程 1018 米。

烽火台平面呈矩形，剖面呈梯形，东西宽 6.22 米，南北长 6.93 米，高 4.55 米，素土夯筑，夯层夹有砂砾，厚 0.09～0.12 米，坍塌严重，呈堆状，受风雨侵蚀，土体表层形成凹槽，四周长满杂草，东西两面山体因水土流失严重而形成的沟壑，南北为山坡。

253. 万全 09 号烽火台 130729353201170253

位于万全镇西北街村上田庄村中，坐标：东经 114° 46′ 07.80″，北纬 40° 50′ 41.50″，高程 898 米。

烽火台平面呈矩形，剖面呈梯形，东西长 12.08 米，南北宽 14.85 米，高 9.48 米，素土夯筑，夯层夹有砂砾，厚 0.09～0.18 米，坍塌严重，呈堆状，受风雨侵蚀，土体表层形成凹槽，四周长满杂草，南面底部民房占压，北面为池塘，东西面为民宅。

254. 万全 10 号烽火台 130729353201170254

位于万全镇西北街村北 2.1 千米，坐标：东经 114° 44′ 14.30″，北纬 40° 50′ 24.40″，高程 881 米。

烽火台平面呈矩形，立面呈梯形，东西长 7.31 米，南北宽 5.16 米，高 3.48 米，夯土向外侧坍塌，只残留台心部分，坍塌严重，呈堆状，受风雨侵蚀，土体表层形成凹槽，四周长满杂草，下部为台基，东西宽 15.65 米，南北长 16.8 米，北面为县城公路，东面是 207 国道。

255. 宣平堡 01 号烽火台 130729353201170255

位于宣平堡乡宣平堡村西 2.9 千米，坐标：东经 114° 44′ 12.60″，北纬 40° 49′ 07.30″，高程 843 米。

烽火台平面呈矩形，立面呈梯形，高 4.99 米，素土夯筑，夯层夹有砂砾，厚 0.24 ～ 0.32 米，坍塌严重，呈堆状，受风雨侵蚀，土体表层形成凹槽，四周长满杂草，下部为台基，东西长 31 米，南北宽 30.64 米，高 3.28 米，西侧有 6 棵柳树，北为杨树，南侧有杨树 1 棵，北距万全至孔家庄的公路仅 6 米。

256. 宣平堡 02 号烽火台 130729353201170256

位于宣平堡乡宣平堡村南 773 米，坐标：东经 114° 46′ 53.00″，北纬 40° 48′ 37.50″，高程 825 米。

烽火台面呈圆形，剖面呈梯形，底径 15.29 米，高 11.54 米，素土夯筑，夯层夹有砂砾，厚 0.15 ～ 0.2 米，坍塌严重，呈堆状，受风雨侵蚀，土体表层形成凹槽，四周长满杂草。

257. 宣平堡 03 号烽火台 130729353201170257

位于宣平堡乡宣平堡村东南 1.7 米，坐标：东经 114° 47′ 18.30″，北纬 40° 48′ 14.30″，高程 809 米。

烽火台四周设围墙，平面呈"回"字形，东西宽 26 米，南北长 30 米，高 3.12 米，北墙中间辟门，东、西面墙体坍塌。

烽火台剖面呈矩形，剖面呈梯形，东西宽 14.41 米、南北长 14.43 米，高 10.29 米，素土夯筑，夯层夹有砂砾，厚 0.09 ～ 0.12 米，坍塌严重，呈堆状，受风雨侵蚀，土体表层形成凹槽，四周长满杂草。

258. 宣平堡 04 号烽火台 130729353201170258

位于宣平堡乡宣平堡村西南 3.6 千米，坐标：东经 114° 44′ 08.70″，北纬 40° 47′ 46.70″，高程 810 米。

烽火台四周设围墙，平面呈"回"字形，东西长 30.8 米，墙厚 0.98 米，高 0.5 米，坍塌严重，仅存东侧墙体和西侧墙体北面部分，东南为木材厂、空心砖场、富泉水厂，东北为一加油站，西南为一水塔。

烽火台剖面呈矩形，剖面呈梯形，东西长 9.42 米，南北宽 8.1 米，高 8.51 米，素土夯筑，夯层夹有砂砾，厚 0.09 ～ 0.12 米，坍塌严重，呈堆状，受风雨侵蚀，土体表层形成凹槽，四周长满杂草，东面辟门，直径 2.49 米，南面底部存一盗洞。

259. 宣平堡 05 号烽火台 130729353201170259

位于宣平堡乡宣平堡村西南 4.3 米，坐标：东经 114° 44′ 05.00″，北纬 40° 47′ 15.30″，高程 790 米。

烽火台四周设围墙，平面呈"回"字形，东西长 21.8 米，南北宽 17 米，高 1.63 米，墙厚 0.74 米，南侧为"万全县中心敬老院"，西侧 15 米为通往红庙村的"村村通"公路，北侧为墓地。

烽火台剖面呈矩形，剖面呈梯形，东西长 6.5 米，南北宽 6.42 米，高 8.25 米，素土夯筑，夯层夹有砂砾，厚 0.09 ～ 0.12 米，坍塌严重，呈堆状，受风雨侵蚀，土体表层形成凹槽，四周长满杂草。

260. 宣平堡 06 号烽火台 130729353201170260

位于宣平堡乡宣平堡村东南 4.1 千米，坐标：东经 114° 48′ 11.60″，北纬 40° 47′ 01.90″，高程 815 米。

烽火台平面呈矩形，剖面呈梯形，东西宽 11.39 米，南北长 11.71 米，高 10.82 米，素土夯筑，夯层夹有砂砾，厚 0.2 米，坍塌严重，呈堆状，受风雨侵蚀，土体表层形成凹槽，四周长满杂草，东面为围墙和附属烽火台。

261. 宣平堡 07 号烽火台 130729353201170261

位于宣平堡乡宣平堡村东南 4.3 千米，坐标：东经 114° 48′ 12.80″，北纬 40° 47′ 02.10″，高程 801 米。

烽火台平面呈矩形，剖面呈梯形，东西长 5.5 米，南北宽 3.37 米，高 6.88 米，素土夯筑，夯层夹有砂砾，厚 0.16～0.32 米，坍塌严重，呈堆状，受风雨侵蚀，土体表层形成凹槽，四周长满杂草。

262. 宣平堡 08 号烽火台 130729353201170262

位于宣平堡乡宣平堡东南 6.7 千米，坐标：东经 114° 49′ 21.30″，北纬 40° 45′ 57.60″，高程 746 米。

烽火台平面呈圆形，剖面呈梯形，底径 11.68 米，高 6.93 米，素土夯筑，夯层夹有砂砾，厚 0.16～0.32 米，坍塌严重，呈堆状，受风雨侵蚀，土体表层形成凹槽，四周长满杂草下设台基，高 2.36 米，东面底部存一盗洞，南面为万全县公路。

（三）关堡

万全县关堡一览表（单位：座）

编号	认定名称	认定编码	类型	周长（米）	保存程度				
					较好	一般	较差	差	消失
1	万全洗马林城	130729353102170001	土墙	2200			√		
2	万全右卫城	130729353102170002	砖墙	6500	√				
3	万全膳房堡	130729353102170003	土墙					√	
4	万全新河口堡	130729353102170004	土墙	1300			√		
5	万全宣平堡	130729353102170005	土墙	1300			√		
6	万全王安堡	130729353102170006	土墙	436				√	
7	万全新开口堡	130729353102170007	土墙				√		
合计		共 7 座：砖墙 1 座，土墙 6 座			1		4	2	
百分比（%）		100			14.29		57.14	28.57	

保存程度：较好、一般、较差、差、消失

1. 万全洗马林城 130729353102170001

位于洗马林镇洗马林村，坐标：东经 114° 27′ 29.50″，北纬 40° 48′ 52.30″，高程 940 米。

城堡平面呈矩形，占地面积 300040 平方米，周长 2200 米，现存角台 3 座，城门 2 座，残瓮城 1 座。

（1）东墙全部拆毁，仅存少量遗址

残点 1：南北残存长 2.6 米，高 2.3 米，宽 5 米，位于东沙河大街 30 号民居门口。

残点 2：南北残存长 1.5 米，高 4 米，宽 3 米，位于东豁子大街东口处。

残点 3：南北残存长 15 米，高 2.5 米，宽 0.8 米，位于东沙河大街 49 号院内。

残点 4：位于出城豁口，宽 4 米，高 2 米，顶部不足 0.3 米，紧夹于民宅之间，向北端头高 3 米，宽 3 米，顶部不足 0.5 米，沿民宅房脊后抵于东北角台。

（2）南墙存东南角台、马面 1 座、南瓮城、南门城台及墙体

东南角台：东、南、北三面围圈于民宅院内，北侧连接东墙全部拆毁。南侧外包砖完整，西侧凸出墙体存部分包砖，台顶立喇叭杆。

东南角台至马面段墙体：长 112 米，现存顶宽 4 ～ 5 米，接近角台的 40 米墙体上部包砖缺失长 3.5 米，夯土墙芯坍塌严重，夹杂于民宅之间。距马面 30 米处外包砖缺失长 15 米，夯土流失严重，顶部最窄处不足 0.3 米，已呈尖状，外侧包砖缺失高 3 米，墙残高 5 ～ 6 米，局部夯土高 8 米。

马面：向南凸出墙体 5.5 米，东部包砖基本完整，夯土台芯西侧坍塌。

马面至南瓮城东墙段墙体：长 124 米，整体坍塌成锯齿状，上部不同程度被拆毁，局部高耸，大部低凹。接近马面的墙体宽仅 1.5 ～ 2 米，高 3 米。中段墙体外侧上部包砖缺失，存高 3.5 ～ 4 米。南瓮城东接墙体 35 米处，红机砖房 5 间侵占。

南瓮城：东墙仅存北侧夯土墙，残高 8 米，南侧缺失 15 米。南墙东段为豁口，东侧残存长 8 米，高 7 米，豁口宽 6 米，西侧存 20 米，高 9 米，厚 7 米。西墙仅存北侧 8 米，高 5 米，宽 2.5 ～ 3 米。

瓮城东墙～南城门间墙体：长 25 米，残高 6.5 ～ 7 米，底宽 6 米，顶宽 1.5 ～ 2 米，包砖缺失。

南门城台：东侧包砖全部被拆毁，包砖风化酥碱严重。北侧券洞下沉，券顶开裂，裂缝宽 0.15 米，现用插梁支顶。

南门西接墙体：长 42 米，仅存夯土矮墙，高 2 ～ 2.5 米，宽 2 ～ 4 米。底部存外包砖，内夯土坍塌，西接墙体缺失，民宅侵占。

（3）西墙长 243 米，存西城门、马面 1 座

起点至西城门段墙体：起点端头墙宽 2.5 米，残高 3.8 米，夯层 0.23 ～ 0.25 米，向北 30 米为墙体豁口，宽 20 米，外侧为牛圈。再向北为版筑夯土墙，长 11.4 米，高 5.5 米，宽 2.5 米，墙上存孔洞，人可通行。

西城门：位于西城墙中部，外包砖基本完整，基础部分用现代水泥维修。门洞条石基础 5 层，起券方式五伏五券，上置石质匾额，阴刻楷书"大有门"三字。城门为穿带式木板门，固以铁条，卯以铁帽钉。城台南北内侧均被民宅侵占，门洞直对城内东西大街。

西城门至西马面段墙体：长 179 米。西门北接墙体存长 20 米，外包城砖，砖肋夹版筑墙，宽 1.5 ～ 1.7 米，两肋间版筑墙长 10 米。

西马面：凸出墙体的南外角以及西面中间砌砖柱，北侧包砖，马面凸出墙体 5 米，南北长 18 米。

西马面至西北角台段墙体：长 155 米。该段墙体外侧包砖，包砖下部酥碱严重，墙高 8 米，顶宽 5 米。墙体内侧中段夯土有大段落坍塌，造成缺失，仅存外包砖。

（4）北墙存西北角台、北城台、东北角台、马面 2 座及墙体

西北角台：角台西、北侧底边各长 20 米，高 7 米，收分较大，台角砖砌，北面夯体砌砖肋，台顶夯土有战备地道口通往台体中心。

西北角台至北城台段墙体：长 174 米，西段接角台处存外侧包砖 50 米，向东墙体均施砖肋，间距长 5～12 米，顶宽 4～5 米，墙体内侧夯土坍塌。

北城台遗址：台体较大，台上原建有真武庙，现仅存遗址，四周散落琉璃构件，西、北两侧坍塌严重，东侧近年用红机砖包砌，水泥抹面做砖缝。东侧接墙处新辟门，是出城的主要通道。台体内侧夯土坍塌，存战备时挖掘的孔洞。

北城台至北 2 马面段墙体：长 109 米，新开北门处的西 30 米段存包砖，内侧夯土流失严重，墙高 5.5～6 米，墙宽 2～4 米，主要为内侧挖掘流失所致，外侧下部基础条石缺失，后期毛石砌筑，在接近北 2 马面处豁口宽 8 米。

北 2 马面：仅存夯土台芯，东、西两侧坍塌严重，高 6 米，顶部东西宽 6 米，南北长 8 米。

北 2 马面至北 1 马面段墙体：长 108 米，高 6 米，顶宽 4.3 米，西段 30 米为素土夯筑，中段 20 米下为砖砌，上为夯土，再往东 40 米为素土夯筑，构筑方式存历次修筑的痕迹，在距北马面 110 米处，豁口宽 3 米。

北 1 马面：残高 4.5 米，突出墙体残存 2.5 米，东西宽 6.5 米。

北 1 马面至东北角台段墙体：长 112 米，马面西接墙体处存砖肋痕迹，中段为一豁口，东段原有 4 组砖肋，现均不存，间距长 5 米左右，墙顶最宽处 5 米，接东北角台处有 10 米残损严重，外侧被挖去一块，顶宽不足 1 米。

东北角台：高 8 米，底部东西长 9 米，顶部东西 7 米，南北 7 米，包砖不存，外侧夯土坍塌，顶部竖喇叭杆 1 根。

（5）西城外堤堰

据文献记载，"堤堰：洗马林护堤，再堡西沙河东岸，乾隆六年知府王者辅、知县左承业详建石坝三百六十丈……嘉庆十二年，明修石坝，暗接石渠，坝外又植树以固之……光绪六年重修石坝北头一百零三丈，南头七十八丈……光绪二十一年北坝头展筑二十三丈；光绪二十四年展筑北坝顶二十二丈，南坝顶十丈；光绪二十八年北坝中间新换石条四十七丈，民国三年北坝北头新修鱼角形石坝二十七丈，中段新修鱼角形石坝二十二丈，民国十四年重修南坝全行加盖坝顶七十八丈。"现堤堰为现代在原有堤堰之上叠压建筑，但走向、方位没有改变。堤堰外为洗马林河滩。

（6）玉皇阁

位于城中偏北，因藏有半部佛经，又称藏经阁。始建于明代宣德十年（1435），明万历三年（1575）、清咸丰八年（1858）、1982 年曾经过 3 次大修，是万全县境内保存较为完整的高台砖木结构古建筑。

玉皇阁由台基和楼阁两部分组成，通高 20 米。台基平面呈凸形，下以石条、上以城砖浆砌而成，边长 20 米，高 7 米。阁楼三重檐歇山布瓦顶，叠梁式建筑。外观三层，内为二层，高 12 米，面阔、进深各三间，外加一步围廊。檐下施三踩斗拱，二层大殿外设平座环廊，可俯瞰镇城全貌。阁前有钟鼓二

楼，与阁楼主体建筑形成高低错落、搭檐斗角之势，整体造型高大美观，气势雄宏。2006 年 3 月，国务院公布为第六批全国重点文物保护单位。

（7）历史沿革

据《宣化府志》城堡志记载，"洗马林堡，《宣镇图说》：宣德十年筑，隆庆五年砖包。周四里许，高三丈五尺。《宣府镇志》：城楼二，城铺六，门二，南曰承恩，西曰观澜。"《万全县志》："洗马林堡城，张垣西北九十里，高三丈三尺，方四里五十三步……清乾隆六年知县左承业重修，民国十五年地方审视郝种德、李霖泽、邢玉魁、杨樽、杨佐等募款重修，现尚完整。"

（8）交通及环境

城侧有 110 国道、郭磊庄至尚义县花儿台公路通过，并有通往万全城、柴沟堡、北辛庄等乡间公路向外辐射，交通便利发达。

城乡建设对古城堡缺乏基本的保护和整体长远规划，致使新建民房在形制、材质、色调、高度等方面对古城形成很大破坏，城墙的保护范围和建设控制地带没有及早确立并公布执行是造成这种情况的根本原因。

（9）其他

据 1992 年编撰的《万全县志》载：洗马林镇总面积 63.62 平方千米，全镇总人口 8656 人，人均密度为 136.1 人 / 平方千米。洗马林镇元代称荨麻岭，明代为万全右卫城所辖五堡之一，清代晚期，已成为县境西部集贸中心，此后一直为县域内主要集镇之一，以及县辖行政机构驻地。城堡内现有现代建筑：县医院分院、县粮库、邮电支局、洗马林中学、小学、商业批发仓库、汽车站、镇文化站、招待所、镇办企业果品厂、农具厂、食品厂、水磨石厂，以及个体经营者近年所建铺面建筑。城堡内居民及农民住宅 1979 年开始大规模改建，至 1988 年底房屋建筑面积为 46.67 万平方米，人均住房面积 21.5 平方米。

城内街道布局：中央街，北起玉皇阁，南至南城门，长 720 米，宽 14 ～ 16 米，柏油路面。马场街，北起城墙，南至长胜街，长 210 米，宽 12 ～ 14 米，柏油路面。牌楼街，北起城墙，南至城边，长 720 米，宽 12 米，砂石路面。东沙河街（城外东侧），北起北坝（水渠），南至城边小桥，长 1600 米，宽 16 ～ 24 米，砂石路面。东豁子街，西起中央街，东至东沙河街，长 285 米，宽 12 ～ 14 米，水泥路面。西门街，西起西城门，东至中央街，长 240 米，路面宽 14 米，砂石路面。此外街中短巷有南门街、柴市街、东门街、白衣庵街、营房街、西关街、西南街等。

洗马林城堡为明代宣府镇下西路最北军堡，负责上北路向西南而来的长城防御。《宣大山西三镇图说》："原设守备一员，分管边四十三里有奇，边墩七十座，内镇河台极冲，火路墩五十四座。""北至本堡边四十里，南至柴沟堡四十里，东至新河口堡四十里，西至本堡边二十里。"

2. 万全右卫城 1307293531021720002

位于万全镇西北街村，坐标：东经 114° 44′ 24.70″，北纬 40° 51′ 49.10″，高程 928 米。

平面呈矩形，占地面积 75000 平方米，周长 6500 米。卫城墙体完整，城外包砖基本保存至拔檐砖以下，局部段落上部缺失 1 ～ 2 米高的包砖；夯土墙除个别段落全部拆除外，基本保持原高，内侧滑坡流失严重，内墙边际普遍呈不规则形或塌落为尖顶状，底部有多处人为掏挖洞穴以及战备期间挖掘的防空工事。四面各有一处豁口，已成为出入城的通道，在东墙上有人为掏通的大洞一个。东西翼城完整，南北瓮城的南北墙被早年拆毁，贯通穿城大道。二瓮城东西墙以及瓮城门洞尚存，墙体残损。记载中城内的数处署衙、庙宇、楼台在近代已被先后改建或拆毁。

（1）东墙存东南角台、马面4座、东北角台、东墙内城台、东翼城

东南角台：保存完好，台底向东突出城墙9.39米，向南突出城墙8.6米，南北底边长19.4米，东西底边长19.34米，台高10米。台顶存角楼建筑遗址，现遗存有一块插杆石座。西侧进行过维修加固，包砖向内移一丁砖厚。

东南角台至东墙4号马面段墙体：保存较好，顶宽4米，夯土少量坍塌，在内侧有南北向斜坡马道，长30米，宽2米，马道城砖铺墁，内侧为蜂窝煤场区。

东墙4号马面：保存完好，底边向东突出墙体7.82米，南北底边长17.43米。

东墙4号马面至3号马面段墙体：保存较好，在连接两台城墙的端点处均砌墙封堵，行人不能通行，内侧为万全矿机厂南部民居。

东墙3号马面：保存较好，底部突出墙体8.37米，南北底边长17.44米。外侧顶部缺少部分包砖。

东墙3号马面至东翼城段墙体：外部包砖保存较好，内侧夯土坍塌严重，在南段有近100米的夯土坍塌，顶宽1.5～2米，包砖脱离夯土墙芯，在接近东翼城段坍塌20米，顶宽仅存1米，外包砖缺失数层。该段墙体外侧为一养殖场，现已废弃，居住两户居民，墙里为万全矿机厂区。

东翼城：翼城顶部北、东、南三面砌筑女墙，城内壁用毛石砌筑到顶，并砌筑部分女墙，为后维修所筑。东侧墙顶宽7.31米，南墙顶宽4.5米，北墙顶3米，西侧4米，并连接向内突出的大城台。据调查，20世纪60年代曾被作为拘留所使用，城内靠北建两排红砖房，在西墙的南部开有一小门供出入，在城墙的里侧，为登城方便，用城砖砌筑台阶。翼城南侧为废弃的养殖场和两户民居，东侧10米外为养猪场。

东墙内城台：位于东翼城的西城墙的中部，向城内突出。台顶有建筑遗址，台顶西、北两侧砌筑有女墙，也为后来维修所筑。台外侧三面包砖均有裂缝。台顶架设电杆1根。台的西、北两侧被圈入民居院内。

东翼城至东墙2号马面段墙体：外侧保存一般，夯土坍塌流失严重，墙顶宽1.5～2米，在中段被扒开一洞，成为居民出入城通道之一。据调查是20世纪60年代战备时所为。洞口外宽2.16米，口高2.64米，洞内宽3.5米，高2.55米。在洞内的断面上，可见包砖底厚2.8米，夯土墙底厚7.76米。

东墙2号马面：东（外）侧全部坍塌，南侧保留部分包砖，北侧包砖脱落。台东紧邻环城土路。

东墙2号马面至1号马面段墙体：整体保存较差，在中段被扒开一大豁口，成为出入城的主要通道之一。存在顶部包砖缺失情况，在连接2号马面的一段，包砖层脱落，呈斜坡状，一直到顶，内侧夯土坍塌十分严重，顶宽仅0.6～1米，由包砖的段落顶宽2米。在接近豁口处上部包砖缺失1～1.5米。

东墙豁口：豁口长15米，底部最窄处4米，向南有12米仅存底部5层条石墙基，高1.3米。从豁口断面测量，底部包砖厚2.9米，顶部包砖厚1米，上下收分1米。该段墙体夯土坍塌流失严重，顶部不足0.5米，底部宽8米，整体呈坡状。

东墙 1 号马面：保存较差，外包砖脱落，夯土台残损。顶宽 7.8 米，南北长 10 米。台外侧紧邻环城土路，10 米外建有游泳池。

东墙 1 号马面至东北角台段墙体：整体保存一般，在连接 1 号马面和东北角台的墙段，外层包砖均有斜坡状脱落，内侧夯土流失，顶宽 1.5 米，底宽 8～10 米。台侧为环城土路。

（2）南墙存西南角台、南城门、南瓮城、马面 4 座

西南角台：顶部外侧东西长 17.45 米，南北边长 17.25 米，向西突出西城墙 8.74 米，向南突出城墙 8.8 米，台角垂直高 10.07 米。外侧包砖完整，内侧夯土在西南两墙相交处缺失严重，凹入台内。台下有战备时构筑的混凝土防空工事，在马面外侧下部留有出口。

西南角台至南墙 1 号马面段墙体：整体保存较完整，只是在该段中部扒开一豁口，已是出入城的通道之一。墙顶普遍保存在 4 米宽，内侧夯土上部有坍塌。

南墙豁口：豁口底宽 10.9 米，上宽 15 米。从断面观察可看到历史上 2 次加厚修筑的明显痕迹，原墙外皮为毛石砌筑，上下收分较大，现外墙皮包砖是在原墙体的外侧砌筑，两外皮之间又充填夯实，收分减小墙体陡立。

南墙 1 号马面：台体保存相对完整，西侧顶部缺失 3 米包砖，内侧夯土少量坍塌，内为万全农机修理厂区。

南墙 1 号马面至 2 号马面段墙体：基本完整，外侧上部缺失包砖 1 米高，内侧夯土有滑坡流失，顶宽普遍在 3 米左右。接近 2 号马面段包砖与夯土发生分离，极为严重，夯土顶宽仅 0.5 米。2 号马面两侧连接城墙的顶部包砖缺失。

南墙 2 号马面：保存状况同南 1 号马面。

南墙 2 号马面至南门段墙体：西段外包砖除个别处上部有缺失，基本完整。夯土保存状况一般。在中部有一段长 15 米内侧夯土全部被挖掉，包砖顶部也成小豁口。连接瓮城和南门的墙段损失严重，包赚全失，夯土坍塌。

南门：城台东西长 16.26 米，南北长 18.85 米，门洞外宽 4.18 米，门外进深 5.33 米，券洞现高 4.84 米，直高 2.11 米。门室进深 2.81 米，门室宽 4.96 米；门内券洞宽 4.25 米，进深 10.7 米，券顶高 4.73 米，直高 2.03 米，5 伏 5 券。近年维修台顶砌南北两侧垛口墙。顶上有建筑遗址。架设 3 根电线杆，电线越城而过。

南瓮城：存在东西墙，包砖全无，夯土坍塌严重，南墙进村东西两角，其余全部拆除，成为通往孔家庄何出城的主要通道之一。瓮城门位于东墙的中部，5 伏 5 券，门洞内侧进深 10.64 米，宽 4.37 米，残高 5.3 米，门外口宽 3.49 米，进深 3.6 米，券残高 3.53 米。两侧券口均有砖脱落残缺。

南门至南墙 3 号马面段墙体：连接南瓮城的墙段城墙有近 50 米外包砖不存，夯土坍塌严重，向东保持约该段墙体的 1/2 长外包砖完好，在接近 3 号马面的 30 米处，外包砖层脱落，内侧夯土有滑坡流失现象，墙顶普遍宽 2～4 米。

南墙 3 号马面：西南角及西侧外层包砖脱落，东侧及南侧大部保存完整。

南墙 3 号马面至 4 号马面段墙体：外侧包砖保存较好，内侧夯土部分坍塌，顶宽 3～4 米。墙顶中

部架设电杆 1 根。

南墙 4 号马面：台体保存完好，在正南偏西的部队营区内可见一段关城东墙的痕迹，距城墙约 130 米。

南墙 4 号马面至东南角台段墙体：基本完好。顶宽达 5 米，并存在零星漫地砖，地砖规格：0.31 见方。夯土局部塌落，顶部包砖与夯土发生裂隙。墙内侧为 15 米宽的菜地和 5 米宽的道路，然后为民房。

（3）西墙存西北角台、西翼城、马面 4 座

西北角台：外包砖保存完整，台顶向西突出西城墙 8.6 米，向北凸出墙体 9.75 米，高 10.21 米。内侧在北墙与西墙的夹角处夯土严重流失，顶部夯土与包砖之间出现裂隙，夯土下有战备时挖掘构筑的混凝土地下工事出口。

西北角台至西墙 1 号马面段墙体：外侧包砖较完整，保存高度在 10 米左右，东部宽 3.5 ～ 4 米。内侧夯土普遍存在流失。在距 1 号马面 30 米处，外包砖塌成一缺口，缺口下留砖墙高 5 米，内侧夯土尽失，整个缺口呈"V"形。

西墙 1 号马面：台体完整。接近顶部包砖缺失 2 ～ 3 米，内侧夯土部分流失。台体外侧与连接墙体分离，形成裂缝。台下有战备时构筑的混凝土防空工事，在马面外侧下部留有出口。

西墙 1 号马面至 2 号马面段墙体：外侧包砖较完好，接近 1 号马面的一侧约占全长的 1/2 上部缺失包砖 1 ～ 2 米，内侧夯土流失成尖顶状，上宽 1 ～ 2 米，底宽 8 ～ 9 米。夯土与包砖出现脱离，形成灌水隐患。在接近 2 号马面 30 米处，内侧夯土尽失，仅存包砖，内侧现用毛石砌护 20 米。

西墙 2 号马面：整体保存完整，高 10.86 米，西北角顶部缺失包砖 1 ～ 2 米。台下有战备时构筑的混凝土防空工事，在马面外侧下部留有出口。

西墙 2 号马面至 3 号马面段墙体：外包砖基本完好，接近 2 号马面的 15 米顶部缺失包砖 1.5 米，接近西翼城北扒开一豁口，现已成为出入城的主要通道之一。内侧夯土坍塌流失严重，整体呈坡状。

西墙豁口：豁口底宽 6.14 米，上宽 20 米，呈大"V"形，断面无砌筑封护。

西翼城：西翼城外侧底部一层地袱石，其上 5 层条石基础，一丁一顺砌筑，条石厚自上而下分别为：0.25 米、0.31 米、0.35 米、0.38 米、0.39 米，其上包砖到顶。包砖长 0.38，宽 0.19 米，厚 0.09 米。外围包砖保存较好。翼城内侧夯土普遍流失，在东部偏南连接城墙的地方扒开一口，成为进入翼城的唯一通道，豁口下宽 5.72 米，上宽 10 米。翼城南侧建有一排红砖房，东侧南部建有羊圈，北部为菜地。墙体夯土底部有多处窑口，西侧墙顶宽仍保持在 7 ～ 8 米。墙上架设有电杆 6 根。台下有战备时构筑的混凝土防空工事，在马面外侧下部留有出口。

翼城内城台：位于西翼城东墙的中部，向城内突出，保存较好。台上架设电杆 2 根。

西翼城至西墙 3 号马面段墙体：外侧包砖保存完好，接近西翼城有近 20 米长顶部缺失 1.5 米高包砖，内侧上部夯土有流失，夯土上生长着大量榆树，在保存较好段的外墙上部保存有 7 个礌石孔道。

西墙 3 号马面：整体保存较好，内侧夯土有坍塌流失，外侧突出墙体 7.81 米，马面长 15.3 米。台下有战备时构筑的混凝土防空工事，在马面外侧下部留有出口。

西墙 3 号马面之 4 号马面段墙体：整体相对较好，存有 8 个礌石孔道，墙顶宽 3.5 ～ 4 米，最窄处

2 米。内侧夯土流失，接近 4 号马面约 30 米外侧包砖顶部缺失 1.5 米高。

西墙 4 号马面：外侧包砖顶部北西两侧缺失 1 米，南侧缺失高 2 米，内侧夯土上部有坍塌，基本完整。台下有战备时构筑的混凝土防空工事，在马面外侧下部留有出口。

西墙 4 号马面至西南角台段墙体：该段墙体外包砖基本完整，接近 4 号马面 30 米长的一段上部包砖缺失 1～1.8 米，夯土内侧有坍塌，顶部最窄处 2 米，最宽处 6 米。

（4）北墙存东北角台、北瓮城、北城门、马面 4 座

东北角台外部已无包砖，仅存夯土台心，各边际残损。夯层厚分别为 0.14 米、0.2 米，从剖面可见不少于两次的加宽修筑历程。东侧凸出墙体 8.4 米，北侧突出墙体 10 米，南北长残留 11 米，残高 8.5 米。

东北角台至北墙 1 号马面段墙体：墙外侧包砖上部缺失高 2.7 米，上部夯土裸露，夯土顶部保存最好处宽 3 米，最差处不足 1 米，在中段有 7 米长缺口，缺口处夯土厚 2 米，内侧夯土流失呈陡坡状，外侧最好处高 9.19 米。

北墙 1 号马面：向北突出墙体 8.1 米，东西长 14.8 米，存高 9.5 米。外包砖基本完整，边际整齐，顶部包砖缺失 0.5 米高；内侧夯土流失，中段形成豁沟。

北墙 1 号马面至 2 号马面段墙体：整体保存较差，中段有 60 米夯土尽失，其中有 15 米包砖不存，现外侧用红机砖砌墙封堵。夯土墙的原位置被垃圾、菜地占用，现存的夯土墙与包砖发生裂隙。

北墙豁 1：用红机砖砌墙封堵。

北墙 2 号马面：保存完整，东西两侧包砖均有上下贯通裂缝，缝宽 0.1 米。

北墙 2 号马面至北门城台段墙体：大部分完整。内侧夯土流失相对较轻，只是在接近北门瓮城东墙的一段外包砖不存，夯土缺失使墙顶形成多个小缺口，其余墙顶宽均保持在 3.5～4 米。

北门：城台保存完整，台顶中部有建筑夯土台遗址，留有石柱础一个，础石 0.4 米见方，古镜直径 0.31 米。城台东西两侧均设有坡形马道，马道上部保存完整，宽 8 米，长 20 米，下半部均有损坏，道面毛石块铺漫。城台底部东西宽 23.7 米，南北长 19.1 米，城台高 10.5 米。门洞宽 4.26 米，门洞券高 5.28 米。门室券深 2.99 米，券长 4.83 米，券高 6.96 米。门外券长 4.69 米，门内券长 11.4 米，门内券高 5.3 米。均作五伏五券，外侧券上镶嵌门楣。

北瓮城：现存东西两面墙体，北墙仅存东北角一段，其余全部被扒开，内外包砖全部拆毁，夯土流失严重。瓮城内东西两侧依墙各建临街铺面房，一直延伸至城外。瓮城门位于东墙偏南部，5 伏 5 券，东西长 12.3 米，门内宽 4.28 米，门口宽 3.45 米，残高 3.13 米，门道长 9.9 米，门口深 2.6 米，两边出口处均有砖缺失。

北门至北墙 3 号马面段墙体：有 3/5 坍塌，其中 1/5 坍塌至底，北瓮城连接处和 3 号马面连接处各有 10 米左右基本保存原高度，顶宽 2～4.5 米。坍塌的 3/5 墙段夯土基本不存，只剩零星。外包砖有 2/5 存在高 3～4.5 米，且全部向内侧倾斜。

北墙 3 号马面：保存完整。东西两侧包砖均有上下贯通的裂缝，缝隙宽处可达 0.2 米。台高与墙平。

北墙 3 号马面至北墙 4 号马面段墙体：靠近 3 号马面处有总长的 1/3 坍塌，仅存部分外侧包砖，夯

土墙几乎不存。靠近 4 号马面的 2/3 墙体保存较完整，极少部分夯土流失，顶宽保持在 5～6 米。在墙的外侧以间隔 12 米左右的距离设置礌石孔道，圆形，上大下小向下方斜出。上口直径 0.4 米。

北墙 4 号马面：整体完整，东西两侧包砖均有上下贯通的裂缝，顶部有人为挖洞通往台下。

北墙 4 号马面至西北角台段墙体：整体完整，顶宽 3～5 米，外包砖整齐，高 8.5 米。在接近西北角台处有近 10 米长的墙段外层包砖整体脱落。

（5）玉皇阁

即"永安楼"。仅存东半边夯土墩台，南、东、西三面被围于民房之中，墩台内部也被掏洞。外部包砖全无，残高 8 米，南北残长 13.5 米，东西残宽 8 米，夯层厚 0.2 米。与南北二门同在中轴线上。

（6）南关城仅存西墙和东墙的一部分。

东墙：从卫城南墙 4 号马面西侧向南延伸，现已被土路及其他建筑截断，但城墙下仍可见夯土堆积。残存的部分东墙位于部队院内，不足 50 米，夯土构筑，包砖全无，且已坍塌成土堆状。残墙南端头墙底宽 4.5 米，高 3.5 米，向北 10 米为一马面，马面残高 8 米，南北长 7.5 米，向东突出土墙 4.5 米。顶部东西残宽 2.5～3 米。马面以北残墙长 35 米左右，北部端头残高 3.7 米，底残宽 2.8 米，顶宽接近马面处仅 0.8 米，其余墙段顶宽在 1～3 米，夯层厚 0.2 米。

西墙：从卫城南墙西侧 1 号马面向南延伸，现也被土路及其他建筑截断，西墙北端头距 1 号马面 30 米，向南延伸，东侧为原部队院内，现为学校，西侧 10 米以外则为排院式民居。西墙北端头残宽 3 米，残高 4 米，向南 100 米有一马面，马面墙体外侧高 9 米，坍塌严重，中段上部有一大缺口长达 10 米，高 5 米，豁口向南接近马面处墙顶几乎成片状，岌岌可危。再向南 200 米为西南角台，高 9 米，南北底边长 10 米，顶部南北 8 米，东西底边长 10 米，顶部东西长 8.5 米，向西突出西墙 3 米，因南墙全部拆毁，边界不清。角台以北墙体外侧坍塌极为严重，从坍塌的状况观察，原墙经历过 2 次加厚的修筑，外侧夯土坍塌后露出原墙毛石砌墙面，分析外包砖被扒走，夹心夯土附着力减弱，逐渐与原墙分离垮塌。

（7）护城河

西护城河：西城外北侧已建民房，从西翼城以南保存有护城河的痕迹，河道现上宽 30 米，下底宽 25 米，残深 3～5 米，现为耕地和荒地。

东护城河：现河道冲积变宽且浅，南端现宽 50 米左右，残深 3 米，北端只到东翼城以南，宽 100 余米。河床内已成建筑垃圾倾倒地。

北护城河：仅存北瓮城以东至东北角台以北的林场院内部分，现宽 40 米，残深 1.5 米，为苗圃林地。

（8）历史沿革

洪武初，于宣府要害筹划疆界，俱设险防守。洪武二十六年置宣府前左右三卫于宣德，置万全左右二卫于宣平。永乐十八年自长安岭迤洗马林皆筑石垣深壕堑。正统十四年十一月修治沿边关隘。成化间增墩凿堑。宣德五年，置万全都指挥使司。嘉靖二十三年修宣镇要冲墩垣配兵乘守。嘉靖三十五年酌急缓修筑塞垣。嘉靖三十七年增筑各路墩台。万历元年修南山及中北二路诸边墩营寨。

（9）交通及环境

交通状况：城东 0.5 千米处有 207 国道、张石高速公路通过，沟通张家口与坝上地区，通往、孔家庄、柴沟堡、膳房堡、新河口等乡间公路向外辐射，交通便利发达。

环境变化及主要环境问题：城乡建设对古城堡缺乏基本的保护和整体长远规划，致使新建民房在形制、材质、色调、高度等方面对古城形成很大破坏，城墙的保护范围和建设控制地带没有严格控制执行，已对古城周边环境和空间环境造成影响。

北至膳房堡 10 千米，南至孔家庄 15 千米，东南至张家口 15 千米，西至新河口堡 20 千米。城东有公路通往张（家口）张（北）公路和张石高速入口，城南村际公路通往孔家庄，城西公路通往新开口。

（10）其他

万全右卫城清代康熙三十二年（1693）以后，一直为县署所在地。新中国成立后，仍为县党、政机关驻地。1983 年县机关迁往孔家庄，万全城成为县属镇。万全右卫城，据文献记载，建于明洪武二十六年（1393），正统三年（1438）年砖包，后曾有四次补修。南北城门上建有楼阁，四角建有角楼，城内建有谯楼、牌坊、官署、文庙以及密陀寺、东大寺、西大寺等庙宇 50 余座。

新中国成立后，经历年基本建设的发展，现城内有电影院、城关中学、城关小学、县医院分院、邮电支局、移动通讯营业所、织布厂、矿山机械厂、汽车站、县粮库、县供销社粉丝厂、罐头厂、商业批发仓库、商店、门市部、镇政府办公楼、镇办玛钢厂等。城内农民住房建筑近年来发展较快，城南、城西、城北已扩展出城外。

卫城地势南低北高，落差 18 米，城外四周有土路环绕，距城墙 5 ～ 20 米。

城东北部距城 10 米建有游泳池，中部建有养猪场，南部原护城河道，现为树林及耕地；城北东部为围圈林场，西部为民房院落；城西北部保护范围内均为民房，距墙 7 ～ 15 米，南部为旧护城河道，现为耕地，并有发展成为建筑垃圾倾倒场的趋势；城南西段为民房或小工厂。环城内建有大量猪圈以及垃圾堆积地，民居大多依墙而建，原始的内环城更道已不能贯通。城内除剧场和万全矿机厂厂房高出城墙，其余民房均低于城墙，空间环境有所控制，但绝大部分民房均翻盖为红机砖瓦房，街巷中电杆与线网纵横交错，古城的整体视觉效果受到很大影响。

城内街道主要由南北大街和东西大街构成的十字大街，以街为界，将街区分为四片，每片居民区各设一个街委会管理。中轴南北大街长 912 米，宽 14 米，现为石板路面。东西大街长 892 米，宽 16 米，柏油路面。另外，在城内东部有一条南北街，为东桥街。

3. 万全膳房堡 130729353102170003

位于万全镇北膳房堡村，坐标：东经 114° 43′ 37.10″，北纬 40° 57′ 34.70″，高程 1176 米。

城堡平面轮廓不清，城墙大部分缺失，仅存有北墙、西墙小段落，且坍塌严重，北墙长 108 米，西墙长 149 米，杂草灌木丛生，外墙被现代民房占据，被当地居民当作院墙，墙体顶宽 0.72 ～ 4.85 米，现为乡政府驻地，北墙北面院落为一工厂。

马面位于西墙残存的墙体中间位置，内侧坍塌，外侧用水泥包砌，外侧残高 7.24 米，内侧残高 9.17 米，顶东西长 8.26 米，南北宽 6.38 米。

4. 万全新河口堡 130729353102170004

位于北新屯乡新河口村，坐标：东经 114° 32′ 15.70″，北纬 40° 56′ 46.20″，高程 1208 米。

城堡平面呈矩形，占地面积 100000 平方米，周长 1300 米，南面墙体已无存，尚存北墙、西墙东墙段落，且坍塌严重，北墙长 297 米，西墙长 353 米，东墙长 358 米，杂草灌木丛生。

（1）东墙

现状共三个豁口总长 155 米，墙体顶宽 1.85 米，外高 6.31 米，内高 4.64 米。

东墙中部存马面一座，南北长 8.7 米，东西长 4.78 米，最高处 6.23 米。

东北角有角台一座，南北长 12.16 米，东西长 10.68 米，最高处高 7.57 米。

（2）北墙

内侧已坍塌成坡状，长满杂草，内墙被民房占据，墙上宽 3.46 米，内高 2.89 米，外高 4.73 米。北墙在西北角处存一豁口长 53 米。

马面坍塌严重，尺寸无法辨别。

西北角台内侧被民房占压，外墙酥碱严重，南北长 12.7 米，东西长 9.76 米，高 7.12 米。

（3）西墙

存豁口 2 处，共长 50 米，墙上宽 3.78 米，外高 6.28 米，内高 3.02 米。

西墙中间位置设马面，南北长 12.86 米，东西长 5.27 米，高 9.05 米。

西南角台顶部坍塌严重，外立面酥碱严重，东西长 13.6 米，南北长 11.93 米，高 9.33 米，墙体坍塌严重，顶部长满杂草，两侧被当地居民当作院墙，南段墙体已被居民占压。

（4）其他

据当地村民介绍：村东北山上原有"文山台"，于 1966 年拆除。村西北有"白龙洞"塑龙王爷，洞里有水。新河口堡原墙体包砖，后拆除，堡内有奶奶庙、太师庙、五道庙。玉皇阁在北城墙上。城门有东门、南门两个，城墙有护城河，入城门有石桥。

5. 万全宣平堡 130729353102170005

位于万全镇北宣平堡村，坐标：东经 114° 46′ 12.70″，北纬 40° 48′ 56.20″，高程 821 米。

平面呈矩形，占地面积 100000 平方米，周长 1300 米，东西墙体已基址无存，尚存北墙、南墙，且坍塌严重，北墙土墙长 304 米，南墙长 306 米。

南墙坍塌严重，只残留墙基，墙体内侧被村民养牛、养猪，现在已成洼地，墙体外侧被村民种植玉米，南墙东侧墙体内侧开辟了村路，外侧被民房院落占据。南墙现状共三个豁口，总长 140 米，墙体顶宽 2.2 米，外高 3.42 米，内高 4.48 米。北墙墙体城墙北内侧已坍塌成大漫坡状，墙体中部有马面一座。墙体上宽 1.9 米，内高 2.45 米，外高 9.24 米。北墙在内侧外侧酥减严重。墙体顶部长满杂草，两侧被当地居民当作院墙，南段墙体基址已被当地居民盖上了房子。

宣平堡 01 马面，位于宣平堡北墙残存的墙体中间位置，内侧坍塌，外部酥碱严重，南北长 9.48 米，东西长 16.75 米，高 8.66 米。

宣平堡西门，位于西墙中间位置，门楼坍塌严重，只残留城门北侧部分，墙体上部为城砖砌筑，下部为条石砌筑，南北长 1.8 米，东西残长 1.5 米，残高 2.4 米。

据当地村民介绍：堡内原有庙宇五座，分别是观音庙、老爷庙、黑龙王庙、奶奶庙、大佛殿。堡外东侧有财神庙。堡内公路边残留《明嘉靖七年……重修关王庙记》残碑一通，堡内原有南门、西门，并立有匾额，南门俗称"喜门"。

6. 万全王安堡 1307293531 02170006

位于万全镇王安堡村正南 1.8 千米，坐标：东经 114° 42′ 00.00″，北纬 40° 52′ 05.20″，高程 1208 米。

平面呈矩形，占地面积 12678 平方米，周长 436 米，体结构损毁严重，墙体只残留墙体墙基，墙体附属设施无存，杂草灌木丛生，南墙长 115 米，北墙土墙长 109 米，西墙长 107 米，东墙长 110 米。

墙体为土石混筑，坍塌成垄状，上部长满杂草，四周被玉米地占据。堡内有烽火台一座，马面 5 座，其中东北角一个，四面墙体中间各一个，墙体内高 2.1 米、外高 1.8 米，墙宽 1.68 米。

堡内烽火台位于东南位置，顶部坍塌严重，平面呈矩形、剖面呈梯形，南北长 5.23 米，东西长 5.55 米，高 7.29 米。

7. 万全新开口堡 1307293531 02170007

位于膳房堡乡新开口堡村中，坐标：东经 114° 39′ 53.10″，北纬 40° 57′ 39.70″，高程 1143 米。

平面形制不清，城堡损毁严重，仅存西北角及东墙南端部分，北墙土墙残长 42 米，西墙残长 10 米，东墙残长 55 米，顶部附属设施无存，杂草灌木丛生。

墙体为黄土夯筑，夯层厚 0.15～0.2 米，西墙残存长 10.7 米，墙体顶宽 9.33 米，外高 9.57 米，内高 11.65 米。北墙残存长 42 米，西北角内侧被民房占据，外侧酥减严重，墙体坍塌严重，顶部长满杂草。墙宽 6.25 米，高 5.79 米。东墙残存长 55 米，墙体酥碱严重，夯土向两侧脱落，墙体中段南侧设烽火台一座。

（四）相关遗存

万全县相关遗存一览表（单位：处）

编号	认定名称	认定编码	保存程度				
			较好	一般	较差	差	消失
1	大水泉 01 挡马墙	130729354104170002				√	
2	镇虎台 01 挡马墙	130729354104170003				√	
3	镇虎台 02 挡马墙	130729354104170004				√	
4	大东沟 01 挡马墙	130729354104170005				√	
5	大东沟 02 挡马墙	130729354104170006				√	
6	大东沟 03 挡马墙	130729354104170007				√	
7	万全砖窑遗址	130729354102170008				√	
8	大水泉村 01 居住址	130729354107170001				√	
合计		共 8 处：挡马墙 6 处，窑址 1 处，居住址 1 处				8	
百分比（%）		100				100	

保存程度：较好、一般、较差、差、消失

1. 大水泉 01 挡马墙 130729354104170002

位于张北县海流图乡大水泉村西南 4.9 千米，坐标：东经 114° 37′ 56.50″，北纬 41° 00′ 25.80″，高程 1643 米。

坍塌严重，毛石垒砌，墙体东侧残留人工垒砌的石垛，墙体直通坝头。

2. 镇虎台 01 挡马墙 130729354104170003

位于张北县镇虎台村西南 3 千米，坐标：东经 114° 31′ 09.70″，北纬 40° 58′ 43.00″，高程 1665 米。

整体状况：坍塌严重，毛石垒砌，大致呈东西向，沿坝头顺山势蜿蜒而建，墙体宽 1.7 米，残高 0.5 米。东南临坝头，地势陡峭。植被覆盖为低矮草种。

3. 镇虎台 02 挡马墙 130729354104170004

位于张北县台路沟乡镇虎台村西南 4.7 千米，坐标：东经 114° 30′ 02.00″，北纬 40° 58′ 23.10″，高程 1755 米。

坍塌严重，毛石垒砌，分布在正边台 05 号烽火台的东西两侧，分为两段，东侧稍短长约 104 米，西侧的挡马墙长 304 米，北端都与长城主线相接，呈半圆形，宽 4～6 米，残高 1.3 米。墙体北侧建有羊圈。南侧是坝头无峭壁的豁口，植被覆盖为低矮草种。

4. 大东沟 01 挡马墙 130729354104170005

位于张北县大东沟村西南 4.6 千米，坐标：东经 114° 29′ 03.30″，北纬 40° 57′ 15.80″，高程 1784 米。

坍塌严重，毛石垒砌，北侧是平缓的坡地，扼守坝头的豁口，呈圆弧状，残高约 0.3～0.8 米，宽 1.1～1.8 米。南临坝头，地势陡峭。植被覆盖为低矮草种。

5. 大东沟 02 挡马墙 130729354104170006

位于张北县大河乡大东沟村西南 4.7 千米，坐标：东经 114° 28′ 54.40″，北纬 40° 57′ 09.10″，高程 1826 米。

坍塌严重，毛石垒砌，呈半圆形，北侧是平缓的坡地，南侧为坝头，残高约 0.8～1.8 米，宽 1.6～3.1 米，植被覆盖为低矮草种。

6. 大东沟 03 挡马墙 130729354104170007

位于张北县大河乡大东沟村东南 4 千米，坐标：东经 114° 28′ 10.90″，北纬 40° 57′ 01.30″，高程 1818 米。

坍塌严重，毛石垒砌，墙体沿坝头依山势而建，呈圆弧状，墙体宽 1.7～2.7 米，残高 0.5～0.8 米，大致呈东西走向，与主线平行，墙体北侧建有现代羊圈，南临坝头，地势陡峭，植被覆盖为低矮草种。

7. 万全砖窑遗址 130729354102170008

位于万全城 500 米处，坐标：东经 115° 25′ 31.10″，北纬 40° 47′ 35.60″，高程 1870 米。

由于取土窑址仅存北部遗迹，残留城砖靠窑北壁一立一平码放，暴露在外的共有 80 余块，砖长 0.38 米，宽 0.19 米，厚 0.09 米。与万全城包砖相同，由于窑址大部拆毁，原形制不详。

暴露的遗迹、遗物：窑址西侧路旁有输电变压器，在东西 40 米长的坡脚下，由于取土，形成断崖，使窑址高出现在地面 2.8 米，窑址残高 2 米，残留砖摞高 1.8 米，窑壁红烧土明显。

分布范围：窑址位于 207 国道的北侧，南距万全城 0.5 千米，坐北向南，北侧是逐渐升高的台地，南面越过公路是耕地，东西两面均为临公路的民房。

8. 大水泉村 01 居住址 130729354107170001

位于张北县海流图乡大水泉村西南 5 千米，坐标：东经 114° 37′ 52.00″，北纬 41° 00′ 24.60″，高程 1632 米。

坍塌严重，东西排列，东西长 41.3 米，南北宽 7.33 米，共六间，墙体坍塌不见，基础痕迹残存。南侧为墙体，西、北侧为沟，坡度平缓。

尚义县

尚义县位于张家口市域西部，地理坐标：东经 113° 49′ ~ 114° 26′，北纬 40° 44′ ~ 41° 32′，县域东西宽 55.2 千米，南北长 88.8 千米，总面积 2632.47 平方千米。东与张北县、万全县接壤，南与怀安县及山西省大同市天镇县毗邻，西、北与内蒙古乌兰察布市商都县、兴和县交界。距北京市 267 千米，距石家庄市 341 千米，距张家口市 82.3 千米。

尚义县明长城分布在下马圈乡，东接万全县长城，南接山西省大同市天镇县双山长城 3 段。

长城起点：怀安县桃沟村西北，坐标：东经 114° 06′ 58.10″，北纬 40° 44′ 15.70″，高程 1382 米。

长城止点：怀安县桃沟村西北，坐标：东经 114° 05′ 35.00″，北纬 40° 44′ 23.20″，高程 1578 米。

尚义县调查长城墙体 1 段，总长 2200 米。

（一）墙体

尚义县明长城墙体一览表（单位：米）

编号	认定名称	认定编码	类型	长度	保存程度				
					较好	一般	较差	差	消失
1	桃坪长城第 1 段	130725382102170001	石墙	2500				1500	1000
	合计	共 1 段：石墙 1 段		2500				1500	1000
	百分比（%）	100						60	40

类型：砖墙、石墙、土墙、山险墙、山险

保存程度：较好、一般、较差、差、消失

1. 桃坪长城第 1 段 130725382102170001

位于桃坪村南 2.3 千米处，起点坐标：东经 114° 06′ 58.10″，北纬 40° 44′ 15.70″，高程 1382 米，止点坐标：东经 114° 05′ 35.00″，北纬 40° 44′ 23.20″，高程 1578 米。

墙体长 2500 米，该段长城处于河北、山西、内蒙古三省交界，毛石砌筑，残存最高处内高 0.8 米，外高 1 米，顶宽 1.8 米，底宽 2 米，内外侧植被覆盖较少，多为低矮植被。

怀安县

怀安县位于张家口市域西南部，地理坐标：东经 114° 08′ ～ 114° 48′，北纬 40° 20′ ～ 40° 48′，县域东西宽 64.95 千米，南北长 53.18 千米，总面积 1706 平方千米。东连宣化县，东南接阳原县，西南与山西省大同市天镇县毗邻，西北邻尚义县，北隔洋河与万全县相望。距北京市 216 千米，距石家庄市 293 千米，距张家口市 46 千米。

怀安县明长城分布在柴沟堡镇、左卫镇、渡口堡乡、第三堡乡、头百户镇、太平庄乡、王虎屯乡、怀安镇、西湾堡乡、西沙城乡、第六屯乡、西阳河镇共 12 个乡镇。西接山西省大同市天镇县平远头长城 1 段，东接万全县羊窑沟长城第 1 段，南邻阳原县南口 1 号烽火台，东邻宣化县深井堡。

长城起点：怀安县东洋河村北 3.8 千米处，坐标：东经 114° 20′ 44.2″，北纬 40° 44′ 23.6″，高程 877 米。

长城止点：怀安县翁家湾村西北 2.2 千米处，坐标：东经 114° 10′ 38.6″，北纬 40° 40′ 26.70″，高程 989 米。

怀安县调查长城墙体 21 段，总长 32366 米；单体建筑 194 座，其中：敌台 7 座、烽火台 187 座；关堡 9 座。

（一）墙体

怀安县墙体一览表（单位：米）

序号	认定名称	认定编码	类型	长度	保存程度				
					较好	一般	较差	差	消失
1	东洋河长城第 1 段	1307283821 02170001	石墙	175				80	95
2	东洋河长城第 2 段	1307283821 05170002	山险墙	67			67		
3	东洋河长城第 3 段	1307283821 02170003	石墙	46			46		
4	东洋河长城第 4 段	1307283821 02170004	石墙	35			35		
5	东洋河长城第 5 段	1307283821 05170005	山险墙	258			258		
6	东洋河长城第 6 段	1307283821 02170006	石墙	72	72				
7	东洋河长城第 7 段	1307283821 06170007	山险	946	946				
8	赵家窑长城第 1 段	1307283821 02170008	石墙	988	75		913		
9	赵家窑长城第 2 段	1307283821 06170009	山险	70	70				
10	赵家窑长城第 3 段	1307283821 02170010	石墙	565			565		
11	赵家窑长城第 4 段	1307283821 02170011	石墙	4853			4677	136	40
12	盘道门长城第 1 段	1307283821 02170012	石墙	3700			3700		

（续）

序号	认定名称	认定编码	类型	长度	保存程度				
					较好	一般	较差	差	消失
13	总镇台长城第1段	1307283821061700013	山险	138	138				
14	总镇台长城第2段	1307283821021700014	石墙	891			891		
15	总镇台长城第3段	1307283821061700015	山险墙	30				30	
16	总镇台长城第4段	1307283821021700016	石墙	6653				6000	653
17	总镇台长城第5段	1307283821011700017	土墙	242				242	
18	总镇台长城第6段	1307283821021700018	石墙	777				777	
19	桃沟长城第1段	1307283821011700019	土墙	2429				2180	249
20	桃沟长城第2段	1307283821021700020	石墙	306				260	46
21	桃沟长城第3段	1307283821011700021	土墙	9125				1225	7900
合计		共21段：石墙12段、土墙3段、山险墙3段、山险3段		32366	1301		9268	12814	8983
百分比（%）		100			4		28.6	39.6	27.8

类型：砖墙、石墙、土墙、山险墙、山险

保存程度：较好、一般、较差、差、消失怀安墙体

1. 东洋河长城第1段 1307283821021700001

位于柴沟堡镇东洋河村北3.8千米处，起点坐标：东经114°20′44.20″，北纬40°44′23.60″，高程877米，止点坐标：东经114°20′37.60″，北纬40°44′21.20″，高程953米。

墙体长175米，自然基础，毛石砌筑，西段现存高度为0.2～0.5米，东段墙体明显加宽，底宽3.7米，顶宽0.8米，残高4.2米，墙体两侧植被覆盖多为荆棘等灌木和杂草。

2. 东洋河长城第2段 1307283821051700002

位于柴沟堡镇东洋河村北3.7千米处，起点坐标：东经114°20′37.60″，北纬40°44′21.20″，高程953米，止点坐标：东经114°20′34.90″，北纬40°44′20.50″，高程990米。

墙体长67米，自然基础，毛石砌筑，大部分利用山体岩石为墙体，墙体两侧植被覆盖多为荆棘等灌木和杂草。

3. 东洋河长城第3段 1307283821021700003

位于柴沟堡镇东洋河村北3.6千米处，起点坐标：东经114°20′34.90″，北纬40°44′20.50″，高程990米，止点坐标：东经114°20′33.50″，北纬40°44′19.60″，高程1017米。

墙体长46米，自然基础，毛石砌筑，仅存基础痕迹，宽0.7～0.8米，墙体两侧植被覆盖多为荆棘等灌木和杂草。

4. 东洋河长城第4段 1307283821021700004

位于柴沟堡镇东洋河村北3.6千米处，起点坐标：东经114°20′33.50″，北纬40°44′19.60″，高程1017米，止点坐标：东经114°20′32.10″，北纬40°44′19.80″，高程1010米。

墙体长35米，自然基础，毛石砌筑，宽4米，墙体两侧植被覆盖多为荆棘等灌木和杂草。

5. 东洋河长城第 5 段 130728382105170005

位于柴沟堡镇东洋河村北 3.7 千米处、西北 3.6 千米处，起点坐标：东经 114° 20′ 32.10″，北纬 40° 44′ 19.80″，高程 1010 米，止点坐标：东经 114° 20′ 22.10″，北纬 40° 44′ 22.50″，高程 1022 米。

墙体长 258 米，自然基础，毛石砌筑，外包毛石白灰勾缝，底宽 6 米，高 2 米，墙体两侧植被覆盖多为荆棘等灌木和杂草。

6. 东洋河长城第 6 段 130728382102170006

位于柴沟堡镇东洋河西北 3.6 千米处，起点坐标：东经 114° 20′ 22.10″，北纬 40° 44′ 22.50″，高程 1022 米，止点坐标：东经 114° 20′ 19.50″，北纬 40° 44′ 21.30″，高程 1044 米。

墙体长 7 米，自然基础，毛石砌筑，外包毛石白灰勾缝，收分较大，内外均有坍塌。墙体两侧植被覆盖多为荆棘等灌木和杂草。

7. 东洋河长城第 7 段 130728382106170007

位于柴沟堡镇东洋河村西北、赵家窑村东北 3.6 千米处，起点坐标：东经 114° 20′ 19.50″，北纬 40° 44′ 21.30″，高程 1044 米，止点坐标：东经 114° 19′ 40.80″，北纬 40° 44′ 12.90″，高程 1202 米。

山险长 946 米，顶部植被覆盖较好，多为荆棘等灌木和杂草。

8. 赵家窑长城第 1 段 130728382102170008

位于左卫镇赵家窑村东北 3.6 千米处、北 3 千米处，起点坐标：东经 114° 19′ 40.80″，北纬 40° 44′ 12.90″，高程 1202 米，止点坐标：东经 114° 19′ 11.60″，北纬 40° 43′ 57.30″，高程 1334 米。

墙体长 988 米，自然基础，墙体毛石砌筑，外包毛石白灰勾缝，收分较大，顶宽 0.7 ～ 0.8 米，残高 2.15 米，墙体两侧植被覆盖多为荆棘等灌木和杂草。

9. 赵家窑长城第 2 段 130728382106170009

位于左卫镇赵家窑村北 3 千米处，起点坐标：东经 114° 19′ 11.60″，北纬 40° 43′ 57.30″，高程 1334 米，止点坐标：东经 114° 19′ 08.90″，北纬 40° 43′ 56.40″，高程 1348 米。

山险长 70 米，顶部植被覆盖较好，多为荆棘等灌木和杂草。

10. 赵家窑长城第 3 段 130728382102170010

位于左卫镇赵家窑村北 2.8 千米处，起点坐标：东经 114° 19′ 08.90″，北纬 40° 44′ 56.40″，高程 1348 米，止点坐标：东经 114° 18′ 54.50″，北纬 40° 44′ 09.50″，高程 1350 米。

墙体长 565 米，自然基础，墙体毛石砌筑，外包毛石白灰勾缝，收分较大，顶宽 0.5 ～ 0.6 米，残高约 1.11 米。墙体两侧植被覆盖多为荆棘等灌木和杂草。

11. 赵家窑长城第 4 段 130728382102170011

位于左卫镇赵家窑村北 3 千米处、盘道门村北 4.3 千米处，起点坐标：东经 114° 18′ 54.50″，北纬 40° 44′ 09.50″，高程 1350 米，止点坐标：东经 114° 16′ 30.20″，北纬 40° 44′ 54.50″，高程 1538 米。

墙体长 4853 米，自然基础，毛石砌筑，外包毛石白灰勾缝，残存墙体底宽 1.8 米，顶宽 1 米，残高 0.8 ～ 1.3 米，内外均有坍塌。墙体两侧植被覆盖多为荆棘等灌木和杂草。

12. 盘道门长城第 1 段 130728382102170012

位于渡口堡乡盘道门村北 4.3 千米处、总镇台村 4.5 千米处，起点坐标：东经 114° 16′ 30.20″，北纬 40° 44′ 54.50″，高程 1538 米，止点坐标：东经 114° 14′ 15.40″，北纬 40° 45′ 14.50″，高程 1712 米。

墙体长 3700 米，自然基础，毛石砌筑，外包毛石白灰勾缝，残存墙体底宽 2.6 米，顶宽 2 米，残高 1.8 ～ 1.9 米，内外均有坍塌，墙体两侧植被覆盖多为荆棘等灌木和杂草。

13. 总镇台长城第 1 段 130728382106170013

位于渡口堡乡总镇台村 4.5 千米处，起点坐标：东经 114° 14′ 15.40″，北纬 40° 45′ 14.50″，高程 1712 米。止点坐标：东经 114° 14′ 09.70″，北纬 40° 45′ 13.40″，高程 1772 米。

山险长 138 米，顶部植被覆盖较好，多为荆棘等灌木和杂草。

14. 总镇台长城第 2 段 130728382102170014

位于渡口堡乡总镇台村东北 4.5 千米处，起点坐标：东经 114° 14′ 09.70″，北纬 40° 45′ 13.40″，高程 1772 米，止点坐标：东经 114° 13′ 36.80″，北纬 40° 45′ 06.60″，高程 1739 米。

墙体长 891 米，自然基础，毛石砌筑，外包毛石白灰勾缝，墙体两侧植被覆盖多为荆棘等灌木和杂草。

15. 总镇台长城第 3 段 130728382106170015

位于渡口堡乡总镇台村东北 3.7 千米处，起点坐标：东经 114° 13′ 36.80″，北纬 40° 45′ 06.60″，高程 1739 米，止点坐标：东经 114° 13′ 35.50″，北纬 40° 45′ 06.70″，高程 1713 米。

墙体长 30 米，自然基础，毛石砌筑，大部分利用山体岩石为墙体，墙体两侧植被覆盖多为荆棘等灌木和杂草。

16. 总镇台长城第 4 段 130728382102170016

位于渡口堡乡总镇台村东北 3.6 千米处，起点坐标：东经 114° 13′ 35.30″，北纬 40° 45′ 06.70″，高程 1713 米，止点坐标：东经 114° 09′ 58.80″，北纬 40° 45′ 33.50″，高程 1602 米。

墙体长 6653 米，自然基础，毛石砌筑，外包毛石白灰勾缝，顶宽 3.2 米，内残高 0.45 米，外残高 3.2 米，坍塌严重，墙体两侧植被覆盖多为荆棘等灌木和杂草。

17. 总镇台长城第 5 段 130728382101170017

位于渡口堡乡总镇台村西北 3.8 千米处，起点坐标：东经 114° 09′ 58.80″，北纬 40° 45′ 33.50″，高程 1602 米，止点坐标：东经 114° 09′ 50.30″，北纬 40° 45′ 29.40″，高程 1563 米。

墙体长 242 米，自然基础，墙芯分层夯筑，残存墙体顶宽 2.5 米，内残高 1.3 米，外残高 1.4 米，内外均有坍塌，墙体两侧植被覆盖多为荆棘等灌木和杂草。

18. 总镇台长城第 6 段 130728382102170018

位于渡口堡乡总镇台村西北 3.8 千米处，起点坐标：东经 114° 09′ 50.30″，北纬 40° 45′ 29.40″，高程 1563 米，止点坐标：东经 114° 09′ 22.60″，北纬 40° 45′ 19.20″，高程 1420 米。

墙体长 777 米，自然基础，毛石砌筑，外包毛石白灰勾缝，内外均有坍塌，墙体两侧植被覆盖多为荆棘等灌木和杂草。

19. 桃沟长城第 1 段 130728382101170019

位于渡口堡乡桃沟村北 3.2 千米处，起点坐标：东经 114° 09′ 22.60″，北纬 40° 45′ 19.20″，高程 1420 米，止点坐标：东经 114° 07′ 55.90″，北纬 40° 44′ 52.00″，高程 1333 米。

墙体长 2429 米，自然基础，夯土砌筑，残存墙体顶宽 0.45 米，内残高 0.5 米，外残高 3 米，内外均有坍塌，墙体两侧植被覆盖多为荆棘等灌木和杂草。

20. 桃沟长城第 2 段 130728382102170020

位于渡口堡乡桃沟村北 2.3 千米处，起点坐标：东经 114° 07′ 55.90″，北纬 40° 44′ 52.00″，高程 1333 米，止点坐标：东经 114° 07′ 44.90″，北纬 40° 44′ 47.30″，高程 1302 米。

墙体长 306 米，自然基础，毛石砌筑，外包毛石白灰勾缝，内外均有坍塌，墙体两侧植被覆盖多为荆棘等灌木和杂草。

21. 桃沟长城第 3 段 130728382101170021

位于渡口堡乡桃沟村北 2.3 千米处、瓮家湾村西北 2.2 千米处，起点坐标：东经 114° 07′ 44.90″，北纬 40° 44′ 47.30″，高程 1302 米，止点坐标：东经 114° 10′ 38.60″，北纬 40° 40′ 26.70″，高程 989 米。

墙体长 9125 米，自然基础，夯土砌筑，残存墙体顶宽 1.5 米，残高 5.2～3.1 米，底宽 3.4 米，内外均有坍塌，墙体两侧植被覆盖多为荆棘等灌木和杂草。

（二）单体建筑

怀安县单体建筑一览表（单位：座）

序号	认定名称	认定编码	材质	保存程度				
				较好	一般	较差	差	消失
1	东洋河 01 号敌台	1307283521101170001	石				√	
2	赵家窑 01 号敌台	1307283521101170002	石				√	
3	赵家窑 02 号敌台	1307283521101170003	土				√	
4	总镇台 01 号敌台	1307283521101170004	石				√	
5	总镇台 02 号敌台	1307283521101170005	石				√	
6	总镇台 03 号敌台	1307283521101170006	砖				√	
7	总镇台 04 号敌台	1307283521101170007	石				√	
8	东洋河 01 号烽火台	1307283532201170008	石				√	
9	东洋河 02 号烽火台	1307283532201170009	石				√	
10	赵家窑 01 号烽火台	1307283532201170010	石				√	
11	赵家窑 02 号烽火台	1307283532201170011	砖		√			
12	赵家窑 03 号烽火台	1307283532201170012	土				√	
13	赵家窑 04 号烽火台	1307283532201170013	石				√	
14	赵家窑 05 号烽火台	1307283532201170014	砖			√		
15	赵家窑 06 号烽火台	1307283532201170015	石				√	
16	赵家窑 07 号烽火台	1307283532201170016	石				√	
17	赵家窑 08 号烽火台	1307283532201170017	砖		√			

（续）

序号	认定名称	认定编码	材质	保存程度				
				较好	一般	较差	差	消失
18	赵家窑 09 号烽火台	1307283532011170018	砖		√			
19	赵家窑 10 号烽火台	1307283532011170019	砖		√			
20	赵家窑 11 号烽火台	1307283532011170020	石				√	
21	赵家窑 12 号烽火台	1307283532011170021	石				√	
22	赵家窑 13 号烽火台	1307283532011170022	砖		√			
23	赵家窑 14 号烽火台	1307283532011170023	石				√	
24	赵家窑 15 号烽火台	1307283532011170024	土				√	
25	赵家窑 16 号烽火台	1307283532011170025	砖		√			
26	盘道门 01 号烽火台	1307283532011170026	砖			√		
27	盘道门 02 号烽火台	1307283532011170027	砖		√			
28	盘道门 03 号烽火台	1307283532011170028	砖				√	
29	盘道门 04 号烽火台	1307283532011170029	石				√	
30	盘道门 05 号烽火台	1307283532011170030	石				√	
31	盘道门 06 号烽火台	1307283532011170031	石				√	
32	盘道门 07 号烽火台	1307283532011170032	石				√	
33	盘道门 08 号烽火台	1307283532011170033	石				√	
34	盘道门 09 号烽火台	1307283532011170034	砖		√			
35	盘道门 10 号烽火台	1307283532011170035	石				√	
36	总镇台 01 号烽火台	1307283532011170036	石				√	
37	总镇台 02 号烽火台	1307283532011170037	石				√	
38	总镇台 03 号烽火台	1307283532011170038	石				√	
39	总镇台 04 号烽火台	1307283532011170039	砖			√		
40	总镇台 05 号烽火台	1307283532011170040	砖			√		
41	总镇台 06 号烽火台	1307283532011170041	砖			√		
42	总镇台 07 号烽火台	1307283532011170042	砖				√	
43	总镇台 08 号烽火台	1307283532011170043	石				√	
44	总镇台 09 号烽火台	1307283532011170044	石				√	
45	总镇台村 10 号烽火台	1307283532011170045	石				√	
46	总镇台 11 号烽火台	1307283532011170046	砖		√			
47	总镇台 12 号烽火台	1307283532011170047	砖			√		
48	总镇台 13 号烽火台	1307283532011170048	砖		√			
49	总镇台 14 号烽火台	1307283532011170049	石				√	
50	总镇台 15 号烽火台	1307283532011170050	砖		√			
51	总镇台 16 号烽火台	1307283532011170051	石				√	
52	总镇台 17 号烽火台	1307283532011170052	石				√	
53	总镇台 18 号烽火台	1307283532011170053	砖			√		
54	总镇台 19 号烽火台	1307283532011170054	砖		√			

（续）

序号	认定名称	认定编码	材质	保存程度				
				较好	一般	较差	差	消失
55	总镇台 20 号烽火台	1307283532011170055	砖	√				
56	总镇台 21 号烽火台	1307283532011170056	砖	√				
57	总镇台 22 号烽火台	1307283532011170057	砖		√			
58	总镇台 23 号烽火台	1307283532011170058	石				√	
59	总镇台 24 号烽火台	1307283532011170059	砖		√			
60	总镇台 25 号烽火台	1307283532011170060	土				√	
61	桃沟 01 号烽火台	1307283532011170061	石				√	
62	桃沟 02 号烽火台	1307283532011170062	砖		√			
63	桃沟 03 号烽火台	1307283532011170063	土			√		
64	桃沟 04 号烽火台	1307283532011170064	土				√	
65	桃沟 05 号烽火台	1307283532011170065	土			√		
66	桃沟 06 号烽火台	1307283532011170066	土				√	
67	桃沟 07 号烽火台	1307283532011170067	土				√	
68	桃沟 08 号烽火台	1307283532011170068	土				√	
69	桃沟 09 号烽火台	1307283532011170069	砖			√		
70	桃沟 10 号烽火台	1307283532011170070	土				√	
71	桃沟 11 号烽火台	1307283532011170071	砖		√			
72	李家沟 01 号烽火台	1307283532011170072	土			√		
73	西北口 01 号烽火台	1307283532011170073	土				√	
74	西北口 02 号烽火台	1307283532011170074	土				√	
75	瓦窑沟 01 号烽火台	1307283532011170075	石				√	
76	瓦窑沟 02 号烽火台	1307283532011170076	土				√	
77	瓦窑沟 03 号烽火台	1307283532011170077	土			√		
78	狮子口 01 号烽火台	1307283532011170078	石				√	
79	曹家庄 01 号烽火台	1307283532011170079	土			√		
80	第十梁 01 号烽火台	1307283532011170080	土				√	
81	磨泥湾 01 号烽火台	1307283532011170081	土		√			
82	刘家沟 01 号烽火台	1307283532011170082	土			√		
83	三十里店 01 号烽火台	1307283532011170083	土			√		
84	北夏家湾 01 号烽火台	1307283532011170084	土			√		
85	北夏家湾 02 号烽火台	1307283532011170085	石				√	
86	乔子沟 01 号烽火台	1307283532011170086	土			√		
87	北夏家湾 03 号烽火台	1307283532011170087	石			√		
88	第四屯 01 号烽火台	1307283532011170088	石				√	
89	下果园 01 号烽火台	1307283532011170089	土			√		
90	左卫城 01 号烽火台	1307283532011170090	土		√			
91	左卫城 02 号烽火台	1307283532011170091	土		√			

（续）

序号	认定名称	认定编码	材质	保存程度				
				较好	一般	较差	差	消失
92	尖台寨 01 号烽火台	130728353201170092	土				√	
93	魏家山 01 号烽火台	130728353201170093	土			√		
94	陈家窑 01 号烽火台	130728353201170094	土			√		
95	陈家窑 02 号烽火台	130728353201170095	土				√	
96	王虎屯 01 号烽火台	130728353201170096	土				√	
97	枳儿岭 01 号烽火台	130728353201170097	土			√		
98	枳儿岭 02 号烽火台	130728353201170098	土			√		
99	中所堡 01 号烽火台	130728353201170099	土				√	
100	朱家屯 01 号烽火台	130728353201170100	石				√	
101	团山 01 号烽火台	130728353201170101	土			√		
102	团山 02 号烽火台	130728353201170102	土			√		
103	北李家庄 01 号烽火台	130728353201170103	土				√	
104	北李家庄 02 号烽火台	130728353201170104	土				√	
105	旧堡 01 号烽火台	130728353201170105	土			√		
106	李信屯 01 号烽火台	130728353201170106	土				√	
107	李信屯 02 号烽火台	130728353201170107	土				√	
108	李信屯 03 号烽火台	130728353201170108	土				√	
109	李信屯 04 号烽火台	130728353201170109	土				√	
110	李信屯 05 号烽火台	130728353201170110	土			√		
111	李信屯 06 号烽火台	130728353201170111	土			√		
112	田家庄 01 号烽火台	130728353201170112	土			√		
113	西湾堡 01 号烽火台	130728353201170113	土				√	
114	任家窑 01 号烽火台	130728353201170114	土			√		
115	任家窑 02 号烽火台	130728353201170115	土				√	
116	西沙城 01 号烽火台	130728353201170116	土			√		
117	水闸屯 01 号烽火台	130728353201170117	土		√			
118	水闸屯 02 号烽火台	130728353201170118	土				√	
119	第四屯 02 号烽火台	130728353201170119	土				√	
120	第四屯 03 号烽火台	130728353201170120	土				√	
121	第六屯 01 号烽火台	130728353201170121	土				√	
122	第九屯 01 号烽火台	130728353201170122	土				√	
123	皮件梁 01 号烽火台	130728353201170123	土				√	
124	皮件梁 02 号烽火台	130728353201170124	土				√	
125	龙王塘 01 号烽火台	130728353201170125	土			√		
126	园子沟 01 号烽火台	130728353201170126	土				√	
127	富民沟 01 号烽火台	130728353201170127	土				√	
128	渡口堡 01 号烽火台	130728353201170128	土		√			

（续）

序号	认定名称	认定编码	材质	保存程度				
				较好	一般	较差	差	消失
129	大南沟 01 号烽火台	130728353201170129	石			√		
130	王沟台 01 号烽火台	130728353201170130	土				√	
131	翁家湾 01 号烽火台	130728353201170131	石			√		
132	南堰截 01 号烽火台	130728353201170132	石			√		
133	南堰截 02 号烽火台	130728353201170133	土			√		
134	南堰截 03 号烽火台	130728353201170134	土				√	
135	南堰截 04 号烽火台	130728353201170135	土			√		
136	南堰截 05 号烽火台	130728353201170136	土				√	
137	南堰截 06 号烽火台	130728353201170137	土				√	
138	南堰截 07 号烽火台	130728353201170138	土				√	
139	南堰截 08 号烽火台	130728353201170139	土			√		
140	东洋河 03 号烽火台	130728353201170140	土		√			
141	赵家窑 17 号烽火台	130728353201170141	土				√	
142	赵家窑 18 号烽火台	130728353201170142	土			√		
143	赵家窑 19 号烽火台	130728353201170143	土				√	
144	赵家窑 20 号烽火台	130728353201170144	土				√	
145	赵家窑 21 号烽火台	130728353201170145	土				√	
146	赵家窑 22 号烽火台	130728353201170146	土				√	
147	赵家窑 23 号烽火台	130728353201170147	土				√	
148	渡口堡 02 号烽火台	130728353201170148	土		√			
149	两界台 01 号烽火台	130728353201170149	土			√		
150	大西沟 01 号烽火台	130728353201170150	土			√		
151	大西沟 02 号烽火台	130728353201170151	土	√				
152	盘道门 11 号烽火台	130728353201170152	土	√				
153	景家山 01 号烽火台	130728353201170153	土	√				
154	盘道门 12 号烽火台	130728353201170154	土			√		
155	景家山 02 号烽火台	130728353201170155	土			√		
156	景家山 03 号烽火台	130728353201170156	土			√		
157	景家山 04 号烽火台	130728353201170157	土	√				
158	西坪山 01 号烽火台	130728353201170158	土			√		
159	西坪山 02 号烽火台	130728353201170159	土			√		
160	西坪山 03 号烽火台	130728353201170160	土				√	
161	西坪山 04 号烽火台	130728353201170161	土			√		
162	西坪山 05 号烽火台	130728353201170162	土			√		
163	西洋河 01 号烽火台	130728353201170163	土			√		
164	新龙湾 01 号烽火台	130728353201170164	土			√		
165	双落沟 01 号烽火台	130728353201170165	土			√		

（续）

序号	认定名称	认定编码	材质	保存程度				
				较好	一般	较差	差	消失
166	双落沟 02 号烽火台	130728353201170166	土			√		
167	双落沟 03 号烽火台	130728353201170167	土			√		
168	西洋河 02 号烽火台	130728353201170168	土				√	
169	西洋河 03 号烽火台	130728353201170169	土				√	
170	西洋河 04 号烽火台	130728353201170170	土				√	
171	沙沟 01 号烽火台	130728353201170171	土				√	
172	沙沟 02 号烽火台	130728353201170172	土			√		
173	沙沟 03 号烽火台	130728353201170173	土				√	
174	沙沟 04 号烽火台	130728353201170174	土				√	
175	西洋河 05 号烽火台	130728353201170175	土				√	
176	西洋河 06 号烽火台	130728353201170176	土				√	
177	西洋河 07 号烽火台	130728353201170177	土			√		
178	西洋河 08 号烽火台	130728353201170178	土		√			
179	西洋河 09 号烽火台	130728353201170179	土		√			
180	刘家堡 01 号烽火台	130728353201170180	土			√		
181	马市口 01 号烽火台	130728353201170181	土				√	
182	马市口 02 号烽火台	130728353201170182	土			√		
183	马市口 03 号烽火台	130728353201170183	土			√		
184	马市口 04 号烽火台	130728353201170184	土		√			
185	桃沟 12 号烽火台	130728353201170185	土			√		
186	桃沟 13 号烽火台	130728353201170186	土			√		
187	桃沟 14 号烽火台	130728353201170187	土				√	
188	桃沟 15 号烽火台	130728353201170188	土				√	
189	桃沟 16 号烽火台	130728353201170189	土			√		
190	桃沟 17 号烽火台	130728353201170190	土			√		
191	桃沟 18 号烽火台	130728353201170191	土				√	
192	桃沟 19 号烽火台	130728353201170192	土		√			
193	桃沟 20 号烽火台	130728353201170193	石				√	
194	桃沟 21 号烽火台	130728353201170194	土				√	
合计		共 194 座：砖 29 座，石 41 座，土 124 座		2	31	62	99	
百分比（%）		100		1	16	32	51	

类型：单体建筑包括敌台、烽火台、马面等

保存程度：较好、一般、较差、差、消失

1. 东洋河 01 号敌台 130728352101170001

位于柴沟堡镇东洋河村北 3.6 千米，坐标：东经 114° 20′ 33.50″，北纬 40° 44′ 19.60″，高程 1017 米。

敌台南北接墙体，平面呈圆形，剖面呈梯形，底径 7.2 米，高 5.1 米，坍塌成圆形石堆状，四周植被多为灌木和杂草。在敌台南侧立有一座号碑。台碑上写："□字三十六号台"，尺寸为 0.9 米 × 0.4 米 × 0.12 米，石质为花岗岩粗砂石。

2. 赵家窑 01 号敌台 130728352101170002

位于左卫镇赵家窑村东北 3.1 千米，坐标：东经 114° 18′ 54.50″，北纬 40° 44′ 09.50″，高程 1350 米。

敌台南北接墙体，平面呈圆形，剖面呈梯形，底径 5.1 米，残高 3 米。南侧存一券门，起券方式为两伏两券，坍塌成圆形石堆状，四周植被多为灌木和杂草。

3. 赵家窑 02 号敌台 130728352101170003

位于左卫镇赵家窑村东北 3.4 千米，坐标：东经 114° 18′ 38.70″，北纬 40° 44′ 25.40″，高程 1394 米。

敌台东、北接墙体，平面呈圆形，剖面呈梯形，敌台底径 8.6 米，残高 6.5 米。台芯素土分层夯筑，外部包砖被拆除，南立面存裂缝 1 条，西立面坍塌严重，四周散落大量城砖。

4. 总镇台 01 号敌台 130728352101170004

位于渡口堡乡总镇台村东北 4.7 千米，坐标东经 114° 14′ 25.10″，北纬 40° 45′ 09.70″，高程 1686 米。

敌台南北接墙体，平面呈圆形，剖面呈梯形，坍塌成圆形石堆状，四周植被多为灌木和杂草。

5. 总镇台 02 号敌台 130728352101170005

位于渡口堡乡总镇台村东北 4.2 千米，坐标东经 114° 13′ 59.10″，北纬 40° 45′ 09.60″，高程 1755 米。

敌台平面呈圆形，剖面呈梯形，底径 7.5 米，残高 4.2 米，坍塌成圆形石堆状，四周植被多为灌木和杂草。

6. 总镇台 03 号敌台 130728352101170006

位于渡口堡乡总镇台村东北 3.7 千米，坐标：东经 114° 13′ 38.20″，北纬 40° 45′ 07.00″，高程 1750 米。

敌台南北接墙体，平面呈矩形，剖面呈梯形，东西长 7.88 米，南北宽 7.85 米，残高 4.5 米。立面为三段式，下段为块石基础，露明高 22 层，白灰砌筑，白灰勾缝；中段城砖砌筑，高 2.5 米，城砖尺寸：0.39 米 × 0.17 米 × 0.75 米，南立面辟石券门，高 1.78 米，宽 0.96 米，白灰砌筑，白灰勾缝；中段与上段间设 2 层砖砌拔檐分隔；上段设垛口墙，已无存。

敌台东立面有 4 道裂痕，南立面有 2 道裂痕，西立面仅存西南角墙体，北立面坍塌，顶部设施无存，四周植被多为灌木和杂草。

7. 总镇台 04 号敌台 130728352101170007

位于渡口堡乡总镇台村东北 3.5 千米，坐标：东经 114° 13′ 27.50″，北纬 40° 45′ 06.80″，高程 1684 米。

敌台东、西接墙体，平面呈矩形，剖面呈梯形，底径 9.3 米，残高 9.5 米。北侧存一块巨石，长 9 米，宽 2 米，高 7 米。

敌台东立面有 4 道裂痕，南立面有 2 道裂痕，西立面仅存西南角，北立面坍塌，顶部设施无存，敌台呈圆形石堆状，四周长满杂草。

8. 东洋河 01 号烽火台 130728353201170008

位于柴沟堡镇东洋河村北 3.7 千米，坐标：东经 114° 20′ 17.80″，北纬 40° 44′ 19.80″，高程 1083 米。

烽火台平面呈圆形，剖面呈梯形，毛石砌筑，底径 5.6 米，残高 3 米。坍塌成圆形石堆状，四周植被多为灌木和杂草，距离长城主墙体 58 米。

9. 东洋河 02 号烽火台 130728353201170009

位于柴沟堡镇东洋河村西北 3.6 千米，坐标：东经 114° 19′ 56.20″，北纬 40° 44′ 16.50″，高程 1218 米。

烽火台平面呈圆形，剖面呈梯形，毛石砌筑，底径 4.5 米，残高 3.2 米。坍塌成圆形石堆状，四周植被多为灌木和杂草。

10. 赵家窑 01 号烽火台 130728353201170010

位于左卫镇赵家窑村东北 3.3 千米，坐标：东经 114° 19′ 25.60″，北纬 40° 44′ 09.00″，高程 1220 米。

烽火台平面呈圆形，剖面呈梯形，毛石砌筑，底径 5.6 米，残高 3 米。坍塌成圆形石堆状，四周植被多为灌木和杂草。

11. 赵家窑 02 号烽火台 130728353201170011

位于左卫镇赵家窑村东北 2.7 千米，距长城主墙体 121 米，坐标：东经 114° 19′ 11.00″，北纬 40° 43′ 52.80″，高程 1376 米。

烽火台平面呈矩形，剖面呈梯形，东西长 8 米，南北宽 7.9 米，西南角残高 7.58 米。立面为三段式，下段为块石基础 3 层，每层高 0.96 米，白灰砌筑，白灰勾缝；中段城砖砌筑，高 5.58 米，南立面辟门，高 1.78 米，宽 0.96 米，白灰砌筑，白灰勾缝；中段与上段间设 2 层砖砌拔檐分隔；上段设垛口墙，已无存。

烽火台东立面有 7 道裂痕，南立面辟门，通裂缝 1 条，西立面存裂缝 3 条，北立面墙体外闪 0.18 米，存裂缝 2 条，顶部设施无存，四周植被多为灌木和杂草。

12. 赵家窑 03 号烽火台 130728353201170012

位于左卫镇赵家窑村东北 3.5 千米，坐标：东经 114° 18′ 48.10″，北纬 40° 44′ 24.90″，高程 1352 米。

烽火台平面呈圆形，剖面呈梯形，底径 8.6 米，残高 8.06 米，台芯土石分层夯筑，夯层明显，受风雨侵蚀，表面夯土脱落，台芯存多条冲沟，四周植被多为灌木和杂草。

13. 赵家窑 04 号烽火台 130728353201170013

位于左卫镇赵家窑村东北 3.7 千米，坐标：东经 114° 18′ 32.40″，北纬 40° 44′ 34.80″，高程 1352 米。

烽火台平面呈圆形，剖面呈梯形，毛石砌筑，底径 7.4 米，残高 5.1 米。坍塌成圆形石堆状，四周植被多为灌木和杂草。

14. 赵家窑 05 号烽火台 130728353201170014

位于左卫镇赵家窑村北 3.9 千米，距长城主墙体 8 米，坐标：东经 114° 18′ 24.20″，北纬 40° 44′ 40.20″，高程 1389 米。

烽火台平面呈矩形，剖面呈梯形，东西宽 7.8 米南北长 8.1 米，高 9.4 米，外包块石砌筑，台芯素土分层夯筑，夯层明显，南立面辟门，设拴梯石。

东北角坍塌，裸露台芯夯土，南立面墙体中部有裂痕1条，由下向上直到门道，西立面墙体中部裂痕1条，北面坍塌严重。四周植被多为灌木和杂草。

15. 赵家窑 06 号烽火台 130728353201170015

位于左卫镇赵家窑村北4千米处，坐标：东经114°18′15.20″，北纬40°44′47.00″，高程1395米。

烽火台平面呈圆形，剖面呈梯形，毛石砌筑，底径9.1米，西侧残高6.1米。坍塌成圆形石堆状，四周植被多为灌木和杂草。

16. 赵家窑 07 号烽火台 130728353201170016

位于左卫镇赵家窑村东北4.2千米、距长城墙体内侧7米，坐标：东经114°18′06.00″，北纬40°44′47.30″，高程1412米。

烽火台平面呈圆形，剖面呈梯形，底径6.3米，残高5.1米，台芯素土分层夯筑，夯层明显，厚0.09～0.14米，受风雨侵蚀，表面夯土脱落，台芯存多条冲沟，四周植被多为灌木和杂草。

17. 赵家窑 08 号烽火台 130728353201170017

位于左卫镇赵家窑村北4.2千米处、距长城墙体内侧10米，坐标：东经114°17′59.10″，北纬40°44′50.10″，高程1412米。

烽火台平面呈矩形，剖面呈梯形，东西长9.33米，南北宽9.15米，高11.34米，台体下设台基，三层条石，高0.75米，宽2.65米。立面为三段式，下段为块石基础10层，高2.6米，白灰砌筑，白灰勾缝；中段城砖砌筑，高8.74米，南立面辟券门，起券方式为一伏一券，白灰砌筑，白灰勾缝，门下设拴梯石；上段设垛口墙。

台体存裂缝多条，墙面风化酥碱，除南立面外顶部设施无存，四周植被多为灌木和杂草。

18. 赵家窑 09 号烽火台 130728353201170018

位于左卫镇赵家窑村西北4.2千米处，坐标：东经114°17′45.60″，北纬40°44′46.60″，高程1424米。

烽火台平面呈矩形，剖面呈梯形，东西长9.51米，南北宽9.39米，残高9.7米。立面为三段式，下段为条石基础4层，高1.12米，白灰砌筑，白灰勾缝；中段城砖砌筑，高7.72米，南立面辟券门，起券方式为一伏一券，门下设拴梯石，白灰砌筑，白灰勾缝；上段设垛口墙。

台体存裂缝多条，墙面风化酥碱，除南立面外顶部设施无存，四周植被多为灌木和杂草。

19. 赵家窑 10 号烽火台 130728353201170019

位于左卫镇赵家窑村西北4千米处，坐标：东经114°17′39.20″，北纬40°44′39.90″，高程1444米。

烽火台平面呈矩形，剖面呈梯形，东西宽7.79米，南北长7.93米，残高6.77米。立面为三段式，下段为条石基础5层，高1.4米，白灰砌筑，白灰勾缝；中段城砖砌筑，高5.37米，东立面辟券门，起券方式为两伏两券，高1.79米，宽1米。白灰砌筑，白灰勾缝；上段设垛口墙，已无存。

台体存裂缝多条，墙面风化酥碱，顶部设施无存，四周植被多为灌木和杂草。

20. 赵家窑 11 号烽火台 130728353201170020

位于左卫镇赵家窑村西北3.6千米处，坐标：东经114°17′37.30″，北纬40°44′26.60″，高程1545米。

烽火台平面呈圆形，剖面呈梯形，毛石砌筑，底径8.5米，残高6.2米，坍塌成圆形石堆状，四周植被多为灌木和杂草。

21. 赵家窑 12 号烽火台 130728353201170021

位于左卫镇赵家窑村西北 4 千米处，坐标：东经 114° 17′ 18.00″，北纬 40° 44′ 33.80″，高程 1450 米。

烽火台平面呈圆形，剖面呈梯形，毛石砌筑，东西长 8.73 米，南北宽 6.2 米，东侧残高 2.4 米。坍塌成圆形石堆状，四周植被多为灌木和杂草。

22. 赵家窑 13 号烽火台 130728353201170022

位于左卫镇赵家窑村西北 4.2 千米处，坐标：东经 114° 17′ 08.80″，北纬 40° 44′ 39.10″，高程 1490 米。

烽火台平面呈矩形，剖面呈梯形，东西宽 9.7 米，南北长 9.71 米，残高 9.35 米。立面为三段式，下段为条石基础 14 层，高 3.5 米，白灰砌筑，白灰勾缝；中段城砖砌筑，高 5.17 米，白灰砌筑，白灰勾缝；上段设垛口墙，宽 0.6 米，长 2.7 米，垛口间距 1.35 米，垛口墙下部设礌石孔，宽 0.45 米，高 1.6 米。

烽火台西面保存较好，有礌石孔 1 个，望孔 2 个，吐水嘴 1 个，南立面上部存望孔 1 个，东立面中部墙体缺失，北立面上半部缺失，顶部设施无存。台体存裂缝多条，面砖风化酥碱，顶部设施无存。

23. 赵家窑 14 号烽火台 130728353201170023

位于左卫镇赵家窑村西北 4.4 千米处，坐标：东经 114° 17′ 02.40″，北纬 40° 44′ 42.70″，高程 1519 米。

烽火台平面呈圆形，剖面呈梯形，毛石砌筑，底径 7.1 米，西侧残高 4.6 米。坍塌成圆形石堆状，四周植被多为灌木和杂草。

24. 赵家窑 15 号烽火台 130728353201170024

位于左卫镇赵家窑村西北 4.7 千米处长城段，坐标：东经 114° 16′ 50.40″，北纬 40° 44′ 49.30″，高程 1469 米。

烽火台平面呈圆形，剖面呈梯形，东西长 9.8 米，南北宽 8.6 米，西侧残高 9.8 米，台芯素土分层夯筑，夯层清晰，厚 0.09～0.14 米，受风雨侵蚀，表面夯土脱落，台芯存多条冲沟，四周植被多为灌木和杂草。

25. 赵家窑 16 号烽火台 130728353201170025

位于左卫镇赵家窑村西北 4.9 千米处，坐标：东经 114° 16′ 41.80″，北纬 40° 44′ 54.90″，高程 1515 米。

烽火台平面呈矩形，剖面呈梯形，东西长 9.935 米，南北宽 9.838 米，高 9.86 米，立面三段式，下段为条石基础 3 层，高 0.88 米，白灰砌筑，白灰勾缝；中段城砖砌筑，高 9 米，白灰砌筑，白灰勾缝；一中心室两通道，中心室东西长 3.95 米，南北长 3.89 米，通道宽 1 米，高 2.93 米。东立面辟券门，起券方式为一伏一券，上方箭窗 1 个，望孔 2 个，礌石孔 1 个。南、西立面各设箭窗 1 个。北立面设箭窗 1 个，望孔 2 个，礌石孔 2 个。中心箭窗内券宽 0.97 米，通高 2 米，箭窗宽 0.55 米，高 0.77 米。望孔宽 0.18 米，高 0.25 米。礌石孔高 0.34 米，望孔礌石孔间距 0.36 米，上段设施无存。

台体存裂缝多条，面砖风化酥碱，顶部设施无存，四周植被多为灌木和杂草。

26. 盘道门 01 号烽火台 130728353201170026

位于渡口堡乡盘道门村北 4.6 千米处，坐标：东经 114° 16′ 27.00″，北纬 40° 44′ 56.40″，高程 1593 米。

烽火台平面呈矩形，剖面呈梯形，东西宽 9.036 米，南北长 9.407 米，高 9.7 米。立面为三段式，下段为条石基础 4 层，高 1.05 米，白灰砌筑，白灰勾缝；中段城砖砌筑，城砖尺寸为 0.36 米 × 0.17 米 × 0.8 米，高 6.49 米，东立面辟石券门，宽 0.88 米，高 1.3 米，门下设拴梯石，上方设 2 个望孔，白灰砌筑，白灰勾缝；上段设垛口墙，高 1.86 米，南立面设吐水嘴 1 个。

台体存裂缝多条，面砖风化酥碱，东、南立面垛口墙缺失，西、北立面台体整体坍塌。四周植被多为灌木和杂草。

27. 盘道门 02 号烽火台 130728353201170027

位于渡口堡乡盘道门村北 4.8 千米处，坐标：东经 114° 16′ 10.20″，北纬 40° 45′ 03.20″，高程 1677 米。

烽火台平面呈矩形，剖面呈梯形，东西长 10.97 米，南北宽 10.92 米，高 8.93 米。立面为三段式，下段为条石基础 3 层，高 0.88 米，白灰砌筑，白灰勾缝；中段城砖砌筑，城砖尺寸为 0.40 × 0.05 × 0.8 米，高 8.52 米，南立面辟门，门下设拴梯石，白灰砌筑，白灰勾缝；上段设望孔。

台体存裂缝多条，面砖风化酥碱，东、南、西立面上部墙体缺失，北立面墙体外闪 0.35 米，四周植被多为灌木和杂草。

28. 盘道门 03 号烽火台 130728353201170028

位于渡口堡乡盘道门村北 4.7 千米，坐标：东经 114° 16′ 02.00″，北纬 40° 45′ 00.90″，高程 1734 米。

烽火台平面呈矩形，剖面呈梯形，毛石砌筑，东西宽 8.58 米，南北长 9.42 米，西侧残高 6.4 米。东北角露明条石 4 层，坍塌严重，四周植被多为灌木和杂草。

29. 盘道门 04 号烽火台 130728353201170029

位于渡口堡乡盘道门村北 4.9 千米，坐标：东经 114° 15′ 54.10″，北纬 40° 45′ 06.50″，高程 1712 米。

烽火台平面呈圆形，剖面呈梯形，毛石砌筑，底径 8.3 米，残高 3.5 米。坍塌成圆形石堆状，四周植被多为灌木和杂草。

30. 盘道门 05 号烽火台 130728353201170030

位于渡口堡乡盘道门村北 5.1 千米，坐标：东经 114° 15′ 43.20″，北纬 40° 45′ 12.10″，高程 1715 米。

烽火台平面呈圆形，剖面呈梯形，毛石砌筑，底径 8.1 米，残高 4.2 米。坍塌成圆形石堆状，四周植被多为灌木和杂草。

31. 盘道门 06 号烽火台 130728353201170031

位于渡口堡乡盘道门村北 5.3 千米，坐标：东经 114° 15′ 36.30″，北纬 40° 45′ 15.80″，高程 1717 米。

烽火台平面呈圆形，剖面呈梯形，毛石砌筑，底径 9.1 米，残高 4.1 米。坍塌成圆形石堆状，四周植被多为灌木和杂草。

32. 盘道门 07 号烽火台 130728353201170032

位于渡口堡乡盘道门村西北 5.4 千米，坐标：东经 114° 15′ 15.80″，北纬 40° 45′ 16.80″，高程

1650 米。

烽火台平面呈圆形，剖面呈梯形，毛石砌筑，底径 8.7 米，残高 5.2 米。坍塌成圆形石堆状，四周植被多为灌木和杂草。

33. 盘道门 08 号烽火台 130728353201170033

位于渡口堡乡盘道门村西北 5.4 千米，坐标：东经 114° 15′ 08.30″，北纬 40° 45′ 19.40″，高程 1617 米。

烽火台平面呈圆形，剖面呈梯形，毛石砌筑，底径 9.1 米，残高 5.5 米。坍塌成圆形石堆状，四周植被多为灌木和杂草。

34. 盘道门 09 号烽火台 130728353201170034

位于渡口堡乡盘道门村西北 5.5 千米处，坐标：东经 114° 14′ 56.10″，北纬 40° 45′ 16.00″，高程 1580 米。

烽火台平面呈矩形，剖面呈梯形，东西长 9.76 米，南北宽 9.69 米，高 9.82 米。立面为三段式，下段为条石基础 3 层，高 0.73 米，白灰砌筑，白灰勾缝；中段城砖砌筑，城砖尺寸为 0.41 米 × 0.85 米 × 0.19 米，高 9.09 米，南立面辟门，门下设拴梯石，设箭窗 2 个，东、西、北立面各设箭窗 3 个，起券方式为一伏一券，白灰砌筑，白灰勾缝，上段设望孔。

台体存裂缝多条，面砖风化酥碱，南立面台体底部中央有盗洞，顶部设施无存。四周植被多为灌木和杂草。

35. 盘道门 10 号烽火台 130728353201170035

位于渡口堡乡盘道门村西北 5.5 千米，坐标：东经 114° 14′ 45.10″，北纬 40° 45′ 15.70″，高程 1631 米。

烽火台平面呈圆形，剖面呈梯形，毛石砌筑，底径 9.1 米，残高 5.6 米。坍塌成圆形石堆状，四周植被多为灌木和杂草。

36. 总镇台 01 号烽火台 130728353201170036

位于渡口堡乡总镇台村东北 5 千米，坐标：东经 114° 14′ 36.10″，北纬 40° 45′ 08.90″，高程 1653 米。

烽火台平面呈圆形，剖面呈梯形，毛石砌筑，底径 8.3 米，残高 5.51 米。坍塌成圆形石堆状，四周植被多为灌木和杂草。

37. 总镇台 02 号烽火台 130728353201170037

位于渡口堡乡总镇台村东北 4.4 千米，坐标：东经 114° 14′ 09.80″，北纬 40° 45′ 12.80″，高程 1772 米。

烽火台平面呈圆形，剖面呈梯形，毛石砌筑，底径 5.3 米，残高 3.4 米。坍塌成圆形石堆状，四周植被多为灌木和杂草。

38. 总镇台 03 号烽火台 130728353201170038

位于渡口堡乡总镇台村东北 3.5 千米，坐标：东经 114° 13′ 24.90″，北纬 40° 45′ 07.30″，高程

1681 米。

烽火台平面呈圆形，剖面呈梯形，毛石砌筑，底径 8.1 米，残高 2.8 米。坍塌成圆形石堆状，四周植被多为灌木和杂草。

39. 总镇台 04 号烽火台 130728353201170039

位于渡口堡乡总镇台村东北 3.4 千米，坐标：东经 114° 13′ 19.30″，北纬 40° 45′ 09.70″，高程 1697 米。

烽火台平面呈矩形，剖面呈梯形，东西长 9.5 米，南北宽 9.33 米，高 8.4 米。立面存二段，下段为条石基础 30 层，高 7.1 米，白灰砌筑，白灰勾缝；中段城砖砌筑，高 1.3 米，白灰砌筑，白灰勾缝。

烽火台东、南立面存裂缝各 2 条，东北角、西北角、北立面坍塌，顶部设施无存，四周植被多为灌木和杂草。

40. 总镇台 05 号烽火台 130728353201170040

位于渡口堡乡总镇台村东北 3.5 千米，坐标：东经 114° 13′ 12.00″，北纬 40° 45′ 17.80″，高程 1693 米。

烽火台平面呈矩形，剖面呈梯形，东西长 9.56 米，南北宽 9.55 米，高 7.3 米。立面存二段，下段为条石基础 15 层，高 3.25 米，白灰砌筑，白灰勾缝；中段城砖砌筑，城砖尺寸为 0.36 米 ×0.2 米 ×0.07 米，残高 4.05，白灰砌筑，白灰勾缝。

台体存裂缝多条，面砖风化酥碱，东北角、西北角、北立面坍塌，顶部设施无存。四周植被多为灌木和杂草。

41. 总镇台 06 号烽火台 130728353201170041

位于渡口堡乡总镇台村东北 3.5 千米，坐标：东经 114° 13′ 01.40″，北纬 40° 45′ 26.70″，高程 1717 米。

烽火台平面呈矩形，剖面呈梯形，东西宽 9.53 米，南北长 9.59 米，高 8.94 米。立面为三段式，下段为条石基础 15 层，高 3.06 米，白灰砌筑，白灰勾缝；中段城砖砌筑，城砖尺寸为 0.36 米 ×0.20 米 ×0.07 米，高 7.72 米，南立面辟石券门，宽 1.07 米，门上设匾额石、箭窗，白灰砌筑，白灰勾缝；上段设施无存。

台体存裂缝多条，面砖风化酥碱，西立面中部坍塌，顶部设施无存。四周植被多为灌木和杂草。

42. 总镇台 07 号烽火台 130728353201170042

位于渡口堡乡总镇台村东北 3.5 千米，坐标：东经 114° 12′ 56.00″，北纬 40° 45′ 27.10″，高程 1734 米。

烽火台平面呈矩形，剖面呈梯形，东西长 9.4 米，南北宽 9.37 米，南侧残高 7.5 米。立面为三段式，下段为条石基础 15 层，高 2.86 米，白灰砌筑，白灰勾缝；中段城砖砌筑，高 4.64 米，白灰砌筑，白灰勾缝。

台体存裂缝多条，面砖风化酥碱，北立面坍塌，顶部设施无存。四周植被多为灌木和杂草。

43. 总镇台 08 号烽火台 130728353201170043

位于渡口堡乡总镇台村东北 3.6 千米，坐标：东经 114° 12′ 46.90″，北纬 40° 45′ 33.40″，高程 1725 米。

烽火台平面呈圆形，剖面呈梯形，毛石砌筑，底径 7.2 米，残高 5.3 米。坍塌成圆形石堆状，四周植被多为灌木和杂草。

44. 总镇台 09 号烽火台 130728353201170044

位于渡口堡乡总镇台村北 3.5 千米，坐标：东经 114° 12′ 34.30″，北纬 40° 45′ 36.40″，高程 1712 米。

烽火台平面呈圆形，剖面呈梯形，毛石砌筑，底径 8.8 米，残高 3.9 米。坍塌成圆形石堆状，四周植被多为灌木和杂草。

45. 总镇台村 10 号烽火台 130728353201170045

位于渡口堡乡总镇台村北 3.5 千米处，坐标：东经 114° 12′ 30.00″，北纬 40° 45′ 37.70″，高程 1714 米。

烽火台平面呈圆形，剖面呈梯形，毛石砌筑，底径 13 米，残高 5 米。坍塌成圆形石堆状，四周植被多为灌木和杂草。

46. 总镇台 11 号烽火台 130728353201170046

位于渡口堡乡总镇台村北 3.6 千米，坐标：东经 114° 12′ 25.90″，北纬 40° 45′ 43.60″，高程 1697 米。

烽火台平面呈圆形，剖面呈梯形，底径 5.3 米，高 4.2 米，台芯素土分层夯筑，夯层明显，南立面辟券门，砖石砌筑，券残高 2.12 米，券深为 1.1 米，宽 1.22 米，券里北侧有石垒上下梯道 . 东立面存裂缝 1 道，受风雨侵蚀，表面夯土脱落，台芯存多条冲沟，四周植被多为灌木和杂草。

47. 总镇台 12 号烽火台 130728353201170047

位于渡口堡乡总镇台村北 3.8 千米，坐标：东经 114° 12′ 23.60″，北纬 40° 45′ 52.10″，高程 1703 米。

烽火台平面呈矩形，剖面呈梯形，东西长 9.8 米，南北尺寸不明，残高 6.5 米。立面存二段，下段为条石基础 12 层，每层厚 0.1 ～ 0.23 米，高 1.2 米，白灰砌筑，白灰勾缝；中段城砖砌筑，城砖尺寸：0.38 × 0.19 × 0.08 米，高 4.3 米，白灰砌筑，白灰勾缝。

台体存裂缝多条，面砖风化酥碱。南立面右侧条石外闪严重，北立面西侧、西立面坍塌，四周植被多为灌木和杂草。

48. 总镇台 13 号烽火台 130728353201170048

位于渡口堡乡总镇台村北 3.7 千米、距主墙体 66 米，坐标：东经 114° 12′ 05.40″，北纬 40° 45′ 49.30″，高程 1666 米。

烽火台平面呈矩形，剖面呈梯形，南北长 8.35 米，东西宽 8.3 米，残高 7.3 米。立面存二段式，下段为条石基础 10 层，高 3.05 米，白灰砌筑，白灰勾缝；上段城砖砌筑，城砖尺寸：0.37 米 ×0.18 米 × 0.08 米，高 4.25 米，南立面辟石券门，高 2.1 米，宽为 1.01 米，上方设额匾石，白灰砌筑，白灰勾缝。

台体存裂缝多条，面砖风化酥碱，东立面东北角、西立面西北角、北立面坍塌，顶部设施无存，四周植被多为灌木和杂草。

49. 总镇台 14 号烽火台 130728353201170049

位于渡口堡乡总镇台村北 4.1 千米、长城墙体内侧、距主墙体 5 米，坐标：东经 114° 11′ 55.40″，北纬 40° 46′ 04.30″，高程 1661 米。

烽火台平面呈圆形，剖面呈梯形，毛石砌筑，底径 7.1 米，残高 4.1 米。坍塌成圆形石堆状，四周植被多为灌木和杂草。

50. 总镇台 15 号烽火台 130728353201170050

位于渡口堡乡总镇台村北 4.15 千米、长城墙体内侧、距主墙体 14 米，坐标：东经 114° 11′ 45.10″，北纬 40° 46′ 05.90″，高程 1654 米。

烽火台平面呈矩形，剖面呈梯形，东西宽 9.42 米，南北长 9.5 米，残高 8.56 米。立面为三段式，下段为条石基础，露明 6 层，高 1.06 米，白灰砌筑，白灰勾缝；中段城砖砌筑，高 7.5 米，白灰砌筑，白灰勾缝，台芯素土分层夯筑，夯层厚 0.2 米；西立面南侧辟石券门，宽 0.83 米，券高 0.57 米．上层券室西侧券高 2.56 米，宽 1.34 米。上设箭窗 1 个，望孔 2 个，望孔宽 0.23 米，高 0.63 米，东立面设水嘴，顶部设辟水砖，披水砖尺寸：0.37 米 ×0.31 米 ×0.11 米。

台体存裂缝多条，面砖风化酥碱，东立面南、北侧条石、外包城砖缺失，南立面中部及西侧台芯、外包砖坍塌，南立面，箭窗、望孔缺失，顶部设施无存，四周植被多为灌木和杂草。

51. 总镇台 16 号烽火台 130728353201170051

位于渡口堡乡总镇台村北 3.8 千米、由东向西走向长城墙体的内侧、距主墙体 45 米，坐标：东经 114° 11′ 35.70″，北纬 40° 45′ 58.00″，高程 1654 米。

烽火台平面呈圆形，剖面呈梯形，毛石砌筑，底径 7.1 米，残高 5 米。坍塌成圆形石堆状，四周植被多为灌木和杂草。

52. 总镇台 17 号烽火台 130728353201170052

位于渡口堡乡总镇台村北 3.8 千米、由东向西走向长城墙体的内侧、距主墙体 53 米，坐标：东经 114° 11′ 18.90″，北纬 40° 45′ 56.10″，高程 1647 米。

烽火台平面呈圆形，剖面呈梯形，毛石砌筑，底径 7.1 米，残高 5 米。坍塌成圆形石堆状，四周植被多为灌木和杂草。

53. 总镇台 18 号烽火台 130728353201170053

位于渡口堡乡总镇台村北 4 千米，坐标：东经 114° 11′ 06.60″，北纬 40° 46′ 02.70″，高程 1686 米。

烽火台平面呈矩形，剖面呈梯形，南北长 9 米，残高 9.7 米。立面存二段，下段为条石基础 9 层，每层厚 0.23 ～ 0.28 米，高 2.66 米，白灰砌筑，白灰勾缝；中段城砖砌筑，城砖尺寸：0.37 米 ×0.175 米 × 0.09 米，残高 2.5 米，东立面辟券门，起券方式为一伏一券，宽为 0.98 米，高 1.4 米，券厚 0.29 米，白灰砌筑，白灰勾缝台体存裂缝多条，面砖风化酥碱，除南立面外顶部设施无存。

东立面墙体裂缝 6 条，北侧坍塌，南立面仅存东南角，其余各面均坍塌，顶部设施无存，四周植被多为灌木和杂草。

54. 总镇台 19 号烽火台 130728353201170054

位于渡口堡乡总镇台村北 4.1 千米，坐标：东经 114° 10′ 55.30″，北纬 40° 46′ 04.20″，高程 1602 米。

烽火台平面呈矩形，剖面呈梯形，东西长 9.6 米，南北宽 9.6 米，残高 9.63 米。立面存二段，下段为条石基础 5 层，厚 0.14 ～ 0.22 米，高 1.4 米，白灰砌筑，白灰勾缝；上段城砖砌筑，城砖尺寸：0.37

米 ×0.175 米 ×0.09 米，残高 8.23 米，南立面辟券门，起券方式为一伏一券，门下设拴梯石，上部设匾额，匾额石无存，白灰砌筑，白灰勾缝；上段设垛口墙。

台体存裂缝多条，面砖风化酥碱，顶部设施无存，四周植被多为灌木和杂草。

55. 总镇台 20 号烽火台 130728353201170055

位于渡口堡乡总镇台村西北 4.1 千米、在长城墙体走向由北向南的内侧、距主墙体 24 米，坐标：东经 114° 10′ 50.70″，北纬 40° 45′ 59.50″，高程 1608 米。

烽火台平面呈矩形，剖面呈梯形，东西长 9.6 米，南北宽 9.6 米，残高 9.89 米。立面为三段式，下段为条石基础 8 层，厚 0.23 ～ 0.36 米，高 2.3 米，白灰砌筑，白灰勾缝；中段城砖砌筑，城砖尺寸：0.37 米 ×0.175 米 ×0.09 米，残高 7.3 米，南立面辟券门，起券方式为一伏一券，门下设拴梯石，上部设匾额石，白灰砌筑，白灰勾缝；上段设垛口墙，望孔 4 个，出水嘴 1 个。

台体存裂缝多条，面砖风化酥碱，顶部设施无存，四周植被多为灌木和杂草。

56. 总镇台 21 号烽火台 130728353201170056

位于渡口堡乡总镇台村西北 3.7 千米、在长城墙体走向由东向西的内侧、距主墙体 33 米，坐标：东经 114° 10′ 49.30″，北纬 40° 45′ 49.40″，高程 1613 米。

烽火台平面呈矩形，剖面呈梯形，东西长 10.36 米，南北宽 9.89 米，残高 11.1 米。立面为三段式，下段为条石基础 6 层，厚 0.19 ～ 0.3 米，高 1.2 米，白灰砌筑，白灰勾缝；中段城砖砌筑，城砖尺寸：0.37 米 ×0.175 米 ×0.09 米，残高 10.1 米，南立面辟券门，起券方式为一伏一券，门下设拴梯石，白灰砌筑，白灰勾缝；上段设垛口墙、望孔、出水嘴。

台体存裂缝多条，面砖风化酥碱，顶部设施无存，四周植被多为灌木和杂草。

57. 总镇台 22 号烽火台 130728353201170057

位于渡口堡乡总镇台村西北 3.7 千米、在长城墙体走向由东向西的内侧、距主墙体 41 米，坐标：东经 114° 10′ 40.00″，北纬 40° 45′ 47.50″，高程 1640 米。

烽火台平面呈矩形，剖面呈梯形，东西尺寸不明，南北宽 9.5 米，残高 7.9 米。立面为三段式，下段为条石基础 6 层，厚 0.19 ～ 0.45 米，高 1.5 米，白灰砌筑，白灰勾缝；中段城砖砌筑，城砖尺寸：0.37 米 ×0.175 米 ×0.09 米，残高 6.4 米，台芯素土分层夯筑。南立面辟券门，起券方式为一伏一券，门下设拴梯石，白灰砌筑，白灰勾缝；上段设箭窗、垛口墙、望孔、出水嘴。

台体存裂缝多条，面砖风化酥碱，南立面西侧、北立面西侧、北立面外包墙体缺失，顶部设施无存，四周植被多为灌木和杂草。

58. 总镇台 23 号烽火台 130728353201170058

位于渡口堡乡总镇台村北 3.7 千米、距离主长城内侧 46 米，坐标：东经 114° 10′ 25.90″，北纬 40° 45′ 42.20″，高程 1634 米。

烽火台平面呈圆形，剖面呈梯形，东西长 12.7 米，南北宽 11 米，残高 8.64 米，台芯素土分层夯筑，夯层厚 0.08 ～ 0.1 米，受风雨侵蚀，表面夯土脱落，台芯存多条冲沟，四周植被多为灌木和杂草。

59. 总镇台 24 号烽火台 130728353201170059

位于渡口堡乡总镇台村北 3.7 千米，坐标：东经 114° 10′ 11.20″，北纬 40° 45′ 35.90″，高程 1651 米。

烽火台平面呈矩形，剖面呈梯形，东西长 8.28 米，南北宽 7.5 米，残高 8.4 米。立面为三段式，下段为条石基础 10 层，厚 0.23～0.26 米，高 2.45 米，白灰砌筑，白灰勾缝；中段台芯素土分层夯筑，城砖包砌，高 6 米，南立面辟石券门，起券高 1.52 米，券高 0.53 米，宽 0.98 米，上置匾额石，匾额石 0.6 米 ×0.3 米，刻石山头台 4 字，白灰砌筑，白灰勾缝；上段设垛口墙、望孔、吐水嘴。

台体存裂缝多条，面砖风化酥碱，北立面、西立面北侧坍塌，顶部设施无存，四周植被多为灌木和杂草。

60. 总镇台 25 号烽火台 130728353201170060

位于渡口堡乡总镇台村北 3.7 千米，坐标：东经 114° 09′ 57.90″，北纬 40° 45′ 28.50″，高程 1617 米。

烽火台平面呈圆形，剖面呈梯形，台芯素土分层夯筑，残高 4.1 米，受风雨侵蚀，表面夯土脱落，台芯存多条冲沟，四周植被多为灌木和杂草。

61. 桃沟 01 号烽火台 130728353201170061

位于渡口堡乡桃沟村北 3.4 千米，坐标：东经 114° 09′ 33.80″，北纬 40° 45′ 17.50″，高程 1536 米。

烽火台平面呈圆形，剖面呈梯形，毛石砌筑，残高 5.5 米，坍塌成圆形石堆状，四周植被多为灌木和杂草。

62. 桃沟 02 号烽火台 130728353201170062

位于渡口堡乡总镇台村北 3.9 千米，坐标：东经 114° 09′ 33.80″，北纬 40° 45′ 25.40″，高程 1482 米。

烽火台平面呈矩形，剖面呈梯形，东西宽 8.91 米，南北长 8.97 米，残高 7.3 米。立面存二段，下段为条石基础 4 层，厚 0.23～0.31 米，高 1.12 米，白灰砌筑，白灰勾缝；中段城砖砌筑，城砖尺寸：0.38 米 ×0.18 米 ×0.09，高 7.72 米，南立面辟券门，起券方式为一伏一券，门下设拴梯石，白灰砌筑，白灰勾缝。

台体存裂缝多条，面砖风化酥碱，南立面东侧坍塌，顶部设施无存，四周植被多为灌木和杂草。

63. 桃沟 03 号烽火台 130728353201170063

位于渡口堡乡桃沟村东北 3.2 千米，坐标：东经 114° 09′ 22.40″，北纬 40° 45′ 17.30″，高程 1438 米。

烽火台平面呈圆形，剖面呈梯形，东西宽 7.6 米，南北长 8.2 米，残高 8.1 米，台芯土石分层夯筑，夯层明显，东立面中部坍塌，受风雨侵蚀，表面夯土脱落，台芯存多条冲沟，四周植被多为灌木和杂草。

64. 桃沟 04 号烽火台 130728353201170064

位于渡口堡乡桃沟村东北 2.9 千米，坐标：东经 114° 09′ 08.10″，北纬 40° 45′ 11.50″，高程 1434 米。

烽火台平面呈圆形，剖面呈梯形，东西长 8.9 米，南北宽 7.8 米，南侧残高 7.5 米，台芯土石分层夯筑，夯层明显，厚 0.09～0.14 米，受风雨侵蚀，表面夯土脱落，台芯存多条冲沟，四周植被多为灌木和杂草。

65. 桃沟 05 号烽火台 130728353201170065

位于渡口堡乡桃沟村东北 2.6 千米，坐标：东经 114° 08′ 54.50″，北纬 40° 45′ 06.70″，高程 1394 米。

烽火台平面呈圆形，剖面呈梯形，东西长 10.2 米，南北宽 9.8 米，残高 6.6 米，台芯土石分层夯筑，夯层明显，厚 0.09～0.14 米，东立面辟券门，券门宽 1.4 米，深 1.9 米，起券方式为三伏三券，内设天井，东西宽 0.9 米，南北长 1 米。受风雨侵蚀，表面夯土脱落，台芯存多条冲沟，四周植被多为灌木和杂草。

66. 桃沟 06 号烽火台 130728353201170066

位于渡口堡乡桃沟村东北 2.5 千米，坐标：东经 114° 08′ 41.00″，北纬 40° 45′ 00.50″，高程 1409 米。

烽火台平面呈圆形，剖面呈梯形，底径 6.3 米，残高 4.8 米，台芯素土分层夯筑，夯层明显，厚 0.09～0.14 米，受风雨侵蚀，表面夯土脱落，台芯存多条冲沟，四周植被多为灌木和杂草。

67. 桃沟 07 号烽火台 130728353201170067

位于渡口堡乡桃沟村北 2.6 千米，坐标：东经 114° 08′ 32.20″，北纬 40° 45′ 05.40″，高程 1353 米。

烽火台平面呈圆形，剖面呈梯形，底径 11.5 米，残高 8.6 米，台芯素土分层夯筑，夯层明显，厚 0.09～0.14 米，受风雨侵蚀，表面夯土脱落，台芯存多条冲沟，四周植被多为灌木和杂草。

68. 桃沟 08 号烽火台 130728353201170068

位于渡口堡乡桃沟村北 2.6 千米，坐标：东经 114° 08′ 28.80″，北纬 40° 45′ 05.60″，高程 1345 米。

烽火台平面呈圆形，剖面呈梯形，残高 4.5 米，台身有多条冲沟，坍塌成圆形土堆状，四周植被多为灌木和杂草。

69. 桃沟 09 号烽火台 130728353201170069

位于渡口堡乡桃沟村北 2.2 千米，坐标：东经 114° 08′ 12.80″，北纬 40° 44′ 52.30″，高程 1283 米。

烽火台平面呈矩形，剖面呈梯形，东西长 7.5 米，南北宽 7 米，残高 6.8 米。台芯素土分层夯筑，夯层明显，城砖包砌，白灰砌筑，白灰勾缝。

台体存裂缝多条，包砌城砖无存，北立面东侧、西立面上部、南立面上部、东立面坍塌，顶部设施无存，四周植被多为灌木和杂草。

70. 桃沟 10 号烽火台 130728353201170070

位于渡口堡乡桃沟村北 2.2 千米，坐标：东经 114° 07′ 56.00″，北纬 40° 44′ 49.30″，高程 1342 米。

烽火台平面呈圆形，剖面呈梯形，东西长 6.9 米，南北宽 6.8 米，残高 3.7 米。台芯素土分层夯筑，夯层明显，厚 0.1～0.14 米，受风雨侵蚀，表面夯土脱落，台芯存多条冲沟，四周植被多为灌木和杂草。

71. 桃沟 11 号烽火台 130728353201170071

位于渡口堡乡桃沟村西北 2.3 千米，坐标：东经 114° 07′ 39.20″，北纬 40° 44′ 46.10″，高程 1255 米。

烽火台平面呈矩形，剖面呈梯形，东西长 7.4 米，南北宽 7.1 米，残高 3.5 米。台芯素土分层夯筑，夯层明显，厚 0.1～0.14 米。城砖包砌，白灰砌筑，白灰勾缝。

台体存裂缝多条，包砌城砖无存，顶部设施无存，四周植被多为灌木和杂草。

72. 李家沟 01 号烽火台 130728353201170072

位于第三堡乡李家沟村南 2.9 千米、东为公路、西为山沟，坐标：东经 114° 37′ 08.40″，北纬

40° 21′ 23.40″，高程 1385 米。

烽火台平面呈矩形，剖面呈梯形，底径 8.6 米，残高 8.06 米，台芯素土分层夯筑，夯层明显，厚 0.23 ～ 0.26 米，受风雨侵蚀，表面夯土脱落，台芯存多条冲沟，四周植被多为灌木和杂草。

73. 西北口 01 号烽火台 130728353201170073

位于第三堡乡西北口村东南 2 千米的山梁上、南北连山梁、东侧西侧是沟，坐标：东经 114° 36′ 25.90″，北纬 40° 23′ 27.90″，高程 1413 米。

烽火台平面呈圆形，剖面呈梯形，底径 8.6 米，残高 8.06 米，受风雨侵蚀，表面夯土脱落，台芯存多条冲沟，四周植被多为灌木和杂草。

74. 西北口 02 号烽火台 130728353201170074

位于第三堡乡西北口村东南 2 千米的山包上、南北两侧为冲积沟、西侧为河道，坐标：东经 114° 36′ 37.80″，北纬 40° 23′ 49.90″，高程 1343 米。

烽火台平面呈圆形，剖面呈梯形，东西长 7.35 米，南北宽 2.1 米，残高 6.5 米，台芯土石分层夯筑，受风雨侵蚀，表面夯土脱落，台芯存多条冲沟，四周植被多为灌木和杂草。

75. 瓦窑沟 01 号烽火台 130728353201170075

位于柴沟堡镇瓦窑沟村东南 1.9 千米、东西为沟，坐标：东经 114° 31′ 34.70″，北纬 40° 23′ 49.60″，高程 1472 米。

烽火台平面呈圆形，剖面呈梯形，东西宽 6.1 米，南北长 6.4 米，残高 5.9 米，台芯土石分层夯筑，夯层明显，厚 0.24 ～ 0.25 米，受风雨侵蚀，表面夯土脱落，台芯存多条冲沟，四周植被多为灌木和杂草。

76. 瓦窑沟 02 号烽火台 130728353201170076

位于柴沟堡镇瓦窑沟村南 1.4 千米、东西两侧为沟，坐标：东经 114° 30′ 55.40″，北纬 40° 23′ 54.90″，高程 1353 米。

烽火台平面呈圆形，剖面呈梯形，毛石砌筑，底径 10 米，高 3.3 米，坍塌成圆形石堆状，四周植被多为灌木和杂草。

77. 瓦窑沟 03 号烽火台 130728353201170077

位于柴沟堡镇瓦窑沟村南 1.1 千米、北为沟口、南接山岭、东西两侧为深沟，坐标：东经 114° 30′ 51.60″，北纬 40° 23′ 59.00″，高程 1325 米。

烽火台平面呈圆形，剖面呈梯形，东西宽 6.9 米，南北长 7.2 米，残高 7.6 米，台芯素土分层夯筑，夯层明显，厚 0.08 ～ 0.11 米，受风雨侵蚀，表面夯土脱落，台芯存多条冲沟，四周植被多为灌木和杂草。

78. 狮子口 01 号烽火台 130728353201170078

位于第三堡乡狮子口村西北 2.4 千米的山上，坐标：东经 114° 39′ 56.20″，北纬 40° 25′ 43.30″，高程 1575 米。

烽火台平面呈圆形，剖面呈梯形，毛石砌筑，底径 7.8 米，残高 3.5 米，石块尺寸：0.7 米 ×0.4 米 × 0.32 米。坍塌成圆形石堆状，四周植被多为灌木和杂草。

79. 曹家庄 01 号烽火台 130728353201170079

位于第三堡乡曹家庄村东北 48 米，坐标：东经 114° 33′ 28.70″，北纬 40° 27′ 20.60″，高程 1086 米。

烽火台平面呈圆形，剖面呈梯形，东西宽 8.6 米，南北长 9.8 米，残高 9.94 米，台芯素土分层夯筑，夯层明显，厚 0.12 米，北立面根部有一孔洞，西立面上部坍塌，受风雨侵蚀，表面夯土脱落，台芯存多条冲沟，四周植被多为灌木和杂草。

80. 第十梁 01 号烽火台 130728353201170080

位于第三堡乡第十梁村北 2.1 千米的平地上，坐标：东经 114° 35′ 26.00″，北纬 40° 28′ 12.20″，高程 1161 米。

烽火台平面呈圆形，剖面呈梯形，东西长 8.5 米，南北宽 8 米，残高 7.2 米，台芯素土分层夯筑，夯层明显，厚 0.08 ～ 0.15 米，南立面根部有一孔洞，深 1 米，宽 1.4 米，高 0.8 米，西立面北侧坍塌，受风雨侵蚀，表面夯土脱落，台芯存多条冲沟，四周植被多为灌木和杂草。

81. 磨泥湾 01 号烽火台 130728353201170081

位于头百户镇磨泥湾村北 480 米，坐标：东经 114° 32′ 14.00″，北纬 40° 31′ 01.60″，高程 976 米。

围堡式烽火台，总体布局为“回”字形，周围设置围墙，南墙辟门，台体至东围墙 10.4 米，至西围墙 11.49 米，至南围墙 10.28 米，至北围墙 10.98 米。

烽火台平面呈矩形，剖面呈梯形，东西宽 14.48 米，南北长 15.19 米，残高 7.07 米，台芯素土分层夯筑，夯层明显；外圈围墙素土分层夯筑，墙宽 2.5 米，残高 3.03 ～ 3.7 米。受风雨侵蚀，表面夯土脱落，台身有多条冲沟，四周长满杂草，北围墙东侧、南围墙西侧坍塌。

82. 刘家沟 01 号烽火台 130728353201170082

位于头百户镇刘家沟村北 330 米，坐标：东经 114° 33′ 56.70″，北纬 40° 31′ 54.80″，高程 955 米。

烽火台平面呈矩形，剖面呈梯形，南北长 4.35 米，东西宽 3.65 米，残高 4.5 米，台芯素土分层夯筑，夯层明显，厚 0.12 ～ 0.14 米，受风雨侵蚀，表面夯土脱落，台芯存多条冲沟，四周植被多为灌木和杂草。

83. 三十里店 01 号烽火台 130728353201170083

位于太平庄乡三十里店村北 500 米，坐标：东经 114° 35′ 40.30″，北纬 40° 33′ 14.90″，高程 924 米。

烽火台平面呈矩形，剖面呈梯形，南北长 4.35 米，东西宽 3.65 米，残高 4.5 米，台芯素土分层夯筑，夯层明显，厚 0.12 ～ 0.14 米，东立面有一盗洞，受风雨侵蚀，表面夯土脱落，台芯存多条冲沟，四周植被多为灌木和杂草。

84. 北夏家湾 01 号烽火台 130728353201170084

位于太平庄乡北下家屯村南 1 千米，坐标：东经 114° 37′ 44.50″，北纬 40° 34′ 25.80″，高程 893 米。

烽火台平面呈矩形，剖面呈梯形，南北宽 10.6 米，东西长 11 米，残高 9.8 米，台芯素土分层夯筑，夯层明显，厚 0.12 ～ 0.14 米，北立面坍塌、有一孔洞，宽 0.66 米，高 1.2 米，受风雨侵蚀，表面夯土脱落，台芯存多条冲沟，四周植被多为灌木和杂草，东、西、北为河沟，南为农田。

85. 北夏家湾 02 号烽火台 130728353201170085

位于太平庄乡北下家屯村西南 1.1 千米，坐标：东经 114° 37′ 23.20″，北纬 40° 34′ 45.60″，高程 1084 米。

烽火台平面呈圆形，剖面呈梯形，毛石砌筑，底径 9.2 米，顶径 8.7 米，北侧残高 4.2 米。坍塌成圆形石堆状，四周植被多为灌木和杂草。

86. 乔子沟 01 号烽火台 130728353201170086

位于左卫镇乔子沟村东北 816 米，坐标：东经 114° 39′ 57.40″，北纬 40° 35′ 57.80″，高程 846 米。

烽火台平面呈矩形，剖面呈梯形，东西长 9 米，南北宽 8.9 米，残高 7.1 米，台芯素土分层夯筑，夯层明显，厚 0.09 ～ 0.14 米，南立面辟门，宽 1 米，高 0.8 米，内部东西宽 3.1 米，南北长 3.6 米。受风雨侵蚀，表面夯土脱落，台芯存多条冲沟，四周植被多为灌木和杂草，东为山沟，西为高山。

87. 北夏家湾 03 号烽火台 130728353201170087

位于太平庄乡北夏家屯正北的高山峰顶，坐标：东经 114° 37′ 38.40″，北纬 40° 36′ 51.20″，高程 1275 米。

烽火台平面呈圆形，剖面呈梯形，毛石砌筑，底径 12.15 米，直壁高 3.58 米，顶高 2.5 米，通高 6.08 米。台附近有数堆碎石堆，如坟丘状，石料与台相同，四周植被多为灌木和杂草。

88. 第四屯 01 号烽火台 130728353201170088

位于左卫镇第四屯村西南 4 千米处的山峰顶上，坐标：东经 114° 38′ 57.80″，北纬 40° 38′ 47.60″，高程 1193 米。

烽火台平面呈圆形，剖面呈梯形，底径 13.8 米，高 6.3 米，台芯土石分层夯筑，毛石台壁全部坍塌，整体呈土堆状，石堆西侧有盗掘洞穴，四周植被多为灌木和杂草。

89. 下果园 01 号烽火台 130728353201170089

位于左卫镇下果园村北 1.6 千米，坐标：东经 114° 42′ 08.30″，北纬 40° 38′ 36.80″，高程 735 米。

烽火台平面呈圆形，剖面呈梯形，东西宽 13.9 米，南北长 14.2 米，残高 9.1 米，内部空间东西宽 1.95 米，南北长 4.2 米，高 4.6 米，南立面中部坍塌，表面夯土脱落，台芯存多条冲沟，四周植被多为灌木和杂草，东侧为煤场，南、西、北三面为农田。

90. 左卫城 01 号烽火台 130728353201170090

位于左卫镇左卫城东南 261 米，坐标：东经 114° 43′ 20.50″，北纬 40° 40′ 51.30″，高程 714 米。

烽火台平面呈圆形，剖面呈梯形，东西长 12.31 米，南北宽 10.42 米，残高 9.33 米。台芯素土分层夯筑，夯层明显，厚 0.17 ～ 0.2 米，东立面存一盗洞，受风雨侵蚀，表面夯土脱落，台芯存多条冲沟，四周植被多为灌木和杂草。

91. 左卫城 02 号烽火台 130728353201170091

位于左卫镇左卫旧城西侧 117 米，坐标：东经 114° 42′ 19.00″，北纬 40° 40′ 53.40″，高程 703 米。

烽火台平面呈圆形，剖面呈梯形，东西长 16.5 米，南北宽 14.5 米，残高 9 米，台芯素土分层夯筑，夯层明显，厚 0.1 ～ 0.14 米，受风雨侵蚀，表面夯土脱落，台芯存多条冲沟，四周植被多为灌木和杂草，四周为农田，西南是煤场。

92. 尖台寨 01 号烽火台 130728353201170092

位于左卫镇尖台寨村北 651 米，坐标：东经 114° 44′ 10.20″，北纬 40° 42′ 15.10″，高程 694 米。

烽火台平面呈矩形，剖面呈梯形，建在土台上，土台高 2.6 米，东西长 6.7 米，南北宽 5.6 米，残高 7.5 米，台芯素土分层夯筑，夯层明显，厚 0.1～0.15 米，南立面中部有人为挖掘的方形洞穴 1 处、近代墓碑 1 块，东立面存有近代墓碑 2 块，受风雨侵蚀，表面夯土脱落，台芯存多条冲沟，四周植被多为灌木和杂草，四周为农田。

93. 魏家山 01 号烽火台 130728353201170093

位于王虎屯乡魏家山村北 1.9 千米，坐标：东经 114° 18′ 05.10″，北纬 40° 24′ 42.60″，高程 1201 米。

围堡式烽火台，总体布局为"回"字形，烽火台居中，四周设置围墙。

烽火台平面呈矩形，剖面呈梯形，南北宽 10.1 米，东西长 10.5 米，残高 8.6 米，台芯素土分层夯筑，夯层明显，厚 0.21～0.28 米，受风雨侵蚀，表面夯土脱落，掏蚀严重，东立面上部存冲沟 1 条，0.5～1.3 米，宽根部坍塌体呈斜坡状，高 5.6 米，南、西立面根部掏蚀严重，深 0.15 米，墙身掏蚀严重，北立面上部存冲沟 1 条，0.3～1 米，顶部残存城砖墁地。

围墙下宽 2.4 米，上宽 1 米，内残高 1.9 米，外残高 2.5 米，内侧根部掏蚀严重，南侧坍塌成豁口，宽 25 米，四周杂草滋长。

仅北立面西侧残存围墙，长 5 米，素土分层夯筑，四周植被多为灌木和杂草。

94. 陈家窑 01 号烽火台 130728353201170094

位于王虎屯乡陈家窑村北 50 米，坐标：东经 114° 19′ 11.10″，北纬 40° 25′ 04.80″，高程 1203 米。

烽火台位于民居院内东侧，西面为四间窑洞式土屋，四周为土筑院墙，东、南、北为农田，平面呈圆形，剖面呈梯形，南北宽 7.6 米，东西长 9.5 米，残高 9.9 米，台芯素土分层夯筑，夯层明显，厚 0.21～0.26 米，西立面根部人为挖掘菜窖，北立面夯土滋长杂树 1 棵，受风雨侵蚀，表面夯土脱落，台芯存多条冲沟。

95. 陈家窑 02 号烽火台 130728353201170095

位于王虎屯乡陈家窑村东 2.2 千米，坐标：东经 114° 20′ 38.30″，北纬 40° 25′ 23.10″，高程 1172 米。

烽火台平面呈矩形，剖面呈梯形，南北宽 13.9 米，东西长 14.3 米，残高 7.5 米，台芯素土分层夯筑，夯层明显，厚 0.21～0.26 米，南立面根部存孔洞 1 处，受风雨侵蚀，表面夯土脱落，台芯存多条冲沟；地势北高南低，台体北侧有通讯电线杆，四周植被多为灌木和杂草。

96. 王虎屯 01 号烽火台 130728353201170096

位于王虎屯乡王虎屯村西 560 米，坐标：东经 114° 21′ 46.60″，北纬 40° 25′ 28.10″，高程 1143 米。

烽火台平面呈矩形，剖面呈梯形，南北宽 8.3 米，东西长 9.8 米，残高 6.8 米，台芯素土分层夯筑，夯层明显，厚 0.12～0.15 米，南立面坍塌成一个上小下大的楔形凹槽，宽 1.3 米，深 0.5 米，西立面呈陡立状，受风雨侵蚀，表面夯土脱落，台芯存多条冲沟，东、西、南侧为种植的速生杨，北侧为农田。

97. 枳儿岭 01 号烽火台 130728353201170097

位于王虎屯乡枳儿岭村南 1 千米，坐标：东经 114° 17′ 35.40″，北纬 40° 25′ 19.00″，高程 1149 米。

烽火台平面呈矩形，剖面呈梯形，南北长 3.9 米，东西宽 3.6 米，残高 5.2 米，台芯素土分层夯筑，夯层明显，厚 0.12 ～ 0.15 米，四面陡立，南、西立面存上下通裂缝 1 条，顶部杂草丛生，受风雨侵蚀，表面夯土脱落，四周为农田。

98. 枳儿岭 02 号烽火台 130728353201170098

位于王虎屯乡枳儿岭村西南 888 米，坐标：东经 114° 16′ 45.80″，北纬 40° 25′ 31.60″，高程 1161 米。

烽火台平面呈矩形，剖面呈梯形，南北长 10 米，东西宽 9.7 米，残高 1.6 米，台芯素土分层夯筑，夯层明显，厚 0.2 ～ 0.25 米，南立面根部存一块石，西、北立面根部存有盗洞各 1 个，受风雨侵蚀，表面夯土脱落，四周为农田。

99. 中所堡 01 号烽火台 130728353201170099

位于王虎屯乡中所堡村北 2 千米的土包上，坐标：东经 114° 21′ 38.40″，北纬 40° 26′ 58.60″，高程 1151 米。

烽火台平面呈圆形，剖面呈梯形，东西宽 8.6 米，南北长 9.2 米，残高 8.3 米，台芯素土分层夯筑，夯层明显，厚 0.2 米，东立面北侧存一登台坡道，南立面上部局部坍塌，存冲沟 1 条，受风雨侵蚀，表面夯土脱落，四周及顶部杂草覆盖。

100. 朱家屯 01 号烽火台 130728353201170100

位于怀安镇朱家屯村北 1.4 千米，坐标：东经 114° 23′ 56.90″，北纬 40° 27′ 55.40″，高程 1134 米。

烽火台平面呈矩形，剖面呈梯形，东西宽 7.2 米，南北长 8.4 米，残高 7.5 米，台芯素土分层夯筑，夯层明显，厚 0.25 米，受风雨侵蚀，南立面存冲沟 1 条，北立面上部坍塌，表面夯土脱落，根部堆积高 3.5 米，呈斜坡状，四周散落城砖，上有白灰膏，四周杂草滋长。

101. 团山 01 号烽火台 130728353201170101

位于王虎屯乡团山村西偏南，坐标：东经 114° 20′ 00.80″，北纬 40° 28′ 36.80″，高程 1212 米。

烽火台平面呈圆形，剖面呈梯形，底径 10.6 米，残高 7.09 米，顶部东西宽 6.12 米，南北长 6.43 米，台芯素土分层夯筑，受风雨侵蚀，南立面形成漏斗式的大冲沟，上口宽 4.7 米，下口宽 0.6 米，深 0.4 ～ 1.6 米，北立面存通裂缝和冲沟各 1 条，表面夯土脱落，四周杂草滋长。

102. 团山 02 号烽火台 130728353201170102

位于王虎屯乡团山村北 200 米的高山上，坐标：东经 114° 20′ 26.70″，北纬 40° 29′ 17.10″，高程 1312 米。

烽火台平面呈圆形，剖面呈梯形，东西宽 3.77 米，南北长 3.89 米，残高 4.43 米，台芯素土分层夯筑，夯层明显，厚 0.08 ～ 0.1 米，受风雨侵蚀，表面夯土脱落，东、西、北立面根部坍塌堆积高 2.8 ～ 3.4 米，南立面存有二次扩筑痕迹，原为夯土台，后扩为块石包砌，四周杂草滋长。

103. 北李家庄 01 号烽火台 130728353201170103

位于王虎屯乡北李家庄村南 254 米，坐标：东经 114° 17′ 32.40″，北纬 40° 28′ 54.90″，高程 1003 米。

烽火台修筑在一土台之上，平面呈矩形，剖面呈梯形，南北宽 7.1 米，东西长 9.9 米，残高 8.3 米，台芯素土分层夯筑，夯层明显，厚 0.09 ～ 0.15 米，受风雨侵蚀，表面夯土脱落，西立面北侧缺失，存一电线杆，北立面坍塌，根部堆积高 3.5 米，四周为农田。

104. 北李家庄 02 号烽火台 130728353201170104

位于王虎屯乡北李家庄村南 200 米，坐标：东经 114° 17′ 28.90″，北纬 40° 28′ 56.40″，高程 994 米。

烽火台平面呈圆形，剖面呈梯形，南北底长 7.6 米，东西底长 9.4 米，高 6.9 米，台芯素土分层夯筑，夯层明显，厚 0.09 ～ 0.14 米，受风雨侵蚀，表面夯土脱落，东立面坍塌堆积，呈斜坡状，南立面存竖向裂缝 1 条，东南角下部坍塌，西立面顶部坍塌，四周为农田，东为山沟，西、南为梯田，北为北家道村。

105. 旧堡 01 号烽火台 130728353201170105

位于王虎屯乡旧堡村东南，坐标：东经 114° 19′ 02.80″，北纬 40° 29′ 44.30″，高程 1109 米。

烽火台平面呈矩形，剖面呈梯形，东西宽 5.11 米，南北长 5.14 米，高 7.44 米，台芯素土分层夯筑，夯层明显，厚 0.18 米。受风雨侵蚀，表面夯土脱落，东立面坍塌成斜坡状，存竖向裂缝 3 条，南立面根部有人为挖掘的洞穴一处，宽 1.5 米，高 1.45 米，深 2.51 米，西立面南侧冲沟形成柱状夯土体，北立面人工取土形成小平台，四周杂草滋长。

106. 李信屯 01 号烽火台 130728353201170106

位于王虎屯乡李信屯村西南 3.4 千米，坐标：东经 114° 16′ 04.40″，北纬 40° 29′ 11.60″，高程 1181 米。

烽火台平面呈圆形，剖面呈梯形，南北长 8.1 米，东西宽 7.5 米，台芯素土分层夯筑，夯层明显，厚 0.09 ～ 0.15 米，受风雨侵蚀，表面夯土脱落，东立面存冲沟 1 条，根部坍塌体，呈斜坡状，南立面存竖向裂缝 6 条，西立面下部杂草滋长，北立面存冲沟 1 条，周边散落大量不规则块石，四周及顶部杂草滋长。

107. 李信屯 02 号烽火台 130728353201170107

位于王虎屯乡李信屯村南 2.2 千米，坐标：东经 114° 16′ 34.50″，北纬 40° 29′ 45.30″，高程 1030 米。

烽火台平面呈圆形，剖面呈梯形，底径 8.8 米，残高 7.5 米，台芯素土分层夯筑，夯层明显，厚 0.09 ～ 0.15 米，受风雨侵蚀，东立面根部坍塌体，呈斜坡状，西立面表面夯土脱落呈 "U" 形，四周杂草滋长。

108. 李信屯 03 号烽火台 130728353201170108

位于王虎屯乡李信屯村西 1.7 千米，北侧为东洋河，坐标：东经 114° 16′ 41.20″，北纬 40° 30′ 24.50″，高程 1041 米。

烽火台平面呈矩形，剖面呈梯形，东西宽 7.8 米，南北长 8.8 米，残高 7.5 米，台芯素土分层夯筑，夯层明显，厚 0.09 ～ 0.14 米，受风雨侵蚀，表面夯土脱落，东立面存冲沟 1 条，根部外包片石垒砌，南立面上部局部坍塌，西立面中下部片石充填，北立面根部外包片石垒砌，周边散落大量片石，四周杂草滋长。

109. 李信屯 04 号烽火台 130728353201170109

位于王虎屯乡李信屯村北 1.4 千米，坐标：东经 114° 17′ 12.30″，北纬 40° 30′ 54.10″，高程 916 米。

围堡式烽火台，总体布局为"回"字形，烽火台居中，四周设置围墙，台体至东围墙 9 米。

烽火台平面呈圆形，剖面呈梯形，南北宽 10.8 米，东西长 12.2 米，高 11.5 米，台芯素土分层夯筑，夯层明显，厚 0.09 ～ 0.15 米，南立面墙芯缺失严重，存冲沟 2 条，西、北立面根部坍塌体呈斜坡状，高 2.7 米。

仅存东围墙，长 9.8 米，外高 4.1 米，内高 0.5 米，外侧掏蚀严重，四周杂草滋长。

110. 李信屯 05 号烽火台 130728353201170110

位于王虎屯乡李信屯村东北，坐标：东经 114° 18′ 29.90″，北纬 40° 30′ 57.70″，高程 920 米。

烽火台平面呈矩形，剖面呈梯形，东西宽 8.8 米，南北长 10.75 米，残高 10.6 米，台芯素土分层夯筑，夯层明显，厚 0.14 ～ 0.19 米，南立面有一孔洞，受风雨侵蚀，表面夯土脱落，台芯存多条冲沟，四周植被多为灌木和杂草。

111. 李信屯 06 号烽火台 130728353201170111

位于王虎屯乡李信屯村东北 2.6 千米、省级公路南 1.4 千米，坐标：东经 114° 19′ 35.30″，北纬 40° 30′ 57.70″，高程 897 米。

围堡式烽火台，总体布局为"回"字形，烽火台居中，四周设置围墙。

烽火台平面呈圆形，剖面呈梯形，烽火台平面呈矩形，剖面呈梯形，东西长 12.4 米，南北宽 10.8 米，残高 10.3 米，台芯素土分层夯筑，夯层明显，厚 0.08 ～ 0.1 米，东立面存裂缝 1 条，根部坍塌体呈斜坡状，高 4.6 米，南立面上部存裂缝 1 条，台芯掏蚀，西立面上部存裂缝 2 条，北立面长有杂树 2 棵。

西、南围墙底宽 3 米，顶宽 1 米，残高 3.8 米，根部掏蚀严重，东、北围墙坍塌成土埂状，四周杂草滋长。

112. 田家庄 01 号烽火台 130728353201170112

位于西湾堡乡田家庄西北，坐标：东经 114° 20′ 43.20″，北纬 40° 33′ 00.40″，高程 907 米。

烽火台平面呈圆形，剖面呈梯形，南北长 10.3 米，东西宽 9 米，顶宽 3.5 米，残高 4.5 米，台芯素土分层夯筑，风雨侵蚀严重，四周长满杂草。

113. 西湾堡 01 号烽火台 130728353201170113

位于西湾堡乡西湾堡村中，坐标：东经 114° 21′ 32.20″，北纬 40° 34′ 42.20″，高程 855 米。

该台为旧城堡西北角台，东、南立面连接旧堡墙，平面呈矩形，剖面呈梯形，东西长 10.46 米，南北宽 7.44 米，高 7.74 米，台芯素土分层夯筑，受风雨侵蚀，表面夯土脱落，台芯存多条冲沟，四周植被多为灌木和杂草。

114. 任家窑 01 号烽火台 130728353201170114

位于头百户乡任家窑村西北 860 米，坐标：东经 114° 30′ 14.90″，北纬 40° 33′ 12.70″，高程 1063 米。

烽火台平面呈圆形，剖面呈梯形，底径 8 米，残高 6.8 米，台芯素土分层夯筑，夯层明显，厚

0.2 ～ 0.27 米，受风雨侵蚀，表面夯土脱落，台芯存多条冲沟，四周植被多为灌木和杂草。

115. 任家窑 02 号烽火台 130728353201170115

位于头百户乡任家窑村北偏西 1.5 千米处的台地上，坐标：东经 114° 30′ 25.40″，北纬 40° 33′ 51.10″，高程 1037 米。

烽火台平面呈矩形，剖面呈梯形，南北宽 6.11 米，东西长 8.27 米，残高 5.06 米，台芯素土分层夯筑，受风雨侵蚀，表面夯土脱落，台芯存多条冲沟，四周植被多为灌木和杂草。

116. 西沙城 01 号烽火台 130728353201170116

位于西沙城乡西沙城村北 1.1 千米，坐标：东经 114° 27′ 19.30″，北纬 40° 35′ 20.80″，高程 863 米。

烽火台平面呈矩形，剖面呈梯形，南北宽 11.9 米，东西长 13.28 米，残高 7.32 米，台芯素土分层夯筑，夯层明显，厚 0.2 ～ 0.27 米，受风雨侵蚀，表面夯土脱落，台芯存多条冲沟，四周植被多为灌木和杂草，在西沙城中学院内，南为食堂，北为车棚、教室，西为院墙，东为操场。

117. 水闸屯 01 号烽火台 130728353201170117

位于西沙城乡水闸屯村西 718 米，坐标：东经 114° 25′ 40.40″，北纬 40° 36′ 32.70″，高程 826 米。

围堡式烽火台，总体布局为"回"字形，烽火台居中，四周设置围墙，台体至围墙 6 米。

烽火台平面呈矩形，剖面呈梯形，东西宽 9.3 米，南北长 11.5 米，残高 8.3 米，台芯素土分层夯筑，夯层明显，厚 0.1 ～ 0.15 米，下有夯土基础，高 3.2 米，南立面上部存一盗洞，下部存冲沟 1 条，宽 0.3 ～ 1.1 米，西立面根部掏蚀严重，北立面台身杂草滋长。

东围墙根部掏蚀严重，其他围墙坍塌成土埂状，四周杂草滋长。西侧为铁路，东侧是怀安县级公路，四周为农田。

118. 水闸屯 02 号烽火台 130728353201170118

位于西沙城乡水闸屯北的土山顶上，坐标：东经 114° 25′ 50.10″，北纬 40° 36′ 47.60″，高程 847 米。

烽火台平面呈圆形，剖面呈梯形，顶部南北宽 5.41 米，东西长 5.86 米，残高 3.5 米，台芯素土分层夯筑，南立面有一孔洞，受风雨侵蚀，表面夯土脱落，台芯存多条冲沟，四周植被多为灌木和杂草。

119. 第四屯 02 号烽火台 130728353201170119

位于左卫镇第四屯村北 1.5 千米，坐标：东经 114° 40′ 10.50″，北纬 40° 41′ 29.50″，高程 698 米。

烽火台平面呈圆形，剖面呈梯形，东西长 6.2 米，南北宽 2.3 米，残高 4.2 米，台芯素土分层夯筑，受风雨侵蚀，表面夯土脱落，台芯存多条冲沟，四周植被多为灌木和杂草。

120. 第四屯 03 号烽火台 130728353201170120

位于左卫镇第四屯村北 1.6 千米，坐标：东经 114° 40′ 20.80″，北纬 40° 41′ 30.00″，高程 699 米。

烽火台平面呈圆形，剖面呈梯形，东西宽 15.8 米，南北长 17.6 米，残高 6.2 米，台芯素土分层夯筑，夯层明显，厚 0.09 ～ 0.14 米，南立面根部有一盗洞，深 2 米，宽 1.5 米。受风雨侵蚀，表面夯土脱落，台芯存多条冲沟，四周植被多为灌木和杂草。

121. 第六屯 01 号烽火台 130728353201170121

位于第六屯乡第六屯村西南 231 米，坐标：东经 114° 33′ 38.70″，北纬 40° 39′ 32.40″，高程 764 米。

烽火台平面呈矩形，剖面呈梯形，东西长 9.9 米，南北宽 9.8 米，台芯素土分层夯筑，夯层明显，厚 0.1～0.15 米，受风雨侵蚀，表面夯土脱落，台芯存多条冲沟，四周植被多为灌木和杂草，四周为临时民房。

122. 第九屯 01 号烽火台 130728353201170122

位于第六屯乡第九屯村西北 2.3 千米，坐标：东经 114° 30′ 46.90″，北纬 40° 40′ 05.40″，高程 764 米。

烽火台平面呈矩形，剖面呈梯形，东西残宽 12.9 米，南北残长 14 米，西侧残高 2.4 米，东侧残高 3.25 米，台芯素土分层夯筑，夯层明显，厚 0.1～0.15 米，受风雨侵蚀，表面夯土脱落，台芯存多条冲沟，四周植被多为灌木和杂草。东、西、北面为农田，南面是怀安县级公路。

123. 皮家梁 01 号烽火台 130728353201170123

位于柴沟堡镇皮家梁村东南 3.1 千米，坐标：东经 114° 22′ 23.00″，北纬 40° 37′ 13.70″，高程 1155 米。

烽火台平面呈圆形，剖面呈梯形，南北宽 7.5 米，东西长 8.2 米，高 7.1 米，台芯土石分层夯筑，受风雨侵蚀，表面夯土脱落，台芯存多条冲沟，四周植被多为灌木和杂草。

124. 皮家梁 02 号烽火台 130728353201170124

位于柴沟堡镇皮肩梁村北 180 米的平土顶上，坐标：东经 114° 20′ 30.30″，北纬 40° 38′ 03.50″，高程 1120 米。

烽火台平面呈圆形，剖面呈梯形，南北长 8.8 米，东西宽 7.5 米，残高 7 米，台芯素土分层夯筑，夯层明显，厚 0.15 米，下设夯土台基，高 2.2 米，受风雨侵蚀，表面夯土脱落，台芯存多条冲沟，四周植被多为灌木和杂草。

125. 龙王塘 01 号烽火台 130728353201170125

位于柴沟堡镇龙王塘村南台地上，坐标：东经 114° 23′ 31.40″，北纬 40° 38′ 46.40″，高程 902 米。

烽火台平面呈圆形，剖面呈梯形，底径 7.27 米，残高 7.82 米，夯土空心台体，台芯素土分层夯筑，受风雨侵蚀，表面夯土脱落，东立面存冲沟 1 条，南立面辟门，门内侧有竖井式内室，南北深 3.8 米，东、西、北立面各有榆树 1 棵，四周杂草滋长。

126. 园子沟 01 号烽火台 130728353201170126

位于柴沟堡镇园子沟村西 1.2 千米的黄土地上，北侧为一条乡间公路，坐标：东经 114° 21′ 26.90″，北纬 40° 39′ 30.20″，高程 902 米。

烽火台平面呈圆形，剖面呈梯形，东西宽 2.9 米，南北长 5.3 米，残高 5.8 米，台芯素土分层夯筑，夯层明显，厚 0.2 米，受风雨侵蚀及人为破坏，东立面上部坍塌，外侧有一人为挖掘窑洞，长 2.7 米，高 2.7 米，南立面存竖向裂缝 1 条，根部掏蚀严重，外侧有一残破土坯房，长 6.5 米，宽 3.2 米，西立面北侧坍塌，四周杂草滋长。

127. 富民沟 01 号烽火台 130728353201170127

位于柴沟堡镇富民沟村西南 1.5 千米的山梁上，坐标：东经 114° 18′ 48.40″，北纬 40° 38′ 33.50″，高程 1105 米。

烽火台平面呈圆形，剖面呈梯形，东西宽 6.0 米，南北长 7.5 米，残高 4.2 米，台芯素土分层夯筑，夯层明显，厚 0.12 ～ 0.15 米，北立面、西立面坍塌，受风雨侵蚀，表面夯土脱落，台芯存多条冲沟，四周植被多为灌木和杂草。四周皆沟。

128. 渡口堡 01 号烽火台 130728353201170128

位于渡口堡乡渡口堡村南 1.9 千米，坐标：东经 114° 16′ 59.20″，北纬 40° 40′ 02.90″，高程 924 米。

围堡式烽火台，总体布局为"回"字形，烽火台居中，四周设置围墙，台体至围墙 9.8 米，南围墙设门，宽 2.5 米。

烽火台平面呈圆形，剖面呈梯形，底径 17 米，残高 7.9 米，台芯素土分层夯筑，受风雨侵蚀，表面夯土脱落，东立面上部存冲沟 2 条，台体四周根部坍塌体呈斜坡状，高 3.7 米。

围墙下宽 2.5 米，上宽 0.8 米，残高 3.7 米，根部掏蚀严重，四周为农田。南侧为 110 国道。

129. 大南沟 01 号烽火台 130728353201170129

位于渡口堡乡大南沟村西偏北 467 米处的山顶上，坐标：东经 114° 14′ 00.60″，北纬 40° 38′ 20.10″，高程 1151 米。

烽火台平面呈圆形，剖面呈梯形，底径 7.66 米，残高 6.09 米，土石混筑台芯，夯层明显，厚 0.09 ～ 0.14 米，下设土石混筑台基，现已呈圆形，直径 15 米，高 2.46 米，受风雨侵蚀，表面夯土脱落，台芯存多条冲沟，四周植被多为灌木和杂草。

130. 王沟台 01 号烽火台 130728353201170130

位于渡口堡乡瓦沟台村北 145 米，坐标：东经 114° 14′ 15.00″，北纬 40° 39′ 26.70″，高程 1024 米。

烽火台平面呈圆形，剖面呈梯形，东西残长 6.2 米，南北残宽 5.3 米，残高 3.3 米，台芯素土分层夯筑，受风雨侵蚀，表面夯土脱落，台芯存多条冲沟，四周植被多为灌木和杂草。

131. 瓮家湾 01 号烽火台 130728353201170131

位于西阳河镇瓮家湾村 1 千米处的高山顶上，坐标：东经 114° 12′ 58.60″，北纬 40° 38′ 27.70″，高程 1225 米。

烽火台平面呈圆形，剖面呈梯形，南北宽 5.45 米，东西长 6.98 米，残高 6.49 米，台芯素土分层夯筑，夯层明显，厚 0.2 ～ 0.23 米，受风雨侵蚀，表面夯土脱落，台芯存多条冲沟，四周植被多为灌木和杂草。

132. 南堰截 01 号烽火台 130728353201170132

位于西阳河镇南堰截村正南 2.7 千米处的高山顶上，坐标：东经 114° 11′ 38.20″，北纬 40° 38′ 02.30″，高程 1318 米。

烽火台平面呈矩形，剖面呈梯形，南北宽 9.89 米，东西长 10.65 米，残高 7.09 米，台芯素土分层夯筑，夯层明显，厚 0.13 ～ 0.18 米，受风雨侵蚀，表面夯土脱落，台芯存多条冲沟，四周植被多为灌木和杂草。

133. 南堰截 02 号烽火台 130728353201170133

位于西阳河镇南堰截村 500 米处的山顶上，坐标：东经 114° 11′ 51.40″，北纬 40° 38′ 44.40″，高程 1239 米。

烽火台平面呈矩形，剖面呈梯形，南北残长 5.5 米，东西残宽 3.5 米，残高 5.5 米，台芯素土分层夯筑，夯层明显，厚 0.15～0.2 米，受风雨侵蚀，表面夯土脱落，台芯存多条冲沟，四周植被多为灌木和杂草。

134. 南堰截 03 号烽火台 130728353201170134

位于西阳河镇南堰截村南 1.1 千米处，坐标：东经 114° 11′ 44.90″，北纬 40° 38′ 53.10″，高程 1145 米。

围堡式烽火台，总体布局为"回"字形，烽火台居中，四周设置围墙。

烽火台平面呈矩形，剖面呈梯形，南北长 14.19 米，东西宽 11.58 米，残高 4.96 米，台芯素土分层夯筑，夯层明显，厚 0.11～0.13 米，设夯土台基，坍塌成圆丘状。

围墙东、西、北三侧均为冲积沟谷，仅南侧存围墙遗迹，四周杂草滋长。

135. 南堰截 04 号烽火台 130728353201170135

位于西阳河镇南堰截村 250 米处的土山顶上，坐标：东经 114° 11′ 41.60″，北纬 40° 39′ 09.20″，高程 1119 米。

烽火台平面呈矩形，剖面呈梯形，南北长 7.8 米，东西宽 6 米，残高 5.5 米，台芯素土分层夯筑，夯层明显，厚 0.15～0.2 米，受风雨侵蚀，表面夯土脱落，台芯存多条冲沟，四周植被多为灌木和杂草。

136. 南堰截 05 号烽火台 130728353201170136

位于西阳河镇南堰截村西边际 100 米处，坐标：东经 114° 11′ 28.30″，北纬 40° 39′ 15.70″，高程 1075 米。

围堡式烽火台，总体布局为环形，烽火台居中，周围设置围墙，台体至围墙 11 米。

烽火台平面呈矩形，剖面呈梯形，南北长 13.67 米，东西宽 13.21 米，残高 3.61 米，台芯素土分层夯筑，夯层明显，厚 0.11～0.13 米，设夯土台基，台体坍塌成覆斗形。

围墙周长 155 米，存高 3 米，四角略高，四边低矮，不成墙形，围墙内种植玉米，外为农田。

137. 南堰截 06 号烽火台 130728353201170137

位于西阳河镇南堰截村西偏北 150 米处，坐标：东经 114° 11′ 21.50″，北纬 40° 39′ 22.90″，高程 1042 米。

围堡式烽火台，总体布局为环形，烽火台居中，周围设置围墙，台体至围墙 10.8 米。

烽火台平面呈矩形，剖面呈梯形，南北长 13.49 米，东西宽 13.5 米，残高 4.43 米，台芯素土分层夯筑，夯层明显，厚 0.11～0.13 米，设夯土台基，台体坍塌成覆斗形。

围墙周长 150 米，存高 3 米，四角略高，四边低矮，不成墙形，围墙内种植玉米，外为农田。

138. 南堰截 07 号烽火台 130728353201170138

位于西阳河镇南堰截村西偏北 200 米处，坐标：东经 114° 11′ 15.00″，北纬 40° 39′ 29.80″，高程 1028 米。

围堡式烽火台，总体布局为环形，烽火台居中，周围设置围墙，台体至围墙 11.1 米。

烽火台平面呈矩形，剖面呈梯形，南北长 13.07 米，东西宽 16.31 米，残高 3 米，台芯素土分层夯筑，夯层明显，厚 0.11 ～ 0.13 米，设夯土台基，台体坍塌成覆斗形。

围墙周长 157 米，存高 3 米，四角略高，四边低矮，不成墙形，围墙内种植玉米，外为农田。

139. 南堰截 08 号烽火台 130728353201170139

位于西阳河镇南堰截村 300 米处，坐标：东经 114° 11′ 10.70″，北纬 40° 39′ 43.30″，高程 999 米。

烽火台平面呈矩形，剖面呈梯形，南北长 14.33 米，东西宽 10.26 米，残高 8.4 米，台芯素土分层夯筑，夯层明显，厚 0.11 ～ 0.13 米，南立面有一孔洞，受风雨侵蚀，表面夯土脱落，台芯存多条冲沟，四周植被多为灌木和杂草。

140. 东洋河 03 号烽火台 130728353201170140

位于柴沟堡镇东洋河村北 1 千米，东侧为万全县，坐标：东经 114° 20′ 21.20″，北纬 40° 42′ 57.80″，高程 883 米。

烽火台平面呈圆形，剖面呈梯形，底径 10.6 米，残高 9.7 米，台芯素土分层夯筑，夯层明显，厚 0.09 ～ 0.14 米，设围墙一周，上宽 0.39 米，下宽 1.27 米，外残高 2.32 米，内残高 1.4 米，受风雨侵蚀，表面夯土脱落，台芯存多条冲沟，四周植被多为灌木和杂草。

141. 赵家窑 17 号烽火台 130728353201170141

位于左卫镇赵家窑村东北 2.3 千米，坐标：东经 114° 19′ 54.20″，北纬 40° 42′ 55.00″，高程 908 米。

烽火台平面呈圆形，剖面呈梯形，底径 9.9 米，残高 12 米，台芯素土分层夯筑，夯层明显，厚 0.09 ～ 0.14 米，受风雨侵蚀，表面夯土脱落，台芯存多条冲沟，四周植被多为灌木和杂草。

142. 赵家窑 18 号烽火台 130728353201170142

位于左卫镇赵家窑村东北 940 米，坐标：东经 114° 18′ 54.20″，北纬 40° 42′ 49.60″，高程 966 米。

烽火台平面呈矩形，剖面呈梯形，东西宽 8.2 米南北长 8.4 米，高 8.6 米，台芯素土分层夯筑，受风雨侵蚀，表面夯土脱落，台芯存多条冲沟，四周植被多为灌木和杂草。

143. 赵家窑 19 号烽火台 130728353201170143

位于左卫镇赵家窑村东 374 米，坐标：东经 114° 18′ 34.30″，北纬 40° 42′ 36.80″，高程 960 米。

烽火台平面呈圆形，剖面呈梯形，底径 7.3 米，残高 4.3 米，台芯素土分层夯筑，夯层明显，厚 0.1 ～ 0.14 米，受风雨侵蚀，表面夯土脱落，台芯存多条冲沟，四周植被多为灌木和杂草。

144. 赵家窑 20 号烽火台 130728353201170144

位于左卫镇赵家窑村西北 699 米，坐标：东经 114° 17′ 57.60″，北纬 40° 42′ 46.00″，高程 993 米。

烽火台平面呈圆形，剖面呈梯形，底径 8.5 米，残高 6.5 米，台芯素土分层夯筑，夯层明显，厚 0.1 ～ 0.14 米，受风雨侵蚀，表面夯土脱落，台芯存多条冲沟，四周植被多为灌木和杂草。

145. 赵家窑 21 号烽火台 130728353201170145

位于左卫镇赵家窑村西北 1.3 千米，马头山沟南小路东，北为文山，东西南为农田，坐标：东经 114° 17′ 34.10″，北纬 40° 42′ 51.90″，高程 1034 米。

围堡式烽火台，总体布局为环形，烽火台居中，周围设置围墙。台体至围墙 2.3 米。

烽火台平面呈圆形，剖面呈梯形，底径 11.3 米，残高 7，2 米，台芯素土分层夯筑，东立面上部存裂缝 1 条，南立面存竖向裂缝 2 条，宽 0.05 ～ 0.2 米，西立面存裂缝 2 条，下部存矩形掏蚀 1 处，长 1.5 米，高 1.7 米，深 0.5 米，敌台四周根部掏蚀严重，高 2.3 米，深 0.3 米。

围墙宽 1 米，高 2.9 米，夯层清晰，厚 0.5 ～ 0.7 米，根部掏蚀严重，四周为农田。

146. 赵家窑 22 号烽火台 130728353201170146

位于左卫镇赵家窑村西北 1.8 千米，坐标：东经 114° 17′ 06.40″，北纬 40° 42′ 41.10″，高程 1028 米。

烽火台平面呈圆形，剖面呈梯形，底径 7.68 米，残高 8.5 米，台芯素土分层夯筑，下设夯土台基，高 1.5 米，受风雨侵蚀，表面夯土脱落，台芯存多条冲沟，四周植被多为灌木和杂草。

147. 赵家窑 23 号烽火台 130728353201170147

位于左卫镇赵家窑村西南 1.8 千米，坐标：东经 114° 17′ 18.20″，北纬 40° 41′ 59.70″，高程 949 米。

围堡式烽火台，总体布局为环形，烽火台居中，周围设置围墙。台体至围墙 5.1 米。

烽火台平面呈圆形，剖面呈梯形，底径 9.9 米，残高 6.8 米，台芯素土分层夯筑，夯层明显，厚 0.1 ～ 0.14 米，南立面台身及根部掏蚀严重，高 1.1 米，深 0.2 米，表面夯土脱落，台芯存多条冲沟。

围墙宽 1.1 米，外侧高 0.68 米，内侧高 0.5 米，不成墙形，四周为农田。

148. 渡口堡 02 号烽火台 130728353201170148

位于渡口堡乡渡口堡村西 967 米、庙虎沟西侧，坐标：东经 114° 15′ 48.50″，北纬 40° 41′ 09.80″，高程 919 米。

围堡式烽火台，总体布局为环形，烽火台居中，周围设置围墙。台体至东西围墙 5.65 米，至南北围墙 6.1 米。

烽火台平面呈矩形，剖面呈梯形，东西宽 15.2 米，南北长 15.52 米，残高 8 米，台芯素土分层夯筑，南立面辟门，宽 0.98 米，高 1.9 米，台身及根部掏蚀严重。

围墙周长 108.5 米，外残高 4.7 米，内残高 4 米，南侧围墙辟门，高 1.3 米，宽 1.1 米，围墙根部掏蚀严重，墙体存裂缝多条，四周杂草滋长。

149. 两界台 01 号烽火台 130728353201170149

位于渡口堡乡两界台村南 300 米、北侧为水渠、南侧为西洋河，坐标：东经 114° 15′ 04.80″，北纬 40° 40′ 59.20″，高程 923 米。

烽火台平面呈圆形，剖面呈梯形，南北长 11.9 米，东西宽 6.3 米，残高 6.8 米，台芯素土分层夯筑，受风雨侵蚀，表面夯土脱落，台芯存多条冲沟，四周植被多为灌木和杂草。

150. 大西沟 01 号烽火台 130728353201170150

位于渡口堡乡大西沟村西南 896 米，坐标：东经 114° 14′ 11.30″，北纬 40° 40′ 56.30″。

烽火台平面呈圆形，剖面呈梯形，东西宽 3.2 米，南北长 5 米，残高 6.8 米，台芯素土分层夯筑，外设围墙，南侧残长 6.2 米，北侧残长为 4 米，外高 2.9 米。受风雨侵蚀，表面夯土脱落，台芯存多条冲沟，四周植被多为灌木和杂草。

151. 大西沟 02 号烽火台 130728353201170151

位于渡口堡乡大西沟村南 83 米、东侧农田、南侧取土场、西侧西洋河，坐标：东经 114° 14′ 42.40″，北纬 40° 40′ 58.30″，高程 926 米。

围堡式烽火台，总体布局为环形，烽火台居中，周围设置围墙。台体至围墙 6 米。

烽火台平面呈圆形，剖面呈梯形，东西宽 14.8 米，南北长 17.2 米，残高 6.8 米，台芯素土分层夯筑，南立面辟门，高 1.53 米，宽 0.9 米，北立面台芯缺失严重，呈陡立状态。

存南围墙 6.2 米，北围墙 4 米，外残高 4.16 米，内残高 2.2 米，南围墙设南门，高 1.46 米，宽 1.1 米，四周为农田。

152. 盘道门 11 号烽火台 130728353201170152

位于渡口堡乡盘道门村北 90 米，坐标：东经 114° 15′ 53.30″，北纬 40° 42′ 29.00″，高程 1025 米。

围堡式烽火台，总体布局为环形，烽火台居中，周围设置围墙。台体至东西围墙 4.2 米，至南北围墙 5.3 米。

烽火台平面呈圆形，剖面呈梯形，底径 8.78 米，残高 8.8 米，台芯素土分层夯筑，南立面辟门，受风雨侵蚀，表面夯土脱落，台芯存多条冲沟、裂缝。

围墙外残高 2.8 ～ 3.6 米，内残高 1.6 ～ 1.9 米，厚 1.1 米，东围墙中部坍塌，南围墙设南门，高 1.3 米，北围墙存一盗洞，围墙存多条冲沟、裂缝，四周植被多为灌木和杂草。

153. 景家山 01 号烽火台 130728353201170153

位于渡口堡乡景家山村东北 935 米，坐标：东经 114° 15′ 21.90″，北纬 40° 42′ 24.70″，高程 1043 米。

围堡式烽火台，总体布局为环形，烽火台居中，周围设置围墙。台体至围墙 4.6 米。

烽火台平面呈圆形，剖面呈梯形，底径 9.9 米，残高 9.5 米，台芯素土分层夯筑，南立面辟门，受风雨侵蚀，表面夯土脱落，台芯存多条冲沟、裂缝。

围墙外高 3.7 米，内高 1.65 米，厚 0.6 米，东围墙中部坍塌，南围墙设门，宽 1.8 米，高 1.65 米，西、北围墙坍塌严重，围墙存多条冲沟、裂缝，四周植被多为灌木和杂草。

154. 盘道门 12 号烽火台 130728353201170154

位于渡口堡乡盘道门村西南 780 米、杨家沟东侧，坐标：东经 114° 15′ 37.60″，北纬 40° 42′ 07.10″，高程 996 米。

烽火台平面呈圆形，剖面呈梯形，南北长 10.02 米，东西宽 8.5 米，残高 6.3 米，台芯素土分层夯筑，受风雨侵蚀，表面夯土脱落，台芯存多条冲沟，四周植被多为灌木和杂草。

155. 景家山 02 号烽火台 130728353201170155

位于渡口堡乡景家山村东北 298 米，坐标：东经 114° 14′ 54.10″，北纬 40° 42′ 20.00″，高程 1040 米。

烽火台平面呈圆形，剖面呈梯形，底径 8.7 米，残高 6.6 米，台芯素土分层夯筑，下设夯土台基，残高 3.5 ～ 4.5 米，受风雨侵蚀，表面夯土脱落，台芯存多条冲沟，四周植被多为灌木和杂草。

156. 景家山 03 号烽火台 130728353201170156

位于渡口堡乡景家山村西 629 米、台子南 2 华里为高速公路服务区，坐标：东经 114° 14′ 20.30″，北纬 40° 42′ 05.00″，高程 1030 米。

围堡式烽火台，总体布局为环形，烽火台居中，周围设置围墙，台体至围墙6.6米。

烽火台平面呈圆形，剖面呈梯形，底径10.3米，残高6.6米，台芯素土分层夯筑，南立面存一方形冲沟，宽0.9～1.3米，深0.4米，受风雨侵蚀，表面夯土脱落，台芯存多条冲沟、裂缝。

围墙内高1.4米，厚0.6米，外高2.3米，西、北围墙坍塌严重，围墙存多条冲沟、裂缝，四周植被多为灌木和杂草。

157. 景家山04号烽火台 130728353201170157

位于渡口堡乡景家山村西365米、立石沟西南，坐标：东经114°14′31.50″，北纬40°42′19.50″，高程1053米。

围堡式烽火台，总体布局为环形，烽火台居中，周围设置围墙，台体至围墙4.2米。

烽火台平面呈圆形，剖面呈梯形，东西13.4米，南北10.95米，残高9.1米，台芯素土分层夯筑，南立面辟门，西立面掏蚀严重。

围墙外高3.12米，内高2.1米，厚0.9米，南围墙设门，高1.78米，宽2米，顶部有榆树一棵，北护墙中部坍塌，围墙存多条冲沟、裂缝，根部掏蚀严重，四周植被多为灌木和杂草。

158. 西坪山01号烽火台 130728353201170158

位于渡口堡乡西坪山村东931米、台子东西两侧为沟、前后为黄土台地，坐标：东经114°13′59.10″，北纬40°42′18.90″，高程1061米。

烽火台平面呈圆形，剖面呈梯形，底径8.1米，残高5.5米，台芯素土分层夯筑，受风雨侵蚀，表面夯土脱落，台芯存多条冲沟，四周植被多为灌木和杂草。

159. 西坪山02号烽火台 130728353201170159

位于渡口堡乡西坪山村东北300米、四周为黄土台地，坐标：东经114°13′34.40″，北纬40°42′25.00″，高程1070米。

烽火台平面呈圆形，剖面呈梯形，底径7.8米，残高7.1米，台芯素土分层夯筑，受风雨侵蚀，表面夯土脱落，台芯存多条冲沟，四周植被多为灌木和杂草。

160. 西坪山03号烽火台 130728353201170160

位于渡口堡乡西坪山村西500米，坐标：东经114°12′54.90″，北纬40°42′15.90″，高程1059米。

烽火台平面呈圆形，剖面呈梯形，底径13.8米，残高6.9米，台芯素土分层夯筑，受风雨侵蚀，表面夯土脱落，台芯存多条冲沟，四周植被多为灌木和杂草。

161. 西坪山04号烽火台 130728353201170161

位于渡口堡乡西坪山村西876米（黑石头西侧）、南北为坡地、北高南低，坐标：东经114°12′45.60″，北纬40°42′08.90″，高程1059米。

烽火台平面呈圆形，剖面呈梯形，底径12.1米，残高7.4米，台芯素土分层夯筑，受风雨侵蚀，表面夯土脱落，台芯存多条冲沟，四周植被多为灌木和杂草。

162. 西坪山05号烽火台 130728353201170162

位于渡口堡乡西坪山村南2千米、双落沟村东南788米，坐标：东经114°12′55.60″，北纬

40° 41′ 47.20″，高程 1015 米。

烽火台平面呈圆形，剖面呈梯形，底径 11.6 米，残高 7.8 米，台芯素土分层夯筑，受风雨侵蚀，表面夯土脱落，台芯存多条冲沟，四周植被多为灌木和杂草。

163. 西洋河 01 号烽火台 130728353201170163

位于渡口堡乡西洋河城西侧 100 米，坐标：东经 114° 11′ 11.70″，北纬 40° 40′ 55.10″，高程 989 米。

烽火台平面呈圆形，剖面呈梯形，底径 8.1 米，残高 6.9 米，台芯素土分层夯筑，受风雨侵蚀，表面夯土脱落，台芯存多条冲沟，四周植被多为灌木和杂草。

164. 新龙湾 01 号烽火台 130728353201170164

位于渡口堡乡新龙湾村西 1.4 千米的沙滩上、北为高速路，坐标：东经 114° 12′ 09.10″，北纬 40° 41′ 12.30″，高程 990 米。

烽火台平面呈圆形，剖面呈梯形，底径 9.9 米，残高 8.3 米，台芯素土分层夯筑，受风雨侵蚀，表面夯土脱落，台芯存多条冲沟，四周植被多为灌木和杂草。

165. 双落沟 01 号烽火台 130728353201170165

位于渡口堡乡双落沟村北 278 米的土岸上，坐标：东经 114° 12′ 27.60″，北纬 40° 42′ 01.30″，高程 1059 米。

烽火台平面呈圆形，剖面呈梯形，底径 5.9 米，残高 6.2 米，台芯素土分层夯筑，夯层明显，厚 0.08 ～ 0.12 米，受风雨侵蚀，表面夯土脱落，台芯存多条冲沟，四周植被多为灌木和杂草。

166. 双落沟 02 号烽火台 130728353201170166

位于渡口堡乡双落沟村西北 200 米、西沟的东侧为柴墩子地，坐标：东经 114° 12′ 14.60″，北纬 40° 41′ 57.40″，高程 1053 米。

烽火台平面呈圆形，剖面呈梯形，底径 10.4 米，残高 6.7 米，台芯素土分层夯筑，夯层明显，厚 0.17 米，受风雨侵蚀，表面夯土脱落，台芯存多条冲沟，四周植被多为灌木和杂草。

167. 双落沟 03 号烽火台 130728353201170167

位于渡口堡乡双落沟村西 617 米、西侧为谢家沟，坐标：东经 114° 11′ 56.70″，北纬 40° 41′ 51.60″，高程 1053 米。

烽火台平面呈圆形，剖面呈梯形，底径 9.6 米，残高 7.8 米，台芯素土分层夯筑，夯层明显，厚 0.17 米，受风雨侵蚀，表面夯土脱落，台芯存多条冲沟，四周植被多为灌木和杂草。

168. 西洋河 02 号烽火台 130728353201170168

位于渡口堡乡西洋河村北 1.7 千米，坐标：东经 114° 11′ 44.30″，北纬 40° 41′ 47.80″，高程 1050 米。

烽火台平面呈圆形，剖面呈梯形，底径 11 米，残高 8 米，台芯素土分层夯筑，受风雨侵蚀，表面夯土脱落，台芯存多条冲沟，四周植被多为灌木和杂草。

169. 西洋河 03 号烽火台 130728353201170169

位于渡口堡乡西洋河村北 5 千米的任家土地梁上、西侧为冲积沟，坐标：东经 114° 11′ 30.20″，北纬 40° 41′ 53.80″，高程 1065 米。

烽火台平面呈圆形，剖面呈梯形，底径 12 米，残高 9.8 米，台芯素土分层夯筑，受风雨侵蚀，表面夯土脱落，台芯存多条冲沟，四周植被多为灌木和杂草。

170. 西洋河 04 号烽火台 130728353201170170

位于渡口堡乡西洋河村北 5 千米的杏沟梁上、西侧为杏沟，坐标：东经 114° 11′ 17.20″，北纬 40° 42′ 03.10″，高程 1084 米。

烽火台平面呈圆形，剖面呈梯形，东西 4.8 米，南北 7.6 米，残高 6.9 米，台芯素土分层夯筑，受风雨侵蚀，表面夯土脱落，台芯存多条冲沟，四周植被多为灌木和杂草。

171. 沙沟 01 号烽火台 130728353201170171

位于渡口堡乡沙沟村南 1 千米的杏沟梁上，坐标：东经 114° 11′ 01.60″，北纬 40° 42′ 11.60″，高程 1109 米。

烽火台平面呈圆形，剖面呈梯形，底径 8.4 米，残高 8.5 米，台芯素土分层夯筑，受风雨侵蚀，表面夯土脱落，台芯存多条冲沟，四周植被多为灌木和杂草。

172. 沙沟 02 号烽火台 130728353201170172

位于渡口堡乡沙沟村东南 788 米的黄土台子上，坐标：东经 114° 10′ 50.60″，北纬 40° 42′ 13.50″，高程 1095 米。

烽火台平面呈圆形，剖面呈梯形，底径 11.5 米，残高 7.6 米，台芯素土分层夯筑，受风雨侵蚀，表面夯土脱落，台芯存多条冲沟，四周植被多为灌木和杂草。

173. 沙沟 03 号烽火台 130728353201170173

位于渡口堡乡沙沟村东南 200 米，坐标：东经 114° 10′ 39.60″，北纬 40° 42′ 22.00″，高程 1113 米。

烽火台平面呈圆形，剖面呈梯形，底径 8.9 米，残高 10.5 米，台芯素土分层夯筑，夯层厚 0.1 米，受风雨侵蚀，表面夯土脱落，台芯存多条冲沟，四周植被多为灌木和杂草。

174. 沙沟 04 号烽火台 130728353201170174

位于渡口堡乡沙沟村西北 534 米，坐标：东经 114° 10′ 04.60″，北纬 40° 42′ 37.70″，高程 1105 米。

烽火台平面呈圆形，剖面呈梯形，底径 14.2 米，残高 8.5 米，台芯素土分层夯筑，受风雨侵蚀，表面夯土脱落，台芯存多条冲沟，四周植被多为灌木和杂草。

175. 西洋河 05 号烽火台 130728353201170175

位于渡口堡乡西洋河城西侧 200 米，坐标：东经 114° 10′ 33.60″，北纬 40° 40′ 36.10″，高程 1000 米。

烽火台平面呈圆形，剖面呈梯形，底径 15.8 米，残高 9.1 米，台芯素土分层夯筑，受风雨侵蚀，表面夯土脱落，台芯存多条冲沟，四周植被多为灌木和杂草。

176. 西洋河 06 号烽火台 130728353201170176

位于渡口堡乡西洋河城西侧 120 米，坐标：东经 114° 10′ 36.50″，北纬 40° 40′ 50.20″，高程 996 米。

烽火台平面呈圆形，剖面呈梯形，底径 5.6 米，残高 6.1 米，台芯素土分层夯筑，受风雨侵蚀，表面夯土脱落，台芯存多条冲沟，四周植被多为灌木和杂草。

177. 西洋河 07 号烽火台 130728353201170177

位于渡口堡乡西洋河城北侧 500 米，坐标：东经 114° 10′ 20.70″，北纬 40° 41′ 14.80″，高程 1022 米。

烽火台修筑在土台之上，平面呈圆形，剖面呈梯形，底径 7 米，残高 4.5 米，夯土空心台体，台芯素土分层夯筑，受风雨侵蚀，表面夯土脱落，东立面中部坍塌形成豁口，宽 2.8 米，根部坍塌体呈斜坡状，散落大量块石，南立面辟门，高 1.9 米，西立面根部掏蚀严重，北立面上部坍塌形成豁口，宽 1.4 米，四周杂草滋长。

178. 西洋河 08 号烽火台 130728353201170178

位于渡口堡乡西洋河城北侧 500 米、北为高速路、西南是 110 国道，坐标：东经 114° 10′ 33.00″，北纬 40° 41′ 36.20″，高程 1038 米。

围堡式烽火台，总体布局为环形，烽火台居中，周围设置围墙，台体至围墙 6.9 米。

烽火台平面呈圆形，剖面呈梯形，底径 12.5 米，残高 8 米，夯土空心台体，台芯素土分层夯筑，受风雨侵蚀，表面夯土脱落，掏蚀严重，夯层厚 0.13 米，东立面上部存冲沟 1 条，根部有一人为挖掘的孔洞，南立面上部辟门，宽 0.9 米，高 1.46 米，上部存冲沟 1 条，下部有人为剔凿的攀爬孔洞，西立面上部存冲沟 2 条，北立面上部存竖向裂缝 1 条。

围墙下宽 2.4 米，上宽 1 米，内残高 1.9 米，外残高 2.5 米，内侧根部掏蚀严重，南侧坍塌成豁口，宽 25 米，四周杂草滋长。

179. 西洋河 09 号烽火台 130728353201170179

位于渡口堡乡西洋河段长城由北向南走向墙体内侧（东侧）、距主墙体 13 米、东侧是 110 国道，坐标：东经 114° 09′ 57.30″，北纬 40° 42′ 04.00″，高程 1072 米。

围堡式烽火台，总体布局为环形，烽火台居中，周围设置围墙，台体至围墙 16 米。

烽火台平面呈圆形，剖面呈梯形，底径 8 米，残高 6.8 米，台芯素土分层夯筑，夯层厚 0.13 米，东立面坍塌形成豁口，宽 6 米，根部坍塌，呈斜坡状，南立面辟门，宽 1 米，高 1.8 米，上部存竖向裂缝 1 条，西、北立面根部掏蚀严重。

围墙外残高 3 米，下宽 2.3 米，上宽 0.9 米，不成墙形，护墙内种植玉米，外为农田。

180. 刘家堡 01 号烽火台 130728353201170180

位于左卫镇刘家堡村南 535 米、西为三角沟、东侧 110 国道，坐标：东经 114° 09′ 47.50″，北纬 40° 42′ 18.30″，高程 1077 米。

烽火台平面呈矩形，剖面呈梯形，东西长 13.1 米，南北宽 13 米，残高 7.1 米，台芯素土分层夯筑，包砖不存，东立面东北角、西立面西北角、北立面中部坍塌，外设围墙，外侧高 2.3 米，内高 0.5 米，上宽 0.5 米，受风雨侵蚀，表面夯土脱落，台芯存多条冲沟，四周植被多为灌木和杂草。

181. 马市口 01 号烽火台 130728353201170181

位于渡口堡乡马市口村西北 560 米，坐标：东经 114° 09′ 15.90″，北纬 40° 42′ 52.10″，高程 1117 米。

烽火台平面呈圆形，剖面呈梯形，底径 6.4 米，残高 4.6 米，台芯素土分层夯筑，夯层明显，厚 0.1 ～ 0.14 米，受风雨侵蚀，表面夯土脱落，台芯存多条冲沟，四周植被多为灌木和杂草。

182. 马市口 02 号烽火台 130728353201170182

位于渡口堡乡马市口村东北 300 米桃山太沟与小桃沟之间、东南侧为砖场，坐标：东经 114° 09′ 36.50″，北纬 40° 42′ 52.90″，高程 1121 米。

烽火台平面呈圆形，剖面呈梯形，东西长 10.08 米，南北宽 6.9 米，残高 8.8 米，台芯素土分层夯筑，受风雨侵蚀，表面夯土脱落，台芯存多条冲沟，四周植被多为灌木和杂草。

183. 马市口 03 号烽火台 130728353201170183

位于渡口堡乡马市口村北 300 米的山梁上，坐标：东经 114° 09′ 25.10″，北纬 40° 42′ 57.60″，高程 1156 米。

烽火台平面呈圆形，剖面呈梯形，底径 13.2 米，残高 9.6 米，台芯素土分层夯筑，受风雨侵蚀，表面夯土脱落，台芯存多条冲沟，四周植被多为灌木和杂草。

184. 马市口 04 号烽火台 130728353201170184

位于渡口堡乡马市口村北 1.1 千米，坐标：东经 114° 09′ 00.40″，北纬 40° 43′ 08.00″，高程 1178 米。

烽火台平面呈圆形，剖面呈梯形，底径 10.6 米，残高 9.1 米，台芯素土分层夯筑，包砖无存，受风雨侵蚀，表面夯土脱落，东立面设券门，宽 1.2 米，起券方式为两伏两券，券脸缺失，上部存竖向裂缝 2 条，内设竖向天井，南立面存小型孔洞 3 处，西立面存竖向裂缝 2 条，根部局部坍塌，北立面存竖向裂缝 3 条，根部掏蚀严重，四周杂草滋长。

185. 桃沟 12 号烽火台 130728353201170185

位于渡口堡乡桃沟村南 687 米，坐标：东经 114° 08′ 42.60″，北纬 40° 43′ 22.00″，高程 1165 米。

围堡式烽火台，总体布局为环形，烽火台居中，周围设置围墙。台体至东围墙 10.4 米，至西围墙 11.49 米，至南围墙 10.28 米，至北围墙 10.98 米。

烽火台平面呈矩形，剖面呈梯形，东西长 7.18 米，南北宽 7.1 米，残高 4.72 米，台芯素土分层夯筑，包砖无存，下设夯土台基，南立面坍塌严重，北立面上部存竖向裂缝 1 条。

东、西围墙无存，南、北围墙宽 2.1 米，高 2.7 米，四周杂草滋长。

186. 桃沟 13 号烽火台 130728353201170186

位于渡口堡乡桃沟村南 415 米的山梁上、南北西为沟、东高速路，坐标：东经 114° 08′ 43.00″，北纬 40° 43′ 30.80″，高程 1227 米。

烽火台平面呈矩形，剖面呈梯形，东西长 11.4 米，南北宽 10.4 米，残高 7.1 米，台芯素土分层夯筑，包砖无存，受风雨侵蚀，表面夯土脱落，台芯存多条冲沟，四周植被多为灌木和杂草。

187. 桃沟 14 号烽火台 130728353201170187

位于渡口堡乡桃沟村东北 2.1 千米（沙土台上），坐标：东经 114° 09′ 55.60″，北纬 40° 44′ 11.40″，高程 1421 米。

烽火台平面呈矩形，剖面呈梯形，东西长 8.4 米，南北宽 7 米，残高 7.5 米，台芯素土分层夯筑，夯层厚 0.1 米，受风雨侵蚀，表面夯土脱落，台芯存多条冲沟，四周植被多为灌木和杂草。

188. 桃沟 15 号烽火台 130728353201170188

位于渡口堡乡桃沟村北 489 米，坐标：东经 114° 08′ 37.20″，北纬 40° 43′ 58.70″，高程 1285 米。

烽火台平面呈圆形，剖面呈梯形，东西长 12.1 米，南北宽 10.8 米，残高 5.3 米，台芯素土分层夯筑，包砖无存，西立面、北立面坍塌，受风雨侵蚀，表面夯土脱落，台芯存多条冲沟，四周植被多为灌木和杂草。

189. 桃沟 16 号烽火台 130728353201170189

位于渡口堡乡桃沟村北 786 米，坐标：东经 114° 08′ 19.90″，北纬 40° 44′ 04.60″，高程 1206 米。

烽火台平面呈圆形，剖面呈梯形，东西长 11.2 米，南北宽 10.8 米，残高 12.5 米，台芯素土分层夯筑，包砖无存，受风雨侵蚀，表面夯土脱落，台芯存多条冲沟，四周植被多为灌木和杂草，北侧接山坡，另三面被公路和沟环绕。

190. 桃沟 17 号烽火台 130728353201170190

位于渡口堡乡桃沟村北 1.1 千米，坐标：东经 114° 08′ 10.30″，北纬 40° 44′ 14.80″，高程 1222 米。

烽火台平面呈矩形，剖面呈梯形，东西长 8.6 米，南北宽 8.08 米，残高 9.49 米，外包城砖，厚 0.98 米，掺灰泥砌筑，白灰勾缝，台芯素土分层夯筑，东立面根部存少量外包砖，墙芯局部坍塌，南立面外包砖缺失，上部存一小型孔洞，西立面表砖缺失，上部存竖向裂缝 1 条，北立面上部台芯局部坍塌，根部坍塌体呈斜坡状，顶部地面可见城砖垫层及墁地方砖两层，东、西侧铺房墙体存 5 层砖，四周杂草滋长，南北两侧为沟，东接山坡。

191. 桃沟 18 号烽火台 130728353201170191

位于渡口堡乡桃沟村西北 1.4 千米，坐标：东经 114° 07′ 59.60″，北纬 40° 44′ 20.90″，高程 1204 米。

烽火台平面呈矩形，剖面呈梯形，东西宽 4.6 米，南北长 5.7 米，残高 7.9 米，土石混筑台芯，包砖无存，受风雨侵蚀，表面夯土脱落，台芯存多条冲沟，四周植被多为灌木和杂草。

192. 桃沟 19 号烽火台 130728353201170192

位于渡口堡乡桃沟村西北 1.8 千米，坐标：东经 114° 07′ 56.60″，北纬 40° 44′ 32.30″，高程 1283 米。

烽火台平面呈矩形，剖面呈梯形，东西长 8.1 米，南北宽 7.89 米，残高 9 米，台芯小块石掺灰泥分层砌筑。立面呈三段式，下段条石基础 10 层，高 2.9 米，白灰砌筑，白灰勾缝；中段城砖包砌，掺灰泥砌筑，白灰勾缝，高 6.1 米，东立面上部辟门，下设拴梯石，西立面南侧设石质吐水嘴 1 块，北立面下部辟门，内设竖向天井，东西宽 1 米，南北长 1.3 米；上段设垛口墙，北立面中部辟望孔。

西立面中部、北立面东侧存部分条石基础，东立面上部存竖向裂缝 2 条，下部包砖墙体缺失 5 层砖，南立面上部存竖向裂缝 2 条，下部包砖墙体缺失 3 层砖，西立面吐水嘴南侧存竖向裂缝 1 条，宽 0.05 ～ 0.2 米，北立面下部门缺失，中部包砖墙体缺失长 5 米，高 3.5 米，顶部设施无存，四周杂草滋长。

193. 桃沟 20 号烽火台 130728353201170193

位于渡口堡乡桃沟村北 1.9 千米，坐标：东经 114° 07′ 56.10″，北纬 40° 44′ 36.20″，高程 1303 米。

烽火台平面呈圆形，剖面呈梯形，毛石砌筑，残高 3.5 米。坍塌成圆形石堆状，四周长满杂草。

194.桃沟 21 号烽火台 130728353201170194

位于渡口堡乡桃沟村北 2.1 千米，坐标：东经 114° 07′ 44.60″，北纬 40° 44′ 37.70″，高程 1225 米。

烽火台平面呈圆形，剖面呈梯形，底径 6.6 米，残高 7.8 米，台芯素土分层夯筑，受风雨侵蚀，表面夯土脱落，台芯存多条冲沟，四周植被多为灌木和杂草。

（三）关堡

怀安县关堡一览表（单位：座）

编号	认定名称	认定编码	类型	周长（米）	保存程度				
					较好	一般	较差	差	消失
1	怀安西洋河堡	1307283531021700001	土墙	2200			√		
2	怀安渡口堡	130728353102170002	土墙	2170				√	
3	怀安卫城	130728353102170003	土墙	5700			√		
4	怀安左卫城	130728353102170004	土墙	3800			√		
5	怀安旧怀安堡	130728353102170005	土墙	803				√	
6	怀安李信屯堡	130728353102170006	土墙	1300			√		
7	怀安团山堡	130728353102170007	土墙	336				√	
8	怀安旧堡	130728353102170008	土墙	1040			√		
9	怀安枳儿岭堡	130728353102170009	土墙	633				√	
合计		共 9 座：土墙 9 座					5	4	
百分比（%）		100					55.5	44.5	

保存程度：较好、一般、较差、差、消失

1. 怀安西洋河堡 130728353102170001

位于渡口堡乡新龙湾村西 2.8 千米，坐标：东经 114° 10′ 46.10″，北纬 40° 40′ 55.60″，高程 995 米。

城堡平面呈矩形，周长 2.2 千米，占地面积 309771 平方米，存有城门 4 座，瓮城 3 座，角台 4 座，马面 8 座。

墙体：墙芯素土分层夯筑，夯层厚 0.1～0.15 米，外包城砖砌筑，白灰砌筑，白灰勾缝，东墙全长 660 米，宽 2.8～3.2 米，马面 2 座，瓮城残存南墙和北墙；南墙长 420 米，南墙存豁口 1 处，长 14 米，马面 2 座；西墙长 685 米，存豁口 2 处，第一处长 114 米，第二处长 55 米，马面 2 座；北墙长 435 米，存豁口 2 处，第一处长 9.5 米，第二处长 28 米，马面 2 座，外包城砖缺失，墙芯上存冲沟多条，坍塌严重，杂草滋长。

东城门：下段条石基础 6 层，高 1 米，中段为城砖砌筑，城砖尺寸：0.4 米 ×0.185 米 ×0.09 米，白灰砌筑，白灰勾缝，门洞南北 10.19 米，券高 5.9 米，起券方式为三伏三券，门上设石质匾额，阴刻宾旸门三字。城台存裂缝多条，城砖风化酥碱，城门上部、西立面北侧外包砖缺失，东立面仅存门洞券脸砖，顶部设施无存。

东瓮城：墙芯素土分层夯筑，夯层厚 0.1～0.15 米，外包城砖砌筑，白灰砌筑，白灰勾缝，南墙存

26 米，豁口 1 处，长 7.8 米，北墙存 30 米，高 9.3～10.8 米。

北城门：台芯素土分层夯筑，夯层厚 0.1～0.15 米，外包城砖砌筑，白灰砌筑，白灰勾缝，现状为豁口，长 28.8 米，宽 52 米，门洞遗址宽 6.3 米。

北瓮城：墙芯素土分层夯筑，夯层厚 0.1～0.15 米，外包城砖砌筑，白灰砌筑，白灰勾缝，仅存东墙 26 米，西墙 25 米，墙宽 5.6 米，高 6.3 米。

西城门：城台通高 11.5 米，下段条石基础 7 层，高 1.5 米，中段为城砖砌筑，城砖尺寸：0.4 米 × 0.185 米 ×0.09 米，白灰砌筑，白灰勾缝，门洞外立面宽 4.53 米，高 6.67 米，内立面宽 3.39 米，高 4.55 米，通进深 19 米，起券方式为五伏五券，城台存裂缝多条，仅存平水墙、券脸砖，台芯坍塌严重，顶部设施无存。

东南角台：台芯素土分层夯筑，夯层厚 0.15～0.2 米，外包城砖砌筑，白灰砌筑，白灰勾缝，凸出东墙 4.9 米，东西边长 7.6 米，凸出南墙 6.4 米，外包城砖缺失，台芯存冲沟多条，杂草滋长。

东北角台：台芯素土分层夯筑，夯层厚 0.15～0.2 米，外包城砖砌筑，白灰砌筑，白灰勾缝，凸出墙体 4.2 米，外包城砖缺失，台芯存冲沟多条，杂草滋长。

西北角台：台芯素土分层夯筑，夯层厚 0.15～0.2 米，外包城砖砌筑，白灰砌筑，白灰勾缝，凸出墙体 7.2 米，宽 16.5 米，外包城砖缺失，台芯存冲沟多条，杂草滋长。

西南角台：台芯素土分层夯筑，夯层厚 0.15～0.2 米，外包城砖砌筑，白灰砌筑，白灰勾缝，凸出墙体 4.3 米，宽 14.6 米，外高 7.5 米，外包城砖缺失，墙芯存冲沟多条，杂草滋长。

东墙马面 1：台芯素土分层夯筑，夯层厚 0.15～0.2 米，外包城砖砌筑，白灰砌筑，白灰勾缝，底部南北长 13.6 米，凸出墙体 3.8～2.5 米，顶部凸出墙体 3.2 米，外侧高 8.5 米，台芯坍塌严重。

东墙马面 2：台芯素土分层夯筑，夯层厚 0.15～0.2 米，外包城砖砌筑，白灰砌筑，白灰勾缝，南北长 12.45 米，凸出墙体 5.8 米，外侧高 9.45 米。

南墙马面 1：台芯素土分层夯筑，夯层厚 0.15～0.2 米，外包城砖砌筑，白灰砌筑，白灰勾缝，东西长 16.8 米，外侧高 9.2 米。

南墙马面 2：台芯素土分层夯筑，夯层厚 0.15～0.2 米，外包城砖砌筑，白灰砌筑，白灰勾缝，东西长 16.9 米，凸出墙体宽 5.5 米，外侧高 9.1 米。

西墙马面 1：台芯素土分层夯筑，夯层厚 0.15～0.2 米，外包城砖砌筑，白灰砌筑，白灰勾缝，南北长 14 米，凸出墙体 5.6～6.4 米，高 8.5 米。

西墙马面 2：台芯素土分层夯筑，夯层厚 0.15～0.2 米，外包城砖砌筑，白灰砌筑，白灰勾缝，南北长 16.23 米，凸出墙体 5.2～6 米，高 9.5 米。

北墙马面 1：台芯素土分层夯筑，夯层厚 0.15～0.2 米，外包城砖砌筑，白灰砌筑，白灰勾缝，凸出墙体残长 2 米。

北墙马面 2：台芯素土分层夯筑，夯层厚 0.15～0.2 米，外包城砖砌筑，白灰砌筑，白灰勾缝，东西长 38.65 米，凸出墙体 15.2 米，外侧高 6.5 米。

城内现存龙王庙、关帝庙各一座。

历史沿革：

怀安县明初隶属京师（北京）兴和府，后改属山西大同府。洪武三年（1370）县境被鞑靼占领，废怀安县。民移居庸关改置怀安守御千户所。洪武四年废宣平县。洪武二十三年（1390）废千户所，置怀安卫，二十六年二月由旧怀安村移卫于今怀安城；先属山西行都司，后改隶于北平都指挥使司。永乐十六（1418）革北平都指挥使司，隶属京师。十七年保安右卫，由顺圣川（今阳原）徙至西沙城。二十年（1422）移治怀安城。宣宗宣德五年（1430）置万全都指挥使司，辖怀安卫，万全左卫，保安右卫等。是年六月，保安右卫改属怀安卫。英宗正统二年（1437）柴沟堡筑堡，并设参将，属万全都指挥使司。宪宗成化八年（1472）于柴沟堡置分守西路参将。世宗嘉靖四十五年（1566）分西路为上西路与下西路，左卫属上西路，柴沟堡、西阳河、怀安属下西路。明崇祯八年（1635）上下西路及怀安南界的南山路，又改属分守道。

2. 怀安渡口堡 130728353102170002

位于渡口堡乡两界台村东 2 千米处，坐标：东经 114° 16′ 40.90″，北纬 40° 41′ 09.50″，高程 909 米。

平面呈矩形，周长 2170 米，占地面积 251250 平方米。城门 1 座、角台 5 座、马面 4 座。

墙体：墙芯素土分层夯筑，夯层厚 0.1 ～ 0.15 米，外包城砖砌筑，白灰砌筑，白灰勾缝，东墙长 335 米，宽 4.6 米，高 7 米；南墙长 750 米，宽 5.3 米，高 10.6 米，马面 4 座；西墙长 335 米，宽 2.5 米，外高 6.4 ～ 5 米；北墙长 750 米，存中段墙体长 344 米，宽 1.3 米，高 5 米，城门 1 座。

墙宽 2.5 ～ 4.6 米，高 5 ～ 7 米，存豁口 2 个，外包城砖缺失，墙芯存冲沟多条，坍塌严重，杂草滋长。

北城门名曰镇边门，台芯素土分层夯筑，夯层厚 0.15 ～ 0.2 米，下段条石基础 7 层，6 层高 1.25 米，中段为外包城砖砌筑，白灰勾缝，高 7.85 米，门洞宽 5.6 米，东券高 6.1 米，起券方式为五伏五券，内立面门洞四周存少量外包城砖，其他外包砖无存，外立面外包砖保存较多，风化酥碱严重，城台上存裂缝多条，顶部设施无存。

东南角台：台芯素土分层夯筑，夯层厚 0.15 ～ 0.2 米，外包城砖砌筑，白灰砌筑，白灰勾缝，长 9 米，凸出墙体 3.2 米，外侧高 7 米。

西北角台 1：台芯素土分层夯筑，夯层厚 0.15 ～ 0.2 米，外包城砖砌筑，白灰砌筑，白灰勾缝，宽 10.5 米，凸出墙体 9.3 米。

西北角台 2：台芯素土分层夯筑，夯层厚 0.15 ～ 0.2 米，外包城砖砌筑，白灰砌筑，白灰勾缝，宽 7 米，凸出墙体 1.5 米。

西南角台：台芯素土分层夯筑，夯层厚 0.15 ～ 0.2 米，外包城砖砌筑，白灰砌筑，白灰勾缝，凸出墙体 3.5 米。

南墙马面 1、2、3、4：台芯素土分层夯筑，夯层厚 0.15 ～ 0.2 米，外包城砖砌筑，白灰砌筑，白灰勾缝，凸出墙体 5.4 米，宽 15.2 米，外包城砖缺失，墙芯上存冲沟多条，杂草滋长。

城内存玉皇庙遗址一处，长 12.4 米，宽 4.1 ～ 4.6 米。

历史沿革：

怀安县明初隶属京师（北京）兴和府，后改属山西大同府。洪武三年（1370）县境被鞑靼占领，废怀安县。民移居庸关改置怀安守御千户所。洪武四年废宣平县。洪武二十三年（1390）废千户所，置怀安卫，二十六年二月由旧怀安村移卫于今怀安城；先属山西行都司，后改隶于北平都指挥使司。永乐十六（1418）革北平都指挥使司，隶属京师。十七年保安右卫，由顺圣川（今阳原）徙至西沙城。二十年（1422）移治怀安城。宣宗宣德五年（1430）置万全都指挥使司，辖怀安卫，万全左卫，保安右卫等。是年六月，保安右卫改属怀安卫。英宗正统二年（1437）柴沟堡筑堡，并设参将，属万全都指挥使司。宪宗成化八年（1472）于柴沟堡置分守西路参将。世宗嘉靖四十五年（1566）分西路为上西路与下西路，左卫属上西路，柴沟堡、西阳河、怀安属下西路。明崇祯八年（1635）上下西路及怀安南界的南山路，又改属分守道。

3. 怀安卫城 1307283531021700003

位于城柴沟堡南偏东 23.5 千米处，坐标：东经 114° 28′ 02.40″，北纬 40° 47′ 48.20″，高程 1043 米。

城堡平面呈矩形，周长 5700 米，占地面积 1960000 平方米，存城门 1 座，瓮城 1 座，北罗城 1 座，角台 4 座，马面 6 座。

墙体：墙芯素土分层夯筑，夯层厚 0.1～0.15 米，外包城砖砌筑，白灰砌筑，白灰勾缝。

东墙长 1428 米，存墙体 7 段，长 317 米，存大小豁口 4 处，共计 1111 米，马面 1 座；

第一段墙体，位于东北角台至东马 1 之间，长 66 米，底宽 3～8 米，高 3～10.32 米，上部为尖笋状。

第二段长 24 米，存 10 米保存较好墙体，底宽 12 米，顶宽 5.5 米，高 2.38 米，断面底宽 8.34 米，高 11.85 米。

第三段长 8 米，底宽 4 米，顶宽 0.2 米，高 9.19 米，坍塌成土埂状。

第四段长 21 米，底宽 3.5～4.5 米，高 5.82 米，向南存在 259 米的消失段，均被民房占压。

第五段位于民居院落中，底宽 9.25 米，顶宽 8 米，高 8.7 米，北 22 米处为东马 1。

第六段位于东马 1 南侧，长 30 米，该段以南 753 米墙体全部无存，现被民房占压。

第七段长 6.19 米，底宽 7.24 米，高 3.08 米，向南 119 米墙体无存至东南角台。南墙长 1430 米，存墙体 9 段，共长 461 米，存大小豁口 8 处，共计 969 米，马面 3 座。

第一段位于东南角台至南马 1 之间，长 100 米，底宽 10.63 米，顶宽 5.3 米，高 12.14 米，夯层清晰。

第二段位于南马 1 西侧，长 52 米，底宽 10.21 米，顶宽 5.5 米，高 8.11 米，墙体到此被拆毁形成进出城的路口，路口向西墙体缺失 538 米，均被民房占压。

第三段位于南门至南马 2 之间，长 35 米，底宽 6 米，顶宽 0.7 米，高 6.83 米，西侧 183 米墙体缺失。

第四段长 33 米，底宽 12.76 米，顶宽 2 米，外高 7.84 米，东侧断面处底宽 8.4 米，顶宽 2.3 米，高 8.14 米，西侧 47 米墙体缺失。

第五段位于南马 2 西侧，长 15 米，底宽 1.7 米，顶宽 0.2 米，外高 4.5 米，坍塌严重，向西墙体缺失 37 米。

第六段长 43 米，底宽 5.3 米，顶宽 0.8 米，高 7.91 米，两端头底宽 1.9 米，顶宽 0.1 米，向下缺失墙体 43 米。

第七段墙体长 43 米，坍塌成埂状。

第八段位于南马 3 西侧，长 12 米，坍塌成埂状，向西墙体缺失 56 米。

第九段长 55 米，底宽 5.8 米，顶宽 0.5 米，高 8.3 米，内侧夯土坍塌缺失，至西南角台。西墙长 1420 米，存墙体 7 段，共长 742 米，存大小豁口 5 处，共计 678 米，马面 3 座。

第一段位于西南角北侧，长 31 米，坍塌严重，向北墙体消失 79 米为出城路口。

第二段位于西马 1 北侧，长 25 米，底宽 7 ～ 8 米，顶宽 1 ～ 3 米，高 7.9 ～ 9.1 米，存豁口 3 处，第一处长 5 米，第二处长 13.93 米，第三处长 8.49 米，二、三豁口之间墙体长 8.3 米，底宽 7.24 米，高 9.1 米。

第三段长 31 米，底宽 3 米，顶宽 0.1 米，坍塌严重，呈垄状，向北墙体消失 54 米，有一条小路。

第四段南侧长 22 米，底宽 6.5 米，顶宽 3.5 米，高 4.6 米，中段长 59 米，坍塌严重，呈埂状，北段长 142 米，底宽 6.3 米，顶宽 1.8 ～ 2 米，高 4.3 米，北断面底宽 5 米，顶宽不足 1 米，高 6.86 米，向北墙体缺失 142 米至西门，西门现为豁口。

第五段位于西门北侧，长 29.86 米，宽 3.49 米，高 5.68 米，至西马 2。

第六段位于西马 2 北侧，长 42 米，底宽 3.5 米，顶宽 0.1 米，高 11.82 米，坍塌严重，向北墙体缺失 71 米，有出城道路。

第七段墙体长 85 米，底宽 4.5 米，顶宽 1.2 米，高 8.08 米，至西马 3。

第八段位于西马 3 北侧，长 128 米，底宽 9.1 米，顶宽 5.5 ～ 6 米，高 9 米，向西 131 米墙体缺失，存后期人为挖掘的深沟，宽 12.73 米，深 5 米。

第九段墙体长 23 米，底宽 9.33 米，顶宽 5.3 米，高 9.93 米，至西北角台。北墙长 1420 米，存墙体 3 段，共长 110 米，存大小豁口 3 处，共计 1310 米。

西北角台至北门之间墙体缺失，北门现状为豁口，进出城道路从中穿过。

第一段墙体长 72 米，底宽 7.96 米，顶宽 4.8 米，高 8.85 米，向东墙体缺失 326 米，只存少量墙体遗迹。

第二段墙体长 15 米，底宽 6.56 米，顶宽 5.2 米，高 7.46 米，东断面底宽 9.96 米，顶宽 3.76 米，高 7.97 米，根部存人为挖掘的孔洞，向东墙体缺失 98 米。

第三段墙体长 20 米，顶宽 4.7 米，高 10.61 米，止于东北角台。南城门：台芯素土分层夯筑，夯层厚 0.1 ～ 0.15 米，外包城砖砌筑，白灰砌筑，白灰勾缝，现状为豁口，宽 8 米，是城中南北大街出城的主要路口，西侧仅存竹笋状墙芯。

南瓮城：台芯素土分层夯筑，夯层厚 0.1 ～ 0.15 米，外包城砖砌筑，白灰砌筑，白灰勾缝，仅存瓮城西墙 51 米，底宽 9.9 米，高 11.4 米，南侧断面底宽 3 米，顶宽 0.35 米，高 6.05 米。

北罗城：位于北城墙近中部的张同公路北侧，存一段南北走向的夯土墙，墙芯素土分层夯筑，夯层厚0.1～0.15米，外包城砖砌筑，白灰砌筑，白灰勾缝，外包城无存，南北长28米，宽3.07米，高4.25米。

东北角台：台芯素土分层夯筑，夯层厚0.15～0.2米，外包城砖砌筑，白灰砌筑，白灰勾缝，顶宽4.7米，高10.61米，东、北两侧凸出墙体部分全部坍塌，只能看出墙体的转角位置，顶部及相接北墙上挖有战壕，宽1.36米，深0.78米。

东南角台：台芯素土分层夯筑，夯层厚0.1～0.15米，外包城砖砌筑，白灰砌筑，白灰勾缝，南侧东西边长13.97米，东西外边长14.57米，向东凸出墙体4.6米，向南凸出墙体6.16米，高12.36米，东南两侧坍塌严重。

西南角台：台芯素土分层夯筑，夯层厚0.1～0.15米，外包城砖砌筑，白灰砌筑，白灰勾缝，东西边长14.2米，南北边长14.4米，向南凸出墙体5.3米，高7.62米，台芯内侧、外侧西部坍塌。

西北角台：台芯素土分层夯筑，夯层厚0.1～0.15米，外包城砖砌筑，白灰砌筑，白灰勾缝，南北残存16.24米，宽9.33米，高9.5米，台芯坍塌严重，西侧为沟，东侧连接北墙全部拆毁，北侧25米处为大同公路。东马1：台芯素土分层夯筑，夯层厚0.1～0.15米，外包城砖砌筑，白灰砌筑，白灰勾缝。

南北长15.08米，凸出墙体5.2米，同墙共宽14.25米，高8.7米。

南墙马面1：台芯素土分层夯筑，夯层厚0.1～0.15米，外包城砖砌筑，白灰砌筑，白灰勾缝，东西边长12.82米，凸出墙体7.44米，高11.7米。

南墙马面3：台芯素土分层夯筑，夯层厚0.1～0.15米，外包城砖砌筑，白灰砌筑，白灰勾缝，东西边长12.58米，凸出墙体5.31米，高7.3米。

西墙马面1：台芯素土分层夯筑，夯层厚0.1～0.15米，外包城砖砌筑，白灰砌筑，白灰勾缝，南北边长10.99米，凸出墙体4.65米，高8.9米，内侧夯土墙缺失南半段。

西墙马面2：台芯素土分层夯筑，夯层厚0.1～0.15米，外包城砖砌筑，白灰砌筑，白灰勾缝，南北边长13.19米，凸出墙体6.48米，高12.41米。

西墙马面3：台芯素土分层夯筑，夯层厚0.1～0.15米，外包城砖砌筑，白灰砌筑，白灰勾缝，南北边长12.3米，凸出墙体4.76米，高9.11米。

明洪武二十六年在此设卫，清康熙三十二年（1693）改置县治所。中华民国期间为县政府所在地。1951年县政府迁往柴沟堡，1984年4月经省政府批准正式建镇。

据县志记载：怀安卫城，"始建于明洪武二十五年（1392），隆庆二年（1568）甃砖。长宽各1千米（旧制方九里三十步），城高11.7米（旧制三丈五尺），顶宽6.6米（旧制二丈），底宽10米（旧制三丈）。设东南西北四门，东为"迎恩门"，南为"永安门"，西为"思惠门"，北为"宁朔门"。各门均建有门楼，城四角各建有角楼，后毁于战争。"

其他：现在城内基本保持原有格局，主要街道仍为十字大街，将城内划成四个大的区块，以十字街为中心，分别称为东大街、西大街、南大街、北大街。其间有沟通区块的小巷数条。城镇建设的新拓展城区在城东、城北，已凸出城外，城西、城南只局部拓展出城，城周以耕地为主，原环城护城壕堑已被填平成耕地或为房基地。

城内西大街存有全国重点文物保护单位"昭化寺"。

昭化寺位于怀安县怀安镇西大街,始建于明洪武二十五年(1392),初名永庆禅寺,后寺毁。明正统元年(1436)在旧址修复,历时八年完成,明英宗赐名"昭化寺"。寺内现存明正统十年(1445)立汉白玉质"敕赐昭化寺碑"一通,碑高2.4米,宽0.95米,厚0.25米,碑文由时任嘉议大夫巡抚宣大都察院右副都御史、五羊侯罗亨信所撰。字体楷书,秀丽端庄,字迹清晰,遒劲有力,刻工精湛。全文1024字,对昭化寺的重修过程、建筑布局有着详细的记述。以后各代虽屡有维修,但现存主要建筑及结构仍为明代所建。

昭化寺坐北朝南,寺院南北长96米,东西宽38米,占地面积3648平方米。中轴线上从南到北依次由山门、天王殿、大雄宝殿、后殿及东西配殿组成,系汉式寺庙"伽蓝七堂"规制建筑。山门面阔三间,进深一间,单檐庑殿顶;天王殿面阔三间,进深一间,单檐歇山顶,三踩单昂镏金斗拱;后殿,又称三大士殿,面阔三间,进深一间,布瓦悬山顶;大雄宝殿居三殿之中,面阔五间,进深三间,单檐歇山琉璃瓦顶,檐部用五踩重拱重昂斗拱,为寺内主体建筑。殿内纵向梁架为平梁对前后乳栿,构成七架六椽屋面,横向采用大内额,减柱、移柱造,殿内空间宽敞,体现了当时工匠们因材制宜、灵活多变的建筑技艺。

昭化寺的彩绘以及内墙壁画的工艺达到了极高的艺术境界和水平。壁画构图饱满,设色艳丽不俗,技法娴熟,人物造型准确生动,比例适度匀称。服饰线条流畅秀丽、潇洒飘逸,可以看出是以宋代服饰为基本蓝本。画风中"丁头鼠尾描"笔法的运用,可见工匠"吴带当风"的艺术渊流,是研究明代佛教信仰及民间崇拜内涵、壁画艺术发展及绘画流派传承不可多得的宝贵实例,堪称现存寺庙壁画中的珍品。

昭化寺主体建筑外观为较典型的明代官式做法,但在结构的局部处理上却兼容了明显的地方制作风格,梁架结构保留了一些宋、元时期的建筑特点,为研究古代建筑结构演变提供了十分重要的实例。2001年6月25日,国务院公布其为国家级重点文物保护单位。

4. 怀安左卫城 130728353102170004

位于左卫镇,坐标:东经114° 43′ 01.60″,北纬40° 40′ 35.30″,高程722米。

平面形状呈方形,周长3800米,占地面积909000平方米,存角台2座,马面3座,城中设南北主街道2条,东西向主街道3条。

墙体:墙芯素土分层夯筑,夯层厚0.27米,底宽10.1米,外包城砖砌筑,包砖厚1.06米,下设条石一层,白灰砌筑,白灰勾缝,城砖规格:0.39米×0.185米×0.105米。

现存城墙1131米,东墙存南段135米,底宽10.1米,高7.02米;南墙存东段309米和西段88米,存马面2座,距南墙1号马面15.5米存一段后期修缮墙体,长13.2米,下部外包毛石砌筑,上部外包城砖砌筑;西墙存南段137米,内侧高8.17米,外侧高5.24米,顶宽3.9米,北段底宽5.34米,高8.3米,墙芯坍塌严重,存豁口1处;北墙存东段377米和中段85米,底宽12.5米,顶宽6.4米,高3.49~9.18米,存马面1座。

东南角台:台芯素土分层夯筑,夯层厚0.15~0.2米,外包城砖砌筑,白灰砌筑,白灰勾缝。

向东凸出墙体7.8米,向南凸出墙体8.72米,东侧长27.04米,南侧长27.89米,高6.73米,南立面存纵向裂缝 4 条，宽 0.05 ～ 0.1 米。

东北角台：台芯素土分层夯筑，夯层厚 0.15 ～ 0.2 米，外包城砖砌筑，白灰砌筑，白灰勾缝。

东侧长 13.5 米，北侧长 24.4 米，向北凸墙体 10.34 米，高 9.18 米，后期二次夯筑，北侧加厚 2.52 米，东侧加厚 6.33 米，外包城砖缺失，台芯缺失严重，顶部存土台，素土分层夯筑，夯层厚 0.11 ～ 0.13 米，东西长 9.3 米，南北宽 8.75 米，存高 3.49 米。

南墙马面 1：台芯素土分层夯筑，夯层厚 0.15 ～ 0.2 米，外包城砖砌筑，白灰砌筑，白灰勾缝，向南凸出墙体 5.47 米，外侧边长 13.27 米，包砖无存，西立面存外包墙体高 1.76 米。

南墙马面 2：台芯素土分层夯筑，夯层厚 0.15 ～ 0.2 米，外包城砖砌筑，白灰砌筑，白灰勾缝，外侧边长 13.2 米，凸出墙体 1.5 米，包砖无存，台芯南侧夯土坍塌严重。

北墙马面 1：台芯素土分层夯筑，夯层厚 0.15 ～ 0.2 米，外包城砖砌筑，白灰砌筑，白灰勾缝，外侧边长 9.37 米，凸出墙体 9.63 米，高 7.14 米，包砖无存，台芯夯土缺失。

据县志记载：该城为辽金时期的"威宁县"治所在地，明洪武二十五年筑新城，正统元年甃砖，《续宣镇志》：城初周九里余，嘉靖四十二年堕西北，崇祯八年复修为方五里二百步。城高三丈五尺，顶宽二丈，底宽三丈，设城门二，东为"迎恩门"，南为"永安门"，城楼和角楼各 4 座。

洪武二十五年始筑，正统元年修。嘉靖四十二年堕而小之，崇祯八年复修时西城墙向东缩进 350 米重筑。

清康熙三十二年（1403）划归怀安县，1984 年经河北省政府批准建镇。

城北存辽金时期"威宁县"城旧址，现存东墙北段遗址长 581 米，西墙北段遗址长 406 米，北墙 990 米和 210 的豁口。

5. 怀安旧怀安堡 130728353102170005

位于头百户乡旧怀安村，西南距怀安卫城 10.1 千米，洪塘河东南岸，坐标：东经 114° 33′ 20.00″，北纬 40° 31′ 27.40″，高程 966 米。

城堡平面呈矩形，原始周长 803 米，占地面积 39831 平方米，存增筑前角台 2 座，增筑后角台 2 座，马面 1 座。

东城：墙芯素土分层夯筑，外包城砖砌筑，东墙长 213 米，缺失 50 米，存豁口 3 处；南墙长 138 米，缺失 11 米，存豁口 1 处；西墙长 209 米，缺失 58 米，存豁口 2 处；北墙长 129 米，马面 1 座。

西城：东墙无存；南墙存长 32 米；西墙存 3 段，共长 14.5 米，北墙存长 60 米，马面 1 个。

西南角台：台芯素土分层夯筑，外包城砖砌筑，高 10.59 米，东西边长 9.86 米，南北边长 11.46 米，城砖无存。

西北角台：台芯素土分层夯筑，外包城砖砌筑，东西边长 9.85 米，南北边长 10.24 米，内侧残高 4 米，外侧残高 11.57 米，东立面坍塌成斜坡状，内侧墙芯缺失严重。

旧怀西北角台：位于西北角台以西 21.67 米，台芯素土分层夯筑，外包城砖砌筑，东西长 6.55 米，凸出墙体 5.83 米，高 10.15 米，外包无存。

旧怀东北角台：台芯素土分层夯筑，外包城砖砌筑，东西边长 7.34 米，向北凸出墙体 2.15 米，南北边长 11.29 米，向东凸出墙体 3.21 米，高 12.74 米，外包无存。

北墙马面 1：位于西北角台东侧 63 米处，东西长 6.28 米，凸出墙体 1.8 米，高 8.93 米，坍塌严重，凸出墙体部分已不明显。

历史沿革：

旧怀安位于怀安县中部的头百户乡，西南距怀安卫城 10.1 千米，洪塘河东南岸。西汉元狩年间（前 122～117）建。唐长庆二年（822）年为怀安县府所在地，明代洪武二十三年（1390）废县，置怀安卫，二十六年二月卫治所迁于怀安城。

6. 怀安李信屯堡 130728353102170006

位于王虎屯乡李信屯村，坐标：东经 114° 17′ 44.90″，北纬 40° 30′ 24.10″，高程 932 米。

城堡平面呈矩形，周长 1300 米，占地面积 106560 平方米，存城门 1 座，瓮城 1 座，月城 1 座，角台 4 座，马面 1 座。

墙体：墙芯素土分层夯筑，外包城砖砌筑，东墙长 314 米，缺失 130 米，存段落 3 段，北段顶宽 0.3～1 米，外侧高 6 米，该段墙体夹杂于民房之中，墙体基本连贯，内侧取土多处，建房或拓展院落、菜地等。

南墙长 338 米，缺失 43 米，顶宽 1～3 米，高 4～6.24 米，中部存豁口 1 处，东断面底宽 8 米，顶宽 1.5 米，高 5.33 米，西断面顶宽 3 米，高 2 米，西段墙芯存人为取土缺失 1 处，长 10 米，高 5 米，墙体夹杂于民房之间，存在多处掏挖削铲的情况。

西墙长 347 米，缺失 23 米，南侧存豁口 1 处，为进出城道路，长 2.44 米，南断面底宽 7.5 米，顶宽 6 米，高 3 米，北断面底宽 3 米，顶宽 1 米，高 4.5 米，北侧存豁口 2 处，一处城内西大街穿过，长 6.59 米，一处被民房占压。

北墙长 328 米，缺失 8 米，西段存豁口 2 处，一处位于西北角台东侧，被民房占压长 10.09 米，一处长 4.32 米，东断面底宽 8 米，顶宽 5 米，高 6.5 米；东段高 9 米，较为连贯，内侧地势较高，存民房占压一处，向东 160 米抵于东北角台。

东门：

下部条石基础 8 层，高 1.65 米，白灰砌筑，白灰勾缝；上部城砖砌筑，高 7.02 米，城砖长 0.39 米，白灰砌筑，白灰勾缝，门券洞宽 3.52 米，进深 4.65 米，平水墙高 2.06 米，通高 3.92 米，起券方式为五伏五券，高 1.45 米，门道 4.62 米，进深 10.72 米，平水墙高 3.48 米，通高 5.97 米，门洞距地面 1.04 米设门栓石，规格：0.53 米 ×0.53 米，孔径 0.21 米，门券上部外包城砖缺失 2～3 米，上部台芯坍塌。

东瓮城：

墙芯素土分层夯筑，外包城砖砌筑，东西内侧长 12.7 米，南北内侧长 22.17 米，东墙坍塌严重，南侧辟门，现状为豁口，长 7.09 米，北墙内侧长 15.06 米，顶宽 2 米，高 4.74 米，西墙存长 3 米，宽 6 米，高 4.6 米。

东月城：

墙芯素土分层夯筑，外包城砖砌筑，东墙分南、北段，中间存豁口一处，长 5.67 米，为进村的路口，南段存长 20 米，被当作民宅院墙，墙芯宽 0.3 米，高 2 米，北段存长 30 米，被民宅圈入院内，削挖墙芯 0.3 米用以扩展院落；南墙、西墙无存，北墙存长 35.87 米，下部存条石基础 5 层，高 1.4 米；月城东墙与瓮城东墙相隔 12.01 米。

东北角台：台芯素土分层夯筑，外包城砖砌筑，东西边长 15 米，南北边长 15 米，顶宽 6 米，高 10 米。

东南角台：台芯素土分层夯筑，外包城砖砌筑，底部南北边长 15 米，向东凸出墙体 8 米，向南凸出墙体 7 米，顶部东西长 9 米，南北长 7 米，外侧高 10.78 米，顶部存电线杆 1 根，四周为民房。

西南角台：台芯素土分层夯筑，夯层厚 0.07～0.15 米，外包城砖砌筑，南北边长 13 米，东西边长 15 米，高 6.5 米，外包砖无存。

西北角台：台芯素土分层夯筑，外包城砖砌筑，底部南北边长 14 米，东西边长 16 米，向北凸出墙体 4.87 米，高 10 米，顶部墙芯缺失，东立面存基础条石 5 层，高 1.25 米，外包砖无存。

北墙马面 1：位于北城墙的中部，顶部原建有玉皇阁，现已无存，台芯素土分层夯筑，外包城砖砌筑，东西长 25 米，向北凸出墙体 6.36 米，高 9 米，北侧墙芯缺失严重。

历史沿革：

李信屯村位于柴沟堡西南偏南 20.5 千米处，明嘉靖十三年（1534）筑堡。

其他：城内现存一处院落，当地村民介绍为"状元府"，位于东大街中部的北侧，现存倒座南房的东半部分，院内 5 间正房，门口村门墩石一对。

村中西南角遗留残碑 1 块，青石质，宽 0.685 米，残长 0.5 米，厚 0.215 米。距碑西南 10 米处有碑座 1 个，宽 0.8 米，厚 0.51 米，高 0.61 米，须弥座，下枋与下枭 0.16 米，上枋 0.12 米，上枭 0.09 米，上、下枋饰缠枝纹，枭饰仰覆莲，束腰高 0.26 米，宽 0.42 米，长 0.72 米。四角作葫芦节状，座上隼眼长 0.38 米，宽 0.22 米。

7. 怀安团山堡 130728353102170007

位于王虎屯乡团山村，坐标：东经 114° 17′ 25.80″，北纬 40° 25′ 36.80″，高程 1195 米。

城堡平面呈矩形，周长 336 米，占地面积 7068 平方米，存角台 3 座。

墙体：墙芯素土分层夯筑，东、南墙无存，西墙存 94 米，北墙存 74 米，底宽 3 米，顶宽 2.3 米，残高 3.5 米，墙体坍塌严重，杂草杂树滋长，城内现为耕地，种植葵花。

西北角台：台芯素土分层夯筑，高 4.5 米，坍塌成堆状，杂草杂树滋长。

东北角台：台芯素土分层夯筑，高 5 米，坍塌成堆状，杂草杂树滋长。

西南角台：台芯素土分层夯筑，高 7.05 米，坍塌成堆状，杂草杂树滋长。

8. 怀安旧堡 130728353102170008

位于王虎屯乡旧堡村，坐标：东经 114° 20′ 30.20″，北纬 40° 28′ 55.40″，高程 932 米。

城堡平面呈矩形，南北长 375 米，东西宽 145 米，周长 1040 米，面积 54375 平方米，城内有南北向主街 1 条，存角台 4 座，马面 4 座。

墙体：墙芯素土分层夯筑，外包城砖砌筑。

东墙高 5.1 米，护台高 8.23 米，顶部最窄处 0.7 米，内侧均为民房，外侧为一冲积沟，沟岸两侧为农田。

南墙西段底宽 1.9 米，顶宽 1 米，高 4.96 米，东段长 22 米，底宽 4.5 米，顶宽 1.2 米，高 5.8 米，由此点向西连同南门全部拆毁。

西墙高 8.6 米，墙外护台高 4.5 米，存墙芯脱落一处，长 13.9 米，厚 2.25 米。

北墙西段高 6.02 米。

南门：早年拆毁，现状为豁口，仅存块石地面，是城内出入的主要通道。

西门：该门形制特殊，西门以南墙体比西门以北墙体东西错开，相距 17 米，中间辟西门南开，现状为豁口，西门东侧墙体底宽 4.83 米，顶宽 3.0 米，高 7.08 米，西门南侧墙体

长 8.62 米，底宽 4.81 米，顶宽 1.5 米，高 7.64 米，凸出西墙 2.04 米。

东北角台：台芯素土分层夯筑，外包城砖砌筑，东西边长 16.98 米，向北凸出墙体 6.59 米，南北边长 12.41 米，向东凸出墙体 2.65 米，高 9.14 米，东立面存人为挖掘的孔洞一处，宽 1.12 米，高 1.75 米，深 3.07 米。

东南角台：台芯素土分层夯筑，外包城砖砌筑，东西边长 10.4 米，高 9.2 米，凸出墙体部分台芯坍塌缺失。

西南角台：台芯素土分层夯筑，外包城砖砌筑，东西底边长 12.19 米，南北底边长 11.54 米，高 9.52 米，角台凸出墙体部分似乎是在外包墙体外侧加筑而成。

西北角台：台芯素土分层夯筑，外包城砖砌筑，南北边长 8.91 米，向西凸出墙体 6.75 米，东西边长 7.88，向北凸出墙体 3.2 米，高 7.05 米，状况残坏。

东墙马面 1：距东北角台 220 米，台芯素土分层夯筑，外包城砖砌筑，南北边长 6.4 米，凸出墙体 6.7 米，高 6.85 米，外包无存，坍塌严重。

西墙马面 1：距西南角台 91 米，台芯素土分层夯筑，外包城砖砌筑，夯层厚 0.13～0.15 米，外包城砖砌筑，宽 11.31 米，凸出墙体 4.95 米，高 9.59 米，南侧台芯残塌。

西墙马面 2：台芯素土分层夯筑，外包城砖砌筑，南北边长 10.73 米，凸出墙体 3.3 米，高 6.31 米。

北墙马面 1：距西北角台 80 米，位于北墙中间，曾是城台，台芯素土分层夯筑，外包城砖砌筑，东西边长 9.45 米，凸出墙体 9.4 米，高 6.99 米，台身散落琉璃及灰瓦残片，西侧存豁口一处，现为进城道路，北侧为民房。

历史建筑：存旧堡庙殿一座，位于部内南侧中部，正对南门处，面阔三间，硬山顶，前出一步廊，保存状况残破，现为牲口棚。

9. 怀安枳儿岭堡 130728353102170009

位于王虎屯乡枳儿岭村，建在由季节河冲击而成的一个土台之上，坐标：东经 114° 18′ 09.20″，北纬 40° 30′ 12.60″，高程 1127 米。

城堡平面呈不规则形，周长 633 米，占地面积 32132 平方米，存城台 1 座，角台 3 座。

墙体：墙芯素土分层夯筑，夯层厚 0.11 米，外包城砖砌筑。

东墙南段和南墙的东段均已被河水冲毁不存，西墙大部分也被拆毁，原建筑城门、规模已不甚清晰。东墙长 157 米，存 80 米；南墙长 156 米，存 112 米；西墙长 100 米，存 25 米，西北角台南侧存长 15 米，坍塌成坡状；北墙长 220 米，西北角台东侧墙体高 6.5 米，其他大部分坍塌严重，现状墙芯宽高不过半。

东北角城台：台芯素土分层夯筑，夯层厚 0.11 米，外包城砖砌筑，东西长 40 米，南北 15 米，形制巨大，顶部原有建筑，向南接东北角台。

东北角台：台芯素土分层夯筑，夯层厚 0.11 米，外包城砖砌筑，南北 14 米，凸出 6 米，紧邻东北角城台，连接成一个凹角大台子。

西南角台：台芯素土分层夯筑，夯层厚 0.11 米，外包城砖砌筑，东西底边长 8.5 米，南北底边长 6.5 米，凸出墙体 3 米，向北所连接的西墙被全部拆毁。

西北角台：台芯素土分层夯筑，夯层厚 0.11 米，外包城砖砌筑。

底边东西宽 7 米，南北长 7 米，顶部东西宽 3 米，南北长 4.5 米，高 10 米，坍塌成锥状，外侧台芯坍塌堆积，下部存人为挖掘在菜窖多处。

怀来县

怀来县位于张家口市域东南部，燕山山脉北侧，永定河上游。地理坐标：东经 115° 16′ ～ 115° 58′，北纬 40° 4′ ～ 40° 35′，县域东西长 61.37 千米，南北宽 57.8 千米，总面积 1801 平方千米。东接北京市延庆区，南与北京市门头沟区接壤，东南与北京市昌平区相邻，西接涿鹿县，西北接下花园区，北靠赤城县。距北京市 118 千米，距石家庄市 277 千米，距张家口市 70 千米。

怀来县明长城分布在新保安镇、东花园镇、官厅镇、存瑞镇、土木镇、西八里镇、小南辛堡镇、狼山乡、鸡鸣驿乡、东八里乡、瑞云观乡、王家楼回族乡共 12 个乡镇。南邻北京市门头沟区沿河城关堡，东南接北京市昌平区高楼段长城，东接北京市延庆县长城段 9 段，东北邻赤城县小庄科烽火台，西北邻下花园区 01 烽火台，西邻涿鹿县矾山堡。

长城起点：东花园乡陈家堡村下堡东北 1.9 千米，坐标：东经 115° 56′ 27.00″，北纬 40° 18′ 40.90″，高程 3448 米。

长城止点：东花园乡陈家堡上堡村南 1 千米，坐标：东经 115° 55′ 19.90″，北纬 40° 17′ 02.20″，高程 1775 米。

怀来县调查长城墙体 17 段，总长 46293 米；单体建筑 411 座，其中：敌台 149 座、马面 53 座、烽火台 209 座；关堡 20 座；相关遗存 1 处。

（一）墙体

怀来县墙体一览表（单位：米）

编号	认定名称	认定编码	类型	长度	保存程度				
					较好	一般	较差	差	消失
1	陈家堡长城第 1 段墙体	130730382102170001	石墙	3448	826	2430	192		
2	陈家堡长城第 2 段墙体	130730382102170002	石墙	3794	3794				
3	黄台子长城第 1 段墙体	130730382102170003	石墙	3670	185	350	3135		
4	黄台子长城第 2 段墙体	130730382102170004	石墙	3482			3482		
5	坊安峪长城第 1 段墙体	130730382102170005	石墙	4002		1922	1975	105	
6	坊安峪长城 2 段墙体	130730382102170006	石墙	3375		2595		780	
7	陆家坡长城墙体	130730382102170007	石墙	3161	39	2915	109		98
8	罗庄长城第 1 段墙体	130730382102170008	石墙	3398			342	3056	
9	罗庄长城第 2 段墙体	130730382102170009	石墙	1800				1800	
10	大营盘长城墙体	130730382102170010	石墙	2523			1585	938	
11	庙港长城墙体	130730382102170011	石墙	3349			3064	285	
12	外井长城墙体	130730382102170012	石墙	3300		3300			
13	水头长城第 1 段墙体	130730382102170013	石墙	2105		2105			
14	水头长城第 2 段墙体	130730382102170014	石墙	2105				2105	
15	水头山险	130730382106170015	山险	306	306				
16	水头长城第 3 段墙体	130730382102170016	石墙	700				700	
17	陈家堡长城 3 段墙体	130730382102170017	石墙	1775				1775	
合计		共 17 段：石墙 16 段，山险 1 段		46293	5150	15617	13884	11544	98
百分比（%）		100			11.12	33.74	29.99	24.95	0.2

类型：砖墙、石墙、土墙、山险墙、山险

保存程度：较好、一般、较差、差、消失

1. 陈家堡长城第 1 段墙体 130730382102170001

位于东花园镇陈家堡村下堡东北 1.9 千米、上堡东南 952 米，起点坐标：东经 115° 56′ 27.00″，北纬 40° 18′ 40.90″，高程 812 米，止点坐标：东经 115° 56′ 02.30″，北纬 40° 17′ 24.80″，高程 942 米。

墙体长 3448 米，块石砌筑，块石墙体顶部砌两层砖拔檐，拔檐上砌筑垛口墙。顶部内外两侧均筑砌垛口墙，砖结构，白灰勾缝。垛口墙留有望孔，隔一定距离在墙体内侧设随墙便门，门内筑台阶，以供上下城墙之用。顶部地面铺墁城砖，坡度较陡处设台阶。

墙体外高 0.78 ~ 4.05 米，内高 1.63 ~ 3.33 米，马道宽 1.25 ~ 2.95 米，垛口墙高 0.24 ~ 1.51 米，宽 0.47 ~ 0.74 米。

墙体保存较完整，个别地段墙面有不同程度的坍塌。顶部设施基本无存，个别地段垛口墙尚存。

2. 陈家堡长城第 2 段墙体 130730382102170002

位于东花园镇陈家堡村下堡东南 943 米、黄台子村东 2.8 千米，起点坐标：东经 115° 56′ 02.30″，北纬 40° 17′ 24.80″，高程 942 米，止点坐标：东经 115° 57′ 06.40″，北纬 40° 16′ 13.80″，高程 1093 米。

墙体长 3794 米，块石砌筑，块石墙体顶部砌两层砖拔檐，拔檐上砌筑垛口墙。顶部内外两侧均筑砌垛口墙，砖结构，白灰勾缝。垛口墙留有望孔，隔一定距离在墙体内侧设随墙便门，门内筑台阶，以供上下城墙之用。顶部地面铺墁城砖，坡度较陡处设台阶。

墙体外高 4.57 ～ 5.74 米，内高 0.35 ～ 5.94 米，马道宽 2.35 ～ 3.9 米。外侧垛口墙高 0.57 ～ 1.35 米，宽 0.38 米，内侧垛口墙高 0.41 ～ 0.97 米，宽 0.38 米。

墙体保存较完整，个别地段墙面有不同程度的坍塌。顶部内外两侧垛口墙保存相对较好，部分损毁，垛口、望孔、披水砖多数保存。墙体局部坍塌，坍塌处裸露内部石砌墙芯。

3. 黄台子长城第 1 段墙体 130730382102170003

位于东花园镇黄台子村东 2.8 千米，起点坐标：东经 115° 57′ 06.40″，北纬 40° 16′ 13.80″，高程 1093 米，止点坐标：东经 115° 55′ 31.40″，北纬 40° 15′ 12.80″，高程 1112 米。

墙体长 3670 米，毛石砌筑，块石墙体顶部砌两层砖拔檐，拔檐上起筑垛口墙。顶部内外两侧均筑砌垛口墙，砖结构，白灰勾缝。垛口墙留有望孔，隔一定距离在墙体内侧设随墙便门，门内筑台阶，以供上下城墙之用。顶部地面铺墁城砖，坡度较陡处设台阶，其间设敌台 16 座。

墙体外高 1.76 ～ 3.94 米，内高 0.78 ～ 2.17 米，马道宽 1.44 ～ 2.14 米。垛口墙残高 0.33 ～ 0.83 米，宽 0.44 ～ 0.66 米，宇墙高 0.46 米，宽 0.36 米。

墙体保存较完整，个别地段墙面有不同程度的坍塌。部分地段顶部还保存有垛口墙，但有不同程度的坍塌和毁坏。

4. 黄台子长城第 2 段墙体 130730382102170004

位于东花园镇黄台子村东南 1.8 千米、坊安峪村东南 3.7 千米，起点坐标：东经 115° 55′ 31.40″，北纬 40° 15′ 12.80″，高程 1112 米，止点坐标：东经 115° 53′ 42.60″，北纬 40° 15′ 04.00″，高程 1200 米。

墙体长 3482 米，其间设敌台 19 座，马面 1 座，战台 1 座。墙体毛石砌筑，垛口墙片石垒砌，白灰砌筑、白灰勾缝。墙体外高 2.52 ～ 4.68 米，内高 2.41 ～ 3.43 米，马道宽 1.57 ～ 2.26 米，垛口墙高 0.31 ～ 0.65 米，宽 0.54 ～ 0.58 米。

墙体保存一般，局部段落坍塌，石砌墙芯裸露，顶部垛口墙残留遗迹。

5. 坊安峪长城第 1 段墙体 130730382102170005

位于东花园镇坊安峪村东南 3.7 千米，起点坐标：东经 115° 53′ 42.60″，北纬 40° 15′ 04.00″，高程 1200 米，止点坐标：东经 115° 52′ 09.80″，北纬 40° 14′ 46.70″，高程 1146 米。

墙体长 4002 米，其间设敌台 15 座，马面 4 座，战台 1 座。墙体毛石砌筑，垛口墙片石垒砌，白灰砌筑、白灰勾缝。墙体外高 0.78 ～ 3.36 米，内高 1.63 ～ 3.33 米，马道宽 1.25 ～ 2.19 米，垛口墙高 0.35 ～ 0.46 米，宽 0.48 ～ 0.55 米。

墙体保存一般，局部段落坍塌，石砌墙芯裸露，部分地段顶部还保存有垛口墙，但有不同程度的坍塌和毁坏。

6. 坊安峪长城 2 段墙体 130730382102170006

位于东花园镇坊安峪村西北 2.7 千米、陆家坡村西北 1.9 千米，起点坐标：东经 115° 52′ 09.80″，北纬 40° 14′ 46.70″，高程 1146 米，止点坐标：东经 115° 50′ 51.20″，北纬 40° 14′ 53.00″，高程 1069 米。

墙体长 3375 米，其间设敌台 12 座，马面 1 座，战台 6 座。墙体毛石砌筑，垛口墙片石垒砌，白灰砌筑白灰勾缝。墙体外高 4.13 ～ 4.41 米，内高 1.29 ～ 1.39 米，马道宽 2.1 ～ 5.3 米。

墙体保存一般，局部段落坍塌，石砌墙芯裸露，部分地段顶部还保存有垛口墙，但存有不同程度的坍塌和毁坏。

7. 陆家坡长城墙体 130730382102170007

位于东花园镇陆家坡村西北 1.9 千米，起点坐标：东经 115° 50′ 51.20″，北纬 40° 14′ 53.00″，高程 1069 米，止点坐标：东经 115° 49′ 15.50″，北纬 40° 14′ 55.10″，高程 1035 米。

墙体长 3161 米，其间设敌台 16 座，马面 2 座。墙体块石砌筑，墙芯小块石夯填，垛口墙小块石垒砌，垛口墙存有望孔，白灰砌筑、白灰勾缝。墙体外高 1.15 ～ 4.48 米，内高 0.21 ～ 3.19 米，马道宽 4.62 ～ 4.87 米。

墙体保存一般，局部段落坍塌，石砌墙芯裸露，顶部垛口墙残留遗迹。

8. 罗庄长城第 1 段墙体 130730382102170008

位于瑞云观乡罗庄村南 3 千米，起点坐标：东经 115° 49′ 15.50″，北纬 40° 14′ 55.10″，高程 1035 米，止点坐标：东经 115° 47′ 47.10″，北纬 40° 15′ 39.40″，高程 1088 米。

墙体长 3398 米，其间设立敌台 6 座，战台 3 座，步道 2 座。墙体块石砌筑，墙芯土石混筑，垛口墙块石垒砌，垛口墙存有礌石孔，白灰砌筑、白灰勾缝。墙体外高 4.85 米，内高 2.64 米，马道宽 2 米；外垛口墙高 1.6 米，宽 0.44 米，内垛口墙高 0.75 米、宽 0.55 米，礌石孔 0.23 米 ×0.33 米。

墙体保存一般，局部段落坍塌，土石墙芯裸露。部分墙体保存较好，顶部残存部分垛口墙。墙体随山势起伏，呈西北—东南走向，其中有 1 处坍塌和 1 段豁口。墙体两侧植被覆盖多为低矮灌木和杂草。

9. 罗庄长城第 2 段墙体 130730382102170009

位于瑞云观乡罗庄村西南 2.7 千米、大营盘村西南 1.2 千米，起点坐标：东经 115° 47′ 47.10″，北纬 40° 15′ 39.40″，高程 1088 米，止点坐标：东经 115° 47′ 16.90″，北纬 40° 14′ 56.90″，高程 1040 米。

墙体长 1800 米，其间设立敌台 6 座，马面 1 座，步道 6 座，战台 1 座。墙体块石砌筑，墙芯土石混筑，垛口墙块石垒砌，垛口墙存有望孔，白灰砌筑、白灰勾缝。墙体外高 3.44 ～ 5.7 米，内高 0.41 ～ 2.61 米。

墙体保存较差，局部段落坍塌，墙芯裸露，部分墙体残存垛口墙。墙体随山势起伏，呈东北—西南走向，其中有 4 处坍塌，所处地势外侧为悬崖，地势陡峭。墙体两侧植被覆盖多为低矮灌木和杂草。

10. 大营盘长城墙体 130730382102170010

位于瑞云观乡大营盘村西南 1.2 千米止点、庙港村东南 3.5 千米，起点坐标：东经 115° 47′ 16.90″，北纬 40° 14′ 56.90″，高程 1040 米，止点坐标：东经 115° 48′ 05.10″，北纬 40° 13′ 58.60″，高程 1251 米。

墙体长 523 米，其间设施敌台 6 座，步道 15 座，马面 8 座。墙体条石砌筑，白灰砌筑、白灰勾缝，隔一定距离在墙体内侧设随墙便门，门内筑登道，以供上下城墙之用。顶部地面铺墁片石。墙体外高 4.8 米，内高 2.9 米，马道宽 2.3 米；垛口墙高 0.4 米，宽 0.45 米。

墙体保存一般，局部段落坍塌，墙芯裸露，部分墙体残存垛口墙；墙体随山势起伏，呈西北—东南走向，其中有 5 处坍塌，所处地势外侧为悬崖，地势陡峭。墙体两侧植被覆盖多为低矮灌木和杂草。

11. 庙港村长城墙体 1307303821102170011

位于小南辛堡镇庙港村东南 3.5 千米、外井村东南 4 千米，起点坐标：东经 115° 48′ 05.10″，北纬 40° 13′ 58.60″，高程 1251 米，止点坐标：东经 115° 47′ 14.30″，北纬 40° 12′ 45.60″，高程 1331 米。

墙体长 3349 米，其间设立敌台 11 座，马面 4 座，步道 28 座。墙体块石砌筑，垛口墙块石垒砌，白灰砌筑、白灰勾缝，地面片石铺墁。墙体外高 3.99 米，内高 3.25 米，马道宽 1.73 米；垛口墙宽 0.4 米，高 1.57 米；望孔之间相距 3.43 米，垛口之间相距 2.9 米，垛口宽 0.63 米，距离地面 0.87 米。

墙体保存一般，局部段落坍塌，墙芯裸露，墙体残存垛口墙。墙体随山势起伏，呈东南—西北走向，其中有 7 处坍塌点，所处地势陡峭，两侧植被覆盖多为低矮灌木和杂草。

12. 外井长城墙体 1307303821102170012

位于小南辛堡镇外井村东南 4 千米、水头村东南 1.6 千米，起点坐标：东经 115° 47′ 14.30″，北纬 40° 12′ 45.60″，高程 1331 米，止点坐标：东经 115° 46′ 54.30″，北纬 40° 11′ 19.10″，高程 1374 米。

墙体长 3300 米，其间设立敌台 12 座，马面 3 座，步道 14 座。墙体块石砌筑，垛口墙块石垒砌，白灰砌筑、白灰勾缝，地面片石铺墁。外高 4.9 米，内高 2 米，马道宽 1.8 米；外垛口墙高 1.3 米，宽 0.5 米，内垛口墙宽 0.4 米。

墙体保存一般，局部段落坍塌，石砌墙芯裸露，墙体残存垛口墙。墙体随山势起伏，呈北—南走向，其中有 10 处坍塌，所处地势陡峭，两侧植被覆盖较好，多为低矮灌木和杂草。

13. 水头长城第 1 段墙体 1307303821102170013

位于小南辛堡镇水头村东南 1.6 千米，起点坐标：东经 115° 46′ 54.30″，北纬 40° 11′ 19.10″，高程 1374 米，止点坐标：东经 115° 46′ 24.60″，北纬 40° 10′ 37.20″，高程 1115 米。

墙体长 2105 米，其间设敌台 10 座，马面 4 座，战台 2 座，步道 5 座，出兵洞 1 个。墙体块石砌筑，垛口墙块石垒砌，白灰砌筑、白灰勾缝，外高 3.25 ～ 5.85 米，内高 1.3 ～ 2 米，外垛口墙高 1.05 米，宽 0.45 米，内垛口墙宽 0.45 米，马道宽 2.55 米。

墙体保存一般，局部段落坍塌，石砌墙芯裸露，垛口墙残存。墙体随山势起伏，呈东北—西南走向，其中有 3 处坍塌点，所处地势陡峭，两侧植被覆盖较好，多为低矮灌木和杂草。

14. 水头长城第 2 段墙体 1307303821102170014

位于小南辛堡镇水头村东南 1.3 千米，起点坐标：东经 115° 46′ 24.60″，北纬 40° 10′ 37.20″，高程 1115 米，止点坐标：东经 115° 45′ 30.60″，北纬 10° 09′ 47.90″，高程 1555 米。

墙体长 2105 米，其间设敌台 4 座，战台 3 座，步道 7 座，水门 1 座。墙体块石砌筑，垛口墙块石垒砌，白灰砌筑、白灰勾缝。

墙体保存较差，残存垛口墙，大部分坍塌严重。随山势起伏，呈东北—西南走向，两侧植被覆盖较好，多为低矮灌木和杂草。

15. 水头村山险 130730382106170015

位于小南辛堡镇水头村西南 2.5 千米，起点坐标：东经 115° 45′ 30.60″，北纬 40° 09′ 47.90″，高程 1555 米，止点坐标：东经 115° 45′ 20.10″，北纬 40° 09′ 42.20″，高程 1605 米。

墙体为自然山体，原状保存，地势陡峭，植被茂密，多为低矮灌木和树林。

16. 水头长城第 3 段墙体 130730382102170016

位于小南辛堡镇水头村西南 2.8 千米，起点坐标：东经 115° 40′ 25.10″，北纬 40° 09′ 42.20″，高程 1605 米，止点坐标：东经 115° 45′ 55.20″，北纬 40° 09′ 45.40″，高程 1459 米。

墙体长 700 米，其间设步道 3 座，城堡 1 座（怀来元城子堡）。墙体块石砌筑，墙芯土石夯筑，外高 3.72 ～ 5.5 米，内高 2.02 ～ 2.05 米，顶宽 1.65 ～ 2.1 米，外垛口墙宽 0.46 米，内垛口墙 0.3 米，马道宽 1.25 米。

墙体保存差，内、外包石大部分坍塌，墙体顶部、两侧散落大量碎砖、碎石，两侧地势陡峭，植被覆盖较好，多为灌木。

17. 陈家堡长城 3 段墙体 130730382102170017

位于东花园镇陈家堡上堡村南 1 千米，起点坐标：东经 115° 55′ 19.90″，北纬 40° 17′ 02.20″，高程 826 米，止点坐标：东经 115° 53′ 46.70″，北纬 40° 16′ 33.00″，高程 1120 米。

墙体长 1775 米，其间设 12 座烽火台，毛石砌筑，残高 0.3 ～ 1.8 米，宽 0.9 ～ 1.35 米。

墙体保存差，全部坍塌成石埂状。

（二）单体

怀来县单体建筑一览表（单位：座）

编号	认定名称	认定编码	材质	保存程度				
				较好	一般	较差	差	消失
1	下陈家堡 1 号敌台	130730352101170001	砖	√				
2	下陈家堡 2 号敌台	130730352101170002	砖			√		
3	下陈家堡 3 号敌台	130730352101170003	砖			√		
4	下陈家堡 4 号敌台	130730352101170004	砖			√		
5	下陈家堡 5 号敌台	130730352101170005	砖			√		
6	下陈家堡 6 号敌台	130730352101170006	砖			√		
7	下陈家堡 7 号敌台	130730352101170007	砖				√	
8	下陈家堡 8 号敌台	130730352101170008	砖				√	
9	下陈家堡 9 号敌台	130730352101170009	砖				√	
10	下陈家堡 10 号敌台	130730352101170010	砖			√		
11	陈家堡上堡 1 号敌台	130730352101170011	砖		√			
12	陈家堡上堡 2 号敌台	130730352101170012	砖			√		

（续）

编号	认定名称	认定编码	材质	保存程度				
				较好	一般	较差	差	消失
13	陈家堡上堡 3 号敌台	1307303521011700013	砖	√				
14	陈家堡上堡 4 号敌台	1307303521011700014	砖	√				
15	陈家堡上堡 5 号敌台	1307303521011700015	砖		√			
16	陈家堡上堡 6 号敌台	1307303521011700016	砖				√	
17	陈家堡上堡 7 号敌台	1307303521011700017	砖		√			
18	黄台子 1 号敌台	1307303521011700018	砖				√	
19	黄台子 2 号敌台	1307303521011700019	砖	√				
20	黄台子 3 号敌台	1307303521011700020	砖				√	
21	黄台子 4 号敌台	1307303521011700021	砖				√	
22	黄台子 5 号敌台	1307303521011900022	砖	√				
23	黄台子 6 号敌台	1307303521011700023	砖				√	
24	黄台子 7 号敌台	1307303521011700024	砖			√		
25	黄台子 8 号敌台	1307303521011700025	砖	√				
26	黄台子 9 号敌台	1307303521011700026	砖			√		
27	黄台子 10 号敌台	1307303521011700027	砖			√		
28	黄台子 11 号敌台	1307303521011700028	砖				√	
29	黄台子 12 号敌台	1307303521011700029	砖			√		
30	黄台子 13 号敌台	1307303521011700030	砖			√		
31	黄台子 14 号敌台	1307303521011700031	砖				√	
32	黄台子 15 号敌台	1307303521011700032	砖			√		
33	黄台子 16 号敌台	1307303521011700033	砖				√	
34	黄台子 17 号敌台	1307303521011700034	砖				√	
35	黄台子 18 号敌台	1307303521011700035	砖		√			
36	黄台子 19 号敌台	1307303521011700036	砖				√	
37	黄台子 20 号敌台	1307303521011700037	砖				√	
38	黄台子 21 号敌台	1307303521011700038	砖			√		
39	黄台子 22 号敌台	1307303521011700039	砖				√	
40	黄台子 23 号敌台	1307303521011700040	砖			√		
41	黄台子 24 号敌台	1307303521011700041	砖				√	
42	黄台子 25 号敌台	1307303521011700042	砖				√	
43	黄台子 26 号敌台	1307303521011700043	砖	√				
44	黄台子 27 号敌台	1307303521011700044	砖			√		
45	黄台子 28 号敌台	1307303521011700045	砖			√		
46	黄台子 29 号敌台	1307303521011700046	砖			√		
47	黄台子 30 号敌台	1307303521011700047	砖				√	
48	黄台子 31 号敌台	1307303521011700048	砖			√		
49	黄台子 32 号敌台	1307303521011700049	砖				√	

（续）

编号	认定名称	认定编码	材质	保存程度				
				较好	一般	较差	差	消失
50	黄台子 33 号敌台	130730352101170050	砖			√		
51	黄台子 34 号敌台	130730352101170051	砖				√	
52	黄台子 35 号敌台	130730352101170052	砖			√		
53	坊安峪 1 号敌台	130730352101170053	砖				√	
54	坊安峪 2 号敌台	130730352101170054	砖	√				
55	坊安峪 3 号敌台	130730352101170055	砖				√	
56	坊安峪 4 号敌台	130730352101170056	砖				√	
57	坊安峪 5 号敌台	130730352101170057	砖				√	
58	坊安峪 6 号敌台	130730352101170058	砖				√	
59	坊安峪 7 号敌台	130730352101170059	砖				√	
60	坊安峪 8 号敌台	130730352101170060	砖				√	
61	坊安峪 9 号敌台	130730352101170061	砖				√	
62	坊安峪 10 号敌台	130730352101170062	砖				√	
63	坊安峪 11 号敌台	130730352101170063	砖				√	
64	坊安峪村 12 号敌台	130730352101170064	砖				√	
65	坊安峪 13 号敌台	130730352101170065	砖				√	
66	坊安峪 14 号敌台	130730352101170066	砖				√	
67	坊安峪 15 号敌台	130730352101170067	砖				√	
68	坊安峪 16 号敌台	130730352101170068	砖				√	
69	坊安峪 17 号敌台	130730352101170069	砖				√	
70	陆家坡 1 号敌台	130730352101170070	砖				√	
71	陆家坡 2 号敌台	130730352101170071	砖				√	
72	陆家坡 3 号敌台	130730352101170072	砖				√	
73	陆家坡 4 号敌台	130730352101170073	砖				√	
74	陆家坡 5 号敌台	130730352101170074	砖			√		
75	陆家坡 6 号敌台	130730352101170075	砖				√	
76	陆家坡 7 号敌台	130730352101170076	砖				√	
77	陆家坡 8 号敌台	130730352101170077	砖				√	
78	陆家坡 9 号敌台	130730352101170078	砖				√	
79	陆家坡 10 号敌台	130730352101170079	土				√	
80	陆家坡 11 号敌台	130730352101170080	石			√		
81	陆家坡 12 号敌台	130730352101170081	石				√	
82	陆家坡 13 号敌台	130730352101170082	砖				√	
83	陆家坡 14 号敌台	130730352101170083	砖				√	
84	陆家坡 15 号敌台	130730352101170084	砖				√	
85	陆家坡 16 号敌台	130730352101170085	砖				√	
86	陆家坡 17 号敌台	130730352101170086	砖				√	
87	陆家坡 18 号敌台	130730352101170087	石			√		

（续）

编号	认定名称	认定编码	材质	保存程度				
				较好	一般	较差	差	消失
88	陆家坡 19 号敌台	130730352101170088	石			√		
89	陆家坡 20 号敌台	130730352101170089	石				√	
90	陆家坡 21 号敌台	130730352101170090	石				√	
91	陆家坡 22 号敌台	130730352101170091	砖				√	
92	陆家坡 23 号敌台	130730352101170092	石				√	
93	陆家坡 24 号敌台	130730352101170093	石				√	
94	陆家坡 25 号敌台	130730352101170094	石				√	
95	陆家坡 26 号敌台	130730352101170095	石			√		
96	罗庄 1 号敌台	130730352101170096	石				√	
97	罗庄 2 号敌台	130730352101170097	石				√	
98	罗庄 3 号敌台	130730352101170098	石				√	
99	罗庄 4 号敌台	130730352101170099	石				√	
100	罗庄 5 号敌台	130730352101170100	石				√	
101	罗庄 6 号敌台	130730352101170101	石				√	
102	石洞 1 号敌台	130730352101170102	石				√	
103	石洞 2 号敌台	130730352101170103	石				√	
104	石洞 3 号敌台	130730352101170104	石		√			
105	石洞 4 号敌台	130730352101170105	石				√	
106	石洞 5 号敌台	130730352101170106	石				√	
107	石洞 6 号敌台	130730352101170107	石				√	
108	庙港 1 号敌台	130730352101170108	石				√	
109	庙港 2 号敌台	130730352101170109	石				√	
110	庙港 3 号敌台	130730352101170110	石		√			
111	庙港 4 号敌台	130730352101170111	石				√	
112	庙港 5 号敌台	130730352101170112	石				√	
113	庙港 6 号敌台	130730352101170113	石				√	
114	庙港 7 号敌台	130730352101170114	石				√	
115	庙港 8 号敌台	130730352101170115	石				√	
116	庙港 9 号敌台	130730352101170116	石				√	
117	庙港 10 号敌台	130730352101170117	石				√	
118	庙港 11 号敌台	130730352101170118	石				√	
119	庙港 12 号敌台	130730352101170119	石				√	
120	庙港 13 号敌台	130730352101170120	石				√	
121	庙港 14 号敌台	130730352101170121	石				√	
122	庙港 15 号敌台	130730352101170122	石				√	
123	外井 1 号敌台	130730352101170123	石				√	
124	外井 2 号敌台	130730352101170124	石				√	
125	外井 3 号敌台	130730352101170125	石				√	

（续）

编号	认定名称	认定编码	材质	保存程度				
				较好	一般	较差	差	消失
126	外井 4 号敌台	130730352101170126	石				√	
127	外井 5 号敌台	130730352101170127	石				√	
128	外井 6 号敌台	130730352101170128	石				√	
129	外井 7 号敌台	130730352101170129	石				√	
130	外井 8 号敌台	130730352101170130	石				√	
131	外井 9 号敌台	130730352101170131	石				√	
132	水头 1 号敌台	130730352101170132	砖				√	
133	水头 2 号敌台	130730352101170133	石				√	
134	水头 3 号敌台	130730352101170134	石				√	
135	水头 4 号敌台	130730352101170135	砖		√			
136	水头 5 号敌台	130730352101170136	石		√			
137	水头 6 号敌台	130730352101170137	石		√			
138	水头 7 号敌台	130730352101170138	石		√			
139	水头 8 号敌台	130730352101170139	石		√			
140	水头 9 号敌台	130730352101170140	石				√	
141	水头 10 号敌台	130730352101170141	石				√	
142	水头 11 号敌台	130730352101170142	石		√			
143	水头 12 号敌台	130730352101170143	石				√	
144	水头 13 号敌台	130730352101170144	石				√	
145	水头 14 号敌台	130730352101170145	石				√	
146	水头 15 号敌台	130730352101170146	石				√	
147	水头 16 号敌台	130730352101170147	石				√	
148	水头 17 号敌台	130730352101170148	石				√	
149	水头 18 号敌台	130730352101170149	石				√	
150	陈家堡 1 号烽火台	130730353201170150	石				√	
151	陈家堡 2 号烽火台	130730353201170151	石				√	
152	陈家堡 3 号烽火台	130730353201170152	石				√	
153	陈家堡 4 号烽火台	130730353201170153	石			√		
154	陈家堡 5 号烽火台	130730353201170154	石				√	
155	陈家堡 6 号烽火台	130730353201170155	石				√	
156	陈家堡 7 号烽火台	130730353201170156	石				√	
157	陈家堡 8 号烽火台	130730353201170157	石				√	
158	陈家堡 9 号烽火台	130730353201170158	石				√	
159	陈家堡 10 号烽火台	130730353201170159	石				√	
160	陈家堡 11 号烽火台	130730353201170160	石				√	
161	陈家堡 12 号烽火台	130730353201170161	石				√	
162	陈家堡 13 号烽火台	130730353201170162	石				√	
163	陈家堡 14 号烽火台	130730353201170163	石				√	

（续）

（续）

编号	认定名称	认定编码	材质	保存程度				
				较好	一般	较差	差	消失
164	陈家堡村 15 号烽火台	13073035320117164	石				√	
165	陈家堡 16 号烽火台	13073035320117165	石				√	
166	黄台子烽火台	13073035320117166	石		√			
167	坊安峪 1 号烽火台	13073035320117167	石				√	
168	坊安峪 2 号烽火台	13073035320117168	石			√		
169	坊安峪 3 号烽火台	13073035320117169	石				√	
170	陆家坡 1 号烽火台	13073035320117170	石				√	
171	陆家坡 2 号烽火台	13073035320117171	土				√	
172	陆家坡 3 号烽火台	13073035320117172	土			√		
173	陆家坡 4 号烽火台	13073035320117173	石				√	
174	陆家坡 5 号烽火台	13073035320117174	石				√	
175	陆家坡 6 号烽火台	13073035320117175	石				√	
176	陆家坡 7 号烽火台	13073035320117176	石				√	
177	陆家坡 8 号烽火台	13073035320117177	石				√	
178	陆家坡 9 号烽火台	13073035320117178	石				√	
179	陆家坡 10 号烽火台	13073035320117179	石				√	
180	陆家坡 11 号烽火台	13073035320117180	石				√	
181	陆家坡 12 号烽火台	13073035320117181	石				√	
182	陆家坡 13 号烽火台	13073035320117182	石				√	
183	陆家坡 14 号烽火台	13073035320117183	石				√	
184	陆家坡 15 号烽火台	13073035320117184	石				√	
185	陆家坡 16 号烽火台	13073035320117185	石				√	
186	陆家坡 17 号烽火台	13073035320117186	石				√	
187	陆家坡 18 号烽火台	13073035320117187	石				√	
188	南辛堡烽火台	13073035320117188	土				√	
189	罗庄 1 号烽火台	13073035320117189	石				√	
190	罗庄 2 号烽火台	13073035320117190	石				√	
191	石洞 1 号烽火台	13073035320117191	石				√	
192	石洞 2 号烽火台	13073035320117192	石				√	
193	庙港 1 号烽火台	13073035320117193	石				√	
194	庙港 2 号烽火台	13073035320117194	石				√	
195	庙港 3 号烽火台	13073035320117195	石				√	
196	庙港 4 号烽火台	13073035320117196	石				√	
197	庙港 5 号烽火台	13073035320117197	石				√	
198	外井 1 号烽火台	13073035320117198	石				√	
199	外井 2 号烽火台	13073035320117199	石				√	
200	外井 3 号烽火台	13073035320117200	石				√	
201	外井 4 号烽火台	13073035320117201	土				√	

（续）

编号	认定名称	认定编码	材质	保存程度				
				较好	一般	较差	差	消失
202	外井 5 号烽火台	1307303353201170202	石				√	
203	外井 6 号烽火台	1307303353201170203	石				√	
204	外井 7 号烽火台	1307303353201170204	土				√	
205	水头 1 号烽火台	1307303353201170205	石				√	
206	水头 2 号烽火台	1307303353201170206	土				√	
207	水头 3 号烽火台	1307303353201170207	石				√	
208	水头 4 号烽火台	1307303353201170208	土				√	
209	水头 5 号烽火台	1307303353201170209	土				√	
210	水头 6 号烽火台	1307303353201170210	石				√	
211	水头 7 号烽火台	1307303353201170211	土				√	
212	水头 8 号烽火台	1307303353201170212	土				√	
213	水头 9 号烽火台	1307303353201170213	土				√	
214	水头 10 号烽火台	1307303353201170214	土				√	
215	石洞 3 号烽火台	1307303353201170215	土				√	
216	石虎窑烽火台	1307303353201170216	土				√	
217	奚家堡烽火台	1307303353201170217	土				√	
218	土木堡烽火台	1307303353201170218	土				√	
219	太平堡烽火台	1307303353201170219	土				√	
220	西洪站烽火台	1307303353201170220	土				√	
221	麻峪口烽火台	1307303353201170221	土				√	
222	窑子头烽火台	1307303353201170222	土				√	
223	梁水泉 1 号烽火台	1307303353201170223	土				√	
224	梁水泉 2 号烽火台	1307303353201170224	土				√	
225	梁庄烽火台	1307303353201170225	土				√	
226	西八里烽火台	1307303353201170226	土				√	
227	小营烽火台	1307303353201170227	土				√	
228	鸡鸣驿 1 号烽火台	1307303353201170228	土				√	
229	鸡鸣驿 2 号烽火台	1307303353201170229	土				√	
230	陈家堡 1 号马面	1307303352102170230	石			√		
231	陈家堡 2 号马面	1307303352102170231	石			√		
232	黄台子马面	1307303352102170232	石				√	
233	坊安峪 1 号马面	1307303352102170233	石				√	
234	坊安峪 2 号马面	1307303352102170234	石		√			
235	坊安峪 3 号马面	1307303352102170235	石		√			
236	坊安峪 4 号马面	1307303352102170236	土		√			
237	陆家坡 1 号马面	1307303352102170237	石		√			
238	陆家坡 2 号马面	1307303352102170238	石		√			
239	陆家坡 3 号马面	1307303352102170239	石	√				

（续）

编号	认定名称	认定编码	材质	保存程度				
				较好	一般	较差	差	消失
240	石洞 1 号马面	130730352102170240	石		√			
241	石洞 2 号马面	130730352102170241	石		√			
242	石洞 3 号马面	130730352102170242	石		√			
243	庙港 1 号马面	130730352102170243	石		√			
244	庙港 2 号马面	130730352102170244	石		√			
245	庙港 3 号马面	130730352102170245	石		√			
246	庙港 4 号马面	130730352102170246	石				√	
247	庙港 5 号马面	130730352102170247	石				√	
248	庙港 6 号马面	130730352102170248	石		√			
249	庙港 7 号马面	130730352102170249	石		√			
250	庙港 8 号马面	130730352102170250	石		√			
251	庙港 9 号马面	130730352102170251	石				√	
252	外井 1 号马面	130730352102170252	石		√			
253	外井 2 号马面	130730352102170253	石		√			
254	外井 3 号马面	130730352102170254	石				√	
255	外井 4 号马面	130730352102170255	石				√	
256	水头 1 号马面	130730352102170256	石				√	
257	水头 2 号马面	130730352102170257	石				√	
258	水头 3 号马面	130730352102170258	石				√	
259	水头 4 号马面	130730352102170259	石				√	
260	陈家堡战台	130730352102170260	石			√		
261	坊安峪 1 号战台	130730352102170261	石			√		
262	坊安峪 2 号战台	130730352102170262	石		√			
263	陆家坡 1 号战台	130730352102170263	石		√			
264	陆家坡 2 号战台	130730352102170264	石		√			
265	陆家坡 3 号战台	130730352102170265	石		√			
266	陆家坡 4 号战台	130730352102170266	石		√			
267	陆家坡 5 号战台	130730352102170267	石		√			
268	陆家坡 6 号战台	130730352102170268	石		√			
269	陆家坡 7 号战台	130730352102170269	石			√		
270	陆家坡 8 号战台	130730352102170270	石			√		
271	陆家坡 9 号战台	130730352102170271	石			√		
272	罗庄 1 号战台	130730352102170272	石				√	
273	罗庄 2 号战台	130730352102170273	石				√	
274	罗庄 3 号战台	130730352102170274	石				√	
275	罗庄 4 号战台	130730352102170275	石				√	
276	石洞战台	130730352102170276	石				√	
277	外井战台	130730352102170277	石				√	

（续）

编号	认定名称	认定编码	材质	保存程度				
				较好	一般	较差	差	消失
278	水头 1 号战台	1307303521021 70278	石				√	
279	水头 2 号战台	1307303521021 70279	石				√	
280	水头 3 号战台	1307303521021 70280	石				√	
281	水头 4 号战台	1307303521021 70281	石				√	
282	水头 5 号战台	1307303521021 70282	石				√	
283	羊儿岭 1 号边墩	1307303532011 70283	土				√	
284	羊儿岭 2 号边墩	1307303532011 70284	土				√	
285	南辛堡 1 号边墩	1307303532011 70285	土				√	
286	南辛堡 2 号边墩	1307303532011 70286	土		√			
287	南辛堡 3 号边墩	1307303532011 70287	土		√			
288	南辛堡 4 号边墩	1307303532011 70288	土				√	
289	南辛堡 5 号边墩	1307303532011 70289	土				√	
290	南辛堡 6 号边墩	1307303532011 70290	土				√	
291	南辛堡 7 号边墩	1307303532011 70291	土				√	
292	南辛堡 8 号边墩	1307303532011 70292	土				√	
293	南辛堡 9 号边墩	1307303532011 70293	土				√	
294	南辛堡 10 号边墩	1307303532011 70294	土				√	
295	南辛堡 11 号边墩	1307303532011 70295	土			√		
296	南辛堡 12 号边墩	1307303532011 70296	土			√		
297	南辛堡 13 号边墩	1307303532011 70297	土				√	
298	南辛堡 14 号边墩	1307303532011 70298	土				√	
299	南辛堡 15 号边墩	1307303532011 70299	土				√	
300	南辛堡 16 号边墩	1307303532011 70300	土				√	
301	南辛堡 17 号边墩	1307303532011 70301	土				√	
302	南辛堡 18 号边墩	1307303532011 70302	土				√	
303	南辛堡 19 号边墩	1307303532011 70303	土				√	
304	南辛堡 20 号边墩	1307303532011 70304	土			√		
305	南辛堡 21 号边墩	1307303532011 70305	土				√	
306	南辛堡 22 号边墩	1307303532011 70306	土				√	
307	南辛堡 23 号边墩	1307303532011 70307	土				√	
308	南辛堡 24 号边墩	1307303532011 70308	土				√	
309	南辛堡 25 号边墩	1307303532011 70309	土				√	
310	南辛堡 26 号边墩	1307303532011 70310	土				√	
311	南辛堡 27 号边墩	1307303532011 70311	土				√	
312	东湾 1 号边墩	1307303532011 70312	土		√			
313	东湾 2 号边墩	1307303532011 70313	土			√		
314	东湾 3 号边墩	1307303532011 70314	土			√		
315	东湾 4 号边墩	1307303532011 70315	土			√		

（续）

（续）

编号	认定名称	认定编码	材质	保存程度				
				较好	一般	较差	差	消失
316	东湾 5 号边墩	130730353201170316	土				√	
317	东湾 6 号边墩	130730353201170317	土			√		
318	东湾 7 号边墩	130730353201170318	土				√	
319	东湾 8 号边墩	130730353201170319	土				√	
320	东湾 9 号边墩	130730353201170320	土			√		
321	东湾 10 号边墩	130730353201170321	土			√		
322	东湾 11 号边墩	130730353201170322	土			√		
323	东湾 12 号边墩	130730353201170323	土				√	
324	大山口 1 号边墩	130730353201170324	土				√	
325	大山口 2 号边墩	130730353201170325	土				√	
326	大山口 3 号边墩	130730353201170326	土				√	
327	大山口 4 号边墩	130730353201170327	土				√	
328	大山口 5 号边墩	130730353201170328	土				√	
329	大山口 6 号边墩	130730353201170329	土				√	
330	大山口 7 号边墩	130730353201170330	土				√	
331	大山口 8 号边墩	130730353201170331	土			√		
332	大山口 9 号边墩	130730353201170332	土			√		
333	大山口 10 号边墩	130730353201170333	土			√		
334	大山口 11 号边墩	130730353201170334	土			√		
335	大山口 12 号边墩	130730353201170335	土			√		
336	大山口 13 号边墩	130730353201170336	土		√			
337	大山口 14 号边墩	130730353201170337	土		√			
338	大山口 15 号边墩	130730353201170338	土		√			
339	大山口 16 号边墩	130730353201170339	土				√	
340	大山口 17 号边墩	130730353201170340	土			√		
341	大山口 18 号边墩	130730353201170341	土				√	
342	大山口 19 号边墩	130730353201170342	土				√	
343	大山口 20 号边墩	130730353201170343	土				√	
344	大山口 21 号边墩	130730353201170344	土				√	
345	大山口 22 号边墩	130730353201170345	土				√	
346	小山口 1 号边墩	130730353201170346	土				√	
347	小山口 2 号边墩	130730353201170347	土			√		
348	小山口 3 号边墩	130730353201170348	土			√		
349	小山口 4 号边墩	130730353201170349	土				√	
350	十八家 1 号边墩	130730353201170350	土				√	
351	十八家 2 号边墩	130730353201170351	土				√	
352	十八家 3 号边墩	130730353201170352	土				√	
353	十八家 4 号边墩	130730353201170353	土				√	

（续）

编号	认定名称	认定编码	材质	保存程度				
				较好	一般	较差	差	消失
354	十八家 5 号边墩	130730353201170354	土				√	
355	十八家 6 号边墩	130730353201170355	土				√	
356	十八家 7 号边墩	130730353201170356	土				√	
357	十八家 8 号边墩	130730353201170357	土				√	
358	十八家 9 号边墩	130730353201170358	土				√	
359	十八家 10 号边墩	130730353201170359	土				√	
360	十八家 11 号边墩	130730353201170360	土				√	
361	十八家 12 号边墩	130730353201170361	土				√	
362	十八家 13 号边墩	130730353201170362	土				√	
363	十八家 14 号边墩	130730353201170363	土				√	
364	十八家 15 号边墩	130730353201170364	土				√	
365	十八家 16 号边墩	130730353201170365	土				√	
366	十八家 7 号边墩	130730353201170366	土				√	
367	十八家 18 号边墩	130730353201170367	土				√	
368	十八家 19 号边墩	130730353201170368	土				√	
369	十八家 20 号边墩	130730353201170369	土				√	
370	十八家 21 号边墩	130730353201170370	土				√	
371	十八家 22 号边墩	130730353201170371	土				√	
372	南窑 1 号边墩	130730353201170372	土				√	
373	南窑 2 号边墩	130730353201170373	土				√	
374	南窑 3 号边墩	130730353201170374	土				√	
375	南窑 4 号边墩	130730353201170375	土				√	
376	南窑 5 号边墩	130730353201170376	土				√	
377	南窑 6 号边墩	130730353201170377	土				√	
378	南窑 7 号边墩	130730353201170378	土				√	
379	南窑 8 号边墩	130730353201170379	土				√	
380	南窑 9 号边墩	130730353201170380	土				√	
381	龙宝山 1 号边墩	130730353201170381	土				√	
382	龙宝山 2 号边墩	130730353201170382	土				√	
383	龙宝山 3 号边墩	130730353201170383	土				√	
384	龙宝山 4 号边墩	130730353201170384	土		√			
385	龙宝山 5 号边墩	130730353201170385	土		√			
386	龙宝山 6 号边墩	130730353201170386	土		√			
387	龙宝山 7 号边墩	130730353201170387	土		√			
388	龙宝山 8 号边墩	130730353201170388	土				√	
389	龙宝山 9 号边墩	130730353201170389	土				√	
390	龙宝山 10 号边墩	130730353201170390	土				√	

（续）

编号	认定名称	认定编码	材质	保存程度				
				较好	一般	较差	差	消失
391	龙宝山 11 号边墩	1307303 53201170391	土				√	
392	龙宝山 12 号边墩	1307303 53201170392	土				√	
393	龙宝山 13 号边墩	1307303 53201170393	土		√			
394	龙宝山 14 号边墩	1307303 53201170394	土				√	
395	龙宝山 15 号边墩	1307303 53201170395	土				√	
396	龙宝山 16 号边墩	1307303 53201170396	土				√	
397	龙宝山 17 号边墩	1307303 53201170397	土				√	
398	龙宝山 18 号边墩	1307303 53201170398	土				√	
399	龙宝山 19 号边墩	1307303 53201170399	土				√	
400	龙宝山 20 号边墩	1307303 53201170400	石				√	
401	南寨 1 号边墩	1307303 53201170401	土				√	
402	南寨 2 号边墩	1307303 53201170402	土				√	
403	南寨 3 号边墩	1307303 53201170403	土				√	
404	史庄 1 号边墩	1307303 53201170404	土				√	
405	史庄 2 号边墩	1307303 53201170405	土				√	
406	史庄 3 号边墩	1307303 53201170406	土				√	
407	史庄 4 号边墩	1307303 53201170407	土				√	
408	史庄 5 号边墩	1307303 53201170408	土				√	
409	史庄 6 号边墩	1307303 53201170409	土				√	
410	史庄 7 号边墩	1307303 53201170410	土				√	
411	官厅镇边墩	1307303 53201170411	土				√	
合计		共 411 座：砖 86 座，石 168 座，土 157 座		8	48	53	302	
百分比（%）		100		1.95	11.68	12.9	73.47	

类型：单体建筑包括敌台、烽火台、马面等

保存程度：较好、一般、较差、差、消失

1. 下陈家堡 1 号敌台 130730352101170001

位于东花园镇下陈家堡村东北 1.8 千米的山岭上，坐标：东经 115° 56′ 22.70″，北纬 40° 18′ 41.00″，高程 840 米。

东、西两侧与墙体相接，平面呈"回"字形，立面及剖面呈梯形，东西长 8.35 米，南北长 7.96 米，高 10.42 米。立面为三段式，下段为块石基础，露明高 11 ～ 20 层，白灰砌筑，白灰勾缝；下段与中段间设 3 层砖砌腰檐分隔；中段城砖砌筑，高 3.82 米，东、西立面辟券门，南、北立面辟 4 箭窗，门、窗起券方式为两伏两券，白灰砌筑，白灰勾缝；中段与上段间设 3 层砖砌拔檐分隔；上段设垛口墙，残存高 2 ～ 12 层砖。

保存较好，台体结构清晰，形制完整。基础灰缝失效脱漏，墙体面砖风化酥碱，垛口墙大部分坍塌。

2. 下陈家堡 2 号敌台 130730352101170002

位于东花园镇下陈家堡村东北 1.2 千米的山岭上，坐标：东经 115° 56′ 08.60″，北纬 40° 18′ 15.30″，高程 886 米。

东、西两侧与墙体相接，平面呈"回"字形，立面及剖面呈梯形，东西长 11.85 米，南北残存 3.84 米，残高 8.74 米。立面为四段式，一段为三层条石基础，白灰砌筑，白灰勾缝；二段为城砖包砌，台芯为土石混筑；二段与三段间设 2 层砖砌腰檐分隔；三段城砖砌筑，白灰砌筑，白灰勾缝，东、西立面辟券门，券门已坍塌，南、北立面各辟 6 箭窗，箭窗下均有 1 望孔，起券方式为两伏两券；三段与四段间设 3 层砖砌拔檐分隔，四段设垛口墙，残高 2 ～ 9 层砖。

室内北回廊高 2.32 米，宽 0.89 米，直高 1.98 米；内券室券门高 1.17 米，宽 0.94 米，直高 0.63 米；箭窗洞高 1.88 米，宽 0.97 米，直高 1.35 米，箭窗高 1.05 米，宽 0.72 米，直高 0.69 米。

保存较差，台体结构、形制不清晰。东、西立面墙体大部分坍塌，存多条裂缝；南立面墙体全部坍塌；北立面保存较好，顶部垛口墙局部缺失；室内地面坍塌建筑材料堆积。

3. 下陈家堡 3 号敌台 130730352101170003

位于东花园镇下陈家堡村东北 840 米的山岭上，坐标：东经 115° 55′ 57.30″，北纬 40° 18′ 07.60″，高程 887 米。

东、西两侧与墙体相接，平面呈矩形，立面及剖面呈梯形，东西长 11.92 米，南北宽 8.23 米，南侧残高 4.85 米，北侧残高 6.4 米。现状立面为二段式，下段为块石基础，露明高 6 ～ 17 层，白灰砌筑，白灰勾缝；下段与上段间设 2 层砖砌腰檐分隔；上段城砖砌筑，白灰砌筑，白灰勾缝，东、西立面辟券门，南、北立面各辟 4 箭窗，门窗起券方式均为两伏两券，箭窗高 1.69 米，宽 0.94 米，直高 1.35 米；券门高 2.1 米，宽 1.16 米，直高 1.58 米。

保存较差，台体上部结构、形制不清。条石基础保存较好；台体外包砖墙体坍塌 2/3；内部券室设施坍塌严重，残存 1/3；顶部设施坍塌无存；南立面箭窗已毁，仅存窗下 4 个望孔。

4. 下陈家堡 4 号敌台 130730352101170004

位于东花园镇下陈家堡村东 510 米的山岭上，坐标：东经 115° 55′ 43.00″，北纬 40° 18′ 07.20″，高程 783 米。

东、西两侧与墙体相接，平面呈矩形，立面及剖面呈梯形，东西长 10.58 米，南北宽 6.16 米，南侧残高 3.05 米，北侧残高 4.73 米。

保存较差，上部结构、形制不清。条石基础保存较好，台体、台室设施坍塌无存。

5. 下陈家堡 5 号敌台 130730352101170005

位于东花园镇下陈家堡村东 450 米的山岭上，坐标：东经 115° 55′ 40.60″，北纬 40° 18′ 06.50″，高程 770 米。

东、西两侧与墙体相接，平面呈矩形，立面及剖面呈梯形，东西宽 7.16 米，南北长 9.68 米，西侧残高 4.66 米，北侧残高 4.76 米。台体基础条石砌筑，露明高 4 ～ 10 层，基础西南角局部坍塌；台室设施坍塌无存。

保存较差，坍塌严重，上部结构、形制不清，仅存条石基础。

6. 下陈家堡 6 号敌台 130730352101170006

位于东花园镇下陈家堡村东 450 米的山岭上，坐标：东经 115° 55′ 40.90″，北纬 40° 18′ 04.00″，高程 741 米。

南北两侧与墙体相接，平面呈矩形，东西宽 8.74 米，南北长 9.64 米，立面及剖面呈梯形，西侧残高 4.39 米，东侧残高 3.44 米。现状台体城砖砌筑，白灰砌筑、白灰勾缝，四角均坍塌，顶部设施无存。

保存较差，坍塌严重，基础坍塌建筑材料掩埋，上部结构、形制不清。

7. 下陈家堡 7 号敌台 130730352101170007

位于东花园镇下陈家堡村东 560 米的山岭上，坐标：东经 115° 55′ 41.80″，北纬 40° 17′ 53.90″，高程 821 米。

南、北两侧与墙体相接，平面呈矩形，立面及剖面呈梯形，东西宽 7.59 米，南北长 10.59 米，西侧残高 5.69 米，东侧残高 4.54 米。

保存差，坍塌严重，结构、形制不清，仅存块石台芯。

8. 下陈家堡 8 号敌台 130730352101170008

位于东花园镇下陈家堡村东 670 米的山岭上，坐标：东经 115° 55′ 42.90″，北纬 40° 17′ 49.00″，高程 812 米。

南北两侧与墙体相接，平面呈矩形，立面及剖面呈梯形，东西宽 7.72 米，南北长 11.11 米，西侧残高 4.45 米，东侧残高 5.15 米。现状立面为三段式，下段条石基础，露明 1 层；中段为城砖包砌，白灰砌筑、白灰勾缝；中段与上段间设石质腰檐分隔，上段城砖砌筑，城砖规格：长 0.42 米 × 宽 0.19 米 × 厚 0.1 米。

保存差，坍塌严重，上部结构、形制不清。墙体条石基础局部缺失，石质腰檐大部分缺失，砖砌墙体坍塌严重，顶部设施坍塌无存，室内地面坍塌建筑材料堆积。

9. 下陈家堡 9 号敌台 130730352101170009

位于东花园镇下陈家堡村东 940 米的山岭上，坐标：东经 115° 55′ 44.10″，北纬 40° 17′ 45.60″，高程 805 米。

南北两侧与墙体相接，平面呈矩形，立面及剖面呈梯形，东西长 8.35 米，南北宽 7.96 米，残高 5.79 米。

保存差，坍塌严重，呈堆状。结构、形制不清，基础、上部墙体及顶部设施坍塌无存。

10. 下陈家堡 10 号敌台 130730352101170010

位于东花园镇陈家堡村下堡东 580 米的山岭上，坐标：东经 115° 55′ 49.40″，北纬 40° 17′ 41.70″，高程 791 米。

南北两侧与墙体相接，平面呈矩形，残高 3.8 米。条石基础，坍塌严重，只存东北角下半部基础，其余墙体部分全部坍塌，残存基础顶部还留有四个箭窗痕迹。

保存较差，坍塌严重，结构、形制不清。基础大部坍塌，基础以上台体及设施无存。

11. 陈家堡上堡 1 号敌台 130730352101170011

位于东花园镇陈家堡村上堡东 580 米的山岭上，坐标：东经 115° 55′ 49.30″，北纬 40° 17′ 36.20″，高程 853 米。

南、北两侧与墙体相接，平面呈矩形，立面及剖面呈梯形，东西宽 9.5 米，南北长 11.9 米，通高 7.6 米。立面为四段式，一段为条石基础，白灰砌筑、白灰勾缝，露明六层；二段为城砖包砌；二段与三段间设两层砖腰檐分隔，三段为城砖砌筑，白灰砌筑、白灰勾缝，南北立面辟券门，其中南立面设 1 门 1 窗，窗下有望孔，北立面设 1 门，东西立面各辟 4 箭窗、4 望孔，东立面顶部存一吐水嘴，券门起券方式为二券二伏，箭窗为起券方式一券一伏，三段与四段间设拔檐分隔，四段设垛口墙。

保存一般，结构、形制清晰。西北角基础局部坍塌，台体的墙体均有不同程度的坍塌，内部券室坍塌，顶部垛口墙、望孔等设施无存。

12. 陈家堡上堡 2 号敌台 130730352101170012

位于东花园镇陈家堡村上堡东南 1.2 千米的山岭上，坐标：东经 115° 56′ 13.40″，北纬 40° 17′ 28.50″，高程 984 米。

东西两侧与墙体相接，平面呈矩形，立面及剖面呈梯形，东西长 10.05 米，南北宽 7.1 米，通高 4.1 米。现状立面为二段式，下段为条石基础，白灰砌筑，白灰勾缝，南侧露明 13 层，北侧露明 6 层；下段与上段间设 2 层砖砌腰檐分隔，上段为城砖砌筑，残高 2 ~ 14 层砖。

保存较差，上部结构、形制不清，条石基础保存较好，台室坍塌严重，仅残存东侧券室，地面建筑材料堆积。

13. 陈家堡上堡 3 号敌台 130730352101170013

位于东花园镇陈家堡村上堡东南 1.8 千米的山岭上，坐标：东经 115° 56′ 38.30″，北纬 40° 17′ 17.50″，高程 1063 米。

东西两侧与墙体相接，平面呈"回"字形，内设中心券室。立面及剖面呈梯形，东西长 12.13 米，南北宽 8.7 米，高 9.5 米。立面为四段式，一段为条石基础，高 3 层，白灰砌筑、白灰勾缝；二段城砖包砌，白灰砌筑、白灰勾缝；二段与三段间设 2 层砖砌腰檐分隔，三段城砖砌筑，东西立面中部各辟一券门，局部残损，两侧各辟 1 箭窗，门窗起券方式均为二伏二券。北立面辟有 4 个箭窗，起券方式为二伏二券，箭窗下均设 1 望孔，东箭窗东侧设上下两个望孔，西箭窗西侧设上下 2 个望孔，顶部现存 2 个石质吐水嘴。南立面辟有 6 个箭窗，起券方式二伏二券结构，箭窗下均设 1 望孔；三段与四段间设 3 层砖砌拔檐分隔，四段设垛口墙，残高 1 ~ 11 层砖；一层室内地面及顶部地面均为方砖墁地。

保存较好，台体结构清晰，形制基本完整。条石基础保存较好；墙体保存较完整，存多条裂缝，内部主券室顶部坍塌，一层地面保存较好；顶部垛口、望孔等设施残存。

14. 陈家堡上堡 4 号敌台 130730352101170014

位于东花园镇陈家堡村上堡东南 2.1 千米的山脊上，坐标：东经 115° 56′ 43.40″，北纬 40° 17′ 00.60″，高程 975 米。

南北两侧与墙体相接，平面呈矩形，立面及剖面呈梯形，东西宽 8.93 米，南北长 11.45 米，高 9.5 米。立面为四段式，一段为条石基础，白灰砌筑、白灰勾缝，露明 12 层；二段城砖包砌，白灰砌筑、白灰勾缝；二段与三段间设石质腰檐分隔，三段城砖砌筑。南北立面各辟 1 券门 1 箭窗，窗下设望孔，东西立面各辟 4 箭窗，窗下设望孔，门窗起券方式均为二伏二券；三段与四段间设三层砖砌拔檐分隔，四段设垛口墙，残高 1 ～ 11 层砖。

保存较好，台体结构清楚，形制基本完整。条石基础保存较好；外墙体保存较完整，四立面均存有裂缝，北立面裂缝较宽；内部主券室顶部坍塌；南立面垛口墙、望孔保存较好，其余三面坍塌严重。

15. 陈家堡上堡 5 号敌台 130730352101170015

位于东花园镇陈家堡村上堡东南 2.2 千米的山脊上，坐标：东经 115° 56′ 44.60″，北纬 40° 16′ 58.30″，高程 990 米。

南北两侧与墙体相接，平面呈矩形，立面及剖面呈梯形，东西宽 9 米，南北长 11.9 米，高 9.3 米。立面为四段式，一段为条石基础，白灰砌筑、白灰勾缝，露明 10 层；二段城砖包砌，白灰砌筑、白灰勾缝；二段与三段间设石质腰檐分隔，三段城砖砌筑，南、北立面各辟 1 券门 1 箭窗，窗下设望孔，券门宽 1.1 米、高 2.25 米、进深 2.48 米，箭窗宽 1 米、高 1.4 米、进深 2.8 米。东、西立面各辟 4 箭窗，窗下设望孔。门窗起券方式均为二伏二券；三段与四段间设 3 层砖砌拔檐分隔，四段设垛口墙，残高 1 ～ 8 层砖。

保存一般，台体结构、形制不清。条石基础保存较好；墙体北立面保存较完整，东立面南侧坍塌，现存三箭窗；南立面券门及东侧墙体坍塌，西立面局部坍塌；室内券室顶部坍塌；南立面垛口墙、望孔坍塌严重。

16. 陈家堡上堡 6 号敌台 130730352101170016

位于东花园镇陈家堡村上堡东南 3.1 千米的山脊上，坐标：东经 115° 57′ 04.70″，北纬 40° 16′ 31.00″，高程 1159 米。

东西两侧与墙体相接，平面呈矩形，立面及剖面呈梯形，东西长 14.75 米，南北宽 8.56 米，高 7.4 米。现状立面为二段式，下段为条石基础，白灰砌筑、白灰勾缝，露明 3 层；上段城砖包砌，白灰砌筑、白灰勾缝，东、西立面各辟 1 券门 1 箭窗，券门形制无法识别，箭窗宽 0.65 米，高 1.05 米，进深 0.45 米，窗台高 0.6 米。南、北立面辟箭窗，箭窗起券方式为二伏二券。

保存差，台体结构、形制不清。条石基础保存较好；西立面墙体坍塌严重，仅存 1 箭窗；东、南立面墙体全部坍塌，北立面现存 3 个箭窗；室内券室坍塌严重；顶部设施无存。

17. 陈家堡上堡 7 号敌台 130730352101170017

位于东花园镇陈家堡村上堡东南 3.2 千米的山脊上，坐标：东经 115° 57′ 10.50″，北纬 40° 16′ 27.60″，高程 1153 米。

南北两侧与墙体相接，平面呈矩形，立面及剖面呈梯形，东西宽 9.73 米，南北长 12.71 米。立面为三段式，下段为条石基础，白灰砌筑、白灰勾缝，露明 3 层；中段城砖砌筑，白灰砌筑、白灰勾缝，南北立面各辟一券门，起券方式二伏一券。东西立面各辟三箭窗；中段与上段间设二层砖砌拔檐分隔，上段设垛口墙，残高 7 ～ 15 层砖。

保存一般，条石基础保存较好；台体东北角坍塌，南立面墙体保存较好，券门局部残损，东、西立面均存三个箭窗，均有不同程度的残损。北立面券门及东侧墙体坍塌；室内券顶坍塌；顶部仅存部分垛口墙。

18. 黄台子 1 号敌台 130730352101170018

位于东花园镇黄台子村东北 2.8 千米的山脊上，坐标：东经 115° 57′ 06.40″，北纬 40° 16′ 13.80″，高程 1093 米。

南北两侧与墙体相接，平面呈矩形，立面及剖面呈梯形，南北长 10.86 米，残高 5.15 米。现状立面为二段式，下段为条石基础，白灰砌筑、白灰勾缝；上段城砖砌筑，白灰砌筑、白灰勾缝。

保存差，台体上部结构、形制不清。条石基础保存较好；台体墙体坍塌严重，门与箭窗及券室无存，顶部设施无存。

19. 黄台子 2 号敌台 130730352101170019

位于东花园镇黄台子村东北 2.5 千米的山脊上，坐标：东经 115° 56′ 53.70″，北纬 40° 16′ 06.90″，高程 1029 米。

东西两侧与墙体相接，平面呈矩形，立面及剖面呈梯形，东西宽 9 米，南北长 11.9 米，高 9.3 米。立面为四段式，一段为条石基础，白灰砌筑、白灰勾缝；二段城砖包砌，白灰砌筑、白灰勾缝；二段与三段间设 3 层砖砌腰檐分隔，三段城砖砌筑，西立面辟券门，门券室宽 1.17 米，高 2.77 米，直高 2.33 米，券门宽 0.94 米，高 2.34 米，直高 1.42 米。东立面辟一箭窗，下设望孔。南北立面各辟 3 箭窗，下设望孔，箭窗券室宽 1.21 米，高 1.82 米，直高 1.26 米，箭窗宽 0.7 米，高 1.01 米，直高 0.7 米。门窗起券方式均为一伏一券，南立面上部残存两个石质吐水嘴；三段与四段间四层砖砌拔檐分隔，四段设垛口墙，残高 1 ～ 2 层砖。

保存较好。台体结构清晰、形制基本完整。条石基础保存较好；台体基本完整，室内中心券顶坍塌，顶部设施无存。

20. 黄台子 3 号敌台 130730352101170020

位于东花园镇黄台子村东 2.3 千米的山脊上，坐标：东经 115° 56′ 46.10″，北纬 40° 16′ 08.70″，高程 1004 米。

保存差，台体结构、形制不清。台体基础大部坍塌，仅存南立面部分基础，上部坍塌无存。

21. 黄台子 4 号敌台 130730352101170021

位于东花园镇黄台子村东 2.1 千米的山脊上，坐标：东经 115° 56′ 37.90″，北纬 40° 16′ 10.20″，高程 948 米。

东西两侧与墙体相接，平面呈矩形，立面及剖面呈梯形，东西长 12.34 米，西南角高 8.85 米。立面为四段式，一段为条石基础，白灰砌筑、白灰勾缝，露明 9 层；二段城砖包砌，白灰砌筑、白灰勾缝；二段与三段间设 1 层砖砌腰檐分隔，三段城砖砌筑；三段与四段间设 4 层砖砌拔檐分隔，四段设垛口墙，残高 14 层砖。

保存差，台体结构、形制不清晰。条石基础保存较好，上部城砖砌筑，仅存西南角，其余全部坍塌；券室及顶部设施无存。

22. 黄台子 5 号敌台 130730352101170022

位于东花园镇黄台子村东 2 千米的山脊上，坐标：东经 115° 56′ 31.70″，北纬 40° 16′ 07.40″，高程 900 米。

东西两侧与墙体相接，平面"回"字形，立面及剖面呈梯形，东西长 10.78 米，南北宽 10.47 米，高 8.96 米。立面为四段式，一段为条石基础，白灰砌筑、白灰勾缝，露明 14 层；二段城砖包砌，白灰砌筑、白灰勾缝；二段与三段间设 1 层砖砌腰檐分隔，三段城砖砌筑，东、西两立面各辟 1 门 2 箭窗，门为石拱券，宽 0.93 米，高 1.93 米，直高 1.53 米，箭窗起券方式为一伏一券，窗下设望孔，南北两立面各辟 3 箭窗，箭窗下设望孔，箭窗券室宽 0.95 ～ 0.98 米，高 1.78 米，直高 1.22 米，进深 1.39 米，箭窗宽 0.75 米，高 1.27 米，直高 0.88 米；三段与四段间设 4 层砖砌拔檐分隔，四段设垛口墙，残高 2 ～ 9 层砖。

保存较好，台体结构、形制较清晰。条石基础保存较好；墙体保存完整，西立面墙体存多条裂缝、箭窗顶部残损。顶部铺房无存，垛口墙及望孔局部缺失。中心券室顶部坍塌。

23. 黄台子 6 号敌台 130730352101170023

位于东花园镇黄台子村东 1.8 千米的山脊上，坐标：东经 115° 56′ 26.20″，北纬 40° 16′ 06.60″，高程 831 米。

东西两侧与墙体相接，平面呈矩形，立面及剖面呈梯形，东西宽 10.69 米，南北长 11.01 米，高 7.15 米。现状立面为二段式，下段为条石基础，白灰砌筑、白灰勾缝，露明 12 层；上段城砖砌筑，白灰砌筑、白灰勾缝，东西立面各辟一券门，起券方式为二伏二券。

保存差，台体上部结构、形制不清晰。西、北立面条石基础局部坍塌，基础存有裂缝；上部包砖墙体基本无存，仅存南墙局部；顶部设施无存。

24. 黄台子 7 号敌台 130730352101170024

位于东花园镇黄台子村东 1.6 千米的山脊上，坐标：东经 115° 56′ 14.50″，北纬 40° 16′ 03.50″，高程 979 米。

东西两侧与墙体相接，平面呈矩形，立面及剖面呈梯形，东西长 13.44 米，南北宽 9.1 米，高 6.06 米。立面为三段式，下段为条石基础，白灰砌筑、白灰勾缝，露明 4 层；中段城砖砌筑，白灰砌筑、白灰勾缝，东西立面各辟 1 券门 1 箭窗，南、北两立面各辟四箭窗，门窗起券方式均为二券二伏；中段与上段间设 4 层砖砌拔檐分隔，上段设垛口墙，残高 2 ～ 20 层砖。

保存较差，台体结构、形制不清晰。条石基础保存较好，墙体西北角坍塌，东立面有两道裂缝，南立面保存较好；券室大部分坍塌；顶部铺房无存，垛口墙、望孔残存。

25. 黄台子 8 号敌台 130730352101170025

位于东花园镇黄台子村东 1.6 千米的山脊上，坐标：东经 115° 56′ 13.50″，北纬 40° 16′ 00.00″，高程 981 米。

南北两侧与墙体相接，平面呈矩形，立面及剖面呈梯形，东西宽 7.74 米，南北长 10.82 米，高 7.36 米。立面为三段式，下段为条石基础，白灰砌筑、白灰勾缝，露明 6 层；中段城砖砌筑，白灰砌筑、白灰勾缝，仅南立面辟一券门，起券方式为一伏一券；中段与上段间设 3 层砖砌拔檐分隔，上段设垛口墙，残高 3 ～ 13 层砖。

保存较好，台体结构、形制清晰。条石基础保存较好；墙体保存完整，南立面券门东侧墙体上存一道裂缝；顶部坍塌，铺房无存，垛口墙、望孔残存。

26. 黄台子 9 号敌台 130730352101170026

位于东花园镇黄台子村东 1.5 千米的山脊上，坐标：东经 115° 55′ 55.60″，北纬 40° 15′ 38.70″，高程 1109 米。

南、北两侧与墙体相接，平面呈矩形，立面及剖面呈梯形，东西宽 9.52 米，南北长 13.06 米，东北角高 7.44 米，北侧高 7.28 米。现状立面为三段式，下段为条石基础，白灰砌筑、白灰勾缝，露明高 2 层；中段城砖包砌，白灰砌筑、白灰勾缝；中段与上段间设 1 层砖砌拔檐分隔，上段城砖砌筑，南、北立面辟券门，东、西立面辟箭窗。

保存较差，台体上部结构、形制不清晰。条石基础保存较好；墙体坍塌严重，东立面残存 1 箭窗；南立面残存 1 箭窗，下部有损毁，存四道裂缝，北立面残存 1 箭窗，局部残损；台室部分除东、南两侧保存较好外，其余两侧均坍塌；顶部坍塌，设施无存。

27. 黄台子 10 号敌台 130730352101170027

位于东花园镇黄台子村东 1.6 千米的山脊上，坐标：东经 115° 55′ 52.80″，北纬 40° 15′ 32.30″，高程 1119 米。

南、北两侧与墙体相接，平面呈矩形，立面及剖面呈梯形，东西宽 8.48 米，南北长 12.76 米，高 7.94 米。现状立面为四段式，一段为条石基础，白灰砌筑、白灰勾缝；二段城砖包砌，白灰砌筑、白灰勾缝；二段与三段间设 4 层砖砌腰檐分隔，三段城砖砌筑，南北两立面各辟 1 门 1 箭窗，窗下设望孔，东、西两立面各辟四箭窗，箭窗下设望孔；三段与四段间设三层砖砌拔檐分隔，四段设垛口墙。

保存较差，台体上部结构、形制不清晰。条石基础保存较好；墙体东立面坍塌严重，箭窗无存；南立面券门、箭窗残损；西立面保存较好，现存 4 个箭窗；北立面坍塌严重，券门、箭窗无存；台室坍塌大部；顶部坍塌，设施无存。

28. 黄台子 11 号敌台 130730352101170028

位于东花园镇黄台子村东 1.7 千米的山脊上，坐标：东经 115° 55′ 55.60″，北纬 40° 15′ 28.70″，高程 1138 米。

南、北两侧与墙体相接，坍塌严重，形制不清晰。现存立面为四段式，一段为条石基础，白灰砌筑、白灰勾缝，露明高 2 层；二段城砖包砌，白灰砌筑、白灰勾缝；二段与三段间设 2 层砖砌腰檐分隔，三段城砖砌筑；三段与四段间设 4 层砖砌拔檐分隔，四段设垛口墙，残高 5 ～ 15 层砖。

保存差，台体结构、形制不清晰。条石基础局部坍塌；墙体大部分坍塌，仅存西南角墙壁，存一道竖向裂缝，宽约 0.1 米；台室全部坍塌；西南角顶部残存垛口墙。

29. 黄台子 12 号敌台 130730352101170029

位于东花园镇黄台子村东 1.7 千米的山脊上，坐标：东经 115° 55′ 53.20″，北纬 40° 15′ 24.50″，高程 1126 米。

南、北两侧与墙体相接，平面呈矩形，立面及剖面呈梯形，南北长 10.08 米，高 10.4 米。立面为四段式，一段为条石基础，露明高 2 层，白灰砌筑、白灰勾缝；二段城砖包砌，白灰砌筑、白灰勾缝；二段与三段间设 4 层砖砌腰檐分隔，三段城砖砌筑。南北两立面辟券门，宽 1.4 米。东、西两立面各辟三箭窗，宽 1.24 米，箭窗下设望孔；三段与四段间设 4 层砖砌拔檐分隔，四段设垛口墙。

保存较差，台体结构、形制不清晰。条石基础东侧坍塌；南立面东侧墙体坍塌，北立面东侧墙体坍塌，残存一券门，西立面保存较好，东侧箭窗券洞无存；台室坍塌；顶部仅存西侧垛口墙局部。

30. 黄台子 13 号敌台 130730352101170030

位于东花园镇黄台子村东 1.8 千米的山脊上，坐标：东经 115° 55′ 47.90″，北纬 40° 15′ 20.10″，高程 1184 米。

南、北两侧与墙体相接，平面呈矩形，立面及剖面呈梯形，东西宽 9.68 米，南北长 12.45 米，东侧高 3.74 米，西侧高 4.23 米。现状立面为三段式，下段为条石基础，白灰砌筑、白灰勾缝；中段城砖砌筑，白灰砌筑、白灰勾缝，南、北立面各辟一券门一箭窗，门宽 1.33 米，东、西立面辟箭窗；中段与上段间设 3 层砖砌拔檐分隔，上段设垛口墙。

保存较差，台体上部结构、形制不清晰。条石基础局部坍塌；东、南、西、北立面墙体局部坍塌，南立面残存 1 门 1 窗，北立面残存一券门；台室坍塌，仅存券室中部隔梁墙，顶部坍塌，设施无存。

31. 黄台子 14 号敌台 130730352101170031

位于东花园镇黄台子村东 1.9 千米的山脊上，坐标：东经 115° 55′ 44.10″，北纬 40° 15′ 15.70″，高程 1189 米。

整体状况：保存差，坍塌严重，仅存基础局部；墙体大部分坍塌，仅南、北立面存局部墙体，券室坍塌，顶部设施无存。

南、北两侧与墙体相接，平面呈矩形，东西长 12.53 米，残高 3.23 米。现状立面为二段式，下段为条石基础，白灰砌筑、白灰勾缝；上段墙体城砖砌筑，白灰砌筑、白灰勾缝，南、北立面辟券门。

32. 黄台子 15 号敌台 130730352101170032

位于东花园镇黄台子村东 1.8 千米的山脊上，坐标：东经 115° 55′ 40.30″，北纬 40° 15′ 16.00″，高程 1158 米。

东、西两侧与墙体相接，平面呈矩形，立面及剖面呈梯形，东西长 12.7 米，南北宽 9.25 米，残高 7.31 米。现状立面为二段式，下段为条石基础，白灰砌筑、白灰勾缝，露明高 3 层；上段城砖砌筑，白灰砌筑、白灰勾缝，南立面残存箭窗下望孔 2 个，北立面残存 3 个望孔

保存较差，条石基础存有裂缝；墙体坍塌，东立面墙体坍塌严重，西、南、北立面墙体残存；券室坍塌；顶部设施无存。

33. 黄台子 16 号敌台 130730352101170033

位于东花园镇黄台子村南 1.8 千米的山脊上，坐标：东经 115° 55′ 35.60″，北纬 40° 15′ 14.00″，高程 1102 米。

东、西两侧与墙体相接，平面呈矩形，东西宽 4.62 米，南北长 7.34 米，东侧高 0.65 米，西侧高 4.64 米。

保存差，整体坍塌，形制不清，砖石大量堆积。

34. 黄台子 17 号敌台 130730352101170034

位于东花园镇黄台子村南 1.8 千米的山脊上，坐标：东经 115° 55′ 31.40″，北纬 40° 15′ 12.80″，高程 1112 米。

东、西两侧与墙体相接，平面呈矩形，东西长 8.9 米，南北宽 5.1 米，残高 4.7 米。

保存差，整体坍塌，形制不清，砖石大量堆积。

35. 黄台子 18 号敌台 130730352101170035

位于东花园镇黄台子村南 1.8 千米的山脊上，坐标：东经 115° 55′ 26.20″，北纬 40° 15′ 12.60″，高程 1183 米。

东、西两侧与墙体相接，平面呈矩形，立面及剖面呈梯形，东西长 13.1 米，南北宽 9.06 米，高 8.14 米。立面为四段式，一段为条石基础，白灰砌筑、白灰勾缝，露明高 3 层；二段城砖包砌，白灰砌筑、白灰勾缝；二段与三段间设 2 层砖砌腰檐分隔，三段城砖砌筑，东西立面各辟 1 券门 2 箭窗，南北立面各辟四箭窗，门窗起券方式均为二伏二券；中段与上段间设三层砖砌拔檐分隔，上段设垛口墙。

保存一般，条石基础保存较好；墙体局部坍塌，墙面存裂缝，券门、箭窗残损，券室坍塌，顶部设施无存。

36. 黄台子 19 号敌台 130730352101170036

位于东花园镇黄台子村南 1.8 千米的山脊上，坐标：东经 115° 55′ 23.90″，北纬 40° 15′ 09.50″，高程 1196 米。

东、西两侧与墙体相接，平面呈矩形。北面墙辟四箭窗，一个存下半部，其余三个存遗迹。

保存差，台体南、西两面墙体全部坍塌，东侧墙体北半部还留存，北侧墙体保存较好，北侧墙体顶部坍塌。

37. 黄台子 20 号敌台 130730352101170037

位于东花园镇黄台子村南 1.9 千米的山脊上，坐标：东经 115° 55′ 21.80″，北纬 40° 15′ 07.00″，高程 1178 米。

东、西两侧与墙体相接，平面呈矩形，立面及剖面呈梯形，东西长 13.09 米，南北宽 8.44 米，残高 7.15 米。现状立面为三段式，下段为条石基础，白灰砌筑、白灰勾缝，露明高 5 层；中段城砖包砌，白灰砌筑、白灰勾缝；中段与上段间设 2 层砖砌腰檐分隔，上段城砖砌筑，墙体基本不存，北立面墙体存 4 个望孔。

条石基础、台芯外包城砖墙体保存较好，腰檐上部墙体坍塌严重，顶部设施无存。

38. 黄台子 21 号敌台 130730352101170038

位于东花园镇黄台子村南 2 千米的山脊上，坐标：东经 115° 55′ 15.50″，北纬 40° 15′ 04.00″，高程 1231 米。

东、西两侧与墙体相接，平面呈矩形，立面及剖面呈梯形，东西长 11.35 米，南北宽 11.06 米，残高 5.35 米。现状立面为三段式，下段为块石基础，白灰砌筑、白灰勾缝，基础上砌筑四层城砖至腰檐；下段与中段间设 4 层砖砌腰檐分隔，中段城砖砌筑，白灰砌筑、白灰勾缝，东西立面各辟 1 券门 2 箭窗，南北立面 3 箭窗；中段与上段间设 3 层砖砌拔檐分隔，上段设垛口墙，残高 2～8 层砖。

保存较差，条石基础保存较好；墙体坍塌严重，北侧和西侧顶部全部坍塌，东侧墙体形制基本完整，顶部还残存部分垛口墙，南侧墙体基本无损；券室坍塌严重，顶部设施无存。

39. 黄台子 22 号敌台 130730352101170039

位于东花园镇黄台子村南 2 千米的山脊上，坐标：东经 115° 55′ 06.90″，北纬 40° 15′ 02.70″，高程 1249 米。

东、西两侧与墙体相接，平面呈矩形，立面及剖面呈梯形，东西长 15.2 米，南北宽 9.2 米，残高 5.85 米。现状立面为三段式，下段为条石基础，白灰砌筑、白灰勾缝；中段城砖包砌，白灰砌筑、白灰勾缝；中段与上段间设 3 层砖砌腰檐分隔，上段城砖砌筑，白灰砌筑、白灰勾缝，墙体东、西立面辟券门，南、北立面辟箭窗。

保存差，条石基础掩埋，墙体坍塌严重，仅南墙部分保存，其余三面墙体不存，券室坍塌，顶部设施无存。

40. 黄台子 23 号敌台 130730352101170040

位于东花园镇黄台子村南 2.2 千米的山脊上，坐标：东经 115° 55′ 02.80″，北纬 40° 14′ 57.80″，高程 1274 米。

东、西两侧与墙体相接，平面呈矩形，立面及剖面呈梯形，东西长 11.5 米，南北宽 10.1 米，残高 6.2 米。现状立面为四段式，一段为基础，形制不清；二段城砖包砌，白灰砌筑、白灰勾缝；二段与三段间设 2 层砖砌腰檐分隔，三段城砖砌筑，高 2.2 米，白灰砌筑、白灰勾缝，东西立面辟券门，南北立面各辟 4 箭窗，窗下设望孔，箭窗起券方式为一伏一券；三段与四段间设 4 层砖砌拔檐分隔，四段设垛口，残高 1～3 层砖。

保存较差，基础建筑材料掩埋；墙体坍塌严重，南墙大部分保存，存有 3 个箭窗，箭窗保存完整，西南、东南两角坍塌，东、西两面墙残存部分墙体，北侧墙体全部坍塌。顶部设施无存。

41. 黄台子 24 号敌台 130730352101170041

位于东花园镇黄台子村西南 2.2 千米的山脊上，坐标：东经 115° 54′ 56.90″，北纬 40° 14′ 56.90″，高程 1280 米。

东、西两侧与墙体相接，平面呈矩形，残高 2.9 米，基础毛石砌筑，上部为城砖砌筑墙体。保存差，存南侧一小部分基础及砖墙，其余全部坍塌。

42. 黄台子 25 号敌台 130730352101170042

位于东花园镇黄台子村西南 2.5 千米的山脊上，坐标：东经 115° 54′ 48.80″，北纬 40° 14′ 51.00″，高程 1250 米。

东、西两侧与墙体相接，平面呈矩形，东西宽 4.6 米，南北长 8.4 米，残高 4.4 米，基础毛石砌筑，上部为城砖砌筑墙体。

保存差，坍塌严重，存东北角一小部分基础及墙体，其余全部坍塌成坡状。

43. 黄台子 26 号敌台 130730352101170043

位于东花园镇黄台子村西南 2.7 千米的山脊上，坐标：东经 115° 54′ 39.60″，北纬 40° 14′ 45.50″，高程 1356 米。

南、北两侧与墙体相接，平面呈矩形，立面及剖面呈梯形，东西宽 8.34 米，南北长 11.89 米。现存立面为四段式，一段为条石基础，白灰砌筑、白灰勾缝；二段城砖包砌，高 4.66 米，白灰砌筑、白灰勾缝；二段与三段间设 4 层砖砌腰檐分隔，三段城砖砌筑，高 2.78 米，南北两立面各辟 1 券门 1 箭窗，券门宽 0.94 米，通高 2.09 米，直高 1.52 米。东立面辟 3 箭窗，西立面辟四箭窗，箭窗下均设望孔，中间的两个箭窗大，两侧的小，大箭窗券室宽 1.24 米，通高 1.92 米，直高 1.32 米，进深 2.6 米；箭窗宽 0.71 米，高 1.12 米。小箭窗券室宽 1.24 米，通高 2.29 米，直高 1.74 米，进深 2.6 米，箭窗宽 0.81 米，高 1.12 米，门窗起券方式均为一伏一券；三段与四段间设 4 层砖砌拔檐分隔，四段设垛口墙，残高 1～3 层砖。

保存较好。墙体保存较好，外墙面有风化现象，箭窗和券门基本完好，垛口墙残存；券室坍塌严重。

44. 黄台子 27 号敌台 130730352101170044

位于东花园镇黄台子村西南 2.9 千米的山脊上，坐标：东经 115° 54′ 34.10″，北纬 40° 14′ 37.80″，高程 1432 米。

南、北两侧与墙体相接，平面呈矩形，立面及剖面呈梯形，东西宽 7.92 米，南北长 12.02 米，南侧残高 6.22 米。现存立面为三段式，下段为毛石筑台基找平；中段为条石基础，白灰砌筑、白灰勾缝；上段城砖砌筑墙体，高 5.8 米，白灰砌筑、白灰勾缝，南立面辟券门，券门内有石质踏跺，可登顶部。

保存较差，基础保存较好，墙体局部坍塌，北墙外包砖基本坍塌无存，其余三面墙还存，但均有通体上下的裂缝。南侧券门毁坏，形成一个大豁口。顶部设施无存。

45. 黄台子 28 号敌台 130730352101170045

位于东花园镇黄台子村西南 2.9 千米的山脊上，坐标：东经 115° 54′ 28.70″，北纬 40° 14′ 41.30″，高程 1376 米。

东、西两侧与墙体相接，平面呈矩形，立面及剖面呈梯形，东西长 12.49 米，南北宽 9.44 米，残高 5.94 米。现存立面为三段式，下段为条石基础，白灰砌筑、白灰勾缝，露明高 3 层；中段城砖包砌墙体，白灰砌筑、白灰勾缝，高 3.4 米；中段与上段间设 4 层砖砌腰檐分隔，上段为城砖砌筑墙体，残高 1.3 米，东、西立面辟券门，已毁。南、北立面辟箭窗。

保存较差，基础保存较好；墙体坍塌严重，南立面墙体存 4 个箭窗保存较差，西侧墙体局部坍塌，残存 1 箭窗，其余两面墙全部坍塌；顶部设施无存。

46. 黄台子 29 号敌台 130730352101170046

位于东花园镇黄台子村西南 2.8 千米的山脊上，坐标：东经 115° 54′ 22.80″，北纬 40° 14′ 45.90″，高程 1358 米。

东、西两侧与墙体相接，平面呈圆形，立面及剖面呈梯形，直径 12.95 米，残高 7.76 米。

现存立面为四段式，一段为毛石台基，在南侧用毛石垒台基，与山体取平，在平面上内收于台基两米处建台体；二段为条石基础，白灰砌筑、白灰勾缝，露明高 4 层；三段城砖包砌墙体，白灰砌筑、白灰勾缝，高 3.1 米；三段与四段间设 3 层砖砌腰檐分隔，四段为城砖砌筑墙体，残高 0.1 ～ 1.6 米。

保存较差，条石基础及拔檐以下的墙体保存较完整，拔檐以上墙体坍塌严重。

47. 黄台子 30 号敌台 130730352101170047

位于东花园镇黄台子村西南 2.7 千米的山脊上，坐标：东经 115° 54′ 19.40″，北纬 40° 14′ 48.80″，高程 1330 米。

东、西两侧与墙体相接，平面呈矩形，立面及剖面呈梯形，东西长 12.2 米，南北宽 9.75 米，西侧高 8.08 米，东侧高 6.18 米。台体根部存大量碎砖块，底部建筑情况不明。台体砖石结构，墙体白灰砌筑，白灰勾缝，台芯土石混筑。

保存差，基础掩埋，墙体外包砖基本无存，土石墙芯裸露。

48. 黄台子 31 号敌台 130730352101170048

位于东花园镇黄台子村西南 2.7 千米的山脊上，坐标：东经 115° 54′ 12.70″，北纬 40° 14′ 53.20″，高程 1366 米。

东、西两侧与墙体相接，平面呈矩形，立面及剖面呈梯形，东西长 11.75 米，南北宽 9.68 米，残高 5.27 米。现存立面为三段式，下段为基础，台体根部存大量碎砖块，基础情况不明；中段为城砖包砌墙体，露明高 2.1 ～ 3.1 米，白灰砌筑、白灰勾缝；中段与上段间设 3 层砖砌腰檐分隔，上段为城砖砌筑，残高 0.2 ～ 1.2 米，南立面墙体残存 2 个箭窗内券和 4 个望孔，推断原应为四个箭窗。

保存较差，腰檐下部保存较完整，现存墙体存多条裂缝，腰檐上部墙体坍塌严重残存箭窗和望孔。

49. 黄台子 32 号敌台 130730352101170049

位于东花园镇黄台子村西南 2.8 千米的山脊上，坐标：东经 115° 54′ 04.70″，北纬 40° 14′ 54.20″，高程 1329 米。

东、西两侧与墙体相接，平面呈矩形，残高 4.95 米，墙体城砖砌筑，残高 4 米，白灰砌筑、白灰勾缝。墙芯土石混筑。

保存差，基础为建筑材料掩埋，墙体基本坍塌无存，西北角残存局部墙体。

50. 黄台子 33 号敌台 130730352101170050

位于东花园镇黄台子村西南 2.8 千米的山脊上，坐标：东经 115° 54′ 00.70″，北纬 40° 14′ 56.80″，高程 1281 米。

东、西两侧与墙体相接，平面呈矩形，东西长 11.04 米，南北宽 8.76 米，残高 7.18 米。

墙体城砖砌筑，白灰砌筑、白灰勾缝。墙芯土石混筑。

保存较差，基础为建筑材料掩埋；墙体坍塌严重，北立面墙体全部坍塌，其余三侧墙体局部坍塌；券室坍塌，顶部设施无存。

51. 黄台子 34 号敌台 130730352101170051

位于东花园镇黄台子村西南 2.7 千米的山脊上，坐标：东经 115° 53′ 57.60″，北纬 40° 14′ 59.30″，高程 1245 米。

东、西两侧与墙体相接，残高 5.85 米。保存差，全部坍塌成圆丘状。

52. 黄台子 35 号敌台 130730352101170052

位于东花园镇黄台子村西南 2.7 千米的山脊上，坐标：东经 115° 53′ 52.60″，北纬 40° 15′ 03.30″，高程 1263 米。

东、西两侧与墙体相接，平面呈矩形，立面及剖面呈梯形，东西长 10.45 米，南北宽 8.25 米，南侧高 8.27 米，北侧高 5.9 米。现存立面为二段式，下段为条石基础，露明高 4 层，白灰砌筑、白灰勾缝；上段为台芯外包城砖墙体，残高 1.2～3.3 米，白灰砌筑、白灰勾缝。保存较差。条石基础保存较好，墙体坍塌严重，东、西、南立面残存部分包砖，北侧墙体全部坍塌成坡状，南墙上部还残留 3 个箭窗。

53. 坊安峪 1 号敌台 130730352101170053

位于瑞云观乡坊安峪村东北 3.7 千米的山脊上，坐标：东经 115° 53′ 42.60″，北纬 40° 15′ 04.00″，高程 1200 米。

东、西两侧与墙体相接，平面呈矩形，立面及剖面呈梯形，东西长 12.8 米，南北宽 6.7 米，残高 3.56 米。基础形制无法识别，墙体城砖砌筑，残 1.5 米，白灰砌筑、白灰勾缝，墙芯土石混筑。

差保存。基础为建筑材料掩埋；墙体坍塌严重，南立面、东立面南侧、西立面南侧残存部分墙体，北立面、东立面北侧、西立面北侧墙体全部坍塌成坡状，券室无存。

54. 坊安峪 2 号敌台 130730352101170054

位于瑞云观乡坊安峪村东北 3.6 千米的山脊上，坐标：东经 115° 53′ 36.70″，北纬 40° 15′ 03.70″，高程 1229 米。

南、北两侧与墙体相接，平面呈矩形，立面及剖面呈梯形，东西宽 7.32 米，南北长 7.41 米，东侧残高 4.65 米，西侧残高 5.01 米。台体部分全部由块石包砌，白灰砌筑、白灰勾缝，墙芯为块石垒砌。台体顶面的建筑无存，顶部平坦，有大量瓦块。四周地表堆积大量碎砖块。

保存一般，南立面墙体局部坍塌，其余三面保存较好。

55. 坊安峪 3 号敌台 130730352101170055

位于瑞云观乡坊安峪村东北 3.5 千米的山脊上，坐标：东经 115° 53′ 35.10″，北纬 40° 15′ 00.10″，高程 1203 米。

南、北两侧与墙体相接，平面呈矩形，立面及剖面呈梯形，东西宽 5.06 米，南北长 9.4 米，残高 6.55 米。基础形制无法识别，台芯城砖包砌，白灰砌筑、白灰勾缝，台芯土石混筑。

保存差，基础为建筑材料掩埋；墙体坍塌严重，北立面残存部分墙体，其余三面墙体全部坍塌。

56. 坊安峪 4 号敌台 130730352101170056

位于瑞云观乡坊安峪村东北 3.4 千米的山脊上，坐标：东经 115° 53′ 35.30″，北纬 40° 14′ 56.40″，高程 1156 米。

南、北两侧与墙体相接，平面呈矩形，立面及剖面呈梯形，东西宽 9.44 米，南北长 10.8 米，残高 5.96 米。基础形制无法识别，台芯外包城砖墙体，白灰砌筑、白灰勾缝，台芯土石混筑。

基础为建筑材料掩埋；墙体坍塌严重，东南角残存部分墙体，其余墙体全部坍塌。

57. 坊安峪 5 号敌台 130730352101170057

位于瑞云观乡坊安峪村东北 3.2 千米的山脊上，坐标：东经 115° 53′ 33.20″，北纬 40° 14′ 50.50″，高程 1115 米。

南、北两侧与墙体相接，平面呈矩形，立面及剖面呈梯形，东西宽 7.34 米，南北长 10.97 米，残高 4.04 米。基础形制无法识别，台芯包砌城砖，白灰砌筑、白灰勾缝，台芯土石混筑。

保存差，基础为建筑材料掩埋；台体外包砖不存，裸露墙芯。

58. 坊安峪 6 号敌台 130730352101170058

位于瑞云观乡坊安峪村东北 2.9 千米的山脊上，坐标：东经 115° 53′ 20.80″，北纬 40° 14′ 45.90″，高程 1090 米。

南、北两侧与墙体相接，基础形制无法识别，墙体城砖砌筑，白灰砌筑、白灰勾缝，残高 2.2 米，台芯土石混筑。

保存差，基础为建筑材料掩埋；墙体坍塌严重，西立面及东南角残存部分墙体，其余墙体无存。

59. 坊安峪 7 号敌台 130730352101170059

位于瑞云观乡坊安峪村东北 2.5 千米的山脊上，坐标：东经 115° 53′ 09.40″，北纬 40° 14′ 33.70″，高程 1171 米。

南、北两侧与墙体相接，平面呈矩形，立面及剖面呈梯形，东西宽 8.31 米，南北长 12.94 米，东侧高 5 米。现状立面为二段式，下段为条石基础，露明高 1 层，白灰砌筑、白灰勾缝，上段城砖砌筑墙体，高 2.4 米，白灰砌筑、白灰勾缝，台芯土石混筑。

保存差，基础为建筑材料掩埋；墙体坍塌严重，东、北立面残存部分墙体。西墙西、南立面青苔坍塌无存，券室残存。

60. 坊安峪 8 号敌台 130730352101170060

位于瑞云观乡坊安峪村东北 2 千米的山脊上，坐标：东经 115° 53′ 06.50″，北纬 40° 14′ 17.60″，高程 1365 米。

南、北两侧与墙体相接，平面呈矩形，立面及剖面呈梯形，东西长 6.14 米，残高 2.69 米。台体部分全部由块石包砌，白灰砌筑、白灰勾缝，墙芯为土石混筑。

保存差，台体坍塌严重，南立面墙体残存，其余三面墙均坍塌。券室无存。

61. 坊安峪 9 号敌台 130730352101170061

位于怀来县坊安峪村东北 1.9 千米的山脊上，坐标：东经 115° 53′ 02.10″，北纬 40° 14′ 17.70″，高程 1376 米。

东、西两侧与墙体相接，平面呈矩形，立面及剖面呈梯形，东西长 11.7 米，南北宽 7.7 米，东南角高 4.9 米，东北角高 5.26 米，西北角高 3.3 米，西南角高 4.29 米。现状立面呈二段式，下段为条石基础，露明高 2 层，白灰砌筑、白灰勾缝；上段为台芯外包城砖墙体，残高 0.5～3.3 米，白灰砌筑、白灰勾缝，墙芯块石垒砌。

保存差，条石基础保存较好；墙体坍塌，北墙残存部分墙体，西墙墙体坍塌无存，存块石墙芯，南墙下半部分的外包砖为原有的，上半部分为现代重修，东侧有台阶为重修。券室无存。

62. 坊安峪 10 号敌台 130730352101170062

位于瑞云观乡坊安峪村北 1.8 千米的山脊上，坐标：东经 115° 52′ 41.20″，北纬 40° 14′ 16.50″，高程 1270 米。

东、西两侧与墙体相接，平面呈矩形，立面及剖面呈梯形，东西长 7.2 米，南北宽 7.03 米，南侧高 5.81 米，北侧高 6.06 米。台体部分全部由块石包砌，掺灰泥砌筑、白灰勾缝，墙芯为小块石垒砌。

保存差，台体块石局部坍塌，券室无存。

63. 坊安峪 11 号敌台 130730352101170063

位于瑞云观乡坊安峪村北 2 千米的山脊上，坐标：东经 115° 52′ 28.50″，北纬 0° 14′ 23.20″，高程 1224 米。

东、西两侧与墙体相接，平面呈矩形，立面及剖面呈梯形，东西长 12.88 米，南北宽 7.23 米，南侧高 2.98 米，北侧高 4.04 米。台体部分全部由块石干槎、白灰勾缝，墙芯为小块石垒砌。

保存差，台体坍塌严重，东墙残存部分墙体，其余三面墙体坍塌无存，券室无存。

64. 坊安峪 12 号敌台 130730352101170064

位于瑞云观乡坊安峪村北 2.2 千米的山脊上，坐标：东经 115° 52′ 26.10″，北纬 40° 14′ 28.60″，高程 1198 米。

南、北两侧与墙体相接，平面呈矩形，立面及剖面呈梯形，东西宽 7.65 米，南北长 11.36 米，东侧高 2.97 米，西侧高 3.44 米。台芯土石混筑。

保存差，台体外包砖全部不存，仅存土石墙芯，券室无存。

65. 坊安峪 13 号敌台 130730352101170065

位于瑞云观乡坊安峪村北 2.3 千米的山脊上，坐标：东经 115° 52′ 19.40″，北纬 40° 14′ 34.50″，高程 1155 米。

南、北两侧与墙体相接，平面呈矩形，立面及剖面呈梯形，东西长 11.15 米，南北宽 7.66 米，残高 4.98 米。台体块石包砌，白灰砌筑、白灰勾缝，台芯土石混筑。

保存差，台体外包块石坍塌严重，东立面残存部分块石墙体，其余三面块石墙体坍塌无存，仅存土石墙芯，券室无存。

66. 坊安峪 14 号敌台 130730352101170066

位于瑞云观乡坊安峪村北 2.5 千米的山脊上，坐标：东经 115° 52′ 16.40″，北纬 40° 14′ 39.60″，高程 1124 米。

南、北两侧与墙体相接，平面呈矩形，立面及剖面呈梯形，东西宽 5.98 米，南北长 10.29 米，残高 2.88 米。台芯下半部分为碎石泥土夯筑，上半部分为夯土。

保存差，台体外包块石坍塌无存，仅存土石墙芯，券室无存。

67. 坊安峪 15 号敌台 130730352101170067

位于瑞云观乡坊安峪村北 2.7 千米的山脊上，坐标:东经 115° 52′ 13.80″，北纬 40° 14′ 46.60″，高程 1144 米。

南、北两侧与墙体相接，平面呈矩形，立面及剖面呈梯形，东西长 9.75 米，南北宽 6.7 米，残高 3.64 米。台芯下半部分为碎石泥土夯筑，上半部分为夯土。

保存差，台体外包坍塌无存，仅存土石墙芯，券室无存。

68. 坊安峪 16 号敌台 130730352101170068

位于瑞云观乡坊安峪村西北 2.8 千米的山脊上，坐标：东经 115° 52′ 03.50″，北纬 40° 14′ 46.80″，高程 1111 米。

南、北两侧与墙体相接，平面呈矩形，立面及剖面呈梯形，东西长 10.74 米，南北宽 10.37 米，南侧残高 5.49 米，北侧残高 4.71 米。台体部分为条石包砌，露明高 11 层，白灰砌筑、白灰勾缝，台芯土石混筑。

保存差，条石基础保存较好，均存有通裂缝。条石基础以上基本无存，西南、西北角残存砖墙垛。

69. 坊安峪 17 号敌台 130730352101170069

位于瑞云观乡坊安峪村西北 3 千米的山脊上，坐标：东经 115° 51′ 56.60″，北纬 40° 14′ 53.30″，高程 1187 米。

南、北两侧与墙体相接，平面呈矩形，立面及剖面呈梯形，东西长 6.8 米，南北宽 4.7 米，残高 3.49 米。台芯土石混筑。

保存差，台体全部坍塌，存土石台芯，券室坍塌无存。

70. 陆家坡 1 号敌台 130730352101170070

位于瑞云观乡陆家坡村东南 2.8 千米的山脊上，坐标：东经 115° 51′ 44.30″，北纬 40° 14′ 53.30″，高程 1229 米。

南、北两侧与墙体相接，平面呈矩形，立面及剖面呈梯形，残高 4.02 米。台芯土石混筑。

保存差，台体全部坍塌，存土石台芯，券室坍塌无存。

71. 陆家坡 2 号敌台 130730352101170071

位于瑞云观乡陆家坡村东南 2.6 千米的山脊上，坐标：东经 115° 51′ 39.00″，北纬 40° 14′ 58.10″，高程 1227 米。

南、北两侧与墙体相接，平面呈矩形，立面及剖面呈梯形，南北长 7 米，残高 4.34 米。台芯土石混筑。

保存差，台体全部坍塌，存土石台芯，券室坍塌无存。

72. 陆家坡 3 号敌台 130730352101170072

位于瑞云观乡陆家坡村东南 2.5 千米的山脊上，坐标：东经 115° 51′ 39.00″，北纬 40° 15′ 05.40″，高程 1258 米。

南、北两侧与墙体相接，底径达 7.5 米，残高 4.8 米。台芯土石混筑。

保存差，台体全部坍塌，存土石台芯，券室坍塌无存。

73. 陆家坡 4 号敌台 130730352101170073

位于瑞云观乡陆家坡村东南 2.4 千米的山脊上，坐标：东经 115° 51′ 35.50″，北纬 40° 15′ 08.40″，高程 1228。

南、北两侧与墙体相接，东西宽 8.37 米，南北长 9.68 米，残高 2.72 米。台芯土石混筑。

保存差，台体全部坍塌成堆状，存土石台芯，券室坍塌无存。

74. 陆家坡 5 号敌台 130730352101170074

位于瑞云观乡陆家坡村东南 2.3 千米的山脊上，坐标：东经 115° 51′ 36.70″，北纬 40° 15′ 19.10″，高程 1229 米。

南、北两侧与墙体相接，平面呈矩形，立面及剖面呈梯形，东西长 5.65 米，南北宽 5.59 米，残高 3.02 米。台体毛石包砌，小块石填缝，台芯土石混筑。

保存较差，台体的东立面墙体大部分坍塌，西南角坍塌，其它墙面保存较好。顶部设施无存。

75. 陆家坡 6 号敌台 130730352101170075

位于瑞云观乡陆家坡村东南 2.5 千米的山脊上，坐标：东经 115° 51′ 30.20″，北纬 40° 14′ 58.30″，高程 1198 米。

南、北两侧与墙体相接，平面呈圆形，立面及剖面呈梯形，底径 15.12 米，残高 6.89 米。台体基础条石砌筑，露明高 6 ～ 10 层，白灰砌筑、白灰勾缝，台芯土石混筑。

保存差，台体条石基础保存较好，墙体全部坍塌，券室残存。

76. 陆家坡 7 号敌台 130730352101170076

位于瑞云观乡陆家坡村东南 2.5 千米的山脊上，坐标：东经 115° 51′ 24.10″，北纬 40° 14′ 53.40″，高程 1208 米。

东、西两侧与墙体相接，平面呈矩形，立面及剖面呈梯形，南北长 7.85 米，残高 3.4 米，基础、外包墙体形制无法识别。台芯土石混筑。

保存差，基础建筑材料掩埋，台体外包砖坍塌无存，存土石墙芯。券室无存。

77. 陆家坡 8 号敌台 130730352101170077

位于瑞云观乡陆家坡村东南 2.3 千米的山脊上，坐标：东经 115° 51′ 14.50″，北纬 40° 14′ 51.90″，高程 1140 米。

东、西两侧与墙体相接，平面呈矩形，立面及剖面呈梯形，东西长 10.41 米，南北宽 7.16 米，残高 2.89 米。基础、外包墙体形制无法识别。台芯土石混筑。

保存差，基础建筑材料掩埋，台体外包坍塌无存，存土石墙芯。券室无存。

78. 陆家坡 9 号敌台 130730352101170078

位于瑞云观乡陆家坡村东南 2.2 千米的山脊上，坐标：东经 115° 51′ 04.80″，北纬 40° 14′ 48.90″，高程 1128 米。

东、西两侧与墙体相接，平面呈矩形，立面及剖面呈梯形，东西长 12.08 米，南北宽 8.31 米，残高 5.88 米。基础、外包墙体形制无法识别。台芯土石混筑。

保存差，基础建筑材料掩埋，台体外包砖坍塌无存，存土石墙芯。券室无存。

79. 陆家坡 10 号敌台 130730352101170079

位于瑞云观乡陆家坡村东南 2 千米的山脊上，坐标：东经 115° 50′ 58.80″，北纬 40° 14′ 54.80″，高程 1069 米。

东、西两侧与墙体相接，平面呈矩形，立面及剖面呈梯形，东西宽 1.34 米，南北长 6.6 米，残高 3.62 米。基础、外包墙体形制无法识别。台芯土石混筑。

保存差，基础建筑材料掩埋，台体外包砖坍塌无存，存土石墙芯。券室无存。

80. 陆家坡 11 号敌台 130730352101170080

位于瑞云观乡陆家坡村东南 1.9 千米的山脊上，坐标：东经 115° 50′ 51.20″，北纬 40° 14′ 53.00″，高程 1069 米。

东、西两侧与墙体相接，平面呈矩形，立面及剖面呈梯形，东西宽 8.17 米，南北长 8.27 米，残高 3.83 米。台体外包块石，白灰勾缝，台芯土石分层夯筑。

保存较差，台体外包块石墙体西北、东北角坍塌，其余墙体残存，券室无存。

81. 陆家坡 12 号敌台 130730352101170081

位于瑞云观乡陆家坡村东南 2 千米的山脊上，坐标：东经 115° 50′ 49.00″，北纬 40° 14′ 49.40″，高程 1069 米。

南、北两侧与墙体相接，平面呈矩形，立面及剖面呈梯形，南北长 8.02 米，东西宽 5.72 米，残高 4.41 米。台体墙面毛石砌筑，小块石填缝，白灰勾缝；台芯小块石垒砌。

保存差，墙体西立面局部坍塌，其余三侧墙体全部坍塌。

82. 陆家坡 13 号敌台 130730352101170082

位于瑞云观乡陆家坡村东南 2 千米的山脊上，坐标：东经 115° 50′ 46.20″，北纬 40° 14′ 48.50″，高程 1050 米。

东、西两侧与墙体相接，平面呈矩形，立面及剖面呈梯形，东西长 11.88 米，南北宽 8.81 米，残高 3.47 米。基础、外包墙体形制无法识别。台芯土石混筑。

保存差，基础建筑材料掩埋，台体外包砖坍塌无存，存土石墙芯。券室无存。

83. 陆家坡 14 号敌台 130730352101170083

位于瑞云观乡陆家坡村东南 1.9 千米的山脊上，坐标：东经 115° 50′ 37.70″，北纬 40° 14′ 50.60″，高程 1090 米。

东、西两侧与墙体相接，平面呈矩形，立面及剖面呈梯形，东西宽 10.98 米，南北长 11.28 米，残高 3.5 米。台体墙面块石砌筑，小块石填缝，白灰勾缝；台芯小块石垒砌。

保存差，台体外包块石存不同程度坍塌，券室无存。

84. 陆家坡 15 号敌台 130730352101170084

位于瑞云观乡陆家坡村东南 1.9 千米的山脊上，坐标：东经 115° 50′ 27.80″，北纬 40° 14′ 46.60″，高程 1038 米。

差保存。基础条石保存较好，上部墙体及券室无存。

东、西两侧与墙体相接，平面呈矩形，立面及剖面呈梯形，东西长 13.9 米，南北宽 10.22 米，残高 2.93 米。基础条石砌筑，白灰勾缝。

85. 陆家坡 16 号敌台 130730352101170085

位于瑞云观乡陆家坡村东南 1.8 千米的山脊上，坐标：东经 115° 50′ 19.00″，北纬 40° 14′ 48.50″，高程 1042 米。

东、西两侧与墙体相接，平面呈矩形，立面及剖面呈梯形，东西长 6.54 米，南北宽 6.36 米，残高 3.02 米，基础、外包墙体形制无法识别，台芯块石垒砌。

保存差，台体外包无存，存块石台芯。

86. 陆家坡 17 号敌台 130730352101170086

位于瑞云观乡陆家坡村南 1.8 千米的山脊上，坐标：东经 115° 50′ 13.30″，北纬 40° 14′ 48.00″，高程 1048 米。

东、西两侧与墙体相接，平面呈矩形，立面及剖面呈梯形，东西长 11.72 米，南北宽 8.79 米，残高 5.65 米。基础、外包墙体形制无法识别。台芯素土夹杂碎石分层夯筑，每步厚 0.15 ～ 0.21 米。

保存差，台体外包无存，存土石台芯。

87. 陆家坡 18 号敌台 130730352101170087

位于瑞云观乡陆家坡村南 2 千米的山脊上，坐标：东经 115° 50′ 11.30″，北纬 40° 14′ 42.60″，高程 1063 米。

东、西两侧与墙体相接，平面呈矩形，立面及剖面呈梯形，东西宽 6.45 米，南北长 6.71 米，残高 3.88 米。台体块石包砌，小片石填缝，墙芯小块石垒砌。

保存较差，台体东、南立面墙体局部坍塌，西、北立面墙体保存较好。券室无存

88. 陆家坡 19 号敌台 130730352101170088

位于瑞云观乡陆家坡村南 2 千米的山脊上，坐标：东经 115° 50′ 03.60″，北纬 40° 14′ 41.10″，高程 1083 米。

南、北两侧与墙体相接，平面呈矩形，立面及剖面呈梯形，东西宽 6.63 米，南北长 6.7 米，残高 6.15 米。台体块石包砌，小片石填缝，白灰勾缝，墙芯小块石垒砌。

保存较差，台体南、北立面墙体坍塌，东、西立面墙体保存较好，券室无存。

89. 陆家坡 20 号敌台 130730352101170089

位于瑞云观乡陆家坡村南 2 千米的山脊上，坐标：东经 115° 49′ 59.20″，北纬 40° 14′ 43.10″，高程 1106 米。

东、西两侧与墙体相接，平面呈矩形，立面及剖面呈梯形，东西长 9.61 米，南北宽 9.08 米，残高

3.39 米。基础、外包墙体形制无法识别。台芯素土分层夯筑，每步厚 0.15 ～ 0.2 米。

保存差，台体外包无存，存素土台芯。

90. 陆家坡 21 号敌台 130730352101170090

位于瑞云观乡陆家坡村南 2.1 千米的山脊上，坐标：东经 115° 49′ 50.00″，北纬 40° 14′ 43.30″，高程 1136 米。

东、西两侧与墙体相接，平面呈矩形，立面及剖面呈梯形，台体底部东西长 8.92 米，南北宽 5.31 米，顶部东西长 4.86 米，南北宽 3.59，残高 4.36 米。台体外包块石，白灰抹面，台芯小块石垒砌。

台体西侧 3.86 米处的墙体南侧建有登墙台阶，宽 0.85 米，长 1.25 米，高 1.92 米。

保存差，台体北立面墙体保存较好，东、西立面墙体局部坍塌，南立面墙体坍塌成坡状。券室无存，顶部设施无存。

91. 陆家坡 22 号敌台 130730352101170091

位于瑞云观乡陆家坡村西南 1.9 千米的山脊上，坐标：东经 115° 49′ 40.20″，北纬 40° 14′ 49.30″，高程 1109 米。

东、西两侧与墙体相接，平面呈矩形，立面及剖面呈梯形，底部南北宽 7.15 米，东西长 10.6 米，残高 4.56 米。基础、外包墙体形制无法识别。台芯一层土一层碎石分层夯筑。

保存差，台体外包无存，存土石台芯。

92. 陆家坡 23 号敌台 130730352101170092

位于瑞云观乡陆家坡村西南 1.9 千米的山脊上，坐标：东经 115° 49′ 32.50″，北纬 40° 14′ 52.60″，高程 1089 米。

东、西两侧与墙体相接，平面呈矩形，立面及剖面呈梯形，底南北宽 7.79 米，东西长 9.81 米，顶部东西长 9.81 米，南北长 7.79 米，残高 7.71 米。台体外包毛石，露明 8 层，白灰勾缝，台芯小块石垒砌。

保存差，台体外包墙体坍塌严重，仅南立面残存部分墙体，券室无存，顶部设施无存。

93. 陆家坡 24 号敌台 130730352101170093

位于瑞云观乡陆家坡村西南 1.8 千米的山脊上，坐标：东经 115° 49′ 28.40″，北纬 40° 14′ 57.90″，高程 1051 米。

东、西两侧与墙体相接，平面呈矩形，立面及剖面呈梯形，台体的底部东西宽 7.61 米，南北长 9.23 米，顶部南北宽 5.32 米，东西长 5.51 米，残高 6.28 米。台体外包毛石，露明 8 层，白灰勾缝，台芯小块石垒砌。

保存差，台体外包墙体坍塌严重，仅北立面残存部分墙体，券室无存，顶部设施无存。

94. 陆家坡 25 号敌台 130730352101170094

位于瑞云观乡陆家坡村西南 1.7 千米的山脊上，坐标：东经 115° 49′ 25.60″，北纬 40° 15′ 00.40″，高程 1069 米。

东、西两侧与墙体相接，平面呈矩形，立面及剖面呈梯形，东西长 7.6 米，南北宽 4.2 米，残高 3.6 米。基础、外包墙体形制无法识别。台芯小块石垒砌。

保存差，台体外包无存，存块石台芯。

95.陆家坡 26 号敌台 130730352101170095

位于瑞云观乡陆家坡村西南 1.9 千米的山脊上，坐标：东经 115° 49′ 22.10″，北纬 40° 14′ 55.70″，高程 1048 米。

台体北凸于主线墙体，平面呈圆形，立面及剖面呈梯形，东西长 6.11 米，南北宽 5.29 米，残高 4.17 米。台体外包毛石，白灰勾缝，台芯小块石垒砌。

保存较差，台体外包墙体坍塌严重，南、北、西立面残存部分墙体，东立面坍塌无存，券室无存，顶部设施无存。

96. 罗庄 1 号敌台 130730352101170096

位于瑞云观乡罗庄村南 3 千米，坐标：东经 115° 49′ 15.50″，北纬 40° 14′ 55.10″，高程 1035 米。

南、西北两侧与墙体相接，平面呈矩形，立面及剖面呈梯形，东西长 9.95 米，南北宽 8.7 米，残高 6.3 米。基础、外包墙体形制无法识别。台芯小块石垒砌。台体顶部和四周散落大量的砖瓦碎片，东侧半山腰为公路，把长城主线截断，四周植被覆盖多为低矮灌木，偶有杨树和杏树。

保存差，台体外包无存，块石台芯坍塌严重，呈堆状。

97. 罗庄 2 号敌台 130730352101170097

瑞云观乡罗庄村西南 3 千米，坐标：东经 115° 48′ 57.10″，北纬 40° 14′ 57.90″，高程 1104 米。

南、西北两侧与墙体相接，平面呈矩形，立面及剖面呈梯形，底部东西宽 5.2 米，南北长 8.5 米，西侧残高 6.3 米，顶部东西宽 4.3 米，南北长 7.8 米。基础条石砌筑，白灰勾缝，露明 2 层，东北角残存两层条石基础，外包墙体形制无法识别，台芯小块石垒砌。西侧山坡有大片的果树，四周植被覆盖较好，多为低矮灌木和杂草。

保存差，台体外包无存，块石台芯坍塌严重，呈堆状。

98. 罗庄 3 号敌台 130730352101170098

位于瑞云观乡罗庄村西南 2.8 千米，坐标：东经 115° 48′ 47.20″，北纬 40° 15′ 04.50″，高程 1083 米。

南、西北两侧与墙体相接，平面呈矩形，立面及剖面呈梯形，底部东西宽 8.4 米，南北长 12.45 米，东侧残高 3.38 米，西侧残高 4.54 米，顶部东西宽 6.56 米南北长 8.5 米。基础条石砌筑，白灰勾缝，东北侧残存两层条石，一层宽 0.34 米，长 0.8 米，宽 0.68 米，二层宽 0.4 米。外包墙体毛石砌筑，台芯土石混筑。东、西侧山势陡峭，四周植被覆盖较好，多为低矮灌木西侧多海棠树、杏树等。

保存差，条石基础保存较好，台体外包墙体坍塌严重，台芯坍塌严重，呈堆状。

99. 罗庄 4 号敌台 130730352101170099

位于瑞云观乡罗庄村西南 2.5 千米，坐标：东经 115° 48′ 42.50″，北纬 40° 15′ 16.30″，高程 1054 米。

南、西北两侧与墙体相接，平面呈矩形，东西宽 7.25 米，南北长 7.8 米，残高 3.2 米。基础、外包墙体形制无法识别。台芯素土夹渣碎石分层夯筑，每层厚 17 ～ 20 厘米。台体西侧坡度平缓，东侧坡度陡峭；四周植被覆盖多为低矮灌木和草种。

保存差，台体外包墙体坍塌无存，台芯裸露，坍塌严重，呈堆状。

100. 罗庄 5 号敌台 130730352101170100

位于瑞云观乡罗庄村西南 2.5 千米，坐标：东经 115° 48′ 29.80″，北纬 40° 15′ 19.40″，高程 1146 米。

南、西北两侧与墙体相接，平面呈矩形，东西宽 5.45 米，南北长 8.2 米，残高 6.84 米。基础、外包墙体形制无法识别。台芯土石混筑。台体东侧地势陡峭，西侧地势比较平缓，四周植被多为低矮灌木和草种。

保存差，台体外包墙体坍塌无存，块石台芯坍塌严重。

101. 罗庄 6 号敌台 130730352101170101

位于瑞云观乡罗庄村西南 2.7 千米，坐标：东经 115° 47′ 47.10″，北纬 40° 15′ 39.40″，高程 1088 米。

东、西两侧与墙体相接，平面呈矩形，立面及剖面呈梯形，东西长 13.8 米，南北宽 10.6 米，残高 3.68 米。基础、外包墙体形制无法识别。台芯土石混筑。南北侧坡度平缓，植被覆盖多为低矮灌木和草种。

保存差，台体外包墙体坍塌无存，台芯裸露。

102. 石洞 1 号敌台 130730352101170102

位于小南辛堡镇石洞村东北 3.4 千米，坐标：东经 115° 47′ 36.50″，北纬 40° 15′ 31.80″，高程 1097 米。

东、南侧接墙，平面呈矩形，立面及剖面呈梯形，东西宽 9.2 米，南北长 5.6 米，残高 4.04 米。基础、外包墙体形制无法识别。台芯土石混筑。西、北侧地势陡峭，东南侧地势较平缓，植被覆盖多为低矮草种。

保存差，台体外包墙体坍塌无存，台芯裸露。

103. 石洞 2 号敌台 130730352101170103

位于小南辛堡镇石洞村东北 3.1 千米，坐标：东经 115° 47′ 25.10″，北纬 40° 15′ 20.40″，高程 1094 米。

东、南侧接墙，平面呈矩形，立面及剖面呈梯形，东西宽 6.65 米，南北长 6.74 米，残高 6.89 米。基础条石砌筑，露明高 2 层，白灰勾缝，外包墙体形制无法识别。台芯土石混筑。台体东北侧为沟，坡度较陡，南侧地势平缓，四周植被覆盖多为低矮灌木和杂草，南侧种植有少量果树。

保存差，条石基础大部分为建筑材料掩埋，仅北立面西侧残存部分基础，台体外包墙体坍塌无存，台芯坍塌严重，呈堆状。

104. 石洞 3 号敌台 130730352101170104

位于小南辛堡镇石洞村东 3 千米，坐标：东经 115° 47′ 22.90″，北纬 40° 15′ 11.70″，高程 1132 米。

南、北侧接墙，平面呈矩形，立面及剖面呈梯形，东西宽 9.6 米，南北长 13.43 米，西侧残高 8.43 米。基础条石砌筑，白灰勾缝，露明 7 层，高 2.95 米；外包墙体形制无法识别，台芯掺灰泥块石砌筑，残高 5.48 米，厚 2 米。南、北立面辟券门，宽 2.26 米，东、西立面辟 3 箭窗，宽 1.27 米。台体四周植被覆盖多为低矮灌木和杂草。

保存一般，基础保存较好，外包墙体坍塌缺失，残存台芯。

105. 石洞 4 号敌台 130730352101170105

位于小南辛堡镇石洞村东 3 千米，坐标：东经 115° 47′ 22.60″，北纬 40° 15′ 07.70″，高程 1117 米。

南、北侧接墙，东西宽 4.2 米，南北长 9.85 米，残高 4.6 米。基础、外包墙体形制无法识别。台芯土石混筑。台体东、西侧为坡，地势较为平缓；四周植被覆盖多为低矮灌木和杂草。

保存差，台体外包墙体坍塌无存，台芯坍塌严重，呈堆状。

106. 石洞 5 号敌台 130730352101170106

位于小南辛堡镇石洞村东南 2.9 千米，坐标：东经 115° 47′ 19.60″，北纬 40° 15′ 03.10″，高程 1090 米。

东、西侧接墙，平面呈矩形，立面及剖面呈梯形，东西宽 6.9 米，南北底长 12.4 米，残高 4.3 米。基础条石砌筑，露明高 3 层，白灰勾缝，外包墙体形制无法识别。台芯土石混筑。四周为植被覆盖多为低灌木和杂草。

保存差，条石基础大部分为建筑材料掩埋，仅西、南残存部分基础，台体外包墙体坍塌无存，台芯坍塌严重，呈堆状。

107. 石洞 6 号敌台 130730352101170107

位于小南辛堡镇石洞村东南 2.9 千米，坐标：东经 115° 47′ 17.30″，北纬 40° 14′ 58.90″，高程 1062 米。

东、西侧接墙，平面呈矩形，立面及剖面呈梯形，东西宽 10.74 米，南北长 11.4 米，残高 4.3 米，基础条石砌筑，露明高 4 层，自上而下依次为 0.34 米、0.34 米、0.43 米、0.48 米，白灰勾缝，外包墙体形制无法识别。台芯分为素土与块石两部分，条石上为素土分层夯筑，每层厚 8～10 厘米，高 1.55 米，素土墙芯上砌筑块石墙芯，高 1.3 米。台体四周植被覆盖多为低矮灌木和杂草。

保存差，条石基础大部分为建筑材料掩埋，仅西南角露明部分基础，台体外包墙体坍塌无存，台芯坍塌严重，呈堆状。

108. 庙港 1 号敌台 130730352101170108

位于小南辛堡镇庙港村东北 2.6 千米，坐标：东经 115° 47′ 16.00″，北纬 40° 14′ 50.40″，高程 1031 米。

东、西侧接墙，平面呈矩形，东西宽 7.14 米，南北长 16.44 米，残高 5.81 米。基础条石砌筑，露明高 2 层，高 0.65 米，白灰勾缝。外包墙体形制无法识别。台芯块石垒砌。台体西侧为谷，坡度陡峭，南北侧坡度较为平缓，四周植被多为低矮灌木。

保存差，条石基础大部分为建筑材料掩埋，仅西南角露明部分基础，台体外包墙体坍塌无存，台芯坍塌严重。

109. 庙港 2 号敌台 130730352101170109

位于小南辛堡镇庙港村东北 2.7 千米，坐标：东经 115° 47′ 22.20″，北纬 40° 14′ 38.70″，高程 1126 米。

南、北侧接墙，平面呈矩形，立面及剖面呈梯形，东西长 13.4 米，南北宽 8.8 米，残高 11.62 米。台体外包条石，白灰勾缝，台芯碎石板垒砌，南、北辟券门，东、西辟 2 箭窗。台体四周植被覆盖多为低矮灌木和杂草。

保存差，外包条石墙体坍塌严重，存多条裂缝。

110. 庙港 3 号敌台 130730352101170110

位于小南辛堡镇庙港村东北 2.7 千米，坐标：东经 115° 47′ 28.50″，北纬 40° 14′ 33.70″，高程 1171 米。

南、北侧接墙，平面呈矩形，立面及剖面呈梯形，东西宽 7.77 米，南北底长 14.88 米，残高 7.86

米，台体外包条石，白灰勾缝，台芯块石垒砌。南立面辟门，宽 1.23 米；东南角顶部残存垛口遗迹；东立面上部残存 2 个出水孔。台体四周植被多为低矮灌木。

保存一般，台体保存完整，外包墙体局部坍塌。

111. 庙港 4 号敌台 130730352101170111

位于小南辛堡镇庙港村东北 3.4 千米，坐标：东经 115° 48′ 00.30″，北纬 40° 14′ 16.10″，高程 1298 米。

保存差，条石基础大部分为建筑材料掩埋，仅东南角残存部分基础，台体外包墙体坍塌无存，台芯坍塌严重。

南、北侧接墙，平面呈矩形，东西宽 9.1 米，南北长 10.5 米，残高 3.2 米。基础条石砌筑，露明高 4 层，白灰勾缝。外包墙体形制无法识别。台芯块石垒砌。四周植被覆盖为低矮灌木。

112. 庙港 5 号敌台 130730352101170112

位于小南辛堡镇庙港村东南 3.5 千米，坐标：东经 115° 48′ 00.50″，北纬 40° 14′ 04.00″，高程 1290 米。

南、北侧接墙，平面呈矩形，立面及剖面呈梯形，东西宽 8.9 米，南北长 11.7 米，高 4.86 米。基础条石砌筑，白灰勾缝，露明高 9 ～ 14 层，条石长 2 ～ 0.35 米，厚 0.19 ～ 0.26 米。台体四周散落大量的砖块。四周植被覆盖多为低矮灌木。

保存差，台体基础保存较好，上部墙体坍塌无存。

113. 庙港 6 号敌台 130730352101170113

位于小南辛堡镇庙港村东南 3.6 千米，东经 115° 48′ 05.10″，北纬 40° 13′ 58.60″，高程 1251 米。

南、北侧接墙，平面呈矩形，立面及剖面呈梯形，东西宽 9.23 米，南北长 13.38 米，残高 4.83 米。基础条石砌筑，白灰勾缝，露明高 10 层，放脚一层；外包城砖墙体，白灰砌筑、白灰勾缝；台芯块石垒砌。东侧植被较好，多为低矮灌木。

保存差，条石基础保存较好，城砖墙体基本无存，南、北立面残存部分墙体，台芯裸露。

114. 庙港 7 号敌台 130730352101170114

位于小南辛堡镇庙港村东南 3.5 千米，坐标：东经 115° 48′ 02.30″，北纬 40° 13′ 51.10″，高程 1234 米。

南、北侧接墙，平面呈矩形，立面及剖面呈梯形，东西宽 10.41 米，南北长 10.82 米，残高 5.23 米。基础条石砌筑，白灰勾缝，高 5.2 米，条石长 0.3 ～ 0.9 米。台体四周散落大量的砖块。四周植被覆盖多为低矮灌木。

保存差，台体基础保存较好，上部墙体坍塌无存。

115. 庙港 8 号敌台 130730352101170115

位于小南辛堡镇庙港村东南 3.6 千米，坐标：东经 115° 48′ 01.90″，北纬 40° 13′ 42.70″，高程 1314 米。

南、北侧接墙，平面呈矩形，东西宽 6.16 米，南北长 9.8 米，残高 4.65 米。基础、外包墙体形制无法识别。台芯块石垒砌。台体四周散落大量的碎砖块，东、西侧地势较为陡峭，四周植被覆盖较好，多为低矮灌木。

保存差，基础、上部墙体坍塌无存，台芯毁坏坍塌严重。

116. 庙港 9 号敌台 130730352101170116

位于小南辛堡镇庙港村东南 3.6 千米，坐标：东经 115° 48′ 00.50″，北纬 40° 13′ 38.30″，高程 1262 米。

南、北侧接墙，平面呈圆形，立面及剖面呈梯形，底径 11.85 米，顶径 9.7 米，残高 7.9 米。基础条石砌筑，白灰勾缝，露明 12 层、高 5 米。外包墙体形制无法识别。台芯块石分层砌筑，每层毛石厚 0.3 米，白灰层厚 3～5 厘米，残高 2.9 米。东侧地势平缓，西侧地势陡峭；四周植被覆盖较好，多为低矮灌木。

保存差，基础保存较好，外包墙体坍塌无存，残存块石台芯。

117. 庙港 10 号敌台 130730352101170117

位于小南辛堡镇庙港村东南 3.5 千米，坐标：东经 115° 47′ 55.90″，北纬 40° 13′ 32.20″，高程 1294 米。

南、北侧接墙，平面呈矩形，立面及剖面呈梯形，东西长 8.5 米，南北宽 7.66 米，残高 2.2 米。基础毛石砌筑，白灰勾缝。外包墙体形制无法识别。台芯块石垒砌。台体四周残存大量的碎青砖块，西侧为谷，地势陡峭；其他几面坡度较为平缓；四周植被覆盖较好，多为低矮灌木。

保存差，基础保存较好，上部墙体坍塌无存。

118. 庙港 11 号敌台 130730352101170118

位于小南辛堡镇庙港村东南 3.6 千米，坐标：东经 115° 47′ 54.30″，北纬 40° 13′ 26.50″，高程 1299 米。

南、北侧接墙，平面呈矩形，立面及剖面呈梯形，东西宽 7.2 米，南北长 11.16 米，残高 3.86 米，基础毛石砌筑，白灰勾缝，露明高 8 层。外包墙体形制无法识别。台芯块石垒砌。台体东侧地势较陡，西侧地势平缓；台体四周植被覆盖较好。

保存差，基础保存较好，上部墙体坍塌无存。

119. 庙港 12 号敌台 130730352101170119

位于小南辛堡镇庙港村东南 3.6 千米，坐标：东经 115° 47′ 54.00″，北纬 40° 13′ 20.20″，高程 1314 米。

南、北侧接墙，平面呈矩形，东西宽 11.17 米，南北长 11.8 米，残高 3.5 米，基础条石砌筑，白灰勾缝，露明高一层。外包墙体形制无法识别。台芯块石垒砌，东侧台芯残高 2.6 米，西侧残高 3.5 米。台体东、西两侧为沟，坡度较为平缓，四周植被覆盖较好。

保存差，条石基础大部分为建筑材料掩埋，仅西北角残存部分基础，台体外包墙体坍塌无存，台芯坍塌严重。

120. 庙港 13 号敌台 130730352101170120

位于小南辛堡镇庙港村东南 3.3 千米，坐标：东经 115° 47′ 37.70″，北纬 40° 13′ 16.20″，高程 1342 米。

南、北侧接墙，东西长宽 5.4 米，南北长 7.8 米，残高 6.5 米。基础、外包墙体形制无法识别。台芯块石垒砌，台体东、西侧地势较陡，四周植被覆盖较好，多为低矮灌木和杂草。

保存差，基础、上部墙体坍塌无存，台芯毁坏坍塌严重。

121. 庙港 14 号敌台 130730352101170121

位于小南辛堡镇庙港村东南 3.2 千米，东经 115° 47′ 24.20″，北纬 40° 13′ 09.80″，高程 1330 米。

东、西侧接墙，平面呈矩形，东西长 11.24 米，南北宽 4.8 米，残高 4.88 米。基础形制无法识别；外包城砖墙体，白灰砌筑、白灰勾缝，城砖规格：0.38 米 × 0.19 米 × 0.08 米；台芯块石垒砌。南、北侧坡度较陡，四周植被覆盖较好，多为低矮灌木和杂草。

保存差，基础为坍塌建筑材料掩埋；外包墙体基本坍塌无存，仅西南角、西北角残存部分墙体，台芯坍塌严重，呈堆状。

122. 庙港 15 号敌台 130730352101170122

位于小南辛堡镇庙港村东南 3 千米，坐标：东经 115° 47′ 12.20″，北纬 40° 13′ 06.20″，高程 1315 米。

东、西侧接墙，平面呈矩形，立面及剖面呈梯形，东西宽 8.15 米，南北长 11.46 米，残高 4.88 米。基础形制无法识别；外包城砖墙体，白灰砌筑、白灰勾缝，城砖规格：0.4 米 ×0.2 米 ×0.09 米；台芯块石垒砌。台体南、北侧为沟，坡度较为平缓，四周植被覆盖较好，多为低矮灌木和杂草。

保存差，基础为坍塌建筑材料掩埋；外包墙体坍塌严重，东、西、北立面残存部分墙体，台芯局部坍塌。

123. 外井 1 号敌台 130730352101170123

位于小南辛堡镇外井村东南 3.9 千米，坐标：东经 115° 47′ 15.10″，北纬 40° 12′ 58.00″，高程 1309 米。

东、西侧接墙，平面呈矩形，立面及剖面呈梯形，东西宽 7.3 米，南北长 12.4 米，残高 4.8 米。基础、外包墙体形制无法识别。台芯块石垒砌。台体东、西侧为沟，坡度平缓，四周植被覆盖较好，多为低矮灌木和杂草。

保存差，基础为坍塌建筑材料掩埋；外包墙体坍塌无存，台芯局部坍塌。

124. 外井 2 号敌台 130730352101170124

位于小南辛堡镇外井村东南 4 千米，坐标：东经 115° 47′ 14.30″，北纬 40° 12′ 45.60″，高程 1331 米。

东、西侧接墙，平面呈圆形，立面及剖面呈梯形，南北直径 11.5 米，东西直径 9.5 米，残高 6.75 米。基础形制无法识别；外包城砖墙体，白灰砌筑、白灰勾缝。南、北立面辟 1 券门 1 箭窗宽 1.4 米，东、西立面各辟 3 箭窗宽 1.4 米、1.9 米、1.3 米。台体四周散落大量的碎砖块，东、西两侧坡度较为平缓，四周植被覆盖较好，多为低矮灌木和杂草。

保存差，基础为坍塌建筑材料掩埋；墙体面砖缺失，背里砖裸露，顶部设施无存。

125. 外井 3 号敌台 130730352101170125

位于小南辛堡镇外井村东南 4 千米，坐标：东经 115° 47′ 11.90″，北纬 40° 12′ 38.20″，高程 1334 米。

东、西侧接墙，残高 5.4 米。基础、外包墙体形制无法识别。台芯块石垒砌。四周植被覆盖较好，多为低矮灌木和杂草。

保存差，基础、上部墙体坍塌无存，台芯毁坏坍塌严重，呈堆状。

126. 外井 4 号敌台 130730352101170126

位于小南辛堡镇外井村东南 3.9 千米，坐标：东经 115° 47′ 04.80″，北纬 40° 12′ 31.90″，高程 1311 米。

东、西侧接墙，东西宽 9.2 米，南北长 11.2 米，残高 5.4 米基础、外包墙体形制无法识别。台芯块石垒砌。台体上和四周散落大量的碎砖块，南、北侧地势陡峭，四周植被覆盖较好，多为低矮灌木和杂草。

保存差，基础、上部墙体坍塌无存，台芯毁坏坍塌严重，呈堆状。

127. 外井 5 号敌台 130730352101170127

位于小南辛堡镇外井村东南 3.9 千米，坐标：东经 115° 46′ 59.70″，北纬 40° 12′ 26.60″，高程 1320 米。

东、西侧接墙，平面呈矩形，立面及剖面呈梯形，东西长 12.6 米，南北宽 9.1 米，残高 6.5 米；基础形制无法识别；外包城砖墙体，白灰砌筑、白灰勾缝，城砖规格：0.38 米 ×0.18 米 ×0.09 米。台芯块石垒砌。台体上和四周散落大量的碎砖块，南北侧地势陡峭，四周植被覆盖较好，多为低矮灌木和杂草。

保存差，基础为坍塌建筑材料掩埋，墙体局部坍塌严重，南立面残存部分墙体，顶部设施无存。

128. 外井 6 号敌台 130730352101170128

位于小南辛堡镇外井村东南 3.8 千米，坐标：东经 115° 46′ 55.00″，北纬 40° 12′ 20.00″，高程 1350 米。

东、西侧接墙，平面呈矩形，立面及剖面呈梯形，东西长 12.6 米，南北宽 9.2 米，残高 4.5 米。现状立面为三段式，下段为条石基础，露明 3 层，高 0.94 米，白灰砌筑、白灰勾缝；中段为台芯外包城砖墙体，灰砌筑、白灰勾缝，城砖规格 0.4 米 ×0.18 米 ×0.085 米；中段与上段间设三层砖砌腰檐，上段为城砖墙体，残高 0.7 米。台体北侧地势陡峭，南侧地势较为平缓四周植被覆盖较好，多为低矮灌木和杂草。

保存差，基础保存较好，台体外包砖局部坍塌，腰檐以上墙体基本无存，土石砌筑台芯裸露。

129. 外井 7 号敌台 130730352101170129

位于小南辛堡镇外井村东南 4.1 千米，坐标：东经 115° 47′ 00.80″，北纬 40° 12′ 17.30″，高程 1298 米。

东、西侧接墙，平面呈矩形，东西宽 6.2 米，南北长 9.5 米，残高 4.5 米。基础、外包墙体形制无法识别。台芯块石垒砌。台体四周散落大量的碎砖块，东、西两侧为沟，地势较为平缓。四周植被覆盖较好，多为低矮灌木和杂草。

保存差，基础、上部墙体坍塌无存，台芯毁坏坍塌严重，呈堆状。

130. 外井 8 号敌台 130730352101170130

位于小南辛堡镇外井村东南 4.2 千米，坐标：东经 115° 47′ 03.90″，北纬 40° 12′ 10.80″，高程 1348 米。

南、北侧接墙，平面呈矩形，东西宽 9.5 米，南北长 12.3 米，残高 5 米。基础、外包墙体形制无法识别。台芯块石垒砌。台体四周散落大量的碎砖块，东、西两侧为沟，地势较为平缓。四周植被覆盖较好，多为低矮灌木和杂草。

保存差，基础、上部墙体坍塌无存，台芯毁坏坍塌严重，呈堆状。

131. 外井 9 号敌台 130730352101170131

位于小南辛堡镇外井村东南 4.4 千米，坐标：东经 115° 47′ 06.30″，北纬 40° 12′ 00.60″，高程 1365 米。

南、北侧接墙，平面呈矩形，残高 4.05 米，基础块石砌筑、白灰勾缝，露明高 8 层、2.85 米；墙体形制无法识别。台体东、西侧为沟，四周植被覆盖较好，多为低矮灌木和杂草。

保存差，基础坍塌严重，仅存西立面基础保存较好。上部墙体坍塌无存。

132. 水头 1 号敌台 130730352101170132

位于小南辛堡镇水头村东北 2.3 千米，坐标：东经 115° 47′ 07.70″，北纬 40° 11′ 49.40″，高程 1345 米。

南、北侧接墙，平面呈矩形，立面及剖面呈梯形，东西长 17.3 米，残高 9.88 米。立面为四段式，一段为条石基础，露明高 4 层、1.1 米，白灰砌筑、白灰勾缝；二段为台芯外包城砖墙体，白灰砌筑、白灰勾缝；二段与三段间设四层砖砌腰檐分隔，三段城砖砌筑墙体，南、北立面辟 1 券门 1 箭窗，门宽 1 米，箭窗宽 0.8 米，高 1.21 米，东、西立面各辟有 4 个箭窗通高 1.21 米，直高 0.82 米，宽 0.66 米，箭窗下有射孔 0.2 米 ×0.2 米；三段与四段间设四层砖砌拔檐分隔，拔檐两侧有 2 个出水孔（吐水嘴缺失）；四段设垛口墙，垛口宽 0.48 米，高 1.68 米。台体东、西侧为沟，四周植被覆盖较好，多为低矮灌木和杂草。

保存一般，基础保存较好；墙体局部坍塌，东侧坍塌严重，呈坡状，残存东南角，台体下散落大量的砖块；南立面保存比较完整，门已坍塌，箭窗部位有裂缝直达顶部垛口；西侧保存较好，顶部垛口墙残损；北侧坍塌二分之一，残存 1 个箭窗。

133. 水头 2 号敌台 130730352101170133

位于小南辛堡镇水头村东北 2.1 千米，坐标：东经 115° 47′ 07.10″，北纬 40° 11′ 37.40″，高程 1306 米。

南、北侧接墙，平面呈矩形，立面及剖面呈梯形，东西长 10.06 米，南北宽 10.01 米。

残高 5.3 米。基础条石砌筑，白灰勾缝，露明高 1 层、0.3 米。台芯外包城砖墙体，白灰砌筑、白灰勾缝。台体东、西侧为沟，四周植被覆盖较好，多为低矮灌木和杂草。

保存差，基础大部分为建筑材料掩埋，仅西立面残存外露部分基础；墙体坍塌严重，西立面残存部分墙体，其他三面均坍塌成坡状；券室坍塌，顶部设施无存。

134. 水头 3 号敌台 130730352101170134

位于小南辛堡镇水头村东北 2 千米，坐标：东经 115° 47′ 02.60″，北纬 40° 11′ 33.40″，高程 1345 米。

南、北侧接墙，平面呈矩形，立面及剖面呈梯形，东西宽 11.4 米，南北长 14.6 米，残高 7.3 米。现状立面为二段式，下段为条石基础，白灰砌筑、白灰勾缝，露明高 2 层、0.6 米；二段为城砖墙体，白灰砌筑、白灰勾缝。西立面残存 2 个射孔，南立面残存 1 个射孔，射孔 0.2 米 ×0.2 米，墙芯块石垒起。台体东、西侧为沟，四周植被覆盖较好，多为低矮灌木和杂草。

保存差，基础局部为建筑材料掩埋。墙体坍塌严重，仅西、南立面残存部分墙体，东、北立面全部坍塌。券室坍塌，顶部设施无存。

135. 水头 4 号敌台 130730352101170135

位于小南辛堡镇水头村东北 1.9 千米，坐标：东经 115° 47′ 00.70″，北纬 40° 11′ 28.00″，高程 1351 米。

南、北侧接墙，平面呈矩形，立面及剖面呈梯形，东西宽 11.4 米，南北 12.66 米，残高 8.3 米。现状立面为四段式，下段为条石基础，白灰砌筑、白灰勾缝，露明高 3 层；二段为台体外包城砖墙体，白灰砌筑、白灰勾缝，城砖规格：0.41 米 ×0.2 米 ×0.1 米；二段与三段间设 4 层砖砌腰檐分隔，三段为城砖墙体，白灰砌筑、白灰勾缝。南、北立面各辟 1 门 1 箭窗。箭窗宽 0.78 米，直高 0.68 米，通高 1.1 米，窗下设射孔，东、西立面各辟 4 箭窗，窗下设射孔。券门高 2.53 米，宽 1.92 米。箭窗宽 0.78 米，直高 0.68 米，通高 1.1 米。射孔高 0.34 米，宽 0.28 米，门、窗起券方式为二伏二券；三段与四段间设三层砖砌拔檐，四段设垛口墙。台体东、西立面为沟，四周植被覆盖较好，多为低矮灌木和杂草。

保存一般，基础保存较好。墙体局部坍塌，东南角上部坍塌，部分箭窗破损严重，中西券室坍塌，顶部设施无存。

136. 水头 5 号敌台 130730352101170136

位于点小南辛堡镇水头村东北 1.6 千米，坐标：东经 115° 47′ 54.30″，北纬 40° 11′ 19.10″，高程 1374 米。

东侧接墙，平面呈矩形，立面及剖面呈梯形，东西宽 10.5 米，南北长 12 米，残高 7.5 米。现状立面为二段式，下段为条石基础，白灰砌筑、白灰勾缝，露明高 3 层；上段为台芯外包城砖墙体，白灰砌筑、白灰勾缝，高 4.7 米。台体南、西、北三面为谷，地势陡峭，四周植被覆盖较好，多为低矮灌木和杂草。

保存一般，基础保存较好；墙体坍塌严重，腰檐以下外包墙体保存较完整，腰檐以上墙体坍塌无存，券室坍塌，顶部设施无存。

137. 水头 6 号敌台 130730352101170137

位于小南辛堡镇水头村东 1.6 千米，坐标：东经 115° 46′ 56.10″，北纬 40° 11′ 11.30″，高程 1317 米。

南、北侧接墙，平面呈矩形，立面及剖面呈梯形，东西宽 10 米，南北长 11.6 米，残高 7.5 米。基础为条石基础，白灰勾缝，露明高 2 层。外包墙体形制无法识别，台芯土石混筑。台体东、西侧为沟，坡度较为平缓，四周植被覆盖较好，多为低矮灌木和杂草。

保存较差，基础大部分为建筑材料掩埋，仅西立面南侧外露部分条石，墙体全部坍塌，顶部设施无存。

138. 水头 7 号敌台 130730352101170138

位于小南辛堡镇水头村东南 1.6 千米，坐标：东经 115° 46′ 50.60″，北纬 40° 10′ 53.70″，高程 1270 米。

南、北侧接墙，平面呈矩形，立面及剖面呈梯形，东西长 8.72 米，南北宽 7.62 米，残高 4.75 米。基础、墙体形制无法识别，台芯土石混筑。台体东侧坡度较陡，西侧较平缓，四周植被覆盖较好，多为低矮灌木和杂草。

保存较差，基础建筑材料掩埋，外包墙体坍塌无存，台芯裸露，券室坍塌，顶部设施无存。

139. 水头 8 号敌台 130730352101170139

位于小南辛堡镇水头村东南 1.6 千米，坐标：东经 115° 46′ 48.50″，北纬 40° 10′ 50.40″，高程 1285 米。

南、北侧接墙，平面呈圆形，立面及剖面呈梯形，直径 6.6 米，残高 6.25 米。现状立面为三段式，下段为条石基础，白灰砌筑、白灰勾缝，露明高 6 层；中段为台芯外包城砖墙体，白灰砌筑、白灰勾缝，高 2.1 米；中段与上段间设三层砖砌腰檐，上段为城砖砌筑墙体，白灰砌筑、白灰勾缝，残高 2 米，台芯掺灰泥块石分层砌筑。台体东侧坡度较陡，西侧较平缓，四周植被覆盖较好，多为低矮灌木和杂草。

保存一般，基础保存较好，墙体局部坍塌，券室坍塌无存，顶部设施无存。

140. 水头 9 号敌台 130730352101170140

位于小南辛堡镇水头村东南 1.7 千米，坐标：东经 115° 46′ 50.90″，北纬 40° 10′ 46.00″，高程 1228 米。

南、北侧接墙，平面呈矩形，立面及剖面呈梯形，东西宽 7.82 米，南北长 15.12 米，残高 4.3 米，台体外包墙体块石垒起，白灰勾缝，台芯土石混筑。台体东、西侧坡度较为平缓，植被覆盖较好，多为低矮灌木。

保存差，台体外包块石坍塌严重，西南角残存部分墙体，台芯坍塌严重，呈堆状。

141. 水头 10 号敌台 130730352101170141

位于小南辛堡镇水头村东南 1.8 千米，坐标：东经 115° 46′ 51.40″，北纬 40° 10′ 41.70″，高程 1265 米。

南、北侧接墙，东西宽 9.1 米，南北长 10.5 米，残高 5.1 米；基础、墙体形制无法辨别，台芯土石混筑。台体东、西侧坡度较大，植被覆盖较好，多为低矮灌木。

保存差，基础坍塌的建筑材料掩埋，外包墙体坍塌无存，台芯坍塌严重。

142. 水头 11 号敌台 130730352101170142

位于小南辛堡镇水头村东南 1.8 千米，坐标：东经 115° 46′ 47.90″，北纬 40° 10′ 38.00″，高程 1300 米。

南、北侧接墙，平面呈圆形，立面及剖面呈梯形，直径 10.82 米，残高 7.25 米。现状立面为三段式，下段为条石基础，白灰砌筑、白灰勾缝，露明高 1～4 层；中段为台芯外包城砖墙体，白灰砌筑、白灰勾缝，高 1～2.1 米；中段与上段间设三层砖砌腰檐，上段为城砖砌筑墙体，白灰砌筑、白灰勾缝，残高 2 米，台芯掺灰泥块石分层砌筑。台体东、西侧坡度较陡，四周植被覆盖较好，多为低矮灌木和杂草。

保存一般，基础保存较好，墙体局部坍塌，券室坍塌无存，顶部设施无存。

143. 水头 12 号敌台 130730352101170143

位于小南辛堡镇水头村东南 1.7 千米，坐标：东经 115° 46′ 43.90″，北纬 40° 10′ 36.60″，高程 1272 米。

东、西侧接墙，东西长 10.3 米，南北宽 8.53 米，残高 4.8 米；基础、墙体形制无法辨别，台芯土石混筑。台体南侧地势陡峭，北侧地势平缓，植被覆盖较好，多为低矮灌木。

保存差，基础坍塌的建筑材料掩埋，外包墙体坍塌无存，台芯坍塌严重。

144. 水头 13 号敌台 130730352101170144

位于小南辛堡镇水头村东南 1.5 千米，坐标：东经 115° 46′ 28.00″，北纬 40° 10′ 34.90″，高程 1165 米。

东、西侧接墙，东西宽 8.7 米，南北残长 10.05 米。基础、墙体形制无法辨别，台芯土石混筑。台体北、西侧为沟，坡度较为平缓，四周植被覆盖较好，多为低矮灌木。

保存差，基础坍塌的建筑材料掩埋，外包墙体坍塌无存，台芯坍塌严重。

145. 水头 14 号敌台 130730352101170145

位于小南辛堡镇水头村东南 1.3 千米，坐标：东经 115° 46′ 24.60″，北纬 40° 10′ 37.20″，高程 1115 米。

南侧接墙，平面呈矩形，立面及剖面呈梯形，东西长 8.1 米，南北残宽 5.5 米，残高 1.85 米。基础、墙体形制无法辨别，台芯土石混筑。台体东、北、西侧为沟，坡度平缓，四周植被覆盖较好，多为低矮灌木。

保存差，基础坍塌的建筑材料掩埋，外包墙体坍塌无存，台芯坍塌严重。

146. 水头 15 号敌台 130730352101170146

位于小南辛堡镇水头村东南 1.3 千米，坐标：东经 115° 46′ 12.10″，北纬 40° 10′ 33.70″，高程 1171 米。

东、西侧接墙，平面呈矩形，立面及剖面呈梯形，台芯东西残长 9.15 米，南北残宽 6.9 米，北侧残高 1.85 米。基础、墙体形制无法辨别，台芯土石混筑。台体四周散落少量的碎砖块，南、北侧地势较为平缓，台体四周植被覆盖较好，多为低矮灌木。

保存差，基础坍塌的建筑材料掩埋，外包墙体坍塌无存，台芯坍塌严重。

147. 水头 16 号敌台 130730352101170147

位于小南辛堡镇水头村东南 1.2 千米，坐标：东经 115° 46′ 05.20″，北纬 40° 10′ 31.90″，高程 1212 米。

东、西侧接墙，平面呈矩形，立面及剖面呈梯形，东西长 11 米，南北宽 7.2 米残高 4.1 米。基础条石砌筑，白灰勾缝，露明高 3 层；台芯外包城砖墙体，白灰砌筑、白灰勾缝，高 1.8 米，城砖规格：0.37 米 ×0.19 米 ×0.08 米，墙芯土石混筑。台体四周植被覆盖较好，多为低矮灌木。

保存差，基础保存较好，墙体坍塌严重，仅北立面残存部分墙体，其他三面墙体无存，券室坍塌，顶部设施无存。

148. 水头 17 号敌台 130730352101170148

位于小南辛堡镇水头村南 1.7 千米，坐标：东经 115° 45′ 53.00″，北纬 40° 10′ 14.00″，高程 1384 米。

南、北侧接墙，平面呈矩形，立面及剖面呈梯形，东西长宽 8.5 米，南北长 11 米，残高 3.6 米。基础形制无法辨别，台芯外包城砖墙体，白灰砌筑、白灰勾缝，城砖规格：0.41 米 ×0.21 米 ×0.095 米，台体土石混筑。台体四周植被覆盖较好，多为低矮灌木。

保存差，基础为坍塌建筑材料掩埋，台芯外包墙体坍塌严重，西北角残存部分墙体，券室坍塌，顶部设施无存。

149. 水头 18 号敌台 130730352101170148

位于小南辛堡镇水头村南 2.1 千米，坐标：东经 115° 45′ 46.10″，北纬 40° 10′ 00.10″，高程 1420 米。

南、北侧接墙，平面呈矩形，立面及剖面呈梯形，东西宽 6.9 米，南北长 9.9 米，残高 1.3～3.6 米。基础形制无法辨别，台芯外包城砖墙体，白灰砌筑、白灰勾缝，城砖规格：0.39 米 ×0.19 米 ×0.085 米，台体土石混筑。台体四周植被覆盖较好，多为低矮山桃树、白桦树、松树和灌木。

保存差，基础保存较好，墙体坍塌严重，台体四面均残存部分墙体，券室坍塌，顶部设施无存。

150. 陈家堡 1 号烽火台 130730352101170150

位于东花园镇陈家堡村东北 2 千米的山脊上，坐标：东经 115° 56′ 25.10″，北纬 40° 18′ 47.70″，高程 718 米。

毛石砌筑，底部直径 5.46 米，残高 2.85 米，坍塌成圆锥状。

151. 陈家堡 2 号烽火台 130730352101170151

位于东花园镇陈家堡村东北 1.8 千米的山尖上，坐标：东经 115° 56′ 19.30″，北纬 40° 18′ 43.70″，高程 811 米。

毛石砌筑，台芯土石混筑，底部直径 6.67 米，残高 3.23 米，坍塌成圆锥状。

152. 陈家堡 3 号烽火台 130730352101170152

位于东花园镇陈家堡村东北 1.7 千米的山尖上，坐标：东经 115° 56′ 13.40″，北纬 40° 18′ 40.40″，高程 859 米。

毛石砌筑，台芯土石混筑，底部直径 6.94 米，残高 3.13 米，坍塌成圆锥状。

153. 陈家堡 4 号烽火台 130730352101170153

位于东花园镇陈家堡村东北 2.6 千米的山尖上，坐标：东经 115° 56′ 00.20″，北纬 40° 18′ 53.20″，高程 672 米。

台体平面呈矩形，东西宽 5.16 米，南北长 5.6 米，残高 5.3 米。外包墙体缺失，存夯土内芯，四侧有雨水冲刷的浅沟，夯土质地坚实，夯层明显，厚 0.13～0.18 米。

154. 陈家堡 5 号烽火台 130730352101170154

位于东花园镇陈家堡村西南 983 米的山尖上，坐标：东经 115° 55′ 16.40″，北纬 40° 17′ 04.10″，高程 841 米。

毛石砌筑，台芯土石混筑，底部直径 14.72 米，残高 2.73 米，坍塌成圆锥状。

155. 陈家堡 6 号烽火台 130730352101170155

位于东花园镇陈家堡村西南 1 千米的山尖上，坐标：东经 115° 55′ 08.40″，北纬 40° 17′ 04.20″，高程 851 米。

毛石砌筑，台芯土石混筑，底部直径 13.58 米，顶部直径 2.75 米，残高 3.32 米，坍塌成圆锥状。

156. 陈家堡 7 号烽火台 130730352101170156

位于东花园镇陈家堡村西南 1.2 千米的山尖上，坐标：东经 115° 54′ 58.70″，北纬 40° 17′ 01.10″，高程 901 米。

毛石砌筑，台芯土石混筑，底部直径 12.35 米，顶部直径 2.56 米，残高 3.32 米，坍塌成圆锥状。

157. 陈家堡 8 号烽火台 130730352101170157

位于东花园镇陈家堡村西南 1.5 千米的山尖上，坐标：东经 115° 54′ 50.40″，北纬 40° 16′ 53.90″，高程 937 米。

毛石垒砌，底部直径 13.85 米，顶部直径 2.95 米，残高 2.9 米，坍塌成圆锥状。

158. 陈家堡 9 号烽火台 130730352101170158

位于东花园镇陈家堡村西南 1.7 千米的山尖上，坐标：东经 115° 54′ 42.80″，北纬 40° 16′ 50.80″，高程 969 米。

毛石垒砌，底部直径 14.75 米，顶部直径 3.2 米，残高 2.78 米，坍塌成圆锥状。

159. 陈家堡 10 号烽火台 130730352101170159

位于东花园镇陈家堡村西南 1.9 千米的山尖上，坐标：东经 115° 54′ 40.50″，北纬 40° 16′ 41.90″，高程 1060 米。

毛石垒砌，底部直径 15.73 米，顶部直径 2.87 米，残高 3.52 米，坍塌成圆锥状。

160. 陈家堡 11 号烽火台 130730352101170160

位于东花园镇陈家堡村西南 2.2 千米的山尖上，坐标：东经 115° 54′ 30.00″，北纬 40° 16′ 37.20″，高程 1071 米。

外包墙体毛石垒砌，墙芯小块石垒砌，底部直径 14.5 米，顶部直径 3.4 米，残高 2.87 米，坍塌成圆锥状，西、南两侧残存部分墙体。

161. 陈家堡 12 号烽火台 130730352101170161

位于东花园镇陈家堡村西南 2.4 千米的山尖上，坐标：东经 115° 54′ 24.20″，北纬 40° 16′ 33.20″，高程 1093 米。

毛石垒砌，底部直径 15.23 米，顶部直径 3.4 米，残高 3.24 米，坍塌成圆锥状。

162. 陈家堡 13 号烽火台 130730352101170162

位于东花园镇陈家堡村西南 2.7 千米的山尖上，坐标：东经 115° 54′ 13.70″，北纬 40° 16′ 28.80″，高程 1076 米。

毛石垒砌，底部直径 15.5 米，顶部直径 3.55 米，残高 3.1 米，坍塌成圆锥状。

163. 陈家堡 14 号烽火台 130730352101170163

位于东花园镇陈家堡村西南 2.8 千米的山尖上，坐标：东经 115° 54′ 01.10″，北纬 40° 16′ 33.30″，高程 1016 米。

毛石垒砌，底部直径 12.65 米，顶部直径 2.98 米，残高 3.3 米，坍塌成圆锥状。

164. 陈家堡 15 号烽火台 130730352101170164

位于东花园镇陈家堡村西南 3 千米的山尖上，坐标：东经 115° 53′ 46.70″，北纬 40° 16′ 33.00″，高程 1120 米。

毛石垒砌，底部直径 11.7 米，顶部直径 2.1 米，残高 2.75 米，坍塌成圆锥状。

165. 陈家堡 16 号烽火台 130730352101170165

位于东花园镇陈家堡村西南 3.2 千米的山尖上，坐标：东经 115° 53′ 38.60″，北纬 40° 16′ 29.90″，高程 1105 米。

毛石垒砌，底部直径 9.87 米，顶部直径 2.35 米，残高 2.57 米，坍塌成圆锥状。

166. 黄台子烽火台 130730352101170166

位于东花园镇黄台子村东南 1.4 千米的山尖上，坐标：东经 115° 55′ 58.30″，北纬 40° 15′ 44.80″，高程 1205 米。

台体平面呈矩形，立面和剖面呈梯形，东西长 6.4 米，南北宽 5.8 米，残高 4.95 米。墙体块石砌筑，小块石填缝，白灰勾缝。台体墙体较好，顶部设石拔檐一道。

167. 坊安峪 1 号烽火台 130730352101170167

位于瑞云观乡坊安峪村东北 2.8 千米的山尖上，坐标：东经 115° 53′ 18.60″，北纬 40° 14′ 41.30″，高程 1186 米。

毛石垒砌，残高 3.65 米，坍塌成坡状。

168. 坊安峪 2 号烽火台 130730352101170168

位于瑞云观乡坊安峪村东北 1.9 千米的山尖上，坐标：东经 115° 53′ 14.90″，北纬 40° 14′ 12.30″，高程 1352 米。

台体平面呈矩形，立面和剖面呈梯形，东西长 7.31 米，南北宽 7.14 米，残高 4.01 米。墙体块石砌筑，小块石填缝，白灰勾缝，台芯小块石垒砌，台体墙体基本完整，东南、东北角局部坍塌。

169. 坊安峪 3 号烽火台 130730353201170169

位于瑞云观乡坊安峪村西北 2.7 千米的山尖上，坐标：东经 115° 51′ 32.60″，北纬 40° 14′ 34.70″，高程 1282 米。

墙体块石砌筑，小块石填缝，白灰勾缝，台芯小块石垒砌，底部直径 5.6 米，残高 2.1 米。台体墙体坍塌严重，东立面残存部分墙体，其余三面墙体均坍塌。

170. 陆家坡 1 号烽火台 130730353201170170

位于瑞云观乡陆家坡村东南 1.3 千米的山尖上，坐标：东经 115° 50′ 41.50″，北纬 40° 15′ 14.60″，高程 993 米。

毛石垒砌，底部直径 13.72 米，残高 2.15 米，坍塌成圆锥状。

171. 陆家坡 2 号烽火台 130730353201170171

位于瑞云观乡陆家坡村东南 1.3 千米的山尖上，坐标：东经 115° 50′ 31.90″，北纬 40° 15′ 10.10″，高程 866 米。

台体平面呈矩形，立面和剖面呈梯形，东西长 9.56 米，南北宽 8.32 米，残高 6.3 米，素土分层夯筑，坍塌严重，墙面呈不规则状。

172. 陆家坡 3 号烽火台 130730353201170172

位于瑞云观乡陆家坡村东南 1.4 千米的山尖上，坐标：东经 115° 50′ 28.30″，北纬 40° 15′ 04.60″，高程 980 米。

台体平面呈矩形，东西长 7.46 米，南北宽 7.2 米，残高 5.65 米，素土夹杂碎石夯筑而成，夯层厚 0.13 ~ 0.16 米，坍塌严重，墙面呈不规则状。

173. 陆家坡 4 号烽火台 130730353201170173

位于瑞云观乡陆家坡村东南 1.7 千米的山尖上，坐标：东经 115° 50′ 35.50″，北纬 40° 14′ 55.10″，高程 1070 米。

台体平面呈圆形，底部直径 5.7 米，残高 1.9 米，素土夹杂碎石夯筑而成，夯层厚 0.13 ~ 0.16 米，坍塌严重，墙面呈不规则状。

174. 陆家坡 5 号烽火台 130730353201170174

位于瑞云观乡陆家坡村东南 2 千米的山尖上，坐标：东经 115° 50′ 24.90″，北纬 40° 14′ 43.10″，高程 1024 米。

毛石垒砌，底部直径 6.3 米，残高 2.1 米，坍塌成圆锥状。

175. 陆家坡 6 号烽火台 130730353201170175

位于瑞云观乡陆家坡村东南 1.6 千米的山尖上，坐标：东经 115° 50′ 22.20″，北纬 40° 14′ 54.70″，高程 966 米。

毛石垒砌，底部直径 2.1 米，残高 1.71 米，坍塌成圆锥状。

176. 陆家坡 7 号烽火台 130730353201170176

位于瑞云观乡陆家坡村东南 1.5 千米的山尖上，坐标：东经 115° 50′ 17.40″，北纬 40° 14′ 58.60″，高程 949 米。

毛石垒砌，底部直径 5.6 米，残高 2.1 米，坍塌成圆锥状。

177. 陆家坡 8 号烽火台 130730353201170177

位于瑞云观乡陆家坡村东南 1.2 千米的山尖上，坐标：东经 115° 50′ 16.10″，北纬 40° 15′ 06.80″，高程 881 米。

台体平面呈矩形，东西长 6.65 米，南北宽 4.38 米，残高 3.52 米。外包墙体缺失，存夯土台芯，台芯分层夯筑，底部每两层夯土夹一层块石，夯土层厚 0.2 米，坍塌严重，墙面呈不规则状。四周地表可见大量砖、瓦、白灰，有少量条石。南侧 10.65 米处有一道东西向夯土墙，从山顶直通沟底，呈断续状，最高处 4.2 米，宽 1.9 米。

178. 陆家坡 9 号烽火台 130730353201170178

位于瑞云观乡陆家坡村东南 1.3 千米的山尖上，坐标：东经 115° 50′ 11.30″，北纬 40° 15′ 05.10″，高程 940 米。

毛石垒砌，底部直径 7.7 米，残高 3.2 米，坍塌成圆锥状。

179. 陆家坡 10 号烽火台 130730353201170179

位于瑞云观乡陆家坡村南 1.5 千米的山尖上，坐标：东经 115° 50′ 04.70″，北纬 40° 14′ 57.40″，高程 1037 米。

毛石垒砌，底部直径 3.4 米，残高 1.7 米，坍塌成圆锥状。

180. 陆家坡 11 号烽火台 130730353201170180

位于瑞云观乡陆家坡村南 1.3 千米的山尖上，坐标：东经 115° 50′ 01.10″，北纬 40° 15′ 04.80″，高程 1003 米。

毛石垒砌，底径 7.3 米，残高 2.8 米，坍塌成圆锥状。

181. 陆家坡 12 号烽火台 130730353201170181

位于瑞云观乡陆家坡村西南 2.2 千米的山尖上，坐标：东经 115° 49′ 49.00″，北纬 40° 14′ 38.60″，高程 1155 米。

墙体块石砌筑，小块石填缝，白灰勾缝，台芯小块石垒砌，底部直径 3.4 米，残高 2.8 米，台体墙体坍塌严重，东北角残存部分墙体，其余坍塌成坡状。

182. 陆家坡 13 号烽火台 130730353201170182

位于瑞云观乡陆家坡村西南 1.4 千米的山尖上，坐标：东经 115° 49′ 45.10″，北纬 40° 15′ 04.10″，高程 982 米。

毛石垒砌，底部直径 5.85 米，残高 2.37 米，坍塌成圆锥状。

183. 陆家坡 14 号烽火台 130730353201170183

位于瑞云观乡陆家坡村西南 1.3 千米的山尖上，坐标：东经 115° 49′ 40.90″，北纬 40° 15′ 10.20″，高程 924 米。

毛石垒砌，底部直径 2.6 米，残高 1.6 米，坍塌成圆锥状。

184. 陆家坡 15 号烽火台 130730353201170184

位于瑞云观乡陆家坡村西南 1.6 千米的山尖上，坐标：东经 115° 49′ 24.20″，北纬 40° 15′ 07.50″，高程 1051 米。

毛石垒砌，底部直径 2.8 米，残高 2.9 米，坍塌成圆丘状。

185. 陆家坡 16 号烽火台 130730353201170185

位于陆家坡村西南 1.6 千米的山尖上，坐标：东经 115° 49′ 16.50″，北纬 40° 15′ 11.70″，高程 960 米。

毛石垒砌，底部直径 4.3 米，残高 2.7 米，坍塌成圆丘状。

186. 陆家坡 17 号烽火台 130730353201170186

位于陆家坡村西南 1.8 千米的山尖上，坐标：东经 115° 49′ 10.10″，北纬 40° 15′ 06.20″，高程 958 米。

毛石垒砌，底部直径 7.8 米，残高 2.6 米，坍塌成圆丘状。

187. 陆家坡 18 号烽火台 130730353201170187

位于陆家坡村西北 1.5 千米的山尖上，坐标：东经 115° 49′ 28.20″，北纬 40° 16′ 22.70″，高程 726 米。

台体平面呈不规则圆形，素土夯筑，底部直径 7.3 米，残高 5.1 米，坍塌成不规则状。四周全部开垦为农田，北侧 2 米处长有一棵杨树。

188. 南辛堡烽火台 130730353201170188

位于南辛堡村西北 5.8 千米的平地上，坐标：东经 115° 47′ 01.70″，北纬 40° 20′ 56.30″，高程 483 米。

台体平面呈矩形，素土夯筑，东西宽 7.5 米，南北长 8.1 米，残高 6.2 米。台体墙面多有损毁，西侧底部挖有一洞。

189. 罗庄 1 号烽火台 130730353201170189

位于瑞云观乡罗庄村西南 2.2 千米处山脊上，坐标：东经 115° 49′ 03.30″，北纬 40° 15′ 20.60″，高程 994 米。

毛石垒砌，顶部直径 7.17 米，残高 3.63 米，坍塌严重，呈堆状。台体四周 5.13 米处筑有围墙，墙高 1.36 米，四周植被覆盖较好，多为低矮灌木和杂草。

190. 罗庄 2 号烽火台 130730353201170190

位于瑞云观乡罗庄村西南 2.4 千米处山脊上，坐标：东经 115° 48′ 46.20″，北纬 40° 15′ 19.70″，高程 1046 米。

毛石垒砌，顶部直径 8.6 米，残高 5.09 米，坍塌严重，呈堆状。西北侧为谷，地势陡峭，植被覆盖较好，多为低矮灌木和杂草。

191. 石洞 1 号烽火台 130730353201170191

位于小南辛堡镇石洞村东南 2.5 千米处山脊上，坐标：东经 115° 47′ 01.80″，北纬 40° 15′ 05.70″，高程 1006 米。

毛石垒砌，顶部直径 9.88 米，残高 5.15 米，坍塌严重，呈堆状。四周植被覆盖较好，多为低矮灌木和杂草。

192. 石洞 2 号烽火台 130730353201170192

位于小南辛堡镇石洞村东南 2.9 千米处山脊上，坐标：东经 115° 47′ 14.60″，北纬 40° 14′ 51.10″，高程 1010 米。

毛石垒砌，顶部直径 8.5 米，残高 2.25 米，坍塌严重，呈堆状。四周植被覆盖较好，多为低矮灌木和杂草。

193. 庙港 1 号烽火台 130730353201170193

位于小南辛堡镇庙港村东北 2.6 千米处，坐标：东经 115° 47′ 09.60″，北纬 40° 14′ 55.20″，高程 996 米。

毛石垒砌，坍塌严重，呈堆状；台体四周坡度较为平缓，植被覆盖较好，多为低矮灌木和杂草。

194. 庙港 2 号烽火台 130730353201170194

位于小南辛堡镇庙港村东北 2.9 千米，坐标：东经 115° 47′ 40.50″，北纬 40° 14′ 19.60″，高程 1232 米。

台体平面呈矩形，东西宽 7.8 米，南北长 8.3 米，高 6.8 米，外包墙体块石垒砌，墙体坍塌严重，东、南立面残存墙体，西、北立面坍塌成坡状，台芯片石垒砌。四周植被覆盖较好，多为低矮灌木和杂草。

195. 庙港 3 号烽火台 130730353201170195

位于小南辛堡镇庙港村东北 1.9 千米，坐标：东经 115° 46′ 53.10″，北纬 40° 14′ 24.30″，高程 1106 米。

毛石垒砌，顶部直径 8.9 米，坍塌严重，呈堆状。四周植被覆盖较好，多为低矮灌木和杂草。

196. 庙港 4 号烽火台 130730353201170196

位于小南辛堡镇庙港村东北 1.6 千米，坐标：东经 115° 46′ 44.90″，北纬 40° 14′ 17.50″，高程 983 米。

毛石垒砌，顶部直径 6.75 米，残高 2.25 米，坍塌严重，呈堆状。四周植被覆盖较好，多为低矮灌木。

197. 庙港 5 号烽火台 130730353201170197

位于小南辛堡镇庙港村东北 1.6 千米，坐标：东经 115° 46′ 42.70″，北纬 40° 14′ 14.90″，高程 934 米。

毛石垒砌，顶部直径 4.5 米，残高 3.8 米，坍塌严重，呈堆状。四周植被覆盖较好，多为低矮灌木。

198. 外井 1 号烽火台 130730353201170198

位于小南辛堡镇外井村东南 3.3 千米，坐标：东经 115° 46′ 51.50″，北纬 40° 13′ 13.90″，高程 1324 米。

毛石垒砌，顶部直径 7.73 米，残高 4.5 米，坍塌严重，呈堆状。台体南、北侧为山脊线，东、西侧为沟，地势较陡，四周植被覆盖较好，多为低矮灌木。

199. 外井 2 号烽火台 130730353201170199

位于小南辛堡镇外井村东南 3.3 千米，坐标：东经 115° 46′ 50.90″，北纬 40° 13′ 00.00″，高程 1298 米。

毛石垒砌，底部直径 9.31 米，顶部直径 3.14 米，残高 2.88 米，坍塌严重，呈堆状，东西侧为谷，地势较陡；台体四周植被覆盖较好，多为低矮灌木。

200. 外井 3 号烽火台 130730353201170200

位于小南辛堡镇外井村东南 3.4 千米，坐标：东经 115° 46′ 46.40″，北纬 40° 12′ 44.90″，高程 1153 米。

毛石垒砌，底部直径 10.78 米，顶部直径 6.12 米，残高 4.58 米，坍塌严重，呈堆状。台体南、东、西侧为谷，地势较陡，四周植被覆盖较好，多为低矮灌木。

201. 外井 4 号烽火台 130730353201170201

位于小南辛堡镇外井村东南 3.4 千米，坐标：东经 115° 46′ 43.30″，北纬 40° 12′ 41.50″，高程 1132 米。

台体平面呈矩形，东西长 6.43 米，南北宽 5 米，残高 5.69 米。素土分层夯筑，每层厚 9 ～ 12 厘米，风化坍塌严重。台体顶部被灌木覆盖，东侧有人为挖掘的盗洞，北侧为山谷，地势较平缓，四周植被覆盖较好，多为低矮灌木。

202. 外井 5 号烽火台 130730353201170202

位于小南辛堡镇外井村东南 3.4 千米，坐标：东经 115° 46′ 39.80″，北纬 40° 12′ 34.80″，高程 1219 米。

毛石垒砌，底部直径 7.1 米，顶部直径 3.2 米，残高 3.64 米，坍塌严重，呈堆状。台体北侧为沟，坡度平缓，四周植被覆盖较好，多为低矮灌木。

203. 外井 6 号烽火台 130730353201170203

位于小南辛堡镇外井村东南 3.5 千米，坐标：东经 115° 46′ 42.20″，北纬 40° 12′ 23.70″，高程 1325 米。

毛石垒砌，底部直径 5.21 米，残高 4.37 米，墙体坍塌严重，呈堆状，南、北立面残存部分墙体，北墙宽 0.58 米，高 0.45 米，东墙体宽 0.6 米，高 0.6 米。台体四周植被覆盖较好，多为低矮灌木。

204. 外井 7 号烽火台 130730353201170204

位于小南辛堡镇外井村东南 3.9 千米，坐标：东经 115° 46′ 35.00″，北纬 40° 11′ 59.10″，高程 1297 米。

台体素土夹杂碎石分层夯筑，每层厚 10 ～ 15 厘米，直径 5.3 米，残高 5.1 米，坍塌严重，呈堆状，台体四周植被覆盖较好，多为低矮灌木。

205. 水头 1 号烽火台 130730353201170205

位于小南辛堡镇水头村东北 1.2 千米，坐标：东经 115° 46′ 32.30″，北纬 40° 11′ 27.50″，高程 1295 米。

毛石垒砌，底部直径 9.4 米，顶部直径 4.8 米，残高 4.2 米，坍塌严重，呈堆状。台体四周植被覆盖较好，多为低矮灌木。

206. 水头 2 号烽火台 130730353201170206

位于小南辛堡镇水头村东北 665 米，坐标：东经 115° 46′ 10.90″，北纬 40° 11′ 20.10″，高程 1113 米。

台体素土分层夯筑，每层厚 6 ～ 12 厘米，东西宽 4.3 米，南北长 7.05 米，残高 5.1 米，坍塌严重，呈堆状，台体西侧为沟，地势平缓，四周植被覆盖较好，多为低矮灌木。

207. 水头 3 号烽火台 130730353201170207

位于小南辛堡镇水头村东北 805 米，坐标：东经 115° 46′ 18.60″，北纬 40° 11′ 18.10″，高程 1144 米。

毛石垒砌，东西宽 3.85 米，南北长 3.95 米，残高 6.2 米，坍塌严重，呈堆状。台体四周散落少量的碎石，植被覆盖多为低矮灌木。

208. 水头 4 号烽火台 130730353201170208

位于小南辛堡镇水头村东 303 米，坐标：东经 115° 45′ 59.80″，北纬 40° 11′ 09.70″，高程 1121 米。

台体素土分层夯筑，每层厚 8 ～ 11 厘米，东西长 5.3 米，南北宽 4.9 米，残高 6.2 米，风化坍塌严重。台体四周距台体 2.8 米有一圈石质围墙遗迹，墙宽 1.2 米，南、北侧为山谷，坡度平缓，四周植被多为低矮灌木。

209. 水头 5 号烽火台 130730353201170209

位于小南辛堡镇水头村南 575 米，坐标：东经 115° 45′ 47.10″，北纬 40° 10′ 50.40″，高程 1111 米。

台体素土分层夯筑，每层厚 8 ～ 15 厘米，东西宽 10.07 米，南北长 12.24 米，残高 5.03 米，风化坍塌严重。台体四周植被多为低矮灌木。

210. 水头 6 号烽火台 130730353201170210

位于小南辛堡镇水头村西南 2.7 千米，坐标：东经 115° 45′ 01.60″，北纬 40° 09′ 45.60″，高程 1526 米。

现状描述：东西长 5.3 米，南北宽 3.6 米。毛石垒砌，坍塌严重；台体被杂草覆盖；南侧残存垒砌痕迹，东北西坍塌严重，呈坡状，台体四周植被多为低矮灌木。

211. 水头 7 号烽火台 130730353201170211

位于小南辛堡镇水头村西北 1.1 千米，坐标：东经 115° 44′ 58.40″，北纬 40° 11′ 14.60″，高程 1033 米。

台体素土夯筑，东西宽 4.2 米，南北长 4.3 米，残高 5.7 米，坍塌严重。台体被杂草覆盖，东、北、西为谷，南侧为山坡，台体四周植被多为低矮灌木。

212. 水头 8 号烽火台 130730353201170212

位于小南辛堡镇水头村西北 2.6 千米，坐标：东经 115° 44′ 40.00″，北纬 40° 12′ 16.90″，高程 969 米。

台体素土分层夯筑，每层厚 7 ～ 12 厘米，东西长 6.4 米，南北宽 4.5 米，残高 7.01 米，坍塌严重，呈堆状。台体上长有灌木、南侧有人为搭建的窝棚（高 1.8 米，东西 2 米，南北 2 米），西侧植被一般，南侧为果园，主要为海棠树。

213. 水头 9 号烽火台 130730353201170213

位于小南辛堡镇外井村东南 637 米，坐标：东经 115° 44′ 47.70″，北纬 40° 13′ 05.30″，高程 947 米。

台体素土分层夯筑，每层厚 8 ～ 11 厘米，东西宽 18.35 米，南北长 19.26 米，残高 12.91 米，坍塌严重。台体四周为海棠树林。

214. 水头 10 号烽火台 130730353201170214

位于小南辛堡镇外井村东北 1 千米，坐标：东经 115° 44′ 59.40″，北纬 40° 13′ 48.80″，高程 879 米。

台体平面呈圆形，直径 6.1 米，残高 10.26 米。素土分层夯筑，每层厚 8 ～ 11 厘米。

台体风化坍塌严重，呈柱状，四周残存少量的碎砖、瓦片，四周植被为海棠树林和低矮灌木。

215. 石洞 3 号烽火台 130730353201170215

位于小南辛堡镇石洞村东北 640 米，坐标：东经 115° 44′ 59.70″，北纬 40° 15′ 26.10″，高程 805 米。

台体平面呈圆形，直径 9.2 米，残高 9.7 米。素土夹杂碎石分层夯筑，每层厚 7 ～ 9 厘米，风化坍塌严重，呈柱状，台体四周地势较为平缓，四周植被为海棠树林和杂草。

216. 石虎窑烽火台 130730353201170216

位于狼山乡石虎窑村北 189 米，坐标：东经 115° 38′ 27.90″，北纬 40° 22′ 17.10″，高程 598 米。

台体平面呈矩形，东西宽 10.35 米，南北长 11.98 米，高 9.24 米。素土夹杂碎石分层夯筑，每层厚 18 ～ 20 厘米，外面包砌无存，台顶建筑缺失，北立面受风雨侵蚀黄土皮脱落、中部冲刷严重，已坍塌。

217. 奚家堡烽火台 130730353201170217

位于狼山乡奚家堡村西 217 米，坐标：东经 115° 37′ 45.10″，北纬 40° 22′ 23.20″，高程 584 米。

台体平面呈矩形，剖面呈梯形，东西长 10.6 米，南北宽 9.2 米，高 6.42 米。素土夹杂碎石分层夯筑，每层厚 10～12 厘米，风化严重，外面包砌部分无存，台顶建筑缺失。

218. 土木堡烽火台 130730353201170218

位于土木镇土木堡村东 200 米，坐标：东经 115° 37′ 00.80″，北纬 40° 22′ 39.30″，高程 573 米。

台体平面呈矩形，剖面呈梯形，东西宽 14.37 米，南北长 14.71 米，高 8.8 米。素土夯筑。台体损毁严重，土台体坍塌成土堆状，外面包砌部分无存，顶部建筑缺失。四周均有人为挖取夯土的痕迹。

219. 太平堡烽火台 130730353201170219

位于土木镇太平堡村东 594 米，坐标：东经 115° 34′ 54.10″，北纬 40° 23′ 00.20″，高程 558 米。

台体平面呈矩形，剖面呈梯形，东西宽 14.37 米，南北长 14.71 米，高 8.8 米。素土分层夯筑，每层厚 20～22 厘米，台体坍塌成土堆状，外包砖无存，台顶建筑缺失，北立面受风雨侵蚀，表层黄土剥落、中间自上而下有雨水冲刷过的沟槽，其余三面除风雨侵蚀严重外，四周 17.1 米开外有护墙，护墙高 3.96 米。

220. 西洪站烽火台 130730353201170220

位于王家楼回族乡西洪站村南 381 米，坐标：东经 115° 37′ 23.10″，北纬 40° 31′ 26.60″，高程 991 米。

台体平面呈矩形，剖面呈梯形，东西长 9.93 米，南北宽 9.77 米，高 4.43 米。素土夯筑，台体坍塌成土堆状，外包砖无存，台顶建筑缺失。

221. 麻峪口烽火台 130730353201170221

位于王家楼回族乡麻峪口村北 4.6 千米，坐标：东经 115° 33′ 18.60″，北纬 40° 32′ 46.40″，高程 1120 米。

台体平面呈矩形，剖面呈梯形，东西宽 7.92 米，南北长 8.22 米，高 5.46 米，素土分层夯筑，每层厚 6～12 厘米，外包墙体基本无存，仅南侧底部可见三层砖，东、北两立面坍塌严重，东、西两立面保存较好，台顶建筑缺失，有一测绘桩。

222. 窑子头烽火台 130730353201170222

位于存瑞镇窑子头村内，坐标：东经 115° 29′ 50.80″，北纬 40° 28′ 34.50″，高程 748 米。

台体平面呈矩形，剖面呈梯形，东西长 15.2 米，南北宽 14.7 米，高 8.84 米。素土夯筑。土台体坍塌成土堆状，外包砖无存。东南两侧墙体曾被村民当作房屋墙，台南侧有一座废弃的庙宇，台顶建筑缺失。

223. 梁水泉 1 号烽火台 130730353201170223

位于西八里镇梁水泉村东北 468 米山坡上，坐标：东经 115° 22′ 56.40″，北纬 40° 27′ 09.30″，高程 544 米。

台体平面呈矩形，剖面呈梯形，东西宽 4.95 米，南北长 7.44 米，高 8.1 米。素土夹杂碎石分层夯筑。坍塌成土堆状，外包砖无存。台体四侧中间和顶部各夹杂着一排整齐的小石子，南侧和北面各有一在备战时期所挖的防空洞，北侧所挖深洞内有烟熏过的痕迹。

224. 梁水泉 2 号烽火台 130730353201170224

位于西八里镇梁水泉村内，坐标：东经 115° 22′ 34.90″，北纬 40° 27′ 06.00″，高程 517 米。

台体平面呈矩形，剖面呈梯形，东西宽 9.58 米，南北长 10.46 米，高 6.7 米。素土夹杂碎石分层夯筑。坍塌成土堆状，外包砖无存。东立面受风雨侵蚀，表层黄土剥落、中间自上而下有雨水冲刷的沟槽，南侧受风雨侵蚀表层黄土剥落，在立面上露出许多小洞，西立面受风雨侵蚀，表层黄土脱落、中间自上而下向两侧分出雨水冲刷的沟槽。

225. 梁庄烽火台 130730353201170225

位于西八里镇梁庄村西南 137 米，坐标：东经 115° 21′ 54.30″，北纬 40° 27′ 09.70″，高程 522 米。

台体平面呈矩形，剖面呈梯形，东西长 5.93 米，南北宽 5.21 米，高 6.7 米。素土夹杂碎石分层夯筑。坍塌成土堆状，外包砖无存，墙面风化严重。

226. 西八里烽火台 130730353201170226

位于西八里镇西八里村西 589 米，坐标：东经 115° 21′ 05.30″，北纬 40° 20′ 57.20″，高程 531 米。

台体平面呈矩形，剖面呈梯形，东西长宽 9.57 米，南北长 10.8 米，高 7.95 米。素土分层夯筑。坍塌成土堆状，外包砖无存，墙面风化严重。东、南两侧被农民耕地时挖毁严重，东面中间部分有一小洞，西面和北面底部有火烧过的痕迹，台北坍塌部分约有三分之一，顶部有一水泥质地测绘桩。

227. 小营烽火台 130730353201170227

位于西八里镇小营村北 599 米，坐标：东经 115° 19′ 55.30″，北纬 40° 26′ 38.20″，高程 537 米。

台体平面呈矩形，剖面呈梯形，东西宽 11.94 米，南北长 12.24 米，高 8.12 米。素土分层夯筑，每层厚 6 ～ 12 厘米。坍塌成土堆状，外包砖无存，墙面风化严重。

228. 鸡鸣驿 1 号烽火台 130730353201170228

位于鸡鸣驿乡鸡鸣驿村东南 945 米平地上，坐标：东经 115° 19′ 15.90″，北纬 40° 26′ 38.50″，高程 542 米。

台体平面呈矩形，剖面呈梯形，东西宽 3.18 米，南北长 3.7 米，高 5.2 米。素土分层夯筑，每层厚 8 ～ 15 厘米。坍塌成土堆状，外包砖无存，墙面风化严重。

229. 鸡鸣驿 2 号烽火台 130730353201170229

位于鸡鸣驿乡鸡鸣驿村东南 896 米平地上，坐标：东经 115° 19′ 13.60″，北纬 40° 26′ 39.80″，高程 543 米。

台体平面呈矩形，剖面呈梯形，东西长 10.6 米，南北宽 10.4 米，高 9.8 米。素土分层夯筑，每层厚 10 ～ 12 厘米。坍塌成土堆状，外包砖无存，墙面风化严重。

230. 陈家堡 1 号马面 130730353201170230

位于东花园镇陈家堡村东 970 米的山上，坐标：东经 115° 56′ 00.10″，北纬 40° 18′ 08.10″，高程 884 米。

平面呈矩形，向西外凸于墙体，东西宽 5.28 米，南北长 6.75 米，南侧高 4.36 米，北侧高 4.07 米，西侧高 5.6 米。墙体条石砌筑，白灰勾缝，墙芯土石混筑。北立面墙体坍塌，其余面保存较好，墙体上部残存垛口墙遗迹。

231. 陈家堡 2 号马面 130730353201170231

位于东花园镇陈家堡村东南 835 米的山上，坐标：东经 115° 55′ 44.90″，北纬 40° 17′ 43.60″，高程 792 米。

平面呈矩形，向北外凸于墙体，东西长 9.738 米，南北宽 3 米，南侧高 1.7 米，西北角高 3.76 米，墙体条石砌筑，白灰勾缝，墙芯土石混筑。南立面墙体保存较好，其余墙体全部坍塌，垛口墙无存。

232. 黄台子马面 130730353201170232

位于东花园镇黄台子村南 2.1 千米的山上，坐标：东经 115° 55′ 13.30″，北纬 40° 15′ 02.30″，高程 1232 米。

平面呈矩形，向北外凸于墙体，残高 4.77 米。墙体块石砌筑，白灰勾缝，墙芯土石混筑。全部坍塌成坡状。

233. 坊安峪 1 号马面 130730353201170233

位于瑞云观乡坊安峪村东北 1.8 千米的山上，坐标：东经 115° 52′ 46.50″，北纬 40° 14′ 17.10″，高程 1246 米。

平面呈矩形，向北外凸于墙体，东西长 10.68 米，南北宽 5.04 米，残高 1.96 米，墙体毛石砌筑，白灰勾缝，墙芯土石混筑。全部坍塌成坡状。

234. 坊安峪 2 号马面 130730353201170234

位于瑞云观乡坊安峪村东北 1.8 千米处，坐标：东经 115° 52′ 44.30″，北纬 40° 14′ 17.40″，高程 1252 米。

平面呈矩形，向东外凸于墙体，东西宽 5.66 米，南北长 5.99 米，南侧高 4.31 米，北侧高 4.42 米。墙体毛石砌筑，白灰勾缝，墙芯土石混筑。墙体保存较完整，顶部设施无存。

235. 坊安峪 3 号马面 130730352102170235

位于瑞云观乡坊安峪村北 1.8 千米的山上，坐标：东经 115° 52′ 34.20″，北纬 40° 14′ 18.40″，高程 1189 米。

平面呈矩形，向西外凸于墙体，东西长 6.73 米，南北宽 5 米，东南角高 1.55 米，东北角高 4.1 米，西北角高 3.72 米，西南角高 3.4 米。墙体毛石砌筑，白灰勾缝，墙芯土石混筑。墙体西立面局部坍塌，其余面保存较好，顶部设施无存。

236. 坊安峪 4 号马面 130730352102170236

位于瑞云观乡坊安峪村北 1.8 千米的山上，坐标：东经 115° 52′ 34.20″，北纬 40° 14′ 18.40″，高程 1189 米。

平面呈矩形，向西外凸于墙体，东西宽 5.26 米，南北长 7.66 米，东南角高 3.82 米，东北角高 4.11 米。墙体条石砌筑，白灰勾缝，墙芯土石混筑。全部坍塌成坡状。

237. 陆家坡 1 号马面 130730352102170237

位于瑞云观乡陆家坡村东南 2 千米处，坐标：东经 115° 50′ 55.50″，北纬 40° 14′ 55.60″，高程 1076 米。

平面呈半圆形，向北外凸于墙体。东西长 4.84 米，南北宽 2.66 米，高 3.74 米。墙体毛石砌筑，白灰勾缝，墙芯土石混筑。墙体保存较好，顶部设施无存。

238. 陆家坡 2 号马面 130730352102170238

位于瑞云观乡陆家坡村东南 2 千米处，坐标：东经 115° 50′ 43.30″，北纬 40° 14′ 49.30″，高程 1065 米。

平面呈半圆形，向北外凸于墙体。东西长 7.41 米，南北宽 2.71 米，高 4.4 米。墙体毛石砌筑，白灰勾缝，墙芯土石混筑。墙体保存较好，顶部设施无存。

239. 陆家坡 3 号马面 130730352102170239

位于瑞云观乡陆家坡村西南 1.9 千米的山上，坐标：东经 115° 49′ 31.10″，北纬 40° 14′ 52.50″，高程 1088 米。

平面呈矩形，向北外凸于墙体，东西宽 6.23 米，南北长 6.18 米，高 4.29 米。墙体块石砌筑，白灰勾缝，墙芯土石混筑。墙体坍塌严重，顶部设施无存。

240. 石洞 1 号马面 130730352102170240

位于小南辛堡镇石洞村东南 2.9 千米，坐标：东经 115° 47′ 16.90″，北纬 40° 14′ 56.90″，高程 1040 米。

平面呈矩形，向西外凸于墙体。墙体块石砌筑，白灰勾缝，墙芯土石混筑。墙体保存较好，顶部残存垛口墙。南侧为坡，坡度平缓，北西南侧植被覆盖较好，多为低矮灌木。

241. 石洞 2 号马面 130730352102170241

位于小南辛堡镇石洞村东南 2.9 千米，坐标：东经 115° 47′ 18.40″，北纬 40° 14′ 51.50″，高程 1027 米。

平面呈矩形，向北外凸于墙体。东西长 2.7 米，南北宽 1.96 米，残高 2.83 米。墙体块石砌筑，白灰勾缝，墙芯土石混筑。墙体保存较好，顶部垛口墙无存。西、北、东三面临沟，地势陡峭，植被覆盖较好，多为低矮灌木。

242. 石洞 3 号马面 130730352102170242

位于小南辛堡镇石洞村东南 3 千米，坐标：东经 115° 47′ 20.80″，北纬 40° 14′ 43.40″，高程 1087 米。

平面呈矩形，向西外凸于墙体。东西宽 4.82 米，南北长 14.4 米，残高 5.15 米。墙体条石砌筑，白灰勾缝，墙芯土石混筑。墙体保存较好，顶部垛口墙无存。西侧临沟，地势陡峭，植被覆盖较好，多为低矮灌木。

243. 庙港 1 号马面 130730352102170243

位于小南辛堡镇庙港村东北 2.8 千米，坐标：东经 115° 47′ 31.10″，北纬 40° 14′ 29.40″，高程 1195 米。

平面呈矩形，向西外凸于墙体。东西宽 4.8 米，南北长 10.7 米，东侧残高 7.8 米，西侧残高 5.6 米。墙体条石砌筑，白灰勾缝，墙芯块石垒砌。墙体西北立角坍塌，其余墙体保存较好，顶部垛口墙无存。四周植被覆盖较好，多为低矮灌木。

244. 庙港 2 号马面 130730352102170244

位于小南辛堡镇庙港村东北 2.9 千米，坐标：东经 115° 47′ 38.10″，北纬 40° 14′ 26.30″，高程 1213 米。

平面呈矩形，向西外凸于墙体。东西宽 5 米，南北长 11.7 米，南侧残高 3.21 米，西侧残高 4.86 米。墙体条石砌筑，白灰勾缝，墙芯块石垒砌。墙体保存较好，顶部垛口墙无存。四周散落大量的石块，西侧地势陡峭，植被覆盖较好，多为低矮灌木。

245. 庙港 3 号马面 130730352102170245

位于小南辛堡镇庙港村东北 3.1 千米，坐标：东经 115° 47′ 46.70″，北纬 40° 14′ 19.80″，高程 1250 米。

平面呈矩形，向南外凸于墙体。东西长 11.67 米，南北宽 6.05 米，南侧残高 3.21 米，西侧残高 4.86 米。墙体条石砌筑，白灰勾缝，墙芯块石垒砌。墙体坍塌严重，东、西立面残存部分墙体，顶部垛口墙无存。四周散落大量的石块，南侧地势陡峭，植被覆盖较好，多为低矮灌木。

246. 庙港 4 号马面 130730352102170246

位于小南辛堡镇庙港村东北 3.2 千米，坐标：东经 115° 47′ 51.20″，北纬 40° 14′ 17.80″，高程 1267 米。

平面呈矩形，向南外凸于墙体。东西长 7.65 米，南北宽 6.45 米，高 7.3 米。墙体条石砌筑，白灰勾缝，墙芯块石垒砌。墙体坍塌严重，东、西立面残存部分墙体，顶部垛口墙无存。四周散落大量的石块，南侧地势陡峭，植被覆盖较好，多为低矮灌木。

247. 庙港 5 号马面 130730352102170247

位于小南辛堡镇庙港村东南 3.4 千米，坐标：东经 115° 48′ 01.60″，北纬 40° 14′ 09.80″，高程 1292 米。

平面呈矩形，向西外凸于墙体。东西宽 3.1 米，南北长 6.67 米，高 4.95 米。墙体条石砌筑，白灰勾缝，墙芯块石垒砌。墙体西、北立面坍塌严重，南立面保存较好，顶部垛口墙无存。四周散落大量的石块，西侧地势陡峭，植被覆盖较好，多为低矮灌木。

248. 庙港 6 号马面 130730352102170248

位于小南辛堡镇庙港村东南 3.4 千米，坐标：东经 115° 48′ 00.50″，北纬 40° 14′ 04.30″，高程 1291 米。

平面呈矩形，向北外凸于墙体。东西长 4 米，南北宽 3.65 米，高 6.05 米。墙体条石砌筑，小片石填缝，白灰勾缝，墙芯块石垒砌。墙体保存较好，顶部垛口墙无存。北侧地势陡峭，植被覆盖较好，多为低矮灌木。

249. 庙港 7 号马面 130730352102170249

位于小南辛堡镇庙港村东南 3.4 千米，坐标：东经 115° 48′ 00.50″，北纬 40° 14′ 04.30″，高程 1291 米。

平面呈矩形，向西外凸于墙体。东西宽 3.5 米，南北长 4.52 米，东南角残高 8.15 米，西北角残高 8.39 米。墙体条石砌筑，小片石填缝，白灰勾缝，墙芯块石垒砌。墙体保存较好，南、北立面各设出水口一个，宽 0.18 米，高 016 米。顶部设垛口墙，小块石垒砌，宽 0.46 米，残高 1.01 米。东立面设石质踏跺登顶，长 0.9 米，宽 0.15 米，高 0.22 米。四周植被覆盖较好，多为低矮灌木。

250. 庙港 8 号马面 130730352102170250

位于小南辛堡镇庙港村东南 3.5 千米，坐标：东经 115° 48′ 02.20″，北纬 40° 13′ 50.50″，高程 1225 米。

平面呈矩形，向西外凸于墙体。东西宽 5.33 米，南北长 10.23 米，残高 2.49 米。墙体块石砌筑，小片石填缝，白灰勾缝，墙芯小块石垒砌。墙体坍塌严重，呈坡状，仅南立面残存部分墙体，顶部残存垛口墙，小块石垒砌。西侧地势陡峭，植被覆盖较好，多为低矮灌木。

251. 庙港 9 号马面 130730352102170251

位于小南辛堡镇庙港村东南 3.5 千米，坐标：东经 115° 47′ 46.80″，北纬 40° 13′ 18.10″，高程 1273 米。

平面呈矩形，向北外凸于墙体。南北长4.5，残高2.1米。墙体块石砌筑，小块石填缝，白灰勾缝，墙芯小块石垒砌。墙体坍塌严重，呈坡状，北立面残存部分墙体，上部残存拔檐的痕迹；墙体两侧植被覆盖多为低矮灌木。

252. 外井1号马面 130730352102170252

位于小南辛堡镇外井村东南3.9千米，坐标：东经115°47′15.90″，北纬40°12′54.50″，高程1298米。

平面呈半圆形，向西外凸于墙体。东西顶部直径7.27米，残高5.46米。立面为二段式，下段为块石墙体，白灰砌筑，小块石填缝，白灰勾缝；下段与上段间设一层石拔檐分隔，上段设垛口墙，小块石砌筑，白灰勾缝，残高1.1米，宽0.57米。台体保存较好，垛口墙局部缺失。四周植被覆盖较好，多为低矮灌木。

253. 外井2号马面 130730352102170253

位于小南辛堡镇外井村东南4千米，坐标：东经115°47′13.40″，北纬40°12′38.80″，高程1337米。

平面呈半圆形，向西外凸于墙体。东西顶部直径8.45米，残高8.45米。立面为二段式，下段为块石墙体，白灰砌筑，小块石填缝，白灰勾缝；下段与上段间设一层石拔檐分隔，上段设垛口墙，小块石砌筑，白灰勾缝，残高1.2米，宽45厘米。台体保存较好，垛口墙局部缺失。四周植被覆盖较好，多为低矮灌木。

254. 外井3号马面 130730352102170254

位于小南辛堡镇外井村东南3.9千米，坐标：东经115°46′58.60″，北纬40°12′23.50″，高程1297米。

平面呈矩形，向西外凸于墙体。东西宽5.3米，南北长7.35米，残高2.9米。墙体块石砌筑，小片石填缝，白灰勾缝，墙芯小块石垒砌。墙体坍塌严重，呈坡状，仅南立面残存部分墙体。西侧地势陡峭，植被覆盖较好，多为低矮灌木。

255. 外井4号马面 130730352102170255

位于小南辛堡镇外井村东南4.1千米，坐标：东经115°47′01.60″，北纬40°12′16.40″，高程1294米。

毛石结构，白灰勾缝，西北坍塌严重，呈坡状，中部残存拔檐，顶部残存垛口墙，垛口墙南北两侧各有一个出水口。

平面呈矩形，向西外凸于墙体。东西宽2.4米，南北长6.7米，高8.83米。立面为二段式，下段块石墙体，白灰砌筑，小块石填缝，白灰勾缝，高7.18米，墙芯小块石垒砌；下段与上段间设一层石拔檐分隔，上部设垛口墙，小块石砌筑，白灰勾缝，高1.65米，宽0.4米。墙体坍塌严重，西、北立面坍塌严重，呈坡状，中部残存拔檐，顶部残存垛口墙，四周植被覆盖较好，多为低矮灌木。

256. 水头1号马面 130730352102170256

位于小南辛堡镇水头村东南1.9千米，坐标：东经115°46′54.70″，北纬40°11′04.10″，高程1256米。

平面呈矩形，向南外凸于墙体。东西宽5米，南北长5.4米，墙体块石砌筑，小块石填缝，白灰勾缝，墙芯小块石垒砌。台体形制基本清晰，顶部被杂草覆盖，墙体两侧地势陡峭，植被覆盖多为低矮灌木。

257. 水头2号马面 130730352102170257

位于小南辛堡镇水头村东南1.6千米，坐标：东经115°46′53.40″，北纬40°11′00.60″，高程1228米。

平面呈矩形，向东外凸于墙体。东西宽 8.75 米，南北长 11.58 米，墙体块石砌筑，小块石填缝，白灰勾缝，墙芯小块石垒砌。墙体坍塌严重，呈坡状，南立面残存 8 层块石，顶部被杂草覆盖，东侧坡度陡峭，两侧植被覆盖多为低矮灌木。

258. 水头 3 号马面 130730352102170258

位于小南辛堡镇水头村东南 1.6 千米，坐标：东经 115° 46′ 50.20″，北纬 40° 10′ 52.90″，高程 1265 米。

平面呈矩形，向西外凸于墙体。东西宽 4.46 米，南北长 7.29 米，墙体条石砌筑，白灰勾缝，墙芯小块石垒砌。墙体保存较好，顶部设施无存，四周植被覆盖多为低矮灌木。

259. 水头 4 号马面 130730352102170259

位于小南辛堡镇水头村东南 1.6 千米，坐标：东经 115° 46′ 37.90″，北纬 40° 11′ 34.70″，高程 1236 米。

砖石结构，墙体块石砌筑，白灰灌缝，下部墙体保存较好，顶部设施严重缺失，台体四周和顶部散落石块和砖块。

260. 陈家堡战台 130730352102170260

位于东花园镇陈家堡村东南 958 米处，坐标：东经 115° 56′ 03.10″，北纬 40° 17′ 25.10″，高程 944 米。

平面呈矩形，向南外凸于墙体。东西长 8.8 米，南北宽 6.1 米，墙体块石砌筑，白灰勾缝，南侧露明十层，北侧露明六层。墙体保存较好，顶部设施无存，四周植被覆盖多为低矮灌木。

261. 坊安峪 1 号战台 130730352102170261

位于瑞云观乡坊安峪村东北 3.8 千米处，坐标：东经 115° 53′ 45.80″，北纬 40° 15′ 03.50″，高程 1206 米。

平面呈矩形，向南外凸于墙体。东西长 6.86 米，南北宽 4.48 米，高 4.27 米，墙体块石砌筑，白灰勾缝，墙芯小块石垒砌。墙体西立面、北立面局部坍塌，顶部设施无存，四周植被覆盖多为低矮灌木。

262. 坊安峪 2 号战台 130730352102170262

位于瑞云观乡坊安峪村北 2.7 千米，坐标：东经 115° 52′ 14.20″，北纬 40° 14′ 45.20″，高程 1142 米。

平面呈矩形，向南、北外凸于墙体。东西宽 6.52 米，南北长 10.3 米，高 6.13 米，墙体毛石砌筑，白灰勾缝，墙芯小块石垒砌。墙体保存，顶部设施无存，四周植被覆盖多为低矮灌木。

263. 陆家坡 1 号战台 130730352102170263

位于瑞云观乡陆家坡村东南 2.8 千米处，坐标：东经 115° 51′ 43.40″，北纬 40° 14′ 53.50″，高程 1229 米。

平面呈矩形，向南外凸于墙体。东西长 8.24 米，南北宽 4.51 米，高 3.79 米，墙体块石砌筑，白灰勾缝，墙芯小块石垒砌。墙体保存较好，顶部设施无存，存大量的碎砖和白灰。四周植被覆盖多为低矮灌木。

264. 陆家坡 2 号战台 130730352102170264

位于瑞云观乡陆家坡村东南 2.8 千米处，坐标：东经 115° 51′ 42.90″，北纬 40° 14′ 53.60″，高程 1227 米。

平面呈矩形，向南外凸于墙体。东西长 8.16 米，南北宽 4.57，高 2.16 米，墙体块石砌筑，白灰勾缝，墙芯小块石垒砌。墙体保存较好，顶部设施无存，存大量的碎砖和白灰。四周植被覆盖多为低矮灌木。

265. 陆家坡 3 号战台 130730352102170265

位于瑞云观乡陆家坡村东南 2.7 千米处，坐标：东经 115° 51′ 39.70″，北纬 40° 14′ 56.10″，高程 1227 米。

平面呈矩形，向西外凸于墙体。东西宽 4.62 米，南北长 13.59 米，高 4.08 米，墙体块石砌筑，白灰勾缝，墙芯小块石垒砌。墙体保存较好，顶部残存垛口墙痕迹，存大量的碎砖和白灰。四周植被覆盖多为低矮灌木。

266. 陆家坡 4 号战台 130730352102170266

位于瑞云观乡陆家坡村东南 2.6 千米的山梁，坐标：东经 115° 51′ 38.70″，北纬 40° 14′ 58.70″，高程 1231 米。

平面呈矩形，向西外凸于墙体。东西宽 4.39 米，南北长 16.46 米，高 3.75 米，墙体块石砌筑，白灰勾缝，墙芯小块石垒砌。墙体保存较好，顶部残存垛口墙痕迹，存大量的碎砖和白灰。四周植被覆盖多为低矮灌木。

267. 陆家坡 5 号战台 130730352102170267

位于瑞云观乡陆家坡村东南 2.6 千米的山梁上，坐标：东经 115° 51′ 38.70″，北纬 40° 14′ 59.80″，高程 1230 米。

平面呈矩形，向西外凸于墙体。东西宽 4.68 米，南北长 10.76 米，高 4.27 米，墙体块石砌筑，白灰勾缝，墙芯小块石垒砌。墙体保存较好，顶部残存垛口墙痕迹，存大量的碎砖和白灰。四周植被覆盖多为低矮灌木。

268. 陆家坡 6 号战台 130730352102170268

位于瑞云观乡陆家坡村东南 2.6 千米，坐标：东经 115° 51′ 38.60″，北纬 40° 15′ 01.40″，高程 1229 米。

平面呈矩形，向西外凸于墙体。东西宽 4.72 米，南北长 11.51 米，高 3.69 米，墙体块石砌筑，白灰勾缝，墙芯小块石垒砌。墙体保存较好，顶部残存垛口墙痕迹，存大量的碎砖和白灰。四周植被覆盖多为低矮灌木。

269. 陆家坡 7 号战台 130730352102170269

位于瑞云观乡陆家坡村东南 2.5 千米，坐标：东经 115° 51′ 38.70″，北纬 40° 15′ 04.00″，高程 1249 米。

平面呈矩形，向西外凸于墙体。东西宽 5.43 米，南北长 10.02 米，高 3.79 米，墙体块石砌筑，白灰勾缝，墙芯小块石垒砌。台体的南墙及西墙南半部坍塌，顶部残存垛口墙痕迹，存大量的碎砖和白灰。四周植被覆盖多为低矮灌木。

270. 陆家坡 8 号战台 130730352102170270

位于瑞云观乡陆家坡村东南 2.4 千米的山梁上，坐标：东经 115° 51′ 33.00″，北纬 40° 15′ 06.30″，高程 1225 米。

平面呈矩形，向西外凸于墙体。东西宽 4.73 米，南北长 16.35 米，高 4.78 米，墙体块石砌筑，白灰勾缝，墙芯小块石垒砌。台体西墙南半部坍塌，顶部设施无存，存大量的碎砖和白灰。四周植被覆盖多为低矮灌木。

271. 陆家坡 9 号战台 130730352102170271

位于瑞云观乡陆家坡村东南 2.4 千米的山梁上，坐标：东经 115° 51′ 33.00″，北纬 40° 15′ 05.20″，高程 1224 米。

平面呈矩形，向西外凸于墙体。东西宽 4.62 米，南北长 7.34 米，高 4.64 米，墙体块石砌筑，白灰勾缝，墙芯小块石垒砌。墙体保存较好，顶部设施无存，存大量的碎砖和白灰。四周植被覆盖多为低矮灌木。

272. 罗庄 1 号战台 130730352102170272

位于瑞云观乡罗庄村西南 3.1 千米，坐标：东经 115° 49′ 04.40″，北纬 40° 14′ 49.90″，高程 1110 米。

平面呈矩形，向西外凸于墙体。东西宽 6.8 米，南北长 11 米，高 5.3 米，墙体块石砌筑，白灰勾缝，墙芯小块石垒砌。墙体坍塌严重，呈堆状，南立面残存部分墙体，顶部设施无存。东、西侧为沟，地势陡峭，四周植被覆盖多为低矮灌木。

273. 罗庄 2 号战台 130730352102170273

位于瑞云观乡罗庄村西南 2.9 千米，坐标：东经 115° 48′ 55.40″，北纬 40° 15′ 00.30″，高程 1103 米。

平面呈矩形，向西外凸于墙体。东西长 8，南北宽 7.8 米，高 7 米，台芯土石混筑。墙体坍塌严重，外包缺失，台芯裸露，顶部设施无存，杂草覆盖。四周植被覆盖多为低矮灌木。

274. 罗庄 3 号战台 130730352102170274

位于瑞云观乡罗庄村西南 2.9 千米，坐标：东经 115° 48′ 45.70″，北纬 40° 15′ 08.60″，高程 1068 米。

平面呈矩形，向南外凸于墙体。东西宽 6.73 米，南北长 7 米，残高 2.8 米，台芯土石混筑。墙体坍塌严重，呈堆状，外包缺失，台芯裸露，顶部设施无存。四周散落大量的石块，植被覆盖多为低矮灌木。

275. 罗庄 4 号战台 130730352102170275

位于瑞云观乡罗庄村西南 2.4 千米，坐标：东经 115° 48′ 18.40″，北纬 40° 15′ 28.70″，高程 1186 米。

台芯块石垒砌，东西长 9.69 米，南北宽 7.6 米，残高 4.95 米，台体坍塌严重，呈堆状，外包石缺失、台芯裸露。四周散落大量的碎石块，植被覆盖为低矮灌木。

276. 石洞战台 130730352102170276

位于小南辛堡镇石洞村东北 3.1 千米，坐标：东经 115° 47′ 27.50″，北纬 40° 15′ 22.20″，高程 1089 米。

平面呈矩形，向北外凸于墙体。东西宽 6.8 米，南北长 11 米，高 5.2 米，墙体块石砌筑，小块石填缝，白灰勾缝，墙芯小块石垒砌。墙体坍塌严重，呈堆状，西立面残存部分墙体，顶部设施无存。南、北侧为沟，地势陡峭，四周植被覆盖多为低矮灌木。

277. 外井战台 130730352102170277

位于小南辛堡镇外井村东南 4 千米，坐标：东经 115° 47′ 21.60″，北纬 40° 13′ 10.30″，高程 1310 米。

平面呈矩形，向北外凸于墙体。东西长 6 米，高 2.59 米，墙体毛石砌筑，小块石填缝，白灰勾缝。墙体西北角坍塌，顶部设施无存。南、北侧为沟，地势较陡，四周植被覆盖多为低矮灌木。

278. 水头 1 号战台 130730352102170278

位于小南辛堡镇水头村东北 1.7 千米，坐标：东经 115° 46′ 51.50″，北纬 40° 10′ 44.90″，高程 1235 米。

平面呈矩形，向西外凸于墙体。东西宽 3.89 米，南北长 13.6 米，高 6.4 米，台体基础条石砌筑，白灰勾缝，西侧露明 8 层，东侧露明 5 层，台芯块石垒砌。基础保存较好，墙体缺失，台芯裸露，顶部设施无存。东、西侧为沟，地势陡峭，四周植被覆盖多为低矮灌木。

279. 水头 2 号战台 130730352102170279

位于小南辛堡镇水头村东南 1.8 千米，坐标：东经 115° 46′ 51.40″，北纬 40° 10′ 39.20″，高程 1288 米。

平面呈矩形，向南外凸于墙体。东西长 3.49 米，南北宽 3.06 米，高 4.74 米。立面为二段式，下段为毛石墙体，白灰砌筑、白灰勾缝；下段与上段间设一层石拔檐分隔，上段设垛口墙，高 0.73 米，宽 0.43 米。墙体保存较好，顶部残存垛口墙。四周植被覆盖多为低矮灌木。

280. 水头 3 号战台 130730352102170280

位于小南辛堡镇水头村东南 1.3 千米，坐标：东经 115° 46′ 21.70″，北纬 40° 10′ 36.40″，高程 1091 米。

平面呈矩形，向北外凸于墙体。东西宽 8.3 米，南北长 9.56 米，高 2.3 米。台芯土石分层夯筑，毛石层厚 10～20 厘米，夯土层厚 10～20 厘米。台芯顶部覆盖一层灰土，层厚 5～10 厘米，台体坍塌严重，外包缺失，台芯裸露。南、北侧为沟，坡度较陡，四周植被覆盖多为低矮灌木。

281. 水头 4 号战台 130730352102170281

位于小南辛堡镇水头村东南 1.3 千米，坐标：东经 115° 46′ 19.00″，北纬 40° 10′ 36.00″，高程 1086 米。

平面呈矩形，向北外凸于墙体。东西长 8.5 米，南北宽 3.8 米，残高 4.5 米。台芯土石混筑。台体坍塌严重，呈堆状，外包缺失，台芯裸露。四周植被覆盖多为低矮灌木。

282. 水头 5 号战台 130730352102170282

位于小南辛堡镇水头村东南 1.3 千米，坐标：东经 115° 46′ 01.20″，北纬 40° 10′ 27.70″，高程 1255 米。

平面呈矩形，向西外凸于墙体。东西宽 5.2 米，南北长 11.5 米，残高 4.5 米。台芯土石混筑。台体坍塌严重，外包缺失，台芯裸露。四周植被覆盖多为低矮灌木。

283. 羊儿岭 1 号边墩 130730353201170283

位于东花园镇羊儿岭村东 478 米的平地上，坐标：东经 115° 54′ 04.90″，北纬 40° 20′ 48.20″，高程 547 米。

平面呈矩形，东西长 5.72 米，南北宽 5.42 米，残高 5.13 米。台芯素土夯筑，坍塌严重，呈堆状。墙面风雨侵蚀严重。北侧是农户的红砖院墙，南侧是小土路，东侧长有小树一棵。

284. 羊儿岭 2 号边墩 130730353201170284

位于东花园镇羊儿岭村东 348 米的平地上，坐标：东经 115° 53′ 58.90″，北纬 40° 20′ 45.40″，高程 545 米。

平面呈矩形，底部直径 6.74 米，残高 5.67 米。台芯素土分层夯筑，层厚 0.18 米。坍塌严重，呈堆状。墙面风雨侵蚀严重。

285. 南辛堡 1 号边墩 130730353201170285

位于东花园镇大南辛堡村东北 4.3 千米的平地上，坐标：东经 115° 53′ 34.80″，北纬 40° 20′ 34.80″，高程 550 米。

台芯素土夯筑，底部直径 12.16 米，残高 6.59 米。坍塌严重，呈堆状，雨水冲刷严重。

286、南辛堡 2 号边墩 130730353201170286

位于东花园镇大南辛堡村东北 4.1 千米，坐标：东经 115° 53′ 28.20″，北纬 40° 20′ 31.50″，高程

542 米。

平面呈矩形，东西长 10.45 米，南北宽 9.66 米，残高 7.32 米。台芯素土分层夯筑，厚 0.13～0.18 米。墙面有不同程度的损毁。四周为农田。

287. 南辛堡 3 号边墩 130730353201170287

位于东花园镇大南辛堡村东北 4.1 千米的平地上，坐标：东经 115° 53′ 23.30″，北纬 40° 20′ 27.50″，高程 541 米。

平面呈矩形，东西宽 10.36 米，南北长 10.91 米，残高 11.68 米。台芯素土分层夯筑，厚 0.14～0.17 米。墙面有不同程度的损毁，南侧底部中央有一洞，深 3.98 米，高 1.36 米，宽 0.96 米。

288. 南辛堡 4 号边墩 130730353201170288

位于东花园镇大南辛堡村东北 3.9 千米的平地上，坐标：东经 115° 52′ 57.60″，北纬 40° 20′ 15.30″，高程 543 米。

台芯素土分层夯筑，层厚 0.15 米，底部直径 11.25 米，残高 6.68 米。坍塌严重，呈堆状，受风雨侵蚀严重。

298. 南辛堡 5 号边墩 130730353201170289

位于东花园镇大南辛堡村东北 3.1 千米的平地上，坐标：东经 115° 52′ 51.80″，北纬 40° 20′ 13.30″，高程 537 米。

平面呈矩形，东西宽 7.53 米，南北长 8.25 米，残高 7.4 米。台芯素土分层夯筑，厚 0.18 米。北立面墙体保存较好，其余三面墙均坍塌成漫坡状。

290. 南辛堡 6 号边墩 130730353201170290

位于东花园镇大南辛堡村东北 2.9 千米的平地上，坐标：东经 115° 52′ 46.10″，北纬 40° 20′ 10.40″，高程 538 米。

平面呈矩形，东西长 7.37 米，南北宽 5.77 米，残高 6.56 米。台芯素土分层夯筑，厚 0.14 米。四面墙均有不同程度的坍塌，南、东两侧坍塌成漫坡状。

291. 南辛堡 7 号边墩 130730353201170291

位于东花园镇大南辛堡村东北 2.8 千米的平地上，坐标：东经 115° 52′ 39.40″，北纬 40° 20′ 07.60″，高程 538 米。

台芯素土分层夯筑，层厚 0.07～0.1 米，东西长 4.48 米，高 6.94 米。坍塌严重，西、北墙外，其余两侧墙均坍塌成漫坡状。受风雨侵蚀严重。

292. 南辛堡 8 号边墩 130730353201170292

位于东花园镇大南辛堡村东北 2.6 千米的平地上，坐标：东经 115° 52′ 31.40″，北纬 40° 20′ 05.60″，高程 539 米。平面呈矩形，东西宽 6.55 米，南北长 7.21 米，残高 6.94 米。台芯素土夯筑。台体陡立，墙体均有不同程度的坍塌。

293. 南辛堡 9 号边墩 130730353201170293

位于东花园镇大南辛堡村东北 2.4 千米的平地上，坐标：东经 115° 52′ 23.30″，北纬 40° 20′ 02.90″，高程 538 米。

平面呈矩形，东西长 9.21 米，南北宽 8.29 米，残高 7.99 米。台芯素土夯筑。台体陡立，墙体均有不同程度的坍塌。

294. 南辛堡 10 号边墩 130730353201170294

位于东花园镇大南辛堡村东北 2.2 千米的平地上，坐标：东经 115° 52′ 17.40″，北纬 40° 20′ 00.80″，高程 537 米。

平面呈矩形，东西长 9.11 米，南北宽 8.34 米，残高 4.85 米。台芯素土分层夯筑，层厚 0.16 米。台体陡立，墙体均有不同程度的坍塌，雨水冲刷痕迹明显。地表周围散落有青砖和瓦片。

295. 南辛堡 11 号边墩 130730353201170295

位于东花园镇大南辛堡村东北 2 千米的平地上，坐标：东经 115° 52′ 10.00″，北纬 40° 19′ 57.10″，高程 548 米。

台芯素土分层夯筑，层厚 0.11 ～ 0.14 米，高 9.75 米。墙体均有不同程度的坍塌，雨水冲刷痕迹明显，基础地面因四周人为取土而高起。

296. 南辛堡 12 号边墩 130730353201170296

位于东花园镇大南辛堡村东北 1.9 千米的平地上，坐标：东经 115° 52′ 04.60″，北纬 40° 19′ 53.10″，高程 545 米。

台芯素土分层夯筑，层厚 0.1 ～ 0.18 米，东西宽 7.24 米，南北长 8.16 米，残高 9.4 米。墙体均有不同程度的坍塌，雨水冲刷痕迹明显，四周杂草滋长。

297. 南辛堡 13 号边墩 130730353201170297

位于东花园镇大南辛堡村东北 1.7 千米的平地上，坐标：东经 115° 52′ 00.50″，北纬 40° 19′ 48.00″，高程 549 米。

台芯素土夯筑，南北长 6.17 米，残高 5.17 米。坍塌严重，呈锥状，雨水侵蚀痕迹明显，四周杂草滋长。

298. 南辛堡 14 号边墩 130730353201170298

位于东花园镇大南辛堡村东北 1.6 千米的平地上，坐标：东经 115° 51′ 55.40″，北纬 40° 19′ 43.20″，高程 546 米。

台芯素土夯筑，南北长 5.18 米，残高 6.51 米。坍塌严重，呈锥状，雨水侵蚀痕迹明显，四周杂草滋长。

299. 南辛堡 15 号边墩 130730353201170299

位于东花园镇大南辛堡村东 1.5 千米的平地上，坐标：东经 115° 51′ 49.40″，北纬 40° 19′ 39.80″，高程 546 米。

台芯素土夯筑，底部直径 11.25 米，残高 5.26 米。坍塌严重，呈锥状，雨水侵蚀痕迹明显，四周杂草滋长。

300. 南辛堡 16 号边墩 130730353201170300

位于东花园镇大南辛堡村东南 1.3 千米的平地上，坐标：东经 115° 51′ 39.00″，北纬 40° 19′ 31.30″，高程 547 米。

台芯素土夯筑，底部直径 11.06 米，残高 4.76 米。坍塌严重，呈锥状，雨水侵蚀痕迹明显，全部被草覆盖。

301. 南辛堡 17 号边墩 130730353201170301

位于东花园镇大南辛堡村东南 1.3 千米的平地上，坐标：东经 115° 51′ 34.10″，北纬 40° 19′ 26.80″，高程 556 米。

台芯素土分层夯筑，层厚 0.17 米，东西宽 4.54 米，南北长 4.64 米，残高 7.71 米。坍塌严重，呈锥状，墙面雨水侵蚀痕迹明显，四周杂草滋长。

302. 南辛堡 18 号边墩 130730353201170302

位于东花园镇大南辛堡村东南 1.2 千米的平地上，坐标：东经 115° 51′ 28.80″，北纬 40° 19′ 23.30″，高程 560 米。

台芯素土夯筑，底部直径长 7.15 米，残高 4.98 米。坍塌严重，呈坡状，雨水侵蚀痕迹明显，全部被草覆盖。

303. 南辛堡 19 号边墩 130730353201170303

位于东花园镇大南辛堡村东南 1.1 千米的平地上，坐标：东经 115° 51′ 23.00″，北纬 40° 19′ 20.00″，高程 562 米。

台芯素土夯筑，东西长 7.49 米，南北宽 7.07 米，残高 6.68 米。坍塌严重，呈锥状，墙面雨水侵蚀痕迹明显，四周杂草滋长。

304. 南辛堡 20 号边墩 130730353201170304

位于东花园镇大南辛堡村东南 1.2 千米的平地上，坐标：东经 115° 51′ 17.80″，北纬 40° 19′ 15.90″，高程 562 米。

台芯素土分层夯筑，层厚 0.17 米，东西宽 4.99 米，南北长 6.11 米，残高 6.9 米。坍塌严重，呈锥状，墙面雨水侵蚀痕迹明显，四周杂草滋长。

305. 南辛堡 21 号边墩 130730353201170305

位于东花园镇大南辛堡村东南 1.7 千米的平地上，坐标：东经 115° 51′ 03.40″，北纬 40° 18′ 53.00″，高程 597 米。

平面呈矩形，边长 11.1 米，残高 6.9 米。台芯素土分层夯筑，层厚 0.1 米。墙面有不同程度的坍塌，东侧底部人为挖掘孔洞 1 个，高 1.3 米，墙面雨水侵蚀痕迹明显，四周杂草滋长。

306. 南辛堡 22 号边墩 130730353201170306

位于东花园镇大南辛堡村东南 2 千米的平地上，坐标：东经 115° 50′ 49.20″，北纬 40° 18′ 39.50″，高程 598 米。

平面呈矩形，东西宽 7.35 米，南北长 8.75 米，残高 6.9 米。台芯素土分层夯筑，层厚 0.15 米。墙面有不同程度的坍塌，南侧底部人为挖掘孔洞 1 个，直径 0.9 米，深 4.5 米，墙面雨水侵蚀痕迹明显，四周杂草滋长。

307. 南辛堡 23 号边墩 130730353201170307

位于东花园镇大南辛堡村南 2.2 千米的平地上，坐标：东经 115° 50′ 44.50″，北纬 40° 18′ 35.50″，高程 604 米。

平面呈矩形，东西长 7.6 米，南北宽 6.8 米，残高 3.3 米。台芯素土分层夯筑，层厚 0.2 米。西、南两侧坍塌成斜坡状。东、西两侧与其他边墩相连的夯土墙已消失，台芯有不同程度的坍塌，墙面雨水侵蚀痕迹明显，四周散落砖、瓦碎块，杂草滋长。

308. 南辛堡 24 号边墩 130730353201170308

位于东花园镇大南辛堡村南 2.3 千米的平地上，坐标：东经 115° 50′ 39.30″，北纬 40° 18′ 31.20″，高程 606 米。

平面呈矩形，东西宽 2.1 米，南北长 5.2 米，残高 6.7 米。台芯素土夯筑。台芯有不同程度的坍塌，墙面雨水侵蚀痕迹明显，东侧台体被开垦为梯田，种植果树。

309. 南辛堡 25 号边墩 130730353201170309

位于东花园镇大南辛堡村南 2.4 千米的平地上，坐标：东经 115° 50′ 34.40″，北纬 40° 18′ 27.80″，高程 605 米。

平面呈矩形，东西宽 7.8 米，南北长 9.2 米，残高 5.45 米。台芯素土夯筑。台芯北立面坍塌成坡状，墙面雨水侵蚀痕迹明显，四周杂草滋长。

310. 南辛堡 26 号边墩 130730353201170310

位于东花园镇大南辛堡村南 2.6 千米的平地上，坐标：东经 115° 50′ 28.40″，北纬 40° 18′ 21.70″，高程 604 米。

平面呈矩形，东西宽 6.3 米，南北长 9.8 米，残高 8.15 米。台芯素土分层夯筑，层厚 0.13 ～ 0.17 米。台芯四面均有不同程度的坍塌，墙面雨水侵蚀痕迹明显，四周杂草滋长。

311. 南辛堡 27 号边墩 130730353201170311

位于东花园镇大南辛堡村西南 2.8 千米的平地上，坐标：东经 115° 50′ 24.60″，北纬 40° 18′ 16.90″，高程 614 米。

平面呈矩形，东西宽 6.1 米，南北长 6.8 米，残高 5.2 米。台芯素土分层夯筑，层厚 0.12 ～ 0.16 米。台芯东、南立面坍塌成坡状，墙面雨水侵蚀痕迹明显，四周杂草滋长。

312. 东湾 1 号边墩 130730353201170312

位于瑞云观乡东湾村，坐标：东经 115° 50′ 17.70″，北纬 40° 18′ 13.00″，高程 581 米。

平面呈矩形，东西宽 6.9 米，南北长 7 米，残高 7.7 米。台芯素土分层夯筑，层厚 0.12 ～ 0.18 米。台芯四面均有不同程度的坍塌，墙面雨水侵蚀痕迹明显，顶部杂草滋长。

313. 东湾 2 号边墩 130730353201170313

位于瑞云观乡东湾村，坐标：东经 115° 50′ 11.90″，北纬 40° 18′ 08.00″，高程 580 米。

平面呈矩形，东西长 7.1 米，南北宽 6.8 米，残高 7.2 米。台芯素土夯筑。台芯四面均有不同程度的坍塌，墙面剥蚀严重。

314. 东湾 3 号边墩 130730353201170314

位于瑞云观乡东湾村西 366 米的平地上，坐标：东经 115° 50′ 07.30″，北纬 40° 18′ 04.70″，高程 593 米。

平面呈矩形，东西长 5.3 米，南北宽 4.9 米，残高 3.6 米。台芯素土夯筑。东立面坍塌成坡状，西立面有夯土墙与其他边墩相连，全部被草和灌木覆盖。

315. 东湾 4 号边墩 130730353201170315

位于瑞云观乡东湾村西 1 千米的平地上，坐标：东经 115° 49′ 40.40″，北纬 40° 17′ 57.00″，高程 594 米。

平面呈矩形，东西长 9.5 米，南北宽 8.9 米，残高 7.98 米。台芯素土分层夯筑，层厚 0.15～0.2 米。台芯四面均有不同程度的坍塌，墙面雨水侵蚀痕迹明显，四周杂草滋长。

316. 东湾 5 号边墩 130730353201170316

位于瑞云观乡东湾村西南 1.1 千米的平地上，坐标：东经 115° 49′ 36.80″，北纬 40° 17′ 55.60″，高程 600 米。

平面呈矩形，东西宽 6.2 米，南北长 6.5 米，残高 5.1 米。台芯素土分层夯筑。台芯四面均有不同程度的坍塌，墙面雨水侵蚀痕迹严重，四周杂草滋长。

317. 东湾 6 号边墩 130730353201170317

位于瑞云观乡东湾村西南 1.2 千米的平地上，坐标：东经 115° 49′ 31.60″，北纬 40° 17′ 54.20″，高程 597 米。

平面呈矩形，东西宽 10 米，南北长 11.1 米，残高 8.3 米。台芯素土分层夯筑，层厚 0.13～0.21 米。台芯四面均有不同程度的坍塌，墙面雨水侵蚀痕迹明显，四周杂草滋长。

318. 东湾 7 号边墩 130730353201170318

位于瑞云观乡东湾村西南 1.4 千米的平地上，坐标：东经 115° 49′ 26.60″，北纬 40° 17′ 53.00″，高程 607 米。

平面呈矩形，东西长 10.8 米，南北宽 9.8 米，残高 8.9 米。台芯素土分层夯筑，东西两侧与其他边墩相连的夯土墙残高 1.1～1.5 米，宽 1.6 米。台芯四面均有不同程度的坍塌，墙面雨水侵蚀痕迹明显，四周杂草滋长。

319. 东湾 8 号边墩 130730353201170319

位于瑞云观乡东湾村西南 1.5 千米的平地上，坐标：东经 115° 49′ 21.50″，北纬 40° 17′ 53.10″，高程 603 米。

平面呈矩形，东西长 6.5 米，南北宽 5.7 米，残高 3.7 米。台芯素土分层夯筑，层厚约 0.15 米。台芯四面均有不同程度的坍塌，墙面雨水侵蚀痕迹明显，四周散落砖瓦碎块，杂草滋长。

320. 东湾 9 号边墩 130730353201170320

位于瑞云观乡东湾村西南 1.6 千米的平地上，坐标：东经 115° 49′ 16.70″，北纬 40° 17′ 52.70″，高程 606 米。

东、西侧接墙，平面呈矩形，东西长 9.8 米，南北宽 9.7 米，残高 5.98 米。台芯素土分层夯筑，层厚 0.13 ～ 0.2 米。台芯四面均有不同程度的坍塌，墙面雨水侵蚀痕迹明显，四周散落砖瓦碎块，杂草滋长。

321. 东湾 10 号边墩 130730353201170321

位于瑞云观乡东湾村西南 1.7 千米的平地上，坐标：东经 115° 49′ 11.50″，北纬 40° 17′ 52.30″，高程 608 米。

东、西侧接墙，平面呈矩形，东西长 8.5 米，南北宽 7.1 米，残高 6.2 米。台芯素土分层夯筑，层厚 0.13 ～ 0.18 米。台芯四面均有不同程度的坍塌，墙面雨水侵蚀痕迹明显，四周杂草滋长。

322. 东湾 11 号边墩 130730353201170322

位于瑞云观乡东湾村西南 1.8 千米的平地上，坐标：东经 115° 49′ 06.00″，北纬 40° 17′ 52.20″，高程 610 米。

东、西侧接墙，平面呈矩形，东西长 7.8 米，南北宽 6.15 米，残高 5.3 米。台芯素土分层夯筑，层厚 0.11 ～ 0.18 米。台芯四面均有不同程度的坍塌，墙面雨水侵蚀痕迹明显，四周杂草滋长。

323. 东湾 12 号边墩 130730353201170323

位于瑞云观乡东湾村西南 1.9 千米的平地上，坐标：东经 115° 49′ 00.90″，北纬 40° 17′ 51.50″，高程 608 米。

平面呈矩形，东西长 7.1 米，南北宽 6.7 米，残高 7.2 米。台芯素土分层夯筑，层厚 0.11 ～ 0.18 米。台芯四面均有不同程度的坍塌，墙面雨水侵蚀痕迹明显，底部中间各有贯通南北、东西的两条人为挖掘孔洞，四周杂草滋长。

324. 大山口 1 号边墩 130730353201170324

位于瑞云观乡大山口村东北 238 米的平地上，坐标：东经 115° 48′ 56.30″，北纬 40° 17′ 51.30″，高程 610 米。

东、西侧接墙，平面呈矩形，东西长 9.15 米，南北宽 6.2 米，残高 3.72 米。台芯素土分层夯筑。台芯四面均有不同程度的坍塌，墙面雨水侵蚀痕迹明显，四周杂草滋长。

325. 大山口 2 号边墩 130730353201170325

位于瑞云观乡大山口村东北 162 米的平地上，坐标：东经 115° 48′ 51.90″，北纬 40° 17′ 51.10″，高程 606 米。

东、西侧接墙，台芯素土分层夯筑，东西宽 3.1 米，南北长 4.8 米，残高 2.7 米。坍塌严重，呈堆状，全部为植被覆盖。

326. 大山口 3 号边墩 130730353201170326

位于瑞云观乡大山口村北 126 米的平地上，坐标：东经 115° 48′ 46.40″，北纬 40° 17′ 50.60″，高程 603 米。

东、西侧接墙，台芯素土分层夯筑，东西长 6.8 米，南北宽 5.4 米，残高 3.3 米。坍塌严重，呈堆状，全部被杂草和灌木覆盖。

327. 大山口 4 号边墩 130730353201170327

位于瑞云观乡大山口村西北 190 米的平地上，坐标：东经 115° 48′ 41.30″，北纬 40° 17′ 49.60″，高程 607 米。

东、西侧接墙，台芯素土分层夯筑，东西长 7.2 米，南北宽 6.8，残高 4.5 米。坍塌严重，呈堆状，全部被杂草和灌木覆盖。

328. 大山口 5 号边墩 130730353201170328

位于瑞云观乡大山口村西北 284 米的平地上，坐标：东经 115° 48′ 36.50″，北纬 40° 17′ 48.10″，高程 610 米。

东、西侧接墙，平面呈矩形，东西长 8.9 米，南北宽 8.2 米，残高 6.5 米。台芯素土分层夯筑。台芯四面均有不同程度的坍塌，墙面雨水侵蚀痕迹明显，四周杂草滋长。

329. 大山口 6 号边墩 130730353201170329

位于瑞云观乡大山口村西 408 米的平地上，坐标：东经 115° 48′ 31.00″，北纬 40° 17′ 47.30″，高程 607 米。

西侧接墙，平面呈矩形，南北长 8.1 米，残高 8.52 米。台芯素土分层夯筑。台芯四面均有不同程度的坍塌，东立面被开垦为梯田状，种树，墙面雨水侵蚀痕迹明显，四周杂草滋长。

330. 大山口 7 号边墩 130730353201170330

位于瑞云观乡大山口村西 517 米的平地上，坐标：东经 115° 48′ 26.40″，北纬 40° 17′ 46.30″，高程 612 米。

东、西侧接墙，底径 10.4 米，残高 8.2 米。台芯素土分层夯筑。台芯坍塌成圆锥状，墙面雨水侵蚀痕迹明显，四周杂草滋长。

331. 大山口 8 号边墩 130730353201170331

位于瑞云观乡大山口村西 647 米的平地上，坐标：东经 115° 48′ 21.00″，北纬 40° 17′ 45.70″，高程 610 米。

东、西侧接墙，平面呈矩形，东西长 6.31 米，南北宽 6.2 米，残高 5.3 米。台芯素土分层夯筑，层厚约 0.2 米。台芯四面均有不同程度的坍塌，墙面雨水侵蚀痕迹明显，墙面雨水冲沟多处，四周杂草滋长。

332. 大山口 9 号边墩 130730353201170332

位于瑞云观乡大山口村西 871 米的平地上，坐标：东经 115° 48′ 11.50″，北纬 40° 17′ 44.50″，高程 623 米。

西侧接墙，平面呈矩形，东西长 7.2 米，南北宽 6.2 米，残高 7.45 米。台芯素土分层夯筑，层厚 0.12 ～ 0.18 米。台芯四面均有不同程度的坍塌，墙面雨水侵蚀痕迹明显，南立面底部人为挖掘孔洞 1 个，顶部及四周杂草滋长。

333. 大山口 10 号边墩 130730353201170333

位于瑞云观乡大山口村西 987 米的平地上，坐标：东经 115° 48′ 06.70″，北纬 40° 17′ 44.50″，高程 621 米。

平面呈矩形，东西长 10.1 米，南北宽 9.75 米，残高 7.1 米。台芯素土分层夯筑，层厚 0.2 米。台芯南、西、北立面保存较好，东立面坍塌成坡状，墙面雨水侵蚀痕迹明显，四周为农田。

334. 大山口 11 号边墩 130730353201170334

位于瑞云观乡大山口村西 1.1 千米的平地上，坐标：东经 115° 48′ 01.90″，北纬 40° 17′ 44.30″，高程 616 米。

平面呈矩形，东西长 10.1 米，南北宽 9.8 米，残高 6.8 米。台芯素土分层夯筑，层厚 0.18 米。台芯南、西立面保存较好，东、北立面坍塌成坡状，墙面雨水侵蚀痕迹明显，顶部及四周杂草滋长。

335. 大山口 12 号边墩 130730353201170335

位于瑞云观乡大山口村西 1.2 千米的平地上，坐标：东经 115° 47′ 56.40″，北纬 40° 17′ 44.30″，高程 613 米。

平面呈矩形，东西宽 7.03 米，南北长 7.25 米，残高 6.26 米。台芯素土分层夯筑，层厚 0.2 米。台芯南、西立面保存较好，东、北立面坍塌成坡状，墙面雨水侵蚀痕迹明显，顶部及四周杂草滋长。

336. 大山口 13 号边墩 130730353201170336

位于瑞云观乡大山口村西 1.4 千米的平地上，坐标：东经 115° 47′ 51.40″，北纬 40° 17′ 43.80″，高程 619 米。

现状平面呈矩形，边长 5.67 米，东侧高 4.39 米、南侧高 5.13 米、西侧高 5.09 米、北侧高 4.9 米。后期人为包砌红砖，形制无法辨别，四周杂草滋长。

337. 大山口 14 号边墩 130730353201170337

位于瑞云观乡大山口村西 1.5 千米的平地上，坐标：东经 115° 47′ 45.10″，北纬 40° 17′ 43.60″，高程 613 米。

平面呈矩形，东西长 9.1 米，南北宽 8.69 米，残高 6.29 米。台芯素土分层夯筑，层厚 0.15 米。台体 1.98 米外有夯土墙围绕，呈矩形。台芯四面均有不同程度的坍塌，墙面雨水侵蚀痕迹明显，顶部及四周杂草滋长。

338. 大山口 15 号边墩 130730353201170338

位于瑞云观乡大山口村西 1.6 千米的平地上，坐标：东经 115° 47′ 41.00″，北纬 40° 17′ 43.80″，高程 610 米。

平面呈矩形，东西宽 8.21 米，南北长 9.06 米，残高 8.92 米。台芯素土分层夯筑，层厚 0.2 米。台芯四面均有不同程度的坍塌，墙面雨水侵蚀痕迹明显，顶部及四周杂草滋长。

339. 大山口 16 号边墩 130730353201170339

位于瑞云观乡大山口村西 1.8 千米的平地上，坐标：东经 115° 47′ 34.00″，北纬 40° 17′ 42.50″，高程 610 米。

平面呈圆形，底部直径 7.22 米，残高 14 米。台芯素土分层夯筑。台芯坍塌严重，呈圆丘状，墙面雨水侵蚀痕迹明显，顶部及四周杂草滋长、灌木覆盖。

340. 大山口 17 号边墩 130730353201170340

位于瑞云观乡大山口村西 1.9 千米的平地上，坐标：东经 115° 47′ 29.00″，北纬 40° 17′ 42.40″，高程

613 米。

东、西侧接墙，平面呈矩形，东西宽 6.81 米，南北长 6.82 米，残高 6.65 米。台芯素土分层夯筑，层厚 0.1 ～ 0.13 米。台芯四面均有不同程度的坍塌，墙面雨水侵蚀痕迹明显，顶部及四周杂草滋长。

341. 大山口 18 号边墩 130730353201170341

位于瑞云观乡大山口村西 2 千米的平地上，坐标：东经 115° 47′ 23.60″，北纬 40° 17′ 42.30″，高程 611 米。

台芯素土分层夯筑，层厚 0.1 ～ 0.13 米，东西长 4.95 米，南北宽 4.92 米。坍塌严重，呈圆堆状。台体杂草及灌木覆盖。

342. 大山口 19 号边墩 130730353201170342

位于瑞云观乡大山口村西 2.1 千米的平地上，坐标：东经 115° 47′ 17.80″，北纬 40° 17′ 42.30″，高程 616 米。

东、西侧接墙，平面呈矩形，东西宽 6.81 米，南北长 6.82 米，残高 6.65 米。台芯素土分层夯筑，层厚 0.1 ～ 0.13 米。台芯坍塌严重，东、南立面呈坡状，墙面雨水侵蚀痕迹明显，顶部及四周杂草滋长。

343. 大山口 20 号边墩 130730353201170343

位于瑞云观乡大山口村西 2.3 千米的平地上，坐标：东经 115° 47′ 12.60″，北纬 40° 17′ 42.00″，高程 613 米。

东、西侧接墙，东西宽 8.83 米，南北长 14.2 米，残高 6.26 米。台芯素土分层夯筑。坍塌严重，呈圆堆状。台体全部被杂草、灌木覆盖，四周为农田。

344. 大山口 21 号边墩 130730353201170344

位于瑞云观乡大山口村西 2.4 千米的平地上，坐标：东经 115° 47′ 07.30″，北纬 40° 17′ 42.10″，高程 613 米。

东、西侧接墙，东西宽 5.25 米，南北长 5.34 米，残高 2.44 米。台芯素土分层夯筑。坍塌严重，呈圆堆状。台体全部被杂草、灌木覆盖，四周为农田。

345. 大山口 22 号边墩 130730353201170345

位于瑞云观乡大山口村西 2.5 千米的平地上，坐标：东经 115° 47′ 01.60″，北纬 40° 17′ 42.10″，高程 612 米。

东、西侧接墙，东西长 11.25 米，南北宽 5.55 米，残高 5.51 米。台芯素土分层夯筑。坍塌严重，呈圆堆状。台体全部被杂草、灌木覆盖，四周为农田。

346. 小山口 1 号边墩 130730353201170346

位于小南辛堡镇小山口村内，坐标：东经 115° 46′ 46.40″，北纬 40° 17′ 41.90″，高程 614 米。

台芯素土分层夯筑，层厚 0.12 ～ 0.25 米，东西长 2.59 米，残高 2.8 米。坍塌严重，呈圆堆状。东侧紧临一条小土路，其余三面被木栅围住。四周长满高大树木。

347. 小山口 2 号边墩 130730353201170347

位于小南辛堡镇小山口村西南角，坐标：东经 115° 46′ 41.40″，北纬 40° 17′ 42.10″，高程 609 米。

西、南侧接墙，东西长 11.25 米，南北宽 5.55 米，残高 5.51 米。台芯素土分层夯筑。台芯四面均有不同程度的坍塌，墙面雨水侵蚀痕迹明显。四周杂草、灌木覆盖。

348. 小山口 3 号边墩 130730353201170348

位于小南辛堡镇小山口村内，坐标：东经 115° 46′ 36.90″，北纬 40° 17′ 41.90″，高程 608 米。

东、南侧接墙。残高 7 米。台芯素土分层夯筑，层厚 0.12 米。台芯四面均有不同程度的坍塌，墙面雨水侵蚀痕迹明显。四周杂草、灌木覆盖。

349. 小山口 4 号边墩 130730353201170349

位于小南辛堡镇小山口村内，坐标：东经 115° 46′ 30.70″，北纬 40° 17′ 41.70″，高程 609 米。

东、西侧接墙，东西长 9.28 米，南北宽 6.96 米，残高 5.82 米。台芯素土分层夯筑。台芯坍塌成堆状。四周杂草、灌木覆盖。

350. 十八家 1 号边墩 130730353201170350

位于小南辛堡镇十八家村东 1.3 千米的平地上，坐标：东经 115° 46′ 27.00″，北纬 40° 17′ 41.90″，高程 606 米。

台芯素土分层夯筑，底径 16.8 米，残高 5.32 米。台芯坍塌成堆状。四周杂草、灌木覆盖。

351. 十八家 2 号边墩 130730353201170351

位于小南辛堡镇十八家村东 1.1 千米的平地上，坐标：东经 115° 46′ 20.90″，北纬 40° 17′ 42.00″，高程 611 米。

台芯素土分层夯筑，层厚 0.18 ～ 0.2 米。底径 20.16 米，残高 7.52 米。台芯坍塌严重，呈堆状，东侧底部人为取土部分消失。四周杂草、灌木覆盖。

352. 十八家 3 号边墩 130730353201170352

位于小南辛堡镇十八家村东 945 米的平地上，坐标：东经 115° 46′ 13.80″，北纬 40° 17′ 41.80″，高程 606 米。

东、西侧接墙，底径 14.82 米，残高 6.88 米。台芯素土分层夯筑。台芯坍塌严重，呈堆状。四周杂草、灌木覆盖。

353. 十八家 4 号边墩 130730353201170353

位于小南辛堡镇十八家村东 843 米的平地上，坐标：东经 115° 46′ 09.10″，北纬 40° 17′ 42.20″，高程 605 米。

东、西侧接墙，底径 12.46 米，残高 5.11 米。台芯素土分层夯筑。台芯坍塌严重，呈堆状。四周杂草、灌木覆盖。

354. 十八家 5 号边墩 130730353201170354

位于小南辛堡镇十八家村东 700 米的平地上，坐标：东经 115° 46′ 03.90″，北纬 40° 17′ 42.20″，高程 601 米。

台芯平面呈矩形，东西宽 8.6 米，南北长 11.22 米，残高 4.59 米。台芯素土分层夯筑。坍塌严重，呈堆状，南侧由于开垦耕地成为台地。

355. 十八家 6 号边墩 130730353201170355

位于小南辛堡镇十八家村东 567 米的平地上，坐标：东经 115° 45′ 57.80″，北纬 40° 17′ 42.00″，高程 598 米。

台芯平面呈矩形，东西宽 5.47，南北长 9.38 米，残高 3.17 米。台芯素土分层夯筑，层厚 0.15 ～ 0.2 米。台芯四面均有不同程度的坍塌，墙面雨水侵蚀痕迹明显，四周杂草、灌木覆盖。

356. 十八家 7 号边墩 130730353201170356

位于小南辛堡镇十八家村西北 122 米处，坐标：东经 115° 45′ 18.40″，北纬 40° 17′ 44.20″，高程 600 米。

东、西、南侧接墙，南北长 7.8 米，残高 3.66 米。台芯素土分层夯筑，层厚 0.07 ～ 0.11 米。台芯坍塌严重，呈堆状，墙面雨水侵蚀痕迹明显，植被覆盖较差，四周为果树园和少量的野生的酸枣树，顶部立有水泥标志牌，台体西侧立有水泥电线杆。

357. 十八家 8 号边墩 130730353201170357

位于小南辛堡镇十八家村西北 231 米处，坐标：东经 115° 45′ 13.80″，北纬 40° 17′ 44.00″，高程 600 米。

台芯素土分层夯筑，层厚 0.08 ～ 0.11 米。南北长 6.78 米，残高 5.17 米。台芯坍塌严重，呈堆状，墙面雨水侵蚀痕迹明显，台体上覆盖大量的杂草和野生酸枣树。四周有少量的农田，东西侧种有大量的葡萄树。

358. 十八家 9 号边墩 130730353201170358

位于小南辛堡镇十八家村西北 343 米处，坐标：东经 115° 45′ 09.00″，北纬 40° 17′ 43.90″，高程 605 米。

台芯素土分层夯筑，层厚 0.07 ～ 0.14 米。东西长 7.17 米，南北宽 5.23 米，残高 6.7 米。台芯坍塌严重，呈堆状，墙面雨水侵蚀痕迹明显，台体上覆盖大量的杂草、低矮灌木和野生酸枣树，四周为葡萄园。

359. 十八家 10 号边墩 130730353201170359

位于小南辛堡镇十八家村西北 682 米处，坐标：东经 115° 44′ 54.50″，北纬 40° 17′ 43.30″，高程 603 米。

台芯素土分层夯筑，夯层厚 0.08 ～ 0.18 米。东西长 7.68 米，南北宽 7.47 米，残高 3.8 米。坍塌严重，呈堆状，雨水侵蚀痕迹明显，台体四周筑有围墙，距台体 3.44 米，墙体残高 1.74 米。植被覆盖较差，东侧有一株榆树，台体被杂草覆盖。

360. 十八家 11 号边墩 130730353201170360

位于小南辛堡镇十八家村西北 788 米处，坐标：东经 115° 44′ 50.10″，北纬 40° 17′ 43.40″，高程 601 米。

台芯素土夹杂着少量的碎石分层夯筑，夯层厚 0.08 ～ 0.12 米。东西长 7.9 米，南北宽 7.6 米，残高 7.8 米。台芯坍塌严重，呈堆状，雨水侵蚀痕迹明显，顶部生长着一丛树木，四周为农田，种植为玉米。

361. 十八家 12 号边墩 130730353201170361

位于小南辛堡镇十八家村西 906 米处，坐标：东经 115° 44′ 45.10″，北纬 40° 17′ 43.00″，高程 598 米。

台芯素土夹杂着少量的碎石分层夯筑，夯层厚 0.07 ～ 0.11 米。东西宽 7.9 米，南北长 10.24 米，残高 7.4 米。坍塌严重，呈堆状，雨水侵蚀痕迹明显，四周为农田，种植为玉米。植被覆盖较差，多为低矮灌木杂草和酸枣树。

362. 十八家 13 号边墩 130730353201170362

位于小南辛堡镇十八家村西 1 千米处，坐标：东经 115° 44′ 40.40″，北纬 40° 17′ 43.30″，高程 594 米。

台芯素土夹杂着少量的碎石分层夯筑，夯层厚 0.06 ～ 0.11 米。东西长 10.42 米，南北宽 7.16 米，残高 5.65 米。坍塌严重，呈堆状，雨水侵蚀痕迹明显。四周为农田，种植玉米和少量的葡萄。

363. 十八家 14 号边墩 130730353201170363

位于小南辛堡镇十八家村西 1.1 千米处，坐标：东经 115° 44′ 35.60″，北纬 40° 17′ 43.00″，高程 594 米。

平面呈矩形，东西长 8.92 米，南北宽 7.82 米，残高 7.61 米。台芯素土分层夯筑，夯层厚 0.15 ～ 0.2 米，南立面中间有梯道直通台体顶部，梯道距地面 0.85 厘米，宽 2.24 米，高 6.76 米。东立面上部有一层规则的小石块，把台体分为上下两层，下部夯土较实，土色发红，上部土色发黄，颜色较淡，东立面下部中间有人为挖掘的凹槽，坍塌严重，呈堆状，雨水侵蚀痕迹明显。四周为农田，种植玉米和少量的葡萄。

364. 十八家 15 号边墩 130730353201170364

位于小南辛堡镇十八家村西 1.2 千米，坐标：东经 115° 44′ 30.60″，北纬 40° 17′ 46.60″，高程 593 米。

台芯素土分层夯筑，夯层厚 0.08 ～ 0.12 米。东西长 17.26 米，南北宽 4.5 米，残高 9.69 米。坍塌严重，呈柱状，雨水侵蚀痕迹明显。东侧为深沟其他三面为农田。

365. 十八家 16 号边墩 130730353201170365

位于小南辛堡镇十八家村西 1.2 千米处，坐标：东经 115° 44′ 21.20″，北纬 40° 17′ 42.40″，高程 594 米。

台芯素土分层夯筑，夯土层不清晰。东西长 8.56 米，南北宽 8.47 米，残高 5.31 米。坍塌严重，呈堆状，雨水侵蚀痕迹明显。台体四周植被多为低矮灌木，果树和杂草。

366. 十八家 17 号边墩 130730353201170366

位于小南辛堡镇十八家村西 1.6 千米处，坐标：东经 115° 44′ 16.20″，北纬 41° 17′ 42.30″，高程 586 米。

平面呈矩形，东西长 8.1 米，南北宽 7.4 米，残高 6.6 米。台芯素土分层夯筑，夯层厚 0.11 米，坍塌严重，呈堆状，雨水侵蚀痕迹明显，南北立面根部各有一个人为挖掘的孔洞，北立面孔洞高 1.63 米，宽 1.58 米，进深 3.51 米，南立面孔洞高 1.68 米，宽 2.29 米，进深 2 米。台体四周为农田，南侧有一田间小路；植被多为杂草、杏树和杨树。

367、十八家 18 号边墩 130730353201170367

位于小南辛堡镇十八家村西 1.7 千米处，坐标：东经 115° 44′ 11.70″，北纬 40° 17′ 42.60″，高程 583 米。

台芯素土分层夯筑，夯层厚 0.11 ～ 0.13 米，东西长 9.12 米，南北宽 7.96 米，残高 9.79 米。坍塌严重，呈堆状，雨水侵蚀痕迹明显，西立面根部中间有一个人为挖掘的深洞。四周为荒地，植被多为低矮灌木，远处有成片的树林。

368. 十八家 19 号边墩 130730353201170368

位于小南辛堡镇十八家村西北 1.8 千米处，坐标：东经 115° 44′ 06.10″，北纬 40° 17′ 42.70″，高程 588 米。

台芯素土分层夯筑，夯层厚 0.1 ～ 0.13 米，东西长 8.94 米，残高 5.94 米。坍塌严重，呈堆状，雨水侵蚀痕迹明显，南立面根部中间有一个人为挖掘的孔洞。西侧距台体 2 米处，有人工挖掘的深沟，四周为荒地，多为低矮灌木和树林。

369. 十八家 20 号边墩 130730353201170369

位于小南辛堡镇十八家村西北 1.9 千米处，坐标：东经 115° 44′ 00.80″，北纬 40° 17′ 43.80″，高程 585 米。

台芯素土分层夯筑，夯层厚 0.12 ～ 0.15 米，东西宽 6.9 米，南北长 9.2 米，残高 5.1 米。坍塌严重，呈堆状，雨水侵蚀痕迹明显。台体四周植被较好，有成片的树林和低矮灌木。

370. 十八家 21 号边墩 130730353201170370

位于小南辛堡镇十八家村西北 2 千米，坐标：东经 115° 43′ 55.50″，北纬 40° 17′ 44.70″，高程 586 米。

台芯素土分层夯筑，夯层厚 0.1 ～ 0.12 米，东西宽 7.81 米，南北长 8.02 米，残高 6.81 米。坍塌严重，呈堆状，雨水侵蚀痕迹明显。台体北侧有一条小路，四周植被较好，有成片的树林和低矮灌木。

371. 十八家 22 号边墩 130730353201170371

位于小南辛堡镇十八家村西北 2.1 千米，坐标：东经 115° 43′ 50.70″，北纬 40° 17′ 45.80″，高程 579 米。

台芯素土分层夯筑，夯层厚 0.12 ～ 0.15 米，东西宽 7.82 米，南北长 8.61 米，残高 6.27 米。坍塌严重，呈堆状，雨水侵蚀痕迹明显。北侧有一条乡间小路，台体四周植被较好，有成片的树林和低矮灌木。

372. 南窑 1 号边墩 130730353201170372

位于小南辛堡镇南窑村东南 1.7 千米，坐标：东经 115° 43′ 45.30″，北纬 40° 17′ 47.10″，高程 573 米。

台芯素土分层夯筑，夯层厚 0.12 ～ 0.15 米，东西长 8.35 米，南北宽 8.15 米，残高 8.6 米。坍塌严重，呈堆状，雨水侵蚀痕迹明显。东南侧为陵园的东南墙，周围植被为树林和低矮灌木。

373. 南窑 2 号边墩 130730353201170373

位于小南辛堡镇南窑村东南 1.5 千米，坐标：东经 115° 43′ 38.30″，北纬 40° 17′ 47.50″，高程 576 米。

台芯素土分层夯筑，夯层厚 0.13 ～ 0.16 米，东西长 6.8 米，南北宽 6.7 米，残高 5.2 米。坍塌严重，呈堆状，雨水侵蚀痕迹明显，南立面距地 2.3 米上，中间有一坍塌口，宽 3.5 米，高 3.2 米，周围植被较好，多为树林和低矮灌木。

374. 南窑 3 号边墩 130730353201170374

位于小南辛堡镇南窑村东南 1.3 千米，坐标：东经 115° 43′ 31.10″，北纬 40° 17′ 47.60″，高程 581 米。

东西侧与墙体相接，东西长 8.95 米，南北宽 8.65 米，残高 7.36 米。台芯素土分层夯筑，夯层厚 0.08～0.1 米。坍塌严重，呈堆状，雨水侵蚀痕迹明显。周围植被较好，多为树林和低矮灌木。

375. 南窑 4 号边墩 130730353201170375

位于小南辛堡镇南窑村东南 1.2 千米，坐标：东经 115° 43′ 24.70″，北纬 40° 17′ 47.50″，高程 574 米。

平面呈矩形，立面及剖面呈梯形，东西长 7.6 米，南北宽 7.5 米，残高 6.9 米。台芯素土分层夯筑，夯层厚 0.17 米。坍塌严重，呈堆状，雨水侵蚀痕迹明显。台体地处陵园内，西侧为沟，其他三面均为荒地，植被多为低矮灌木和树林。

376. 南窑 5 号边墩 130730353201170376

位于小南辛堡镇南窑村东南 1.2 千米，坐标：东经 115° 43′ 18.90″，北纬 40° 17′ 47.00″，高程 581 米。

台芯素土分层夯筑，夯层厚 0.08～0.12 米，东西宽 6.6 米，南北长 6.9 米，残高 4.8 米。坍塌严重，呈堆状，雨水侵蚀痕迹明显，墙面掏蚀严重，台体地处陵园内，南 30 米处为陵园的南墙，四周植被覆盖较好，多为低矮灌木和杂草。

377. 南窑 6 号边墩 130730353201170377

位于小南辛堡镇南窑村东南 1.1 千米，坐标：东经 115° 43′ 13.70″，北纬 40° 17′ 42.40″，高程 580 米。

台芯素土分层夯筑，夯层厚 0.1～0.16 米，东西宽 8.45 米，南北长 8.5 米，残高 6.9 米。坍塌严重，呈堆状，雨水侵蚀痕迹明显，南立面根存一空洞，洞高 1.6 米，宽 1 米，进深 1 米，西侧为深沟，东、北侧是陵园，南侧为荒地，四周植被覆盖较差，多为低矮灌木和杂草。

378. 南窑 7 号边墩 130730353201170378

位于小南辛堡镇南窑村东南 875 米，坐标：东经 115° 43′ 09.00″，北纬 40° 17′ 39.90″，高程 578 米。

台芯素土分层夯筑，夯层厚 0.1～0.15 米，东西宽 7.5 米，南北长 8.3 米，残高 7.7 米。坍塌严重，雨水侵蚀痕迹明显。四周植被覆盖较差，多为低矮灌木和杂草。

379. 南窑 8 号边墩 130730353201170379

位于小南辛堡镇南窑村东南 814 米，坐标：东经 115° 42′ 59.30″，北纬 40° 17′ 32.10″，高程 587 米。

台芯素土分层夯筑，夯层厚 0.1～0.15 米，东西长 5.8 米，南北宽 5.6 米，残高 7.5 米。北侧基础距地面 3.5 米，台体顶部残留板瓦片。东立面坍塌严重，呈坡状，雨水侵蚀痕迹明显。四周农田，种植玉米和葡萄。

380. 南窑 9 号边墩 130730353201170380

位于小南辛堡镇南窑村东南 844 米，坐标：东经 115° 42′ 55.30″，北纬 40° 17′ 28.30″，高程 578 米。

台芯素土分层夯筑，夯层厚 0.15～0.2 米，东西宽 7.1 米，南北长 8.3 米，残高 7.5 米。东立面坍塌严重，呈坡状，雨水侵蚀痕迹明显，南立面根部人为挖掘孔洞一处，洞高 1.6 米，宽 1 米，深 1.4 米。台体四周为农田和果园。

381. 龙宝山 1 号边墩 130730353201170381

位于小南辛堡镇龙宝山村东南 627 米，坐标：东经 115° 42′ 41.10″，北纬 40° 17′ 20.70″，高程 602 米。

台芯素土分层夯筑，夯层厚 0.1～0.16 米，东西长 7.1 米，南北宽 5.4 米，残高 6.1 米。坍塌严重，雨水侵蚀痕迹明显，四周为农田，种有少量的玉米和果树。

382. 龙宝山 2 号边墩 130730353201170382

位于小南辛堡镇龙宝山村东南 627 米，坐标：东经 115° 42′ 37.00″，北纬 40° 17′ 15.80″，高程 605 米。

台芯素土分层夯筑，夯层厚 0.15 米，东西宽 8.9 米，南北长 10.9 米，残高 7.8 米。坍塌严重，雨水侵蚀痕迹明显。南立面根部有人为挖掘孔洞一处，高 0.8 米，宽 1.8 米，深 0.5 米，东侧和北侧为葡萄树。

383. 龙宝山 3 号边墩 130730353201170383

位于小南辛堡镇龙宝山村东南 645 米，坐标：东经 115° 42′ 30.20″，北纬 40° 17′ 11.00″，高程 621 米。

台芯素土分层夯筑，夯层厚 0.12～0.15 米，台体分为上下两层，下部为方形高台，高 2 米，四周距台体的外边 2.4 米，上部为台芯，东西宽 8.75 米，南北长 10.6 米，残高 5.3 米。南立面设登道直通台体顶部，宽 2.2 米，高 2.8 米。台芯保存较好，南立面局部坍塌，雨水侵蚀痕迹明显。四周为荒地，植被覆盖较差。

384. 龙宝山 4 号边墩 130730353201170384

位于小南辛堡镇龙宝山村南 705 米，坐标：东经 115° 42′ 25.20″，北纬 40° 17′ 07.70″，高程 619 米。

台芯素土分层夯筑，夯层厚 0.1～0.15 米，东西宽 10.65 米，南北长 11.6 米，残高 8.9 米。南立面设登道直通台体顶部，宽 2.2 米，高 2.8 米。台芯西、南立面保存较好，东、北立面上部坍塌严重，雨水侵蚀痕迹明显，风化严重。四周为农田种有少量的玉米。

385. 龙宝山 5 号边墩 130730353201170385

位于小南辛堡镇龙宝山村南 785 米，坐标：东经 115° 42′ 22.30″，北纬 40° 17′ 04.60″，高程 624 米。

台芯素土分层夯筑，夯层厚 0.07～0.17 米，东西宽 8.8 米，南北长 8.95 米，残高 7.5 米。顶部台体风化、剥落较为严重，呈堆状；南侧为深沟，北、西、东侧为农田，台体四周植被覆盖多为低矮灌木和杂草。

386. 龙宝山 6 号边墩 130730353201170386

位于小南辛堡镇龙宝山村南 896 米，坐标：东经 115° 42′ 18.00″，北纬 40° 17′ 00.60″，高程 627 米。

台体分为山下两部分，下部为素土夯筑台基，平面呈矩形，东西宽 9.5 米，南北长 9.8 米。上部为台芯，平面呈矩形，东西宽 6.1 米，南北长 6.2 米，残高 6.5 米，素土分层夯筑，夯层厚 0.08～0.12 米。上部台芯风化、剥落较为严重，呈堆状。东北侧为水沟，四周为农田，西北侧有白杨树林。

387. 龙宝山 7 号边墩 130730353201170387

位于小南辛堡镇龙宝山村西南 1.1 千米，坐标：东经 115° 42′ 12.70″，北纬 40° 16′ 55.80″，高程 639 米。

平面呈矩形，东西长 4.2 米，南北宽 4.1 米，残高 3.5 米。台芯素土分层夯筑，夯层厚 0.15～0.18 米，风化、剥落较为严重，呈堆状。四周为荒地，植被覆盖多为杂草。

388. 龙宝山 8 号边墩 130730353201170388

位于小南辛堡镇龙宝山村西南 1.3 千米，坐标：东经 115° 42′ 05.90″，北纬 40° 16′ 48.10″，高程 646 米。

台芯素土分层夯筑，夯层厚 0.1～0.2 米，东西宽 9.2 米，南北长 9.5 米，残高 7.5 米。顶部台体风化、剥落较为严重，呈堆状。东南角根部有人为挖掘孔洞，四周为荒地，台体四周为荒地，植被覆盖多为杂草。

389. 龙宝山 9 号边墩 130730353201170389

位于小南辛堡镇龙宝山村西南 1.4 千米，坐标：东经 115° 42′ 01.00″，北纬 40° 16′ 46.90″，高程 647 米。

台芯素土分层夯筑，夯层厚 0.1 ～ 0.2 米，东西宽 6.8 米，南北长 7.1 米，残高 4.75 米。台体风化、剥落严重，坍塌严重，呈堆状。南侧为农田，种植为玉米和小株的果树，其他几面为荒地植被多为杂草。

390. 龙宝山 10 号边墩 130730353201170390

位于小南辛堡镇龙宝山村西南 1.5 千米，坐标：东经 115° 41′ 58.10″，北纬 40° 16′ 43.10″，高程 653 米。

台芯素土分层夯筑，夯层厚 0.1 ～ 0.15 米，东西宽 8.2 米，南北长 9 米，残高 6.5 米。台体风化、剥落、坍塌严重，呈堆状，整体呈"凹"字状。台体下部散落少量的筒瓦片，长 0.17 厘米，东侧为乡间小路，北侧为沟，四周为荒地，植被覆盖较差。

391. 龙宝山 11 号边墩 130730353201170391

位于小南辛堡镇龙宝山村西南 1.6 千米，坐标：东经 115° 41′ 55.50″，北纬 40° 16′ 40.20″，高程 637 米。

台芯素土分层夯筑，夯层厚 0.16 ～ 0.17 米，东西长 9.2 米，南北长 8.9 米，残高 9.1 米。台体风化、剥落、坍塌严重，呈堆状，南立面夯土层外露生土 1.5 米，台体西侧有一条小路，四周为荒地，植被覆盖较差，多为杂草和酸枣树。

392. 龙宝山 12 号边墩 130730353201170392

位于小南辛堡镇龙宝山村西南 1.7 千米，坐标：东经 115° 41′ 52.60″，北纬 40° 16′ 36.90″，高程 642 米。

台芯素土分层夯筑，夯层厚 0.08 ～ 0.15 米，东西长 10.3 米，南北宽 9.8 米，残高 9.85 米。台体风化、剥落、坍塌严重，呈堆状，台体处于沙河河道内；南侧为果园，北侧为农田。

393. 龙宝山 13 号边墩 130730353201170393

位于小南辛堡镇龙宝山村西南 1.9 千米，坐标：东经 115° 41′ 49.90″，北纬 40° 16′ 33.20″，高程 635 米。

平面呈矩形，立面及剖面呈梯形，东西宽 8.9 米，南北长 9.35 米，残高 8.35 米。台芯素土分层夯筑，夯层厚 0.15 ～ 0.22 米。台体东立面设门、内有室，门距地面 2.3 米，门宽 2.3 米，室东西长 3 米，南北宽 2.3 米，距台体 5 米有围墙遗址，台体风化、剥落严重，台体处于沙河河道内，南侧为果园，北侧为农田。

394. 龙宝山 14 号边墩 130730353201170394

位于小南辛堡镇龙宝山村西南 2.1 千米，坐标：东经 115° 41′ 41.70″，北纬 40° 16′ 28.30″，高程 691 米。

台芯素土分层夯筑，夯层厚 0.08 ～ 0.12 米，东西长 9.49 米，南北宽 7.09 米，残高 8.01 米。台体风化、剥落严重，台体东侧散落几块青砖，四周为荒地，植被覆盖较差，多为低矮草种。

395. 龙宝山 15 号边墩 130730353201170395

位于小南辛堡镇龙宝山村西南 2.2 千米，坐标：东经 115° 41′ 41.50″，北纬 40° 16′ 24.80″，高程 722 米。

台芯素土分层夯筑，夯层厚 0.08 ～ 0.13 米，东西宽 7.2 米，南北长 10.7 米，残高 8.97 米。台体风化、剥落严重、坍塌严重，呈堆状。台体东侧散落少量青砖，四周为荒地，植被覆盖较差，多为低矮灌木和杂草。

396. 龙宝山 16 号边墩 130730353201170396

位于小南辛堡镇龙宝山村西南 2.4 千米，坐标：东经 115° 41′ 39.10″，北纬 40° 16′ 18.20″，高程 788 米。

台芯素土夹杂少量的碎石分层夯筑，夯层厚 0.06～0.13 米，东西长 9.5 米，南北宽 9.3 米，残高 5.7 米。台体风化、剥落严重、坍塌严重，呈堆状。四周为荒地，植被覆盖较差，多为低矮灌木和杂草。

397. 龙宝山 17 号边墩 130730353201170397

位于小南辛堡镇龙宝山村西南 2.6 千米，坐标：东经 115° 41′ 37.40″，北纬 40° 16′ 12.00″，高程 856 米。

台芯素土分层夯筑，夯层厚 0.06～0.11 米，东西宽 5.4 米，南北长 9.7 米，残高 6 米。台体风化、剥落严重、坍塌严重，呈堆状。南侧为沟，东北西侧为荒地，植被覆盖较差，多为低矮灌木和杂草。

398. 龙宝山 18 号边墩 130730353201170398

位于小南辛堡镇龙宝山村西南 2.8 千米，坐标：东经 115° 41′ 28.90″，北纬 40° 16′ 06.90″，高程 899 米。

台芯素土分层夯筑，夯层厚 0.1～0.15 米，东西长 5 米，南北宽 4.5 米，残高 5.9 米。台体风化、剥落严重、坍塌严重，呈堆状。南北为沟地势较陡，东西是山脊，坡度较缓；台体四周植被覆盖较差，多为低矮灌木和杂草。

399. 龙宝山 19 号边墩 130730353201170399

位于小南辛堡镇龙宝山村西南 2.9 千米，坐标：东经 115° 41′ 20.80″，北纬 40° 16′ 06.70″，高程 921 米。

台芯素土夹杂碎石分层夯筑，夯层厚 0.1～0.14 米，东西宽 4.5 米，南北长 6.35 米，残高 6.5 米。台体风化、剥落严重、坍塌严重，呈堆状。南立面根部有一个人为挖掘的孔洞。南北为山谷地势较陡，东西是山脊，坡度较缓，台体四周植被覆盖较差，多为低矮灌木和杂草。

400. 龙宝山 20 号边墩 130730353201170400

位于小南辛堡镇龙宝山村西南 3 千米，坐标：东经 115° 41′ 09.80″，北纬 40° 16′ 07.60″，高程 933 米。

毛石垒砌，东西直径 5.62 米，残高 4.7 米。坍塌严重，呈堆状。四周全部为山谷，地势陡峭，植被覆盖较差，多为低矮灌木和草种。

401. 南寨 1 号边墩 130730353201170401

位于官亭镇南寨村东南 1.5 千米，坐标：东经 115° 38′ 09.00″，北纬 40° 15′ 25.40″，高程 837 米。

平面呈圆形，东西直径 6.1 米，南北直径 6.3 米，残高 7.1 米。台芯素土夹杂碎石分层夯筑，夯层厚 0.12～0.2 米。台体风化、剥落严重、雨水冲刷严重形成冲沟。北侧为谷，地势陡峭，南侧为沟，坡度较缓，四周植被覆盖较差，多为低矮灌木和杂草。

402. 南寨 2 号边墩 130730353201170402

位于官亭镇南寨村东南 1.4 千米，坐标：东经 115° 38′ 00.60″，北纬 40° 15′ 25.60″，高程 834 米。

台芯素土夹杂碎石分层夯筑，夯层厚 0.1～0.2 米。东西长 5.2 米，南北长 4.8 米，残高 5 米。台体风化、剥落严重、雨水冲刷严重形成冲沟。北侧为官厅水库；植被覆盖多为低矮灌木和杂草。

403. 南寨 3 号边墩 130730353201170403

位于官亭镇南寨村东南 1.3 千米，坐标：东经 115° 37′ 54.50″，北纬 40° 15′ 25.10″，高程 814 米。

台芯素土夹杂碎石分层夯筑，夯层厚 0.08 ～ 0.11 米。东西长 6.3 米，南北长 5.5 米，残高 5.48 米。台体风化、剥落严重、雨水冲刷严重形成冲沟，台体南立面上有一大一小两条裂缝，大的直达台体顶部，根部有一人为挖掘洞，高 0.78 米，宽 1.3 米，深 1.2 米。北侧山腰有当地金矿开出的土路，四周植被覆盖多为低矮灌木。

404. 史庄 1 号边墩 130730353201170404

位于官厅镇施庄村东北 1.4 千米，坐标：东经 115° 37′ 45.20″，北纬 40° 15′ 02.50″，高程 700 米。

台芯素土夹杂碎石分层夯筑。东西长 4.7 米，南北长 4.45 米，残高 2.6 米。台体风化、剥落严重、坍塌严重。南侧为断崖，地势陡峭，四周植被覆盖多为低矮灌木和杂草。

405. 史庄 2 号边墩 130730353201170405

位于官厅镇施庄村东北 1.4 千米，坐标：东经 115° 37′ 44.70″，北纬 40° 14′ 56.60″，高程 784 米。

台芯素土夹杂碎石分层夯筑，夯层厚 0.1 ～ 0.15 米。东西长 5.1 米，南北宽 3.8 米，残高 5.8 米。台体风化、剥落严重、雨水冲刷严重。北侧为山沟坡度较缓，南东接山脊；四周植被覆盖较好有柏树、杂木和低矮灌木。

406. 史庄 3 号边墩 130730353201170406

位于官厅镇施庄村东 1.3 千米，坐标：东经 115° 37′ 39.50″，北纬 40° 14′ 54.20″，高程 784 米。

台芯素土夹杂碎石分层夯筑，夯层厚 0.06 ～ 0.1 米。东西宽 5.85 米，南北长 6.1 米，残高 5.8 米。台体风化、剥落严重、坍塌严重，呈堆状，东北角根部有一人为挖掘孔洞，高 0.8 米，宽 2 米，深 1 米。四周植被覆盖多为低矮灌木。

407. 史庄 4 号边墩 130730353201170407

位于官厅镇施庄村东南 1.5 千米，坐标：东经 115° 37′ 31.40″，北纬 40° 14′ 20.10″，高程 766 米。

台芯素土夹杂碎石分层夯筑，夯层厚 0.06 ～ 0.1 米。东西宽 4.1 米，南北长 5.1 米，残高 6.4 米。台体风化、剥落严重。西北临官厅水库，南侧建有房屋，四周植被覆盖多为低矮灌木。

408. 史庄 5 号边墩 130730353201170408

位于官厅镇施庄村西南 1.9 千米，坐标：东经 115° 36′ 35.00″，北纬 40° 13′ 51.90″，高程 620 米。

台芯素土夹杂碎石分层夯筑，夯层厚 0.06 ～ 0.1 米。东西宽 4.7 米，南北长 5.3 米，残高 3.7 米。台体风化、剥落严重。东侧紧邻台体有一高压线杆，北侧坡下临官厅水库，四周植被覆盖多为低矮灌木。

409. 史庄 6 号边墩 130730353201170409

位于官厅镇施庄村东南 1.1 千米，坐标：东经 115° 36′ 30.90″，北纬 40° 13′ 41.50″，高程 681 米。

台芯素土夹杂碎石分层夯筑，夯层厚 0.06 ～ 0.1 米。东西长 4.2 米，南北宽 1.8 米，残高 4.1 米。台体风化、剥落严重、坍塌严重，呈柱状。南侧顶部残留大石块和青砖块；南、西侧为山谷，北侧山下为官厅水库，地势陡峭，四周植被覆盖多为低矮灌木和杂草。

410. 史庄 7 号边墩 130730353201170410

位于官厅镇施庄村西南 1.4 千米，坐标：东经 115° 36′ 19.40″，北纬 40° 13′ 28.80″，高程 531 米。

台芯素土分层夯筑，夯层厚 0.15 ～ 0.2 米。东西宽 7.14 米，南北长 8.5 米，残高 5.1 米。台体风化、剥落严重，西立面根部有一人为挖掘孔洞，高 0.7 米，深 1.1 米。四周散落少量的石块和碎砖，西侧为铁路和公路，四周植被覆盖多为低矮灌木和杂草。

411. 官厅镇边墩 130730353201170411

位于官厅镇东南 3.1 千米，坐标：东经 115° 35′ 46.40″，北纬 40° 13′ 59.80″，高程 601 米。

台芯素土夹杂碎石分层夯筑，夯层厚 0.15～0.22 米。东西宽 3.65 米，南北长 4.3 米，残高 4.8 米。台体风化、剥落、坍塌严重，顶部残存青方砖和残破的碎筒瓦，台体南侧有水池，四周砌有毛石矮墙，墙体南北 12 米，东西 6.8 米，高 1.5 米。水库边北距台体 7.8 米。四周植被覆盖多为低矮灌木。

（三）关堡

怀来县关堡一览表（单位：座）

编号	认定名称	认定编码	类型	周长（米）	保存程度				
					较好	一般	较差	差	消失
1	怀来横岭堡	130730353102170001	石墙	2707		√			
2	怀来板达峪堡	130730353102170002	土墙	106		√			
3	怀来营盘	130730353102170003	土墙	307			√		
4	怀来大山口堡	130730353102170004	土墙	555		√			
5	怀来堡	130730353102170005	土墙	222			√		
6	怀来羊儿岭堡	130730353102170006	土墙	382			√		
7	怀来营盘 1 号	130730353102170007	土墙	90			√		
8	怀来长安岭堡	130730353102170008	石墙	126			√		
9	怀来新保安堡	130730353102170009	石墙	112			√		
10	怀来东八里堡	130730353102170010	土墙	86			√		
11	怀来土木城堡	130730353102170011	土墙	319			√		
12	怀来元城子堡	130730353102170012	土墙	245		√			
13	怀来水石堡	130730353102170013	土墙	82			√		
14	怀来水土堡	130730353102170014	土墙	76			√		
15	怀来淘堡	130730353102170015	石墙	1811			√		
16	怀来龙堡	130730353102170016	砖墙	1870			√		
17	怀来庙堡 1	130730353101170017	砖墙	2300			√		
18	怀来庙堡 2	130730353102170018	土墙	82			√		
19	怀来镇边城	130730353102170019	土墙	280		√			
20	鸡鸣驿	130730353102170020	砖墙	2700	√				
合计		共20座：砖墙4座，石墙3座，土墙13座			1	5	14		
百分比（%）		100			5	25	70		

保存程度：较好、一般、较差、差、消失

1. 怀来横岭堡 130730353102170001

位于瑞云观乡横岭村，坐标：东经 115° 50′ 11.40″，北纬 40° 12′ 53.30″，高程 886 米。

平面形状略呈不规则三角形，占地面积 422500 平方米，周长 2707 米，现存有北城门、西北角台及西墙双孔水门等设施。G234 国道由北向西穿越城堡。堡内住满居民，原城内历史格局已辨识不清，历史建筑无存。

墙体内外块石砌筑，白灰勾缝，墙芯碎石夯填，顶宽 5.5～6.2 米，内外高 1.2～5.6 米。墙体局部段落坍塌，砌筑材料散落堆积。

北门城台下段为条石基础，露明 4 层；中段城砖砌筑，高 5 米；中段与上段间设 2 层砖砌拔檐分隔，北侧拔檐下设 2 块石质吐水嘴；上段设垛口墙；顶部建有小庙 1 座；券门起券方式三伏三券。北侧路面抬升封堵通道券门，西侧台体后期毛石砌筑支护。

西水门下段为条石基础，露明 4 层；中段城砖包砌，残高 3.4 米，墙芯毛石掺灰泥分层砌筑；上段设施无存；顶部残存灰土垫层两步。券门起券方式三伏三券，券洞内设闸槽。外包砖局部缺失，顶部墁地缺失。

2. 怀来板达峪堡 130730353102170002

位于东花园镇板达峪村东北 148 米，坐标：东经 115° 48′ 42.80″，北纬 40° 15′ 57.50″，高程 783 米。

平面形状略呈矩形，占地面积 625 平方米，周长 106 米。城内无遗迹，原历史格局已辨识不清。

墙体素土夯筑，宽 2.1～2.6 米，高 2.7～3.8 米。

保存较差，墙体基本呈连续状，有不同程度的损毁和坍塌，城内因种满果树，房屋遗迹不显。

3. 怀来营盘 130730353102170003

位于东花园镇大山口村东 1.1 千米，坐标：东经 115° 49′ 34.20″，北纬 40° 17′ 52.10″，高程 599 米。

平面形状略呈矩形，占地面积 5625 平方米，周长 307 米。城内无遗迹，原历史格局已辨识不清。

墙体素土夯筑，东墙长 75 米，南墙长 73 米，西墙长 84 米，北墙长 77 米，宽 3.2 米，高 1.5～3.9 米。

墙体保存差，基本呈封闭状，南墙保存较好，其余三面墙损毁严重，城内被开垦为耕地，地表可见大量瓦片。

4. 怀来大山口堡 130730353102170004

位于东花园镇大山口村，坐标：东经 115° 48′ 48.20″，北纬 40° 17′ 46.80″，高程 602 米。

平面形状略呈矩形，占地面积 22500 平方米，周长 555 米，现状保存有西北角台、西南角台、东北角台等设施，堡内住满居民，原城内历史格局已辨识不清，历史建筑无存。

墙体内外城砖砌筑，白灰勾缝，墙芯素土夯筑，东墙长 150 米，西墙长 143 米，北墙长 128 米。四角原有角楼，现只存三座角台，西北角台保存较差，外凸于墙体 5.15 米，残高 9.54 米，东西长 10.03 米，南北长 10.5 米。西南角台向南外凸 6.6 米，残高 6.3 米。东北角台西半部分被民居侵占。东南角台不存。

城堡保存较差，南墙全部缺失，其余三面墙有不同程度的损毁和坍塌，北墙南立面残留包砖，墙体人为损毁、民居侵占和雨水冲刷呈斑驳状。因村庄南扩，南墙无存，原在南墙辟门，南墙原址处有五株古槐。

5. 怀来堡 130730353102170005

位于东花园镇南辛堡村东北 2.5 千米，坐标：东经 115° 52′ 30.10″，北纬 40° 19′ 59.20″，高程 540 米。

平面形状略呈矩形，占地面积 3025 平方米，周长 222 米。城内无遗迹，原历史格局已辨识不清，历史建筑无存。

墙体素分层土夯筑，夯层厚 0.1 米。东墙长 56 米，高 2.96 米；南墙长 53 米，高 3.45 米；西墙长 57 米，高 3.25 米；北墙长 57 米，高 3.25 米。

墙体保存差，基本呈封闭状，四面墙均有不同程度的损毁和坍塌，城内被开垦为耕地。

6. 怀来羊儿岭堡 130730353102170006

位于东花园镇羊儿岭村南 388 米，坐标：东经 115° 53′ 43.70″，北纬 40° 20′ 35.90″，高程 548 米。

平面形状略呈矩形，占地面积 9000 平方米，周长 382 米，现状保存有南城台、西北角台、西南角台、东北角台、东南角台等设施，堡内住满居民，原城内历史格局已辨识不清，历史建筑无存。

墙体素土分层夯筑，夯层厚 0.07 ～ 0.1 米。东墙长 91 米，南墙长 94 米，西墙长 97 米，北墙长 102 米，残高 8.96 米。东墙全部坍塌，其余三面墙有不同程度的损毁和坍塌。

南门城台下段为条石基础，露明 3 层；中段城砖砌筑，高 4 米；上段设垛口墙。券门内侧门道券顶，宽 3.87 米，高 5.05 米，进深 6.94，起券方式为四伏四券，外侧门道券，宽 2.88 米，高 3.68 米，进深 4.28 米，起券方式为五伏五券。

7. 怀来营盘 1 号 130730353102170007

位于东花园镇黄台子村西北 2.5 千米，坐标：东经 115° 53′ 27.10″，北纬 40° 16′ 33.20″，高程 1103 米。

平面形状略呈矩形，占地面积 500 平方米，周长 90 米。城内无遗迹，原历史格局已辨识不清，历史建筑无存。

墙体素分层土夯筑，夯层厚 0.15 ～ 0.22 米。东墙、西墙长 20 米，南墙、北墙长 25 米，宽 2.5 米，高 2.7 米。

墙体保存差，基本呈封闭状，四面墙均有不同程度的损毁和坍塌，城内灌木、杂草覆盖。

8. 怀来长安岭堡 130730353102170008

位于阳原县西供站村北 5 千米，坐标：东经 115° 39′ 05.80″，北纬 40° 33′ 50.10″，高程 1327 米。

平面形状呈不规则橄榄形，占地面积 300000 平方米，周长 2300 米。原设角台 1 座，马面 5 座，瓮城 2 座。城内无遗迹，原历史格局已辨识不清，历史建筑无存。

城堡墙体有土石混筑痕迹，瓮城墙体包砖剥落露出三合土夯筑部分。大部分墙体仅残留墙基部分，其间有多处豁口。墙体包砖部分剥落，顶部残损杂草灌木丛生。瓮城城门内侧三合土夯筑部分，夯层为 0.18 ～ 0.28 米。

9. 怀来新保安堡 130730353102170009

位于新保安镇新保安村中，坐标：东经 115° 24′ 24.60″，北纬 40° 26′ 24.70″，高程 522 米。

平面形状略呈矩形，现状保存北墙一段、南墙一段，堡内住满居民，原城内历史格局已辨识不清，历史建筑无存。

城堡基础条石砌筑，墙体城砖砌筑，墙芯土夹小瓦砾分层夯筑，夯层厚约 0.2 米。南墙残长 12.02 米，墙底残宽 3.6 米，残高 4.47 米。北城墙长 163 米，墙底宽 2.52 ～ 5.64 米，顶宽 0.92 ～ 2.98 米，残高 6.8 米。

城堡保存较差，墙体坍塌严重，城门及角台等设施无存。

10. 怀来东八里堡 130730353102170010

位于东八里乡东八里村中，坐标：东经 115° 26′ 59.60″，北纬 40° 25′ 13.60″，高程 520 米。

城堡平面呈矩形，东西各设城门一座。现状保存有西城门（后期复建）西北角台、马面等设施，城内无遗迹，原历史格局已辨识不清，历史建筑无存。

墙体素土分层夯筑，夯层厚 0.08～0.12 米，北墙残长 280 米，西墙残长 70 米。

城堡墙体大部分被村民民房占据，现仅残存北墙一段，西墙残存一段，墙体坍塌严重。北墙中间位置残存马面一座，西北有角台一座，其余墙体无存。

11. 怀来土木城堡 130730353102170011

位于土木镇土木村中，坐标：东经 115° 39′ 05.80″，北纬 40° 33′ 50.10″，高程 1327 米。

平面形状呈不规则弓箭形，南墙范围较大呈弧形，占地面积 200000 平方米，周长 2700 米。现状保存有角台 2 座，马面 2 座，瓮城 1 座。堡内住满居民，原城内历史格局已辨识不清，历史建筑无存。

墙体素土夯筑，墙体由于风化、水土流失、酥碱、居民建设，造成墙体间有多处豁口，残存部分墙体表面凹凸不平，夯土剥落严重，马面、角台残损严重。

12. 怀来元城子堡 130730353102170012

位于小南辛堡镇水头村西南 2.8 千米，坐标：东经 115° 44′ 55.50″，北纬 40° 09′ 48.80″，高程 1466 米。

平面形状略呈圆形，占地面积 979 平方米，周长 126 米。现保存有东城门、铺房等设施。原城内历史格局已辨识不清，历史建筑基本无存。

城堡墙体基础条石砌筑，白灰勾缝，露明 12 层，墙芯素土夯筑，基础保存较完整，东南角处坍塌一处豁口，长 8.78 米，上部残存青砖痕迹。

东城门为砖石结构高 4.8 米，基础条石砌筑，白灰勾缝，露明 14 层，门券城砖砌筑，白灰勾缝，高 1.75 米，直高 1.1 米，起券方式为三伏三券。

城堡内南、北侧各残存一处铺房，北铺房为一间，残存毛石基础，东西长 6.75 米，南北宽 2.36 米。南铺房为两间，残存墙体基础，宽 0.4 米，西间东西长 2.25 米，东间东西长 4.3 米，南北宽 2.5 米，南据堡墙 5.45 米，南北铺房之间相距 8.25 米。堡内西侧残留一处建筑址，南北宽 6.77 米，东西长 10.2 米，西距堡墙 7.3 米，西距堡墙 3 米，南距堡墙 9.63 米。

13. 怀来水石堡 130730353102170013

位于小南辛堡镇水头村东南 1.2 千米，坐标：东经 115° 46′ 28.60″，北纬 40° 10′ 47.80″，高程 1205 米。

平面形状略呈圆形，占地面积 530 平方米，周长 112 米。现状保存有北城门。原城内历史格局已辨识不清，历史建筑基本无存。

墙体条石包砌，白灰砌筑、白灰勾缝，东侧墙体外高 5，内高 1.28 米，墙宽 4.4. 米，外侧条石露明 13 层（条石高 0.2～0.3 米）；西侧墙体坍塌较为严重，外高 4.18 米，内墙高与地面平行，宽 3.6 米，外侧条石露明 14 层条石（条石高 0.2 米）。墙芯块石白灰分层砌筑，一层白灰一层块石，层高 35 厘米。墙体北侧辟门，残宽 2 米，现已毁。

墙体结构损毁严重，墙体外包条石基本残留，顶部及附属设施无存；东、西、南侧为深沟，地势陡峭，堡四周杂草灌木丛生。

14. 怀来水土堡 130730353102170014

位于小南辛堡镇水头村东北 441 米，坐标：东经 115° 46′ 04.70″，北纬 40° 11′ 11.40″，高程 1140 米。

平面形状略呈矩形，占地面积 418 平方米，周长 86 米。城内无遗迹，原城内历史格局已辨识不清，历史建筑无存。

墙体素土夹有碎石分层夯筑，夯层厚 0.2～0.25 米。南北长 24 米，东西宽 17 米，顶残宽 1.2 米，西南角残高 2.83 米，西北角残高 3.41 米，东北角残高 1.84 米，东南角残高 2.96 米。

城堡保存差，格局基本完整。墙体坍塌严重，顶部及附属设施无存；东、西、南侧为深沟，地势陡峭，土堡四周杂草灌木丛生。

15. 怀来淘堡 130730353102170015

位于小南辛堡镇南窑村东南 896 米，坐标：东经 115° 43′ 06.90″，北纬 40° 17′ 35.40″，高程 586 米。

平面形状略呈矩形，占地面积 640 平方米，周长 319 米。城内无遗迹，原城内历史格局已辨识不清，历史建筑无存。

墙体素土分层夯筑，夯层厚 0.08～0.14 米。西北角为角台，东西长 9.45 米，南北为 8.3 米，角台西侧高为 10 米，角台西侧向墙体外侧突出 7.6 米。

城堡保存较差，格局较完整。墙体坍塌严重，南墙存一豁口，长 56 米；北墙基本缺失，缺失长 264 米，东墙上有一个人为挖掘的孔洞。堡内、外地势平坦为农田，多种植玉米。

16. 怀来龙堡 130730353102170016

位于小南辛堡镇龙宝山村西南 1.3 千米，坐标：东经 115° 42′ 09.90″，北纬 40° 16′ 46.80″，高程 644 米。

平面形状略呈矩形，占地面积 3690 平方米，周长 245 米。城内无遗迹，原城内历史格局已辨识不清，历史建筑无存。

墙体素土分层夯筑，夯层厚 0.1～0.15 米。东墙体长约 67 米，宽 2 米，外高 2.8 米，内高 5 米；南墙长 54 米，外高 5.2 米，内高 4.2 米；西墙长约 67 米，宽约 4.2 米，外高 5.2 米，内高 4.2 米；北墙长约 56 米，外高 6.8 米，内高 4.5 米。

城堡保存差，墙体部分存在，格局基本完整。墙体坍塌严重，堡内、外地势平坦，多为荒地，建有用于电影拍摄的外景。

17. 怀来庙堡 1 130730353101170017

位于小南辛堡镇庙港村东北 2.2 千米，坐标：东经 115° 46′ 53.50″，北纬 40° 14′ 52.40″，高程 1027 米。

平面形状略呈矩形，占地面积 376 平方米，周长 82 米。城内无遗迹，原城内历史格局已辨识不清，历史建筑无存。

墙体素土夹有碎石分层夯筑，夯层厚 0.05～0.1 米。南墙长 13.3 米，宽 1.53 米；北墙长 17.1 米，宽 3.01 米；东墙长 26.9 米，宽 2.06 米；西墙长 23.6 米。

城堡保存差，格局基本完整。墙体坍塌严重，北侧墙体保存较为明显，东、西南侧均已破坏严重。城堡内外被低矮灌木和杂草覆盖，西南东侧为谷，地势陡峭，北侧为高山。

18. 怀来庙堡 2 130730353102170018

位于小南辛堡镇庙港村东北 1.8 千米，坐标：东经 115° 46′ 50.50″，北纬 40° 14′ 21.10″，高程 1068 米。

平面形状略呈矩形，占地面积 376 平方米，周长 82 米。城内无遗迹，原城内历史格局已辨识不清，历史建筑无存。

墙体素土夹有碎石分层夯筑，东西长约 26 米，宽 1.2 米，西北角残高 7.5 米，东西 13 米。

城堡保存差，格局不完整。墙体坍塌严重，西侧残存墙体痕迹，其他三面均已破坏严重；庙堡 2 内外被低矮灌木和杂草覆盖，南侧为谷，地势陡峭，北侧为高山。

19. 怀来镇边城 130730353102170019

位于云关乡镇边城村，坐标：东经 115° 48′ 55.30″，北纬 40° 10′ 10.90″，高程 780 米。

平面形状略呈矩形，占地面积 200000 平方米，周长 1811 米，现状保存有四座角台、东城门、南城门、南瓮城等设施。堡内住满居民，原城内历史格局已辨识不清，存古民居 10 余处、戏楼 1 座。

墙体下段内外块石砌筑，白灰勾缝，墙芯土石混筑，下段与上段间设 1 层石质拔檐，上段设垛口墙及宇墙，顶部片石墁地。东墙长 358 米，外包块石露明 14 ～ 18 层，外高 6.8 米，内高 6.3 米，墙宽 4.2 米；南墙长 742 米；西墙长 180 米，外残高 3.83 米，内残高 1.36 米，墙宽 4.2 米；北墙长 531 米，内高 2.55 米，外高 5.04 米，墙宽 4.08 米。

东北角台保存较好，外包块石露明 18 层，东西长 11.82 米，南北长 11.88 米，向北侧外凸 3.24 米，向东侧外凸 3.4 米，东北角台西侧 106 米为北门；西南角台外包块石露明 15 层，东西长 6.84 米，南北 8.2 米，向西侧外凸 2.35 米，向南侧外凸 5.5 米；西北角台南北残长 6.24 米，东西 5.93 米。

东城门下段为条石基础，露明 1 层；中段城砖砌筑，高 5.5 米；中段与上段间设 1 层砖砌拔檐分隔，西侧拔檐下设 2 块石质吐水嘴；上段设垛口墙，顶部地面城砖墁地。券门门洞高 3.46 米，门宽 3.22 米，进深 11.1 米，起券方式三伏三券。券门上部设匾额，上书写"镇边城"字样。

北城门保存差，残存三层块石基础，宽 5.62 米，进深 5.72 米。北门北侧残存瓮城墙体，形制为弧状，东侧为瓮城门（无存），瓮城东西长 29.28 米，南北宽 24.5 米，顶宽 3 米，高 3.29 米，顶部墁地缺失。

墙体结构损毁严重，东墙已进行修缮，北墙部分残存外侧包砌块石，内侧坍塌严重；南墙和西墙坍塌严重；墙体顶部附属设施无存。

20. 鸡鸣驿 130730353102170020

位于鸡鸣驿镇鸡鸣驿村，坐标：东经 115° 18′ 30.90″，北纬 40° 26′ 59.10″，高程 538 米。

鸡鸣驿城平面呈矩形，占地面积 220000 平方米，周长 1891.8 米。现存马面 26 座，城门 2 座（东、西城门），水门 1 个，后开小北门 1 个。城内布局为"三横两纵"5 条贯通东西、南北的大街，将驿城按"井"字不均地分为 3 区 9 块 12 片。城内现存古建庙宇、公馆 11 处，戏楼 3 座，主街道 4 条，古民居多处。

　　墙体下段基础为基础条石，中部为城砖砌筑，高 6.78 米，中部与上部间设拔檐分隔，上部设垛口墙及与宇墙，垛口墙下设望孔，垛口墙长 1.8 米，高 1.56 米、厚 0.46 米，口高 0.96 米，口宽 0.49 米，垛长 1.8 米。望孔宽 0.3 米，宽 0.38 米，顶部城砖墁地，顶宽 3～5 米。东城墙长 458 米，南城墙长 486 米，西城墙长 447 米；北城墙长 479 米。

　　东城门东西宽 9.69 米，南北长 16 米，下段条石砌筑，高 0.43 米，中段城砖砌筑，中部与上部间设拔檐分隔，上部设垛口墙及与宇墙，外墙收分 11°。顶部建门楼，重檐歇山布瓦顶，面阔三间，进深一间，前后各加单步出廊。券门内券长 5.9 米，宽 4.56 米、深 2.35 米，高 6.25 米；门外券宽 3.37 米、深 2.98 米，高 3.97 米。起券方式为三伏三券。

　　东城门南城台突出城门，形似马面，与东门西城台对峙，夹城门于中，平面形制呈凹状，台南侧突出城墙 4 米，北侧凸出墙体 4.8 米，南北台长 8 米，加垛口通高 8.2 米。外包砖整齐，顶部宽 4.74 米，东西长 4.89 米，外墙立面收分 14°。

　　东城门北城台顶部南北宽 5 米，东西 5.38 米，底部南北 7.54 米，凸出东城墙 5.92 米。外墙收分 12°。向北连接城墙，顶部最宽处 2.8 米，最窄处 1.75 米，内侧高 11.2 米，外侧高 8.2 米。城台内侧向北设台阶式马道，马道宽 3.78 米，马道南北直长 14.77 米。

　　西城门平面呈凹形，东西宽 6.1 米，南北长 13.5 米。下段条石砌筑，高 1.1 米，中段城砖砌筑，中部与上部间设拔檐分隔，上部设垛口墙及与宇墙，外墙收分 11°。顶部建门楼，重檐歇山布瓦顶，面阔三间，进深一间。门洞外券宽 3.34 米，高 3.98 米，深 4.67 米，起券直高 2.86 米；门券内洞宽 3.39 米，高 3.75 米，深 4 米，起券方式为三伏三券。门洞两侧向外各设有一个台体，分别称为西门北城台、西门南城台：底部北侧凸出墙体 9.05 米，南侧凸出墙体 9.6 米，北台底宽 10.24 米，顶宽 7.6 米，东西长 10.85 米，北侧高 12.75 米，南侧高 12.17 米；南台底宽 10 米，顶宽 7.33 米，东西长 9.4 米，高 11.85 米。城台内侧向南设有马道，马道宽 1.97 米，直长 15 米。

　　东墙马面底部凸出城墙 4.67 米，南北长 7.65 米，东西凸出墙体 4.48 米，顶部宽 4.2 米，高 8.55 米，垛口高 1.54 米，通高 10 米，顶部城砖墁地。

　　西墙马面底部凸出墙体 6.6 米，底边长 8.3 米，顶部向西凸出 5.68 米，南北长 7 米，高 9.57 米，顶部城砖墁地。

　　北墙马面底部凸出墙体 5.75 米，南北长 8.73 米，顶部东西宽 4 米，南北长 5.25 米，高 11 米，顶部城砖墁地。

　　南墙马面向南凸出墙体 5.35 米，东西顶长 5 米，高 10.2 米，顶部城砖墁地。

　　东南角台，南北长 12.15 米，向东凸出东墙 3.5 米，高 8.34 米。

　　东北角台底部东西宽 14.9 米，南北长 18.7 米，向北凸出墙体 4.1 米，通高 11.12 米。

　　西南角台底部南北边长 11.2 米，东西边长 12.6 米，向南凸出墙体 1.5 米，向西凸出墙体 3.58 米，通高 8.75 米。

　　西北角台底部南北边长 11.2 米，东西边长 12.6 米，向北凸出墙体 1.5 米，向西凸出墙体 3.58 米，通高 8.75 米。

城内古建筑 11 处：泰山行宫、关帝庙戏台、指挥署（贺家大院）、鸡鸣驿管理处、当铺、财神庙、城隍庙、公馆院、普渡寺、龙神庙、文昌宫。

（四）相关遗存

怀来县相关遗存一览表（单位：处）

编号	认定名称	认定编码	保存程度				
			较好	一般	较差	差	消失
1	庙港村段挡马墙	130730354104170001				√	
合计		共 1 处：挡马墙 1 处				1	
百分比（%）		100				100	

保存程度：较好、一般、较差、差、消失

1. 庙港村段挡马墙 130730354104170001

位于小南辛堡镇庙港村东北 2.6 千米，坐标：东经 115° 47′ 16.30″，北：40° 14′ 48.60″，高程 1028 米。墙体毛石砌筑，坍塌严重，墙体顶部为单皮墙，墙体依山势而建，外侧山势为沟，与长城主线大致平行。

下花园区

下花园区位于张家口市区东南部，地理坐标：东经 115° 16，北纬 40° 29，县域东西长 31.7 千米，南北宽 22 千米，总面积 315 平方千米。东南与怀来县接壤，南毗涿鹿县，西、北与宣化县相邻。距北京市 139 千米，距石家庄市 281.6 千米，距张家口市 49.6 千米。

东邻怀来县鸡鸣驿，南邻涿鹿县保安州城，西邻宣化县郝家庄 01 号烽火台。

下花园区调查长城单体建筑烽火台 1 座。

（一）单体建筑

下花园区单体建筑一览表（单位：座）

编号	认定名称	认定编码	材质	保存程度				
				较好	一般	较差	差	消失
1	下花园区 01 烽火台	130706353201170001	土			√		
合计		共 1 座：土 1 座				1		
百分比（%）		100				100		

类型：单体建筑包括敌台、烽火台、马面等
保存程度：较好、一般、较差、差、消失

1. 下花园区 01 烽火台 130706353201170001

位于 207 国道宣化至上花园段、京包铁路南侧，坐标：东经 115° 13′ 09.90″，北纬 40° 29′ 17.40″，高程 556 米。

围堡式烽火台，总体布局为"回"字形，周圈设置围墙，墙体大部分塌毁，仅北侧存少量痕迹。

烽火台为空芯台，平面呈矩形，剖面呈梯形，东西长 16.68 米，南北宽 15.46 米，高 8.33 米，外包砖无存，素土分层夯筑，夯层厚 0.1 ～ 0.24 米，内部直径 8.37 米，南侧壁高 7.01 米。台体东立面存豁口，宽 3.2 米，南北两侧有后期人为夯筑土墙，南立面中部、西南角存孔洞各一处，根部掏蚀严重，西立面北侧有后期人为夯筑土墙，北立面存豁口，宽 2.75 米，壁厚 2.04 米，根部坍塌土体堆积，东侧墙体内凹。台体东侧 3.2 米长有榆树 1 棵，胸径 0.12 米，北侧立有电线杆 2 组 3 根，输电线路南北向跨空穿越，周边杂草丛生。

涿鹿县

涿鹿县位于张家口市域东南部，燕山山脉北侧，永定河上游，地理坐标：东经 115° 16′ ～ 115° 58′，北纬 40° 4′ ～ 40° 35′，县域东西宽 43 千米，南北长 90 千米，总面积 2802 平方千米。东与北京市门头沟区交界，南邻保定市涞水县，西通蔚县，北与宣化县、下花园区接壤，东为怀来县。距北京市 139 千米，距石家庄市 267 千米，距张家口市 56 千米。

涿鹿县明长城分布在蟒石口镇、子方口乡、太平堡乡、卧佛寺乡、大堡乡、石门乡、辉耀镇、武家沟镇、矾山镇、城关镇共 10 个乡镇。东邻北京市门头沟区沿字贰号敌台，南邻保定市涞水县蔡树庵段长城，西邻蔚县西金河口北齐长城，北邻宣化县深井堡、下花园区 01 号烽火台，东邻怀来县鸡鸣驿。

长城起点：蟒石口镇马水村东南 4.5 千米的山梁上，坐标：东经 115° 19′ 22.00″，北纬 39° 48′ 45.80″，高程 1205 米。

长城止点：位于蟒石口镇马水村西北 4.4 千米，坐标：东经 115° 15′ 43.70″，北纬 39° 52′ 42.60″，高程 1158 米。

涿鹿县调查长城墙体 7 段，总长 13096 米；单体建筑 54 座，其中敌台 30 座、烽火台 24 座；关堡 7 座。

（一）墙体

涿鹿县墙体一览表（单位：米）

编号	认定名称	认定编码	类型	长度	保存程度				
					较好	一般	较差	差	消失
1	马水口长城第 1 段墙体	130731382102170001	石墙	218			√		
2	马水口长城第 1 段山险	130731382106170002	山险	2216		√			
3	马水口长城第 2 段墙体	130731382102170003	石墙	2671			√		

（续）

编号	认定名称	认定编码	类型	长度	保存程度				
					较好	一般	较差	差	消失
4	马水口长城第3段墙体	130731382102170004	石墙	1751			√		
5	马水口长城第4段墙体	130731382102170005	石墙	2988			√		
6	马水口长城第2段山险	130731382106170006	山险	1044		√			
7	马水口长城第5段墙体	130731382102170007	石墙	2208			√		
合计		共7段：石墙6段，山险1段		13096		2	5		
百分比（%）		100				29	71		

类型：砖墙、石墙、土墙、山险墙、山险
保存程度：较好、一般、较差、差、消失

1. 马水口长城第1段墙体 130731382102170001

位于蟒石口镇马水村东南4.5千米的山梁上，起点坐标：东经115°19′22.00″，北纬39°48′45.80″，高程1205米，止点坐标：东经115°19′14.40″，北纬39°48′45.80″，高程1200米。

墙体长218米，以山体的基岩为基础，块石垒砌。墙体局部地段坍塌，顶部设施无存。

2. 马水口长城第1段山险 130731382106170002

位于蟒石口镇马水村东南3.4千米的山梁上，起点坐标：东经115°19′14.40″，北纬39°48′45.80″，高程1200米，止点坐标：东经115°18′08.70″，北纬39°48′58.70″，高程1154米。

墙体长2216米，该段山险地势陡峭，植被覆盖一般。

3. 马水口长城第2段墙体 130731382102170003

位于蟒石口镇马水村东500米的山梁上，起点坐标：东经115°18′08.70″，北纬39°48′58.70″，高程1154米，止点坐标：东经115°17′11.30″，北纬39°50′09.00″，高程804米。

墙体长2671米，条石砌筑，白灰勾缝，外侧设垛口墙，顶部城砖墁地，墙芯土石混筑。

墙体保存较差，个别地段墙面有不同程度的坍塌，墙芯裸露。顶部设施基本无存，个别地段垛口墙保存完整。

4. 马水口长城第3段墙体 130731382102170004

位于蟒石口镇马水村东北550米、西北600米，起点坐标：东经115°17′11.30″，北纬39°50′09.00″，高程804米，止点坐标：东经115°16′37.40″，北纬39°50′30.40″，高程802米。

墙体长1751米，条石砌筑，白灰勾缝，外侧设垛口墙，顶部城砖墁地，墙芯土石混筑。

墙体保存较差，个别地段墙面有不同程度的坍塌，墙芯裸露。顶部设施基本无存，残留垛口墙痕迹。

5. 马水口长城第4段墙体 130731382102170005

位于蟒石口镇马水村西北600米、西北3千米，起点坐标：东经115°16′37.40″，北纬39°50′30.40″，高程802米，止点坐标：东经115°15′13.10″，北纬39°51′17.70″，高程1283米。

墙体长2988米，条石砌筑，白灰勾缝，外侧设垛口墙，顶部城砖墁地，墙芯土石混筑。

墙体保存较差，个别地段墙面有不同程度的坍塌，墙芯裸露。顶部设施基本无存，个别地段垛口墙保存完整。

6. 马水口长城第 2 段山险 130731382106170006

位于蟒石口镇马水村西北 3.5 千米，起点坐标：东经 115° 15′ 13.10″，北纬 39° 51′ 17.70″，高程 1283 米，止点坐标：东经 115° 15′ 18.10″，北纬 39° 51′ 57.50″，高程 1318 米。

墙体长 1044 米，该段山险地势陡峭，植被覆盖一般。

7. 马水口长城第 5 段墙体 130731382102170007

位于蟒石口镇马水村西北 4.4 千米，起点坐标：东经 115° 15′ 18.10″，北纬 39° 51′ 57.50″，高程 1318 米，止点坐标：东经 115° 15′ 43.70″，北纬 39° 52′ 42.60″，高程 1158 米。

墙体长 2208 米，条石砌筑，白灰勾缝，外侧设垛口墙，顶部城砖墁地，墙芯土石混筑。

墙体保存较差，个别地段墙面有不同程度的坍塌，墙芯裸露。顶部设施基本无存，残留垛口墙痕迹。

（二）单体建筑

涿鹿县单体建筑一览表（单位：座）

编号	认定名称	认定编码	材质	保存程度				
				较好	一般	较差	差	消失
1	柳树庄 1 号烽火台	130731353201170001	土				√	
2	柳树庄 2 号烽火台	130731353201170002	土				√	
3	水关烽火台	130731353201170003	土				√	
4	大斜阳烽火台	130731353201170004	土				√	
5	倒拉咀烽火台	130731353201170005	土				√	
6	台子洼烽火台	130731353201170006	土				√	
7	下关烽火台	130731353201170007	土				√	
8	任家湾烽火台	130731353201170008	土				√	
9	尤家园烽火台	130731353201170009	土				√	
10	佐卫烽火台	130731353201170010	土				√	
11	凤凰庄烽火台	130731353201170011	土				√	
12	岔道口烽火台	130731353201170012	土				√	
13	雅沟烽火台	130731353201170013	土				√	
14	石翁烽火台	130731353201170014	土				√	
15	西相广烽火台	130731353201170015	土				√	
16	甘庄烽火台	130731353201170016	土				√	
17	孙家沟烽火台	130731353201170017	土				√	
18	护路湾烽火台	130731353201170018	土				√	
19	泉子沟烽火台	130731353201170019	土				√	
20	马字一号敌台	未认定	砖		√			
21	马字二号敌台	未认定	砖	√				

（续）

编号	认定名称	认定编码	材质	保存程度				
				较好	一般	较差	差	消失
22	马字三号敌台	未认定	砖	√				
23	马字四号敌台	未认定	砖	√				
24	马字五号敌台	未认定	砖	√				
25	马字六号敌台	未认定	砖		√			
26	马字七号敌台	未认定	砖		√			
27	马字八号敌台	未认定	砖		√			
28	马字九号敌台	未认定	砖	√				
29	马字十号敌台	未认定	砖			√		
30	马字十一号敌台	未认定	砖				√	
31	马字十二号敌台	未认定	砖				√	
32	马字十三号敌台	未认定	砖				√	
33	马字十四号敌台	未认定	砖			√		
34	马字十五号敌台	未认定	砖				√	
35	马字十六号敌台	未认定	砖			√		
36	马字十七号敌台	未认定	砖				√	
37	马字十八号敌台	未认定	砖				√	
38	马字十九号敌台	未认定	砖			√		
39	马字二十号敌台	未认定	砖				√	
40	康家沟一号敌台	未认定	砖				√	
41	康家沟二号敌台	未认定	砖			√		
合计		共41座：砖22座，土19座		5	4	5	27	
百分比（%）		100		12.2	9.8	12.2	65.8	

类型：单体建筑包括敌台、烽火台、马面等

保存程度：较好、一般、较差、差、消失

1. 柳树庄 1 号烽火台 130731353201170001

位于子方口乡柳树庄村东 644 米山坡上，坐标：东经 115° 27′ 58.70″，北纬 40° 05′ 44.30″，高程 1065 米。

平面呈圆形，底径 8.5 米，高 7.44 米。台芯素土分层夯筑，夯层厚 0.16～0.2 米。坍塌严重，呈柱状，夯土流失，西北侧根部有一处人为挖掘空洞，高 1.29 米，宽 0.7 米，深 1.83 米。台体东北侧为沟谷，南、西两侧连接山岭，沟谷内为季节性沙河床，宽 100 米左右，河道内有通往塔儿寺村的河滩路。

2. 柳树庄 2 号烽火台 130731353201170002

位于子方口乡柳树庄村正东 760 米山坡上，坐标：东经 115° 28′ 04.10″，北纬 40° 05′ 50.10″，高程 1095 米。

台芯素土分层夯筑，夯层厚 0.13～0.17 米。底径 9.5 米，高 5.6 米。坍塌严重，呈圆柱状，雨水侵蚀严重。西侧为沟谷，东连山岭，四周灌木、杂草覆盖。

3. 水关烽火台 130731353201170003

位于太平堡乡水关口村西南 172 米的土山顶上，坐标：东经 115° 21′ 37.20″，北纬 40° 06′ 06.70″，高程 1110 米。

平面呈矩形，东西宽 6.74 米，南北长 7.38 米，残高 7.1 米。台芯素土分层夯筑，夯层厚 0.12～0.17 米。台芯北立面保存较好，其余立面坍塌严重，雨水侵蚀严重。东侧山下 109 国道南北行，公路东侧、西侧均为山岭，该台所处位置为扼守路口咽喉之处。西侧连接山岭，岭中下部为梯田。

4. 大斜阳烽火台 130731353201170004

位于卧佛寺乡大斜阳村南 309 米处的台地上，坐标：东经 115° 15′ 16.60″，北纬 40° 08′ 07.90″，高程 1128 米。

台芯素土分层夯筑，夯层厚 0.1 米。东西长 17.17 米，南北宽 10.12 米，残高 12.5 米。坍塌严重，呈堆状，雨水侵蚀严重。四周灌木、杂草覆盖。

5. 倒拉咀烽火台 130731353201170005

位于大堡乡倒拉咀村东北 600 米的土丘上，坐标：东经 115° 04′ 47.70″，北纬 40° 05′ 00.00″，高程 1186 米。

台芯素土分层夯筑。东西长 16.23 米，南北宽 10.64 米，残高 7.38 米。坍塌严重，呈堆状，雨水侵蚀严重，南侧根部有挖掘洞穴。周边有大量汉代陶片，四周为农田。

6. 台子洼烽火台 130731353201170006

位于大堡乡台子洼村西 500 米高土崖台地上，坐标：东经 115° 04′ 27.70″，北纬 40° 05′ 28.30″，高程 1248 米。

烽火台为上下两部，下部为基础，上部为台芯。

基础素土分层夯筑，夯层厚 0.16～0.18 米。东西长 22 米，南北宽长 21 米，台高 1.8～2.8 米。坍塌严重，呈堆状。

台芯素土分层夯筑，夯层厚 0.16～0.18 米。东西宽 5.6 米，南北长 9.07 米，残高 4.18 米。坍塌严重，呈堆状，雨水侵蚀严重。台东、南两侧为沟谷，西侧为坡地，东沟内为台子洼村，北侧连绵丘顶。

7. 下关烽火台 130731353201170007

位于大堡乡下关村南偏西 15° 330 米的土山上，坐标：东经 115° 07′ 39.60″，北纬 40° 07′ 56.20″，高程 1165 米。

台芯素土分层夯筑，夯层厚 0.1～0.15 米。东西宽 6.18 米，南北长 9.71 米，高 9.63 米。坍塌严重，呈堆状，雨水侵蚀严重。四周为农田，种植玉米。

8. 任家湾烽火台 130731353201170008

位于涿鹿县大堡乡任家湾村西 348 米处的山丘上，坐标：东经 115° 08′ 04.90″，北纬 40° 08′ 22.70″，高程 1149 米。

台芯素土分层夯筑。底部直径 9.7 米，高 4.3 米。坍塌严重，呈堆状，雨水侵蚀严重。西、北、东三面为沟谷，南侧有一线连接南部山陵。

9. 尤家园烽火台 130731353201170009

位于大堡乡尤家园村南 916 米，坐标：东经 115° 08′ 43.90″，北纬 40° 09′ 21.20″，高程 1203 米。

平面呈矩形，立面及剖面呈梯形，东西长 7.96 米，南北宽 7.1 米，高 6.4 米，台体收分为 6°。台芯素土分层夯筑，夯层厚 0.12 ~ 0.13 米。台体损毁严重，坍塌成堆状，外包部分脱落，顶部建筑缺失。四周灌木、杂草覆盖。

10. 佐卫烽火台 130731353201170010

位于石门乡佐卫村西北 610 米处的山顶上，坐标：东经 115° 11′ 48.30″，北纬 40° 08′ 53.60″，高程 1146 米。

台芯素土分层夯筑。底部直径 13.74 米，高 6.65 米。坍塌严重，呈堆状，雨水侵蚀严重，夯土大量流失。台芯东、南、西三面均为沟谷，东北连接土山岭，南侧沟谷内有 109 国道东西向穿过。环山周为梯田，种植杏扁树。

11. 凤凰庄烽火台 130731353201170011

位于辉耀镇凤凰庄村南 1.73 千米土山上，坐标：东经 115° 13′ 01.80″，北纬 40° 09′ 33.00″，高程 1214 米。

台芯素土分层夯筑。底部直径 11.5 米，高 3.28 米。坍塌严重，呈堆状，雨水侵蚀严重，夯土大量流失。四周散落有泥质灰陶、夹蚌红陶。纹饰有绳纹、磨光、弦纹。器形有盆、罐等。东、南、西三面为沟谷，西北连接山脉。山坡上生长草灌类植被。越过南侧深沟，南部的山坡上生长有松林。

12. 岔道口烽火台 130731353201170012

位于大堡乡岔道口村东南 763 米，东经 115° 09′ 47.40″，北纬 40° 10′ 44.60″，高程 1106 米。

平面呈矩形，东西宽 9.25，南北长 10.26 米，高 6.5 米。土芯素土分层夯筑，夯层厚 0.12 ~ 0.13 米。台体上部存东、南两道夯土墙体，厚 0.6 ~ 1.2 米。台体损毁严重，坍塌成土堆状，外包部分脱落，顶部建筑缺失。西南山坡上有一电话通信接收塔，北侧有马尾松林。

13. 雅沟烽火台 130731353201170013

位于辉耀镇鸦沟村西 735 米坡地上，坐标：东经 115° 09′ 03.80″，北纬 40° 13′ 29.20″，高程 888 米。

台芯素土分层夯筑，夯层厚 0.1 米。东西宽 3.93 米，南北长 4.27 米，高 4.64 米。坍塌严重，呈堆状，雨水侵蚀严重，夯土大量流失。四周杂草覆盖。

14. 石翁烽火台 130731353201170014

位于辉耀镇石瓮村南 113 米处山上，坐标：东经 115° 08′ 48.00″，北纬 40° 13′ 31.90″，高程 941 米。

台芯素土分层夯筑，夯层厚 0.1 ~ 0.14 米。东西宽 8 米，南北长 12.03 米，高 7.42 米。坍塌严重，呈堆状，雨水侵蚀严重，夯土大量流失。四周为农田。

15. 西相广烽火台 130731353201170015

位于辉耀镇西相广村北 375 米处的土丘上，坐标：东经 115° 10′ 21.90″，北纬 40° 14′ 24.00″，高程 883 米。

台芯素土分层夯筑，夯层厚 0.1 ~ 0.12 米。东西长 6.6 米，南北宽 6.4 米，高 4.4 米。坍塌严重，呈堆状，雨水侵蚀严重，形成冲沟，夯土大量流失。四周灌木、杂草覆盖。

16. 甘庄烽火台 130731353201170016

位于武家沟镇甘庄村西 1.3 千米，坐标：东经 115° 09′ 23.00″，北纬 40° 16′ 04.60″，高程 879 米。

平面呈矩形，东西长 5.5 米，南北宽 4.7 米，高 3.4 米。台芯素土分层夯筑，夯层厚 0.25～0.3 米。坍塌严重，呈堆状，雨水侵蚀严重，夯土大量流失。台体西侧为 109 国道，南侧为连绵的山脉，西南为层层的梯田，西山坡下及 109 国道两侧种植苹果树。

17. 孙家沟烽火台 130731353201170017

位于武家沟镇孙家沟村南 674 米，坐标：东经 115° 03′ 50.30″，北纬 40° 17′ 02.80″，高程 1018 米。

平面呈矩形，东西长 8.42 米，南北宽 8.14 米，高 5.5 米。台芯素土分层夯筑，夯层厚 0.1～0.15 米。坍塌严重，雨水侵蚀严重，四壁表层脱落。台体北侧较为平坦，东北为一山包，西可见一村落，台体四周种植庄稼为玉米。

18. 护路湾烽火台 130731353201170018

位于武家沟镇护路湾村东南 974 米处的土山顶上，坐标：东经 115° 05′ 41.50″，北纬 40° 17′ 33.90″，高程 852 米。

台芯素土分层夯筑，夯层厚 0.05～0.08 米。东西宽 7 米，南北长 7.8 米，高 3.4 米。坍塌严重，呈堆状，雨水侵蚀严重，夯土大量流失。四周灌木、杂草滋长。

19. 泉子沟烽火台 130731353201170019

位于武家沟镇泉子沟村西北 490 米处的土山上，坐标：东经 115° 00′ 01.50″，北纬 40° 15′ 33.60″，高程 1135 米。

台芯素土分层夯筑。东西宽 6.55 米，南北长 10.1 米，高 4.67 米。坍塌严重，呈堆状，雨水侵蚀严重，夯土大量流失，台顶上生长一株榆树。四周灌木、杂草滋长。

20. 马字一号敌台

南、北两侧与墙体相接，平面呈"回"字形，立面及剖面呈梯形。立面为三段式，下段为条石基础，白灰砌筑，白灰勾缝；中段为城砖包砌，四角设角柱石及平水石，南、北立面各辟 1 石券门 2 石箭窗，东、西立面各辟 4 砖箭窗。券门设券石 1 块，平水石 2 块、门柱石 2 块、门槛石 1 块，石箭窗设券石 1 块，平水石 2 块、柱石 2 块、槛石 1 块，北侧券门上部设匾额，已缺失，砖质匾框，箭窗侧边均有望孔，砖箭窗起券方式为一伏一券；中段与上段间设 4 层砖砌拔檐分隔，上段设垛口墙，残高 1～6 层砖，南北各设 2 个石质吐水嘴。

保存较好，台体形制、结构清晰。券顶坍塌，垛口墙残存，室内地面坍塌渣土堆积。

21. 马字二号敌台

南、北两侧与墙体相接，平面呈"回"字形，立面及剖面呈梯形。立面为四段式，一段为条石基础，白灰砌筑，白灰勾缝；二段城砖包砌，高 4 层，二段与三段之间设砖砌腰檐；三段为城砖包砌，南、北立面各辟 1 石券门 2 石箭窗，东、西立面各辟 4 砖箭窗。券门设券石 1 块，平水石 2 块、门柱石 2 块、门槛石 1 块，石箭窗设券石 1 块，平水石 2 块、柱石 2 块、槛石 1 块，北侧券门上部设匾额，砖质匾框，箭窗下各设 1 望孔，砖箭窗起券方式为二伏二券；三段与四段间设 3 层砖砌拔檐分隔，四段为垛口墙，每面 4 组，下设 5 个望孔，高 18 层砖，上置披水砖，南、北各设 2 个石质吐水嘴。

保存较好，台体形制、结构清晰。地面渣土堆积，匾额缺失，吐水嘴断裂，垛口墙顶部披水砖大部分缺失，台体顶部杂草滋长。

22. 马字三号敌台

南、北两侧与墙体相接，平面呈"回"字形，立面及剖面呈梯形。立面为三段式，下段为条石基础，白灰砌筑，白灰勾缝；中段为城砖包砌，四角设角柱石及平水石，南、北立面各辟 1 石券门 2 石箭窗，东、西立面各辟 4 砖箭窗。券门设券石 1 块，平水石 2 块、门柱石 2 块、门槛石 1 块，石箭窗设券石 1 块，平水石 2 块、柱石 2 块、槛石 1 块，北侧券门上部设匾额，砖质匾框，箭窗各设 1 望孔，砖箭窗起券方式为一伏一券；中段与上段间设 4 层砖砌拔檐分隔，上段设垛口墙，高 18 层砖，南北各设 2 个石质吐水嘴。

保存较好，台体形制、结构清晰。基础条石局部开裂，台体包砖局部酥碱，匾额、匾框缺失，垛口墙局部缺失，南侧 2 个吐水嘴断裂，室内地面渣土堆积。

23. 马字四号敌台

南、北两侧与墙体相接，平面呈"回"字形，立面及剖面呈梯形。立面为四段式，一段为条石基础，白灰砌筑，白灰勾缝；二段城砖包砌，高 4 层，二段与三段之间设砖砌 3 层腰檐，上下平砌，中间为菱角檐；三段为城砖包砌，南、北立面各辟 1 石券门 2 石箭窗，东、西立面各辟 4 砖箭窗。券门设券石 1 块，平水石 2 块、门柱石 2 块、门槛石 1 块，石箭窗设券石 1 块，平水石 2 块、柱石 2 块、槛石 1 块，北侧券门上部设匾额，砖质匾框，箭窗下各设 1 望孔，砖箭窗起券方式为二伏二券；三段与四段间设 3 层砖砌拔檐分隔，上下平砌，中间为菱角檐，四段为垛口墙，每面 4 组，下设 5 个望孔，高 18 层砖，上置披水砖，南、北各设 2 个石质吐水嘴，顶部设铺房。

保存较好，台体形制、结构清晰。台体包砖局部酥碱、开裂，匾额、匾框缺失，垛口墙局部缺失，南侧 2 个吐水嘴断裂，室内地面渣土堆积，铺房残存南北墙体，台体顶部杂草滋长。

24. 马字五号敌台

南、北两侧与墙体相接，平面呈"回"字形，立面及剖面呈梯形。立面为三段式，下段为条石基础，白灰砌筑，白灰勾缝；下段与中段间设砖砌腰檐，上下平砌，中间为菱角檐，中段为城砖包砌，南、北立面各辟 1 石券门 2 石箭窗，东、西立面各辟 4 砖箭窗。券门设券石 1 块，平水石 2 块、门柱石 2 块、门槛石 1 块，石箭窗设券石 1 块，平水石 2 块、柱石 2 块、槛石 1 块，北侧券门上部设匾额，砖质匾框，箭窗下各设 1 望孔，砖箭窗起券方式为一伏一券；中段与上段间设 4 层砖砌拔檐分隔，上段设垛口墙，高 18 层砖，上部设三层砖叠涩收顶，南北各设 2 个石质吐水嘴。

保存较好，台体形制、结构清晰。台体包砖局部酥碱，匾额、匾框缺失，垛口墙保存基本完整，顶层设施无存，室内地面渣土堆积，台体顶部杂草滋长。

25. 马字六号敌台

南、北两侧与墙体相接，平面呈"回"字形，立面及剖面呈梯形。立面为三段式，下段为条石基础，白灰砌筑，白灰勾缝；中段为城砖包砌，四角设角柱石及平水石，南、北立面各辟 1 石券门 2 石箭窗，东、西立面各辟 4 砖箭窗。券门设券石 1 块，券脸浮雕如意纹，平水石 2 块、门柱石 2 块、门槛石 1 块，石箭窗设券石 1 块，平水石 2 块、柱石 2 块、槛石 1 块，北侧券门上部设匾额，砖质匾框，箭窗下各设 1 望孔，砖箭窗起券方式为二伏二券；中段与上段间设 4 层砖砌拔檐分隔，上段设垛口墙，垛下各设望孔 1 个，高 18 层砖，南北各设 2 个石质吐水嘴，中心室顶部为穹隆顶，台体内存覆莲柱础石 1 块。

保存较好，台体形制、结构清晰。台体包砖局部酥碱，匾额、匾框缺失，垛口墙局部缺失，顶层设施无存，南侧石质吐水嘴断裂 1 个，室内地面渣土堆积，台体顶部杂草滋长。

26. 马字七号敌台

南、北两侧与墙体相接，平面呈"回"字形，立面及剖面呈梯形。立面为三段式，下段为条石基础，白灰砌筑，白灰勾缝；中段为城砖包砌，四角设角柱石及平水石，南、北立面各辟 1 石券门 2 石箭窗，东、西立面各辟 4 砖箭窗。券门设券石 1 块，券脸浮雕券草纹，平水石 2 块、门柱石 2 块、门槛石 1 块，石箭窗设券石 1 块，平水石 2 块、柱石 2 块、槛石 1 块，北侧券门上部设匾额，砖质匾框，箭窗下各设 1 望孔，砖箭窗起券方式为一伏一券；中段与上段间设 4 层砖砌拔檐分隔，上段设垛口墙，垛下各设望孔 1 个，高 18 层砖，南北各设 2 个石质吐水嘴，中心室顶部为穹隆顶，台体内存覆莲柱础石 1 块。

保存较好，台体形制、结构清晰。台体中段上部包砖酥碱严重，匾额、匾框缺失，垛口墙局部缺失，顶层设施无存，南侧石质吐水嘴断裂 1 个，室内地面渣土堆积，台体顶部杂草滋长。

27. 马字八号敌台

南、北两侧与墙体相接，平面呈"回"字形，立面及剖面呈梯形。立面为三段式，下段为条石基础，白灰砌筑，白灰勾缝；中段为城砖包砌，四角设角柱石及平水石，南、北立面各辟 1 石券门 2 石箭窗，东、西立面各辟 4 砖箭窗。券门设券石 1 块，券脸浮雕券草纹，平水石 2 块、门柱石 2 块、门槛石 1 块，石箭窗设券石 1 块，平水石 2 块、柱石 2 块、槛石 1 块，北侧券门上部设匾额，砖质匾框，箭窗下各设 1 望孔，砖箭窗起券方式为一伏一券；中段与上段间设 4 层砖砌拔檐分隔，上段设垛口墙，垛下各设望孔 1 个，高 18 层砖，南北各设 2 个石质吐水嘴，中心室顶部为穹隆顶，中心为砖雕莲花。

保存较好，台体形制、结构清晰。台体中段上部包砖酥碱严重，匾额、匾框缺失，垛口墙局部缺失，顶层设施无存，南侧石质吐水嘴断裂 1 个，室内地面渣土堆积。

28. 马字九号敌台

南、北两侧与墙体相接，平面呈"回"字形，立面及剖面呈梯形。立面为四段式，一段为条石基础，白灰砌筑，白灰勾缝；二段城砖包砌，高 2～6 层，二段与三段之间设砖砌 3 层腰檐，上下平砌，中间为菱角檐；三段为城砖包砌，南、北立面各辟 1 石券门 2 石箭窗，东、西立面各辟 4 砖箭窗。券门设券石 1 块，平水石 2 块、门柱石 2 块、门槛石 1 块，石箭窗设券石 1 块，平水石 2 块、柱石 2 块、槛石 1 块，北侧券门上部设匾额，砖质匾框，箭窗下各设 1 望孔，砖箭窗起券方式为二伏二券；三段与四段间设 3 层砖砌拔檐分隔，上下平砌，中间为菱角檐，四段为垛口墙，每面 4 组，设 13 个望孔，高 18 层砖，上部设三层砖叠涩收顶，南、北各设 2 个石质吐水嘴。

保存较好，台体形制、结构清晰。台体包砖局部酥碱、开裂，匾额、匾框缺失，垛口墙局部缺失，石质吐水嘴断裂，室内地面渣土堆积，台体顶部杂草滋长。

29. 马字十号敌台

南、西两侧与墙体相接，平面呈"回"字形，立面及剖面呈梯形。立面为三段式，下段为条石基础，白灰砌筑，白灰勾缝，高12层、5.44米；下段与中段设4层砖砌腰檐分隔，中段为城砖包砌，残高1.32～3.74米，南、西立面各辟1石券门2石箭窗，东、北立面各辟4砖箭窗。券门设券石1块，平水石2块、门柱石2块、门槛石1块，石箭窗设券石1块，平水石2块、柱石2块、槛石1块，北侧券门上部设匾额，砖质匾框，匾额上阴刻"马字拾号台"，箭窗下各设1望孔，砖箭窗起券方式为二伏二券；上段缺失。

保存一般，台体形制、结构基本清晰。北立面条石基础存一道通裂缝，台体中段上部包砖部分缺失，垛口墙缺失，顶层设施无存，室内地面渣土堆积。

30. 马字十一号敌台

东、西两侧与墙体相接，平面呈矩形，立面及剖面呈梯形。立面为三段式，下段为条石基础，白灰砌筑，白灰勾缝，高9层、中段、上段缺失，顶部存柱顶石、券门平水石、门槛石、门柱石等石构件。

保存差，台体形制、结构不清晰。敌台坍塌严重，仅存条石基础，现状顶部渣土堆积。

31. 马字十二号敌台

东、西两侧与墙体相接，平面呈矩形，立面及剖面呈梯形。立面为三段式，下段为条石基础，白灰砌筑，白灰勾缝，中段、上段缺失。

保存差，台体形制、结构不清晰。条石基础开裂，敌台坍塌严重，仅存条石基础，现状顶部渣土堆积、杂草滋长。

32. 马字十三号敌台

东、西两侧与墙体相接，平面呈矩形，立面及剖面呈梯形。立面为三段式，下段为条石基础，白灰砌筑，白灰勾缝。

保存差，台体形制、结构基本不清晰。敌台坍塌严重，仅存条石基础，地面渣土堆积。

33. 马字十四号敌台

东、西两侧与墙体相接，平面呈"回"字形，立面及剖面呈梯形。立面为三段式，下段为条石基础，白灰砌筑，白灰勾缝；中段为城砖包砌，四角设角柱石及平水石，东、西立面各辟1石券门2石箭窗，南、北立面各辟4砖箭窗。券门设券石1块，平水石2块、门柱石2块、门槛石1块，石箭窗设券石1块，平水石2块、柱石2块、槛石1块，东侧券门上部设匾额，砖质匾框，箭窗下各设1望孔，砖箭窗起券方式为二伏二券；东、西各设2个石质吐水嘴，上段设施缺失。

保存一般，台体形制、结构基本清晰。台体中段上部包砖酥碱严重，匾额、匾框缺失，垛口墙缺失，顶层设施无存，石质吐水嘴断裂，室内地面渣土堆积，顶部杂草滋长。

34. 马字十五号敌台

东、西两侧与墙体相接，平面呈矩形，立面及剖面呈梯形。立面为三段式，下段为条石基础，白灰砌筑，白灰勾缝。

保存差，台体形制、结构基本不清晰。敌台坍塌严重，仅存条石基础，地面渣土堆积，顶部杂草滋长。

35. 马字十六号敌台

东、西两侧与墙体相接，平面呈"回"字形，立面及剖面呈梯形。立面为三段式，下段为条石基础，白灰砌筑，白灰勾缝；中段为城砖包砌，四角设角柱石及平水石，东、西立面各辟1石券门2石箭窗，南、北立面各辟4砖箭窗。券门设券石1块，平水石2块、门柱石2块、门槛石1块，石箭窗设券石1块，平水石2块、柱石2块、槛石1块，东侧券门上部设匾额，砖质匾框，箭窗下各设1望孔，砖箭窗起券方式为一伏一券；中段与上段间砖砌拔檐分隔，东、西各设2个石质吐水嘴，上部设施缺失。

保存一般，台体形制、结构基本清晰。台体中段上部包砖酥碱严重，匾额、匾框缺失，垛口墙缺失，顶层设施无存，西侧石质吐水嘴断裂，室内地面渣土堆积。

36. 马字十七号敌台

东、西两侧与墙体相接，平面呈"回"字形，立面及剖面呈梯形。立面为三段式，下段为条石基础，白灰砌筑，白灰勾缝；中段为城砖包砌，四角设角柱石及平水石，东、西立面各辟1石券门2石箭窗，南、北立面各辟4砖箭窗。券门设券石1块，平水石2块、门柱石2块、门槛石1块，券脸浮雕云纹，石箭窗设券石1块，平水石2块、柱石2块、槛石1块，东侧券门上部设匾额，砖质匾框，箭窗下各设1望孔，砖箭窗起券方式为一伏一券；中段与上段间设拔檐分隔，上段设垛口墙，中心室顶部为穹隆顶。

保存一般，台体形制、结构基本清晰。基础条石存通裂缝一道，台体中段包砖酥碱，台体北立面中段局部坍塌，仅存1箭窗，匾额、匾框缺失，垛口墙基本缺失，顶层设施无存，室内地面渣土堆积。

37. 马字十八号敌台

东、西两侧与墙体相接，平面呈"回"字形，立面及剖面呈梯形。立面为三段式，下段为条石基础，白灰砌筑，白灰勾缝；中段为城砖包砌，四角设角柱石及平水石，东、西立面各辟1石券门2石箭窗，南、北立面各辟4砖箭窗。券门设券石1块，平水石2块、门柱石2块、门槛石1块，石箭窗设券石1块，平水石2块、柱石2块、槛石1块，西侧券门上部设匾额，砖质匾框，箭窗下各设1望孔，砖箭窗起券方式为一伏一券；中段与上段间设拔檐分隔，东、西各设2个石质吐水嘴，上段设垛口墙，中心室顶部为穹隆顶。

保存一般，台体形制、结构基本清晰。基础条石存通裂缝一道，台体中段包砖酥碱，台体北立面中段局部坍塌，匾额、匾框缺失，垛口墙基本缺失，顶层设施无存，室内地面渣土堆积、顶部杂草滋长。

38. 马字十九号敌台

东、西两侧与墙体相接，平面呈"回"字形，立面及剖面呈梯形。立面为三段式，下段为条石基础，白灰砌筑，白灰勾缝；中段为城砖包砌，四角设角柱石及平水石，东、西立面各辟1石券门4石箭窗，南、北立面各辟3砖箭窗。券门设券石1块，平水石2块、门柱石2块、门槛石1块，石箭窗设券石1块，平水石2块、柱石2块、槛石1块，西侧券门上部设匾额，砖质匾框，箭窗下各设1望孔，砖箭窗起券方式为一伏一券；中段与上段间设拔檐分隔，上段设垛口墙，南北各设2个石质吐水嘴，中心室顶部为穹隆顶。

保存一般，台体形制、结构基本清晰。北立面基础条石、台体中段存竖向裂缝，外包砖风化酥碱，匾额、匾框缺失，垛口墙基本缺失，顶层设施无存，室内地面渣土堆积。

39. 马字二十号敌台

东、西两侧与墙体相接，平面呈"回"字形，立面及剖面呈梯形。立面为三段式，下段为条石基础，白灰砌筑，白灰勾缝；中段为城砖包砌，东、西立面各辟1石券门2石箭窗，南、北立面各辟砖箭窗。券门设券石1块，平水石2块、门柱石2块、门槛石1块，西侧券门上部设匾额，砖质匾框，箭窗下各设1望孔，砖箭窗起券方式为一伏一券；中段与上段间设拔檐分隔，上段设垛口墙，中心室顶部为穹隆顶。

保存较一般，台体下部形制、结构基本清晰。基础条石存竖向裂缝，台体南、北、北立面及顶部坍塌，匾额、匾框缺失，上部垛口墙基本缺失，顶层设施无存，室内地面渣土堆积，顶部杂草滋长。

40. 康家沟一号敌台

保存差，台体下部形制、结构基本清晰，室内顶部已无存，石质券门、券窗保存完好，箭窗为一伏一券，垛口残损，石质排水槽基本完好。两侧墙体坍塌，局部裂缝贯通。

41. 康家沟二号敌台

保存较一般，台体下部形制、结构基本清晰，室内顶部已无存，石质券门、券窗保存完好，箭窗为一伏一券一侧，垛口残损，石质排水槽损坏两个。一侧墙体坍塌，局部裂缝贯通。

（三）关堡

涿鹿县关堡一览表（单位：座）

编号	认定名称	认定编码	类型	周长（米）	保存程度				
					较好	一般	较差	差	消失
1	后沟土堡	130731353102170001	土墙	505				√	
2	岔道土堡	130731353102170002	土墙	180				√	
3	矾山堡	130731353102170003	土墙	125				√	
4	保安州城	130731353102170004	砖墙					√	
5	马水口关	130731353102170005	石墙					√	
6	辉耀堡	130731353102170006	土墙	414		√			
7	广恩屯堡	130731353102170007	土墙	360		√			
合计		共7座：土墙5座，砖墙1座，石墙1座				2		5	
百分比（%）		100				28.5		71.5	

保存程度：较好、一般、较差、差、消失

1. 后沟土堡 130731353102170001

位于大堡乡后沟村西南140米，坐标：东经115° 06′ 29.00″，北纬40° 07′ 10.20″，高程1157米。

平面形状略呈矩形，占地面积6912平方米，周长505米。现存有东南角台、西南角台、西北角台、西马面等设施，城内无遗迹，原城内历史格局已辨识不清，历史建筑无存。

墙体素土分层夯筑，夯层厚0.14～0.2米，东墙长117米，宽1米，高1～2米；南墙长149米，底宽5米，高2～4米；西墙长121米，宽2～5.5米，高4.55米；北墙长118米，宽2.5米，高 1.75 米。

东南角台东西宽 7.6 米，南北长 8.63 米，高 4.9 米；西南角台东西长 10.34 米，南北宽 4.65 米，高 8.98 米。西北角台向北突出墙体 3.52 米，东西长 10.39 米，外侧高 37.05 米。

城堡保存差，南侧存东南、西南角台；西墙存西北角台以及中段 1 马面；东墙破坏较为严重，北段低矮不足 1 米，南段高 2 米；南墙全部坍塌成高低不平的大土埂状；西墙坍塌严重，呈坡状；北墙坍塌严重，东段全部塌毁不存。堡内为果园，南墙外 3 ～ 10 米即为台地陡崖边际，向下高达 24.57 米，堡东侧有坡道通往村内，堡西侧为耕地，北侧墙外 20 米外一条东西向深沟与下方的村庄分开，整座城堡高踞台地，俯视周边。

城址周围地面散落大量早期陶片，陶片有夹蚌红陶、泥质灰陶、夹砂红陶等。纹饰有粗绳纹、细绳纹、篮纹、锥刺纹等，可辨器形有豆、盆、瓹、甑、罐等。

2. 岔道土堡 1307313531021700002

位于辉耀镇岔道村东的土岗上，坐标：东经 115° 09′ 42.10″，北纬 40° 11′ 19.50″，高程 1000 米。

平面形状略呈镰刀形，占地面积 6200 平方米，周长 180 米。现存西南角台、西马面等设施。城内无遗迹，原城内历史格局已辨识不清，历史建筑无存。

墙体素土分层夯筑，东墙残长 12 米，高 3.08 米，底宽 5 米，顶宽 0.5 米；南墙残长 84 米，高 4.2 米，宽 2.1 米；西墙残长 27 米，高 4.8 米，宽 3.5 米；北墙残长 67 米，高 3.83 米，宽 3.5 米。

西南角台东西长 7.14 米，南北宽 4.6 米，外高 6.82 米，内高 4.43 米。

西马面东西长 9.5 米，南北宽 8.5 米，高 8.6 米。

墙体坍塌严重，部分墙体地表以上整体缺失。现城址内除庄稼地，还有部分坟地。城内地面东高西低，分台阶状，地面有散落陶片等遗物。

3. 矾山堡 1307313531021700003

位于矾山镇矾山村内，坐标：东经 115° 25′ 57.40″，北纬 40° 13′ 05.80″，高程 686 米。

平面形状略呈矩形。现存东墙、西墙北段、南墙西段各一小部分、南关城东墙。城内堡内住满居民，原城内历史格局已辨识不清，历史建筑无存。

墙体素土分层夯筑，夯层厚 0.12 米。东墙残高 4.67 米，宽 4.96 米；南墙长 20 米，残高 2.6 米，宽 1.5 ～ 2.1 米；西墙残高 6.59 米，底宽 5.37 米，顶宽 3 米。南关城东墙存高 5.6 米，宽 1.5 ～ 2.5 米，顶宽 0.6 米。

城堡保存差，城墙大部分已被拆毁，仅存局部段落性存在，且基本夹杂于民房之间。

4. 保安州城 1307313531021700004

位于城关镇，坐标：东经 115° 12′ 51.30″，北纬 40° 22′ 34.30″，高程 527 米。

平面形状呈矩形，现状保存有东城门、西瓮城北墙一段，其他墙体全部拆毁。堡内住满居民，原城内历史格局已辨识不清，存鼓楼以及北关观音寺，其他历史建筑无存。

西瓮城北墙长 9.83 米，残高 7.37 米，宽 7 米，下段为条石基础，露明 2 层，高 0.66 米，白灰砌筑、白灰勾缝；上段城砖砌筑，城砖规格：0.49 米 ×0.23 米 ×0.1 米；墙芯素土夯筑。

东城门平面呈矩形，下段为条石基础，露明 2 层，白灰砌筑、白灰勾缝；中段城砖砌筑，白灰砌筑、白灰勾缝；中段与上段间设 1 层砖砌拔檐分隔，上段设垛口墙；顶部城砖墁地。顶部修有门楼，重檐布瓦歇山顶，面阔三间，进深一间。

券门外券长 4.75 米，宽 3.87 米，高 3.54 米；内圈长 8 米，宽 4.7 米，高 5.67 米，外券至内券 2.1 米，外券直高 1.43 米，券门起券方式为五伏五券。

5. 马水口关 130731353102170005

位于蟒石口乡马水口村，坐标：东经 115° 17′ 10.78″，北纬 39° 50′ 22.05″。

城堡保存差，形制不清晰。现状保存有城门一座。堡内住满居民，原城内历史格局已辨识不清，历史建筑无存。

城门坍塌严重，仅存门洞，门洞进深 13.85 米，券洞分内、中、外三券，内、外券长 5.8 米，宽 3.6 米，露明高度 4.4 米，石券脸，券脸宽 0.48 米，厚 0.4 米，内里拱券为青砖砌筑的三伏三券。中券长 2.25 米，宽 4.1 米，高 6 米，砖券，起券方式为五伏五券。平水墙条石砌筑，可见 8 层，高 2.6 米，条石厚 0.31 ～ 0.34 米，平水墙上砌筑券砖，白灰浆砌。白灰勾缝，青砖规格：0.38 米 × 0.2 米 × 0.115 米。

6. 辉耀堡 130731353102170006

位于辉耀镇辉耀村东西南，半山腰上。平面形状呈不规则形，周长 414 米，城内无遗迹，原城内历史格局已辨识不清，历史建筑无存。

7. 广恩屯堡 130731353102170007

位于五堡镇广恩屯村，坐落在桑干河南岸，据《保安州志》载，广恩屯曾为古兵堡，约建于明景泰年间。相传景泰三年（1452），保安州曾于此设立粥场，赈济移民，广施仁恩，建村后取名"广恩屯"。该村现存庙宇建筑四处，堡内有观音堂一处，堡外有关帝庙、真武庙、地藏庙各一座。兵堡呈正方形，堡墙各长 90 米，占地 8100 多平方米。夯土城墙森然壁垒，南北均辟有城门，北门里、南门外各有一荫壁。北门为主门，门楣有石匾额，现只余一处豁口；南门今成正门，已重新凿阔砖砌。门楣石匾上书"广恩屯"三个大字。

1995 年，屯内出土了土铁炮、火铳、手镭等 70 余件武器。村中现存庙宇建筑 2 处，堡内有观音堂一处，堡外有庙宇一处，内有关帝殿、真武殿、地藏殿各一座。从建筑形式和材料看皆为明清建筑。观音堂内保存有明嘉靖三年（1524）石刻香炉一对。

阳原县

阳原县位于张家口市域西南部，地处黄土高原、内蒙古高原与华北平原的过渡带，地理坐标：东经 113° 54′ ～ 114° 48′，北纬 39° 53′ ～ 40° 22′，县域东西长 82 千米，南北宽约 27 千米，总面积 1849 平方千米。东接宣化县、蔚县，南连山西省大同市广灵县，西与山西省大同市阳高县、天镇县毗邻，北与怀安县交界。距北京市 220 千米，距石家庄市 231 千米，距张家口市 102 千米。

　　阳原县明长城分布在西城镇、高墙乡、化稍营镇、三马坊乡、东城镇、马圈堡乡、井儿沟乡、揣骨疃镇、浮图讲乡、东坊城堡乡、要家庄乡、东堡乡、大田洼乡共 13 个乡镇，东邻宣化县深井 01 号烽火台、蔚县上马圈烽火台，南邻山西省大同市广灵县小关烽火台，西邻山西省大同市阳高县神泉堡北烽火台、天镇县刘家山烽火台，北邻怀安县西北口 01 号烽火台。

　　阳原县调查长城单体建筑烽火台 46 座，关堡 16 座。

（一）单体建筑

阳原县单体建筑一览表（单位：座）

编号	认定名称	认定编码	材质	保存程度				
				较好	一般	较差	差	消失
1	东红寺 1 号烽火台	1307273532011170001	土			√		
2	东红寺 2 号烽火台	1307273532011170002	土			√		
3	东红寺 3 号烽火台	1307273532011170003	土			√		
4	东红寺 4 号烽火台	1307273532011170004	土				√	
5	大黑沟 1 号烽火台	1307273532011170005	土			√		
6	赵家坪 1 号烽火台	1307273532011170006	土			√		
7	赵家坪 2 号烽火台	1307273532011170007	土				√	
8	南口 1 号烽火台	1307273532011170008	土				√	
9	南口 2 号烽火台	1307273532011170009	土				√	
10	沙帽台 1 号烽火台	1307273532011170010	土				√	
11	二台子 1 号烽火台	1307273532011170011	土		√			
12	下沙沟 1 号烽火台	1307273532011170012	土		√			
13	太师梁 1 号烽火台	1307273532011170013	土			√		
14	化稍营 1 号烽火台	1307273532011170014	土			√		
15	二马坊 1 号烽火台	1307273532011170015	土			√		
16	五马坊 1 号烽火台	1307273532011170016	土		√			
17	千家营 1 号烽火台	1307273532011170017	土				√	
18	鳌鱼口 1 号烽火台	1307273532011170018	土				√	
19	西水地 1 号烽火台	1307273532011170019	土				√	
20	七马坊 1 号烽火台	1307273532011170020	土			√		
21	石盆 1 号烽火台	1307273532011170021	土				√	
22	榆林关 1 号烽火台	1307273532011170022	土			√		
23	窨子沟 1 号烽火台	1307273532011170023	土		√			
24	香草沟 1 号烽火台	1307273532011170024	土				√	
25	井儿洼 1 号烽火台	1307273532011170025	土			√		
26	九马坊 1 号烽火台	1307273532011170026	土		√			
27	小西沟 1 号烽火台	1307273532011170027	土			√		

（续）

编号	认定名称	认定编码	材质	保存程度				
				较好	一般	较差	差	消失
28	西六马坊 1 号烽火台	130727353201170028	土		√			
29	西六马坊 2 号烽火台	130727353201170029	土			√		
30	牛坊沟 1 号烽火台	130727353201170030	土				√	
31	东窑新 1 号烽火台	130727353201170031	土			√		
32	西窑 1 号烽火台	130727353201170032	土			√		
33	祁红庄 1 号烽火台	130727353201170033	土				√	
34	石宝庄 1 号烽火台	130727353201170034	土				√	
35	红寺 1 号烽火台	130727353201170035	土			√		
36	红寺 2 号烽火台	130727353201170036	土			√		
37	瓦窑 1 号烽火台	130727353201170037	土			√		
38	西沟堰 1 号烽火台	130727353201170038	土	√				
39	南洼 1 号烽火台	130727353201170039	土			√		
40	下兹铺 1 号烽火台	130727353201170040	土			√		
41	起风坡 1 号烽火台	130727353201170041	土			√		
42	西白家泉 1 号烽火台	130727353201170042	土			√		
43	毛道沟 1 号烽火台	130727353201170043	土			√		
44	柳树皂 1 号烽火台	130727353201170044	土			√		
45	柳树皂 2 号烽火台	130727353201170045	土			√		
46	上大柳树 1 号烽火台	130727353201170046	土			√		
合计		共 46 座：土 46 座		7	26	13		
百分比（%）		100		15.2	56.5	28.3		

类型：单体建筑包括敌台、烽火台、马面等
保存程度：较好、一般、较差、差、消失

1. 东红寺 1 号烽火台 130727353201170001

位于西城镇东红寺村东北约 2.7 千米，坐标：东经 114° 46′ 01.70″，北纬 40° 20′ 57.80″，高程 1320 米。

平面呈矩形，立面及剖面呈梯形，底部东西长 9.23 米，南北宽 7.28 米，高 8.76 米，土夹碎石分层夯筑，夯层厚 0.13 ～ 0.15 米，受雨水冲刷，水土流失较严重，台芯陡立，表面风化、掏蚀严重，东立面北侧上部存冲沟 1 条，北立面根部塌落土体堆积，东北侧根部散落毛石，四周杂草滋长，西侧 14 米为 112 国道呈南北向通过。

2. 东红寺 2 号烽火台 130727353201170002

位于西城镇东红寺村东北约 2.1 千米，坐标：东经 114° 45′ 33.30″，北纬 40° 20′ 52.50″，高程 1401 米。

平面呈矩形，立面及剖面呈梯形，底部东西宽 4.15 米，南北长 6.6 米，高 5 米，素土分层夯筑，夯层厚 0.15 ～ 0.16 米，受雨水冲刷，水土流失较严重，台芯陡立，表面风化松散，东立面存多条小裂缝，斜向冲沟 1 条，南立面根部掏蚀严重，西立面根部内凹，北侧存冲沟 1 条，北立面坍塌成弧形，四周杂草滋长，东南 243 米为 112 国道呈南北向穿过。

3. 东红寺 3 号烽火台 130727353201170003

位于西城镇东红寺村东北约 2.2 千米，坐标：东经 114° 46′ 03.60″，北纬 40° 20′ 26.00″，高程 1204 米。

平面呈矩形，立面及剖面呈梯形，坐落于土台上，东西长 28 米，南北宽 25 米，高 2 米，台体底部东西长 8 米，南北宽 5 米，高 5.5 米，素土分层夯筑，夯层厚 0.23 ～ 0.25 米，受雨水冲刷，水土流失较严重，台芯陡立，表面风化、掏蚀严重，东立面根部塌落土体堆积，南立面中部存冲沟 1 条，呈 "V" 形，上宽约 3.5 米，两侧各存一孔洞，西立面局部掏蚀，北立面根部塌落土体堆积，顶部及四周杂草滋长。

4. 东红寺 4 号烽火台 130727353201170004

位于西城镇东红寺村东北约 1.2 千米，坐标：东经 114° 45′ 21.00″，北纬 40° 20′ 19.10″，高程 1214 米。

平面呈矩形，立面及剖面呈梯形，坐落于土台上，东西长 26 米，南北宽 25 米，高 2.2 米。台体底部东西长 2.1 米，南北宽 5 米，高 3 米，夯层无法辨别，受雨水冲刷，水土流失较严重，坍塌成堆状，东立面中部存人为踩踏形成的登顶小路，南立面存少许灌木，西立面台芯陡立，中上部存冲沟 1 条，根部有人为取土痕迹，北立面墙面掏蚀严重，东北侧有一电线杆，顶部及四周杂草滋长。

5. 大黑沟 1 号烽火台 130727353201170005

位于高墙乡大黑沟村东北约 768 米，坐标：东经 114° 43′ 46.50″，北纬 40° 19′ 32.50″，高程 1132 米。

围堡式烽火台，总体布局为 "回" 字形，烽火台居中，四周设置围墙。台体平面呈矩形，立面及剖面呈梯形，台体底部东西宽 9.8 米，南北长 10.93 米，高 5.78 米，土夹碎石分层夯筑，夯层厚 0.15 ～ 0.25 米，受雨水冲刷，水土流失较严重，表面风化、掏蚀严重，东立面中部存冲沟 1 条，呈 "V" 形，上宽 1.2 米，沟深 0.9 米，东北角有后期人为挖掘的券形孔洞，宽 1.4 米，高 0.9 米，南立面根部有后期人为挖掘的孔洞，宽 0.9 米，高 1.5 米，西南角上部掏蚀，土体呈临空状态，宽 0.8 米，北立面上部存多条裂缝，根部塌落土体堆积，四周杂草滋长。

围墙东西长 39 米，南北宽 38 米，残存最高处 2.2 米。

6. 赵家坪 1 号烽火台 130727353201170006

位于高墙乡赵家坪村西北约 1.4 千米，坐标：东经 114° 44′ 51.90″，北纬 40° 19′ 28.30″，高程 1133 米。

围堡式烽火台，总体布局为 "回" 字形，烽火台居中，四周设置围墙．台体平面呈矩形，立面及剖面呈梯形，底部东西宽 11 米，南北长 11.2 米，高 6.9 米，素土分层夯筑，夯层厚 0.15 ～ 0.17 米，受雨水冲刷，水土流失较严重，台芯陡立，表面风化、掏蚀严重，东立面中部存裂缝 1 条，南立面中部存冲沟 1 条，呈 "V" 形，上宽 3.2 米，深 1.4 米，西立面掏蚀严重，北立面夯层清晰，根部长有灌木，东南侧为高粱地，顶部及四周杂草滋长。

围墙东西长 29 米，南北宽 25 米，高 1.5 ～ 2.5 米。

7. 赵家坪 2 号烽火台 130727353201170007

位于高墙乡赵家坪村东约 621 米，坐标：东经 114° 46′ 02.90″，北纬 40° 18′ 58.80″，高程 1104 米。

平面呈矩形，立面及剖面呈梯形，底部东西宽 4.14 米，南北长 8 米，高 7.6 米，素土分层夯筑，夯层厚 0.15 ～ 0.23 米，受雨水冲刷，水土流失较严重，台芯陡立，表面风化、剥落，东、南立面根部塌落土体堆积，人为后期取土导致土体陡立，西立面墙面掏蚀严重，根部平缓，北立面上部存冲沟 1 条，宽 0.6 米，四周杂草滋长。

8. 南口 1 号烽火台 130727353201170008

位于高墙乡南口村东北约 723 米，坐标：东经 114° 37′ 26.30″，北纬 40° 20′ 37.80″，高程 1271 米。

平面呈矩形，立面及剖面呈梯形，底部东西宽 2.97 米，南北长 5.75 米，高 6.12 米，素土分层夯筑，夯层厚 0.1 ～ 0.12 米，受雨水冲刷，水土流失较严重，台芯陡立，表面风化、剥落，东、西立面坍塌成三角形，南立面台芯陡立，西立面存裂缝 2 条，宽 0.05 ～ 0.12 米，北立面根部塌落土体堆积，四周杂草滋长。

9. 南口 2 号烽火台 130727353201170009

位于高墙乡南口村东北约 440 米，坐标：东经 114° 37′ 21.10″，北纬 40° 20′ 28.90″，高程 1201 米。

平面呈矩形，立面及剖面呈梯形，底部东西长 6.22 米，南北宽 4.8 米，高 6.24 米，素土分层夯筑，夯层厚 0.15 ～ 0.2 米，受雨水冲刷，水土流失较严重，表面风化、剥落，东立面根部塌落土体堆积，墙面开裂严重，南立面台芯陡立，上部存孔洞 1 处，西立面中部存竖向通裂缝，缝宽 0.06 米，北立面东北角上部存冲沟 1 条，根部掏蚀严重，顶部及四周杂草滋长。

10. 沙帽台 1 号烽火台 130727353201170010

位于高墙乡沙帽台村内，坐标：东经 114° 37′ 29.40″，北纬 40° 18′ 36.40″，高程 1010 米。

平面呈矩形，立面及剖面呈梯形，底部东西宽 6.1 米，南北长 8.8 米，高 7.8 米，素土分层夯筑，夯层厚 0.08 ～ 0.13 米，受雨水冲刷，水土流失较严重，表面风化、剥落，长满黑褐色苔藓，东立面台体顶部向南倾斜，南侧存滑塌体 1 处，宽 1.6 米，墙面存多处孔洞，西、南立面存多处掏蚀，北立面台芯陡立，台体东侧有人为后期垒砌的土坯墙和菜地，其他三侧废弃的民居宅院。

11. 二台子 1 号烽火台 130727353201170011

位于高墙乡马家庄二台子村内，坐标：东经 114° 37′ 24.90″，北纬 40° 17′ 57.40″，高程 965 米。

围堡式烽火台，总体布局为"回"字形，烽火台居中，四周设置围墙。

平面呈矩形，立面及剖面呈梯形，台体底部东西宽 8.47 米，南北长 9 米，高 9.59 米，素土分层夯筑，夯层厚 0.05 ～ 0.1 米，台体下段收分较大，上段收分小，受雨水冲刷，水土流失较严重，东立面取土形成内凹，东、南立面有人为挖掘的孔洞，内部贯通，南立面根部掏蚀严重，上段中部辟门，宽 0.85 米，高 1.7 米，西立面下部坍塌脱落，高 2.3 米，北立面根部掏蚀严重，长有榆树 1 棵，胸径 0.08 米。

围墙东西长 31 米，南北宽 28 米，高 2.5 ～ 3.7 米，现为牛圈，东侧为民居，西、南、北三侧为农田，周边长有多棵杨树。

12. 下沙沟 1 号烽火台 130727353201170012

位于高墙乡下沙沟村东北约 337 米，坐标：东经 114° 42′ 31.90″，北纬 40° 16′ 37.50″，高程 911 米。

平面呈矩形，立面及剖面呈梯形，台体底部东西宽 9.7 米，南北长 12.8 米，高 9.12 米，素土分层夯筑，夯层厚 0.14 ～ 0.15 米，受雨水冲刷，水土流失较严重，台芯陡立，东立面上部辟门，宽 0.9 米，门下部人为取土形成攀爬口，南侧存竖向裂缝 1 条，南立面东侧根部有人为挖掘的孔洞，宽 0.8 米，高 1.1

米，深 0.6 米，西立面根部局部掏蚀，北立面坍塌土体堆积，顶部及四周杂草滋长。

13. 太师梁 1 号烽火台 130727353201170013

位于高墙乡太师梁村东北约 102 米，坐标：东经 114° 37′ 24.40″，北纬 40° 16′ 34.20″，高程 916 米。

平面呈矩形，立面及剖面呈梯形，台体底部东西宽 9.24 米，南北长 10.56 米，高 9.24 米，素土分层夯筑，夯层厚 0.05 ～ 0.1 米，受雨水冲刷，水土流失较严重，台芯陡立，东立面北侧存冲沟 1 条，宽 0.8 米，深 1.2 米，南侧存竖向裂缝 1 条，南立面上部辟门，宽 0.9 米，下部形成冲沟，东侧存竖向裂缝 1 条，西立面掏蚀严重，北立面上部存冲沟 1 条，东西两侧墙面各长有榆树 1 棵，胸径 0.06 ～ 0.1 米，东南角有一眼水井，上置水泥盖板，南侧根部为水池及管理用房，西侧根部坍塌土体堆积，北侧有一土路。

14. 化稍营 1 号烽火台 130727353201170014

位于化稍营镇化稍营村二队西北约 1.2 千米，坐标：东经 114° 35′ 53.90″，北纬 40° 15′ 35.50″，高程 900 米。

平面呈矩形，立面及剖面呈梯形，台体底部东西宽 8.24 米，南北长 9.27 米，高 7.35 米，素土分层夯筑，夯层厚 0.08 ～ 0.15 米，受雨水冲刷，水土流失较严重，台芯陡立，东立面根部存滑塌土体 1 块，宽 1.6 米，高 3.2 米，土体两侧形成冲沟，北侧存冲沟 1 条，上有孔洞 2 处，南立面掏蚀严重，存多条裂缝及多处虫洞，西立面根部坍塌土堆积，北立面存冲沟 1 条，墙面局部掏蚀，顶部及四周杂草滋长。

15. 二马坊 1 号烽火台 130727353201170015

位于三马坊乡二马坊村西南约 738 米，坐标：东经 114° 35′ 19.60″，北纬 40° 14′ 11.20″，高程 861 米。

围堡式烽火台，总体布局为"回"字形，烽火台居中，四周设置围墙。

平面呈矩形，立面及剖面呈梯形，台体底部东西长 16.5 米，南北宽 15.2 米，高 6.44 米，土夹碎石分层夯筑，夯层厚 0.08 ～ 0.12 米，受雨水冲刷，水土流失较严重，表面风化、掏蚀严重，东立面根部塌落土体堆积，南立面存冲沟 3 条，宽 0.5 ～ 0.8 米，根部掏蚀严重，西立面台芯陡立，北立面存冲沟 1 条，呈"V"形，上宽 2.8 米，形成登顶小路，西北角后期人为取土后，堆放建筑垃圾，四周杂草滋长。

围墙东西长 34.5 米，南北宽 34 米，高 0.5 米，坍塌成垄状。

16. 五马坊 1 号烽火台 130727353201170016

位于三马坊乡五马坊村内，坐标：东经 114° 30′ 59.90″，北纬 40° 11′ 52.10″，高程 882 米。

平面呈矩形，立面及剖面呈梯形，台体底部东西长 6.55 米，南北宽 6.76 米，高 8.35 米，土夹碎石分层夯筑，夯层厚 0.2 ～ 0.25 米，受雨水冲刷，水土流失较严重，表面风化、掏蚀严重，东立面冲沟 4 条，根部杂草丛生，南立面保存一般，西立面台芯陡立，上有孔洞 2 个，北立面中部存冲沟 1 条，宽约 0.6 米，西、北侧后期人为取土至台体根部，四周杂草滋长。

17. 千家营 1 号烽火台 130727353201170017

位于东城镇千家营村西北约 1.5 千米，坐标：东经 114° 25′ 15.70″，北纬 40° 12′ 26.10″，高程 1266 米。

平面呈矩形，立面及剖面呈梯形，台体底部东西长 5.24 米，南北宽 4.8 米，高 6.1 米，素土分层夯筑，夯层厚 0.08 ～ 0.12 米，受雨水冲刷，水土流失较严重，台芯陡立，东立面根部坍塌土体堆积，呈斜坡状，北侧存裂缝 2 条，其他三面墙芯陡立，顶部及四周杂草滋长。

18. 鳌鱼口 1 号烽火台 130727353201170018

位于东城镇鳌鱼口村北约 308 米，坐标：东经 114° 24′ 00.30″，北纬 40° 11′ 44.10″，高程 1229 米。

平面呈矩形，立面及剖面呈梯形，台体底部东西宽 4 米，南北长 6 米，高 7.5 米，素土分层夯筑，夯层厚 0.08 ～ 0.1 米，受雨水冲刷，水土流失较严重，台芯陡立，东立面根部孔洞 1 处，宽 0.82 米，高 0.84 米，深 0.43 米，上部存裂缝 1 条，西、南立面台芯陡立，北立面根部坍塌土体堆积，北侧为山崖，顶部及其他三侧杂草滋长。

19. 西水地 1 号烽火台 130727353201170019

位于东城镇西水地村东约 1.6 千米，坐标：东经 114° 29′ 21.40″，北纬 40° 09′ 53.30″，高程 909 米。

平面呈矩形，立面及剖面呈梯形，台体底部东西宽 3.86 米，南北长 5.53 米，高 5.8 米，素土分层夯筑，夯层厚 0.08 ～ 0.12 米，受雨水冲刷，水土流失较严重，现状台芯立面呈三角形，东、西立面根部坍塌土体堆积，南立面根部掏蚀严重，北立面根部内凹，宽 0.6 米，深 0.3 米，西侧为山崖，其他三侧杂草滋长。

20. 七马坊 1 号烽火台 130727353201170020

位于东城镇七马坊村东北约 809 米，坐标：东经 114° 26′ 50.60″，北纬 40° 10′ 00.20″，高程 912 米。

平面呈矩形，立面及剖面呈梯形，台体底部东西宽 8 米，南北长 9.5 米，高 9.89 米，素土分层夯筑，夯层厚 0.08 ～ 0.12 米，受雨水冲刷，水土流失较严重，台芯陡立，东立面上部存孔洞 1 处，存裂缝多条，南立面根部掏蚀严重，上部存孔洞 1 处，直径约 0.52 米，西立面上部掏蚀严重，部分夯土层呈临空状态，北立面西北角上部存裂缝 1 条，四周为农田，多种植玉米等农作物。

21. 石盆 1 号烽火台 130727353201170021

位于马圈堡乡石盆村西南约 635 米，坐标：东经 114° 30′ 30.10″，北纬 40° 07′ 14.50″，高程 991 米。

平面呈矩形，立面及剖面呈梯形，台体底部东西宽 6 米，南北长 8 米，高 5 米，素土分层夯筑，夯层厚 0.08 ～ 0.1 米，受雨水冲刷，水土流失较严重，东立面上部坍塌成 "V" 字形，南立面上部坍塌成倒梯形，上宽 6.2 米，下宽 2.1 米，西立面台芯陡立，墙面长有少量杂草，北立面墙面松散，局部空鼓脱落，根部坍塌土体堆积呈斜坡状，高 2.5 米，东、西两侧有输电线路通过，四周杂草滋长。

22. 榆林关 1 号烽火台 130727353201170022

位于马圈堡乡榆林关村东北约 1 千米，坐标：东经 114° 31′ 50.50″，北纬 40° 05′ 02.30″，高程 1177 米。

平面呈矩形，立面及剖面呈梯形，台体底部东西宽 8 米，南北长 9 米，高 8 米，素土分层夯筑，夯层厚 0.08 ～ 0.13 米，受雨水冲刷，水土流失较严重，东立面根部坍塌土体堆积，上有孔洞 1 处，宽 0.65 米，高 0.68 米，南立面中部墙体内凹，墙面长有少量杂草，西立面台芯陡立，北立面上部局部坍塌，墙面长有少量杂草，东、北侧及顶部杂草滋长，西、南侧为农田，多种植玉米、谷子等农作物。

23. 窨子沟 1 号烽火台 130727353201170023

位于井儿沟乡窨子沟村内，坐标：东经 114° 19′ 56.30″，北纬 40° 08′ 21.70″，高程 888 米。

围堡式烽火台，总体布局为 "回" 字形，烽火台居中，四周设置围墙。

台体平面呈矩形，立面及剖面呈梯形，底部东西宽 10.59 米，南北长 11.3 米，高 9 米，土夹碎石分层夯筑，夯层厚 0.05～0.1 米，受雨水冲刷，水土流失较严重，东立面北侧存孔洞，宽 0.75 米，高 1.59 米，南立面根部掏蚀严重，东侧存孔洞 2 处，墙面存多条冲沟及孔洞，西立面顶部存多处孔洞，北立面中上部辟门，门宽 1.5 米，上部土体临空，下部后期人为取土形成登顶坡道，东南侧为玉米地，西侧为民居宅院，北侧杂草滋长。

围墙东西长 40 米，南北宽 39 米，高 2.6～3.7 米，东墙外侧长有柳树 4 棵，树径约 0.25 米，南墙外侧为玉米地，西南、西北侧为民居宅院，西墙后期改造为院落围墙，北墙上长有多棵榆树。

24. 香草沟 1 号烽火台 130727353201170024

位于揣骨疃镇香草沟村东南约 626 米，坐标：东经 114° 20′ 22.70″，北纬 40° 01′ 19.80″，高程 1086 米。

平面呈矩形，立面及剖面呈梯形，台体底部东西宽 7.7 米，南北长 8.6 米，高 4.5 米，素土分层夯筑，夯层厚 0.07～0.09 米，受雨水冲刷，水土流失较严重，东立面存一由北向南登顶的坡道，南立面根部存孔洞 2 处，宽 1.3 米、1.8 米，高约 0.85 米，墙面存裂缝 2 条，西立面南侧存冲沟 1 条，宽约 1.4 米，北侧台芯内凹，北立面台芯陡立，根部坍塌土体堆积，呈斜坡状，西北角存一小房，四面杂草滋长。

25. 井儿洼 1 号烽火台 130727353201170025

位于浮图讲乡井儿洼村西北约 810 米，坐标：东经 114° 19′ 57.50″，北纬 40° 06′ 35.40″，高程 891 米。

平面呈矩形，立面及剖面呈梯形，台体底部东西宽 13.9 米，南北长 14.5 米，高 9.8 米，素土分层夯筑，夯层厚 0.25～0.65 米，受雨水冲刷，水土流失较严重，东立面中部存一冲沟，东南角根部掏蚀严重，南侧、中部东接夯土墙体 2 道，宽 0.45 米，南立面根部掏蚀严重，西南角人为取土导致台芯内凹，西立面台芯陡立，北立面上部坍塌形成冲沟 1 条，呈"V"形，宽 1.75 米，根部坍塌土体堆积，呈斜坡状，四周为农田，多种植谷子、玉米等农作物。

26. 九马坊 1 号烽火台 130727353201170026

位于东坊城堡乡九马坊村西北约 1.6 千米，坐标：东经 114° 17′ 16.10″，北纬 40° 08′ 06.40″，高程 919 米。

围堡式烽火台，总体布局为"回"字形，烽火台居中，四周设置围墙。

台体平面呈矩形，立面及剖面呈梯形，台体底部东西长 6.87 米，南北宽 6.35 米，高 6.99 米，素土分层夯筑，夯层厚 0.1～0.2 米，受雨水冲刷，水土流失较严重，东立面土体表面松散脱落，南立面根部存一孔洞，宽 0.75 米，高 1.3 米，深 1.4 米，上部掏蚀严重 3 处，西、北立面台芯陡立，顶部及四周杂草滋长。

围墙东西长 16.5 米，南北宽 16.2 米，高 2.5～5 米，墙厚 1～1.2 米，南墙中部辟门，宽 0.86 米，高 1.1 米，东北角内侧长有榆树 1 棵，胸径 0.24 米，南墙根部掏蚀严重，四周杂草滋长。

27. 小西沟 1 号烽火台 130727353201170027

位于东坊城堡乡小西沟村西北约 840 米，坐标：东经 114° 16′ 36.20″，北纬 40° 07′ 17.10″，高程 903 米。

平面呈矩形，立面及剖面呈梯形，台体底部东西宽 5.83 米，南北长 7.81 米，高 6.08 米，素土分层夯筑，夯层厚 0.05～0.08 米，受雨水冲刷，水土流失较严重，东立面台体表面多处脱落，南立面土体局部空鼓，西、北立面台芯陡立，四周杂草滋长。

28. 西六马坊 1 号烽火台 130727353201170028

位于东坊城堡乡西六马坊村西南约 315 米，坐标：东经 114° 15′ 41.30″，北纬 40° 07′ 39.30″，高程 920 米。

围堡式烽火台，总体布局为"回"字形，烽火台居中，四周设置围墙。平面呈矩形，立面及剖面呈梯形，台体底部东西宽 17 米，南北长 17.6 米，高 8.8 米，素土分层夯筑，夯层厚 0.08～0.1 米，受雨水冲刷，水土流失较严重，东立面墙面多处掏蚀，南立面掏蚀严重，上部存孔洞一处，孔洞下部形成冲沟，西立面根部坍塌土体堆积，存多条冲沟，北立面存冲沟 3 条，北侧冲沟人为踩踏形成登顶坡道，顶部杂草滋长。

围墙东西长 43 米，南北宽 41 米，高 1.2～4 米，南墙中部辟门，宽 1.5 米，高 2.5 米，门下部有后期人为黄泥铺砌的毛石，东墙南段人为取土导致墙体缺失，取土面陡立形成断崖，东侧长有杨树 6 棵，南墙外立面根部掏蚀严重，南侧为一水塘，西侧为河道，人为取土及河水冲刷，导致墙体地基开裂，缝宽 0.6 米，北侧为土坡。

29. 西六马坊 2 号烽火台 130727353201170029

位于东坊城堡乡西六马坊村，坐标：东经 114° 15′ 48.10″，北纬 40° 07′ 50.60″，高程 917 米。

平面呈矩形，立面及剖面呈梯形，台体底部东西宽 6.3 米，南北长 6.6 米，高 6.2 米，素土分层夯筑，夯层厚 0.08～0.18 米，受雨水冲刷，水土流失较严重，东立面北侧台芯内凹，上部存冲沟 2 条，南立面夯土民居侵占，上部存多条冲沟，局部掏蚀，西立面中部存一冲沟，宽 3.4 米，沟内有后期人为垒砌的城砖砌体，冲沟 1 条，北立面上部长有杏树 1 棵，东侧为谷子地、供电线路及杏树 1 棵，西北侧为农田。

30. 牛坊沟 1 号烽火台 130727353201170030

位于井儿沟乡牛坊沟村西北约 853 米，坐标：东经 114° 16′ 42.30″，北纬 40° 11′ 32.50″，高程 1283 米。

平面呈矩形，立面及剖面呈梯形，台体底部东西宽 4.22 米，南北长 6.4 米，高 6.04 米，素土分层夯筑，夯层厚 0.1～0.12 米，受雨水冲刷，水土流失较严重，台芯陡立，西立面存裂缝 1 条，缝宽 0.05～0.15 米，四周杂草滋长。

31. 东窑新 1 号烽火台 130727353201170031

位于三马坊乡东窑新村北约 375 米，坐标：东经 114° 14′ 17.80″，北纬 40° 10′ 10.10″，高程 1082 米。

围堡式烽火台，总体布局为"回"字形，烽火台居中，四周设置围墙。

平面呈矩形，立面及剖面呈梯形，台体底部东西长 6.4 米，南北宽 5.8 米，高 8.6 米，素土分层夯筑，夯层厚 0.08～0.15 米，受雨水冲刷，水土流失较严重，东立面南侧上部存一孔洞，南立面根部存一孔洞，宽 0.86 米，高 1.2 米，西、北立面上部呈倒角状态，顶部存有少量毛石，顶部及四周杂草滋长。

围墙东西长 18 米，南北宽 16 米，高 0.3 米，坍塌成垄状，四周现为农田。

32. 西窑 1 号烽火台 130727353201170032

位于揣骨疃镇西窑村南约 397 米，坐标：东经 114° 12′ 35.60″，北纬 40° 09′ 15.80″，高程 1025 米。

围堡式烽火台，总体布局为"回"字形，烽火台居中，四周设置围墙。台体平面呈矩形，立面及剖面呈梯形，底部东西宽 6.6 米，南北长 8 米，高 8.6 米，素土分层夯筑，夯层厚 0.08 ～ 0.11 米，受雨水冲刷，水土流失较严重，东立面根部有人为挖掘的孔洞，宽 1.2 米，高 0.6 米，南、西立面上部存多处孔洞，北立面台芯陡立，顶部及四周杂草滋长。

围墙东西宽 23 米，南北长 26 米，高 0.2 米，坍塌成垄状，四周现为农田。

33. 祁红庄 1 号烽火台 130727353201170033

位于西城镇祁红庄村北约 230 米，坐标：东经 114° 11′ 39.00″，北纬 40° 10′ 42.40″，高程 1191 米。

围堡式烽火台，总体布局为"回"字形，烽火台居中，四周设置围墙。

台体平面呈矩形，立面及剖面呈梯形，底部东西宽 6.29 米，南北长 6.5 米，高 7.3 米，素土分层夯筑，夯层厚 0.12 ～ 0.14 米，受雨水冲刷，水土流失较严重，台芯陡立，局部存有裂缝。

围墙东西宽 13 米，南北长 13.5 米，残存最处高 1.5 米，坍塌成垄状，四周杂草滋长。

34. 石宝庄 1 号烽火台 130727353201170034

位于西城镇石宝庄村，坐标：东经 114° 10′ 19.30″，北纬 40° 09′ 29.40″，高程 1055 米。

平面呈矩形，立面及剖面呈梯形，台体底部东西宽 7.6 米，南北长 8.8 米，高 8.45 米，素土分层夯筑，夯层厚 0.08 ～ 0.15 米，受雨水冲刷，水土流失较严重，东立面根部存孔洞，宽 0.86 米，高 0.78 米，南立面台芯表面脱落，西立面存冲沟 1 条，北立面台芯陡立，东北角有杏树 1 棵，胸径约 0.18 米，南侧为后期建造土房墙体，四周杂草滋长。

35. 红寺 1 号烽火台 130727353201170035

位于西城镇红寺村东南约 532 米，坐标：东经 114° 10′ 05.00″，北纬 40° 08′ 40.80″，高程 1010 米。

平面呈矩形，立面及剖面呈梯形，台体底部东西宽 5.1 米，南北长 5.4 米，高 3.97 米，素土分层夯筑，夯层厚 0.08 ～ 0.15 米，受雨水冲刷，水土流失较严重，东立面坍塌土体堆积呈斜坡状，高 3.2 米，根部人为取土形成断崖，中上部坍塌成"U"形，宽 3.7 米，高 2.2 米，南立面上部存孔洞一处，宽 0.7 米，高 1.6 米，根部为黄泥毛石砌体两道，高约 1.2 米，西立面南侧根部土体剥离，墙面长有少量杂草，根部为废弃的民居土墙，北立面墙面杂草丛生。

36. 红寺 2 号烽火台 130727353201170036

位于西城镇红寺村西北约 519 米，坐标：东经 114° 09′ 30.30″，北纬 40° 09′ 01.70″，高程 1028 米。

围堡式烽火台，总体布局为"回"字形，烽火台居中，四周设置围墙。

台体平面呈矩形，立面及剖面呈梯形，底部东西宽 9.02 米，南北长 9.19 米，高 7.21 米，素土分层夯筑，夯层厚 0.08 ～ 0.13 米，受雨水冲刷，水土流失较严重，东立面墙体根部坍塌土体堆积，南立面存多处掏蚀，西侧存孔洞 2 处，西立面中部掏蚀，墙面长有少量杂草，北立面墙体根部内凹，顶部及四周杂草滋长。

围墙东西宽 21 米，南北长 24 米，高 0.5 ～ 2.2 米，南墙中部辟门，现为豁口，宽 2.9 米，土石分层夯筑，夯层厚约 0.2 米，四周杂草滋长。

37. 瓦窑 1 号烽火台 130727353201170037

位于西城镇瓦窑村，坐标：东经 114° 11′ 40.00″，北纬 40° 07′ 07.40″，高程 934 米。

围堡式烽火台，总体布局为"回"字形，烽火台居中，四周设置围墙。平面呈矩形，立面及剖面呈梯形，台体底部东西宽 6.87 米，南北长 7.62 米，高 7.78 米，素土分层夯筑，夯层厚 0.1 ～ 0.12 米，受雨水冲刷，水土流失较严重，台芯陡立，局部存有孔洞，顶部及四周杂草滋长。

围墙东西长 23 米，南北宽 16 米，高 1.2 ～ 2.6 米，东、南侧人为取土导致墙体缺失，现为民居宅院，残存西墙北段及北墙，高 0.6 ～ 2.4 米，围墙内长有榆树 12 棵，西北两侧为玉米地。

38. 西沟堰 1 号烽火台 130727353201170038

位于要家庄乡西沟堰村，坐标：东经 114° 06′ 37.70″，北纬 40° 06′ 17.60″，高程 963 米。

围堡式烽火台，总体布局为"回"字形，烽火台居中，四周设置围墙。

台体平面呈矩形，立面及剖面呈梯形，底部东西宽 8 米，南北长 8.22 米，高 8.66 米，素土分层夯筑，夯层厚 0.1 ～ 0.15 米，受雨水冲刷，水土流失较严重，台芯陡立，局部掏蚀，顶部及四周杂草滋长。

围墙东西长 25 米，南北宽 23 米，高 2.2 ～ 4.5 米，东墙外侧为民居宅院，南墙外侧杂草滋长，内侧长有杨树 3 棵，西墙外侧为土路，北墙外侧长有杨树 1 棵。

39. 南洼 1 号烽火台 130727353201170039

位于要家庄乡南洼村，坐标：东经 114° 09′ 11.40″，北纬 40° 04′ 42.20″，高程 910 米。

平面呈矩形，立面及剖面呈梯形，台体底部东西宽 6.8 米，南北长 6.82 米，高 8.33 米，素土分层夯筑，夯层厚 0.1 ～ 0.2 米，受雨水冲刷，水土流失较严重，东立面根部坍塌土体堆积，南立面上部存孔洞 2 处，西立面台芯陡立，存裂缝 1 条，长有杂草，北立面墙根局部掏蚀，顶部杂草滋长，四周为农田，多种植向日葵、玉米等农作物。

40. 下兹铺 1 号烽火台 130727353201170040

位于要家庄乡下兹铺村北约 635 米，坐标：东经 114° 09′ 00.00″，北纬 40° 03′ 23.70″，高程 900 米。

平面呈矩形，立面及剖面呈梯形，台体底部东西长 10.2 米，南北宽 9.1 米，高 8 米，素土分层夯筑，夯层厚 0.2 ～ 0.23 米，受雨水冲刷，水土流失较严重，东立面根部局部掏蚀，存竖向裂缝 1 条，缝宽 0.05 米，南立面中部存冲沟 1 条，深 0.2 米，西立面存多处掏蚀，北立面根部土体松散脱落，西侧有输电线路，南北向通过，顶部及四周杂草滋长。

41. 起风坡 1 号烽火台 130727353201170041

位于揣骨疃镇起风坡村南山坡上，坐标：东经 114° 09′ 30.90″，北纬 39° 57′ 13.60″，高程 1105 米。

围堡式烽火台，总体布局为"回"字形，烽火台居中，四周设置围墙。

台体平面呈矩形，立面及剖面呈梯形，底部东西宽 7.47 米，南北长 8.59 米，高 9.21 米，素土分层夯筑，夯层厚 0.2 ～ 0.23 米，受雨水冲刷，水土流失较严重，台芯陡立，北立面根部存孔洞 1 处，宽 0.52 米，高 1.72 米，深 0.5 米。

围墙东西长 34 米，南北宽 28 米，坍塌成垄状，四周杂草滋长。

42. 西白家泉 1 号烽火台 130727353201170042

位于揣骨疃镇白家泉村东南约 472 米，坐标：东经 114° 06′ 07.90″，北纬 39° 57′ 44.90″，高程 897 米。

围堡式烽火台，总体布局为"回"字形，烽火台居中，四周设置围墙。

台体平面呈矩形，立面及剖面呈梯形，底部东西长 10.9 米，南北宽 10.5 米，高 10.8 米，素土分层夯筑，夯层厚 0.23～0.28 米，受雨水冲刷，水土流失较严重，东立面台芯陡立，南立面中部存冲沟 1 条，深 0.21 米，上部多处掏蚀形成坑洞，西立面坍塌土体堆积，北立面下段陡立，顶部杂草滋长。

围墙东西长 48 米，南北宽 46 米，坍塌成垄状，杂草滋长，四周为农田。

43. 毛道沟 1 号烽火台 130727353201170043

位于要家庄乡毛道沟村西北约 580 米，坐标：东经 114° 05′ 17.10″，北纬 40° 02′ 51.30″，高程 898 米。

围堡式烽火台，总体布局为"回"字形，烽火台居中，四周设置围墙。

台体平面呈矩形，立面及剖面呈梯形，底部东西长 9.8 米，南北宽 9.1 米，高 8.25 米，素土分层夯筑，夯层厚 0.18～0.23 米，受雨水冲刷，水土流失较严重，东立面上部局部掏蚀，南立面根部掏蚀严重，深 0.18 米，中部存冲沟 1 条，西立面中部存竖向裂缝 1 条，北立面台芯表面松散脱落。

围墙东西宽 27 米，南北长 28 米，坍塌成垄状，四周杂草滋长。

44. 柳树皂 1 号烽火台 130727353201170044

位于要家庄乡柳树皂村西约 1.4 千米，坐标：东经 114° 05′ 00.10″，北纬 40° 04′ 45.20″，高程 938 米。

平面呈矩形，立面及剖面呈梯形，台体底部东西长 10.9 米，南北宽 10.5 米，高 7.45 米，素土分层夯筑，夯层厚 0.28 米，受雨水冲刷，水土流失较严重，东立面坍塌成三角形，南、北立面根部坍塌土体堆积，呈斜坡状，西立面存掏蚀 3 处，上部存孔洞 1 处，北侧有土路，顶部及四周杂草滋长。

45. 柳树皂 2 号烽火台 130727353201170045

位于要家庄乡柳树皂村西约 1.4 千米，坐标：东经 114° 05′ 01.00″，北纬 40° 04′ 49.80″，高程 941 米。

围堡式烽火台，总体布局为"回"字形，烽火台居中，四周设置围墙。

台体平面呈矩形，立面及剖面呈梯形，底部东西长 10.3 米，南北宽 9.2 米，高 8.3 米，素土分层夯筑，夯层厚 0.13 米，受雨水冲刷，水土流失较严重，东立面南侧存裂缝 1 条，宽 0.05 米，南立面上部存孔洞 3 处，竖向裂缝 1 条，缝宽 0.04 米，西立面上部及东侧局部掏蚀，北立面墙芯内凹，顶部及四周杂草滋长。

围墙东西长 27 米，南北宽 26 米，坍塌成垄状，杂草滋长。

46. 上大柳树 1 号烽火台 130727353201170046

位于要家庄乡大柳树村东北约 145 米，坐标：东经 113° 59′ 32.10″，北纬 40° 02′ 43.40″，高程 918 米。

平面呈矩形，立面及剖面呈梯形，台体底部东西长 10.9 米，南北宽 11.12 米，高 6.65 米，素土分层夯筑，夯层厚 0.08～0.15 米，受雨水冲刷，水土流失较严重，台芯陡立，南立面中部存冲沟，宽 0.8 米，底部 2 米处及西南角有人工挖筑的防空洞，顶部及四周杂草滋长。

阳原县关堡一览表（单位：座）

编号	认定名称	认定编码	类型	周长（米）	保存程度				
					较好	一般	较差	差	消失
1	柳树皂城堡	130727353102170001	土墙	787			√		
2	西白家泉城堡	130727353102170002	土墙					√	
3	李家窑城堡	130727353102170003	土墙	165			√		
4	刘元庄城堡	130727353102170004	土墙	271				√	
5	饷水沟城堡	130727353102170005	土墙					√	
6	豹峪城堡	130727353102170006	土墙					√	
7	西六马坊城堡	130727353102170007	土墙	253				√	
8	九马坊城堡	130727353102170008	土墙	704			√		
9	上八角城堡	130727353102170009	土墙	704			√		
10	八马坊城堡	130727353102170010	土墙	1100			√		
11	牛坊沟城堡	130727353102170011	土墙	309			√		
12	西水地城堡	130727353102170012	土墙	222				√	
13	泥泉城堡	130727353102170013	土墙	868				√	
14	开阳城堡	130727353102170014	土墙	1000			√		
15	葡萄沟城堡	130727353102170015	土墙					√	
16	南口城堡	130727353102170016	土墙	366				√	
合计		共 16 座：土墙 16 座					7	9	
百分比（%）		100					43	57	

保存程度：较好、一般、较差、差、消失

1. 柳树皂城堡 130727353102170001

位于要家庄乡柳树皂村，坐标：东经 114° 05′ 59.10″，北纬 40° 04′ 55.30″，高程 927 米。

城堡周长 787 米，占地面积 38062 平方米，平面呈矩形，现存墙体最高 6.65 米，最低 2 米，墙体设施城门 1 座、角台 4 座、马面 10 座。

墙体损毁严重，墙体内侧大部分被民房占据，外侧被村民堆放杂草，素土分层夯筑，夯层厚 0.08～0.13 米，受雨水冲刷，水土流失较严重，墙体掏蚀严重，存冲沟、孔洞、裂缝等病害。

东墙：墙体长 218 米，存马面 1 座，小豁口 2 处，大豁口 1 处。

南墙：长 183 米，设马面 3 座，存豁口 1 处。

西墙：长 222 米，设马面 3 座，墙体掏蚀严重，墙体夯土向两侧脱落。

北墙：长 164 米，设马面 3 座，墙体内侧被民房占压。

2. 西白家泉城堡 130727353102170002

位于揣骨疃镇西白家泉村，坐标：东经 114° 05′ 59.40″，北纬 39° 57′ 58.70″，高程 879 米。

城堡墙体损毁严重，现被民房占据，仅残留北门及北门两侧部分墙体，残存马面 1 座，城内玉皇阁残存夯土台芯，北门外 27 米存有一古井。

北城门平面呈矩形，中间设券门，门宽 2.7 米，高 2.58 米，条石基础露明 1 层，券脸存三伏三券，上部台芯土缺失，内外侧为民居。

马面两侧相接墙体缺失，土夹碎石分层夯筑，夯层厚 0.2 ～ 0.28 米，东面根部掏蚀严重，存裂缝 2 条，有后期垒砌民居土坯墙，南面上部存冲沟 1 条，根部坍塌土体堆积，四周长有杂草。

玉皇阁外包缺失，东面存裂缝 2 条，南面中部辟门，高 1.7 米，宽 0.85 米，上有后期水泥砂浆罩面，南侧设平台，土夹小块毛石分层夯筑，夯层厚 0.3 ～ 0.4 米，长 11.5 米，高 3.5 米，南面中部内凹；西面根部掏蚀严重，上部辟门高 1.4 米，宽 0.54 米；北面根部存毛石墙体长 5.5 米，高 1.2 米，上部存冲沟 2 条。

3. 李家窑城堡 130727353102170003

位于东堡乡李家窑村北，坐标：东经 114° 12′ 24.30″，北纬 40° 10′ 29.60″，高程 1132 米。

城堡周长 165 米，占地面积 1603 平方米，平面呈矩形，现存墙体最高 6.72 米，最低 1.5 米，墙体设角台 4 座。

墙体损毁严重，坍塌成垄状，素土分层夯筑，夯层厚 0.05 ～ 0.13 米，受雨水冲刷，水土流失较严重，墙体掏蚀严重，存冲沟、孔洞、裂缝等病害，四周多为低矮植被。

角台平面呈矩形，剖面呈梯形，东南角台西面上部存一孔洞，西南角台南面存冲沟 1 条。

4. 刘元庄城堡 130727353102170004

位于西城镇刘元庄村东南 821 米，坐标：东经 114° 10′ 50.90″，北纬 40° 10′ 20.00″，高程 1129 米。

城堡周长 271 米，占地面积 4544 平方米，平面呈矩形，现存墙体最高 7.85 米，最低 1.5 米，墙体设角台 4 座、马面 3 座、城门遗址 1 座、建筑基址 1 处。

城墙素土分层夯筑，夯层厚 0.08 ～ 0.23 米，东墙长 70 米，坍塌成垄状，存高 0.5 ～ 3.2 米；南墙长 70 米，坍塌成垄状；西墙长 69 米，坍塌成垄状，高 2.3 米；北墙长 66 米，坍塌成垄状，高 0.8 米。

角台平面呈矩形，剖面呈梯形，受雨水冲刷，水土流失较严重，台体掏蚀严重，存冲沟、孔洞、裂缝等病害，四周多为低矮植被。

马面位于东、西、南墙中部，台芯素土分层夯筑，夯层厚 0.12 ～ 0.22 米，凸出墙体 4.5 ～ 5.8 米，宽 4.9 米，坍塌严重，呈堆状，杂草滋长。

城门遗址位于南墙中部，平面形制无法辨别，现为豁口，长 5.6 米。

建筑基址位于城中心，东西长 12.5 米，南北宽 8.4 米，上部长有榆树 2 棵，胸径约 0.18 米。

5. 饷水沟城堡 130727353102170005

位于阳原县饷水沟村北 447 米，坐标：东经 114° 14′ 41.00″，北纬 40° 11′ 19.80″，高程 1239 米。

城堡仅存东墙长 131 米，占地面积及平面形制无法辨别，现存墙体最高 6.6 米，最低 2.9 米，墙体设角台 2 座，马面 1 座。

东北角台平面呈矩形，剖面呈梯形，东西长 3.5 米，南北宽 3 米，高 2.9 米，台芯素土夹砾石分层夯筑，夯层厚 0.12 ～ 0.27 米，受雨水冲刷，水土流失较严重，坍塌成堆状，北侧为坡，四周多为低矮植被。

马面位于东墙中部，平面呈矩形，剖面呈梯形，台芯素土夹砾石分层夯筑，夯层厚 0.13 ～ 0.21

米，东西宽 3 米，南北长 4 米，高 6.6 米，受雨水冲刷，水土流失较严重，墙面掏蚀严重，四周多为低矮植被。

东南角台平面呈矩形，剖面呈梯形，台芯素土夹砾石分层夯筑，夯层厚 0.16 ～ 0.25 米，东西长 4.8 米，南北宽 4.2 米，高 2.6 米，受雨水冲刷，水土流失较严重，坍塌成堆状，墙面掏蚀严重，四周多为低矮植被。

6. 豹峪城堡 130727353102170006

位于东坊城堡乡豹峪村西北，坐标：东经 114° 13′ 16.90″，北纬 40° 10′ 26.20″，高程 1108 米。

城堡仅存北墙长 65 米，占地面积及平面形制无法辨别，现存墙体最高 6.4 米，最低 1 米，墙体设角台 2 座。

北墙素土分层夯筑，夯层厚 0.15 ～ 0.24 米，坍塌严重，呈垄状，内侧为废弃的民居，外侧为农田及杨树 4 棵、榆树 2 棵。

东北角台素土分层夯筑，夯层厚 0.11 ～ 0.25 米，受雨水冲刷，水土流失较严重，坍塌成堆状，东面存冲沟 1 条，南面存一滑塌土体，四周为荒废的民居。

西北角台素土分层夯筑，夯层厚 0.1 ～ 0.18 米，受雨水冲刷，水土流失较严重，坍塌成堆状，墙面陡立，根部掏蚀严重，东侧为荒废的民居，四周多为低矮植被。

7. 西六马坊城堡 130727353102170007

位于东坊城堡乡西六马坊村东南 1.5 千米，坐标：东经 114° 16′ 38.10″，北纬 40° 07′ 16.40″，高程 899 米。

城堡周长 253 米，占地面积 3893 平方米，平面呈矩形，现存墙体最高 4 米，最低 1.2 米，墙体设角台 4 座，西距墙体 20 米处为小西沟 1 号烽火台。

墙体坍塌成垄状，高约 0.8 米，顶部及四周多为低矮植被。

角台平面呈矩形，剖面呈梯形，受雨水冲刷，水土流失较严重，台体掏蚀严重，存冲沟、孔洞、裂缝等病害，四周多为低矮植被。

8. 九马坊城堡 130727353102170008

位于东坊城堡乡九马坊村中，坐标：东经 114° 17′ 51.10″，北纬 40° 07′ 22.90″，高程 877 米。

城堡周长 704 米，占地面积 30606 平方米，平面呈矩形，现存墙体最高 9.36 米，最低 4.38 米，墙体设角台 4 座，马面 7 座。

墙体损毁严重，部分墙体仅残留部分墙基，素土分层夯筑，夯层较薄，厚 0.1 ～ 0.18 米。

东墙现状：存马面 2 座，墙体损毁严重，存多处豁口。

北墙现状：存马面 1 座，墙体间有豁口 2 处，内侧被民房占据，墙面酥碱严重，墙体坍塌严重，顶部长满杂草。

西墙现状：存马面 3 座，墙体酥碱严重，墙体夯土向两侧脱落。

南墙现状：存马面 2 座，其间有豁口多处，墙体酥碱严重，墙体夯土向两侧脱落。

角台平面呈矩形，剖面呈梯形，受雨水冲刷，水土流失较严重，有人为取土痕迹，存裂缝、冲沟、掘蚀、挖掘孔洞等病害，外侧为土路，内侧为民居。

9. 上八角城堡 130727353102170009

位于井儿沟乡上八角堡村中，坐标：东经 114° 19′ 03.80″，北纬 40° 07′ 54.10″，高程 889 米。

城堡周长 720 米，占地面积 33947 平方米，平面呈矩形，现存墙体最高 9.45 米，最低 3.38 米，墙体设角台 4 座，马面 6 座，城门 1 座。

墙体损毁严重，部分墙体仅残留部分墙基，素土分层夯筑，夯层较薄，厚 0.11 ～ 0.16 米。

东墙现状：马面 3 座，墙体损毁严重，内外侧均被民居占据。

北墙现状：共有马面 3 座，墙体间有豁口一处，内侧被民房占据，墙面酥碱严重，墙体坍塌严重，顶部长满杂草。

西墙现状：墙体已基本无存，墙体被民居占用。

南墙现状：墙体已基本无存，残存城门一座。

南城门下为条石基础，上为城砖包砌；平面呈矩形，中间位置设券门。券门高 3.55 米，宽 2.64 米；南面券门上部有门簪三个，门匾一块上书"礼门"；北面券门形式与南面形式相同。城门两侧相接墙体无存，南门外侧有石狮一对。

10. 八马坊城堡 130727353102170010

位于井儿沟乡八马坊村中，坐标：东经 114° 19′ 03.80″，北纬 40° 07′ 54.10″，高程 889 米。

城堡周长 1100 米，占地面积 71565 平方米，平面呈不规则形，现存墙体最高 9.6 米，最低 2.5 米，墙体设角台 5 座，其中东南角设角台 2 座，其余各角设角台 1 座，马面 8 座，城门 2 座。西门外有石桥 1 座。

墙体损毁严重，部分墙体仅残留部分墙基，素土分层夯筑，夯层较薄，厚 0.08 ～ 0.1 米，受雨水冲刷，水土流失较严重，墙体存有陡立、根部掏蚀、冲沟等病害，局部段落存有豁口。

城堡东西各设城门一座，现均已无存。

角台、马面素土分层夯筑，厚 0.1 ～ 0.15 米，受雨水冲刷，水土流失较严重，台体有陡立、倒角、墙面树木滋长、冲沟、掏蚀等病害，内侧为民居。

11. 牛坊沟城堡 130727353102170011

位于井儿沟乡牛坊沟村东南 184 米，坐标：东经 114° 17′ 11.10″，北纬 40° 11′ 05.80″，高程 1184 米。

城堡周长 309 米，占地面积 5876 平方米，平面呈矩形，现存墙体最高 7.6 米，最低 1.5 米，墙体设角台 4 座，马面 3 座，城门 1 座。

墙体损毁严重，南墙仅残留部分墙基，素土分层夯筑，夯层较薄，厚 0.08 ～ 0.12 米，受雨水冲刷，水土流失较严重，墙体存有陡立、根部掏蚀、冲沟等病害。

东南角台顶部存孔洞，外侧为农田，西侧被民居占压，顶部长有槐树 1 棵；西南角台西侧存裂缝 1 条，墙面存多处小孔洞；西北角台上部坍塌形成豁口；东北角台北侧存一滑塌土体，东侧为坍塌堆积土体。

东、西、北墙中部均设马面 1 座，东马面南侧存冲沟 1 条，西马面西面根部存一孔洞，南侧存竖向通裂缝 1 条，北马面墙面陡立，外侧为农田。

南墙中部辟门，现为豁口，长 8.9 米。

12. 西水地城堡 130727353102170012

位于东城镇西水地村东南 532 米，坐标：东经 114° 28′ 30.30″，北纬 40° 09′ 33.90″，高程 893 米。

城堡周长 222 米，占地面积 2906 平方米，平面呈矩形，现存墙体最高 4.6 米，最低 0.5 米，墙体设角台 2 座，马面 1 座。

墙体损毁严重，素土分层夯筑，夯层较薄，厚 0.08 ～ 0.13 米，受雨水冲刷，水土流失较严重，东墙仅基址，北墙根部掏蚀严重，四周多为低矮植被。

东北角台素土夯筑，仅存少量台芯，残高 1.8 米，根部掏蚀严重。西北角台素土夯筑，南侧夯土体为泛白色山皮土。

马面位于北墙中部，泛白色山皮土夯筑，受雨水冲刷，水土流失较严重，北侧为沟。

13. 泥泉城堡 130727353102170013

位于浮图讲乡泥泉村北 761 米，坐标：东经 114° 22′ 38.10″，北纬 40° 06′ 39.10″，高程 855 米。

城堡周长 868 米，占地面积 46234 平方米，平面呈矩形，现存墙体最高 8.6 米，最低 0.5 米，墙体设角台 4 座。

墙体损毁严重，素土分层夯筑，夯层较薄，厚 0.08 ～ 0.13 米，受雨水冲刷，水土流失较严重，墙体存有陡立、根部掏蚀、冲沟、裂缝、孔洞等病害，内侧为民居，外侧为土路。

角台素土分层夯筑，厚 0.08 ～ 0.15 米，受雨水冲刷，水土流失较严重，台体有陡立、倒角、墙面树木滋长、冲沟、掏蚀等病害，内侧为民居。

14. 开阳城堡 130727353102170014

位于浮图讲乡开阳村中，坐标：东经 114° 19′ 25.70″，北纬 40° 04′ 27.00″，高程 892 米。

城堡周长 1032.7 米，占地面积 46234 平方米，平面呈矩形，现存墙体最高 8.6 米，最低 0.5 米，墙体设角台 4 座，马面 12 座，城门 1 座，城门楼 1 座，罗城 1 座。

据《史记赵世家》记载，赵主父—武灵王封长子章为代郡安阳君，开阳堡为战国时期赵国代郡之安阳邑，西汉、东汉时称为东安阳县，治所即为开阳堡。这是有明确记载的阳原县境内，最古老的县城和村庄。因此，开阳堡有"开阳原县村庄之先河"之说。

据《察哈尔通志》载，开阳堡始建于唐代，后毁于战乱。现存堡城为明、清重建。汉唐以后由于开阳堡处于中原与北方游牧民族冲突和战争的前沿，森林大量被砍伐，水源逐渐枯竭，生态遭到了严重破坏，开阳堡开始慢慢由盛转衰，虽历经千年历史，但开阳堡四周堡墙及古城格局的整体风貌一直延续下来。

《阳原县志》卷二寺庙"本县寺庙庵观，所在多有，要以城内为最多，东城次之，揣骨疃又次之，除文庙为东西城特有，城隍庙为东西城及开阳堡所特有者外，其余神庙，如关帝、龙王、马王、药王、泰山、文昌及玉皇等庙。则大村皆有，不暇赘述"。"城隍庙"在城西南，明成化中建，正德嘉靖年相继修，乾隆二十八年增修，道光十九年又修；一在东城，亦明成化中建；一在开阳堡，后改建。

1949 年后开阳堡隶属于阳原县的一个行政村。堡内原寺庙建筑众多，据统计共有庙宇 17 处，堡外有石塔两座，20 世纪六七十年代，中石塔及部分庙宇被毁，现仅存 6 处庙宇、2 处戏台及堡墙。堡墙之上建筑 2 座，为真武殿、观音殿，堡内建筑 2 座，为阎王殿、堡内戏台，南堡门上 1 座，为玉皇阁，堡外建筑 3 座，为堡外戏台、弥勒佛殿、关帝庙。四周堡墙均有不同程度风化、毁坏，但总体保存较完整，20 世纪七八十年代，当地村民为方便进出，在北堡墙开一 4.9 米宽豁口，用于日常生活出入通道。

20 世纪 90 年代以后，堡内居民陆续搬迁至开阳堡北面的新民居建筑，现堡内大部分居民建筑已经无人居住。

除文献记载外，开阳堡现存一块门额及三通碑额。

南城门"开阳堡"门额，落款为："嘉靖岁次癸未初夏重建"。癸未是嘉靖二年（1523）。可知南城门于嘉靖二年重建。

真武庙，大明嘉靖三年（1524）"大明国万全都司开阳庄创立玄帝宫碑"，篆额"玄帝碑记"。

玉皇阁碑为"大清国北直隶宣化府西宁县开阳堡建立玉皇阁碑"，碑由当时西宁县儒学庠生王育篆文书丹，记述了在清朝同治十年（1871）重建此阁的缘起经过。

弥勒佛殿内石碑，嘉靖三年（1524）所立。大部分碑文已模糊不清，经仔细研究辨认。

综合文献记载、现存碑刻和现存建筑实物特征，可知：开阳堡始建较早，是阳原最早的村庄，现堡门为明嘉靖二年（1523）修建，真武殿、弥勒佛殿为明嘉靖三年（1524）修建，玉皇阁重修于清同治十年（1871），其他建筑具体年代不详，均为明、清建筑。

开阳堡整体地势北高南低，开阳堡内大街以井字形分布，把整个堡分割成九块，俗称九宫，由于多年的变迁、房屋的填充和改建，形制有些变形，部分街区还可看到"乾三连"和"坤六断"的格局痕迹。堡内街道均用石头夹杂石子铺路，道路有多处损坏严重，部分路面已经裸露土层。堡内民居约 95% 为土坯房，民居建筑的规模较小，布局简单，大部分只有一进院落，一般由正房、东西厢房和倒座房围合而成，开间数可根据住户人口数量灵活掌握而不遵规制，但一般都是单数，或三间，或五间。民居墙体为土坯，屋顶灰瓦，木制格窗，极少数有砖、木、石雕。

南面是东西走向已经干涸的河道，地势低洼，北面是开阳堡内居民迁出后新建的民居，东、西面为村民行走的便道及农田，地势低。开阳堡东墙长 218.24 米，南墙长 286.9 米，西墙长 216.93 米，北墙长 310.63 米。墙体采用河滩土与黄土状粉土混合夯筑而成。墙体顶宽 1.5～3 米，底宽 4～5 米，墙高6～7 米，夯土绝大部分为就地取材，使用了开阳堡南面沙河的河滩土，夯土中还夹杂许多贝壳，夯层厚 0.15～0.2 米，竖向由低到高每米向顶部收分 0.15～0.2 米，从堡墙断面结构推断，顶部做法为灰土防渗层，由于损毁严重防渗层厚度已无法测量。

东堡墙设马面 2 座，外凸罗城 1 座，平面呈矩形，周长 114 米，占地面积 799 平方米，不设门。东墙外侧为 3～4 米宽的护坡，护坡高为 10～11 米，护坡外围挖土后形成深坑及堡外便道。

北堡墙设马面 4 座。北墙外侧为农田和道路，农田外为开阳堡新建的民居。

西堡墙设马面 3 座。西墙外侧为 3～4 米宽的护坡，护坡高为 9～10 米，护坡外为村中便道及农田。

南堡墙设马面 2 座，中部设堡门一座，城门平面呈矩形，剖面呈梯形，城台长 14.63 米，条石砌筑，顶部有木质城楼，中间位置设券门，城门洞高 4.41 米，宽 3.24 米。南墙外侧为 3 ～ 4 米宽的护坡，护坡高为 8 ～ 13 米，护坡外为河滩。

15. 葡萄沟城堡 130727353102170015

位于大田洼乡葡萄湾村北，坐标：东经 114° 45′ 49.10″，北纬 40° 14′ 12.00″，高程 821 米。

城堡仅存东墙长 157 米，占地面积及平面格局无法辨别，现存墙体最高 4.5 米，最低 0.5 米，墙体设马面 4 座。

墙体损毁严重，素土夹碎石夯筑，受雨水冲刷，水土流失较严重，坍塌成垄状，墙上后期建有供水水窖及电线杆各 1 处，四周多为低矮植被。

马面素土夹碎石夯筑，受雨水冲刷，水土流失较严重，坍塌成堆状，存有冲沟、表面松散、根部掏蚀等病害，顶部及四周多为低矮植被。

16. 南口城堡 130727353102170016

位于高墙乡南口村南 266 米，坐标：东经 114° 37′ 09.90″，北纬 40° 20′ 29.20″，高程 1206 米。

城堡分为上下两堡，两城堡相距 100 米，同处一座山坡上，一上一下应为一套完整的防御体系。

下堡平面呈矩形，周长 207 米，占地面积 2635 平方米，素土分层夯筑，夯层较薄，夯层为 0.08 ～ 0.13 米，受雨水冲刷，水土流失较严重，坍塌成垄状，仅存少部分墙体。墙体北面设马面 2 座，保存状况较差。

南侧山坡上，上堡平面呈不规则形，周长 161 米，占地面积 1265 平方米，素土分层夯筑，夯层较薄，夯层为 0.07 ～ 0.16 米，受雨水冲刷，水土流失较严重，坍塌成垄状，仅存少部分墙体，墙上长有榆树 1 棵，胸径 0.1 米。北墙中部设马面 1 座，保存状况较差，南面存毛石砌筑建筑基址，长 1.5 米，宽 1.1 米，高 0.8 米，顶部及四周杂草滋长。

蔚县

蔚县位于张家口市域南部，古称蔚州，为"燕云十六州"之一，地理坐标：东经 114° 13′ ～ 115° 04′，北纬 39° 34′ ～ 40° 10′，县域东西宽 72.33 千米，南北长 73.27 千米，总面积 3220 平方千米。东与涿鹿县接壤，南与保定市涞源县、涞水县为邻，西与山西省大同市广灵县、灵丘县交界，北与宣化县、阳原县相接。距北京市 182 千米，距石家庄市 200 千米，距张家口市 112.7 千米。

蔚县明长城分布在下宫乡、宋家庄镇、代王城镇、涌泉庄乡、南留庄乡、百草村乡、杨庄窠乡、西合营镇、祁家皂乡、白乐镇、吉家庄乡、北水泉镇、陈家洼乡共 13 个乡镇，东邻涿鹿县辛庄子 01 号烽火台，南邻保定市涞源县乌龙沟长城、涞水县金水口城堡，西邻山西省大同市广灵县殷家庄堡、灵丘县伊家店烽火台，北邻宣化县深井 02 号烽火台、阳原县榆林关 1 号烽火台。

长城起点：蔚县下宫乡黑石岭村东南 639 米，坐标：东经 114° 40′ 37.40″，北纬 39° 35′ 55.70″，高程 1836 米。

长城止点：蔚县北水泉镇上马圈村内，坐标：东经 114° 40′ 41.50″，北纬 40° 10′ 16.40″，高程 896 米。

蔚县调查长城单体建筑 30 座，其中：烽火台 30 座；关堡 2 座。

（一）单体建筑

蔚县单体建筑一览表（单位：座）

编号	认定名称	认定编码	材质	保存程度				
				较好	一般	较差	差	消失
1	黑石岭烽火台	1307263532011700001	土				√	
2	镇北口烽火台	1307263532011700002	土				√	
3	宋家庄烽火台（宋家庄）	1307263532011700003	土				√	
4	下宫烽火台	1307263532011700004	土				√	
5	张南堡烽火台	1307263532011700005	土				√	
6	陈家涧烽火台	1307263532011700006	土				√	
7	单候烽火台	1307263532011700007	土				√	
8	大酒务烽火台	1307263532011700008	土				√	
9	韩家湾烽火台	1307263532011700009	土				√	
10	小嘴烽火台	1307263532011700010	石				√	
11	上陈庄烽火台	1307263532011700011	土				√	
12	黄崖 1 号烽火台	1307263532011700012	土				√	
13	黄崖 2 号烽火台	1307263532011700013	土				√	
14	北梁庄烽火台	1307263532011700014	土				√	
15	古家町烽火台	1307263532011700015	土				√	
16	宋家庄烽火台（杨庄窠）	1307263532011700016	土				√	
17	东方城烽火台	1307263532011700017	土				√	
18	东辛庄烽火台	1307263532011700018	土				√	
19	西合营烽火台	1307263532011700019	土				√	
20	祁家皂烽火台	1307263532011700020	土				√	
21	北柳枝水烽火台	1307263532011700021	土				√	
22	古守营烽火台	1307263532011700022	土				√	
23	黎元下堡烽火台	1307263532011700023	土				√	
24	红桥烽火台	1307263532011700024	土				√	
25	东店烽火台	1307263532011700025	土				√	
26	大辛柳烽火台	1307263532011700026	土				√	
27	烟墩庄烽火台	1307263532011700027	土				√	
28	白马神烽火台	1307263532011700028	土				√	
29	北水泉烽火台	1307263532011700029	土				√	

（续）

编号	认定名称	认定编码	材质	保存程度				
				较好	一般	较差	差	消失
30	上马圈烽火台	130726353201170030	土				√	
合计		共30座：石1座，土29座					30	
百分比（%）		100					100	

类型：单体建筑包括敌台、烽火台、马面等
保存程度：较好、一般、较差、差、消失

1. 黑石岭烽火台 130726353201170001

位于下宫乡黑石岭村东南639米，坐标：东经114°40′37.40″，北纬39°35′55.70″，高程1836米。

烽火台平面呈矩形，剖面呈梯形，毛石砌筑，东西宽5.1米，南北长6.8米，南立面存外包墙体高1.4米，西立面存外包墙体高1.6米，坍塌成圆堆状，四周植被多为灌木和杂草，西侧为深谷，地势陡峭，东侧为缓坡。

2. 镇北口烽火台 130726353201170002

位于宋家庄镇北口村，坐标：东经114°37′35.50″，北纬39°44′18.90″，高程1065米。

烽火台平面呈矩形，剖面呈梯形，台芯素土分层夯筑，底部东西长9.3米，高7.8米，受风雨侵蚀，表面夯土脱落，东立面存人为挖掘的孔洞1处，顶部杂草滋长。东侧为坡地、南侧依山、西侧紧邻民居、北侧为村庄。

3. 宋家庄烽火台（宋家庄）130726353201170003

位于宋家庄镇宋家庄村北，坐标：东经114°35′03.10″，北纬39°48′01.50″，高程942米。

烽火台平面呈矩形，剖面呈梯形，台芯素土分层夯筑，底部东西宽7.3米，南北长9.3米，高5.25米，受风雨侵蚀，表面夯土脱落，台身存动物孔洞7处，顶部杂草滋长。东侧存一道红砖垒砌的墙体，墙体东侧约11米处为村村通公路，西侧、南侧为民房，北侧为草地。

4. 下宫烽火台 130726353201170004

位于宋家庄镇下宫村，坐标：东经114°28′26.80″，北纬39°45′58.50″，高程950米。

烽火台平面呈矩形，剖面呈梯形，台芯土石分层夯筑，夯层厚0.1～0.19米，底部东西宽6.85米，南北长8.03米，高6.46米，受风雨侵蚀，表面夯土脱落，台身存动物孔洞7处，南立面存竖向裂缝一条，宽0.05～0.13米，下部掏蚀高1.7米，深0.36米，顶部杂草滋长。台体周围为农田，多种植玉米。

5. 张南堡烽火台 130726353201170005

位于代王城镇张南堡村北，坐标：东经114°38′43.70″、北纬39°51′15.90″、高程919米。

烽火台平面呈矩形，剖面呈梯形，台芯土石分层夯筑，夯层厚0.08～0.18米，底部东西宽9.43米，南北长9.43米，顶部东西宽7.72米，南北长9.43米，高7.2米，受风雨侵蚀，表面夯土脱落，东立面存竖向裂缝3条，宽0.06～0.17米，南立面中部存冲沟一条，宽1.2～1.7米，竖向裂缝2条，宽0.02～0.07米，西立面北侧台芯缺失，中上部存孔洞一处，宽1.2米，高1.6米，南侧上部台芯缺失，北立面中部台芯缺失，顶部杂草滋长，四周为农田，种植蔬菜等农作物。

6. 陈家涧烽火台 130726353201170006

位于涌泉庄乡陈家涧村，坐标：东经 114° 31′ 30.90″，北纬 39° 52′ 19.60″，高程 959 米。

烽火台平面呈矩形，剖面呈梯形，台芯土石分层夯筑，夯层厚 0.08～0.1 米，底部东西宽 10.52 米，南北长 10.54 米，高 8.84 米，受风雨侵蚀，表面夯土脱落，东立面存一人为挖掘的孔洞，宽 0.7 米，高 1.3 米，孔洞上部存竖向裂缝 1 条，宽 0.03 米，南立面上部存掏蚀形成的孔洞 8 个，下部存竖向裂缝 1 条，宽 0.03 米，台体存砌筑外包城砖痕迹，现已无存，北立面上部存拔檐痕迹，顶部杂草滋长，四周为农田，种植玉米等农作物。

7. 单候烽火台 130726353201170007

位于南留庄乡单候村东北 186 米，坐标：东经 114° 29′ 18.00″，北纬 39° 53′ 26.90″，高程 1032 米。

烽火台平面呈矩形，剖面呈梯形，台芯土石分层夯筑，底部东西宽 7.6 米，南北长 17.94 米，高 6.05 米，受风雨侵蚀，表面夯土脱落，南立面上部台芯缺失，顶部杂草滋长，四周为农田，种植玉米等农作物。

8. 大酒务烽火台 130726353201170008

位于大酒务村西北，坐标：东经 114° 27′ 36.80″，北纬 39° 54′ 40.20″，高程 1113 米。

烽火台平面呈矩形，剖面呈梯形，台芯土石分层夯筑，夯层厚 0.1 米，底部东西宽 7.22 米，南北长 9.53 米，高 8.85 米，受风雨侵蚀，表面夯土脱落，东、西立面台芯缺失严重，顶部杂草滋长，东侧和北侧为公路，西侧与村堡的墙体相接。

9. 韩家湾烽火台 130726353201170009

位于韩家湾村东北 48 米，坐标：东经 114° 25′ 49.90″，北纬 39° 56′ 28.70″，高程 1239 米。

围堡式烽火台，总体布局为"回"字形，烽火台居中，四周设置围墙。

烽火台平面呈矩形，剖面呈梯形，台芯土石分层夯筑，底部东西宽 4.35 米，南北长 6.35 米，高 4.53 米，受风雨侵蚀，表面夯土脱落，西立面台芯缺失严重，顶部杂草滋长，东侧长有杨树 3 棵，胸径 0.16～0.24 米。

围墙平面呈矩形，距台体 5 米，墙芯素土分层夯筑，东墙辟门，东侧为土坎和道路，南侧、西侧为民居，北侧为民居及打谷场。

10. 小嘴烽火台 130726353201170010

位于百草村乡小嘴村东北 573 米山梁上，东经 114° 22′ 44.50″，北纬 39° 57′ 09.50″，高程 1576 米。

烽火台平面呈矩形，剖面呈梯形，毛石砌筑，东西宽 4.72 米，南北长 10.05 米，坍塌成圆堆状，南侧 10 米处有块石垒砌的方形遗址，四周散落大量瓷片，植被多为灌木和杂草东、北、西三面为陡坡，南面较缓。

11. 上陈庄烽火台 130726353201170011

位于涌泉庄乡上陈庄村西 821 米，坐标：东经 114° 32′ 58.40″，北纬 39° 55′ 11.00″，高程 1022 米。

烽火台平面呈矩形，剖面呈梯形，台芯土石分层夯筑，夯层厚 0.2 米，底部东西宽 8.11 米，南北长 9.02 米，高 7.35 米，受风雨侵蚀，表面夯土脱落，东立面南侧存人工取土的痕迹，北侧根部存掏蚀一处，高 0.4 米，深 0.35 米，顶部杂草滋长，东、南、西侧为农田，多种植玉米，北侧为乡间公路。

12. 黄崖 1 号烽火台 130726353201170012

位于杨庄窠乡黄崖村西南 775 米，坐标：东经 114° 32′ 21.10″，北纬 39° 57′ 03.00″，高程 1144 米。

烽火台平面呈矩形，剖面呈梯形，台芯土石分层夯筑，底部东西宽 5.1 米，南北长 5.8 米，高 7.79 米，受风雨侵蚀，表面夯土脱落，东立面台芯坍塌成斜坡状，高 3.6 米，台身杂草滋长，四周有后期垒砌的红砖墙，东、西侧 50 米处为沟，南侧坡度平缓，多灌木，20 米处有一座煤矿，北侧为缓坡，多灌木。

13. 黄崖 2 号烽火台 130726353201170013

位于杨庄窠乡黄崖村东南 179 米，坐标：东经 114° 32′ 59.00″，北纬 39° 57′ 08.00″，高程 1076 米。

烽火台平面呈矩形，剖面呈梯形，台芯土石分层夯筑，底部东西宽 4.62 米，南北长 4.81 米，高 4.9 米，受风雨侵蚀，表面夯土脱落，根部掏蚀严重，高 0.5 米，深 0.3 米，南立面西侧存竖向裂缝 1 条，宽 0.04～0.08 米，西立面西侧存竖向裂缝 1 条，宽 0.03 米，北立面东侧台芯缺失严重，四周地势平坦为农田，多种植玉米和向日葵。

14. 北梁庄烽火台 130726353201170014

位于杨庄窠乡北梁庄村东北，坐标：东经 114° 37′ 58.60″，北纬 39° 55′ 01.60″，高程 902 米。

烽火台平面呈矩形，剖面呈梯形，台芯土石分层夯筑，夯层厚 0.09～0.14 米，底部东西长 12.9 米，南北宽 11.65 米，高 5.35 米，受风雨侵蚀，表面夯土脱落，北立面中部台芯缺失严重，南侧 20 米处为铁路，西侧 15 米处有输电线路，四周地势平坦为农田，多种植玉米等农作物。

15. 古家町烽火台 130726353201170015

位于杨庄窠乡古家町村东北 2.3 千米，坐标：东经 114° 39′ 24.50″，北纬 39° 56′ 08.10″，高程 947 米。

烽火台平面呈矩形，剖面呈梯形，台芯土石分层夯筑，底部东西宽 6.23 米，南北长 6.45 米，高 7.45 米，受风雨侵蚀，表面夯土脱落，西立面台芯坍塌成斜坡状，高 4.7 米，南立面根部存人为挖掘的孔洞，长 1.2 米，宽 0.5 米，东、南侧有一土坎，西、北为平地，植被多为灌木和杂草。

16. 宋家庄烽火台 130726353201170016

位于杨庄窠乡宋家庄村北 740 米，坐标：东经 114° 40′ 12.70″，北纬 39° 56′ 49.70″，高程 904 米。

围堡式烽火台，总体布局为"回"字形，烽火台居中，四周设置围墙。

烽火台平面呈矩形，剖面呈梯形，台芯土石分层夯筑，夯层厚 0.08～0.14 米，底部东西长 11.4 米，南北宽 11.23 米，高 8.73 米，受风雨侵蚀，表面夯土脱落，顶部杂草滋长，四周散落少量碎砖。

围墙平面呈矩形，距台体 8.85 米，墙芯素土分层夯筑，外侧高 8.37 米，内侧高 2.02 米，东墙南侧墙体坍塌，南墙中部辟门，宽 1.3 米，高 1.7 米，顶部存拔檐，西墙长有杂树 2 棵，东侧存豁口一处，长 3.6 米。

17. 东方城烽火台 130726353201170017

位于东方城村西南 993 米，坐标：东经 114° 41′ 34.50″，北纬 39° 59′ 23.90″，高程 926 米。

烽火台平面呈矩形，剖面呈梯形，台芯土石分层夯筑，夯层厚 0.07～0.1 米，底部东西宽 6.75 米，南北长 6.92 米，高 8.73 米，受风雨侵蚀，表面夯土脱落，南立面根部存一人为挖掘的孔洞，宽 2.3 米，高 1.3 米，西侧上部台芯缺失，西、北立面台芯坍塌成斜坡状，高 4.75 米，顶部杂草滋长，四周植被多为灌木和杂草。

18. 东辛庄烽火台 130726353201170018

位于西合营镇东辛庄村东北 883 米，坐标：东经 114° 44′ 17.20″，北纬 39° 57′ 35.90″，高程 910 米。

围堡式烽火台，总体布局为"回"字形，烽火台居中，四周设置围墙。

烽火台平面呈矩形，剖面呈梯形，台芯土石分层夯筑，夯层厚 0.2 米，底部东西长 9.63 米，南北宽 9.56 米，高 7.94 米，受风雨侵蚀，表面夯土脱落，南立面存掏蚀 4 处，深 0.2～0.35 米，顶部杂草滋长。

围墙平面呈矩形，台体距南墙 17.79 米，距东墙 17.41 米，距北墙 17.91 米，距西墙 17.62 米，墙芯素土分层夯筑，高 6.81 米，东、北、西墙内侧底部存有人为挖掘的孔洞，宽 1.5～2.4 米，高 1.4～1.7 米，外侧根部掏蚀严重，高 1.2 米，深 0.23～0.42 米，东南角、东北角各缺失一小段墙体，形成豁口，围墙内部平坦，长有杂草，四周为农田，种植玉米等农作物。

19. 西合营烽火台 130726353201170019

位于西合营镇西合营村北，坐标：东经 114° 45′ 34.00″，北纬 39° 58′ 29.10″，高程 915 米。

烽火台平面呈矩形，剖面呈梯形，台芯土石分层夯筑，夯层厚 0.1 米，底部东西长 9.3 米，南北宽 7.7 米，高 4.5 米，受风雨侵蚀，表面夯土脱落，东立面台芯坍塌成斜坡状，高 2.7 米，南立面中部存冲沟一处，宽 0.3～3.6 米，东侧根部存掏蚀一处，宽 1.3 米，深 0.2～0.35 米，西立面北侧存竖向裂缝一条，宽 0.07 米，顶部杂草滋长，四周散落大量的碎砖瓦，植被多为灌木和杂草以及少量的松树。

20. 祁家皂烽火台 130726353201170020

位于祁家皂乡祁家皂村南 472 米，坐标：东经 114° 46′ 55.90″，北纬 39° 58′ 33.60″，高程 907 米。

烽火台平面呈矩形，剖面呈梯形，台芯土石分层夯筑，夯层厚 0.07～0.1 米，底部东西长 5.3 米，南北宽 3.7 米，高 7.23 米，受风雨侵蚀，表面夯土脱落，台身及顶部杂草滋长，四周植被多为灌木和杂草，西侧为深沟谷，南侧为壶流河。

21. 北柳枝水烽火台 130726353201170021

位于白乐镇北柳枝水村东北 760 米，坐标：东经 114° 49′ 15.80″，北纬 39° 58′ 31.90″，高程 921 米。

烽火台平面呈矩形，剖面呈梯形，台芯土石分层夯筑，夯层厚 0.07～0.12 米，底部东西长 7.45 米，南北宽 7.49 米，高 6.87 米，受风雨侵蚀，表面夯土脱落，东立面台芯坍塌堆积，呈斜坡状，高 2.35 米，南立面中部存竖向裂缝一条，宽 0.12～0.23 米，台身及顶部杂草滋长，四周存围墙遗迹，墙芯素土分层夯筑，宽 0.8 米，高 1.1 米，植被多为灌木和杂草，南侧为杨树林。

22. 古守营烽火台 130726353201170022

位于祁家皂乡古守营村东北 633 米，坐标：东经 114° 50′ 37.10″，北纬 39° 59′ 45.00″，高程 917 米。

围堡式烽火台，总体布局为"回"字形，烽火台居中，四周设置围墙。

烽火台平面呈矩形，剖面呈梯形，台芯土石分层夯筑，夯层厚 0.08～0.15 米，底部东西宽 14.55 米，南北长 14.99 米，高 7.31 米，受风雨侵蚀，表面夯土脱落，东立面台芯坍塌堆积，呈斜坡状，高 2.12 米，南立面中部存冲沟一条，宽 0.5～1.2 米，北立面长有榆树 3 棵，胸径 0.12～0.22 米，顶部杂草滋长。

围墙平面呈矩形，台体距西墙 14.09 米，距南墙 16.5 米，墙芯素土分层夯筑，东、北墙坍塌消失，西、南墙存部分墙体，内高 0.4～1.7 米，外高 4.12 米，墙上长有榆树 2 棵，胸径 0.23 米，四周开阔平坦，植被多为灌木和杂草。

23. 黎元下堡烽火台 130726353201170023

位于白乐镇黎元下堡村内，坐标：东经 114° 53′ 44.10″，北纬 39° 55′ 24.80″，高程 978 米。

围堡式烽火台，总体布局为"回"字形，烽火台居中，四周设置围墙。

烽火台平面呈矩形，剖面呈梯形，台芯素土分层夯筑，夯层厚 0.08 ～ 0.25 米，底部东西宽 13.84 米，南北长 16.03 米，高 11.78 米，受风雨侵蚀，表面夯土脱落，台体根部掏蚀严重，高 0.4 ～ 0.7 米，深 0.2 ～ 0.5 米，东立面北侧上部台芯缺失，北立面存竖向裂缝 2 条，宽 0.2 ～ 0.4 米，顶部灌木、杂草滋长。

围墙平面呈矩形，台体距东墙 8 米，至南墙 8.86 米，墙芯素土分层夯筑，西、北墙坍塌消失，东、南墙存部分墙体，高 7.52 米，东、北为民居，南为耕地，西为道路，顶部长几棵小树，四周开阔平坦，植被多为灌木和杂草。

24. 红桥烽火台 130726353201170024

位于吉家庄乡红桥村北 174 米，坐标：东经 114° 53′ 19.80″，北纬 40° 00′ 53.10″，高程 932 米。

烽火台建在夯土台上，平面呈矩形，剖面呈梯形，台芯素土分层夯筑，底部东西长 8.13 米，南北宽 6.08 米，高 6.13 米，受风雨侵蚀，表面夯土脱落，北立面台芯坍塌成坡状，高 1.85 米，顶部杂草滋长，四周植被多为灌木和杂草。

25. 东店烽火台 130726353201170025

位于吉家庄乡东店村内，坐标：东经 114° 56′ 16.90″，北纬 40° 01′ 18.50″，高程 923 米。

围堡式烽火台，总体布局为"回"字形，烽火台居中，四周设置围墙。

烽火台平面呈矩形，剖面呈梯形，台芯素土分层夯筑，底部东西宽 13.39 米，南北长 13.85 米，高 9.32 米，受风雨侵蚀，表面夯土脱落，东立面中部台芯滑落，西立面存竖向裂缝一条，宽 0.07 ～ 0.15 米，北立面存竖向裂缝 3 条，宽 0.06 ～ 0.13 米，顶部长有榆树 2 棵，胸径 0.18 ～ 0.25 米，灌木、杂草滋长。

围墙平面呈矩形，墙芯素土分层夯筑，仅存北墙中部墙体，距台体 8.86 米，东段墙体顶部长有榆树 2 棵，胸径 0.1 ～ 0.18 米，东西南三面为居民，北侧紧邻道路。

26. 大辛柳烽火台 130726353201170026

位于吉家庄乡大辛柳村东 146 米，坐标：东经 114° 53′ 32.20″，北纬 40° 03′ 05.80″，高程 960 米。

围堡式烽火台，总体布局为"回"字形，烽火台居中，四周设置围墙。

烽火台平面呈矩形，剖面呈梯形，台芯素土分层夯筑，底部东西长 5.65 米，南北宽 4.65 米，高 4.48 米，受风雨侵蚀，表面夯土脱落，东立面南侧台芯缺失，南立面中部存竖向裂缝一条，宽 0.08 ～ 0.15 米，根部台芯坍塌堆，积呈坡状，高 1.65 米，北立面长有杂树 4 棵，顶部灌木、杂草滋长。

围墙平面呈矩形，墙芯素土分层夯筑，仅存北墙，距台体 15.46 米，高 0.7 ～ 2.3 米，中间存一人为挖掘的孔洞，宽 1.5 米，高 1.8 米，围墙内外辟为耕地，种植玉米等农作物。

27. 烟墩庄烽火台 130726353201170027

位于北水泉镇烟墩庄村北 1.1 千米，坐标：东经 114° 45′ 31.70″，北纬 40° 06′ 03.70″，高程 1105 米。

烽火台平面呈圆形，剖面呈梯形，台芯素土分层夯筑，残高 5.1 米，坍塌成圆形堆状，东侧台芯坍塌成斜坡状，高 2.6 米，四周散落大量碎石，植被多为灌木和杂草。

28. 白马神烽火台 130726353201170028

位于陈家洼乡白马神村东北 968 米，坐标：东经 114° 40′ 42.20″，北纬 40° 05′ 47.50″，高程 1001 米。

围堡式烽火台，总体布局为"回"字形，烽火台居中，四周设置围墙。

烽火台平面呈矩形，剖面呈梯形，台芯素土分层夯筑，底部东西宽 12 米，南北长 12.3 米，高 7.72 米，受风雨侵蚀，表面夯土脱落，东立面存冲沟一条，宽 0.7 ~ 2.4 米，南立面中部存人工挖掘的孔洞一处，宽 1.2 米，高 1.3 米，西立面存冲沟一条，宽 0.3 ~ 1.2 米，北立面存冲沟一条，宽 0.2 ~ 1.4 米，根部台芯坍塌堆积，呈坡状，高 2.65 米，顶部杂草滋长。

围墙平面呈矩形，墙芯素土分层夯筑，仅存东墙，距台体 8.59 米，东、南、西三侧人工种植杏树，北侧为草地，向北约 80 米有东西向沟。

29. 北水泉烽火台 130726353201170029

位于北水泉村东南 470 米，坐标：东经 114° 41′ 30.00″，北纬 40° 07′ 56.00″，高程 893 米。

烽火台平面呈矩形，剖面呈梯形，台芯土石分层夯筑，夯层厚 0.12 ~ 0.2 米，底部东西宽 9.7 米，南北长 11 米，高 3.65 米，受风雨侵蚀，表面夯土脱落，北立面台芯坍塌堆积，呈坡状，高 2.35 米，顶部及四周杂草滋长，南、西侧为民居，北侧为 207 国道。

30. 上马圈烽火台 130726353201170030

位于北水泉镇上马圈村内，坐标：东经 114° 40′ 41.50″，北纬 40° 10′ 16.40″，高程 896 米。

围堡式烽火台，总体布局为"回"字形，烽火台居中，四周设置围墙。

烽火台平面呈矩形，剖面呈梯形，台芯素土分层夯筑，夯层厚 0.8 ~ 0.1 米，底部东西长 14.11 米，南北宽 11.54 米，高 10.89 米，受风雨侵蚀，表面夯土脱落，东立面存冲沟一条，宽 0.3 ~ 1.4 米，南立面中部台芯缺失宽 1.1 米，高 7.8 米，西立面根部存掏蚀一处，深 0.3 米，顶部杂草滋长。

围墙平面呈矩形，墙芯素土分层夯筑，夯层厚 0.9 ~ 0.12 米，围墙距台体东侧 7.55 米，北侧 15.21 米，西侧 8.02 米，南侧 16.72 米，宽 3.72 米，内高 6.21 米，外高 12.34 米，四角设有角台，坍塌严重，西墙中间辟门，城砖垒砌，起券方式为两伏两券，白灰勾缝，门洞上侧有门簪，门簪上有匾额，上书"永安"字样；围墙里侧空地为打谷场西北角建有两处现代房屋，西为居民，东侧为土丘，南侧为村路，路南为深沟，南墙正中有上下沟，围墙南、北为深沟。

（二）关堡

蔚县关堡一览表（单位：座）

编号	认定名称	认定编码	类型	周长（米）	保存程度				
					较好	一般	较差	差	消失
1	黑石岭堡	130726353102170001	石墙	350				√	
2	蔚州城	130726353102170002	砖墙	3800		√			
合计		共 2 座：砖墙 1 座，石墙 1 座				1		1	
百分比（%）		100				50		50	

保存程度：较好、一般、较差、差、消失

1. 黑石岭堡 130726353102170001

位于蔚县黑石岭村，坐标：东经 114° 40′ 09.70″，北纬 39° 36′ 02.40″，高程 1688 米。

城堡平面呈矩形，周长 350 米，占地面积 5984 平方米。

墙体土石分层夯筑，外包片石，东墙存北段，南墙无存，北墙和西墙存部分墙体，宽 5.47 米，高 3.69 米，墙体上杂草杂树滋长，四周散落大量片石。

据当地人讲，原来有东、西、南门，现已无存。正南为沟，西面为缓坡，东侧为小山包，北侧较平缓，东南为沟。

2. 蔚州城 130726353102170002

蔚州古城周长 3800 多米，城墙高 11.5 米，设城门 3 座，东安定门，上建有景阳楼，南景仙门，上建有万山楼，西清远门，上建有广运楼，4 座角楼，24 座敌楼，1100 多座垛口。三座城门外均建有瓮城、二级瓮城。城外有护城河，河深 10 米多，宽 20 多米。古城轮廓为不规则形状，南面宽阔，北面狭小，东西两面多弯不平直。古城不开北门，而在北城垣上修筑玉皇阁。城内以东西南北四大街为主干线，形成以鼓楼与南门对称，南北大街为中轴的建筑格局。历史上蔚州地区以汉民族文化为主流，可在古城形制上却一反汉民族传统"礼制"严格讲求：方正端庄、经纬分明、中轴对称的规划而建设，是蔚州古城最大特色。由于历史原因，古城遭受了一定破坏，但古城风貌基本没有改变，加之古城内衙署、寺庙、楼阁、民居众多，仍有明、清古城遗风。

古城现存 1600 多米北城墙及南门、蔚州署、玉皇阁、真武庙、常平仓、灵岩寺、南安寺塔、鼓楼、城隍庙、财神庙、清真寺等诸多古建筑。南关中现存释迦寺、关帝庙。东关外还建有天齐庙。历史上古城还建有，文庙、火神庙、三官庙、双松寺等建筑。

历史沿革：蔚州卫城，周大象二年筑，洪武七年指挥周房因旧址重筑，极精致完固。嘉靖间巡按御史阎邻、胡宗宪因城楼圮坏，相继修饬，监察御史上谷杨百之记。今天下藩府州县卫所必建城郭、楼橹以戍兵守民防御奸宄，边徼尤重也。蔚州当燕代界，国初太傅徐公达灵仙县置州，属大同府。岁壬子，德庆侯廖公允中辟土为城，方以里计者七，濠深三丈五尺，而阔倍之。甲寅始设卫，领五千户所，卫指挥周房乃因旧址筑城，城高三丈五尺，堞六尺，四面中各建重楼，下则开门以通耕牧。楼俱三级五楹，城四角各有楼如门制，敌台楼二十有四，楹级杀之。更铺间楼一置，门外仍建瓮城，城亦设小楼则二级一楹，门，东曰安定，南曰景仙，西曰清远。北故无门而楼则与东西南并峙。城外包以砖石，高厚峻整极为坚致，屹然燕代巨防也。房知难犯号为铁城。而边人称城固者亦必曰蔚州。蔚州云。永乐乙未卫益三所总前统八所，改属万全都司。景泰庚午复命武臣守备。

张家口市明长城建筑测绘图

独石口长城

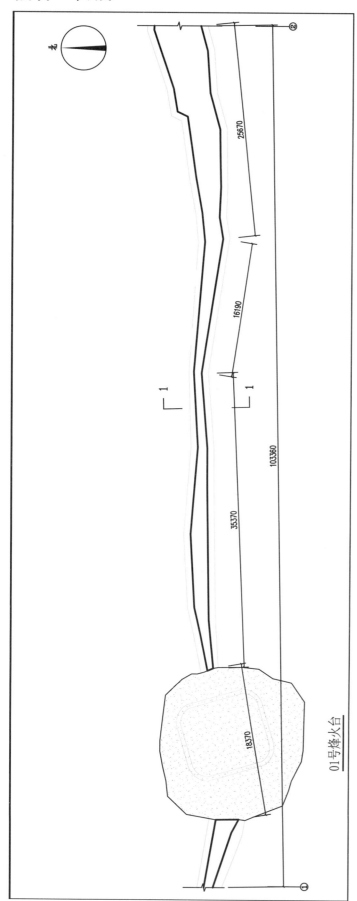

三棵树长城 1-2 轴之间墙体平面图

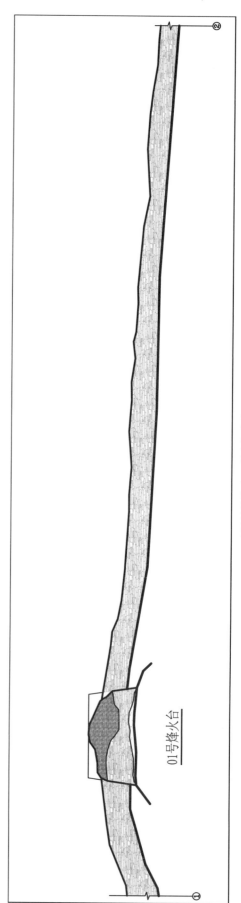

三棵树长城 1-2 轴之间墙体立面图

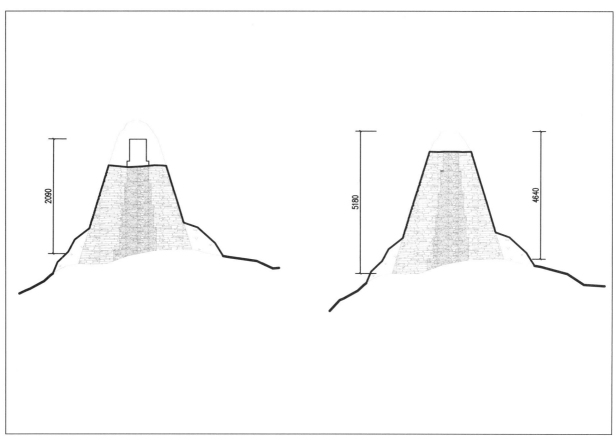

三棵树长城剖面图

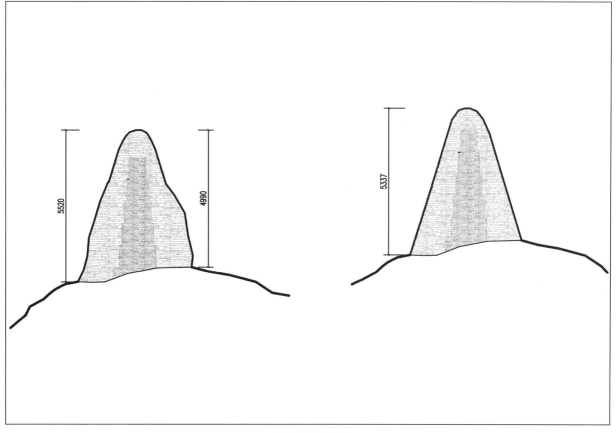

三棵树长城剖面图

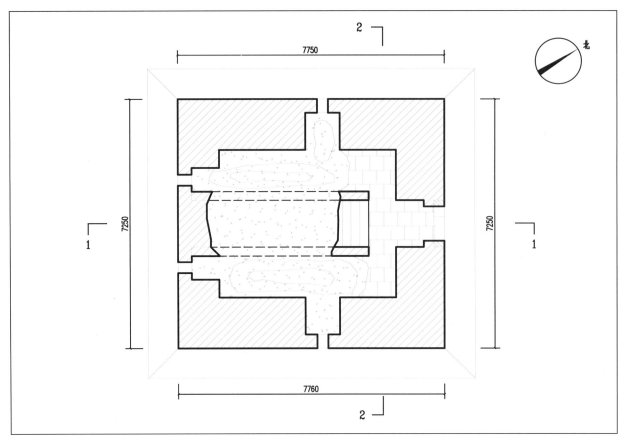

独石口 01 号敌台一层平面图

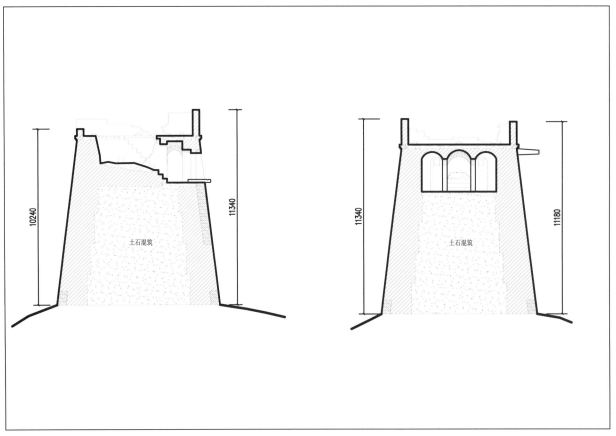

独石口 01 号敌台 1-1 剖面图　　　　　　　　独石口 01 号敌台 2-2 剖面图

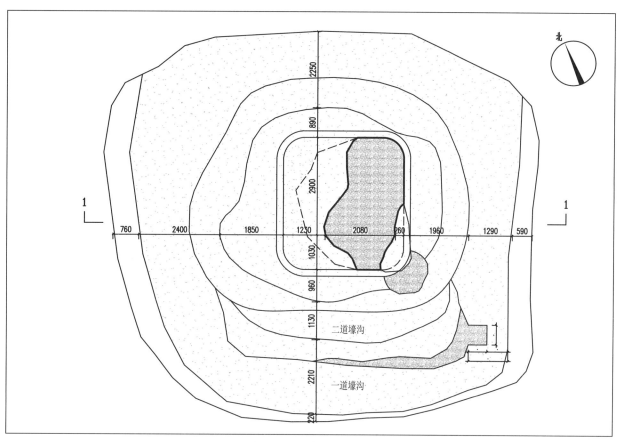

独石口 02 号烽火台平面图

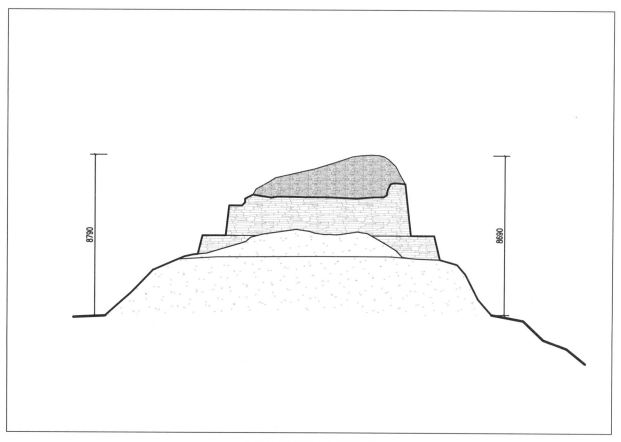

独石口 02 号烽火台南立面图

样边长城

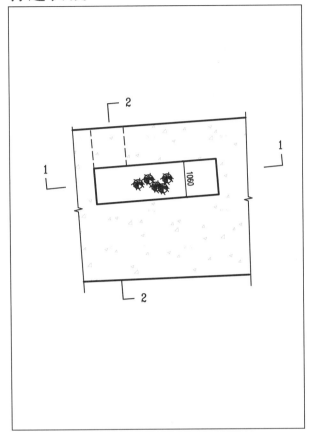

大营盘长城 2-3 轴登城步道平面图

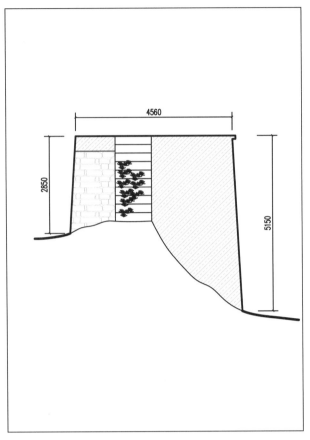

大营盘长城 2-3 轴登城步道 2-2 剖面图

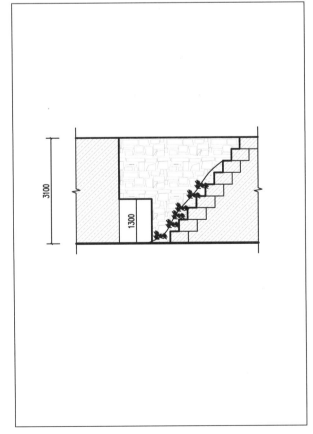

大营盘长城 2-3 轴登城步道 1-1 剖面图

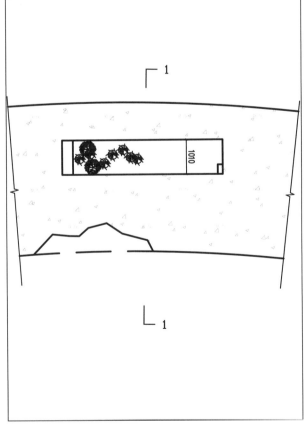

大营盘长城 16-17 轴登城步道平面图

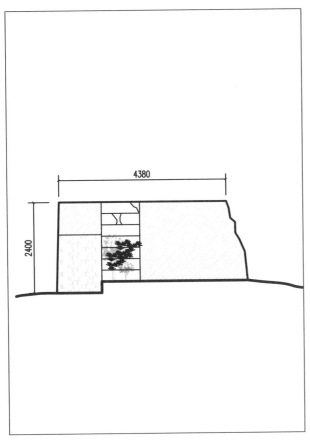

大营盘长城16-17轴登城步道1-1剖面图

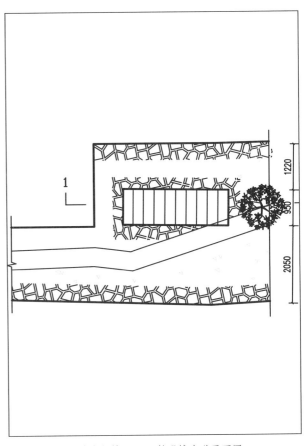

大营盘长城21-22轴登城步道平面图

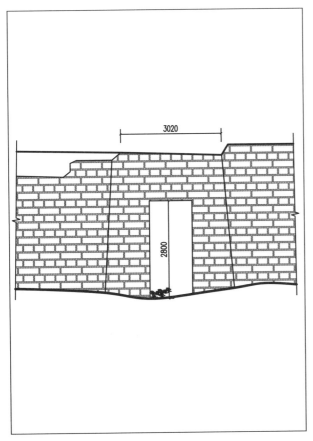

大营盘长城16-17轴登城步道立面图

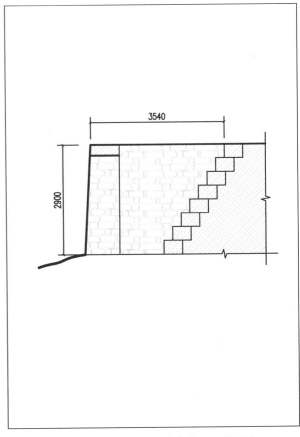

大营盘长城21-22轴登城步道1-1剖面图

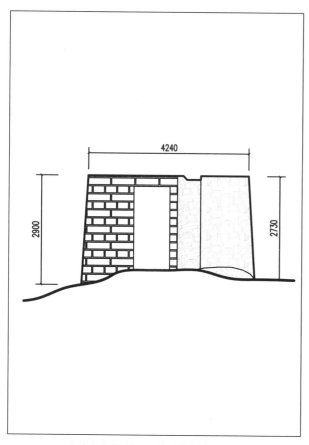

大营盘长城 21-22 轴登城步道立面图

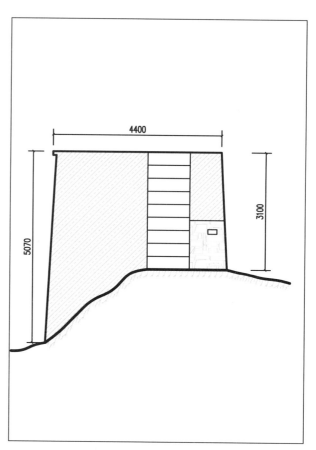

大营盘长城 28 轴登城步道 1-1 剖面图

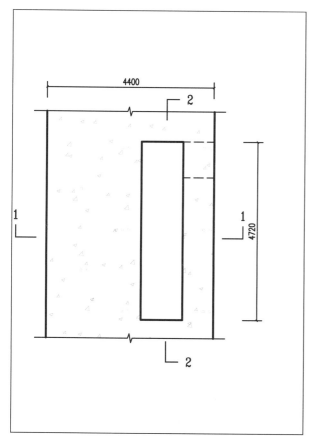

大营盘长城 28 轴登城步道平面图

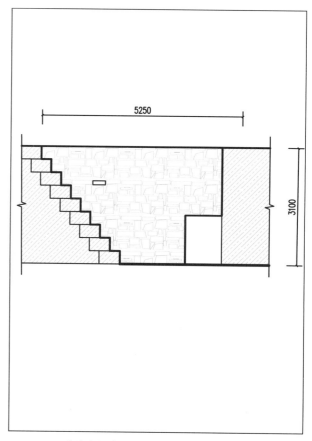

大营盘长城 28 轴登城步道 2-2 剖面图

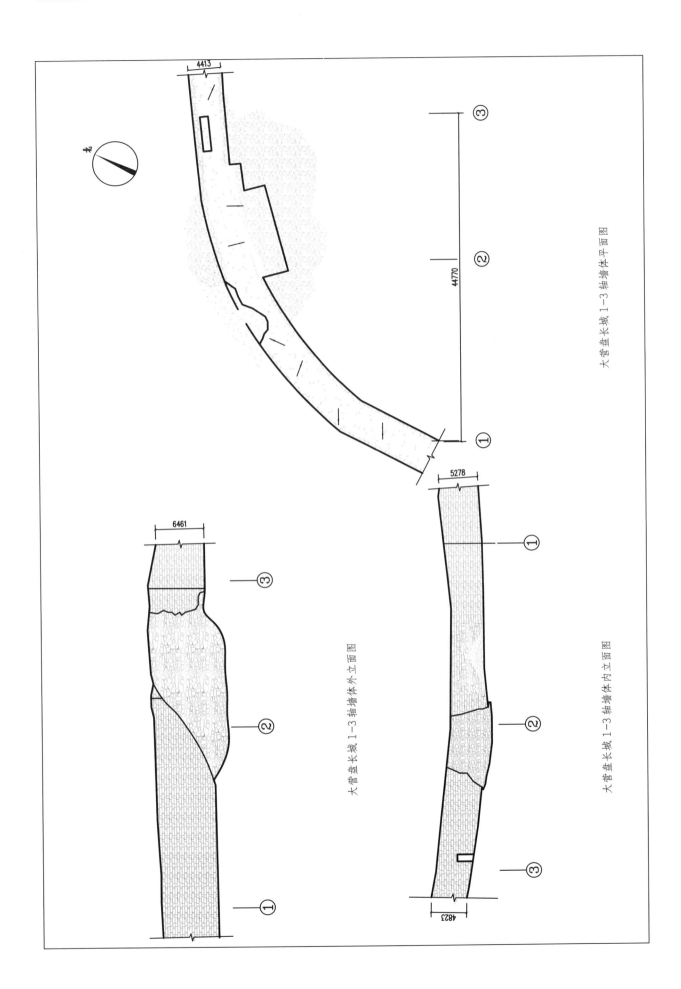

大菅盘长城 1-3 轴墙体平面图

大菅盘长城 1-3 轴墙体外立面图

大菅盘长城 1-3 轴墙体内立面图

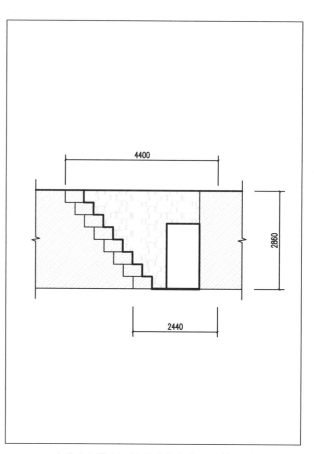

大营盘长城 34-35 轴登城步道平面图

大营盘长城 34-35 轴登城步道 2-2 剖面图

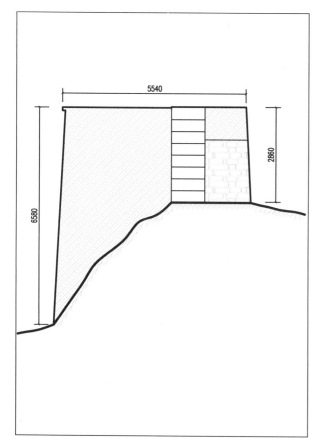

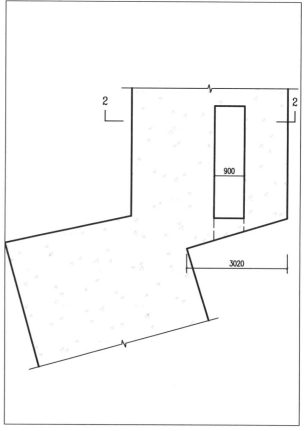

大营盘长城 34-35 轴登城步道 1-1 剖面图

大营盘长城 40-41 轴登城步道平面图

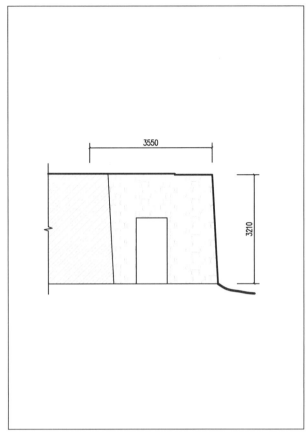

大营盘长城 40-41 轴登城步道平面图

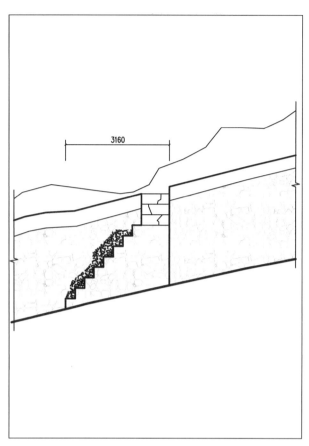

大营盘长城 48 轴登城步道 2-2 剖面图

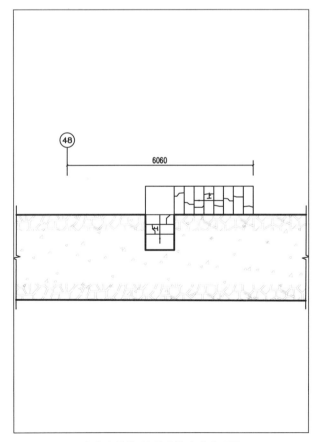

大营盘长城 48 轴登城步道平面图

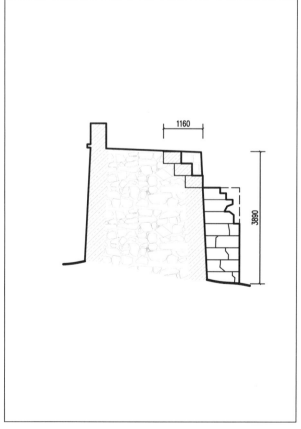

大营盘长城 48 轴登城步道剖面图

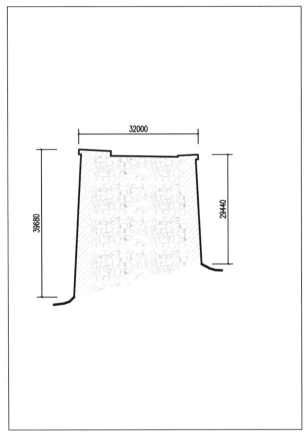

大营盘长城 1-1 剖面图

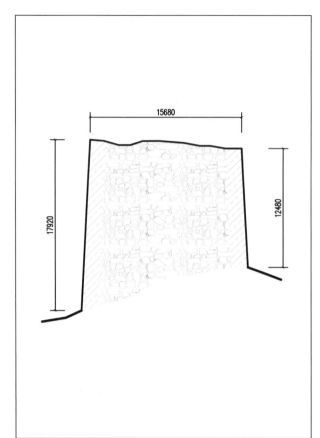

大营盘长城 4-4 剖面图

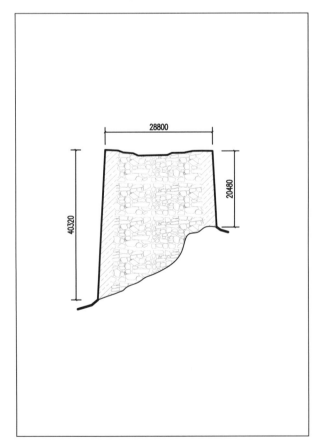

大营盘长城 3-3 剖面图

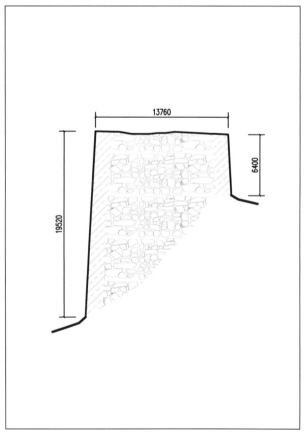

大营盘长城 5-5 剖面图

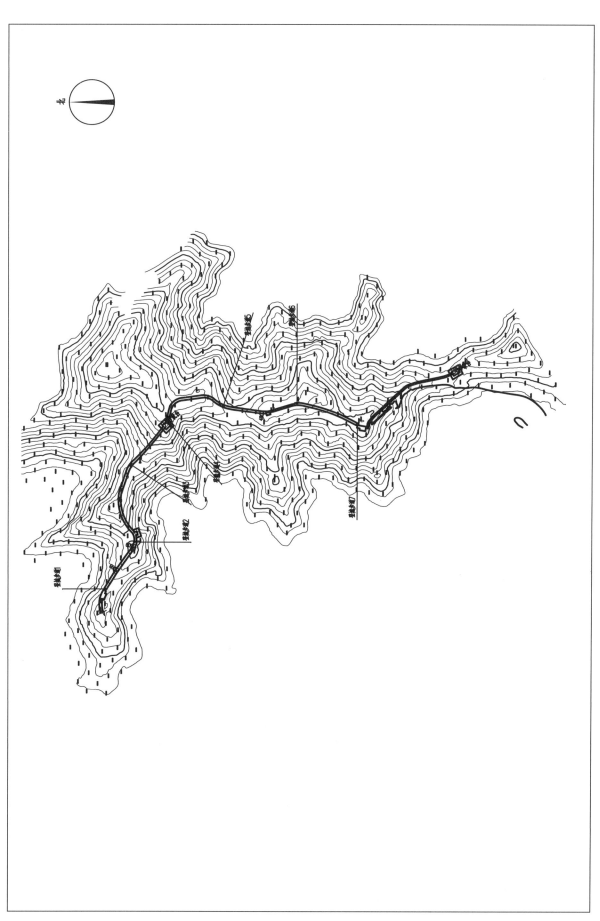

庙港 06 号敌台－庙港 03 号马面间长城墙体、敌台、马面分布图

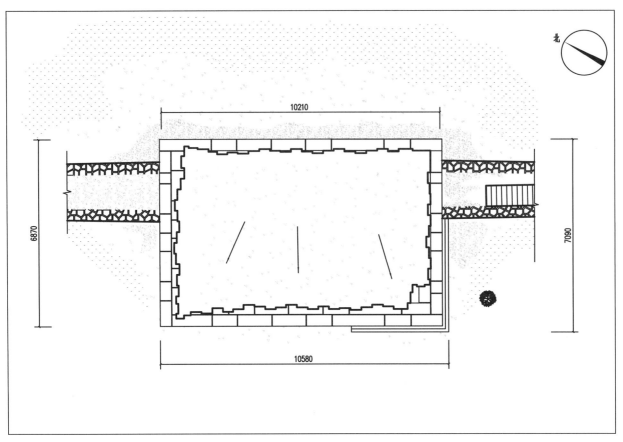

庙港 06 号敌台顶部平面图

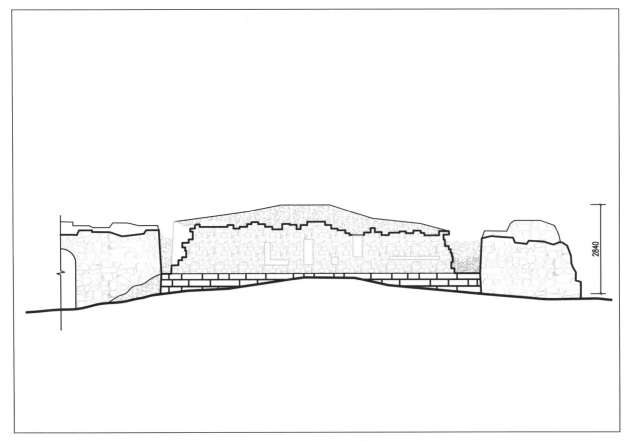

庙港 06 号敌台东立面图

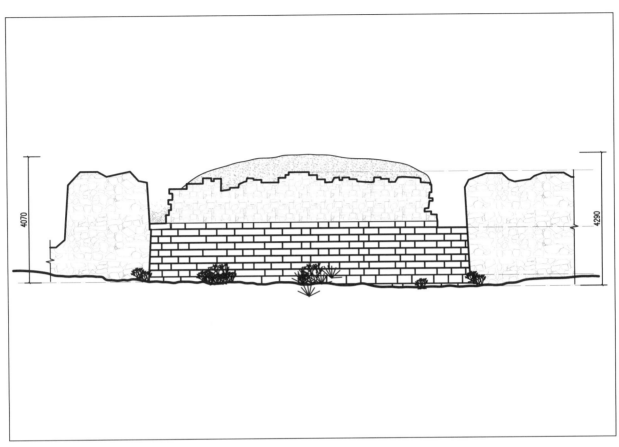

庙港06号敌台西立面图

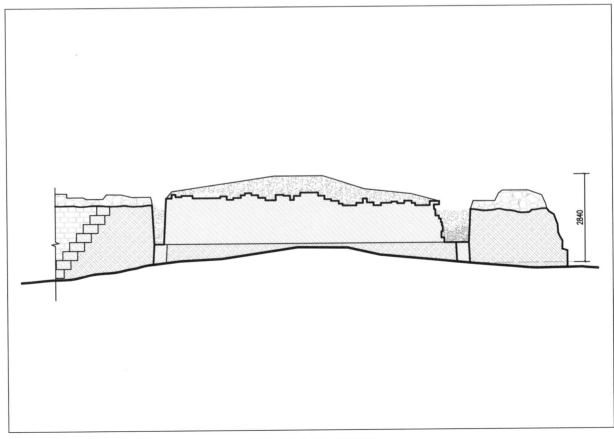

庙港06号敌台2-2剖面图

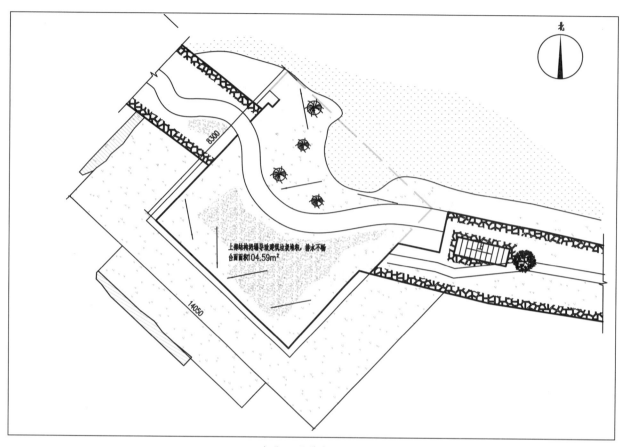

庙港04号敌台平面图

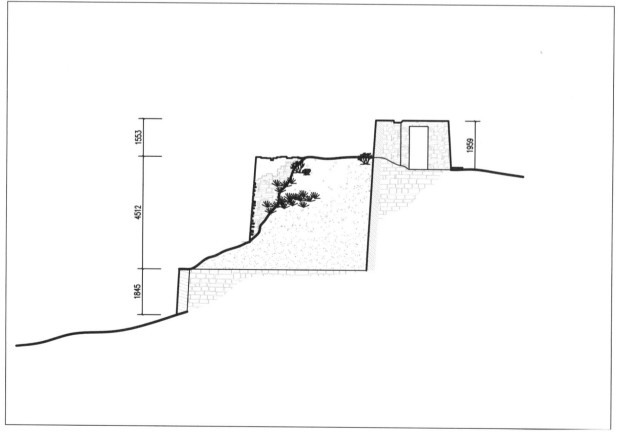

庙港04号敌台南立面图

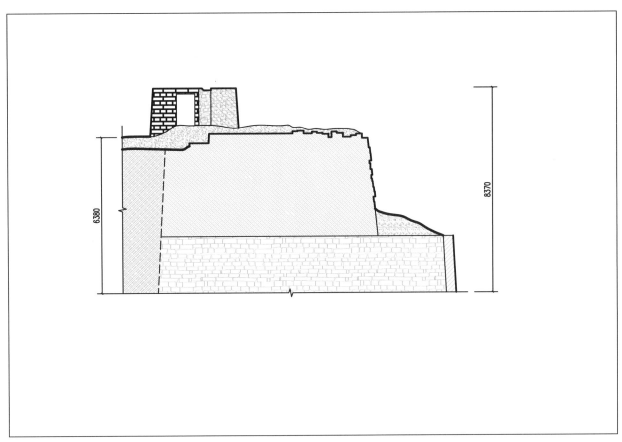

庙港 04 号敌台 1-1 剖面图

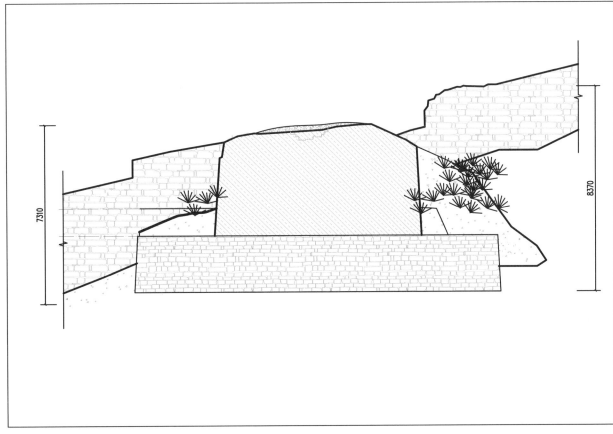

庙港 04 号敌台 2-2 剖面图

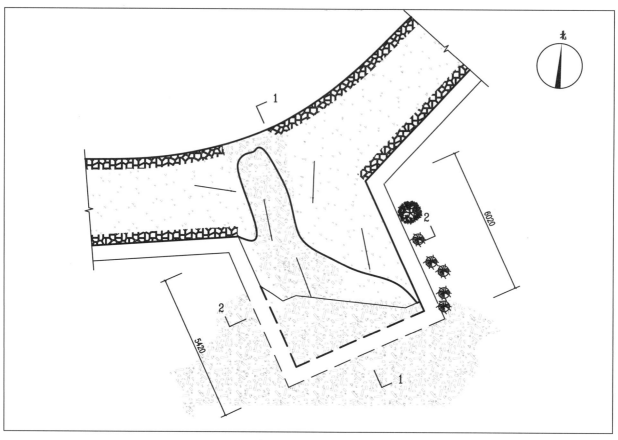

庙港 04 号马面平面图

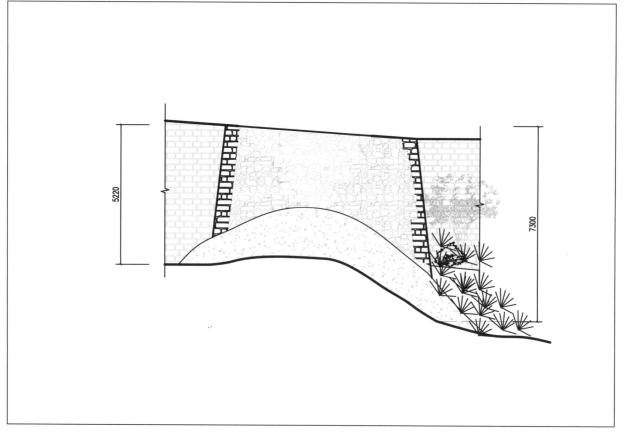

庙港 04 号马面南立面图

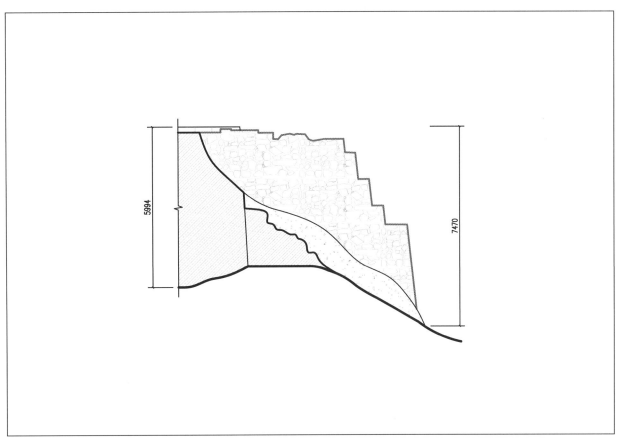

庙港 04 号马面 1-1 剖面图

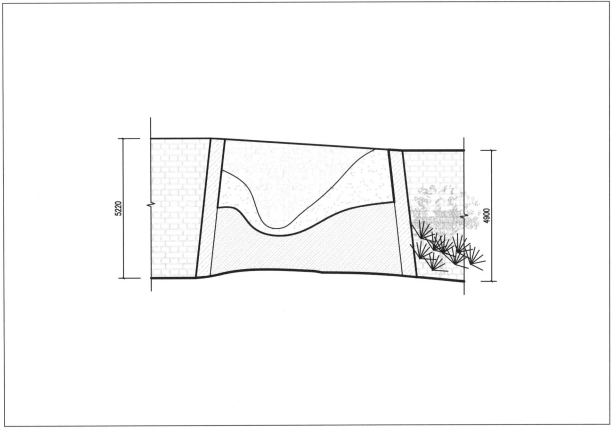

庙港 04 号马面 2-2 剖面图

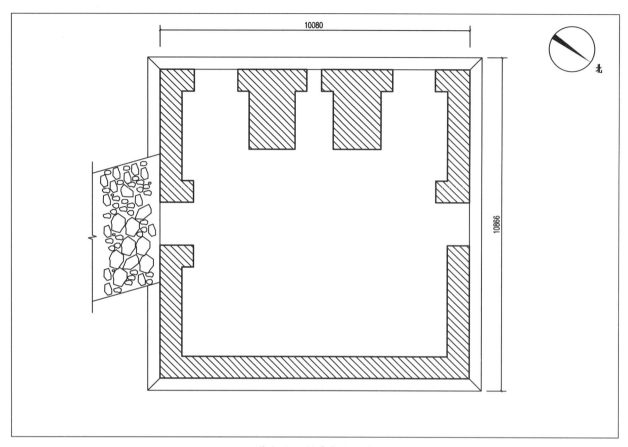

黄台子 24 号敌台平面图

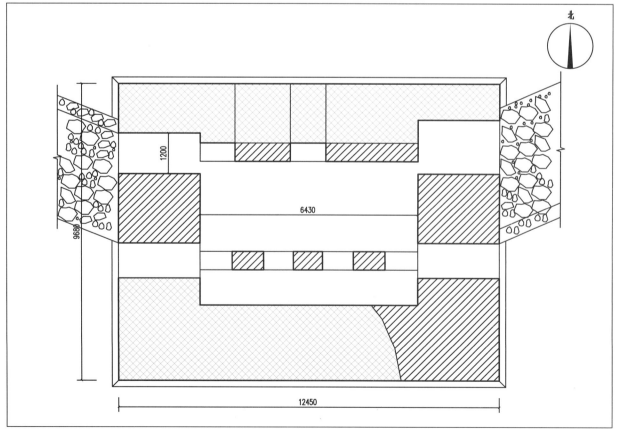

黄台子 23 号敌台平面图

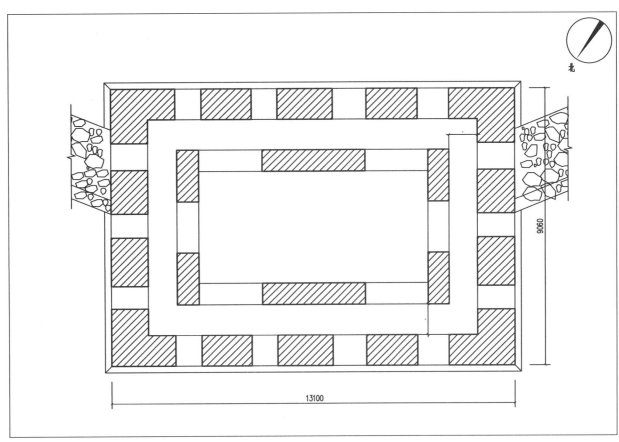

黄台子18号敌台平面图

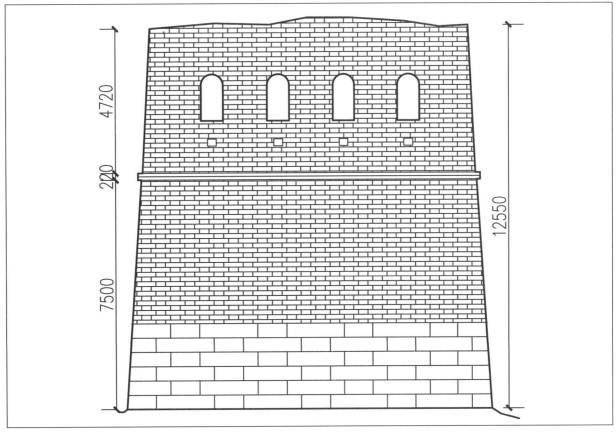

黄台子18号敌台东立面图

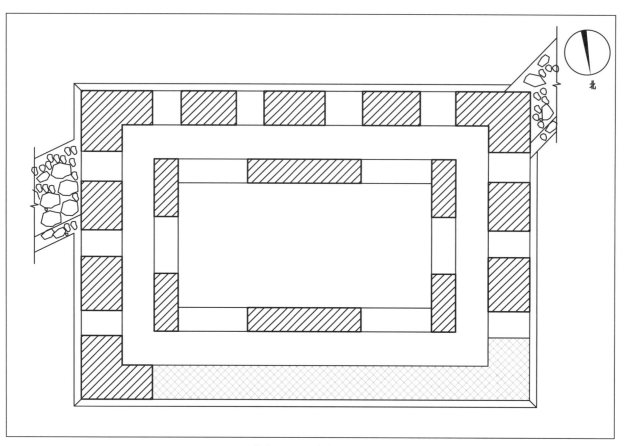

黄台子 15 号敌台平面图

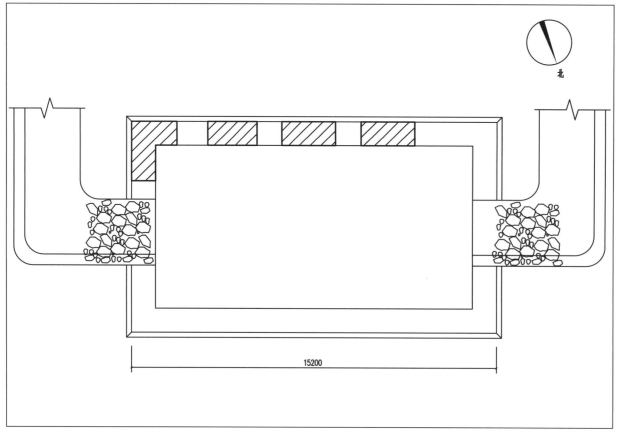

15200

黄台子 14 号敌台平面图

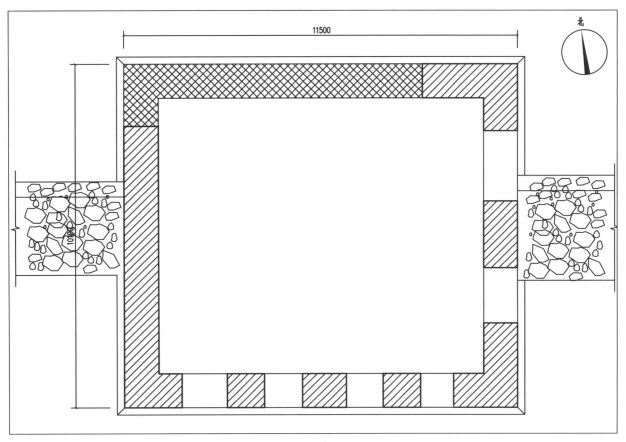

黄台子 13 号敌台平面图

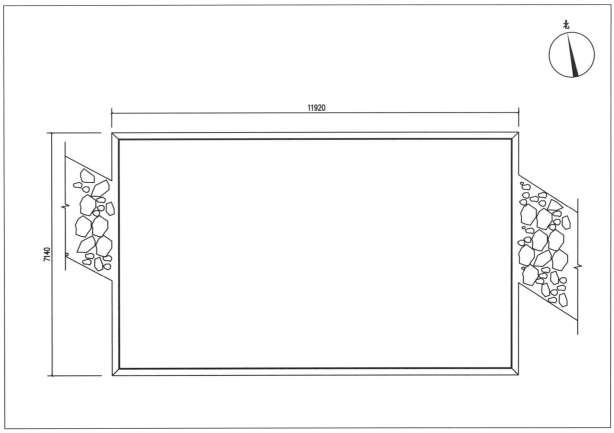

下陈家堡 3 号敌台平面图

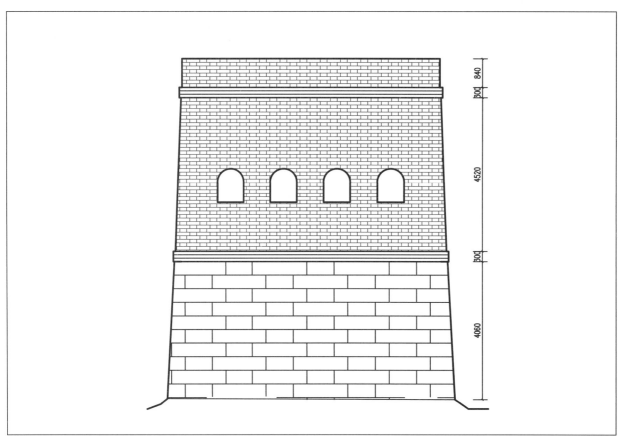

下陈家堡 3 号敌台南立面图

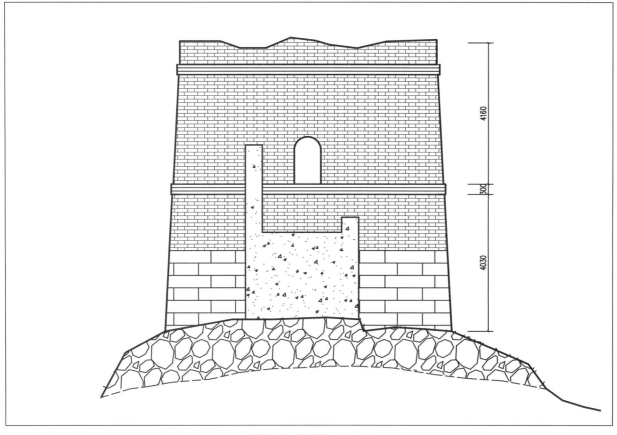

下陈家堡 3 号敌台西立面图

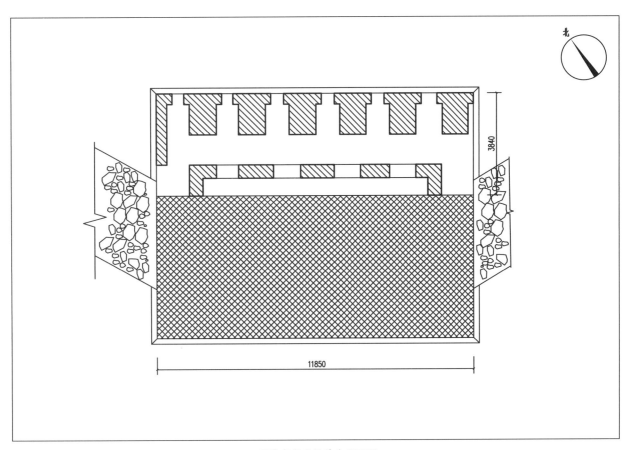

下陈家堡 2 号敌台平面图

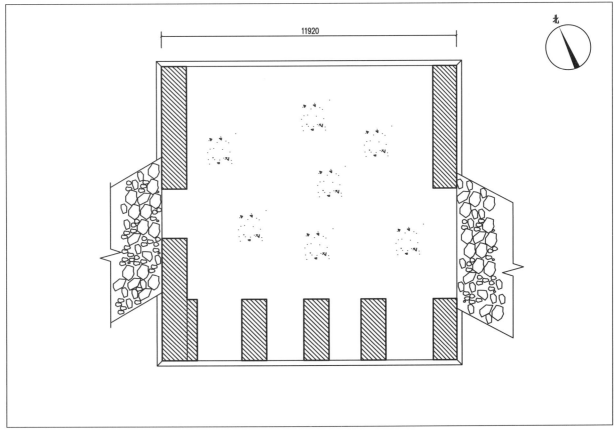

下陈家堡 1 号敌台平面图

鸡鸣驿城

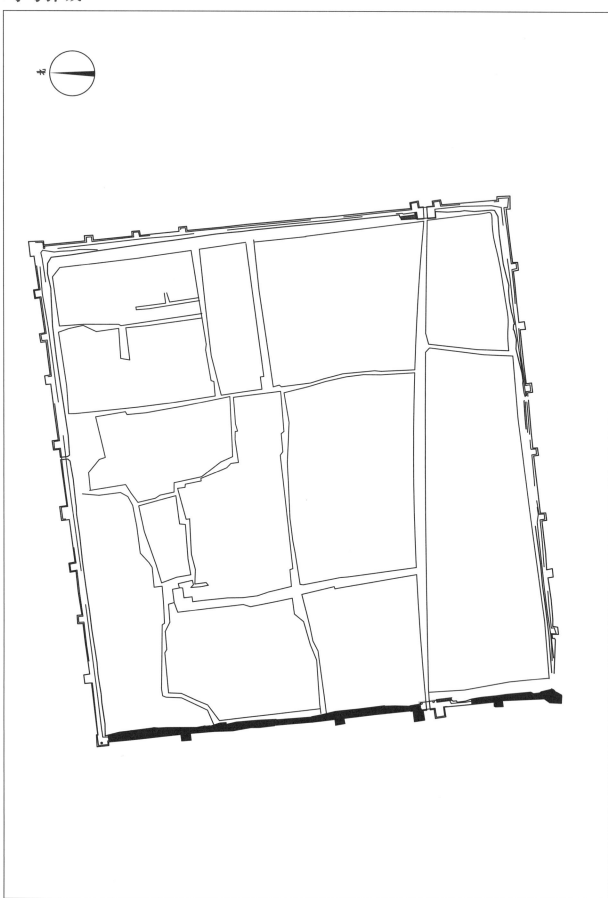

鸡鸣驿城平面图

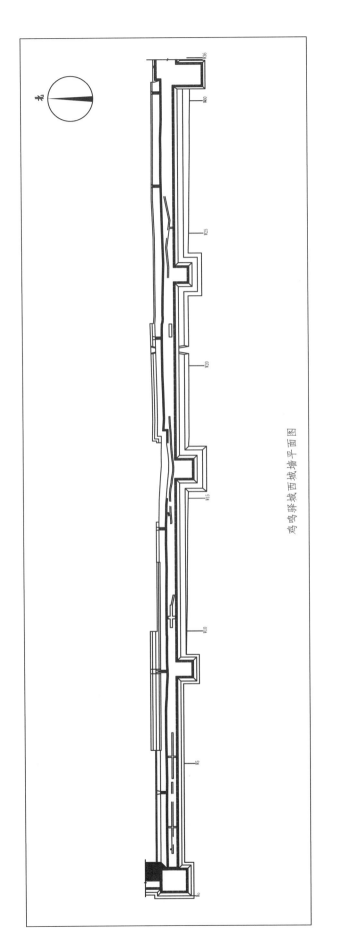

鸡鸣驿城西城墙平面图

北

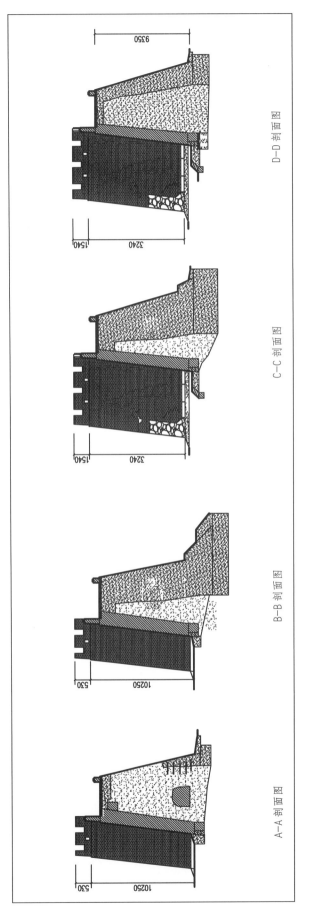

D-D 剖面图

C-C 剖面图

B-B 剖面图

A-A 剖面图

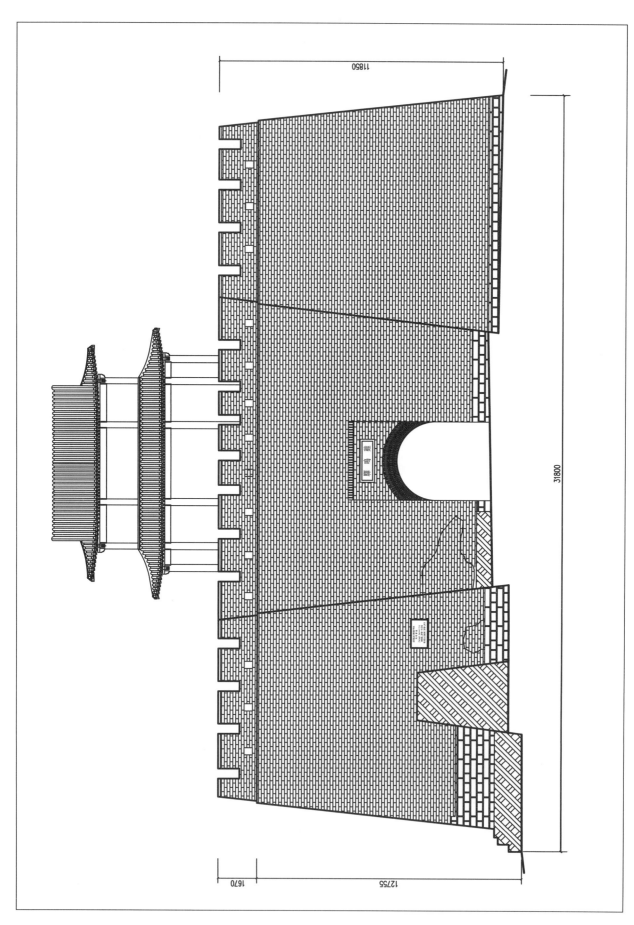

鸡鸣驿城西城门城台西立面图

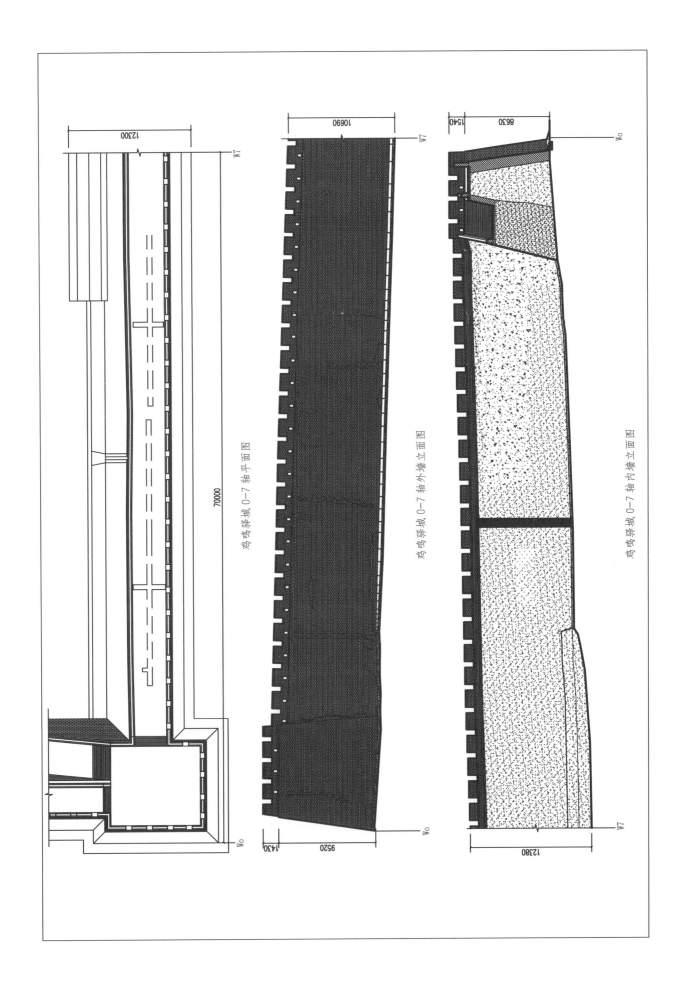

鸡鸣驿城 0-7 轴平面图

鸡鸣驿城 0-7 轴外墙立面图

鸡鸣驿城 0-7 轴内墙立面图

新保安城

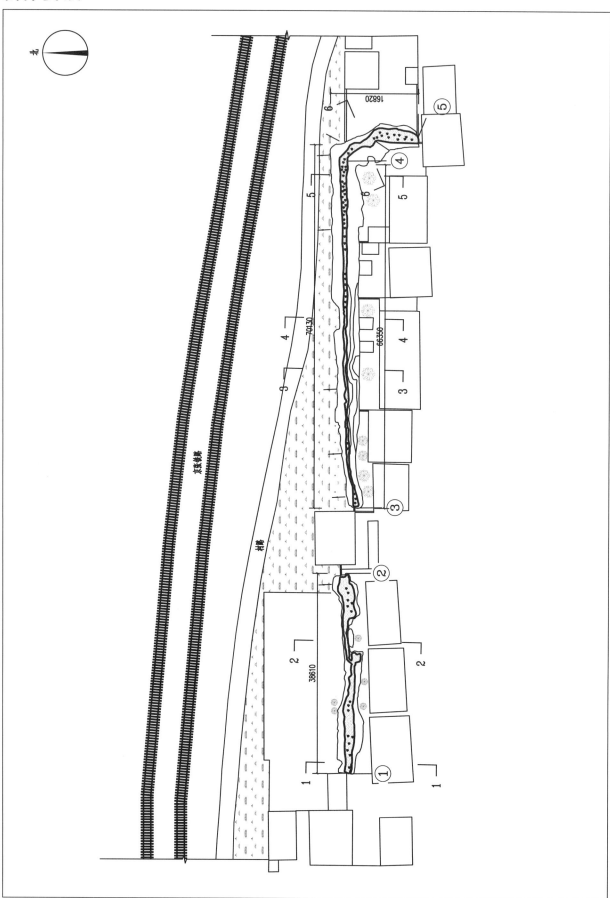

新保安城东北角台及西接墙体平面图

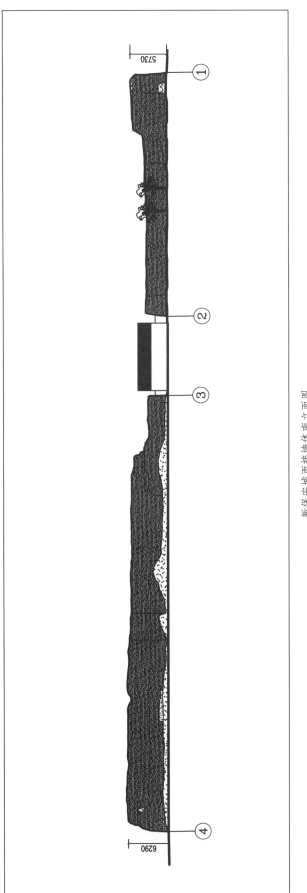

新保安城西接墙体南立面图

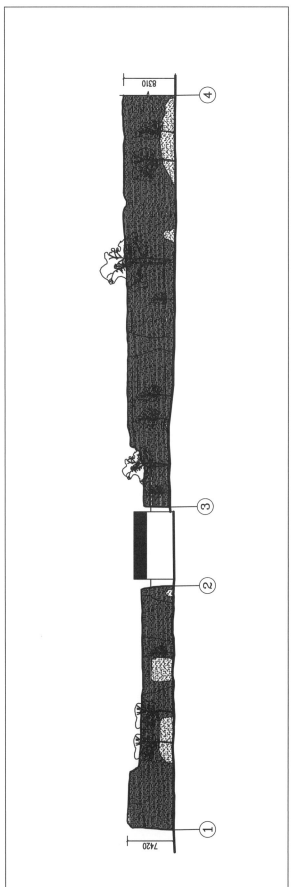

新保安城西接墙体北立面图

北

8740

新保安城东南角台平面图

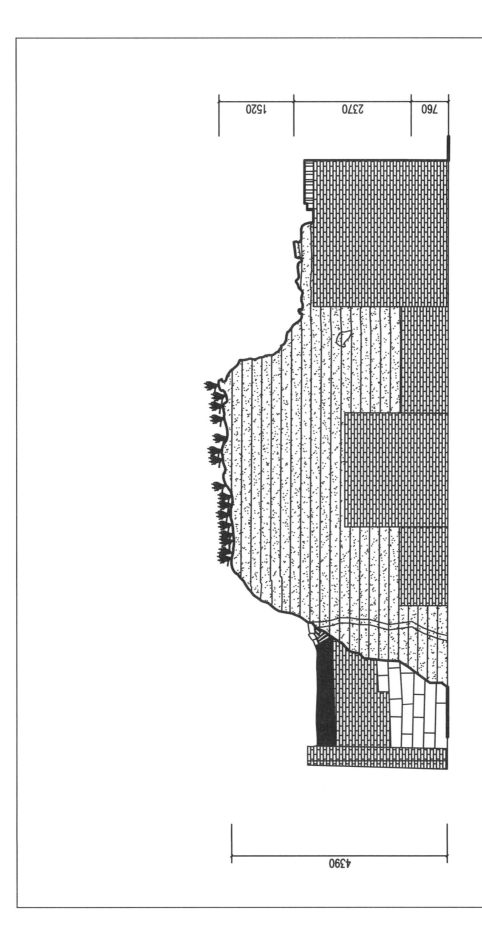

新保安城东南角台东立面图

岔沟梁牧场长城

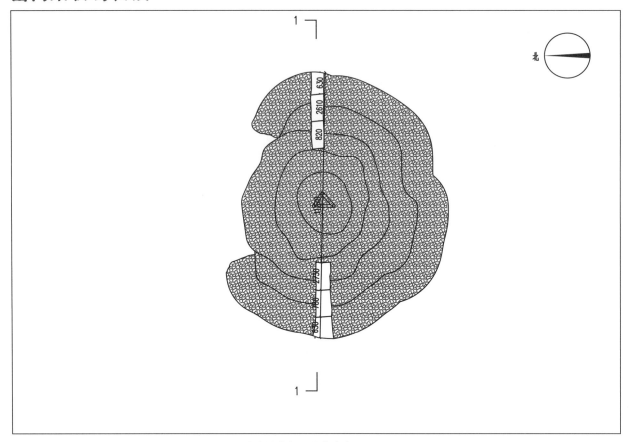

岔沟梁牧场1号烽火台平面图

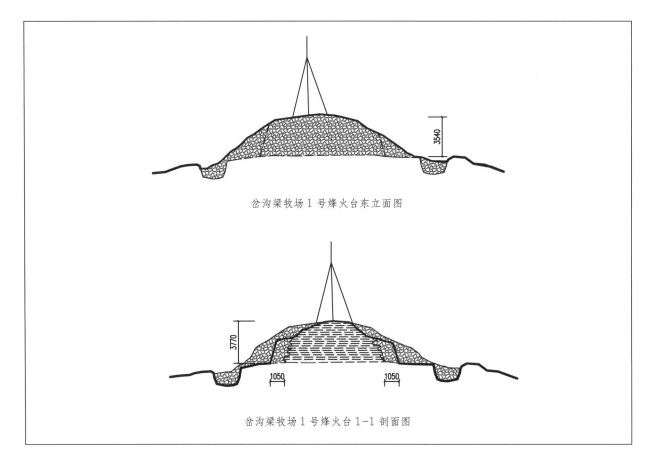

岔沟梁牧场1号烽火台东立面图

岔沟梁牧场1号烽火台1-1剖面图

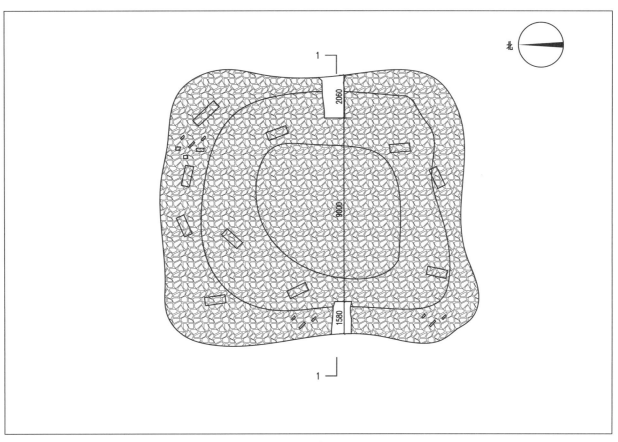

岔沟梁牧场 2 号烽火台平面图

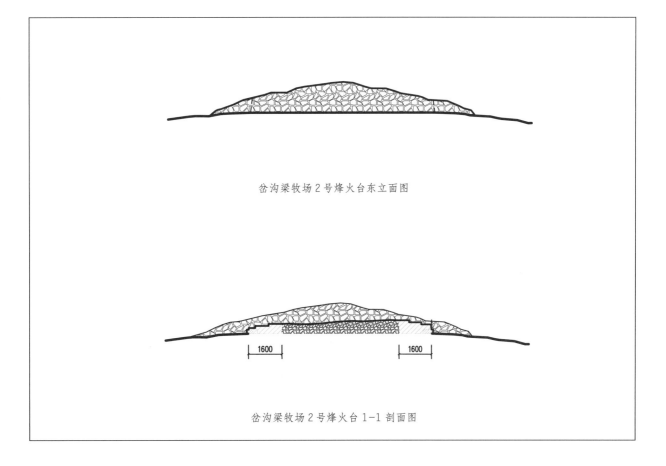

岔沟梁牧场 2 号烽火台东立面图

岔沟梁牧场 2 号烽火台 1-1 剖面图

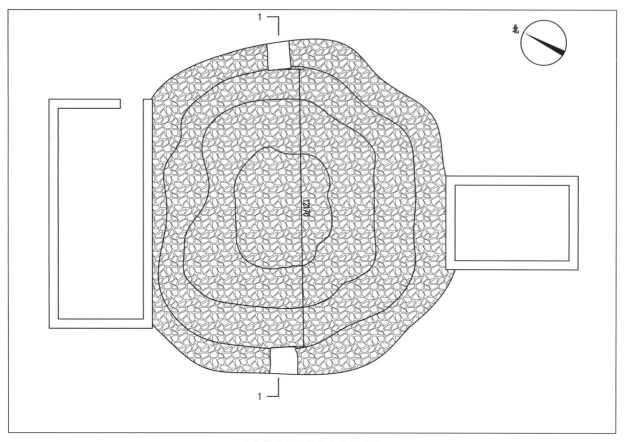

岔沟梁牧场 3 号烽火台平面图

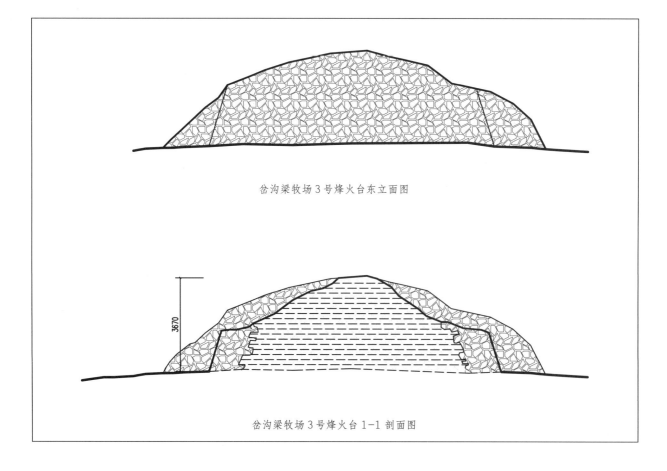

岔沟梁牧场 3 号烽火台东立面图

岔沟梁牧场 3 号烽火台 1-1 剖面图

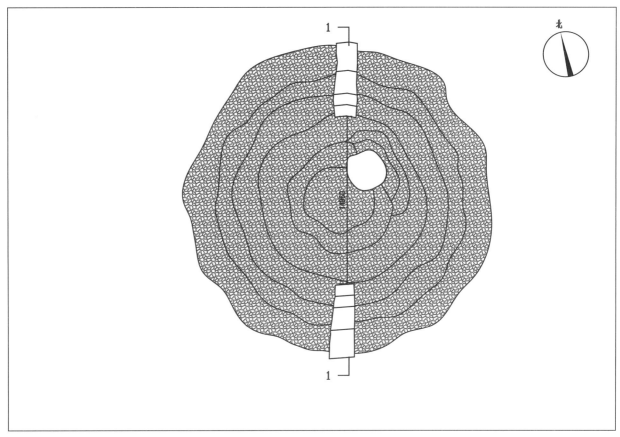

岔沟梁牧场 4 号烽火台平面图

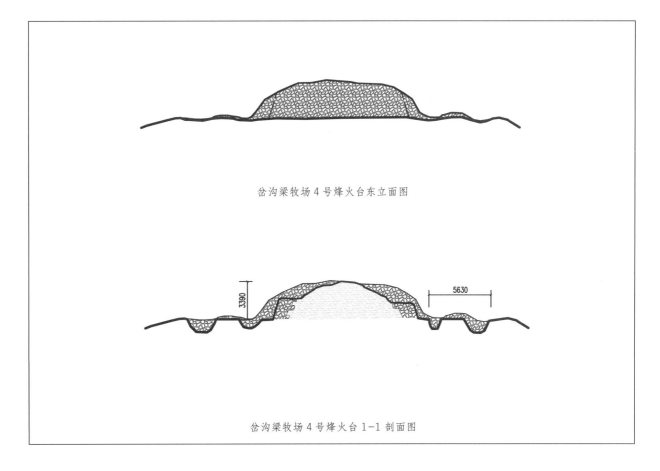

岔沟梁牧场 4 号烽火台东立面图

岔沟梁牧场 4 号烽火台 1-1 剖面图

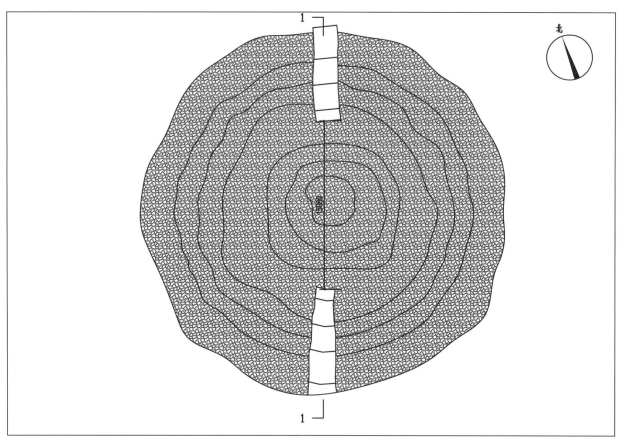

岔沟梁牧场 5 号烽火台平面图

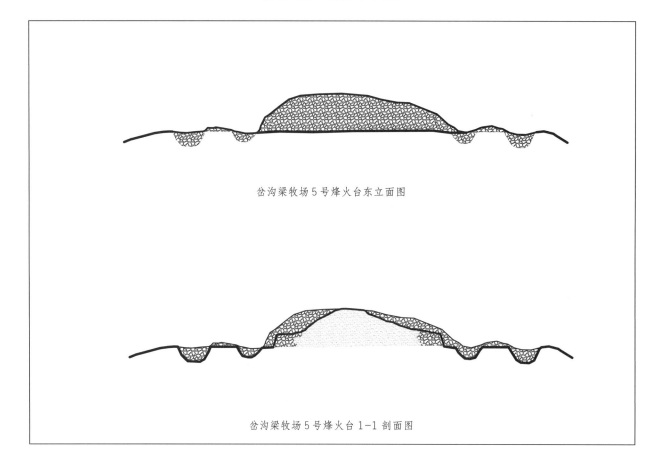

岔沟梁牧场 5 号烽火台东立面图

岔沟梁牧场 5 号烽火台 1-1 剖面图

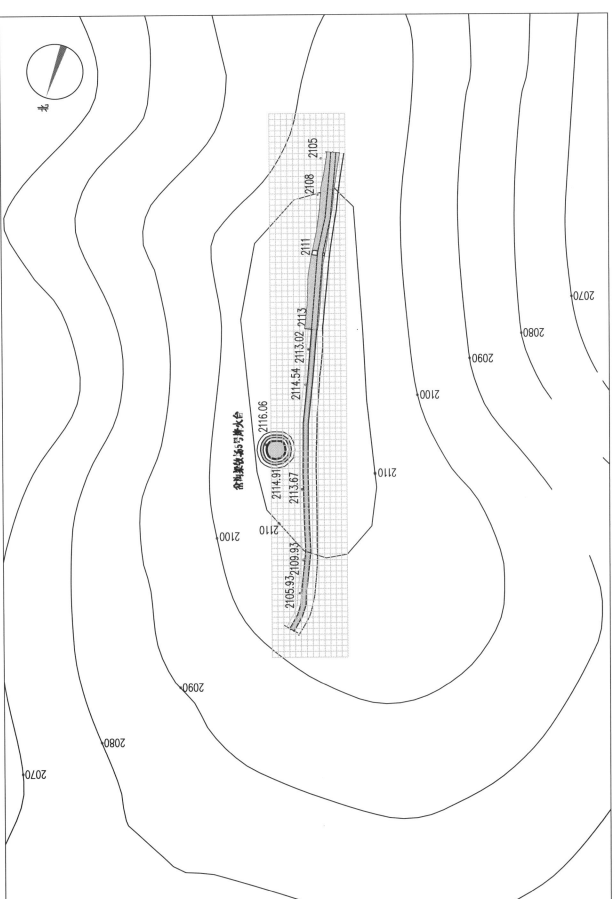

岔沟梁牧场长城平面图

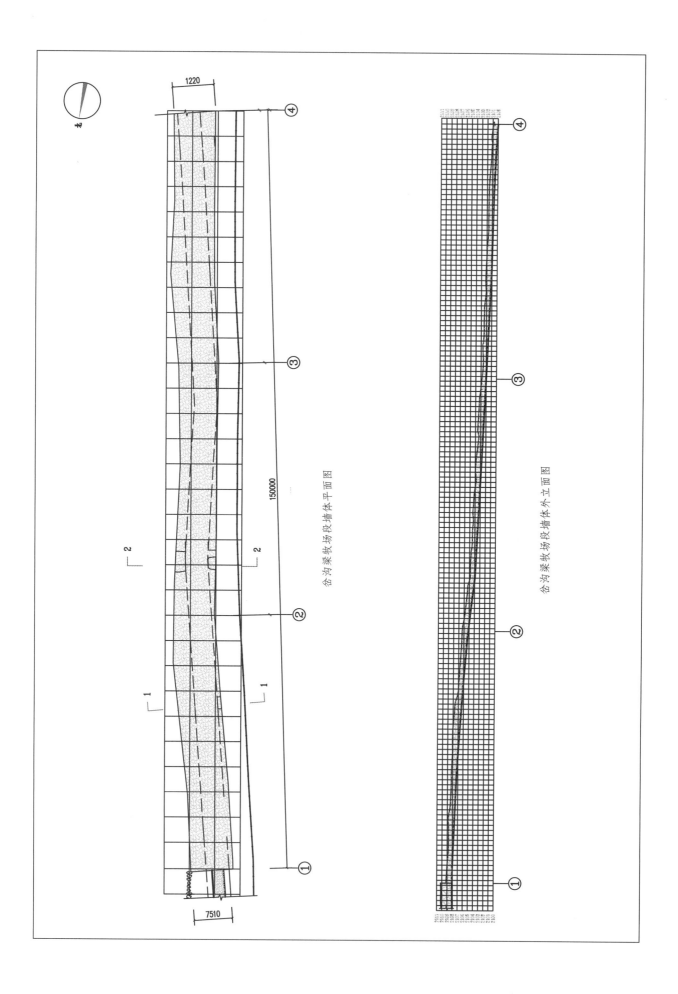

岔沟梁牧场场段墙体平面图

岔沟梁牧场场段墙体外立面图

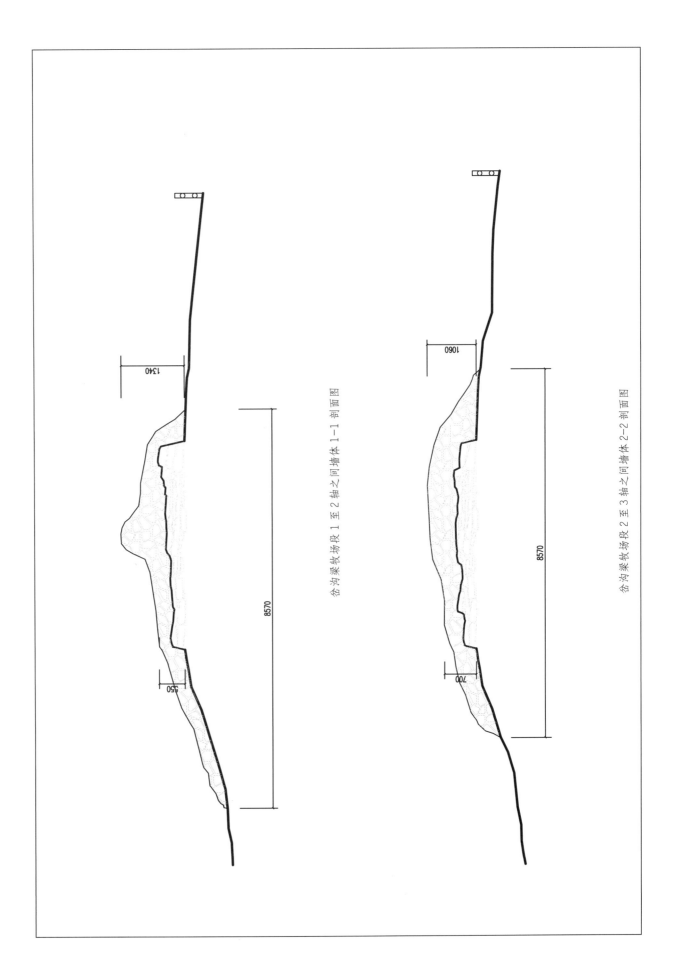

岔沟梁牧场段 1 至 2 轴之间墙体 1-1 剖面图

岔沟梁牧场段 2 至 3 轴之间墙体 2-2 剖面图

大境门长城

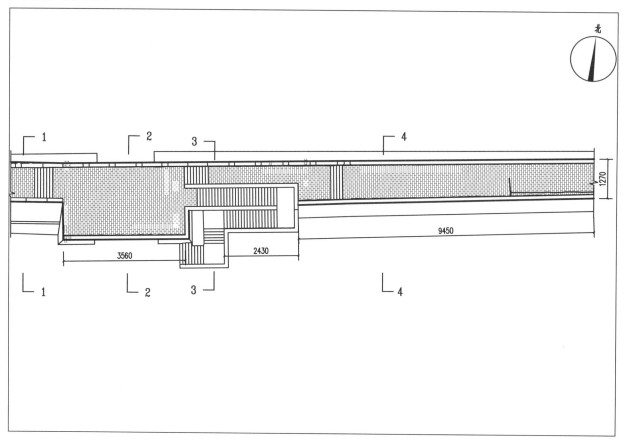

大境门长城城台、东段墙体平面图

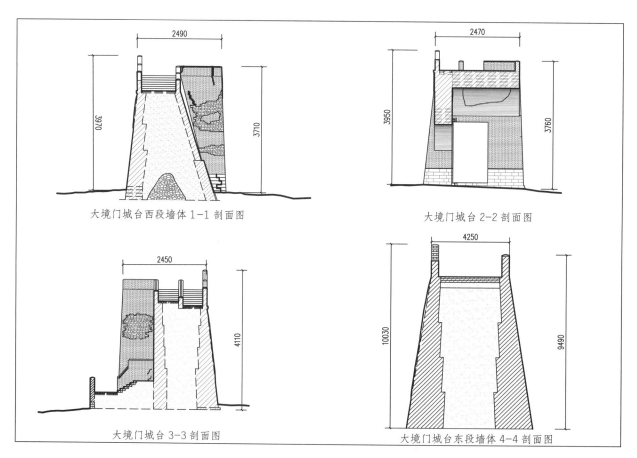

大境门城台西段墙体 1-1 剖面图

大境门城台 2-2 剖面图

大境门城台 3-3 剖面图

大境门城台东段墙体 4-4 剖面图

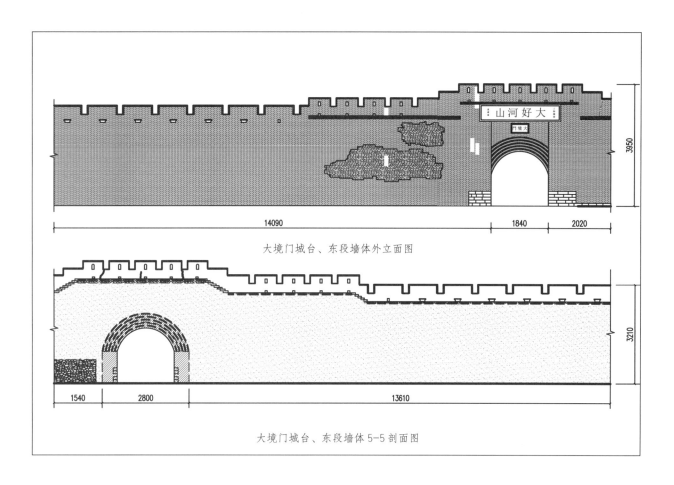

大境门城台、东段墙体外立面图

大境门城台、东段墙体 5-5 剖面图

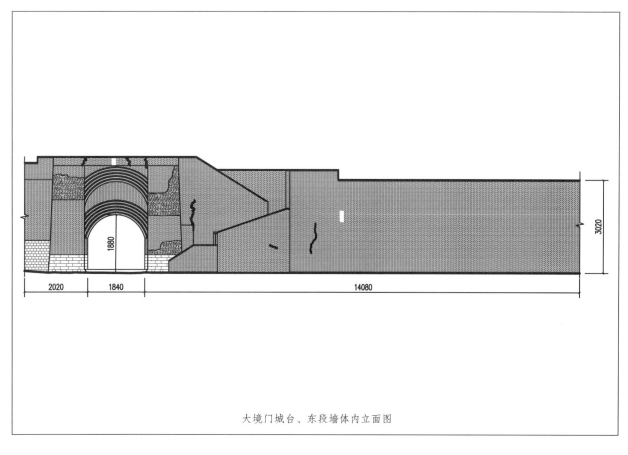

大境门城台、东段墙体内立面图

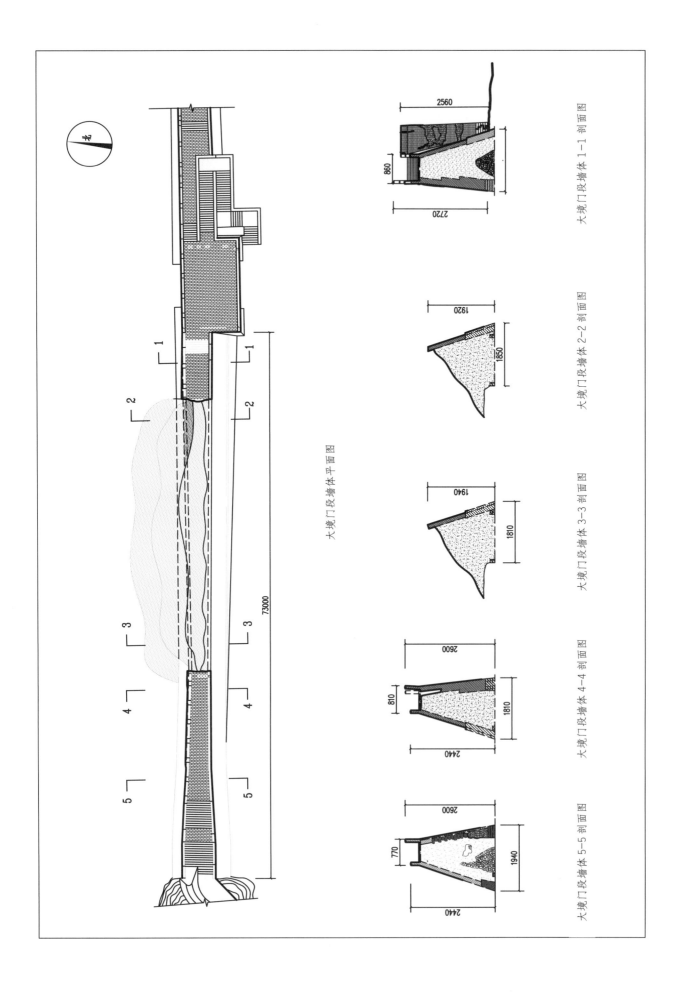

大境门段墙体平面图

大境门段墙体 1—1 剖面图

大境门段墙体 2—2 剖面图

大境门段墙体 3—3 剖面图

大境门段墙体 4—4 剖面图

大境门段墙体 5—5 剖面图

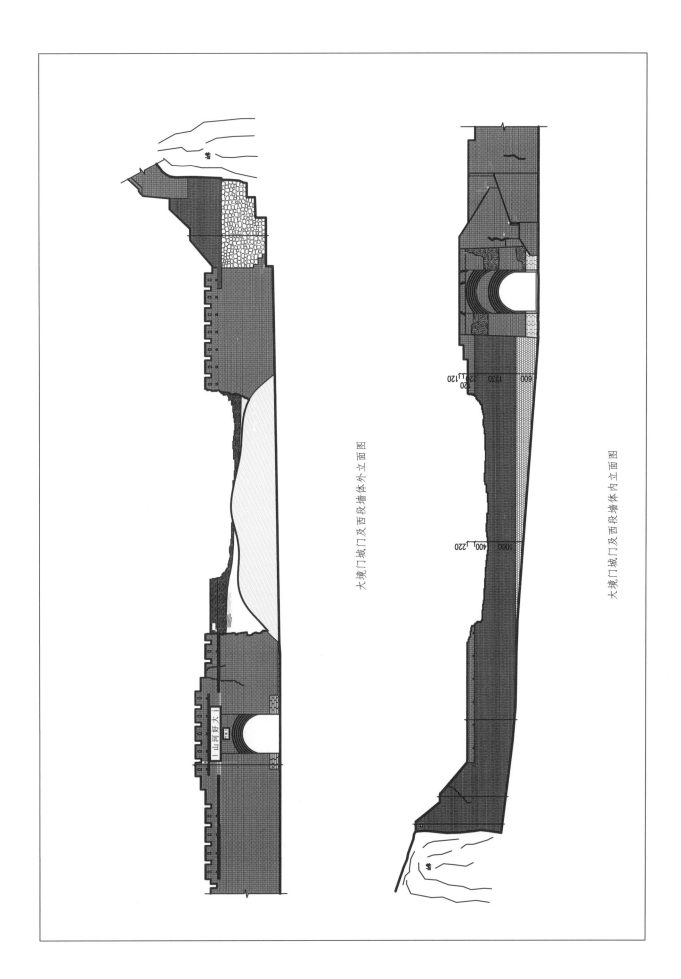

大境门城门及西段墙体外立面图

大境门城门及西段墙体内立面图

来远堡长城

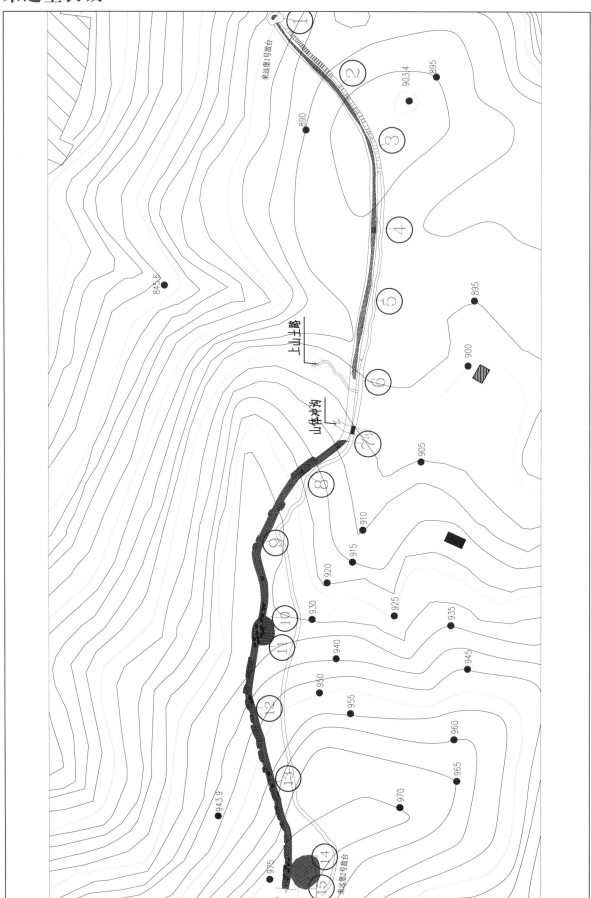

来远堡1号敌台、2号敌台及之间墙体地形图

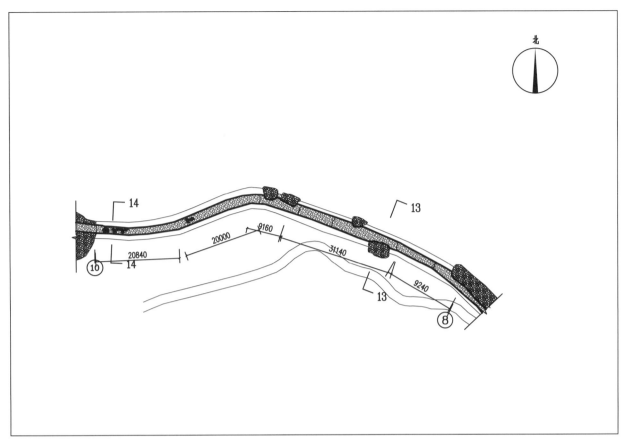

来远堡 8-10 轴墙体平面图

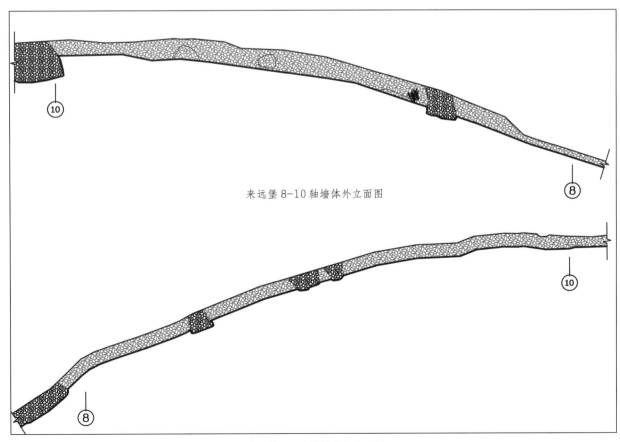

来远堡 8-10 轴墙体外立面图

来远堡 8-10 轴墙体外立面图

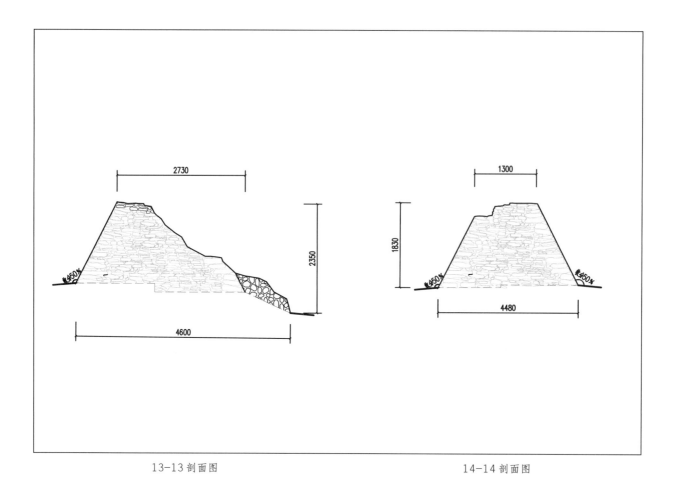

13-13 剖面图

14-14 剖面图

15-15 剖面图

12-12 剖面图

16-16 剖面图

17-17 剖面图

宣府镇城泰新门

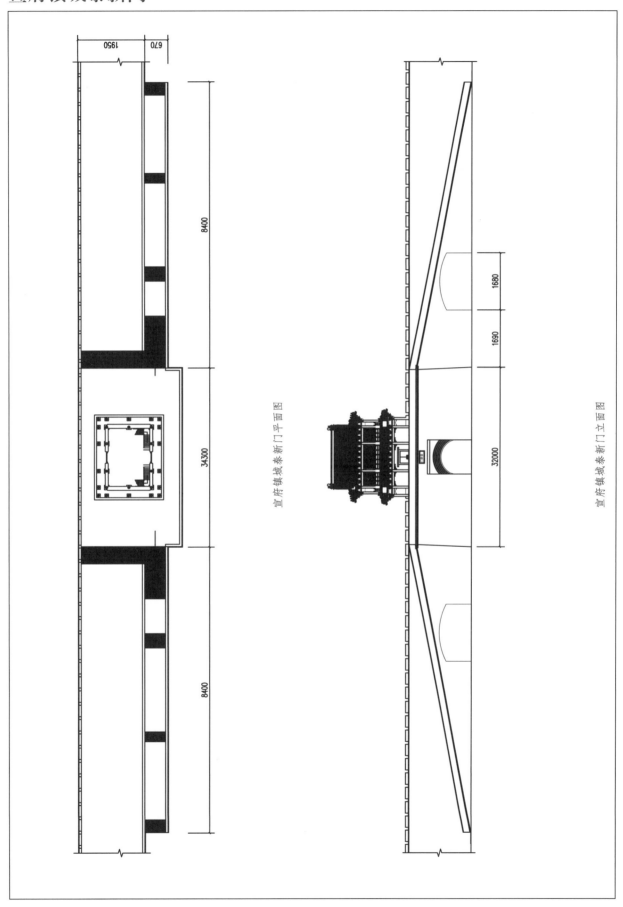

宣府镇城泰新门平面图

宣府镇城泰新门立面图

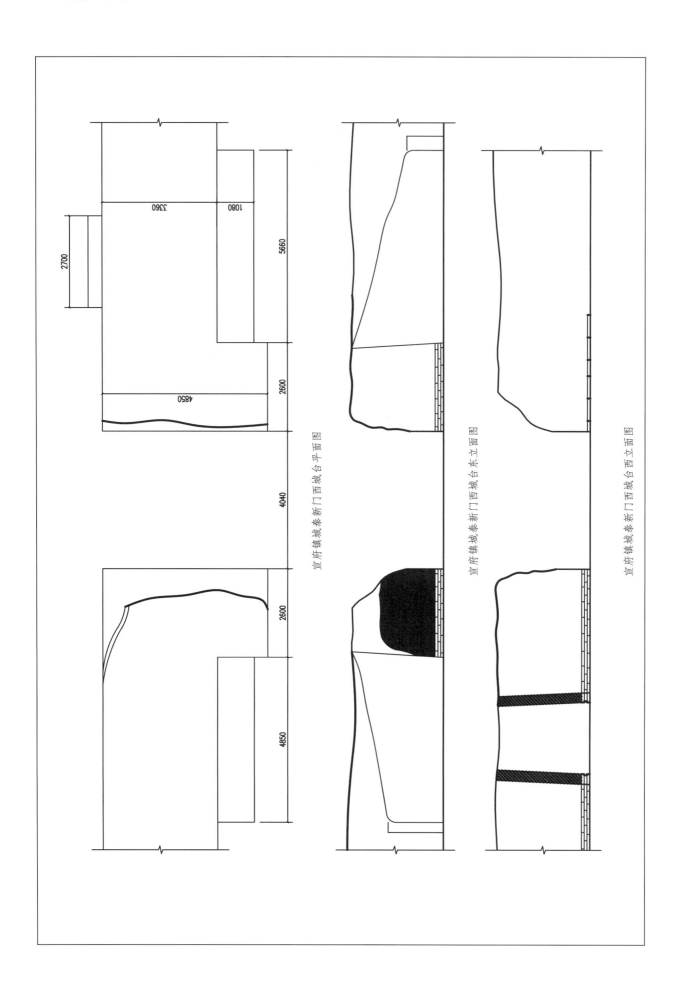

宣府镇镇城泰新门西城台平面图

宣府镇镇城泰新门西城台东立面图

宣府镇镇城泰新门西城台西立面图

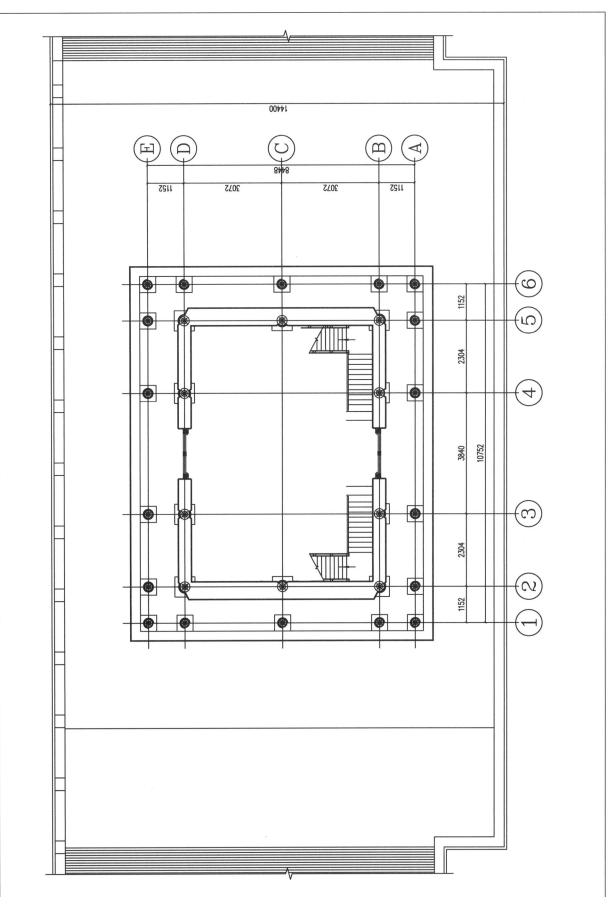

宣府镇城泰新门城楼平面图

宣府镇城泰新门南立面城墙剖面图

宣府镇城清远楼

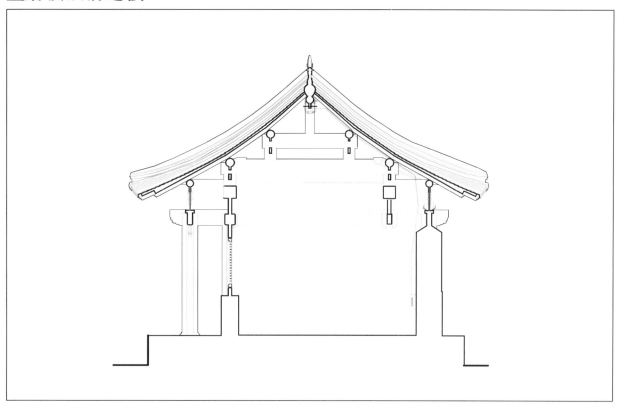

宣府镇城清远楼剖面图

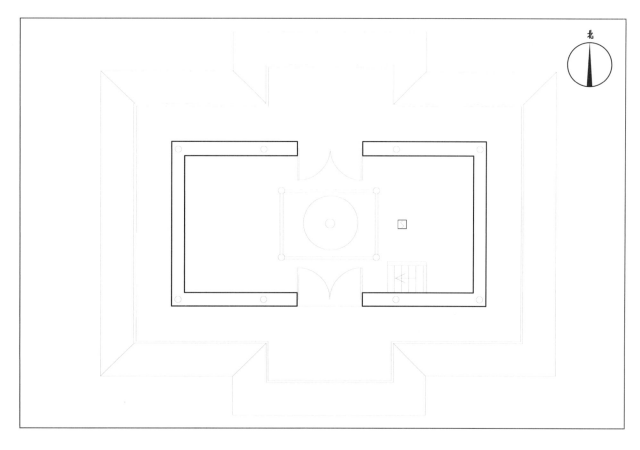

宣府镇城清远楼二层平面图

周坝烽火台

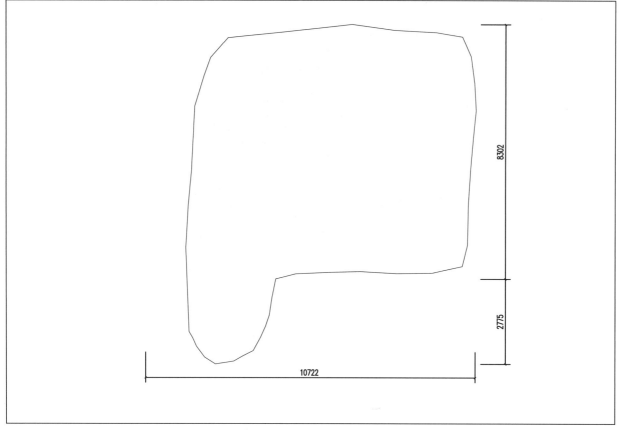

周坝 02 号烽火台

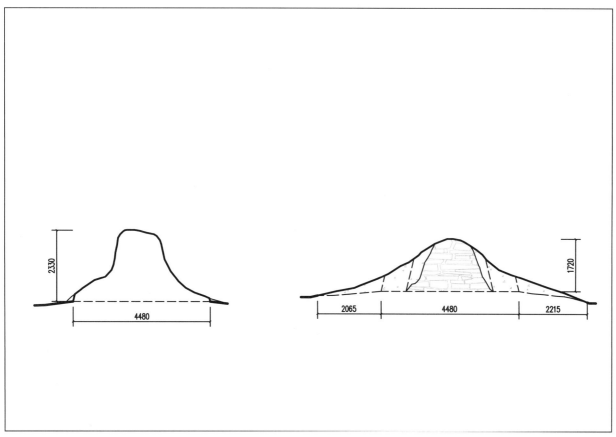

3-3 剖面图   8-8 剖面图

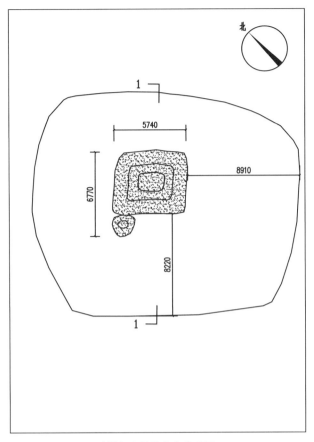

周坝 02 号烽火台平面图

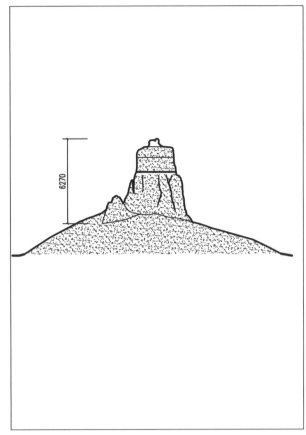

周坝 02 号烽火台东立面图

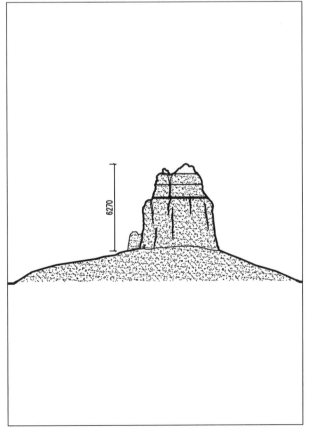

周坝 02 号烽火台南立面图

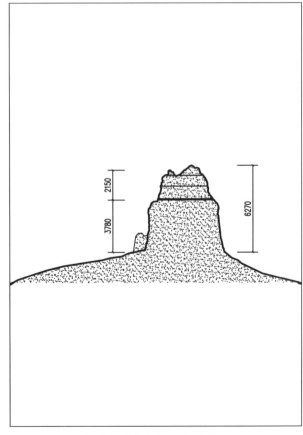

周坝 02 号烽火台 1-1 剖面图

镇虎台长城

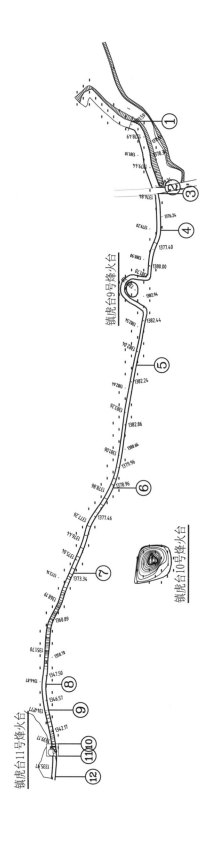

镇虎台长城总平面图

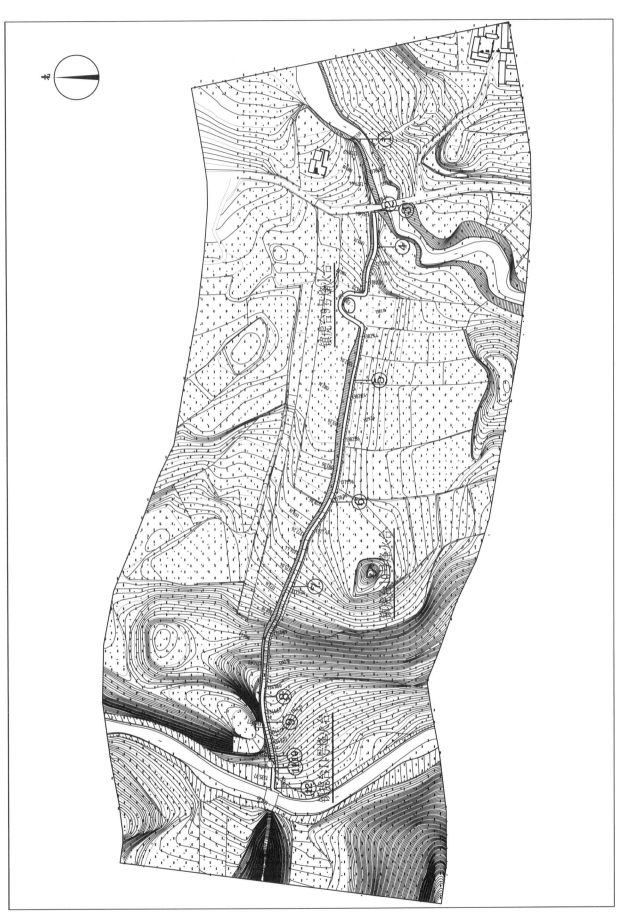

镇虎台长城地形图

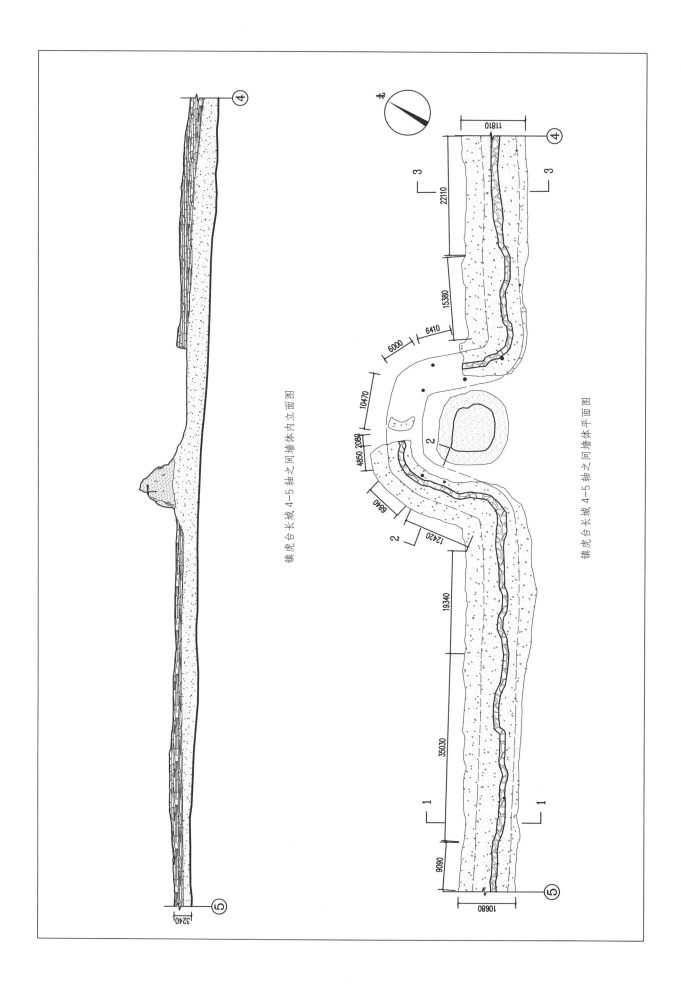

镇虎台长城 4—5 轴之间墙体内立面图

镇虎台长城 4—5 轴之间墙体平面图

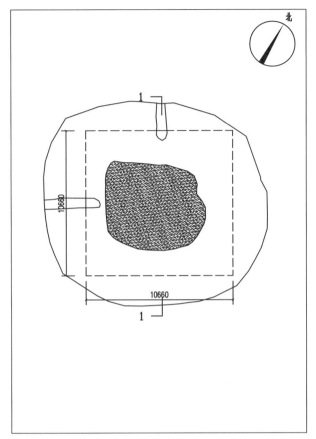

镇虎台 09 号烽火台平面图

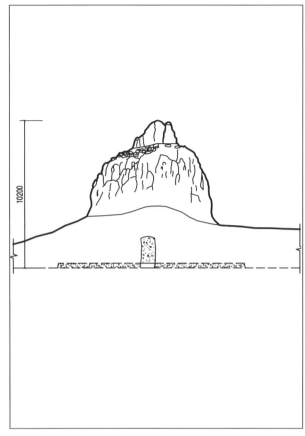

镇虎台 09 号烽火台东立面图

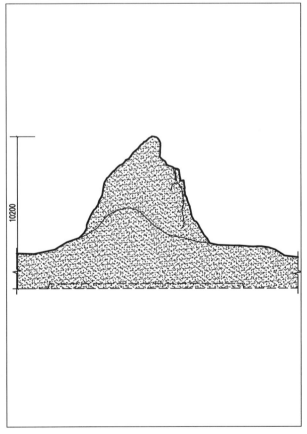

镇虎台 09 号烽火台北立面图

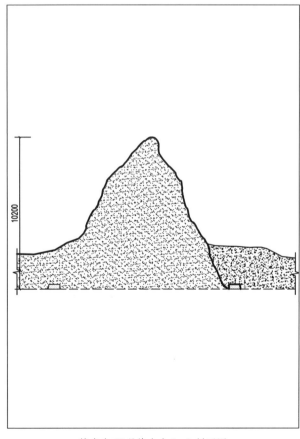

镇虎台 09 号烽火台 1-1 剖面图

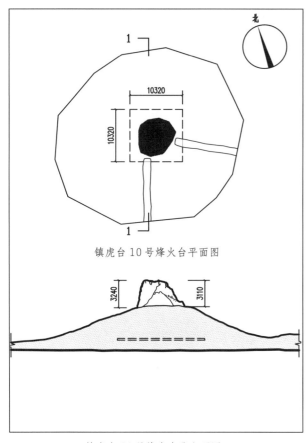

镇虎台 10 号烽火台平面图

镇虎台 10 号烽火台北立面图

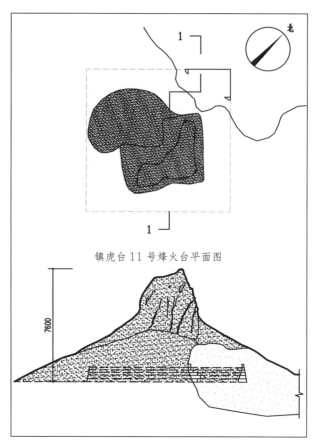

镇虎台 11 号烽火台平面图

镇虎台 11 号烽火台东立面图

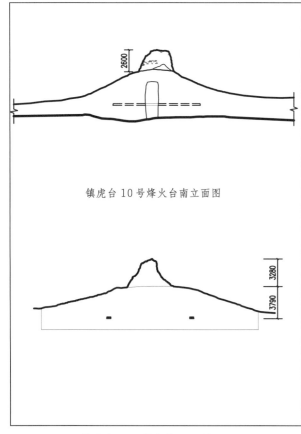

镇虎台 10 号烽火台南立面图

镇虎台 10 号烽火台 1-1 剖面图

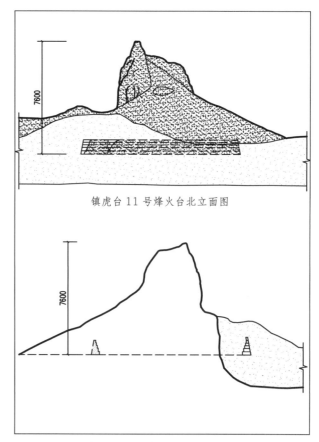

镇虎台 11 号烽火台北立面图

镇虎台 11 号烽火台 1-1 剖面图

洗马林玉皇阁

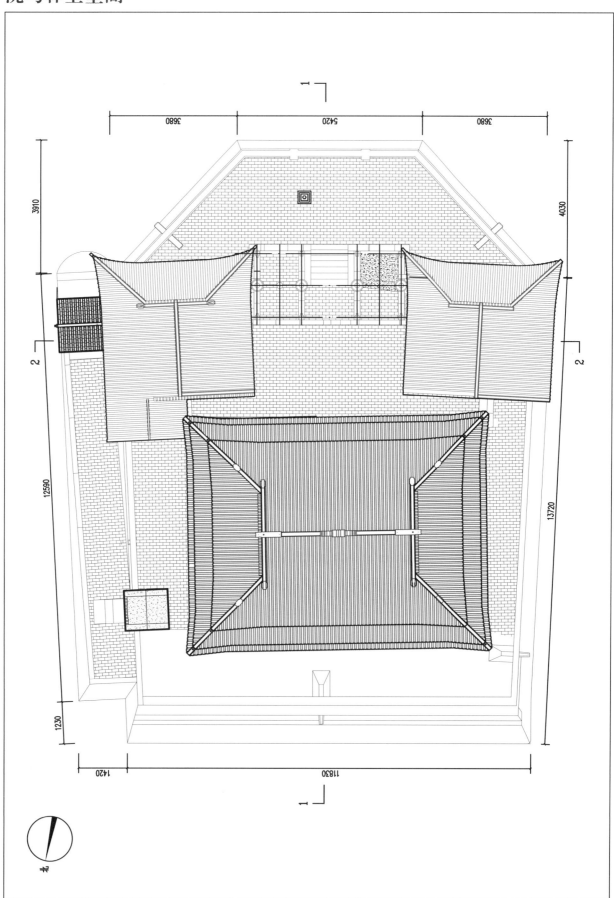

洗马林玉皇阁瓦顶俯视图

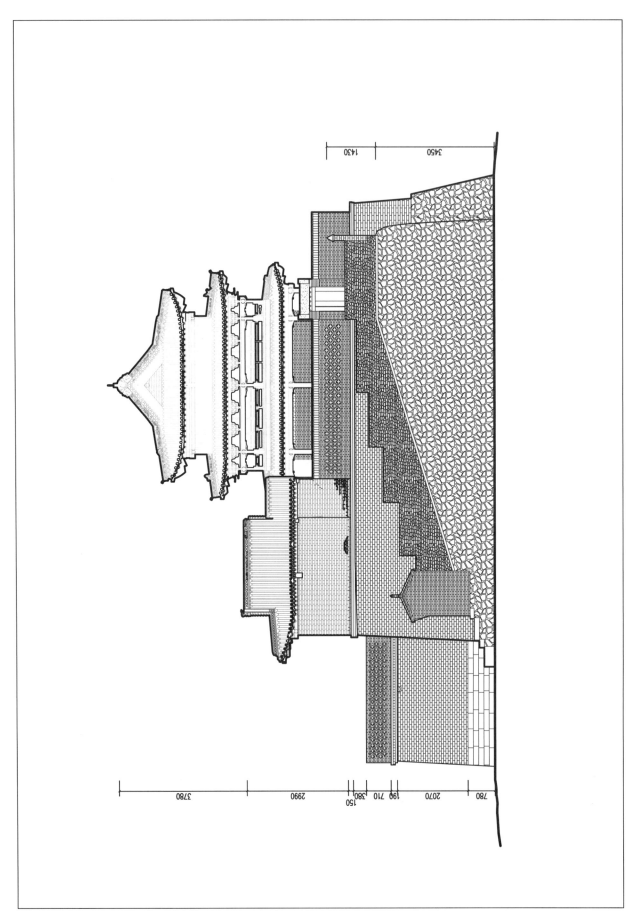

洗马林玉皇阁东立面图

1430
3450

3780
2990
150
380
710
190
2070
780

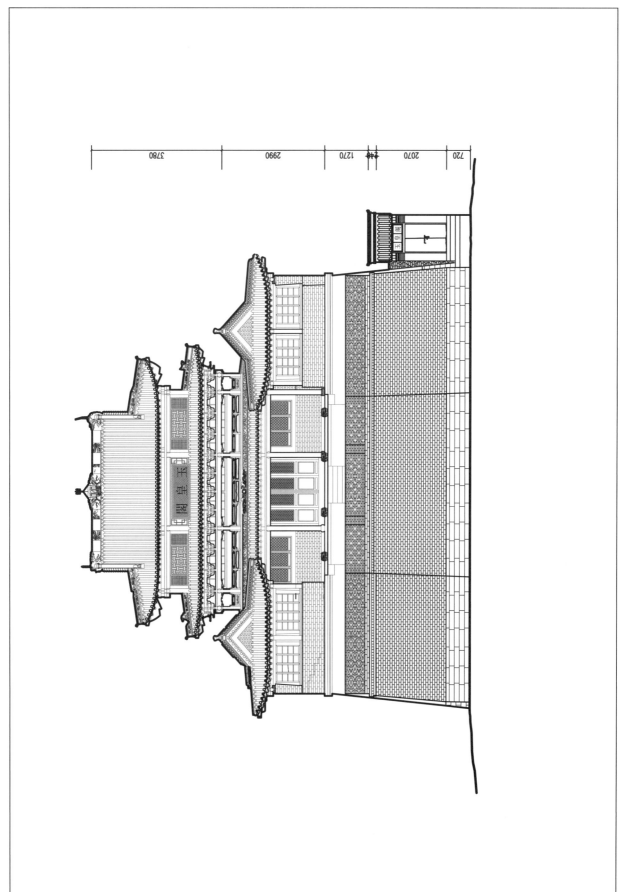

洗马林玉皇阁南立面图

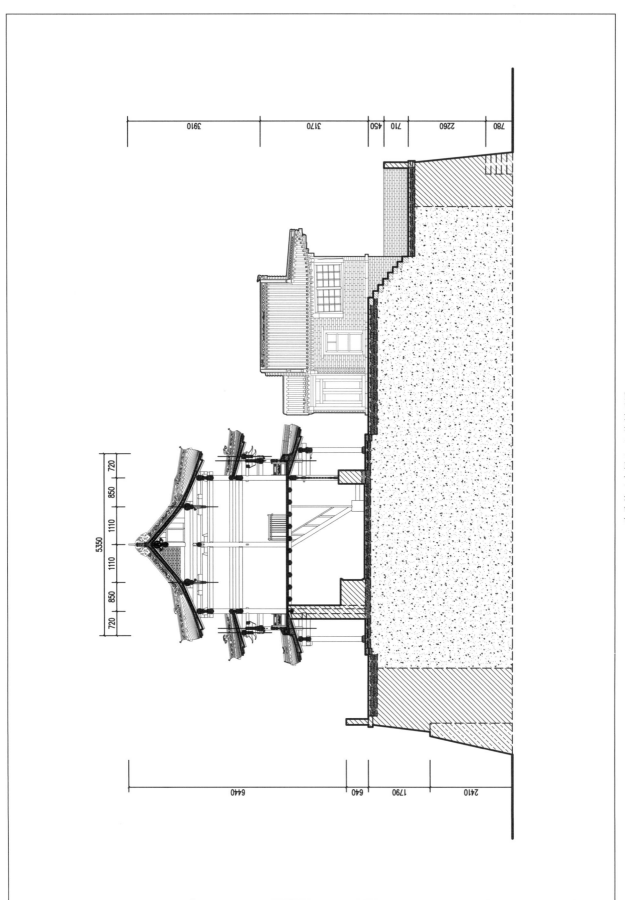

洗马林玉皇阁 1-1 总剖面图

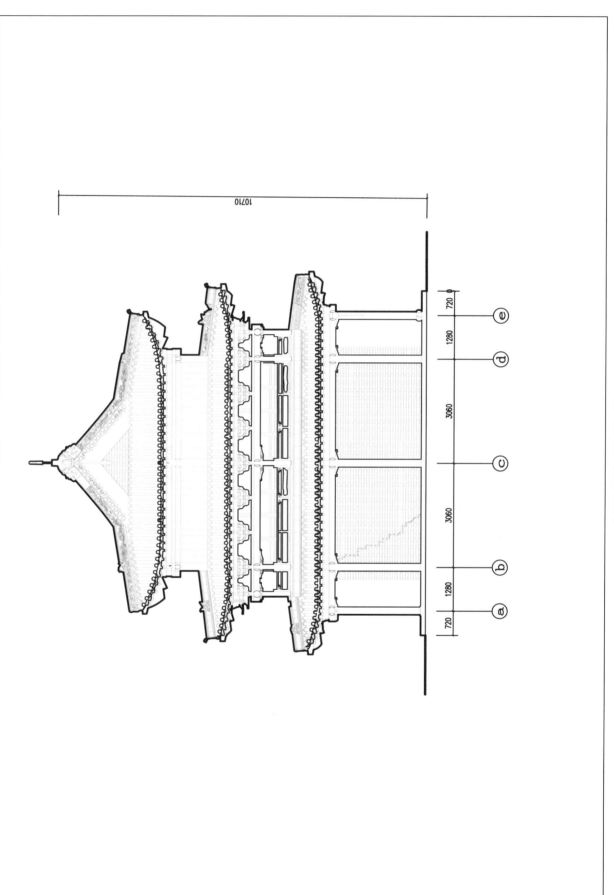

10710

720 1280 3060 3060 1280 720

ⓐ ⓑ ⓒ ⓓ ⓔ

洗马林玉皇阁正殿西立面图

洗马林南门

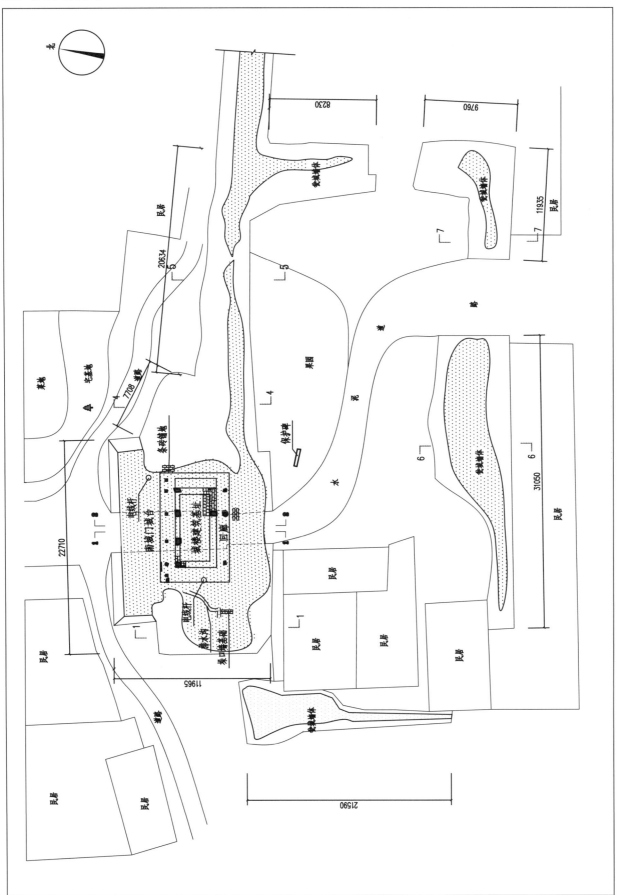

洗马林南门系统平面图

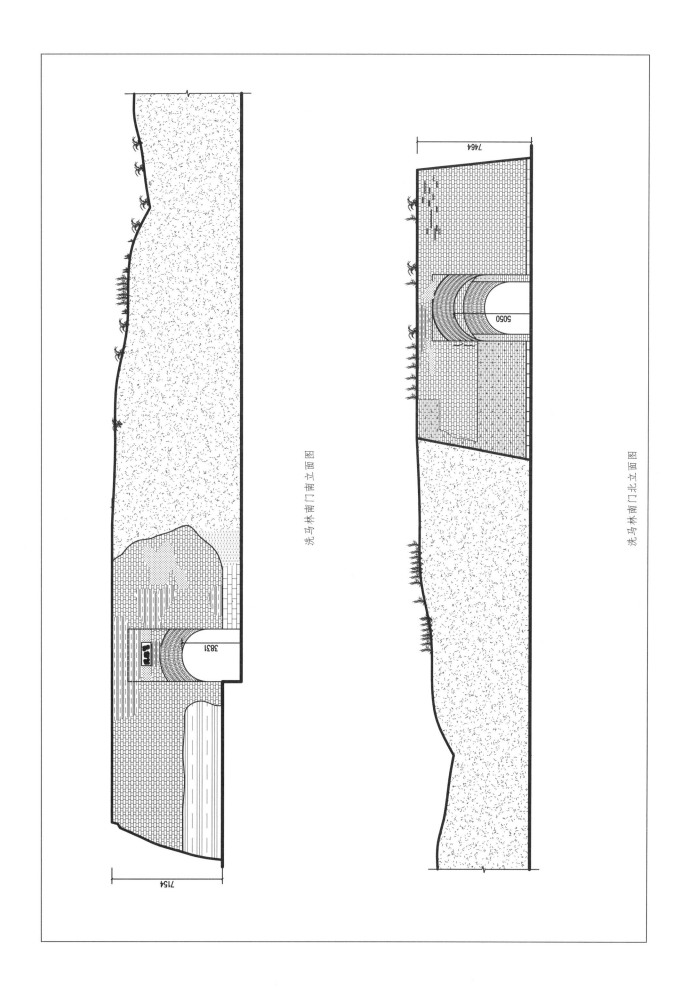

洗马林南门南立面图

洗马林南门北立面图

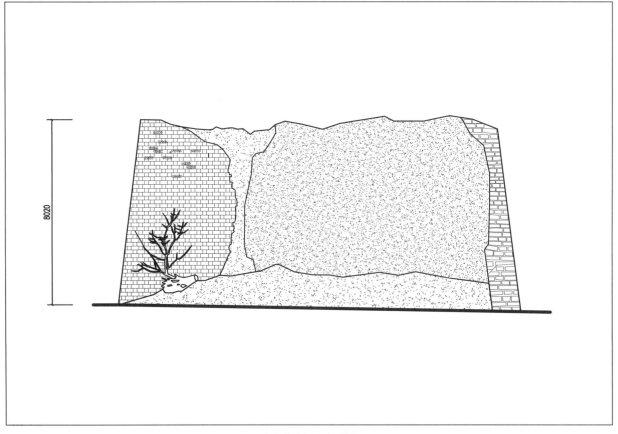

洗马林南门东立面图

洗马林南门西立面图

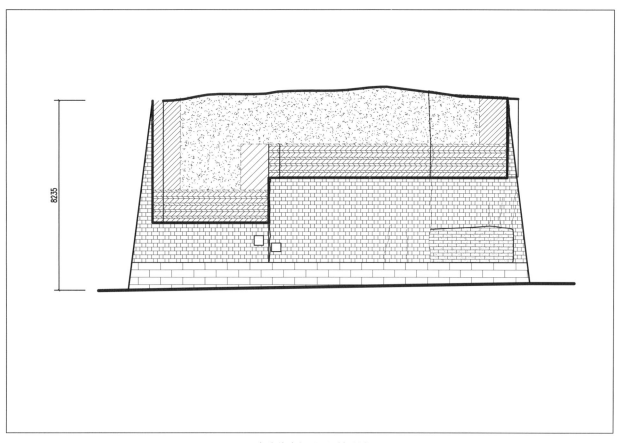

洗马林南门 1-1 剖面图

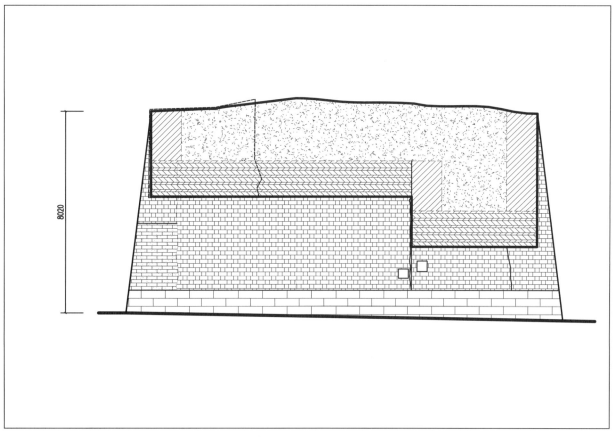

洗马林南门 2-2 剖面图

窑子头烽火台

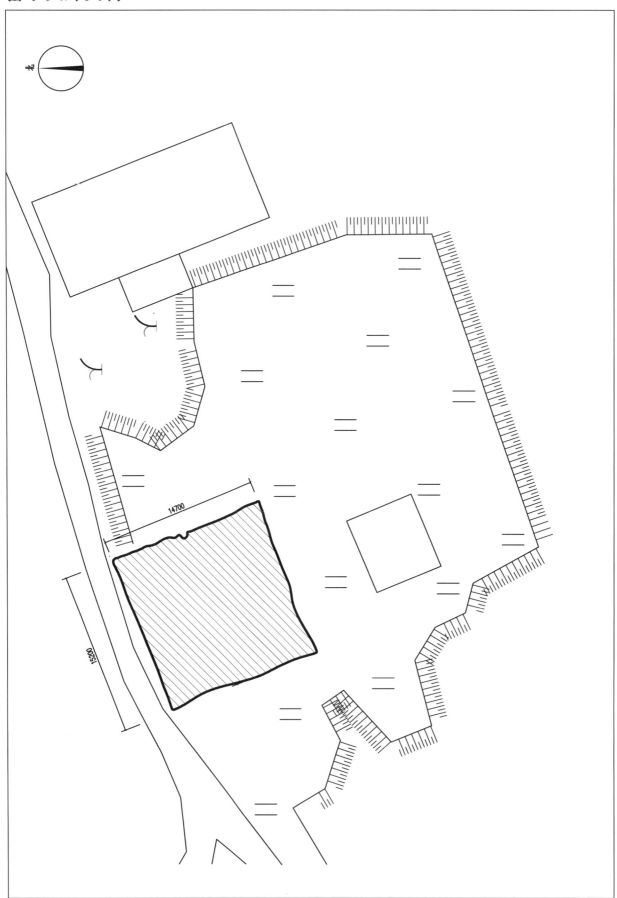

14700

13200

窑子头烽火台总平面图

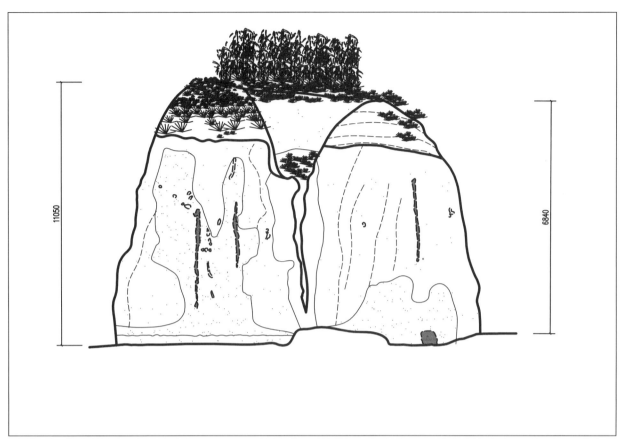

窑子头烽火台南立面图

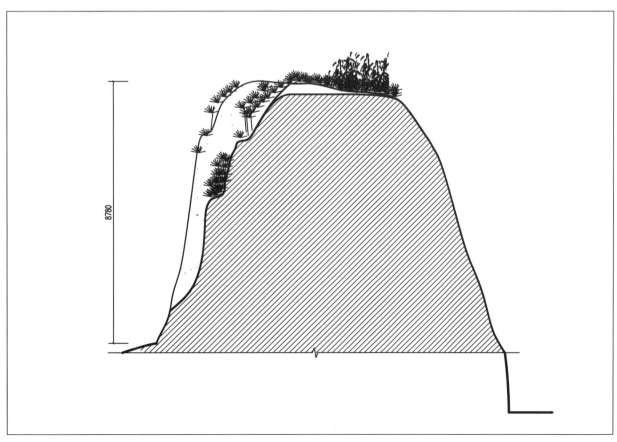

窑子头烽火台 1-1 剖面图

金家庄城堡

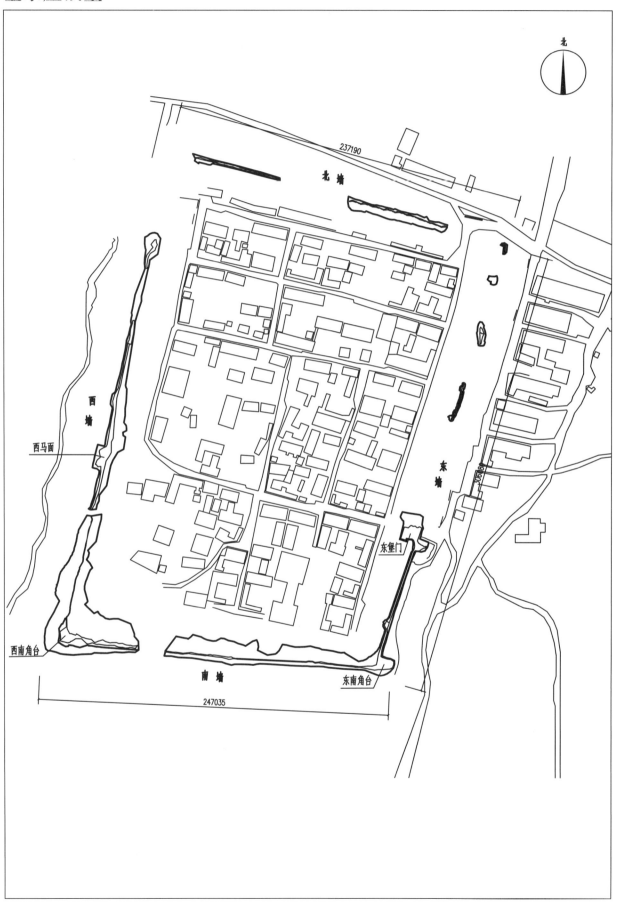

金家庄城堡平面图

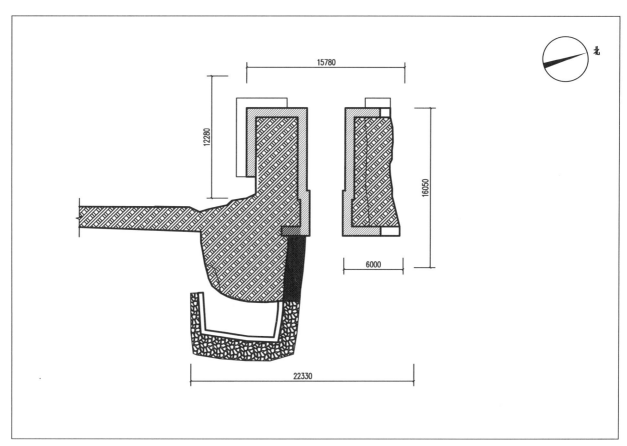

金家庄城堡东门平面图

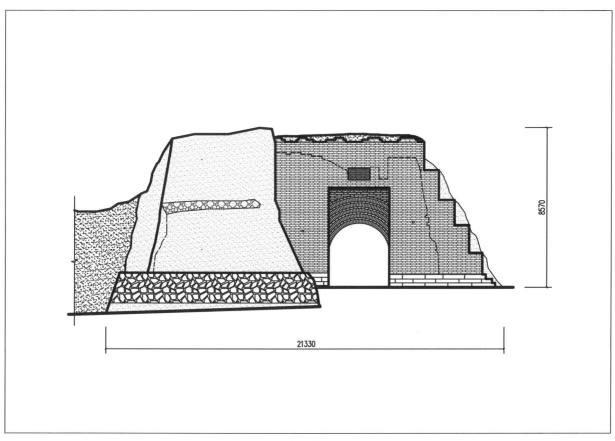

金家庄城堡东门平面图

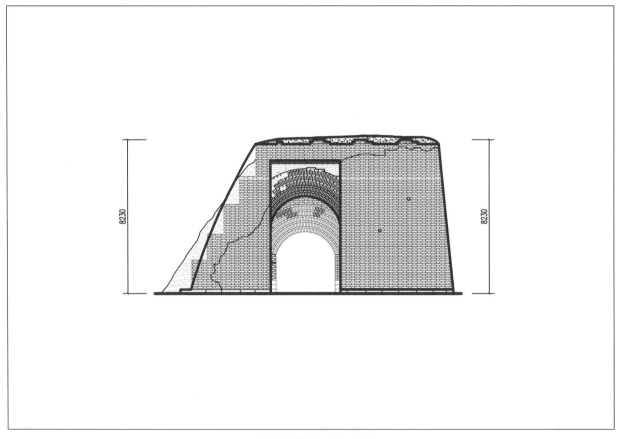

金家庄城堡东门东立面图

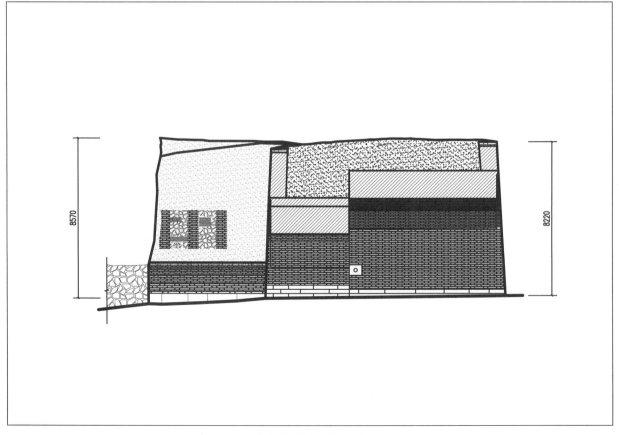

金家庄城堡东门剖面图

青边口烽火台

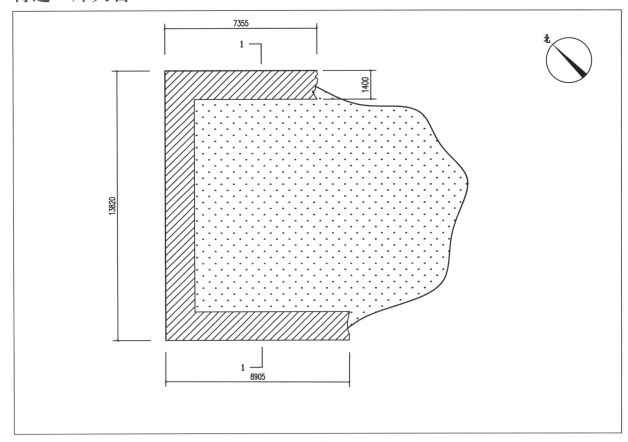

青边口 06 号烽火台平面图

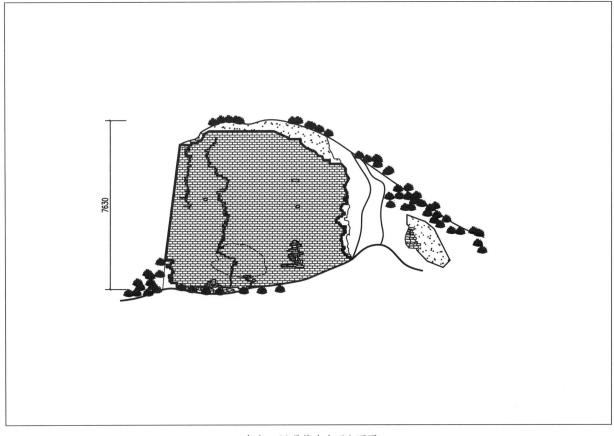

青边口 06 号烽火台西立面图

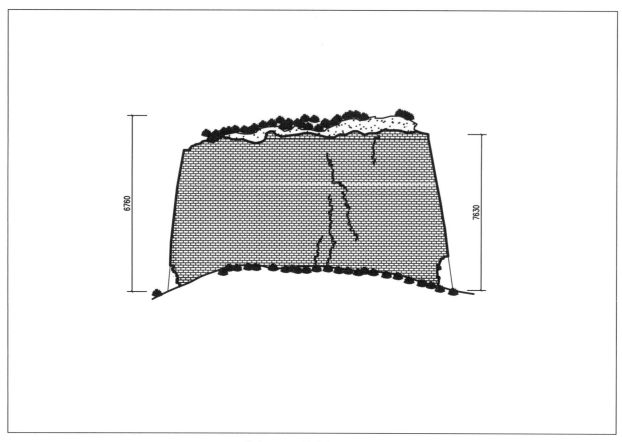

青边口 06 号烽火台西立面图

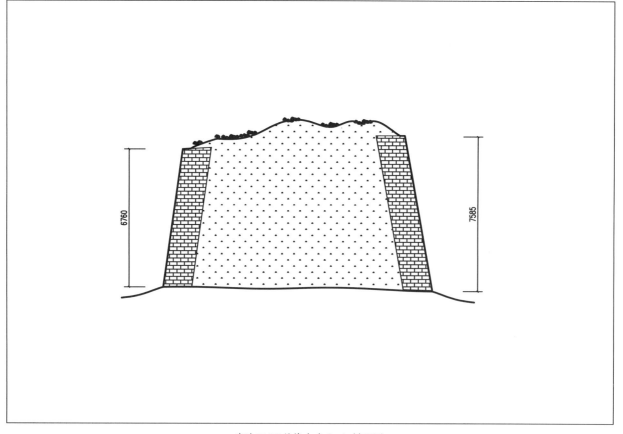

青边口 06 号烽火台 1-1 剖面图

开阳堡

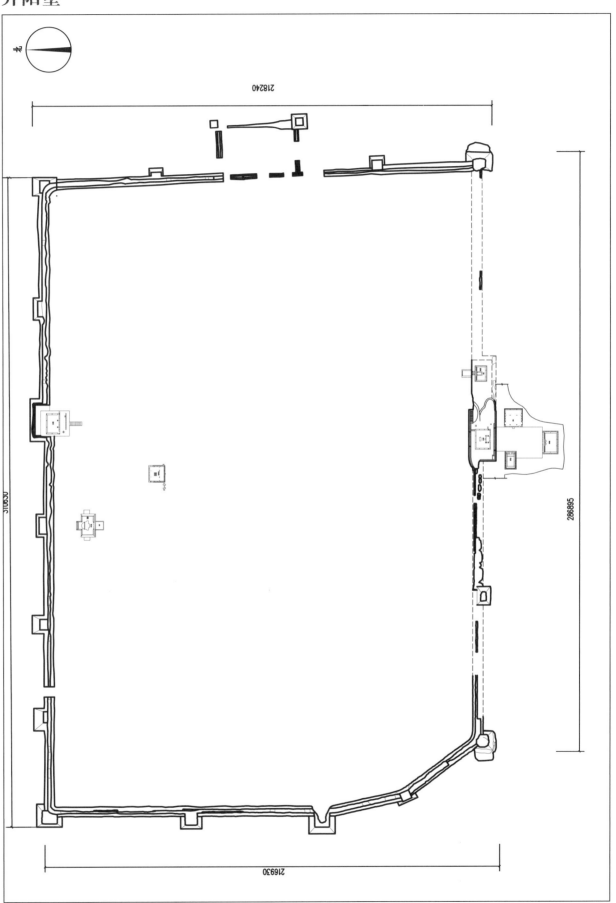

北

218240

310630

216930

286895

开阳堡平面图

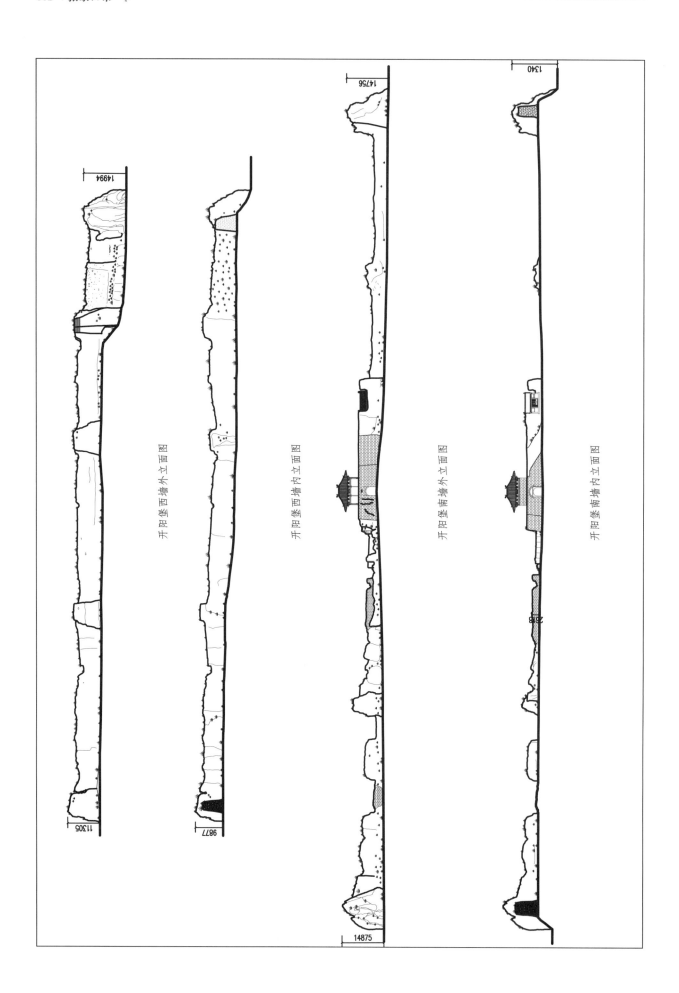

开阳堡西墙外立面图

开阳堡西墙内立面图

开阳堡南墙外立面图

开阳堡南墙内立面图

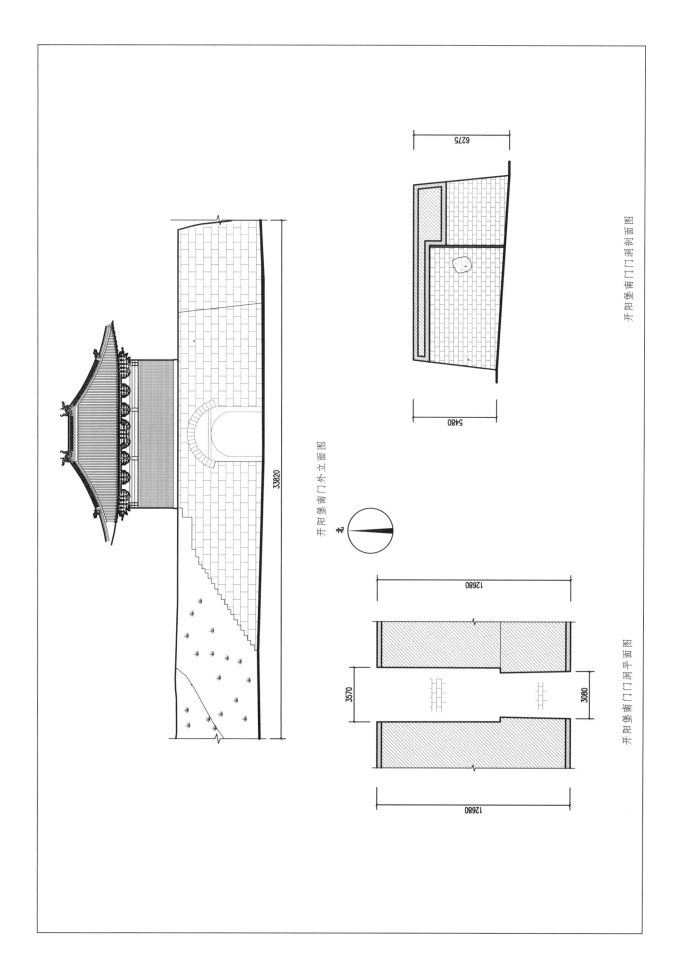

开阳堡南门门洞剖面图

6275

5480

开阳堡南门外立面图

33820

北

开阳堡南门门洞平面图

12680

3570

3080

12680

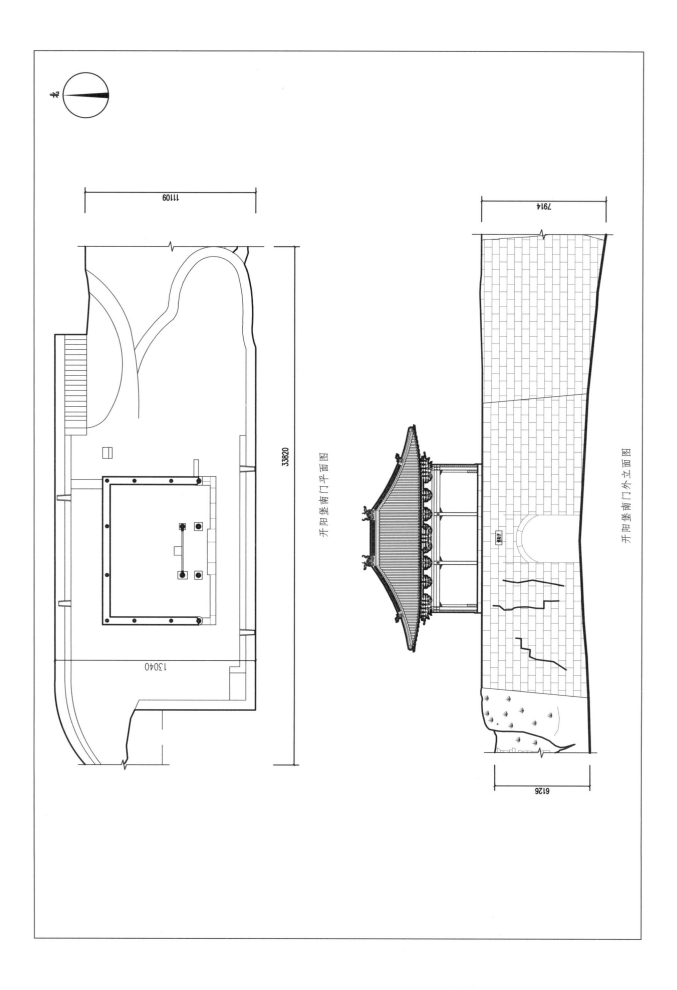

开阳堡南门平面图

开阳堡南门外立面图

张家口堡

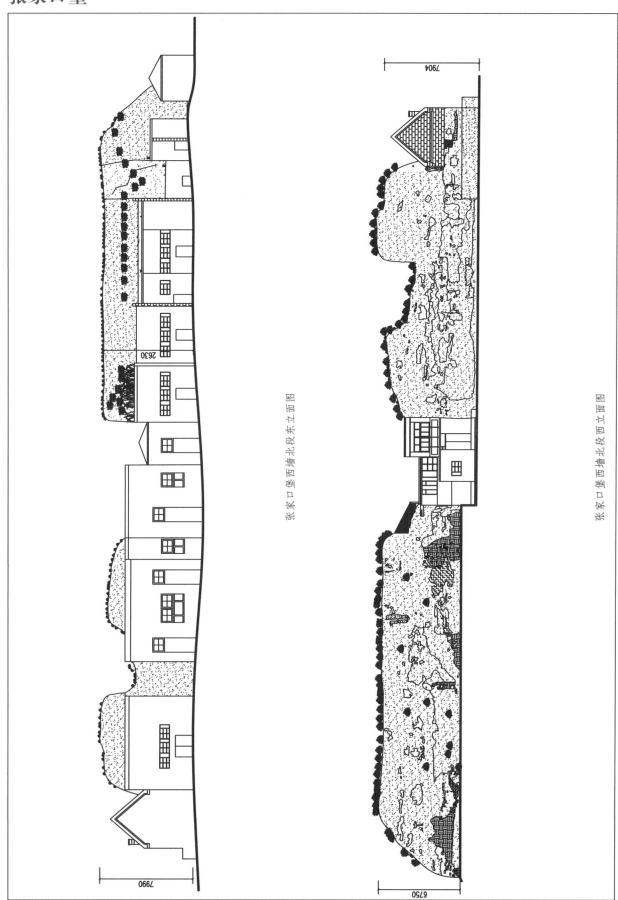

张家口堡西墙北段末立面图

7990

2630

张家口堡西墙北段西立面图

7904

6750

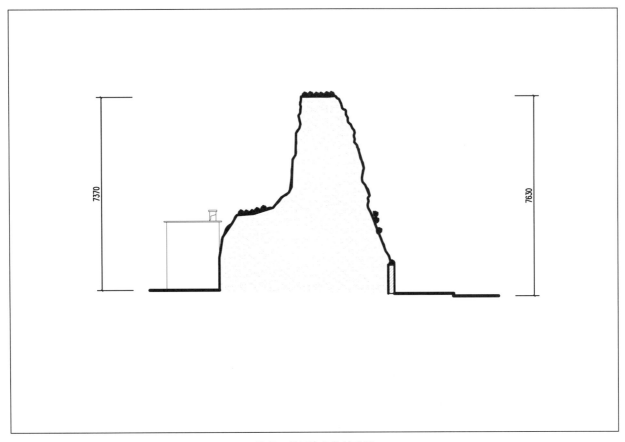

张家口堡西墙北段剖面图

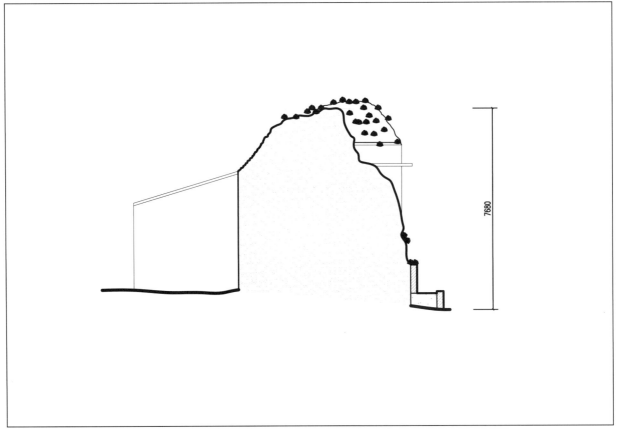

张家口堡西墙北段剖面图

东榆林烽火台

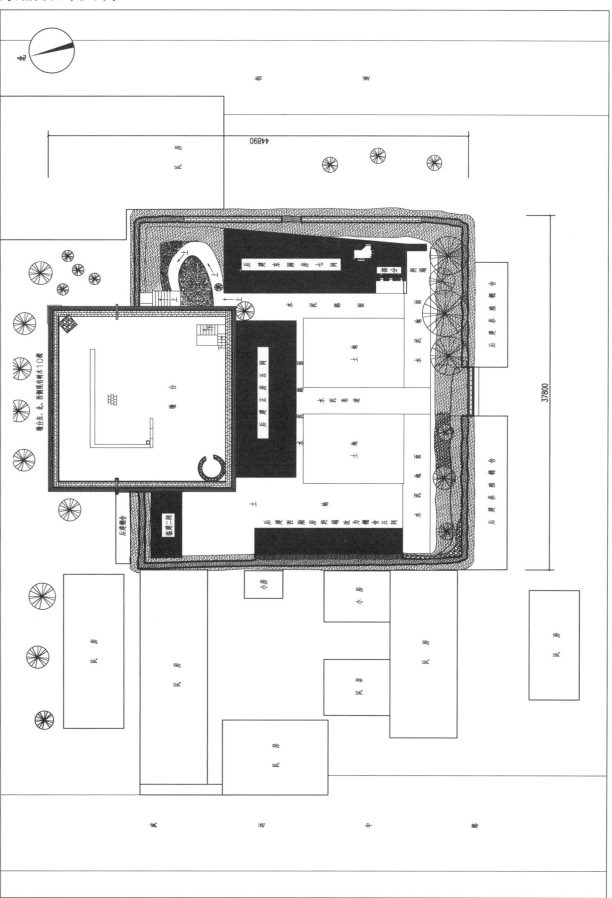

东榆林烽火台平面图

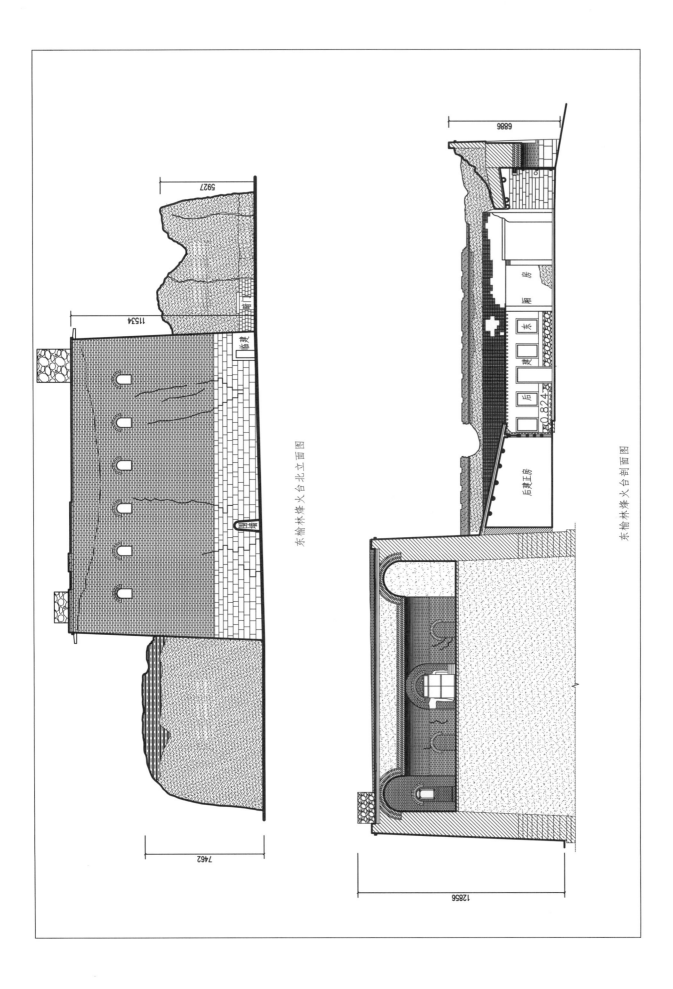

东榆林烽火台北立面图

东榆林烽火台剖面图

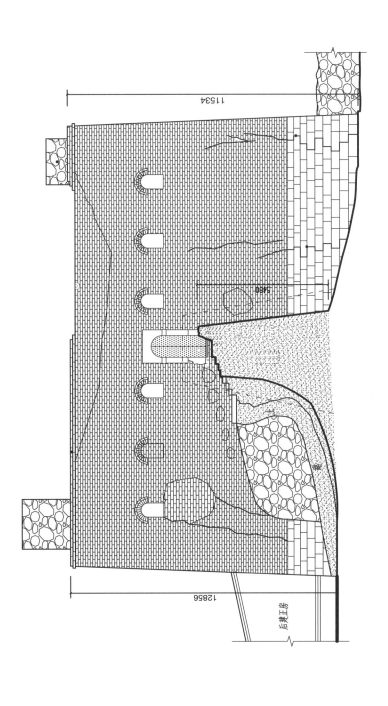

东榆林烽火台围堡北墙剖面图

羊儿岭堡

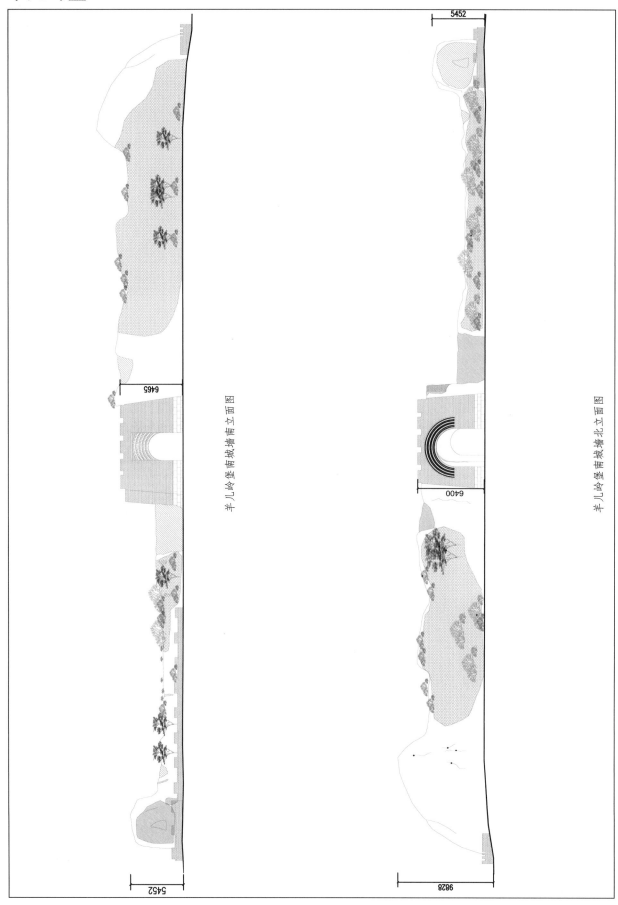

羊儿岭堡南城墙南立面图

羊儿岭堡南城墙北立面图

万全右卫城

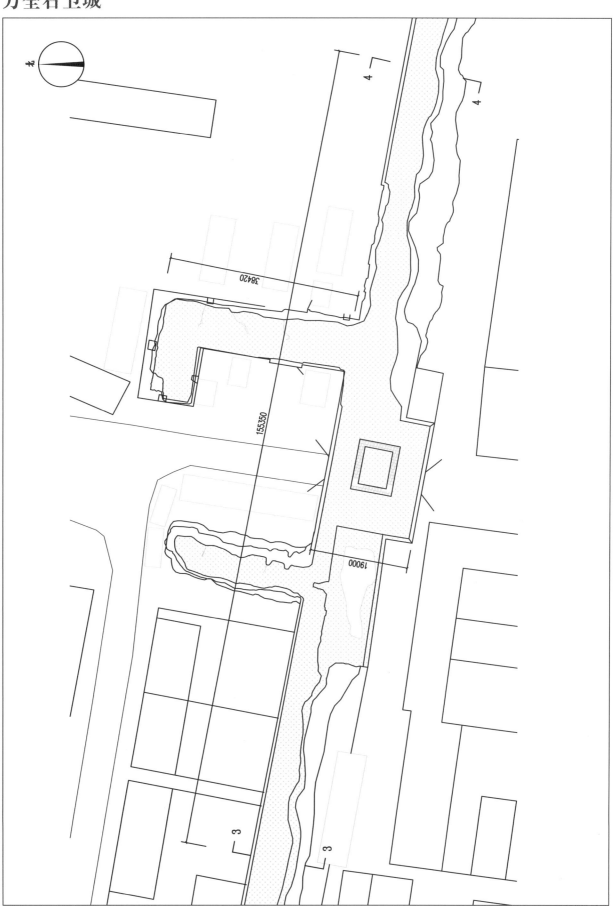

万全右卫城北瓮城平面图

万全右卫城南瓮城平面图

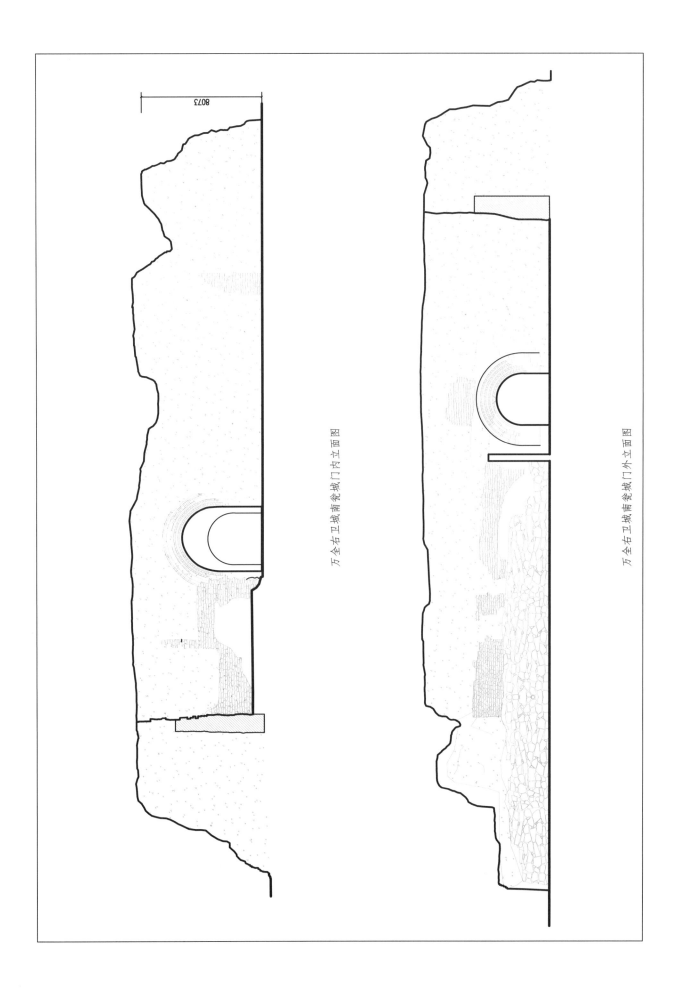

8073

万全右卫城南瓮城门内立面图

万全右卫城南瓮城门外立面图

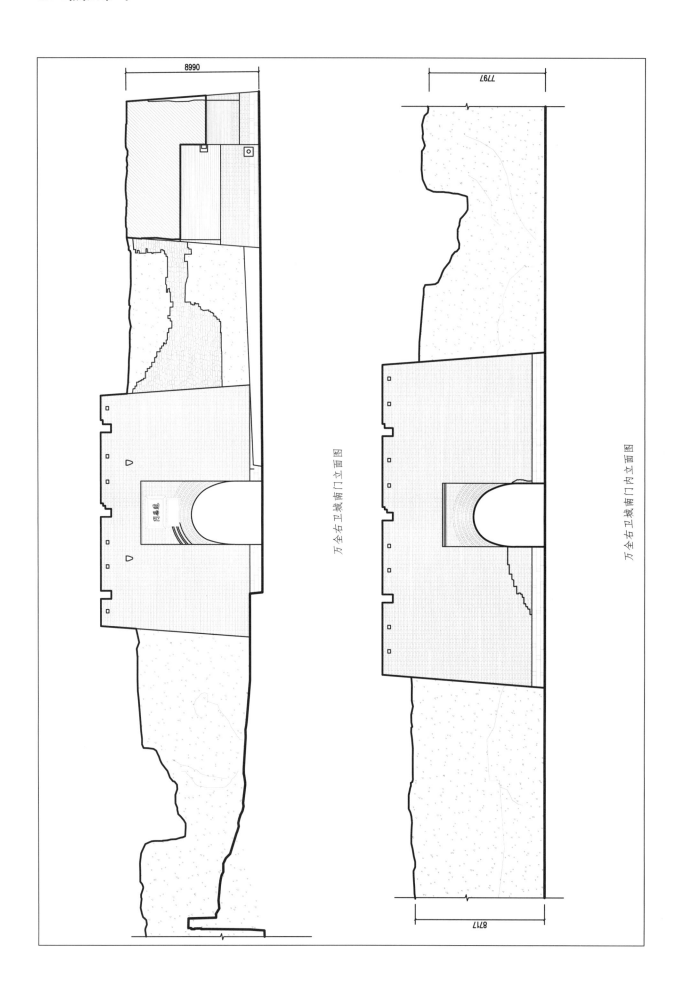

万全右卫城南门立面图

万全右卫城南门内立面图

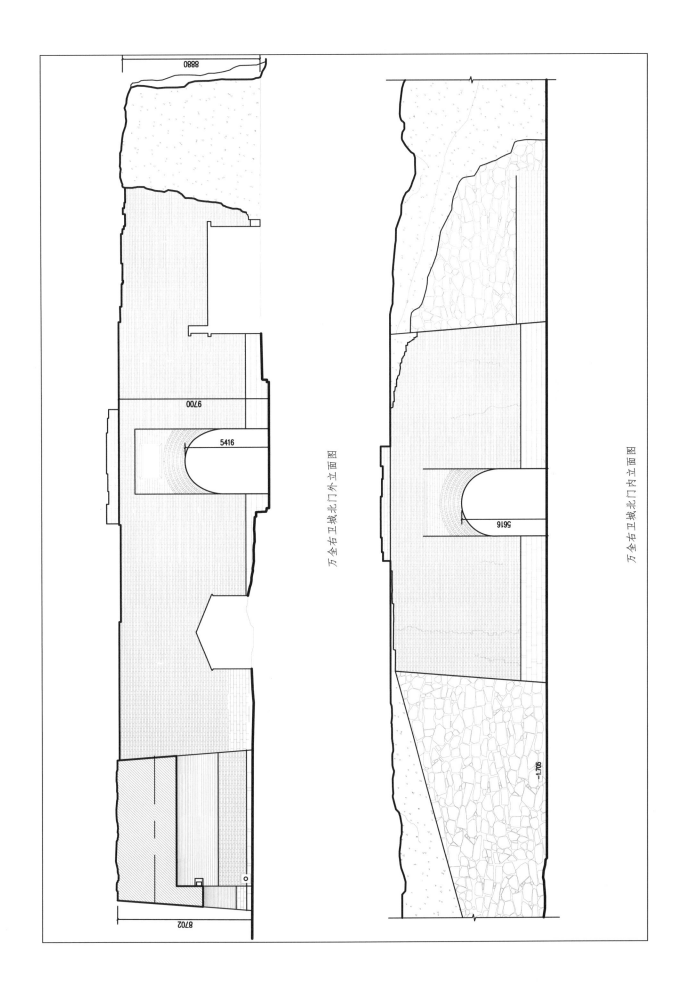

万全右卫城北门外立面图

万全右卫城北门内立面图

8880

9700

5416

8702

5616

-1.705

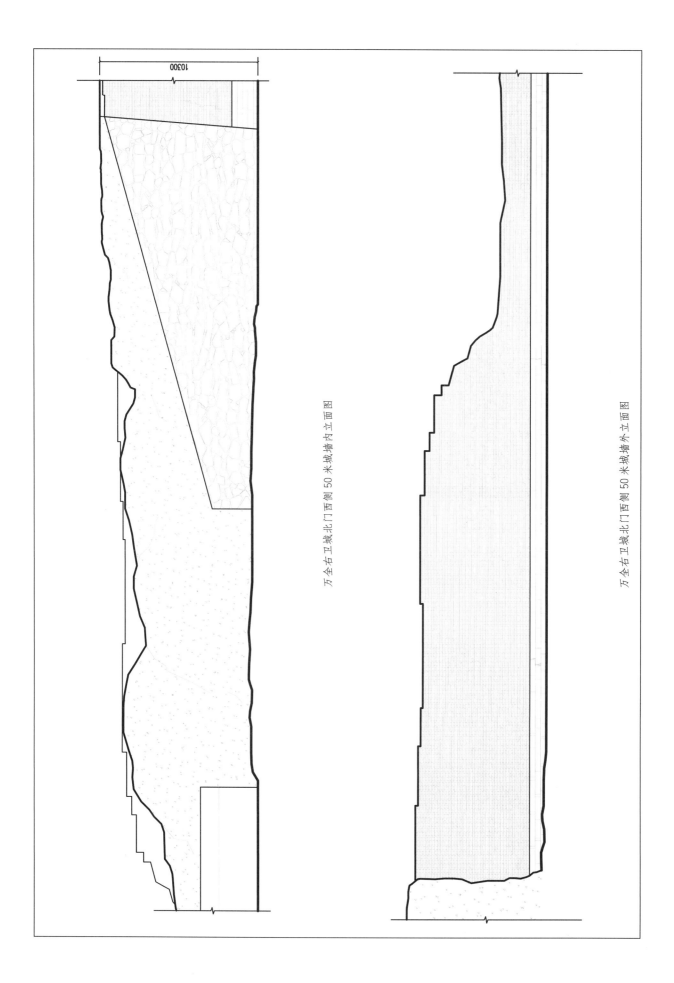

10300

万全右卫城北门西侧 50 米城墙内立面图

万全右卫城北门西侧 50 米城墙外立面图

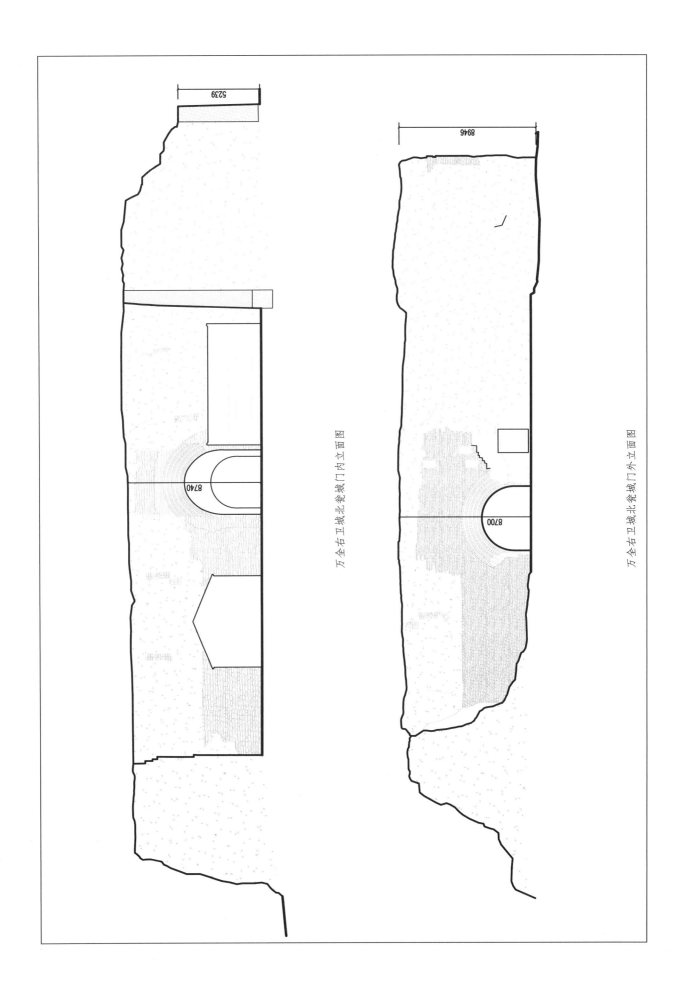

万全右卫城北瓮城门内立面图

万全右卫城北瓮城门外立面图

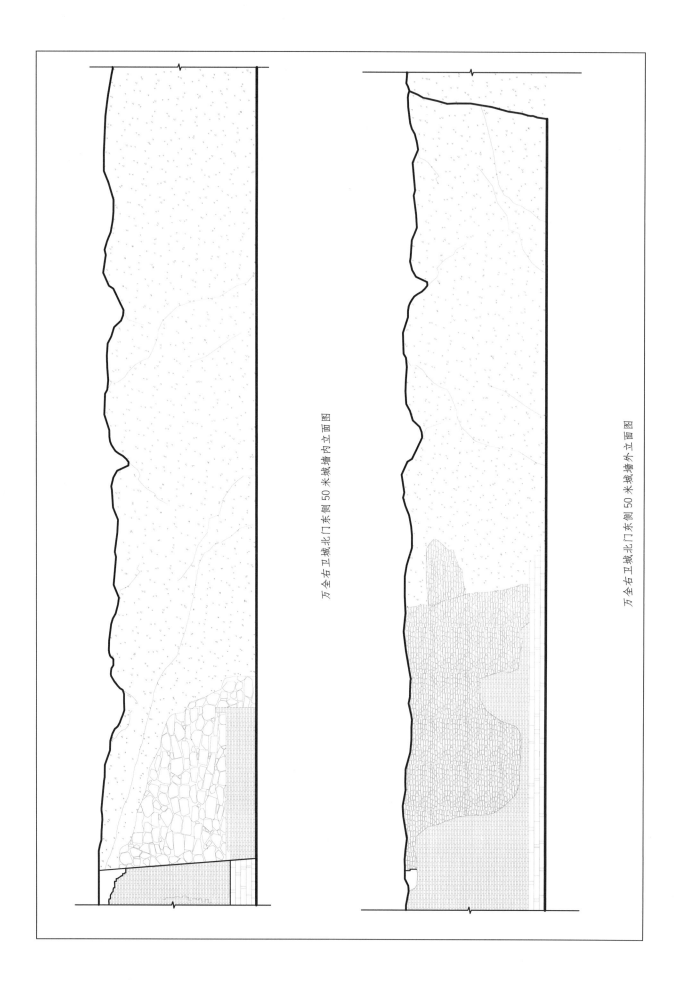

万全右卫城北门东侧 50 米城墙内立面图

万全右卫城北门东侧 50 米城墙外立面图

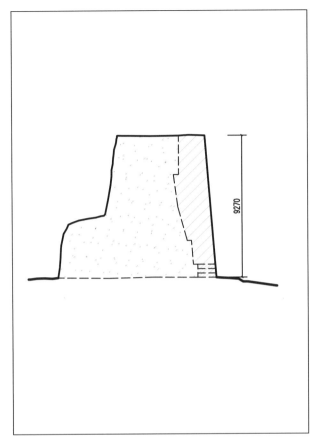

万全右卫城南瓮城墙体 1-1 剖面图

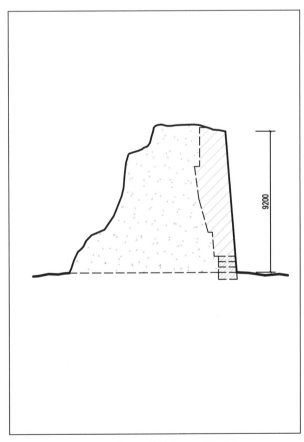

万全右卫城北瓮城墙体 3-3 剖面图

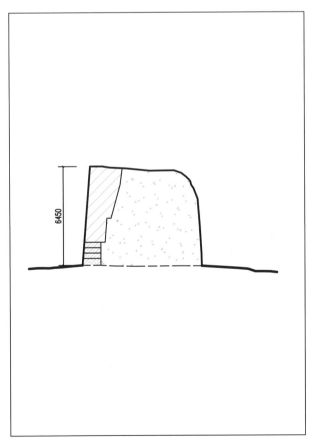

万全右卫城南瓮城墙体 2-2 剖面图

万全右卫城北瓮城墙体 4-4 剖面图

马水口二道门、10 号敌台

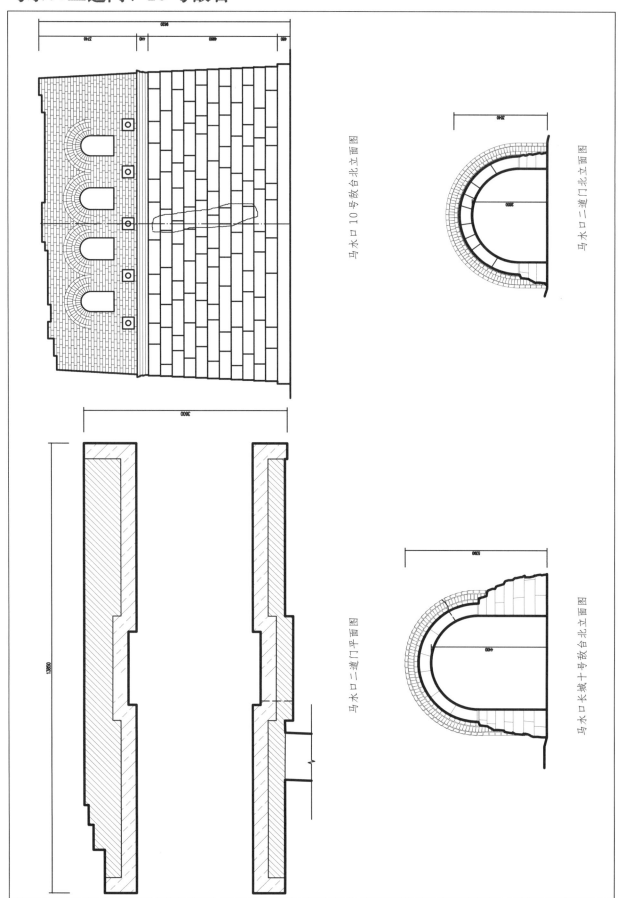

马水口 10 号敌台北立面图

马水口二道门北立面图

马水口二道门平面图

马水口长城十号敌台北立面图

马水口二道门、10 号敌台

张家口市明长城
历史文献线图

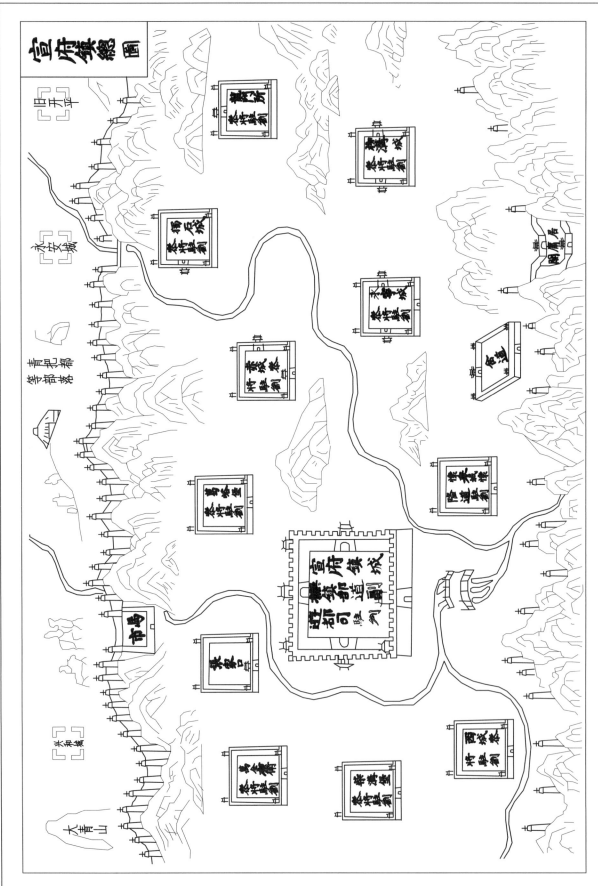

宣府镇总图

根据明·杨时宁《宣大山西三镇图说》绘制

北至萬峪堡四十里

宣府守道
轄不屬路

西至萬全左衛城六十里

東至雞鳴驛堡工六十里

宣府城

南至深井堡六十里

宣府守道轄不属路—宣府城图　　根据明·杨时宁《宣大山西三镇图说》绘制

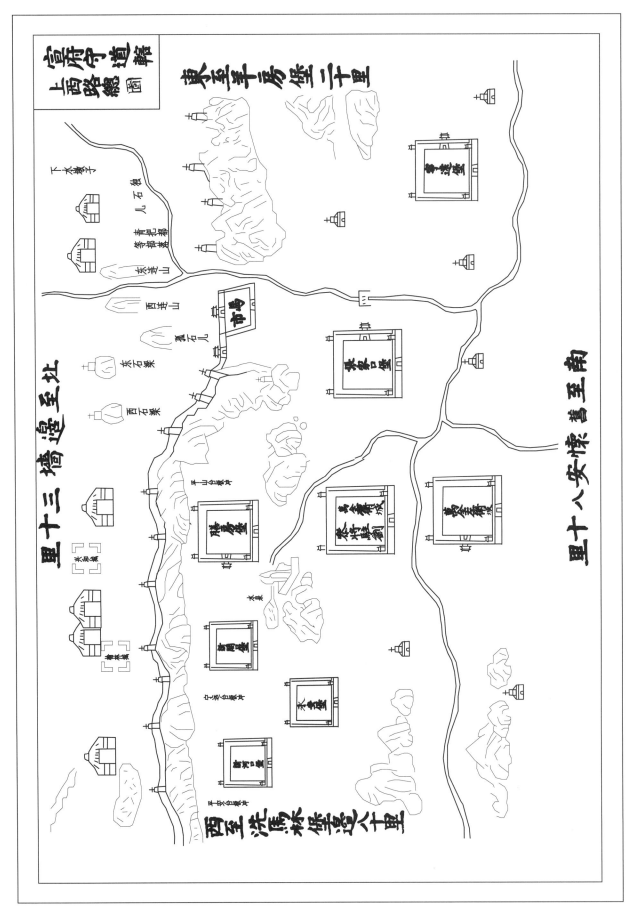

辖道守府宣
图总路西上

東至羊房堡三十里

里十三墙边至北

里十八安懷舊至南

西至洗馬林堡边八十里

根据明·杨时宁《宣大山西三镇图说》绘制

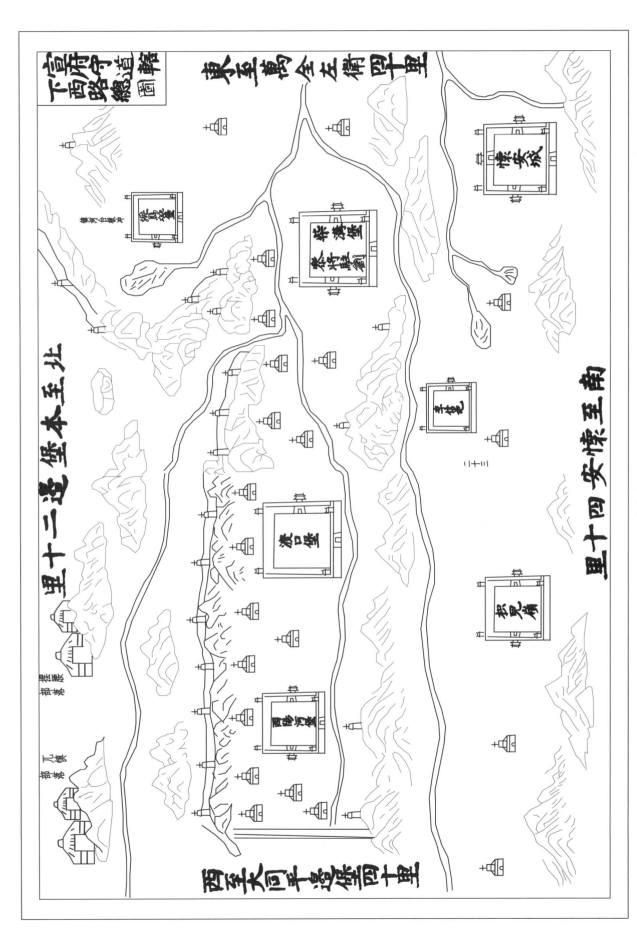

宣府守道辖下西路总图

根据明·杨时宁《宣大山西三镇图说》绘制

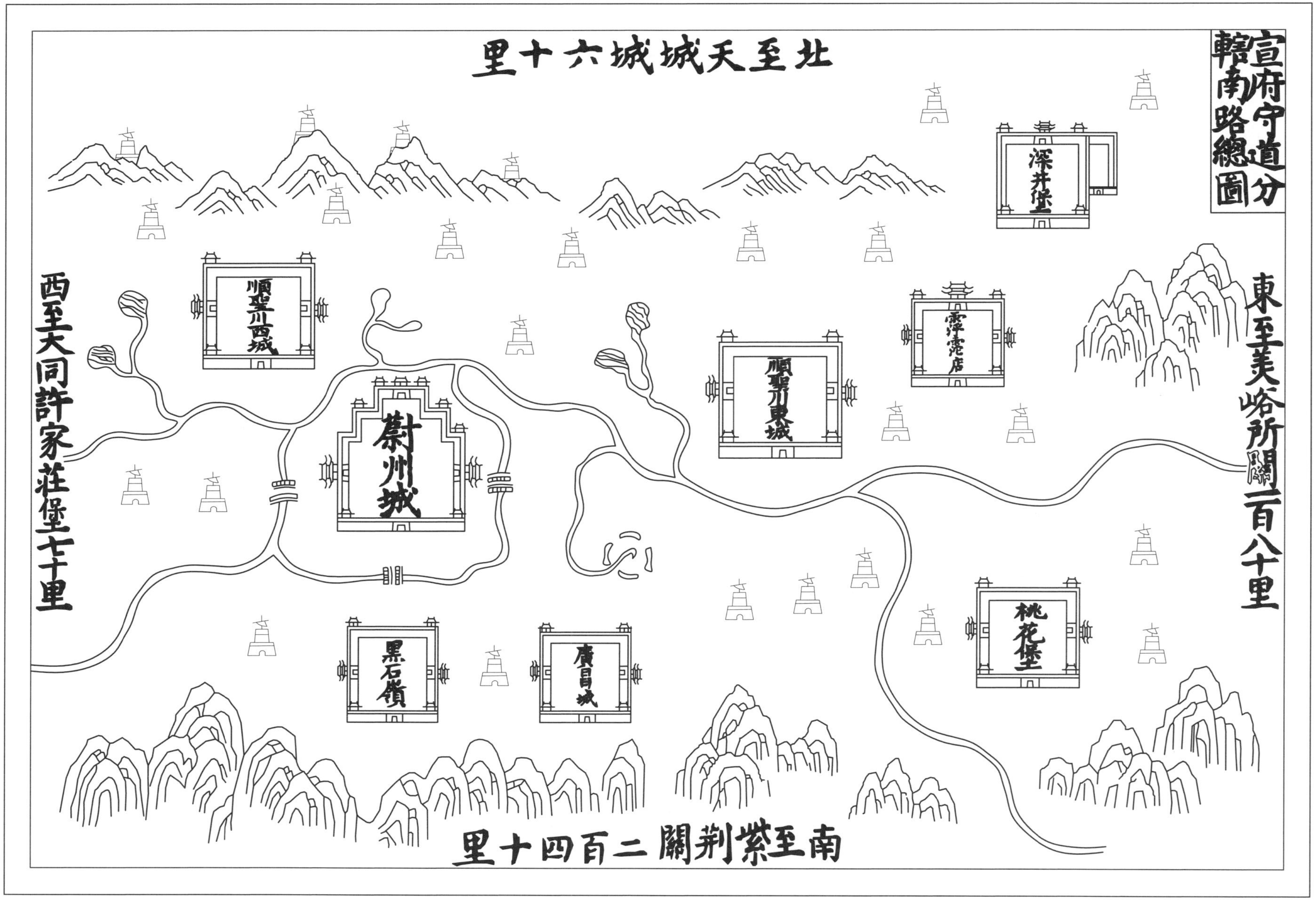

鞍宣南路总图分
府守道

东至美峪所隐[?]百个里

北至天城城六十里

南至紫荆二关一百四十里

西至大同静家拱倒七十里

深井堡

寜远店

桃花堡

顺圣城

广昌务

蔚州城

黑石岭

顺川城

根据明·杨时宁《宣大山西三镇图说》绘制

宣府守道分辖南路总图

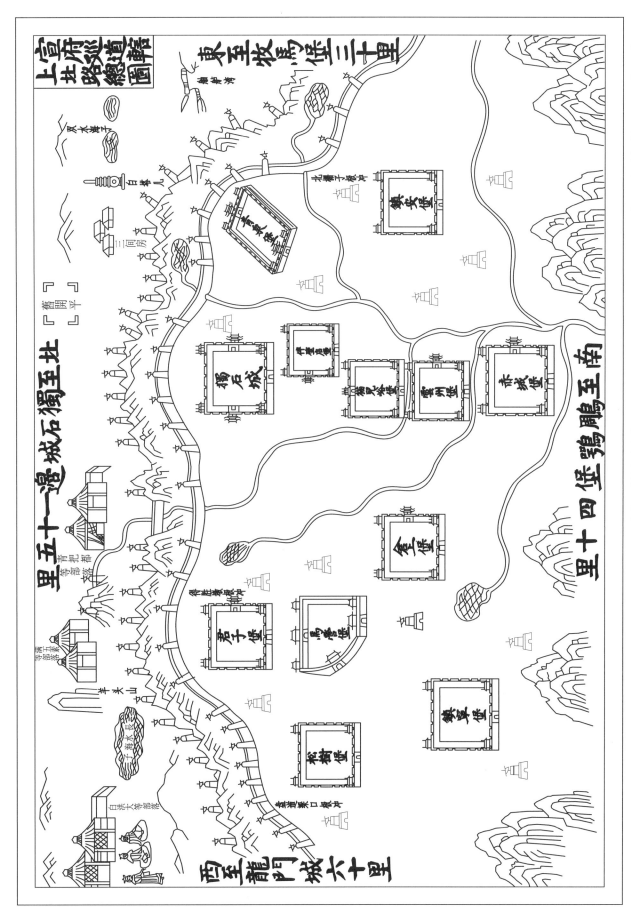

根据明·杨时宁《宣大山西三镇图说》绘制

宣府巡道辖上北路总图

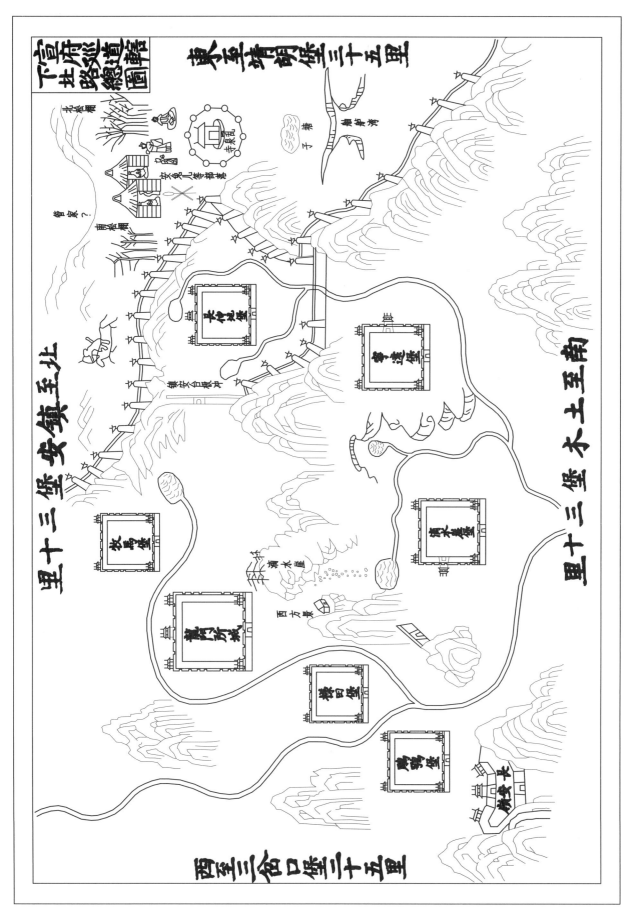

宣府巡道辖下北路总图

根据明·杨时宁《宣大山西三镇图说》绘制

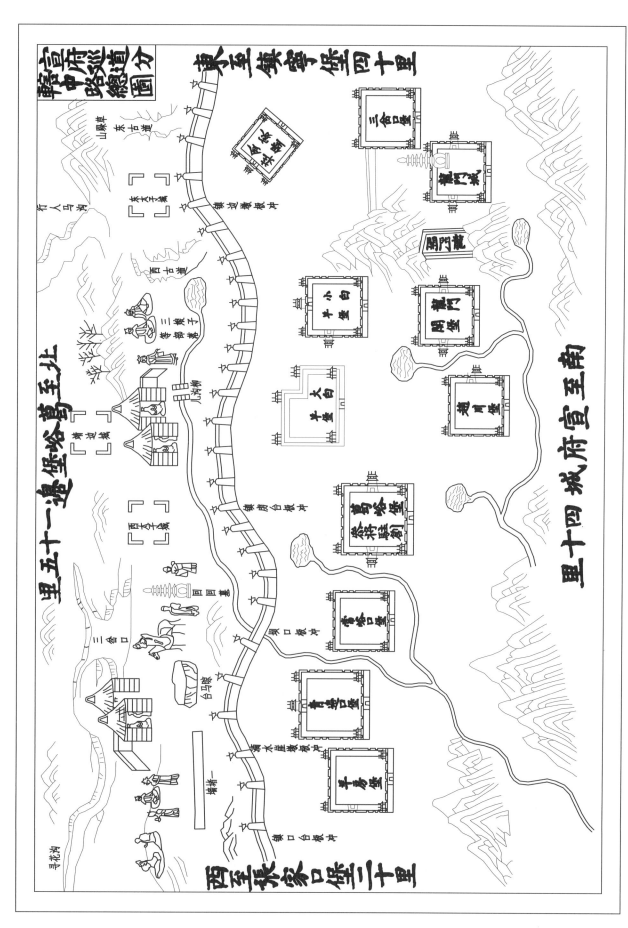

東至镇零堡四十里

西至张家口堡二十里

南至城府宣里十四

三岔口堡

龙门城

龙门所

龙门堡

开堡

小白羊堡

黄甲堡

大白羊堡

葛峪堡参将住劄

青边堡

青羊口堡

羊房堡

靖府巡道分辖中路总图

宣府巡道總辖中路画分

東古道

草垜山

行人马沟

天子城

西古道

三棵子

麦郡等

九沟柳

博边城

西天子城

回回墓

镇朋台敌冲

三岔口

台马瞭

一墙堵

滚水渠敌冲

镇口台敌冲

寻花沟

萬島至堡峪通一十五里

根据明·杨时宁《宣大山西三镇图说》绘制

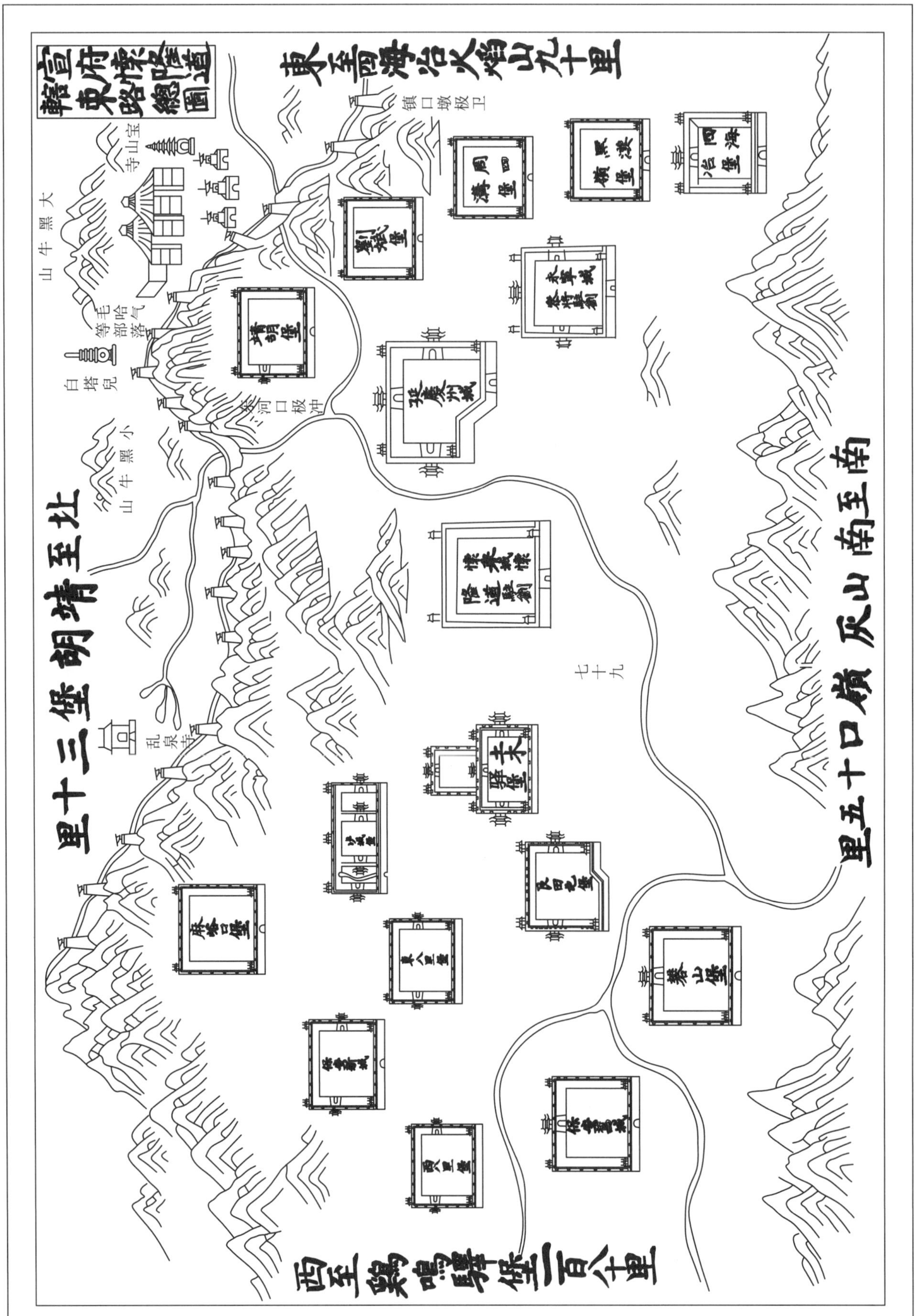

宣府怀隆道情乐路总图

宣府东路怀隆道总图

东至葛峪治火焰山九十里

北至靖朗暖三堡十三里

西至鸡鸣驿保三百个里

南至灰山岭口十五里

镇口墩极卫

海周堡四

横黑堡逊

岩门海堡

参军镇将营

延庆州城

靖胡堡

大黑牛山

白塔见

小黑牛山

三河口极冲

哈毛等部落气

宫寺山堂

怀来卫隆远镇营

七十九

椠堡寺

万全营堡

民巨屯堡

真人堡

辰口堡

赛书城

泰山堡

贺巨堡

保安城

乱泉寺

根据明·杨时宁《宣大山西三镇图说》绘制

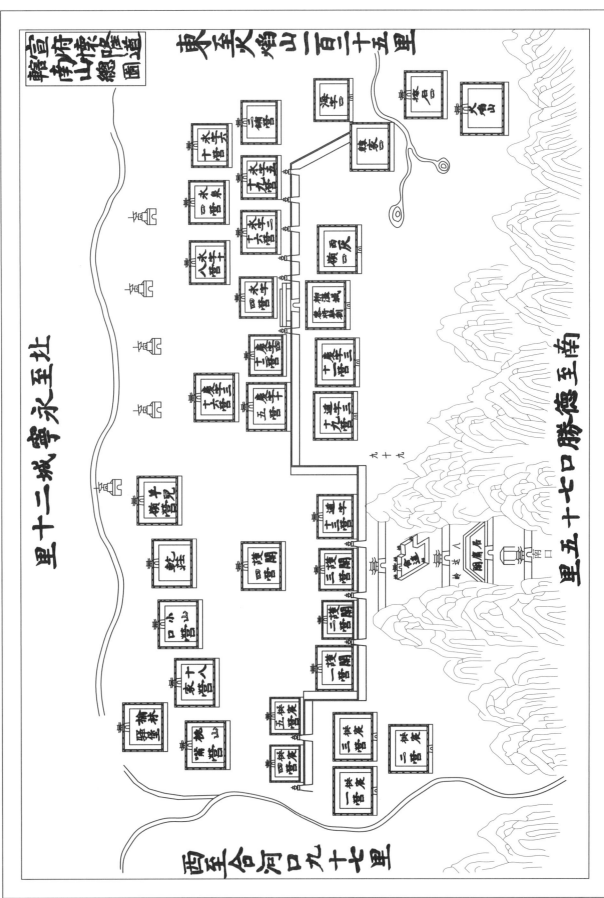

宣府怀隆道辖南山总图

根据明·杨时宁《宣大山西三镇图说》绘制

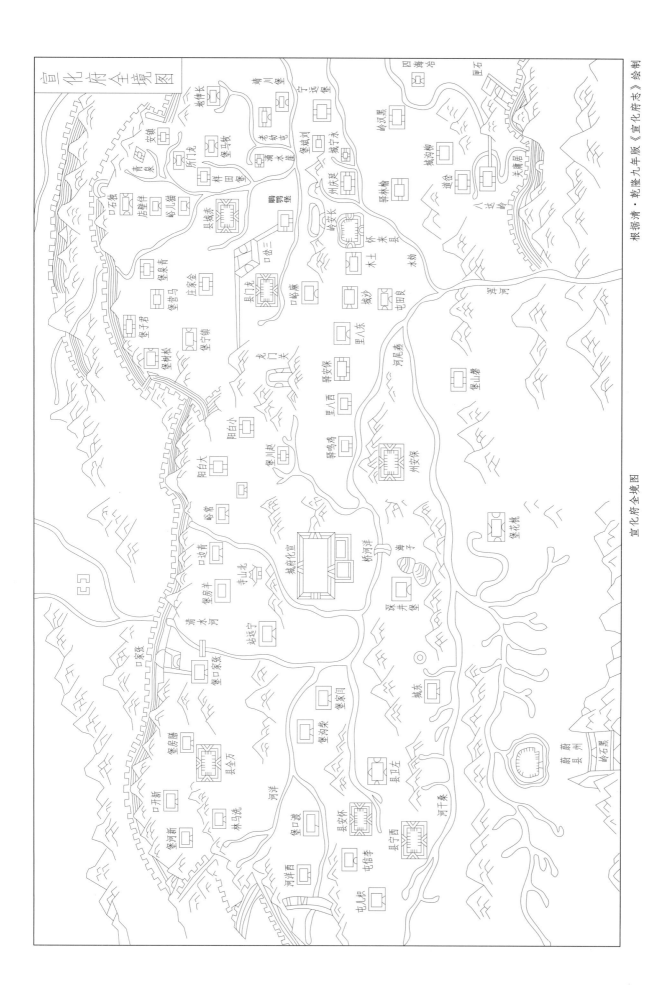

宣化府全境图

根据清·乾隆九年版《宣化府志》绘制

宣化县四境图

根据清·乾隆九年版《宣化府志》绘制

宣化县四境图

府治
县治

大黄土坡
关子口
小村儿
二堡
古城
曹市正
庄头
柳沟
张家庄
屯庙台
傈家花园下
台站
黄庄
代官营
里八西
半壁店
上花园
驿鸣弯
差针台
小化家营
岭蒿上
岭蒿下
古元
曹家木
曹家木
姚家营
庄林甸
路儿梁
铺木峒
元台
羊庄
沙梁
庄家鲍
岭漫后
沟深西
湾家贾
曹家贾
小阳家营
半坡街
洪家庄
狐子沟
睡东
沙泡东
密家刘
岭漫小
岭漫大
堡大
曹家崖
曹家甚
台间
南殷家庄
魏家密
峰村
沙泡西
三台
大台
台台
河泥
一里七
梁家黄
泉口外
里方羊
四方
家如
旧庙
四方台
三台子
二台子
大台子
白家庄
寨家明
北宝家庄
庄家明
千庄子
王屹
庄
密家梁
庄家羊
屯南
门龙
分水口
楼家河
庄家殿北
盖仓大
盖仓小
南庄
曹家梅
于家屯
梁家幕
安家台
城容西
沟远祥
曹家殿
李大庄
黑台
庄丰北
堡三林榆
台家陈
台家要
台祥西
台清木
南后庄
沟圃羊
泉木清
圈马
井深
城转
老军夫
庄家燃
宁远站
西家庄
东家庄
庄家木
岭沙
屯家申
坡青
大地
北
花袍梁
东于庄
庙高
屯家目
站小
曹子古
河木清
房地沙
沟家天
石墙
家罗
村分石
曹耕化
梁师木
西于庄

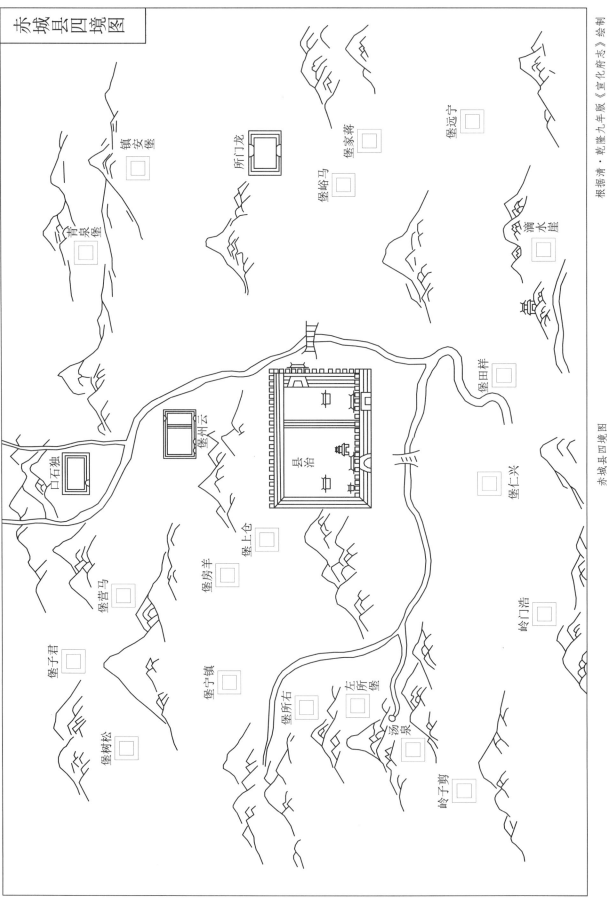

赤城县四境图

赤城县四境图

根据清·乾隆九年版《宣化府志》绘制

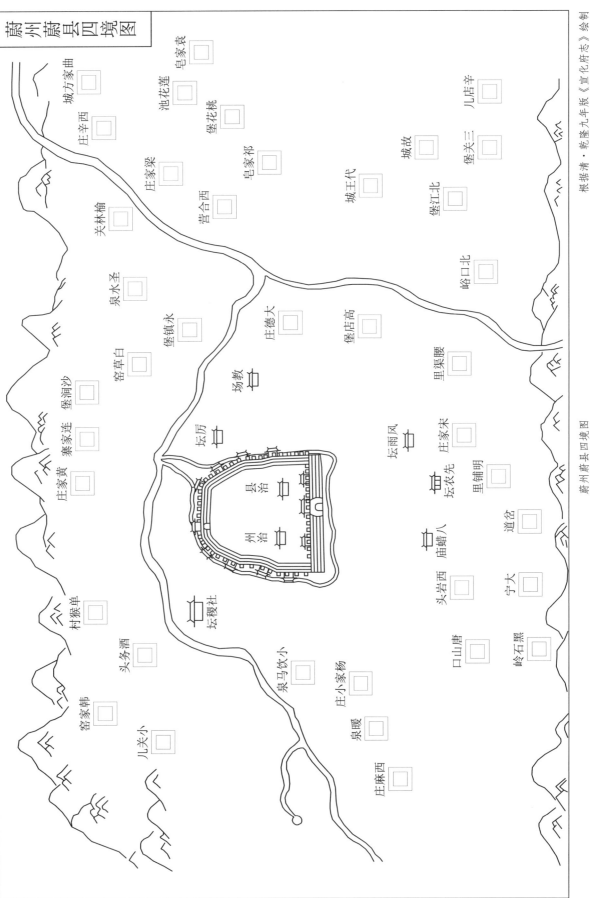

蔚州蔚县四境图

根据清·乾隆九年版《宣化府志》绘制

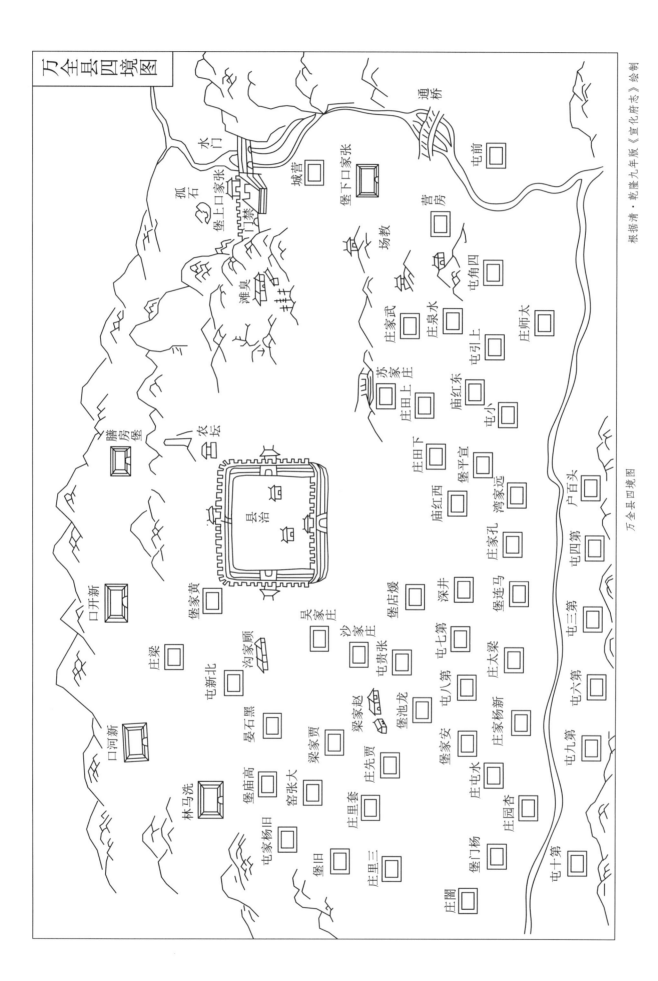

万全县四境图

根据清·乾隆九年版《宣化府志》绘制

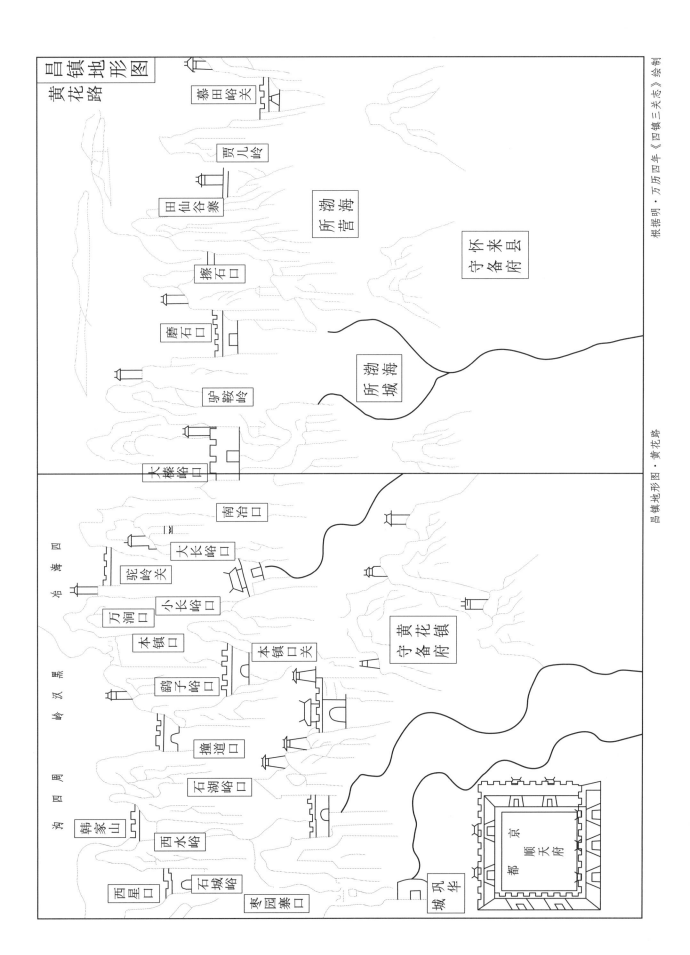

昌镇地形图
黄花路

根据明·万历四年《四镇三关志》绘制

昌镇地形图·黄花路

慕田峪关

贾儿岭

田仙谷寨

擦石口

所渤
营海

磨石口

守怀
备来
府县

驴鞍岭

所渤
城海
海

大榛峪口

南冶口

大长峪口

四海冶

驼岭关

小长峪口

万洞口

本镇口

黑汉岭

鹞子峪口

本镇口关

守黄
备花
府镇

撞道口

石湖峪口

周四沟

韩家山

西水峪

京都
顺天府

西星口

石城峪

枣园寨口

巩华
城

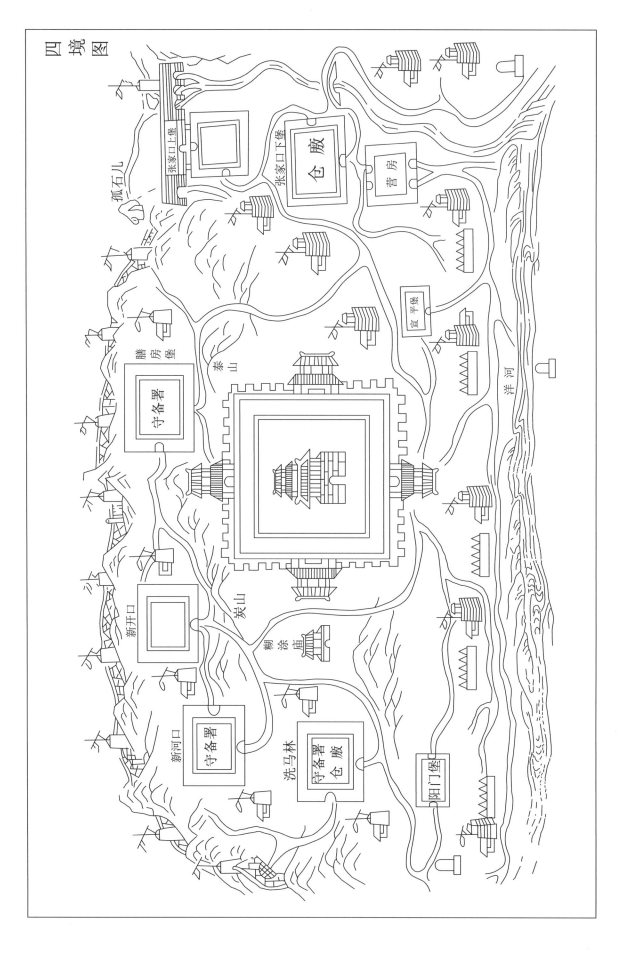

四境图

孤石儿
张家口上堡
张家口下堡
仓 廒
营 房
膳房堡
泰 山
守备署
宣 平 堡
洋 河
新开口
炭山
糊涂庙
新河口
守备署
洗马林
守备署
仓 廒
阳门堡

根据清·道光《万全县志》绘制

《万全县志》四境图

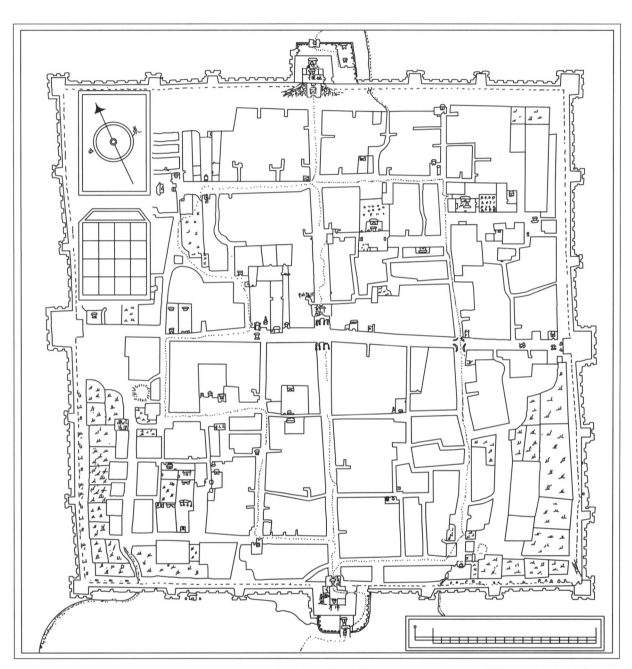

万全县旧治城平面图　　　　　　　　　根据民国《万全县治》绘制